Großkommentare der Praxis

Reinhard Greger

Zivilrechtliche Haftung im Straßenverkehr

Großkommentar

zu §§ 7 bis 20 Straßenverkehrsgesetz
und zum Haftpflichtgesetz
unter Berücksichtigung des Delikts-, Vertrags- und Versicherungsrechts
sowie des Schadensregresses

1985

Walter de Gruyter · Berlin · New York

Dr. *Reinhard Greger*, Regierungsdirektor im Bayer. Staatsministerium der Justiz, München

CIP-Kurztitelaufnahme der Deutschen Bibliothek

Greger, Reinhard:
Zivilrechtliche Haftung im Strassenverkehr : Grosskommentar zu §§ 7–20 Strassenverkehrsgesetz u. zum Haftpflichtgesetz unter Berücks. d. Delikts-, Vertrags- u. Versicherungsrechts sowie d. Schadensregresses / Reinhard Greger. – Berlin ; New York : de Gruyter, 1985.
(Grosskommentare der Praxis)
ISBN 3-11-008651-4

Printed in Germany
Satz und Druck: Ernst Kieser GmbH, Graphischer Betrieb, 8900 Augsburg
Buchbindearbeiten: Lüderitz & Bauer, Buchgewerbe GmbH, 1000 Berlin 61

Vorwort

Der von Müller begründete Großkommentar zum Straßenverkehrsrecht hat seit 1926 in über 20 Auflagen die Entwicklung dieses Rechtsgebiets begleitet. Trotz ständiger Anpassung ließ es sich angesichts der grundlegenden Veränderungen im Bereich des Kraftfahrzeugverkehrs und infolge der immer mehr anschwellenden Flut neuer Vorschriften und Entscheidungen nicht vermeiden, daß das Werk den Anforderungen an eine moderne Kommentierung zuletzt nicht mehr in jeder Hinsicht voll gerecht werden konnte. Da es andererseits nicht vertretbar erschien, den in diesem Werk angesammelten Material- und Erfahrungsschatz endgültig aufzugeben, entschloß sich der Verlag, eine vollständige Neubearbeitung des praktisch bedeutsamsten Teils „Haftungsrecht" herauszugeben.

Es war bei dieser Neubearbeitung mein Ziel, eine auf aktuellsten Stand (Mitte 1984) gebrachte, systematische und benutzerfreundliche Kommentierung des gesamten für den Straßenverkehr relevanten Haftungsrechts zu erstellen. Wo es vertretbar war, wurde der Müllersche Text, selbstverständlich aktualisiert, beibehalten. Zum größeren Teil wurde die Kommentierung jedoch vollständig neu gefaßt. Durch die Einbeziehung versicherungs-, sozial-, beweis- und prozeßrechtlicher Fragen habe ich versucht, dem mit Verkehrshaftpflichtsachen befaßten Richter, Anwalt oder Sachbearbeiter ein speziell auf seine Bedürfnisse abgestelltes, umfassendes Orientierungsmittel an die Hand zu geben. Wie mir aus meiner früheren richterlichen Tätigkeit auf diesem Gebiet bekannt ist, bereiten gerade diese Fragen häufig besondere Schwierigkeiten.

Den Bedürfnissen der Praxis entsprechend orientiert sich der Kommentar weitestgehend an der Rechtsprechung. Wo es angezeigt erschien, wurde jedoch auch auf kritische oder weiterführende Anmerkungen nicht verzichtet. Besonderen Wert habe ich darauf gelegt, die Rechtsprechung nicht nur leitsatzartig wiederzugeben, sondern in die zusammenhängende Darstellung einzubauen.

Ich danke dem Verlag für das mir entgegengebrachte Vertrauen sowie allen, die mir durch Rat und Tat geholfen haben.

München, im August 1984 *Reinhard Greger*

Systematische Übersicht

Die vorliegende Darstellung umfaßt das gesamte Haftungsrecht, soweit es für den Straßenverkehr von Bedeutung ist. Ihr Aufbau orientiert sich an den beiden Spezialgesetzen des Haftungsrechts, StVG und HaftpflG. Wo ein Zurückgreifen auf andere gesetzliche Grundlagen erforderlich ist, werden diese an der Stelle kommentiert, die sich aus dem systematischen Zusammenhang ergibt. So finden sich z.B. die Erläuterungen zum Umfang des Schadensersatzes bei § 7 StVG, zu deliktischen, vertraglichen und versicherungsrechtlichen Anspruchsgrundlagen bei § 16 StVG, zum Regreß des Sozialversicherungsträgers bei §§ 10, 11 StVG. Im übrigen wird das Auffinden einzelner Kommentarstellen durch das Sachregister sowie durch die nachstehende Übersicht erleichtert.

Abkürzungs- und Schrifttumsverzeichnis

a. A.	anderer Ansicht
aaO	am angegebenen Ort
ABl.	Amtsblatt
abl.	ablehnend
Abs.	Absatz
AcP	Archiv für die civilistische Praxis
ADAC	Allgemeiner Deutscher Automobilclub
ADSp.	Allgemeine Deutsche Spediteurbedingungen
a. E.	am Ende
ÄndG	Änderungsgesetz
a. F.	alte Fassung
AFG	Arbeitsförderungsgesetz v. 25. 6. 1969 (BGBl. I 582)
AG	Amtsgericht
AHB	Allgemeine Haftpflichtversicherungsbedingungen
AKB	Allgemeine Bedingungen für die Kraftfahrversicherung
Alt.	Alternative
Amtl. Begr.	Amtliche Begründung
Amtl. Bek.	Amtliche Bekanntmachung
Amtsbl.	Amtsblatt
Anh.	Anhang
Anl.	Anlage
AnwBl.	Anwaltsblatt
AO	Abgabenordnung
AOK	Allgemeine Ortskrankenkasse
AP	Nachschlagwerk des Bundesarbeitsgerichts (Arbeitsrechtliche Praxis)
AR	Automobil-Rundschau
ArbG	Arbeitsgericht
ArchivPF	Archiv für das Post- und Fernmeldewesen
Art.	Artikel
AtomG	Gesetz über die friedliche Verwendung der Kernenergie und den Schutz gegen ihre Gefahren i. d. F. v. 31. 10. 1976 (BGBl. I 3053)
AUB	Allgemeine Unfallversicherungsbedingungen
Aufl.	Auflage
AuR	Arbeit und Recht, Zeitschrift für Arbeitsrechtspraxis
AuslPflVG	Gesetz über die Haftpflichtversicherung für ausländische Kraftfahrzeuge und Kraftfahrzeuganhänger v. 24. 7. 1956 (BGBl. I 667, ber. BGBl. 1957 I 368)
AVG	Angestelltenversicherungsgesetz v. 20. 12. 1911 (RGBl. 989)
AVK	Allgemeine Versicherungsbedingungen der privaten Krankenversicherung
BAG	Bundesarbeitsgericht
BAGE	Sammlung der Entscheidungen des Bundesarbeitsgerichts
BAT	Bundesangestelltentarifvertrag
Baumbach/ Lauterbach	*Baumbach/Lauterbach*[42] Zivilprozeßordnung (1984) mit Name des Bearbeiters

BayBgm.	Zeitschrift „Der Bayerische Bürgermeister“
BayGemZ	Bayerische Gemeindezeitung
BayObLG	Bayerisches Oberstes Landesgericht
BayObLGSt	Entscheidungen des Bayerischen Obersten Landesgerichts in Strafsachen (Neue Folge seit 1951, die älteren Jahrgänge werden mit der Bandzahl zitiert)
BayObLGZ	Entscheidungen des Bayerischen Obersten Landesgerichts in Zivilsachen (Neue Folge seit 1951, die älteren Jahrgänge werden mit der Bandzahl zitiert)
BayStrWG	Bayerisches Straßen- und Wegegesetz
BayVGH	Bayerischer Verwaltungsgerichtshof
BayZ	Zeitschrift für Rechtspflege in Bayern (1905 – 1934)
BB	Zeitschrift „Der Betriebsberater“
BBahn	Zeitschrift „Die Bundesbahn“
BBahnG	Bundesbahngesetz
BBG	Bundesbeamtengesetz
Bd.	Band
BeamtVG	Beamtenversorgungsgesetz v. 24. 8. 1976 (BGBl. I 2485, 3839)
Becker	*Becker* Kraftverkehrshaftpflichtschäden[15] (1983)
Beil.	Beilage
betr.	betreffend
Betrieb	Zeitschrift „Der Betrieb“
BFH	Bundesfinanzhof
BFHE	Sammlung der Entscheidungen und Gutachten des Bundesfinanzhofs
BFStrG	Bundesfernstraßengesetz
BGB	Bürgerliches Gesetzbuch
BGBl.	Bundesgesetzblatt
BGH	Bundesgerichtshof
BGHSt.	Sammlung der Entscheidungen des Bundesgerichtshofs in Strafsachen
BGHWarn.	Rechtsprechung des Bundesgerichtshofs in Zivilsachen, soweit nicht in BGHZ enthalten, Fortsetzung von WarnR (seit 1961)
BGHZ	Sammlung der Entscheidungen des Bundesgerichtshofs in Zivilsachen
BKGG	Bundeskindergeldgesetz i. d. F. v. 21. 1. 1982 (BGBl. I 14)
Blutalkohol	Zeitschrift „Blutalkohol“
Böhmer	*Böhmer* Das Reichshaftpflichtgesetz (1950)
Böhmer (SHG)	*Böhmer* Das Sachschadenhaftpflichtgesetz (1954)
BOStrab	Betriebsordnung für Straßenbahnen v. 31. 8. 1965 (BGBl. I 1513)
BRDrucks.	Drucksache des Deutschen Bundesrats
BRRG	Beamtenrechtsrahmengesetz
BSG	Bundessozialgericht
BSGE	Entscheidungen des Bundessozialgerichts
BSHG	Bundessozialhilfegesetz
BStBl.	Bundessteuerblatt, Teil I, II oder III
BTDrucks.	Drucksachen des Deutschen Bundestags, geordnet nach Wahlperioden (seit 1949)
Buchst.	Buchstabe
Büro	Zeitschrift „Das juristische Büro“
BVerfG	Bundesverfassungsgericht
BVerfGE	Entscheidungen des Bundesverfassungsgerichts
BVerwG	Bundesverwaltungsgericht
BVerwGE	Entscheidungen des Bundesverwaltungsgerichts
BVG	Bundesversorgungsgesetz i. d. F. v. 22. 1. 1982 (BGBl. I 22)
DAR	Deutsches Autorecht, Rechtszeitschrift des ADAC, München
DAVorm	Der Amtsvormund

DB	Deutsche Bundesbahn
Deutsch	*Deutsch* Haftungsrecht Erster Band: Allgemeine Lehren (1976)
d. h.	das heißt
DIN	Deutsche Industrienorm
DJ	Deutsche Justiz, Zeitschrift
DJT	Deutscher Juristentag
DJZ	Deutsche Juristenzeitung
DNotZ	Deutsche Notar-Zeitschrift
DÖV	Zeitschrift „Die öffentliche Verwaltung"
DR	Zeitschrift „Deutsches Recht" (1931 – 1942)
Drees/Kuckuk/ Werny	*Drees/Kuckuk/Werny* Straßenverkehrsrecht[4] (1981)
DRiZ	Deutsche Richterzeitung
DRiZRspr.	Beilage „Rechtsprechung" zu DRiZ (1925 – 1935 und 1951 – 1965)
Drucks.	Drucksache
DRZ	Deutsche Rechts-Zeitschrift (1946 – 1950)
DVBl	Zeitschrift „Deutsches Verwaltungsblatt"
EBO	Eisenbahn-Bau- und Betriebsordnung
Eckelmann	*Eckelmann* Schadensersatz für Kraftfahrzeugschäden[3] (1974)
EE	Eisenbahn- und verkehrsrechtliche Entscheidungen und Abhandlungen (1885 – 1935)
EGBGB	Einführungsgesetz zum BGB
EGZPO	Einführungsgesetz zur Zivilprozeßordnung
EheG	Ehegesetz v. 20. 2. 1946 (AblKR 77)
1. EheRG	Erstes Gesetz zur Reform des Ehe- und Familienrechts v. 14. 6. 1976 (BGBl. I 549)
EKMR	Europäische Kommission für Menschenrechte
Erl.	Erläuterung
Erman	*Erman* Handkommentar zum Bürgerlichen Gesetzbuch[7] (1981) mit Name des Bearbeiters
ErwG	Gesetz über die erweiterte Zulassung von Schadenersatzansprüchen bei Dienst- und Arbeitsunfällen v. 7. 12. 1943 (RGBl. I 674)
Esser/Schmidt	*Esser/Schmidt* Schuldrecht Allgemeiner Teil [6] (1984)
EurGRZ	Europäische Grundrechte-Zeitschrift
EuGVÜ	Übereinkommen der Europäischen Gemeinschaft über die gerichtliche Zuständigkeit und die Vollstreckung gerichtlicher Entscheidungen in Zivil- und Handelssachen (BGBl. 1972 II 774)
EvBl.	Evidenzblatt der Rechtsmittelentscheidungen (Wien, seit 1934)
EVO	Eisenbahnverkehrsordnung
EWG	Europäische Wirtschaftsgemeinschaft
f	und folgende Seite
FamRZ	Zeitschrift „Ehe und Familie im privaten und öffentlichen Recht" (seit 1954)
ff	und folgende Seiten
Fikentscher	*Fikentscher* Schuldrecht [6] (1976)
Full	*Full* Zivilrechtliche Haftung im Straßenverkehr (1980)
FV	Finanzvertrag (BGBl. 1955 II 381)
GAL	Gesetz über eine Altershilfe für Landwirte v. 14. 9. 1965 (BGBl. I 1449)
Geigel	*Geigel* Der Haftpflichtprozeß[18] (1982)
GG	Grundgesetz für die Bundesrepublik Deutschland
ggf.	gegebenenfalls
GKG	Gerichtskostengesetz

Gottwald	*Gottwald* Schadenszurechnung und Schadensschätzung (1979)
Greger	*Greger* Beweis und Wahrscheinlichkeit (1978)
GrS	Großer Senat
Gruch.	Gruchot, Beiträge zur Erläuterung des deutschen Rechts (1857 – 1933)
GüKG	Güterkraftverkehrsgesetz
GVBl.	Gesetz- und Verordnungsblatt (Landesrecht)
GVG	Gerichtsverfassungsgesetz
HaftpflG	Haftpflichtgesetz
Hainmüller	*Hainmüller* Der Anscheinsbeweis und die Fahrlässigkeitstat im heutigen deutschen Schadensersatzprozeß (1966)
Halbs.	Halbsatz
HansGZ	Hanseatische Gerichtszeitung (1880 – 1927)
HansRGZ	Hanseatische Rechts- und Gerichtszeitschrift (1928 – 1943)
HansRZ	Hanseatische Rechtszeitschrift (1918 – 1927)
HessVGH	Verwaltungsgerichtshof des Landes Hessen
HESt.	Höchstrichterliche Entscheidungen in Strafsachen (1948 – 1949)
HEZ	Höchstrichterliche Entscheidungen in Zivilsachen (1948 – 1950)
HGB	Handelsgesetzbuch
HGrG	Haushaltsgrundsätzegesetz v. 19. 8. 1969 (BGBl. 1969 I 1273, 1277)
h. L.	herrschende Lehre
h. M.	herrschende Meinung
HRR	Höchstrichterliche Rechtsprechung, Vereinigte Entscheidungssammlung der bisherigen Rspr. der Oberlandesgerichte, HöchstRR und JR Rspr., Verlag Walter de Gruyter & Co, Berlin (1928 – 1942)
i. d. F.	in der Fassung
i. e. S.	im engeren Sinn
i. d. R.	in der Regel
IntAbk	Internationales Abkommen für den Verkehr mit Kraftfahrzeugen
IntVO	Verordnung über den internationalen Kraftfahrzeugverkehr
IPrax	Praxis des internationalen Privat- und Verfahrensrechts
IPRspr.	Die deutsche Rechtsprechung auf dem Gebiete des internationalen Privatrechts
i. S. d.	Im Sinn des (der)
i. V. m.	in Verbindung mit
Jagusch/Hentschel	*Jagusch/Hentschel* Straßenverkehrsrecht [27] (1983)
JherJb.	Jherings Jahrbücher der Dogmatik des bürgerlichen Rechts (1857 – 1942)
JP	Zeitschrift „Juristische Praxis“
JR	Juristische Rundschau
JRPrV	Juristische Rundschau für die Privatversicherung (1924 – 1943)
JurZentr.	Mitteilungen der juristischen Zentrale des ADAC
JuS	Zeitschrift „Juristische Schulung“
Justiz	Zeitschrift „Die Justiz“, Amtsblatt des Justizministeriums Baden-Württemberg
JW	Juristische Wochenschrift (1872 – 1939)
JZ	Juristenzeitung
KF	Karlsruher Forum
KFG	Kraftfahrzeuggesetz
KG	Kammergericht
Krumme	*Krumme* Straßenverkehrsgesetz (1977)
KVO	Kraftverkehrsordnung
KVR	Kraftverkehrsrecht von A bis Z, herausgegeben von Dr. Weigelt, Loseblattausgabe

LAG	Landesarbeitsgericht
Lange	*Lange* Schadensersatz (1979)
Larenz	*Larenz* Lehrbuch des Schuldrechts Allgemeiner Teil[13] (1982) und Besonderer Teil[12] (1981)
LFZG	Lohnfortzahlungsgesetz v. 27. 7.1969 (BGBl. I 946)
LG	Landgericht
Lkw	Lastkraftwagen
LM	Nachschlagewerk des Bundesgerichtshofs, Loseblattsammlung herausgegeben von Lindenmaier, Möhring u. a.
LS	Leitsatz
LSE	Lexikon straßenverkehrsrechtlicher Entscheidungen, herausgegeben v. Günther Xanke
LSG	Landessozialgericht
LuftVG	Luftverkehrsgesetz
LuK	Zeitschrift „Luft- und Kraftfahrt“
LZ	Leipziger Zeitschrift für Deutsches Recht (1907 – 1933)
Maassen	*Maassen* Beweisprobleme im Schadensersatzprozeß (1975)
MdE	Minderung der Erwerbsfähigkeit
MDR	Monatsschrift für Deutsches Recht
Mertens	*Mertens* Der Begriff des Vermögensschadens im bürgerlichen Recht (1967)
MünchKomm	Münchner Kommentar zum Bürgerlichen Gesetzbuch (1979) mit Name des Autors
NATO	North Atlantic Treaty Organization
NdsRpfl.	Zeitschrift „Niedersächsische Rechtspflege“
n. F.	neue Fassung oder neue Folge
NJ	Zeitschrift „Neue Justiz“
NJW	Neue Juristische Wochenschrift
NTS	NATO-Truppenstatut v. 19. 6. 1951 (BGBl. 1961 II 1190)
NTS-AG	Ausführungsgesetz zum NATO-Truppenstatut v. 18. 8. 1961 (BGBl. II 1183)
NVwZ	Neue Zeitschrift für Verwaltungsrecht
ÖJZ	Österreichische Juristenzeitung
ÖRZ	Österreichische Richterzeitung (1904 – 1938 und seit 1954)
österr. OGH	Oberster Gerichtshof für Österreich
OGH	Oberster Gerichtshof für die britische Zone
OGHSt.	Entscheidungen des OGH in Strafsachen (1949 – 1950)
OGHZ	Entscheidungen des OGH in Zivilsachen (1949 – 1950)
OHG	Offene Handelsgesellschaft
OLG	Oberlandesgericht
OLGSt.	Entscheidungen der Oberlandesgerichte zum Straf- und Strafverfahrensrecht
OLGZ	Entscheidungen der Oberlandesgerichte in Zivilsachen
OVG	Oberverwaltungsgericht
OWiG	Ordnungswidrigkeitengesetz
Palandt	*Palandt* Bürgerliches Gesetzbuch[43] (1984), mit Name des Bearbeiters
PBefG	Personenbeförderungsgesetz v. 21. 3. 1961 (BGBl. I S. 241)
PflVG	Pflichtversicherungsgesetz
Pkw	Personenkraftwagen
PostG	Gesetz über das Postwesen v. 28. 7. 1969 (BGBl. I S. 1006)
PostReiseO	Postreiseordnung

Pr. allg. LR	Preußisches allgemeines Landrecht
Prölss/Martin	*Prölss/Martin* Versicherungsvertragsgesetz[22] (1980)
PrOVG	Preußisches Oberverwaltungsgericht (1877 – 1941), zitiert nach Band und Seite
RdA	Zeitschrift „Recht der Arbeit“
RdK	Das Recht des Kraftfahrers, Zeitschrift (1926 – 1943 und 1949 – 1955)
RdL	Zeitschrift „Recht der Landwirtschaft“
Recht	Zeitschrift „Das Recht“
RG	Reichsgericht
RGBl.	Reichsgesetzblatt
RGRKomm.	Reichsgerichtsrätekommentar zum BGB[12] (1976)
RGRspr.	Rechtsprechung des RG in Strafsachen (1879 – 1888)
RGWarn.	Rechtssprechung des Reichsgerichts, herausgegeben von Warneyer (1908 – 1943)
RGSt	Sammlung der Entscheidungen des Reichsgerichts in Strafsachen (nach Band und Seite)
RGZ	Sammlung der Entscheidungen des Reichsgerichts in Zivilsachen (nach Band und Seite)
RHaftpflG	Reichshaftpflichtgesetz
RKnappschG	Reichsknappschaftsgesetz v. 23. 6.1923 (RGBl. I 431)
ROHG	Reichsoberhandelsgericht (Entscheidungen 1871 – 1880)
Rosenberg/Schwab	*Rosenberg/Schwab* Zivilprozeßordnung[13] (1981)
Rpfleger	Zeitschrift „Der deutsche Rechtspfleger“ (1931 – 1944 und seit 1948)
Rspr.	Rechtsprechung
RVO	Reichsversicherungsordnung
S.	Seite
s.	siehe
s. a.	siehe auch
Sanden/Völtz	*Sanden/Völtz* Sachschadenrecht des Kraftverkehrs[4] (1982)
SchlHA	Schleswig-Holsteinische Anzeigen, Justizministerialblatt für Schleswig-Holstein (n. F. seit 1837)
Schloën/Steinfeltz	*Schloën/Steinfeltz* Regulierung von Personenschäden (1978)
SchwbG	Schwerbehindertengesetz
SeuffA	J. A. Seufferts Archiv für Entscheidungen der obersten Gerichte in den deutschen Staaten (1847 – 1944)
SG	Sozialgericht
SGB	Sozialgesetzbuch (mit Angabe des Buches in römischer Ziffer)
SGb	Zeitschrift „Die Sozialgerichtsbarkeit“
SHG	Gesetz über die Haftpflicht der Eisenbahnen und Straßenbahnen für Sachschäden
SJZ	Süddeutsche Juristenzeitung (1946 – 1950)
Soergel	*Soergel* Bürgerliches Gesetzbuch mit Einführungsgesetz und Nebengesetzen[10] (1967 – 1975) mit Name des Autors
SoldG	Soldatengesetz v. 19. 8. 1975 (BGBl. I 2273)
Staudinger	*Staudinger* Kommentar zum Bürgerlichen Gesetzbuch[12] (1983)
StGB	Strafgesetzbuch
Stiefel/Hofmann	*Stiefel/Hofmann* Kraftfahrtversicherung[12] (1983)
StPO	Strafprozeßordnung
StrG	Straßengesetz (Ländergesetze)
StVG	Straßenverkehrsgesetz
StVO	Straßenverkehrsordnung
StVZO	Straßenverkehrs-Zulassungs-Ordnung
SVG	Soldatenversorgungsgesetz v. 26. 7. 1957 in der Fassung der Bek. v. 21. 4. 1983 (BGBl. I 457)

SZ	Entscheidungen des österreichischen Obersten Gerichtshofs in Zivil- und Justizverwaltungssachen
Thomas/Putzo	*Thomas/Putzo* Zivilprozeßordnung[12] (1982)
TÜV	Technischer Überwachungsverein
u. a.	und andere, unter anderem
u. U.	unter Umständen
v.	vom
VAE	Verkehrsrechtliche Abhandlungen und Entscheidungen (1936 – 1944)
Venzmer	*Venzmer* Mitverursachung und Mitverschulden im Schadensersatzrecht (1960)
VersR	Zeitschrift „Versicherungsrecht"
VersWiss.	Zeitschrift „Versicherungswissenschaft, Versicherungspraxis und Versicherungsmedizin" (1947 – 1950, seitdem „Deutsche Versicherungszeitschrift für Sozialversicherung und Privatversicherung")
VerwArch.	Zeitschrift „Verwaltungsarchiv" (1893 – 1942 und seit 1957)
VerwRspr.	Verwaltungsrechtsprechung in Deutschland, Sammlung oberstrichterlicher Entscheidungen aus dem Verfassungs- und Verwaltungsrecht
VG	Verwaltungsgericht
VGH	Verwaltungsgerichtshof
VGT	Deutscher Verkehrsgerichtstag (Veröffentlichung der gehaltenen Referate und erarbeiteten Empfehlungen durch die Deutsche Akademie für Verkehrswissenschaft)
VkBl.	Verkehrsblatt
VkRdsch.	Zeitschrift „Verkehrsrundschau"
VM	Zeitschrift „Verkehrsrechtliche Mitteilungen"
VN	Der Versicherungsnehmer, Zeitschrift
VO	Verordnung
Vorb.	Vorbemerkung
VP	Zeitschrift „Die Versicherungspraxis" (1903 – 1943 und seit 1950)
VR	Verkehrsrechtliche Rundschau (1921 – 1944)
VRS	Verkehrsrechtssammlung (zitiert nach Band und Seite)
VVG	Gesetz über den Versicherungsvertrag
VW	Versicherungswirtschaft, Halbmonatsschrift der deutschen Individualversicherung
VwGO	Verwaltungsgerichtsordnung
VwV-StVO	Allgemeine Verwaltungsvorschrift zur Straßenverkehrsordnung v. 24. 11. 1970 (VkBl. 1970 758, berichtigt VkBl. 1971 30, zuletzt geändert VkBl. 1980 520)
Wahrendorf	*Wahrendorf* Die Prinzipien der Beweislast im Haftungsrecht (1976)
Walter	*Walter* Die Haftung des Kraftfahrzeughalters (1962) *Walter* Die Regulierung des Kraftfahrzeugschadens[4] (1973)
WarnJ	Jahrbuch der Entscheidungen zum BGB und den Nebengesetzen, begründet v. Warneyer (1900 – 1938)
WarnRspr.	Rechtsprechung des RG (siehe RGWarn.)
WHG	Wasserhaushaltsgesetz
WJ	Informationen zum Versicherungs- und Haftpflichtrecht, herausgegeben von *Wussow*
WM	Zeitschrift „Wertpapiermitteilungen"
Wussow	*Wussow* Das Unfallhaftpflichtrecht[12] (1975) *Wussow* Systematik des Haftpflichtrechts (1958)
Wussow/Küppersbusch	*Wussow/Küppersbusch* Ersatzansprüche bei Personenschaden[3] (1981)

ZA	Zusatzabkommen v. 3. 8. 1959 zum NATO-Truppenstatut (BGBl. 1961 II 1218)
ZAkDR	Zeitschrift der Akademie für Deutsches Recht
ZBR	Zeitschrift für Beamtenrecht (1929 – 1943 und seit 1953)
ZDG	Zivildienstgesetz i. d. F. v. 29. 9. 1983 (BGBl. I 1221, 1370)
ZfS	Zentralblatt für Sozialversicherung
ZfV	Zeitschrift für Versicherungswesen
ZMR	Zeitschrift für Miet- und Raumrecht
ZPO	Zivilprozeßordnung
ZRP	Zeitschrift für Rechtspolitik
zust.	zustimmend
zutr.	zutreffend
ZVkWiss.	Zeitschrift für Verkehrswissenschaft (1923 – 1944 und seit 1948)
ZVersWiss.	Zeitschrift für die gesamte Versicherungswissenschaft (1901 – 1943 und seit 1960)
ZVR	Zeitschrift für Verkehrsrecht
zw.	zweifelhaft
ZZP	Zeitschrift für Zivilprozeß (1879 – 1943 und seit 1950)

I. Straßenverkehrsgesetz

Vorbemerkungen

Übersicht

Schrifttum

Zur Gefährdungshaftung allgemein s. bei § 7

Zum internationalen Haftungsrecht

Hepting „Gastarbeiterunfälle" in der neuesten Rechtsprechung zum internationalen Deliktsrecht – wann ist bei Auslandsunfällen deutsches Recht anwendbar? DAR **1983** 97; *Kittke* Die Regulierung von Kfz.-Unfällen zwischen der BRD und der DDR DAR **1976** 281; *Lorenz* International-privatrechtliche Probleme des Straßenverkehrsrechts DAR **1983** 273; *Mansel* Zur Kraftfahrzeughalterhaftung in Auslandsfällen VersR **1984** 97; *Mummenhoff* Ausnahmen von der lex loci im internationalen Privatrecht NJW **1975** 476; *Nanz* Zur Bestimmung des Deliktsstatuts im englischen, französischen und italienischen Privatrecht VersR **1981** 212; *Seetzen* Das anzuwendende Recht bei Verkehrsunfällen mit Ausländern, insbesondere Gastarbeitern NJW **1972** 1643; *Voigt* Die Geltendmachung von Ansprüchen deutscher Geschädigter aus Kfz.-Haftpflichtschäden gegen Ausländer NJW **1976** 451.

I. Das Rechtsinstitut der Gefährdungshaftung

1 1. Wesen und Herkunft

Den Haftungsvorschriften des StVG liegt der Gedanke zugrunde, daß für besonders gefährliche Unternehmungen eine vom Verschulden unabhängige gesetzliche Haftpflicht zu begründen sei. Diese „Gefährdungshaftung" wurde im wesentlichen im Zuge der Entwicklung der Technik und insbesondere des technischen Massenverkehrs im 19. und 20. Jahrhundert von der Gesetzgebung (und teilweise auch der Rechtsprechung) geschaffen und ständig fortentwickelt. Ein historisches Vorbild hat sie jedoch in der dem römischen und auch dem früheren deutschen Recht bekannten Verantwortlichkeit des Inhabers der Hausgewalt für das Verhalten der seiner Gewalt unterworfenen Menschen und Tiere, die teilweise auch Eingang in das BGB (§ 833) gefunden hat.

2 2. Gefährdungshaftung außerhalb des Straßenverkehrs

a) Eisenbahnen. Der Gedanke, daß für besonders gefährliche Unternehmungen eine von Verschulden unabhängige, gesetzliche Haftpflicht zu begründen sei, hatte schon der Vorschrift des § 25 preußisches Gesetz über die Eisenbahnunternehmungen vom 3. 11. 1838 (GS S. 505) zugrundegelegen, wonach die Gesellschaft zum Ersatz allen Schadens an beförderten Personen und Sachen und an anderen Personen und deren Sachen verpflichtet wurde; eine Entlastungsmöglichkeit bestand nur bei eigener Schuld des Beschädigten und bei unabwendbarem äußeren Zufall. Durch das Gesetz betr. die Verbindlichkeit zum Schadenersatz für die bei dem Betriebe von Eisenbahnen, Bergwerken etc. herbeigeführten Tötungen und Körperverletzungen vom 7. 6. 1871 (RGBl. S. 207; RHaftpflG) wurde die Haftung des Eisenbahnunternehmers für Personenschäden reichseinheitlich geregelt und dem Landesrecht entzogen. Nach § 1 dieses Gesetzes haftete der Unternehmer für bei dem Betrieb der Eisenbahn entstandene Personenschäden, sofern er nicht beweisen konnte, daß der Unfall durch höhere Gewalt oder eigenes Verschulden des Verletzten verursacht wurde. Die Haftung für Sachschäden blieb zunächst noch der landesrechtlichen Regelung vorbehalten (vgl. Art. 105, 3 EGBGB), soweit nicht (bei beförderten Sachen) Vertragsrecht eingriff. Erst das Gesetz über die Haftpflicht der Eisen- und Straßenbahnen für Sachschaden vom 29. 4. 40 (RGBl. I S. 691) brachte auch insoweit die Rechtseinheit. Die beiden Reichsgesetze wurden 1978 durch das HaftpflG v. 4. 1. 1978 (BGBl. I S. 145) ersetzt.

3 **b) Luftverkehr.** Als Ersatz für das dem Grundeigentümer durch § 905 BGB entzogene Verbietungsrecht billigte ihm das RG (RGZ **100** 69; **101** 102) einen Anspruch auf Ersatz des Schadens zu, der durch die Betriebsgefahr des Luftverkehrs angerichtet worden ist, ohne daß etwa ein Verschulden des Unternehmers nachgewiesen zu werden brauchte. Dieser Rechtsentwicklung folgte dann auch der Gesetzgeber, indem er im Luftverkehrsgesetz vom 1. 8. 22 (RGBl. I S. 681) – noch weit über das RHaftpflG. hinaus – dem beim Betrieb eines Luftfahrzeugs durch Unfall Geschädigten einen Anspruch auf Schadenersatz auch dann gab, wenn höhere Gewalt vorliegt; lediglich für die beförderten Personen und Sachen wurde die Gefährdungshaftung durch die Möglichkeit eines Entlastungsbeweises eingeschränkt (vgl. §§ 33, 44, 45 LuftVG).

4 **c) Sonstige Bereiche.** Als weitere Beispiele einer gesetzlich geregelten Gefährdungshaftung seien genannt die Haftung des Inhabers von Kernenergieanlagen

(§ 25 i. V. m. § 7 AtomG) und die Haftung für die Verursachung von Schäden, die einem anderen durch eine nachteilige Veränderung des Wassers entstehen (§ 22 WHG).

d) Erweiterung der Gefährdungshaftung. Eine Ausdehnung der verschuldensunabhängigen Haftung auf andere Bereiche ist angesichts der fortschreitenden technischen Entwicklung diskutierbar. Sie erfordert jedoch ein Tätigwerden des Gesetzgebers (wie z. B. in § 2 Abs. 1 Satz 3 des aus formellen Gründen vom BVerfG für nichtig erklärten Staatshaftungsgesetzes v. 26. 6. 1981, BGBl. I S. 553, für das Versagen technischer Einrichtungen). Eine Gefährdungshaftung ohne gesetzliche Grundlage ist abzulehnen (vgl. BGHZ **54** 332; BGH NJW **1975** 685: kein Anspruch aus Gefährdungshaftung bei Versagen einer Lichtsignalanlage). Zu einer Quasi-Gefährdungshaftung gelangt die Rechtsprechung allerdings insoweit, als sie eine Beweislastumkehr oder einen Anscheinsbeweis für das Verschulden zuläßt (vgl. § 16, 290). **5**

3. Entwicklung der Gefährdungshaftung bei Kraftfahrzeugen

a) Entwurf von 1906. In enger Anlehnung an § 1 RHaftpflG lautete § 1 des 1906 von der Regierung vorgelegten Entwurfs eines Gesetzes über die Haftpflicht für den bei dem Betriebe von Kraftfahrzeugen entstehenden Schaden (BR-Drucks. Nr. 7/1906): **6**

„Wird bei dem Betrieb eines Kraftfahrzeugs ein Mensch getötet oder körperlich verletzt oder eine Sache beschädigt, so ist der Betriebsunternehmer verpflichtet, dem Verletzten den daraus entstehenden Schaden zu ersetzen...

Die Ersatzpflicht ist ausgeschlossen, wenn der Unfall durch höhere Gewalt oder durch eigenes Verschulden des Verletzten verursacht worden ist. Im Falle der Beschädigung einer Sache steht das Verschulden desjenigen, welcher die tatsächliche Gewalt über die Sache ausübt, dem Verschulden des Verletzten gleich."

Die Begründung besagte dazu:

„Während vor dem Erlasse des Bürgerlichen Gesetzbuchs Automobile nur wenig auf öffentlichen Wegen verkehrten, hat in den letzten Jahren der Automobilverkehr in Deutschland bedeutend zugenommen. So erfreulich die Entwicklung dieses aussichtsreichen Verkehrsmittels und des darauf begründeten Industriebetriebs ist, so geht doch damit zugleich eine starke Vermehrung der durch Automobile verursachten Unfälle Hand in Hand. Zur Verhütung und zum Ausgleiche solcher Unglücksfälle hat sich das geltende bürgerliche Recht nicht als ausreichend erwiesen, auch nicht in Verbindung mit den erlassenen Polizeivorschriften. Denn wenn auch diese Vorschriften im Sinne des § 823 des Bürgerlichen Gesetzbuchs als Gesetze anzusehen sind, die den Schutz eines anderen bezwecken, so bedarf es doch, um die Schadensersatzpflicht zu begründen, neben dem Beweis eines Verstoßes gegen die polizeiliche Vorschrift noch des weiteren Nachweises, daß der Verstoß auf einem Verschulden beruht (§ 823 Abs. 2). Der Nachweis eines Verschuldens ist aber bei den durch Automobile veranlaßten Schäden mit besonderen Schwierigkeiten verknüpft. Die Raschheit, mit der sich die Vorgänge abspielen, die Erregung, in welcher sich der Geschädigte im Augenblicke des Unfalls befindet, sowie der Umstand, daß sehr häufig außer den Beteiligten keine Zeugen vorhanden sind, machen es nicht selten unmöglich, die näheren Umstände des Falles in der Weise festzustellen, wie es nach dem geltenden Rechte zur Begründung der Klage erforderlich ist. Gelingt es aber auch, ein Verschulden nachzuweisen, so wird dieses in der Regel nur den Lenker des Fahrzeugs treffen, dessen Haftung für den Verletzten meist ohne praktischen Nutzen ist; der Unternehmer selbst bleibt von der Haftung frei. Vollständig versagt das geltende Recht in den Fällen, in welchen der Unfall überhaupt nicht durch ein Verschulden, sondern durch die dem Automobilverkehr als solchem innewohnende Gefährlichkeit herbeigeführt worden ist.

Eine schärfere Regelung der Haftpflicht erscheint im Interesse der Sicherheit des Verkehrs geboten. Es entspricht auch der Billigkeit, daß der Unternehmer eines mit gemeiner Gefahr verbundenen Betriebs für den aus dem Betrieb entstehenden Schaden ohne Rücksicht auf eigenes Verschulden verantwortlich gemacht wird. Die Gefahren des Automobilbetriebs beruhen namentlich darauf, daß die Kraftfahrzeuge zur Entwicklung einer ungewöhnlichen Geschwindigkeit imstande und regelmäßig auch bestimmt sind. Infolge der erhöhten Geschwindigkeit ist die Zahl der Überholungen und Begegnungen mit anderen Fahrzeugen erheblich größer als bei gewöhnlichen Fuhrwerken; gerade beim Ausweichen und Überholen entstehen aber erfahrungsgemäß die meisten Unfälle, indem der Führer des Kraftfahrzeugs die in Betracht kommenden stets wechselnden Verhältnisse, wie die Geschwindigkeit des eigenen Fahrzeugs, die Entfernung und Bewegung anderer Fahrzeuge oder die Beschaffenheit der Fahrbahn fehlerhaft berechnet oder unrichtig einschätzt. Die große Lenkbarkeit der Kraftfahrzeuge ist zwar geeignet, manchen Zusammenstoß zu vermeiden, anderseits wird es aber dadurch, daß Automobile nicht auf Gleisen fahren und in der Lage sind, rasche Wendungen zu machen, wesentlich erschwert, ihnen auszuweichen. Hiervon abgesehen, darf von einer Verschärfung der Haftpflicht erhofft werden, daß größere Vorsicht Platz greifen und damit eine Herabminderung der Zahl der Unfälle eintreten wird."

Es sollte also nach dem Entwurf 1906 gehaftet werden bis zur höheren Gewalt, und die Haftpflicht sollte den Betriebsunternehmer treffen.

7 **b) Gegenentwurf.** Der Gegenentwurf wollte in jenen beiden Punkten – Haftung bis zur höheren Gewalt und Haftung des Betriebsunternehmers – eine Änderung erzielen, indem die Haftung nur für Verschulden (eigenes oder das des Personals) und für Fehler des Materials – mit Auferlegung der Beweislast an den Haftpflichtigen – vorgeschlagen und als Haftpflichtiger der Halter des Fahrzeugs bezeichnet wurde:

„Wird bei dem Betriebe eines Kraftfahrzeugs ein Mensch getötet oder körperlich verletzt oder eine Sache beschädigt, so ist derjenige, für dessen Rechnung das Fahrzeug betrieben wird (der Halter des Fahrzeugs), verpflichtet, dem Verletzten den daraus entstehenden Schaden zu ersetzen, es sei denn, daß der Schaden weder auf Betriebsfehler oder auf Betriebsstörungen noch auf ein Verschulden des Fahrzeughalters zurückzuführen ist. Dem Verschulden des Fahrzeughalters steht das Verschulden desjenigen, dessen er sich zur Führung des Fahrzeugs bedient, gleich."

8 **c) Entwurf von 1908.** Diesen Gedanken des Gegenentwurfs schloß sich der – nicht mehr lediglich die Haftpflicht regelnde, sondern zu einem „Gesetz für den Verkehr mit Kraftfahrzeugen" erweiterte – Entwurf 1908 an. Sein § 1 lautete:

„Wird durch ein im Betriebe befindliches Fahrzeug ein Mensch getötet, der Körper oder die Gesundheit eines Menschen verletzt oder eine Sache beschädigt, so ist der Halter des Kraftfahrzeugs verpflichtet, dem Verletzten den daraus entstehenden Schaden zu ersetzen.

Die Ersatzpflicht ist ausgeschlossen, wenn der Schaden weder durch ein Verschulden des Fahrzeughalters oder einer von ihm zur Führung des Fahrzeugs bestellten oder ermächtigten Person noch durch fehlerhafte Beschaffenheit des Fahrzeugs oder Versagen seiner Verrichtungen verursacht worden ist."

In *erster Lesung* gelangten folgende zwei Änderungsanträge zur Abstimmung:

Nr. 1: Wird bei dem Betrieb eines Kraftfahrzeugs ein Mensch getötet, der Körper oder die Gesundheit eines Menschen verletzt oder eine Sache beschädigt, so ist der Halter des Kraftfahrzeugs verpflichtet, dem Verletzten den daraus entstehenden Schaden zu ersetzen, es sei denn, daß der Unfall durch ein unabwendbares äußeres Ereignis oder durch eigenes Verschulden des Verletzten verursacht worden ist. Im Falle ... usw., wie Entwurf von 1906.

Nr. 2: Die Ersatzpflicht ist ausgeschlossen, wenn der Schaden durch höhere Gewalt oder durch eigenes Verschulden des Verletzten verursacht worden ist.

Ist der Schaden durch ein Kraftfahrzeug verursacht, das zur Zeit des Unfalls dem Berufe oder der Erwerbstätigkeit des Fahrzeughalters diente, so ist die Ersatzpflicht ausgeschlossen, wenn der Schaden weder durch ein Verschulden des Fahrzeughalters oder einer von ihm zur

Führung des Fahrzeugs bestellten oder ermächtigten Person, noch durch fehlerhafte Beschaffenheit des Fahrzeuges oder Versagen seiner Vorrichtungen verursacht worden ist.

Antrag 1 wurde angenommen, 2 abgelehnt (KommBer. S. 8).

Damit war also in erster Lesung die dem RHaftpflG nachgebildete Haftung bis zur höheren Gewalt, gemildert in Anlehnung an die Tierhalterhaftung nach § 833 Satz 2 BGB, abgelehnt und der Begriff des „unabwendbaren äußeren Ereignisses" eingeführt worden, „weil die Judikatur des RG über den Begriff ‚höhere Gewalt' teilweise als abwegig bezeichnet werden müsse. Das österreichische Gesetz und die Materialien dazu führten übrigens ausführlich aus, was unter unabwendbarem Ereignis zu verstehen sei: die höhere Gewalt im Sinne der *herrschenden* Theorie und Judikatur und ferner ein *sonstiges* äußeres unabwendbares Ereignis. Der Begriff gehe also weiter als höhere Gewalt" (KommBer. S. 7/8).

In *zweiter Lesung* war beantragt, die Vorschriften über die Haftpflicht zu fassen:

„Die Ersatzpflicht ist ausgeschlossen, wenn der Unfall durch ein unabwendbares Ereignis verursacht wird, das weder auf einem Fehler in der Beschaffenheit des Fahrzeugs, noch auf einem Versagen seiner Verrichtungen beruht. Als unabwendbar gilt ein Ereignis insbesondere dann ..." usw., wie dann Gesetz geworden.

Dazu bemerkt der KommBer (S. 9):

„Der Antrag bezweckt, den in der ersten Lesung aufgenommenen Begriff des unabwendbaren äußeren Ereignisses schärfer zu umgrenzen und sein Verhältnis zu der fehlerhaften Beschaffenheit des Fahrzeugs und dem Versagen seiner Verrichtungen festzustellen. ... Bei der Fassung nach Beschlüssen in erster Lesung ... sei es nicht ausgeschlossen gewesen, daß die Judikatur des Reichsgerichts, die bei Anwendung des Begriffs „höhere Gewalt" in einzelnen Fällen bedenklich weit gegangen sei, dennoch, obgleich dies die Absicht der Kommission nicht sei, hierher übernommen werden könnte. Deshalb habe man sich entschlossen, den Begriff des unabwendbaren Ereignisses noch näher zu umgrenzen."

Der Antrag wurde angenommen (KommBer. S. 9).

II. Entstehungsgeschichte des StVG

1. StVG und KFG 9

Das StVG geht unmittelbar zurück auf das Gesetz über den Verkehr mit Kraftfahrzeugen (KFG) vom 3. 5. 1909 (RGBl. S. 437). Dieses Gesetz wurde mit verschiedenen Änderungen und unter der neuen Bezeichnung „Straßenverkehrsgesetz" aufgrund Art. 8 des Gesetzes zur Sicherung des Straßenverkehrs vom 19. 12. 1952 (BGBl I S. 832) neu bekanntgemacht. Es ist in dieser Fassung in Kraft getreten am 23. 1. 1953.

Das KFG als Vorläufer des StVG 1952 war aus einem Gesetzentwurf hervorgegangen, der ursprünglich nur die Haftpflicht wegen Unfällen im Kraftfahrzeugverkehr regeln wollte. Mit dem Anwachsen des Kraftfahrzeugverkehrs hatten die Unfälle zu Anfang des Jahrhunderts eine bis dahin unbekannte Höhe erreicht. Der Ruf nach Maßnahmen gegen die im Reichstag mehrfach so bezeichnete „Autoraserei", insbesondere nach Verschärfung der die Haftpflicht aus Unfällen regelnden Bestimmungen erhob sich allgemein. So wurde denn zunächst der „Entwurf eines Gesetzes über die Haftpflicht für den bei dem Betrieb von Kraftfahrzeugen entstehenden Schaden" am 10. 1. 1906 dem Bundesrat zur Beschlußfassung vorgelegt (Drucksachen des Bundesrates, Session 1906, Nr. 7). Der Entwurf war als rein zivilrechtlichen Inhalts im Reichsjustizamt ausgearbeitet worden. 10

11 In einem neuen Entwurf (Drucksachen des Bundesrats, Session 1908 Nr. 62) wurde ein Abschnitt „Verkehrsvorschriften" angefügt. Die Regelung des Verkehrs war bis dahin nicht der Reichszuständigkeit unterworfen; jedoch hatte der Bundesrat „Grundzüge, betr. den Verkehr mit Kraftfahrzeugen" vom 3. 5. 1906 aufgestellt, die von den Ländern teils im Gesetzes-, teils im Verordnungsweg mit Wirkung vom 1. 10. 1906 eingeführt worden waren. Mit dem KFG vom 3. 5. 1909 hatte das Reich die Kompetenz für das Gebiet des Kraftfahrzeugverkehrs an sich gezogen.

12 Das KFG 1909 war nach Überschrift und Inhalt nicht ein Gesetz über den Verkehr mit Kraftfahrzeugen überhaupt, sondern ein Gesetz über den Verkehr mit Kraftfahrzeugen zur Abwendung von Schäden aus solchem Verkehr. Das zeigt sich insbesondere in den Gefahrverhütung bezweckenden Bestimmungen über Fahrzeug und Führer und in den Verkehrsvorschriften, ferner in den die Ersetzung von Unfallschäden regelnden Haftpflichtbestimmungen. Gedacht war das Gesetz als Maßnahme zum Schutze der unbeteiligten Öffentlichkeit; das kam, abgesehen von den Beratungen, namentlich zum Ausdruck in den Vorschriften, daß die Fahrzeuge verkehrssicher sein müssen, und im Ausschluß der Haftpflicht für Unfallschäden der Insassen und Betriebstätigen.

13 An diesem Charakter des KFG als eines Gesetzes zum Schutze vor den Unzuträglichkeiten des Kraftverkehrs, also zur Erhaltung der Ordnung und Sicherheit auf den Straßen, hat auch das VerkSichG vom 19. 12. 1952 nichts geändert. Die Haftpflichtbestimmungen wurden ohnehin unverändert in das StVG übernommen. Auch aus der Änderung der Gesetzesbezeichnung können keine Schlüsse auf eine etwa beabsichtigte Änderung des Anwendungsbereichs der Haftpflichtnormen (z. B. eine Beschränkung auf den Verkehr auf öffentlichen Straßen) gezogen werden.

14 **2. Die einzelnen Änderungen des Gesetzes**

Änderungen der Haftungsvorschriften des StVG wurden im wesentlichen durch folgende Gesetze bewirkt:
- Gesetz vom 23. 12. 1922 (RGBl. 1923 I S. 1): Änderung des § 12;
- Gesetz vom 21. 7. 1923 (RGBl. I S. 743): Änderung der Begriffsbestimmung des Kraftfahrzeugs in § 1 Abs. 2 und des § 8;
- Gesetz vom 10. 8. 1937 (RGBl. I S. 901): Änderung des § 12;
- Gesetz vom 7. 11. 1939 (RGBl. I S. 2223): Neuregelung der Haftung bei Schwarzfahrt und gegenüber Insassen, Änderung des § 12;
- Gesetz über Maßnahmen auf dem Gebiet des Verkehrsrechts vom 16. 7. 1957 (BGBl. I S. 710): Erweiterung der Haftpflicht durch Streichung des § 8 Abs. 2 und Einfügung des § 8a, Änderung des § 12;
- Gesetz vom 15. 9. 1965 (BGBl. I S. 1362): Änderung des § 12;
- Gesetz vom 3. 12. 1976 (BGBl. I S. 3281): Änderung des § 13 Abs. 2;
- Gesetz zur Änderung schadensersatzrechtlicher Vorschriften vom 16. 8. 1977 (BGBl. I S. 1577): Änderung der §§ 12 und 14.

III. Internationales Haftungsrecht

15 **1. Maßgeblichkeit des Tatortrechts**

Von den unter Rdn. 17ff. behandelten Ausnahmen abgesehen, gilt nach dem deutschen Kollisionsrecht (vgl. Art. 12 EGBGB) für die Delikts- wie für die Gefährdungshaftung das Recht des Tatorts (RGZ **96** 96; BGHZ **23** 65; BGH NJW **1976** 1588). Bei Verkehrsunfällen im Geltungsbereich des Grundgesetzes gelten also StVG, BGB usw. auch dann, wenn hieran Ausländer beteiligt sind, bei Unfällen im Ausland gilt das Haftungsrecht des betreffenden Staates, bei Unfällen in der DDR deren Haftungsrecht. Rück- und Weiterverweisungen sind zu beachten.[1]

Tatort ist der Ort, an dem das schädigende Ereignis stattgefunden hat (BGHZ **25** 16
65), sowie jener, an dem der schädigende Erfolg, die Rechtsgutsverletzung, eingetreten ist (BGHZ **52** 108). Im Verkehrshaftpflichtrecht werden beide in aller Regel zusammentreffen. Der Eintritt weiterer Schadensfolgen ist für die Frage des anzuwendenden Rechts ohne Belang (RGZ **140** 29; BGHZ **52** 108; BGH NJW **1977** 1590). Daher richten sich z. B. auch die Unterhaltsersatzansprüche im Ausland lebender Hinterbliebener eines bei einem Unfall in Deutschland Getöteten nach deutschem Recht (BGH VersR **1978** 231).

2. Ausnahmen

a) Bei **deutscher Staatsangehörigkeit von Schädiger und Geschädigtem** gilt nach § 1 17
der VO über die Rechtsanwendung bei Schädigungen deutscher Staatsangehöriger außerhalb des Reichsgebiets v. 7. 12. 1942 (RGBl. I 706) auch bei Unfällen im Ausland das deutsche Haftungsrecht (BGHZ **34** 222), jedoch nur dann, wenn die Beteiligten auch ihren gewöhnlichen Aufenthalt im Bereich der deutschen Rechtsordnung haben (BGHZ **87** 95; BGH NJW **1983** 2771 = JR **1984** 62 m. Anm. *Hohloch*). Dies gilt auch, wenn deutsche juristische Personen durch einen Deutschen im Ausland geschädigt werden (§ 1 Abs. 2 der VO; vgl. BayObLG VersR **1982** 371). Beteiligung als Versicherer genügt nicht. Der spätere Übergang des Anspruchs auf eine Person mit anderer Staatsangehörigkeit ist ohne Einfluß. Ist nur einer von mehreren für den Unfall eines Deutschen Verantwortlichen ebenfalls Deutscher, so gilt im Verhältnis zu diesem das Heimat-, im übrigen das Tatortrecht.

Bei Unfällen in der **DDR** gelten die vorstehenden Grundsätze jedenfalls bei 18
Deutschen, die in der Bundesrepublik ihren gewöhnlichen Aufenthalt haben, entsprechend. Hat ein Unfallbeteiligter jedoch seinen gewöhnlichen Aufenthalt in der DDR, so ist sein Personalstatut das dortige Recht, so daß es bei der Anwendung des Tatortrechts verbleibt. Ebenso verhält es sich bei Unfällen zwischen Bewohnern der Bundesrepublik und der DDR in Drittländern.

b) Bei gemeinsamer ausländischer Staatsangehörigkeit ist in entsprechender An- 19
wendung der sich aus der VO vom 7. 12. 1942 (Rdn. 17) ergebenden Rechtsgedanken das Heimatrecht der Beteiligten dann anzuwenden, wenn ihre Beziehungen zum Tatortland nur vorübergehender Natur sind (BGHZ **57** 265). Die Abwicklung des Unfalls zwischen niederländischen Urlaubern in Deutschland richtet sich daher nach deutschem Recht. Haben die Ausländer dagegen im Tatortland ihren gewöhnlichen Aufenthalt (z. B. Gastarbeiter), so verbleibt es bei der Maßgeblichkeit des Tatortrechts (BGHZ **57** 265). Auch wenn nach vorstehenden Grundsätzen das gemeinsame Heimatrecht anzuwenden ist, ist eine evtl. Weiterverweisung zu beachten. So ist z. B. beim Unfall zweier Türken in Jugoslawien an sich türkisches Recht maßgeblich; dieses verweist jedoch auf das jugoslawische Recht weiter (OLG Köln

[1] LG Schweinfurt IPRax **1981** 26; LG Nürnberg-Fürth VersR **1980** 955 m. zust. Anm. *Dörner; Soergel/Kegel* Art. 12 EGBGB 64; *MünchKomm/Kreuzer* Art. 12 EGBGB 28; *Jayme* IPrax **1981** 17; *Hepting* DAR **1983** 100; **a. A.** *Nanz* VersR **1981** 217.

NJW **1980** 2646 m. Anm. *Kropholler*, s. a. OLG Hamm, VersR **1979** 976, für das iranische Recht).

20 c) **Der gemeinsame gewöhnliche Aufenthalt** in einem anderen als dem Tatortland wird verschiedentlich ebenfalls als ausreichend angesehen, um die Maßgeblichkeit des Tatortrechts auszuschließen. So hat z. B. das LG Frankfurt (IPRspr **1975** Nr. 20) auf einen Unfall in Ungarn, an dem in Deutschland tätige Gastarbeiter jugoslawischer Staatsangehörigkeit beteiligt waren, deutsches Recht angewandt, desgleichen das LG Köln (VersR **1977** 831) bei einem Unfall in Jugoslawien zwischen einem Deutschen und einem in Deutschland arbeitenden Türken. Vereinzelt wurde sogar bei gleicher Staatsangehörigkeit der Beteiligten auf den gemeinsamen gewöhnlichen Aufenthalt abgestellt, also z. B. beim Unfall in Bulgarien zwischen türkischen Gastarbeitern mit gewöhnlichem Aufenthalt in Deutschland deutsches Recht angewandt (KG NJW **1981** 1162; s. a. LG Berlin VersR **1979** 750; AG Berlin-Charlottenburg DAR **1981** 16). Diese Rechtsprechung ist jedenfalls dann abzulehnen, wenn einer der Beteiligten die Staatsangehörigkeit des Tatortlandes besitzt (vgl. BGH NJW **1977** 496; OLG München IPRspr. **1978** Nr. 20; OLG Hamm IPRspr. **1978** Nr. 22), begegnet aber auch darüber hinaus Bedenken, weil sie der rechtlichen Grundlage entbehrt (vgl. jetzt aber BGH VersR **1984** 542).

21 d) Die **gemeinsame Zulassung und Versicherung des Fahrzeugs** in einem anderen als dem Tatortland reicht nach deutschem internationalem Privatrecht ebenfalls nicht aus, um eine Ausnahme von der Anwendung des Tatortrechts zu begründen (BGH NJW **1977** 496; KG VersR **1983** 495). Dagegen knüpft Art. 4 des (derzeit in Belgien, Frankreich, Jugoslawien, Luxemburg, Niederlande, Österreich, Portugal und der Tschechoslowakei geltenden) Haager Übereinkommens über das auf Straßenverkehrsunfälle anzuwendende Recht vom 4. 5. 1971 ohne Rücksicht auf die Staatsangehörigkeit oder den gewöhnlichen Aufenthalt der beteiligten Fahrer an den gemeinsamen Registrierungsort der Fahrzeuge an. Auf diesem Wege kann es bei Auslandsunfällen zu einer Rückverweisung auf das deutsche Recht kommen (z. B. beim Unfall zwischen einem Deutschen und einem in Deutschland tätigen jugoslawischen Gastarbeiter in Jugoslawien; vgl. LG Nürnberg-Fürth VersR **1980** 955 m. Anm. *Dörner; Lorenz* DAR **1983** 278).

22 3. Beschränkung der Anwendung ausländischen Rechts bei Ansprüchen gegen Deutsche

Nach Art. 12 EGBGB haftet ein Deutscher auch bei Anwendung ausländischen Tatortrechts nur insoweit, als er auch nach deutschem Recht haften würde (vgl. BGH VersR **1977** 374). Er kann sich daher auch auf die Verjährungsregeln des deutschen Rechts berufen. Die Bestimmung des Haftungsumfangs richtet sich jedoch nicht ausschließlich nach Deliktsrecht; auch andere Ansprüche sind zu berücksichtigen.

23 4. Anwendungsbereich des Deliktsstatuts

Das nach den vorstehenden Grundsätzen ermittelte Deliktsstatut entscheidet über alle die Haftungsbegründung und den Haftungsumfang betreffenden Fragen (z. B. Haltereigenschaft [hierzu *Mansel* VersR **1984** 102], Schuldfähigkeit, Verschuldensgrad, Mitverschulden, Haftungsausschluß, Verjährung). Die Vorfrage (für § 10 Abs. 2 StVG, § 844 Abs. 2 BGB), ob ein Unterhaltsanspruch besteht, ist jedoch nach den hierfür geltenden Kollisionsregeln anzuknüpfen (vgl. BGH VersR **1978** 346).

Die für den Unfallort geltenden Verkehrsregeln sind unabhängig vom Deliktsstatut stets verbindlich (BGHZ **57** 265); dies gilt jedoch nicht für die Frage, ob ein Verstoß grob fahrlässig war (BGH VersR **1978** 541). Zur Erstreckung des Deliktsstatuts auf den Direktanspruch gegen den Haftpflichtversicherer s. § 16, 633.

5. Hinweise zu den Regelungen in anderen Ländern **24**

Auf Einzelheiten der Haftpflichtbestimmungen in anderen Ländern kann hier nicht eingegangen werden. Nachfolgende Hinweise auf Literatur und Entscheidungen zu den Regelungen einzelner Länder (alphabetisch geordnet) können jedoch weiterhelfen.

Belgien: *Stummvoll* DAR **1963** 201.

DDR: *Kittke* DAR **1977** 232 (Schmerzensgeld); *Weigelt* DAR **1978** 43 (Verkehrsvorschriften).

Frankreich: *Philipp* DAR **1970** 40; *Sievers* VersR **1971** 99; *Kwalo* VersR **1971** 288 (immaterielle Schäden); *Hübner* VersR **1980** 795 (Verkehrssicherungspflicht); *Zwerger/Heirich* DAR **1983** 109; *Böhm* DAR **1983** 118 (Schmerzensgeld).

Großbritannien: *Kämmer* VersR **1973** 17; *Kötz* VersR **1979** 585.

Italien: *Allwag/Maggiani* DAR **1962** 221, 249; *Wrangel* VersR **1982** 628; *Zwerger/Heirich* DAR **1983** 103; *Böhm* DAR **1983** 120 (immaterieller Schaden).

Jugoslawien: *Grosmann* AnwBl. **1976** 146; *Peuster* VersR **1977** 795; *Zwerger/Heirich* DAR **1983** 104; *Böhm* DAR **1983** 121 (immaterieller Schaden).

Niederlande: *Faber* DAR **1968** 180; *van den Reijden* DAR **1967** 41; *Lill* DAR **1971** 38.

Österreich: *Dittrich* DAR **1972** 225, **1976** 29 und **1977** 29 (Verkehrsvorschriften); *Zwerger/Heirich* DAR **1983** 107; *Böhm* DAR **1983** 116 (Schmerzensgeld).

Polen: *Lammich* VersR **1979** 798.

Portugal: *Bujan* VersR **1978** 307.

Schweden: *Igney* VersR **1977** 16; *Lange-Fuchs* VersR **1977** 701; Voigt DAR **1978** 9.

Schweiz: *Zwerger/Heirich* DAR **1983** 108; *Böhm* DAR **1983** 117 (Schmerzensgeld); *Hofmann* VersR **1983** 1093 (Wert der Hausfrauenarbeit).

Spanien: *Peuster* DAR **1977** 291; *Mittelmeier* VersR **1979** 1085 und **1980** 901; *Zwerger/Heirich* DAR **1983** 106.

Türkei: KG VersR **1983** 495 u. OLG Celle VersR **1983** 642 (Schmerzensgeld); *Dural* VersR **1984** 106 (unbefugter Gebrauch eines Kraftfahrzeugs); *Krüger* VersR **1975** 680; *Dural* VersR **1982** 123 (Verjährung).

UdSSR: *Majdanik-Sternik* VersR **1971** 18.

Ungarn: *Visiki* DAR **1976** 141 (Verkehrsvorschriften); *György* VersR **1980** 609 (immaterieller Schaden).

§ 7

Schadensersatzpflicht des Halters und des Schwarzfahrers

(1) Wird bei dem Betrieb eines Kraftfahrzeugs ein Mensch getötet, der Körper oder die Gesundheit eines Menschen verletzt oder eine Sache beschädigt, so ist der Halter des Fahrzeugs verpflichtet, dem Verletzten den daraus entstehenden Schaden zu ersetzen.

(2) Die Ersatzpflicht ist ausgeschlossen, wenn der Unfall durch ein unabwendbares Ereignis verursacht wird, das weder auf einem Fehler in der Beschaffenheit des Fahrzeugs noch auf einem Versagen seiner Verrichtungen beruht. Als unabwendbar gilt ein Ereignis insbesondere dann, wenn es auf das Verhalten des Verletzten oder eines nicht bei dem Betrieb beschäftigten Dritten oder eines Tieres zurückzuführen ist und sowohl der Halter als der Führer des Fahrzeugs jede nach den Umständen des Falles gebotene Sorgfalt beobachtet hat.

(3) Benutzt jemand das Fahrzeug ohne Wissen und Willen des Fahrzeughalters, so ist er an Stelle des Halters zum Ersatz des Schadens verpflichtet; daneben bleibt der Halter zum Ersatz des Schadens verpflichtet, wenn die Benutzung des Fahrzeugs durch sein Verschulden ermöglicht worden ist. Satz 1 findet keine Anwendung, wenn der Benutzer vom Fahrzeughalter für den Betrieb des Kraftfahrzeugs angestellt ist oder wenn ihm das Fahrzeug vom Halter überlassen worden ist.

Übersicht

Schrifttum

Zur Gefährdungshaftung allgemein:

Böhmer Weitere Ausdehnung der schuldlosen Haftung? VersR **1956** 461; *Böhmer* Ist die Halterhaftung eine reine Gefährdungshaftung? VersR **1961** 965; *von Caemmerer* Reform der Gefährdungshaftung (1971); *Deutsch* Methode und System der Gefährdungshaftung, VersR **1971** 1; *Eglin* Die Betriebsgefahr von Kraftfahrzeugen (1970); *Esser* Grundlagen der Entwicklung der Gefährdungshaftung² (1969); *Meyer* Gefährdungshaftung-Verschuldenshaftung, VersR **1957** 1; *Rinck* Die Gefährdungshaftung (1959); *Schultz* Gefährdungshaftung bei nicht öffentlichem Verkehr, VersR **1964** 575; *Weimar* Ist die Halterhaftung eine reine Gefährdungshaftung? VersR **1961** 1072; *Zachert* Gefährdungshaftung und Haftung aus vermutetem Verschulden im deutschen und französischen Recht (1971).

Zur Haftungsbegründung:

Bauer Die Problematik gesamtschuldnerischer Haftung trotz ungeklärter Verursachung, JZ **1971** 4; *Böhmer* Der Begriff des Betriebsunfalls in § 7 KFG und in § 1 RHaftpflG, RdK **1950** 97; *Böhmer* Zur Haftung des Halters eines abgeschleppten Kraftfahrzeugs, JR **1971** 501; *Hartung* Möglichkeiten und Grenzen des zivilen Haftpflichtrechts bei Massenauffahrunfällen, VersR **1981** 696; *Klimke* Probleme der überholenden Kausalität, ZfV **1972** 565, 593 und 719; *Klimke* Überholende Kausalität aus haftpflichtrechtlicher Sicht, ZfV **1972** 750 und 783; *Tschernitschek* Zur Auslegung des Begriffs „Betrieb eines Kraftfahrzeugs" (§ 7 Abs. 1 StVG), VersR **1978** 996; *Weimar* Die gesamtschuldnerische Haftung Beteiligter nach § 830 I 2 BGB, MDR **1960** 463; *Weimar* Schadenersatzanspruch der durch Fernwirkung Geschädigten MDR **1963** 887; *Weimar* Die Haftpflicht bei mehrfachem Überfahren VN **1964** 169; *Weimar* Schreck- und Schockschäden MDR **1964** 987.

Zum Halterbegriff:

Hofmann Minderjährigkeit und Halterhaftung NJW **1964** 228; *Voss* Haltereigenschaft der öffentlichen Verwaltung bei beamten- und privateigenen Kraftfahrzeugen, VersR **1955** 201; *Weimar* Ehegatten als Tier- und Kraftfahrzeughalter, MDR **1963** 366; *Weimar* Wann wird der Dieb eines Kraftfahrzeugs zu dessen Halter? JR **1963** 378; *Weimar* Haftung minderjähriger Halter, ZfV **1964** 1003; *Weimar* Auch eine OHG oder BGB-Gesellschaft kann Halter sein, VP **1965** 163; *Weimar* Kraftfahrzeughaltereigenschaft bei Personengesellschaften, DAR **1976** 65.

Zur Haftung bei unbefugter Benutzung:

Gaisbauer Sicherung von Zugmaschinen gegen Unbefugte, VP **1965** 169; *Hohenester* Sorgfaltspflichten beim Verlassen des Kraftfahrzeugs, DAR **1958** 5; *Ruhkopf* Nachträgliche Genehmigung der Fahrt, VersR **1959** 322; *Weimar* Schwarzfahrt des Betreuers des Kraftfahrzeugs, MDR **1959** 17.

Zum Entlastungsbeweis:

Böhmer Wann muß der geschädigte Halter den Entlastungsbeweis nach § 7 Abs. 2 StVG führen? DAR **1974** 66; *Brüggemann* Hilfspersonen des Kraftfahrzeugführers, DAR **1957** 113; *Engels* Die neuen Erkenntnisse über die Reaktionszeiten des Kraftfahrers DAR **1982** 360; *Gaisbauer* Fahren bei Sturm, VersR **1967** 1034; *Schoreit* Vertrauensgrundsatz bei § 7, NJW **1966** 919; *Spiegel* Die neuen Erkenntnisse über die Reaktionszeiten des Kraftfahrers DAR **1982** 366; *Weimar* Wer ist beim Betrieb eines Kraftfahrzeugs angestellt, beschäftigt oder nur tätig? VP **1960** 148; *Weimar* Mitverschulden des Verletzten und unabwendbares Ereignis, JR **1960** 12; *Wussow* Ist die Ohnmacht des Fahrers ein unabwendbares Ereignis? DAR **1952** 162.

Zur Schadensberechnung:

Berger Berechnung des entgangenen Gewinns beim Ausfall einer Kraftdroschke, VersR **1963** 514; *Berger* Neue Tendenzen bei der Kraftfahrzeughaftung-Nutzungsausfallentschädigung, DAR **1971** 290; *Beuthien* Nutzungsausfallschaden trotz eigener Betriebsreserve? NJW **1966** 1996; *Böhmer* Haftung des Verletzten für Fehler der Kraftfahrzeug-Reparaturwerkstätte, JR **1971** 239; *Bötticher* Schadenersatz für entgangene Gebrauchsvorteile VersR **1966** 301; *Born* Mietwagenkosten VersR **1978** 777; *von Caemmerer* Aufwendungen für eine Haftungsfreistellung bei der Anmietung von Ersatzwagen, VersR **1971** 973; *Darkow* Der Minderwert von Kraftfahrzeugen nach Unfällen und seine Ermittlung, VersR **1975** 207; *Darkow* Der merkantile Minderwert von Kraftfahrzeugen nach der Beseitigung von Unfallschäden, DAR **1977** 62; *Detlefsen* Schadensersatz für entgangene Gebrauchsvorteile (1969); *Dörner* Taxi statt Mietwagen? VersR **1973** 702; *Dörner* Schadensersatzprobleme beim Kraftfahrzeug-Leasing VersR **1978** 884; *Frössler* Nutzungsausfall auch bei unfallbedingter Vereitelung der Nutzungsmöglichkeit, NJW **1972** 1795; *Giesberts* Ersatz der bei der Instandsetzung des Unfallwagens anfallenden Mehrwertsteuer NJW **1973** 181; *Giesen* Der große Preis oder über den Anreiz zu großzügigem Umgang mit Schadensposten aus entgangenem Gewinn bei Kraftfahrzeug-Totalschäden VersR **1979** 389; *Görk* Zur Höhe der ersparten Eigenbetriebskosten bei Benutzung eines Ersatzmietfahrzeugs VersR **1971** 801; *Gotthardt* Zum Herstellungsaufwand des verständigen Mannes, VersR **1975** 977; *Grunsky* Entgangener Urlaub als Vermögensschaden NJW **1975** 609; *Grunsky* Der Ersatz fiktiver Kosten bei der Unfallschadensregulierung NJW **1983** 2465; *Hagen* Entgangene Gebrauchsvorteile als Vermögensschaden? JZ **1983** 833; *Hamann* Methoden und Problematik der Schadensberechnung (1972); *Hartung* Ersatz von Kreditkosten, VersR **1974** 147; *Heldrich* Vergeudung von Freizeit ist kein Vermögensschaden NJW **1967** 1737; *Hermann* Schadensersatz für Reservehaltung, VersR **1964** 991; *Himmelreich* Unfallschäden und ihre Regulierung NJW **1973** 673; *Himmelreich* Finanzierungskosten – ein Alptraum der Kraftfahrzeug-Haftpflichtversicherer NJW **1973** 978; *Himmelreich* Ersatz von Kreditkosten NJW **1974** 1897; *Högenauer* Mehrwertsteuer bei Haftpflichtschäden, VersR **1971** 800; *Hörstel* Keine Haftung des Verletzten für Fehler der Reparaturwerkstatt VersR **1967** 16; *Ikinger* Berechnung des Schadenersatzes für die Aufwendungen bei der Inanspruchnahme eines Selbstfahrermietwagens, VersR **1971** 6; *Kallfelz* Schadensersatzanspruch eines Fahrlehrers wegen Beschädigung seines Schulwagens durch einen Dritten, Fahrschule **1963** Heft 6; *Kirchner* Die fiktive Schadensberechnung bei unfallgeschädigten Kraftfahrzeugen NJW **1971** 1541; *Klimke* Probleme der Berechnung von Sachschäden unter besonderer Berücksichtigung der Differenztheorie, ZfV **1972** 187; *Klimke* Ersatzansprüche eines Taxiunternehmers bei Sachschaden, VersR **1972** 903; *Klimke* Ersatz von Finanzierungskosten aus Anlaß eines Haftpflichtschadens, VersR **1973** 880; *Klimke* Ersatz der Aufwendungen für eine Schadensabteilung des Geschädigten NJW **1974** 81; *Klimke* Vorteilsausgleich bei Anmietung eines kleineren Ersatzfahrzeugs, VersR **1975** 794; *Klimke* Oldtimer in der Schadensregulierung, ZfV **1975** 44; *Klimke* Mißbräuchliche Rechtsausübung beim konstruktiven Totalschaden, VersR **1974** 1063; *Klimke* Erstattungsfähigkeit von Kosten für Vorprozesse, VersR **1981** 17; *Klink* Erstattung von Kosten für Privatgutachten, ZfV **1972** 214; *Klunzinger* Verlust versicherungsvertraglicher Vergünstigungen, NJW **1969** 2113; *Koch* Schadensersatzberechnung bei Bäumen, VersR **1973** 10; *Köhler* Abstrakte oder konkrete Berechnung des Geldersatzes nach § 249 Satz 2 BGB? Festschrift für *Larenz* (1983) 349; *Larenz* Entgangener Gebrauchsvorteil, Festschrift für Nipperdey (1965) Bd. I 489; *Löwe* Schadensersatz bei Nutzungsentgang von Kraftfahrzeugen, VersR **1963** 307; *Maase* Über die Berechtigung und die Höhe der Abzüge für Ersparnisse bei Mietwagenkosten, NJW **1961** 253; *Maase* Die Abrechnung von Totalschäden im Rahmen der Kraftfahrzeug-Haftpflicht, VersR **1968** 527; *Medicus* Schadensersatz und Billigkeit, VersR **1981** 593; *Medicus* Gründe und Grenzen des Ersatzes „fiktiver Schäden", DAR **1982** 352; *Oswald* Ersatz der Mehrwertsteuer in Schadensfällen, WM **1973** 686; *Preußner* Der Anspruch auf Schadensersatz wegen Verlustes des Schadensfreiheitsrabatts in der Haftpflicht- und Kaskoversicherung, VersR **1967** 1029; *Ruhkopf* Um den Abzug des ersparten Verschleisses bei der Benutzung von Mietwagen nach Straßenverkehrsunfällen, VersR **1961** 10; *Ruhkopf* Kein Risikozuschlag beim Erwerb eines Gebrauchtwagens, VersR **1965** 1033; *Ruhkopf* Der Ersatz der Anwaltsgebühren, VersR **1968** 21; *Ruhkopf/Sahm* Über die Bemessung des merkantilen Minderwerts, VersR **1962** 593; *Sanden/Danner* Die „Nutzungsentschädigung" nach den Urteilen des BGH VersR **1966** 697; *Scheinert* Ersatzansprüche bei Anmietung eines billigeren Fahrzeugs, VP **1967** 102; *Schlund* Zum Umfang des merkantilen Minderwerts als Schaden, VersR **1976** 908; *Schmid* Der entgangene Gewinn bei Kraftfahrzeug-Totalschäden, VersR **1980** 123; *Schmidt* Ersatz von Mietwagenkosten, DAR **1961** 156; *Schmidt* Erwerb eines anderen Kraftfahrzeugs, DAR **1965** 2; *Schmidt* Kein Abzug „neu für alt" bei Teillackierung, VersR **1965** 746; *Schmidt* Ersatz von Nebenklagekosten, Büro **1965** 781; *Schmidt* Merkantiler Minderwert, DAR **1966** 230; *Schmidt* Ersatz von Vorsorgekosten, JZ **1974** 73; *Schütz* Mietwagenkosten, Nutzungsentgang, VersR **1968** 124; *Schwerdtner* Ersatz des Verlusts des Schadensfreiheitsrabatts in der Haftpflichtversicherung, NJW **1971** 1673; *Spengler* Reparaturkosten- oder Totalschadenabrechnung bei nicht neuwertigen Wagen, VersR **1972** 426; *Spengler* Erstattung von Schadensbearbeitungskosten, VersR **1973** 115; *Steffen* Ausfall eines Linienomnibusses, DRiZ **1966** 51; *Streck* Schadenersatz, Mehrwertsteuer, Vorsteuerabzug, BB **1971** 1085; *Weimar* Erwerb eines fabrikneuen Kraftfahrzeugs, VP **1965** 5; *Werber* Nutzungsausfall und persönliche Nutzungsbereitschaft, AcP **173** 905; *Winter* Gegliederter Schadensbegriff, Vorteilsausgleichung, Nutzungsausfall, VersR **1967** 334.

Entstehungsgeschichte. Vgl. Vorb. 9ff. Wortlaut und Bezeichnung des § 7 sind seit Erlaß des KFG unverändert.

I. Systematik der Halterhaftung nach § 7

1. Die Betriebsgefahr als Grundlage der Haftung 1

Die Haftung knüpft an die **abstrakte Betriebsgefahr** an. Ausgangspunkt für die Regelung war ursprünglich die besondere Gefahr, die das Kraftfahrzeug schlechthin, also jedes Kraftfahrzeug ohne Rücksicht auf die Begleitumstände des Einzelfalls, für andere Verkehrsteilnehmer mit sich bringt. Dem Geschädigten wird zivilrechtlich (im Rahmen des § 12) Schutz vor allen Gefahren gewährt, die mit dem Betrieb des Kraftfahrzeugs verbunden sind. Das Gesetz löst allerdings die Haftung des Halters vom konkreten Vorliegen einer für Kraftfahrzeuge typischen Gefahr und knüpft sie schlicht an den Betrieb des Kraftfahrzeugs. Der Halter ist für alle Schäden verantwortlich, die in ursächlichem Zusammenhang mit dem Betrieb des Kraftfahrzeugs stehen, auch wenn die Tatsache, daß es sich um ein Kraftfahrzeug handelte, nach menschlicher Erfahrung ohne Bedeutung für Entstehung und Höhe des Schadens war. Auf ein Verschulden oder auch nur objektiv verkehrswidriges Verhalten kommt es nicht an (BGH NJW **1972** 1808). Allerdings begründet die abstrakte Betriebsgefahr eine Haftung des Halters nur, wenn nicht im Einzelfall ein unabwendbares Ereignis vorliegt (Abs. 2).

Auf die im Einzelfall manifest gewordene **konkrete Betriebsgefahr** kommt es hingegen bei der Abwägung nach §§ 9, 17 an (vgl. § 9, 82). Die abstrakte Betriebsgefahr kann nämlich durch besondere Umstände (z. B. besonders gefahrträchtiges Fahrzeug, risikobehafteter Verkehrsvorgang, Verschulden des Führers) vergrößert sein (**„erhöhte Betriebsgefahr“**), was bei der Bemessung der Haftungsquoten zu Buche schlägt. 2

Der Grad der Gefährlichkeit des Fahrzeugs für den Insassen oder Fahrer hat außer Betracht zu bleiben. Der Umstand, daß das Fahren auf einem Motorrad, Kleinkraftrad oder Fahrrad mit Hilfsmotor bei Zusammenstößen mit schwereren Fahrzeugen in der Regel zu schwereren Verletzungen führt als das Fahren im Kraftwagen, stellt keine Erhöhung der Betriebsgefahr dar und bleibt bei der Abwägung außer Betracht. Maßgebend allein ist die Gefährlichkeit für den anderen Verkehrsteilnehmer (BGH VersR **1971** 1043). 3

2. Die gesetzliche Regelung 4

a) Grundschema. Der Aufbau der Vorschrift enthält manche Unklarheiten, vor allem in Abs. 2 und 3. Die Gefährdungshaftung des Halters ist so geregelt, als handle es sich um eine Verschuldenshaftung, die allerdings schon bei Nichtbeobachtung der nach den Umständen gebotenen äußersten Sorgfalt eingreift, wobei überdies die Beweislast so verteilt ist, daß der Halter die Beobachtung dieser Sorgfalt beweisen muß. Der Halter muß nach dieser eigenartigen Systematik den sog. „Entlastungsbeweis“ führen. Überdies hat der Halter diesen Beweis nicht nur für sein eigenes Tun und Unterlassen zu führen, sondern auch für dasjenige des Führers des Kraftfahrzeugs und aller bei dem Betrieb beschäftigten Personen. Man darf allerdings nicht übersehen, daß das Gelingen oder Nichtgelingen des „Entlastungsbeweises“ zwar der Kern der Vorschrift ist, daß aber zunächst zu prüfen ist, ob sie auf den gegebenen Sachverhalt überhaupt anwendbar ist.

b) Die einzelnen Haftungsvoraussetzungen. Da Grundlage der Haftung die Betriebsgefahr eines Kraftfahrzeugs ist, ist erste Voraussetzung, daß an der Schadensentstehung ein Kraftfahrzeug beteiligt ist (zum Begriff Kraftfahrzeug Rdn. 9ff). 5

Weitere Voraussetzung ist, daß „bei dem Betrieb" des Kraftfahrzeugs (Rdn. 19ff) die adäquate Ursache (Rdn. 37ff) für einen Unfall (Rdn. 105ff) gesetzt wurde, der entweder zu einem „Personenschaden" (Rdn. 110ff) oder zu einem „Sachschaden" (Rdn. 119ff) geführt hat. Liegt entweder ein Personenschaden oder ein Sachschaden (oder beides) vor, so werden alle hiermit zusammenhängenden Schäden (auch Vermögensschäden) ersetzt; das Vorliegen eines Personen- oder Sachschadens ist also lediglich Voraussetzung jeder Haftung aus § 7 (Rdn. 107). Die Berechnung des Ersatzanspruchs (Rdn. 162ff) ist von dieser Frage streng zu unterscheiden. Die Haftung trifft diejenige Person, die im Augenblick des Unfalls Halter war (hierzu Rdn. 289ff). Nach Abs. 3 haftet ausnahmsweise auch ein Halter, der im Augenblick des Unfalls nicht mehr Halter war, nämlich dann, wenn der Unfall durch einen Dieb verursacht wird und der Halter den Diebstahl durch sein Verschulden ermöglicht hat (Rdn. 361). Wie ein Halter haftet auch diejenige Person, die zwar nicht Halter ist, aber das Kraftfahrzeug ohne Wissen und Willen des Halters benutzt (Rdn. 338ff); sie haftet jedoch nicht, wenn der Halter sie für den Betrieb des Kraftfahrzeugs angestellt hat oder wenn der Halter ihr das Kraftfahrzeug „überlassen" hat.

6 c) **Die Einwendungen des Halters.** Der Halter und die an sich wie ein Halter haftenden Personen werden von der Gefährdungshaftung frei, wenn es ihnen gelingt, den **Entlastungsbeweis** nach Abs. 2 zu führen; diese Möglichkeit besteht aber nicht, wenn der Unfall durch einen Fehler in der Beschaffenheit des Fahrzeugs oder ein Versagen seiner Verrichtungen verursacht wurde (Rdn. 499ff). Der Entlastungsbeweis ist geführt, wenn der Halter bewiesen hat, daß er selbst (Rdn. 399ff), der Führer des Kraftfahrzeugs (Rdn. 402ff) und alle bei dem Betrieb des Kraftfahrzeugs beschäftigten Dritten (Rdn. 491ff) den Unfall trotz Beobachtung der äußersten nach den Umständen gebotenen Sorgfalt nicht verhindern konnten („unabwendbares Ereignis"; vgl. Rdn. 385ff).

7 Als **sonstige Einwendungen** gegen die Haftung nach § 7 kann der Halter insbesondere geltendmachen, daß das Fahrzeug mit keiner höheren Geschwindigkeit als 20 km/h fahren kann (§ 8), daß der Verletzte oder die beschädigte Sache zur Zeit des Unfalls durch das Fahrzeug befördert wurde (§ 8a) oder der Verletzte beim Betrieb des Fahrzeugs tätig war (§ 8), daß eigenes Verschulden des Verletzten vorliegt (§ 9), daß der Anspruch verjährt ist (§ 14), daß die erforderliche Anzeige unterblieben ist (§ 15), u. U. daß es sich um einen Arbeitsunfall handelt (§§ 636, 637 RVO; vgl. § 16, 210ff).

8 **3. Verhältnis zu anderen Haftungsnormen**

Eine etwaige Haftung aus unerlaubter Handlung (§ 823 BGB) oder aufgrund anderer Anspruchsgrundlagen steht völlig unabhängig neben der Haftung nach § 7 (§ 16; vgl. die Erläuterungen hierzu).

II. Der Begriff des Kraftfahrzeugs

9 **1. Begriffsbestimmung**

Nach § 1 Abs. 2 gelten als Kraftfahrzeuge – auch im Sinne der Haftungsbestimmungen des StVG – „Landfahrzeuge, die durch Maschinenkraft bewegt werden, ohne an Bahngleise gebunden zu sein". In der ursprünglichen Fassung des Gesetzes vom 3. 5. 1909 hatte es statt „Landfahrzeuge" geheißen „Wagen oder Fahrräder". Durch die Gesetzesänderung vom 21. 7. 1923 wurde klargestellt, daß auch Kraftschlitten und Gleiskettenfahrzeuge Kraftfahrzeuge sind.

2. Die einzelnen Begriffsmerkmale 10

a) Fahrzeuge sind Einrichtungen zur Fortbewegung ohne Rücksicht auf den Zweck der Ortsveränderung. Die Beförderung von Personen oder Lasten ist kein Begriffsmerkmal. Es muß sich aber um selbständige Fahrgeräte handeln. Daher stellt z. B. eine Seil- oder Schwebebahn ebensowenig ein Fahrzeug dar wie der Schlittschuhläufer, der sich von einem auf dem Rücken getragenen Propeller treiben läßt. Die Geschwindigkeit ist für die Eigenschaft als Fahrzeug ohne Belang (vgl. jedoch § 8, wonach der Halter von der Haftung frei wird, wenn er beweist, daß das Fahrzeug auf ebener Bahn mit keiner höheren Geschwindigkeit als 20 km/h fahren kann). Werden die sonstigen Voraussetzungen erfüllt, können auch Spiel- oder Kleinstfahrzeuge (z. B. Go Carts; LG Karlsruhe VersR **1976** 252) Kraftfahrzeuge sein.

b) Landfahrzeuge sind solche, die zur Fortbewegung von einem Punkt der Erd- 11
oberfläche zu einem anderen durch Bewegung auf der Erdoberfläche geeignet und bestimmt sind. Damit scheiden Wasser- und Luftfahrzeuge grundsätzlich aus. Sind sie aber ihrer technischen Einrichtung nach geeignet, auch als Kraftfahrzeuge auf den Straßen zu verkehren, so gelten sie für die Dauer solchen Verkehrs als Kraftfahrzeuge. Die mit Abflug und Landung notwendig verbundenen Bewegungen eines Luftfahrzeugs auf dem Erdboden machen dieses jedoch nicht zum Kraftfahrzeug; dies gilt auch für den Fall einer Notlandung auf einer Straße.

c) Nur die durch **Maschinenkraft** bewegten Landfahrzeuge sind Kraftfahrzeuge. 12
Der Entwurf 1906 hatte noch den Begriff „durch elementare Triebkraft bewegt" verwendet. Der Entwurf 1908 vermied, wie seine Begründung besagt, „den ... nicht ohne Grund angefochtenen Ausdruck elementare Kraft" und ersetzte ihn durch *Maschinenkraft*, ohne diesen Begriff zu erläutern. Die Entstehungsgeschichte zeigt aber, daß man den Ausdruck *Maschinenkraft* im Gegensatz zur menschlichen, tierischen und Naturkraft gewählt hat. Es ist nicht zu verkennen, daß solche Auslegung des Begriffs Maschinenkraft in gewissem Grade willkürlich ist, nicht mit Notwendigkeit sich aus der Wahl des Ausdrucks ergibt. Sie fußt auf der historischen Entwicklung und auf der Ansicht, daß den bis zum Beginn der Neuzeit üblichen Antriebskräften (menschliche und tierische Kraft, Wind, Anziehungskraft der Erde) die neu in den Dienst der Menschheit gestellten „künstlichen" Kräfte entgegengestellt werden. Diese neuen Kräfte werden vor allem durch Umsetzung von Wärme oder Elektrizität in Bewegungsenergie gewonnen. Aber auch der Gyrobus, bei dem die Bewegungsenergie durch einen auf dem Fahrzeug angebrachten, schnell rotierenden Kreisel gespeichert wird, ist Kraftfahrzeug.

Die Maschine muß sich auf dem Fahrzeug befinden. Keine Kraftfahrzeuge sind 13
daher die mit Hilfe einer Seilwinde von einem stationären Motor oder von einem anderen Kraftfahrzeug aus in Bewegung gesetzten Geräte, ebenso Anhänger (BGHZ **20** 385; vgl. hierzu Rdn. 74) oder durch Anstoßen in Bewegung gesetzte Wagen. Ob das Fahrzeug auch die zur Energiespeicherung benötigten Einrichtungen oder Materialien (Treibstoff, Akkumulatoren) mit sich führt, ist ohne Belang. Daher ist z. B auch der Obus, dem die elektrische Kraft von außen durch Stromleitungen und Stromabnehmer zugeführt wird, Kraftfahrzeug. Wird der Motor außer Betrieb gesetzt, so verliert das Fahrzeug hierdurch noch nicht seine Eigenschaft als Kraftfahrzeug. Bei Ausbau oder Defekt des Motors kommt es darauf an, ob ein neuerlicher Einbau oder eine Reparatur beabsichtigt ist. Erst wenn die bestim-

mungsgemäße Verwendung des Fahrzeugs geändert wird, (z. B. Einsatz als Anhänger, Verschrottung), hört es auf, Kraftfahrzeug zu sein (BayObLG VRS **11** 155).

14 **d) Keine Bindung an Bahngleise** darf vorliegen. Bahngleis ist hierbei jede durch Schienen gebildete Fahrbahn, nicht nur die einer Eisenbahn im engeren Sinne. Gleichgültig ist, aus welchem Stoff das Gleis besteht. Die vom Kraftfahrzeug selbst mitgeführten Gleisketten sind jedoch keine Gleise. Auch Fahrrinnen auf der Straße, die sich z. B. durch starke Beanspruchung gebildet haben und ein seitliches Abweichen erschweren oder unmöglich machen, nehmen einem Fahrzeug nicht die Eigenschaft als Kraftfahrzeug.

Gebunden an das Gleis ist das Fahrzeug, wenn es zwangsläufig der Schienenfahrbahn folgen muß. Die besondere Gefährlichkeit des Kraftfahrzeugs erblickte man bei Abfassung des Gesetzes darin, daß sich die Öffentlichkeit auf das Auftreten des einzelnen Kraftfahrzeugs wegen seiner Geschwindigkeit und Freizügigkeit, also der Plötzlichkeit des Erscheinens, nicht hinreichend sicher einstellen konnte. Diese Unberechenbarkeit fällt im wesentlichen fort, wenn ein Fahrzeug zwangsläufig einen bestimmten Weg nehmen *muß* und dieser Weg für jeden so deutlich erkennbar ist, daß er sich auf das Auftreten des Fahrzeugs einstellen kann. Dies ist der Fall, wenn erstens ein Schienenweg vorhanden ist – dieser fehlt z. B. beim Obus, nicht aber beim spurgeführten Omnibus – und zweitens das Fahrzeug von ihm nicht abweichen kann. Die zweite Voraussetzung ist gegeben, wenn das Fahrzeug entweder überhaupt nicht oder wenigstens nicht ohne weiteres den Schienenweg verlassen kann. Dabei macht es keinen Unterschied, ob das Fahrzeug mit allen Wagenrädern an Schienen gebunden ist, oder nur mit einigen.

15 Ist nur der **Anhänger gleisgebunden**, nicht aber das ziehende Fahrzeug (z. B. Zugmaschine rangiert einen Güterwagen), so wird die Eigenschaft des Zugfahrzeugs als Kraftfahrzeug nicht aufgehoben. Es muß in diesem Fall zwar einen durch das Gleis vorgezeichneten Weg einhalten, ist aber nicht an das Gleis gebunden, sondern hat einen gewissen Spielraum zu seitlicher Abweichung.

16 **Dauernde Bindung** ans Gleis ist nicht erforderlich. Das gleiche Fahrzeug kann vielmehr zeitweilig Schienenfahrzeug und zeitweilig Straßenfahrzeug sein. In diesen Fällen ist das Fahrzeug für die Dauer der Verwendung auf den Schienen nicht Kraftfahrzeug im Sinne des StVG; für die Haftung gilt das HaftpflG. Mit Aufhebung der Schienengebundenheit wird das Fahrzeug wieder zum Kraftfahrzeug. Bloßes Entgleisen macht ein Schienenfahrzeug jedoch nicht zum Kraftfahrzeug.

17 Die Beförderung von Schienenfahrzeugen auf der Straße mittels **Straßenroller** (vgl. § 49a Abs. 9 Nr. 2 StVZO) unterfällt dem StVG, denn das Schienenfahrzeug steht in diesem Fall zwar auf den Schienen des Untersatzes, ist aber nur Gegenstand einer mit Straßenfahrzeugen auf der Straße durchgeführten Beförderung.

18 **3. Nicht zugelassene Kraftfahrzeuge**

Die Zulassung des Fahrzeugs (§ 1 Abs. 1) ist für die Haftpflicht grundsätzlich bedeutungslos. Auch etwa vorschriftswidrig nicht zugelassene oder vom Zulassungszwang freigestellte Fahrzeuge stehen in der Haftpflicht den zugelassenen gleich. Zulassung ist die Ermächtigung zum Betrieb; die gesetzliche Haftpflicht gründet sich aber auf die Tatsache des Betriebs unabhängig von der Frage der Ermächtigung. Allerdings kann die Benutzung eines zulassungspflichtigen, aber nicht zugelassenen Kraftfahrzeugs neben der Haftung nach § 7 auch eine solche nach § 823 BGB begründen (vgl. § 16, 111).

III. Das Merkmal „bei dem Betrieb“

1. Verhältnis zu § 1 HaftpflG

Die Worte „bei dem Betrieb eines Kraftfahrzeugs“ sind dem § 1 RHaftpflG „bei dem Betriebe einer Eisenbahn“ nachgebildet. In § 1 des Entwurfs 1906 lauteten die Eingangsworte: „Wird bei dem Betrieb eines Kraftfahrzeugs“. Die Begründung bemerkte dazu, der Entwurf regele die Haftpflicht nach dem Vorbilde der Vorschriften des RHaftpflG. „Soweit möglich, schließt er sich auch in der Fassung den die Haftpflicht der Eisenbahn regelnden Vorschriften dieses Gesetzes an. Dadurch wird zugleich erreicht, daß für die Auslegung des neuen Gesetzes die reiche Rechtsprechung und Literatur über das Haftpflichtgesetz verwertet werden kann.“ Auch der Gegenentwurf hielt insoweit an der Fassung des Entwurfs 1906 fest. **19**

Der Entwurf 1908 schlug die Fassung vor: „Wird durch ein im Betriebe befindliches Kraftfahrzeug“. Die Begründung besagte: „Als Voraussetzung für die Anwendung der Vorschriften des Entwurfs wird der Umstand bezeichnet, daß der Schaden durch ein im Betriebe befindliches Kraftfahrzeug verursacht wird. Im Betriebe befindlich ist das Fahrzeug nicht nur dann, wenn es durch die Kraft des Motors getrieben wird, sondern auch dann, wenn es – z. B. auf geneigter Fläche – unter Ausschaltung des Motors mit Hilfe des durch ihn gewonnenen Antriebs sich weiterbewegt, oder wenn es – z. B. bei Fahrtunterbrechungen – ohne völlige Abstellung des Motors zur Fahrt bereit steht“. **20**

Der eine der beiden zu § 1 gestellten und zur Abstimmung gelangten Änderungsanträge (Vorbem. 8) wollte die Fassung: „Wird bei dem Betrieb eines Kraftfahrzeugs“ wiederherstellen und begründete das damit, die Fassung: „durch ein im Betriebe befindliches“ ließe die Auslegung zu, daß nur unmittelbarer Schaden, nicht aber auch der mittelbare zu ersetzen sei (KommBer. S. 6). Der Antrag wurde angenommen; der KommBer. (S. 8) gibt über die Tragweite der Änderung der Eingangsworte keinen Aufschluß. **21**

Nachdem der Gesetzgeber im Entwurf 1908 die enge Anlehnung an das RHaftpflG aufgegeben hatte, kann auch nicht mehr ohne weiteres als sein Wille unterstellt werden, die Rechtsprechung über dieses Gesetz für das StVG zu verwerten. Für die Auslegung des Begriffs „Betrieb eines Kraftfahrzeugs“ ist somit nicht von vornherein die Auslegung des Begriffs „Betrieb einer Eisenbahn“ als bindend zugrunde zu legen. Die sachliche Verschiedenheit der beiden Betriebsarten führt vielmehr auch zu verschiedener Auslegung der Begriffe in den beiden Gesetzen. Der Betrieb einer Eisenbahn ist die Gesamtheit der mit dem Bahnverkehr zusammenhängenden Vorgänge (§ 1 HaftpflG, 4); einem solchen Betrieb kann der eines Fahrzeugs tatsächlich und rechtlich nicht gleichgestellt werden (OLG Köln DAR **1931** 279; **1932** 121). Für die Auslegung des Begriffs „bei dem Betrieb“ ist somit nur auf das einzelne Kraftfahrzeug abzustellen (RGZ **122** 270). **22**

2. Entwicklung der Rechtsprechung

a) Maschinentechnische Auffassung. Nach dieser ursprünglich vertretenen Auffassung wurde unter dem Betrieb des Fahrzeugs nur das Einwirkenlassen der bestimmungsmäßigen Triebkräfte auf das Fahrzeug zum Zweck bestimmungsmäßiger Bewegung verstanden (OLG Köln DAR **1932** 121), also der Zeitraum vom Anlassen bis zum Stillstand. Diese Auslegung trug dem Gedanken Rechnung, daß die be- **23**

sondere Gefährlichkeit des Kraftfahrzeugs auf der beim Fahren entwickelten Energie beruht, die diejenige von Pferdefuhrwerken und Fahrrädern erheblich übertrifft. Andererseits gibt weder die Entstehungsgeschichte des StVG (KFG) noch der Wortlaut des § 7 für eine Einschränkung dieser Art einen Anhalt.

24 **b) Verkehrstechnische Auffassung.** Die Rechtsprechung ging in Deutschland bald dazu über, den Begriff zu erweitern. Dies beruht auf der Erkenntnis, daß die in § 7 StVG normierte Gefährdungshaftung nicht nur bei den Gefahren eingreift, die auf der besonderen Gefährlichkeit des Kraftfahrzeugs (erhebliche Bewegungsenergie) beruhen, sondern alle Gefahren umfaßt, die von einem Kraftfahrzeug und seiner Benützung ausgehen, auch soweit sie Pferdefuhrwerken in gleicher Weise eigen sind (so nächtliches Halten auf der Landstraße, unachtsames Aussteigen). Damit entfiel die innere Berechtigung dafür, nur das in Bewegung befindliche Kraftfahrzeug als in Betrieb befindlich anzusehen. Die Rechtsprechung ging dazu über, zahlreiche Sachverhalte dem Betrieb zuzurechnen, bei denen die bestimmungsgemäßen Triebkräfte nicht mehr auf das Kraftfahrzeug einwirkten. Vor allem ging das Reichsgericht zu der Ansicht über, der Betrieb ende nicht mit dem Abstellen des Motors oder dem Stillstand des Kraftfahrzeugs, sondern dauere bis zum Zustand „völliger Betriebsruhe" an.

25 Als problematisch erwies sich hierbei insbesondere die Frage, ob ein unterwegs durchgeführtes Anhalten oder gar Parken des Kraftfahrzeugs dieses außer Betrieb setzt. Während das Reichsgericht zunächst (RGZ **122** 270) noch auf seiner Ansicht beharrte, der Betrieb dauere nur bei einer kürzeren Unterbrechung der Fahrt an und nur dann, wenn das Kraftfahrzeug jederzeit wieder in Betrieb gesetzt werden könne, und zu dem Ergebnis kam, das Kraftfahrzeug sei außer Betrieb, wenn auf der Landstraße der Treibstoff verbraucht sei und erst von fern geholt werden müsse, hat es später (JW **1929** 2055) die Meinung vertreten, der Betrieb dauere an, bis völlige Betriebsruhe eingetreten sei, und daher sei ein mit verstopfter Kraftstoffleitung nachts auf der Landstraße liegengebliebener Lkw noch in Betrieb. Der BGH (NJW **1957** 1878) erachtete einen Lkw, der auf einer Bundesstraße nachts geparkt war, während der Fahrer schlief, als in Betrieb befindlich und stellte hierbei noch darauf ab, daß die Aussicht bestanden habe, in absehbarer Zeit weiterzufahren. In einer späteren Entscheidung aber (BGHZ **29** 163 = LM § 7 StVG Nr. 22 m. Anm. *Hauss*) bezeichnete er auch ein Kraftfahrzeug als in Betrieb befindlich, das auf einer Schnellstraße mit Motorschaden liegengeblieben war. Die Ansicht des RG, daß nur ein kürzeres Anhalten zum Betrieb gehöre, und die noch in NJW **1957** 1878 geäußerte Ansicht, daß nur ein betriebsbereites Kraftfahrzeug in Betrieb sein könne, wurden ausdrücklich aufgegeben. Der BGH vertrat vielmehr nun die Ansicht, der Betrieb des Kraftfahrzeugs dauere fort, solange der Fahrer das Kraftfahrzeug im Verkehr belasse, also solange es nicht an einem Ort außerhalb des allgemeinen Verkehrs aufgestellt werde (ebenso OLG Karlsruhe VersR **1956** 260; vgl. auch BayObLG JW **1926** 1996; KG JW **1932** 806).

26 **c) Normativer Betriebsbegriff.** Der BGH hat in der grundlegenden und ausführlich begründeten Entscheidung BGHZ **29** 163 einer neuen Tendenz in der Rechtsprechung den Boden bereitet, die sich von einem herkömmlichen, an Wortlaut und allgemeinen Vorstellungen orientierten Verständnis des Merkmals „bei dem Betrieb" löst und auf eine von Sinn und Zweck der Norm bestimmte Auslegung abstellt. Diese „normative" Begriffsbestimmung geht aus von der Erkenntnis, daß ein rein maschinentechnisches oder ein zu enges verkehrstechnisches Verständnis des

Begriffs „Betrieb“, wie es der Rechtsprechung des RG zugrundegelegen habe, angesichts der gewaltigen Zunahme des Verkehrs dem Sinn und Zweck des § 7 StVG nicht mehr gerecht würde, die Verkehrsteilnehmer vor den Gefahren des Kraftfahrzeugverkehrs zu schützen. Für die Frage, ob sich ein Unfall mit einem stehenden Fahrzeug bei dessen Betrieb ereignet habe, könne es nicht darauf ankommen, ob der Fahrer freiwillig eine Fahrpause eingelegt habe oder ob er durch einen Schaden am Fahrzeug gezwungen worden sei, auf der Fahrbahn zu halten; entscheidend sei, daß in beiden Fällen andere Verkehrsteilnehmer durch sein Fahrzeug auf der Fahrbahn gefährdet werden. Auch die Dauer des Stilliegens sei kein geeignetes Kriterium, da man sonst zu dem sinnwidrigen Ergebnis käme, daß der Halter eines längere Zeit stilliegenden und damit mehr Gefahren hervorrufenden Fahrzeugs in der Frage der Haftung bevorzugt würde. In Anbetracht der Gefahren, die von stilliegenden Fahrzeugen ausgehen, sei der Betriebsbegriff daher weit auszulegen. Der Betrieb eines auf der Fahrbahn liegengebliebenen Kraftfahrzeugs dauere fort, solange der Fahrer das Fahrzeug im Verkehr belasse und die dadurch geschaffene Gefahrenlage fortbestehe. Er werde im Sinne des § 7 erst unterbrochen, wenn das Fahrzeug von der Fahrbahn gezogen und an einem Ort außerhalb des allgemeinen Verkehrs aufgestellt werde. Der BGH nimmt in Kauf, daß er mit dieser Auslegung von den Vorstellungen des Gesetzgebers von 1908 abweicht, hält sich aber für berechtigt und verpflichtet, den Betriebsbegriff des § 7 den Erfahrungen und Erfodernissen der Neuzeit anzupassen, um auf diese Weise dem Willen des Gesetzes gerecht zu werden, der dahin geht, einen weitgehenden Schutz gegen die Gefahren des Kraftfahrzeugverkehrs zu gewährleisten.

In Weiterverfolgung dieser Linie entschied der BGH wenig später (VersR **1960** **27**
804), daß der Unfall, der sich mit einem auf der Fahrbahn geschobenen Motorrad ereignet, dessen Betrieb zuzurechnen ist, da die Gefahren, vor denen § 7 die Verkehrsteilnehmer schützen will, nicht nur von dem Motor und seiner Einwirkung auf das Kraftfahrzeug ausgehen, sondern von der gesamten Abwicklung des Verkehrs. Das Kraftfahrzeug selbst bilde im Verkehr eine erhebliche Gefahr.

Ausgehend von dieser teleologischen Auslegung des Betriebsbegriffs in § 7 hat **28**
der BGH in der Folgezeit mehrere Fälle entschieden, in denen zwar der Motor eines Kraftfahrzeugs in Gang, das Kraftfahrzeug aber zu anderen Zwecken als zur Fortbewegung im Verkehr eingesetzt war. Der BGH hat hierzu ausgeführt, § 7 wolle nur vor den Gefahren schützen, die von dem Kraftfahrzeug kraft seiner Eigenschaft als einer dem Verkehr dienenden Maschine ausgehen. Sobald ein Zusammenhang mit der Bestimmung des Kraftfahrzeugs als Beförderungsmittel im Verkehr nicht mehr bestehe, weil es z. B. nur noch als Arbeitsmaschine eingesetzt werde, verwirkliche sich nicht mehr die gerade von einem Kraftfahrzeug bei seinem bestimmungsmäßigen Gebrauch ausgehende Gefahr (BGH VersR **1975** 945 für das Entladen eines Silofahrzeugs mittels motorgetriebenen Kompressors; vgl. auch BGH VersR **1961** 263 u. 369 m. abl. Anm. *Böhmer*, wo ein Moped als Lichtquelle zur Warnung vor einem Unfall auf die Fahrbahn gestellt wurde). Wann die Maschinenkraft des Motors und die von ihm angetriebene Betriebseinrichtung des Fahrzeugs ihren Zusammenhang mit dessen Beförderungsfunktion und dem Straßenverkehr verloren haben, so daß die Schadensfolge nicht mehr vom Schutzbereich des § 7 umfaßt sei, lasse sich letztlich nur am Einzelfall unter Berücksichtigung aller Umstände entscheiden.

Bestätigt und ausgebaut hat der BGH diese Betrachtungsweise in mehreren Ent- **29**
scheidungen, die sich mit Schäden beim Entladen von Tankwagen zu befassen hat-

ten. Entscheidend sei, ob die Gefahr wenigstens vom Vorhandensein des Kraftfahrzeugs im Verkehr ausgegangen sei, ob also jemand vor den Gefahren eines im Verkehr befindlichen Fahrzeugs, und sei es beim Entladen, geschützt werden müsse; habe sich der Schaden nämlich außerhalb des Verkehrsraumes ereignet, wobei sich nur die Funktion der Betriebseinrichtung des Tankwagens als Arbeitsmaschine ausgewirkt habe, so gehe es nicht um den Schutz eines „Verkehrsopfers", wie es Sinn und Zweck des § 7 entspreche. Daher gehöre es zwar zum Betrieb des Kraftfahrzeugs, wenn Öl aus einem undichten Schlauch auf die Straße laufe oder jemand über den Schlauch stolpere, nicht dagegen, wenn der Öltank im Hause beim Ladevorgang wegen Überfüllung überlaufe (BGHZ **71** 212; **75** 48).

3. Begriffsbestimmung

30 Der vorstehend dargestellten, am Schutzzweck des § 7 orientierten Auslegung des Merkmals „bei dem Betrieb" ist zuzustimmen. Jede andere Abgrenzung des Anwendungsbereichs der Haftungsnorm führt zu Differenzierungen, die sachlich nicht zu rechtfertigen und damit letztlich willkürlich sind. So ist es z. B. für die von einem abgestellten Kraftfahrzeug ausgehende Gefahr unerheblich, ob noch ein Zusammenhang mit einem bestimmten Verkehrsvorgang oder einem bestimmten Fahrtzweck besteht und ob es erst drei Minuten oder schon drei Tage an seiner Stelle steht. Die Gefährdungshaftung, bei der unabhängig von Rechtswidrigkeit und Verschulden nicht für ein bestimmtes Tun oder Unterlassen, sondern für das Betreiben einer gefährlichen Vorrichtung einzustehen ist, empfängt ihre Rechtfertigung allein aus dem Hervorrufen bestimmter Betriebsgefahren (bei § 7: Verkehrsgefahren). Bereits der die Haftung auslösende Umstand muß deshalb im Lichte dieses Normzwecks abgegrenzt werden. Es erscheint nicht angängig, zunächst von einem mehr oder weniger weiten, allein durch äußerliche Gegebenheiten (z. B. Motorkraft, Bewegung) oder subjektiven Momenten (z. B. Fahrtzweck; vgl. *Full* 38) determinierten Betriebsbegriff auszugehen und erst im Rahmen der Kausalitätsprüfung bestimmte Betriebsauswirkungen für nicht zurechenbar zu erklären. Dem die Haftung nach § 7 auslösenden Merkmal „bei dem Betrieb" ist vielmehr neben der (selbstverständlichen) kausalen Komponente eine normativ wertende von vorneherein immanent.

31 „Bei dem Betrieb eines Kraftfahrzeugs" hat sich ein Unfall folglich ereignet, wenn sich eine Gefahr realisiert hat, die mit dem Kraftfahrzeug als Verkehrsmittel verbunden ist. Nur dann wird der Schadensfall von dem Zweck des § 7, haftungsrechtlichen Schutz vor den vom Kraftfahrzeugverkehr hervorgerufenen Gefahren zu bieten, erfaßt.

32 Hierbei ist zu beachten, daß die Gefahr nicht kraftfahrzeugspezifisch sein muß (vgl. Rdn. 33) und daß das Kraftfahrzeug „Verkehrsmittel" auch in ruhendem Zustand (vgl. Rdn. 34) und außerhalb des öffentlichen Verkehrsraums sein kann (vgl. Rdn. 35). Neben dem Kausalzusammenhang (hierzu näher Rdn. 36ff) zwischen Betrieb und Schadensereignis braucht ein besonderer räumlicher oder zeitlicher Zusammenhang nicht zu bestehen (vgl. Rdn. 71). Die Rechtsprechung zu Einzelfällen ist in Rdn. 73ff dargestellt und gewürdigt.

4. Keine Beschränkung auf kraftfahrzeugspezifische Gefahren

33 Das RG hat bereits in RGZ **126** 333 klargestellt, daß nach § 7 nicht etwa nur für die dem Betrieb eines *Kraft*fahrzeugs eigentümlichen Gefahren (etwa die aus der Motorgetriebenheit oder der höheren Geschwindigkeit resultierenden) gehaftet wird. Der Halter eines Kraftfahrzeugs kann daher gegenüber dem Schadensersatzanspruch des Verletzten z. B. nicht einwenden, der Unfall hätte sich genau so ereignen können, wenn der Anhänger nicht von einer Zugmaschine, sondern von Pferden gezogen worden wäre (vgl. OLG Dresden VAE **1943** 30). Die unter diesem Aspekt etwas willkürlich erscheinende Beschränkung der Gefährdungshaftung auf Kraftfahrzeuge läßt sich damit rechtfertigen, daß diesen *in der Regel* eine höhere Betriebsgefahr innewohnt und der für den Straßenverkehr des 20. Jahrhunderts typische Gefährlichkeitsgrad durch das Auftreten der Kraftfahrzeuge bewirkt worden ist. Zudem kann auf die Pflichtversicherung für Kraftfahrzeuge verwiesen werden, deren Erstreckung auf alle Verkehrsteilnehmer schwerlich realisierbar erscheint.

Aus Vorstehendem und den Ausführungen zum Schutzzweck des § 7 folgt, daß **34** auch das ruhende Kraftfahrzeug – jedenfalls wenn es durch Inanspruchnahme von Verkehrsraum Gefahren für andere Verkehrsteilnehmer schafft – eine Gefährdungshaftung auslösen kann (vgl. hierzu Rdn. 86ff).

5. Verkehr außerhalb öffentlicher Straßen **35**

Während § 1 Abs. 1 nach seinem Wortlaut nur für den Betrieb eines Kraftfahrzeugs auf öffentlichen Wegen und Plätzen gilt, macht § 7 diese Einschränkung nicht. Hieraus und aus dem Schutzzweck des § 7 ergibt sich, daß er auch für Schäden gilt, die durch den auf Privatgrund durchgeführten Betrieb eines Kraftfahrzeugs verursacht worden sind[1]. Ein abgestelltes Fahrzeug wird allerdings nur dann eine unter § 7 fallende Betriebsgefahr hervorrufen können, wenn es sich innerhalb einer öffentlichen Wegen vergleichbaren Verkehrsfläche befindet oder auf eine solche einwirkt. Das außerhalb einer Verkehrsfläche (etwa in der Garage, im Garten oder auf einer Wiese) stehende Kraftfahrzeug fällt nach der oben (Rdn. 30f) gegebenen Definition des Merkmals „bei dem Betrieb" nicht in den Anwendungsbereich des § 7, es sei denn, daß es von dort aus (z. B. durch auslaufendes Öl, blendende Scheinwerfer) auf andere Verkehrsteilnehmer eingewirkt haben kann.

6. Die Kausalität des Betriebs für den Schadenserfolg

a) Einleitung. Die Formulierung „bei dem Betrieb" bringt den selbstverständli- **36** chen Umstand zum Ausdruck, daß zwischen dem Betrieb des Kraftfahrzeugs und dem Schaden ein Zusammenhang bestehen muß. Eine Haftung des Kraftfahrzeug-Halters wird nicht allein dadurch begründet, daß sich sein Fahrzeug zum Zeitpunkt eines Unfalls (zufällig) in unmittelbarer Nähe befand; der Betrieb dieses Fahrzeugs muß vielmehr zum Entstehen des Unfalls beigetragen haben (BGH VersR **1968** 176; **1969** 58; **1973** 83; **1976** 927). Erforderlich ist also eine kausale Verknüpfung, und zwar einmal zwischen dem Betrieb und dem Schadensereignis (in § 7 Abs. 2 „Unfall" genannt; sog. haftungsbegründende Kausalität) und zum anderen zwischen dem Unfall und dem geltendgemachten Schaden („haftungsausfüllende Kausalität"). An dieser Stelle ist nur die haftungsbegründende Kausalität zu behandeln; zur Kausalität zwischen Unfall und Schaden s. Rdn. 129ff. Bei der haftungsbegründenden Kausalität sind im wesentlichen zwei Fragen problematisch, nämlich

1. genügt jede Verursachung oder sind an den Kausalablauf bestimmte Anforderungen zu stellen,
2. ist neben der Kausalität auch ein enger räumlicher und zeitlicher Zusammenhang erforderlich?

[1] BGHZ **5** 320; BGH VersR **1960** 635; **1981** 252; BayObLG DAR **1929** 284; OLG Königsberg JRPrV **1938** 381; LG Hamburg VersR **1953** 488.

37 **b) Adäquate Verursachung. Ursache im philosophisch-logischen Sinn,** wie ihn die Naturwissenschaften verwenden, ist die Gesamtheit der Bedingungen, die den Schaden herbeigeführt haben. Schrifttum und Rechtsprechung haben jedoch auf dem Gebiet des bürgerlichen Rechts durch Einführung des Begriffs der adäquaten Verursachung die Ersatzpflicht auf die Fälle zu beschränken versucht, in denen diese Pflicht zumutbar ist. Eine solche Beschränkung erweist sich als erforderlich, weil andernfalls die Regel, daß grundsätzlich jeder die Folgen eines ihm zustoßenden Unglücks selbst zu tragen hat, in ihr Gegenteil verkehrt würde. Es wäre, ganz besonders in Fällen, in denen ohne Verschulden gehaftet wird, unbillig, auch denjenigen – u. U. sogar nur denjenigen – haften zu lassen, der lediglich eine entfernte Bedingung für die Entstehung des Schadens setzte. Das gleiche gilt für die zahlreichen Fälle, in denen zwar subjektiv (also vom Standpunkt der Strafrechtslehre) keine Fahrlässigkeit vorliegt, aber infolge des im bürgerlichen Recht geltenden objektiven Fahrlässigkeitsbegriffs gehaftet wird oder in denen infolge Umkehrung der Beweislast (§ 18) dem schuldlosen Führer der Nachweis seiner Unschuld mißlingt.

38 Als **Ursache im Rechtssinn** (besser: rechtlich zurechenbare Ursache) gelten im bürgerlichen Recht daher nur die Bedingungen, die mit einem solchen Erfolg, wie er tatsächlich eingetreten ist, in adäquatem Zusammenhang stehen (BGHZ **2** 138; **3** 267; BayObLGZ **1962** 168).

39 Auch im Zivilrecht ist jedoch die Erkenntnis der **Äquivalenztheorie** gültig, daß als Ursache nur eine Tatsache (ein Ereignis, eine Handlung, eine Unterlassung) angesehen werden darf, die nicht hinweggedacht werden kann, ohne daß der Erfolg entfiele (conditio sine qua non). Ein Ereignis, das nach der Äquivalenzlehre („Bedingungstheorie") als Ursache ausscheidet, kann auch nach der Adäquanztheorie keinesfalls Ursache sein. Die Prüfung nach der Äquivalenzlehre muß mithin jeder anderen Prüfung vorausgehen (*Werner* JR **1960** 282; BayObLGZ **1962** 168).

40 Eine Verursachung liegt somit nur vor, wenn der Betriebsvorgang ohne Hinzudenken eines anderen (in Wirklichkeit nicht geschehenen) Ereignisses nicht hinweggedacht werden kann, ohne daß der Erfolg entfiele oder doch eine wesentliche Änderung erlitte (BGHSt **2** 20; **10** 369; **13** 13). Das Hinwegdenken des auf seine ursächliche Eigenschaft zu prüfenden Ereignisses ergibt den Vergleichsfall, an dem die Ursächlichkeit geprüft wird.

41 Haben **mehrere Ursachen** beim Zustandekommen des Schadens zusammengewirkt, so beruht dieser auf jeder dieser Ursachen (BGH VersR **1970** 814). Die Frage, welche von mehreren Ursachen die wesentliche war, kann bei der Unfallversicherung eine Rolle spielen, nicht aber im Zivilrecht (BGH VersR **1968** 804). Hier werden vielmehr die für die Haftungsfrage „unwesentlichen" Ursachen nach dem Kriterium der Adäquanz ausgeschieden.

42 **Adäquate Verursachung** liegt nur dann vor, wenn eine Bedingung (conditio sine qua non) vom Standpunkt eines mit optimalem Erfahrungswissen ausgestatteten Beobachters aus generell begünstigend für einen Erfolg wie den eingetretenen ist; eine generelle Begünstigung liegt nicht vor, wenn die Bedingung aus der Sicht eines mit optimalem Erfahrungswissen ausgestatteten Beobachters nur eine nicht ins Gewicht fallende Möglichkeit für den Eintritt des Erfolges bildet (*Venzmer* Einf. 27). Nach der Rechtsprechung des BGH ist eine Handlung (oder Unterlassung) nur dann adäquat ursächlich, wenn sie im allgemeinen und nicht nur unter besonders eigenartigen, ganz unwahrscheinlichen und nach dem regelmäßigen Verlauf der Dinge außer Betracht zu lassenden Umständen zur Herbeiführung des Erfolges ge-

eignet ist (BGHZ **3** 267; **7** 204; **57** 141). Bei der Beurteilung der Wahrscheinlichkeit ist von der Situation zum Zeitpunkt des die Haftung begründenden Ereignisses auszugehen; jedoch sind nicht nur die damals dem Ersatzpflichtigen bekannten Umstände zu berücksichtigen, sondern auch jene, die einem optimalen Beobachter damals bereits erkennbar waren oder mit deren Vorliegen er nach der Lebenserfahrung zu rechnen hatte („objektive nachträgliche Prognose“; BGHZ **3** 267). So ist z. B. eine adäquate Verursachung zu bejahen, wenn ein Fußgänger beim Überqueren der Fahrbahn stürzt, weil ihn ein anfahrendes Fahrzeug, ohne ihn zu berühren, unsicher gemacht hat (BGH NJW **1973** 44), nicht aber, wenn der Geschädigte das verkehrsrichtige Verhalten des anderen falsch gedeutet hat und deshalb zu Schaden gekommen ist (OLG Stuttgart VersR **1964** 78).

Die **Zumutbarkeit der Haftung** ist zwar die ratio der Adäquanztheorie, aber kein **43** neben der Adäquanz zu prüfender Gesichtspunkt. Die vom BGH verschiedentlich vertretene Auffassung, eine vorhersehbare Ursachenkette sei dann nicht als adäquat zu bezeichnen, wenn es im Einzelfalle unbillig wäre, den Schädiger für die Folgen seines Verhaltens einstehen zu lassen (NJW **1952** 1010; VersR **1969** 895), ist nicht zu billigen. Es handelt sich bei der Frage des Kausalzusammenhangs entgegen BGH NJW **1952** 1010 nicht um eine nach § 242 BGB zu beantwortende Frage der Billigkeit, sondern darum, ob eine Schadensfolge dem Verhalten des Täters objektiv zurechenbar ist (*Larenz* NJW **1955** 1009).

Nach der vordringenden Lehre vom **Schutzzweck der Norm** ist für diejenigen **44** (adäquat verursachten) Schäden kein Ersatz zu leisten, die von Zweck und Schutzumfang der verletzten Norm nicht erfaßt werden[2]. Teilweise wird die Adäquanzprüfung sogar gänzlich aufgegeben und die Aussonderung nicht zuzurechnender Kausalabläufe allein nach der Schutzzwecklehre vorgenommen[3]. Diese Lehren und die durch sie aufgeworfenen Streitfragen sind in erster Linie für die vertragliche und die deliktische Haftung von Bedeutung. Im Bereich des § 7 StVG stellt sich die Problematik insofern anders dar, als hier bereits die teleologische Interpretation des Gesetzeswortlauts („bei dem Betrieb“) ergibt, daß nur die aus der spezifischen Betriebsgefahr erwachsene Schädigung dem Kraftfahrzeughalter zugerechnet wird (vgl. Rdn. 30). Anders als bei Haftungstatbeständen, hinter denen bestimmte Verhaltensgebote stehen, steht bei der Gefährdungshaftung die Relation zwischen Pflichtenverstoß, der dadurch geschaffenen Gefahrenlage und dem eingetretenen Erfolg nicht zur Diskussion[4]. Der Gesichtspunkt des Normzwecks fließt hier vielmehr bereits in die Definition des die Zurechnung auslösenden Umstands ein. Für den Bereich der Gefährdungshaftung stellt sich daher allenfalls die Frage, ob nicht wegen dieser Eingrenzung der Zurechnung das Korrektiv der Adäquanz verzichtbar ist, weil Schadensfolgen, zu denen es nur bei ganz ungewöhnlichem Verlauf der Dinge kommen kann, von vornherein außerhalb des Schutzbereichs des § 7 liegen. Da aber nicht ausgeschlossen werden kann, daß von § 7 umfaßte Betriebsgefahren in Einzelfällen außerhalb jeder Erfahrung liegende Schadensfolgen zeitigen, sollte das Kriterium der Adäquanz zur Selektion derartiger Kausalabläufe auch hier zur Verfügung stehen (ähnlich *Schünemann* NJW **1981** 2796, jedoch unter Vermengung

[2] *Palandt/Heinrichs* vor § 249, 5c; *Larenz* § 27 III b 2; *Deutsch* § 16; *Lange* § 3 X mit Rechtsprechungsnachweisen.

[3] *MünchKomm/Grunsky* vor § 249, 42ff; *Esser/Schmidt* § 33 II; *von Caemmerer* Das Problem des Kausalzusammenhangs im Privatrecht (1956).

[4] *Lange* § 3 X 9 und JZ **1976** 204f; vgl. auch *Esser/Schmidt* § 33 III b; *Deutsch* § 22 II 2.

mit beweisrechtlichen Erwägungen). Auch der BGH scheint davon auszugehen, daß die Zurechnung bei § 7 durch Schutzzweck *und* Adäquanz begrenzt wird (vgl. BGH VersR **1975** 945). Wenn er allerdings (in BGHZ **79** 259) die Adäquanzgrenze bei reiner Gefährdungshaftung bereits dort setzt, wo es sich bei dem Schadensereignis nicht mehr um eine spezifische Auswirkung derjenigen Gefahren handelt, hinsichtlich derer die Haftungsvorschrift (dort § 33 LuftVG) den Verkehr schadlos stellen will, so dürfte er das Merkmal der Adäquanz für diese Fälle jeder eigenen Bedeutung als Zurechnungskriterium entkleiden.

45 Zur Bedeutung der Schutzzwecklehre im Bereich der Haftungsausfüllung, insbesondere bei Folgeschäden, vgl. Rdn. 132.

46 c) Die **überholende Kausalität**, auch hypothetischer Ursachenzusammenhang genannt, ist kein in den Fragenkreis der Verursachung fallendes Problem[5]. Die Kausalität des Betriebs eines Kraftfahrzeugs für einen Unfall wird nicht dadurch aufgehoben, daß der nämliche Schaden durch eine andere Ursache herbeigeführt worden wäre, wenn es nicht zu dem betriebsursächlichen Unfall gekommen wäre (vgl. BGH NJW **1982** 292). Ist z. B. bei einem Serienauffahrunfall auf der Autobahn bewiesen, daß das Kraftfahrzeug des Geschädigten mit einem in seinen Fahrstreifen ragenden Unfallfahrzeug kollidiert ist, so kommt es für den Kausalzusammenhang zwischen dem Betrieb dieses Fahrzeugs und dem Schaden nicht darauf an, ob der Geschädigte in anderer Weise in den Auffahrunfall verwickelt worden wäre, wenn das genannte Fahrzeug ihm nicht im Weg gewesen wäre (BGH VersR **1975** 1026).

47 Die hypothetische Schadensursache kann aber für die Schadensberechnung Bedeutung haben. Nach BGHZ **29** 215 ist sie zwar für den unmittelbaren Schaden am Objekt unerheblich, weil mit der Schädigung sogleich der Anspruch auf Schadensersatz entstanden war und dem späteren Ereignis nach dem Gesetz keine schuldtilgende Kraft zukommt; bei der Berechnung entgangenen Gewinns, bei der Ermittlung des Schadens aus fortwirkenden Erwerbsminderungen oder ähnlichen über längere Zeit sich erstreckenden Einbußen seien dagegen spätere Ereignisse und ihre hypothetische Einwirkung auf den Ablauf der Dinge u. U. zu berücksichtigen (arg. §§ 249, 252, 844 BGB; vgl. hierzu Rdn. 154). Von Bedeutung können hypothetische Abläufe auch in den Fällen sein, in denen bereits bei der Schädigung vorliegende Anlagen in dem betroffenen Gut binnen kurzem denselben Schaden verursacht hätten (vgl. Rdn. 155).

48 **d) Mittelbare Verursachung.** Im Gegensatz zu zahlreichen ausländischen Rechtssystemen kommt es nach deutschem Recht nicht darauf an, ob der Unfall unmittelbar oder nur mittelbar durch das Ereignis (hier: den Betrieb des Kraftfahrzeugs) verursacht worden ist, ob also erst Zwischenglieder die schädigende Wirkung unmittelbar ausgelöst haben. Der Schaden kann nach deutschem Recht auch dann durch den Führer des Kraftfahrzeugs verursacht sein, wenn eine körperliche Einwirkung auf den Verletzten oder auf die beschädigte (oder zerstörte) Sache fehlt. Eine Einwirkung kann sich vielmehr auch dadurch vollziehen, daß entweder der Betroffene selbst oder eine dritte Person von dem auf Schadenersatz in Anspruch Genommenen zu einem schädigenden Verhalten veranlaßt worden ist. Zwingt z. B. die Fahrweise eines Kraftfahrzeugs ein anderes zur Fahrt in den Straßengraben und

[5] *MünchKomm/Grunsky* vor § 249, 79; *Larenz* § 30 I; *Lange* § 4 III; *Deutsch* § 12 III; *von Caemmerer* Das Problem der überholenden Kausalität im Schadensersatzrecht (1962) 4.

entsteht hierdurch ein Schaden, so hat sich der Unfall beim Betrieb des diese Abwehrmaßnahme verursachenden Kraftfahrzeugs ereignet.

Für den Kausalzusammenhang kommt es nicht darauf an, ob die zu einem schä- 49
digenden Verhalten veranlaßte Person den Schaden schuldlos, fahrlässig oder vorsätzlich herbeigeführt hat. Die früher gelegentlich vertretene Ansicht, daß ein vorsätzliches Handeln des Verletzten oder eines Dritten „den Kausalzusammenhang unterbreche“, ist längst als irrig erkannt (vgl. BGHZ **12** 211; **17** 159; **24** 266; **58** 165). Nur wenn das erste Ereignis für das zweite Ereignis völlig unerheblich war, kann der Kausalzusammenhang als unterbrochen angesehen werden (BGHZ **58** 165).
Im folgenden werden Einzelfälle mittelbarer Verursachung unter besonderer Berücksichtigung der Rechtsprechung dargestellt.

aa) Führt ein **eigenes Verhalten des Geschädigten** zu dem Unfall, so kann dieser 50
dem Halter eines anderen Kraftfahrzeugs nur zugerechnet werden, wenn der Geschädigte durch dessen Betrieb zu seinem selbstgefährdenden Verhalten nicht nur veranlaßt, sondern geradezu „herausgefordert“ wurde (sog. psychische Kausalität; vgl. BGHZ **57** 31; **63** 191). Die Umstände, aus denen sich ergibt, daß er sich herausgefordert fühlen durfte, hat der Geschädigte zu beweisen (BGH NJW **1981** 570).

Eine „Herausforderung“ ist z. B. zu bejahen, 51
– wenn ein Kraftfahrzeug durch plötzliches Anhalten oder Abbiegen ein hinter ihm fahrendes Kraftfahrzeug zum scharfen Abbremsen oder Ausweichen zwingt, wobei es verunglückt (OLG Dresden VAE **1942** 49);
– wenn ein Kraftfahrzeug auf schmaler Straße ein entgegenkommendes Fahrzeug zum Ausweichen an den äußersten Straßenrand zwingt, so daß es in den Straßengraben gerät (KG VAE **1937** 115; OLG Dresden VAE **1939** 166);
– wenn ein Kraftfahrer auf der Überholspur einer Autobahn seinen Vordermann durch Blinken und dichtes Auffahren dazu drängt, nach rechts in eine zu enge Lükke einzubiegen, wodurch es zu einem Unfall kommt (BGH VersR **1968** 670);
– wenn ein Kraftfahrzeug den Führer eines entgegenkommenden Fahrzeugs blendet und dieser beim Versuch, anzuhalten, verunglückt.

Dagegen liegt z. B. keine „Herausforderung“ vor, wenn ein Fahrzeug durch ein 52
auf einer Schnellstraße haltendes Kraftfahrzeug zum Ausweichen auf die Überholspur veranlaßt wird (BGH VersR **1960** 1140).

Bei einer – möglicherweise fehlerhaften – **Schreckreaktion** ist adäquate Kausali- 53
tät dann zu bejahen, wenn ein Betriebsvorgang des anderen Kraftfahrzeugs zu einer solchen bei verständiger Betrachtung Anlaß geben konnte; war das Verhalten des Verletzten dagegen ganz ungewöhnlich und nach der Lebenserfahrung nicht zu erwarten, so entfällt der adäquate Zusammenhang (BGH VersR **1968** 765; NJW **1971** 134; vgl. auch RG DAR **1933** 23; OLG Hamburg DAR **1929** 112).

Adäquate Kausalität ist daher z. B. zu bejahen, 54
– wenn ein auf dem rechten Fahrstreifen der Autobahn fahrendes Kraftfahrzeug unmotiviert plötzlich bremst und ein im selben Moment überholender Pkw infolgedessen ebenfalls scharf abgebremst wird und ins Schleudern kommt (**a. A.** OLG München VRS **29** 446);
– wenn ein Vorfahrtberechtigter durch das rasche Heranfahren des Wartepflichtigen an die Kreuzung zu übermäßigem Bremsen veranlaßt wird und ins Schleudern kommt (**a. A.** BGH VersR **1969** 58);

– wenn ein Kraftfahrzeug mit mäßiger Geschwindigkeit an einem Unfallfahrzeug vorbeifährt und ein entgegenkommendes Fahrzeug eine Notbremsung vornimmt, obwohl genügend Platz für ein ungehindertes Begegnen vorhanden war (**a. A.** BGH VersR **1965** 999);
– wenn ein Rad- oder Mofafahrer durch ein überholendes Kraftfahrzeug unsicher wird und stürzt (OGH VRS **1** 108; BGH VersR **1972** 1074; vgl. auch RG VAE **1939** 28 für den Fall des gleichzeitigen Überholens durch zwei Kraftfahrzeuge);
– wenn ein Fußgänger oder Radfahrer infolge eines Hupzeichens erschrickt und stürzt;
– wenn ein Fußgänger, durch plötzliches Auftauchen des Kraftfahrzeugs erschreckt, zu nahe ans Gleis tritt und von der Straßenbahn erfaßt wird (OLG Hamburg DAR **1929** 112).

55 Dagegen findet keine Zurechnung statt, wenn ein anderer das verkehrsrichtige Verhalten des Kraftfahrzeugführers falsch deutet und infolgedessen zu Schaden kommt (OLG Stuttgart VersR **1964** 78).

56 **Bewußte Selbstgefährdung** des Verletzten ist dann als vom Betrieb des anderen Kraftfahrzeugs „herausgefordert" anzusehen, wenn dieser bei dem Verletzten eine wenigstens im Ansatz billigenswerte Motivation hierzu gesetzt hatte, die z. B. auf Pflichterfüllung, Abwehr oder Nothilfe beruhen kann. Dies hat der BGH für Fälle vorwerfbaren Verhaltens des Schädigers, insbesondere Unfallflucht, die zu **gefährlicher Verfolgung** herausfordert, mehrfach entschieden[6]; für die Gefährdungshaftung kann aber nichts anderes gelten. Bemerkt z. B. ein Verkehrsteilnehmer, daß ein anderes Kraftfahrzeug Ladung zu verlieren droht, und verunglückt er infolge des Versuchs, dieses zu stoppen, so ist der Unfall kausal mit dem Betrieb des anderen Kraftfahrzeugs verknüpft. Der Unfall muß aber auf die verfolgungstypische Risikoerhöhung zurückzuführen sein, da es sonst an der Adäquanz fehlt.

57 Ein **Folgeunfall**, den der Geschädigte deswegen erleidet, weil er nach dem Erstunfall zur Ermittlung des sich entfernenden Gegners aussteigt und aus Schrecken und Zeitdruck unaufmerksam die Fahrbahn überquert, ist auch dem Verursacher des Erstunfalls zuzurechnen (BGH VersR **1977** 430). Ebenso ist es zu beurteilen, wenn ein Fußgänger infolge des bei einem Unfall erlittenen Schocks nach 10 Minuten in ein anderes Kraftfahrzeug rennt (BGH VersR **1970** 61), während eine Zurechnung dann nicht stattfindet, wenn dieses Verhalten nicht auf einem Schock, sondern auf Trunkenheit beruht (BGH aaO).

58 Begibt sich ein Dritter in Gefahr, um **Unfallhilfe** zu leisten oder eine Gefahr abzuwehren (z. B. verlorene Ladung von der Straße zu schaffen), und kommt es hierbei zu einem (weiteren) Unfall, so ist dieser dem Betrieb des die Kausalkette auslösenden Fahrzeugs zuzurechnen (offengelassen in BGH VersR **1981** 260). Hierbei ist unerheblich, ob der Dritte aus freien Stücken oder aus beruflicher Verpflichtung (Sanitäter, Feuerwehr) eingesprungen ist und ob die Hilfeleistung dem Ersatzpflichtigen selbst oder einem anderen Unfallopfer galt.

59 **bb)** Kam es zu dem Unfall durch das **Verhalten eines Dritten**, so reicht es aus, daß dessen Tun durch dem Kraftfahrzeughalter unmittelbar zurechenbare Umstände lediglich begünstigt worden ist (BGHZ **58** 166; **59** 144; BGH NJW **1979** 712); eine „Herausforderung" wird nicht verlangt (BGH VersR **1980** 87). Im Bereich der haftungsbegründenden Kausalität wird es sich zwar im allgemeinen ebenfalls um

[6] BGHZ **57** 31; **63** 191; **70** 376; BGH NJW **1964** 1363; **1978** 421; VersR **1981** 161.

Fälle von Schreckreaktionen oder „Herausforderung“ handeln; für die Zurechnung weiterer Schadensfolgen aber (beim Unfallbeteiligten oder einem nur mittelbar Geschädigten) kann die Erweiterung der Zurechenbarkeit auf Fälle bloßer Begünstigung erhebliche praktische Bedeutung haben. So hat z. B. der Unfallverursacher auch für die Folgen unsachgemäßer Hilfeleistung durch dritte Personen am Unfallort einzustehen (näher zur mittelbaren Verursachung im Bereich der haftungsausfüllenden Kausalität Rdn. 134ff).

Ob ein **Zweitunfall**, den der Verunglückte ohne Beteiligung des den Erstunfall **60**
auslösenden Kraftfahrzeugs erleidet, noch dessen Betrieb zuzurechnen ist, hängt davon ab, ob das Risiko, in diesen Unfall verwickelt zu werden, durch den Erstunfall gesteigert worden ist. Die Zurechnung ist daher z. B. zu bejahen, wenn sich der Zweitunfall beim Transport ins Krankenhaus ereignet, weil der Rettungswagen wegen hoher Geschwindigkeit oder wegen der Ausübung seiner Sonderrechte besonderen Gefahren ausgesetzt ist, hingegen zu verneinen, wenn der Verletzte beim Heimweg vom Krankenhaus in einen Unfall verwickelt wird (keine „Begünstigung“, sondern allgemeines Lebensrisiko).

Auch **rechtswidriges Verhalten**, zu dem sich Dritte aufgrund der durch den Unfall **61**
geschaffenen Lage verleiten lassen, steht in kausalem Zusammenhang mit dem Betrieb des Kraftfahrzeugs. Der Halter haftet daher z. B. wenn Teile der Ladung aus einem nach Verkehrsunfall ungesichert liegengebliebenen Lkw entwendet werden (BGHZ **58** 166) oder wenn Tiere gestohlen werden, die nach der unfallbedingten Schädigung des Weidezauns entlaufen sind (BGH NJW **1979** 712). Auch wenn andere Verkehrsteilnehmer, weil die Straße durch den Unfall blockiert ist, auf einen angrenzenden Fußweg, Radweg oder Grünstreifen ausweichen und hierdurch Schaden verursachen, ist adäquate Kausalität zu bejahen (BGHZ **58** 164; LG Düsseldorf NJW **1955** 1031). Allerdings will der BGH in diesem Fall, wohl zu Unrecht, in wertender Betrachtung die Zurechenbarkeit verneinen, weil der Folgeschaden nicht mehr in den Verantwortungsbereich des unmittelbaren Schädigers falle (vgl. Rdn. 138).

cc) Unter die Haftung des Kraftfahrzeughalters fallen auch Schäden, die ein **Tier** **62**
angerichtet hat, wenn nur die Bedingungskette adäquat ist. Das ist der Fall, wenn z. B. ein Pferd, erschreckt durch das dem Kraftfahrzeug wesenseigene Betriebsgeräusch – eine nach der allgemeinen Lebenserfahrung als wahrscheinlich voraussehbare Folge – im Durchgehen, das wieder eine der Natur des Tieres eigene Folge des Erschreckens ist, einen Menschen verletzt. Gleiches gilt, wenn durch einen Unfall ein Weidezaun beschädigt wird und dadurch Schaden entsteht, daß Tiere entlaufen (BGH NJW **1979** 712; OLG Celle VersR **1965** 903).

dd) Auch **leblose Sachen** können Zwischenglied eines mittelbaren Ursachenzu- **63**
sammenhangs sein. Wirft z. B. ein Kraftfahrzeug einen Baum oder einen Zaun um, und diese verletzen einen Menschen, so ist dieser Schaden ebenso beim Betrieb entstanden, wie wenn das Fahrzeug den Menschen durch unmittelbare Einwirkung verletzt hätte (RG VAE **1939** 166; KG VAE **1938** 461). Ragt ein Lkw infolge des von einem anderen Kraftfahrzeug ausgelösten Auffahrunfalls in die Überholspur der Autobahn und schleudert dort ein herannahendes Fahrzeug gegen den Lkw, so ist auch dieser Unfall durch das den ersten auslösende Kraftfahrzeug verursacht (BGH VersR **1975** 1026). Bei dem Betrieb eines Lkw ereignet sich auch dann ein Unfall, wenn er auf einer Baustelle einen Gegenstand an einem Seil hinter sich herzieht, der einen anderen Arbeiter verletzt (BAG VersR **1966** 571).

64 **ee)** Kommt es infolge einer **Sichtbeeinträchtigung** durch ein Kraftfahrzeug zum objektiv fehlerhaften Verhalten des Geschädigten oder eines Dritten, so ist der hierauf beruhende Unfall durch den Betrieb des Kraftfahrzeugs verursacht (KG VersR **1981** 485; **a. A.** OLG Frankfurt NJW **1965** 1334 m. Anm. *Rother*). Die Verursachung ist deshalb z. B. zu bejahen, wenn ein Kraftfahrzeug mit Abblendlicht auf freier Strecke hält, ein entgegenkommendes Fahrzeug sich deshalb rechts hält und auf ein dort unbeleuchtet stehendes Fuhrwerk auffährt (OLG München VersR **1966** 1167), oder wenn infolge der vom Scheinwerfer eines haltenden Kraftfahrzeugs ausgehenden Blendwirkung ein Radfahrer unter die Räder eines ihm entgegenkommenden, am Kraftfahrzeug vorbeifahrenden Fuhrwerks gerät.

65 **ff)** Wegen **mittelbarer Schädigung Dritter,** d. h. nicht am Unfall selbst beteiligter Personen, s. Rdn. 136ff.

66 **e) Alternative Kausalität.** Nach § 830 Abs. 1 Satz 2 BGB ist bei einer gemeinschaftlich begangenen unerlaubten Handlung jeder der Beteiligten für den Schaden verantwortlich, wenn sich nicht ermitteln läßt, wer von ihnen den Schaden durch seine Handlung verursacht hat. Für diese Schadenszurechnung hat sich die Bezeichnung „alternative Kausalität" eingebürgert (weil entweder der eine oder der andere Beteiligte die Schadensursache gesetzt hat), aber treffender wäre wohl von einer Haftung aufgrund potentieller Kausalität zu sprechen: der an einer unerlaubten Handlung Beteiligte haftet schon für die Möglichkeit, daß gerade sein Tatbeitrag den Schaden verursacht hat. Ihre Rechtfertigung findet diese Zurechnung darin, daß es unbillig erschiene, den von einer gemeinschaftlich begangenen unerlaubten Handlung betroffenen leer ausgehen zu lassen, weil jeder der Täter die Kausalität seines Tatbeitrags in Abrede stellt und der Geschädigte den oftmals schwierigen Beweis, wer von den Tätern den Schaden verursacht hat, nicht führen kann. Es handelt sich bei § 830 Abs. 1 Satz 2 BGB somit nicht um einen Unterfall der Kausalität, sondern eher um eine Kausalitätsfiktion aus Gründen der Beweiserleichterung.

67 § 830 Abs. 1 Satz 2 BGB gilt auch für die Haftung aus §§ 7, 18 StVG, da der Gesetzeszweck (Überwindung von Beweisschwierigkeiten) auch dann zutrifft, wenn die mehreren (potentiellen) Schädiger nicht schuldhaft zusammengewirkt haben (BGH VersR **1969** 1023; NJW **1971** 506; *Weimar* MDR **1960** 464; *Bauer* JZ **1971** 10; *Schantl* VersR **1981** 106).

68 Voraussetzung für die Anwendung des § 830 Abs. 1 Satz 2 BGB ist in jedem Falle, daß die Haftenden zu einer Art **Haftungsgemeinschaft** aufgrund gemeinsamer Gefährdung verbunden sind. Das ist insbesondere der Fall, wenn sie an einem einheitlichen, den Schaden auslösenden Vorgang beteiligt waren. Ob im Einzelfall ein einheitlicher Vorgang gegeben ist, bestimmt sich nach der praktischen Anschauung des täglichen Lebens; dabei ist die Gleichartigkeit der Gefährdung von besonderer Bedeutung (BGHZ **33** 292 und – wohl zu weit gehend, da ganz anderer Unfall, 2,5 km vom ersten Unfallort entfernt – BGHZ **55** 94). Nicht erforderlich ist, daß die Gefährdungshandlungen sich gleichzeitig abspielen oder daß ein subjektiver Zusammenhang zwischen den Haftenden besteht; sachlicher, räumlicher und zeitlicher Zusammenhang genügt (BGH NJW **1969** 2136; VersR **1979** 956). Liegt ein solcher Zusammenhang vor, so greift die Haftung nach § 830 Abs. 1 Satz 2 BGB ein, wenn

1. bei jedem Beteiligten ein anspruchsbegründendes Verhalten (vom Nachweis der Kausalität abgesehen) gegeben war,
2. einer der Beteiligten den Schaden verursacht haben *muß* und

3. nicht feststellbar ist, welcher von ihnen den Schaden (bzw. den fraglichen Teil des Schadens) verursacht hat (BGHZ **33** 292; **67** 14; **72** 358; BGH VersR **1979** 956).

Die letztgenannte Voraussetzung ist nicht erfüllt, wenn einer der Schädiger für den gesamten Schaden haftet, weil er ihn festgestelltermaßen, wenn auch nur mittelbar, verursacht hat. Wird z. B. ein Radfahrer vom Pkw des A angefahren und sodann, weil er auf der Fahrbahn liegenbleibt, noch vom Pkw des B überrollt, und ist nunmehr streitig, ob bereits der erste oder erst der zweite Unfall den Tod des Radfahrers verursacht hat, so liegt kein Anwendungsfall des § 830 Abs. 1 Satz 2 BGB vor[7]. Der Erstschädiger haftet nämlich nach den Grundsätzen der mittelbaren Verursachung (vgl. Rdn. 48ff) in jedem Falle für die Tötung des Angefahrenen, und Sinn des § 830 Abs. 1 Satz 2 BGB ist es nicht, dem Geschädigten einen *zusätzlichen* Schuldner zu verschaffen (BGHZ **67** 14; **72** 358). Dies gilt auch, wenn der Erstschädiger (z. B. wegen Unfallflucht) unbekannt oder wenn er insolvent ist; ebenso wenn der andere Beteiligte (wegen erhöhter Betriebsgefahr) auf eine höhere Quote oder wenn er ohne die Beschränkung des § 12 haften würde. Kann der Geschädigte in einem solchen Fall nicht beweisen, daß der Schaden vom Zweitschädiger verursacht wurde, daß also z. B. der Tod erst infolge des Zweitunfalls eintrat, so verwirklicht sich lediglich ein den Schadensersatzkläger typischerweise treffendes Beweisrisiko; er befindet sich nicht in dem für § 830 Abs. 1 Satz 2 BGB charakteristischen „Alternativdilemma" (BGHZ **72** 362), daß dem Geschädigten mehrere an der Gefährdungshandlung Beteiligte gegenüberstehen, er aber den Schadensverursacher nicht herauszufinden vermag. Zu den Auswirkungen dieser Rechtsprechung bei Massenauffahrunfällen s. *Hartung* VersR **1981** 696.

Eine Ausnahme von dem Vorstehenden gilt aber dann, wenn neben den am ein- **69**
heitlichen Vorgang beteiligten Alternativtätern ein Dritter als *Nebentäter* steht (z. B. wenn außer dem Kraftfahrzeugbetrieb auch eine Verkehrssicherungspflichtverletzung zu dem Unfall beigetragen hat). Hier ist auf die Alternativtäter § 830 Abs. 1 Satz 2 BGB anzuwenden, denn es müßte, auch wenn der wahre Hergang ersichtlich wäre, in jedem Fall einer von ihnen neben dem Dritten haften (BGHZ **72** 359).

Die Haftung nach § 830 Abs. 1 Satz 2 BGB geht, wenn für die Alternativtäter un- **70**
terschiedliche Haftungsquoten zum Tragen kämen, stets nur bis zur geringsten hypothetischen Haftungsquote, da nur erwiesene Verursachungsbeiträge in die Abwägung eingesetzt werden dürfen (BGHZ **72** 363; BGH VersR **1976** 995; **1979** 956; **1982** 878 = JR **1983** 62 m. Anm. *Schneider*).

7. Zeitlicher und örtlicher Zusammenhang

a) Keine Haftungsvoraussetzung. Einige Entscheidungen des BGH können so ver- **71**
standen werden, daß neben der adäquaten Kausalität auch ein naher örtlicher und zeitlicher Zusammenhang zwischen Betrieb und Unfall bestehen muß, damit die Haftung nach § 7 eingreift (BGHZ **58** 165; BGH VersR **1956** 420; **1966** 934; **1969** 668; **1970** 61; **1972** 1074; **1973** 83). Dies trifft jedoch nicht zu. Bei dem Betrieb eines Kraftfahrzeugs ist vielmehr auch der Unfall entstanden, der durch verlorene Ladungs- oder Fahrzeugteile zu einem Zeitpunkt hervorgerufen wird, als sich das betreffende Kraftfahrzeug schon lange von der späteren Unfallstelle entfernt hat (sog.

[7] BGHZ **72** 355 = NJW **1979** 544, 1202 m. abl. Anm. *Fraenkel*; BGH VersR **1982** 878 = JR **1983** 62 m. Anm. *Schneider*; anders noch BGH NJW **1969** 2136; kritisch *Deutsch* NJW **1981** 2731; *Hartung* VersR **1981** 699.

Nachwirkungen des Betriebs). Das Kraftfahrzeug braucht zum Zeitpunkt des Unfalls nicht einmal mehr in Betrieb zu sein[8]. Auch das RG hat die Ansicht vertreten, daß die Haftung nach § 7 unabhängig vom nahen örtlichen und zeitlichen Zusammenhang dann eintritt, wenn der Unfall im inneren Zusammenhang mit einer dem Kraftfahrbetrieb eigentümlichen Gefahr steht (RGZ **132** 265; **160** 130).

72 **b) Beweiserleichterung.** Eine Bedeutung hat das Bestehen eines nahen zeitlichen und örtlichen Zusammenhangs jedoch insofern, als es dem Geschädigten den Beweis für das Vorliegen eines Kausalzusammenhangs zwischen Betrieb und Unfall erleichtern kann. Dieser Beweis ist insbesondere in den Fällen problematisch, in denen es zu dem Unfall ohne eine Berührung zwischen den beteiligten Kraftfahrzeugen bzw. zwischen Kraftfahrzeug und Geschädigtem gekommen ist. In diesen Fällen wird von dem in Anspruch genommenen Halter häufig behauptet, sein Kraftfahrzeug habe sich rein zufällig und ohne Einfluß auf den Unfallablauf in der Nähe der Unfallstelle befunden; der Geschädigte sei z. B. allein durch eigenes Fehlverhalten und ohne hierzu, sei es auch nur durch psychische Einwirkung, veranlaßt worden zu sein, von der Fahrbahn abgekommen. Diese Behauptung zu widerlegen wird dem Geschädigten – er trägt die Beweislast für die haftungsbegründende Kausalität (BGH VersR **1976** 927) – oftmals schwerfallen. Da er aber nach den allgemeinen Grundsätzen über den Kausalitätsbeweis nur die nach der Lebenserfahrung anzunehmende, wahrscheinliche Ursächlichkeit zu beweisen hat (sog. Anscheinsbeweis; vgl. hierzu Rdn. 536), kann er – jedenfalls bei typischen Geschehensabläufen – seiner Beweispflicht genügen, wenn er einen unmittelbaren zeitlichen und örtlichen Zusammenhang zwischen Betrieb und Unfall nachweist und der in Anspruch Genommene nicht den Beweis für Umstände erbringt, aus denen sich die Möglichkeit eines nicht ihm zuzurechnenden Unfallablaufs ergibt. Die Vollbremsung eines an unübersichtlicher Stelle überholenden Kraftfahrers begründet keinen Anscheinsbeweis für eine Unfallursächlichkeit der Fahrweise des Überholten (OLG München VersR **1983** 468). Die bloße Anwesenheit in unmittelbarer Nähe des Unfallortes genügt jedenfalls – wie sich aus Vorstehendem ergibt – nicht zur Begründung einer Haftung nach § 7.

73 **8. Einzelfälle**

Im folgenden wird die oben (Rdn. 30) gewonnene Auslegung des Merkmals „bei dem Betrieb" auf einige besondere Fallgestaltungen angewandt. Hierzu wird die einschlägige Rechtsprechung dargestellt. Angesichts der Fortentwicklung der Judikatur kommt vielen älteren Entscheidungen allerdings keine aktuelle Bedeutung mehr zu. Sie sind gleichwohl in die Übersicht aufgenommen, um die Rechtsenwicklung und die Unhaltbarkeit mancher früher entwickelten Abgrenzungen aufzuzeigen; soweit ihr Ergebnis dem heutigen Stand der Judikatur nicht mehr entspricht, ist dies angemerkt. Spezielle Kausalitätsprobleme sind in dieser Übersicht nicht berücksichtigt. Insoweit ist auf Rdn. 50ff zu verweisen.

74 **a) Anhänger.** Der Anhänger eines Kraftfahrzeugs ist selbst kein Kraftfahrzeug (vgl. Rdn. 13). Gleichwohl kann für Schäden, die durch einen Anhänger hervorgerufen werden, die Haftung nach § 7 eingreifen.

[8] Vgl. RGZ **170** 16; OLG Braunschweig VRS **3** 377; OLG Celle VRS **7** 172; OLG Hamburg MDR **1961** 321 (in diesen Fällen wäre allerdings nach heutiger Rspr. das Kraftfahrzeug noch in Betrieb).

aa) Angekuppelter Anhänger. Zum Betrieb eines Kraftfahrzeugs gehören auch die durch den Anhänger des Kraftfahrzeugs herbeigeführten Schäden, die während einer Fahrt oder in Nachwirkung einer auf der Fahrt entstandenen Gefahrenlage verursacht sind. Bei dem Betrieb eines Kraftfahrzeugs ist ein Schaden daher auch dann verursacht, wenn die Berührung des geschädigten Verkehrsteilnehmers nicht mit dem Kraftfahrzeug, sondern mit dessen Anhänger stattgefunden hat (OLG Kiel HRR **1931** Nr. 665). Die Betriebsgefahr des Anhängers ist ein Teil der Betriebsgefahr des ziehenden Kraftfahrzeugs (BGHZ **20** 385). Der Halter und der Führer des ziehenden Kraftfahrzeugs haben im Rahmen der Haftung nach dem StVG für vom Anhänger verursachte Schäden in gleicher Weise einzustehen, wie für vom Kraftfahrzeug unmittelbar verursachte (BGH VersR **1961** 473; OLG Bamberg VersR **1960** 762). Keine Gefährdungshaftung trifft hingegen denjenigen, der nur Halter des Anhängers ist. Er braucht sich auch nicht im Verhältnis zum Halter des ziehenden Fahrzeugs eine Betriebsgefahr anrechnen zu lassen (**a. A.** OLG Düsseldorf MDR **1983** 59). 75

bb) Abgekuppelter Anhänger. Bei dem Betrieb eines Kraftfahrzeugs ist ein Schaden auch dann verursacht, wenn sich ein Unfall durch Auffahren auf einen abgekuppelten Anhänger ereignet hat oder ein solcher Anhänger auf abschüssigem Gelände ins Rollen geraten ist oder sonstwie einen Unfall verursacht hat. Die „Betriebsgefahr des Anhängers“ ist auch in diesen Fällen nichts anderes als ein Teil der Betriebsgefahr des ziehenden Kraftfahrzeugs. Dessen Halter wird von der Haftpflicht nach § 7 – wie bei Kraftfahrzeugen – lediglich dann nicht erfaßt, wenn sich eine außerhalb des Schutzzwecks von § 7 liegende Gefahr verwirklicht hat, z. B. wenn sich der Anhänger außerhalb von Verkehrsflächen befand (vgl. LG Heilbronn VersR **1966** 96) oder wenn sich der Schaden infolge seiner Verwendung als Arbeitsmaschine ereignet hat (vgl. Rdn. 28). Ohne Bedeutung sind dagegen – entgegen der älteren Rechtsprechung[9] und *Full* 94ff – der Grund und die Dauer des Abstellens des Anhängers. Auch der betriebsunfähig auf der Straße abgestellte oder nach Abkuppeln vom Zugfahrzeug dort geparkte Anhänger kann folglich noch eine Gefährdungshaftung des Halters des Zugfahrzeugs begründen[10]. Ob das Zugfahrzeug selbst zum Zeitpunkt des Unfalls noch in Betrieb ist, ist ohne Belang. Die normative Auslegung des Betriebsbegriffs (vgl. Rdn. 26ff) ermöglicht es zwanglos, die durch den abgestellten Anhänger hervorgerufenen Verkehrsgefahren dem Zugfahrzeug, welches den Anhänger in die betreffende Lage gebracht hat, auch dann noch zuzurechnen, wenn dieses schon längst in seiner Garage steht. Etwas anderes mag gelten, wenn der Anhänger von Hand in den Verkehrsraum geschoben oder gezogen wird (zu weitgehend österr. OGH VersR **1982** 910). Allenfalls könnte hier dann, wenn dies unmittelbar der Vorbereitung einer Fahrt diente, an eine (haftungsbegründende) „Vorwirkung“ des Betriebs des Kraftfahrzeugs gedacht werden. 76

b) Abgeschleppte Kraftfahrzeuge wurden bisher in ständiger Rechtsprechung den Anhängern gleichgestellt, d. h. sie wurden als nicht in Betrieb befindlich, aber am Betrieb des Schleppfahrzeugs teilnehmend angesehen (Betriebseinheit des Schlepp- 77

[9] RGZ **159** 150; RG JW **1934** 2334; OLG Hamm JW **1938** 2280; OLG Dresden VAE **1938** 408; **1942** 48; OLG Zweibrücken RdK **1939** 101; KG VAE **1939** 255; OLG Celle VRS **4** 110; NJW **1953** 1512; OLG Stuttgart RdK **1954** 6.

[10] BGH VersR **1961** 473; OLG Stuttgart VersR **1960** 87; MDR **1960** 139; **a. A.** BGH VRS **4** 165; OLG Celle VRS **4** 110; OLG Stuttgart RdK **1954** 6; OLG Nürnberg VRS **10** 418.

zugs)[11]. Diese in der Literatur[12] vielfach kritisierte Auffassung ist abzulehnen. Auch das außer Betrieb gesetzte oder sogar betriebsunfähige Kraftfahrzeug bleibt Kraftfahrzeug und es bleibt „in Betrieb", solange von ihm eigene Verkehrsgefahren ausgehen. Daß dies beim abgeschleppten Kraftfahrzeug jedenfalls dann, wenn es noch gesteuert und anderweitig bedient werden muß, der Fall ist, steht außer Zweifel; wird es aufgebockt oder „auf den Haken genommen", mag etwas anderes gelten. Schon der Vergleich mit dem von Menschenkraft geschobenen oder gezogenen Kraftfahrzeug – dieses ist zweifelsfrei „in Betrieb" – zeigt, daß der bisherige Standpunkt der Rechtsprechung nicht richtig sein kann. Der BGH hat in einer neueren Entscheidung (VersR **1978** 1070) nunmehr auch eingeräumt, daß die Frage eines erneuten Überdenkens wert ist; er hatte zu einer Entscheidung allerdings keinen Anlaß, weil es sich im konkreten Fall um ein „auf den Haken genommenes" Kraftfahrzeug handelte.

78 **c) Geschobene Kraftfahrzeuge.** Ein Kraftfahrzeug ist auch dann in „Betrieb" im Sinne des § 7, wenn es auf Verkehrsgrund geschoben wird. Dies gilt nicht nur für das Anschieben eines Kraftfahrzeugs (OLG Stuttgart VersR **1956** 523) sowie dann, wenn ein betriebsunfähiges Kraftfahrzeug geschoben (BGH VersR **1960** 804; **1977** 624) oder vorwärtsgestoßen wird (**a. A.** OLG Hamm VRS **13** 450), sondern auch dann, wenn ein an sich betriebsfähiges Kraftfahrzeug geschoben wird (**a. A.** *Full* 58).

79 **d)** In sonstiger Weise **ohne eigene Motorkraft bewegte Kraftfahrzeuge** sind in Betrieb, wenn von ihnen Verkehrsgefahren ausgehen. Der auf abschüssiger Straße rollende oder nur durch die Kraft des Anlassers vorwärtsbewegte Pkw (vgl. OLG Hamm VRS **13** 450) ist daher ebenso in Betrieb wie das Moped oder Mofa, welches nur durch Treten der Pedale vorwärtsbewegt wird (**a. A.** *Full* 58, 59).

80 Nicht bei dem Betrieb des Kraftfahrzeugs entstanden ist ein Unfall in einer **Waschanlage**, in der das Kraftfahrzeug ausschließlich durch eine Transportkette fortbewegt wird (KG VersR **1977** 626).

81 **e) Abgestellte Kraftfahrzeuge.** Bei dem Betrieb eines Kraftfahrzeugs entstanden ist ein Unfall auch dann, wenn er sich im kausalen Zusammenhang mit einem im Verkehrsraum abgestellten Kraftfahrzeug ereignet. Ob das Kraftfahrzeug im Rechtssinne **hält oder parkt** ist hierbei ebenso unerheblich wie der Zweck oder die Dauer des Abstellens (BGHZ **29** 167). Dies folgt daraus, daß auch das stehende Kraftfahrzeug im heutigen Straßenverkehr eine erhebliche Gefahrenquelle darstellt (vgl. Rdn. 26). Differenzierungen nach Zweck, Dauer oder Ort des Abstellens (vom Abstellen außerhalb des Verkehrsraums abgesehen) sind willkürlich, da sie sich mit Sinn und Zweck des § 7 nicht vereinbaren lassen. Unrichtig ist es daher, das Parken am Ziel der Fahrt nicht mehr zum Betrieb des Kraftfahrzeugs zu rechnen (so z. B. KG JW **1933** 1667; *Full* 38 ff).

82 Zu Recht wurde in der Rechtsprechung das Merkmal „bei dem Betrieb" bejaht,
– wenn ein Kraftfahrzeug nach beendeter Fahrt (OLG Hamburg MDR **1961** 321)

[11] RG DAR **1930** 201; BGH VersR **1963** 47; **1971** 611; OLG Düsseldorf RdK **1931** 341; OLG Kiel RdK **1932** 265; OLG Köln DAR **1932** 120; OLG Karlsruhe VRS **7** 477; OLG Bamberg VersR **1960** 762; OLG Celle NJW **1962** 253 m. abl. Anm. *Hartung*.

[12] *Böhmer* MDR **1963** 280; VersR **1972** 328; JR **1971** 501; *Hamann* NJW **1970** 1452; *Tschernitschek* VersR **1978** 1001; *Jung* DAR **1983** 154; vgl. auch LG Hannover NJW **1978** 430 u. 2202 m. zust. Anm. *Darkow*; OLG Schleswig VersR **1976** 163.

oder zwischen Hin- und Rückfahrt (OLG München VersR **1960** 569; OLG Bamberg VersR **1967** 562) parkt;
- wenn ein Kraftfahrzeug während einer Fahrt kurz auf der Straße parkt (BGH VersR **1966** 817; OLG Celle DAR **1951** 13; OLG Stuttgart VersR **1955** 719);
- wenn ein Kraftfahrzeug auf einer Durchgangsstraße, sei es auch längere Zeit, parkt (OLG Köln VersR **1967** 165);
- wenn ein Lastzug bereits mehrere Stunden auf der Straße parkt (OLG Düsseldorf VersR **1956** 496), auch dann, wenn der Fahrer im Führerhaus schläft (BGH VersR **1957** 740);
- wenn ein Kraftfahrzeug abends mit Abblendlicht auf freier Strecke parkt (OLG München VersR **1966** 1167)
- wenn ein Lastzug nachts zur Essenspause auf einer Bundesstraße parkt (OLG Koblenz VkBl. **1952** 78);
- wenn ein Kraftfahrzeug auf öffentlicher Straße zum Be- oder Entladen hält (RGZ **132** 262; RG JW **1929** 912; BGH VersR **1955** 678; **1956** 420; OLG Kassel VersR **1952** 435; OLG Dresden VAE **1941** 165; OLG Stuttgart VkBl. **1960** 40);
- wenn ein Abschleppwagen hält, weil ein liegengebliebenes Kraftfahrzeug aufgebockt wird (OLG Breslau DAR **1938** 266);
- wenn ein Anhänger abgekuppelt wird (OLG Stuttgart VersR **1958** 34);
- wenn ein Lkw am Straßenrand hält, damit sich die Batterie erholen kann (OLG Düsseldorf JW **1938** 326);
- wenn ein Kraftfahrzeug hält, weil die vor ihm fahrenden anhalten (OLG Köln VRS **15** 325) oder weil vor ihm ein Unfall geschehen ist (OLG München HRR **1939** Nr. 1508).

Nur Kraftfahrzeuge, die **innerhalb des Verkehrsraums** abgestellt sind, sind im **83** Sinne des § 7 in Betrieb (unrichtig daher OLG Königsberg JRPrV **1938** 381: Laufenlassen des Motors in der Garage als „Betrieb“). Entscheidend ist hierbei nur, ob auf der fraglichen Fläche tatsächlich Verkehr stattfindet; ob es sich um öffentlichen oder privaten Grund handelt, ist ohne Belang. Auch auf Parkplätzen abgestellte Kraftfahrzeuge sind in Betrieb (vgl. LG Konstanz NJW **1967** 734; ferner OLG Frankfurt DAR **1951** 14, wonach ein nachts auf dem Hof des Funkamts abgestellter Pkw nicht in Betrieb sei).

Ob das Kraftfahrzeug zu **Verkehrszwecken** im Verkehrsraum abgestellt wurde **84** oder aus anderen Gründen, ist ohne Bedeutung. Nicht zu folgen ist daher BGH VersR **1961** 263, wonach ein Unfall nicht bei dem Betrieb eines Mopeds entstanden sein soll, wenn dieses nur zu dem Zweck auf die Straße gestellt wurde, durch das Licht seines Scheinwerfers vor einer Unfallstelle zu warnen (ebenso *Böhmer* VersR **1961** 369). Selbst ein geradezu verkehrsfeindliches Abstellen des Kraftfahrzeugs auf der Straße – etwa als Hindernis – würde die Haftung nach § 7 begründen.

Stets muß sich aber eine Gefahr ausgewirkt haben, die von dem abgestellten **85** Kraftfahrzeug selbst ausgeht. Der Halter braucht sich daher z. B. keine mitwirkende Betriebsgefahr anrechnen zu lassen, wenn sein geparktes Kraftfahrzeug durch eine Dachlawine beschädigt wird (BGH VersR **1980** 740). Wohl aber begründet es die Zurechnung, wenn es zu einem Unfall kommt, weil ein anderer Verkehrsteilnehmer dem verbotswidrig abgestellten Kraftfahrzeug ausweichen muß (**a. A.** OLG Düsseldorf VersR **1982** 1200).

f) Liegengebliebene Kraftfahrzeuge. Kommt es durch ein Kraftfahrzeug, welches **86** infolge eines Defekts oder wegen Treibstoffmangels innerhalb des Verkehrsraums liegengeblieben ist, zu einem Unfall, so ist dieser „bei dem Betrieb" des Kraftfahrzeugs entstanden. Das unter Rdn. 81 für abgestellte Fahrzeuge Ausgeführte gilt für diese Fälle entsprechend. Es kommt demnach nicht darauf an, wie lange das Liegenbleiben währt und ob das Kraftfahrzeug wieder in Betrieb gesetzt werden kann. Nicht zu folgen ist daher den älteren Entscheidungen, wonach ein Kraftfahrzeug trotz Verbleibens auf der Straße nicht mehr in Betrieb sein soll bei Benzinmangel (RGZ **122** 270), gebrochener Kardanwelle (OLG Dresden VAE **1940** 183), Kupplungsschaden (OLG Karlsruhe JW **1940** 2260), gebrochener Luftleitung (RGZ **170** 16), Motorschaden (OLG Hamm VRS **2** 135; OLG Neustadt VersR **1953** 487) oder Reifenpanne (OLG Karlsruhe NJW **1953** 1711).

87 Zu Recht bejaht hat die Rechtsprechung das Merkmal „bei dem Betrieb" dagegen,
- wenn ein Lkw nachts wegen Verstopfung der Benzinleitung auf der Landstraße hält (RG JW **1929** 2055);
- wenn ein Bus wegen eines Vergaserbrandes anhält (RG VAE **1940** 170);
- wenn ein Kraftfahrzeug wegen eines Motorschadens liegenbleibt (BGHZ **29** 163; BGH VersR **1960** 1140; OLG Bamberg DAR **1951** 80);
- wenn ein Kraftfahrzeug wegen Kraftstoffmangels liegenbleibt (BGH VersR **1977** 624);
- wenn an einem Kraftfahrzeug auf der Autobahn ein Reifen gewechselt wird (BGH VersR **1969** 668).

88 **g) Verunglückte Kraftfahrzeuge.** Ereignet sich infolge eines Kraftfahrzeugunfalls ein weiterer Unfall, so ergibt sich – adäquate Kausalität vorausgesetzt – die Zurechnung schon aus der Verursachung durch den früheren, zu dem Erstunfall führenden Betrieb. Darüber hinaus ereignet sich der Zweitunfall aber (entsprechend dem unter Rdn. 86 Ausgeführten), auch „bei dem Betrieb" des unfallbedingt liegengebliebenen Kraftfahrzeugs, solange es sich innerhalb des Verkehrsraums befindet (BGHZ **58** 164). Diese Zurechnung kann insbesondere dann Bedeutung erlangen, wenn der Kraftfahrzeughalter zwar hinsichtlich der Beteiligung des Kraftfahrzeugs an dem Erstunfall, nicht aber hinsichtlich der Absicherung der Unfallstelle den Unabwendbarkeitsbeweis nach § 7 Abs. 2 führen kann. Kommt es zu dem Zweitunfall nur deshalb, weil ein Verkehrsteilnehmer durch ein außerhalb des Verkehrsraums zum Liegen gekommenes Unfallfahrzeug abgelenkt wurde, so scheidet eine Zurechnung auf dem letztgenannten Weg aus; im übrigen kommt es auf die Frage der Adäquanz an.

89 Die Rechtsprechung hat das Merkmal „bei dem Betrieb" zu Recht bejaht, wenn ein Kraftfahrzeug bewegungsunfähig wird, weil es mit einem Rad in den Straßengraben gerät (OLG München HRR **1939** Nr. 1508; LG Tübingen VkBl. **1950** 177), dagegen zu Unrecht verneint, wenn ein Kraftfahrzeug nach einem Unfall pflichtgemäß auf die Polizei wartet (OLG Celle VRS **7** 172; OLG Karlsruhe VRS **7** 415).

90 Ein Unfall im Zusammenhang mit der **Bergung** eines verunglückten Kraftfahrzeugs kann ebenfalls bei dessen Betrieb verursacht sein, so z. B. wenn es zu einem Unfall kommt, weil Fahrgäste eines verunglückten Busses einen auf dessen Verdeck gefallenen Laternenmasten herabwerfen (RG JW **1912** 650).

91 **h) Be- und Entladen.** Wie bereits unter Rdn. 81 ausgeführt wurde, bleibt ein Kraftfahrzeug während des Ladevorgangs „in Betrieb", sofern es sich auf einer dem Verkehr dienenden Fläche befindet. Unzweifelhaft „bei dem Betrieb" des Kraftfahrzeugs entstanden ist ein Unfall demnach dann, wenn ein anderes Fahrzeug auf das zum Zweck des Be- oder Entladens abgestellte Kraftfahrzeug auffährt oder

wenn sonst die Anwesenheit des Kraftfahrzeugs auf der Straße zu einem Unfall führt (Rechtsprechungsnachweise s. o. Rdn. 82). Darüberhinaus aber sind auch Auswirkungen, die vom Ladegeschäft als solchem ausgehen, unter Umständen dem Betrieb des Kraftfahrzeugs zuzurechnen. Entscheidend ist nach Sinn und Zweck des § 7, ob sich in dem Unfall eine von dem Kraftfahrzeug als *Verkehrsmittel* ausgehende Betriebsgefahr verwirklicht hat (vgl. Rdn. 26); Schäden, die in keinem Zusammenhang mit Verkehrsvorgängen stehen, werden deshalb von § 7 nicht erfaßt (vgl. BGHZ **71** 212). Ob bei dem Ladevorgang die Motorkraft des Kraftfahrzeugs mitgewirkt hat, ist ohne Bedeutung.

Beim Betrieb des Kraftfahrzeugs entstanden ist daher z. B. ein Unfall, zu dem es **92**
dadurch kommt, daß
- beim Entladen eines Tankwagens Öl auf die Straße läuft (BGHZ **71** 215);
- ein Fußgänger über den Abfüllschlauch eines Tankfahrzeugs stolpert (BGH aaO);
- ein Fahrzeug gegen einen Stein prallt, der beim Beladen eines Lkw auf die Straße gefallen ist (OLG Stuttgart VkBl. **1960** 40);
- ein Fußgänger von einem Sprengring getroffen wird, der beim Abladen eines Reserverads von diesem abspringt (OLG Kassel VersR **1952** 435).

Nicht dem Betrieb des Kraftfahrzeugs zuzurechnen ist es dagegen z. B., wenn **93**
- sich ein Arbeiter an einer auf dem Lkw angebrachten Arbeitsmaschine (z. B. Kreissäge, Teerkocher) verletzt;
- der Öltank im Haus überläuft, weil ihm die Pumpe des Tankfahrzeugs zuviel Öl zuführt (BGHZ **71** 212; **75** 48; **a. A.** OLG München OLGZ **1971** 168; OLG Nürnberg VersR **1971** 915; KG VersR **1973** 665);
- beim Einblasen von Futter in einen Silo durch einen vom Motor des Lkw angetriebenen Kompressor der Silo und weitere Sachen des Empfängers beschädigt werden (BGH VersR **1975** 945);
- durch herabstürzendes Ladegut beim Kippen eines Lkw ein Arbeiter verletzt wird (**a. A.** BGH VersR **1956** 422; dem könnte lediglich für den Fall der Verletzung eines anderen Verkehrsteilnehmers gefolgt werden).

i) Unfälle beim **Ein- oder Aussteigen** sind dann bei dem Betrieb des Kraftfahr- **94**
zeugs entstanden, wenn ein Zusammenhang mit dem Kraftfahrzeug als Verkehrsmittel, also mit Verkehrsvorgängen besteht. Dies ist der Fall z. B.
- bei Unfällen infolge unachtsamen Öffnens der Tür (RG DAR **1932** 122; KG VAE **1939** 112; OLG Dresden VAE **1940** 183; OLG Celle DAR **1951** 13 m. Anm. *Brüggemann*; OLG Stuttgart VkBl. **1955** 420);
- wenn eine an der Haltestelle wartende Person durch das Öffnen der Tür des Omnibusses verletzt wird (OLG München VersR **1952** 293);
- wenn der Kraftfahrzeugführer beim Aussteigen mit einem vorbeifahrenden Radfahrer zusammenprallt (RGZ **126** 333).

Dagegen ist das Überschreiten der Fahrbahn durch einen ausgestiegenen Insas- **95**
sen nicht mehr dem Betrieb des Kraftfahrzeugs zuzurechnen (OLG Dresden VAE **1938** 408; BayObLG NJW **1955** 105; LG Karlsruhe VersR **1981** 143; AG Uelzen VersR **1967** 1057).

Fraglich ist die Zuordnung in den Fällen, in denen Fahrgäste eines Busses an der **96**
Tür oder auf dem Trittbrett zu **Sturz** kommen. Wenngleich sich hier nicht eigentlich Verkehrsgefahren verwirklichen, ist der Zusammenhang des Unfalls mit der Nut-

zung des Busses als Verkehrsmittel doch so eng, daß er als „bei dem Betrieb" geschehen anzusehen ist (ebenso BGH VersR **1956** 765; OLG Oldenburg VRS **10** 421). Entsprechendes gilt, wenn jemand bei dem Versuch, in Unruhe geratenen Fahrgästen aus einem mit Vergaserbrand liegengebliebenen Bus zu helfen, zu Boden gestoßen wird (RG VAE **1940** 170). Nicht der Betriebsgefahr des Omnibusses zuzurechnen sind dagegen die Verletzungen, die ein Schulkind dadurch erleidet, daß es inmitten einer Schar an der Haltestelle wartender Kinder infolge des beim Anhalten des Busses entstehenden Gedrängels zu Fall kommt (LG Freiburg VersR **1982** 1083).

97 **k)** Schäden durch **Herabfallen von Teilen des Kraftfahrzeugs oder der Ladung** sind beim Betrieb des Kraftfahrzeugs entstanden, wenn sie in Zusammenhang mit einem Verkehrsvorgang stehen (ähnlich RGZ **160** 129). Dies ist z. B. der Fall, wenn es zu einem Unfall kommt,
- weil sich ein Reifen, Auspuff oder sonstiges Teil von dem Kraftfahrzeug löst;
- weil ein Tankwagen ausläuft;
- weil Teile der Ladung von einem Lkw herabfallen (RG RdK **1940** 166);
- weil von einem Autotransporter ein Pkw herunterfällt und Stunden später ein anderer auf das Wrack auffährt (**a. A.** LG Berlin VersR **1974** 274);
- weil durch das Streuen pulverförmigen Materials hinter einem Lkw eine Staubwolke entsteht (OLG Nürnberg OLGZ **1966** 408);
- weil beim Bremsen eines Omnibusses ein Koffer aus dem Gepäcknetz auf einen Fahrgast stürzt (OLG Oldenburg DAR **1954** 206).

98 **l)** Das **Hochschleudern von Gegenständen**, insbesondere Steinen durch die Räder, ist dem Betrieb des Kraftfahrzeugs zuzurechnen (vgl. OLG Frankfurt VkMitt. **1958** 34; LG Lüneburg MDR **1961** 1014; LG München I VersR **1967** 914).

99 **m)** Führt die **Verschmutzung der Straße** durch die Reifen oder Gleisketten eines Kraftfahrzeugs (welches z. B. zuvor auf lehmigen Wegen oder durchs Gelände gefahren war) zu einem Unfall, so ist dieser bei dem Betrieb des Kraftfahrzeugs verursacht (BGH VersR **1982** 977; OLG Schleswig NJW **1966** 1269; **a. A.** OLG Stuttgart NJW **1959** 2065 und **1960** 139 m. abl. Anm. *Fritze*). Welche Zeitspanne zwischen der Verschmutzung und dem Unfall liegt, ist ohne Bedeutung (**a. A.** *Dopfer* Justiz **1966** 335).

100 **n)** Ein Unfall beim **Tanken oder Warten** des Kraftfahrzeugs ist jedenfalls dann nicht beim Betrieb desselben entstanden, wenn es sich außerhalb des Verkehrsraums befindet. Kommt etwa ein Mechaniker beim Hantieren an dem Kraftfahrzeug in der Werkstatt durch das Kraftfahrzeug zu Schaden, so liegt kein Anwendungsfall des § 7 vor. Anders ist es hingegen, wenn sich eine mit dem Kraftfahrzeug als Verkehrsmittel verbundene Betriebsgefahr während des Aufenthalts an einer allgemein zugänglichen Zapfsäule realisiert (z. B. das Kraftfahrzeug rollt während des Tankens zurück; vergossenes Öl führt zum Sturz eines Kradfahrers). Kommt es während des Aufenthalts an der Tankstelle zur Explosion des Treibstoffbehälters des Kraftfahrzeugs, so ist eine hierbei entstehende Schädigung wohl nicht bei dem Betrieb des Kraftfahrzeugs entstanden (**a. A.** LG Aachen MDR **1955** 162).

101 **o)** Unfälle bei **Rennveranstaltungen** u. ä. werden den beteiligten Kraftfahrzeugen nach § 7 zugerechnet; ob das Rennen auf öffentlichen Straßen oder auf Privatgrund ausgetragen wurde, ist ohne Bedeutung (vgl. BGH VersR **1960** 635; BayObLG DAR **1929** 284; OLG Königsberg JRPrV **1938** 381; LG Hamburg VersR **1953** 488). Dies gilt insbesondere, wenn bei dem Rennen Zuschauer verletzt wurden (RGZ **150**

73; BGHZ **5** 318; OLG Hamburg DAR **1942** 46). Teilnehmer an dem Rennen können sich dagegen untereinander nicht nach § 7 verantwortlich machen, da sie die mit der Eigenart solcher Veranstaltungen verbundenen Gefahren bewußt auf sich nehmen (OLG Hamburg DAR **1942** 46); etwas anderes gilt lediglich für schuldhaft verursachte Schäden, die auch bei einem Rennen vermeidbar gewesen wären (OLG Koblenz JurZentr. **1952** 110). Schäden durch den Absturz eines Drachenfliegers, der von einem Kraftfahrzeug angeschleppt wurde, sind nicht dessen Betrieb zuzurechnen (BGH VersR **1981** 988).

p) Auch **vorsätzliche Schädigungen mittels des Kraftfahrzeugs** fallen unter das 102
Merkmal „bei dem Betrieb" und begründen eine Haftung nach § 7. Wie BGHZ **37** 311 zutreffend ausgeführt hat, umfaßt der Schutzzweck des § 7 auch solche Gefahren, die der Benutzer des Kraftfahrzeugs bewußt und gewollt gegen einen anderen ausspielt, z. B. beim Zufahren auf den anderen in Tötungsabsicht. Das gleiche gilt, wenn von einem fahrenden Kraftfahrzeug aus Gegenstände auf andere Verkehrsteilnehmer geworfen werden (*Weimar* MDR **1958** 746). In solchen Fällen haftet (neben dem selbstverständlich aus unerlaubter Handlung verantwortlichen) Fahrer also auch der Halter.

IV. Unfall mit Personen- oder Sachschaden als konkreter Haftungsgrund

1. Allgemeines

Die Haftung nach § 7 greift nur ein, wenn ein Mensch getötet, der Körper oder 103
die Gesundheit eines Menschen verletzt oder eine Sache beschädigt wurde. Zusätzlich ist, wie sich aus Abs. 2, § 14 ursprünglicher Fassung und § 15, insbesondere aber aus dem Schutzzweck der Gefährdungshaftung herleiten läßt, erforderlich, daß der Personen- oder Sachschaden durch einen *Unfall* entstanden ist.

Das Vorliegen eines Unfalls ist also Anspruchsvoraussetzung des § 7[13], andere 104
von einem Kraftfahrzeug ausgehende Einwirkungen werden von dieser Vorschrift nicht erfaßt. Der Unfall bildet den sog. konkreten Haftungsgrund[14], das Verbindungsglied zwischen der Haftungsbegründung und der Haftungsausfüllung (wegen der beweisrechtlichen Konsequenzen dieser Unterscheidung s. Rdn. 130).

2. Unfall

Ein Unfall ist ein plötzlich eintretendes Ereignis, das Schaden an Menschen oder 105
Sachen verursacht (BGHZ **37** 313).

a) Keine **Plötzlichkeit des Schadensereignisses** und damit keine Haftung nach § 7 106
ist z. B. gegeben, wenn eine Straße durch häufiges Befahren mit dem Kraftfahrzeug abgenützt oder zerstört wird, wenn angrenzende Gebäude durch fortgesetzte Erschütterungen seitens des Kraftfahrzeugs beschädigt werden, wenn durch dauernde Einwirkung von Motorenlärm die Nutzbarkeit eines Nachbargrundstücks beeinträchtigt wird, oder wenn sich ein Lkw-Fahrer durch monatelange Einwirkung des Motorengeräuschs eine Ohrenkrankheit zuzieht. Führt der Verlust von Öl, Kraftstoff o. dgl. zu einer verkehrsgefährdenden Verschmutzung der Fahrbahn, so ist ein Unfall zu bejahen, nicht dagegen bei allmählicher Verschlechterung der Straßenbeschaffenheit durch derartige Einwirkungen (OLG Köln VersR **1983** 289).

[13] Zweifelnd BGHZ **37** 313; offengelassen in BGHZ **71** 339.
[14] Zu diesem Begriff vgl. *Arens* ZZP 88 (1975) 1; *Stoll* AcP **176** (1976) 145.

107 b) Die **Beschränkung auf Personen- und Sachschäden** ergibt sich aus dem Unfallbegriff, aber auch ausdrücklich aus § 7 Abs. 1. Reine Vermögensschäden können daher eine Haftung nach § 7 nicht begründen, wie etwa ein infolge eines Verkehrsstaus entgangener Verdienst. Liegt aber ein Unfall mit Personen- oder Sachschaden vor, so sind auch dessen vermögensrechtliche Auswirkungen auf den Geschädigten – nach Maßgabe der für die Haftungsausfüllung geltenden Regeln (vgl. Rdn. 129ff) – zu ersetzen. Auch Personen- oder Sachschäden nicht am Unfall selbst Beteiligter, also nur mittelbar Geschädigter, sowie die vermögensrechtlichen Auswirkungen dieser Schädigungen werden von § 7 erfaßt, nicht dagegen reine Vermögensbeeinträchtigungen bei mittelbar Geschädigten. Daher sind z. B. zu ersetzen Schäden eines Angehörigen des Unfallopfers infolge des beim Übermitteln der Unfallnachricht erlittenen Nervenzusammenbruchs, nicht dagegen Verdienstausfälle des Arbeitgebers des Unfallopfers wegen dessen Arbeitsunfähigkeit. Näheres hierzu s. Rdn. 136ff, allgemein zu den Begriffen Personen- und Sachschaden Rdn. 110ff.

108 c) **Absichtlich herbeigeführte Schadensfälle** sind, wenn sie die vorstehenden Merkmale erfüllen, ebenfalls Unfälle im Sinne des § 7 (BGHZ **37** 313), denn der Schutzzweck dieser Vorschrift umfaßt auch solche Gefahren, die der Benutzer eines Kraftfahrzeugs bewußt und gewollt gegen einen anderen ausspielt, etwa beim absichtlichen Zufahren auf den Geschädigten in Verletzungs- oder Tötungsabsicht (aaO 316).

109 d) **Mit Willen des Geschädigten herbeigeführte Schadensfälle** sind dagegen keine Unfälle (BGHZ **71** 339; BGH VersR **1979** 514; **a. A.** OLG Frankfurt VersR **1978** 260). In diesen Fällen entsteht zwar ein Schaden, der Träger des beschädigten Rechtsguts wird aber nicht von einem Schadensereignis betroffen, weil er die Beeinträchtigung selbst gewollt hat. Deshalb liegt z. B. kein eine Haftung nach § 7 begründender „Unfall" vor, wenn ein Zusammenstoß gemäß Verabredung zwischen den Beteiligten zum Zweck eines Versicherungsbetrugs absichtlich herbeigeführt wird (allenfalls wenn es hierbei über den verabredeten Sachschaden hinaus zu einem unbeabsichtigten Personenschaden kommt, kann insoweit wieder von einem Unfall die Rede sein). Zu der Beweisproblematik in solchen Fällen vgl. Rdn. 535.

3. Personenschaden

110 Ein Personenschaden kann liegen in der Tötung eines Menschen oder der Verletzung des Körpers oder der Gesundheit eines Menschen.

111 a) Die **Tötung**, d. h. die Vernichtung eines Menschenlebens, kann unmittelbar durch das Unfallereignis verursacht sein. Häufig wird durch den Unfall aber zunächst nur eine Körperverletzung hervorgerufen, die dann, ggf. infolge hinzutretender Umstände, zum Tode führt. Ist bei einer solchen mittelbaren Tötung der Zurechnungszusammenhang zu bejahen (Einzelheiten hierzu in Rdn. 129ff), so treten die gleichen Haftungsfolgen ein wie bei sofortiger Tötung; zusätzlich sind die Kosten einer versuchten Heilung zu ersetzen (vgl. § 10 Abs. 1). Auch wenn zunächst eine Verletzung gar nicht erkennbar war, der Betroffene jedoch später nachweislich infolge des Unfalls verstarb, ist die Haftung gegeben, da dann eben doch eine (verborgene) Gesundheitsschädigung vorlag. Für die Todesfolge ist auch zu haften, wenn es zu ihr nur wegen einer besonderen Konstitution des Verletzten kommen konnte (vgl. auch Rdn. 143).

Keine Tötung ist das unfallbedingte **Absterben einer Leibesfrucht**; hier ist lediglich eine Körperverletzung in der Person der Mutter gegeben. Dies gilt auch, wenn das Kind infolge der Unfallschädigung bei der Geburt stirbt (BGHZ **58** 48). 112

b) Körperverletzung ist die Beeinträchtigung der körperlichen Unversehrtheit, **Gesundheitsverletzung** die Störung der inneren Lebensvorgänge. Auch diese Veränderungen brauchen nicht unmittelbar nach dem schädigenden Ereignis in Erscheinung zu treten, wenn sie nur die adäquate Folge des Unfalls sind. 113

Wird eine **Leibesfrucht** geschädigt und infolgedessen ein Mensch mit gesundheitlichen Beeinträchtigungen geboren, so kann dieser hierfür Schadensersatz nach § 7 verlangen (BGHZ **58** 48; *Stoll* JZ **1972** 365). 114

Bereits vorhandene Leiden schließen den Eintritt einer Körper- oder Gesundheitsverletzung nicht aus. Wird das bestehende Leiden durch den Unfall **verschlimmert**, so erfaßt die Haftung die dem Verletzten hierdurch entstehenden Mehraufwendungen bzw. -beeinträchtigungen (BGH VersR **1968** 648). Das gleiche gilt bei der durch den Unfall verursachten Beschleunigung des Verlaufs eines beim Unfall vorhandenen Leidens (BGH VersR **1966** 162). 115

Kommt es zu der Verletzung nur infolge einer **krankhaften Anlage** bei dem Verletzten, so berührt dies die Haftung nicht. § 7 greift daher auch ein, wenn ein latenter Krankheitszustand durch den Unfall in ein akutes Stadium übergeführt wird (BGH VersR **1966** 637; **1968** 804; **1969** 802), z. B. wenn ein herzleidender Kraftfahrzeugführer durch den Unfallschock ein Herzversagen erleidet (BGH VersR **1974** 1030; vgl. auch Rdn. 143). Die Grenze der Zurechnung wird auch insoweit durch das Merkmal der Adäquanz gezogen. 116

Gesundheitsschäden, die durch **psychische Einwirkung** des Unfalls verursacht sind, müssen in gleicher Weise ersetzt werden, wie die durch körperliche Berührung entstandenen Schäden (vgl. zu den Schockschäden bei Miterleben des tödlichen Unfalls eines Angehörigen oder bei Erhalt der Unfallnachricht Rdn. 137). Bei bloßer Erregung oder Erschütterung liegt allerdings noch keine Gesundheitsschädigung vor. 117

Bloßer Schrecken, der nicht zu einer Gesundheitsschädigung führt, begründet keine Haftung nach § 7 (*Weimar* MDR **1964** 987). Eine Gesundheitsschädigung ist aber bereits bei Übelkeit, Erbrechen, Schlaflosigkeit oder Schwindel gegeben (BayObLG DJZ **1931** 368). Andererseits ist zu beachten, daß nicht jede medizinisch feststellbare Schädigung die Ersatzpflicht auslöst. Vielmehr gebietet der Zweck des Gesetzes eine Einschränkung auf Fälle, die nach allgemeiner Verkehrsauffassung als Verletzung des Körpers oder der Gesundheit betrachtet werden (*Bick* Haftung für psychisch verursachte Körperverletzungen, Diss. Freiburg 1970; BGHZ **56** 163). Leichtere Nachteile für das gesundheitliche Allgemeinempfinden, die erfahrungsgemäß stets mit einem tief empfundenen Trauerfall verbunden sind, geben keinen Ersatzanspruch. Erst wenn die Niedergeschlagenheit zu einer Depression von Krankheitswert führt, setzt der Ersatzanspruch ein. 118

4. Sachschaden

a) Nach § 7 ist zu haften für die **Beschädigung**, d. h. die nachteilige Veränderung einer Sache. Die völlige **Vernichtung** und der unwiederbringliche **Besitzverlust** sind ihr gleichzustellen (für den Fall der Ausplünderung vgl. RG VAE **1939** 278). Ob es 119 sich um bewegliche oder unbewegliche Sachen handelt, ist unerheblich. Auch die verkehrsgefährdende Verunreinigung der Straßenoberfläche, z. B. durch auslaufende Betriebsstoffe oder Chemikalien, ist eine Sachbeschädigung i. S. d. § 7 (OLG Köln VersR **1983** 289; LG Köln VersR **1983** 287). Auch Tiere sind Sachen im Sinne dieser Bestimmung. Sachschaden und nicht Personenschaden liegt ferner vor bei der Beschädigung eines künstlichen Glieds oder einer Zahnprothese (RG JW **1924** 1870).

120 **b)** Die bloße **Beeinträchtigung der Nutzbarkeit** ist keine Beschädigung im Sinne des § 7. Insoweit unterscheidet sich der Haftungsumfang von jenem bei § 823 Abs. 1 BGB. Während dort geschütztes Rechtsgut das Eigentum ist und dieses auch durch die Beeinträchtigung der Nutzbarkeit verletzt wird (BGHZ **55** 159; **67** 382; BGH VersR **1977** 965), knüpft § 7 an die Beschädigung einer Sache an. Hierunter läßt sich zwar noch die völlige, endgültige Besitzentziehung, nicht aber die bloße Nutzungsbeeinträchtigung subsumieren. Wird daher z. B. durch ein Unfallfahrzeug der Eingang zu einem Ladengeschäft – ohne Entstehung eines realen Schadens – blokkiert, so sind hieraus erwachsende Beeinträchtigungen nicht nach § 7 (wohl aber ggfls. nach § 823 Abs. 1 BGB; vgl. § 16, 44) zu ersetzen.

121 **c)** Die **Beeinträchtigung eines Besitzrechts** an der Sache kann ebenso wie in § 823 Abs. 1 BGB eine Haftung begründen. Zwar sind anders als dort die „sonstigen Rechte" nicht als Schutzobjekte genannt, die Erstreckung der Haftung auf Besitzrechte (z. B. des Mieters, Pächters, Nießbrauchers, Leasingnehmers) folgt aber daraus, daß § 7 nicht auf das Eigentum, sondern auf die Beschädigung einer Sache abstellt. Liegt eine solche vor, so kann auch der Besitzberechtigte Ersatz eines ihm entstandenen Schadens, welcher freilich nicht Substanz-, sondern nur Nutzungs- oder Haftungsschaden sein kann, verlangen (BGH VersR **1981** 161; OLG Kiel HRR **1938** Nr. 673).

122 **d)** Ebenso zu beurteilen ist die **Beeinträchtigung eines Aneignungsrechts.** Wird daher z. B. ein jagdbares Tier durch die Kollision mit einem Kraftfahrzeug getötet, kann der Jagdberechtigte Ersatz für die Vereitelung seines Aneignungsrechts nach § 1 Abs. 1 BJagdG verlangen. Darauf, daß das Tier zum Zeitpunkt des Unfalls noch herrenlos war (§ 960 Abs. 1 BGB), kommt es nicht an, da § 7 nicht auf das Eigentum abstellt (**a. A.** *Weimar* WM **1981** 636). Der Wert des Aneignungsrechts ist nach § 287 ZPO zu schätzen.

V. Der Schaden

1. Begriffsbestimmung

123 **a) Doppelte Bedeutung des Begriffs „Schaden".** Unter Schaden im Sinne des Haftungsrechts kann zweierlei verstanden werden: erstens die an dem geschützten Recht oder Rechtsgut hervorgerufene unmittelbare, reale Beeinträchtigung (z. B. der Verlust des Lebens, die Verletzung des Körpers, die Beschädigung der Sache) und zweitens die mittelbare Auswirkung dieser Beeinträchtigung auf den Vermögensbestand, d. h. die rechnerische Differenz zwischen dem jetzigen Wert des Vermögens und jenem, der ohne die Schädigung bestehen würde (vgl. *Larenz* 349; *Mertens* 195ff; *Lange* § 1 I). Zwischen beiden Schadensbegriffen ist klar zu unterscheiden. Während nämlich die Beeinträchtigung eines Rechts oder Rechtsguts Voraussetzung dafür ist, daß überhaupt eine Haftung besteht („konkreter Haftungs-

grund"), ist der Schaden im Sinne der Differenzrechnung nur von Bedeutung für die Bemessung des zu leistenden Schadensersatzes. Auch beweisrechtlich ist die Unterscheidung von großer Bedeutung, weil für die Feststellung der Rechtsbeeinträchtigung die strengen Voraussetzungen des § 286 ZPO, für die Bemessung des rechnerischen Schadens dagegen die Beweiserleichterungen des § 287 ZPO gelten (BGHZ 4 196; *Esser/Schmidt* § 33 VI 1; *Greger* 136ff; vgl. § 16, 277f).

b) Konkreter Haftungsgrund bei § 7. Bei der Haftung nach dem StVG wirkt nicht jede Beeinträchtigung eines Rechts oder Rechtsguts haftungsbegründend, sondern nur die Tötung eines Menschen, die Verletzung des Körpers oder der Gesundheit eines Menschen sowie die Beschädigung einer Sache. Diese Beeinträchtigungen können, soweit die übrigen haftungsbegründenden Merkmale erfüllt sind (Unfall bei dem Betrieb eines Kraftfahrzeugs), den „konkreten Haftungsgrund" für § 7 abgeben. Ob aber tatsächlich ein Schadensersatz zu leisten ist und in welcher Höhe, hängt von dem Vergleich des nach dem Unfall gegebenen Vermögensbestands mit dem hypothetischen Vermögensbestand bei Hinwegdenken des Unfalls ab. **124**

Hieraus folgt, daß die **bloße Vermögensbeeinträchtigung** nicht zu einer Haftung nach § 7 führen kann; eine solche greift vielmehr nur ein, wenn die Vermögensbeeinträchtigung durch eine reale Schädigung im vorgenannten Sinne vermittelt wurde. Daher haftet der Halter eines Kraftfahrzeugs z. B. nicht, wenn durch sein Kraftfahrzeug eine Verkehrsstauung verursacht wurde und die hierdurch entstandene Verzögerung bei einem anderen Verkehrsteilnehmer zu einem Vermögensschaden geführt hat. **125**

Bei **mittelbar verursachten Schäden** kann die Definition des konkreten Haftungsgrundes Schwierigkeiten bereiten. So kann z. B. zweifelhaft sein, ob die Folgeverletzung, die der Geschädigte aufgrund der beim Unfall erlittenen Erstverletzung erleidet (etwa der Sturz infolge unfallbedingter Gehbehinderung) in den Bereich der Haftungsbegründung fällt (mit der Konsequenz, daß auch für die u. U. problematische Kausalitätsfrage die Beweisanforderungen des § 286 ZPO gelten), oder ob es sich hier nicht um eine bloße Frage des Schadensumfanges handelt. Zutreffend erscheint es, die Abgrenzung in der Weise vorzunehmen, daß die Fälle, in denen es nur um vermögensrechtliche Auswirkungen der Fortentwicklung *einer* Rechtsbeeinträchtigung geht (z. B. erhöhte Heilungskosten, weil sich das beim Unfall erworbene Leiden verschlimmert), allein unter dem Gesichtspunkt der Schadensbemessung zu betrachten sind, während in den Fällen, in denen es zu einer *weiteren* Rechtsbeeinträchtigung gekommen sein soll, dieselbe als neuer „konkreter Haftungsgrund" anzusehen ist[15]. **126**

Dies gilt auch bei mittelbarer Schädigung **Dritter**. Solche können sich auf § 7 daher nur berufen, wenn sie infolge eines unter diese Vorschrift fallenden Unfalls einen Körper- oder Sachschaden erlitten haben. Sind sie dagegen ausschließlich in ihrem Vermögen betroffen, scheidet ein Ersatzanspruch nach § 7 aus. **127**

c) Normativer Schadensbegriff. In Einzelfällen kann zweifelhaft sein, ob eine Beeinträchtigung des Verletzten als Vermögenseinbuße zu werten ist oder nicht. Die Frage etwa, ob der Entzug der Gebrauchsmöglichkeit einer Sache durch deren Beschädigung einen „Schaden" darstellt, läßt sich allein aufgrund natürlicher Betrachtungsweise nicht beantworten. Es ist deshalb im Prinzip allgemein anerkannt, **128**

[15] *Greger* 127; *Hainmüller* 140; *Wahrendorf* 48; Arens ZZP **88** (1975) 43; *Stoll* JZ **1972** 367f und AcP **176** (1976) 193.

daß bei der Abgrenzung des Schadensbegriffs auch rechtliche Wertungen zu berücksichtigen sind[16]. Wenn insoweit von einem „normativen" Schadensbegriff die Rede ist, sollte dieser allerdings nicht in einem Gegensatz zum Schadensbegriff im Sinne der Differenzhypothese gesehen werden[17]. Auch für die Lehre vom normativen Schadensbegriff ist Grundlage der hypothetische Vermögensvergleich; sie beeinflußt diesen lediglich insoweit, als sie bestimmt, welche Positionen in den Vergleich einzubeziehen sind. Es handelt sich somit weniger um eine Korrektur als um eine Überformung oder Ergänzung der Differenzhypothese durch normative Wertungen (*Deutsch* § 25 II 4; *Selb* KF **1964** 3). Wie sich diese im konkreten Fall auswirken, ist bei den einzelnen Problemkreisen abgehandelt (vgl. z. B. zum Entzug von Gebrauchsvorteilen Rdn. 243ff, zum Ersatz der Kosten von Maßnahmen zur Schadensvorsorge Rdn. 158, zum Ersatz fehlgeschlagener Aufwendungen Rdn. 157, zur Einbuße von Freizeit und Urlaub Rdn. 251 u. 256, zum Verdienstausfall bei Lohnfortzahlung § 11, 67, zur Berücksichtigung überpflichtmäßiger Anstrengungen § 10, 121 u. § 11, 97, zum Ersatzanspruch bei Hinderung an der Haushaltsführung § 11, 133ff).

2. Der Zurechnungszusammenhang zwischen Unfall und Schaden

129 **a) Haftungsbegründende und haftungsausfüllende Kausalität.** Da, wie eben ausgeführt, zwischen Vermögensschaden und schadenstiftendem Verhalten (Betrieb des Kraftfahrzeugs) als Zwischenstufe die konkrete Rechtsgutsverletzung (Unfall) eingebaut ist, ist auch der Kausalzusammenhang zwischen Verhalten und Schaden zweigeteilt zu sehen: die Ursächlichkeit des Verhaltens für den Unfall gehört zur Haftungsbegründung (daher üblicherweise als haftungsbegründende Kausalität bezeichnet), diejenige des Unfalls für die einzelne Vermögenseinbuße gehört zur Bemessung des Schadensersatzes (haftungsausfüllende Kausalität)[18]. Eine Zwitterstellung nimmt der Zurechnungszusammenhang zwischen dem Unfall und einem Folgeschaden ein: jedenfalls wenn dieser in einer neuerlichen Rechtsgutsverletzung besteht, ist er zum Haftungsgrund zu rechnen (vgl. Rdn. 126), obwohl er nach dem zur Haftungsausfüllung überleitenden (Erst)unfall liegt. Vgl. zur Problematik der Folgeschäden Rdn. 134ff.

130 Die Unterscheidung zwischen haftungsbegründender und haftungsausfüllender Kausalität hat insbesondere beweisrechtliche Bedeutung: während für erstere die Beweisanforderungen nach § 286 ZPO gelten, unterfällt letztere dem Anwendungsbereich des § 287 ZPO (vgl. hierzu Rdn. 123 u. § 16, 278).

131 **b)** Das Kriterium der **Adäquanz** gilt auch im Bereich der haftungsausfüllenden Kausalität (vgl. hierzu Rdn. 37ff). Schadensfolgen, die nur aufgrund eines ganz unwahrscheinlichen Geschehensablaufs durch den Unfall entstehen konnten, werden dem Schädiger daher nicht zugerechnet. Dies ist insbesondere in den Fällen mittelbarer Verursachung von Bedeutung (vgl. Rdn. 134ff).

[16] BGHZ **43** 381; **50** 305 (GrS); **51** 111; **54** 47; **71** 240; **74** 231; **75** 366; *Palandt/Heinrichs* vor § 249, 2c.

[17] So aber *MünchKomm/Grunsky* vor § 249, 8, wonach anstelle des Vermögensvergleichs ausschließlich eine wertende Betrachtung über das Vorliegen eines Schadens entscheiden soll.

[18] *Palandt/Heinrichs* vor § 249, 5a aa; BGHZ 4 196; BGH NJW **1969** 1708. Zur – berechtigten – Kritik an diesem Begriff *Rosenberg/Schwab* § 115 4b; *Gottwald* 78ff; *Greger* 126.

c) Ob der **Schutzzweck der Haftungsnorm** neben der Adäquanz ein weiteres Korrektiv zur Ausscheidung billigerweise nicht zurechenbarer Schadensfolgen darstellt, ist streitig[19]. Für den Bereich der Haftungsbegründung (Zusammenhang zwischen Betrieb und Unfall) wurde oben (Rdn. 44) ausgeführt, daß sich die Beschränkung der Halterhaftung nach § 7 auf Schädigungen, die auf die spezifische Betriebsgefahr zurückgehen, bereits aus dem Haftungstatbestand ergibt. Dies läßt sich auf den Zusammenhang zwischen Unfall und Schaden, insbesondere die Frage der Zurechenbarkeit von Folgeschäden, nicht ohne weiteres übertragen. Ist es nämlich zum Unfall „bei dem Betrieb" des Kraftfahrzeugs gekommen, so hat nach dem Wortlaut von § 7 Abs. 1 der Halter dem Verletzten den „daraus entstehenden Schaden" zu ersetzen. Hieraus ergibt sich, daß die aus dem Merkmal „bei dem Betrieb" herzuleitende Haftungsbegrenzung sich nur auf das Zustandekommen der Tötung, Körperverletzung oder Sachbeschädigung bezieht, während die daraus entstehenden Schadensfolgen vermögensrechtlicher Art ohne bereits in der Haftungsnorm angelegte Begrenzungen zu ersetzen sind. Solche Begrenzungen sollten auch weder für die deliktische Haftung noch für die Gefährdungshaftung aus einem ungeschriebenen Schutzzweckgedanken hergeleitet werden. Ist ein (erster) konkreter Haftungsgrund gegeben (bei § 7 also ein zurechenbarer Unfall; vgl. Rdn. 103ff), so ist für alle hieraus erwachsenden adäquaten Schadensfolgen einzustehen, und zwar unabhängig davon, ob es sich bei ihnen um bloße Fortentwicklungen des Schadensumfangs oder um neue Rechtsgutsbeeinträchtigungen, beim Unfallbeteiligten oder einem Dritten, handelt. 132

Zu beachten ist aber, daß nur Folgen, die auf der Verletzung eines der in § 7 geschützten Rechtsgüter beruhen, zugerechnet werden können. Zu Recht hat BGHZ **27** 137 daher den Ersatz von Strafverteidigerkosten abgelehnt, die der bei einem Unfall Verletzte nach einem Freispruch mangels Beweises bezüglich seiner eigenen Unfallbeteiligung von dem Unfallgegner begehrte: allerdings nicht, wie der BGH argumentierte, weil diese Kosten außerhalb des Schutzbereichs des Gesetzes lägen, sondern weil es sich nicht um eine Folge der Verletzung des Anspruchstellers handelte (vgl. Rdn. 260). 133

d) Mittelbar verursachte Schäden beim Unfallbeteiligten. Wie für den Bereich der Haftungsbegründung, so ist es auch für die Haftungsausfüllung – im Rahmen der Adäquanz – ohne Belang, ob Ursache und Folge unmittelbar oder nur qua Vermittlung durch ein neues Ereignis miteinander verknüpft sind (etwa ein „herausgefordertes" Verhalten des Geschädigten selbst, ein „begünstigtes" Tätigwerden eines Dritten; Einzelheiten vgl. Rdn. 48ff). Dem Unfall zuzurechnen sind daher z. B. auch 134

– der durch die Unfallverletzung bedingte Selbstmord des Verletzten (vgl. RG VAE **1937** 182; BGH NJW **1958** 1579); bei grobem Mißverhältnis zwischen dieser Reaktion und dem erlittenen Schaden wird die Bedingtheit allerdings zu verneinen sein;

– die Folgen unrichtiger ärztlicher Behandlung des Verletzten, außer bei besonders grobem Kunstfehler des Arztes (RGZ **102** 230; **140** 9; RG JW **1937** 990; BGH NJW **1963** 1672; **1965** 1177; OLG Celle VM **1957** 71);

– die Erblindung des Verletzen, wenn bei ihm durch eine Kopfverletzung eine schi-

[19] Bejahend z. B. *Palandt/Heinrichs* vor § 249, 5c; BGHZ **27** 137 = JZ **1958** 742 m. Anm. *Boehmer*; BGHZ **57** 137 = JZ **1972** 438 m. Anm. *Lieb*; ablehnend z. B. *Larenz* § 27 III b 2; *Stoll* Kausalzusammenhang und Normzweck im Deliktsrecht (1968) 27f.

zophrene Psychose ausgelöst wurde und er sich in diesem Zustand die Augen verletzt hat (BGH VersR **1969** 160);
– die Verschlimmerung des unfallbedingten Nervenleidens durch die Erregung über den hartnäckigen Widerstand des Ersatzpflichtigen gegen die begründeten Schadensersatzforderungen (anders, wenn die lange Dauer des Verfahrens vom Verletzten selbst durch seine maßlosen Forderungen verursacht war; RG LuK **1926** 110);
– die Verletzung bei einem Sturz, der auf die unfallbedingte Beinamputation zurückzuführen ist (RGZ **119** 204; BGH VersR **1971** 443);
– der Tod des Verletzten durch Artilleriebeschuß, weil er infolge der unfallbedingten Beinamputation den Bunker nicht schnell genug erreichte (**a. A.** BGH NJW **1952** 1010; wie hier *U. Huber* JZ **1969** 682; *Kramer* JZ **1976** 344).

135 Nicht zuzurechnen ist dagegen z. B.
– der Tod des Verletzten, wenn er durch eine nicht unfallbedingte Operation verursacht wurde, die gelegentlich der Behandlung der Unfallverletzung durchgeführt wurde (BGHZ **25** 86; BGH VersR **1968** 773);
– der Tod des Verletzten infolge einer Grippeinfektion in der Klinik (**a. A.** RGZ **105** 264).

136 **e) Mittelbar verursachte Schäden bei Dritten.** Der Kraftfahrzeughalter haftet nach § 7 auch für Schäden, die infolge des Unfalls – in adäquater Weise – bei unbeteiligten Personen entstanden sind. Voraussetzung ist allerdings, daß der Dritte nicht nur in seinem Vermögen, sondern in einem der in § 7 genannten Schutzgüter betroffen ist (vgl. Rdn. 107). Dagegen braucht seine Schädigung nicht die Merkmale eines Unfalls im Sinne obiger Begriffsbestimmung (Rdn. 105) zu erfüllen; sie muß lediglich von einem solchen ausgehen. Unerheblich ist auch, ob die Schädigung dem Schutzzweck des § 7 zuzurechnen ist (**a. A.** BGHZ **58** 167): diese Frage ist lediglich für den Erstunfall von Belang. Die Zurechnung mittelbar verursachter Schäden bei Dritten ist folglich im Prinzip nicht anders abzugrenzen als die von Folgeschäden beim Unfallbeteiligten (Rdn. 134); zusätzlich erforderlich ist lediglich die – beweisrechtlich zum konkreten Haftungsgrund zu rechnende – eigene Rechtsgutsverletzung beim Dritten.

137 Bejaht wurde die Zurechnung von der Rechtsprechung insbesondere bei den sog. **Schockschäden**, d. h. wenn ein naher Angehöriger eines tödlich Verunglückten eine gesundheitliche (nervliche) Schädigung erleidet, weil er den Unfall mitansehen muß[20] oder durch die Nachricht von dem Unfall erschüttert wird (RGZ **133** 271; BGHZ **56** 163; OLG Köln JW **1931** 1502). Dem ist zuzustimmen; allerdings sollte die Beschränkung auf tödliche Unfälle und auf nahe Angehörige aufgegeben werden[21]: ein gesundheitsschädigender Schock kann auch durch einen Unfall hervorgerufen werden, der zu schweren Verletzungen führt, und auch völlig fremde Personen können durch das Miterleben eines besonders schockierenden Unfalls einen Gesundheitsschaden erleiden. Stets erforderlich ist es, daß es sich um eine echte Gesundheitsschädigung handelt (vgl. Rdn. 117); Beeinträchtigungen ohne Krankheitswert, wie sie nahe Angehörige erfahrungsgemäß bei Todesnachrichten erleiden, reichen nicht aus (BGHZ **56** 163; BGH VersR **1984** 439). War der Unfallbetei-

[20] RG JW **1934** 2974; RG VAE **1938** 148; OLG München NJW **1959** 819 m. Anm. *Scherbauer;* LG Frankfurt NJW **1969** 2286.

[21] Ebenso *MünchKomm/Grunsky* vor § 249, 54, 55; **a. A.** *Palandt/Heinrichs* vor § 249, 5c dd; *Berg* NJW **1970** 515; *Weimar* MDR **1970** 565; LG Tübingen NJW **1968** 1187.

ligte nur geringfügig verletzt worden, so liegt kein adäquater Kausalzusammenhang zwischen dem Unfall und dem Tod eines nahen Angehörigen vor, der sich über die Körperverletzung unnötig und unvorhersehbar erregt hat (OLG Dresden VAE **1942** 51). Zu verneinen ist eine Zurechnung auch dann, wenn sich die Alkoholabhängigkeit einer Frau nach dem Unfalltod ihres Ehemannes nur deshalb verschlimmert, weil dieser nicht mehr stabilisierend auf sie einwirken kann (BGH VersR **1984** 439).

Bei **Beschädigung von Anliegergrundstücken** (Gehweg, Radweg, Grünstreifen, Vorgarten o. ä.) durch Fahrzeuge, die durch den Unfall an der Durchfahrt gehindert werden und die Unfallstelle unter Benützung angrenzender Flächen umfahren, ist die Zurechnung ebenfalls zu bejahen. Der BGH lehnt sie allerdings unter Berufung auf eine „wertende Betrachtung", derzufolge diese Schäden nicht vom Schutzzweck des § 7 und des § 823 BGB umfaßt seien, ab[22]. **138**

Die Schädigung eines **Unfallhelfers** (z. B. er verletzt sich, seine Kleidung wird verschmutzt) ist dem für den Unfall Haftpflichtigen zuzurechnen (RGZ **50** 223; **164** 125; OLG Stuttgart NJW **1965** 112). Ob die Hilfeleistung erfolgreich oder auch nur erfolgversprechend war, ist ohne Belang; für völlig sinnlose Überreaktionen, mit denen vernünftigerweise nicht gerechnet werden kann, ist allerdings mangels Adäquanz nicht einzustehen. Entsteht durch das Eingreifen des Helfers einem Unbeteiligten ein Schaden (z. B. der Helfer nimmt Decken von einer Wäscheleine, um Flammen zu ersticken), so umfaßt die Haftpflicht auch diesen. Ein Mißverhältnis zwischen dem ursprünglichen und dem durch die Hilfeleistung hervorgerufenen Schaden tangiert die Ersatzpflicht nur dann, wenn es voraussehbar und die Hilfeleistung damit unsinnig und inadäquat war. Zur Verantwortlichkeit für einen Zweitunfall aus Anlaß der Rettung vgl. Rdn. 58, zur Haftung bei Verfolgung von Unfallflüchtigen Rdn. 56. **139**

f) Selbständige Weiterentwicklung von Unfallfolgen. Für die selbständig, d. h. nicht durch Vermittlung eines neuen Ereignisses hervorgerufene Erweiterung des Schadensumfangs ist die Zurechnung, in den Grenzen der Adäquanz, zu bejahen. Dies gilt z. B., wenn eine Augenverletzung allmählich zur Erblindung führt, wenn ein durch Nervenverletzung gelähmtes Bein atrophisch wird oder ein Gelenk mangels Benutzbarkeit versteift. Auch für die Folgen einer den Verletzten wegen der Verletzung befallenen Infektionskrankheit (z. B. Grasbrand, Wundstarrkrampf, Wundrose) hat der Ersatzpflichtige einzustehen (RG DAR **1931** 281). **140**

Führen die Unfallverletzungen zu einer **Neurose**, so sind auch deren Auswirkungen dem Unfallhaftpflichtigen zuzurechnen, soweit sie nicht auf einer vorwerfbaren Erlebnisverarbeitung beruhen (BGH VersR **1963** 261; **1968** 396; **1970** 272). **141**

Eine weitere Ausnahme gilt für die sog. **Begehrensneurose** (Rentenneurose), d. h. die Neurose, die durch die Aussicht auf Entschädigung und Rentenzahlung hervorgerufen wird. Für sie ist unabhängig davon, ob dem Geschädigten eine Überwindung seiner Fehlhaltung möglich wäre, kein Ersatz zu leisten, weil es dem Sinn des Schadensersatzanspruchs widerspräche, wenn gerade durch die Tatsache seines Bestehens die Wiedereinführung in den sozialen Lebens- und Pflichtenkreis erschwert oder gar unmöglich gemacht würde[23]. **142**

[22] BGHZ **58** 162; ihm folgend *Larenz* § 27 III b 5, *Esser/Schmidt* § 33 II b; wie hier OLG Bremen VersR **1970** 424; LG Düsseldorf NJW **1955** 1031; *Palandt/Heinrichs* vor § 249, 5e bb; *MünchKomm/Grunsky* vor § 249, 58; *Fikentscher* § 55 II 2.

[23] BGHZ **20** 142; BGH NJW **1965** 2293; VersR **1968** 373; **1968** 396; ähnlich *Lange* § 3 XI 2c.

143 **g) Schadensbegünstigende Konstitution.** Auch wenn es zu einer bestimmten Schadensfolge oder zu dem gegebenen Ausmaß des Schadens nur dadurch kommen konnte, daß der Unfall eine besonders disponierte Person oder Sache betroffen hat, ist die Zurechnung – in den Grenzen der Adäquanz – zu bejahen[24]. Der Kraftfahrzeughalter, der das haftungsbegründende Risiko geschaffen hat, kann sich nicht mit dem Hinweis auf die besondere Konstitution des verletzten Rechtsguts entlasten. Er hat es auch sonst so zu nehmen wie es ist, d. h. z. B. je nach dem Wert der Sache oder dem Einkommen des Verletzten mehr oder weniger Schadensersatz zu leisten. Die Haftung erstreckt sich daher z. B.

– auf die Minderung der Erwerbsfähigkeit, die sich daraus ergibt, daß der Verletzte infolge eines bereits vorhandenen – bis dahin die Erwerbsfähigkeit nicht beeinträchtigenden – Leidens die unmittelbaren Unfallfolgen nicht auszugleichen vermag (BGH VersR **1959** 811; **1966** 737);

– auf die Dauerfolgen eines Verrenkungsbruchs, die nur wegen einer früheren Beinverletzung aufgetreten sind (BGH VersR **1964** 49);

– auf die Auswirkungen einer beim Unfall erlittenen Gehirnerschütterung, wenn diese außergewöhnlich schwer sind, weil der Verletzte früher einmal einen Schädelbruch erlitten hatte (BGH VersR **1969** 802);

– auf die Erwerbsunfähigkeit, die darauf zurückzuführen ist, daß sich eine (bei älteren Menschen häufig vorhandene) geringfügige Arteriosklerose, die bis dahin keine Behinderung im Erwerbsleben darstellte, durch die unfallbedingte Bettruhe und Verabreichung schmerzlindernder Medikamente so verschlimmert, daß schwere Ausfallserscheinungen (Hirnleistungsschwäche) die Folge sind (BGH VersR **1969** 802).

144 Für Auswirkungen **psychischer Konstitutionsmängel** gilt Vorstehendes in gleicher Weise[25]. Zuzurechnen sind daher auch Verletzungsfolgen, die auf abnormer Erlebnisverarbeitung beruhen. Die Grenze der Zurechnung wird auch hier durch das Merkmal der Adäquanz gezogen. Zum Problem der Begehrensneurose vgl. Rdn. 142.

3. Art und Umfang des Schadensersatzes

Hinweis: An dieser Stelle werden lediglich einige Grundsätze für die Schadensersatzleistung dargestellt; wegen Einzelheiten zu bestimmten Schadensposten vgl. Rdn. 162ff und die Kommentierung zu §§ 10 und 11.

145 **a) Naturalrestitution.** Nach § 249 S. 1 BGB ist Schadensersatz grundsätzlich durch Naturalrestitution zu leisten, d. h. es ist der tatsächliche Zustand herzustellen, der ohne das schädigende Ereignis bestehen würde. Dieser Grundsatz hat jedoch bei der Haftung im Straßenverkehr so gut wie keine praktische Bedeutung, da kaum Fälle denkbar sind, in denen der Schuldner den entsprechenden Sach- oder Personenschaden naturaliter wiedergutmachen kann.

146 **b) Geldersatz.** In der Praxis kommt nahezu ausschließlich die Restitution durch Geldersatz zum Tragen. Hierbei sind folgende Fälle zu unterscheiden:

[24] RGZ **155** 41; **159** 260; **169** 120; BGHZ **20** 139; **56** 165; BGH VersR **1959** 811; **1962** 351; **1966** 737; NJW **1974** 1510; OLG Celle VersR **1981** 1057 m. Anm. *Schulze.*

[25] RGZ **75** 19; BGH VersR **1968** 396; **1983** 750 LS; OLG Frankfurt JZ **1982** 201 m. Anm. *Stoll; Lange* § 3 XI 1 a; **a. A.** *Stoll* Gutachten zum 45. DJT (1964) 20.

– **Ersetzungsbefugnis des Gläubigers** (§ 249 S. 2 BGB): er kann bei den – hier allein interessierenden – Personen- und Sachschäden statt der Naturalherstellung den dazu erforderlichen Geldbetrag verlangen, die Herstellung also, statt sie dem Ersatzpflichtigen zu überlassen, selbst in die Hand nehmen. Er ist aber nicht zur Herstellung verpflichtet, kann den hierzu erforderlichen Betrag vielmehr auch anderweitig verwenden (vgl. Rdn. 184). **147**

– **Ablauf der** zur Naturalherstellung gesetzten **Frist** (§ 250 BGB). **148**

– **Unmöglichkeit der Naturalherstellung** (§ 251 Abs. 1 1. Alt. BGB), gleich ob objektiv oder subjektiv. Unmöglichkeit ist z. B. gegeben bei reinen Vermögensschäden (Verdienstausfall) und bei Zerstörung einer nicht vertretbaren Sache, z. B. eines gebrauchten Kraftfahrzeugs (vgl. Rdn. 172ff). **149**

– **Unzulänglichkeit der Naturalherstellung** (§ 251 Abs. 1 2. Alt. BGB): insbesondere gegeben bei Unzumutbarkeit der Reparatur. **150**

– **Ersetzungsbefugnis des Schuldners** (§ 251 Abs. 2 BGB), wenn die Herstellung nur mit unverhältnismäßigen Aufwendungen möglich ist (vgl. z. B. Rdn. 198). **151**

c) Immaterieller Schaden, d. h. ein Schaden, der seinem Wesen nach nicht in Geld zu messen ist (*Lange* § 2 I), berechtigt nach § 253 BGB nur in den durch Gesetz bestimmten Fällen zu Geldersatz. Der praktisch bedeutsamste Fall dieser Art ist das sog. Schmerzensgeld nach § 847 BGB. Da diese Vorschrift nur für die Haftung aus unerlaubter Handlung gilt, gibt es bei der Haftung nach dem StVG keinen Anspruch auf Schmerzensgeld (vgl. § 16, 18). **152**

Auch das sog. **Affektionsinteresse** (d. h. ein besonderer Liebhaber- oder Erinnerungswert der Sache für den Geschädigten) ist als immaterieller Schaden nach § 253 BGB nicht zu ersetzen. Wo aber die Grenze zum erstattungsfähigen Vermögensschaden liegt, kann im Einzelfall, z. B. bei der Beeinträchtigung von Annehmlichkeiten, Genüssen oder der Gebrauchsmöglichkeit einer Sache, fraglich sein (vgl. Rdn. 243, 251). **153**

d) Überholende Kausalität. Wäre derselbe Schaden, der durch den Unfall entstanden ist, durch ein späteres Ereignis ebenfalls verursacht worden, so berührt dies die Ersatzpflicht dem Grunde nach nicht (vgl. Rdn. 46). Es kann sich aber auf die Bemessung solcher Ersatzleistungen auswirken, bei denen der Zeitfaktor eine Rolle spielt, wie bei Erwerbsminderungen, entgangenen Gebrauchsvorteilen, Rentenzahlungen usw.[26]. Für den unmittelbaren Schaden an dem betroffenen Rechtsgut bleibt der Schädiger ersatzpflichtig[27]. Es würde eine unangemessene Begünstigung des Schädigers und Benachteiligung des Geschädigten darstellen, wenn die Einstandspflicht für den tatsächlich entstandenen Schaden durch das spätere Ereignis wieder entfiele. Ist also z. B. das bei einem Verkehrsunfall beschädigte und teilweise unbenutzbar gewordene Haus wenige Tage später durch eine (nicht unfallkausale) Explosion vollends zerstört worden, so haftet der Halter des Unfallfahrzeugs gleichwohl für den von ihm angerichteten Gebäudeschaden, für etwaige Mietausfälle aber nur bis zum Zeitpunkt der Explosion. **154**

e) Schadensanlagen. Wäre der durch den Unfall verursachte Schadenserfolg aufgrund eines bereits im Unfallzeitpunkt in dem betroffenen Rechtsgut angelegten **155**

[26] BGHZ **10** 6; **29** 215; *Larenz* § 30 I; *Deutsch* § 12 III 5; *Palandt/Heinrichs* vor § 249, 5f dd.

[27] BGHZ **29** 215; BGH VersR **1969** 803; *Larenz* § 30 I; *Deutsch* § 12 III 5; *Palandt/Heinrichs* vor § 249, 5f dd; **a. A.** *MünchKomm/Grunsky* vor § 249, 81ff; *Esser/Schmidt* § 33 IV 1.

Umstandes auch ohne den Unfall alsbald eingetreten, so ist dies bei der Schadensbemessung zu berücksichtigen[28]. War also der überfahrene Hund ohnehin kurz vor dem Verenden, die zum Einsturz gebrachte Mauer bereits baufällig oder der beschädigte Pkw schon vorher schrottreif, so ist der Ersatzanspruch des Geschädigten entsprechend geringer oder gänzlich ausgeschlossen. Dies folgt aus dem nach der Differenzhypothese anzustellenden Vermögensvergleich, in den das bereits mit einer Schadensanlage versehene Rechtsgut mit einem entsprechend verringerten Wert eingeht. Zu beachten ist, daß sich die Frage der Berücksichtigung von Schadensanlagen – wie die der überholenden Kausalität – nur im Rahmen der Schadensbemessung, nicht bei der Haftungsbegründung stellt. In den vorstehend angeführten Fällen steht die Haftung dem Grunde nach also außer Frage. Auch für die Schadensbemessung kann die Schadensanlage nur Wirkung entfalten, wenn feststeht, daß sie nach aller Erfahrung den nämlichen Erfolg wie der Unfall herbeigeführt hätte; die bloße Möglichkeit genügt nicht (BGH VersR **1968** 804; **1969** 43).

156 Von den Fällen der Schadensanlage (dadurch gekennzeichnet, daß die Schadensfolge später ohnehin eingetreten wäre) sind die Fälle zu unterscheiden, in denen es zu einer Schadensfolge oder zu einer Erhöhung des Schadensumfangs nur deshalb kommt, weil der Unfall eine besonders veranlagte Person oder eine besonders beschaffene Sache betroffen hat. Hier geht es nicht um die Bewertung des beeinträchtigten Rechtsguts, sondern um die Frage, ob Schadensfolgen, zu denen es nur aufgrund einer diese begünstigenden Konstitution der unfallbetroffenen Person oder Sache kommen konnte, dem Schädiger zugerechnet werden können. Diese Frage ist, nach Maßgabe der durch das Adäquanzerfordernis gezogenen Grenzen, zu bejahen (vgl. Rdn. 143).

157 **f) Nutzlos gewordene Aufwendungen** sind nach der sog. Frustrationslehre[29] als Schaden anzusehen und zu ersetzen, d. h. solche Ausgaben, die der Geschädigte vor dem Schadensfall getätigt oder für die er den Rechtsgrund vor dem Schadensfall gesetzt hat, die sich dann aber infolge des Schadensfalls als nutzlos erweisen, wie z. B. Vorhaltekosten für das beschädigte Fahrzeug; Vorbereitungen für eine vereitelte Reise; Eintrittskosten für einen vereitelten Theaterbesuch; der Lohn für den infolge Beschädigung einer Maschine beschäftigungslosen Arbeiter. Diese Lehre ist – mit der Rechtsprechung – abzulehnen[30]. Da die Aufwendungen nicht durch den Unfall bedingt sind, können sie schon mangels Kausalität nicht als Vermögensfolgeschaden definiert werden. Als ein solcher sind allenfalls die mit den Aufwendungen erkauften und infolge des Unfalls verlorenen Äquivalente anzusehen[31], also z. B. die Möglichkeit der Nutzung des Kraftfahrzeugs, die Leistung des Reiseveranstalters, die Berechtigung zum Besuch der Vorstellung, die Möglichkeit zur Gewinnerzielung durch Einsatz des Arbeiters. Soweit diese Vorteile kommerzialisiert sind, ist der Geschädigte durch Ersatzleistung in den Stand zu setzen, sie sich erneut zu verschaffen; eine Abrechnung auf der Basis seiner (früheren) Aufwendungen hingegen ist abzulehnen. Wer also durch Beschädigung seines Kraftfahrzeugs eine Theatervorstellung versäumt, kann den Preis für eine andere, gleichwertige

[28] RGZ **129** 321; **156** 191; **169** 120; BGHZ **20** 280; **29** 215; *Larenz* § 30 I; *Esser/Schmidt* § 33 IV 2.

[29] Vgl. *Mertens* 159; *Deutsch* § 26 II 7; *Löwe* VersR **1963** 307 u. NJW **1964** 701.

[30] BGHZ **55** 151; **65** 174; **66** 280; **71** 237; BGH VersR **1977** 967; **1978** 838; *Lange* § 6 IV; *H. Stoll* JZ **1971** 593 u. **1976** 281; *Küppers* VersR **1976** 604.

[31] So auch *Esser/Schmidt* § 31 III 1.

Vorstellung ersetzt verlangen (selbst dann, wenn er eine Freikarte hatte). Ebenso sind die Kosten für einen Ersatzurlaub erstattungsfähig (BGHZ **63** 98; OLG Bremen VersR **1969** 929). Für die Vereitelung der (durch Aufwendungen erkauften) Nutzbarkeit eines Kraftfahrzeugs ist nur in Form der Kosten eines Ersatzfahrzeugs bzw. – wenn man mit der h. M. bereits die abstrakte Gebrauchsmöglichkeit kommerzialisiert – in Form einer Nutzungsausfallentschädigung Ersatz zu leisten (vgl. Rdn. 223 ff), für die Verhinderung der Produktivität eines Arbeiters durch Erstattung des entgangenen Gewinns (BGH VersR **1977** 965).

g) Aufwendungen zur Schadensvorsorge können entgegen der Rechtsprechung (s. Rdn. 159) ebenso wie die nutzlos gewordenen Aufwendungen deswegen nicht als Schaden begriffen werden, weil sie nicht durch das schädigende Ereignis verursacht wurden[32]. Hatte der Geschädigte z. B. ein Reservefahrzeug für den Schadensfall bereitgestellt, so kann er die Aufwendungen hierfür nicht, auch nicht anteilig ersetzt verlangen. Die Schadensvorsorge gehört in die Sphäre des Geschädigten, gleich ob er sie im eigenen Interesse an einem ungestörten Betriebsablauf oder – wie bei Verkehrsbetrieben – aufgrund gesetzlicher Verpflichtung (§ 21 PBefG) getätigt hat. Daß der Ersatzpflichtige, der sich einem derart vorsorgenden Gläubiger gegenüber sieht, hierdurch begünstigt wird – er braucht auch keinen Nutzungs- oder Gewinnausfall zu ersetzen, da ein solcher nicht entstanden ist[33] – vermag eine andere Beurteilung nicht zu rechtfertigen, denn der Grundsatz, daß der Schädiger den Geschädigten so zu nehmen hat, wie er ist, muß auch zugunsten des Schädigers gelten (*Lange* § 6 VIII 4 a). 158

Die Rechtsprechung erkennt demgegenüber seit BGHZ **32** 280 den auf die Einsatzzeit eines Reservefahrzeugs entfallenden Kapitalaufwand als erstattungspflichtigen Schaden an, und zwar auch dann, wenn das Reservefahrzeug nicht nur für fremdverschuldete Ausfälle bereitgehalten wird[34]. Der Geschädigte wird nach dieser Rechtsprechung – entgegen einem Grundprinzip des Schadensersatzrechts – besser gestellt, als er ohne das schädigende Ereignis stünde. 159

In jedem Fall zu ersetzen sind jedoch Aufwendungen, die **nach dem Schadensereignis** zur Abwehr eines größeren Schadens getätigt wurden und die der Geschädigte oder ein Dritter, der ihn haftbar macht, nach Sachlage für erforderlich halten durfte[35] (z. B. für die Bewachung eines Unfallwracks mit wertvoller Ladung; Erdaushub nach Tankwagenunfall). Dies ergibt sich schon daraus, daß der Geschädigte nach § 254 Abs. 2 BGB zur Schadensminderung verpflichtet ist, entsprechende Aufwendungen also in zurechenbarer Weise durch die Schädigung verursacht sind. Ob die Aufwendungen sich rückblickend als unnötig erweisen, ist ohne Bedeutung; 160

32 *MünchKomm/Grunsky* vor § 249, 75; *Lange* § 6 VIII 4; *Larenz* § 29 II f; *Esser/Schmidt* § 32 III 2; *Deutsch* § 26 II 8; *Niederländer* JZ **1960** 617; *Klimke* NJW **1974** 81; **a. A.** *Palandt/Heinrichs* vor § 249, 2 c cc; *Mertens* 190; *Beuthien* NJW **1966** 1996. Vgl. auch *J. Schmidt* JZ **1974** 73.

33 BGHZ **70** 199; BGH VersR **1978** 375; LG Offenburg VersR **1967** 243; *Lange* § 6 VIII 4 c.

34 BGHZ **70** 199; BGH NJW **1976** 286; vgl. auch OLG Düsseldorf VersR **1961** 1024; OLG Bremen VersR **1981** 860; LG Offenburg VersR **1967** 242. Zur Berechnung der Vorhaltekosten BGH VersR **1978** 375; *Klimke* VersR **1982** 1024; *Danner/Echtler* VersR **1984** 820.

35 *MünchKomm/Grunsky* vor § 249, 65; *Palandt/Heinrichs* vor § 249, 5 d bb; *von Caemmerer* VersR **1971** 973.

entscheidend ist, ob sie aus der Sicht des Geschädigten für erforderlich gehalten werden durften.

161 **h) Vorteilsausgleichung.** Aus der für die Schadensberechnung anzustellenden Differenzrechnung (Vermögensstand mit und ohne schädigendes Ereignis) folgt auch, daß Vermögensvorteile, die der Geschädigte durch das Schadensereignis erlangt – sie können auch in ersparten Aufwendungen bestehen[36] – in Anrechnung zu bringen sind. Der Vorteil muß gerade durch die Verletzung des Anspruchstellers verursacht worden sein. Daher ist es z. B. auf den Schadensersatzanspruch des Verletzten ohne Einfluß, daß bei dem selben Unfall sein Bruder getötet wurde und er daher Alleinerbe seiner Mutter wird (vgl. BGH NJW **1976** 747). Bloßer Kausalzusammenhang zwischen Unfall und Vorteil genügt allerdings nicht, um die Anrechenbarkeit zu begründen. Die Rechtsprechung verlangt neben dem (hier wohl nicht einschlägigen) Merkmal der Adäquanz[37] zu Recht eine an Sinn und Zweck der Ersatzpflicht orientierte Interessenabwägung[38]. Diese kann im Einzelfall eine Kürzung des Ersatzanspruchs wegen eines zugleich erlangten Vorteils ungerechtfertigt erscheinen lassen. So ist z. B. anerkannt, daß freiwillige Zuwendungen Dritter, die aus Anlaß des Unfalls gewährt werden und dem Geschädigten zugutekommen sollen[39] sowie Leistungen einer Unfallversicherung[40] nicht anzurechnen sind. Für weite Bereiche des Schadensrechts ist das Problem durch einen gesetzlichen Forderungsübergang auf Dritte, welche schadensausgleichende Leistungen erbringen, gelöst (vgl. z. B. § 67 VVG für die Schadensversicherung[41], § 1542 RVO für Leistungen der Sozialversicherungsträger, § 4 LFZG für die Lohnfortzahlung durch den Arbeitgeber; § 87a BBG, § 52 BRRG für Leistungen nach den Beamtengesetzen). Einzelfragen zur Vorteilsausgleichung sind im Zusammenhang mit den betreffenden Schadensposten erörtert (insb. Rdn. 240; § 10, 30ff, 102ff; § 11, 22f, 80ff).

162 **4. Umfang des Schadensersatzes**

a) Personenschäden. Für sie enthält das StVG in §§ 10 und 11 ausdrückliche Bestimmungen über die zu ersetzenden Vermögenseinbußen. So ist Geldersatz zu leisten (Naturalherstellung kommt in diesem Bereich so gut wie nie vor) nach § 10 Abs. 1 bei Todesfällen für die Kosten einer versuchten Heilung, für den Ausfall oder die Minderung der Erwerbsfähigkeit im Zeitraum zwischen Unfall und Tod für die Vermehrung der Bedürfnisse in diesem Zeitraum, für die Beerdigungskosten und (nach § 10 Abs. 2) für den durch den Tod des Verletzten entzogenen Unterhalt der Unterhaltsberechtigten; nach § 11 ist im Falle der Körperverletzung oder Gesundheitsschädigung Schadenersatz durch Ersatz der Heilungskosten, des durch Minderung (oder Wegfall) der Erwerbsfähigkeit entstehenden Ausfalls und des durch Vermehrung der Bedürfnisse entstehenden Aufwands zu leisten (wegen der Einzelheiten vgl. die Erl. zu §§ 10, 11).

36 BGH VersR **1963** 931; KG VersR **1969** 190; *MünchKomm/Grunsky* vor § 249, 97, 98.

37 BGHZ **8** 328; **10** 108; **49** 61; BGH NJW **1976** 747; **a. A.** *MünchKomm/Grunsky* vor § 249, 95; *Lange* § 9 III 2; *Deutsch* § 26 III 1; *Esser/Schmidt* § 33 V 3; *Cantzler* AcP 156 (1957) 51ff.

38 BGHZ **8** 329; **10** 108; **30** 33; **49** 62; **74** 113; **77** 151; BGH VersR **1979** 323.

39 RGZ **92** 57; **141** 173; RG JW **1935** 3369; BGHZ **10** 107; **21** 114; BGH VersR **1973** 84; **1978** 249.

40 BGHZ **10** 109; **19** 99; **25** 328; BGH NJW **1957** 905; **1968** 837; **1971** 2069.

41 Wegen der hierzu zählenden Versicherungsarten vgl. BGHZ **52** 352.

Die Gesamthöhe wird durch § 12 begrenzt. 163

b) Allgemeine Grundsätze für Sachschäden 164

Im Gegensatz zu der Ersatzpflicht bei Personenschäden sind die Ersatzansprüche bei Sachschäden im Gesetz weder geregelt noch inhaltlich begrenzt. Ist mithin bei einem Unfall durch ein Kraftfahrzeug eine Sache beschädigt worden, so muß (bis zu den in § 12 genannten Höchstbeträgen) der gesamte dem Verletzten entstandene Vermögensschaden ersetzt werden, nicht etwa nur die durch die Reparatur entstehenden Aufwendungen. Im einzelnen vgl. nachfolgende Erl.

c) Totalschaden. Ein solcher liegt vor, wenn eine Sache vollständig zerstört ist 165
(d. h. so, daß eine Wiederherstellung objektiv unmöglich ist) oder wenn sie abhandengekommen ist. Ob Wiederherstellung möglich ist, entscheidet nicht allein der Geschädigte, sondern die – ggfs. vom Richter festzustellende – allgemein bewährte technische und wirtschaftliche Verkehrsanschauung (BGH VersR **1977** 743).

Zeigt sich erst nach Reparaturversuchen, daß eine Wiederherstellung nicht gelingt, so hat der Ersatzpflichtige neben dem Totalschaden auch die Kosten der fehlgeschlagenen, aus ursprünglicher Sicht aber sinnvollen Reparatur zu tragen (BGH VersR **1976** 389; **1978** 838). 166

aa) Bei **neuen oder neuwertigen Sachen** muß der Ersatzpflichtige entweder einen 167
gleichwertigen Ersatz liefern oder den Geldbetrag bezahlen, der zur Beschaffung einer neuen Sache erforderlich ist. Ist die Beschaffung eines Ersatzes nicht möglich, so ist der Verkaufswert der Sache oder, wenn dieser höher ist, der Gebrauchswert (d. h. der Wert, den die Sache für den Verletzten hatte) zu bezahlen.

bb) Bei **gebrauchten Sachen** muß der Ersatzpflichtige eine gebrauchte Sache der 168
gleichen Art und Beschaffenheit liefern. Ist eine Ersatzbeschaffung nicht möglich, so kann die Lieferung einer neuen Sache verlangt werden, doch muß der Verletzte den Mehrwert (nicht die Mehrkosten) bezahlen, sofern nicht seine wirtschaftliche Lage so ungünstig ist, daß ihm die Bezahlung des Unterschiedsbetrags nicht zuzumuten ist (BGHZ **30** 33; OLG Schleswig MDR **1952** 747). Ist weder die Beschaffung eines gebrauchten noch eines neuen Ersatzgegenstandes möglich, so ist, wie beim Verlust unersetzbarer neuer Sachen, der Verkaufswert der Sache oder, wenn dieser höher ist, der Gebrauchswert (d. h. der Wert, den die Sache für den Verletzten hatte) zu bezahlen (OLG Karlsruhe VersR **1973** 471; **1979** 776; OLG Schleswig VersR **1974** 297). Ein Affektionswert für die mit der Sache (Schmuckstück) verbundenen persönlichen Erinnerungen (z. B. bei unersetzlichen Familienfotos) braucht nicht ersetzt zu werden (OLG Köln OLGZ **1973** 7). Zur Schadensbemessung bei Zerstörung eines Baumes vgl. BGH NJW **1975** 2061; KG VersR **1976** 735; **1979** 36; **1979** 139; OLG Hamburg VersR **1979** 962; OLG Celle VersR **1984** 69; LG Mannheim VersR **1984** 93; LG Kassel VersR **1984** 92; *Koch* VersR **1984** 110.

cc) Steuerliche Nachteile können sich für den Geschädigten daraus ergeben, daß 169
er anstelle eines bereits (weitgehend) abgeschriebenen Wirtschaftsguts eine Schadensersatzleistung erhält, die als steuerpflichtiger Gewinn zu Buche schlägt (vgl. hierzu *Lange* § 6 XIII 6). Dieser Nachteil dürfte allerdings kaum ausgleichbar und vom Geschädigten hinzunehmen sein.

Die **Umsatzsteuer** (Mehrwertsteuer) gehört zu den Wiederbeschaffungskosten 170
und ist daher auch dann zu ersetzen, wenn der Geschädigte von einem Ersatzkauf

abgesehen hat[42]. Ist der Geschädigte aber zum Vorsteuerabzug berechtigt (§ 15 UStG) und gehört die beschädigte Sache zum Betriebsvermögen, so kann der Geschädigte die Umsatzsteuer, da er sie im Ergebnis nicht zu tragen hat, nicht beanspruchen[43]. Wird die Sache auch privat genutzt, so erhält der Geschädigte die Mehrwertsteuer insoweit ersetzt, als sie auf den privaten Nutzungsanteil entfällt (OLG Stuttgart BB **1971** 634; LG Wiesbaden NJW **1969** 1670).

171 **dd)** Ein etwaiger **Restwert** der beschädigten Sache (Erlös bei Inzahlungsgabe, Schrottwert) ist in Abzug zu bringen, sofern nicht – wozu der Geschädigte auch dem Haftpflichtversicherer gegenüber berechtigt ist (BGH VersR **1983** 758) – die Restteile dem Schädiger zur Verfügung gestellt werden (BGH NJW **1965** 1756; OLG Nürnberg DAR **1959** 45; KG NJW **1972** 496). Hat der Geschädigte die Umsatzsteuer zu ersetzen (vgl. Rdn. 170), so ist sie auch hierbei zu berücksichtigen (OLG Hamm MDR **1976** 578).

172 **ee) Bei Kraftfahrzeugen** stehen dem Totalgeschädigten grundsätzlich die Wiederbeschaffungskosten für ein gebrauchtes Kraftfahrzeug gleicher Art und Güte zu[44]. Diese sind höher als der Zeitwert des beschädigten Kraftfahrzeugs, weil in ihnen auch die Unkosten und die Gewinnspanne des Gebrauchtwagenhändlers enthalten sind[45].

173 Der Geschädigte kann beanspruchen, daß ihm die Wiederbeschaffungskosten beim Kauf eines werkstattgeprüften Wagens vom **Fachhändler** erstattet werden (BGH VersR **1966** 830; **1978** 664); er braucht sich nicht auf den evtl. preisgünstigeren Kauf von Privat verweisen zu lassen. Anhaltspunkte für die aktuellen Händlerpreise liefern die publizierten Markterhebungen (z. B. DAT-Tabellen, Schwacke-Bericht). Hat der Ersatzkauf eines gleichwertigen Fahrzeugs bereits stattgefunden, so ist allerdings von den tatsächlichen Aufwendungen (soweit sie nicht überhöht sind) auszugehen.

174 Die **Umsatzsteuer** ist auch dann zu erstatten, wenn der Geschädigte von einem Ersatzkauf abgesehen hat (Rdn. 170 m. Nachw.). Hieran hat die heute im gewerbsmäßigen Gebrauchtwagenhandel weit verbreitete Übung, Gebrauchtwagen im Namen und für Rechnung des Vorbesitzers (und somit umsatzsteuerfrei) zu verkaufen, nichts geändert. Der (umsatzsteuerpflichtige) Kauf von einem Gebrauchtwagenhändler ist nach wie vor als normaler Weg der Ersatzbeschaffung anzusehen, auf dem der Geschädigte bestehen kann. Ihm ist nicht zuzumuten, nach Wagen zu suchen, die von Privaten oder im Auftrag Privater angeboten werden. Im übrigen sind bei steuerpflichtigen Verkäufen die Preise schon aus Wettbewerbsgründen häufig niedriger kalkuliert, so daß der Unterschied zum steuerfreien Erwerb meist nicht sehr zu Buche schlägt. Die gleichen Grundsätze gelten, wenn der Geschädigte einen

[42] BGH VersR **1982** 758 = 1074 m. abl. Anm. *Martin*; OLG Köln VersR **1977** 939; OLG Bamberg NJW **1979** 2316; OLG München DAR **1980** 246; 16. VGT (1978) 10; **a. A.** OLG Hamm VersR **1979** 613; *Koch* DAR **1980** 355; s. auch Rdn. 174.

[43] BGH NJW **1972** 1460; OLG Düsseldorf VersR **1973** 373; OLG Celle VersR **1973** 669; KG VersR **1976** 391; *Giesberts* NJW **1973** 181; *Mayer* NJW **1973** 1674.

[44] BGH NJW **1966** 1454 m. Anm. *Schmidt* 2159 u. *Allway* 1807; OLG Hamm VersR **1962** 1017; OLG Stuttgart NJW **1967** 252 m. Anm. *Hohenester.*

[45] BGHZ **30** 29; OLG Stuttgart NJW **1967** 252; VersR **1970** 263; OLG Oldenburg VersR **1967** 566; *Henrichs* NJW **1967** 1940.

gleichwertigen Wagen aus privater Hand, also umsatzsteuerfrei, gekauft hat[46]. Zu beachten ist hierbei aber, daß der Geschädigte nicht etwa den tatsächlich bezahlten Kaufpreis plus fiktiver Mehrwertsteuer, sondern (nur) den fiktiven Händlerpreis inkl. Mehrwertsteuer verlangen kann. Wegen der oben erwähnten Unterschiede in der Kalkulation wird sich in diesen Fällen regelmäßig kein allzu hoher Mehrbetrag ergeben.

Auf einen **Risiko- oder Zweithandzuschlag** hat der Geschädigte keinen Anspruch[47]. Seine Interessen sind dadurch ausreichend gewahrt, daß er die Kosten für einen werkstattgeprüften Gebrauchtwagen verlangen kann. Abweichende ältere Entscheidungen[48] dürften darauf zurückzuführen sein, daß es früher die heute üblichen Angebote geprüfter Gebrauchtwagen, vielfach sogar mit Garantie, kaum gab. **175**

Bei Fahrzeugen, die **keinen Markt** haben, entscheidet der Gebrauchswert (OLG Stuttgart NJW **1967** 252), bei Fahrzeugen, die nicht mehr erhältlich sind, der Wiederbeschaffungswert eines gleichwertigen Fahrzeugs (OLG Nürnberg VersR **1976** 1167). **176**

Bei **fast fabrikneuen** Fahrzeugen (Grenze ca. 1000 km Fahrleistung) kann der Geschädigte den Kaufpreis eines neuen Wagens beanspruchen (vgl. hierzu Rdn. 195). Ein Abzug „neu für alt" erscheint hierbei nicht gerechtfertigt (BGH VersR **1983** 759; **a. A.** KG NJW **1972** 769). **177**

Die Kosten für ein **höherwertiges Fahrzeug** kann der Geschädigte auch dann nicht berechnen, wenn dieses in kürzerer Frist als ein gleichwertiges lieferbar ist und dem Ersatzpflichtigen somit höhere Mietwagenkosten erspart würden (**a. A.** OLG Celle VersR **1962** 187). Der Geschädigte würde sonst auf Kosten des Schädigers eine Vermögensvermehrung erfahren, was den Grundgedanken des Schadensersatzrechts widerspräche. Etwas anderes mag in Extremfällen gelten, wo es wegen besonders langer Lieferfristen von der Schadensminderungspflicht her geboten sein kann, zur Vermeidung exorbitanter Mietwagenkosten ein etwas höherwertiges Kraftfahrzeug zu kaufen. **178**

Bei **Leasingfahrzeugen** kann der Leasinggeber zwar den Substanzwert ersetzt verlangen, denn er ist Eigentümer des Fahrzeugs geblieben. Zu berücksichtigen ist aber, daß er bei ungestörter Fortsetzung des Leasingverhältnisses das Fahrzeug erst zu einem späteren Zeitpunkt und mit geringerem Zeitwert zurückerhielte, während er für die Zwischenzeit Anspruch auf Fortzahlung der Leasingraten gegen den Leasingnehmer hat (BGH VersR **1977** 227). Es ist daher vom Zeitwert zum Zeitpunkt des Schadensfalls die Differenz zum fiktiven Wert bei Vertragsende abzuziehen, im Ergebnis also der Wert zu ersetzen, den das Fahrzeug bei vertragsgemäßer Beendigung des Leasingverhältnisses noch hätte. Zur Berechnung der Ersatzansprüche, wenn die Fortzahlung der Leasingraten abbedungen ist, vgl. Rdn. 220. Der Leasingnehmer hat keinen Anspruch auf Ersatz des Substanzwertes. Er kann nur Ersatz für **179**

[46] BGH VersR **1982** 758 = 1074 m. abl. Anm. *Martin*; KG VersR **1973** 60; OLG Bamberg NJW **1979** 2316; OLG Köln VersR **1977** 939; LG Düsseldorf NJW **1973** 332; LG München I NJW **1973** 660; **a. A.** *Lange* § 6 XIII 5 c ee.

[47] BGH NJW **1966** 1454 m. Anm. *Schmidt* NJW **1966** 2159 u. *Allway* NJW **1966** 1807; BGH VersR **1978** 664; OLG Frankfurt VersR **1972** 53; OLG Celle VersR **1975** 143; OLG Düsseldorf NJW **1977** 719; 16. VGT (1978) 10.

[48] OLG Stuttgart NJW **1960** 1463; **1967** 252 m. Anm. *Hohenester;* OLG Celle VersR **1964** 519; OLG Frankfurt VersR **1967** 411; **1968** 179.

die entgangene Gebrauchsmöglichkeit (vgl. zum Anspruch auf ein Ersatzfahrzeug Rdn. 242, zur abstrakten Nutzungsausfallentschädigung Rdn. 245) und einen etwaigen Haftungsschaden (vgl. Rdn. 271) verlangen.

180 **Nebenkosten** des Fahrzeugwechsels, insbesondere die Gebühren für An- und Abmeldung, sind dem Geschädigten zu ersetzen; allerdings nur, wenn sie tatsächlich angefallen sind. Ebenso sind zu erstatten etwaige Aufwendungen für die Bergung, Beseitigung und Verwahrung des Wracks.

181 **d) Reparabler Sachschaden.** Ein solcher ist gegeben, wenn die Wiederherstellung der Sache technisch möglich ist. Ist sie technisch möglich, aber wirtschaftlich unvernünftig, gelten besondere Regeln (vgl. Rdn. 198). Zum Fall irriger Annahme der Wiederherstellbarkeit vgl. Rdn. 166; zur Restitution bei Verletzung eines Tieres Rdn. 202.

182 **aa)** Der Ersatzpflichtige hat grundsätzlich die **Kosten der vollwertigen Wiederherstellung** der Sache zu ersetzen. Naturalrestitution ist zwar auch in der Weise möglich, daß sich der Geschädigte eine gleichwertige gebrauchte Sache beschafft und die Beschaffungskosten abzüglich des Restwerts der beschädigten Sache ersetzen läßt, doch ist dieser Weg in der Regel unwirtschaftlicher (die Wiederbeschaffungskosten enthalten Gewinn und Gemeinkosten des Händlers; beschädigte Sachen sind schwer verkäuflich), so daß schon wegen § 254 Abs. 2 BGB fast ausschließlich die Abrechnung auf Reparaturkostenbasis praktische Bedeutung hat[49] (Ausnahmen vgl. Rdn. 205).

183 Hat der Geschädigte die Sache in einem Fachbetrieb reparieren lassen, so sind die hierfür angefallenen Kosten in der Regel als der zur Herstellung erforderliche Geldbetrag i. S. d. § 249 Satz 2 BGB anzusehen. Der Geschädigte braucht sich – vom Fall eines Auswahlverschuldens abgesehen – nicht entgegenhalten zu lassen, daß eine andere Werkstatt die Reparatur billiger ausgeführt hätte. Er ist auch, soweit nicht Treu und Glauben ausnahmsweise anderes gebieten, nicht verpflichtet, die Reparatur in einer vom Schädiger bezeichneten Werkstatt vornehmen zu lassen (**a. A.** LG Karlsruhe DAR **1981** 357). Begrenzt wird die Ersatzpflicht – außer durch die Schadensminderungspflicht nach § 254 Abs. 2 BGB – aber durch den Grundsatz, daß der Schädiger nur für solche Maßnahmen aufzukommen hat, die ein verständiger Eigentümer in der Lage des Geschädigten zur Beseitigung des Schadens treffen würde[50]. Bei Lackschäden an Pkw kann daher grundsätzlich nur Teillackierung verlangt werden (KG Betr. **1978** 1541). Zur Schadensbemessung bei Beschädigung eines Baumes vgl. KG VersR **1978** 524; NJW **1979** 1167; OLG Hamburg VersR **1979** 963; *Koch* NJW **1979** 2601; *Schmidt* MDR **1980** 191.

184 Der zu ersetzende „erforderliche" Geldbetrag kann auch höher liegen als die vom Geschädigten tatsächlich geleisteten Reparaturkosten, so z. B. wenn er sich mit einer teilweisen Wiederherstellung begnügt hat oder einzelne Arbeiten in eigener Regie ausgeführt hat (vgl. Rdn. 186). Überhaupt ist der Geschädigte nicht gehalten, die Sache reparieren zu lassen: er kann sie auch beschädigt weiterbenutzen, wegwerfen, verschenken oder verkaufen und gleichwohl den zur fiktiven Wiederher-

[49] OLG Celle VersR **1973** 669; **1973** 1147; OLG Frankfurt VersR **1973** 827; KG VersR **1975** 451; vgl. auch BGH NJW **1972** 1800.

[50] BGHZ **54** 85; BGH VersR **1962** 137; **1978** 838; NJW **1975** 160.

stellung erforderlichen Geldbetrag verlangen[51], und zwar einschließlich Mehrwertsteuer (AG Köln NJW **1982** 1883; **a. A.** 20. VGT [1982] 10); zu den Grenzen dieser Abrechnungsmöglichkeit s. Rdn. 205. Der Ersatzanspruch ist also objektiv zu bemessen; der tatsächliche Aufwand des Geschädigten dient nur als Grundlage für die Ermittlung des objektiv erforderlich gewesenen Betrags (BGHZ **52** 82). Weicht die in einem Gutachten vor der Reparatur ermittelte Schadenshöhe von den tatsächlichen Reparaturkosten ab, so ist grundsätzlich von Letzteren auszugehen, da dieser Wert die größere Richtigkeitsgewähr bietet (vgl. auch Rdn. 207).

Mehrkosten durch **Werkstattverschulden** (z. B. unwirtschaftliche oder unsachge- **185** mäße Maßnahmen) hat der Schädiger zu tragen, sofern und soweit den Geschädigten hieran kein eigenes Verschulden – z. B. bei der Auswahl der Werkstatt – trifft: die Werkstatt ist nicht Erfüllungsgehilfe des Geschädigten bezüglich dessen Schadensminderungspflicht[52]. Etwaige Ansprüche gegen die Werkstatt, z. B. aus positiver Vertragsverletzung, muß der Geschädigte jedoch dem Ersatzpflichtigen abtreten (BGH NJW **1975** 160).

Bei Reparatur in eigener Regie, z. B. durch Heimarbeit oder Hilfe von Bekannten, **186** kann der Geschädigte entsprechend vorstehenden Grundsätzen die fiktiven Kosten einer Werkstattreparatur (einschließlich Umsatzsteuer) ersetzt verlangen[53].

Kann der Geschädigte die Sache im **eigenen Betrieb** instandsetzen, so sind fol- **187** gende Fälle zu unterscheiden:
- War der Betrieb ausgelastet, so daß der Geschädigte während der Instandsetzungszeit Fremdaufträge hätte ausführen können, so kann er die Kosten ersetzt verlangen, die bei Fremdreparatur entstanden wären[54];
- War der Betrieb nicht durch Fremdaufträge ausgelastet, so können neben den Materialkosten nur die anteiligen Gemeinkosten für die Unterhaltung der Werkstatt (Selbstkosten) beansprucht werden (BGHZ **76** 216);
- Ist der Betrieb ohnehin nur zu Reparaturen für das eigene Unternehmen bestimmt (z. B. Betriebswerkstätten von Verkehrsunternehmen), so können ebenfalls lediglich die Selbstkosten berechnet werden[55];
- War im letztgenannten Fall die eigene Werkstatt jedoch so ausgelastet, daß sie bei Instandsetzung der beschädigten Sache andere Arbeiten an fremde Firmen abgeben müßte, so kann der Geschädigte die Kosten einer Fremdreparatur ersetzt verlangen (OLG München VersR **1966** 668).

Diese Grundsätze gehen auf die Erwägung zurück, daß der Geschädigte zu der **188** kostengünstigeren Reparatur im eigenen Betrieb dann verpflichtet ist, wenn sie ihm zumutbar ist. Die Beteiligung des Schädigers an den Gemeinkosten des Betriebs (die dem Geschädigten auch ohne den Unfall erwachsen wären) läßt sich ebenfalls

51 BGHZ **61** 58; **61** 347; **66** 239; BGH VersR **1978** 182; **1978** 235; OLG München VersR **1966** 836; **1967** 483; *Kirchner* NJW **1971** 1541; *Grunsky* NJW **1983** 2468; **a. A.** OLG Celle NJW **1968** 1478; *Köhler* Festschrift für *Larenz* 364.

52 BGHZ **63** 182; BGH VersR **1978** 374; OLG Hamburg MDR **1968** 239.

53 BGHZ **54** 87; **61** 58 = JR **1974** 103 m. Anm. *Gitter*; OLG München VersR **1966** 836; 483; KG VersR **1970** 164; AG Straubing DAR **1983** 94; AG Tecklenburg DAR **1983** 95; *Klimke* VersR **1968** 537; **a. A.** *Schulz* VersR **1967** 383; *Köhler* Festschrift für *Larenz* 352; 20. VGT (1982) 10.

54 BGHZ **54** 87; BGH VersR **1978** 243; OLG München VersR **1966** 668.

55 BGHZ **54** 88; BGH VersR **1961** 358 = JZ **1961** 420 m. Anm. *Niederländer*; RGZ **74** 364; OLG Hamm VRS **5** 569; OLG Celle VersR **1978** 257.

nur mit Zumutbarkeitserwägungen rechtfertigen: niemand soll gehalten sein, kostensparende eigene Reparaturleistungen ohne eine angemessene Beteiligung des Ersatzpflichtigen an den Gemeinkosten zur Verfügung zu stellen (*Lange* § 6 VIII 5).

189 Zu den Reparaturkosten gehört auch die **Umsatzsteuer**. Sie ist vom Schädiger daher auch dann zu ersetzen, wenn der Geschädigte die Reparatur nicht durchführen ließ, sondern auf der Basis der fiktiven Reparaturkosten abrechnet[56]. Zum Vorsteuerabzug vgl. Rdn. 170.

190 Die **Abschleppkosten** zur Werkstatt gehören in dem notwendigen Umfang ebenfalls zum erstattungspflichtigen Schaden. Läßt der Geschädigte das Fahrzeug nicht in die nächste, sondern in eine weiter entfernte Werkstatt schleppen, so sind die Mehrkosten nur zu ersetzen, wenn sie nicht allzu erheblich sind und der Geschädigte vernünftige Gründe hierfür hat (z. B. Vertragswerkstatt, die das Fahrzeug ständig wartet; OLG Hamm VersR **1970** 43).

190a Bei der **Überführung eines beschädigten Schienenfahrzeugs** in die bahneigene Reparaturwerkstatt gehören zu den erstattungspflichtigen Herstellungskosten auch die für die Überführungsfahrt und die Rückführung zum Einsatzort anfallenden Kosten für Personal, Beförderung und Fahrwegbenutzung (soweit hierfür ausscheidbare Kosten entstanden sind) sowie diesbezüglich aufgewendete Verwaltungskosten, nicht aber die fiktiven Fahrtkosten für Personal, welches mit eigenen planmäßigen Transportmitteln zur Unfallstelle befördert wurde (BGH VersR **1983** 755).

191 **bb)** Ein **Abzug für Werterhöhung** der Sache durch die Reparatur („neu für alt") kann u. U. nach den Grundsätzen der Vorteilsausgleichung (vgl. Rdn. 161) geboten sein. Er kommt jedoch nur in Betracht, wenn der Gesamtwert der Sache erheblich erhöht wurde und es unbillig erschiene, diesen Vorteil dem Geschädigten auf Kosten des Schädigers zukommen zu lassen. Der Einbau neuer Teile in ein Kraftfahrzeug rechtfertigt einen Abzug in der Regel nicht (OLG Köln DAR **1955** 159; OLG München VersR **1966** 1192), insbesondere wenn es sich um Teile handelt, die normalerweise die Lebensdauer des Kraftfahrzeugs erreichen (KG NJW **1971** 144). War das ausgetauschte Teil dagegen zum Unfallzeitpunkt schon erheblich abgenutzt, so tritt durch den Einbau des neuen eine anzurechnende Wertsteigerung ein (BGHZ **30** 29; OLG Nürnberg VersR **1964** 835). Der rechtfertigende Grund für diesen Abzug liegt darin, daß der Schädiger an sich nur Wiederherstellung des vorigen Zustands schuldet. Wird nunmehr ein neues Teil eingebaut, weil der Einbau eines entsprechend abgenutzten Gebrauchtteils nicht möglich oder nicht wirtschaftlich wäre, so leistet der Schädiger bei voller Kostentragung mehr als er schuldet. Führt dies zu einem Vermögensvorteil für den Geschädigten – was insbesondere dann der Fall ist, wenn er das betreffende Teil in absehbarer Zeit ohnehin austauschen müßte –, so muß es schon nach der Differenzhypothese zu dessen Anrechnung kommen. Beim Austausch langlebiger Teile hingegen wird dem Geschädigten der Austausch gleichsam aufgedrängt, so daß – bei normativer Wertung – nicht von einem auszugleichenden Vermögensvorteil gesprochen werden kann.

192 Bei **Beschädigung vorbeschädigter Sachen** schuldet der Ersatzpflichtige in der Regel nicht die vollen Wiederherstellungskosten. War die Sache bereits so beschädigt, daß durch den neuen Unfall keine zusätzliche Vermögenseinbuße mehr entstehen konnte, so entfällt eine Ersatzpflicht völlig. Handelt es sich um einen ganz geringfü-

[56] BGHZ **61** 56; BGH VersR **1977** 134; OLG Koblenz NJW **1975** 58; **a. A.** OLG Hamburg VersR **1971** 236; OLG München VersR **1971** 1025.

gigen Vorschaden, der den Wert der Sache nicht merkbar beeinträchtigte und vom Geschädigten als nicht behebungsbedürftig hingenommen worden war, so ist vom Zweitbeschädiger voller Kostenersatz zu verlangen, wenn durch seinen Schadensbeitrag nunmehr die Reparatur erforderlich wurde. Eine je nach den Umständen entsprechend der Billigkeit zu bemessende Teilerstattung ist schließlich in den Fällen vorzunehmen, in denen der Unfall an einer vorbeschädigten Sache einen weiteren Schaden verursacht, dessen Behebung nur zusammen mit dem Vorschaden möglich oder sinnvoll ist.

cc) Abrechnung auf Totalschadenbasis bei Unzumutbarkeit der Reparatur. Ist die Instandsetzung der beschädigten Sache zwar technisch möglich und auch wirtschaftlich vertretbar, dem Geschädigten aber aus besonderen Gründen nicht zuzumuten, so kann er ausnahmsweise wie bei einem Totalschaden abrechnen („unechter Totalschaden"), d. h. vom Ersatzpflichtigen den Wiederbeschaffungswert abzüglich Restwert der Sache verlangen. Es handelt sich hierbei um einen Fall von Geldentschädigung wegen „nicht genügender" Naturalherstellung im Sinne des § 251 Abs. 1 BGB. **193**

So kann z. B. ein Kraftfahrzeughändler, wenn ein zum Verkauf bestimmter **Neuwagen** beschädigt wird, nicht auf eine Reparatur desselben verwiesen werden; er kann vielmehr den Händlerpreis unter Anrechnung des Restwerts bzw. Zurverfügungstellen des beschädigten Wagens beanspruchen (BGH NJW **1965** 1756; KG NJW **1972** 496). **194**

Auch bei erheblicher Beschädigung eines **neuwertigen Kraftfahrzeugs** kann eine Schadensregulierung auf Neukaufbasis vertretbar sein[57]. Die Rechtsprechung zieht die Grenze der Neuwertigkeit bei ca. 1000 km Fahrleistung; der BGH läßt eine Abrechnung auf Neupreisbasis ausnahmsweise bei einer Fahrleistung bis 3000 km oder einer Gebrauchsdauer von etwa einen Monat zu, wenn bei objektiver Beurteilung der frühere Zustand durch eine Reparatur auch nicht annähernd wiederhergestellt werden kann (VersR **1982** 163; **1983** 658). Bei Nutzfahrzeugen scheidet eine Abrechnung auf Neupreisbasis aus (OLG Stuttgart VersR **1983** 92). **195**

Ein „unechter Totalschaden" ist ferner auch dann anzuerkennen, wenn aufgrund der konkreten Beschädigung das **Risiko verborgener Mängel** so groß ist, daß auch unter Berücksichtigung des Alters des Fahrzeugs die Weiterbenutzung nicht zumutbar ist[58]. Dagegen reicht bei der heutigen Perfektion der Reparaturtechnik die Berufung auf einen **besonderen Verwendungszweck** eines Kraftfahrzeugs (z. B. als Taxi, Fahrschulwagen) in der Regel nicht aus, um einem Geschädigten diesen Abrechnungsmodus zuzugestehen[59]. **196**

[57] BGH NJW **1976** 1203; KG VersR **1970** 471; **1977** 155; OLG München VersR **1966** 1083; **1970** 67; **1974** 65; OLG Schleswig VersR **1971** 455; OLG Karlsruhe VersR **1973** 471; **1973** 1169; **1974** 671; DAR **1982** 230; OLG Düsseldorf VersR **1974** 604; **1976** 69; OLG Nürnberg VersR **1975** 960; NJW **1972** 2042; OLG Bremen VersR **1978** 236; OLG Frankfurt VersR **1980** 235; OLG Stuttgart DAR **1981** 266; *H. W. Schmidt* DAR **1965** 2; *Maase* VersR **1968** 527.

[58] OLG Bremen VersR **1970** 1159; **1971** 912; OLG Karlsruhe VersR **1973** 471; OLG München VersR **1975** 163; OLG Stuttgart VersR **1976** 73; weitergehend KG DAR **1971** 184.

[59] **A. A.** OLG München VersR **1960** 671 für das Fahrzeug eines Kraftfahrzeughändlers oder -vertreters sowie *Full* 168.

197 Ein **Abzug „neu für alt“** erscheint bei neuwertigen Fahrzeugen nicht gerechtfertigt[60].

198 **dd) Abrechnung auf Totalschadenbasis bei Unverhältnismäßigkeit der Reparatur.** Ist die Wiederherstellung der beschädigten Sache erheblich teurer als eine Ersatzbeschaffung („wirtschaftlicher Totalschaden“), so kann der Geschädigte nur deren Kosten, nicht die Kosten einer Reparatur beanspruchen; letztere wären unverhältnismäßige Aufwendungen im Sinne des § 251 Abs. 2 BGB. Welcher Mehrbetrag noch als verhältnismäßig anzusehen ist, ist nach den Umständen des Einzelfalles zu entscheiden. Als Faustregel gilt jedoch, daß eine Abrechnung auf Reparaturkostenbasis stets dann ausscheidet, wenn der hierfür aufzuwendende Betrag mehr als 30% über dem bei Totalschadenabrechnung sich ergebenden Betrag liegt[61]. In diesen Kostenvergleich sind alle anfallenden Positionen (auch Wertminderung, Nutzungsausfall, Zulassungskosten, Erlös für Restwert) einzubeziehen (KG DAR **1970** 157; VersR **1976** 391).

199 Den Toleranzbereich von 30% kann der Geschädigte nur in Anspruch nehmen, wenn er die Sache tatsächlich reparieren läßt. Hat er sie dagegen verkauft, verschenkt oder weggeworfen, selbst repariert oder unrepariert belassen, so kann er die fiktiven Reparaturkosten (vgl. Rdn. 203) nur verlangen, wenn dies die kostengünstigste Abrechnungsweise darstellt (BGHZ **66** 247; BGH VersR **1978** 235; OLG Stuttgart VersR **1982** 885). Außerdem müssen die tatsächlichen Reparaturkosten in dem genannten Toleranzbereich liegen; der Geschädigte kann nicht etwa eine unverhältnismäßig teuere Reparatur durchführen und sich dann 130% des bei Totalschadensabrechnung aufzuwendenden Betrags erstatten lassen[62].

200 Hat der Geschädigte in **Fehleinschätzung** der entstehenden Kosten die Sache reparieren lassen und werden hierdurch die Kosten, die bei einer Ersatzbeschaffung angefallen wären, erheblich (auch über 30%) überschritten, so kann er gleichwohl Ersatz der Reparaturkosten verlangen, wenn ihn an der Fehleinschätzung kein Verschulden trifft (BGH VersR **1972** 1025; **1978** 374). Die vom BGH (VersR **1972** 1024) gemachte Einschränkung, daß das Prognoserisiko in Anwendung des Rechtsgedankens des § 251 Abs. 2 BGB dann vom Geschädigten zu tragen ist, wenn die Kosten bereits nach dem Voranschlag über den Wert des Fahrzeugs hinausgingen, erscheint nicht gerechtfertigt. Solange sich die veranschlagten Kosten innerhalb des Toleranzbereichs von 30% halten, „darf“ der Geschädigte reparieren lassen; das Prognoserisiko muß daher wie im Regelfall den Schädiger treffen.

201 Ging der Geschädigte in nicht vorwerfbarer Weise (z. B. aufgrund eines Sachverständigengutachtens) zu Unrecht davon aus, daß die beschädigte Sache nicht mehr reparaturwürdig ist und entschied er sich daher für Ersatzbeschaffung, so kann er dementsprechend abrechnen (BGH VersR **1966** 490; OLG Karlsruhe VersR **1975** 335).

202 Bei **Verletzung eines Tieres** ist der Verhältnismäßigkeitsgrundsatz bezüglich der aufzuwendenden Heilungskosten ebenfalls zu beachten, doch sollte hier, da die In-

[60] **A. A.** OLG Celle VersR **1968** 1195; *Rosenberger* VersR **1959** 208; *Sanden/Völtz* 117.

[61] BGH VersR **1972** 1024; OLG Celle VersR **1964** 519; OLG München VersR **1964** 1138; OLG Nürnberg VersR **1969** 289; KG DAR **1970** 157; VersR **1976** 391; OLG Stuttgart VersR **1977** 88. Für eine niedrigere Toleranzgrenze (10–15%) *Sanden/Völtz* 108 ff.

[62] BGH VersR **1972** 1025; KG VersR **1976** 391; *Darkow* VersR **1972** 616; **a. A.** OLG Nürnberg VersR **1969** 289; OLG Hamburg VersR **1971** 944.

dividualität eines Tieres auch ein Wertfaktor sein kann, nicht auf die starre 30%-Grenze, sondern auf die Umstände des Einzelfalles abgestellt werden[63]. Ein bloßes Affektionsinteresse muß allerdings außer Betracht bleiben. Läßt der Eigentümer des Tieres eine auch unter oben genanntem Aspekt unverhältnismäßige Heilung (oder einen entsprechenden Versuch) durchführen, so hat er die den Wiederbeschaffungswert übersteigenden Kosten selbst zu tragen.

ee) Ersatz fiktiver Reparaturkosten. Da § 249 BGB auf den zur Wiederherstellung 203
„erforderlichen" Geldbetrag abstellt, ist nicht zu bezweifeln, daß der Geschädigte die Reparaturkosten auch dann ersetzt verlangen kann, wenn er die Sache in beschädigtem Zustand weiterbenutzt (vgl. Rdn. 184); das gleiche gilt, wenn er die Reparatur in eigener Regie kostengünstiger vorgenommen hat (vgl. Rdn. 186).

Umstritten ist dagegen, ob er die fiktiven Reparaturkosten auch dann beanspru- 204
chen kann, wenn er die Sache **in beschädigtem Zustand verkauft**, z. B. den unfallbeschädigten Pkw beim Kauf eines Neuwagens in Zahlung gegeben hat[64]. Der BGH hat zu Recht diesen Fall dem Fall völligen Restitutionsverzichts gleichgestellt und einen Anspruch auf Ersatz fiktiver Reparaturkosten (einschließlich Mehrwertsteuer und merkantilen Minderwert, jedoch ohne Entschädigung für Nutzungsausfall; vgl. Rdn. 246) bejaht (BGHZ **66** 239). Für den Fall der Beschädigung eines Hausgrundstücks hat er jedoch, ohne den Vorwurf der Inkonsequenz überzeugend ausräumen zu können, abweichend entschieden (BGH VersR **1982** 72).

Gewisse Vergünstigungen, die dem Geschädigten sonst zugestanden werden, 205
scheiden bei der Abrechnung auf der Basis fiktiver Reparaturkosten aus, da die sie tragenden Billigkeitserwägungen hier nicht eingreifen. So kann der Geschädigte die fiktiven Reparaturkosten dann nicht beanspruchen, wenn sie den Wiederbeschaffungswert der Sache – sei es auch nur geringfügig – überschreiten (BGHZ **66** 247; BGH VersR **1978** 235; *Grunsky* NJW **1983** 2468). Unter mehreren vom Erfolg her gleichwertigen Mitteln der Schadensbeseitigung hat er sich für dasjenige zu entscheiden, welches einen deutlich geringeren Aufwand mit sich bringt. So kann er z. B. gehalten sein, ein dem beschädigten Fahrzeug nahezu entsprechendes Gebrauchtfahrzeug, das ihm besonders vorteilhaft angeboten wird, zu erwerben und den um den Erlös für das beschädigte Fahrzeug geminderten Aufwand in Rechnung zu stellen. Hat er einen dem beschädigten Fahrzeug entsprechenden *Gebrauchtwagen* tatsächlich erworben, so ist ihm die fiktive Berechnung von deutlich unwirtschaftlicheren Reparaturkosten versagt. Anders verhält es sich hingegen, wenn er das beschädigte Fahrzeug beim Kauf eines *Neuwagens* in Zahlung gibt, da es sich hierbei nicht um ein „gleichwertiges Mittel der Schadensbeseitigung", sondern eine über die Schadensbeseitigung hinausgehende Disposition des Geschädigten handelt (zum Ganzen vgl. BGHZ **66** 247; OLG Köln VersR **1979** 873; letzteres scheint im übrigen BGH VersR **1978** 182 außer Acht gelassen zu haben).

[63] Vgl. LG München I NJW **1978** 1862; *MünchKomm/Grunsky* § 249, 11; *Palandt/Heinrichs* § 251, 2; *Keller* VersR **1977** 145.

[64] *Verneinend* z. B. KG VersR **1974** 576; OLG Nürnberg VersR **1974** 677; OLG München VersR **1975** 144; OLG Karlsruhe/Freiburg NJW **1975** 1285; LG München I VersR **1983** 592; 20. VGT **1982** 10; *Larenz* § 28 I; *Klimke* VersR **1974** 1063; *Leonhard* VersR **1983** 415; *Köhler* Festschrift für *Larenz* 360; *Schwarz/Esser* NJW **1983** 1409; *bejahend* BGHZ **66** 239; BGH VersR **1978** 182; **1978** 235; OLG Hamm VersR **1975** 573; LG Hamburg VersR **1964** 1175; *MünchKomm/Grunsky* § 249, 15; *Larenz* § 28 I; *Medicus* DAR **1982** 355; *Grunsky* NJW **1983** 2468.

206 Die fiktiven Reparaturkosten werden in der Regel durch **Sachverständigengutachten** nachzuweisen sein. Beweisschwierigkeiten, die sich daraus ergeben, daß das beschädigte Fahrzeug in Zahlung gegeben wurde, bevor der Ersatzpflichtige eine angemessene Möglichkeit zur Schadensfeststellung hatte, gehen zu Lasten des Geschädigten (BGH VersR **1978** 182). Ein Risikozuschlag wegen der Möglichkeit, daß die Kosten sich bei Durchführung der Reparatur als höher erweisen könnten, kann nicht beansprucht werden (OLG Hamburg VersR **1981** 1186).

207 Wurde die **Reparatur durchgeführt**, so kann der Geschädigte grundsätzlich nicht auf der Basis fiktiver Reparaturkosten abrechnen, wie etwa auf der Grundlage eines vor der Reparatur erstellten Gutachtens, welches zu einem höheren Schadensbetrag gelangt ist. Da derartige Gutachten – sowohl zu Gunsten als auch zu Ungunsten des Geschädigten – immer mit Prognosefehlern behaftet sein können, bietet die Reparaturrechnung in der Regel die größere Gewähr, den zur Wiederherstellung erforderlichen Betrag auszuweisen. Aber auch wenn die Differenz nur darauf beruht, daß die vom Geschädigten beauftragte Werkstatt niedrigere Preise berechnet, ist nicht das Gutachten, sondern die Rechnung entscheidend, denn es war dann eben nur der niedrigere Betrag „erforderlich". Etwas anderes gilt dann, wenn sich die Differenz daraus ergibt, daß der Geschädigte nur teilweise reparieren ließ und den Rest in eigener Regie oder überhaupt nicht instandsetzte: hier kann er die tatsächlich aufgewendeten Kosten zuzüglich der fiktiven Kosten für die restliche Instandsetzung verlangen. Sind die Reparaturkosten nur deswegen niedriger als veranschlagt, weil die Werkstatt einen Sonderpreis berechnet hat (z. B. wenn der Geschädigte bei ihr beschäftigt ist), so sollte die hierin liegende freiwillige Zuwendung eines Dritten dem Schädiger nicht zugutekommen, der Geschädigte also die vollen Kosten bei hypothetischer Instandsetzung durch eine andere Werkstatt berechnen dürfen (**a. A.** *Sanden/Völtz* 156 unter Abstellen auf die Schadensminderungspflicht).

208 **ff) Technischer Minderwert.** Aus § 254 Abs. 2 BGB kann sich im Einzelfall die Verpflichtung des Geschädigten ergeben, sich mit einer mangelhaften Reparatur zufriedenzugeben, weil eine einwandfreie Reparatur unverhältnismäßig mehr kosten würde; insbesondere kann, wenn nur ein Teil der Karosserie beschädigt worden ist, eine Ganzlackierung des Kraftfahrzeugs nur in Ausnahmefällen verlangt werden. Da es technisch schwierig ist, den Original-Lack eines Kraftfahrzeugs durch nachträgliches Lackieren nachzuahmen, kann eine durch die erkennbare Ungleichmäßigkeit des Äußeren verursachte Wertminderung verbleiben (nicht anzuerkennen bei älteren Fahrzeugen; OLG Frankfurt VersR **1978** 378). Nach § 249 BGB hat der Verletzte aber ein Recht auf völlige Wiederherstellung, so daß er in solchen Fällen wenigstens die verbliebene Wertminderung, die auch im gesunkenen Verkaufswert des Kraftfahrzeugs ihren Niederschlag findet, ersetzt verlangen kann (OLG Stuttgart VersR **1961** 912). Beim heutigen Stand der Reparaturtechnik wird eine Entschädigung für technischen Minderwert nur mehr selten erforderlich sein. KG NJW **1979** 1167 will bei Beschädigung eines Baumes u. U. einen „technischen Minderwert" anerkennen.

209 **gg) Merkantiler Minderwert.** Bei Kraftfahrzeugen schlägt sich der Umstand, daß sie bei einem Unfall erheblich beschädigt worden waren, selbst bei einwandfreier Reparatur wertmindernd nieder. Dies zeigt sich beim Verkauf des Kraftfahrzeugs, wo der Umstand des früheren Unfalls ggf. zu offenbaren ist (vgl. hierzu BGH VersR **1967** 858) und in der Regel zu einer niedrigeren Bewertung des Fahrzeugs führt. Als durch die Sachbeschädigung hervorgerufener Vermögensnachteil ist diese

Wertminderung vom Schädiger zu ersetzen, und zwar unabhängig davon, ob sich der Minderwert tatsächlich bei einem Verkauf realisiert oder der Geschädigte etwa das Kraftfahrzeug bis zur Schrottreife behält. Der Geschädigte kann daher sogleich vollen Ersatz der Wertminderung verlangen und ist nicht etwa auf die Erhebung einer Feststellungsklage beschränkt[65]. Zu Unrecht schließt der BGH dieses Recht für die Fälle aus, in denen die Unfallreparatur sich auf die Benutzung des Kraftfahrzeugs nicht risikoerhöhend ausgewirkt hat (BGH VersR **1980** 46), denn Grund für die Zubilligung des merkantilen Minderwerts ist nicht ein erhöhtes Benutzungsrisiko, sondern die Geringerbewertung auf dem Gebrauchtwagenmarkt.

Maßgeblicher Zeitpunkt für die Berechnung des Minderwerts ist der der Beendigung der Reparatur[66]. Dies ist logische Konsequenz der Festlegung, daß der Geschädigte den Minderwert sofort und nicht erst bei einem etwaigen Verkauf liquidieren kann. **210**

Bei **geringfügigen Reparaturen** (unter ca. 10% des Zeitwerts des Kraftfahrzeugs[67]) und **älteren Fahrzeugen** (Zeitwert unter ca. 40% des Neuwerts) kommt ein merkantiler Minderwert nicht in Betracht[68]. Im übrigen ist seine Höhe aufgrund Zeitwert des Kraftfahrzeugs einerseits, Art und Ausmaß der Reparatur andererseits zu ermitteln[69]. **211**

Ein bereits erheblich **vorgeschädigtes Kraftfahrzeug** wird durch einen weiteren Schaden in der Regel nicht weiter in seinem Wert gemindert (OLG Celle VersR **1973** 717; *Schlund* BB **1976** 908). **212**

Auch bei **Nutzfahrzeugen** (z. B. Lkw) ist eine merkantile Wertminderung anzuerkennen; allerdings wird das Vorliegen eines reparierten Unfallschadens dort in der Regel nicht so sehr ins Gewicht fallen und die Berechnung sich noch weniger als bei Pkw schematisieren lassen[70]. Bei Spezialfahrzeugen, für die praktisch kein Gebrauchtwagenmarkt besteht (z. B. Militär- oder Polizeifahrzeuge) scheidet eine merkantile Wertminderung aus[71], ebenso bei sonstigen Sachen, die gebraucht nicht gehandelt werden (KG VersR **1978** 524: Straßenbaum).

Steuerersparnisse durch die Möglichkeit, die Wertminderung eines betrieblich genutzten Kraftfahrzeugs gem. § 7 EStG abzuschreiben, mindern den Anspruch auf Ersatz des merkantilen Minderwerts nicht (BGH VersR **1980** 46). **213**

65 BGHZ **35** 396; BGH VersR **1980** 46; **1981** 655; *MünchKomm/Grunsky* vor § 249, 14; *Palandt/Heinrichs* § 251, 4b aa; *Larenz* § 28 II; *Geigel* NJW **1954** 601; *Ruhkopf/Sahm* VersR **1962** 593; *Darkow* VersR **1975** 207; **a. A.** noch BGHZ **27** 181.

66 BGH VersR **1967** 183; *MünchKomm/Grunsky* vor § 249, 15; **a. A.** OLG Stuttgart VersR **1961** 912 (letzte mündliche Verhandlung).

67 OLG Stuttgart VersR **1968** 908; OLG Köln DAR **1973** 71; KG VersR **1975** 664.

68 Vgl. BGH VersR **1980** 46; *Schlund* BB **1976** 910; *Darkow* DAR **1977** 64.

69 Vgl. *Ruhkopf/Sahm* VersR **1962** 593; *H. W. Schmidt* DAR **1966** 230; *Schlund* BB **1976** 908; BGH VersR **1980** 46; OLG Stuttgart VersR **1969** 838; KG DAR **1970** 158; VersR **1974** 786; OLG Köln DAR **1973** 71; OLG Frankfurt VersR **1978** 1044; abweichende Berechnungsmethode OLG Hamburg VersR **1981** 1186.

70 BGH VersR **1980** 46. Zur Berechnung s. BGH VersR **1959** 949 (Reisebus); OLG Stuttgart VersR **1969** 838 u. KG **1974** 786 (Lkw); KG VersR **1973** 749 (Postfahrzeug); KG DAR **1974** 270 (VW-Bus); KG VersR **1982** 45 (Fahrschulwagen). S. a. *Darkow* DAR **1977** 62.

71 OLG Köln VersR **1974** 761 (Straßenbahn); KG VersR **1979** 260 (Krankenwagen); OLG Schleswig VersR **1979** 103 (Militärfahrzeug); offengelassen von BGH VersR **1980** 46.

214 **e) Beeinträchtigung der Nutzungsmöglichkeit.** Infolge der Beschädigung einer Sache kann es dadurch zu Vermögensnachteilen kommen, daß der Geschädigte vorübergehend (nämlich für die Zeit der Reparatur oder der Ersatzbeschaffung) am Gebrauch der Sache gehindert wird. Derartige Einbußen sind als mittelbare Folgen der Sachbeschädigung grundsätzlich zu ersetzen. Insbesondere hat der Geschädigte Anspruch auf Ersatz eines durch die Vereitelung der Gebrauchsmöglichkeit hervorgerufenen Vermögensschadens (vgl. Rdn. 215) oder entgangenen Gewinns (vgl. Rdn. 216ff) sowie der Aufwendungen, die er zur Überbrückung des Ausfalls, etwa durch Anmieten einer Ersatzsache, gemacht hat (vgl. Rdn. 223ff). Problematisch ist, ob auch ohne Inanspruchnahme einer Ersatzsache eine Entschädigung für den Ausfall der Nutzungsmöglichkeit verlangt werden kann (vgl. Rdn. 243ff).

215 **aa) Vermögensfolgeschäden** können durch die Vereitelung der Gebrauchsmöglichkeit z. B. dann entstehen, wenn sich der Geschädigte vertraglich verpflichtet hatte, mit der beschädigten Sache bestimmte Leistungen zu erbringen und im Falle der Nichterfüllung eine Vertragsstrafe zu schulden. Derartige Schäden sind zu ersetzen.

216 **bb) Entgangener Gewinn** ist, soweit durch die Sachbeschädigung verursacht, vom Schädiger zu ersetzen. Wird z. B. ein Obstbaum zerstört, so ist neben den Kosten für das Pflanzen eines neuen Baumes auch der anfallende Nettoertrag bis zu dem Zeitpunkt zu bezahlen, zu dem der neue Baum den gleichen Ertrag wie der alte einbringt (OLG Stuttgart VersR **1959** 768 m. Anm. *Ludewig* 865). Zum Gewinnentgang bei Beschädigung eines Gebäudes vgl. BGHZ **72** 31.

217 Bei Beschädigung eines **zu Erwerbszwecken benutzten Kraftfahrzeugs** kann der Geschädigte einen während der Reparatur- bzw. Wiederbeschaffungszeit entgangenen Gewinn ersetzt verlangen[72]. Statt dessen kann er aber auch Ersatz von Aufwendungen beanspruchen, die er zur Überbrückung des Ausfalls, etwa durch Einschaltung eines Fuhrunternehmers oder Anmieten eines Ersatzfahrzeugs, getätigt hat. Läßt sich durch derartige Aufwendungen ein höherer Verdienstausfall vermeiden, so kann der Geschädigte nach § 254 Abs. 2 BGB gehalten sein, diesen Weg des Schadensausgleichs zu wählen (BGH VersR **1977** 331; OLG Hamburg VersR **1960** 450). Er kann daher einen entgangenen Gewinn nur bis zur Höhe der fiktiven Kosten für ein Mietfahrzeug (abzüglich der Kostenersparnis; vgl. Rdn. 240) ersetzt verlangen, wenn eine Anmietung möglich und zumutbar und der andernfalls zu gewärtigende Gewinnausfall vorhersehbar war.

218 Ein Ersatz des (vollen) Gewinnausfalls scheidet auch dann aus, wenn der Geschädigte diesen wenigstens teilweise durch zumutbaren Einsatz eines ihm zur Verfügung stehenden **Ersatzfahrzeugs** hätte vermeiden können, wie dies bei Großbetrieben, insbesondere Verkehrsbetrieben, häufig der Fall sein wird. In diesen Fällen können auch nicht die Vorhaltekosten für das Reservefahrzeug anteilig beansprucht werden (hierzu und zur abweichenden Rechtsprechung des BGH vgl. Rdn. 158f). Auch eine abstrakte Nutzungsausfallentschädigung scheidet aus (vgl. Rdn. 247). Zu ersetzen sind lediglich tatsächlich entstandene Aufwendungen (z. B. für betriebliche Umdispositionen). Zu der Frage, ob die Vorhaltekosten für das ausgefallene Fahrzeug zu ersetzen sind, vgl. Rdn. 157.

[72] BGH VersR **1977** 331. Zur Berechnung des Gewinnausfalls bei einem Taxi vgl. *Berger* VersR **1963** 514.

Ist durch den Unfall nicht nur das Nutzfahrzeug (z. B. Taxi) ausgefallen, sondern auch der Fahrer arbeitsunfähig geworden, so ist zu beachten, daß der Unternehmer den fortzuzahlenden Lohn vom Schädiger ersetzt verlangen kann (§§ 1,4 LFZG) und daß er, wenn nur der Fahrer verletzt, das Fahrzeug aber nicht beschädigt worden wäre, keinen Anspruch auf Ersatz der Mehrwaufwendungen für einen Ersatzfahrer hätte (vgl. Rdn. 107): der Unternehmer muß daher in solchen Fällen vom Bruttoertrag seines Fahrzeugs außer den ersparten Unkosten für Unterhalt und Betrieb auch den Betrag abziehen lassen, den er als Lohn für einen Aushilfsfahrer aufzubringen gehabt hätte (BGH VersR **1979** 936). **219**

Bei Totalbeschädigung eines **Leasingfahrzeugs** kann der Leasinggeber, wenn er (entgegen der für das Leasing typischen Rechtslage; vgl. BGH VersR **1977** 227) nach der besonderen Ausgestaltung des Vertrags seinen Zahlungsanspruch gegen den Vertragspartner verliert, Ausgleich für die entgangenen Leasingraten verlangen. Hierbei ist allerdings zu berücksichtigen, daß der Leasinggeber den Zeitwert seines Fahrzeugs infolge des Schadensereignisses sogleich ersetzt bekommt, während er bei ungestörter Fortsetzung des Leasingverhältnisses das Fahrzeug erst nach dessen Beendigung und folglich mit geringerem Zeitwert zurückerhielte. Der Gewinnausfall errechnet sich daher aus den für die restliche Laufzeit des Leasingvertrages ausstehenden Leasingraten abzüglich der für diesen Zeitraum kalkulierten Minderung des Nutzungswerts. Der dem Leasinggeber als Ausgleich für den Zeitwert seines Fahrzeugs und den entgangenen Gewinn zustehende Gesamtbetrag läßt sich einfacher auch durch Addition der ausstehenden Leasingraten und des für den Zeitpunkt der Vertragsbeendigung kalkulierten Restwertes des Fahrzeugs ermitteln. In jedem Falle noch abzuziehen sind aber im Rahmen der Vorteilsausgleichung die durch den vorzeitigen Kapitalrückfluß und die vorzeitige Gewinnrealisierung entstehenden Vermögensvorteile wie Zinsgewinne oder ersparte Refinanzierungskosten (vgl. zum Ganzen *Dörner* VersR **1978** 884). **220**

Rechtswidrige Gewinne, d. h. solche, die nur unter Verstoß gegen ein gesetzliches Verbot hätten erzielt werden können, sind nicht zu ersetzen, weil die Rechtsordnung dem Geschädigten keine Vorteile zusprechen kann, die er gegen ihren Willen erlangt hätte (*Lange* § 6 X 6; Einzelheiten s. § 11, 113ff). **221**

Auch für **sittenwidrige Gewinne**, d. h. solche, deren Erzielung nach § 138 BGB nicht rechtlich durchgesetzt werden könnte, besteht keine Entschädigungspflicht (*Born* VersR **1977** 118; **a. A.** OLG Düsseldorf NJW **1970** 1852 und mit Einschränkungen BGHZ **67** 119 sowie *Stürner* VersR **1976** 1016). **222**

cc) Hat der Geschädigte **Aufwendungen zur Überbrückung des Ausfalls** gemacht, z. B. durch Anmietung einer anderen Wohnung bei Beschädigung eines Wohngebäudes (BGHZ **46** 238), für einen Mietwagen oder für Taxibenutzung bei Beschädigung eines Kraftfahrzeugs (hierzu näher die folgenden Anm.), so sind diese vom Schädiger grundsätzlich zu ersetzen. Einschränkungen ergeben sich aus der Schadensminderungspflicht (§ 254 Abs. 2 BGB). Zur Ersatzfähigkeit von Vorsorgeaufwendungen s. Rdn. 158f. **223**

Bei Beschädigung eines Kraftfahrzeugs kann der Geschädigte in der Regel einen gleichwertigen **Mietwagen** nehmen und dessen Kosten – abzüglich der ersparten Aufwendungen für den eigenen Wagen – ersetzt verlangen[73]. Ist für den Geschädig- **224**

[73] RG DAR **1932** 325; KG VAE **1940** 53; OLG Karlsruhe VersR **1956** 552; OLG Frankfurt VersR **1958** 419.

ten aber abzusehen, daß er während der Reparaturzeit nur sehr wenig fahren wird, so muß er sich auf die Benutzung von Taxis beschränken[74], es sei denn, diese wäre (etwa in ländlichen Gegenden) mit unzumutbaren Schwierigkeiten verbunden. Kein Anspruch auf Ersatz der Mietwagenkosten besteht auch dann, wenn der Geschädigte mit dem Wagen nur solche Strecken gefahren ist, die er sonst mit öffentlichen Verkehrsmitteln, dem Fahrrad oder zu Fuß zurückzulegen pflegt. Der Ansicht von *MünchKomm/Grunsky* § 249, 28, der Geschädigte könne die Mietwagenkosten auch dann ersetzt verlangen, wenn er sein Kraftfahrzeug während der Reparaturzeit nicht benutzt hätte, ist nicht zu folgen.

225 Bei Beschädigung des Kraftfahrzeugs während einer **Reise** ist grundsätzlich für die Inanspruchnahme eines Mietwagens aufzukommen, wenn diese zur Fortsetzung der Reise notwendig war (KG DAR **1977** 185). Auf die Benutzung der Bahn (vgl. OLG Stuttgart VersR **1977 44**; OLG Köln VersR **1979** 965) oder die Beschaffung eines Interimsfahrzeugs (OLG Frankfurt VersR **1982** 859) braucht sich der Geschädigte allenfalls in Ausnahmefällen verweisen zu lassen; daß die Mietwagenkosten den Wert des Fahrzeugs übersteigen, reicht hierfür alleine noch nicht aus (vgl. auch Rdn. 226). Bei geringfügiger Beschädigung des Kraftfahrzeugs kann der Geschädigte u. U. gehalten sein, die Reise nach notdürftiger Ausbesserung fortzusetzen. Dasselbe gilt bei Beschädigung unmittelbar vor Antritt einer unaufschiebbaren Reise (OLG Stuttgart VersR **1982** 559).

226 Hinsichtlich des **Umfangs der Nutzung** braucht sich der Geschädigte keine besondere Beschränkung aufzuerlegen. Er kann den Mietwagen im gleichen Umfang – aber auch nur in diesem – nutzen, wie er sein eigenes Fahrzeug genutzt hätte (KG OLGZ **1976** 193), also z. B. auch für eine weitere Reise (LG Nürnberg-Fürth VersR **1974** 507). Bei krassem Mißverhältnis zwischen dem Fahrzeugwert und den zu erwartenden Mietkosten kann allerdings, soweit nach den Umständen zumutbar, der Kauf eines Interimsfahrzeugs geboten sein.

227 Bei der **Gleichwertigkeit** von beschädigtem und gemietetem Fahrzeug ist nicht allein auf den Fahrzeugtyp abzustellen. War das beschädigte Fahrzeug schon alt und abgenutzt, kann der Geschädigte nicht die Kosten eines in einwandfreiem Zustand befindlichen Mietfahrzeugs verlangen; hier kann er vielmehr gehalten sein, zum Ausgleich ein Fahrzeug einer niedrigeren Preisklasse zu nehmen (vgl. LG Heilbronn VersR **1982** 784; *Born* VersR **1978** 788). Ebenso verhält es sich, wenn ein dem beschädigten Kraftfahrzeug typgleiches Kraftfahrzeug auf dem Mietwagenmarkt nur unter unverhältnismäßigen Aufwendungen erhältlich ist (BGH VersR **1967** 183). Jedoch darf auch der Eigentümer eines besonders komfortablen und repräsentativen Wagens der höheren Preisklasse einen Ersatzwagen mieten, der in etwa denselben Komfort aufweist (BGH VersR **1982** 548).

228 Die **Mietzeit**, für welche Ersatz verlangt werden kann, richtet sich nach der notwendigen Dauer der Reparatur bzw. Ersatzbeschaffung. Hierbei ist ggf. die Zeit für die Erstellung eines Schadensgutachtens und für Verhandlungen mit dem Haftpflichtversicherer des Schädigers, die unumgängliche Wartezeit auf einen Reparaturtermin, eine angemessene Überlegungsfrist für die Entscheidung, ob der Schaden durch Reparatur oder Ersatzbeschaffung ausgeglichen werden soll, sowie eine

[74] BGHZ **45** 219; BGH NJW **1967** 552; **1969** 1477; OLG Düsseldorf VersR **1965** 770; **1970** 42; LG München I VersR **1967** 591; LG Düsseldorf VersR **1970** 357; LG Bochum VersR **1976** 299; AG Opladen NJW **1972** 2306; *Born* VersR **1978** 786; *Dörner* VersR **1973** 702.

angemessene Frist für die Suche nach einem Ersatzfahrzeug einzurechnen. Welche Zeiträume angemessen sind, hängt sehr von den Umständen des Einzelfalls ab[75]. Bei einer voraussichtlichen Reparaturzeit von ca. drei Monaten gebietet die Schadensminderungspflicht grundsätzlich die Beschaffung eines Interimsfahrzeugs (OLG Oldenburg VersR **1982** 1154).

Bei **Verzögerungen**, die vom Geschädigten zu vertreten sind, mindert sich sein Anspruch nach § 254 Abs. 2 BGB. Hierbei dürfen keine allzu hohen Anforderungen gestellt werden. Der Geschädigte ist z. B. nicht verpflichtet, eigens nach einer besonders schnellen Werkstätte zu suchen. Er braucht sich auch, wenn sich kein Anhalt für eine unverhältnismäßig lange Reparaturdauer ergibt, nicht nach der voraussichtlichen Reparaturzeit zu erkundigen (OLG München VersR **1966** 786). Allerdings kann verlangt werden, daß er dann, wenn er von einer Werkstatt auf eine besonders lange Wartezeit hingewiesen wird, eine andere sucht; ebenso daß er bei unangemessen langer Reparaturdauer auf Fertigstellung dringt (LG Detmold VersR **1967** 510). Bei unvermeidbaren Verzögerungen muß er den Ersatzpflichtigen auf die Gefahr eines ungewöhnlich hohen Schadens infolge Auflaufens von Mietwagenkosten aufmerksam machen (LG Karlsruhe VersR **1982** 562). **229**

Bei einer **Verzögerung der Schadensregulierung** durch den Haftpflichtversicherer kann der Geschädigte den Mietwagen **weiterbenutzen,** wenn er selbst weder mit Eigenmitteln noch mit Hilfe eines Kredits zur Vorfinanzierung in der Lage ist (OLG München VersR **1969** 1098; OLG Köln Betrieb **1973** 177); auf die Gefahr eines besonders hohen Schadens muß er den Ersatzpflichtigen jedoch hinweisen (OLG Schleswig VersR **1967** 68). **230**

Läßt der Geschädigte zusammen mit den Unfallschäden auch **unfallunabhängige Schäden** reparieren, so kann er nur für den Teil der Reparaturzeit einen Mietwagen beanspruchen, der für die reine Unfallreparatur angefallen wäre (BGH VersR **1960** 902; vgl. auch BGH VRS **52** Nr. 39). **231**

Kauft der Geschädigte einen **Neuwagen**, obwohl er nach den Grundsätzen des Schadensrechts nur Anspruch auf Reparatur oder Bezahlung eines Gebrauchtwagens hat, so kann er die Mietwagenkosten nur bis zu dem Zeitpunkt beanspruchen, bis zu dem die Reparatur oder Ersatzbeschaffung möglich gewesen wäre (OLG Hamm VersR **1962** 1017). Etwas anderes kann aber u. U. dann gelten, wenn der Geschädigte bereits vor dem Unfall einen Neuwagen bestellt hatte, denn hier ist es – abgesehen von den Fällen besonders langer Lieferfristen – in der Regel nicht zumutbar, zwischendurch noch einen Gebrauchtwagen zu erwerben (OLG München DAR **1976** 157). Keinen ausreichenden Grund, Mietwagenkosten bis zur Lieferung eines Neuwagens zuzubilligen, stellt es dagegen dar, wenn der Geschädigte aus beruflichen Gründen stets nur Neuwagen kauft[76]. **232**

Verzögert sich die Reparatur durch **Werkstattverschulden**, so ist dies nicht dem Geschädigten zuzurechnen. Der Schädiger hat vielmehr auch für diese Zeit das Mietfahrzeug zu bezahlen und kann allenfalls die Abtretung etwaiger vertraglicher Ansprüche des Geschädigten gegen die Werkstatt verlangen (vgl. auch Rdn. 185). **233**

[75] Vgl. OLG Celle VersR **1963** 567; OLG Düsseldorf VersR **1963** 1085; OLG Hamm NJW **1964** 406; OLG München VersR **1964** 442; **1974** 1186; OLG Oldenburg VersR **1967** 362; OLG Stuttgart VersR **1972** 448; OLG Nürnberg VersR **1976** 373.

[76] **A. A.** *Walter* 65; OLG Hamburg VersR **1960** 450 m. abl. Anm. *Ruhkopf* 719; OLG Celle VersR **1962** 187.

Wurde zusammen mit der Unfallreparatur eine nicht unfallabhängige Reparatur in Auftrag gegeben, so fällt die Verzögerung allerdings in den Risikobereich des Geschädigten, es sei denn sie hätte ihre Ursache allein in der Behebung des Unfallschadens.

234 Die Schadensminderungspflicht kann gebieten, die Mietzeit durch **Weiterbenutzung des Unfallfahrzeugs** bis zum Beginn der Reparatur abzukürzen, sofern es nur geringfügig beschädigt und in seiner Verkehrssicherheit nicht beeinträchtigt ist. Läßt sich z. B. die Inanspruchnahme eines Mietwagens zunächst dadurch vermeiden, daß der Geschädigte mit einer provisorischen Stoßstange fährt, so ist er – auch bei teuren Wagen – hierzu verpflichtet (OLG München VersR **1968** 605). Im übrigen hängt die Zumutbarkeit von den Umständen des Einzelfalles ab. Sie kann fehlen bei einem Fahrzeug, das zu Repräsentations- oder Erwerbszwecken (z. B. Taxi) gebraucht wird. U. U. – etwa bei Bevorstehen einer größeren Reise – kann es sogar geboten sein, die Reparatur zurückzustellen und das Fahrzeug zunächst in beschädigtem Zustand weiterzubenutzen, wenn auf diese Weise unverhältnismäßig hohe Mietwagenkosten vermieden werden können.

235 Die zu ersetzende **Höhe der Mietkosten** richtet sich nach dem tatsächlich angefallenen Betrag. Der Geschädigte muß aber beachten, daß er nicht zu überhöhten Sätzen abschließt oder sich zur Bezahlung einer täglichen Mindestfahrtstrecke verpflichtet, die er üblicherweise nicht erreicht[77]. Wird für die geplante längere Ferienreise ein günstigerer Sondertarif angeboten, so darf er nicht auf der Basis des Normaltarifs abschließen (OLG Stuttgart VersR **1982** 559). Er kann auch gehalten sein, von der Möglichkeit einer Pauschalpreisvereinbarung Gebrauch zu machen (OLG Hamm VersR **1982** 1173). Unter mehreren Angeboten muß er grundsätzlich das günstigste wählen (OLG Düsseldorf VersR **1970** 42), doch dürfen von ihm keine besonderen Bemühungen verlangt werden, das günstigste herauszufinden.

236 Auch bei **Anmietung eines billigeren Ersatzfahrzeugs** richtet sich der zu ersetzende Betrag nach den tatsächlichen, nicht den ihm an sich „zustehenden" Kosten[78]. Für die Differenz der Nutzungswerte kann grundsätzlich auch keine abstrakte Entschädigung verlangt werden (vgl. Rdn. 247).

237 Mietet er ein Fahrzeug **von Privat**, insbesondere von einem Angehörigen, so darf er nicht die bei gewerblichen Vermietern üblichen Sätze vereinbaren, da diese, nachdem der Gewinn und die spezifischen Unkosten eines Unternehmers hier nicht anfallen, als überhöht anzusehen wären[79]. Die Zubilligung eines angemessenen Mietzinses kann aber nicht mit der Erwägung abgelehnt werden, daß unter Angehörigen eine unentgeltliche Gebrauchsüberlassung zu erwarten sei. Dem steht der Grundsatz entgegen, daß freiwillige Leistungen Dritter den Schädiger nicht entlasten sollen (vgl. Rdn. 161). Abzulehnen ist daher auch die Ansicht des OLG Karlsruhe (Justiz **1967** 51), der Mietzins sei nicht zu erstatten, wenn der Vermieter eine OHG ist, deren Gesellschafter auch Gesellschafter der geschädigten OHG sind.

238 Bei der Anmietung eines Kraftfahrzeugs wird üblicherweise eine **Haftungsfreistellung** für evtl. Beschädigungen des Mietfahrzeugs vereinbart, für die der Mieter

[77] OLG Düsseldorf NJW **1969** 2051; LG München I VersR **1967** 591; LG Nürnberg-Fürth VersR **1965** 913; LG Bochum VersR **1973** 381; **a. A.** LG Krefeld DAR **1968** 114.

[78] BGH NJW **1967** 552; OLG Köln NJW **1967** 570; *Born* VersR **1978** 777; **a. A.** *MünchKomm/Grunsky* § 249, 29.

[79] BGH NJW **1975** 255 m. Anm. *Fenn* 684; LG Mainz NJW **1975** 1421 m. Anm. *Eggert* 2018. **A. A.** *MünchKomm/Grunsky* § 249, 28.

eine Prämie zu entrichten hat. Diese Prämie kann er nach dem Grundsatz des vollen Schadensausgleichs dann vom Schädiger ersetzt verlangen, wenn er für das geschädigte Kraftfahrzeug eine Vollkaskoversicherung abgeschlossen hatte[80]. Fehlt es hieran, so erscheint die Abwälzung der Freistellungskosten auf den Ersatzpflichtigen nicht gerechtfertigt, da der Geschädigte durch die Befreiung von dem – auch bei Benutzung des eigenen Fahrzeugs ihn treffenden – Schadensrisiko einen über den Schadensausgleich hinausgehenden Vorteil erlangen würde[81]. Die h. M. billigt dem Geschädigten jedoch, zumindest bei Pkw, einen Anspruch auf 50% der Freistellungskosten zu, weil er bei Benützung des Mietwagens ein entsprechend zu bemessendes Sonderrisiko zu tragen habe[82].

Die Kosten einer **Rechtsschutzversicherung** für das gemietete Kraftfahrzeug kann 239 der Geschädigte nur beanpruchen, wenn er eine solche auch für sein eigenes Fahrzeug abgeschlossen hatte und diese keinen Versicherungsschutz beim Benützen fremder Fahrzeuge gewährt (OLG Hamm VersR **1972** 1033). Ebenso hat der Geschädigte Anspruch auf Ersatz der Beiträge zu einer Insassen-Unfallversicherung nur, wenn eine solche auch für das eigene Kraftfahrzeug bestand (LG Bielefeld VersR **1973** 776; *Born* VersR **1978** 780).

Von den Mietwagen- bzw. Taxikosten abzuziehen sind die **ersparten Eigenbe-** 240 **triebskosten** des Geschädigten. Dieser hat durch die Nutzung des fremden anstatt des eigenen Fahrzeugs einen Vorteil in Form geringeren Verschleißes, anteiliger Inspektions- und Reparaturkosten sowie ersparten Verbrauchs von Öl und (bei Taxinutzung) Treibstoff erhalten, der nach den allgemeinen Grundsätzen (vgl. Rdn. 161) auszugleichen ist (BGH NJW **1963** 1399). In der Regulierungspraxis werden üblicherweise pauschal 15 – 20% von den Mietwagenkosten für Eigenersparnis abgezogen[83]. Diese Pauschalierung ist zwar nicht ganz unbedenklich, weil die Ersparnis im Einzelfall von zahlreichen individuellen Faktoren (insbesondere Alter des Fahrzeugs, Ausmaß der Nutzung) abhängig ist[84], erscheint jedoch im Hinblick auf § 287 ZPO hinnehmbar, weil sich ohnehin nur Näherungswerte ermitteln lassen. Dies gilt auch für die von BGH VersR **1969** 828 befürwortete Berechnung anhand der ADAC-Betriebskostentabellen (jährlich im April-Heft der ADAC-Motorwelt). Von einer bestimmten Nutzungsdauer oder Kilometerleistung sollte der – ohnehin pauschalierte – Abzug für Kostenersparnis nicht abhängig gemacht werden[85].

Auch bei **Anmietung eines billigeren Ersatzfahrzeugs** ist der Abzug für ersparte 241 Eigenbetriebskosten vorzunehmen[86]. An dem auszugleichenden Vorteil der Ko-

80 BGHZ **61** 331; OLG Nürnberg DAR **1964** 103; VersR **1965** 247; *von Caemmerer* VersR **1971** 973; *Born* VersR **1978** 781.

81 Ebenso OLG Karlruhe VersR **1972** 567; **1973** 66; *von Caemmerer* VersR **1971** 973; *Sanden/ Völtz* 342.

82 BGHZ **61** 325; BGH VersR **1974** 657; OLG Schleswig VersR **1975** 268; OLG Hamburg VersR **1976** 371; OLG München VersR **1976** 1145. Für stärkere Differenzierung im Einzelfall *MünchKomm/Grunsky* § 249, 31; *Wadle* JuS **1975** 365.

83 OLG Nürnberg VersR **1960** 956; OLG Hamm VersR **1961** 118; NJW **1964** 406; OLG Köln VersR **1967** 1081; OLG München VersR **1970** 67; KG VersR **1977** 82.

84 Vgl. *Ruhkopf* VersR **1961** 10; *Maase* NJW **1961** 253; *Schmidt* DAR **1961** 156.

85 *Born* VersR **1978** 779; **a. A.** OLG Düsseldorf DAR **1961** 306; OLG Hamm MDR **1960** 226; **1962** 305; LG Duisburg MDR **1970** 505; LG Bonn DAR **1962** 149; LG Köln VersR **1974** 1231.

86 BGH NJW **1967** 552; OLG Düsseldorf VersR **1969** 429; KG DAR **1976** 155; **1976** 241; OLG Celle DAR **1976** 130; OLG Karlsruhe VersR **1976** 790; **a. A.** OLG Frankfurt VersR **1982** 556 LS; LG Mannheim VersR **1976** 1185; LG Aachen DAR **1981** 321.

stenersparnis ändert sich dadurch nichts, daß der Geschädigte auf einen wertgleichen Mietwagen verzichtet. Allerdings haben zahlreiche Haftpflichtversicherer durch Abkommen mit dem Gesamtverband der Kraftfahrzeug-Vermieter vereinbart, ersparte Eigenbetriebskosten nicht abzuziehen, wenn der Geschädigte ein mindestens um 15% des Mietpreises billigeres Ersatzfahrzeug wählt[87]. Hat ein Versicherer eine entsprechende Erklärung gegenüber dem ADAC abgegeben, so ist er hieran auch dem Geschädigten gegenüber gebunden (AG Köln VersR **1982** 276).

242 Bei **Totalschaden eines Leasingfahrzeugs** kann der Leasingnehmer (zu seiner Anspruchsberechtigung vgl. Rdn. 277) ein gleichwertiges Fahrzeug leasen und die hierfür anfallenden Kosten bis zu dem Zeitpunkt beanspruchen, zu dem der frühere Leasingvertrag abgelaufen wäre. Wurde er infolge des Schadensereignisses von der Verpflichtung zur Fortzahlung der Leasingraten frei, so hat er diesen Vorteil in Anrechnung zu bringen.

243 **dd) Abstrakte Nutzungsausfallentschädigung.** Nach ständiger Rechtsprechung kann der Geschädigte auch dann, wenn er keine Aufwendungen zur Überbrückung des Ausfalls der beschädigten Sache gemacht, also z. B. auf einen Mietwagen verzichtet hat, u. U. eine Entschädigung beanspruchen[88]. Diese abstrakte Nutzungsausfallentschädigung soll ihre dogmatische Grundlage darin finden, daß die Nutzungsmöglichkeit bei bestimmten Gütern, insbesondere Kraftfahrzeugen, nach der Verkehrsanschauung kommerzialisiert ist, also einen eigenen Vermögenswert darstellt. Gegen diese Auffassung sind zu Recht Bedenken geltend gemacht worden[89]. Nur die tatsächlich vereitelte Nutzung, nicht die bedarfsunabhängige Nutzungsmöglichkeit während eines begrenzten Zeitraums, besitzt vermögensrechtliche Relevanz. Auch die Erwägung, daß derjenige Geschädigte, der auf einen Mietwagen verzichtet, nicht schlechter gestellt werden soll als derjenige, der einen Ersatzwagen mietet (BGHZ **66** 278), vermag die abstrakte Nutzungsausfallentschädigung nicht zu rechtfertigen, da der Verzicht auf den Mietwagen gerade zeigt, daß der Geschädigte in der Ausfallzeit kein Fahrzeug benötigt und bei dieser Sachlage ein Mietwagen ohnehin nicht genommen werden dürfte. Ebensowenig vermag die Ansicht von *MünchKomm/Grunsky* (vor § 249, 21) zu überzeugen, wonach wegen der Nachholbarkeit der Nutzung der zu ersetzende Ausfall in der Differenz zwischen den Nutzungswerten des beschädigten und des reparierten Fahrzeugs, bei gleichwertigem Ersatz nach Totalschaden in den während des Beschaffungszeitraums fortlaufenden Generalunkosten liegt. In der Praxis ist die abstrakte Nutzungsausfallentschädigung allerdings – aufgrund der ständigen Rechtsprechung – anerkannt; teilweise wird sie mit richterlicher Rechtsfortbildung gerechtfertigt (so *Palandt/Heinrichs* vor § 249, 2b bb; *Hagen* JZ **1983** 837).

244 Hinsichtlich des **Anwendungsbereichs** der abstrakten Nutzungsausfallentschädigung läßt sich in der Rechtsprechung jedoch keine einheitliche Linie feststellen. Ein

[87] Vgl. *Sanden/Völtz* 319b mit Nachweis der beigetretenen Versicherer.

[88] BGHZ **40** 345; **45** 212; BGH VersR **1966** 192; **1969** 828; **1970** 547; **1974** 171; OLG München VersR **1962** 1214; OLG Celle NJW **1965** 1534; OLG Karlsruhe VersR **1967** 609; OLG Nürnberg VersR **1968** 1049.

[89] *Palandt/Heinrichs* vor § 249, 2b bb; *Esser/Schmidt* § 31 II 2 d β; *Larenz* § 29 II c; *Lange* § 6 VII 4; *Löwe* VersR **1963** 307; *Bötticher* VersR **1966** 301; *Schütz* VersR **1968** 124; *Böhmer* JZ **1969** 141; *Keuk* VersR **1976** 401; *Hagen* JZ **1983** 835; vgl. auch österr. OGH VersR **1969** 528; **a. A.** *Full* 180.

entsprechender Anspruch ist allgemein anerkannt bei privat genutzen Pkw[90], während bei Nutzkraftfahrzeugen unterschiedlich entschieden wurde[91]. Verneint hat der BGH (VersR **1983** 298 = JR **1983** m. Anm. *Landsberg*) einen entsprechenden Anspruch bei Beschädigung eines Wohnwagens. Bei Beschädigung von Gebäuden oder Gebäudeteilen wird eine abstrakte Nutzungsausfallentschädigung zumeist abgelehnt[92]. Zuerkannt wurde ein Anspruch z. B. bei Ausfall eines Motorrads (OLG Hamm MDR **1983** 932), eines Privatflugzeugs (OLG Karlsruhe MDR **1983** 575), eines Binnenschiffs (KG VersR **1976** 463), einer Segeljacht (LG Kiel SchlHA **1973** 34) und eines Tonbandgeräts (AG Iserlohn VersR **1965** 1212), abgelehnt bei entgangener Nutzung eines Pelzmantels (BGHZ **63** 393), eines Motorbootes (BGH VersR **1984** 142; KG NJW **1972** 1427), eines Reitpferdes (LG München I VersR **1979** 384), eines Motorrollers (LG Bremen VersR **1968** 907), einer Autofunkanlage (LG Hamburg VersR **1978** 1049) und eines Fernsehgeräts (LG Berlin VersR **1980** 830). BGHZ **76** 179 versucht, den Anwendungsbereich für die abstrakte Nutzungsausfallentschädigung dadurch abzugrenzen, daß er die herrschende Verkehrsanschauung entscheiden läßt, ob die Nutzungsmöglichkeit in der Weise kommerzialisiert ist, daß sie als selbständiger Vermögenswert anzusehen ist. Ob Geschädigter eine Privatperson oder z. B. eine OHG (KG VersR **1970** 185) oder eine öffentlich-rechtliche Körperschaft ist (KG MDR **1972** 50; LG Köln VersR **1967** 986), soll keine Rolle spielen.

Bei Beschädigung eines **Leasing-Fahrzeugs** kann der Leasinggeber schon deswe- **245** gen keine Nutzungsausfallentschädigung beanspruchen, weil er das Fahrzeug ohnehin nicht genutzt hätte (*Dörner* VersR **1978** 886). Er hat außerdem – je nach Vertragsgestaltung – Anspruch auf Fortzahlung der Leasingraten gegen den Vertragspartner oder auf Ersatz des Gewinnausfalls gegen den Schädiger (vgl. Rdn. 220). Dem Leasingnehmer, der auch nach § 7 anspruchsberechtigt ist (vgl. Rdn. 277), sollte eine abstrakte Nutzungsentschädigung jedenfalls dann nicht zuerkannt werden, wenn er laut Vertrag von der Fortzahlung der Leasingraten frei wird, denn dann kann der vereitelten Gebrauchsmöglichkeit selbst bei Anerkennung des Kommerzialisierungsgedankens kein Vermögenswert beigemessen werden. Bleibt er aber zur Zahlung verpflichtet, so müßte ihm bei Zugrundelegung der Rechtsprechung zum Nutzungsausfall eine Entschädigung zugesprochen werden, die dann aber wohl nicht höher sein dürfte als bei Beschädigung eines im Eigentum stehenden Kraftfahrzeugs.

Die abstrakte Nutzungsausfallentschädigung wird nur zuerkannt, wenn der Ge- **246** schädigte die **Gebrauchsmöglichkeit tatsächlich verloren** hat. Daher kann nach der Rechtsprechung der Geschädigte, der das Fahrzeug nicht reparieren ließ, sondern auf der Basis fiktiver Reparaturkosten (vgl. Rdn. 204) abrechnet, keine Entschädigung für den Zeitraum der fiktiven Reparatur, sondern nur für den eines (etwaigen)

90 BGHZ **40** 345; **45** 212; **56** 214; **76** 179; BGH NJW **1974** 33; OLG München VersR **1962** 1214; OLG Celle NJW **1965** 1534.

91 Bejahend BGH NJW **1966** 590; KG MDR **1972** 50; LG Köln VersR **1967** 986; LG Nürnberg-Fürth VersR **1982** 885; verneinend BGHZ **70** 199; OLG Frankfurt VersR **1979** 745; für Bundeswehrfahrzeuge OLG Koblenz VersR **1982** 808; AG Ulm VersR **1982** 587.

92 BGHZ **66** 277; **71** 234; **75** 370; **76** 179; OLG Düsseldorf NJW **1973** 659; OLG Braunschweig VersR **1982** 1169; **a. A.** BGH NJW **1967** 1803; OLG Köln NJW **1974** 560. Vgl. auch BGHZ **46** 238 (Kosten für Anmietung einer anderen Wohnung) u. BGHZ **72** 31 (entgangener Gewinn).

tatsächlichen Ausfalls verlangen[93]. Weiterhin scheidet ein Entschädigungsanspruch dann aus, wenn und soweit der Geschädigte ohnehin keine Nutzungsmöglichkeit oder keinen Nutzungswillen gehabt hätte[94], also z. B. für Werktage, wenn der Geschädigte nur sonntags zu fahren pflegt. Auch dann, wenn der Geschädigte infolge seiner bei dem Unfall erlittenen Verletzungen nicht in der Lage gewesen wäre, das Fahrzeug zu nutzen, soll der Anspruch entfallen[95], es sei denn es wäre eine Nutzung des Fahrzeugs durch Angehörige während der Ausfallzeit beabsichtigt[96]. Vom letzteren, schwerlich überzeugend begründbaren Ausnahmefall abgesehen kommt es dem Schädiger also zugute, daß er bei dem Unfall zusätzlich zu der Beschädigung des Pkw auch noch eine schwere Verletzung des Geschädigten herbeigeführt hat: eine Konsequenz, die die Unrichtigkeit der Lehre von der abstrakten Nutzungsausfallentschädigung evident werden läßt.

247 Kann der Geschädigte den Ausfall in zumutbarer Weise mittels eines **Ersatzfahrzeugs** (z. B. Zweitwagen, Betriebsreserve) überbrücken, so wird ihm eine Nutzungsausfallentschädigung versagt (BGH VersR **1976** 170; **1978** 375), es sei denn, der Ausfall wäre für ihn gleichwohl „fühlbar" gewesen (BGH VersR **1966** 192; nicht überzeugend). Entstanden ihm für die Benützung des Ersatzfahrzeugs höhere Aufwendungen (z. B. weil größeres Fahrzeug), so kann er diese ersetzt verlangen (OLG Stuttgart VersR **1967** 611). Eine abstrakte Nutzungsausfallentschädigung wird ferner gewährt, wenn ein Dritter dem Geschädigten ein Fahrzeug unentgeltlich zur Verfügung gestellt hat (BGH NJW **1970** 1120; OLG Frankfurt MDR **1968** 757; OLG Celle VersR **1973** 281). Hat er zur Überbrückung einen billigeren Ersatzwagen gemietet, so kann er nach der Rechtsprechung statt der Mietwagenkosten abstrakte Nutzungsausfallentschädigung verlangen (BGH NJW **1970** 1120). Dagegen wird ihm nicht gestattet, die konkreten Mietwagenkosten und zusätzlich eine abstrakte Entschädigung für die „Nutzungsdifferenz" zu berechnen[97], es sei denn, durch die Benutzung des kleineren Fahrzeugs wäre ausnahmsweise ein greifbarer wirtschaftlicher Nachteil entstanden (OLG Köln NJW **1967** 570; VersR **1967** 1081).

248 Für die **Dauer** der Entschädigungspflicht gelten die gleichen Grundsätze wie bei Inanspruchnahme eines Mietwagens (Rdn. 228ff).

249 Die **Höhe** der Nutzungsausfallentschädigung bemißt die Praxis nach den Tabellen von *Sanden* und *Danner*[98], die von den durchschnittlichen Mietkosten für Pkw der einzelnen Typen ausgehen und diese um den Betrag mindern, der nur infolge der gewerblichen Vermietung anfällt.

93 BGHZ **66** 249; **75** 366; KG VersR **1981** 553; LG Berlin VersR **1977** 581; LG Köln VersR **1978** 878; LG Kassel VersR **1981** 939; LG Hanau VersR **1982** 200; **a. A.** AG Köln VersR **1977** 70; **1982** 353; hierzu *Weber* VersR **1983** 405.

94 BGHZ **45** 219; **56** 216; **a. A.** *MünchKomm/Grunsky* vor § 249, 19.

95 BGH VersR **1968** 803; **1975** 37; **1982** 384; OLG Hamm VersR **1970** 43.

96 BGH NJW **1974** 33; **1975** 922 (Verlobte); OLG Köln VersR **1977** 937.

97 BGH VersR **1967** 183; OLG Düsseldorf DAR **1976** 184; *Palandt/Heinrichs* vor § 249, 2b bb; **a. A.** KG DAR **1965** 298; *MünchKomm/Grunsky* vor § 249, 19.

98 Zuletzt VersR **1983** 806; frühere Tabellen: VersR **1966** 697; **1969** 483; **1973** 97; **1975** 972; **1978** 1092; **1980** 19; **1982** 527. Motorräder: VersR **1982** 837; **1976** 513. Rechtsprechung zur Anwendbarkeit der Tabellen: BGHZ **56** 219; BGH VersR **1969** 828; OLG Schleswig VersR **1967** 68; OLG Bamberg VersR **1967** 1005; OLG Frankfurt VersR **1968** 653; OLG Karlsruhe VersR **1968** 1196; OLG Nürnberg VersR **1971** 260; OLG Stuttgart VersR **1980** 392.

Ersparte Eigenkosten (vgl. Rdn. 240) sind auch auf die abstrakte Nutzungsausfallentschädigung anzurechnen (BGH DAR **1963** 270; VersR **1980** 455). Sie sind in den Tabellen von *Sanden* und *Danner* bereits berücksichtigt. 250

ee) Entgangene Annehmlichkeiten. Kann der Geschädigte infolge des Ausfalls seines Fahrzeugs einen Urlaub nicht wie geplant verbringen oder muß er auf eine beabsichtigte Freizeitgestaltung verzichten, so kommt es für das Bestehen eines Ersatzanspruchs darauf an, ob er lediglich in immaterieller Hinsicht beeinträchtigt wurde (dann kein Anspruch, § 253 BGB), oder ob sich die Beeinträchtigung als Vermögensnachteil niederschlägt. Nach h. M. stellt die bloße Einbuße von Freizeit (z. B. das verspätete Nachhausekommen) keinen Vermögensschaden dar[99], ebenso die Beeinträchtigung des Urlaubsgenusses oder die Vereitelung einer bestimmten Urlaubsgestaltung[100]. Hatte der Geschädigte hingegen bereits Aufwendungen für eine konkrete Urlaubs- oder Freizeitgestaltung gemacht, die dann infolge des Unfalls undurchführbar wurde, so kann er verlangen, so gestellt zu werden, daß er sich einen gleichen oder wenigstens gleichwertigen Genuß nachträglich verschaffen kann (vgl. hierzu Rdn. 157). Zur Urlaubs- oder Freizeitbeeinträchtigung durch die Schadensregulierung vgl. Rdn. 264. 251

f) Kosten der Rechtsverfolgung. Im Rahmen des Notwendigen kann der Geschädigte auch die Aufwendungen ersetzt verlangen, die er gemacht hat, um seine Ansprüche gegen den Schädiger durchsetzen zu können. 252

aa) Hierzu zählen die Kosten eines **Sachverständigengutachtens** oder Kostenvoranschlags (hierzu *Klimke* DAR **1984** 39) über die Schadenshöhe[101]. Die Erholung eines solchen Gutachtens ist, von Bagatellschäden abgesehen (vgl. hierzu LG Dortmund VersR **1975** 1133; *Klimke* DAR **1984** 42), insbesondere bei Kraftfahrzeugschäden in der Regel angezeigt, da sie dem Geschädigten die Beweisführung hinsichtlich des Umfangs des unfallbedingten Schadens, des Wiederbeschaffungswerts und einer etwaigen Wertminderung ermöglicht. In Grenzfällen kann auch nur aufgrund eines Gutachtens entschieden werden, ob eine Instandsetzung des beschädigten Fahrzeugs vertretbar oder ob auf Totalschadenbasis abzurechnen ist. Der Geschädigte kann verlangen, daß die Begutachtung von einem unabhängigen Sachverständigen vorgenommen wird, und braucht sich – von Bagatellschäden abgesehen – nicht auf die Besichtigung durch einen Beauftragten des gegnerischen Haftpflichtversicherers verweisen zu lassen. Eine solche Besichtigung darf er allerdings auch nicht grundlos verwehren; für hierdurch entstehende Mehrkosten der Schadensregulierung haftet er dem Versicherer (BGH VersR **1984** 80). 253

Hat der Geschädigte eine **Zweitbegutachtung** veranlaßt, weil er das erste Gutachten für unzulänglich hielt, so kommt ein Kostenersatz nur in Frage, wenn das Erstgutachten vom Unfallgegner oder seinem Haftpflichtversicherer in Auftrag gegeben war und aus der Sicht des Geschädigten begründete Zweifel an seiner Richtigkeit bestanden (OLG Stuttgart NJW **1974** 951; KG OLGZ **1977** 317). Hat er dagegen beide Gutachten selbst in Auftrag gegeben, so wird er sich ggf. mit vertraglichen 254

99 BAG NJW **1968** 221; OLG Celle DAR **1964** 191; OLG Köln MDR **1971** 215; *Larenz* § 29 II d; **a. A.** OLG Frankfurt NJW **1976** 1320; *MünchKomm/Grunsky* vor § 249, 30.

100 BGHZ **60** 214; BGH VersR **1983** 392 = JR **1983** 494 m. Anm. *Gitter*; KG VersR **1972** 354; OLG Celle VersR **1977** 1104; LG Wiesbaden VersR **1982** 862.

101 BGHZ **61** 346; OLG Karlsruhe VersR **1969** 191; OLG Bremen VersR **1974** 371; OLG Stuttgart NJW **1974** 951; KG OLGZ **1977** 315.

Ansprüchen gegen den mangelhaft leistenden Sachverständigen schadlos halten müssen.

255 **bb) Ermittlungsaufwand** hinsichtlich des Haftungsgrundes oder der Person des Ersatzpflichtigen kann der Geschädigte, soweit erforderlich, ebenfalls ersetzt verlangen, so z. B. wenn er nach Bestreiten des Unfallhergangs durch den Gegner ein unfallanalytisches Gutachten hat anfertigen lassen, welches die gegnerische Darstellung widerlegt, oder wenn er durch Zeitungsinserat Zeugen (AG München DAR **1980** 372) oder per Detektiv den unfallflüchtigen Gegner gesucht hat.

256 Einbußen durch die **polizeilichen Ermittlungen** (z. B. Zeitverlust durch die Unfallaufnahme, Unkosten des Geschädigten für die Fahrt zu seiner Zeugenvernehmung) sind nicht erstattungsfähig[102]. Sie sind nicht dem Sachschaden zuzurechnen, sondern dem Bereich der im öffentlichen Interesse liegenden Strafverfolgung, die dem Staatsbürger auch sonst oftmals entschädigungslose Opfer abverlangt.

257 **cc) Anwaltskosten** werden, wenn es zum Prozeß kommt, im Kostenfestsetzungsverfahren (§§ 103ff ZPO) geltend gemacht. Bei außergerichtlicher Schadensregulierung sind sie dann als erstattungspflichtiger Folgeschaden anzuerkennen, wenn die Beauftragung eines Rechtsanwalts verständiger Interessenwahrnehmung entsprach, also immer dann, wenn die Regulierung sich dem Geschädigten als nicht problemlos darstellte[103]. Die in BGH NJW **1968** 1964 vertretene Ansicht, die Rechtsanwaltskosten seien im Rahmen der Halterhaftung nicht zu berücksichtigen, weil es sich nicht um einen Sachfolgeschaden handle, steht im Widerspruch zur sonstigen Rechtsprechung des BGH und erscheint nicht zutreffend[104]. Wurde ein Anwalt nicht in Anspruch genommen, obwohl die Kosten nach obigen Grundsätzen erstattungsfähig wären, so können nicht etwa die fiktiven Kosten beansprucht werden (*Grunsky* NJW **1983** 2470).

258 Wenn ein **Anwalt** einen **eigenen Schaden** außergerichtlich reguliert, erscheint es nicht gerechtfertigt, ihm Ersatz von Anwaltskosten zuzubilligen[105], da solche dann eben gerade nicht erforderlich waren. Ebenso wie der Ersatzpflichtige für einen außergewöhnlich hohen Schaden aufzukommen hat, der seinen Grund in besonderen Umständen in der Person des Geschädigten findet, müssen ihm besondere Umstände, die sich schadensmindernd auswirken (hier: eigene Rechtskunde) zugutekommen.

259 Zu erstatten sind die Anwaltsgebühren nur in **gesetzlicher Höhe**; für vereinbarte höhere Honorare braucht der Schädiger nicht aufzukommen (BGH VersR **1968** 1145). Auch eine bei der außergerichtlichen Regulierung anfallende **Vergleichsgebühr** (§ 23 BRAGO) ist zu ersetzen (BGH NJW **1970** 1122). Der für die Bemessung der erstattungsfähigen Anwaltsgebühren maßgebliche **Geschäftswert** richtet sich nach dem Wert der Hauptforderung, soweit sie begründet ist, nicht etwa nach dem Betrag, den der Geschädigte beansprucht hat oder jenen, den er aus seiner Sicht für berechtigt halten durfte[106].

102 OLG München VersR **1964** 932; LG Dortmund VersR **1962** 246; *Klimke* VersR **1981** 18.

103 BGHZ **30** 157; **39** 73; BGH VersR **1960** 176; **1960** 1046; OLG Köln VersR **1975** 1106.

104 BGH VersR **1960** 176; **1969** 1042; vgl. auch OLG Nürnberg OLGZ **1969** 140; *Palandt/Heinrichs* § 249, 2e; *MünchKomm/Grunsky* vor § 249, 66.

105 **A. A.** LG Mainz NJW **1972** 161; LG Mannheim AnwBl. **1975** 68; *Palandt/Heinrichs* § 249, 2e; *MünchKomm/Grunsky* vor § 249, 66.

106 BGHZ **39** 73; BGH NJW **1970** 1122; *Palandt/Heinrichs* § 249, 2e; **a. A.** *MünchKomm/Grunsky* vor § 249, 66; *Ruhkopf* VersR **1968** 22; *Kubisch* NJW **1970** 1456.

dd) Kosten vorangegangener Prozesse (z. B. Straf- oder Bußgeldverfahren gegen den Geschädigten aus Anlaß des Unfalls; Nebenklage des Geschädigten; Inanspruchnahme eines falschen Beklagten im Zivilprozeß) sind nicht nach § 7 zu ersetzen, weil sie nicht adäquate Folge der Sachbeschädigung sind[107]. Die Kostenerstattungspflicht regelt sich ausschließlich nach den Vorschriften der StPO bzw. des OWiG. 260

ee) Die Kosten für ein **Verwaltungsverfahren nach dem NATO-Truppenstatut** hat der für den zugrundeliegenden Sachschaden Ersatzpflichtige zu erstatten; sie sind nicht in die Höchstbeträge nach § 12 einzurechnen (BGH VersR **1969** 1042). 261

ff) Kosten für die **Einschaltung eines Inkassoinstituts** können ersetzt verlangt werden, wenn der Schädiger hierzu Veranlassung gegeben hat, jedoch höchstens bis zu dem Betrag, der bei Beauftragung eines Rechtsanwalts angefallen wäre (OLG Köln OLGZ **1972** 411). 262

gg) Aufwand für die Abwicklung des Schadens (z. B. Zeitverlust, Spesen) wird von der Rechtsprechung als grundsätzlich nicht erstattungspflichtig angesehen (OLG Köln VersR **1982** 585; ebenso 20. VGT [1982] 10); sogar dann, wenn der Geschädigte (etwa ein Großbetrieb oder eine Behörde) für die Bearbeitung von Schadensfällen eigenes Personal eingesetzt hat, muß er diesen Aufwand – jedenfalls soweit er den üblichen Rahmen nicht überschreitet – selbst tragen[108]. Der BGH vertritt die Ansicht, dieser Aufwand sei an sich zwar als Folgeschaden anzusehen, infolge einer an Verantwortungsbereichen und Praktikabilität orientierten Wertung aber nicht dem Schädiger zuzurechnen. 263

Gegen diese Auffassung sind zu Recht Bedenken erhoben worden[109]. Nach dem Grundsatz der Totalreparation ist voller Ausgleich für die durch den Sachschaden hervorgerufenen Vermögensnachteile zu leisten. Zu normativen Wertungen, die eine andere Beurteilung erforderlich machen könnten, ist kein Anlaß ersichtlich. Allerdings besteht eine Ausgleichspflicht nur für echte Vermögensbeeinträchtigungen, also z. B. für Porto-, Telefon- oder Fahrtkosten, nicht für bloße Einbußen an Freizeit. Erleidet der Geschädigte durch die Inanspruchnahme seiner Arbeitskraft für die Schadensabwicklung einen Verdienstausfall, so ist für diesen – entgegen *MünchKomm/Grunsky* vor § 249, 25 aber nicht schon für den bloßen Arbeitsaufwand – Ersatz zu leisten. Mußte er zum Zwecke der Schadensabwicklung (z. B. Ersatzbeschaffung eines Kraftfahrzeugs) Urlaub nehmen oder seinen Erholungsurlaub abbrechen, so ist ihm der Verdienstausfall für die entsprechende Zeit unbezahlten Urlaubs zu ersetzen (**a. A.** OLG Celle VersR **1977** 1104). Bei Einsatz eigenen Personals kommt es darauf an, ob die geltendgemachten Personalkosten auch ohne den Unfall angefallen wären (dann fehlt die Kausalität) oder ob sie erst durch den Unfall hervorgerufen wurden (z. B. Überstundenvergütung). Eine anteilsmäßige Überbürdung der Vorhaltekosten für Personal, welches nur oder auch zur Schadensbearbeitung eingesetzt wird, ist abzulehnen (vgl. Rdn. 158). 264

[107] *Straf- oder Bußgeldverfahren:* BGHZ **24** 267; **27** 137; BGH NJW **1975** 2341; OLG München VersR **1964** 932; *Klimke* VersR **1981** 18. *Zivilprozeß:* BGH VersR **1961** 162; **1969** 441; *Klimke* aaO 19.

[108] BGHZ **66** 112; **75** 230; **76** 216; BGH VersR **1961** 358; KG VersR **1973** 749.

[109] *Lange* § 6 XIII 3; *Spengler* VersR **1973** 115; *Klimke* NJW **1974** 85; *J. Schmidt* NJW **1976** 1932; LG Braunschweig NJW **1976** 1640.

265 Die Praxis (vgl. OLG Köln DAR **1965** 270) gelangt durch die Zubilligung einer **Auslagenpauschale** trotz der ablehnenden Haltung des BGH gegenüber den Schadensbearbeitungskosten zu einer Entschädigung in dem auch hier für richtig gehaltenen Umfang. Die Pauschalierung (gemeinhin werden Beträge zwischen 20 und 50 DM zuerkannt) erscheint im Hinblick auf § 287 ZPO unbedenklich, jedoch sollten vom Anspruchsteller wenigstens Anhaltspunkte für den Umfang seiner Aufwendungen verlangt werden.

266 **g) Finanzierungskosten.** Leistet der Ersatzpflichtige oder sein Haftpflichtversicherer keinen Vorschuß, so muß der Geschädigte die Kosten der Schadensbehebung zunächst selbst aufbringen, wenn er auf die baldige Restitution Wert legt oder diese zur Vermeidung größerer Folgeschäden geboten ist. Ist ihm dies nicht möglich oder nicht zumutbar (z. B. weil sonst sein Lebensbedarf gefährdet oder seine Rücklage für Notfälle anzugreifen wäre), so kann er einen Kredit aufnehmen und die Kosten hierfür als Unfallschaden nach § 249 Satz 2 BGB, nicht etwa nur als Verzugsschaden nach Mahnung, ersetzt verlangen[110]. Auf die Notwendigkeit einer Kreditaufnahme wird er den Ersatzpflichtigen allerdings hinweisen müssen (OLG Schleswig VersR **1967** 68; OLG Düsseldorf NJW **1969** 2051). Selbstverständlich sind die Finanzierungskosten nur für den Betrag zu erstatten, den der Schädiger tatsächlich schuldet, und nur für solche Schadensposten, für die der Geschädigte Ausgaben hatte, also z. B. nicht für Wertminderung und Nutzungsausfall.

267 Die Finanzierungskosten sind **möglichst niedrig** zu halten (BGHZ **61** 350; OLG Nürnberg VersR **1965** 247). Kann der Geschädigte ein günstiges Darlehen von seiner Bank erhalten (z. B. Dispositionskredit), so darf er nicht die Dienste eines teuren Kreditinstituts oder sog. Unfallhelfers in Anspruch nehmen.

268 **Zinsverluste** durch Inanspruchnahme eigener Mittel des Geschädigten sind kein erstattungsfähiger Unfallschaden. Diese Verluste werden sich aber in Grenzen halten, wenn der Geschädigte den Ersatzpflichtigen alsbald in Verzug setzt.

269 Stellt ein **Dritter** die Mittel zur Verfügung, so werden dem Geschädigten hierfür die für Privatdarlehen üblichen Zinsen zuzubilligen sein, auch wenn der Dritte solche nicht berechnet (vgl. Rdn. 161). Zu der Frage, ob der Geschädigte anstelle eines Kredits seine **Kaskoversicherung** in Anspruch nehmen muß, vgl. § 9, 58.

270 **h) Sonstige Vermögensnachteile** sind zu ersetzen, wenn es sich um (adäquate) Folgen der Sachbeschädigung handelt.

271 **aa)** Dies ist z. B. beim **Haftungsschaden** eines Mieters oder Leasingnehmers zu bejahen. Ihm ist daher der Betrag zu ersetzen, den er infolge der Beschädigung des Miet- oder Leasingobjekts kraft Gesetzes oder gemäß vertraglicher Vereinbarung an seinen Vertragspartner leisten muß (BGH VersR **1976** 943; **1981** 161). Hierzu zählen aber nicht die ggf. aufgrund gesetzlicher (§ 324 Abs. 1 BGB) oder vertraglicher Verpflichtung weiterzuzahlenden Miet- oder Leasingraten, da diese auch ohne das Schadensereignis zu zahlen gewesen wären; insoweit kann der Geschädigte vielmehr nur Ersatz für die entgangene Nutzung verlangen (BGH VersR **1976** 943; **1977** 227; *Dörner* VersR **1978** 892; zur Berechnung s. Rdn. 245).

272 **bb)** Ein **entgangener Veräußerungsgewinn** kann erstattungspflichtig sein, wenn der Geschädigte die beim Unfall beschädigte Sache bereits zu einem den tatsächlichen

[110] BGHZ **61** 346; BGH NJW **1966** 1454; Vgl. auch *Klimke* VersR **1973** 880; *Himmelreich* NJW **1973** 978; **1974** 1897; zu restriktiv *Sanden/Völtz* 290ff.

Wert übersteigenden Preis verkauft hatte[111]. Das Erzielen eines Überpreises bei Inzahlunggeben eines Fahrzeugs gegen Erwerb eines neuen kann aber gegen das Rabattgesetz verstoßen mit der Folge, daß für den rechtswidrigen Gewinn kein Ersatz zu leisten ist (OLG Stuttgart VersR **1973** 773; *Sanden/Völtz* 97 ff; einschränkend LG Freiburg VersR **1982** 455).

cc) Verluste durch **Zurückstufung in der Beitragsklasse** (geringerer Schadensfreiheitsrabatt) sind zu ersetzen, wenn der Geschädigte seine Kaskoversicherung in Anspruch genommen hat, um höhere Finanzierungskosten zu vermeiden[112] (vgl. § 9, 58). 273

Entsprechende Nachteile in der **Haftpflichtversicherung** sind dagegen nach § 7 StVG nicht ausgleichspflichtig, da sie nicht auf dem Sachschaden des Geschädigten, sondern darauf beruhen, daß der Geschädigte seinerseits für Unfallfolgen beim Gegner einzustehen hat[113]. 274

dd) Inspektionskosten. Wird ein Kraftfahrzeug auf einer von der Werkstatt im Rahmen einer Inspektion vorgenommenen Probefahrt zerstört, so kann der Eigentümer des Kraftfahrzeugs die Kosten für die bereits erbrachten Inspektionsarbeiten vom Schädiger verlangen. Hierbei handelt es sich, da der Eigentümer gegenüber der Werkstatt von der Vergütungspflicht frei ist, um einen Fall von Drittschadensliquidation (LG Limburg DAR **1983** 327). 275

i) Zinsen. Ein Zinsanspruch kann sich – außer aus allgemeinen Gesichtspunkten wie Verzug oder Rechtshängigkeit oder im Rahmen der Finanzierungskosten (s. Rdn. 266) – auch aus § 849 BGB ergeben. Die Vorschrift ist trotz Fehlens einer ausdrücklichen Verweisung auch auf die Gefährdungshaftung anwendbar (BGH VersR **1983** 555; OLG Celle VersR **1977** 1104; **a. A.** OLG Nürnberg OLGZ **69** 139). Sie gewährt einen Zinsanspruch bei Ansprüchen wegen Wertminderung sowie wegen Entziehung einer Sache, z. B. bei Totalschaden eines Kraftfahrzeugs. Hierbei handelt es sich um eine pauschalierte Entschädigung für Nutzungsausfall; abstrakte Nutzungsausfallentschädigung (Rdn. 243 ff) und Zinsen nach § 849 BGB können daher nicht für denselben Zeitraum, wohl aber für aufeinanderfolgende Zeitabschnitte beansprucht werden (BGH VersR **1983** 555). 275a

VI. Anspruchsberechtigung

1. Der Verletzte als Anspruchsberechtigter

a) Begriff des Verletzten. Verletzter im Sinne des § 7 ist derjenige, dessen Sache beschädigt oder dessen Körper oder Gesundheit verletzt worden ist. Nur den in dieser Weise Geschädigten steht ein Schadensersatzanspruch zu (Ausnahme: § 10 für den Fall der Tötung). 276

Bei der Sachbeschädigung ist auch der berechtigte **Besitzer** (z. B. Mieter, Pächter, Nießbraucher, Leasingnehmer) „Verletzter", da § 7 (anders als § 823 Abs. 1 BGB) 277

[111] BGH VersR **1982** 597 = JR **1982** 457 m. Anm. *Giesen*; OLG Karlsruhe VersR **1980** 75; OLG Stuttgart VersR **1980** 363; *Schmid* VersR **1980** 123; **a. A.** *Giesen* VersR **1979** 389.

[112] BGHZ **44** 387; OLG München VersR **1967** 573; OLG Celle VersR **1968** 1070; *Klunzinger* NJW **1969** 2113.

[113] BGHZ **66** 398; BGH VersR **1977** 767; **1978** 235; OLG Stuttgart VersR **1970** 846; *Preußner* VersR **1967** 1029; *Klunzinger* NJW **1969** 2116. **A. A.** *MünchKomm/Grunsky* § 249, 32. Zu der Frage, in welchen Fällen der Rückstufungsschaden aus anderen rechtlichen Gesichtspunkten zu ersetzen ist, vgl. *Schwerdtner* NJW **1971** 1673.

nicht auf das Eigentum abstellt (BGH VersR **1981** 161; OLG Kiel HRR 1938 Nr. 673; vgl. Rdn. 121).

278 Gesundheitsverletzung kann auch die Schädigung eines **Ungeborenen** sein; daher hat das Kind einen Entschädigungsanspruch, welches infolge eines von der Mutter während der Schwangerschaft erlittenen Verkehrsunfalls geschädigt zur Welt kommt (BGHZ **58** 48).

279 Die Beeinträchtigung **sonstiger Rechte** (im Sinne des § 823 Abs. 1 BGB) führt nicht zur Ersatzpflicht nach § 7; ebenso die Beeinträchtigung des Vermögens.

280 **b) Mittelbar Geschädigte.** Personen, die durch den Unfall nicht unmittelbar, sondern nur vermittels der Schädigung eines anderen betroffen werden, sind nur dann anspruchsberechtigt nach § 7, wenn auch in ihrer eigenen Person eine Verletzung im vorstehenden Sinne eingetreten ist. Haben sie ausschließlich Vermögensnachteile erlitten, besteht keine Anspruchsberechtigung. Der Unterschied zeigt sich z. B. bei der Beschädigung einer Stromleitung, die zu einem Stromausfall führt. Entsteht hierdurch einem Dritten ein Vermögensschaden, etwa weil sein Betrieb zeitweise nicht produzieren kann, so hat er keinen Ersatzanspruch (BGHZ **29** 65); kommt es hingegen zu einem adäquat verursachten Sachschaden, kann er diesen ersetzt verlangen (BGHZ **41** 123; Schädigung von Bruteiern in einer Geflügelfarm). Keinen eigenen Ersatzanspruch hat auch der Arbeitgeber des Verletzten wegen der für diesen vergeblich aufgewendeten Lohnkosten (vgl. aber § 11, 68) oder eines Verdienstausfalles, der Angehörige des Verletzten wegen der Ausgaben, die er zu dessen Betreuung getätigt hat (vgl. aber § 11, 7ff) oder der Vertragspartner des Geschädigten, der wegen der unfallbedingten Verspätung einer Lieferung eine Einbuße erleidet. Diesen mittelbar am Vermögen Geschädigten mutet § 7 zu, den Verlust – auch soweit er materieller Verlust ist – als Schicksalsschlag selbst zu tragen. Der Angehörige, der infolge des Miterlebens des Unfalls oder infolge der Unfallnachricht einen Nervenschock erleidet, hat dagegen, da in seiner Gesundheit verletzt, selbst einen Anspruch auf Entschädigung (vgl. Rdn. 117, 137).

281 **c) Anspruchsberechtigung ohne rechnerischen Schaden.** Die Verletzteneigenschaft (und damit die Anspruchsberechtigung nach § 7) hängt lediglich davon ab, ob eine reale Verletzung eines der in § 7 genannten Güter eingetreten ist; ob auch ein rechnerischer Schaden (Vermögensdifferenz) gegeben ist, ist hierfür dagegen unerheblich. „Verletzter" ist daher auch, wer seinen Schaden durch Versicherungsleistungen oder freiwillige Leistungen Dritter ausgleichen konnte (vgl. zu dieser Einschränkung der Pflicht zur Vorteilsausgleichung Rdn. 161). Ebenso verhält es sich mit dem Verdienstausfall von Arbeitnehmern, die Anspruch auf Lohn- oder Gehaltsfortzahlung haben; hier gilt allerdings die Besonderheit, daß der Ersatzanspruch kraft Gesetzes oder kraft Abtretung auf den Arbeitgeber übergeht (vgl. § 11, 163ff). Hat der Eigentümer einer beschädigten Sache deswegen keinen rechnerischen Schaden, weil er die Sache bereits an einen anderen verkauft hat und wegen vorzeitigen Gefahrübergangs (insbesondere bei Versendungskauf nach § 447 BGB) auch bei deren Untergang oder Beschädigung seinen Kaufpreisanspruch behält, so kann er nach h. M. den in Wirklichkeit beim Käufer eingetretenen Schaden geltendmachen; die Ersatzleistung hat er an den Käufer herauszugeben, sofern er ihm nicht den Schadensersatzanspruch abtritt (sog. Drittschadensliquidation)[114].

[114] *Lange* § 8 III 6; *Palandt/Heinrichs* vor § 249, 6b cc; BGH NJW **1968** 1567; VersR **1972** 1138.

2. Gesetzlicher Forderungsübergang auf Kaskoversicherer

a) Anwendungsbereich. Hat der Verletzte seinen Schaden von seinem Kaskoversicherer ersetzt bekommen, so geht sein Schadensersatzanspruch nach § 67 Abs. 1 VVG auf den Versicherer über. Es kommt auf die tatsächliche Leistung an; ob eine Leistungspflicht bestand, ist ohne Belang (BGH VersR **1963** 1192; BAG VersR **1968** 266). 282

b) Voraussetzung der Kongruenz. Der Übergang erstreckt sich nur auf die Schadensersatzansprüche, die sich auf den in das versicherte Risiko fallenden Schaden beziehen; die Leistung des Versicherers und die Schadensersatzforderung müssen in gewissem Sinne gleichartig, kongruent sein. Dies ist bei der Kaskoversicherung nur hinsichtlich der unmittelbaren Sachschäden (§ 12 AKB), nicht hinsichtlich der Sachfolgeschäden der Fall (BGHZ **13** 28; **25** 340; **44** 382; **47** 196; **50** 271; BGH VersR **1963** 1185). Für diese Abgrenzung kommt es nicht darauf an, ob der Versicherer nach dem Versicherungsvertrag oder den Versicherungsbedingungen zur Erstattung verpflichtet ist; maßgeblich ist vielmehr, ob der in Betracht kommende Schaden unmittelbar die Substanz des betroffenen Fahrzeugs berührt, dessen Wert mindert oder in der Notwendigkeit besteht, Geldmittel zur Beseitigung der Beschädigung aufzuwenden (BGH VersR **1958** 161; NJW **1982** 828). 283

Zum **unmittelbaren Sachschaden** in diesem Sinne zählen daher neben den Reparatur- bzw. Wiederbeschaffungskosten der technische und der merkantile Minderwert (BGH VersR **1958** 161; NJW **1982** 828; **1982** 829), die zur Feststellung der Schadenshöhe erwachsenen Sachverständigenkosten (BGH NJW **1982** 829) sowie die Abschleppkosten (BGH NJW **1982** 829). *Sachfolgeschäden* sind dagegen Nutzungsausfall, Mietwagenkosten, Verdienstausfall, Auslagen, Schäden an der Ladung, Verlust von Treibstoff u. ä. 284

c) Quotenvorrecht des Versicherungsnehmers. Wird der Schaden des Versicherungsnehmers durch die Kaskoversicherung nur teilweise gedeckt (z. B. wegen Selbstbeteiligung) und bleibt auch die Schadensersatzforderung gegen den Schädiger (z. B. wegen Mitverantwortlichkeit des Verletzten) hinter dem Schaden zurück, so würde der Forderungsübergang nach § 67 Abs. 1 VVG dazu führen, daß der Geschädigte einen Teil seines Schadens selbst tragen müßte. Dies wäre mit dem Zweck des Versicherungsvertrages nicht zu vereinbaren. Die herrschende Differenztheorie gewährt dem Versicherungsnehmer daher das Quotenvorrecht: der Schadensersatzanspruch verbleibt dem Geschädigten insoweit, als er vom Versicherer nicht entschädigt worden ist, und nur der darüber hinausgehende Anspruch geht auf den Versicherer über (BGHZ **13** 28; **25** 340; **47** 196). Beträgt z. B. der Schaden des Versicherungsnehmers 10000 DM, die Versicherungsleistung wegen Selbstbeteiligung 9000 DM und der Anspruch gegen den Schädiger wegen hälftigen Mitverschuldens nur 5000 DM, so verbleibt dieser Anspruch in Höhe von 1000 DM dem Verletzten und geht nur in Höhe von 4000 DM auf den Versicherer über. 285

Bezieht sich der Ersatzanspruch des Geschädigten auf kongruente und inkongruente Schadenspositionen (vgl. hierzu Rdn. 283f), so muß der dem Geschädigten verbleibende Betrag für beide gesondert ermittelt werden, weil sich das Quotenvorrecht ebenso wie der Forderungsübergang nach § 67 Abs. 1 VVG nur auf die kongruenten Schäden erstrecken kann (BGHZ **25** 340; **47** 196; BGH NJW **1982** 830). Der Geschädigte erhält von den inkongruenten Schäden (Sachfolgeschäden) den seiner Mitverantwortungsquote entsprechenden Teil und von den kongruenten Schäden (unmittelbaren Sachschäden) den Teil, der nach Abzug der Leistung der 286

Kaskoversicherung zur vollständigen Deckung fehlt. Beispiel: Gesamtschaden 12000 DM, davon 10000 DM kongruent, 2000 DM inkongruent; Kaskoversicherung leistet wegen Selbstbeteiligung nur 9000 DM; Ersatzanspruch gegen den Schädiger beläuft sich wegen hälftigen Mitverschuldens auf 5000 DM; dem Geschädigten stehen dann 1000 DM (Hälfte des inkongruenten Schadens) + 1000 DM (kongruenter Schaden abzüglich Versicherungsleistung), mithin 2000 DM zu, und nur der Rest der Ersatzforderung von 3000 DM geht auf den Kaskoversicherer über. Zur Berechnung des auf den Versicherer übergegangenen Schadensersatzanspruchs müssen also abgezogen werden:
- der außerhalb des versicherten Risikos liegende Schaden;
- der vom Versicherer nicht gedeckte Kaskoschaden.

287 Hat der Kaskoversicherer mehr an den Geschädigten geleistet als dieser vom Schädiger verlangen kann, (z. B. weil er nach § 13 Nr. 2 AKB den Neuwert, der Schädiger aber nur den Wiederbeschaffungswert zu ersetzen hat), so greift ebenfalls ein Quotenvorrecht des Versicherungsnehmers ein. Der Geschädigte kann daher auch dann einen etwaigen Selbstbehalt voll vom Schädiger verlangen, und nur der überschießende Anspruch geht auf den Versicherer über (BGHZ **47** 308). Beträgt z. B. der nach den Versicherungsbedingungen errechnete Schaden 10000 DM, der vom Schädiger zu ersetzende Schaden hingegen 9000 DM, und hat der Versicherer unter Abzug der Selbstbeteiligung dem Geschädigten 9000 DM erstattet, so kann dieser vom Schädiger noch 1000 DM beanspruchen, während nur die restliche Schadensersatzforderung von 8000 DM auf den Versicherer übergeht.

VII. Der Halter als Ersatzpflichtiger

288 **1. Bedeutung des Halterbegriffs**

Die Pflicht zum Ersatz des beim Betrieb eines Kraftfahrzeugs entstandenen Schadens trifft diejenige Person, die im Augenblick des Unfalls Halter des Kraftfahrzeugs war. Darauf, ob sie auch noch Halter war, als der Schaden entstand (z. B. der Tod des Verletzten eintrat), kommt es nicht an. Aus dem Aufbau des Gesetzes ergibt sich, daß jedes Kraftfahrzeug mindestens einen Halter hat (RGZ **170** 182; OLG Hamburg HansRZ **1932** 380), und zwar von dem Augenblick an, in dem es erstmals in Betrieb gesetzt wird, bis zu dem Zeitpunkt, in dem der letzte Betrieb endet (zum Begriff „Betrieb" vgl. Rdn. 30). Der Begriff Halter hat im ganzen StVG dieselbe Bedeutung[115], es wäre daher verfehlt, ihn aus haftungsrechtlichen Billigkeitserwägungen zu extensiv auszulegen und damit ungerechtfertigte Verantwortlichkeiten in straf- und bußgeldrechtlicher Hinsicht zu schaffen. Der Halterbegriff ist mit keinem anderen im bürgerlichen Recht gebräuchlichen Begriff identisch und mit keinem solchen Begriff verknüpft. Es kommt mithin nicht entscheidend darauf an, ob die in Frage kommende Person Eigentümer, Eigenbesitzer, unmittelbarer Besitzer, fehlerhafter Besitzer oder Besitzdiener ist. Hieraus ist der Schluß gezogen worden, das Halterverhältnis sei ein wirtschaftliches und tatsächliches, kein rechtliches (RGZ **127** 176; BayObLGSt **1926** 157; OLG Kiel VkBl. **1951** 171). Dem kann nicht beigepflichtet werden. Der Begriff „Halter" ist ebenso ein reiner Rechtsbegriff wie „Besitzer" oder „Eigentümer". Daß der Begriff nicht „gemeinverständlich" ist und daß deshalb eine Prozeßpartei, die einräumt, im entscheidenden Augenblick

[115] RG JW **1930** 2861; BayObLG JW **1930** 1975; **1932** 3223; OLG Hamm NJW **1955** 1162; VersR **1956** 326; VRS **17** 382; OLG Bremen NJW **1955** 1163 m. Anm. *Bruns.*

Halter gewesen zu sein, keine „Tatsache" im Sinne des § 288 ZPO zugesteht (RG DAR **1933** 139), steht nicht entgegen, sondern unterstreicht nur, daß es sich um einen der Rechtssprache angehörenden Begriff handelt. Im übrigen sollte man das Wort „Halterverhältnis" vermeiden und durch „Haltereigenschaft" ersetzen; denn die Rechtsstellung des Halters ist kein Rechtsverhältnis im Sinne des § 256 ZPO: eine Feststellungsklage ist unzulässig (RG 22. 11. 34, VI 290/34).

2. Inhalt des Begriffs 289

Nach der in ständiger Rechtsprechung vertretenen Definition ist Halter, wer das Fahrzeug nicht nur ganz vorübergehend für eigene Rechnung in Gebrauch hat und die Verfügungsgewalt darüber besitzt, die ein solcher Gebrauch voraussetzt[116].

a) Ein Kraftfahrzeug **in Gebrauch haben** bedeutet soviel wie Nutzen aus ihm ziehen. Insbesondere macht Gebrauch vom Kraftfahrzeug, wer an dem Betrieb ein wirtschaftliches Interesse hat[117]. Das ist nicht nur diejenige Person, die ihren Wagen aus beruflichen Gründen oder zu ihrem Vergnügen selbst fährt, sondern auch jeder, der seinen Wagen einem anderen zum Gebrauch überläßt, sofern er nur von der Überlassung irgendeinen Vorteil hat. Dieser Vorteil wird häufig in dem Anspruch auf ein laufendes Entgelt (Mietzins) liegen (BGHZ **5** 270; OLG Köln DAR **1935** 57; OLG Zweibrücken VAE **1942** 108), kann aber auch in etwas weniger Greifbarem bestehen. So ist z. B. Halter auch der Geschäftsmann, der einem Beamten einen „Leihwagen" als Erkenntlichkeit für dessen „Unterstützung des Geschäfts" unentgeltlich zur Verfügung stellt (OLG Dresden DAR **1942** 134), ebenso der Verlag, der einem Mitarbeiter einen Wagen für dessen Leistungen zur Verfügung stellt (RGZ **170** 182), der Inhaber einer Reparaturwerkstatt, der aus Entgegenkommen einem Kunden für die Reparaturzeit einen anderen Wagen unentgeltlich zur Verfügung stellt (RG VAE **1936** 52) oder der Verleiher, der seinen Wagen bei Kriegsausbruch der Militärverwaltung unentgeltlich überläßt (RGZ **91** 271). Eine räumliche Beziehung des Halters zum Betrieb des Kraftfahrzeugs ist nicht erforderlich. Halter kann daher auch sein, wer ohne das Kraftfahrzeug auf eine längere Reise geht oder es für eine größere Fahrt einem anderen überläßt (RG VAE **1936** 522). 290

b) Das Merkmal **„für eigene Rechnung"** bedeutet, daß Halter nur derjenige sein kann, der die Kosten des Betriebes bestreitet. Es ist schon dann erfüllt, wenn wenigstens ein Teil der Kosten bestritten wird[118]. Beim Eigentümer liegt es stets vor, weil ihn die durch den Betrieb des Kraftfahrzeugs und den Zeitablauf entstehende Wertminderung des Kraftfahrzeugs trifft. Die vom Reichsgericht wiederholt gebrauchte Wendung, das Eigentum sei kein sicherer Hinweis auf die Haltereigenschaft, hat mithin nur den Inhalt, daß auch ein anderer neben dem Eigentümer Halter sein kann. 291

[116] RGZ **77** 349; **78** 182; **79** 314; **87** 138; **93** 223; **120** 159; **127** 175; **141** 402; **170** 184; BGHZ **5** 270; **13** 354; **32** 331; BGH VersR **1956** 219; **1957** 162; **1958** 646; **1962** 509; **1978** 233; OLG Stuttgart JW **1929** 2834; OLG Köln JW **1930** 1982; BayObLG JW **1932** 3723; OLG Frankfurt VRS **1** 110; OLG Schleswig VkBl. **1951** 171; OLG München VersR **1952** 230; VkBl. **1957** 308; OLG Bamberg DAR **1953** 35; OLG Hamm NJW **1955** 1162 m. Anm. *Bruns*; VersR **1956** 326; VRS **17** 382; OLG Bremen NJW **1955** 1163 m. Anm. *Bruns*; OLG Stuttgart VersR **1958** 891; OLG Celle VersR **1960** 764.

[117] RGZ **141** 403; OLG Karlsruhe HRR **1935** Nr. 1151; OLG Düsseldorf NJW **1937** 3110; OLG Hamm VersR **1956** 131.

[118] RGZ **91** 271; RG DR **1944** 196; OLG Karlsruhe VR **1932** 601; OLG Köln DAR **1935** 57; KG DAR **1939** 235; OLG Zweibrücken VAE **1942** 108; OLG Celle VersR **1960** 764.

292 c) Der Gebrauch darf **nicht nur ganz vorübergehend** sein. Halten ist nicht eine augenblickliche Benutzung, sondern ein Vorgang von einiger Dauer. Wer ein Kraftfahrzeug für einige Fahrten mietet oder leiht, wird deshalb nicht zum Halter (BGH VersR **1978** 233; näher hierzu Rdn. 312ff).

293 **d)** Mit **Verfügungsgewalt** ist nicht die Befugnis, das Eigentum oder den Besitz am Kraftfahrzeug zu übertragen gemeint, sondern die tatsächliche Möglichkeit, den Einsatz des Kraftfahrzeugs zu bestimmen. Da eine rechtsgeschäftliche Verfügungsbefugnis nicht erforderlich ist, kann auch ein Minderjähriger Halter sein (*Weimar* VP **1965** 76; *Wussow* ZfV **1965** 177). Halter ist mithin nur, wer – wenigstens in groben Umrissen – tatsächlich bestimmen kann, wann, wo, durch welchen Führer und zu welchem Zweck das Kraftfahrzeug in Betrieb gesetzt werden soll. Wer daher z. B. für ein Kraftfahrzeug Steuer und Versicherung bezahlt und es auch für sein Geschäft angemeldet hat, ist nicht Halter, wenn er das Kraftfahrzeug einem Angehörigen zur ständigen Nutzung überläßt (OLG Zweibrücken VRS **45** 400).

294 Halter ist auch, wer sich zur Ausübung seines Bestimmungsrechts eines **Vertreters** bedient. Das Gesetz fordert nicht, daß der Halter die für den Einsatz des Kraftfahrzeugs erforderlichen Anweisungen selbst erteilt. Vor allem bei größeren Unternehmen wäre es lebensfremd, wollte man verlangen, daß der Inhaber des Unternehmens alle Anweisungen – auch bei einem größeren Kraftfahrzeugpark – selbst gibt. Bei juristischen Personen ist eine solche Konstruktion schon begrifflich nicht möglich. Da aber der Begriff „Halter“ einen einheitlichen Inhalt haben muß, muß die Übertragung der Ausübung der „Verfügungsmacht“ an einen „Vertreter“ auch in Fällen zulässig sein, in denen eine Person nur ein Kraftfahrzeug besitzt. Näheres zur Vertretung des Halters vgl. Rdn. 297.

295 Halter ist auch, wer nur **beschränkte Verfügungsgewalt** über ein Kraftfahrzeug hat. Auch wer nicht alle Einzelheiten der durchzuführenden Fahrten kennt, kann Halter sein, sofern er in der Lage ist, Einfluß auf die Durchführung der Fahrten zu nehmen. Wird das Kraftfahrzeug jedoch einem anderen auf Dauer zur völlig freien Benutzung überlassen, geht die Haltereigenschaft verloren; dies gilt auch dann, wenn der Eigentümer weiterhin die Betriebskosten trägt und die Gebrauchsüberlassung das Entgelt für vertragliche Leistungen darstellt (anders RGZ **170** 184).

296 **Verlust der Verfügungsgewalt** führt nicht in jedem Falle zum Verlust der Haltereigenschaft. Da dem Begriff „Halter“ eine gewisse Dauerhaftigkeit innewohnt (Rdn. 292), verbietet es sich, ein Ende der Haltereigenschaft anzunehmen, wenn das Kraftfahrzeug nur für eine Fahrt oder für einige Stunden nicht mehr der Verfügungsgewalt des bisherigen Halters untersteht (RG WarnR **1927** Nr. 17; BGHZ **37** 311; BGH VersR **1960** 650). Eine starre zeitliche Grenze läßt sich allerdings nicht angeben (vgl. OLG München VkBl. **1957** 308: „wenige Tage“). Entscheidend ist vielmehr, ob die Aufgabe oder – bei unbefugtem Gebrauch des Kraftfahrzeugs – der Entzug der Verfügungsbefugnis auf eine nicht nur ganz vorübergehende Dauer angelegt war.

297 **3. Vertretung des Halters.** Der Halter kann sich bei der Ausübung seiner Rechte und Pflichten durch eine andere Person vertreten lassen (Rdn. 294). Handelt der Vertreter im Rahmen einer solchen Ermächtigung, so übt er die Verfügungsgewalt für den anderen aus und nur der andere ist – sofern die übrigen Merkmale vorliegen – Halter. Dies gilt nicht nur für Organe juristischer Personen (vgl. RG HRR **1932** Nr. 1872; OLG Celle JW **1937** 1074 m. Anm. *Müller*), auch solche des öffentli-

chen Rechts (OLG Kiel HRR **1931** Nr. 329; OLG Dresden DAR **1936** 318), und für die persönlich haftenden Gesellschafter von Personengesellschaften des Handelsrechts, sondern auch für Vormund und Pfleger, ja sogar unter Umständen für die Eltern. Zu weit dürfte freilich die Ansicht des OLG Düsseldorf gehen (VersR **1961** 286), Halter eines Kraftfahrzeugs, das im Betrieb einer Tochtergesellschaft eingesetzt ist, sei die Dachgesellschaft, wenn sie Eigentümerin sei, die Steuern und Versicherungsprämien sowie die Unterhaltskosten trage. Die Tochtergesellschaft ist eigenes Rechtssubjekt und handelt nicht in Vertretung der Dachgesellschaft, wenn sie Weisungen für den Einsatz des Kraftfahrzeugs gibt; sie ist daher unter Ausschluß der Dachgesellschaft Halterin des Kraftfahrzeugs. Das Aufsichtsrecht der Gemeinde über ein von ihr betriebenes wirtschaftliches Unternehmen macht die Gemeinde nicht zur Halterin der Kraftfahrzeuge jenes Unternehmens (KG VR **1924** 646; OLG Dresden RdK **1927** 221).

Dieselbe Person kann zugleich als Vertreter einem anderen die Halterstellung **298** vermitteln und selbst Halter sein. Entscheidend für die Haltereigenschaft des Vertretenen ist, ob auch in seiner Person die vorstehend (Rdn. 289ff) aufgeführten Merkmale gegeben sind. Dies ist z. B. der Fall, wenn er zeitweise das Kraftfahrzeug im eigenen Interesse und auf eigene Rechnung gebraucht.

4. Mehrheit von Haltern **299**

Die vorstehend geschilderten Merkmale (nicht nur vorübergehender Gebrauch, auf eigene Rechnung, Verfügungsgewalt) können bezüglich eines Fahrzeugs auf mehrere Personen zutreffen[119]. Jede von diesen Personen ist dann Halter. Zu beachten ist bei der Prüfung solcher Tatbestände allerdings, daß derjenige nicht Halter ist, der von einem anderen – dem alleinigen Halter – beauftragt ist, das Kraftfahrzeug als sein Vertreter zu fahren, und der das Kraftfahrzeug nur im Rahmen dieser Ermächtigung – „für fremde Rechnung" – in Betrieb nimmt (OLG Bamberg DAR **1953** 35).

Sind dagegen mehrere Personen Halter („Mithalter"), so können sie ihre Befugnisse folgendermaßen verteilen: Entweder erteilen sie die zum Betriebe des Kraftfahrzeugs erforderlichen Anordnungen gemeinsam (und ein „Vertreter" fährt das Kraftfahrzeug), oder einer der „Mithalter" verfügt unmittelbar über das Kraftfahrzeug und der andere beschränkt sich darauf, in gewissen Fällen regelmäßig Einfluß zu nehmen (BGH VersR **1958** 646), oder die Personen sind sich einig, daß jeder das Kraftfahrzeug für sich in dem Zeitraum benutzen darf, in dem der andere es nicht benötigt, und daß man Überschneidungen durch Vereinbarung oder durch gütliche Absprache im Einzelfall vermeidet (BGHZ **13** 351; RG DAR **1935** 38; VAE **1944** 14). In letzterem Falle, der häufig bei Ehegatten vorkommen wird, ist also nicht etwa abwechselnd der eine und der andere Verfügungsbefugte stunden- oder tageweise Halter; denn ein solch „geradezu schaukelhafter Wechsel" widerspräche dem Halterbegriff, dem eine gewisse Dauerhaftigkeit innewohnt (RGZ **127** 176; BGHZ **13** 359; **a. A.** *Louis* JW **1934** 3128). Mithalterschaft liegt daher z. B. auch dann vor, wenn die städtische Feuerwehr einen der Knappschaft gehörenden Krankenwagen für diese gegen Kilometergeld benutzt, ihn im Notfall aber auch zu knappschaftsfremden Zwecken einsetzen darf (OLG Breslau DAR **1930** 248) oder wenn ein Angestellter oder Beamter sein Kraftfahrzeug im Interesse des Arbeitgebers (Dienst-

[119] RGZ **120** 160; **127** 176; **141** 405; **170** 186; BGHZ **13** 355; BGH VersR **1958** 646; OLG Stuttgart DAR **1935** 56; OLG Köln DAR **1935** 57; OLG Kiel VkBl. **1951** 171; KG VRS **45** 220.

herrn) fährt, aber das Recht hat, es auch zu Privatfahrten zu verwenden, und beide einen Teil der Betriebskosten (sei es auch nur die Wertminderung) tragen[120].

300 Mehrere Halter hat das Kraftfahrzeug ferner, wenn es im Eigentum einer nicht rechtsfähigen Personenmehrheit steht (Erbengemeinschaft, Gütergemeinschaft, Gesellschaft des BGB – Abweichendes gilt für die Personengesellschaften des Handelsrechts) und der Betrieb des Kraftfahrzeugs im gemeinsamen Interesse („auf Rechnung der Personenmehrheit") und auf Grund einer von allen Beteiligten erteilten Vertretungsmacht durchgeführt wird (vgl. RG DAR **1931** 312, wonach alle Erben Halter seien, wenn ein Nachlaßverwalter den zum Nachlaß gehörenden Wagen allein benutze).

301 Mehrere Halter haften als **Gesamtschuldner** (OLG Hamm VersR **1956** 131). Sie können nicht nach außen wirksam vereinbaren, daß nur einer von ihnen bürgerlich-rechtlich haften solle. Zum Ausgleich im Innenverhältnis vgl. Rdn. 378.

302 **5. Fehlen eines Halters**

Es sind Fälle denkbar, in denen sich keine Person feststellen läßt, auf die alle oben bezeichneten Begriffsmerkmale zutreffen, so z. B. bei dem von seinem Eigentümer betriebsbereit aufgegebenen Kraftfahrzeug oder bei einer Kraftfahrzeugnutzung, bei welcher derjenige, der die Kosten ausschließlich trägt, sich jeglicher Verfügungsgewalt über das Kraftfahrzeug begeben hat. Da aber jedes Kraftfahrzeug vom ersten bis zum letzten Betrieb einen Halter haben muß, ist die Verantwortlichkeit des letzten Halters in solchen Fällen als fortbestehend anzusehen. Der letzte Halter des aufgegebenen Kraftfahrzeugs haftet also z. B., wenn durch das abgestellte Kraftfahrzeug ein Unfall entsteht. Verteilen sich die Haltermerkmale auf mehrere, so trifft die Verantwortlichkeit denjenigen, auf dessen Verfügungsgewalt dieses Auseinanderfallen zurückzuführen ist, also den, der trotz Tragens der Aufwendungen die Verfügungsgewalt einem anderen übertragen hat. Auf denjenigen abzustellen, bei dem die „Eigenschaften des Halters in größerem Umfang" vorhanden sind als bei den anderen (so RGZ **170** 185; OLG München VkBl. **1957** 308), erscheint unzutreffend.

303 **6. Anzeichen für das Vorliegen der Haltereigenschaft**

Die Beantwortung der Frage, wer im Einzelfall Halter des Kraftfahrzeugs ist, hat von jeher erhebliche Schwierigkeiten bereitet. Weil die Sachverhalte sehr unterschiedlich sein können suchte man nach Anzeichen, die auf die Haltereigenschaft einer Person hinweisen können. Solche Anzeichen sind:

304 **a) Das Eigentum**

Da in der Regel der Eigentümer die Macht hat, den Einsatz eines Kraftfahrzeugs zu bestimmen und ihn mindestens in Form der durch Nutzung und Zeitablauf hervorgerufenen Wertminderung stets auch „Kosten" treffen, ist das Eigentum ein gewichtiges Indiz für die Haltereigenschaft[121]; von einem Anscheinsbeweis (vgl. hierzu § 16, 279) sollte hierbei allerdings nicht gesprochen werden (so aber RG JW **1931** 862). Hat der Eigentümer jede Verfügungsgewalt über das Fahrzeug auf Dauer auf-

[120] BGHZ **13** 351; OLG Schleswig VkBl. **1951** 171; OLG Hamm VRS **17** 382; OLG Celle VersR **1960** 764.

[121] RGZ **91** 269; **93** 222; **120** 160; **127** 174; **170** 182; RG VAE **1936** 426; OLG Köln DAR **1938** 268; OLG München VersR **1952** 230; OLG Bamberg DAR **1953** 35; OLG Stuttgart VersR **1958** 891; OLG Köln VersR **1968** 154.

gegeben oder verloren, ist er nicht mehr Halter (vgl. aber Rdn. 302: Fortwirken der Halterstellung, wenn betriebsbereites Kraftfahrzeug sonst halterlos würde).

b) Zulassung und Haftpflichtversicherung 305

Da das StVG zwar vorschreibt, daß das Kraftfahrzeug zum Verkehr auf öffentlichen Straßen einer Zulassung bedarf (§ 1 Abs. 1 Satz 1), nicht aber, daß die Zulassung nur eine bestimmte Person berechtige, Halter des Kraftfahrzeugs zu sein, kommt dem Eintrag im Kraftfahrzeugbrief und im Kraftfahrzeugschein keine wesentliche Bedeutung zu. Noch weniger ist maßgebend, wer den Vertrag hinsichtlich der Kraftfahrzeug-Haftpflichtversicherung abgeschlossen hat (BGHZ **13** 351). Die häufig vertretene Ansicht, ein Eigentümer, für den ausweislich des Kraftfahrzeugbriefes die Zulassung erteilt sei und der den Vertrag über die Haftpflichtversicherung abgeschlossen habe, müsse im Zweifel als Halter angesehen werden (RGZ **170** 182; RG DAR **1933** 173; BGH VersR **1958** 646; OLG Dresden VAE **1942** 134), ist mithin nicht berechtigt. Zulassung und Haftpflichtversicherung besagen nichts über die tatsächlichen Möglichkeiten, Anordnungen über den Einsatz des Kraftfahrzeugs zu treffen, und nur wenig über die Frage, wer das Kraftfahrzeug tatsächlich gebraucht und auf wessen Rechnung es läuft. Immerhin lassen sich gewisse Schlüsse dann ziehen, wenn Zulassung und Haftpflichtversicherung auf einen anderen als den Eigentümer des Kraftfahrzeugs lauten (OLG Hamburg HansRZ **1932** 380).

c) Tatsächlicher Gebrauch 306

Guten Aufschluß darüber, wer der Halter ist, kann in der Regel die Feststellung geben, wer das Kraftfahrzeug tatsächlich in Gebrauch hat, d. h. mit dem Kraftfahrzeug selbst fährt, mitfährt oder zumindest Güter befördert. Ist eine solche Person Eigentümer des Kraftfahrzeugs, so wird man wohl – soweit nicht gewichtige Anzeichen dagegen sprechen – davon ausgehen können, daß sie Halter des Kraftfahrzeugs ist. Zu beachten ist aber, daß zum tatsächlichen Gebrauch die übrigen Haltermerkmale (insbesondere „für eigene Rechnung" und Verfügungsgewalt) hinzukommen müssen und daß umgekehrt ein tatsächlicher Gebrauch im Sinne körperlicher Anwesenheit nicht *Voraussetzung* für die Halterstellung ist.

d) Tragen der Aufwendungen 307

Auch die Beantwortung der Frage, wer die laufenden Unkosten für das Kraftfahrzeug bezahlt, kann Aufschluß darüber geben, wer der Halter ist. Es handelt sich vor allem um die Aufwendungen für die Kraftfahrzeugsteuer, Haftpflichtversicherung (OLG Hamburg HansRZ **1932** 380), Kaskoversicherung, Wagenpflege, Reifen, Reparaturen, Kosten der Untersuchung nach § 29 StVZO, Garage. Hat ein anderer als der Eigentümer den Erwerb des Kraftfahrzeugs bezahlt und entsteht daher bei ihm der Buchführungsposten „Abschreibung", so kann dies darauf deuten, daß der Bezahlende und nicht der Eigentümer Halter ist. Weniger von Bedeutung ist, wer das Benzin und das Öl für die einzelne Fahrt bezahlt. Bei entsprechender Verfügungsgewalt kann allerdings Halter auch derjenige sein, der nur die Treibstoffkosten eines Kraftfahrzeugs trägt (OLG Hamm VRS **29** 378).

7. Einzelfälle

a) Kauf eines Kraftfahrzeugs. Maßgebender Zeitpunkt für den Übergang der Haltereigenschaft auf den Erwerber ist weder der Abschluß des Kaufvertrags noch der Eigentumsübergang oder die Zulassung auf den Käufer (BGH VersR **1969** 907); entscheidend ist vielmehr der Zeitpunkt, zu dem für den Erwerber der Gebrauch 308 auf eigene Rechnung und die Verfügungsgewalt beginnen. Ohne Bedeutung ist daher ein vereinbarter Eigentumsvorbehalt (RGZ **87** 141; RG HRR **1933** Nr. 1022; VAE **1941** 136; OLG Bamberg DAR **1953** 35), während die Übergabe des Fahrzeugs, der Schlüssel und Papiere ausschlaggebend sein kann (BGH VersR **1969** 907). Verkauft ein Taxiunternehmer ein Taxi unter Eigentumsvorbehalt und beschäftigt er zunächst den Käufer im Rahmen der ihm verbliebenen Genehmigung weiter, bis der Käufer eine eigene Genehmigung erhält, so fährt der Käufer in Vertretung des Verkäufers und letzterer bleibt Halter (RGZ **87** 141). Für die Inzahlungnahme des Altwagens des Erwerbers gelten vorstehende Grundsätze gleichermaßen (vgl. hierzu BayObLGSt **1958** 207).

309 **b) Probefahrt.** Wer das Kraftfahrzeug einer Person, die es vielleicht kaufen will, für kürzere Zeit zur Probe überläßt, bleibt Halter, denn „Halten" ist nicht schon die vorübergehende Benutzung, sondern ein Vorgang von einiger Dauer (BGH VersR **1978** 233; RG Recht **1913** Nr. 584; **1914** Nr. 1747; **a. A.** *Full* 209). Eine starre zeitliche Grenze läßt sich nicht angeben. Unzweifelhaft hat die einmalige Probefahrt keinen Einfluß auf die Halterstellung (RG WarnR **1927** Nr. 17). Ob dies auch bei einer Überlassung für 3 Wochen noch gesagt werden kann (so RG Recht **1913** Nr. 584) erscheint allerdings fraglich. Neben der Zeitdauer wird insbesondere auch die Intensität und die Selbständigkeit der Benutzung ein wesentliches Kriterium für die Zuordnung der Haltereigenschaft sein.

310 c) Während der **Überführungsfahrt** zum Käufer ist dieser Halter (RGZ **78** 179; RG VAE **1939** 291; *Haberkorn* DAR **1960** 4), außer wenn der Verkäufer die Überführung selbst oder durch eine von ihm beauftragte Person durchführt (KG DAR **1939** 235). Fährt zwar der Fahrer des Verkäufers, aber nur auf Bitte des neben ihm sitzenden Fahrers des Käufers, der den Wagen abholte, so ist Halter der Käufer (RG WarnR **1927** Nr. 17). Nimmt eine Person, welche den Kauf lediglich vermittelt hat, die Überführung vor, so kommt es darauf an, als wessen Vertreter sie handelt; sie selbst wird nicht Halter (**a. A.** KG DAR **1939** 235).

311 **d) Sicherungsübereignung, Verpfändung.** Durch die Sicherungsübereignung des Kraftfahrzeugs tritt in der Person des Halters regelmäßig ebensowenig eine Änderung ein wie durch die Verpfändung; denn der Pfandnehmer erhält zwar den Besitz (der Sicherungsnehmer das Eigentum), nicht aber das Recht, das Kraftfahrzeug in Betrieb zu nehmen. Wer sein Kraftfahrzeug einem anderen zur Sicherheit übereignet, fährt in der Regel nicht im Namen und für Rechnung des neuen Eigentümers weiter, sondern in eigener Verfügungsgewalt[122]. Anders verhält es sich jedoch, wenn der Sicherungsnehmer das Kraftfahrzeug für seine eigenen Zwecke einsetzt, von eigenen Leuten fahren läßt und für die Betriebskosten aufkommt: dann wird er – ggf. neben dem Sicherungsgeber – Halter, und zwar auch dann, wenn nicht das Volleigentum, sondern nur eine Anwartschaft auf das Eigentum auf ihn überging (OLG Hamm VersR **1956** 131). Zu dem Sonderfall, daß der Sicherungsgeber Handelsvertreter des Sicherungsnehmers ist, vgl. Rdn 323.

312 **e) Leihe, Miete.** Bei Gebrauchsüberlassung im Rahmen eines Vertragsverhältnisses ist die Frage nach der Haltereigenschaft oft besonders schwer zu beantworten. In Betracht kommt neben der Halterstellung jeder der beiden Vertragsparteien auch eine Mithalterschaft.

[122] RGZ **141** 404; RG VAE **1939** 31; BGH VersR **1953** 283; OLG Danzig VR **1930** 390; OLG Karlsruhe DAR **1935** 136; OLG Bamberg DAR **1953** 35.

aa) Der Vermieter oder Verleiher eines Kraftfahrzeugs bleibt Halter, wenn es sich nur um eine **ganz vorübergehende Gebrauchsüberlassung** handelt. In diesem Fall verliert er zwar die Verfügungsgewalt, doch steht das dem Halterbegriff innewohnende Merkmal einer „gewissen Dauerhaftigkeit" (Rdn. 292) dem Verlust der Haltereigenschaft entgegen (RGZ **127** 176; RG VAE **1936** 426; BGHZ **5** 270; **37** 311; OLG Köln DAR **1935** 57; **1938** 268). Es ist nicht möglich, eine scharfe zeitliche Grenze zu setzen, bei deren Überschreitung die Haltereigenschaft erlischt (vgl. Rdn 316). 313

Der Vermieter oder Verleiher bleibt allerdings auch bei **längerer Gebrauchsüberlassung** dann Halter, wenn er sich einen Einfluß auf die Gestaltung der Fahrten vorbehält (und ausübt) oder wenn er sich das Recht vorbehält, entweder nach einem vorher abgestimmten Plan, nach einer im Einzelfall zu treffenden Vereinbarung oder auf einseitige Anforderung hin das Kraftfahrzeug selbst benutzen oder für eigene Zwecke einsetzen zu dürfen. In den zuletzt genannten Fällen bleibt der Verleiher oder Vermieter Halter neben dem Mieter oder Entleiher, der, da er im eigenen Interesse fährt und nicht „Vertreter" des anderen ist, ebenfalls Halter wird (RG DAR **1929** 429; BGHZ **13** 358). Der Vermieter bleibt insbesondere dann Halter, wenn er den Fahrer stellt und dieser den Wünschen des Entleihers zwar entsprechen darf, dessen Weisungen aber nicht unterworfen ist (RGZ **120** 160; BGH VersR **1960** 635; OLG Zweibrücken VAE **1943** 100). Der Vermieter bleibt aber nicht schon deshalb Halter, weil ihn die durch Zeitablauf verursachte Wertminderung des Kraftfahrzeugs trifft und er andererseits den Mietzins kassiert und die hierfür erforderliche Verfügungsmacht besitzt; hat er keinerlei Möglichkeit mehr, auf das Kraftfahrzeug einzuwirken, ist er nicht mehr Halter (zu weitgehend daher RGZ **93** 224; BGHZ **5** 269; wie hier OLG Zweibrücken VRS **57** 375). Wer seinen zum Verkauf bestimmten stillgelegten Wagen der Polizei zum Gebrauch übergibt, ohne sich eine Einwirkungsmöglichkeit vorzubehalten, ist nicht mehr Halter (RG JW **1938** 2354). 314

Bei **unbefugtem Gebrauch** durch den Mieter oder Entleiher bleibt der Vermieter (Verleiher) im Rahmen der soeben gezogenen Grenzen (Rdn. 313f) Halter; also z. B. auch dann, wenn der Mieter die ihm vertraglich auferlegten Beschränkungen nicht einhält, z. B. den vereinbarten Führer entläßt und den Wagen selbst fährt (BGHZ **5** 269) oder vertragswidrig nicht selbst fährt, sondern einem anderen das Kraftfahrzeug zur Benutzung überläßt (BGH VersR **1957** 719) oder vertragswidrig den Wagen nicht nur zum Einkassieren von Geldern, sondern zum Transport von Sperrholz verwendet (OLG Köln DAR **1935** 57). 315

bb) Der Mieter oder Entleiher wird in zahlreichen Fällen Halter, ohne daß die Haltereigenschaft des Vermieters oder Verleihers untergeht. Denn der Mieter oder Entleiher wird Halter, sobald er die Macht erhält zu bestimmen, welche Fahrten mit dem Kraftfahrzeug ausgeführt werden (OLG Hamburg Recht **1919** Nr. 822), oder – wie der BGH dies formuliert (BGHZ **32** 333) – sobald er „die tatsächliche Verfügung über das Kraftfahrzeug frei ausüben kann". Hinzukommen muß allerdings, daß er das Kraftfahrzeug auf eigene Rechnung gebraucht – hieran kann es fehlen, wenn dem Entleiher keinerlei Unkosten aus den Fahrten erwachsen (OLG Zweibrücken VAE **1943** 100) – und daß der Gebrauch nicht nur ganz vorübergehend ist. Ist ihm das Kraftfahrzeug nur zu einer Fahrt überlassen, so wird er nicht Halter (BGHZ **32** 334; **37** 311; OLG Rostock JW **1933** 855; OLG Karlsruhe DAR **1934** 41). Das LG Berlin (DAR **1936** 83) hat entschieden, daß der Mieter eines Selbstfahrer-Kraftfahrzeugs Halter werde, wenn die Fahrt nicht festgelegt sei, und zwar auch, wenn der Mietvertrag nur für einen Tag abgeschlossen sei. Das OLG 316

Hamm (DAR **1956** 111) hat ein Mädchen als Halterin angesehen, das von ihrem Vater das Recht erhielt, mit seinem Wagen drei Tage zu fahren und das Fahrtziel selbst zu bestimmen. Die beiden letztgenannten Entscheidungen erscheinen jedoch zu weitgehend. Die Haltereigenschaft ist kein augenblicklicher Zustand, sondern ein solcher von gewisser Dauer. Zwar läßt sich keine starre Mindestzeit festlegen, bei einer Überlassung für wenige Tage wird es allerdings an der erforderlichen Dauerhaftigkeit fehlen. Im übrigen ist die Frage von Fall zu Fall auch unter Berücksichtigung der Intensität und der Selbständigkeit der Nutzung zu beantworten[123] (vgl. Rdn. 313f).

317 **f)** Der **Nießbraucher** ist Halter, wenn er das Kraftfahrzeug für eigene Rechnung gebraucht und die umfassende Verfügungsgewalt hierüber besitzt (RGZ **78** 182).

318 **g)** Beim **Leasing** wird der Leasingnehmer Halter, während der Leasinggeber die Halterstellung in der Regel verliert (BGH VersR **1983** 656). Ausnahmen sind nach OLG Hamburg (VRS **60** 55) denkbar.

319 **h)** Während des Aufenthalts in einer **Reparaturwerkstätte** ändert sich an der Halterstellung nichts. Probefahrten, die mit dem Kraftfahrzeug durchgeführt werden, werden in Vertretung des Bestellers ausgeführt. Weder der Angestellte oder Arbeiter, der die Fahrt ausführt, ist Halter, noch der Inhaber der Werkstatt[124]. Allerdings ist der Inhaber der Reparaturwerkstatt gegenüber dem Halter vertraglich verpflichtet, mit dem instandzusetzenden Fahrzeug so zu verfahren, daß sein Halter nicht von Dritten in Anspruch genommen wird (KG VAE **1936** 579). Leiht oder vermietet der Inhaber der Werkstatt dem Kunden während der Reparaturzeit ein Kraftfahrzeug, so gelten die für Leihe und Miete (Rdn. 312ff) aufgestellten Grundsätze.

320 **i)** Für **Sammelgaragen**, in denen die Angestellten des Garagenunternehmens vom Kunden ermächtigt sind, den abgestellten Wagen des Kunden nach Bedarf an eine andere Stelle der Garage zu fahren, gilt das gleiche wie für Reparaturbetriebe (vgl. Rdn. 319; OLG Hamburg VersR **1960** 330).

321 **k) Angestellte oder Arbeiter** fahren die dem Unternehmen gehörenden Kraftfahrzeuge in Vertretung des Unternehmers. Mithin ist dieser Halter, nicht aber der Angestellte oder Arbeiter (Rdn. 294). Das gilt auch für leitende Angestellte (OLG Hamm NJW **1955** 1162 m. Anm. *Bruns*; OLG Bremen NJW **1955** 1163). Ob der Unternehmer eine natürliche oder juristische Person ist, macht keinen Unterschied (vgl. Rdn. 325).

322 Hat der Angestellte oder Arbeiter das Recht, das dem Unternehmen gehörende Kraftfahrzeug auch zu **Privatfahrten** zu benutzen, so ist er neben dem Unternehmer Halter des Kraftfahrzeugs (OLG Hamm VRS **17** 382). Dasselbe gilt, wenn der Arbeitnehmer ein ihm gehörendes Kraftfahrzeug mit Billigung des Unternehmers teilweise für Zwecke des Unternehmers (insoweit also in Vertretung des Unternehmers) fährt (BGHZ **13** 358; OLG Köln DAR **1941** 17).

323 **l) Handelsvertreter** sind in der Regel unter Ausschluß des Geschäftsherrn Halter der von ihnen beruflich benutzten Kraftfahrzeuge auch dann, wenn diese im Eigentum des Geschäftsherrn stehen (RG VAE **1937** 172; **a. A.** RG DAR **1933** 173). Die-

[123] Beispiele aus der Rechtsprechung: RGZ **127** 177; RG VAE **1944** 14; BGHZ **5** 269; **32** 331; BGH VersR **1978** 233; OLG Stuttgart DAR **1935** 56; OLG München VAE **1936** 281; OLG Köln DAR **1938** 268; OLG Zweibrücken VAE **1943** 100; OLG Düsseldorf MDR **1956** 677; LG München II VersR **1956** 182.

[124] RGZ **79** 312; **91** 272; **91** 304; **150** 137; KG JW **1929** 2063; *Greiff* DAR **1936** 71.

ser ist nur dann neben dem Handelsvertreter Halter, wenn er ein Weisungsrecht des Inhalts hat, daß er Einfluß auf die Durchführung einzelner Fahrten nehmen kann (RG VAE **1939** 31), oder wenn er das Kraftfahrzeug gelegentlich auch für eigene geschäftliche Zwecke oder für Privatfahrten benutzt (OLG Zweibrücken DAR **1933** 56). Wegen ihrer relativ selbständigen Stellung können Handelsvertreter in der Regel nicht als „Vertreter" des Geschäftsherrn im Sinne von Rdn. 297 angesehen werden. Abzulehnen ist die Ansicht des Reichsgerichts, der Geschäftsherr sei dann Halter, wenn der Handelsvertreter ihm sein Fahrzeug sicherungsübereignet habe (RGZ **141** 404; ebenso OLG Karlsruhe HRR **1935** Nr. 1151). Die vom Reichsgericht gegebene Begründung, der Geschäftsherr habe einen wirtschaftlichen Vorteil davon, daß der Handelsvertreter ein Kraftfahrzeug benutze, reicht für die Begründung der Haltereigenschaft nicht aus (vgl. auch *Weigelt* DAR **1936** 103).

m) Für Beamte gelten die oben (Rdn. 321) für Angestellte und Arbeiter aufgestell- 324
ten Grundsätze. Verwendet ein Beamter sein Dienstfahrzeug nur für Dienstfahrten, so ist ausschließlich die Behörde Halter (OLG Schleswig VkBl. **1951** 171); verwendet er es auch für Privatfahrten, so wird er hierdurch neben seinem Dienstherrn Halter (OLG Schleswig aaO; OLG Celle VersR **1960** 764; LG Berlin DAR **1941** 56), auch wenn das Kraftfahrzeug seinem Dienstherrn gehört. Dasselbe gilt für ein „beamteneigenes" Kraftfahrzeug und für ein „anerkannt privateigenes" Kraftfahrzeug. In diesen beiden Fällen handelt es sich um ein Kraftfahrzeug, das der Beamte zwar vorwiegend für dienstliche Zwecke benützt, aber auch – wenn auch nur in geringem Umfang – zu Privatfahrten verwenden kann (RGZ **165** 372; OLG Celle VersR **1960** 764; *Voss* VersR **1955** 201). Benützt der Beamte ein ihm gehörendes Kraftfahrzeug mit Zustimmung des Dienstherrn für eine bestimmte Dienstfahrt, so wird hierdurch der Dienstherr nicht Halter, auch wenn er Kilometergeld bezahlt. Der Beamte bleibt vielmehr allein Halter (BGHZ **29** 43).

n) Juristische Personen, Gesellschaften. Auch eine juristische Person kann Halter 325
sein (BGH VersR **1958** 646). Fährt der Alleingesellschafter einer Einmann-GmbH einen Wagen nur für Zwecke des Unternehmens, so ist nicht der Gesellschafter, sondern die Gesellschaft Halter (KG DAR **1939** 177; zweifelnd OLG Celle JW **1937** 1074 m. Anm. *Müller*). Da die offene Handelsgesellschaft und die Kommanditgesellschaft selbständig Rechte und Pflichten haben können (§ 124 HGB), können sie Halter eines Kraftfahrzeugs sein. Die Gesellschafter sind – ebenso wie bei der GmbH oder AG – nicht Halter, außer wenn sie ein Kraftfahrzeug der Gesellschaft auch für Privatfahrten benutzen (OLG Celle JW **1937** 1074, wo allerdings zu Unrecht angenommen wird, während einer persönlichen Fahrt sei der Gesellschafter nicht Mithalter, Rdn. 299). Gleiches gilt für den stillen Gesellschafter (BGH VersR **1962** 509). Auch eine politische Partei kann Halter sein (RG VAE **1942** 33). Eine Gesellschaft des bürgerlichen Rechts kann nicht Halter sein, weil ihr die Rechtspersönlichkeit fehlt (**a. A.** *Weimar* VP **1965** 163). Sind z. B. zwei Ärzte Inhaber einer Klinik, so sind beide Halter des der Berufsausübung dienenden Kraftfahrzeugs. Das gilt auch, wenn nur einer von beiden Eigentümer des Kraftfahrzeugs ist. Ist dagegen nur einer von beiden Inhaber der Klinik, der andere aber sein Angestellter, so ist nur der Inhaber der Klinik Halter, wenn der angestellte Arzt das Kraftfahrzeug nicht für Privatfahrten verwenden darf und verwendet.

o) Auftragsverwaltung. Leitet das Land im Rahmen der Auftragsverwaltung den 326
Einsatz der dem Bund gehörenden Kraftfahrzeuge, so liegt die Verfügungsgewalt ausschließlich beim Land und nur dieses ist Halter (OLG München VkBl. **1957** 308).

327 **p)** Ein durch **Verwaltungsakt** in Anspruch genommenes oder beschlagnahmtes Kraftfahrzeug wechselt den Halter nicht, solange es von der Behörde nicht in Betrieb genommen wird. Geschieht dies, so wird diejenige Person oder öffentliche Körperschaft allein Halter, deren Verwaltungsaufgaben durch den Betrieb des Kraftfahrzeugs erfüllt werden (RGZ **167** 12; OLG Frankfurt VRS **1** 110). Dies gilt auch, wenn die Inanspruchnahme nur einige Tage dauert. Wird das beschlagnahmte Kraftfahrzeug einem anderen zum Gebrauch zugewiesen, so wird dieser in dem Augenblick Halter, in dem er das Kraftfahrzeug in Gebrauch nimmt. Gleichzeitig erlischt die Haltereigenschaft des Eigentümers (OLG Dresden VAE **1941** 182; OLG Frankfurt VRS **1** 110). Die Polizei, die einen verkehrswidrig geparkten Wagen abschleppen läßt, wird nicht Halter; denn sie handelt nur in Vertretung des Halters. Gleiches gilt, wenn die Polizei einen Wagen wegen Trunkenheit des Fahrers sicherstellt (BGH VersR **1956** 219).

328 **q)** Die **Pfändung** eines Kraftfahrzeugs durch den Gerichtsvollzieher macht weder diesen oder den Staat noch den Vollstreckungsgläubiger zum Halter. Die bisherige Halterstellung bleibt vielmehr erhalten, auch wenn das Kraftfahrzeug nicht mehr benutzt werden kann, denn einen halterlosen Zustand darf es nicht geben. Mit der Übergabe an den Ersteigerer geht dann auch die Halterstellung auf diesen über.

329 **r)** Der **Testamentsvollstrecker**, der ein Handelsgeschäft treuhänderisch für den Erben betreibt, wird Mithalter des zur Betriebseinrichtung gehörenden Kraftfahrzeugs (BGH Betrieb **1974** 2197).

330 **s)** Bei **Eheleuten** hängt die Frage, ob einer von ihnen Halter ist oder ob sie Mithalter sind, von der jeweiligen Ausgestaltung des Benutzungsverhältnisses ab. Trägt z. B. der Ehemann allein die Kosten des Kraftfahrzeugs und stellt er es seiner Frau nur zu gelegentlichen Fahrten zur Verfügung, so ist nur er Halter. Anders ist es hingegen, wenn beide für die Kosten aufkommen und das Kraftfahrzeug abwechselnd nutzen; es sind dann beide Halter, und zwar durchgehend, d. h. nicht nur während der von ihnen ausgeführten Fahrten. Wird ein Kraftfahrzeug nur im Geschäftsbetrieb der Ehefrau genutzt, so ist diese allein Halter auch dann, wenn das Kraftfahrzeug vom Ehemann gefahren wird (KG VRS **45** 220).

331 **t)** Der Eigentümer eines **Anhängers** wird nicht zum Kraftfahrzeughalter, wenn sein Anhänger an das Kraftfahrzeug eines anderen Halters angehängt wird (BGHZ **20** 385).

332 **u) Unbefugter Gebrauch.** Halter wird auch, wer ein fremdes Kraftfahrzeug, ohne hierzu befugt zu sein, für eigene Zwecke und nicht nur ganz vorübergehend in Betrieb setzt. Der Dieb wird mithin in dem Augenblick Halter, in dem er das fremde Kraftfahrzeug in Betrieb setzt (RGZ **138** 320). Dagegen wird derjenige, der sich ohne Zueignungsabsicht nur vorübergehend den Gebrauch eines Kraftfahrzeugs anmaßt, nicht Halter. Dementsprechend erlischt die Haltereigenschaft des bisherigen Halters nicht, wenn sich eine unbefugte Person nur vorübergehend in den Besitz des Kraftfahrzeugs setzt (für einen Tag oder einige Tage), um das Kraftfahrzeug dem bisherigen Halter nach Gebrauch wieder zukommen zu lassen, während bei längerdauernder Entziehung durch einen Dieb die Halterstellung verloren geht. Zu beachten ist aber, daß bei Diebstahl der bisherige Halter auch nach Erlöschen seiner Haltereigenschaft gemäß der Ausnahmevorschrift in Absatz 3 Satz 1 zweiter Halbsatz neben dem Dieb wie ein Halter haftet, wenn er den Diebstahl durch sein Verschulden ermöglicht hat (RGZ **138** 320; OLG Nürnberg VersR **1958** 202; *Stelzer* VersR **1958** 388; vgl. Rdn. 357). Der bisherige Halter haftet aber nach Absatz 3 Satz

2 nach dem Erlöschen seiner Haltereigenschaft nicht neben dem unbefugten Benutzer weiter, wenn er diesen für den Betrieb des Kraftfahrzeugs angestellt oder ihm das Kraftfahrzeug aus anderem Grund überlassen hat (Rdn. 358).

VIII. Die Ersatzpflicht bei unbefugter Kraftfahrzeugbenutzung

1. Geschichtliche Entwicklung 333

Die ursprüngliche Fassung des Abs. 3 lautete:

„Wird das Fahrzeug ohne Wissen und Willen des Fahrzeughalters von einem anderen in Betrieb gesetzt, so ist dieser anstelle des Halters zum Ersatz des Schadens verpflichtet."

Die Haftung des Halters bei Schwarzfahrten von Angestellten und Personen, denen er das Kraftfahrzeug überlassen hatte, wurde durch diese Fassung in der Regel nicht ausgeschlossen; denn bei solchen Fahrten war das Kraftfahrzeug meist mit Wissen des Halters in Betrieb gesetzt worden. Man empfand dies nach dem ersten Weltkrieg, als der Kraftverkehr einen starken Aufschwung nahm, als Unbilligkeit und erweiterte deshalb durch Neufassung der Vorschrift mit Gesetz vom 21. 7. 23 (RGBl. I 743) die Haftungsfreiheit des Halters auf die genannten Fälle. Abs. 3 lautete jetzt:

„Benutzt jemand das Fahrzeug ohne Wissen und Willen des Fahrzeughalters, so ist er anstelle des Halters zum Ersatze des Schadens verpflichtet. Daneben bleibt der Halter zum Ersatze des Schadens verpflichtet, wenn die Benutzung des Fahrzeugs durch sein Verschulden ermöglicht worden ist."

Somit kam es nun nicht mehr darauf an, ob das Kraftfahrzeug mit Willen des Halters in Betrieb gesetzt wurde, sondern darauf, ob die Benutzung des Kraftfahrzeugs im Augenblick des Unfalls dem Willen des Halters entsprach (vgl. auch RGZ **119** 352; **161** 149). Das Gesetz vom 7. 11. 39 verfolgte den umgekehrten Zweck. Nun glaubte man, die bisher von Rechtsprechung und Schrifttum gebilligte und befürwortete Regelung „widerspreche unzweifelhaft dem Rechtsempfinden des Volkes" (Amtl. Begründung DJ **1939** 1771); es sei unbillig, daß der Halter bei einer Schwarzfahrt seines Angestellten oder einer Person, der er das Kraftfahrzeug überlassen hatte, von der Haftung frei werde. Anstatt aber die ursprüngliche Fassung wiederherzustellen, fügte man einen neuen Satz an, der für solche Fälle die bisherige Regelung für unwirksam erklärte. Die Entstehungsgeschichte erklärt die unglückliche Fassung des Abs. 3, die den irrigen Schluß nahelegt, daß ein für den Betrieb des Kraftfahrzeugs Angestellter oder eine Person, der das Kraftfahrzeug zur Benutzung überlassen wurde, in keinem Fall als Halter hafte (vgl. Rdn. 334).

2. Bedeutung des § 7 Abs. 3

Für das richtige Verständnis des Abs. 3 ist es wichtig, sich vor Augen zu halten, 334
daß die unbefugte Benutzung des Kraftfahrzeugs dann, wenn sie nicht nur vorübergehender Art ist, zum Halterwechsel führt, d. h. daß der frühere Verfügungsberechtigte seine Halterstellung verliert und der unbefugte Benutzer Halter wird (Rdn. 296). In solchen Fällen ergibt sich die Haftung des unbefugten Benutzers bereits aus Abs. 1, so daß Abs. 3 insoweit keine konstitutive Wirkung hat.

Abs. 3 Satz 1 hat somit nur folgende Bedeutung: 335

– auch die unbefugte Benutzung, die nicht zu einem Halterwechsel führt (sog. Schwarzfahrt), bewirkt, daß nur der Benutzer nach § 7 haftet, die Haftung des Verfügungsbefugten aber entfällt: der Fall der vorübergehenden wird also dem der endgültigen Entziehung des Fahrzeugs haftungsrechtlich gleichgestellt (1. Halbsatz);

– bei schuldhaftem Ermöglichen der unbefugten Benutzung haftet der Verfügungsbefugte auch dann neben dem Benutzer weiter, wenn er infolge der Entziehung nicht mehr Halter ist: insoweit wird also der Fall der endgültigen Entziehung dem der vorläufigen gleichgestellt (2. Halbsatz).

336 Die Funktion von Abs. 3 Satz 1 ist somit darin zu sehen, daß bei unbefugter Benutzung *ohne* Halterwechsel die gleiche Haftungssituation eintritt wie bei unbefugter Benutzung *mit* Halterwechsel. Zur Verdeutlichung möge folgendes Schema dienen, wobei H für den (bisherigen) Halter und U für den unbefugten Benutzer steht:

		Rechtslage ohne Abs. 3 Satz 1	Rechtslage nach Abs. 3 Satz 1
unbefugte Benutzung nicht verschuldet	Halterwechsel	H haftet nicht U haftet	H haftet nicht U haftet
	kein Halterwechsel	H haftet U haftet nicht	H haftet nicht U haftet
unbefugte Benutzung verschuldet	Halterwechsel	H haftet nicht U haftet	H haftet U haftet
	kein Halterwechsel	H haftet U haftet nicht	H haftet U haftet

337 **Abs. 3 Satz 2** regelt den Exzess des befugten Benutzers. Auch hier ist wieder zu unterscheiden, ob es zum Halterwechsel kommt (der Angestellte oder Entleiher unterschlägt das Kraftfahrzeug) oder nicht (er macht eine nicht genehmigte Spritztour). Die Haftungsfolge läßt sich dann aus obigem Schema („Rechtslage ohne Abs. 3 Satz 1") ablesen. Die wesentliche Funktion des Satzes 2 besteht somit darin, daß es dann, wenn kein Halterwechsel stattfindet, bei der ausschließlichen Gefährdungshaftung des Halters verbleibt (vgl. Rdn. 369).

3. Benutzung ohne Wissen und Willen des Halters

338 Das entscheidende Merkmal für die Anwendbarkeit des Abs. 3 ist, ob das Kraftfahrzeug ohne Wissen und Willen des Halters benutzt wird.

339 **a) Benutzt** wird ein Kraftfahrzeug von demjenigen, der es für sich in Gebrauch nimmt. Darauf, ob er es auch selbst lenkt, kommt es nicht an, solange es in seinem Interesse gefahren wird (BGH VRS **12** 89; VersR **1961** 348). Ob er es auf Dauer oder nur ganz vorübergehend nutzen will, ist insofern ohne Bedeutung; dieses Kriterium entscheidet aber u. a. darüber, ob er Halter des Kraftfahrzeugs wird oder ob es bei der bisherigen Halterstellung verbleibt (vgl. Rdn. 296). Wer ausschließlich im Interesse eines anderen fährt, ist nicht Benutzer, auch wenn der andere in Wirklichkeit keine Genehmigung des Halters hatte, das Kraftfahrzeug für sich einzusetzen (*Koffka* VAE **1939** 413). Keine unbefugte Benutzung liegt mithin z. B. dann vor, wenn der vom Halter mit der Durchführung einer Fahrt beauftragte Fahrer einem anderen ohne Erlaubnis des Halters die Lenkung des Kraftfahrzeugs überläßt, ohne daß der Zweck der Fahrt geändert würde (RG DAR **1931** 379; OLG Bamberg VRS 7 334; unentschieden RG JW **1932** 2013).

Bei Zusammenwirken mehrerer zum Zweck der unbefugten Benutzung eines fremden Kraftfahrzeugs sind diese sämtlich unbefugte Benutzer und haften als Gesamtschuldner. 340

Wer nur bei einem anderen **mitfährt**, ohne entscheidenden Einfluß auf die Gestaltung der Fahrt auszuüben, ist nicht Benutzer des Kraftfahrzeugs. Hat der Fahrgast allerdings den anderen erst dazu bestimmt, das Kraftfahrzeug unbefugt zu benutzen, so ist in der Regel auch der Fahrgast unbefugter Benutzer geworden, denn Benutzer des Kraftfahrzeugs kann auch sein, wer es nicht lenkt, sondern einen anderen mit der Lenkung beauftragt (Rdn. 339). Es kann deshalb sogar der Fall eintreten, daß ein unbefugter Benutzer (unter Vorspiegelung eines in Wirklichkeit nicht bestehenden Einverständnisses des Halters) den vom Halter für den Betrieb des Kraftfahrzeugs Angestellten beauftragt, eine Fahrt auszuführen (vgl. OLG Dresden VAE **1938** 151). 341

b) Ohne Wissen und Willen. Entscheidendes Merkmal ist der Wille. An der Anwendbarkeit des Abs. 3 ändert sich daher – entgegen wortgetreuer Auslegung – nichts, wenn der Halter zufällig von der gegen seinen Willen erfolgenden Benutzung weiß (z. B. weil das Kraftfahrzeug vor seinen Augen gestohlen wird). 342

Nachträgliches Einverständnis des Halters mit der Benutzung durch den Unbefugten macht diesen zum befugten Benutzer. Darauf, ob der Halter sein Einverständnis mit der Unfallfahrt vor oder nach dem Unfall erklärt, kommt es nicht an (RG RdK **1928** 332). Eine Genehmigung der Benutzung des Kraftfahrzeugs durch den Unbefugten für die Zukunft ist darin zu sehen, daß der Halter von der Benutzung erfährt und, obwohl ihm dies möglich wäre, nichts unternimmt, sie für die Zukunft zu verhindern. Im übrigen kommt ein stillschweigendes Einverständnis des Halters mit der Fahrt nur in Frage, wenn er von der Absicht des Benutzers Kenntnis hatte (RG VAE **1939** 33). Bei Mithalterschaft genügt das Einverständnis eines der Halter, um eine unbefugte Benutzung auszuschließen. Zu beachten ist, daß bei langfristiger Gebrauchsüberlassung, etwa eines Mietfahrzeugs, die Halterstellung übergegangen sein kann, so daß dann das Einverständnis des neuen Halters, z. B. des Mieters, entscheidet (vgl. Rdn. 296). 343

Das Einverständnis des Vertreters des Halters macht die Benutzung des Kraftfahrzeugs ebenso zu einer befugten wie das Einverständnis des Halters selbst (RG DAR **1932** 284; BGH DAR **1955** 87). 344

4. Die Haftung des unbefugten Benutzers

a) Überblick. Bei Übergang der Halterstellung (vgl. Rdn. 296) ergibt sich die Haftung unmittelbar aus Abs. 1. Wird der unbefugte Benutzer dagegen nicht zum Halter (insbesondere bei nur vorübergehender Benutzung), so greift Abs. 3 Satz 1 1. Halbsatz ein, der den Benutzer haftungsrechtlich einem Halter gleichstellt. Ausgeschlossen ist die Gefährdungshaftung des unbefugten Benutzers aber nach Abs. 3 Satz 2, wenn er für den Betrieb des Kraftfahrzeugs angestellt ist oder wenn ihm das Kraftfahrzeug vom Halter überlassen worden ist („Exzeß des befugten Benutzers"; vgl. Rdn. 347). 345

b) Zum Begriff der unbefugten Benutzung vgl. Rdn. 338ff. 346

c) Haftungsausslchuß bei Exzeß des befugten Benutzers (Abs. 3 Satz 2). Satz 2 des Abs. 3 hat nicht nur die Funktion, die Haftung des Halters bei Schwarzfahrten von Angestellten und sonstigen berechtigten Benutzern entgegen Satz 1 aufrechtzuerhal- 347 ten, sondern er bewirkt zugleich, daß die bezeichneten Benutzer von der haltergleichen Gefährdungshaftung freigestellt werden (*Krumme* 39). Dies ergibt sich eindeutig aus dem Wortlaut der Vorschrift, die einer Korrektur durch restriktive Interpretation insoweit nicht bedarf. Es ist kein Grund ersichtlich, der es erfordern würde, den Benutzer neben dem Halter der strengen Haftung nach § 7 zu unterwerfen. Sinn des Satzes 2 ist, bei gewollter Gebrauchsüberlassung den Halter nicht aus seiner Gefährdungshaftung zu entlassen, weil er durch Auswahl seiner Vertrauensperson das Risiko zu beeinflussen vermag, während bei der von vornherein unberechtigten und nicht schuldhaft ermöglichten Gebrauchsanmaßung der Halter von dieser Haftung nach Satz 1 frei werden soll. Im letzteren Fall bedarf es, um gleichwohl einen nach § 7 Verantwortlichen zu schaffen, der Konstituierung der haltergleichen Haftung des Benutzers nach Satz 1, im Fall des Satzes 2 hingegen besteht ein solches Bedürfnis nicht.

348 **aa) Anstellung für den Betrieb des Kraftfahrzeugs** liegt bei jedem vor, der vom Halter oder seinem Vertreter beauftragt ist, entweder das Kraftfahrzeug selbst zu lenken oder den Einsatz des Kraftfahrzeugs im einzelnen zu bestimmen. Dagegen gehört zu diesem Personenkreis nicht ohne weiteres jede Person, die vom Halter oder seinem Vertreter beauftragt ist, sonstige zum Betrieb des Kraftfahrzeugs gehörende Verrichtungen (z. B. Beladen, Abladen, Abkuppeln des Anhängers) vorzunehmen, insbesondere nicht der Beifahrer. Dieser ist für den Betrieb des Kraftfahrzeugs nur dann angestellt, wenn er den Fahrer abzulösen hat (BGH VersR **1954** 84) oder ihm Weisungen für den Einsatz des Kraftfahrzeugs zu geben hat (OLG Celle DAR **1951** 159). Wer vom Halter nicht beauftragt ist, das Kraftfahrzeug regelmäßig, aushilfsweise oder unter besonderen Umständen (z. B. nach Reparaturarbeiten) zu fahren, ist nicht „für den Betrieb angestellt" (wie z. B. der Wagenwäscher, Garagenwächter, Schaffner), denn der Begriff des „für den Betrieb Angestellten" deckt sich nicht mit dem Begriff des „bei dem Betrieb Beschäftigten" im Sinne des Absatzes 2 (Rdn. 495; BGH VRS **10** 2). Der Wagenwäscher ist aber z. B. dann „angestellt", wenn er die Autoschlüssel erhält, um den Wagen zum Waschen zu fahren. Ein für den Betrieb Angestellter behält diese Eigenschaft auch dann, wenn er die Lenkung des Kraftfahrzeugs einem anderen überläßt, der in seinem Interesse oder im Interesse des Halters die Fahrt fortsetzt oder eine weitere Fahrt unternimmt. Sind für einen Halter mehrere Kraftfahrzeuge im Einsatz, so ist jeder für den Betrieb eines dieser Kraftfahrzeuge Angestellte auch für den Betrieb der anderen angestellt, selbst wenn es ihm verboten ist, sie zu fahren (OLG Köln VersR **1958** 112). Der Ausdruck „angestellt" umfaßt jede entgeltliche Beschäftigung ohne Rücksicht auf den arbeitsrechtlichen Charakter.

349 **bb) Überlassung des Kraftfahrzeugs** bedeutet, daß der Halter einer anderen Person die tatsächliche Benutzungsmöglichkeit eingeräumt hat, ohne daß der andere Halter wird. Es handelt sich vor allem um manche Fälle der Leihe und Miete und diejenigen, in denen der Arbeitgeber einem Arbeitnehmer die Befugnis einräumt, ein Kraftfahrzeug des Halters für sich zu benutzen. Schließlich gehören hierher auch alle Fälle, in denen sich der Halter eines „Vertreters" (Rdn. 297) bedient; auch diesem ist das Kraftfahrzeug „überlassen". Hat der Halter bei der Überlassung Anordnungen dahin getroffen, daß der Berechtigte das Kraftfahrzeug nur benutzen dürfe, wenn es von einem bestimmten Fahrer gelenkt werde, so ist dies in diesem Zusammenhang ohne Bedeutung (BGHZ **5** 273). Dasselbe gilt, wenn der Halter die Benutzung des Kraftfahrzeugs nur auf einer bestimmten Strecke gestattet hat. „Überlassung" liegt nur vor, wenn sie zur Benutzung geschehen ist. Auf den Um-

fang und die Dauer der gestatteten Benutzung kommt es dagegen nicht an, auch nicht darauf, ob sie entgeltlich oder unentgeltlich erfolgt. Keine Überlassung liegt vor, wenn der Halter eine befreundete Person beauftragt, einen Gegenstand aus dem Wagen zu holen oder den Wagen zu öffnen, damit er, mit einem Kleinkind nachkommend, sofort einsteigen kann (BGH VersR **1970** 66). Die Überlassung eines Kraftfahrzeugs an eine Reparaturwerkstatt in Kenntnis des Umstands, daß eine Probefahrt ausgeführt werden wird, ist Überlassung an den Inhaber der Werkstatt und die von diesem mit der Probefahrt Beauftragten (BGH VersR **1967** 659). Wer dem Betreiber einer Sammelgarage oder Werkstatt oder einem Gastwirt die Autoschlüssel zum Rangieren des Wagens aushändigt, überläßt das Kraftfahrzeug (OLG Karlsruhe VersR **1960** 565).

cc) Bei **Schwarzfahrt eines Dritten mit dem einer Vertrauensperson überlassenen** 350
Kraftfahrzeug sind folgende Fälle zu unterscheiden:

– Hat die Vertrauensperson den Dritten in ihrem eigenen Interesse mit dem Füh- 351
ren des Kraftfahrzeugs **beauftragt**, so bleibt sie Benutzer (z. B. wenn der angestellte Führer des Kraftfahrzeugs wegen Übermüdung das Steuer einem Mitglied der Lademannschaft übergibt). Ihre Haftung ist daher nach Abs. 3 Satz 2 ausgeschlossen, wenn sie eine unbefugte Fahrt veranlaßt. Der Dritte ist in diesem Fall kein Benutzer im Sinne des Abs. 3 (Rdn. 339).

– **Weicht der beauftragte Dritte von seinem Auftrag ab,** so ist die Vertrauensper- 352
son, wenn es bei der Schwarzfahrt zu einem Unfall kommt, in diesem Zeitpunkt nicht mehr Benutzer und Abs. 3 schon aus diesem Grund nicht anwendbar. Der Dritte ist aber unbefugter Benutzer im Sinne des Abs. 3. Da ihm das Kraftfahrzeug von der Vertrauensperson des Halters überlassen wurde, wird das Haftungsprivileg des Satzes 2 aber auf ihn anzuwenden sein (Vertrauensperson zweiten Grades), ohne daß es darauf ankommt, ob der andere zu der Weiterüberlassung berechtigt war oder nicht. Die Gefährdungshaftung des Dritten kann nicht von diesem ihm oftmals nicht erkennbaren Umstand abhängig sein.

– Hat die Vertrauensperson die Benutzung durch den Dritten (in dessen Interes- 353
se) nur **zugelassen,** gilt Vorstehendes entsprechend.

– Benutzt ein Dritter das Kraftfahrzeug von vornherein **ohne Willen der Ver-** 354
trauensperson (und des Halters), so ist die Vertrauensperson nicht, der Benutzer aber nach Abs. 3 Satz 1 verantwortlich; Satz 2 ist auf diesen Fall nicht anwendbar.

dd) Ende der Überlassung ist erst die Beseitigung der tatsächlichen Möglichkeit, 355
das Kraftfahrzeug zu benutzen. Die bloße Weisung des Halters, die Benutzung zu beenden, hat ebensowenig Wirkung wie der Ablauf des Vertragsverhältnisses zwischen Halter und Benutzer (OLG Düsseldorf VRS **3** 96).

5. Die Haftung des (bisherigen) Halters

a) Überblick. Bei der unerlaubten Nutzung des Kraftfahrzeugs wird der (bisheri- 356
ge) Halter grundsätzlich von der Haftung nach § 7 frei. Dies ergibt sich für die Fälle, in denen er seine Haltereigenschaft verliert (vgl. Rdn. 296) aus der Nichtanwendbarkeit von § 7 Abs. 1, für die anderen Fälle aus § 7 Abs. 3 Satz 1. Von dieser Haftungsbefreiung macht das Gesetz jedoch zwei Ausnahmen:

– bei schuldhaftem Ermöglichen der unbefugten Benutzung (Abs. 3 Satz 1 2. Halbsatz) und

– bei unbefugter Benutzung durch den, der zum Betrieb des Kraftfahrzeugs angestellt oder dem es überlassen ist (Abs. 3 Satz 2).

357 Hierbei ist – was sich aus dem Wortlaut nicht eindeutig ergibt – zu beachten, daß die erste Ausnahme (schuldhaftes Ermöglichen, Satz 1 2. Halbsatz) auch den Fall des Halterwechsels erfaßt, also auch eine Gefährdungshaftung des früheren Halters begründet (RGZ **138** 320; OLG Nürnberg VersR **1958** 202). Dies folgt aus der sinngemäßen Auslegung der Vorschrift. Ihr Sinn besteht darin, den Halter auch bei unbefugter Benutzung der strengen Haftung nach § 7 zu unterwerfen, wenn er diese Benutzung schuldhaft ermöglicht hat. Es ist auch mit dem Gesetzeswortlaut ohne weiteres vereinbar, unter „Halter" im Sinne von Satz 1 2. Halbsatz den zu verstehen, der zum Zeitpunkt der Ermöglichung Halter war.

358 Problematischer ist die Frage, ob auch die zweite Ausnahme (Satz 2) auf den Fall des Halterwechsels anzuwenden ist, d. h. ob auch beim Exzeß des befugten Benutzers der frühere, durch den Exzeß seiner Halterstellung verlustig gegangene Halter weiter (mit) haftet. Da Satz 2 nur die Anwendbarkeit von Satz 1 ausschließt, kommt es darauf an, welchen Regelungsgehalt dieser hat. Geht man davon aus, daß er im 1. Halbsatz nur den Fall der Schwarzfahrt ohne Halterwechsel betrifft (was naheliegt, da sich für den Fall des Halterwechsels die besagte Rechtsfolge schon aus § 7 Abs. 1 ergibt), so enthält auch Satz 2 keine Regelung für den Fall des Halterwechsels und es verbleibt für den Fall des Exzesses des befugten Benutzers bei der Haftungsfreiheit des früheren Halters. Zu einem anderen Ergebnis käme man nur, wenn man den 1. Halbsatz von Satz 1 so interpretieren würde, daß er den Fall des Halterwechsels deklaratorisch mit umfaßt und insoweit erst in der Umkehrung durch Satz 2 eine eigene Bedeutung bekommt mit der Wirkung, daß der die Benutzung des Kraftfahrzeugs einer Vertrauensperson überlassende Halter auch dann in der Gefährdungshaftung befangen bleibt, wenn er durch unbefugtes Handeln dieser Person seine Halterstellung verliert. Eine solche Konstruktion begegnet allerdings dogmatischen Bedenken, denn es dürfte nicht möglich sein, die Regelung einer Norm A, die in Norm B deklaratorisch wiederholt wird, dadurch aufzuheben, daß eine Norm C Norm B für unanwendbar erklärt. Es besteht auch keine sachliche Notwendigkeit, Abs. 3 Satz 2 über seinen Wortlaut hinaus auf die Fälle des Halterwechsels anzuwenden. Seine Funktion liegt darin, den unbefugten Benutzer, der nach Satz 1 an Stelle des Halters haften müßte, dann von dieser Haftung freizustellen, wenn er Vertrauensperson des Halters war und durch seinen Exzeß nicht selbst zum Halter geworden ist. Hat er sich dagegen zum Halter aufgeschwungen, so haftet er und nicht mehr der frühere Halter, wie sich aus § 7 Abs. 1 ergibt.

359 Der Fall, daß Satz 1 2. Halbsatz und Satz 2 zusammentreffen, ist praktisch kaum vorstellbar, denn es ist nicht ersichtlich, wie der Halter, der die Benutzung des Kraftfahrzeugs einem anderen überläßt, die unbefugte Benutzung durch diesen verschulden sollte. Die Haftungsfrage wäre jedenfalls nach Satz 2 in ausschließlicher Anwendung von § 7 Abs. 1, d. h. je nach Halterstellung zum Unfallzeitpunkt, zu lösen.

360 In Rdn. 336 ist die Haftung bei unbefugter Benutzung schematisch dargestellt.

361 **a) Schuldhaftes Ermöglichen der unbefugten Benutzung.** Der (frühere) Halter haftet für den bei der unerlaubten Benutzung des Kraftfahrzeugs eingetretenen Unfall, wenn er die Benutzung durch sein Verschulden ermöglicht hat (vgl. hierzu § 14 StVO, § 38a StVZO). Ihm muß also mindestens Fahrlässigkeit anzulasten sein, d. h. Außerachtlassen der im Verkehr erforderlichen Sorgfalt. Ein höheres Maß von

Sorgfalt oder gar ein Unabwendbarkeitsbeweis wie in Abs. 2 wird von ihm aber nicht gefordert[125]. Hinsichtlich des Verschuldenserfordernisses deckt sich § 7 Abs. 3 Satz 1 2. Halbsatz also mit den in diesen Fällen ebenfalls einschlägigen § 823 Abs. 1 und 2 BGB. Er geht aber über die deliktische Haftung insoweit hinaus, als er die Haftung des Halters für jeden Unfall begründet, dessen Unabwendbarkeit er nicht beweisen kann (Abs. 2), während im Anwendungsbereich des § 823 BGB der Geschädigte nachweisen muß, daß der Unfall durch das Verschulden des Halters adäquat verursacht wurde (BGH VersR **1960** 736; **1966** 79; **1966** 166; vgl. § 16, 114). Dies wird häufig etwas ungenau so ausgedrückt, daß die deliktische Haftung einen „über das Ermöglichen einer Schwarzfahrt hinausgehenden Verstoß" des Halters voraussetzt (RGZ **136** 17; BGHZ **1** 390).

aa) Nur **eigenes Verschulden** begründet die Haftung des Halters nach § 7 Abs. 3 **362**
Satz 1; das Verschulden eines Angestellten oder einer sonstigen Hilfsperson wird ihm mangels einer einschlägigen Zurechnungsnorm nicht angelastet (BGH NJW **1954** 392). § 278 BGB greift nicht ein, weil zwischen Halter und späterem Geschädigten noch kein Schuldverhältnis besteht.

bb) Kausalzusammenhang muß zwischen dem Verschulden und der unbefugten **363**
Benutzung bestehen. Daher haftet der Halter nicht nach § 7 Abs. 3, der sein Kraftfahrzeug mit einer unversperrten Tür auf der Fahrbahn stehen ließ, wenn der Benutzer eine andere Tür aufgebrochen hat (OLG Köln VersR **1959** 652). Dagegen kann mit der Behauptung, der Schwarzfahrer hätte auch bei ordnungsgemäßer Sicherung Mittel gefunden, um das Fahrzeug in Betrieb zu setzen, die Kausalität nicht ausgeräumt werden: es genügt, wenn die Mängel der Fahrzeugsicherung die unbefugte Benutzung jedenfalls nicht unerheblich erleichtert haben (BGH VersR **1981** 40).

cc) Beim **Abstellen des Kraftfahrzeugs** sind grundsätzlich alle vorgeschriebenen **364**
und vorhandenen Sicherungen gegen unbefugte Benutzung zu betätigen (BGH VM **1970** 15). Es sind also Türen und Fenster zu verschließen, der Zündschlüssel abzuziehen und aus dem Fahrzeug zu entfernen sowie das Lenkrad- oder Ganghebelschloß unter Einrasten zu verriegeln. Ein Schwenkfenster muß verschließbar sein; andernfalls haftet der Halter, auch wenn die Türen versperrt waren (österr. OGH ZVR **1969** 240). Das Verschließen von Türen und Fenstern wird auch bei Wagen ohne Verdeck gefordert (BGH VersR **1957** 24; **1958** 413; **1961** 446; OLG Celle DAR **1956** 138; OLG Hamm VRS **19** 79). Besondere Maßnahmen, wie z. B. Ausbau der Batterie, müssen nur dann ergriffen werden, wenn das Tür- oder das Lenkradschloß gebrauchsunfähig ist (RGZ **138** 320; RG JW **1933** 828, 1404 m. Anm. *Peters*; KG VAE **1937** 320; LG Ulm VersR **1960** 94). Das Zurücklassen von Zweitschlüsseln im Wagen ist nicht nur objektiv pflichtwidrig, sondern in aller Regel auch fahrlässig (BGH VersR **1981** 40).

Bleibt eine **zuverlässige Person beim Fahrzeug**, können sich derartige Vorkehrun- **365**
gen erübrigen (OLG Stuttgart VkBl **1959** 275; **a. A.** OLG Bamberg VM **1975** 6). Dagegen genügt es nicht, daß der Halter in der Nähe bleibt und das Kraftfahrzeug im Auge behält; in solchen Fällen ist zumindest der Zündschlüssel abzuziehen (vgl. BGH VersR **1961** 42). Dies gilt z. B. auch während des Bezahlens an einer Tankstelle. Schuldhaft handelt ferner, wer sich angetrunken im verschlossenen Fahrzeug

[125] Vgl. RGZ **119** 353; **135** 158; **136** 9; RG DRiZRspr. **1932** Nr. 510; JW **1934** 1647; VR **1936** 441; BGHZ **1** 390; BGH VersR **1960** 736; **1970** 66; **a. A.** *Full* 241.

schlafen legt, den Schlüssel aber sichtbar im Fahrzeug hängen läßt (OLG Hamburg VersR **1971** 165).

366 Beim Abstellen auf **Privatgrundstücken** sind grundsätzlich die gleichen Anforderungen zu stellen (OLG Düsseldorf NJW **1955** 1757 m. Anm. *Hartung*). Je nach den Umständen des Einzelfalles können aber geringere Vorkehrungen als ausreichend erachtet werden (BGH VersR **1960** 1091; OLG Nürnberg VersR **1955** 767; OLG Celle DAR **1956** 138; OLG Köln VersR **1968** 561), z. B. bei geschlossenem Tor und regelmäßigen Kontrollgängen (KG VersR **1982** 45). In der verschlossenen Garage sind zumindest das Lenkradschloß einzurasten und der Zündschlüssel abzuziehen (vgl. BGH VersR **1958** 413; OLG Hamburg VersR **1961** 14). Auf einem Werks- oder Baustellengelände kann, wenn ein Kraftfahrzeug z. B. wechselweise von verschiedenen Mitarbeitern gefahren wird, ein großzügigerer Maßstab angelegt werden (BGH VersR **1971** 1019). Das ungesicherte Abstellen eines Kraftfahrzeugs an einer Reparaturwerkstätte oder in einer Sammelgarage (zum Zwecke des Rangierens durch das Personal) dürfte, sofern dortiger Übung entsprechend, nicht schuldhaft sein (OLG Düsseldorf DAR **1975** 328; **a. A.** KG VersR **1968** 440), fällt aber, da das Kraftfahrzeug überlassen wird, unter Abs. 3 Satz 2.

367 **dd)** Beim **Verwahren der Schlüssel** zum Kraftfahrzeug ist auf die Gefahr unbefugter Benutzung Bedacht zu nehmen. Die Schlüssel (ggf. auch zur Garage) sind also so aufzubewahren, daß sie unzuverlässigen Personen nicht zugänglich sind. Dies können auch Familienangehörige oder sonstige Mitbewohner sein (auch minderjährige), jedoch nur, wenn Anhaltspunkte dafür bestehen, daß sie zu unbefugter Benutzung des Kraftfahrzeugs neigen[126]. Mit der Wegnahme der in der Wohnung abgelegten Schlüssel durch einen vorher nie entsprechend auffällig gewordenen Bekannten braucht der Halter nicht zu rechnen (OLG Hamm VersR **1978** 949). Während des Aufenthalts in einer Gaststätte dürfen die Schlüssel nicht in der Tasche des Mantels bleiben, der frei zugänglich aufgehängt wird, wohl aber bei Abgabe an der Garderobe (**a. A.** LG Berlin VersR **1967** 788). Vor einem Beifahrer ist der Kraftfahrzeugschlüssel auch bei nur kurzzeitiger Abwesenheit in Obhut zu nehmen, wenn Anhaltspunkte für Unzuverlässigkeit bestehen, z. B. bei Trunkenheit (BGH VRS **14** 197) oder einem gänzlich Unbekannten (Anhalter). Ob der Lkw-Fahrer bei einer Fahrtunterbrechung die Schlüssel vor dem Beifahrer in Verwahrung nehmen muß, wenn er diesen nicht näher kennt (so BGH VersR **1960** 736), wird von den Umständen des Einzelfalles abhängen.

368 **ee) Überlassen der Schlüssel** an eine andere Person begründet nur dann kein Verschulden, wenn der Halter an deren Zuverlässigkeit keine Zweifel zu haben braucht (vgl. BGH VersR **1961** 417; **1970** 66; OLG Köln DAR **1957** 83). Nicht mehr zeitgemäß ist der in BGH VersR **1970** 66 aufgestellte Grundsatz, der Fahrzeugschlüssel dürfe einem männlichen Jugendlichen in keinem Fall, wohl aber einer weiblichen Jugendlichen überlassen werden; richtigerweise wird hier nicht nach dem Geschlecht, sondern nach der Zuverlässigkeit zu differenzieren sein. Nicht schuldhaft wird es in der Regel sein, wenn der Halter seine nicht fahrkundige Braut mit dem Schlüssel vorausschickt, damit diese aufschließe und Gepäck ins Fahrzeug stelle (BGH VersR **1970** 66). Gibt der Halter die Schlüssel einer zuverlässigen Person mit dem Auftrag, sie an eine bestimmte Person weiterzugeben, so trifft ihn kein Ver-

[126] Vgl. BGH VRS **8** 251; VersR **1961** 417; **1968** 575; OLG Köln DAR **1959** 297; OLG München VersR **1960** 862; **1960** 1055; OLG Oldenburg VRS **34** 241; zu restriktiv in einer Strafsache BayObLG NJW **1983** 637.

schulden an der unbefugten Benutzung durch einen Boten, den der Beauftragte ohne sein Wissen eingeschaltet hat (OLG Celle VersR **1961** 739). Ein ausdrückliches Verbot, das Kraftfahrzeug zu benutzen, ist bei zuverlässigen Personen nicht erforderlich (vgl. OLG Karlsruhe VersR **1978** 262), während es bei unzuverlässigen in der Regel nutzlos sein wird und den Halter daher auch nicht entlastet. Werden die Schlüssel zum Zwecke der Benutzung des Kraftfahrzeugs überlassen, greift Satz 2 ein.

c) Exzeß des befugten Benutzers. Für die Schwarzfahrt einer Person, die er für den Betrieb des Kraftfahrzeugs angestellt oder der er das Kraftfahrzeug überlassen hat (Vertrauensperson) greift die Gefährdungshaftung des Halters ein, weil Abs. 3 Satz 2 den durch Satz 1 bewirkten Ausschluß von der Verantwortlichkeit nach Abs. 1 aufhebt. Dies gilt allerdings nur, solange der Halter nicht durch den Exzeß des befugten Benutzers seine Halterstellung verliert (vgl. Rdn. 296). Ein Verschulden des Halters hinsichtlich der unbefugten Benutzung ist für das Eingreifen der Haftung nach § 7 nicht erforderlich. **369**

aa) Zu den **Begriffen der Anstellung und Überlassung** vgl. Rdn. 348f. **370**

bb) Bei **Überlassung des Kraftfahrzeugs durch die Vertrauensperson an einen Dritten** bleibt die Haftung des Halters für eine Schwarzfahrt nach Abs. 3 Satz 2 bestehen, wenn die Vertrauensperson den Dritten in ihrem eigenen Interesse mit dem Führen des Kraftfahrzeugs beauftragt hat (BGH VersR **1957** 719; **1961** 348); ob der Dritte die Schwarzfahrt auf Weisung der Vertrauensperson oder in Abweichung von seinem Auftrag unternimmt, ist hierbei ohne Belang. Hat die Vertrauensperson das Kraftfahrzeug dem Dritten in einer Weise überlassen, daß sie selbst nicht mehr als Benutzer angesehen werden kann, der Dritte das Fahrzeug also im eigenen Interesse benutzt, so haftet der Halter ebenfalls für die Schwarzfahrt weiter (**a. A.** OLG Karlsruhe VersR **1960** 565; offengelassen in BGH VersR **1961** 348). Die Überlassung des Fahrzeugs an den Dritten zu dessen eigener Benutzung stellt nicht anders als die persönliche Schwarzfahrt einen Exzeß der Vertrauensperson dar, für den der Halter, der durch die Bestellung der unzuverlässigen Vertrauensperson das Risiko der Schwarzfahrt geschaffen hat, einstehen muß (vgl. auch Rdn. 353). **371**

cc) Bei **eigenmächtiger Benutzung des einer Vertrauensperson überlassenen Kraftfahrzeugs durch einen Dritten** greift Abs. 3 Satz 2 nicht ein. Es gilt vielmehr allein Satz 1, wonach der Halter nicht haftet, es sei denn er hätte die unbefugte Benutzung schuldhaft ermöglicht, z. B. durch eine Weisung an die Vertrauensperson, das Kraftfahrzeug beim Abstellen nicht vollständig zu sichern oder durch das Unterlassen der Reparatur einer defekten Sicherungsvorrichtung. **372**

IX. Verhältnis des Halters zu anderen Ersatzpflichtigen

1. Haftung nach außen

a) Die **Halter mehrerer Kraftfahrzeuge**, die an dem Unfall beteiligt waren, haften dem Geschädigten bei Vorliegen der Voraussetzungen nach dem StVG grundsätzlich als Gesamtschuldner (§ 840 Abs. 1 BGB analog; vgl. *Gelhaar* DAR **1954** 271). Bei aufeinanderfolgenden Schädigungen (Folgeunfall, Serienunfall) haftet der später hinzutretende Schädiger allerdings nur für den von ihm verursachten Zusatzschaden, und zwar je nachdem, ob dieser Zusatzschaden nach den Kausalitätsregeln auch noch dem Erstschädiger zuzurechnen ist, als Gesamt- oder als Einzel- **373** schuldner. Zum Problem der Alternativtäterschaft (wenn nicht feststellbar ist, ob der Schaden durch Kraftfahrzeug A oder Kraftfahrzeug B verursacht wurde) vgl. Rdn. 66ff, zur Haftungsverteilung bei Mitverantwortlichkeit des Geschädigten § 9, 91ff).

374 **b) Halter und Führer** desselben Kraftfahrzeugs haften ebenso wie Halter und Führer mehrerer unfallbeteiligter Fahrzeuge (letztere nach Maßgabe von Rdn. 373) nach außen als Gesamtschuldner (vgl. BGH VersR **1970** 63).

375 **c) Halter und sonstige Ersatzpflichtige** (gleich ob aus Gefährdungshaftung oder unerlaubter Handlung) haften ebenfalls, Verantwortlichkeit für denselben Schaden vorausgesetzt, analog § 840 Abs. 1 BGB als Gesamtschuldner.

2. Haftungsausgleich im Innenverhältnis

376 Der Ausgleich zwischen den Gesamtschuldnern ist für das Verhältnis zwischen mehreren Kraftfahrzeughaltern in § 17 Abs. 1 Satz 1, für das Verhältnis zwischen einem Kraftfahrzeughalter und einem Tierhalter oder Eisenbahnunternehmer in § 17 Abs. 2 i. V. m. Abs. 1 Satz 1 und für das Verhältnis des Kraftfahrzeugführers zu anderen Kraftfahrzeugführern, zu Haltern anderer Kraftfahrzeuge, zu Tierhaltern oder Eisenbahnunternehmern in § 18 Abs. 3 i. V. m. § 17 Abs. 1 Satz 1 geregelt (vgl. § 17, 5). Im Verhältnis zwischen Halter und Führer desselben Kraftfahrzeugs regelt sich der Innenausgleich nach § 426 BGB, sofern zwischen ihnen keine vertraglichen Beziehungen bestehen (§ 17, 39). Beim Zusammentreffen der Halterhaftung mit sonstigen Ersatzpflichtigen gilt ebenfalls, vorbehaltlich besonderer Regelungen, § 426 BGB.

377 Der in § 840 Abs. 3 BGB zum Ausdruck kommende Rechtsgedanke, daß beim Zusammentreffen von verschuldensunabhängiger und verschuldensabhängiger Haftung beim Innenausgleich allein die letztere zum Tragen kommen soll, ist auf die Gefährdungshaftung nach § 7 nicht entsprechend anzuwenden (BGHZ **6** 28). Umgekehrt ist der nach § 7 Ersatzpflichtige aber auch nicht als Dritter im Sinne des § 840 Abs. 3 BGB anzusehen, der gegenüber einem nach §§ 833 bis 838 BGB Verantwortlichen im Innenverhältnis allein zur Schadenstragung verpflichtet wäre (OLG Hamm NJW **1958** 346; *Palandt/Thomas* § 840, 4c).

3. Haftung mehrerer nach § 7 Ersatzpflichtiger untereinander

378 **a) Ansprüche eines Halters gegen einen Mithalter desselben Kraftfahrzeugs.** Ein Kraftfahrzeug kann mehrere Halter haben (vgl. Rdn. 299ff). Wird einer von ihnen beim Betrieb des Kraftfahrzeugs geschädigt, so kann er nicht aus § 7 einen Schadensersatzanspruch gegen den oder die anderen herleiten. In diesem Verhältnis kommen vielmehr nur die allgemeinen vertraglichen oder deliktischen Haftungsregelungen zum Zuge. Es ist nicht Sinn des § 7, den Halter vor der Betriebsgefahr seines eigenen Kraftfahrzeugs haftungsrechtlich in Schutz zu nehmen.

b) Ansprüche des Halters gegen einen unbefugten Benutzer

379 **aa)** Hat der Halter durch die unbefugte Benutzung seine **Haltereigenschaft verloren**, so steht er dem Kraftfahrzeug in haftungsrechtlicher Hinsicht grundsätzlich wie ein Unbeteiligter gegenüber; er hat daher Ersatzansprüche nach § 7, wenn er beim Betrieb des Kraftfahrzeugs geschädigt wird. Dies gilt aber dann nicht, wenn er die unbefugte Benutzung schuldhaft ermöglicht hat. Da seine Halterhaftung in die-

sem Fall erhalten bleibt (vgl. Rdn. 356), kann er nicht seinerseits Ansprüche aus der Gefährdungshaftung haben.

bb) Ist die **Haltereigenschaft nicht** auf den unbefugten Benutzer **übergegangen**, sondern beim bisherigen Halter verblieben, so greift § 7 nicht ein, und zwar auch dann nicht, wenn der Fall des Abs. 3 Satz 1 2. Halbsatz nicht vorliegt, also die Benutzung nicht durch Schuld des Halters ermöglicht worden ist. Der Übergang der Ersatzpflicht auf den Benutzer („an Stelle des Halters") nach Abs. 3 Satz 1 1. Halbsatz hat zur Voraussetzung, daß eine grundsätzliche Haftpflicht des Halters gegeben wäre; das ist aber bei Eigenschädigung des Halters nicht der Fall. In Frage kommt daher nur eine Haftung aus allgemeinem Recht. **380**

c) Ansprüche des unbefugten Benutzers gegen den Halter. Ein Anspruch nach § 7 kann in diesem Verhältnis schon wegen § 8 nicht entstehen. Ersatzansprüche nach sonstigen Vorschriften sind theoretisch möglich, praktisch aber kaum vorstellbar. **381**

X. Haftungsausschluß bei unabwendbarem Ereignis

1. Überblick **382**

In § 7 Absatz 2 ist bestimmt, in welchen Fällen die in Absatz 1 normierte „Gefährdungshaftung" des Kraftfahrzeughalters nicht eingreift. Zentraler Begriff ist hierbei der des „unabwendbaren Ereignisses", der jedoch nicht definiert, sondern in Satz 2 lediglich beispielhaft erläutert wird. Die Hauptbedeutung des Abs. 2 liegt allerdings nicht so sehr darin, daß er für den Haftungsausschluß die Unabwendbarkeit und nicht nur fehlendes Verschulden fordert, sondern darin, daß er dem Halter den *Beweis* der Unabwendbarkeit auferlegt. Zutreffend wird die gesetzliche Regelung des Absatz 2 daher häufig als Regelung des „Entlastungsbeweises" bezeichnet (vgl. hierzu Rdn. 526, 537f). Es handelt sich um eine Beweislastumkehr mit der zusätzlichen Besonderheit, daß der in Anspruch Genommene nicht nur sein Nichtverschulden, d. h. die Beachtung der im Verkehr erforderlichen Sorgfalt, sondern die Unabwendbarkeit, d. h. die Beachtung eines noch höheren Maßes von Sorgfalt, beweisen muß (Satz 2: „jede nach den Umständen des Falles gebotene Sorgfalt"; näher zu diesem Merkmal Rdn. 395f). Da § 7 somit über eine bloße Beweislastumkehr hinausgeht (anders § 18!), ist es gerechtfertigt, ihn dem Bereich der Gefährdungshaftung zuzurechnen, obwohl in anderen hierzu zählenden Haftungstatbeständen mit dem Begriff der „höheren Gewalt" die Entlastungsmöglichkeiten noch stärker eingeschränkt sind (vgl. § 1 Abs. 2 Satz 1 HaftpflG).

Zu beachten ist, daß der Begriff „unabwendbares Ereignis" nicht nur dem Halter selbst das höchste Maß von Sorgfalt abverlangt, sondern auch dem Führer des Kraftfahrzeugs. Der Halter haftet also auch dann, wenn er zwar für sich, nicht aber für seinen Fahrer die Beachtung der äußersten Sorgfalt nachweisen kann. Ob ihm auch ein entsprechender Sorgfaltsverstoß einer anderen beim Betrieb des Kraftfahrzeugs beschäftigten Person zuzurechnen ist, ist wegen der mißverständlichen Fassung von Satz 2 unklar, aber zu bejahen (vgl. Rdn. 393f). **383**

Es gibt außerdem Fälle, in denen der Halter selbst bei bewiesener Unabwendbarkeit haftet. Nach dem 2. Teil von Satz 1 greift der Haftungsausschluß nämlich dann nicht ein, wenn der Unfall auf einem Fehler in der Beschaffenheit des Fahrzeugs oder auf einem Versagen seiner Verrichtungen beruht (hierzu Rdn. 499ff). Insoweit gilt also eine absolute Gefährdungshaftung. **384**

2. Der Begriff „unabwendbares Ereignis"

385 **a) Ereignis** ist ein mit dem Betrieb des Kraftfahrzeugs in Zusammenhang stehender äußerer Vorgang, der einen „Personenschaden" (Rdn. 110ff) oder einen „Sachschaden" (Rdn. 119ff) durch einen Unfall (Rdn. 105ff) hervorgerufen hat (BGH NJW **1957** 1477 für den gleichlautenden Begriff in § 1 Ziff. 1 AHB). Das „Ereignis" kann verschiedener Art sein. Zwar muß das Kraftfahrzeug im Augenblick des „Ereignisses" (nicht im Augenblick des Unfalls) in Betrieb gewesen sein, wenn § 7 zur Anwendung kommen soll; andererseits können aber auch solche Vorgänge darunter fallen, die nicht mit der eigentlichen Fortbewegung in Zusammenhang stehen. Zu dem Begriff „Ereignis" zählen alle dem Unfall vorausgehenden Gegebenheiten und das Verhalten und Unterlassen aller beteiligten Personen, soweit die Gegebenheiten, das Verhalten und das Unterlassen für den Unfall adäquat ursächlich waren. Alle Ursachen eines „Ereignisses" müssen daher auch Ursachen des Unfalls sein. Zu beachten ist, daß es nicht darauf ankommt, ob der Unfall unmittelbar oder ob er mittelbar durch das Ereignis verursacht worden ist (vgl Rdn. 48ff).

Die Haftungsbefreiung setzt lediglich voraus, daß der *Unfall* durch ein unabwendbares Ereignis verursacht wurde. Liegt diese Voraussetzung vor, so ist der Halter von der Haftung nach § 7 auch dann frei, wenn er die Entstehung einer bestimmten Schadensfolge, die sich (nachträglich) aus dem Unfall ergeben hat, nicht abgewendet hat. In solchen Fällen haftet allerdings der Halter unter Umständen nach BGB (vor allem § 823) für schuldhafte Unterlassungen. War der Unfall als solcher zwar unabwendbar, wäre er aber bei gesteigerter Sorgfalt möglicherweise weniger folgenschwer gewesen, so ist der Halter gleichwohl von der Haftung nach § 7 entlastet (**a. A.** BGH VersR **1982** 441, wo übersehen wird, daß es auf das unabwendbare *Ereignis* ankommt).

386 **b)** Der Begriff **„unabwendbar"** ist in Abs. 2 Satz 2 nicht definiert. Die Vorschrift enthält vielmehr, wie die Worte „gilt insbesondere" zeigen, nur eine beispielhafte Aufzählung (keine Vermutung oder Fiktion, wie man wegen des Wortes „gilt" vermeinen könnte). Positiv ergibt sich aus der Vorschrift, daß Unabwendbarkeit dann vorliegt, wenn

- sowohl der Halter als auch der Führer die äußerste Sorgfalt beobachtet hat und
- das Ereignis auf das Verhalten des Verletzten oder eines nicht bei dem Betrieb beschäftigten Dritten oder eines Tieres zurückzuführen ist.

387 Keinem Zweifel kann unterliegen, daß die erstgenannte Voraussetzung immer, also auch in den von dieser Aufzählung nicht erfaßten Fällen, gegeben sein muß. Hat der Halter oder der Fahrer einen Sorgfaltsverstoß der hier vorausgesetzten Art in nicht auszuschließender Weise begangen, so kann sich der Halter nie auf Unabwendbarkeit berufen, gleich welche Faktoren sonst noch zu dem Unfall beigetragen haben mögen.

388 Offen ist aber nach der Fassung von Satz 2 die Frage, ob es Unfallursachen gibt, die selbst dann, wenn Halter und Fahrer die größtmögliche Sorgfalt beobachtet haben, die Annahme eines unabwendbaren Ereignisses ausschließen. Die Frage ist deshalb aufzuwerfen, weil die Aufzählung einiger bestimmter Unfallursachen in Satz 2 (Verhalten des Verletzten usw.) nur dann einen Sinn bekommt, wenn es auch solche Fälle gibt. Gibt es sie nicht, indiziert also die Sorgfaltswahrung durch Halter und Führer stets die Unabwendbarkeit, so sind die zusätzlich genannten Kriterien überflüssig. Ihre Aufnahme in das Gesetz wäre dann nur so zu erklären, daß der Begriff der Unabwendbarkeit durch einige plastische Beispiele verdeutlicht werden

sollte. Um sich über die Bedeutung der Ursachenenumeration in Satz 2 klar zu werden, erscheint es angezeigt, die sonstigen denkbaren Unfallursachen einzeln daraufhin durchzuprüfen, ob vom Gesetz gewollt sein kann, daß selbst dann kein Haftungsausschluß wegen Unabwendbarkeit eingreift, wenn Halter und Führer die größtmögliche Sorgfalt beachtet haben.

Als weitere Unfallursachen neben den drei ausdrücklich genannten (Verhalten des Verletzten, Verhalten eines Dritten, der nicht beim Betrieb des Kraftfahrzeugs beschäftigt ist und Verhalten eines Tieres) und neben der Sorgfaltsverletzung durch Halter oder Fahrer kommen in Betracht: 389
- höhere Gewalt (insbesondere Naturereignisse wie Erdrutsch, Überschwemmung, Blitzschlag usw.),
- Mängel der Straße oder von Verkehrseinrichtungen,
- technische Mängel eines anderen Kraftfahrzeugs,
- technische Mängel des eigenen Kraftfahrzeugs,
- körperliches oder geistiges Versagen des Kraftfahrzeugführers,
- Verhalten einer Person, die beim Betrieb des Kraftfahrzeugs beschäftigt ist.

Bei den ersten drei Fallgruppen liegt auf der Hand, daß sie von dem Haftungsausschluß nach Abs. 2 nicht ausgenommen sein können. Wenn das Verhalten eines Tieres Unabwendbarkeit begründen kann, muß dies für Natureinwirkungen ebenso gelten, und in den beiden anderen Fällen kann es nicht darauf ankommen, ob der unfallursächliche Zustand der Sache auf dem Verhalten einer Person beruht oder von selbst eingetreten ist. Klar ist die Rechtslage auch hinsichtlich der vierten Fallgruppe (technisches Versagen des eigenen Kraftfahrzeugs), denn diese Fälle sind in Satz 1 ausdrücklich von dem Haftungsausschluß ausgenommen, so daß die Subsumierbarkeit unter den Begriff „unabwendbares Ereignis" dahinstehen kann. Problematisch sind somit nur die letzten beiden Fälle, auf die im folgenden näher einzugehen ist. 390

c) Unabwendbarkeit bei körperlichem oder geistigem Versagen des Kraftfahrzeugführers. War das Versagen (für Halter oder Führer) vorhersehbar (z. B. bei Krankheit oder einem Gebrechen des Führers) so kann wegen des dann vorliegenden Sorgfaltsverstoßes kein Haftungsausschluß eingreifen. Problematisch sind daher nur die Fälle, in denen das Versagen in unvorhersehbarer und auch für den sorgfältigsten Führer nicht mehr ausgleichbarer Weise eintritt. Der BGH hat entschieden, daß in diesen Fällen die Haftungsbefreiung trotz Unabwendbarkeit des Ereignisses ausgeschlossen ist (BGHZ **23** 90); er hat den Fall des körperlichen oder geistigen Versagens also dem des technischen Versagens nach Abs. 2 Satz 1 2. Halbsatz gleichgestellt. 391

Dieser Ansicht des BGH ist jedoch nicht zu folgen. Abs. 2 Satz 1 2. Halbsatz ist entgegen Abs. 2 Satz 2 eine abschließende Regelung und keiner erweiternden Auslegung auf unabwendbares Versagen des Führers zugänglich. Für eine analoge Anwendung fehlt, da man wegen der nur beispielhaften Aufzählung in Satz 2 nicht von einer Gesetzeslücke ausgehen kann, jede Rechtfertigung. Um die absolute Gefährdungshaftung (ohne jede Entlastungsmöglichkeit) auch für den Fall körperlichen oder geistigen Versagens zu begründen, hätte es einer ausdrücklichen Vorschrift bedurft. Bloße Billigkeitserwägungen rechtfertigen die gesetzlich nicht vorgesehene Haftungserweiterung des Halters nicht, denn solche könnten ebenso gut gegen den Haftungsausschluß bei Unfallverursachung durch ein Tier oder ein Naturereignis angeführt werden. In den Fällen von Bewußtlosigkeit des Kraftfahr- 392 zeugführers ist der Geschädigte zudem häufig durch § 829 BGB geschützt (vgl. § 16, 80ff).

393 **d) Unabwendbarkeit bei Unfallverursachung durch eine beim Betrieb des Kraftfahrzeugs beschäftigte Person.** Es ist denkbar, daß eine Person, die zwar nicht Führer des Kraftfahrzeugs, aber gleichwohl bei dessen Betrieb beschäftigt ist (z. B. Beifahrer, Ladearbeiter), eine Ursache zu dem Unfall gesetzt hat. In diesem Fall würde, käme es nur auf die Beachtung der äußersten Sorgfalt durch Führer und Halter an, der Haftungsausschluß nach Abs. 2 eingreifen, wenn diesen in keiner Hinsicht, auch nicht hinsichtlich der Auswahl der Beschäftigten, ein Vorwurf gemacht werden könnte. Auch mit der ersten Hälfte des Satzes 2 von Abs. 2 wäre dieses Ergebnis vereinbar, da sie, wie oben (Rdn. 386) ausgeführt, nur eine beispielhafte Aufzählung enthält. Unverständlich bliebe hierbei allerdings, weshalb in dieser Aufzählung nicht einfach vom Verhalten eines Dritten, sondern ausdrücklich vom Verhalten eines „nicht beim Betrieb beschäftigten“ Dritten die Rede ist. Diese Einschränkung wird man dahin zu verstehen haben, daß für das Verhalten eines beim Betrieb beschäftigten Dritten eigene Regeln gelten, Abs. 2 Satz 2 also nicht unmittelbar anwendbar ist. Was für diesen Fall aber gelten soll, ist dem Wortlaut des Gesetzes nicht zu entnehmen. Drei Möglichkeiten kommen in Betracht:

- der Halter haftet für jedes Verhalten eines beim Betrieb beschäftigten Dritten, auch rechtmäßiges (so wohl RG JW **1912** 650; **1935** 424; BGHZ **23** 95);
- der Halter haftet, wenn der Dritte die äußerste nach den Umständen erforderliche Sorgfalt nicht beachtet hat (so OLG Kiel HRR **1940** Nr. 658; OLG Oldenburg DAR **1954** 206; *Lechner* JW **1935** 424);
- der Halter haftet, wenn der Dritte schuldhaft (§ 276 BGB) den Unfall verursacht hat (*Walter* Haftung 87, 90).

394 Die erstgenannte Ansicht ist abzulehnen, denn es gibt keinen Anhalt und keine innere Rechtfertigung dafür, daß das Gesetz den Halter bei Handlungen „Dritter“ strenger haften lassen will als bei Handlungen des Führers des Kraftfahrzeugs. Aber auch für die Ansicht, daß es auf ein Verschulden des Dritten ankommen soll, läßt sich keinerlei Anknüpfungspunkt finden; für den gesamten Abs. 2 kommt es vielmehr auf ein Verschulden nicht an, so daß diese Auslegung systemwidrig erscheint. Zuzustimmen ist daher der zweiten Ansicht, d. h. daß die Haftung des Halters für ein Verhalten eines beim Betrieb des Kraftfahrzeugs beschäftigten Dritten nur entfällt, wenn dieser, der Führer und der Halter die äußerste nach den Umständen gebotene Sorgfalt beachtet haben und trotzdem den Unfall nicht vermeiden konnten. Einzelheiten vgl. Rdn. 491 ff.

395 **e) Der Begriff „jede nach den Umständen des Falles gebotene Sorgfalt“.** Mit diesem Begriff soll zum Ausdruck gebracht werden, daß der Grad von Sorgfalt, der nach § 276 BGB die Bejahung von Fahrlässigkeit ausschließt, zur Entlastung des Kraftfahrzeughalters nicht ausreicht, d. h. daß auch für ein Verhalten gehaftet wird, welches im Anwendungsbereich des BGB nicht als fahrlässig gilt. Der Unterschied liegt darin, daß § 276 BGB auf die im Verkehr erforderliche Sorgfalt abstellt, d. h. das Maß an Sorgfalt, das nach dem Urteil besonnener und gewissenhafter Angehöriger des betreffenden Verkehrskreises von den in seinem Rahmen Handelnden zu verlangen ist (BGH NJW **1972** 151), während § 7 Abs. 2 „jede nach den Umständen des Falles gebotene Sorgfalt“ fordert, d. h. die äußerste mögliche Sorgfalt (BGH VersR **1966** 62). Eine generelle Umschreibung dieses Sorgfaltsmaßstabs ist schwie-

rig[127]. Hilfreich ist die Vorstellung von einem idealen, denkbar besten Halter bzw. Führer, der mit der Gabe ausgestattet ist, alle erkennbaren Gefahrenmomente überblicken und das nach der Gesamtlage beste Verhalten geistesgegenwärtig wählen zu können. Von diesem idealen Verkehrsteilnehmer darf allerdings nicht gefordert werden, was ein Mensch nicht zu leisten vermag. „Unabwendbar" bedeutet nicht, daß das schadensstiftende Ereignis absolut unvermeidbar war (BGH VersR **1959** 804; **1962** 164; **1965** 81; **1966** 1076). Wegen der näheren Einzelheiten vgl. hinsichtlich des Halters Rdn. 399ff, hinsichtlich des Führers Rdn. 402ff, hinsichtlich des beim Betrieb beschäftigten Dritten Rdn. 491ff.

Der Ansicht von *Böhmer* (DAR **1956** 288), jedes Ereignis, das mit der im Verkehr **396** erforderlichen Sorgfalt (§ 276 BGB) nicht abgewendet werden könne, sei unabwendbar im Sinne von § 7 Abs. 2, ist nicht zu folgen. Wäre dies richtig, so bestünde zwischen der Gefährdungshaftung des Halters nach § 7 und der Verschuldenshaftung des Führers nach § 18 im Ergebnis kein Unterschied. Die unterschiedliche Ausgestaltung der Haftungstatbestände wäre damit unverständlich. Zu Recht hat auch die Rechtsprechung immer wieder den Unterschied in den Sorgfaltsanforderungen nach § 7 und § 18 hervorgehoben[128].

f) Kausalität zwischen Sorgfaltsverletzung und Ereignis. Bei der Prüfung der Un- **397** abwendbarkeit ist zu beachten, daß sie nur durch eine für das Ereignis (und damit den Unfall) kausale Sorgfaltsverletzung ausgeschlossen wird (BGH VersR **1968** 51; OLG Dresden VAE **1939** 70 LS; OLG München VersR **1967** 67; zur Beweislast s. Rdn. 537). Unterläßt z. B. der Führer ein akustisches Warnsignal und stellt sich heraus, daß der Verletzte taub war, so war das Unterlassen für den Unfall nicht ursächlich (RG Recht **1913** Nr. 2185). Desgleichen tritt Entlastung ein, wenn der Führer gegenüber Kindern am Straßenrand zwar nicht das zu fordernde Maß an Aufmerksamkeit aufgewendet hat, der Unfall sich aber auch in diesem Falle ereignet hätte (vgl. BGH VersR **1982** 442; daß er möglicherweise weniger folgenschwer gewesen wäre, ist entgegen dieser Entscheidung ohne Belang; s. Rdn. 385).

Es reicht aber andererseits nicht jeder Kausalzusammenhang aus, um Unab- **398** wendbarkeit zu verneinen. Unabwendbar im Rechtssinn kann ein Ereignis vielmehr auch dann sein, wenn ein besonders sorgfältiger Fahrer zwar nicht in der für den Unfall ursächlich gewordenen Weise gefahren wäre, dies aber nur im Hinblick auf eine andere Gefahr als die, die sich verwirklicht hat, getan hätte (BGH VersR **1976** 927). Daher wird Unabwendbarkeit z. B. nicht dadurch ausgeschlossen, daß ein Kraftfahrzeug nur deshalb zur Unfallsekunde am Kollisionsort war, weil es zuvor einen Streckenabschnitt mit einer etwas höheren als der äußerster Sorgfalt entspre-

[127] Vgl. die Formulierungen in RGZ **86** 151; **96** 131; **159** 312; **164** 280; RG JW **1928** 797; **1936** 3391 m. Anm. *Müller*; HRR **1931** 1449 LS; VAE **1936** 571; **1939** 28; RdK **1940** 135; **1940** 166; **1941** 6; OGH VRS **1** 108; BGHZ **20** 259; BGH VRS **4** 175; **5** 86; **9** 184; **9** 417; VersR **1953** 242; **1955** 764; **1956** 255; **1957** 587; **1959** 298; **1959** 789; **1959** 804; **1960** 35; **1960** 183; **1962** 164; **1966** 1076; DAR **1952** 149; **1960** 136; OLG Kiel HRR **1931** Nr. 665; OLG München HRR **1938** Nr. 95; **1940** Nr. 1017; **1941** Nr. 964; **1941** Nr. 1054; KG DAR **1939** 103; **1939** 268; OLG Hamburg DAR **1941** 51; OLG Düsseldorf RdK **1941** 59; OLG Jena DAR **1941** 98; OLG Köln VRS **2** 122; MDR **1959** 389; NJW **1960** 727; DAR **1960** 136; OLG Stuttgart DAR **1952** 27; VkBl. **1955** 523; OLG Neustadt VRS **8** 93; **10** 189; OLG Karlsruhe VersR **1960** 160; LG Frankenthal DAR **1967** 243.

[128] RG JW **1931** 863; JRPrV **1936** 9; VAE **1936** 571; **1938** 96; DAR **1939** 66; BGH DAR **1951** 79; **1952** 149; VRS **4** 175; VersR **1959** 789; OLG Hamburg DAR **1941** 51; OLG Neustadt VRS **8** 93.

chenden Geschwindigkeit befahren hat. In dem vom BGH entschiedenen Fall (ein Pkw hatte in sorgfaltswidriger Weise einen Bus überholt und hierbei ein entgegenkommendes, von einem Betrunkenen geführtes Kraftfahrzeug berührt, welches sich querstellte und mit dem klägerischen Kraftfahrzeug kollidierte) erscheint dieser Grundsatz allerdings zu Unrecht angewandt, weil der klagegegenständliche Unfall Folge des – nicht unabwendbaren – Erstunfalls war und der Haftungsausschluß daher auch dann versagen muß, wenn bezüglich des Folgeunfalls als solchen dem Überholenden kein Sorgfaltsverstoß anzulasten ist.

3. Das für den Halter unabwendbare Ereignis

399 Wird das Kraftfahrzeug von einer anderen Person als dem Halter gefahren, so sind die dem Halter zur Verfügung stehenden Möglichkeiten, den Unfall abzuwenden, gering. Im wesentlichen beschränkt sich seine Sorgfaltspflicht auf die Auswahl eines zuverlässigen Fahrers und dessen Beaufsichtigung (BGH VersR **1964** 1241), auf die Überwachung der Instandhaltung des Kraftfahrzeugs und auf die Sicherung des Kraftfahrzeugs gegen Diebstahl und unbefugte Benutzung. Während für den letztgenannten Fall wegen Abs. 3 besondere Regeln gelten (vgl. Rdn. 361 ff), ist für die übrigen Fälle zu beachten, daß der Halter ein gesteigertes Maß an Sorgfalt, nämlich jede nach den Umständen des Falles gebotene (und nicht nur die im Verkehr erforderliche), beobachten muß, um sich entlasten zu können (vgl. zu dem Sorgfaltsmaßstab Rdn. 395 f).

400 Entsprechende Sorgfaltsverstöße des Halters haben jedoch kaum praktische Bedeutung. Hat der Halter nämlich eine ungeeignete Person mit dem Betrieb des Kraftfahrzeugs betraut (oder eine geeignete Person nicht genügend beaufsichtigt) und war der Unfall für diese Person auch bei Anlegung des vom Gesetz vorgeschriebenen strengen Maßstabes unabwendbar, so war die Pflichtverletzung des Halters für den Unfall nicht ursächlich und seine Haftung ist ausgeschlossen (BGH VRS **9** 109). Hätte der Fahrer den Unfall bei Anwendung der äußersten Sorgfalt abwenden können, so tritt die Gefährdungshaftung des Halters schon aus diesem Grunde ein, ohne daß es auf dessen Pflichtverletzung bei der Auswahl des Fahrers noch ankommt. Gleiches gilt, wenn der Halter bei Auswahl eines beim Betrieb des Kraftfahrzeugs beschäftigten Dritten (z. B. eines Beifahrers, Schaffners, eines zum Beladen oder Entladen eingesetzten Arbeiters) oder bei dessen Beaufsichtigung die äußerste nach den Umständen gebotene Sorgfalt nicht beobachtet hat. Die Verantwortlichkeit des Halters könnte mithin vor allem dann ins Gewicht fallen, wenn bei Wartung und Pflege des Kraftfahrzeugs Versäumnisse unterlaufen sind. Aber auch auf ein solches Verhalten des Fahrers kommt es in den seltensten Fällen an, weil nach Absatz 2 Satz 1 die Ersatzpflicht des Halters stets eintritt, wenn der Unfall durch ein Ereignis verursacht wird, das auf einem Fehler in der Beschaffenheit des Fahrzeugs oder auf einem Versagen seiner Verrichtungen beruht.

401 War der Halter zugleich Führer des Kraftfahrzeugs, so ist auf die von einem Führer zu erwartende Sorgfalt (Rdn. 402 ff) abzustellen.

4. Das für den Führer unabwendbare Ereignis

402 **a) Grundsätze.** Die Haftung des Halters, der beim Unfall das Kraftfahrzeug nicht selbst gefahren hat, entfällt – ausgenommen den Fall der Schwarzfahrt nach Absatz 3 (Rdn. 356 ff) – nur, wenn das Ereignis auch für den Führer des Kraftfahrzeugs unabwendbar war (Rdn. 386). Zum Begriff des Führers s. § 18, 6 ff).

aa) Unabwendbarkeit ist zu bejahen, wenn auch ein mit den besten menschlichen Eigenschaften und Fahrtkenntnissen ausgestatteter geübter Fahrer trotz äußerster Sorgfalt und Aufmerksamkeit den Unfall nicht hätte vermeiden können. Dieses Idealbild eines Fahrers („der ideale Fahrer", „der denkbar beste Fahrer") muß mit der Gabe ausgestattet gedacht werden, alle erkennbaren Gefahrenmomente überblicken und das nach der Gesamtlage beste Verhalten geistesgegenwärtig wählen zu können. Andererseits wird von ihm nicht gefordert, was ein Mensch nicht zu leisten vermag; vor allem braucht er nicht vorauszusehen, womit im allgemeinen nicht zu rechnen ist. **403**

bb) Allein die **Beachtung der Verkehrsvorschriften** (StVO, StVZO usw.) besagt noch nichts über die Unabwendbarkeit. Der Entlastungsbeweis kann wegen der gesteigerten Sorgfaltsanforderungen vielmehr auch in Fällen versagen, in denen sich weder der Fahrer noch der Halter verkehrswidrig verhalten hat (BGH NJW **1972** 1808; **1973** 44; OLG Stuttgart/Karlsruhe DAR **1952** 27). **404**

cc) Umgekehrt schließt ein **Verstoß gegen Verkehrsvorschriften** die Annahme eines unabwendbaren Ereignisses aus, wenn der Verstoß für den Unfall ursächlich war (RG HRR **1930** Nr. 1504; OLG Neustadt VRS **8** 93). Fehlt es an einer Ursächlichkeit, so bleibt der Verstoß allerdings außer Betracht (OLG München VersR **1967** 67; LG Bonn VersR **1965** 1186; **a. A.** LG München II VersR **1966** 880). Es kann freilich auch schuldlose Verstöße gegen Verkehrsvorschriften geben (BGH NJW **1958** 2066). So kann eine Amtspflicht einen solchen Verstoß rechtfertigen (*Schneider* JR **1965** 222). Zu beachten ist, daß § 1 StVO (Vermeidung der Gefährdung oder Belästigung anderer) allen anderen Verkehrsvorschriften vorgeht. Dies bedeutet, daß derjenige, der alle Vorschriften der StVO beachtet, trotzdem gegen § 1 StVO verstoßen kann. Andererseits rechtfertigt die Beachtung der in § 1 StVO enthaltenen Regel u. U. den formellen Verstoß gegen andere Regeln der StVO. Dies wirkt sich dahin aus, daß die Verkehrsvorschriften Ausnahmen dulden. So dürfen z. B. größere Kraftfahrzeuge einen größeren Sicherheitsabstand zum rechten Fahrbahnrand einhalten, ohne gegen die äußerste Sorgfalt zu verstoßen (BGH VRS **20** 257; VersR **1966** 1076). **405**

dd) Entscheidender Zeitpunkt. Ein unabwendbares Ereignis wird nicht schon durch die (rückschauende) Feststellung ausgeschlossen, der Unfall wäre bei einem anderen Verhalten des Führers möglicherweise vermieden worden, vielmehr ist von der Sachlage vor dem Unfall auszugehen und zu prüfen, ob der Kraftfahrer in dieser Lage die äußerste nach den Umständen zumutbare Verkehrssorgfalt beobachtet hat (BGH VersR **1959** 804; **1966** 1076; VRS **22** 425). Hat der Fahrer die Gefahrenlage dadurch verursacht, daß er sich nicht selbst wie der denkbar beste Fahrer verhalten hat, so ist das Ereignis für ihn auch dann nicht unabwendbar, wenn in der nunmehr entstandenen Gefahrenlage der Unfall unvermeidbar geworden war (BGH VRS **22** 425). **406**

ee) Plötzliche Gefahrenlage. Bei unerwartet auftretenden Ereignissen ist auch im Rahmen der Anforderungen des § 7 Abs. 2 dem Fahrer eine **Schreckzeit** zuzubilligen, sofern ihm daraus, daß ihn das Ereignis unerwartet trifft, kein Vorwurf zu machen ist (BGH VersR **1958** 61; **1959** 455; **1962** 165; **1969** 162; VRS **23** 375). Die Dauer der zuzugestehenden Schreckzeit hängt von den Umständen des Einzelfalles ab (konkrete Verkehrssituation, Erfordernis einer Blickzuwendung, Notwendigkeit einer Wahlentscheidung, Sichtbehinderung u. v. a.; vgl. hierzu *Engels* DAR **1982** 360; *Spiegel* DAR **1982** 366). In der Regel wird es sich um Bruchteile einer Sekunde **407**

handeln; die vielfach gebrauchte Bezeichnung „Schrecksekunde" ist also irreführend. Die Zubilligung einer Schreckzeit führt zu einer entsprechenden Verlängerung der Vorbremszeit (Reaktionszeit plus Bremsansprechzeit), die üblicherweise, also beim reaktionsbereiten Fahrer, mit 0,7 bis 0,8 Sek. angesetzt wird (BGH VRS **6** 436; **38** 44; VersR **1966** 830; **1974** 138; BayObLG VRS **58** 445; vgl. auch *Förste* DAR **1967** 204). Bei Annahme einer Reaktions- und Bremsansprechzeit von 1 Sek. soll nach BGH VersR **1974** 138 die Zubilligung einer zusätzlichen Schreckzeit nicht mehr in Betracht kommen. Aus den konkreten Umständen (z. B. bei Notwendigkeit einer Blickzuwendung) können sich jedoch auch höhere Werte ergeben (vgl. *Engels* DAR **1982** 360). Zu beachten ist, daß im Rahmen des § 7 Abs. 2 der Kraftfahrzeugführer den Beweis der Unabwendbarkeit führen muß, so daß – anders als etwa im Strafverfahren – nicht im Zweifel zu seinen Gunsten von einer längeren Vorbremszeit ausgegangen werden kann.

408 Ist **sachwidriges Handeln** in plötzlicher Gefahrenlage nicht immer als Verschulden im Sinne des § 276 BGB anzusehen, so wird es dem Führer doch häufig als Mangel der ihm nach § 7 Abs. 2 obliegenden Sorgfalt auszulegen sein; allerdings kann auch dem denkbar besten Fahrer kein Vorwurf daraus gemacht werden, daß er bei einer ohne sein Verschulden plötzlich auftretenden erheblichen Gefahr, zu schnellem Handeln gezwungen, verwirrt oder kopflos (rückblickend betrachtet) eine falsche Maßnahme trifft, um der Gefahr zu entgehen[129]. Wohl aber ist er verantwortlich, wenn er zwar nicht in der Gefahr sachwidrig gehandelt, aber die Gefahr schuldhaft herbeigeführt, sich also vor ihrem Eintritt fahrlässig verhalten hat (RG VR **1931** 295; RG JW **1931** 3365). Fehlt dem Führer die für einen solchen nötige Geistesgegenwart, so kann Fahrlässigkeit darin gefunden werden, daß er sich mit einer Sache befaßt, von der er erkennt oder erkennen muß, daß er ihr nicht gewachsen ist (RG JW **1932** 2040). An Geistesgegenwart und Aufmerksamkeit eines Kraftradfahrers sind dieselben Anforderungen zu stellen wie an einen Kraftwagenführer (RGZ **120** 159; RG DRZ **1929** 181).

409 **ff) Ungünstige Straßen und Witterungsverhältnisse.** Das Auftreten gefährlicher Naturereignisse ist notwendig mit dem Straßenverkehr verbunden. Der Umstand, daß jemand trotz erhöhter Gefahr am Verkehr teilnimmt, stellt mithin keinen Verstoß gegen die „äußerste" Sorgfalt dar. Dies gilt vor allem bei ungünstigen Sicht- und Straßenverhältnissen, die durch das Wetter hervorgerufen werden, z. B. bei Nebel, Schneegestöber, Schneewehen, Glatteis, Gewitterregen, regennasser oder durch Schneewälle eingeengter Fahrbahn, Steinschlag- oder Lawinengefahr. Auch der Umstand, daß eine Straße noch nicht modern ausgebaut (z. B. sehr schmal oder vom Regen aufgeweicht) ist, braucht keinen Kraftfahrer von der Benutzung abzuhalten, solange nicht Verkehrszeichen das Befahren verbieten. Eine Ausnahme gilt nur, wenn für den Kraftfahrer ohne weiteres vom fahrenden Kraftfahrzeug aus erkennbar ist, daß eine Straße oder ein bestimmtes Straßenstück für das von ihm gelenkte Fahrzeug durch eine Naturkatastrophe (Überschwemmung, Lawine, Mure) unbefahrbar geworden oder aus anderem Grund ganzjährig völlig ungeeignet ist. In allen übrigen Fällen verpflichten der Straßenzustand und die erkennbar durch die Natur drohenden Gefahren nicht zur Umkehr, sondern nur zu besonderen Maßnahmen (z. B. Anlegen von Schneeketten) und zu entsprechend vorsichtigem Fahren.

[129] RGZ **86** 149; **92** 38; **96** 130; RG RdK **1928** 115; BGH VRS **10** 12; **10** 172; **10** 214; VersR **1959** 298; **1960** 907; **1967** 883; KG VAE **1939** 76; OLG Celle DAR **1951** 16; OLG Köln VRS 7 219.

Nichtberücksichtigen der Straßen- oder Witterungsverhältnisse schließt die Annahme eines unabwendbaren Ereignisses, Kausalität für den Unfall vorausgesetzt, in der Regel aus. Ein Fahrer, der – vor allem nachts – einen offenen Gully oder ein Schlagloch übersieht, weil es mit Wasser gefüllt ist, oder das Kraftfahrzeug in eine Wiese, einen Acker oder einen Fluß fährt, weil die Straße – ohne daß dies angezeigt oder rechtzeitig erkennbar ist – plötzlich endet, kann allerdings die äußerste nach den Umständen gebotene Sorgfalt beobachtet haben. Nicht zu entschuldigen ist freilich in der Regel, wenn der Fahrer die Straße für breiter oder die Höhe der Äste über der Straße für größer hält, als sie in Wirklichkeit ist. Zwar kann er sich bei Unterführungen und Tunnels darauf verlassen, daß Verkehrszeichen die Durchfahrt verbieten, wenn sie nicht für alle Kraftfahrzeuge möglich ist, die die allgemein vorgeschriebenen Maße einhalten; dies gilt aber nicht für die Äste von Bäumen und für vorspringende Stockwerke alter Häuser in Ortschaften. Auch wenn ein Straßenstück besonders eng oder kurvenreich ist oder eine außergewöhnliche Steigung (oder ein Gefälle) aufweist, liegt darin, daß der Führer die Schwierigkeiten trotz guter Fahrkenntnis und Übung nicht zu meistern vermag, kein unabwendbares Ereignis , solange es dem „denkbar besten Fahrer" überhaupt möglich ist, die Strecke ohne Unfall zurückzulegen (KG DAR **1939** 103). Der „denkbar beste Fahrer" erkennt auch sofort, wenn infolge starker Wölbung der Straße das Kraftfahrzeug nicht mehr senkrecht steht, seine Aufbauten daher über die Bordsteinkante ragen und ein Vordach oder eine Markise herunterreißen (OLG Celle RdK **1940** 141). Ist dem Fahrer bekannt, daß auf der von ihm befahrenen Straße eine Zuverlässigkeitsfahrt stattfindet oder vor kurzem stattfand, so gehört zur äußersten Sorgfalt, daß er in einer unübersichtlichen Kurve besonders sorgfältig fährt, wenn die nur schlecht befestigte Fahrbahn durch die anderen Fahrzeuge schmierig geworden ist (BGH DAR **1955** 194). **410**

gg) Verkehrswidriges Verhalten des Verletzten oder eines Dritten. Auch im Rahmen des § 7 Abs. 2 gilt der sogenannte Vertrauensgrundsatz. Der Führer eines Kraftfahrzeugs kann – sofern die Umstände keinen konkreten Anlaß zu der Befürchtung geben, daß sich ein anderer Verkehrsteilnehmer verkehrswidrig verhalten wird – darauf vertrauen, daß alle anderen sich verkehrsgerecht verhalten und die Bestimmungen der StVO und der StVZO beachten[130]. Vor allem besteht keine Pflicht, auf eine Häufung von Verkehrsordnungswidrigkeiten anderer gefaßt zu sein (KG VAE **1937** 122). Handelt ein anderer Verkehrsteilnehmer wider Erwarten verkehrswidrig, so kommt es nicht darauf an, ob dieser schuldhaft gehandelt hat oder nicht (RGZ **92** 38). Der verletzte Verkehrsteilnehmer kann also auch ein schuldunfähiges Kind sein (OLG Dresden VAE **1941** 243). **411**

Legen die Umstände die Möglichkeit nahe, daß sich andere Verkehrsteilnehmer unrichtig oder ungeschickt verhalten, so gehört zur äußersten Sorgfalt auch, daß der Fahrer hierauf Rücksicht nimmt (RG RdK **1940** 6; BGH DAR **1955** 194; VersR **1973** 765). Mit unbedachtem oder ungeschicktem Verhalten muß z. B. gerechnet werden, wenn alte Leute oder Kinder sich auf der Fahrbahn befinden oder sich anschicken, diese zu betreten. In allen Fällen muß damit gerechnet werden, daß ein durch den Führer des Kraftfahrzeugs in Gefahr gebrachter Verkehrsteilnehmer sich aus Angst oder Schrecken unzweckmäßig und kopflos verhält. Ein gewisses Maß an Geistesgegenwart darf aber vorausgesetzt werden (RG JW **1931** 854). **412**

[130] RG RdK **1940** 6; BGH VersR **1953** 65; **1956** 255; **1967** 779; VRS **10** 327; *Schoreit* NJW **1966** 919; **a. A.** – ohne Begründung – OLG Bremen VersR **1960** 814.

413 Verhält sich ein anderer Verkehrsteilnehmer wider Erwarten unvorsichtig oder verkehrswidrig, so liegen Reflexhandlungen in der menschlichen Natur und können auch dem „denkbar besten Fahrer" nicht zum Vorwurf gemacht werden. Hierzu gehört vor allem ein plötzlich scharfes Bremsen und ein scharfes Einschlagen der Lenkung in Richtung von der Gefahrenquelle weg. Auch wenn nach dem Unfall rückblickend kein Zweifel bestehen kann, daß sich der Fahrer unzweckmäßig verhalten hat und daß der Unfall vermieden worden wäre, wenn er sich anders verhalten hätte, kann dem unvorhergesehenen und unverschuldet in die Gefahrenlage geratenen Führer des Kraftfahrzeugs kein Vorwurf gemacht werden und liegt ein unabwendbares Ereignis vor (BGH VersR **1959** 298; **1960** 907).

b) Einzelfälle (alphabetisch geordnet)

414 **Abbiegen** s. Rechtsabbiegen, Linksabbiegen, Grundstückseinfahrt.

415 **Abstand vom vorausfahrenden Fahrzeug** s. Auffahrunfall.

416 **Alkohol.** War eine alkoholbedingte Beeinträchtigung der Fahruntüchtigkeit (mit) unfallursächlich, so scheidet unabhängig von der Höhe der Blutalkoholkonzentration die Annahme von Unabwendbarkeit aus (vgl. OLG Köln VersR **1960** 644: 0,99‰; OLG Braunschweig VersR **1967** 813: 0,44‰). Fehlt es jedoch an der Kausalität, weil der Unfall auch für den nüchternen Fahrer unvermeidbar gewesen wäre, so begründet selbst die (ab 1,3‰ gegebene) absolute Fahruntauglichkeit (vgl. hierzu BGHSt **21** 157; **22** 352; BGH NJW **1982** 588) keine Haftung nach § 7. Eine solche läßt sich nicht etwa daraus herleiten, daß der Fahrer in seinem Zustand überhaupt nicht hätte fahren dürfen, denn diese Pflichtwidrigkeit steht mit dem Unfall nicht in dem in Rdn. 397 dargelegten Zusammenhang. Da der Halter die Unabwendbarkeit beweisen muß, gehen Zweifel hinsichtlich der Feststellung, daß ein nüchterner Fahrer den Unfall hätte abwenden können, zu seinen Lasten. Wegen der Schwierigkeit dieses Beweises ist die Trunkenheitsfahrt mit einem gesteigerten Haftungsrisiko verbunden, was wegen der besonderen Gefährlichkeit derartiger Fahrten aber auch gerechtfertigt erscheint.

417 **Ampel** s. Lichtzeichen

418 **Anhänger.** Das Ausbrechen eines Anhängers infolge zu scharfen Bremsens ist nicht unabwendbar, sondern verschuldet (BGH VersR **1973** 941).

419 **Anhalten.** Plötzliches Anhalten vermeidet der mit äußerster Sorgfalt fahrende Führer eines Kraftfahrzeugs nach Möglichkeit, außer wenn er sich vergewissert hat, daß kein anderes Fahrzeug nachfolgt. Schaltet eine Ampel so kurz vor ihm von grün auf gelb um, daß er nur durch eine scharfe, den Hintermann gefährdende Bremsung vor der Ampel zum Stehen kommen kann, während er die Ampel noch bei gelb passieren könnte, so sieht er vom Anhalten ab. Im übrigen wird er vor dem Anhalten, außer wenn es durch eine Verkehrsstauung hervorgerufen wird, stets rechts heranfahren (OLG Hamburg VkBl. **1950** 327) und durch Betätigen des Fahrtrichtungsanzeigers auf sein Vorhaben aufmerksam machen. Auf der Autobahn ist zwar das Anhalten grundsätzlich untersagt; bei einer Verkehrsstauung muß aber auch der „denkbar beste Fahrer" anhalten (OLG Köln VRS **15** 325; OLG Düsseldorf VersR **1962** 455; zu den Sicherungsmaßnahmen im Falle einer Panne s. liegengebliebene Fahrzeuge). Der Fahrer eines Omnibusses mit Stehplätzen vermeidet ein ruckweises Anhalten schon aus Rücksicht auf seine Fahrgäste nach Möglichkeit.

420 **Auffahrunfall.** Der „denkbar beste Fahrer" hält von seinem Vordermann so großen Abstand, daß er nicht auffährt, wenn der Vordermann plötzlich scharf bremsen

muß. Er braucht sich jedoch nicht darauf einzustellen, daß der Vordermann auf ein Hindernis auffährt, das ihm (dem Hinterherfahrenden) nicht sichtbar war, und dadurch plötzlich zum Halten kommt. Grundsätzlich muß der Abstand zu einem vorausfahrenden Fahrzeug die Strecke deutlich übersteigen, die der nachfolgende in der Reaktions- und Bremsansprechzeit zurücklegt (BGH VersR **1968** 51). Ereignet sich der Unfall zwar nicht durch Auffahren auf den Vordermann, aber dadurch, daß der Fahrer – um ein Auffahren zu vermeiden – ohne Rücksicht auf den übrigen Verkehr am haltenden Fahrzeug vorbeizufahren versucht, so liegt kein unabwendbares Ereignis vor (BGH VersR **1960** 35). Bremst der Vordermann, so bremst der „denkbar beste Fahrer" so vorsichtig, als es ohne Auffahren auf den Vordermann möglich ist. Fährt trotzdem sein Hintermann auf, so liegt ein unabwendbares Ereignis vor, das auch den Schaden umfaßt, der dadurch entsteht, daß das eigene Kraftfahrzeug auf den Vordermann geschleudert wird (OLG Köln VRS **15** 325); daß der Fahrer mit einem nur sehr geringen Abstand vom Vordermann gehalten hat, als sein Hintermann auffuhr, stellt keine Pflichtwidrigkeit dar, da es beim Halten keinen Sicherheitsabstand gibt (OLG Köln aaO). Im Großstadtverkehr darf ein mit 30 km/h fahrender Omnibus auf 7 m an seinen Vordermann heranfahren, ohne die äußerste Sorgfalt zu verletzen. Hält der Vordermann überraschend, weil sich ein anderer Wagen vor ihm in eine Lücke drängt, so ist das Auffahren für den Omnibusfahrer ein unabwendbares Ereignis (BGH VersR **1968** 51; zw.). Dasselbe soll für eine Straßenbahn gelten, wenn der vor ihr fahrende Kraftwagen wegen eines betrunkenen Fußgängers überraschend bremsen muß (OLG Bamberg VersR **1966** 786). Nach OLG Frankfurt (VersR **1967** 851) kann der Fahrer einer Straßenbahn seinen Abstand von einem vor ihm fahrenden Pkw verringern, wenn andernfalls eine zügige Abwicklung des Verkehrs nicht mehr möglich ist.

Unabwendbar kann das Auffahren insbesondere im Falle eines Spurwechsels des **421** Vordermannes mit anschließendem abruptem Anhalten sein, weil sich hierdurch der Bremsweg ohne Zutun des Auffahrenden verkürzt. So ist z. B. für den Fahrer einer Straßenbahn das Auffahren auf einen Kraftwagen unabwendbar, der sich unmittelbar vor der Straßenbahn nach links auf das Gleis einordnet und dort anhält (BGH DAR **1962** 53). Für den Fahrer eines überholenden Kraftfahrzeugs ist ein Unfall unabwendbar, der sich dadurch ereignet, daß das überholte Fahrzeug ohne Ankündigung nach links einschwenkt (BGH VersR **1962** 566); dies gilt freilich nur, wenn kein besonderer Anlaß zum Einschwenken erkennbar war (BGH VersR **1965** 82).

Aussteigen. Mangelnde Sorgfalt, insbesondere beim Türöffnen, schließt die An- **422** nahme eines unabwendbaren Ereignisses aus. Der Fahrer hat vor allem nach rückwärts Ausschau zu halten, ehe er von innen die Tür des Kraftfahrzeugs öffnet oder ein Öffnen durch einen Mitfahrer duldet (KG VAE **1939** 112; OLG Hamburg DAR **1940** 54). Er muß sich aber auch vergewissern, daß sich nicht von vorne ein Fahrzeug mit geringem Seitenabstand nähert (BGH VersR **1981** 533). Der lebensfremden Statuierung einer Pflicht des Fahrers, zurückgelassene Fahrgäste über die gebotene Sorgfalt beim Öffnen der Tür zu belehren (so OLG Celle DAR **1951** 13) bedarf es nicht, da dem Halter ein Sorgfaltsverstoß der Fahrgäste ohnehin zugerechnet wird (vgl. Rdn. 496).

Ausweichen s. Gegenverkehr. **423**

Bewußtseinsstörung. Führt eine Person, bei der infolge einer Erkrankung (Kreis- **424** laufschaden, Epilepsie) oder einer Hirnverletzung gelegentlich Bewußtseinsstörungen aufgetreten sind, ein Kraftfahrzeug, und ereignet sich infolge einer solchen Störung ein Unfall, so ist die Haftungsbefreiung des Halters ausgeschlossen (OLG Hamm VkBl **1950** 280). Hat der Fahrer dagegen zum ersten Mal eine Bewußtseinsstörung erlitten und brauchte er aufgrund seines Gesundheitszustands auch nicht mit einer solchen zu rechnen, so liegt ein unabwendbares Ereignis vor (vgl. Rdn. 391). Zu weit ginge die Forderung, daß alle an Bluthochdruck leidenden Personen vom Führen eines Kraftfahrzeugs Abstand nehmen müssen, weil bei solchen ein Gehirnschlag oder ein Herzinfarkt häufig auftrete. Dies wird vielmehr nur von solchen Personen verlangt werden können, die schon einmal ein solches Ereignis überstanden haben oder denen durch andere Anzeichen bekannt ist, daß bei ihnen die Gefahr eines Gehirnschlags oder Herzinfarkts besonders groß ist.

425 **Engstelle.** Nähern sich zwei Kraftfahrzeuge einer Engstelle von entgegengesetzter Richtung, so kann derjenige Fahrer, der die Engstelle deutlich eher erreicht, sich darauf verlassen, daß der andere vor der Engstelle anhält (OLG Neustadt VRS 7 174). Dagegen fährt bei etwa gleichzeitigem Erreichen der Engstelle der besonders sorgfältige Kraftfahrer auch dann, wenn in seiner Fahrtrichtung das Zeichen 308 der StVO („Vorrang vor dem Gegenverkehr") angebracht ist, erst in die Engstelle ein, wenn er sicher sein kann, daß der andere seinen Vorrang beachtet. Kommt dem Fahrer eines Lkw auf schmaler, mit Schneematsch bedeckter Straße ein anderer Lkw entgegen, so hat er sofort zu bremsen (OLG Stuttgart VersR **1965** 1110 LS). Nicht verkehrsgerecht verhält sich der Fahrer eines Lastzugs, der auf einer engen und unübersichtlichen Straße an einem haltenden Lkw so langsam vorbeifährt, daß ein entgegenkommender Pkw, dessen Führer die Situation erst auf 65 m erkennen konnte, frontal auffährt; der Lkw-Fahrer hätte einen Warnposten aufstellen müssen (BGH VersR **1968** 847).

426 **Fahrtrichtungsanzeiger.** Bei der Wahl des Zeitpunkts zum Betätigen des Fahrtrichtungsanzeigers bemüht sich der äußerst sorgfältige Fahrer, naheliegende Mißverständnisse anderer Verkehrsteilnehmer (z. B. bei kurz aufeinanderfolgenden Einmündungen) zu vermeiden. Auch bei Vorhandensein einer automatischen Rückstelleinrichtung vergewissert er sich, daß der Anzeiger unmittelbar nach Beendigung des Abbiegens zurückgenommen wird.

427 Der denkbar beste Fahrer verläßt sich nicht ohne weiteres darauf, daß ein anderes Fahrzeug entsprechend dem gesetzten Fahrtrichtungsanzeiger abbiegen wird (OLG Hamburg VersR **1966** 195); nur bei zusätzlichen Anzeichen (z. B. Langsamerwerden, Einschlagen der Räder) darf er hierauf vertrauen.

428 **Fußgänger** (s. a. Kinder). Verkehrswidriges Verhalten von Fußgängern stellt für den Führer eines Kraftfahrzeugs ein unabwendbares Ereignis dar, wenn er nach den konkreten Umständen damit nicht zu rechnen brauchte. Ein solches unvorhersehbares Verhalten liegt z. B. vor, wenn ein Fußgänger im Laufschritt nachts eine Straße überquert, obwohl von beiden Seiten Kraftfahrzeuge herannahen (BGH VersR **1959** 199; **1960** 183); wenn nachts Fußgänger nebeneinander auf der Fahrbahn gehen und durch eine Bewegung nach rechts zu erkennen geben, das Kraftfahrzeug solle sie links überholen, im letzten Augenblick aber wieder nach links springen (OLG Düsseldorf DAR **1954** 108); wenn ein Fußgänger hinter einer abfahrenden Straßenbahn hervor die andere Fahrbahnhälfte überqueren will und dabei an den auf den Gleisen wartenden anderen Personen vorbei in ein nur noch 10 m entferntes Kraftfahrzeug läuft (LG München VersR **1956** 309); wenn ein Fußgänger, der aus dem haltenden Linienbus ausstieg, mit solcher Geschwindigkeit hinter diesem auf die Fahrbahn läuft, daß ein mit 2 m Abstand und 50 km/h vorbeifahrender Pkw nicht mehr rechtzeitig halten kann (OLG Hamm VRS **34** 281); wenn ein Fußgänger nachts vor einem herannahenden Motorrad die Straße überquert, plötzlich in der Mitte der Straße stehen bleibt und zurück in die Bahn des Motorrads läuft (AG Essen MDR **1959** 660). Außerhalb von geschlossenen Ortschaften braucht auch der vorsichtigste Fahrer nicht damit zu rechnen, daß eine alte Frau langsam die Straße überquert (OLG Hamm VersR **1967** 1056).

Dagegen muß, wer bei Dunkelheit oder regennasser Straße durch Wohngebiet fährt, damit rechnen, daß Fußgänger, die er wegen der schlechten Lichtverhältnisse und der Blendwirkung entgegenkommender Fahrzeuge nur schwer erkennen kann, die Fahrbahn überqueren; eine Geschwindigkeit von 45 km/h kann unter solchen Umständen zu hoch sein (BGH bei *Bode-Weber* DAR **1969** 116). Der „denkbar beste Fahrer" gibt bei der Annäherung an einen die Fahrbahn überquerenden Fußgänger nie ein unnötiges Warnsignal, das diesen verwirren kann (vgl. BGH VersR **1962** 360 und zur Lichthupe BGH VersR **1977** 434). Im übrigen gibt er aber in jedem Fall ein Warnzeichen, in dem Anhaltspunkte dafür gegeben sind, ein Fußgänger wolle mit der Überquerung der Fahrbahn vor dem Kraftfahrzeug beginnen. Das gilt vor allem, wenn er nachts bemerkt, daß mehrere Fußgänger von links her die Fahrbahn zu überqueren beginnen. Er darf nicht davon ausgehen, sie würden in der Straßenmitte stehen bleiben (BGH VersR **1968** 848). Überquert ein von rechts kommender Fußgänger vor dem Kraftfahrzeug die Fahrbahn, so darf dessen Fahrer nicht nach links ausweichen; er muß vielmehr versuchen, hinter dem Fußgänger vorbeizukommen (BGH VersR **1965** 1054; **1970** 818; **1980** 868). Am Neujahrsmorgen ist wegen des gehäuften Auftretens betrunkener oder übermüdeter Fußgänger besondere Vorsicht geboten (BGH VersR **1968** 897). Eine gesteigerte Sorgfaltspflicht besteht gegenüber Kindern, Hilfsbedürftigen und älteren Menschen (vgl. § 3 Abs. 2a StVO und Rdn. 412). **429**

Gegenverkehr (s. a. Engstelle). Der Kraftfahrer kann, so lange keine Anhaltspunkte für das Gegenteil bestehen, darauf vertrauen, daß ein entgegenkommendes Fahrzeug seine rechte Seite einhält und genügend nach rechts ausweicht (BGH VRS **11** 107). Kommt ein Kraftfahrzeug auf der ihm gebührenden Straßenseite mit Fahrlicht in ruhiger Bewegung einem Fahrer entgegen, so braucht dieser nicht damit zu rechnen, daß das Kraftfahrzeug in die eigene Fahrbahn geraten wird (BGH VRS **10** 172). Auch der denkbar beste Fahrer braucht nicht damit zu rechnen, daß die Bremsen eines entgegenkommenden Kraftfahrzeugs versagen (OLG Celle VersR **1961** 813 LS), daß der Führer eines in unübersichtlicher Kurve entgegenkommenden Kraftfahrzeugs sich grob verkehrswidrig verhält, insbesondere überholt (BGH VersR **1961** 809; **1974** 997; zum Erfordernis des Fahrens auf Sicht vgl. BGH VersR **1983** 153) oder daß ein entgegenkommender Wagen, dessen Fahrer seine Überholabsicht aufgeben muß, infolge scharfen Bremsens ins Schleudern gerät (OLG Nürnberg VersR **1968** 78). Kommt ein Kraftfahrzeug ins Schleudern, weil es wegen eines den entgegenkommenden Lastzug überholenden Mottorrads scharf gebremst werden muß, so kann dies auch für den sorgfältigen Fahrer unabwendbar sein (OLG Celle RdK **1939** 15). **430**

Auf voll ausgebauter Autobahnstrecke braucht auch der gewissenhafteste Fahrer nicht mit Gegenverkehr zu rechnen (LG Darmstadt VersR **1966** 1144). **431**

Glatteis. Das nur stellenweise Auftreten von Glatteis ist lediglich an Stellen, an denen hiermit im allgemeinen nicht zu rechnen und auch kein Warnzeichen aufge- **432**

stellt ist, ein unabwendbares Ereignis, nicht jedoch bei Temperaturen um den Gefrierpunkt oder darunter an Stellen, die erfahrungsgemäß zur Eisbildung neigen (BGH VersR **1979** 1055), wie z. B. Brücken, Brückenrampen, Unterführungen, Waldstücken, überhöhten Kurven, bei denen an der Außenseite Schnee angehäuft ist (gefrierendes Tauwasser). Ist eine Brücke (vor allem bei Nacht oder Nebel oder im Stadtverkehr) für den Fahrer als solche nicht erkennbar, so kann das durch unvermutetes Glatteis auf der Brücke und ihren Rampen verursachte Schleudern ein unabwendbares Ereignis sein (OLG Hamburg VersR **1956** 352; zu weitgehend LG Bonn MDR **1957** 163). Aus dem eisfreien Zustand eines Teils der Straße darf nicht darauf geschlossen werden, daß die folgenden Strecken den gleich guten Zustand aufweisen (BGH VersR **1979** 1055).

Das Fahren auf geschlossener Glatteisdecke oder auf den erkennbar mit Glatteis überzogenen Stellen der Straße erfordert insofern besondere Sorgfalt, als jedes plötzliche Gasgeben oder scharfe Bremsen ebenso zum Schleudern führen kann wie ruckweises oder zu starkes Betätigen der Lenkung. Der „denkbar beste Fahrer" erkennt sofort, wenn sich die nicht angetriebenen Räder oder sämtliche Räder infolge zu starker Betätigung der Bremse nicht mehr drehen, und lockert sofort die Bremse (OLG Oldenburg DAR **1956** 75). Ein Verstoß gegen die besonderen Fahrregeln bei Glatteis (dasselbe gilt für glattgefahrenen Schnee) schließt die Annahme eines unabwendbaren Ereignisses stets aus, wenn die Möglichkeit nicht auszuschließen ist, daß der Unfall hierauf beruht (OLG Kiel HRR **1931** Nr. 1450; OLG Naumburg RdK **1939** 9; OLG Dresden RdK **1940** 103; **1940** 104; OLG Bremen VersR **1956** 198; LG Bonn MDR **1957** 163).

433 Gerät an einer Stelle, an der mit Glatteis nicht zu rechnen ist, ein Kraftfahrzeug auf einem Straßenstück mit Gefälle oder Quergefälle ins Rutschen, weil sich Glatteis gebildet hat, oder stellt sich aus diesem Grund der Anhänger quer zur Fahrbahn, so liegt ein unabwendbares Ereignis vor (OLG Kiel HRR **1931** Nr. 1450; OLG Naumburg RdK **1939** 9). Dagegen kann der denkbar beste Kraftfahrer dann, wenn er weiß, daß Glatteis herrscht, und sich darauf einstellt, das Rutschen des Kraftfahrzeugs unter allen Umständen vermeiden (OLG Dresden RdK **1940** 103). Auch von dem gewissenhaftesten Fahrer ist jedoch nicht zu verlangen, daß er bei Glatteis auch dann, wenn keine besondere Gefahrenquelle erkennbar ist, so langsam fährt, daß er im Fall einer unvermutet entstehenden Gefahrenlage „auf kürzeste Entfernung" anhalten kann (OGH VRS **2** 9). Langsamer als 20 km/h in geschlossenen Ortschaften und 40 km/h auf freier Strecke fährt auch der gewissenhafteste Fahrer bei Glatteis nicht, sofern sich nicht besondere Gefahren zeigen (BGH VRS **23** 270; vgl. auch KG VRS **13** 149). Unfälle, die sich trotz dieser mäßigen Geschwindigkeiten und trotz sachgemäßer Betätigung der Bremsen ereignen, sind unabwendbar. Wird ein Kraftfahrer durch das unvorhersehbare, verkehrswidrige Verhalten eines anderen Verkehrsteilnehmers auf das Glatteis am Straßenrand gedrängt oder auf glatter Straße zu plötzlichem Bremsen gezwungen, so ist das hierdurch verursachte Schleudern des Kraftfahrzeugs unabwendbar (BGH VersR **1960** 403). Damit, daß ein entgegenkommender Kraftradfahrer stürzt, muß der denkbar beste Fahrer auch bei glatter Straße nicht rechnen (BGH VersR **1959** 455).

434 **Grundstücksausfahrt.** § 10 StVO statuiert für das Einordnen in den fließenden Verkehr ausdrücklich eine gesteigerte Sorgfaltspflicht; erforderlichenfalls hat sich der Einfahrende einweisen zu lassen. Beansprucht ein Lkw beim Einbiegen in die Fahrbahn deren gesamte Breite, so müssen bei Unübersichtlichkeit Warnposten aufgestellt werden (BGH VersR **1968** 1162). Bei der Annäherung an eine Ausfahrt darf sich der Kraftfahrer darauf verlassen, daß niemand herausfahren wird, ohne nach § 10 StVO den fließenden Verkehr zu beachten (BGH VersR **1970** 159).

Grundstückseinfahrt. Beim Abbiegen in ein Grundstück hat sich der Kraftfahrer schon nach der ausdrücklichen Vorschrift des § 9 Abs. 2 StVO der äußersten Sorgfalt zu befleißigen, nämlich sich so zu verhalten, daß eine Gefährdung anderer Verkehrsteilnehmer ausgeschlossen ist. Ganz besonders vorsichtig muß er verfahren, wenn er wegen zu geringer Breite der Fahrbahn nicht in einem Bogen in das Grundstück einfahren kann, sondern unter völligem Blockieren der Fahrbahn nochmals zurückstoßen muß; in einem solchen Fall muß er, wenn er nur so eine Gefährdung des fließenden Verkehrs ausschließen kann, eine Hilfsperson zuziehen, die ihn einweist und die Straße absichert (BGH VersR **1979** 532). Auf einen völlig unaufmerksamen Verkehrsteilnehmer, der das Verkehrsgeschehen überhaupt nicht verfolgt und trotz des rechtzeitig und deutlich sichtbaren Hindernisses nicht anhält, braucht sich der Abbieger jedoch nicht einzustellen (BGH aaO). **435**

Haltestelle. Der Fahrer eines Omnibusses, der an einer Haltestelle gehalten hat, darf diesen nur mit größter Rücksicht auf den fließenden Verkehr wieder anfahren (BGH VRS **11** 246); die Pflicht der anderen Verkehrsteilnehmer, ihm das Abfahren von der Haltestelle zu ermöglichen (§ 20 Abs. 2 StVO), ändert hieran nichts. **436**

Ein Kraftfahrer, der an einem haltenden Linienbus vorbeifährt, muß aufmerksam und reaktionsbereit sein, um ausgestiegene und die Fahrbahn überquerende Fahrgäste nicht zu gefährden (BGH VersR **1968** 702). Ein Seitenabstand von 1 m ist auch bei 40 km/h zu gering (BGH VersR **1969** 860). **437**

Fährt der Fahrer eines Linienbusses bei Glatteis ohne Grund nicht scharf an die Bordsteinkante heran, so hat er den Sturz eines Aussteigenden zu vertreten (BGH VersR **1969** 518). **438**

Der Fahrer eines Schulbusses muß bei der Annäherung an die Haltestelle damit rechnen, daß die wartenden Schüler an den Bus herandrängen. Er muß den Bus daher mit weniger als Schrittgeschwindigkeit ausrollen lassen, und die Schüler, auch mit Hilfe des Außenspiegels, im Auge behalten, um ggf. sofort anhalten zu können. Mehr – etwa Anhalten schon vor der Haltestelle – ist von ihm aber nicht zu verlangen (BGH VersR **1982** 270). **439**

Hindernisse auf der Fahrbahn. Mit Hindernissen auf der Fahrbahn (abgesprungene Radkappen oder Zwillingsräder, heruntergefallene Ski, Koffer, Ladung) rechnet der „denkbar beste Kraftfahrer" auch in der Nacht. Er rechnet auch mit unbeleuchtet liegengebliebenen Kraftfahrzeugen und fährt daher immer „auf Sicht", d. h. nur so schnell, daß er noch anhalten oder ausweichen kann, wenn er bei den gegebenen Sichtverhältnissen (eigenes Abblendlicht, Mondlicht, Licht entgegenkommender oder in gleicher Richtung fahrender Fahrzeuge, Kurve, Kuppe) das Hindernis erkennen kann (BGH DAR **1960** 16; VersR **1974** 997). Der „denkbar beste Fahrer" fährt auch auf der Autobahn stets „auf Sicht". Daher stellt das Überfahren einer auf der Fahrbahn liegenden Person (Schwerverletzter, Betrunkener) auch bei Nacht kein „unabwendbares Ereignis" dar (OLG Dresden VAE **1938** 356). Einer Unfallstelle darf man sich nur mit verringerter Geschwindigkeit nähern (BGH bei *Bode* DAR **1975** 95). **440**

Hochschleudern von Steinen s. Steine auf der Fahrbahn. **441**

Kinder. Spielen Kinder auf dem Gehsteig oder am Straßenrand, so rechnet der sorgfältige Kraftfahrer damit, daß sie unbedacht in die Fahrbahn laufen (OLG **442**

Dresden RdK **1940** 101). Aber auch dann, wenn ein noch nicht schulpflichtiges Kind am Straßenrand steht und in Richtung auf das herannahende Kraftfahrzeug blickt, rechnet der denkbar beste Fahrer damit, es könne im letzten Augenblick unbedacht in die Fahrbahn laufen, und gibt zumindest ein Warnzeichen, sofern es der Verkehr nicht zuläßt, in einem größeren Abstand (von mehr als 1,50 m) an dem Kind vorbeizufahren (BGH VRS **5** 86). Geht eine Schar kleiner Kinder auf dem Gehsteig, so rechnet der denkbar beste Fahrer mit einem unüberlegten Verhalten eines dieser Kinder (OLG Köln MDR **1966** 325). Läuft ein vorher nicht sichtbar gewesenes Kind hinter parkenden Fahrzeugen hervor in die Fahrbahn und ist unter Berücksichtigung der Schreckzeit (Rdn. 407) ein Anhalten des Kraftfahrzeugs vor dem Kind unmöglich, so liegt ein unabwendbares Ereignis vor. Dies gilt jedoch nicht an markierten Fußgängerüberwegen, auch wenn es für den Kraftfahrer an jeder Möglichkeit fehlt, den angrenzenden Gehsteig einzusehen (OLG Köln VersR **1966** 836). Es gilt ferner dann nicht, wenn zwischen den parkenden Fahrzeugen zwar nicht das Kind, aber das Vorderrad eines Kleinkinderfahrrades sichtbar war; der Kraftfahrer darf nicht darauf vertrauen, daß das Rad von einem Erwachsenen geschoben wird (BGH VersR **1981** 1054). Setzt ein Kind vor dem herannahenden Kraftfahrzeug zum Überqueren der Fahrbahn an, so kann es je nach den Umständen geboten sein, ein Warnzeichen zu unterlassen und stattdessen abzubremsen (vgl. BGH VersR **1962** 360). Steht ein Kind mit dem Rücken zu dem sich nähernden Kraftfahrer auf dem Gehsteig, so darf der Kraftfahrer nicht, ohne Zeichen zu geben, nahe am Randstein vorbeifahren (BGH VersR **1968** 475). Fährt ein Kind in einer von rechts einmündenden steilen Seitenstraße schnell mit dem Roller herab, so muß der Kraftfahrer davon ausgehen, es werde nicht rechtzeitig anhalten (BGH VersR **1969** 79).

443 **Ladung** (s. a. Überladen). Die Ladung muß so verstaut und befestigt sein, daß sie auch bei ungünstigsten Verhältnissen (Sturm, unebenes Gelände, scharfes Bremsen) weder ihre Lage gefahrbringend verändern noch herabstürzen kann (RG RdK **1940** 166).

444 **Lichtzeichen** (s. a. Linksabbiegen). Einer ampelgeregelten Kreuzung darf sich auch der denkbar beste Fahrer mit der vollen zugelassenen Geschwindigkeit nähern, wenn die Kreuzung frei ist und die Ampel für ihn Grün zeigt. Kann er beim Umschalten auf Gelb nicht mehr vor der Kreuzung anhalten, so verhält er sich nicht sorgfaltswidrig, wenn er noch über die Kreuzung fährt (OLG Köln VersR **1965** 906); dies kann zur Vermeidung eines gefährlichen scharfen Abbremsens sogar geboten sein (s. auch Anhalten). Der Zusammenstoß mit einem aus der Querstraße schon bei Gelb in die Kreuzung einfahrenden Fahrzeug ist für ihn unabwendbares Ereignis, es sei denn ein besonders umsichtiger und geistesgegenwärtiger Fahrer hätte infolge besonderer Umstände die Verkehrswidrigkeit des anderen noch so rechtzeitig bemerken können, daß ein Anhalten vor dem Anprall geglückt wäre (BGH VersR **1966** 829).

445 Nach dem Umschalten der Ampel auf Grün fährt der sorgfältige Fahrer erst in die Kreuzung ein, wenn er sich vergewissert hat, daß sie von Nachzüglern des Querverkehrs (z. B. aufgehaltenen Abbiegern, langsamen Fußgängern) frei ist (KG VersR **1970** 164).

446 Ist für den Fahrer erkennbar, daß es wegen Ausfalls einer Lichtzeichenanlage zu gefährlichen Situationen auf einer Kreuzung kommt, so ist er nicht entlastet, wenn er sich nicht auf das plötzliche Abbremsen seines Vordermanns einstellt. Zeigt eine

Ampel wegen eines Defekts Dauerrot, so darf auch der denkbar beste Fahrer nach gehöriger Wartezeit das Signal mißachten; er hat sich beim Einfahren in die Kreuzung aber so umsichtig zu verhalten, daß eine Gefährdung des Querverkehrs ausgeschlossen ist.

Liegenbleiben des Fahrzeugs. Fällt die Antriebskraft aus oder wird das Kraftfahr- 447
zeug aus anderen Gründen bewegungsunfähig, so benützt der denkbar beste Fahrer die letzte Bewegungsenergie, um es nach Möglichkeit außerhalb der Fahrbahn oder jedenfalls außerhalb besonderer Gefahrenzonen (z. B. in Kurve, hinter Kuppe, auf Überholspur), abzustellen. Gelingt dies nicht mehr, so ist das Fahrzeug im Rahmen des Möglichen nachträglich, z. B. durch Schieben, in die nach den Umständen am wenigsten gefahrenträchtige Position zu verbringen. Bei einem Reifenschaden auf der Autobahn darf der Kraftfahrer nicht sofort anhalten, wenn sich an der betreffenden Stelle kein aureichend breiter Randstreifen, in ca. 130 m Entfernung aber eine Ausbuchtung befindet; er muß sein Fahrzeug vielmehr dorthin ausrollen lassen, auch wenn dabei Reifen und Felge Schaden nehmen (BGH VersR **1979** 323). Kann der Kraftfahrer nicht umhin, auf einer Autobahn ohne Randstreifen anzuhalten, so muß er sein Kraftfahrzeug nach Möglichkeit von der Fahrbahn herunter bis unmittelbar an die Leitplanke heranfahren und darf dort nicht, um seinen Mitfahrern das Aussteigen nach rechts zu ermöglichen, einen Abstand lassen, wenn das Kraftfahrzeug dann noch in die Fahrbahn ragt (BGH aaO).

Kann das Pannenfahrzeug nicht vollständig von der Fahrbahn gebracht werden, 448
so ist es unverzüglich durch das in ausreichender Entfernung aufgestellte Warndreieck abzusichern. Außerdem ist sofort das Warnblinklicht einzuschalten. Ist das Fahrzeug damit noch nicht ausgestattet, so muß er alle ihm zur Verfügung stehenden anderen Warnmöglichkeiten ausnutzen (z. B. Einschalten des linken Blinklichts und der Schlußlichter, auch am Tage; vgl. BGH DAR **1971** 75; VersR **1975** 1024; **1979** 323).

Linksabbiegen. Vor dem Linksabbiegen hat der Kraftfahrer auch darauf Bedacht 449
zu nehmen, daß er nicht durch Radfahrer oder Fußgänger oder einen Stau in der Seitenstraße gehindert wird, die Fahrspur des Gegenverkehrs rechtzeitig vor einem herannahenden Fahrzeug freizumachen. Halten an einer durch Lichtzeichen geregelten Kreuzung Fahrzeuge des Gegenverkehrs an, so biegt der äußerst sorgfältige Fahrer gleichwohl noch nicht nach links ab, wenn sich ein Fahrzeug des Gegenverkehrs nähert, welches offensichtlich keine Anstalten zum Anhalten macht (vgl. BayObLG VRS **48** 227/229). Er rechnet auch mit der Möglichkeit, daß für einzelne Fahrspuren oder Fahrzeugarten (z. B. Radfahrer, Bus, Straßenbahn) gesonderte Signale vorhanden sind. Wenn dem Linksabbieger durch einen Grünpfeil oder Diagonalgelb die Sperrung des Gegenverkehrs angezeigt wird, darf er grundsätzlich darauf vertrauen, daß er gefahrlos abbiegen kann (KG VersR **1975** 427). Die vom KG in einer anderen Entscheidung (bei *Darkow* DAR **1972** 146) vertretene Auffassung, der ordentliche Kraftfahrer überquere auch in einem solchen Fall die Gegenfahrbahn erst, wenn der Gegenverkehr auf allen Fahrstreifen zum Stehen gekommen sei, erscheint für den Regelfall als zu weitgehend; etwas anderes gilt aber dann, wenn der Linksabbieger erkennen mußte, daß ein entgegenkommendes Fahrzeug noch in die Kreuzung einfahren würde.

Auch ein besonders sorgfältiger Fahrer darf davon ausgehen, daß ein entgegen- 450
kommender Wagen, der links blinkt und sich nach links einordnet, auf der Kreuzung anhält, bis diese freigeworden ist (BGH VersR **1969** 75).

451 **Lücke in Kolonne** s. Vorbeifahren an stehender Kolonne.

452 **Nebel.** Ist für den Kraftfahrer erkennbar, daß er in eine Nebelbank einfahren muß, so reduziert er seine Geschwindigkeit so rechtzeitig, daß er bereits bei Erreichen des Nebels auf Sicht fährt. Nicht zu billigen ist die Ansicht des OLG Düsseldorf (VRS **1** 71; abl. auch *Carl* daselbst), der denkbar beste Fahrer fahre bei Nebel auf den Straßenbahngleisen, um sich besser orientieren zu können. Besonders gefährliche Fahrmanöver nimmt der äußerst sorgfältige Fahrer bei Nebel, wenn überhaupt, so nur unter größten Sicherheitsvorkehrungen vor. Will er z. B. mit einem Lastzug bei starkem Nebel und Glatteis aus einem Nebenweg in eine Hauptstraße einbiegen, so stellt er Warnleuchten an der Hauptstraße auf (OLG Oldenburg DAR **1961** 310).

453 **Omnibus** (s. a. Haltestelle). Der denkbar beste Fahrer nimmt bei seiner Fahrweise besondere Rücksicht auch auf die Fahrgäste und vermeidet daher ruckhaftes Anfahren und Bremsen. Ein leichter Ruck beim Anfahren von einer Haltestelle wird allerdings unvermeidbar sein (LG Bielefeld MDR **1957** 292 LS), insbesondere wenn sich der Fahrer in eine Lücke des fließenden Verkehrs einfädeln muß. Fällt durch einen vermeidbaren Ruck ein Koffer aus dem Gepäcknetz, so ist die hierdurch verursachte Verletzung eines Fahrgastes nicht unabwendbar (vgl. OLG Oldenburg DAR **1954** 206). Bringt ein Fahrer die Fahrgäste durch verkehrswidriges Verhalten in Gefahr, so muß er damit rechnen, daß sie in der Angst unbedacht und unzweckmäßig handeln (RG VAE **1939** 221 LS).

454 **Pferdefuhrwerk.** Nehmen Pferdefuhrwerke am Straßenverkehr teil, so braucht auch der „denkbar beste Führer eines Kraftfahrzeugs" nicht damit zu rechnen, daß die Pferde scheuen, es sei denn, daß hierfür durch besondere Umstände Anlaß besteht (Hupen des Kraftfahrzeugs, Lautsprecher, sehr große Annäherung an die Pferde). Werden die Pferde allein dadurch scheu, daß der Führer 25 m von ihnen entfernt den Anlasser des Kraftfahrzeugs betätigt, so liegt ein unabwendbares Ereignis vor (OLG Braunschweig OLGZ **43** 94).

455 **Polizeibeamter.** Weisungen oder Zeichen eines Polizeibeamten befreien den „denkbar besten Fahrer" nicht von der Rücksichtnahme auf andere Verkehrsteilnehmer. Wird die Fahrtrichtung durch Handzeichen freigegeben und ereignet sich ein Unfall, weil sich ein anderer Verkehrsteilnehmer noch in der Kreuzung befindet oder verkehrswidrig in diese einfährt, so liegt kein unabwendbares Ereignis vor, wenn das verkehrswidrige Verhalten rechtzeitig zu erkennen war (OLG Köln JW **1931** 893).

456 **Radfahrer** (s. a. Seitenabstand). Unabwendbar ist für einen Kraftfahrer der Zusammenstoß mit einem Radfahrer, der ohne ein Zeichen zu geben zwei Sekunden vor dem in gleicher Richtung fahrenden Kraftfahrzeug den Radweg nach links verläßt, um die Straße zu überqueren (BGH VersR **1966** 692; OLG Oldenburg DAR **1957** 99). Der denkbar beste Kraftfahrer versucht, wenn er bei ausreichender Straßenbreite trotz Gegenverkehr einen Radfahrer überholt und dieser kurz vor Beginn des Überholvorgangs nach links fährt, rechts am Radfahrer vorbeizukommen oder er gibt, wenn er nach links lenkt, gleichzeitig Hupzeichen (BGH VersR **1966** 62). Beim Heranfahren an eine Vorfahrtstraße mit Radweg muß der Wartepflichtige damit rechnen, daß Radfahrer den Radweg auch in verbotener Richtung (z. B. entgegen der Einbahnstraße) benützen (BGH VersR **1982** 94).

457 **Rechtsabbiegen.** Beim Abbiegen nach rechts gerät der „denkbar beste Fahrer" nur dann über die Mitte der Straße, in die er einbiegt, hinaus, wenn sich dies wegen

der geringen Breite dieser Straße und der Ausmaße seines Kraftfahrzeugs nicht vermeiden läßt (KG VAE **1938** 241). Bei großen Kraftfahrzeugen (vor allem Lastzügen und Omnibussen) läßt es sich beim Einbiegen in enge Straßen häufig nicht vermeiden, daß der Führer des Kraftfahrzeugs vor dem Einschlagen der Lenkung zunächst nach links ausholt und sich bis zur Straßenmitte oder über diese hinaus begibt. Durch dieses Verhalten kann bei nachfolgenden Fahrern leicht der Eindruck entstehen, das große Fahrzeug wolle nach links abbiegen. Dessen Fahrer ist daher gehalten, sich vor dem Einschlagen der Lenkung nach rechts zu vergewissern, daß kein nachfolgendes Kraftfahrzeug rechts zum Vorfahren angesetzt hat.

Rechtsfahrgebot (s. a. Gegenverkehr). Auch auf einer breiten Fernstraße ist mög- **458**
lichst weit rechts, d. h. in der Regel mit maximal 1 m Abstand vom rechten Fahrbahnrand zu fahren. Verstößt ein Kraftfahrer hiergegen, so ist er auch dann nicht entlastet, wenn er einen Abstand von 1 m zur Mittellinie eingehalten hat, aber mit einem entgegenkommenden Überholer zusammenstößt (BGH VersR **1979** 528). Der Fahrer eines größeren Kraftfahrzeugs (z. B. Omnibus) darf einen Sicherheitsabstand zum rechten Fahrbahnrand einhalten (BGH VRS **20** 257; VersR **1966** 1076).

Regen. Fahren auf regennasser Fahrbahn erfordert bei entsprechend gefährli- **459**
chem Untergrund (insbesondere Blaubasalt, Kleinpflaster, vgl. OLG Hamm VRS **3** 106) ähnliche Sorgfalt wie Glatteis (s. dort). Auf die Gefahr von Aquaplaning stellt sich der sorgfältige Kraftfahrer bei der Wahl seiner Geschwindigkeit ein.

Reifenschaden (zur Abgrenzung vom technischen Fehler bzw. Versagen vgl. **460**
Rdn. 515). Auch der denkbar beste Fahrer braucht grundsätzlich nicht damit zu rechnen, daß ein Nagel oder Steinsplitter einen Reifen beschädigen wird (OLG Celle RdK **1950** 44 m. Anm. *Brüggemann*).

Schnee. Für Schneeglätte gilt das unter Glatteis gesagte entsprechend. Bei **461**
Schneematsch fährt der denkbar beste Fahrer besonders sorgfältig. Er beachtet vor allem, daß ein Kraftfahrzeug, das in einer ausgefahrenen Spurrille fährt, nur schwer aus dieser herausgelenkt werden kann, ferner daß in überhöhten Kurven das Kraftfahrzeug dazu neigt, in Richtung zum Kurvenmittelpunkt zu rutschen (BGH VersR **1958** 646). Kommt dem Fahrer eines Lkw auf schmaler, mit Schneematsch bedeckter Straße ein anderer Lkw entgegen, so hat er sofort zu bremsen (OLG Stuttgart VersR **1965** 1110 LS).

Die Verwendung von Schneeketten wird auch beim denkbar besten Fahrer nur in **462**
extremen Situationen, insbesondere bei Bergstrecken, vorausgesetzt. Kommt der Anhänger eines Lkw auf einer Gefällstrecke ins Rutschen und stellt sich der Lastzug quer, so liegt ein unabwendbares Ereignis nur vor, wenn auch das Anlegen von Schneeketten das Verhalten des Anhängers nicht hätte beeinflussen können (OLG München VersR **1961** 119).

Schulbus s. Haltestelle. **463**

Seitenabstand. Soweit die Verkehrslage es erlaubt, hält der denkbar beste Fahrer **464**
einen seitlichen Sicherheitsabstand von den neben ihm in gleicher Richtung fahrenden Kraftfahrzeugen. Mehr als 1 m Abstand zu halten, ist nur bei besonders schlechter Straße, Glatteis und Sturm erforderlich, außerdem auch beim Vorbeifahren an Radfahrern. Kann ein genügender Sicherheitsabstand nicht gewahrt oder beibehalten werden, so bleibt der „denkbar beste Fahrer" hinter dem Nachbarn zurück. Dies gilt vor allem, wenn sich ein Radfahrer oder Motorradfahrer zwischen

zwei Kraftfahrzeuge oder zwischen ein Kraftfahrzeug und den Straßenrand gezwängt hat. Der „denkbar beste Fahrer“ nimmt auf solch verkehrswidriges Verhalten anderer Rücksicht und bemüht sich, von sich aus den nötigen Sicherheitsabstand wiederherzustellen. Dieser beträgt für den „denkbar besten Fahrer“, der einen Radfahrer überholt, 1,50 m; ein Abstand zwischen Bordsteinkante und Kraftfahrzeug von 1,30 m ist mithin als für den Radfahrer zur Verfügung stehender Raum zu gering bemessen, weil dessen Fahrlinie 20 cm Abstand vom Randstein haben muß und die Breite des Radfahrers im ganzen 70 cm, seine halbe Breite also 35 cm beträgt, mithin der Abstand des Radfahrers vom Kraftfahrzeug nur 75 cm betragen würde (BGH VersR **1955** 764). Handelt es sich bei den Radfahrern um Kinder oder um unsicher fahrende alte Leute, so vergrößert der Kraftfahrer den Sicherheitsabstand oder unterläßt das Überholen, wenn ein der Gefahr entsprechender Abstand nicht eingehalten werden kann. Dies gilt vor allem dann, wenn der kindliche oder unsichere Radfahrer (z. B. ein mit schwerer Last beladenes Rad) während des Überholvorgangs auf einen Teil der Fahrbahn oder des Banketts ausweicht, der wegen seiner Beschaffenheit (grobe Steine, Schlaglöcher) die Unsicherheit des Radfahrers verstärken muß. In solchen Fällen kann u. U. sogar ein Sicherheitsabstand von 2 m noch zu gering sein, jedenfalls dann, wenn ohne weiteres eine günstigere Stelle zur Überholung des Radfahrers hätte abgewartet werden können (BGH VersR **1957** 587). Während eines Sturmes berücksichtigt der denkbar beste Fahrer, daß ein überholter Radfahrer oder Motorradfahrer während des Überholvorgangs in den Windschatten und damit aus seiner bisherigen Fahrtrichtung gerät. Er hält deshalb auch bei Radfahrern, die nicht unsicher wirken, einen seitlichen Abstand von mehr als 1,50 m (BGH RdK **1953** 29 m. Anm. *Pohle; Gaisbauer* VersR **1967** 1034). Wer einen Lkw mit Anhänger überholen will, muß damit rechnen, daß der Anhänger ein wenig schleudert, und daher auf ausreichenden Seitenabstand achten (BGH VersR **1979** 841). Der Überholende muß darauf achten, daß ein angemessener Seitenabstand auch bei sich ändernder Verkehrssituation gewahrt bleibt (BGH DAR **1975** 73).

465 **Steine auf der Fahrbahn.** Von den Rädern weggeschleuderte Steine können vorbeifahrende oder überholende Fahrzeuge, aber auch Fußgänger oder ein Schaufenster treffen. Liegen auf einer Straße zahlreiche Steine oder handelt es sich um eine unbefestigte Straße, so bedeutet das nicht, daß der „denkbar beste Fahrer“ davon Abstand nimmt, weiter zu fahren. Kommt aber ein anderer entgegen oder setzt ein anderer zum Überholen an, so ermäßigt er die Geschwindigkeit (BGH VersR **1974** 1030). Langsamer als 30 km/h braucht aber außerhalb geschlossener Ortschaften auch der „denkbar beste Fahrer“ nicht zu fahren (a. M. OLG Koblenz VersR **1955** 237). Wird trotz vorsichtiger Fahrweise ein anderer Verkehrsteilnehmer durch einen weggeschleuderten Stein verletzt oder sein Fahrzeug oder ein Fenster beschädigt, so liegt ein unabwendbares Ereignis vor (LG Lüneburg MDR **1961** 1014; AG Lahr VersR **1961** 334). Dies gilt vor allem dann, wenn ein einzelner Stein auf einer mit modernem Straßenbelag versehenen Straße liegt. Hat ein Fahrzeug Zwillingsreifen, so können sich Steine zwischen die beiden Reifen klemmen und später weggeschleudert werden. Auf schlechten Straßen läßt sich dies nicht vermeiden. Der Führer des Kraftfahrzeugs muß aber seine Zwillingsreifen in dieser Hinsicht überprüfen, wenn er die schlechte Straße verläßt und sich auf eine Straße mit festem Belag begibt, auf der er mit wesentlich höherer Geschwindigkeit weiterzufahren gedenkt. Dies gilt vor allem beim Verlassen von Kiesgruben, von Baugelände und von anderem nichtbefestigten Gelände (OLG Frankfurt VkMitt. **1958** 34; LG München I

VersR **1967** 914 bejaht allgemein die Haftung für eingeklemmte Steine bei fehlender Untersuchung vor Fahrtbeginn).

Steinschlag. Auch wenn erkennbare Steinschlaggefahr besteht (weil schon frisch 466 heruntergefallene Steine auf der Fahrbahn liegen) oder ein entsprechendes Warnzeichen aufgestellt ist, darf der Führer des Kraftfahrzeugs weiterfahren. In diesem Fall liegt ein unabwendbares Ereignis vor, wenn ein Stein in solcher Nähe vor dem Kraftfahrzeug herabrollt, daß ein Ausweichen oder rechtzeitiges Anhalten nicht möglich ist, vorausgesetzt, daß die Geschwindigkeit des Kraftfahrzeugs schon vorher dieser Gefahr entsprechend herabgesetzt worden war.

Straßenglätte s. Glatteis, Regen, Schnee, Verschmutzung der Straße. 467

Streufahrzeug. Die Ladefläche eines Streufahrzeugs muß so abgesichert sein, daß 468 weder Erschütterungen noch Luftzug zu Gefährdungen anderer Verkehrsteilnehmer durch herabfallenden Sand oder Splitt führen können. Unvermeidbar dagegen ist es, wenn ein im ordnungsgemäßen Streuvorgang weggeschleuderter Stein oder Sandklumpen die Windschutzscheibe eines anderen Kraftfahrzeugs zerschlägt (LG Lübeck DAR **1955** 136).

Sturm. Bei Sturm und starkem Wind nimmt der denkbar beste Fahrer darauf 469 Rücksicht, daß beim Verlassen von Waldungen und beim Befahren von Dämmen und Brücken häufig starker Seitenwind einsetzt, der das Kraftfahrzeug aus der Bahn tragen kann oder jedenfalls die Lenkung beeinflußt. Umgekehrt berücksichtigt er beim Einfahren in Waldungen und Unterführungen (auch unter Brücken), daß das Kraftfahrzeug durch den plötzlichen Wegfall des Seitenwindes aus seiner bisherigen Fahrtrichtung gerät, wenn die Lenkung nicht sofort hierauf eingestellt wird. Gleiches gilt, wenn das Kraftfahrzeug in den Windschatten eines vorbeifahrenden, überholenden oder überholten Kraftfahrzeugs gerät. Beim Überholen eines Radfahrers nimmt der sorgfältige Fahrer darauf Rücksicht, daß der Radfahrer unsicher werden kann, wenn er in den Windschatten gerät; er hält deshalb einen seitlichen Abstand von mehr als 1,50 m (BGH RdK **1953** 29 m. Anm. *Pohle; Gaisbauer* VersR **1967** 1034).

Der denkbar beste Fahrer berücksichtigt auch, daß bei Sturm Zweige und Äste 470 von den Bäumen gerissen werden, ja sogar ganze Bäume auf die Straße stürzen können. Anzuhalten braucht er deshalb allerdings nicht. Wird ein herabfallender Ast auf die Windschutzscheibe geschleudert, so liegt ein unabwendbares Ereignis selbst dann vor, wenn schon andere Äste auf der Straße liegen (LG Kiel DAR **1952** 119 m. teilweise abl. Anm. von *Krille*; *Gaisbauer* VersR **1967** 1034). Kein unabwendbares Ereignis ist dagegen im allgemeinen das Hineinfahren in einen umgestürzten Baum oder liegenden Ast. Besondere Sorgfalt erfordern die bei Sturm oft in wenigen Sekunden entstehenden Schneewehen. Denn hier ist ein allzustarkes Herabmindern der Geschwindigkeit nicht möglich, weil sonst das Kraftfahrzeug in der Schneewehe stecken bleibt. Daß bei Sturm die Ladung eines Lkw oder die Koffer und Zeltsäcke auf dem Dach eines Pkw besonders sorgfältig befestigt sein müssen, weiß jeder sorgfältige Führer eines Kraftfahrzeugs (RG RdK **1940** 166).

Sturz eines anderen Verkehrsteilnehmers. Bremst der Kraftfahrer und entsteht da- 471 bei ein nicht mit dem Fahrzeug zusammenhängendes Geräusch, weil ein nachfolgender Mopedfahrer neben dem Kraftfahrzeug gestürzt ist, so liegt ein unabwendbares Ereignis vor, wenn der Fahrer des Kraftfahrzeugs nicht sofort hält und der Wagen daher über den Fuß des Mopedfahrers rollt (BGH VersR **1966** 146). Damit, daß ein entgegenkommender Kradfahrer stürzt, muß auch der denkbar beste Fahrer, auch bei schneeglatter Straße, nicht rechnen (BGH VersR **1959** 455).

472 **Tiere** (s. a. Pferdefuhrwerk, Wildwechsel). Durch das Verhalten eines Tieres verursachte Unfälle sind für den Führer eines Kraftfahrzeugs unabwendbar, wenn das Tier erst in sein Blickfeld trat, als der Unfall trotz Anwendung zweckmäßiger Maßnahmen (Bremsen, Ausweichen) nicht mehr vermieden werden konnte (vgl. OLG Marienwerder DAR **1931** 215), oder wenn das Tier zwar vorher zu sehen war, mit seinem das Kraftfahrzeug gefährdenden Verhalten aber nicht gerechnet zu werden brauchte. Ob das Tier beaufsichtigt oder unbeaufsichtigt war, spielt in diesem Zusammenhang keine Rolle. Auch wenn das gefährliche Verhalten des Tieres auf dem Zuruf seines Herrn beruhte, gilt nichts anderes (*Dickertmann* DAR **1957** 143). Nicht gebilligt werden kann freilich die Ansicht des OLG Stuttgart (OLG **43** 95), daß ein sorgfältiger Kraftfahrer beim Ansichtigwerden eines in der Obhut einer Person stehenden Hundes nicht nur seine Geschwindigkeit herabzumindern, sondern auch Warnzeichen zu geben habe. Generell zu verlangen, daß bei der Durchfahrt durch Dörfer, in denen mit dem Herauslaufen von Tieren auf die Straße (Geflügel, Hunde, Katzen, Rindvieh, Schweine, Ziegen) zu rechnen ist, die Geschwindigkeit auf ca. 30 km/h reduziert werden muß, würde zuweit führen (so *Full* 312). Etwas anderes gilt jedoch, wenn solche Tiere sichtbar sind, insbesondere auch beim Überholen von Herden (Rindvieh, Schafe) oder bei der Begegnung mit einer Herde. Weichen die Tiere nicht aus, so hält der „denkbar beste Fahrer" an und wartet, bis die Tiere vorbeigegangen sind.

473 **Trunkenheitsfahrt** s. Alkohol.

474 **Überholen** (s. a. Seitenabstand). Der denkbar beste Fahrer überholt nur, wenn dadurch kein Gegenverkehr und auch kein links in gleicher Richtung gehender Fußgänger gefährdet werden kann. Er achtet auch darauf, daß sich vor dem zu überholenden kein langsameres, das Einscheren hinderndes Fahrzeug befindet und auch keine Seitenstraße vorhanden ist, auf der ein solches Fahrzeug herannahen und sich vor den zu Überholenden setzen (BGH VersR **1968** 1041) oder die zum Überholen benötigte Fahrbahnhälfte sperren könnte (OLG Düsseldorf VkBl. **1950** 159). Innerhalb geschlossener Ortschaften achtet er auch darauf, ob von links ein Fußgänger Anstalten trifft, die Fahrbahn zu überqueren und daher in die andere Richtung blickt (OLG Oldenburg VersR **1959** 138). Er vermeidet auch auf einer Bundesstraße ausreichender Breite mit hoher Geschwindigkeit zwischen zwei sich begegnenden Lastzügen hindurchzufahren, so daß ein Wartepflichtiger ihn vorübergehend nicht bemerken kann (BGH VersR **1967** 883). Die irrige Annahme, die Bundesstraße setze sich geradeaus fort, während sie einen für den Überholenden zunächst nicht erkennbaren Knick nach links macht, aus dem Gegenverkehr auftaucht, entlastet auch einen ortskundigen Fahrer nicht (BGH VersR **1970** 62). Wer hinter einem anderen Kraftfahrzeug eine langsame Militärkolonne überholt, muß auf schmaler Straße damit rechnen, daß sein Vordermann wegen Gegenverkehrs plötzlich bremst, um sich nach rechts in die Kolonne einzuordnen (BGH VersR **1970** 63).

475 Vor Einleitung des Überholvorgangs und nochmals unmittelbar vor dem Ausscheren vergewissert sich der Fahrer, daß kein nachfolgendes Fahrzeug zum Überholen ansetzt (vgl. BGH VersR **1959** 633; **1968** 1041). Er sieht vom Überholen ab, wenn er nach den Umständen (z. B. dicht auffahrender, blinkender Nachfolger, schnell herankommendes Motorrad) damit rechnen muß, seinerseits, sei es auch verkehrswidrig, überholt zu werden.

Für den Fahrer eines überholenden Kraftfahrzeugs ist ein Unfall unabwendbar, der sich dadurch ereignet, daß das überholte Fahrzeug ohne Ankündigung nach links einschwenkt (BGH VersR **1962** 566); dies gilt freilich nur, wenn kein besonderer Anlaß zum Einschwenken erkennbar war (BGH VersR **1965** 82). Ein auf der Autobahn fahrender Kraftfahrer braucht auch bei Anwendung der äußersten Sorgfalt nicht damit zu rechnen, daß der vor ihm fahrende Wagen plötzlich verbotswidrig dazu ansetzt, den Mittelstreifen an einer Notübergangsstelle zu überqueren (BGH VersR **1957** 787), oder daß dieser ungewollt auf den Grünstreifen gerät und von diesem nahezu rechtwinklig über die bisher benutzte Fahrbahn fährt (BGH VersR **1962** 178). **476**

Wird bei ausreichender Straßenbreite trotz Gegenverkehrs ein Radfahrer überholt, und fährt dieser kurz vor Beginn des Überholvorgangs nach links, so versucht der beste Kraftfahrer, rechts am Radfahrer vorbeizukommen oder er gibt, wenn er nach links lenkt, gleichzeitig Hupzeichen (BGH VersR **1966** 62). **477**

Der Kraftfahrer verstößt gegen die ihm obliegende Sorgfaltspflicht, wenn er sich in dem Zeitpunkt, in welchem er sich auf das Überholen konzentrieren muß, darum bemüht, seinen Beifahrer, der im Schlaf gegen seine rechte Schulter gesunken war, auf seinen Platz zurückzuschieben (BGH VersR **1979** 841). **478**

Überladen (Überschreiten des Höchstgewichts oder der Achslast) schließt ein unabwendbares Ereignis aus, solange nicht erwiesen ist, daß es auf das Entstehen des Unfalls nicht eingewirkt haben kann (BGH VersR **1959** 387; **1961** 615). **479**

Verschmutzung der Straße. Sind Warnzeichen „Gefahrenstelle" (Zeichen 101) und „Schleudergefahr" (Zeichen 114) bei einem Zementwerk aufgestellt, so ist ein Fahrer nicht entlastet, der auf dem Zementstaub ins Schleudern kommt, weil ein vorausfahrender Lastzug leicht bremst (BGH VersR **1974** 265). Ist dem Fahrer bekannt, daß auf der vor ihm befahrenen Straße eine Zuverlässigkeitsfahrt stattfindet oder vor kurzem stattfand, so gehört zur äußersten Sorgfalt, daß er in einer unübersichtlichen Kurve besonders vorsichtig fährt, wenn die nur schlecht befestigte Fahrbahn durch die anderen Fahrzeuge schmierig geworden ist (BGH DAR **1955** 194). Entsprechendes gilt, wenn auf der Straße erkennbar Viehtrieb stattfand oder durch landwirtschaftliche oder Baustellenfahrzeuge Verschmutzungen hervorgerufen wurden. **480**

Vorbeifahren an stehendem Fahrzeug (s. a. Engstelle). Es gelten dieselben Grundsätze wie beim Überholen. Das Vorbeifahren ist nur gestattet, wenn der Fahrer sicher sein kann, daß der Gegenverkehr nicht gefährdet wird; im Zweifel hat er anzuhalten (BGH VersR **1964** 1145). Der Gegenverkehr ist sorgfältig zu beobachten (BGH VRS **25** 438). **481**

Vorbeifahren an stehender Kolonne. Beim Vorbeifahren an einer in gleicher Fahrtrichtung zum Stehen gekommenen Kolonne (z. B. auf einer Überholspur, Abbiegerspur, Sonderfahrstreifen) muß der Kraftfahrer darauf achten, ob von den Fahrzeugen der Kolonne größere Lücken freigelassen werden. Ist damit zu rechnen, daß die Lücke (z. B. an einer Kreuzung oder Grundstücksausfahrt) für Fahrzeuge oder Fußgänger im Querverkehr oder für entgegenkommende Linksabbieger freigehalten wird, muß er sich darauf einstellen, daß solche Verkehrsteilnehmer bis zur Erlangung freier Sicht auf den nicht von der Kolonne besetzten Straßenraum aus der Lücke herausfahren bzw. -treten. Zu diesem Zweck muß er entweder einen ausreichenden seitlichen Abstand von der Kolonne einhalten oder seine Geschwin- **482**

digkeit so bemessen, daß er vor einem aus der Lücke herauskommenden Verkehrsteilnehmer anhalten kann (vgl. BayObLGSt **1965** 28).

483 **Vorfahrt.** Auch der denkbar beste Fahrer darf sich, wenn er an einer unübersichtlichen Einmündung *wartepflichtig* ist, vorsichtig in die bevorrechtigte Straße hineintasten, bis er die nötige Übersicht hat; er muß dabei so langsam fahren, daß er beim Ansichtigwerden eines Vorfahrtsberechtigten auf der Stelle anhalten kann (BGH VersR **1977** 524; **1981** 336). Dies ist ihm auch gestattet, wenn er zunächst vor der Einmündung angehalten hatte. Läßt sich der Vorfahrtberechtigte durch dieses Verhalten zu kopflosen Reaktionen hinreißen, so liegt für den Fahrer des wartepflichtigen Fahrzeugs ein unabwendbares Ereignis vor (OGH VRS **1** 291; OLG Nürnberg VRS **15** 257). Ist die Sicht in die vorfahrtsberechtigte Straße aber nur vorübergehend, z. B. durch einen einbiegenden Lkw behindert, so sieht der sorgfältige Fahrer von einem Hineintasten ab und wartet bis die Sichtbehinderung behoben ist (BGH VersR **1977** 524).

484 An einer bevorrechtigten Einbahnstraße genügt es für den Ausschluß einer Abwendbarkeit des Unfalls nicht, wenn der Wartepflichtige nur in die Richtung blickt, aus der erlaubtermaßen Fahrzeuge kommen können. Daß das in falsche Richtung fahrende Fahrzeug kein Vorfahrtsrecht hat (vgl. BGH VersR **1982** 94) ändert hieran nichts.

485 Der *Vorfahrtberechtigte* braucht mit einer Verletzung seiner Vorfahrt in der Regel nicht zu rechnen; ein unabwendbares Ereignis liegt deshalb grundsätzlich nur dann nicht vor, wenn er die drohende Verletzung seines Vorrechts hätte erkennen können und müssen (BGH VersR **1961** 69; **1975** 37; **1977** 524; OLG Stuttgart RdK **1954** 59; OLG München VersR **1959** 863; OLG Köln NJW **1960** 727; DAR **1960** 136; LG Tübingen MDR **1960** 400; LG Frankenthal DAR **1967** 243). Infolge der Beweislastverteilung nach Abs. 2 muß der Vorfahrtberechtigte beweisen, daß keine besonderen Umstände auf die bevorstehende Vorfahrtsverletzung so rechtzeitig hindeuteten, daß er hätte anhalten können (BGH VersR **1975** 37).

486 Der Grundsatz, daß der Vorfahrtberechtigte ohne gegenteilige Anhaltspunkte nicht mit einer Verletzung seines Vorrechts zu rechnen braucht, gilt auch, wenn er den Wartepflichtigen nicht sehen kann, z. B. weil er durch einen einbiegenden Lkw verdeckt ist (BGH VersR **1977** 524). Auch einer unübersichtlichen Kreuzung oder Einmündung darf sich der besonders sorgfältige Fahrer daher mit einer Geschwindigkeit nähern, die ein Anhalten vor einem zunächst nicht sichtbaren, die Vorfahrt mißachtenden Fahrzeug unmöglich macht (der Sinn der Vorfahrtsregelung, den Verkehr flüssig zu halten, würde sonst vereitelt, vgl. BGH VRS **10** 327; VersR **1967** 283; LG Bremen VersR **1960** 815). Mit dem zulässigen „Hineintasten" eines Wartepflichtigen (s. Rdn. 483) muß der Vorfahrtberechtigte aber rechnen; er muß daher einen entsprechenden Abstand zum Fahrbahnrand halten und stets reaktionsbereit sein (BGH VersR **1981** 336).

487 Ein für den Vorfahrtberechtigten unabwendbares Ereignis liegt vor, wenn er wegen erkennbar drohender Vorfahrtsverletzung durch den Wartepflichtigen so scharf bremsen muß, daß der Hintermann auffährt oder ein Insasse verletzt wird (OLG Köln NJW **1960** 727).

488 An einer Kreuzung, an der mangels besonderer Regelung der Grundsatz „rechts vor links" gilt, vertraut jeder Verkehrsteilnehmer darauf, daß ein etwa von rechts Kommender nur mit mäßiger Geschwindigkeit herankommt, weil er seinerseits auf

etwaige bevorrechtigte Fahrzeuge achten muß. Daher ist im Falle eines Zusammenstoßes der von rechts Kommende nur entlastet, wenn er beweisen kann, daß der Unfall nicht auch auf eine diesen Umständen nicht angepaßte Geschwindigkeit zurückzuführen ist (BGH VersR **1977** 917). Nicht auf ein unabwendbares Ereignis berufen kann sich der Halter, wenn der Führer seines Kraftfahrzeugs zwar vorfahrtsberechtigt war, aber beim Einfahren in die Kreuzung nicht die äußerste rechte Fahrbahnseite eingehalten hat und deshalb vom Wartepflichtigen zu spät gesehen wurde (OLG Neustadt VRS **10** 189; LG Tübingen RdK **1953** 152), oder vor der Kreuzung seine Geschwindigkeit erheblich erhöht hat (OLG Bremen VersR **1960** 814). Der Halter haftet auch, wenn der Führer sein Kraftfahrzeug trotz seiner Vorfahrt beim Einfahren in die Kreuzung zunächst fast zum Halten bringt und dadurch beim Wartepflichtigen den Eindruck erweckt, er wolle auf die Vorfahrt verzichten, dann aber weiterfährt (OLG Düsseldorf NJW **1949** 114). Der Halter ist aber entlastet, wenn die Minderung wegen der Unübersichtlichkeit zweier von rechts einmündender Straßen erforderlich war, auch wenn der Fahrer aus diesem Grund der von links kommenden Straße kein Augenmerk gewidmet hat (LG Frankenthal VersR **1972** 407). Wer auf einer Autobahn fährt, verletzt die äußerste Sorgfalt nicht, wenn er nicht in Rechnung stellt, daß der sich auf einer Zufahrt nähernde Lastzug beim Einfahren in die Autobahn nicht nur die Normalspur, sondern auch die Überholfahrbahn sperren wird (BGH VRS **10** 327).

Wildwechsel (s. a. Tiere). Das Zeichen 142 zur StVO („Wildwechsel") veranlaßt 489
den sorgfältigen Kraftfahrer zu erhöhter Reaktionsbereitschaft; auch für den denkbar besten Fahrer kann jedoch der Zusammenstoß mit einem kurz vor dem Fahrzeug auf die Straße tretenden Wild unvermeidbar sein. Ist kein Warnzeichen aufgestellt, so ist der Zusammenstoß mit Wild unabwendbar (RG VAE **1937** 355), es sei denn, das Tier hätte auch bei Aufwendung normaler, nicht durch das Warnzeichen geschärfter Aufmerksamkeit rechtzeitig erkannt werden können. Bleibt Wild auf der Fahrbahn stehen, so ist sofort abzublenden. Springt ein Reh über die Fahrbahn, so ist, da sich diese Tiere regelmäßig in Rudeln bewegen, mit dem Auftauchen weiterer Tiere zu rechnen. Es ist daher auch dann abzubremsen, wenn das sichtbare Tier die Straße noch gefahrlos vor dem Kraftfahrzeug überqueren konnte (BGH VRS **60** 169).

Wölbung der Straße. Der sorgfältige Kraftfahrer erkennt sofort, wenn infolge 490
starker Wölbung der Straße das Kraftfahrzeug nicht mehr senkrecht steht, seine Aufbauten daher über die Bordsteinkante ragen und ein Vordach oder eine Markise herunterreißen werden (OLG Celle RdK **1940** 141).

5. Das für eine beim Betrieb beschäftigte Person unabwendbare Ereignis

a) Bedeutung der Regelung. Auch wenn der Halter und der Führer des Kraftfahr- 491
zeugs die äußerste nach den Umständen erforderliche Sorgfalt beobachtet haben, entfällt die Haftungsbefreiung des Halters dann, wenn ein bei dem Betrieb des Kraftfahrzeugs beschäftigter Dritter durch eine mit dem Betrieb zusammenhängende Handlung unter Verstoß gegen die äußerste nach den Umständen erforderliche Sorgfalt den Unfall verursacht hat (Rdn. 393f).

b) Bei dem Betrieb beschäftigt ist jeder, der mit Willen des Halters, seines Vertre- 492
ters (Rdn. 297) oder des Führers des Kraftfahrzeugs eine Handlung vornimmt, die zum „Betrieb" (Rdn. 30ff) gehört (BGH VRS **10** 2; ähnlich, aber wohl zu weitgehend *Bezold* DAR **1933** 97, der jeden zu dieser Kategorie rechnet, der eine im un-

mittelbaren Zusammenhang mit dem in Betrieb befindlichen Kraftfahrzeug stehende Beschäftigung ausübe). Stillschweigende Einwilligung genügt.

493 Die **Einwilligung** des Halters (bzw. seines Vertreters oder Führers) unterscheidet den beim Betrieb Beschäftigten von dem „beim Betrieb des Kraftfahrzeugs Tätigen" nach § 8 (s. Rdn. 495 u. § 8, 5). Sinn und Zweck der Vorschrift ist, den Halter nicht von dem Einstehen für seine Leute zu befreien. Auf die Handlungen ihm gänzlich fremder Personen, die er nicht eingestellt und auf deren Betätigung er keinen Einfluß hat, trifft dieser Gesichtspunkt nicht zu, ihr Verhalten ist unabwendbares Ereignis. Nur wer auf Grund eines Auftrags oder einer sonstigen Aufforderung des Halters eine Betriebstätigkeit vornimmt, ist beim Betrieb Beschäftigter, nicht also insbesondere, wer auf Grund einer Amtspflicht (Polizist), infolge öffentlichrechtlicher Vorschriften oder wer als Fahrgast und ohne jede Einwirkung des Führers tätig wird. Die Einwilligung des Halters oder einer der anderen in Frage kommenden Personen liegt auch vor, wenn der Betreffende die Handlung widerspruchslos duldet, obwohl er davon Kenntnis hat. Sie braucht sich nicht auf die mit dem Betrieb zusammenhängende Handlung zu erstrecken, durch die der Unfall verursacht wurde; es genügt, daß sie sich auf eine andere zum Betrieb gehörende Beschäftigung bezieht.

494 Darauf, ob der Dritte in sozialer **Abhängigkeit** (Arbeitsvertrag, elterliche Gewalt) von einer der in Frage stehenden Personen steht, kommt es ebensowenig an, wie auf die **Dauer** der Beschäftigung (RG JW **1935** 424).

495 **Ähnliche Begriffe:** Der „bei dem Betrieb Beschäftigte" muß nicht ein „für den Betrieb angestellter" Benutzer (Abs. 3) sein (BGH VRS **10** 2); andererseits geht der Begriff „bei dem Betrieb des Kraftfahrzeugs tätig" in § 8 insofern weiter, als dort eine Einwilligung des Halters nicht erforderlich ist, um dessen Haftung auszuschließen (OLG Celle DAR **1932** 267). Auch kann es vorkommen, daß der „bei dem Betrieb Beschäftigte" nicht (im Sinne des § 8) beim Betrieb tätig ist; dies gilt vor allem immer dann, wenn der bei dem Betrieb Beschäftigte nicht mehr als die Allgemeinheit der typischen Betriebsgefahr des Kraftfahrzeugs ausgesetzt ist, wie dies – nach herrschender Ansicht – bei den Insassen des Kraftfahrzeugs der Fall sein soll.

496 **c) Einzelfälle**

aa) Insassen. Da das Einsteigen und Aussteigen einschließlich des Öffnens und Schließens der Wagentür zum Betrieb des Kraftfahrzeugs gehört (Rdn. 94ff) und da zumindest der Führer des Kraftfahrzeugs damit einverstanden ist, daß diese mitfahrenden Personen ein- und aussteigen, ist jeder Insasse eine beim Betrieb des Kraftfahrzeugs beschäftigte Person (RG JW **1935** 424; a. A. *Walter* Haftung 87). Mithin ist die Haftungsbefreiung des Halters bei jedem Unfall ausgeschlossen, der dadurch verursacht wird, daß ein Insasse (oder eine als Insasse vorgesehene Person) beim Ein- oder Aussteigen oder beim Öffnen oder Schließen der Türen die äußerste nach den Umständen gebotene Sorgfalt außer acht läßt (RG JW **1935** 424; OLG Celle DAR **1951** 13; **a. A.** offenbar KG VAE **1939** 112), denn das Öffnen und Schließen der Türen ist ein Betriebsvorgang (RG DAR **1932** 122). Das gilt auch für die Fahrgäste eines Omnibusses. Da der Ausschluß der Halterhaftung nicht auf die vom Einverständnis umfaßten Betriebsvorgänge beschränkt ist (Rdn. 493 a. E.), greift er z. B. auch ein, wenn der Insasse unversehens während der Fahrt eine Tür öffnet, seinen Arm aus dem geöffneten Fenster streckt oder etwas aus dem Fenster wirft.

497 **bb) Hilfs- oder Aufsichtspersonen.** Beim Betrieb beschäftigt ist jede Person, die mit Willen des Halters, seines Vertreters oder des Führers des Kraftfahrzeugs das

Kraftfahrzeug belädt oder entlädt, einen Anhänger ankuppelt oder abkuppelt, während einer Fahrt Treibstoff, Öl oder Wasser nachfüllt (auch an Tankstellen), einen abgeschleppten Kraftwagen lenkt, auf dem Anhänger als Bremser sitzt, das Kraftfahrzeug nach Ausfall des Anlassers anschiebt, auf einem Parkplatz beim Verschieben des Kraftfahrzeugs (auch ohne Motorkraft) hilft, das Kraftfahrzeug in eine Parklücke oder eine Einfahrt einweist, Hindernisse beseitigt, die das Kraftfahrzeug an der Weiterfahrt hindern (RG JW **1912** 650), bei der Fahrt durch eine Menschenmenge dem Kraftfahrzeug als Wegbereiter vorausgeht oder zu diesem Zweck auf dem Trittbrett mitfährt (BGH VRS **10** 2), oder dem Führer bei der Ausfahrt aus Grundstücken oder Parkplätzen durch Einwinken behilflich ist, sich wieder in den fließenden Verkehr einzuordnen. Lotsen, Schaffner, Omnibuskontrolleure und mitfahrende Angestellte und Mechaniker sind schon wegen ihrer Eigenschaft als Insassen beim Betrieb beschäftigt; dasselbe gilt für den Fahrlehrer, den Fahrschüler, den Betreuer eines dem Führer nur zur Probe überlassenen Kraftfahrzeugs. Aufsichtsbeamte, deren Aufgabe es ist, den Betrieb gerade dieses Kraftfahrzeugs im Auge zu behalten, sind „beim Betrieb beschäftigt", auch wenn sie nicht mitfahren (BGH DAR **1952** 117). Dasselbe gilt für denjenigen, der eine Kraftfahrzeugkolonne führt und in einem nicht am Unfall beteiligten Kraftfahrzeug sitzt (OLG Celle v. 18. 4. 55, 5 U 12/55).

d) Haftung des Halters gegenüber dem beim Betrieb Beschäftigten. Es sind Fälle 498
denkbar, in denen der beim Betrieb Beschäftigte durch den auf seinen Sorgfaltsverstoß zurückführenden Unfall selbst verletzt wurde. In diesen Fällen stellt sich die Frage, ob es gerechtfertigt ist, daß der Verletzte einen Anspruch gegen den Halter hat, obwohl der Haftungsgrund von ihm selbst gesetzt wurde. Zumeist wird das Problem freilich deswegen nicht zum Tragen kommen, weil der Haftungsausschluß nach § 8 (gegenüber beim Betrieb des Kraftfahrzeugs tätigen Personen) oder nach § 8a (gegenüber Insassen) eingreift. Da sich der Begriff des beim Betrieb „Tätigen" jedoch nicht mit dem des beim Betrieb „Beschäftigten" deckt (Rdn. 495, § 8, 5) und für § 8 außerdem ein unmittelbarer zeitlicher Zusammenhang zwischen Tätigsein und Unfall gefordert wird (§ 8, 5), und da der Haftungsausschluß gegenüber Insassen nach § 8a eine Ausnahme bei entgeltlicher und geschäftsmäßiger Beförderung erleidet, sind unter bestimmten Voraussetzungen Konfliktsfälle der geschilderten Art denkbar (Beispiel: ein Fahrgast in einem Linienbus irritiert den Fahrer in vorwerfbarer Weise und kommt bei dem hierdurch entstehenden Unfall zu Schaden). Die Rechtsprechung versagt dem Verletzten in solchen Fällen ohne nähere Begründung einen Anspruch gegen den Halter (BGH VersR **1957** 363; OLG Oldenburg DAR **1956** 245). Dies erscheint zutreffend, denn geht der Unfall allein auf das Verhalten des Verletzten zurück, haben Halter und Fahrer also jede nach den Umständen des Falles gebotene Sorgfalt beachtet, so ist der Haftungsausschluß aus § 7 Abs. 2 Satz 2 herzuleiten; daß der Verletzte zugleich beim Betrieb beschäftigte Person war, hat demgegenüber außer Betracht zu bleiben. Sind Halter und Fahrer dagegen im übrigen nicht voll entlastet, so wird die Haftung nicht nur durch das Verhalten des Verletzten begründet, so daß es gerechtfertigt ist, einen Anspruch nach § 7 zu bejahen und ihm lediglich den Einwand des Eigenverschuldens nach § 9 entgegen zu halten.

6. Fehler in der Beschaffenheit des Fahrzeugs und Versagen seiner Verrichtungen

a) Bedeutung der Regelung. Ein Fehler in der Beschaffenheit des Fahrzeugs oder 499
ein Versagen seiner Verrichtungen (technisches Versagen) schließt, wenn hierauf

der Unfall beruht, die Haftungsbefreiung des Halters auch dann aus, wenn er, der Führer des Kraftfahrzeugs und alle bei dem Betrieb beschäftigten Dritten die äußerste, nach den Umständen gebotene Sorgfalt beobachtet haben (§ 7 Abs. 2 Satz 1 Halbsatz 2). Dies gilt sogar dann, wenn der „Fehler" oder das „Versagen" nur beiläufig bei der Entstehung des Unfalls mitgewirkt hat, die „Hauptursache" aber eine andere (ein Tier, ein unbeteiligter Dritter usw.) gewesen ist. Hat der „Fehler" oder das „Versagen" zwar den Umfang des Schadens vergrößert, hätte sich aber der Unfall auch ohne den „Fehler" oder das „Versagen" – wenn auch nicht in so schwerer Form – ereignet, so bleibt der „Fehler" oder das „Versagen" ganz außer Betracht, da § 7 Abs. 2 mit Vorbedacht nur auf die Verursachung des Unfalls, nicht aber auf die Verursachung des Schadens abstellt. Den Beweis, daß der Unfall nicht auf einem Fehler in der Beschaffenheit des Fahrzeugs und nicht auf einem Versagen der Verrichtungen beruht, muß der Schädiger führen (Rdn. 538).

500 **b) Begriffsbestimmung.** Mit „Fehlern in der Beschaffenheit" sind die auf der Konstruktion und auf der Bauausführung, aber auch mangelhafter Unterhaltung des Fahrzeugs und seiner Teile beruhenden Unfallursachen gemeint, während die sprachlich unglücklich gefaßten Worte „Versagen seiner Verrichtungen" die von derartigen Mängeln unabhängigen, plötzlich auftretenden Defekte erfassen wollen.

501 Die gelegentlich erörterte Frage, ob der Ausdruck „Versagen seiner Verrichtungen" richtig ist, oder es „Vorrichtungen" heißen muß, kann nicht zweifelhaft sein. Verkündet ist der Wortlaut „Verrichtungen". Berichtigung ist nicht erfolgt. Die Reichstagsvorlage (988 aus 1907/1909) enthält „Verrichtungen". Der KommBer. zwar gibt (S. 5) den Entwurf mit dem Wort „Vorrichtungen" wieder, und der oben erwähnte, in erster Lesung gestellte (und abgelehnte) zweite Antrag spricht auch von „Vorrichtungen" (KommBer. S. 6). Der Antrag zweiter Lesung, auf dem die Fassung des Gesetzes beruht, enthält aber (KommBer. S. 9) „Verrichtungen"; daß der Antrag unter Änderung angenommen worden sei, ist aus dem KommBer. nicht ersichtlich. Man wird also die verkündete Fassung auch als der Absicht des Gesetzgebers entsprechend erachten müssen. Bei der Wiedergabe des StVG in BGBl. III 9231 – 1 steht: „Vorrichtungen"; dabei handelt es sich aber um ein offensichtliches Versehen.

502 **aa) Ein Fehler in der Beschaffenheit** liegt dann nicht vor, wenn das Fahrzeug so beschaffen ist und arbeitet, wie dies bei derartigen Fahrzeugen normaler Beschaffenheit der Fall ist. Erscheinungen, die dem Wesen des Kraftfahrzeugs der betreffenden Art nach dem Stand der Technik entsprechen, sind nicht als Fehler anzusehen.

503 **bb) Versagen einer Verrichtung** ist gegeben, wenn ein Fahrzeugteil die „Funktion", die ihm im Betrieb, im Zusammenwirken aller Teile zukommt, nicht oder nicht ordnungsmäßig erfüllt (BGH VRS **15** 14; OLG Celle DAR **1949** 44; *Weitnauer* NJW **1968** 194). Ein Versagen der Verrichtungen folgt zwar regelmäßig aus einer nicht einwandfreien Beschaffenheit; an ein solches ist aber hier wohl nicht gedacht, weil die beiden Begriffe – Beschaffenheit des Fahrzeugs und Versagen seiner Verrichtungen – einander gegenübergestellt worden sind. Was auf Konstruktions-, Bau- und Unterhaltungsmängel zurückzuführen ist, sollte nach dem Willen des Gesetzgebers nicht als Versagen der Verrichtungen des Fahrzeugs bezeichnet werden (zust. ÖsterrOGH VRS **9** 73); darunter ist vielmehr nur eine Regelwidrigkeit zu verstehen, der keiner der drei Mängel zugrunde liegt.

504 **c) Maßgeblicher Zeitpunkt.** Der für die „Fehlerhaftigkeit" oder das „Versagen" maßgebende Zeitpunkt liegt nicht während des Unfallverlaufs, sondern an seinem Beginn, also unmittelbar vor dem Unfall. Die Haftungsbefreiung des Halters entfällt mithin nur, wenn das Kraftfahrzeug schon vor dem Unfall nicht mehr in allen

Teilen einwandfrei war oder arbeitete. Entsteht also der Unfall nur deshalb, weil infolge der durch die Verkehrslage unvorhergesehen notwendig gewordenen überstarken Betätigung der Bremsen das Bremsseil reißt oder durch das erforderlich gewordene Herumreißen der Lenkung sich die Spurstange verbiegt, und konnte sich dies nur ereignen, weil das Bremsseil oder die Spurstange nicht – oder nicht mehr – einwandfrei waren, so ist der Unfall durch Fehler in der Beschaffenheit des Fahrzeugs oder durch Versagen seiner Verrichtungen verursacht. Werden aber erst durch den Unfall oder durch Naturereignisse Teile des Kraftfahrzeugs (Lenkung, Bremsen, Räder) beschädigt und ruft das Kraftfahrzeug wegen dieser Beschädigung weitere Schadensfolgen hervor (z. B. indem es Fußgänger auf dem Bürgersteig überfährt), so ist der Unfall nicht durch Fehler in der Beschaffenheit des Kraftfahrzeugs oder durch Versagen seiner Verrichtungen verursacht, auch wenn die beschädigten Teile nicht mehr einwandfrei waren.

d) Äußere Einwirkungen. Wird das technische Versagen durch eine äußere Ein- 505
wirkung hervorgerufen (z. B. der Reifen verliert wegen eines überfahrenen Nagels Luft), so greift der Vorbehalt in Abs. 2 Satz 1 nicht ein. Sein Sinn und Zweck liegt darin, den Halter für solche Unfälle uneingeschränkt einstehen zu lassen, die auf einen technischen Defekt seines Kraftfahrzeugs zurückgehen. In den genannten Fällen ist Auslöser des Unfalls jedoch nicht die Technik des Fahrzeugs, sondern die betreffende äußere Einwirkung. Es kann keinen Unterschied machen, ob es zu dem Unfall dadurch kommt, daß der Führer einem im letzten Moment sichtbar werdenden Metallteil auf der Straße reflexhaft auszuweichen versucht, oder dadurch, daß er dieses Metallteil überfährt und das Fahrzeug wegen Luftloswerdens eines Reifens aus der Spur gerät. In solchen Fällen handelt es sich also nicht um ein Versagen einer Verrichtung; der Entlastungsbeweis steht dem Halter offen (OLG Naumburg JW **1933** 2159). Dies gilt auch, wenn zwischen der Beschädigung des Fahrzeugteils und dem Unfall ein zeitlicher Abstand besteht (z. B. ein durch ein Schadensereignis in Mitleidenschaft gezogener Reifen wird erst anläßlich einer besonderen Beanspruchung luftlos). Fährt der Fahrer allerdings trotz einer Beschädigung, die er kannte oder bei Anwendung größtmöglicher Sorgfalt kennen mußte, weiter, kann der Halter den Entlastungsbeweis nicht mehr führen.

e) Verschulden Dritter. Ob das Versagen der Verrichtung auf einem schuldhaften 506
Verhalten einer anderen Person (z. B. Hersteller, Monteur, Wartungspersonal) beruht, ist für den Ausschluß der Entlastungsmöglichkeit ohne Belang. Der Halter haftet rein objektiv für den technischen Zustand seines Fahrzeugs.

f) Natürliche Abnützung und Materialermüdung sind zwar keine „Fehler“, füh- 507
ren aber zum Versagen der betreffenden Verrichtungen und schließen damit die Haftungsbefreiung des Halters aus, wenn sie einen Unfall verursachen (OLG Naumburg JW **1933** 2159; OLG Düsseldorf VersR **1959** 912).

g) Kausalität. Trotz Vorliegens eines technischen Defekts wird der Halter von 508
der Entlastungsmöglichkeit des Abs. 2 dann nicht ausgeschlossen, wenn der Defekt für den Unfall nicht ursächlich war. Da der Halter beweisen muß, daß der Unfall nicht auf einem technischen Versagen beruht (vgl. Rdn. 538), gehen diesbezügliche Unklarheiten zu seinen Lasten. Wie auch in anderen Bereichen der Haftungszurechnung genügt nicht jeder (natürliche) Kausalzusammenhang; die Unfallgefahr muß vielmehr gerade durch das technische Versagen erhöht, der Schadenseintritt begünstigt worden sein. Daher ist Kausalität z. B. zu verneinen, wenn ein Kraftfahrzeug wegen einer Motorpanne innerhalb einer geschlossenen Ortschaft ord-

nungsgemäß am Straßenrand abgestellt und dort sodann in einen Unfall verwickelt wird. Zu bejahen ist sie hingegen, wenn das Kraftfahrzeug auf der Überholspur der Autobahn liegenbleibt und ein anderes auffährt. Aber auch das Liegenbleiben auf der Standspur der Autobahn ist noch derart gefahrerhöhend, daß die Kausalität zwischen dem Versagen und einem Auffahrunfall zu bejahen ist. Ein Unfall, der auf den besonderen Gefahren des Abschleppens beruht, ist nicht mehr dem technischen Versagen zuzurechnen.

h) Einzelfälle (alphabetisch geordnet).

509 **Anhänger.** Zu den Teilen des Kraftfahrzeugs, deren Versagen die Haftungsbefreiung ausschließt, gehören auch alle Teile des Anhängers und der Kupplung zwischen Zugmaschine und Anhänger (OLG Naumburg JW **1938** 3053).

510 Das *Ausspuren* des Anhängers ist als solches kein Versagen einer Verrichtung; die Haftungsbefreiung kann jedoch dann entfallen, wenn es auf einem Konstruktionsmangel oder auf dem Versagen der Bremsen beruht. Dagegen kann ein unabwendbares Ereignis vorliegen, wenn das Ausspuren auf anderen Ursachen beruht, z. B. wenn der Straßenrand einbricht (BGH VRS **15** 17). Kein Versagen der Verrichtungen liegt auch vor, wenn sich der Anhänger auf einer Gefällstrecke wegen Glatteis querstellt (OLG Naumburg RdK **1939** 9; **a. A.** OLG Braunschweig NJW **1953** 1513; beiläufig auch BGH VRS **15** 17); hier wird vielmehr regelmäßig eine Sorgfaltsverletzung des Führers gegeben sein (vgl. Rdn. 432f).

511 **Bremsleuchte.** Das Versagen einer Bremsleuchte ist Versagen einer Verrichtung (OLG Dresden VAE **1939** 328).

512 **Fahrtrichtungsanzeiger.** Der Ausfall eines Fahrtrichtungsanzeigers ist Versagen einer Verrichtung; darauf, ob seine Aufgabe in anderer Weise, z. B. durch Herausstrecken des Arms, erfüllt werden kann, kommt es nicht an (**a. A.** OLG Kiel HRR **1935** 123).

513 **Fenster** s. Windschutzscheibe.

514 **Kraftstoffzufuhr.** Aussetzen der Kraftstoffzufuhr kann ein unabwendbares Ereignis sein, beruht aber dann stets auf einem Versagen der Verrichtungen (OLG Bamberg DAR **1951** 80).

515 **Reifen.** Das Zerplatzen oder allmähliche Luftloswerden eines Reifens stellt ein Versagen einer Verrichtung dar. Beruht das Luftloswerden jedoch auf einer äußeren Einwirkung (z. B. Überfahren eines Nagels, Steines o. ä.), so kann sich der Halter bei einem durch den Reifenschaden verursachten Unfall u. U. auf Unabwendbarkeit berufen (OLG Celle RdK **1949** 44; vgl. Rdn. 505). Diese Möglichkeit scheidet selbstverständlich aus, wenn es zu der Beschädigung des Reifens nur deshalb kommen konnte, weil er unzulässig stark abgefahren war (KG VAE **1937** 463).

516 Hat ein Reifen nurmehr weniger als 1 mm Profiltiefe, so liegt ein Fehler in der Beschaffenheit vor. Er wird für einen Unfall auf trockener, griffiger Fahrbahn allerdings in der Regel nicht ursächlich sein (BGH VersR **1968** 785; OLG München VersR **1966** 945; OLG Zweibrücken DAR **1967** 300), ebenso wenn Wasser mehr als 2 mm hoch auf der Fahrbahn steht (OLG Zweibrücken aaO).

517 **Schleudern** (s. a. Anhänger). Schleudern des Kraftfahrzeugs ist als solches kein Versagen seiner Verrichtungen (OLG Naumburg RdK **1939** 9; **a. A.** *Weitnauer* NJW **1968** 194). Es kann zwar auf einem solchen Versagen (etwa der Lenkung oder der Bremsen) beruhen, ebensogut aber auf einem Fehler des Fahrers. Der Aus-

schluß der Entlastungsmöglichkeit greift daher nur ein, wenn ein zugrundeliegender technischer Defekt feststeht; andernfalls kommt es auf den dem Halter obliegenden Nachweis einer Beobachtung der erforderlichen Sorgfalt an (BGH VersR **1960** 403; KG DAR **1928** 443; OLG Bremen VersR **1956** 198).

Schlußleuchte. Erlischt die Schlußleuchte oder eine Petroleumlampe, die als Schlußleuchte angebracht war, so versagt eine Verrichtung des Kraftfahrzeugs (OLG Kiel HRR **1931** Nr. 665). 518

Tür. Deckt die Tür in einem Omnibus in geschlossenem Zustand die Einstiegsöffnung im Fußboden durch eine Platte ab, so ist dies kein Konstruktionsfehler, auch wenn hierdurch für einen auf der Platte stehenden Fahrgast beim Öffnen der Tür die Gefahr des Hinausfallens entsteht (OLG Oldenburg DAR **1956** 245). Allerdings wird der denkbar sorgfältigste Halter (durch Anbringen eines Hinweises), Schaffner oder Fahrer (durch Warnung) dieser Gefahr vorbauen (vgl. OLG Oldenburg aaO). 519

Stromabnehmer. Nicht fehlerhaft ist die plötzliche elektrische Entladung mit blendendem Feuerschein der Stichflamme an der Oberleitung der Straßenbahn (KG JW **1932** 807). 520

Warndreieck, Warnleuchte. Versagen die beim Halten in der Nacht hinter dem Fahrzeug aufgestellten Warnleuchten oder Fackeln oder fällt ein wegen einer Panne aufgestelltes Warndreieck um, so handelt es sich nicht um ein Versagen von Verrichtungen, da keine Teile des Kraftfahrzeugs betroffen sind (anders dagegen bei Ausfall der eingebauten Warnblinkanlage). 521

Windschutzscheibe. Zersplittert die Windschutzscheibe wegen eines herabgefallenen Astes oder eines hochgeschleuderten Steins und kommt es durch die Sichtbeeinträchtigung zu einem Unfall, so liegt kein Versagen von Verrichtungen vor, da Ursache des Unfalls eine Einwirkung von außen ist (vgl. LG Kiel DAR **1952** 119). 522

XI. Sonstige Haftungausschließungsgründe

1. Nach dem StVG 523

kann der Halter seiner Gefährdungshaftung außer der Unabwendbarkeit des Ereignisses folgende Einwendungen entgegensetzen:
- Geschwindigkeit des Kraftfahrzeugs nicht höher als 20 km/h auf ebener Bahn (s.§ 8);
- Tätigsein des Verletzten beim Betrieb des Kraftfahrzeugs (s. § 8);
- Beförderung des Verletzten bzw. der beschädigten Sache durch das Kraftfahrzeug (soweit nicht im Rahmen entgeltlicher und geschäftsmäßiger Personenbeförderung; s. § 8 a);
- erheblich überwiegendes Mitverschulden des Verletzten (s. § 9);
- Verjährung (s. § 14);
- nicht rechtzeitige Anzeige des Unfalls (s. § 15);
- erhebliches Überwiegen der mitwirkenden Betriebsgefahr des anderen unfallbeteiligten Kraftfahrzeugs (s. § 17).

2. Nach §§ 636, 637 RVO 524

Der Haftungsausschluß für Personenschäden bei Arbeitsunfällen zugunsten des Unternehmers (§ 636 RVO) sowie im Verhältnis von Betriebsangehörigen untereinander (§ 637 RVO) gilt auch für die Gefährdungshaftung nach dem StVG. Auf ihn kann sich z. B. der Arbeitgeber des Verletzten berufen, wenn es zu dem Unfall kam, weil ein ihm gehörender Lkw auf dem Betriebsgelände nicht mit äußerster Sorgfalt rangiert wurde. § 637 RVO kann z. B. zum Tragen kommen, wenn ein Arbeitnehmer mit seinem eigenen Pkw bei einer betrieblichen Tätigkeit einen Kollegen verletzt. Einzelheiten des Haftungsausschlusses nach §§ 636, 637 RVO sind unter § 16, 220ff dargestellt.

525 **3. Vertraglicher Haftungsausschluß**

Die Haftung nach § 7 kann grundsätzlich ebenso wie die deliktische oder vertragliche Haftung durch Vereinbarung zwischen Halter und Verletztem ausgeschlossen werden. Praktische Bedeutung kann diese Möglichkeit im Bereich der Gefährdungshaftung allerdings kaum erlangen. Beziehungen zwischen Halter und Verletztem werden vor dem Unfall allenfalls im Falle der Beförderung bestehen. Diese Fälle werden jedoch durch § 8a Abs. 1 weitgehend von der Gefährdungshaftung ausgenommen. Für die verbleibenden Fälle der entgeltlichen und geschäftsmäßigen Beförderung normiert § 8a Abs. 2 zudem ein Freizeichnungsverbot für Personenschäden, so daß ein vertraglicher Haftungausschluß nur für Sachschäden entgeltlich und geschäftsmäßig beförderter Personen in Betracht kommt. An dieser Stelle wird daher von einem näheren Eingehen auf den vertraglichen Haftungsausschluß abgesehen und auf § 16, 191ff verwiesen.

XII. Beweisrechtliche Fragen

1. Die Verteilung der Beweislast

526 § 7 Abs. 1 bewirkt dadurch, daß er die Haftung des Halters nicht an eine schuldhafte Pflichtwidrigkeit, sondern an den Betrieb des Kraftfahrzeugs anknüpft, eine erhebliche Erleichterung der den Geschädigten sonst im Haftungsprozeß treffenden Beweisführungslast. Abs. 2 mildert die Haftung des Halters zwar materiellrechtlich dadurch ab, daß er sie bei völlig einwandfreiem Verhalten des Halters, seiner Leute und der Technik seines Fahrzeugs entfallen läßt, legt aber, indem er die Unabwendbarkeit des Unfalls als Haftungsausschlußtatbestand normiert, die Beweislast für dieses einwandfreie Verhalten dem Ersatzpflichtigen auf. Der Geschädigte bekommt somit – abweichend von den sonst im Schadensprozeß geltenden Regeln – auch dann Schadensersatz, wenn der in Anspruch Genommene sich völlig beanstandungsfrei verhalten hat, dies aber nicht beweisen kann.

527 **a) Die Beweislast des Verletzten.** Der Verletzte hat demnach für die Haftung nach § 7 lediglich zu beweisen
- die Entstehung eines Schadens (Rdn. 123ff),
- durch einen Unfall (Rdn. 105ff),
- beim Betriebe eines Kraftfahrzeugs (Rdn. 30ff; einschließlich Kausalzusammenhang),
- die Haltereigenschaft des Beklagten,
- die Höhe des Schadens.

Zu den Beweisanforderungen im einzelnen Rdn. 534ff.

528 **b) Die Beweislast des Halters.** Der Halter hat zu beweisen,
- daß ein unabwendbares Ereignis vorliegt, also ein auch durch äußerste Sorgfalt des Halters und seiner Leute (einschließlich des Fahrers) nicht zu verhinderndes Ereignis (Rdn. 385ff);

– daß dieses unabwendbare Ereignis nicht auf einem Fehler in der Beschaffenheit des Fahrzeugs oder einem Versagen seiner Verrichtungen beruht (Rdn. 499ff);
– daß der Unfall durch das unabwendbare Ereignis verursacht worden ist.

Macht der Halter sonstige Haftungsausschließungsgründe geltend (s. Rdn. 523ff), so hat er deren Voraussetzungen zu beweisen. Ebenfalls in seine Beweislast fallen die Umstände, aus denen er ein Mitverschulden des Verletzten oder eine Vorteilsanrechnung (Rdn. 161; s. hierzu BGH VersR **1979** 323) herleiten will. **529**

c) Beweislast bei unbefugter Benutzung des Kraftfahrzeugs

aa) Der **Verletzte**, der den *unbefugten Benutzer* in Anspruch nehmen will, hat die unter a) angeführten Umstände mit der Maßgabe zu beweisen, daß an die Stelle der Haltereigenschaft des Beklagten die Eigenschaft als unbefugter Benutzer i. S. d. Abs. 3 Satz 1 tritt. **530**

Will er den früheren *Halter* belangen, obwohl dieser bewiesen hat, daß das Kraftfahrzeug im Zeitpunkt des Unfalls durch oder für einen unbefugten Benutzer in Betrieb war, so muß er die Halterstellung zum Zeitpunkt des Beginns der Schwarzfahrt und zusätzlich die schuldhafte Ermöglichung der Schwarzfahrt beweisen (Rdn. 361ff; BGH NJW **1954** 392; OLG Düsseldorf RdK **1933** 284; OLG Köln VRS **5** 11). Nimmt er ihn aus Abs. 3 Satz 2 in Anspruch (vgl. Rdn. 369ff), so hat er für die dort genannten Voraussetzungen (Anstellung des Benutzers zum Betrieb des Kraftfahrzeugs bzw. Überlassung des Kraftfahrzeugs) Beweis zu erbringen (*Koffka* VAE **1939** 413). **531**

bb) Den **Halter** trifft die Beweislast dafür, daß das Kraftfahrzeug durch oder für einen unbefugten Benutzer, also ohne sein Wissen und Wollen, in Betrieb war. **532**

cc) Der **unbefugte Benutzer** ist, wenn er nach Abs. 3 Satz 1 in Anspruch genommen wird, beweisrechtlich in derselben Situation wie ein Halter nach Rdn. 528f. Will er geltendmachen, daß er wegen Anstellung zum Betrieb des Kraftfahrzeugs oder Überlassung des Kraftfahrzeugs durch den Halter nicht haftet (Rdn. 347ff), so hat er diese Umstände zu beweisen. **533**

2. Die Beweisanforderungen

a) Grundsatz. Nach § 286 Abs. 1 ZPO ist der Beweis dann geführt, wenn der Richter die Überzeugung von der Wahrheit der streitigen Behauptung erlangt hat[131]. Eine gesetzliche Beweiserleichterung enthält lediglich § 287 ZPO, wonach über die Frage, ob ein Schaden entstanden sei und wie hoch er sich belaufe, nach freier Überzeugung befunden werden kann. Diese Vorschrift, die notfalls sogar zu freier Schätzung ermächtigt, gilt nur für die Schadensbemessung und darf auf den Bereich der Haftungsbegründung nicht übertragen werden[132]. Inwieweit für die hier in Rede stehenden Beweisführungen Erleichterungen oder Besonderheiten gelten (z. B. Anscheinbeweis) ist im folgenden dargestellt. **534**

[131] BGHZ **53** 255; BGH DRiZ **1967** 239; **1969** 53; Betrieb **1969** 918. Vgl. weiterhin – jeweils auch zur Ablehnung abweichender Lehren – *Rosenberg/Schwab* § 113 II; *Greger* 113ff; *Gerh. Walter* Freie Beweiswürdigung (1979) 88ff, 148ff. Näher hierzu § 16, 276.

[132] BVerfG NJW **1979** 413; BGHZ **4** 196; BGH VersR **1957** 529; **1958** 124; **1961** 183; **1963** 945; **1964** 408; **1969** 327; **1971** 442; *Rosenberg/Schwab* § 115 I, II 3; *Greger* 129ff; **a. A.** *Gottwald* 78ff. Näher hierzu § 16, 278.

535 **b) Beweis des Unfalls.** Wie unter Rdn. 103ff dargelegt wurde, ist Voraussetzung für die Haftung nach § 7 das Vorliegen eines Unfalls, d. h. eines plötzlich eintretenden schädigenden Ereignisses, welches den Geschädigten gegen seinen Willen betrifft. Da sich in letzter Zeit die Fälle häufen, in denen Schadensfälle zum Zweck des Versicherungsbetruges fingiert werden, wird im Prozeß nicht selten die Unfreiwilligkeit des Unfalls bestritten. Der Beweis der Unfreiwilligkeit aber ist, wie jeder Beweis subjektiver Merkmale, schwierig. Dem Geschädigten werden oftmals keine Beweismittel zur Verfügung stehen, um nachzuweisen, daß er den Unfall nicht mit dem Gegner verabredet hatte. Der BGH hat daher entschieden, es sei nicht Sache des aus § 7 klagenden Geschädigten, den Beweis eines unfreiwillig erlittenen Unfalls zu führen; vielmehr müsse der in Anspruch genommene Beklagte beweisen, daß der Kläger mit diesem „Unfall" einverstanden gewesen war[133]. Den Beweisschwierigkeiten des Beklagten (in der Regel der Haftpflichtversicherer des „Unfallgegners") trägt der BGH dadurch Rechnung, daß er bei besonders auffallenden Umständen des Unfallablaufs einen Anscheinsbeweis eingreifen läßt (BGH VersR **1979** 514). Diese Beweisregelung vermag jedoch nicht zu überzeugen. Für § 7 ist das Vorliegen eines Unfalls, d. h. eines unfreiwilligen Schadensereignisses, Anspruchsvoraussetzung und mithin nach allgemeinen Beweislastgrundsätzen vom Kläger zu beweisen. In der Regel wird dieser Beweis auch keine Schwierigkeiten bereiten, weil der Kläger für sich die allgemeine Lebenserfahrung in Anspruch nehmen kann, daß niemand sich freiwillig selbst verletzt. Akut wird die Beweisproblematik erst, wenn der Beklagte hinreichend verdächtige Umstände nachweist, die diesen zunächst für den Kläger sprechenden Anschein erschüttern (vgl. für die entsprechende Problematik bei der Unfallversicherung RGZ **156** 118; BGH VersR **1972** 244). In diesem Fall aber kann dem Kläger durchaus angesonnen werden, die Verdachtsmomente auszuräumen bzw., wenn ihm dies nicht gelingt, auf die Vorteile der Gefährdungshaftung zu verzichten und den Beklagten aus unerlaubter Handlung in Anspruch zu nehmen. Er muß ihm dann zwar ein Verschulden nachweisen, braucht aber nicht den Beweis eines „Unfalls" zu führen, sondern kann es dem Beklagten überlassen, sein Einverständnis mit der Schädigung als Rechtfertigungsgrund (BGHZ **24** 27) zu beweisen (vgl. § 16, 56).

536 **c) Beweis des Kausalzusammenhangs zwischen Betrieb und Unfall.** Der Kläger hat zu beweisen, daß der Unfall „bei dem Betrieb" des Kraftfahrzeugs des Beklagten entstanden ist und mithin auch den Kausalzusammenhang zwischen Betrieb und Unfall. Es genügt nicht, daß das Kraftfahrzeug des Beklagten zur Unfallzeit an der Unfallstelle war, vielmehr muß der Kläger beweisen, daß der Betrieb dieses Fahrzeugs zum Entstehen des Unfalls beigetragen hat, d. h. daß es ohne den betreffenden Betriebsvorgang nicht zu dem Unfall gekommen wäre. Dieser Beweis ist oftmals schwierig, weil sich hypothetische Geschehensabläufe (was wäre geschehen, wenn das Kraftfahrzeug nicht dort gefahren wäre) menschlicher Erkenntnis und damit auch einem gesicherten Nachweis entziehen. Vom Kläger kann daher – wie dies in Form des sog. Anscheinsbeweises auch sonst für den Beweis der Kausalität anerkannt ist (§ 16, 289) – kein hundertprozentiger Beweis der Betriebsursächlichkeit verlangt werden. Es muß vielmehr genügen, wenn der Kläger soviel beibringt, daß nach allgemeiner Erfahrung von der Ursächlichkeit des Betriebs für den Unfall auszugehen ist, also eine erhebliche Wahrscheinlichkeit für die Kausalität besteht.

[133] BGHZ **71** 345; BGH VersR **1978** 865; **1979** 281; **1979** 514; OLG Köln VersR **1977** 938; **a. A.** OLG Köln VersR **1975** 959; **1975** 1128.

Dies wird ihm insbesondere bei Bestehen eines engen räumlichen und zeitlichen Zusammenhangs zwischen Betrieb und Unfall (s. Rdn. 71) und bei Vorliegen eines typischen Unfallhergangs ohne allzu große Schwierigkeiten möglich sein. Fliegt z. B. ein Stein gegen die Windschutzscheibe eines Pkw, während ein Lkw in einem Baustellenbereich mit erheblicher Geschwindigkeit entgegenkommt, so ist der ursächliche Zusammenhang mit dem Betrieb des Lkw prima facie als erwiesen anzusehen (BGH VersR **1974** 1030). Auf die Feststellung eines typischen Geschehensablaufs kann jedoch nicht verzichtet werden; bloße Vermutungen (wie z. B. in dem vom BGH VersR **1982** 274 aufgehobenen Urteil) genügen nicht. Durch den Nachweis von Tatsachen, aus denen sich die ernsthafte Möglichkeit eines nicht vom Betrieb eines Kraftfahrzeugs abhängigen Unfallhergangs ergibt, kann der Beklagte den Anscheinsbeweis erschüttern, so daß der Kläger beweisfällig bleibt.

d) Beweis der Unabwendbarkeit des Unfalls. Läßt sich der Sachverhalt durch die Beweisaufnahme nicht völlig klären und bleibt die Möglichkeit offen, daß das Ereignis nicht unabwendbar war, so haftet der Halter[134]. Der Halter muß z. B. beweisen, daß der Führer des Kraftfahrzeugs alle Möglichkeiten zur Verhinderung des Unfalls erschöpft hat, oder daß, soweit Möglichkeiten ungenutzt geblieben sind, diese auch für einen äußerst gewandten Fahrer trotz äußerster Sorgfalt nicht erkennbar waren. Hat der Führer den Unfall durch fahrtechnische Maßnahmen verursacht, so obliegt es dem Halter, zu beweisen, daß sie notwendig waren (OGH VRS **1** 108; BGH NJW **1954** 185; OLG Köln VersR **1960** 644). Sind Pflichtwidrigkeiten erwiesen, die für den Unfall ursächlich sein können, z. B. Trunkenheit des Fahrers, so hat der Halter zu beweisen, daß keine Ursächlichkeit vorliegt (BGH VersR **1982** 442; OLG Hamm RdK **1933** 64). Der Halter ist daher z. B. nicht entlastet, wenn der Führer unter Alkoholeinfluß gefahren ist und die, wenn auch entfernte, Möglichkeit offen bleibt, daß er infolgedessen Handlungen unterlassen hat, die den Unfall verhindert hätten (OLG Oldenburg VRS **8** 260). Die bloße Behauptung einer Pflichtverletzung ist aber, wenn der Sachverhalt hierfür keinen Anhalt gibt, nicht geeignet, dem Halter die Beweislast dafür aufzuerlegen, daß die Pflichtwidrigkeit nicht begangen worden sei (RGZ **162** 3). **537**

Es ist zunächst Sache des Halters, darzulegen und unter Beweis zu stellen, daß der Unfall auf einem bestimmten unabwendbaren Ereignis beruht. Der Kläger kann sodann bestreiten, daß dieses Ereignis unabwendbar war. Er kann aber auch behaupten, daß ein anderes, von ihm zu benennendes und nicht unabwendbares Ereignis Ursache des Unfalls war. Der Halter ist sodann gezwungen, diesen Vortrag zu widerlegen (vgl. BGH VersR **1959** 804). Dem Halter ungünstige Möglichkeiten des Geschehensablaufs, deren Vorliegen der Verletzte nicht behauptet hat, bleiben nach dem System unserer Zivilprozeßordnung aber außer Betracht. Der Halter ist darüber hinaus auch nicht gezwungen zu beweisen, daß alle vom Verletzten als möglich bezeichneten Geschehensabläufe nicht in Betracht kommen; Geschehensabläufe, die der Verletzte nur als möglich bezeichnet und für deren Vorliegen er keine Anhaltspunkte angeben kann, darf das Gericht außer Betracht lassen (RGZ **162** 3). Diese Grundsätze gelten auch, wenn der Verletzte behauptet, Verrichtungen des Kraftfahrzeugs hätten versagt. **538**

e) Zum **Beweis des Schadens** (Entstehung und Höhe) s. § 16, 277f. **539**

[134] RGZ **162** 3; **164** 273; OGH VRS **1** 291; BGH VRS **4** 565; VersR **1957** 340; **1959** 789; **1960** 907.

§ 8

Ausschluß der Halterhaftung

Die Vorschriften des § 7 gelten nicht, wenn der Unfall durch ein Fahrzeug verursacht wurde, das auf ebener Bahn mit keiner höheren Geschwindigkeit als zwanzig Kilometer in der Stunde fahren kann, oder wenn der Verletzte bei dem Betrieb des Kraftfahrzeugs tätig war.

Übersicht

Schrifttum

Bomhard Entlastungsbeweis bei langsamen Kraftfahrzeugen, VersR **1962** 1140; *Brüggemann* Hilfspersonen des Kraftfahrzeugführers, DAR **1957** 113.

Entstehungsgeschichte

Das KFG hatte die jetzt in § 8a enthaltene Regelung, daß Insassen gegen denjenigen, in dessen Fahrzeug sie befördert wurden, sich nicht (damals in keinem Falle) auf die Haftung aus dem Gesetz berufen können, mit der jetzt in § 8 verbliebenen Regelung zusammen gefaßt. § 8 Nr. 2 lautete bis 1923 dahin, daß § 7 nicht anzuwenden sei,

„wenn der Unfall durch ein Fahrzeug verursacht wurde, das nur zur Beförderung von Lasten dient und auf ebener Bahn eine auf 20 km begrenzte Geschwindigkeit in der Stunde nicht übersteigen kann."

Durch Art. IX des Gesetzes vom 21. 7. 23 (RGBl. I 743) wurde die Einschränkung „das nur zur Beförderung von Lasten dient" gestrichen.

Durch Art. II Nr. 3 des Gesetzes vom 7. 11. 39 (RGBl. I 2223) erhielt § 8 Abs. 1 mit Wirkung ab 1. 4. 40 den Text, der nunmehr Inhalt des alleinigen Absatzes des § 8 ist. Die Vorschrift, daß die Haftung auch ausgeschlossen sei, wenn der Verletzte bei dem Betrieb des Kraftfahrzeugs tätig war, wurde dabei aus Nr. 2 in den neuen Absatz 1 übernommen.

Durch Art. I Nr. 4 des MaßnahmenG vom 16. 7. 57 (BGBl. I 710) wurde mit Wirkung ab 17. 7. 57 der durch das Gesetz vom 7. 11. 39 geschaffene Absatz 2 gestrichen. Die Regelung über den Haftungsausschluß gegenüber Insassen wurde in einem neu geschaffenen § 8a ausführlicher gefaßt.

I. Inhalt der Vorschrift

1 Seit der Schaffung des § 8a enthält § 8 nur noch zwei Ausnahmen von den Haftungsvorschriften der §§ 7, 18: für Halter und Führer langsam fahrender Fahrzeuge

(Rdn. 2ff) und für Personen, die bei dem Betrieb des Kraftfahrzeugs tätig sind (Rdn. 5f). Die Ausnahme zugunsten langsam fahrender Kraftfahrzeuge hat ihren Grund darin, daß mit den Haftpflichtbestimmungen des KFG den Folgen der „Autoraserei" begegnet werden sollte und die Besorgnis herrschte, bei einer Einbeziehung langsamer Fahrzeuge würde der Kraftverkehr übermäßigen Belastungen ausgesetzt; der Haftungsausschluß gegenüber beim Betrieb Tätigen beruht auf der Erwägung, daß sich solche Personen freiwillig in Gefahr begeben (RG JW **1937** 1769). § 8 gilt für Personenschäden und Sachschäden, soweit sie auf § 7 oder § 18 gestützt werden können (OLG Düsseldorf RdK **1928** 110); dagegen wird die Haftung aus anderen Rechtsgründen, vor allem aus unerlaubter Handlung, nicht von § 8 eingeschränkt. Da § 8 die langsamen Fahrzeuge von der Gefährdungshaftung ausnimmt, braucht sich der Halter bzw. Fahrer eines solchen Fahrzeugs auch keine mitwirkende Betriebsgefahr anrechnen zu lassen (vgl. § 17, 11).

II. Langsam fahrende Kraftfahrzeuge

1. Grundsatz 2

§ 8 erfaßt solche Kraftwagen und Krafträder, bei denen entweder die Bauart oder der tatsächliche Zustand schon ohne weiteres ausschließt, daß sie schneller als 20 km/h fahren, oder an denen man Vorrichtungen angebracht hat, die eine Überschreitung dieser Grenze verhindern.

2. Beschränkung durch Bauart oder Zustand 3

Die Haftungsbefreiung entfällt schon dann, wenn es möglich ist, mit dem Kraftfahrzeug einige hundert Meter geringfügig schneller zu fahren (LG Tübingen DAR **1952** 6 LS). Es kommt nicht darauf an, ob das Kraftfahrzeug wegen besonderer Umstände gerade im Zeitpunkt des Unfalls nicht schneller als 20 km/h fahren konnte. Maßgebend ist vielmehr, ob es unter anderen Umständen, vor allem ohne Ladung, eine höhere Geschwindigkeit erreichen könnte (KG HRR **1929** Nr. 9/10 S. 7). Da es auf den tatsächlichen Zustand des Kraftfahrzeugs ankommt, kann die Ansicht des Reichsgerichts nicht gebilligt werden, die Haftungsfreiheit trete dann nicht ein, wenn die Unmöglichkeit, schneller als 20 km/h zu fahren, nur auf heruntergewirtschaftetem Zustand des Fahrzeugs beruht (RG VR **1933** 584); der tatsächliche Zustand ist in einem solchen Fall nur dann nicht entscheidend, wenn er ohne längere oder schwierige Arbeit (s. Rdn. 4) behoben werden könnte. Auch wenn ein Kraftfahrzeug stets nur mit einem Anhänger in Betrieb gesetzt wird und dann nicht schneller als 20 km/h fahren kann, so bleibt trotzdem die Haftung auch auf Fahrten mit Anhänger nach §§ 7, 18 bestehen, wenn das Kraftfahrzeug ohne Anhänger schneller als 20 km/h fahren könnte (OLG Kiel VAE **1938** 189).

3. Beschränkung durch besondere Vorrichtungen 4

Der Haftungsausschluß wird nur durch solche Vorrichtungen herbeigeführt, die nur in längerer oder schwieriger Arbeit beseitigt werden können[1], soweit eine Beseitigung überhaupt technisch möglich ist. Eine Stunde soll nach RG DAR **1930** 263 noch nicht als „längere Arbeit" gelten (wohl Grenzfall). Ist die Vorrichtung schneller als in einstündiger Facharbeit auszuschalten, so tritt auch dann kein Haftungs-

[1] RGZ **86** 72; **128** 152; RG DAR **1929** 90; **1930** 263; JW **1933** 824; BGHZ **9** 123; BGH VersR **1959** 238; OLG Hamburg JW **1931** 3388; KG VAE **1943** 52; LG Tübingen DAR **1952** 6.

ausschluß ein, wenn die Vorrichtung im Zeitpunkt des Unfalls wirksam arbeitete (RG HRR **1926** Nr. 1525), und nicht einmal dann, wenn der Fahrer mangels technischer Kenntnisse außerstande war, die Vorrichtung zu beseitigen (BGH VersR **1959** 238), oder gar nicht wußte, daß es eine Möglichkeit gab, die Vorrichtung unwirksam zu machen (BGHZ **9** 123; KG VAE **1943** 52). Umgekehrt nützt es dem Halter und Fahrer dann nichts, daß die amtliche Geschwindigkeitsprüfung die Wirksamkeit der Vorrichtung bestätigt hat, wenn das Kraftfahrzeug im Zeitpunkt des Unfalls doch schneller fahren konnte (OLG Celle DAR **1951** 28 mit ablehnender Anm. *Brüggemann*; BGHZ **9** 123; **a. A.** *Schrammen* DAR **1952** 3). In diesem Falle tritt die Haftung des Halters und Fahrers sogar dann ein, wenn die Geschwindigkeitsbegrenzung im Kraftfahrzeugbrief oder im Typschein vermerkt ist. Die Möglichkeit, durch Ausrüstung mit größeren Reifen die Geschwindigkeit auf über 20 km/h zu erhöhen, führt nicht dazu, daß die Haftungsbefreiung nach § 8 entfällt (BGH VersR **1977** 228).

III. Bei dem Betrieb Tätige

5 **1. Begriff**

Er ähnelt dem des „bei dem Betrieb beschäftigten Dritten" in § 7 Abs. 2, stimmt mit jenem aber nicht überein (§ 7, 492ff). Der Halter braucht nach § 7 Abs. 2 nur für Handlungen von Personen einzustehen, die er oder der Fahrer mit einer Tätigkeit im Rahmen des Betriebs des Kraftfahrzeugs betraut hat – wobei freilich auch bloße Duldung genügt (§ 7, 493) –; dagegen verliert auch derjenige nach § 8 seinen auf das StVG gestützten Schadenersatzanspruch, der sich ohne Willen des Halters und Fahrers oder sogar gegen deren Willen am Kraftfahrzeug zu schaffen macht (OLG Düsseldorf RdK **1928** 110). Entscheidendes Abgrenzungsmerkmal für das Tätigsein beim Betrieb ist, daß die betreffende Person durch ihre nahe Beziehung zum Betrieb der Gefährdung besonders ausgesetzt ist (BGH NJW **1954** 393; VersR **1956** 640; OLG Dresden VAE **1939** 401). Darauf, ob der Halter oder der Fahrer das Recht hatte, dem beim Betrieb Tätigen Weisungen zu erteilen, kommt es nicht an (BGH VersR **1962** 540), ebensowenig darauf, ob es sich um eine Dauerbeziehung oder eine ganz kurzzeitige Tätigkeit handelt (BGH VersR **1956** 640; OLG Dresden VAE **1939** 401). Beim Betrieb kann auch derjenige tätig sein, der kein Entgelt erhält und auch derjenige, der in keinen vertraglichen Beziehungen zum Halter, zum Vertreter des Halters oder zum Fahrer steht (BGH NJW **1954** 393; OLG Dresden VAE **1939** 401). Entscheidend ist aber, daß die Tätigkeit im Zeitpunkt des Unfalls entfaltet wurde. Ereignet sich der Unfall auch nur einige Sekunden nach dem Abschluß der Tätigkeit (z. B. derjenigen des Beladens des Kraftfahrzeugs oder des Heranschiebens eines Anhängers an den Lkw), so besteht die Haftung aus § 7, und § 8 kommt nicht mehr zum Zug (RG HRR **1934** Nr. 950). Zu dem Begriff „bei dem Betrieb" vgl. § 7, 30.

6 **2. Einzelfälle**

Der zur Ablösung des Fahrers mitfahrende Beifahrer ist während der Zeit, in der er nicht auf den Betrieb einwirkt, nicht beim Betrieb tätig (**a. A.** BAG JZ **1964** 257 LS). Ein Insasse ist, solange er weder eine Tür öffnet noch dem Fahrer ins Lenkrad greift, nicht beim Betrieb tätig. Ein Wagenwäscher ist beim Betrieb des Kraftfahrzeugs nur tätig, solange er den Wagen mit Motorkraft bewegt. Dagegen ist beim Betrieb tätig, wer anstelle des Halters während einer Fahrt Anweisungen erteilt oder sogar Handreichungen leistet, wer beim Beladen oder Entladen mitwirkt oder auf einem Aufstellplatz oder in einer Großgarage das Kraftfahrzeug mit Motorkraft rangiert. Es genügt auch schon, wenn dem Fahrer (z. B. durch einen Tankwart, Mechaniker oder auch durch einen völlig unbeteiligten Passanten) ein Winkzeichen gegeben wird (OLG Celle DAR **1932** 267; **a. A.** RG DAR **1933** 187; BGH NJW **1954** 393), sofern der Betreffende sich hierdurch der Betriebsgefahr des Kraftfahrzeugs in gesteigertem Maße aussetzt. Angestellte des Veranstalters eines Rennens sind nicht ohne weiteres beim Betrieb der Kraftfahrzeuge tätig (RG DAR **1933** 42), so z. B. nicht als Starthelfer, wenn sie von einem Fahrzeug angefahren werden, dem sie nicht geholfen haben (RG DAR **1935** 160; **a. A.** OLG Hamburg HRR **1935** Nr. 125).

IV. Verhältnis zum Haftungsausschluß nach § 636 RVO

In vielen Fällen kann sich ein Haftungsausschluß gegenüber einem beim Betrieb des Kraftfahrzeugs Tätigen auch aus § 636 RVO ergeben (vgl. hierzu § 16, 220ff). Dieser Haftungsausschluß bezieht sich – anders als § 8 – nicht nur auf die Haftung nach dem StVG, sondern auf alle Haftungsgründe, vor allem auch auf die Haftung aus unerlaubter Handlung; er gilt jedoch nicht für Unfälle bei Teilnahme am allgemeinen Verkehr (vgl. § 16, 235). 7

V. Verjährung 8

Die Verjährungsfrist beginnt erst zu laufen, wenn der Verletzte erfährt, das Kraftfahrzeug, das er für ein langsamfahrendes gehalten hatte, genieße wegen der Ausschaltbarkeit des Regulators nicht die Vorteile des § 8 (RGZ **124** 115).

VI. Beweislast 9

Der Halter oder Fahrer, der behauptet, sein Kraftfahrzeug sei ein langsamfahrendes im Sinn des § 8, hat dies zu beweisen; dasselbe gilt für seine Behauptung, der Verletzte sei im Zeitpunkt des Unfalls beim Betrieb des Kraftfahrzeugs tätig gewesen (RGZ **124** 115; **128** 152; RG Recht **1928** Nr. 626; VR **1934** 100; *Bomhard* VersR **1962** 1140). Wegen Einzelheiten der Beweisführung vgl. *Bomhard* aaO.

§ 8a

Haftung gegenüber Insassen

(1) Ist eine durch ein Kraftfahrzeug beförderte Person getötet oder verletzt worden, so haftet der Halter dieses Fahrzeugs nach § 7 nur dann, wenn es sich um entgeltliche, geschäftsmäßige Personenbeförderung handelt. Ist eine durch ein Kraftfahrzeug beförderte Sache beschädigt worden, so haftet der Halter dieses Fahrzeugs nach § 7 nur, wenn eine durch das Kraftfahrzeug unter den Voraussetzungen des Satzes 1 beförderte Person die Sache an sich trägt oder mit sich führt. Die Geschäftsmäßigkeit einer Personenbeförderung im Sinne der Sätze 1 und 2 wird nicht dadurch ausgeschlossen, daß die Beförderung von einer Körperschaft oder Anstalt des öffentlichen Rechts betrieben wird.

(2) Die Verpflichtung des Halters, wegen Tötung oder Verletzung beförderter Personen Schadensersatz nach Absatz 1 Satz 1 in Verbindung mit § 7 zu leisten, darf weder ausgeschlossen noch beschränkt werden. Entgegenstehende Bestimmungen und Vereinbarungen sind nichtig.

Übersicht

Schrifttum

Freytag Schutz der mitfahrenden Ehefrau, ZfV **1964** 102; *Mädrich* Haftungs- und versicherungsrechtliche Probleme bei Kfz-Fahrgemeinschaften NJW **1982** 859; *Sievers* Haftung bei Schäden von Kraftfahrzeuginsassen, ZfV **1964** 507; *Weimar* Zweifelsfragen zur entgeltlichen, geschäftsmäßigen Personenbeförderung MDR **1958** 569 und MDR **1966** 207; *Weimar* Haftung bei Verletzung oder Tötung mitgenommener Personen, VP **1971** 30.

Entstehungsgeschichte. Schon der Entwurf 1906 sah in Abweichung vom RHaftpflG vor, daß die Haftung nach dem StVG gegenüber Insassen nicht gelten solle. Nahezu wörtlich übereinstimmend mit § 6 des Entwurfs 1906 enthielt sodann § 2 des Regierungsentwurfs 1908 folgenden Text:

„Die Vorschriften des § 1 finden keine Anwendung:

1. wenn zur Zeit des Unfalls das Fahrzeug zur Beförderung der Verletzten oder der beschädigten Sache diente oder der Verletzte bei dem Betriebe des Fahrzeugs tätig war.“

Der Bundesrat (RTDrucksache Nr. 988, 1907/1909) gab der Vorschrift, die in dieser Form als § 8 Nr. 1 Gesetz wurde, folgende Fassung:

„wenn zur Zeit des Unfalls der Verletzte oder die beschädigte Sache durch das Fahrzeug befördert wurde oder der Verletzte bei dem Betriebe des Fahrzeugs tätig war.“

Obwohl man bald feststellen konnte, daß das Kraftfahrzeug ebenso zum Massenverkehrsmittel wurde, wie es bis zum ersten Weltkrieg allein die Eisenbahn, die Straßenbahn und die Untergrundbahn gewesen waren, und obwohl das LuftVG vom 1. 8. 22 (RGBl. I 681) auch für Luftfahrzeuge eine Gefährdungshaftung gegenüber Insassen eingeführt hatte (die allerdings abdingbar war), konnte man sich nicht entschließen, auch bei Kraftfahrzeugen die Gefährdungshaftung gegenüber Insassen einzuführen. Man befürchtete, daß die Belastung der Kraftfahrzeughalter durch eine solche Vorschrift unangemessen hoch werden würde. Der 35. Deutsche Juristentag in Salzburg (1928) forderte, den Insassen von Kraftfahrzeugen im öffentlichen Verkehr einen Anspruch aus Gefährdungshaftung zu geben.

Erst das Änderungsgesetz vom 7. 11. 1939 (RGBl. I, 2223) führte in Art. II Nr. 3 die Gefährdungshaftung des Halters gegenüber den Insassen seines Kraftfahrzeugs (und die Vermutung der Schuld des Fahrers im Fall der Verletzung von Insassen des Kraftfahrzeugs) – allerdings mit der vom Juristentag vorgeschlagenen Beschränkung – ins Gesetz ein. § 8 wurde völlig neu gefaßt. Die neue Vorschrift kam in dessen Absatz 2.

Das Maßnahmengesetz vom 16. 7. 1957 (BGBl. I, 710) brachte eine neuerliche Änderung des Textes. Man entschloß sich bei dieser Gelegenheit, die Regelung aus § 8 herauszunehmen und einen neuen § 8a zu schaffen. Der eigentliche Grund für die Änderung lag darin, daß – worauf der Vorlagebericht des Bundestags (BTDrucksache 1265 der 2. Wahlperiode) hinwies – über die Auslegung des Begriffs „öffentlicher Verkehr" in Rechtsprechung und Schrifttum Zweifel entstanden waren. Dieser Begriff stammte nämlich aus dem PBefG 1934 und diente dort zur Abgrenzung genehmigungspflichtiger Fahrten von genehmigungsfreien. Die bei der Auslegung des PBefG 1934 entstandenen Schwierigkeiten hatten auch die Anwendung des § 8 Abs. 2 zweifelhaft werden lassen. Man hatte zunächst geglaubt, dem durch Neufassung des PBefG abhelfen zu können, doch hatte sich gezeigt, daß das Tauziehen der vom PBefG betroffenen oder begünstigten Interessengruppen verhinderte, daß der längst vorliegende Entwurf eines PBefG vom Bundestag gebilligt werden konnte. So schlug der Bundestags-Rechtsausschuß (BTDrucksache Nr. 2700 der 2. Wahlperiode) dem Plenum vor, den in der Vorlage eines Entwurfs für die Neufassung des § 8 Abs. 2 angegebenen Gesetzeszweck, die Gefährdungshaftung für Insassen auf alle Arten des genehmigungspflichtigen Personenverkehrs zu erstrecken, auf anderem Weg zu erreichen: An die Stelle einer Verweisung auf das PBefG sollte eine eigene Begriffsbestimmung im StVG treten. Es heißt dann im Vorlagebericht des Rechtsausschusses wörtlich weiter:

„Die Gefährdungshaftung des Kraftfahrzeughalters gegenüber den Insassen besteht hiernach dann, wenn es sich um eine entgeltliche geschäftsmäßige Personenbeförderung handelt. Als geschäftsmäßig in diesem Sinne ist im Anschluß an die Rechtsprechung zu ähnlichen Vorschriften (vgl. z. B. RGSt. 72, 315) eine Personenbeförderung dann anzusehen, wenn der Unternehmer beabsichtigt, sie in gleicher Art zu wiederholen und sie dadurch zu einem dauernden oder wenigstens zu einem wiederkehrenden Bestandteil seiner Beschäftigung zu machen."

Neben dieser Erstreckung der Haftung auf alle entgeltlichen geschäftsmäßigen Beförderungen, vor allem also auch auf den Kraftdroschken-, Ausflugswagen- und Werkverkehr, brachte das Maßnahmengesetz eine erhebliche Einschränkung der Haftung bei Sachschäden. Während bis dahin seit 1939 für alle im öffentlichen Verkehr beförderten Sachen die Gefährdungshaftung galt, wurde diese im Jahre 1957 auf die Sachen beschränkt, die eine beförderte Person an sich trägt oder mit sich führt. Die Trennung des § 8a von den im PBefG geltenden Begriffsbestimmungen ist damit vollzogen.

I. Inhalt der Vorschrift 1

§ 8a ordnet an, daß sich die Gefährdungshaftung des Halters nach § 7 und die gegen den Fahrer sprechende Schuldvermutung des § 18 bei entgeltlicher und geschäftsmäßiger Beförderung auch auf Schäden beziehen, die die Insassen desjenigen Kraftfahrzeugs erlitten haben, dessen Halter oder Fahrer in Anspruch genommen werden soll (Abs. 1 Satz 1; vgl. Rdn. 13ff). Dies besagt umgekehrt, daß in allen Fällen, in denen die erwähnten Voraussetzungen nicht vorliegen, die Insassen keinen Anspruch aus Gefährdungshaftung oder vermutetem Verschulden gegen den Halter und den Fahrer desjenigen Kraftfahrzeugs haben, in dem sie befördert wurden. Ferner wird durch § 8a die Haftung für Schäden an beförderten Sachen erheblich eingeschränkt (Abs. 1 Satz 2; vgl. Rdn 25).

2 **II. Geltungsbereich**

Die Halterhaftung gilt in allen ihren Einzelheiten, also auch hinsichtlich der Bestimmungen über den Entlastungsbeweis, Schwarzfahrten, langsame Fahrzeuge, Betriebstätige, Haftungsgrenzen und Verjährung, bei geschäftsmäßig entgeltlicher Beförderung auch im Verhältnis des Halters zu den Insassen. Dasselbe gilt für das Verhältnis des Fahrers zu den Insassen. Nach dem Gesetzestext bleibt zwar unklar, ob die Haftung gegenüber Insassen unabhängig davon gelten soll, ob es sich um ein langsamfahrendes Kraftfahrzeug (Höchstgeschwindigkeit 20 km/h) handelt. Die Bejahung einer solchen Haftung würde aber dem Sinn der Regelung in § 8 widersprechen, für langsamfahrende Kraftfahrzeuge Haftungserleichterungen zu schaffen. Gleiches gilt für die Vorschrift in § 8 über beim Betrieb Tätige.

3 § 8a schließt in keinem Fall Ansprüche von Insassen aus Rechtsgründen aus, die nicht im StVG ihre Grundlage haben; die Insassen können mithin, wenn der Halter oder der Fahrer des Kraftfahrzeugs, in dem sie bei der Unglücksfahrt befördert wurden, ihren Sachschaden oder ihre Körperverletzung schuldhaft herbeigeführt hat, den Schuldigen auf Grund unerlaubter Handlung (§§ 823ff BGB) oder – sofern ein solcher zustande kam – auf Grund des Beförderungsvertrages auf Schadenersatz in Anspruch nehmen. Dieselbe Rechtslage gilt für die Hinterbliebenen eines Insassen, wenn dieser bei dem Unfall getötet wurde. Keinen Einfluß hat § 8a ferner auf die Ansprüche, die den bei einem Kraftfahrzeugunfall Verletzten gegen den Halter und den Fahrer eines anderen am Unfall beteiligten Kraftfahrzeugs zustehen. Solche Ansprüche können sich daher nicht nur auf unerlaubte Handlung stützen, sondern auch auf § 7 oder § 18 StVG. Wegen der Fragen, die bei Geltendmachung solcher Ansprüche dadurch entstehen können, daß der Inanspruchgenommene von dem Halter oder von dem Fahrer desjenigen Kraftfahrzeugs Freistellung von seiner Verbindlichkeit verlangt, in dem der Verletzte befördert wurde, vgl. § 17, 12.

4 **III. Der Begriff „Beförderung"**

Die Regelung des § 8a bezieht sich nur auf Ansprüche von Personen, die mit dem Kraftfahrzeug desjenigen befördert wurden, den sie als Halter in Anspruch nehmen wollen; gleiches gilt für die Inanspruchnahme des Fahrers dieses Kraftfahrzeugs. Beförderung ist ein Verbringen von einem Ort zum anderen, wobei die Entfernung nur einige Meter zu betragen braucht; auch die Rundfahrt, bei der Ausgangsort und Zielort identisch sind. Es gelten aber die in den Rdn. 5ff dargelegten Besonderheiten.

1. Beförderungswille 5

Beförderung liegt nur vor, wenn irgendeine Person – sei es der Beförderte, der Fahrer, der Halter, der Eigentümer des Fahrzeugs oder ein Dritter – den Willen hat, es solle der Betreffende mit dem Fahrzeug von einem Ort zum anderen verbracht werden (RGZ **131** 191; OLG Oldenburg RdK **1954** 74). Befördert wird daher auch der „blinde Passagier", von dessen Anwesenheit im – oder außen am – Fahrzeug weder der Halter noch der Fahrer etwas bemerkt hat (OLG Hamm VRS **2** 294). Nicht befördert wird derjenige, der, ohne mitfahren zu wollen, sich im Omnibus von einem Fahrgast verabschiedet, sofern sich der Omnibus plötzlich in Bewegung setzt (OLG Oldenburg RdK **1954** 74). Merkt allerdings der Fahrer, daß sich der Besucher im Omnibus befindet, und nimmt er an, dieser wolle mitfahren, so reicht diese Annahme des Fahrers aus, um den Tatbestand der Beförderung zu begründen. Wichtig ist das subjektive Tatbestandsmerkmal vor allem dann, wenn jemand bei der Abfahrt auf das Trittbrett springt: Will er mitfahren, so liegt Beförderung selbst dann vor, wenn er nur den Haltegriff festhält, mit den Füßen aber das Trittbrett nicht ergreift. Wer das Kraftfahrzeug vor oder bei der Abfahrt nur berührt, ohne die Absicht zu haben, selbst mitzufahren, wird – wenn das Fahrzeug plötzlich anfährt – nicht befördert. Das gilt auch für denjenigen, der Koffer eines anderen Reisenden auf das Dach eines Omnibusses hebt, um sie dort zu verstauen – und zwar selbst dann, wenn er dabei auf der Dachleiter des Omnibusses steht – oder für denjenigen, der sich an einer Haltestelle auf das Trittbrett stellt, um dem Fahrer ein Päckchen zu überreichen oder eine Auskunft zu geben.

Da der rein tatsächliche Wille entscheidet und der Tatbestand kein Rechtsgeschäft voraussetzt, wird auch ein drei Jahre altes Kind befördert, das sich von allen unbemerkt vor der Abfahrt in einem Kraftfahrzeug versteckt hat, um heimlich mitzufahren. Hat es dagegen angenommen, das Fahrzeug werde nicht benutzt, so liegt keine Beförderung vor. 6

2. Ausschluß des Fahrers 7

Nicht befördert wird derjenige, der das Kraftfahrzeug lenkt. Dies gilt sowohl für den angestellten Fahrer als auch für den Selbstfahrer, der zu diesem Zweck das Kraftfahrzeug gemietet hat, als auch für die Person, der der Halter das Kraftfahrzeug aus Gefälligkeit überlassen hat. Selbst wenn der Halter im Kraftfahrzeug sitzt und nur vorübergehend einem Fahrgast die Lenkung überlassen hat, wird der Fahrgast in dieser Zeit nicht befördert. Hat der Vermieter des Kraftfahrzeugs dem Selbstfahrer aus Gefälligkeit einen Fahrer beigegeben, so wird der Selbstfahrer in den Zeiträumen befördert, in denen er das Kraftfahrzeug nicht selbst lenkt. Die Gefährdungshaftung gegenüber dem Fahrer ist jedoch nach § 8 2. Alt. ausgeschlossen.

3. Anfang und Ende der Beförderung 8

Sie umfaßt alle Sachverhalte, die die Beförderung unmittelbar vorbereiten oder ihr unmittelbar folgen. Zur Beförderung gehört mithin vor allem das Ein- und Aussteigen (OLG Oldenburg VRS **10** 421), das Beladen und Ausladen. Beginn und Ende der Beförderung fallen mit dem Zeitpunkt zusammen, in dem die Person oder Sache in körperliche Verbindung mit dem Kraftfahrzeug tritt. Das Warten an der Omnibushaltestelle und die Überquerung der Fahrbahn vor dem Einsteigen oder beim Umsteigen von einer Omnibuslinie in die andere gehören bei Personen nicht zur Beförderung. Desgleichen wird ein Fahrgast nicht befördert, der während eines Aufenthalts an einer Haltestelle oder einem Parkplatz mit dem Vorsatz ausgestiegen ist, vor der Weiterfahrt des Omnibusses wieder einzusteigen. Ist der Fahrgast ausgestiegen und kommt er dann am Rand des Radfahrwegs zu Fall, so ist dies kein Unfall bei der Beförderung, auch wenn der Fahrgast auf der Fahrbahn nur einen Schritt gemacht hat (BGH VersR **1970** 179). Das Abspringen von einem fahrenden Fahrzeug gehört ebenso wie das ordnungsgemäße Aussteigen zur Beförderung, und zwar auch dann, wenn es geschieht, um einem dem Fahrzeug drohenden Unfall zu entgehen (OGH DAR **1951** 24; vgl. auch österr. OGH VR **1933** 40).

9 **4. Örtlichkeit**

Ebenso wie bei der Haftung aus § 7 macht es bei der aus § 8a keinen Unterschied, ob sich der Unfall auf öffentlichem Verkehrsgrund abgespielt hat. Auch Fahrten, die ausschließlich auf privatem Gelände verlaufen, wie die innerhalb eines Bauernhofes oder eines industriellen Werkes, führen zur Haftung nach § 8a.

10 **5. Rechtsbeziehungen zwischen den Beteiligten**

Diese spielen bei der Haftung aus § 8a allenfalls für die Frage eines vertraglichen Haftungsausschlusses (nach Abs. 2 nur zulässig für Sachschäden des Beförderten) eine Rolle (vgl. Rdn. 26). Im übrigen kommt es aber darauf, ob zwischen dem Insassen und dem Fahrer oder zwischen dem Insassen und dem Halter oder Fahrzeugeigentümer ein Vertrag abgeschlossen wurde, nicht an, da § 8a an die bloße Tatsache des Befördertwerdens anknüpft (RGZ **131** 192; vgl auch RG JW **1932** 2025 m. Anm. *Lurje*).

11 **6. Zweck der Beförderung**

Er spielt allenfalls bei der Frage eine Rolle, ob die Beförderung entgeltlich ist (Rdn. 14), bleibt aber im übrigen außer Betracht. Auch der im Omnibus mitfahrende Reiseleiter wird „befördert".

12 **7. Mitfahren auf Anhänger und in abgeschlepptem Fahrzeug**

Das Mitfahren auf einem Anhänger des Kraftfahrzeugs ist Befördertwerden durch das Kraftfahrzeug. Wird ein Kraftfahrzeug von einem anderen abgeschleppt, so werden die Insassen des geschleppten Kraftfahrzeugs von dem Halter und Fahrer des schleppenden Kraftfahrzeugs befördert (**a. A.** KG JW **1932** 808 LS). Dagegen wird der Lenker des abgeschleppten Kraftfahrzeugs, das sich während des Abschleppens ebenfalls in Betrieb befindet (§ 7, 77), nicht befördert (vgl. Rdn. 7). Befördert wird von einem Kraftschlitten auch, wer sich auf Skiern von diesem ziehen läßt (OLG Düsseldorf RdK **1931** 31).

13 **IV. Verletzung oder Tötung beförderter Personen**

Die Haftung des Halters bzw. Fahrers eines Kraftfahrzeugs gegenüber den Insassen dieses Kraftfahrzeugs oder deren Hinterbliebenen aus Gefährdungshaftung (§ 7) oder vermutetem Verschulden (§ 18) tritt nur ein, wenn der verletzte oder getötete Insasse nicht nur geschäftsmäßig, sondern auch entgeltlich befördert wurde. § 8a weicht damit von der Regelung der Genehmigungspflicht nach § 1 PBefG ab. Die Haftung nach StVG gegenüber den Insassen ist davon abhängig, daß die Beförderung bei der Fahrt, auf der sich der Unfall ereignet hat, geschäftsmäßig *und* entgeltlich erfolgt (BGH NJW **1981** 1842; **a. A.** *Brenzel* VersR **1960** 580). Mit einem Fahrzeug, das regelmäßig nur zu geschäftsmäßig entgeltlichen Fahrten eingesetzt ist, wie eine Kraftdroschke oder ein Mietomnibus, kann ausnahmsweise eine unentgeltliche Mitnahme ausgeführt werden mit der Folge, daß dem unentgeltlich beförderten Fahrgast gegenüber die Haftung nach § 7 StVG nicht eintritt.

1. Entgeltlichkeit der Beförderung 14

a) Der **Begriff** der Entgeltlichkeit ist weit auszulegen. Entgeltlich ist daher nicht nur eine Beförderung, bei der entweder der Insasse oder eine andere Person irgendeine Gegenleistung erbringen muß, sondern auch jede Beförderung, die in sonstiger Weise, auch nur mittelbar, dem wirtschaftlichen Interesse des Eigentümers des Kraftfahrzeugs, des Halters oder des Fahrers dient, wie dies z. B. bei der Beförderung von Arbeitskräften zum Arbeitsplatz oder von Geschäftspartnern der Fall ist (BGH NJW **1981** 1842). § 1 Abs. 1 Satz 2 PBefG („Als Engelt sind auch wirtschaftliche Vorteile anzusehen, die mittelbar für die Wirtschaftlichkeit einer auf diese Weise geförderten Erwerbstätigkeit erstrebt werden“) ist entsprechend anzuwenden. Entgeltliche Beförderung liegt mithin vor, wenn ein Handelsvertreter mit seinem Wagen eine Kolonne von Untervertretern an ihren Einsatzort fährt, auch wenn den Untervertretern die Fahrt nicht in Rechnung gestellt wird (OLG Düsseldorf VersR **1961** 286).

b) Wirtschaftliches Interesse. Nach BGH NJW **1981** 1842 soll allerdings nicht jede Zahlung oder sonstige Zuwendung die Beförderung zu einer entgeltlichen machen. Der BGH führt zur Begründung aus, Sinn und Zweck des § 8a lägen darin, die grundsätzliche Haftungsfreistellung gegenüber beförderten Personen nur für die Fälle aufzuheben, in denen die Beförderung einem wirtschaftlichen Interesse des Halters oder Fahrers dient; die Einbeziehung in die Gefährdungshaftung solle gleichermaßen das Äquivalent sein für den – möglicherweise auch nur mittelbar erstrebten – wirtschaftlichen Vorteil. Deshalb liege in Abweichung von dem üblichen Wortsinn des Begriffs „entgeltlich“ z. B. keine im Sinne des § 8a entgeltliche Beförderung vor, wenn dem Halter oder Fahrer ein Zuschuß zu den Betriebskosten gewährt wird oder wenn sich Arbeitskollegen auf ihrem Weg von und zur Arbeitsstelle abwechselnd mit ihren Wagen mitnehmen (sog. **Fahrgemeinschaft**). Auch § 1 Abs. 2 PBefG, wonach solche Beförderungsvorgänge diesem Gesetz nicht unterliegen, bei denen das Entgelt die Betriebskosten nicht übersteigt, wird vom BGH zur Begründung herangezogen. 15

Diese Rechtsprechung vermag jedoch nicht zu überzeugen. Auch wenn man mit dem BGH davon ausgeht, daß der Wegfall der Haftungsbefreiung ein Äquivalent für das wirtschaftliche Interesse des Halters oder Fahrers sein soll, muß man in den Fällen der Fahrtkostenbeteiligung und der Fahrgemeinschaft zur Bejahung einer Gefährdungshaftung gelangen, denn es läßt sich nicht leugnen, daß der Halter oder Fahrer in diesen Fällen ein wirtschaftliches Interesse, nämlich das der Kostenersparnis, verfolgt. In aller Regel kann davon ausgegangen werden, daß der Halter bzw. Fahrer die Einschränkungen, Erschwernisse und Risiken, die in der Mitnahme anderer, ihm persönlich nicht verbundener Personen liegen (Rücksichtnahme auf vereinbarte Fahrzeiten, Umwege, Haftungsrisiko in zivil- und strafrechtlicher Hinsicht usw.), nur im Hinblick auf diesen wirtschaftlichen Vorteil auf sich nimmt (anders mag es sein, wenn er eine Person aus echter Gefälligkeit mitnimmt und hierfür ein Trinkgeld oder dergleichen annimmt; s. Rdn. 21). Im Hinblick darauf ist es im Gegensatz zum BGH nicht als unbillig anzusehen, wenn der Halter bzw. Fahrer zum Ausgleich für seine Kostenersparnis mit dem Risiko behaftet bleibt, dem Mitgenommenen nicht nur bei Verschulden, sondern auch nach § 7 bzw. § 18 zu haften. 16

Auch aus der Sicht des Verletzten ist die Haftungserweiterung gerechtfertigt, weil er sich die entsprechenden Ansprüche durch den Kostenbeitrag „erkauft" hat. Auf § 1 Abs. 2 PBefG schließlich kann schon deswegen nicht abgestellt werden, weil § 8a und das PBefG von der Entstehungsgeschichte (s. o.) und der Zwecksetzung her isoliert zu betrachten sind. Die Fälle des Fahrtkostenzuschusses und der Fahrgemeinschaft sind daher als entgeltliche Beförderung im Sinne des § 8a anzusehen (ebenso OLG Köln NJW **1978** 2556; wie der BGH *Mädrich* NJW **1982** 861). Zur versicherungsrechtlichen Problematik (Verstoß gegen die Verwendungsklausel des § 2 Nr. 2a AKB) vgl. *Kuntz* ZfV **1979** 534, *Mädrich* NJW **1982** 862 und *Jagusch/Hentschel* 5.

17 Die Fahrt in einem **Krankentransportwagen** des Roten Kreuzes oder einer anderen Einrichtung ist trotz des caritativen Charakters entgeltlich i. S. d. § 8a, da sie, wenn sie in Rechnung gestellt wird, der betreffenden Einrichtung auch einen wirtschaftlichen Vorteil bringt (**a. A.** zur früheren Gesetzesfassung BGH VRS **13** 18).

18 **c) Empfänger des Entgelts.** Darauf, ob das Entgelt dem Halter, dem Eigentümer oder dem Fahrer des Kraftfahrzeugs bezahlt wird und darauf, ob alle diese Personen wissen, daß einem von ihnen ein Entgelt bezahlt wird, kommt es nicht an. Entgeltliche Personenbeförderung kann daher auch auf Schwarzfahrten (§ 7 Abs. 3) durchgeführt werden; denn Zweck der Vorschrift ist es, denjenigen Insassen haftungsmäßig zu bevorzugen, der für die Fahrt eine Gegenleistung erbracht hat oder zu dessen Gunsten sie ein Dritter erbracht hat. Die vom OGH geäußerte und lediglich mit Gesichtspunkten der Billigkeit begründete Ansicht, der Halter hafte nur, wenn er in die Entgeltlichkeit einer Fahrt eingewilligt habe (OGH NJW **1950** 143; vgl. auch OLG Bamberg NJW **1949** 506; ebenso *Weimar* MDR **1966** 207), geht ohne ausreichenden Grund an dem Schutzzweck der Norm vorbei. Es geht nicht an, von dem Fahrgast zu fordern, er müsse sich vor der Fahrt vergewissern, wer Halter des Fahrzeugs sei und ob diese Person die Entgeltlichkeit der Fahrt gebilligt habe. Daß die Ansicht des OGH nicht richtig sein kann, ergibt sich schon daraus, daß auch der Fahrer nach dem StVG unabhängig davon haftet, ob er ein Entgelt für die Fahrt erhält, sofern nur die Fahrt für den Beförderten eine entgeltliche war, z. B. weil dieser zwar dem Halter des Fahrzeugs und dem Fahrer nichts bezahlt hat, wohl aber dem Eigentümer des Fahrzeugs. Die Ansicht des OGH (DAR **1951** 24), daß nur die Haftung desjenigen eintrete, der das Entgelt erhalten habe, ist mit dem Gesetz nicht in Einklang zu bringen.

19 **d) Empfänger mittelbarer wirtschaftlicher Vorteile.** Ebenso, wie es nicht darauf ankommt, ob der Eigentümer des Kraftfahrzeugs oder der Halter oder der Fahrer das Entgelt erhält, ist es bei der Beurteilung, ob Entgeltlichkeit vorliegt, ohne Bedeutung, ob das wirtschaftliche Interesse an einer Fahrt, für die der Insasse nichts bezahlt, beim Eigentümer, Halter oder Fahrer liegt. Wirtschaftliche Interessen anderer Personen bleiben jedoch ebenso unberücksichtigt, wie persönliche immaterielle Interessen des Eigentümers, Halters oder Fahrers. Wirtschaftliches Interesse an der Beförderung von Hotelgästen hat der Unternehmer des Hotels, an der Beförderung von Fluggästen der Luftverkehrsunternehmer.

20 **e) Erbringer des Entgelts.** Ohne Bedeutung ist, wer das Entgelt für die Fahrt bezahlt (BGH NJW **1981** 1842); entgeltlich ist auch eine Fahrt, die ein Dritter dem Insassen schenkungsweise zuwendet.

21 **f) Die Höhe des Entgelts** ist ohne Bedeutung (vgl. zum Fahrtkostenzuschuß Rdn. 15). Ein bloßes Trinkgeld macht aber, jedenfalls wenn es nicht vor Vereinba-

rung der Beförderung zugesagt war, die Beförderung nicht zu einer entgeltlichen (ebenso wie Sachleistungen, z. B. Zigaretten, Einladung zum Essen), weil es hier am wirtschaftlichen Interesse (Rdn. 15) fehlt. Unzutreffend daher OGH DAR **1951** 24; wonach es nicht auf den Zeitpunkt der Zusage, sondern auf Art und Höhe des Trinkgelds ankomme.

g) Mitfahrt bei Beförderung von Gütern. Bezahlt der Beförderte lediglich die Ge- 22
päckbeförderung oder die Beförderung von Gütern und fährt er zur Begleitung seiner Sachen selbst – wenn auch „gratis" – mit, so liegt in der Regel entgeltliche Personenbeförderung vor (OGH NJW **1950** 143). Das gleiche gilt für die Mitfahrt im Abschleppwagen bei entgeltlichem Abschleppen.

2. Geschäftsmäßigkeit der Beförderung 23

Als geschäftsmäßig ist eine Personenbeförderung dann anzusehen, wenn der Unternehmer beabsichtigt, sie in gleicher Art zu wiederholen und sie dadurch zu einem dauernden oder wenigstens zu einem wiederkehrenden Bestandteil seiner Beschäftigung zu machen (BGH NJW **1981** 1842; OLG Düsseldorf NJW **1961** 837; OLG Frankfurt VersR **1978** 746). Es wird mithin weder vorausgesetzt, daß die wiederholten Fahrten der Erzielung eines Gewinnes dienen, noch daß sie einen Gewerbebetrieb darstellen oder einem solchen dienen. Schon die erste entgeltliche Fahrt ist geschäftsmäßig, wenn derjenige, der sie durchführt, beabsichtigt, in Zukunft mehrere solche Fahrten auszuführen. Beabsichtigt er nur, eine weitere derartige Fahrt in Zukunft auszuführen, so ist die entgeltliche Fahrt nicht geschäftsmäßig (BGH VersR **1969** 161). Nimmt ein Kraftfahrzeughalter häufig Personen in seinem Fahrzeug unentgeltlich mit, so tritt die Haftung nach StVG auch dann nicht ein, wenn er ausnahmsweise einmal hierfür ein Entgelt erhält.

Der letzte Satz des Absatzes 1, in dem gesagt wird, daß die Vorschrift auch für 24
Körperschaften und Anstalten des öffentlichen Rechts gelte, ist überflüssig, weil dies selbstverständlich ist; dies erkennt auch der Bericht des Rechtsausschusses an (BTDrucksache 2700 der 2. Wahlperiode).

V. Beschädigung beförderter Sachen 25

Durch das Maßnahmengesetz 1957 wurde der Kreis der beförderten Sachen, bei deren Beschädigung oder Vernichtung nach dem StVG gehaftet wird, erheblich eingeschränkt; die Merkmale „An-Sich-Tragen" und „Mit-Sich-Führen" wurden neu ins Gesetz eingeführt. Während das erstere keiner Erläuterung bedarf, ist das letztere schwerer abzugrenzen. Gemeint sind nicht nur die Sachen, die der Beförderte selbst nach Ende der Beförderung wegzutragen vermag, sondern alle, die er im Rahmen des für seine persönliche Beförderung geschlossenen Vertrages zu demselben Bestimmungsort befördern läßt, auch wenn ein anderes Fahrzeug oder ein Anhänger als Beförderungsmittel dient. Nicht erfaßt werden dagegen Sachen, die aufgrund eines eigenen Beförderungsvertrags befördert werden (Reisegepäck). In wessen Eigentum die Sachen stehen, ist ohne Belang.

Die Haftung bezieht sich nur auf den Beförderungsvorgang einschließlich des Ein- und Ausladens und des Umladens von einem Fahrzeug in ein anderes. Sie tritt nur bei einem Unfall ein und nicht, wenn die Sache sonstwie durch die Beförderung (Hitze, Kälte, Erschütterung) verdirbt. Die Erschütterung ist nur dann ein „Unfall", wenn die Zerstörung oder Beschädigung durch einen einmaligen Schlag erfolgt, etwa weil das Kofferradio aus dem Gepäcknetz fällt oder die Ski vom Dachgepäckraum, oder weil das Fahrzeug in ein außergewöhnliches Schlagloch fährt und hierdurch die Eier in der Eierschachtel zerbrechen. In all diesen Fällen ist das Mitverschulden des Fahrgastes (wegen mangelhafter Verpackung) sorgfältig zu prüfen. Gehen Sachen durch einen Unfall verloren, werden z. B. Äpfel beim Umkippen des Mietwagens über ein Feld zerstreut oder der Hut durch einen Unfall auf die Straße geschleudert und vom Wind weggetragen, so liegt ebenfalls eine „Zerstörung" der Sache vor. Eine vor dem Verladen nur gegen das Kraftfahrzeug gelehnte Sache wird nicht befördert; wird sie durch das Anfahren des Kraftfahrzeugs zerstört, so wird nicht nach dem StVG gehaftet.

26 **VI. Abdingbarkeit**

Im Gegensatz zur Haftung für Personenschäden kann diejenige für Sachschäden im Beförderungsvertrag beschränkt oder ganz ausgeschlossen werden (Abs. 2). Eine solche Sondervorschrift enthält z. B. § 18 PostG für den Postreisedienst.

27 **VII. Verhältnis zur Vertragshaftung**

Bei Bestehen eines Beförderungsvertrages kann der Geschädigte seinen Vertragspartner unabhängig von § 8a auch aus Vertragsverletzung in Anspruch nehmen (§ 16). Haftungsvoraussetzung ist dann zwar anders als bei der Gefährdungshaftung nach StVG ein Verschulden des Kontrahenten bzw. seines Erfüllungsgehilfen; dem Geschädigten kommt insoweit jedoch eine Beweislastumkehr zustatten (vgl. § 16, 555). Die Vorschrift des Abs. 2 über die Unabdingbarkeit der Haftung nach § 8a Abs. 1 Satz 1, § 7 gilt für die vertragliche Haftung nicht.

28 **VIII. Beweislast**

Der Verletzte, der den Halter nach dem StVG in Anspruch nehmen will, hat zu beweisen, daß sich das Ereignis, das seinen Schaden verursacht hat, bei dem Betrieb des Kraftfahrzeugs zugetragen hat, dessen Halter der Inanspruchgenommene ist. Legt der Halter dar, daß der Verletzte bzw. seine Sache von dem Kraftfahrzeug befördert wurde, so entfällt die Haftung aus StVG (RG RdK **1928** 223). Es ist nun Aufgabe des Verletzten zu beweisen, er sei entgeltlich und geschäftsmäßig befördert worden. Entsprechendes gilt für die Haftung des Führers nach §§ 18, 8a.

§ 9

Mitverschulden des Verletzten

Hat bei der Entstehung des Schadens ein Verschulden des Verletzten mitgewirkt, so finden die Vorschriften des § 254 des Bürgerlichen Gesetzbuchs mit der Maßgabe Anwendung, daß im Falle der Beschädigung einer Sache das Verschulden desjenigen, welcher die tatsächliche Gewalt über die Sache ausübt, dem Verschulden des Verletzten gleichsteht.

Übersicht

Schrifttum

Aurnhammer Das Problem der Schadensquote, VersR **1974** 1060; *Berger* Der Sicherheitsgurt in der Haftung, VersR **1974** 520; *Böhmer* Zum Begriff der tatsächlichen Gewalt über eine beschädigte Sache im Sinne des § 9 StVG, VersR **1961** 582; *Böhmer* Das Verschulden des Fahrers erhöht die Betriebsgefahr, MDR **1965** 878; *Böhmer* Abwägung, wenn den Kraftfahrer kein Verschulden trifft, JR **1966** 92; *Böhmer* Die Schadensverteilung nach dem Maß der Verursachung gilt nicht bei jedem Schadensfall, JR **1973** 51 und MDR **1973** 196; *Danner* Sicherheitsgurt und Mitverschulden, 16. Deutscher Verkehrsgerichtstag (1978) 42; *Finger* Mitwirkendes Verschulden und Haftung für Dritte, JR **1972** 406; *Kämmerer* Das Anlegen von Sicherheitsgurten ist nicht immer Pflicht, VersR **1974** 632; *Knippel* Der Sicherheitsgurt und § 254 BGB, DAR **1975** 15; *Ludolph* Beweiswert unfallmedizinischer Gutachten nach Verstößen gegen die Anschnallpflicht, NJW **1982** 2595; *Preiß* Neuere Rechtsprechung zur Schadensminderungspflicht, GütVk. **1974** 161; *Rother* Grenzen des mitwirkenden Verschuldens, NJW **1966** 326; *Rother* Die „vorwiegende Verursachung" VersR **1983** 793; *Schlund* Nichtanlegen von Sicherheitsgurten, DAR **1976** 57; *Schmidt* Kraftfahrzeug gegen Radfahrer, DAR **1968** 281; *Schneider* Zusammentreffen eines Mitverschuldens bei der Entstehung des Schadens und eines solchen bei dessen Niedrighaltung, MDR **1966** 455; *Weimar* Schadensersatzansprüche des Verletzten, der sich aus sittlicher Pflicht in Gefahr begab, VP **1972** 168.

Entstehungsgeschichte. Der Entwurf 1908 enthielt bereits (in § 3) eine dem jetzigen § 9 entsprechende Vorschrift; sie wich in der Fassung nur insofern davon ab, als der Inhalt des jetzigen § 9 in zwei Absätze zerlegt war. Die Begründung sagte dazu:

„Das Bürgerliche Gesetzbuch stellt bei den allgemeinen Vorschriften über den Schadensersatz im § 254 den Grundsatz auf, daß, wenn bei der Entstehung eines Schadens ein Verschulden des Verletzten mitgewirkt hat, die Verpflichtung zum Ersatze sowie der Umfang des zu leistenden Ersatzes von den Umständen, insbesondere davon abhängt, inwieweit der Schaden vorwiegend von dem einen oder dem anderen Teile verursacht worden ist. Diese Bestimmung muß auch gegenüber der besonderen Ersatzpflicht, die der Entwurf einführt, zur Anwendung kommen. Um dies außer Zweifel zu setzen, ist im § 3 Abs. 1 eine entsprechende Vorschrift getroffen."

In der Reichsratsvorlage waren beide Absätze in der aus der jetzigen Fassung des § 9 ersichtlichen Weise zusammengezogen; die Bestimmung wurde, ohne Debatte, angenommen. § 9 ist seit seinem Inkrafttreten unverändert geblieben.

I. Bedeutung der Vorschrift 1

§ 9 hat, soweit er auf § 254 BGB verweist, nur klarstellende Bedeutung, denn § 254 BGB enthält einen allgemeinen Rechtsgedanken, der auch ohne ausdrückliche Vorschrift im StVG auf die Gefährdungshaftung des Kraftfahrzeughalters anzuwenden wäre. Dies zeigt sich z. B. darin, daß die Rechtsprechung § 254 BGB auch auf die Ansprüche gegen den Eisenbahnunternehmer aus § 1 RHaftpflG angewendet hat, obwohl diese Vorschrift – im Gegensatz zu § 1a RHaftpflG – keine Verweisung enthielt (vgl. RGZ **53** 75; BGHZ **2** 355; BGB NJW **1951** 357). Auch die Begründung zum KFG (vgl. „Entstehungsgeschichte") geht wohl nur von deklaratorischer Bedeutung aus.

Die eigentliche Bedeutung des § 9 liegt somit darin, daß er im Falle der Beschädigung einer Sache für die nach § 254 BGB vorzunehmende Abwägung das Verschulden desjenigen, welcher die tatsächliche Gewalt über die Sache im Zeitpunkt des Unfalls ausgeübt hat, dem Verschulden des Verletzten gleichstellt. Ein solcher Sachverhalt – gedacht war vor allem an die Beachtlichkeit des Verschuldens des Kutschers eines Pferdefuhrwerks – kommt verhältnismäßig selten vor (Einzelheiten Rdn. 15ff). Zu beachten ist, daß diese Sondervorschrift (entsprechende Regelungen enthalten § 4 HaftpflG und § 34 LuftVG) nur für Ansprüche gegen den Halter oder Fahrer nach dem StVG gilt, nicht aber für die Haftung aus unerlaubter Handlung (BGH VersR **1980** 740). Ein Entlastungsbeweis, wie ihn § 831 BGB kennt, ist in § 9 nicht vorgesehen.

Trotz der nur deklaratorischen Bedeutung der Verweisung auf § 254 BGB sollte § 9 in den von ihm erfaßten Fällen zitiert werden, d. h. dann, wenn die Haftung für den bei einem Unfall entstandenen Schaden auf Grund von § 7 oder § 18 StVG den Halter oder Fahrer eines Kraftfahrzeugs trifft, während der Verletzte am Unfall weder als Halter oder Fahrer eines Kraftfahrzeugs noch als Bahnunternehmer (Straßenbahnunternehmer) oder Tierhalter (Tierhüter) beteiligt war. Nur § 254 BGB ist hingegen zu zitieren, wenn keiner der am Unfall Beteiligten als Halter oder Fahrer eines Kraftfahrzeugs am Unfall beteiligt war oder wenn nur der Verletzte, nicht aber der Schädiger, als Halter oder Fahrer eines Kraftfahrzeugs beteiligt war. Waren schließlich sowohl Anspruchsteller als auch Anspruchsgegner als Halter oder Fahrer eines Kraftfahrzeugs oder war der Verletzte als Bahnunternehmer oder Tierhalter beteiligt, so greift § 17 als Sondervorschrift ein (vgl. § 17, 2). Zu beachten ist, daß sich § 9 nur auf die Gefährdungshaftung des Kraftfahrzeughalters (§ 7) und die 2

Haftung des Kraftfahrzeugführers aus vermutetem Verschulden (§ 18) bezieht, also dann nicht zitiert werden darf, wenn den Halter oder Fahrer ein Verschulden und damit eine Haftung aus unerlaubter Handlung trifft (BGH NJW **1965** 1273).

II. Mitverschulden bei der Entstehung des Schadens

3 **1. Die Anwendung des § 254 BGB**

Durch die (deklaratorische) Verweisung des § 9 auf § 254 BGB ist klargestellt, daß auch bei Schadensersatzansprüchen nach dem StVG dann, wenn bei der Entstehung des Schadens ein Verschulden des Beschädigten mitgewirkt hat, die Verpflichtung zum Ersatze sowie der Umfang des zu leistenden Ersatzes von den Umständen, insbesondere davon abhängt, inwieweit der Schaden vorwiegend von dem einen oder dem anderen Teil verursacht worden ist. Hinter dieser Vorschrift steht der Gedanke, daß Treu und Glauben es ganz allgemein verbieten, den Schädiger in voller Höhe zur Rechenschaft zu ziehen, wenn dieser die gefährliche Lage vorwerfbar geschaffen oder doch mitgeschaffen hat, in der sich das vom Schädiger zu vertretende Verhalten zum Entstehen des Schadens auswirken konnte; die zusätzliche für den Erfolgseintritt wesentliche Schadensursache muß vielmehr berücksichtigt werden, wenn sie aus dem Gefahrenbereich des Geschädigten hervorgegangen war (BGH VersR **1974** 651).

4 Die Rechtsprechung hat in erweiternder Anwendung dieses Rechtsgedankens § 254 BGB auf die Fälle ausgedehnt, in denen den Verletzten kein „mitwirkendes Verschulden" trifft, in denen er aber, wäre nicht ihm, sondern einem anderen ein Schaden entstanden, aus Gefährdungshaftung in Anspruch genommen werden könnte, d. h. sie rechnet über den Wortlaut des § 254 BGB hinaus auch eine „mitwirkende Betriebsgefahr" an.[1] Für den Anwendungsbereich des § 9 hat diese Erweiterung jedoch keine Bedeutung, da dann, wenn der Verletzte Kraftfahrzeughalter oder -fahrer, Eisenbahnunternehmer oder Tierhalter ist (wohl die einzigen Fälle, in denen bei Unfällen im Straßenverkehr eine mitwirkende Betriebsgefahr in Betracht kommen kann), die Sondervorschrift des § 17 Abs. 1 Satz 2, Abs. 2 eingreift (zu diesen Fällen vgl. § 17, 40 ff; s. aber auch Rdn. 103).

2. Mitwirkendes Verschulden des Verletzten

5 **a) Begriff des Verschuldens.** Ein Verschulden im Sinne des § 254 BGB liegt insbesondere dann vor, wenn der Verletzte gegen Rechtsvorschriften (z. B. der StVO) verstoßen und hierdurch die Entstehung des Schadens mitverursacht hat. Darüberhinaus ist ein Mitverschulden aber auch dann zu bejahen, wenn der Verletzte vorwerfbar gegen die Sorgfalt verstoßen hat, die ein verständiger Mensch zur Vermeidung eigenen Schadens anzuwenden pflegt. Erforderlich ist also nicht ein Verhal-

[1] BGHZ **6** 319 = NJW **1952** 1015 m. abl. Anm. *Berchtold*; BGH VRS **5** 163; **5** 251; **6** 1; **9** 4; **9** 93; OLG Oldenburg DAR **1956** 129; OLG München VersR **1961** 1049; s. auch *Palandt/Heinrichs* § 254, 1 b; *Esser/Schmidt* § 35 I 4; *Larenz* § 31 I b; *Gerhardt* NJW **1954** 139. Gegen diese Rspr. *Böhmer* JR **1956** 290; **1960** 130; **1972** 57; DAR **1957** 146; MDR **1960** 366; *Venzmer* 93 Fn. 3. **A. A.** auch die ältere Rspr. (vgl. OLG München HRR **1940** Nr. 1021; OLG Neustadt DAR **1951** 98).

ten, welches den Geschädigten, hätte er einen anderen geschädigt, ersatzpflichtig gemacht hätte; es reicht vielmehr ein „Verschulden gegen sich selbst“[2].

6 Die **Anforderungen an die Sorgfalt** des Verletzten dürfen hierbei allerdings nicht überspannt werden, insbesondere muß das ihm angesonnene Verhalten auch zumutbar sein (BGH VersR **1956** 257). In der Regel wird dem Geschädigten, der sich verkehrsgerecht verhalten hat, keine Mitverantwortung anzulasten sein; daß ein besonders vorsichtiger Verkehrsteilnehmer den Schaden durch überpflichtmäßige Vorkehrungen verhindert hätte, sollte ihm nicht zum Nachteil gereichen. So erscheint es z. B. als zu weitgehend, wenn BGH VersR **1958** 550 einem Fußgänger hälftiges Mitverschulden angelastet hat, der nachts eine Straße überquert und hierbei – wozu er nach der StVO auch nicht verpflichtet war – keinen Fußgängerüberweg benutzt hat (ebenso *Venzmer* 164ff).

7 Nur unter besonderen Umständen, insbesondere bei konkreter Gefahrenlage, ist von einem Verkehrsteilnehmer zu fordern, daß er besondere Sicherheitsvorkehrungen trifft oder von einem verkehrsgerechten Verhalten, zu dem er eigentlich befugt wäre, Abstand nimmt. Mit Recht hat z. B. OLG Celle VRS **8** 162 ein Mitverschulden eines auf einer Verkehrsinsel stehenden Fußgängers angenommen, der, obwohl er durch Hupsignale und Zuruf auf eine ihm drohende Gefahr aufmerksam gemacht worden war, seinen Standort nicht verließ und deshalb verletzt wurde.

8 Ein Verkehrsteilnehmer, der sich vorsätzlich grob verkehrswidrig verhält, kann einen Mitverschuldenseinwand gegenüber einem auf sein verkehrsgerechtes Verhalten Vertrauenden nicht aus dem Vorwurf herleiten, dieser habe mit dem Verstoß vorsorglich rechnen müssen (BGH VersR **1982** 701).

9 Ob das Unterlassen besonderer Schutzvorkehrungen (z. B. bei gefahrträchtiger körperlicher Konstitution) ein zurechenbares Verschulden des Verletzten gegen sich selbst darstellt, kann nicht allgemein, sondern nur im Hinblick auf die konkrete Gefahrensituation und unter Berücksichtigung von Treu und Glauben beantwortet werden. Es kommt also darauf an, ob ihm die Unterlassung gerade im Hinblick auf die Gefahr, die sich verwirklicht hat, billigerweise zugerechnet werden kann (BGH NJW **1982** 168).

10 Daß es nicht darauf ankommt, ob der Verletzte für sein Verhalten seinerseits einem anderen haftpflichtig wäre, zeigt sich auch im Bereich der **Staatshaftung**. Handelte der Verletzte nämlich für einen Träger öffentlicher Gewalt, so unterliegen seine Ansprüche ggf. der Kürzung wegen Mitverschuldens, obwohl für den durch ihn verursachten Schaden eines anderen nach Art. 34 GG nicht er, sondern der Träger öffentlicher Gewalt einzustehen hat (vgl. BGH NJW **1959** 985 = JZ **1960** 174 m. Anm. *Schröer*; OLG Köln VersR **1957** 417).

11 **b) Zurechnungsfähigkeit** des Verletzten (vgl. §§ 827, 828 BGB) ist bei der Begründung eines Mitverschuldens im Sinne des § 254 BGB ebenso erforderlich, wie beim Verschulden im Rahmen der Haftungsbegründung[3]; die Erläuterungen zu § 16,

[2] RGZ **112** 287; **149** 7; BGHZ **3** 49; **9** 318; **33** 142; **34** 363; **35** 321; **57** 145; **74** 25; BGH DAR **1954** 58; VersR **1958** 379; **1978** 923; **1978** 1070; **1979** 250; **1979** 369; NJW **1970** 946; *Palandt/Heinrichs* § 254, 1a; *Larenz* § 31 I a; **a. A.** *Venzmer* 99; *Rother* NJW **1966** 326.

[3] RGZ **108** 89; **156** 202; OGH NJW **1950** 905; BGHZ **9** 317; **24** 327; BGH VersR **1962** 635; **1962** 811; **1963** 873; OLG München DAR **1953** 114; OLG Celle VersR **1954** 461; OLG Hamm VRS **9** 161 m. zust. Anm. *Goltermann*; OLG Schleswig SchlHA **1957** 97; **a. A.** *Haberkorn* MDR **1960** 554; *Böhmer* MDR **1962** 778.

50ff gelten daher sinngemäß. § 827 Satz 1 BGB schließt z. B. die Anrechnung eines Mitverschuldens des Verletzten aus, wenn seine Unvorsichtigkeit durch den Schock ausgelöst worden war, den er durch den Unfall erlitten hatte (BGH VersR **1977** 430). Die entsprechende Anwendung von § 827 Satz 2 BGB (vgl. BGH VersR **1971** 473) ist geboten, wenn der Verletzte sich in Volltrunkenheit versetzt hat und sich in unzurechnungsfähigem Zustand von einem fahruntüchtigen Fahrer hat befördern lassen.

12 Bei **Minderjährigen** im Sinne des § 828 Abs. 2 BGB ist darauf abzustellen, ob der Verletzte die zur Erkenntnis der Gefährlichkeit (für sich selbst) erforderliche Einsicht gehabt hat; diesbezüglich kann die Altersgrenze anders liegen als für die Erkenntnis der Verantwortlichkeit für eine Fremdschädigung, da Gefahren für sich selbst meist früher wahrgenommen werden als Gefahren für andere (OLG Celle NJW **1968** 2146).

13 Die **Billigkeitshaftung des Schuldunfähigen** nach § 829 BGB ist auch im Rahmen des § 254 BGB zu beachten,[4] dürfte sich allerdings nur in Ausnahmefällen auswirken (*Böhmer* VersR **1962** 778). Voraussetzung für eine Berücksichtigung der durch den Unzurechnungsfähigen gesetzten Unfallursache ist, daß die Billigkeit die Anrechnung *erfordert*; daß sie die Anrechnung lediglich *rechtfertigt*, genügt nicht (BGH NJW **1969** 1762; VersR **1973** 925). Bei der Gefährdungshaftung nach § 7, die ohnehin auf Höchstbeträge beschränkt ist und im Regelfall von der Pflichtversicherung des Schädigers abgedeckt wird, wird regelmäßig kein Anlaß zur Anwendung von § 829 BGB bestehen (BGHZ **73** 190; BGH VersR **1973** 925; **1982** 441; **a. A.** OLG Schleswig SchlHA **1957** 97). Näher zur Billigkeitshaftung § 16, 80ff.

14 **c) Ursächlichkeit des Mitverschuldens.** Auch ein Mitverschulden ist nur zurechenbar, wenn es für den Schaden ursächlich (condicio sine qua non) war; die Beschränkung auf adäquate Kausalabläufe (§ 7, 37ff) gilt auch hier (RG JW **1937** 1057; BGHZ **3** 47; BGH NJW **1952** 537; **1957** 217). Außerdem kann nur der Verstoß gegen eine Verhaltenspflicht, die (auch) zur Verhütung eines Schadens von der Art des eingetretenen bestimmt ist, eine Anrechnung begründen (Begrenzung durch den Schutzzweck der Norm; BGH VersR **1970** 813; vgl. § 7, 44). Daher kann sich z. B. der Abschleppunternehmer, der ein verbotswidrig geparktes Kraftfahrzeug beim Abschleppen beschädigt, nicht darauf berufen, der Geschädigte habe den Schaden durch sein falsches Parken mitverschuldet (vgl. BGH VersR **1978** 1070). Das Rechtsfahrgebot dient nur dem Schutz vor Kollisionen mit dem Gegen- und Überholverkehr, hat dagegen nicht den Zweck, vor Hindernissen oder sonstigen Gefahrenstellen auf der Fahrbahn zu schützen (BGH VersR **1979** 542).

15 **3. Zurechnung des Verschuldens eines Dritten**

a) Inhaber der tatsächlichen Gewalt über die beschädigte Sache. Nach der in § 9 enthaltenen Sonderregelung wird das Verschulden desjenigen, der zur Zeit des Unfalls die tatsächliche Gewalt über die beschädigte Sache innehatte, dem Verschulden des Verletzten gleichgestellt (vgl. Rdn. 1).

[4] BGHZ **37** 102 = VersR **1962** 823 m. Anm. *Böhmer*; BGH VersR **1964** 385; OLG München DAR **1953** 114; OLG Hamm VersR **1954** 418; OLG Celle VersR **1954** 461; OLG Stuttgart VersR **1958** 473; *Palandt/Heinrichs* § 254, 3a bb; *Larenz* § 31 Ia; *Lange* § 10 VI 4; **a. A.** *Böhmer* MDR **1962** 778.

aa) Begriff der tatsächlichen Gewalt. Die tatsächliche Gewalt üben der Besitzer und der Besitzdiener aus (§§ 854, 855 BGB). Es handelt sich um ein rein tatsächliches Verhältnis; darauf, ob die tatsächliche Gewalt berechtigt oder unberechtigt ausgeübt wird, kommt es nicht an. Das Herrschaftsverhältnis, das eine Einwirkung auf die Sache gestattet, darf nicht nur ganz vorübergehender Natur sein und führt zu den Rechtsfolgen des § 9 nur, wenn es von jedem erkannt werden kann, der darauf achtet (RGZ **77** 209; OLG München SeuffA **64** 483; *Böhmer* VersR **1961** 582). 16

bb) Beispiele. Der Eigentümer hat sich das Verschulden dessen anrechnen zu lassen, der sein (des Eigentümers) Pferdefuhrwerk kutschiert, mit seinem Ochsen pflügt, sein Reitpferd reitet, seine Schafe oder Kühe zur Weide treibt, sein Fahrrad fährt, seinen Handwagen auf der Straße schiebt oder seinen Koffer zur Bahn trägt. Ausgenommen sind die Fälle, in denen der Unfall durch typische Tiergefahr mitverursacht wurde; denn diese Fälle regeln sich nach § 17 Abs. 2 (vgl. Rdn. 2). Da es gelegentlich vorkommt, daß der Eigentümer eines Kraftfahrzeugs nicht Halter ist, gewinnt dann § 9 sogar bei Kraftfahrzeugen Bedeutung. Schließlich fallen alle Fälle unter § 9, in denen ein Fuhrunternehmer, sei es mit Pferdefuhrwerk oder Lastkraftwagen, fremde Waren befördert. 17

b) Sonstige Hilfspersonen 18

aa) Nach § 254 Abs. 2 Satz 2 BGB hat der Verletzte auch für das Verschulden seiner **Erfüllungsgehilfen** (§ 278 BGB) einzustehen, und zwar nach der erweiternden Auslegung, welche diese Vorschrift in der Rechtsprechung erfahren hat, auch dann, wenn sich das Verschulden auf die Schadensentstehung (§ 254 Abs. 1 BGB) bezieht[5]. Voraussetzung hierfür ist jedoch nach h. M. das Bestehen einer schuldrechtlichen Sonderbeziehung zwischen Schädiger und Geschädigtem[6]. Im Anwendungsbereich der Gefährdungshaftung nach dem StVG ist eine solche wohl nur im Rahmen der entgeltlichen Personenbeförderung denkbar.

bb) Bestand zwischen Schädiger und Geschädigten vor dem Unfall keine schuldrechtliche Verbindung, so kommt nur eine Haftung für **Verrichtungsgehilfen** nach § 831 BGB – mit der dort vorgesehenen Entlastungsmöglichkeit – in Betracht[7] (zum Begriff des Verrichtungsgehilfen § 16, 93f). Zu beachten ist, daß ein Entlastungsbeweis des geschädigten Halters eines Kraftfahrzeugs für dessen Fahrer nach § 831 BGB in keinem Fall möglich ist, da dann, wenn auch der Geschädigte Kraftfahrzeughalter ist, nicht § 9 i. V. mit § 254 Abs. 1 BGB, sondern § 17 Abs. 1 Satz 2 gilt (Rdn. 2) und der Halter sich die durch das Verschulden seines Fahrers erhöhte Betriebsgefahr anrechnen lassen muß (BGH VersR **1959** 729; **1965** 712; **1979** 542). 19

Gegenüber dem Insassen seines Kraftfahrzeugs ist der Fahrer in der Regel nicht Verrichtungsgehilfe, so daß sein Verschulden dem Insassen nicht anzurechnen ist. Etwas anderes kann gelten, wenn der Insasse ein weisungsberechtigter Vorgesetzter des Fahrers ist. Allerdings muß die Weisungsgebundenheit auch bei der konkreten Fahrt bestanden haben. Hat z. B. der Fahrer seinen Chef nur gelegentlich einer von 20

[5] RGZ **62** 106; **140** 7; BGHZ **1** 249; ebenso *Palandt/Heinrichs* § 254, 5; *Staudinger/Medicus* § 254, 76; *Larenz* § 31 Id; **a. A.** *Esser/Schmidt* § 35 III 1.

[6] RGZ **62** 346; **75** 257; **164** 269; BGHZ **1** 248; **3** 46; **5** 378; **24** 325; **73** 192; BGH VersR **1962** 783; **1967** 385; **1975** 133; **1980** 740; *Palandt/Heinrichs* § 254, 5; **a. A.** *Larenz* § 31 Id; *Deutsch* § 20 I 2.

[7] RGZ **75** 258; **77** 212; **79** 319; **142** 362; BGHZ **1** 249; **3** 49; BGH VersR **1975** 133; *Palandt/Heinrichs* § 254, 5; *Böhmer* NJW **1961** 62.

ihm ohnehin durchgeführten Fahrt mitgenommen, so wird er nicht als Verrichtungsgehilfe anzusehen sein; daß er den anderen nur wegen des bestehenden Arbeitsverhältnisses mitgenommen hat, steht dem nicht entgegen (BGH VersR **1978** 868).

21 **c) Gesetzliche Vertreter.** Die Zurechenbarkeit eines Verschuldens des gesetzlichen Vertreters ist ebenfalls in § 278 BGB geregelt, so daß das in Rdn. 18 Ausgeführte entsprechend gilt. Dies bedeutet, daß das Verschulden des gesetzlichen Vertreters dann außer Betracht zu bleiben hat, wenn vor dem Unfall keine Rechtsbeziehungen zwischen dem Schädiger und dem Verletzten bestanden und wenn sich das Verschulden nur auf die Entstehung des Schadens bezieht[8]. Der Fall einer bereits vor dem Unfall bestehenden Sonderrechtsbeziehung ist im Bereich des § 9 vor allem bei entgeltlicher Beförderung im Kraftfahrzeug gegeben. Trifft z. B. die Eltern des verletzten Kindes an einem Schaden im Rahmen solcher Beförderung ein Mitverschulden, etwa wegen mangelnder Beaufsichtigung, so muß sich das Kind dies anrechnen lassen (BGHZ **9** 319). Es kann der ihm ungünstigen Anwendung des § 278 BGB auch nicht etwa dadurch entgehen, daß es seine Ansprüche lediglich auf § 7 StVG, § 1 HaftpflG oder § 823 BGB stützt (BGHZ **9** 319; **24** 325). Ein vertragsähnliches Verhältnis zwischen dem Kind und dem Beförderer, das zur Anwendung des § 278 BGB zwingt, besteht auch dann, wenn die Eltern lediglich einen Beförderungsvertrag zugunsten des Kindes (als eines Dritten) abgeschlossen haben. Das Verschulden des gesetzlichen Vertreters kann aber dem Vertretenen nur dann entgegengehalten werden, wenn die Handlung oder Unterlassung des gesetzlichen Vertreters gerade in Ausübung der gesetzlichen Vertretung geschah (BGH VersR **1955** 342; *Böhmer* JZ **1955** 699; MDR **1956** 401; **a. A.** *Staks* JZ **1955** 606). Da die gesetzliche Vertretung von beiden Elternteilen gemeinschaftlich wahrzunehmen ist, hat ein vom Vater oder von der Mutter allein geschlossener Beförderungsvertrag an sich nur dann Wirkung zum Vorteil oder Nachteil des Kindes, wenn der andere Elternteil zugestimmt hatte; nach der Erfahrung des Lebens kann aber eine solche Zustimmung allgemein als erteilt gelten, so daß sich das Kind Nachlässigkeiten eines Elternteils bei der Beförderung als Mitverschulden anrechnen lassen muß. Allerdings erstreckt sich die allgemein von dem anderen Elternteil erteilte Ermächtigung nicht auf eine Fahrt, die dem Zweck dient, das Kind zu entführen und dem anderen Elternteil vorzuenthalten (einen solchen Fall betrifft BGH VersR **1955** 342). Das Verschulden anderer Aufsichtspersonen ist dem Verletzten dann zuzurechnen, wenn diese mit Willen des gesetzlichen Vertreters tätig geworden sind; auf ein etwaiges Auswahlverschulden kommt es nicht an (BGHZ **24** 328). Machen Eltern eigene Ansprüche aus Verletzung ihres Kindes geltend (z. B. aus § 10 StVG), so müssen sie sich ihr Verschulden an der Entstehung des Unfalls entgegenhalten lassen, das darin liegt, daß sie ihr Kind mangelhaft beaufsichtigt haben (OLG Düsseldorf MDR **1959** 37). Ob der Ersatzpflichtige den mitschuldigen Elternteil im Rahmen des Gesamtschuldnerausgleichs in Anspruch nehmen kann (vgl. hierzu BGHZ **73** 190), ist für den Anspruch des Verletzten ohne Belang (OLG Celle NJW **1962** 51).

22 **d) Mittelbare Schädigung.** Nach § 846 BGB müssen sich Personen, die, obwohl nicht in eigenen Rechtsgütern betroffen, nach §§ 844, 845 BGB ausnahmsweise

[8] BGHZ **1** 248; **9** 319; **73** 192; BGH NJW **1952** 1050 m. Anm. *Breetzke*; VersR **1957** 587; **1959** 1009; **1962** 783; **1980** 938; OLG Neustadt DAR **1951** 98; OLG Düsseldorf MDR **1959** 37.

einen Ersatzanspruch gegen den Schädiger haben (insbesondere die Hinterbliebenen im Falle der Tötung) ein Mitverschulden des unmittelbar Geschädigten zurechnen lassen. Dies gilt, trotz Fehlens einer entsprechenden gesetzlichen Regelung, auch für die Ansprüche Dritter nach §§ 10, 11, 13 (BGH NJW **1961** 1966).

Auf den Fall der mittelbaren Schädigung Dritter an eigenen Rechtsgütern (z. B. bei gesundheitsschädigendem Schock wegen des Unfalls eines Angehörigen; vgl. § 7, 137) ist § 846 BGB nicht, auch nicht entsprechend, anwendbar (BGHZ **56** 163; **a. A.** RGZ **157** 13). Der BGH (aaO) gelangt jedoch zum gleichen Ergebnis, indem er das Mitverschulden des Erstgeschädigten dem mittelbar Geschädigten nach § 242 BGB mit der Begründung zurechnet, die psychisch vermittelte Schädigung beruhe nur auf einer besonderen persönlichen Bindung an den unmittelbar Verletzten. Dem ist nicht zuzustimmen. Abgesehen von der fragwürdigen Begründung (die zudem versagt, wenn die mittelbare Schädigung nicht auf der Verletzung eines nahen Angehörigen beruht; vgl. § 7, 137), erscheint das gewonnene Ergebnis auch nicht als Gebot der Billigkeit (OLG Hamm VersR **1982** 557 hat daher – allerdings unter Berufung auf besonders krasse Umstände des Einzelfalles – eine Anrechnung abgelehnt). Der mittelbar Geschädigte hat, da in eigenen, durch das Haftpflichtrecht geschützten Rechten verletzt, einen eigenen, vom Anspruch des Erstgeschädigten unabhängigen Anspruch gegen den Schädiger. Er braucht sich hierauf mangels einer Zurechnungsnorm ein Drittverschulden (hier: des Erstgeschädigten) ebensowenig anrechnen zu lassen wie das verletzte Kind für ein Mitverschulden seiner Eltern einzustehen hat[9] (Rdn. 21). Etwas anderes gilt nur, wenn Eltern, die aus Erschütterung über den Tod ihres Kindes einen Gesundheitsschaden erlitten haben, an dem Unfall wegen Verletzung ihrer Aufsichtspflicht (§ 16, 167 ff) mitschuldig sind; hier handelt es sich aber um die Anrechnung eigenen Mitverschuldens. 23

4. Einzelfälle 24

Wann ein Mitverschulden infolge eines Verkehrsverstoßes vorliegt, ergibt sich aus den Vorschriften der StVO und der StVZO. Insoweit kann daher auf die Erläuterungswerke zu diesen Vorschriften verwiesen werden. Einzelfälle zur Sorgfaltspflicht von Kraftfahrern sind auch in § 7, 414 ff behandelt; Rechtsprechungsnachweise zur Abwägung der Haftungsanteile finden sich in Rdn. 103 ff. Im folgenden sind hauptsächlich die Fälle von „Verschulden gegen sich selbst“ behandelt.

a) Alkoholeinfluß beim Verletzten führt nicht in jedem Falle zu einer Mitverantwortung für den Schaden. Erforderlich ist vielmehr auch hier die Feststellung einer Kausalität zwischen der Trunkenheit und dem Unfall. Der Schädiger muß also beweisen, daß die Alkoholbeeinträchtigung sich auf den Unfall ausgewirkt hat (OLG Schleswig VersR **1975** 290). Daß der Verletzte in seinem Zustand gar nicht am Verkehr hätte teilnehmen dürfen, genügt hierbei nicht. Entscheidend ist, ob ihm hinsichtlich des konkreten Unfallablaufs ein alkoholbedingtes Fehlverhalten anzulasten ist. 25

b) Unterlassene Gefahrenabwehr durch Mitfahrer. Einem Mitfahrer kann grundsätzlich nicht vorgeworfen werden, er habe sich darum kümmern müssen, ob der Fahrer den Anforderungen der Verkehrslage Rechnung trägt; für die Führung des 26

[9] Ablehnend bzw. kritisch gegenüber BGHZ **56** 163 auch *Deubner* JuS **1971** 622; *Selb* JZ **1972** 122; *Schünemann* VersR **1978** 116. Wie der BGH *Palandt/Thomas* § 846, 2; *Lange* § 10 XI 5c.

Kraftfahrzeugs trägt vielmehr im Grundsatz allein der Fahrer die Verantwortung (BGHZ **35** 320). Es kann daher von einem Fahrgast z. B. im allgemeinen nicht verlangt werden, den Fahrer zu langsamerem Fahren, zum Absehen von einem Überholvorgang oder dergleichen aufzufordern bzw. bei riskantem Fahrstil des Fahrers sein Fahrzeug zu verlassen.

27 Eine Ausnahme von diesem Grundsatz ergibt sich jedoch, wenn für den Fahrgast offensichtlich ist, daß er sich durch den Antritt der Fahrt bzw. deren Fortsetzung in erhebliche, naheliegende Gefahr begibt. Dies ist insbesondere der Fall, wenn der Mitfahrer weiß, daß der Fahrer **alkoholbedingt fahruntüchtig** ist oder wenn sich ihm Zweifel an dessen Fahrtüchtigkeit nach den Umständen aufdrängen mußten (BGHZ **34** 355; BGH VersR **1961** 427; **1971** 473; **1979** 938; OLG Saarbrücken VersR **1961** 928). Allein die Kenntnis, daß der Fahrer alkoholische Getränke zu sich genommen hatte, reicht hierbei nicht (BGH VersR **1970** 624); dies gilt auch, wenn die Fahrt erst spät in der Nacht begann (BGH VersR **1979** 938). Nur wenn der Fahrgast weiß, daß der Fahrer erhebliche Mengen Alkohols zu sich genommen hat, oder wenn Ausfallserscheinungen wahrzunehmen sind, ist eine Mitverantwortung zu bejahen und ggf. auch ein Abbruch der Mitfahrt zu verlangen. Hat der Mitfahrer erkannt oder hätte er erkennen müssen, daß der Fahrer **übermüdet** ist und die Gefahr des Einschlafens naheliegt, so muß er ebenfalls Konsequenzen ziehen (BGH VersR **1961** 518). Allerdings kann von ihm nicht verlangt werden, bei einer nächtlichen Fahrt nach mäßigem Alkoholgenuß selbst wachzubleiben, um den Fahrer am Einschlafen hindern zu können (BGH VersR **1979** 938; strenger OLG Düsseldorf VersR **1968** 852). Weiß der Mitfahrer, daß der Fahrer **keine Fahrerlaubnis** hat, so gereicht ihm dies nur dann zum Verschulden, wenn sich ihm infolge zusätzlicher Umstände (z. B. Fehlen jeglicher Fahrpraxis, jugendliches Alter, gravierende Charaktermängel) die gesteigerte Selbstgefährdung aufdrängen mußte. Entsprechendes gilt bei **technischen Mängeln** des Fahrzeugs; nur wenn sie die Gefährlichkeit der Fahrt, dem Mitfahrer ohne weiteres erkennbar, erheblich erhöhen, ist ein anrechenbares Mitverschulden zu bejahen.

28 **c) Gefahrerhöhung durch Mitfahrer.** Hat der Mitfahrer den Fahrer selbst zu riskantem Fahren angehalten, etwa zu besonderer Eile getrieben, so trifft ihn, bei Ursächlichkeit für den Unfall, eine Mitverantwortung. Das gleiche gilt, wenn er den Fahrer erschreckt, irritiert (z. B. durch Nachahmen eines Martinshorns), vorsätzlich oder fahrlässig falsch informiert (z. B. „rechts frei"), ablenkt (z. B. durch Küssen während der Fahrt) oder ihm ins Steuer greift. Reine Schreckreaktionen (z. B. Aufschrei bei plötzlicher Gefahr, der den Fahrer zu Fehlreaktion veranlaßt) können ihm allerdings nicht angelastet werden.

29 **d) Nichttragen des Schutzhelms.** Nach § 21a Abs. 2 StVO haben die Führer von Krafträdern und ihre Beifahrer während der Fahrt Schutzhelme zu tragen (zur Verfassungsmäßigkeit der Vorschrift BVerfG VM **1982** Nr. 94). Für Verletzungen, die durch Verstoß gegen diese Vorschrift verursacht werden, sind sie mitverantwortlich. Dies kann insoweit zu einer Kürzung des Schadensersatzanspruchs führen, die je nach Verursachungsbeitrag und Verschuldensgrad des Ersatzpflichtigen von 20% bis 100% gehen kann.

30 Für **Kleinkrafträder** mit einer durch die Bauart bestimmten Höchstgeschwindigkeit von nicht mehr als 40 km/h (Mopeds) wurde die Helmpflicht erst durch Verordnung vom 24. Mai 1978 (BGBl. I S. 635) in § 21a Abs. 2 StVO eingefügt (in Kraft getreten 2 Monate nach der Verkündung). Da nicht mit ausreichender Sicherheit festgestellt werden könne, daß es schon vor dem Inkrafttreten dieser Vorschrift allgemeiner Überzeugung der Mopedfahrer entsprochen hätte, zum eigenen Schutz mit Schutzhelm zu fahren, will der BGH für Unfälle vor diesem Zeitpunkt ein Mitverschulden entfallen lassen (BGH VersR **1979** 369; **1979** 1104; **a. A.** OLG München NJW **1978** 324 = JR **1978** 200 m. Anm. *Schlund*; vgl. auch BGH NJW **1969** 1898). Der Ansicht des BGH wird zu folgen sein, da sich andernfalls keine zeitliche Grenze für die Begründung von Mitverschulden durch Nichttragen des Schutzhelms festsetzen ließe.

Für **Radfahrer** und Führer eines **Mofas** (Fahrrad mit Hilfsmotor mit bauartbedingter Höchstgeschwindigkeit von nicht mehr als 25 km/h; vgl. § 21a Abs. 2 Satz 2 StVO) besteht keine gesetzliche Helmpflicht. Es entspricht auch (noch) nicht allgemeiner Überzeugung, daß für diese Verkehrsteilnehmer das Tragen eines Schutzhelms geboten ist (vgl. LG Hagen VersR **1983** 764 für einen Unfall im Jahre 1979). Eine Mitverantwortung aus diesem Gesichtspunkt ist daher abzulehnen. **31**

Unzumutbarkeit der Helmbenutzung – mit der Folge, daß eine vorwerfbare Selbstgefährdung ausscheidet – kann nur bei Vorliegen besonderer, insbesondere körperlicher oder gesundheitlicher Gründe bejaht werden. Brillenträger sind nicht von der Helmpflicht befreit, wenn mit Hilfe einer sogenannten Sportbrille zumutbare Abhilfe möglich ist (BGH VersR **1983** 440). **32**

Für den **Beweis der Kausalität** gelten auch hier die Regeln des sog. Anscheinsbeweises (vgl. § 16, 279ff). Erleidet ein Kraftradfahrer bei einem Unfall Kopfverletzungen, vor denen der Helm allgemein schützen soll, so ist nach diesen Regeln die Kausalität der unterlassenen Helmbenutzung zu bejahen (BGH VersR **1983** 440). **33**

e) Nichtanlegen des Sicherheitsgurts. Der durch Verordnung vom 27. November 1975 (BGBl. I S. 2967) eingefügte, durch Verordnung vom 6. Juli 1984 (BGBl. I S. 889) geänderte § 21a Abs. 1 StVO schreibt (mit bestimmten Ausnahmen) das Anlegen der Sicherheitsgurte vor. Das durch diese – entgegen verschiedenen Angriffen[10] nicht verfassungswidrige – Vorschrift angeordnete Verhalten entspricht nach heutigen Erkenntnissen[11] dem wohlverstandenen Interesse jedes Kraftfahrers und Beifahrers, so daß der Verstoß hiergegen als Verschulden gegen sich selbst zu werten ist mit der Folge einer zumindest anteiligen Mithaftung des Geschädigten für die Verletzungen, die durch den Gurt vermieden worden wären[12]. Es handelt sich um ein Mitverschulden bei der Entstehung des Schadens (§ 254 Abs. 1 BGB), nicht um ein solches nach § 254 Abs. 2 BGB, weil es um die Entstehung einzelner Verletzungen geht (BGHZ **74** 36; BGH VersR **1981** 57; **a. A.** OLG Braunschweig VersR **1977** 477; **1978** 627). Wegen des Risikos, gerade durch die Gurtanlegung einen Körperschaden zu erleiden, befürwortet *Müller* (NJW **1983** 593) einen Aufopferungsanspruch. **34**

[10] *Jagusch*[26] § 21a StVO 5 (zurückhaltender *Jagusch/Hentschel*[27] aaO); *Jagusch* NJW **1976** 135; **1977** 940; *Geiger* DAR **1976** 324; wie hier EKMR EurGRZ **1980** 170; BVerfG (Vorprüfungsausschuß) 1 BvR 37/76 v. 25. 5. 1976 u. 1 BvR 365/76 v. 31. 1. 1977; BGHZ **74** 25; BGH VersR **1980** 824; **1981** 57; OLG München VersR **1979** 1157; *Schlund* DAR **1976** 61.

[11] Vgl. hierzu BGHZ **74** 25; *Danner* 14. Deutscher Verkehrsgerichtstag (1976) 35ff; *Danner* 16. Deutscher Verkehrsgerichtstag (1978) 42ff; *Händel* NJW **1978** 1243.

[12] BGHZ **74** 25; BGH VersR **1979** 532; **1980** 824; **1981** 57; OLG Braunschweig VersR **1977** 477; **1978** 627; OLG München VersR **1979** 1157; 16. VGT (1978) 7; *Jagusch/Hentschel* § 21a StVO 9.

35 Auch dem **Insassen des eigenen Kraftfahrzeugs** kann der in Anspruch genommene Halter oder Fahrer den Mitverschuldenseinwand wegen Nichtanlegens des Gurtes entgegenhalten. Daß sich der Fahrer selbst nicht angeschnallt hat, steht dem nicht entgegen (offengelassen von BGH VersR **1979** 532); lediglich wenn er den Fahrgast dazu veranlaßt hatte, den Gurt nicht zu benutzen, mag etwas anderes gelten.

36 **Ausnahmen** von der Gurtanlegepflicht sind, von den in § 21a Abs. 1 Satz 2 StVO ausdrücklich geregelten Fällen abgesehen, kaum denkbar. Die Ausnahme für Taxifahrer gilt nicht für längere Leerfahrten (BGH VersR **1982** 400). Eine generelle Ausnahme für Jugendliche (OLG Celle VersR **1983** 463 LS) oder Frauen besteht nicht (BGH VersR **1981** 548). Auch bei Schwangeren bringt der Gurt wesentlich mehr Vorteile als Gefahren. Vergessen infolge Erregung kann das Unterlassen des Anschnallens allenfalls in extremen Ausnahmesituationen entschuldigen.

37 Für **Unfälle vor Inkrafttreten des § 21a Abs. 1 StVO** (1. Januar 1976) entfällt nach der Rechtsprechung des BGH der Mitverschuldenseinwand gegen den nicht angeschnallten Fahrer oder Beifahrer, weil sich angesichts der jahrelangen Diskussion um die Anschnallpflicht nicht mit der erforderlichen Sicherheit feststellen lasse, daß sich schon vor ihrer Normierung in der StVO die Kraftfahrer allgemein der Erforderlichkeit des Anschnallens bewußt gewesen wären (BGH VersR **1979** 532; **a. A.** OLG Braunschweig VersR **1977** 477). Diese Auffassung ist zwar nicht unanfechtbar, weil mehr dafür spricht, daß der Verordnungsgeber mit § 21a Abs. 1 StVO den Bewußtseinswandel in den betroffenen Kreisen weniger bewirkt als vielmehr nachvollzogen hat (so war z. B. bereits seit 1. Januar 1974 die Ausrüstung mit Gurten für neu in den Verkehr kommende Kraftfahrzeuge durch § 35a Abs. 7 StVZO vorgeschrieben); im Interesse der Rechtssicherheit und Praktikabilität ist aber, da sich eine andere zeitliche Grenze kaum ziehen lassen wird, der Bestimmung des 1. Januar 1976 zum Stichtag für den Mitverschuldenseinwand zuzustimmen.

38 Für **Altfahrzeuge**, d. h. solche, die vor dem 1. April 1970 in den Verkehr gekommen sind, besteht kein gesetzlicher Zwang zur Nachrüstung mit Sicherheitsgurten; Fahrzeuge, die zwischen 1. April 1970 und 31. Dezember 1973 erstmals in den Verkehr gekommen sind, mußten bis zur nächsten Hauptuntersuchung nach dem 1. Januar 1976, spätestens bis 1. Januar 1978 nachgerüstet werden (§ 35a Abs. 7 i. V. m. § 72 II StVZO). Da § 21a Abs. 1 StVO nur bei *vorgeschriebenen* Gurten gilt, besteht bzw. bestand für die Benutzer von Fahrzeugen, die unter die genannten Befreiungen fallen, auch dann keine gesetzliche Anschnallpflicht, wenn die Fahrzeuge freiwillig mit Gurten ausgerüstet wurden (BGH VersR **1979** 532). Gleichwohl sollte ein Mitverschulden in solchen Fällen bejaht werden. Die Vorschrift des § 72 Abs. 2 StVZO über die Freistellung von der Nachrüstungspflicht will lediglich den technischen Schwierigkeiten Rechnung tragen, die dem Einbau von Gurten bei älteren Fahrzeugen vielfach entgegenstehen; sie kann jedoch für Benutzer eines solchen Fahrzeugs keine Ausnahme von der Erkenntnis begründen, daß das Anlegen des Sicherheitsgurts zur Schadensverhütung geboten ist. Mitverschuldenseinwand und die Regelung in § 21a StVO brauchen keineswegs völlig konform miteinander zu gehen; § 254 BGB kann vielmehr auch bei einem nicht gesetzlich geregelten Verschulden gegen sich selbst eingreifen (vgl. auch BGH VersR **1980** 824, wo nur unterstützend mit § 21a StVO argumentiert wird).

39 Für Mitfahrer auf den **Rücksitzen** eines Pkw besteht eine Anschnallpflicht erst seit Inkrafttreten der Änderungsverordnung vom 6. Juli 1984 (1. August 1984). Zu-

vor bestand keine allgemeine Überzeugung, die die Annahme eines Verschuldens gegen sich selbst begründen könnte (OLG Koblenz VersR **1983** 568). Die Ausrüstungspflicht für Neufahrzeuge (§ 35a Abs. 7 Satz 2 StVZO) änderte hieran nichts.

Ist ein Fahrzeug vorschriftswidrig nicht mit Gurten ausgerüstet, so soll den **Beifahrer** ein Mitverschulden nach BGH VersR **1983** 150 nicht schon deswegen treffen, weil er von der Mitfahrt nicht Abstand genommen hat. Dies wird indes von den Umständen des Falles abhängen; häufig wird eine Weigerung zumutbar sein. Der BGH hat auch einschränkend ausgeführt, die obige Auffassung gelte jedenfalls für einen Unfallzeitpunkt im Februar 1978, d. h. kurz nach dem Stichtag für die Nachrüstung. 40

Bei einem **Auslandsunfall** ist einem Deutschen, der den Gurt nicht angelegt hat, aus den in Rdn. 38 angestellten Erwägungen auch dann ein Mitverschulden vorzuwerfen, wenn das betreffende ausländische Recht keinen Gurtzwang kennt (KG VersR **1982** 1199). 41

Die **Kausalität** der Unterlassung für die fragliche Verletzungsfolge muß feststehen. Die Beweislast trägt der Schädiger. Wie stets beim Kausalitätsbeweis genügt auch hier, daß die Ursächlichkeit nach der – hier wohl regelmäßig durch medizinische Gutachten zu erhärtenden – Lebenserfahrung anzunehmen ist (sog. Anscheinsbeweis; vgl. § 16, 279ff; hierzu BGH VersR **1980** 824; **1981** 548; OLG München VersR **1979** 1157; OLG Bamberg VersR **1982** 1075; *Händel* NJW **1979** 2290; *Ludolph* NJW **1982** 2595; 16. VGT (1978)7). Ein Einfluß des unterlassenen Anschnallens auf die Entstehung von Sachschäden dürfte kaum denkbar sein, so daß eine Kürzung des Schadensersatzanspruchs regelmäßig nur in Bezug auf Personenschäden (und deren vermögensrechtliche Folgen) in Betracht kommt (BGH VersR **1981** 57). 42

Behauptet der Verletzte, die selben Verletzungen wären auch mit angelegtem Gurt entstanden, so bestreitet er die – vom Schädiger zu beweisende – Kausalität zwischen Verstoß gegen die Anschnallpflicht und Verletzung. Demgegenüber stellt die Behauptung, bei angelegtem Gurt wären andere Verletzungen entstanden, eine Berufung auf einen hypothetischen Kausalablauf dar, für den der Verletzte beweispflichtig ist (im Ergebnis ebenso BGH VersR **1980** 824). Auch kann mit dieser Behauptung nur die Mitverantwortung für solche Schadensfolgen abgewendet werden, bei denen der Zeitfaktor eine Rolle spielt, also z. B. für Verdienstausfall während eines bestimmten Zeitraums, nicht für die Heilungskosten (vgl. § 7, 154). 43

Soweit ein kausales Mitverschulden wegen Nichtangurtens zu bejahen ist, hat das Gericht für die hiervon betroffenen Schadensfolgen – und nur für diese[13] – eine besondere **Haftungsquote** festzusetzen. Die Verantwortung des Schädigers für die fragliche Verletzung entfällt im Regelfall nicht gänzlich, weil er die haftungsbegründende Ursache für den Unfall gesetzt hat. Trifft den Verletzten auch an der Entstehung des Unfalls ein Mitverschulden, so sind mithin für die einzelnen Schadensfolgen unterschiedliche Haftungsquoten zu bilden (vgl. Rdn. 76). Für die Bemessung der Quote sind die Umstände des jeweiligen Einzelfalls ausschlaggebend. Es wäre daher nicht richtig, in den fraglichen Fällen die Ansprüche des Verletzten pauschal um 20% zu kürzen (BGH VersR **1981** 57 gegen KG VersR **1979** 1031; vgl. auch BGH VersR **1983** 154; KG VersR **1981** 64). Hat das Unterlassen des Gurtanle- 44

13 Unrichtig daher OLG Celle DAR **1979** 306; KG VersR **1979** 1031; gegen pauschale Kürzung wie hier BGHZ **74** 25; BGH VersR **1981** 57; OLG München VersR **1979** 1157.

gens gegenüber dem Verursachungs- und Verschuldensbeitrag des Schädigers erhebliches Gewicht, können durchaus Kürzungen von 50% oder höher gerechtfertigt sein (BGH VersR **1981** 57; KG VersR **1983** 176). Der Fahrer kann dem verletzten Beifahrer in der Regel nur eine geringere Mitverantwortungsquote anrechnen, weil ihn der zusätzliche Vorwurf trifft, nicht auf die Einhaltung des Gurtzwangs geachtet zu haben (KG VersR **1982** 1200).

45 **f) Unfallhilfe.** Wer bei einem Unfall Hilfe leistet, muß sich im eigenen Interesse so umsichtig verhalten, daß die Gefahr, seinerseits zu Schaden zu kommen, nicht unnötig erhöht wird (BGH VersR **1977** 36; **1981** 260). Erleidet er gleichwohl einen Schaden, so kann der für den Erstunfall Verantwortliche ihm jedoch ein Mitverschulden nur entgegenhalten, wenn unter Berücksichtigung der gesamten Umstände ein anderes Verhalten erwartet werden konnte. Es ist in Rechnung zu stellen, daß der Unfallhelfer in der konkreten Situation unter Umständen nicht seine ungeteilte Aufmerksamkeit dem Schutze der eigenen Person widmen konnte (BGH VersR **1981** 260).

46 **g) Verfolgungsfahrt.** Kommt es bei der Verfolgung eines anderen Verkehrsteilnehmers, die dieser durch sein Verhalten herausgefordert hat (vgl. § 7, 50ff), zu einem auf das gesteigerte Risiko zurückzuführenden Unfall, so kann dem Verfolgenden ein Mitverschulden nur entgegengehalten werden, wenn das für ihn erkennbare Ausmaß des Risikos zum Zwecke der Verfolgung außer Verhältnis steht (BGHZ **57** 31; BGH VersR **1981** 162).

47 III. Mitverschulden hinsichtlich des Umfangs des Schadens

1. Verhältnis von § 254 Abs. 2 BGB zu § 254 Abs. 1 BGB

Während sich § 254 Abs. 1 BGB auf das Mitverschulden bei der Entstehung eines Schadens (im Sinne einer realen Schädigung) bezieht, betrifft Abs. 2 dieser Vorschrift (jedenfalls die 2. und 3. Alternative) die Situation *nach* Eintritt einer solchen Schädigung, d. h. die Pflicht des Geschädigten, vermeidbare Folgeschäden oder Weiterungen (des Schadens im realen wie auch im vermögensrechtlichen Sinn; vgl. § 7, 123) abzuwenden (Schadensminderungspflicht). Die in der 1. Alternative normierte Warnungspflicht wird allerdings sowohl auf die Schadensentstehung als auch auf den Schadensumfang zu beziehen sein. Hinter § 254 Abs. 2 BGB steht jedenfalls der gleiche allgemeine Rechtsgrundsatz wie hinter dessen Abs. 1 (vgl. Rdn. 3).

48 2. Verhältnis von § 254 Abs. 2 BGB zu § 249 BGB

§ 249 Satz 2 BGB, wonach der Geschädigte (nur) den zur Herstellung erforderlichen Geldbetrag verlangen kann, geht dem § 254 Abs. 2 BGB vor. Daher kann ein Geschädigter, der höhere als die zur Schadensbeseitigung erforderlichen Ausgaben macht, diese schon nach § 249 Satz 2 BGB nicht ersetzt verlangen; einer Anwendung des § 254 Abs. 2 BGB bedarf es nicht. Die Frage, welche der genannten Vorschriften anzuwenden ist, hat erhebliche praktische Bedeutung, denn die Erforderlichkeit hat der Geschädigte, den Verstoß gegen die Schadensminderungspflicht der Schädiger zu beweisen.

3. Inhalt der Schadensminderungspflicht 49

Der Verletzte muß alles ihm Zumutbare tun, um den Schaden möglichst niedrig zu halten. Ihm sind alle Maßnahmen auferlegt, die nach allgemeiner Lebenserfahrung von einem ordentlichen Menschen angewandt werden müssen, um den Schaden abzuwenden oder zu verringern (BGH NJW **1951** 797; VersR **1965** 1173). Verstößt der Verletzte gegen diese Pflicht, so bekommt er nur denjenigen Schaden ersetzt, der ihm entstanden wäre, hätte er die ihm zumutbaren Maßnahmen ergriffen. Zu beachten ist dabei, daß nur schuldhafte Verstöße des Verletzten eine diesem abträgliche Wirkung haben, daß es sich aber nicht um Verstöße gegen besondere Rechtspflichten handeln muß (BGHZ **4** 174; zum Begriff des Verschuldens i. S. d. § 254 BGB s. Rdn. 5ff).

4. Kosten der Schadensminderung 50

a) Ersatzpflicht. Den Ersatz der bei der Niedrighaltung entstehenden Unkosten schuldet der Schädiger als Ersatz des durch den Unfall entstandenen Schadens, und zwar sogar dann, wenn die zur Niedrighaltung ergriffenen Maßnahmen dem ausdrücklich erklärten Willen des Schädigers widersprochen haben. Es sind also nicht die Grundsätze der Geschäftsführung ohne Auftrag anzuwenden. Der Schädiger hat vielmehr durch den Unfall die Aufwendungen verursacht und muß sie nach den Bestimmungen, aus denen sich seine Haftung ergibt, und in den durch diese Bestimmungen gezogenen Grenzen ersetzen (BGHZ **10** 21).

b) Unnötiger Aufwand. Ein Fehlgreifen in den zu ergreifenden Maßnahmen wirkt sich nur dann zum Nachteil des Verletzten aus, wenn es dem Verletzten als Fahrlässigkeit anzurechnen ist, wenn er also bei einigem Nachdenken hätte erkennen können, daß die Maßnahmen entweder unverhältnismäßige Aufwendungen erfordern werden oder ungeeignet sind, den Schaden so niedrig zu halten, wie es durch andere naheliegende Maßnahmen ohne weiteres möglich gewesen wäre. 51

c) Vorteilsausgleich. Entsteht dem Verletzten aus den Maßnahmen ein Vorteil, so hat er ihn sich anrechnen zu lassen, soweit anzunehmen ist, daß er sich ihn einmal – wenn auch zu einem anderen Zeitpunkt – freiwillig verschafft hätte, oder er sich in Geld realisieren läßt. 52

5. Warnungspflicht 53

a) Bedeutung. Die Pflicht, den Ersatzpflichtigen auf die Gefahr der Entstehung eines besonders hohen Schadens hinzuweisen (§ 254 Abs. 2 Satz 1 1. Alt.BGB) kann im Einzelfall auch für die Haftungsbegründung Bedeutung haben, wird jedoch zumeist relevant, wenn es um Folgen einer bereits eingetretenen Schädigung geht. Sie entsteht z. B., wenn es dem Verletzten wegen der erlittenen Körperverletzung, wegen Fehlens der erforderlichen wirtschaftlichen Mittel oder aus einem anderen Grund unmöglich ist, die zur Niedrighaltung des Schadens erforderlichen Maßnahmen unverzüglich zu ergreifen, oder wenn es ihm zwar möglich wäre, sie zu ergreifen, sie ihm aber unter den gegebenen Umständen wegen der für ihn entstehenden Nachteile nicht zuzumuten sind. Nicht hinzuweisen braucht der Verletzte den Schädiger auf drohende erhebliche Nachteile nur dann, wenn dieser ohnedies weiß, daß sie drohen (BGH NJW **1951** 229), oder mit solchen Folgen rechnen muß (*Meyer* NJW **1965** 1419). Desgleichen trifft ihn kein Mitverschulden, wenn die drohende Schadenshöhe für ihn selbst nicht vorhersehbar war (BGH VersR **1964** 950).

54 **b) Ursächlichkeit des Verstoßes.** Verstößt der Verletzte gegen seine Hinweispflicht, so bekommt er nur den Schaden ersetzt, der auch entstanden wäre, wenn der Schädiger von dem drohenden hohen Schaden Kenntnis gehabt hätte. Hätte der Schädiger ebenfalls nichts gegen die Entstehung tun können, so hat er trotz Unkenntnis den vollen Schaden zu ersetzen; desgleichen, wenn er die Warnung – was der Geschädigte zu beweisen hat – unbeachtet gelassen hätte (BGH Betr. **1956** 110).

55 **c) Beispiele.** Der wichtigste Fall der Hinweispflicht ist der, daß der Verletzte nicht die erforderlichen Mittel besitzt, um die Reparatur des beschädigten Wagens zu bezahlen oder sich anstelle des zerstörten Wagens einen anderen Wagen anzuschaffen, und hieraus wirtschaftliche Nachteile erwachsen. Diese können darin bestehen, daß der Verletzte seinen Beruf nicht mehr ausüben kann oder daß er einen Bankkredit aufnehmen oder seine Kaskoversicherung in Anspruch nehmen muß (wodurch er seinen Anspruch auf Beitragsrückgewähr wegen Schadensfreiheit verliert). Daß der Verletzte, dessen Wagen repariert werden muß oder der sich einen anderen Wagen kaufen muß, weil sein Wagen zerstört ist, in der Zwischenzeit mit dem Taxi fährt oder ein Selbstfahrer-Mietfahrzeug in Anspruch nimmt, ist selbstverständlich und voraussehbar. Der Hinweis an den Schädiger wird nur erforderlich, wenn sich die Reparatur oder die Wiederbeschaffung ungewöhnlich verzögert. Hinweisen muß der Verletzte auch darauf, daß sein Gewerbebetrieb zum Erliegen kommt, weil er durch die erlittene Körperverletzung die Leitung und die erforderlichen Arbeiten nicht mehr ausführen kann und finanziell nicht in der Lage ist, eine Ersatzkraft anzuwerben und zu besolden.

56 **6. Einzelfälle**

Im folgenden werden einige grundsätzliche Fragen erörtert. Weitere Einzelheiten sind bei den Erläuterungen zu den einzelnen Schadenspositionen dargelegt (zu §§ 7, 10, 11).

57 **a) Kreditaufnahme durch den Verletzten.** Der Verletzte darf unter bestimmten Voraussetzungen zur Regulierung des Unfallschadens einen Kredit aufnehmen und die Finanzierungskosten als Unfallschaden – nicht etwa nur nach Mahnung als Verzugsschaden – dem Schädiger in Rechnung stellen (vgl. § 7, 266ff). Eine *Pflicht* zur Kreditaufnahme hat aber nur derjenige Verletzte, der das beschädigte Kraftfahrzeug im Rahmen eines Gewerbebetriebes oder Berufes benötigte und gefahren hat (vgl. BGH VersR **1963** 1161). Hat sich der Verletzte das Fahrzeug dagegen nur zu seinem Vergnügen oder zu seiner Bequemlichkeit gehalten, so kann der Schädiger – von krassen Fällen abgesehen (OLG Oldenburg VRS **33** 84) – von ihm nicht verlangen, daß er für die Reparatur oder Ersatzbeschaffung Verpflichtungen eingeht ohne zu wissen, ob er die entstehenden Unkosten vom Schädiger ersetzt bekommt. Eine solche Ungewißheit besteht immer dann, wenn sich der Schädiger weigert, die Ersatzpflicht anzuerkennen. Hat der Verletzte kein Geld, die Reparatur zu bezahlen, und unterläßt er es deshalb, einen Instandsetzungsauftrag zu erteilen, so muß er den Schädiger hierauf hinweisen (OLG Schleswig VersR **1967** 68).

58 **b) Eine Pflicht zur Inanspruchnahme der Kaskoversicherung** hat der Eigentümer eines kaskoversicherten Kraftfahrzeugs nur dann, wenn er auf andere Weise die Reparatur oder bei Totalschaden die Beschaffung des Ersatzfahrzeugs nicht finanzieren könnte und der Verletzte die sofortige Finanzierung ablehnt. Dies gilt natürlich nur dann, wenn die Verzögerung, die wegen Fehlens ausreichender Finanzierung entstehen würde, wirtschaftliche Nachteile mit sich bringen würde, die der

Verletzte vom Schädiger ersetzt haben möchte (OLG München VersR **1966** 668; zur Erstattungsfähigkeit der Nachteile aus Inanspruchnahme der Kaskoversicherung s. § 7, 273).

c) Auch zur Inanspruchnahme eines Mietfahrzeugs (§ 7, 224ff) kann der Verletzte dann, wenn sein Einkommen oder Gewerbebetrieb bei Fehlen eines Kraftfahrzeugs wirtschaftlich nachteilig beeinflußt werden würde, für die Zeit bis zum Abschluß der Reparatur oder dem Eintreffen des Ersatzfahrzeugs verpflichtet sein. Sind Gütertransporte auszuführen und ist das hierfür vom Unternehmer eingesetzte Fahrzeug betriebsunfähig geworden, so sind die Dienste eines Güterbeförderungsunternehmens in Anspruch zu nehmen. Einzelheiten zur Schadensminderungspflicht bei Inanspruchnahme eines Mietwagens s. § 7, 224ff. 59

d) Verzögerungen bei der Reparatur bzw. Ersatzbeschaffung gehen in der Regel schon deswegen zu Lasten des Geschädigten, weil er nur den zur Herstellung erforderlichen Betrag verlangen kann (§ 249 Satz 2 BGB; vgl. Rdn. 48). Keinen Verstoß gegen die Schadensminderungspflicht stellt es jedenfalls dar, wenn der Geschädigte eine angemessene Überlegungsfrist hinsichtlich der Art des Schadensausgleichs (Reparatur oder Ersatzbeschaffung) in Anspruch nimmt (vgl. § 7, 228) oder wenn er die Werkstätte, die gewöhnlich den Wartungsdienst an seinem Fahrzeug durchführt, mit der Reparatur beauftragt, auch wenn das Abschleppen dorthin etwas mehr kostet (OLG Hamm VersR **1970** 43) und die Zeit des Wartens auf den Beginn der Arbeiten geringfügig verlängert wird. Kein Kraftfahrer ist verpflichtet, die Reparatur selbst durchzuführen, außer wenn er den Wartungsdienst und Reparaturen an seinen Fahrzeugen selbst vorzunehmen pflegt und hierfür eine eigene Werkstätte unterhält, in der auch die durch den Unfall hervorgerufenen Schäden ohne Schwierigkeit behoben werden können (vgl. § 7, 187). Für Pflichtwidrigkeiten der Reparaturwerkstätte bei der Ausführung des Reparaturauftrags hat der Geschädigte nicht einzustehen; § 278 BGB ist nicht anwendbar (vgl. § 7, 233). 60

e) Heilbehandlung und Operation. Der Verletzte hat sich nach dem Unfall unverzüglich in **ärztliche Behandlung** zu begeben, sofern die Körperschäden nicht ganz geringfügig sind (RGZ **72** 220; BGH VersR **1964** 94; OLG Hamburg SeuffA **68** Nr. 28). Tut er das nicht, so bekommt er Schadensersatz, auch Ersatz für Mehraufwendungen durch Pflegebedürftigkeit und Ersatz des Verdienstausfalls nur für Schäden und Behinderungen, die trotz der ärztlichen Behandlung entstanden oder verblieben wären. 61

Von dem Verletzten muß verlangt werden, daß er, soweit er dazu imstande ist, zur Heilung oder Besserung seiner Krankheit oder Schädigung die nach dem Stande der ärztlichen Wissenschaft sich darbietenden **Mittel** anwendet; er darf in der Regel nicht anders handeln, als ein verständiger Mensch, der die Vermögensnachteile selbst zu tragen hat, es bei gleicher Gesundheitsstörung tun würde (RGZ **60** 149). Allerdings muß – will der Schädiger den Schadenersatzanspruch des Verletzten mindern – im Einzelfall bewiesen sein, daß eine Maßnahme gesundheitsfördernd gewesen wäre, die Schmerzen oder die Entstellung gemindert hätte oder die Bewegungsfähigkeit des Verletzten gebessert hätte. Die Beweislast hierfür trägt der Schädiger (**a. A.** RGZ **60** 152); hierbei kommen ihm die für den Kausalitätsbeweis geltenden Erleichterungen (sog. Anscheinsbeweis; vgl. § 16, 279ff) zugute. 62

Auch medizinisch indizierte Behandlungsweisen, die mit **Unannehmlichkeiten oder Risiken** behaftet sind, sind nach Maßgabe obiger Grundsätze vom Verletzten hinzunehmen, wie z. B. Streckverband, Gips, Bestrahlungen, Elektroschock, Hor- 63 monbehandlung, Antibiotica. Unzumutbar sind lediglich solche Behandlungen, die so große Schmerzen oder Risiken hervorrufen, daß ein verständiger Mensch sich ihnen auch bei Fehlen eines Ersatzpflichtigen nicht unterziehen würde.

64 Einer **Operation** muß sich der Verletzte unterziehen, wenn sie erhebliche Aussicht auf weitgehende Wiederherstellung oder jedenfalls Besserung bietet und nicht mit unverhältnismäßigen Gefahren oder Schmerzen verbunden ist[14]; ein gewisses Restrisiko muß freilich, da mit jeder Operation verbunden, hingenommen werden (OLG Düsseldorf VersR **1975** 1031).

65 Auch die Behandlung in einer **geschlossenen Anstalt** (Nervenheilanstalt) ist zumutbar, wenn sie eine Besserung des Gesundheitszustands bewirkt (RGZ **60** 150); ebenso der Aufenthalt in einem Rehabilitationszentrum (BGH VersR **1970** 272).

66 Nur bei **Verschulden** des Verletzten kann die Ablehnung einer indizierten Heilbehandlung zur Minderung von Schadensersatzansprüchen führen[15]. Befindet sich der Verletzte in schlechter körperlicher Verfassung, so ist die hierdurch bedingte Verringerung seiner Entschlußkraft zu seinen Gunsten zu berücksichtigen, und zwar nicht nur, wenn sie unfallbedingt ist (RGZ **139** 135). Bei unterschiedlichen Auffassungen zwischen mehreren Ärzten kann dem Verletzten aus seiner Entscheidung gegen eine der strittigen Behandlungsweisen in aller Regel kein Vorwurf gemacht werden (RGZ **129** 398; OLG Hamburg SeuffA **68** Nr. 28). Das gleiche gilt, wenn er sich, ärztlich beraten, einer im Ergebnis wirkungslosen Behandlung unterzogen hat; auch deren Kosten sind also zu ersetzen.

67 Die **Kosten** einer Operation oder sonstigen Behandlung müssen, sofern hierfür nicht die Krankenversicherung des Geschädigten (mit der Möglichkeit des Rückgriffs) zunächst aufkommt, vom Ersatzpflichtigen übernommen bzw. vorgestreckt werden; andernfalls kann das Unterbleiben einer kostspieligen Maßnahme dem Verletzten nicht als Mitverschulden angerechnet werden (RGZ **83** 20; BGH VersR **1961** 1125).

68 Der **Verstoß gegen ärztliche Verhaltensmaßregeln** (z. B. Bettruhe, Unterlassen von Rauchen, Sport usw.) begründet ein Verschulden des Verletzten hinsichtlich dadurch hervorgerufener weiterer Gesundheitsbeeinträchtigungen und führt insoweit zum Ausschluß der Verantwortlichkeit des Schädigers. Droht eine die Unfallfolgen verschlimmernde Gewichtszunahme des Verletzten, so hat dieser durch Diätkost und Bewegung sein Gewicht niedrig zu halten (OLG Hamm VersR **1960** 859).

69 Entsteht aus dem Unfall eine **neurotische Fehlhaltung** bei dem Verletzten, so greift § 254 Abs. 2 BGB ein, sofern diese Fehlhaltung durch zumutbaren Willensakt oder geeignete Rehabilitationsmaßnahmen überwunden werden könnte (BGH VersR **1962** 280; **1970** 272; zum Problem der sog. Begehrensneurose s. § 7, 142).

70 **f) Zur Inanspruchnahme der Krankenkasse** ist der Verletzte dem Schädiger gegenüber im allgemeinen nicht verpflichtet, denn hierdurch tritt für den Schädiger in der Regel keine Ersparnis ein, weil die Ersatzansprüche des Verletzten nicht erlöschen, sondern auf den Versicherer übergehen, und zwar bei der privaten Krankenversicherung nach § 67 VVG und bei der Sozialversicherung nach § 1542 RVO (vgl. § 11, 25).

[14] RGZ **139** 134; RG HRR **1942** Nr. 692; BGHZ **10** 18; BGH VersR **1961** 1125; OLG Köln VRS **4** 248; OLG München VersR **1960** 952; OLG Oldenburg NJW **1978** 1200.

[15] RGZ **129** 401 = JW **1931** 1463 m. Anm. *Feuchtwanger*; dazu *Homberger* JW **1931** 3268; RGZ **139** 132; RG JW **1935** 1402; BGHZ **10** 18; KG VersR **1953** 257; **1955** 458.

g) Einsatz der Arbeitskraft des Verletzten. Der Verletzte ist dem Schädiger gegenüber verpflichtet, die ihm nach dem Unfall verbliebene Arbeitskraft zwecks Minderung seines Verdienstausfalls einzusetzen, soweit ihm dies zugemutet werden kann. Er ist aber nicht gehindert, von der durch § 1248 RVO gebotenen Möglichkeit Gebrauch zu machen, die Gewährung des vorzeitigen Altersruhegelds zu beantragen (BGH VersR **1982** 166; zu dessen Anrechnung s. § 11, 88). 71

Der Verletzte, der durch den Unfall seine berufliche Stellung, insbesondere seinen Arbeitsplatz verloren hat, oder dessen Gewerbebetrieb durch seinen Ausfall als Arbeitskraft zum Erliegen kam, muß sich unverzüglich – sobald sein Gesundheitszustand dies zuläßt, um den Verdienstausfall zu mindern – um einen anderen Arbeitsplatz oder den Aufbau eines anderen gewerblichen Unternehmens bemühen (BGH VersR **1959** 374; NJW **1967** 2053; *Böhmer* DAR **1952** 161). Dabei ist es dem Verletzten in der Regel zuzumuten, den Beruf und den Wohnort zu wechseln (BGHZ **10** 21) und zu diesem Zweck eine Umschulung mitzumachen (BGH VersR **1961** 1018). Die Kosten der Umschulung fallen dem Schädiger zur Last, einschließlich der durch sie verursachten Lebenshaltungskosten (RGZ **160** 122; RG JW **1938** 1648). Der Wechsel muß aber zumutbar sein. Wohnung im eigenen Haus wird einen Wohnsitzwechsel häufig unzumutbar erscheinen lassen (vgl. z. B. BGH VersR **1962** 1100). Die Annahme einer Arbeit, mit der eine geringere soziale Stellung verknüpft ist, ist – wenn der Unterschied erheblich ist – in der Regel unzumutbar; ungerechtfertigte Vorurteile müssen aber unbeachtet bleiben. Unzumutbar kann auch die Übernahme erheblicher gesundheitlicher oder wirtschaftlicher Risiken sein (vgl. BGH NJW **1974** 602: Einrichtung eigener Arztpraxis). 72

Der Verletzte muß sich von sich aus bemühen, die ihm verbleibende Arbeitskraft nutzbringend zu verwerten (BGH VersR **1955** 38). Er muß den Schädiger auch darüber unterrichten, welche Arbeit ihm zumutbar erscheint und was er bereits unternommen hat, um einen entsprechenden Arbeitsplatz zu finden; daß der Geschädigte entgegen seiner Darstellung zumutbare Arbeit hätte aufnehmen können, muß jedoch der Schädiger beweisen (BGH VersR **1979** 424). 73

h) Einsatz der Arbeitskraft des hinterbliebenen Ehegatten. Eine Witwe, deren Mann den Familienunterhalt allein bestritten hatte, muß, wenn der Mann durch den Unfall ums Leben gekommen ist, zur Minderung ihrer Ansprüche nach § 10 Abs. 2 StVG eine Arbeit nur dann annehmen, wenn ihr dies nach Alter, Vorbildung und sozialer Stellung zuzumuten ist und sich ihre Pflichten im Haushalt durch den Tod erheblich vermindert haben (Einzelheiten s. § 10, 125ff). Sind minderjährige Kinder vorhanden, so wird dies in der Regel nicht der Fall sein (BGHZ **4** 176; BGH VersR **1969** 469). Von der ihr bis dahin tatsächlich zustehenden Freizeit braucht sie nichts zu opfern, um den Schädiger zu entlasten (OLG Stuttgart RdK **1954** 90). 74

Bekommt sie wegen Mitverschuldens des getöteten Ehemanns am Unfall nur einen Teil ihres Schadens ersetzt, so erstreckt sich ihre Schadenminderungspflicht nur auf einen Teil ihres Schadens. Sie braucht daher auch nur einen dementsprechenden Teil ihrer Arbeitskraft einzusetzen (BGHZ **16** 275). Auch dies ist ihr nur insoweit zuzumuten, als sie ihre Arbeitskraft nicht dafür benötigt, um den Teil des Wegfalls der Unterhaltspflicht des Getöteten wettzumachen, für den sie vom Schädiger keinen Ersatz erhält, d. h. der erzielte Verdienst ist zunächst auf den Teil des Schadens zu verrechnen, für den kein Ersatz verlangt werden kann (vgl. § 10, 122).

75 Muß die Witwe für minderjährige Kinder sorgen und sich daher von ihrem Ersatzanspruch gegen den Schädiger nichts oder nur wenig kürzen lassen, so ist in der Regel nicht abzusehen, ob die Witwe, wenn die Kinder herangewachsen sein werden, mehr Zeit haben wird, um ihre Arbeitskraft im Interesse des Schädigers einzusetzen. In diesem Fall ist mithin die künftige Minderung ihres Anspruchs, da noch ungewiß, im Urteil nicht zu berücksichtigen; vielmehr ist der Schädiger auf § 323 ZPO zu verweisen (BGH VRS **9** 88).

IV. Die Haftungsverteilung

76 **1. Aufspaltung der Abwägung hinsichtlich einzelner Schadensfolgen**

Bei der Bemessung der Haftungsquote ist vorab zu beachten, daß diese nicht hinsichtlich sämtlicher Schadensfolgen gleich zu sein braucht. Es können vielmehr einzelne Schadensfolgen durch eine zusätzliche Pflichtwidrigkeit des Verletzten verursacht worden sein; hinsichtlich dieser ist dann ggf. eine eigene Haftungsverteilung vorzunehmen. So verhält es sich insbesondere bei Verstößen gegen die Schadensminderungspflicht nach § 254 Abs. 2 BGB (BGH VersR **1979** 960) oder dann, wenn eine bestimmte Schädigung auf das Unterlassen gebotener Schutzvorkehrungen des Verletzten (z. B. Anlegen des Sicherheitsgurts; vgl. Rdn. 34ff) zurückzuführen ist (vgl. BGH VersR **1979** 369; **1979** 1104). Die zusätzlichen Schadensfolgen gehen freilich nicht unbedingt allein zu Lasten des Verletzten, denn sie sind, vom Fall fehlender Adäquanz abgesehen, durch das haftungsbegründende Ereignis mitverursacht. In der Regel wird aber diesbezüglich der Verursachungsbeitrag des Verletzten höher zu veranschlagen sein als hinsichtlich der anderen Schadensfolgen; bei Verstößen gegen die Schadensminderungspflicht wird das Mitverschulden häufig derart überwiegen, daß die Haftung des Schädigers insoweit im Ergebnis doch völlig entfällt[16].

77 **2. Kriterien für die Abwägung**

Nach § 254 BGB richtet sich die Aufteilung (Quotelung) des Schadens in erster Linie danach, inwieweit der Schaden durch den Schädiger und durch den Verletzten verursacht worden ist. Des weiteren ist insbesondere das Verschulden der Beteiligten maßgeblich; ggf. sind auch sonstige Begleitumstände in die Waagschale zu werfen.

78 **a) Maß der Verursachung.** Entscheidend für die Schadensquotelung ist nach § 254 Abs. 1 BGB, inwieweit der Schaden von dem einen oder dem anderen Teil verursacht worden ist (zur Kausalität des Mitverschuldens vgl. Rdn. 14), d. h. wessen Verursachungsbeitrag den Schadenseintritt in höherem Maße wahrscheinlich gemacht hat[17]. Das gleiche ist gemeint, wenn in der Rechtsprechung von Begriffen wie „wichtigste Ursache" (OLG Stuttgart RdK **1953** 203 LS), „wirksame Ursache" (BGH VersR **1957** 269), „Ursache von mehr Gewicht" (BGH VersR **1956** 585), „entscheidende Ursache" (OLG Stuttgart VersR **1958** 864), „erheblich näher liegende

[16] OLG Bremen VersR **1976** 560; *Lange* § 10 XII 5e; *Palandt/Heinrichs* § 254, 4aff; *MünchKomm/Grunsky* § 254, 59.

[17] BGH NJW **1952** 537; **1963** 1447; **1969** 789; *Palandt/Heinrichs* § 254, 4a aa; *MünchKomm/Grunsky* § 254, 60; *Staudinger/Medicus* § 254, 92; *Lange* § 10 XII 1; *Dunz* NJW **1964** 2133; **a. A.** *Rother* VersR **1983** 793, der allein auf das Maß des Verschuldens abstellen will.

Ursache" (OLG Hamburg VersR **1958** 777), „Ursache von naturgemäß besonderer Bedeutung" (BGH VersR **1958** 851) oder „Hauptursache" (BGH VersR **1959** 49) die Rede ist. Bei der Aufstellung der für diese Abwägung erforderlichen Ursachenkette ist nicht etwa auf den Idealfall abzustellen, daß sich alle Verkehrsteilnehmer völlig verkehrsgerecht verhalten, sondern darauf, wie sich der Verkehr nach der Lebenserfahrung im allgemeinen abzuspielen pflegt.

b) Maß des Verschuldens. Wenngleich bei der Schadensabwägung nach § 254 BGB in erster Linie vom Maß der Verursachung auszugehen ist, bedarf das hierdurch gewonnene Ergebnis doch der Korrektur bei unterschiedlichem Grad des beiderseitigen Verschuldens[18]. Trifft besonders grobes Verschulden mit leichter Fahrlässigkeit zusammen, so kann die Mitverantwortung auch völlig entfallen; dies gilt erst recht beim Zusammentreffen von erheblichem Verschulden mit bloßer Betriebsgefahr (s. Rdn. 86). Nur ein nachgewiesenes und als unfallursächlich erwiesenes Verschulden ist bei der Abwägung als solches zu berücksichtigen[19], nicht also vermutetes Verschulden nach § 831 BGB oder § 18. Ein Verschulden Dritter, für die der Geschädigte einzustehen hat (vgl. Rdn. 15ff), fällt jedoch ins Gewicht (RG JW **1938** 2274). Besondere persönliche Umstände, wie z. B. die beschränkte Einsichtsfähigkeit bei Jugendlichen und Kindern, sind bei der Bewertung des Verschuldens zu beachten[20]. **79**

Bei **grober Fahrlässigkeit** eines Beteiligten ist, wenn sie mit minderschwerem Verschulden des anderen (oder bloßer Betriebsgefahr; Rdn. 86) zusammentrifft, in aller Regel eine Auswirkung auf die Haftungsverteilung anzunehmen; gebieten nicht Verursachungsmaßstab oder besonders hohe Betriebsgefahr etwas anderes, so wird der grob Fahrlässige (gleich ob Schädiger oder Geschädigter) den Schaden allein zu tragen haben (BGH VersR **1961** 357; **1963** 438; **1969** 713; **1969** 738). Grobe Fahrlässigkeit liegt vor, wenn die im Verkehr erforderliche Sorgfalt in besonders schwerem Maße verletzt wird, wenn also das nicht beachtet wird, was im gegebenen Fall jedem einleuchten mußte, und wenn schon einfachste, ganz naheliegende Überlegungen nicht angestellt wurden[21]. Hierbei sind – anders als beim Fahrlässigkeitsbegriff im allgemeinen – auch subjektive Besonderheiten zu berücksichtigen (BGHZ **10** 17; BGH NJW **1972** 476; *Sanden* VersR **1967** 1013). Insbesondere muß dem Handelnden die Gefährlichkeit seines Verhaltens bekannt sein (*Lohe* VersR **1968** 303); Umstände, die ihm wegen der besonderen Lage des Falles nicht vorgeworfen werden können, haben außer Betracht zu bleiben (*Weingart* VersR **1968** 427). Grobe Fahrlässigkeit kann z. B. auch entfallen, wenn eine verständliche Verärgerung die Aufmerksamkeit beeinträchtigte (BGH VersR **1972** 197). **80**

c) Betriebsgefahr auf Seiten des Ersatzpflichtigen. Hat der Ersatzpflichtige (z. B. als Halter eines Kraftfahrzeugs, § 7 StVG, oder als Unternehmer einer Schienenbahn, § 1 HaftpflG) für eine mitursächlich gewordene Betriebsgefahr einzustehen, so kann auch dies bei der Abwägung ins Gewicht fallen. Von „Betriebsgefahr" soll- **81**

18 RGZ **68** 422; **69** 59; **141** 357; **169** 95; BGH VersR **1954** 59; **1955** 627; NJW **1969** 789; *Palandt/Heinrichs* § 254, 4a bb; *MünchKomm/Grunsky* § 254, 61; *Lange* § 10 XII 2.

19 BGHZ **12** 124; BGH VersR **1955** 310; **1956** 732; **1957** 63 u. 98 m. zust. Anm. *Böhmer*; **1961** 234; **1961** 249; **1966** 164; **1975** 1121; OLG Celle DAR **1951** 81.

20 BGH VRS **5** 4; OLG Celle VersR **1955** 396; OLG Oldenburg DAR **1955** 303; OLG Bamberg VersR **1965** 989; LG Tübingen RdK **1953** 46.

21 RGZ **141** 131; **163** 106; BGHZ **10** 16; BAG VersR **1968** 296; vgl. auch *Sanden* VersR **1967** 1013.

te aber nur dort gesprochen werden, wo der Ersatzpflichtige einer Gefährdungshaftung unterworfen ist. Es verwirrt nur, wenn man (wie BGH VersR **1981** 354) z. B. bei der deliktischen Haftung eines Einweisers, der den Zusammenstoß des klägerischen Kraftfahrzeugs mit einem Schienenfahrzeug verschuldet hat, bei der Abwägung die „Betriebsgefahr" beider Fahrzeuge anlastet; hier sollte allein mit den Begriffen des Verursachungsbeitrags und des Verschuldens gearbeitet werden (s. auch Rdn. 89).

82 **aa) Ermittlung der konkreten Betriebsgefahr.** Die Prüfung der Betriebsgefahr, die von dem Kraftfahrzeug im Augenblick des Unfalls ausging, gehört zur Prüfung des Ausmaßes der Verursachung des Unfalls (BGHZ **6** 319). Es muß daher die konkrete Betriebsgefahr festgestellt werden (zum Begriff und zur Unterscheidung von der abstrakten Betriebsgefahr s. § 7, 2). Von Bedeutung ist nur derjenige Teil der allgemeinen Betriebsgefahr des Kraftfahrzeugs, der für den Unfall ursächlich war (RG DAR **1932** 220; BGH VersR **1967** 138). Fährt jemand ein völlig verkehrsunsicheres Kraftfahrzeug, so hat dieser Umstand außer Betracht zu bleiben, wenn sich der Unfall in gleicher Weise mit einem in Ordnung befindlichen Kraftfahrzeug ereignet hätte (BGH VersR **1958** 541).

83 **bb) Erhöhte Betriebsgefahr.** Die Betriebsgefahr fällt bei der Abwägung stärker ins Gewicht, wenn sie durch bestimmte Umstände erhöht wird. Häufigster Fall ist die Gefahrerhöhung durch schuldhaftes Fehlverhalten des Fahrers. Aber auch aus der Art des Kraftfahrzeugs (ein Lastzug hat eine höhere Betriebsgefahr als ein Moped), aus seiner Beschaffenheit (z. B. bei technischen Mängeln) oder aus der konkreten Verkehrssituation (Überholvorgang, hohe Geschwindigkeit) kann sich eine Erhöhung der Betriebsgefahr ergeben.

84 *Beispiele aus der Rechtsprechung:* höheres Fahrzeuggewicht, größere Geschwindigkeit (OLG Celle DAR **1929** 429); Fehlen eines Scheinwerfers (RG DAR **1932** 220); tiefer Fahrersitz bei Sportwagen (BGH VersR **1969** 539); Überholen (RG DAR **1933** 105); Mitnahme eines Beifahrers auf Leichtkraftrad (OLG Köln MDR **1983** 940). Nicht zuzustimmen ist der Ansicht, daß das Annähern an einen Bahnübergang mit geschlossenen Fenstern die Betriebsgefahr erhöht (so aber RG VAE **1937** 251; BGH VkBl. **1958** 24; OLG Zweibrücken VAE **1943** 107; **a. A.** RG VAE **1938** 191).

85 **cc) Gewichtung der Betriebsgefahr.** Ist dem Verletzten zwar ein Verschulden, nicht aber ein grobes Verschulden nachzuweisen, so hat der lediglich aus § 7 oder § 18 zum Ersatz Verpflichtete – sofern die Betriebsgefahr seines Kraftfahrzeugs nicht erhöht war – dem Verletzten in der Regel ein Fünftel des entstandenen Schadens zu ersetzen (BGH VersR **1967** 902; vgl. auch OLG Hamburg VersR **1966** 887: drei Zehntel).

86 Bei **grobem Verschulden** des Verletzten hat die Gefährdungshaftung in der Regel völlig zurückzutreten[22]. Es ist nicht Sinn der Gefährdungshaftung, dem Verkehrsteilnehmer, der sich selbst grob verkehrswidrig verhalten hat, Schadensersatzansprüche gegen einen anderen zu verschaffen, der lediglich den Unabwendbarkeits- bzw. Nichtverschuldensbeweis nicht zu führen vermag. Dem durch grobes Eigenverschulden verletzten Verkehrsteilnehmer kann vielmehr angesonnen werden, dem in Anspruch genommenen Kraftfahrzeughalter bzw. -führer ein Verschulden nach-

[22] Vgl. BGH VersR **1961** 592; **1962** 788; **1965** 566; **1966** 39; **1969** 571; **1969** 614; OLG Oldenburg VRS **8** 259; OLG Köln VersR **1976** 1095.

zuweisen oder den Schaden zur Gänze selbst zu tragen. Zu Recht wurde z. B. gegenüber einem Fußgänger eine Gefährdungshaftung verneint, der bei regnerischem Wetter und lebhaftem Verkehr bei Rotlicht eine Straße zu überqueren versuchte (OLG Köln VersR **1976** 1095). Unter besonderen Umständen (hoher Verursachungsbeitrag der Betriebsgefahr, erhöhte Betriebsgefahr, Milderungsgründe auf seiten des Verletzten) kann freilich eine Mithaftung (kaum über ein Fünftel) in Betracht zu ziehen sein.

Ein **leichtes Verschulden** des Verletzten kann umgekehrt hinter der Betriebsgefahr völlig zurücktreten, wenn deren Verursachungsbeitrag wesentlich überwiegt, also insbesondere bei besonders gefährlichen Fahrzeugen oder Fahrmanövern. Bei Gefahrerhöhung durch (nachgewiesenes) Verschulden gilt Rdn. 83. **87**

d) Betriebsgefahr auf seiten des Verletzten. Die Anrechnung einer auf seiten des Verletzten mitwirkenden Betriebsgefahr auf Ansprüche nach dem StVG richtet sich für die praktisch allein bedeutsamen Fälle der Haftung des Kraftfahrzeughalters, Tierhalters oder Eisenbahnunternehmers nach § 17 Abs. 1 Satz 2 bzw. § 17 Abs. 2 (vgl. hierzu § 17, 40). **88**

Außerhalb des Bereichs der Gefährdungshaftung gibt es auch keine anrechenbare Betriebsgefahr. Bei der Abwägung bleibt also die „Betriebsgefahr" eines Fahrrads oder Pferdefuhrwerks auch dann unberücksichtigt, wenn sie entscheidend den Unfallablauf bestimmt hat. Das gleiche gilt für Kraftfahrzeuge, die nicht schneller als 20 km/h fahren können und für die daher nach § 8 die Gefährdungshaftung nach § 7 nicht gilt. Soweit RG und BGH für Kleinkrafträder, die seinerzeit ebenfalls nicht der Gefährdungshaftung nach dem StVG unterlagen, eine andere Ansicht vertreten haben, kann dem nicht zugestimmt werden (vgl. RG VAE **1938** 358; BGH VRS **9** 427; wie hier OLG Neustadt VRS **5** 163). Das Einstehenmüssen für die Betriebsgefahr kann im Bereich des Mitverschuldens nicht weiter reichen als im Bereich der Haftungsbegründung und bedarf als Ausnahme vom geltenden Verschuldensprinzip der gesetzlichen Grundlage. Zu einer Mithaftung kann es in diesen Fällen daher nur kommen, wenn die „Betriebsgefahr" des betreffenden Fahrzeugs durch ein Verschulden des Verletzten oder seines Verrichtungsgehilfen erhöht ist. Dann aber ist Zurechnungsgrund nicht mehr die Betriebsgefahr, sondern das Verschulden. **89**

e) Sonstige Umstände (z. B. verwandtschaftliche Beziehungen, Gefälligkeit) können allenfalls in Ausnahmefällen bei der Schuldabwägung Berücksichtigung finden. Kein Raum ist bei der Haftungsaufteilung nach § 254 BGB aber für bloße Billigkeitserwägungen. So dürfen z. B. die wirtschaftlichen Verhältnisse der Beteiligten, die Unfallfolgen oder das Bestehen von Versicherungsschutz nicht als Abwägungskriterien herangezogen werden[23]. Auszugehen ist von dem Grundsatz, daß für Begründung oder Ausschluß einer Mithaftung keine anderen Kriterien gelten können als für Begründung oder Ausschluß einer Haftung nach außen. **90**

3. Abwägung bei Mehrheit von Ersatzpflichtigen **91**

a) Beteiligung mehrerer Ersatzpflichtiger an einer Schädigung. Ist der Verletzte durch den Betrieb mehrerer Kraftfahrzeuge oder durch ein Kraftfahrzeug und einen anderen Schädiger gleichzeitig geschädigt worden, so kann er deren Halter,

23 BGH VersR **1978** 183; *Palandt/Heinrichs* § 254, 4a dd; *MünchKomm/Grunsky* § 254, 66; *Lange* § 10 XII 4; teilweise **a. A.** *Schlierf* NJW **1965** 676; *Böhmer* MDR **1962** 442.

wenn sie den Entlastungsbeweis nicht führen können, und ggf. den weiteren Schädiger als Gesamtschuldner auf vollen Schadensersatz in Anspruch nehmen (§ 840 Abs. 1 BGB analog). Die Abwägung nach § 9 StVG, § 254 BGB bereitet dann u. U. Schwierigkeiten, weil der Verursachungsbeitrag des Verletzten im Verhältnis zum einen Schädiger höher oder geringer sein kann als im Verhältnis zum anderen. Zu beachten ist aber, daß das Problem nur auftritt, wenn tatsächlich ein und dieselbe Schädigung durch die mehreren Ersatzpflichtigen verursacht wird (sog. Nebentäterschaft), nicht dagegen bei aufeinanderfolgenden Schädigungen, wie sie bei Serien- oder Folgeunfällen gegeben sind. Dort haftet der Zweitschädiger nur für den Schaden, der durch seinen Beitrag noch zusätzlich hervorgerufen wurde (vgl. § 7, 373); der Verletzte kann von ihm daher nur den Zusatzschaden ersetzt verlangen und hat diesen, sofern der Erstschädiger nicht nach den Regeln der adäquaten Kausalität als Gesamtschuldner mithaftet, gesondert mit ihm abzurechnen und ggf. auch eine gesonderte Mitverschuldensabwägung durchzuführen (vgl. BGH VersR **1964** 49; KG VersR **1962** 839).

92 Nach Rechtsprechung und h. L. ist die Gewichtung des Mitverschuldens bei der Nebentäterschaft nicht durch Einzelabwägung (im Verhältnis Geschädigter – einzelner Schädiger), sondern in Verbindung mit einer Gesamtschau (Verhältnis Geschädigter – die Schädiger) vorzunehmen[24]. Der Unterschied zwischen beiden Methoden liegt darin, daß z. B. bei gleich großem Verursachungsbeitrag der zwei Schädiger und des Geschädigten dieser bei Einzelabwägung die Hälfte, bei Gesamtschau aber zwei Drittel seines Schadens ersetzt bekommt. Dies ist allerdings nur die Quote, die ihm im Ergebnis insgesamt zustehen soll; den einzelnen Schädiger soll er gleichwohl höchstens bis zu dem Betrag in Anspruch nehmen können, der sich bei Einzelabwägung ergäbe. Im Beispielsfall könnte er also vom Schädiger A maximal 50% verlangen, während er sich wegen der restlichen 16⅔% (Differenz zu zwei Dritteln) an B halten könnte. Ein Gesamtschuldverhältnis zwischen den Schädigern wird bei dieser Konstruktion – entgegen BGHZ **30** 212 – nicht angenommen werden können, weil sonst die Leistung des einen Schädigers die Schuld des anderen nach § 422 BGB zum Erlöschen bringen würde, also nicht zu erklären wäre, wieso dieser den überschießenden Betrag zu leisten hat (*Lange* § 10 XIII 3b). Diesem Einwand könnte zwar mit einer Aufspaltung der von jedem Schädiger zu erbringenden Leistung in einen Gesamtschuld- und einen Einzelschuldanteil begegnet werden[25], doch erscheinen derartige Versuche, die jeder gesetzlichen Grundlage entbehren, als mehr oder weniger willkürliche Hilfskonstruktionen, mit denen die Konsequenzen einer verfehlten Ausgangsposition ausgeräumt werden sollen[26].

93 Es ist daher dem Vorschlag von *Lange* (§ 10 XIII 3c) zu folgen, das Außenverhältnis der Nebentäter stets nach einer einheitlichen, nach Gesamtabwägung zu ermittelnden Haftungsquote zu bestimmen, auf die jeder als Gesamtschuldner in Anspruch genommen werden kann. Die Bedenken des BGH (die wohl den Anlaß für die oben dargestellte Rechtsansicht gebildet haben), daß es bei Nebentäterschaft – anders als bei gewollter Mittäterschaft – nicht vertretbar sei, den Schädigern ihre

[24] BGHZ **30** 203; **54** 284; **61** 354; *MünchKomm/Grunsky* § 254, 70; *Palandt/Heinrichs* § 254, 4c bb; *Eibner* JZ **1978** 50.

[25] So BGH VersR **1959** 608; OLG Celle OLGZ **1974** 203; *MünchKomm/Grunsky* § 254, 71; *Palandt/Heinrichs* § 254, 4c bb; vgl. auch *Eibner* JZ **1978** 50.

[26] Kritisch zur Rspr. des BGH auch *Lange* § 10 XIII 3c; *Keuk* AcP **168** 175; *Ries* AcP **177** 551; *Koch* NJW **1967** 181; *Reinelt* JR **1971** 177.

Tatbeiträge wechselseitig zuzurechnen und sie das Risiko der Insolvenz eines von ihnen beim Innenausgleich tragen zu lassen, erscheinen unbegründet. Bei fehlender Mitverantwortung des Geschädigten ist anerkannt, daß Nebentäter grundsätzlich als Gesamtschuldner haften[27], also jeder auf den vollen Betrag mit dem Risiko, den Ausgleichsanspruch gegen die Mitschädiger realisieren zu können. Die Tatsache, daß den Geschädigten eine Mitverantwortung an dem Schaden trifft, verändert die Situation nicht so entscheidend, daß diese Konsequenz nunmehr unerträglich wäre. Es erscheint nicht gerechtfertigt, den Geschädigten gleichsam einem weiteren Nebentäter gleichzustellen und an dem Risiko der Insolvenz eines der Schädiger zu beteiligen. Immerhin ist er durch ein Ereignis, zu dem jeder der Nebentäter eine Bedingung gesetzt hat, geschädigt worden; das ihn treffende Mitverschulden aber kann mit einem haftungsbegründenden Verschulden nicht auf eine Stufe gestellt werden. Es bestehen daher auch Bedenken gegen die von *Lange* aaO erwogene Möglichkeit, den Geschädigten im Falle der Insolvenz eines Nebentäters in den Gesamtschuldnerausgleich einzubeziehen und proportional seiner Quote zu beteiligen. Der mitverantwortliche Geschädigte braucht vielmehr außer der Kürzung seines Ersatzanspruchs keine weiteren Nachteile hinzunehmen.

b) Beteiligung mehrerer Ersatzpflichtiger an einer einheitlichen Schadensursache. 94
Bei der Gesamtabwägung des Mithaftungsanteils des Verletzten gegen die Beiträge mehrerer Schädiger ist zu berücksichtigen, daß nicht in jedem Fall für jeden einzelnen Ersatzpflichtigen eine eigene Quote anzusetzen ist. Dies wäre nämlich, da mit zunehmender Zahl der Nebentäter der vom Geschädigten selbst zu tragende Haftungsanteil immer geringer wird, dann unangemessen, wenn die Mitverantwortlichkeit einzelner Nebentäter sich auf ein und denselben Verursachungsbeitrag bezieht, wie dies z. B. im Verhältnis zwischen Geschäftsherrn und Verrichtungsgehilfen (RGZ **136** 287; BGHZ **6** 3; BGH VersR **1979** 1107) oder zwischen Halter und Fahrer eines Kraftfahrzeugs der Fall ist (vgl. OLG Celle OLGZ **1974** 203) oder zwischen Tätern, die eine einheitliche Schadensursache geschaffen haben, bevor sie mit dem Beitrag des Ersatzberechtigten zusammentraf (vgl. BGHZ **54** 283: mehrere Personen waren dafür verantwortlich, daß der Anhänger, auf den der Verletzte auffuhr, nachts unbeleuchtet auf der Straße stand; BGH VersR **1980** 770: in Schädiger hat ein Seil über die Straße gespannt, der zweite unterlassen, es zu kennzeichnen). Es liegt auf der Hand, daß in diesen Fällen der Haftungsanteil des Geschädigten nicht davon abhängen kann, wie viele Personen für die Schaffung der einheitlichen Gefahr verantwortlich sind. Diese Personen sind daher zu einer **Haftungseinheit** zusammenzufassen, die in die Gesamtschau nur mit *einer* Quote eingeht. Sie haften für ihre Quote als Gesamtschuldner. Zu den Ausgleichsansprüchen zwischen ihnen vgl. § 17, 35.

c) Beteiligung eines oder mehrerer Schädiger und des Geschädigten an einer ein- 95
heitlichen Schadensursache. Möglich ist auch, daß eine Haftungseinheit (hier spricht man wohl besser von **Zurechnungseinheit**) zwischen einem (oder mehreren) Ersatzpflichtigen und dem Geschädigten besteht. Eine solche Einheit ist z. B. nach BGHZ **61** 213 anzunehmen, wenn ein Polizeibeamter mit einem Betrunkenen, den er soeben gestellt hat, auf der Straße steht und dort von einem Kraftfahrzeug erfaßt wird. Hier ist dann der durch den Betrunkenen und den Polizeibeamten geschaffene Verursachungsbeitrag als Einheit dem Beitrag des Unfallfahrers gegenüberzu-

[27] BGHZ **17** 221; **30** 208; BGH LM § 840 Nr. 7a; *Palandt/Thomas* § 840, 2a; *Erman-Drees* § 840, 3.

stellen und auf diese Weise dessen Haftungsquote zu ermitteln. Sodann ist noch die Quote im Verhältnis des Geschädigten zu dem oder den mit ihm in Zurechnungseinheit stehenden Schädiger(n) festzustellen. Eine Gesamtschuld kann hierbei nur innerhalb und außerhalb der Zurechnungseinheit angenommen werden, nicht aber zwischen dem (den) zur Einheit gehörenden und dem (den) außenstehenden Schädiger(n). Weitere Beispielsfälle: ein Kind wird durch Verschulden eines Kraftfahrers und eines Aufsichtspflichtigen verletzt: Aufsichtspflichtiger und Kind bilden eine Zurechnungseinheit (BGH VersR **1978** 735); Zusammenstoß zwischen einem Pkw und einem Kind, das, mit einem Spielkameraden durch ein Seil verbunden, von diesem über die Straße gezogen wurde: die beiden Kinder bilden eine Zurechnungseinheit (BGH VersR **1983** 131 = 634 m. Anm. *Hartung*). Zum Ausgleichsanspruch zwischen den Schädigern vgl. § 17, 36.

96 **d) Alternativtäterschaft.** Nach § 830 Abs. 1 Satz 2 BGB, der auch im Bereich der Gefährdungshaftung gilt, kann das Gericht, wenn sich mehrere in anspruchsbegründender Weise verhalten haben, aber nicht festzustellen ist, wessen Verhalten für den Unfall kausal war, jeden der Beteiligten zum Schadensersatz verurteilen (vgl. § 7, 66ff). Trifft in einem solchen Fall den Geschädigten ein Mitverschulden, so kann es sein, daß dieses gegenüber den (gedachten) Verursachungsbeiträgen der Alternativschädiger unterschiedlich ins Gewicht fällt. Es kann aber jeder nur zu der geringsten (hypothetischen) Haftungsquote verurteilt werden (s. § 7, 70).

97 **e) Einfluß von Haftungsfreistellungen.** Zu der Frage, ob sich eine Haftungsprivilegierung bei einem der Schädiger auf den Ersatzanspruch des Geschädigten gegen den anderen auswirkt s. § 17, 22ff.

98 **4. Bezifferung der Quote**

Ist die Abwägung nach vorgenannten Grundsätzen vollzogen, so setzt das Gericht die Haftungsquoten ziffernmäßig fest, und zwar in der Regel in Bruchteilen oder in Prozenten (zu dem hierbei bestehenden Ermessensspielraum s. Rdn. 102). Die Quote braucht nicht für alle Schadenspositionen gleich zu sein (vgl. Rdn. 76). Quoten unter 20% sollten schon deswegen nicht festgesetzt werden, weil ohnehin nur Annäherungswerte gefunden werden können und weil bei derart geringen Haftungsanteilen die Mithaftung völlig hinter dem überwiegenden Verursachungsbeitrag der anderen Seite zurücktreten sollte (BGH VersR **1979** 528; OLG Hamm VersR **1971** 914).

99 **5. Beweisfragen**

a) Die **Beweislast** trifft den Ersatzpflichtigen. Er muß den dem Schädiger anzulastenden Verursachungsbeitrag nach Grund und Gewicht beweisen (RGZ **114** 77; **159** 261; BGH VersR **1978** 183; OLG Oldenburg VRS **8** 260). Die Beweislastregel des § 282 BGB kann hier nicht herangezogen werden (BGHZ **46** 267).

100 **b) Feststellung der Abwägungskriterien.** Die für die Haftungsverteilung als Grundlage herangezogenen Tatsachen müssen feststehen, d. h. im Prozeß nach § 286 ZPO bewiesen sein (BGH VersR **1957** 236; **1957** 571; **1968** 646; OLG Frankfurt VersR **1974** 472); Vermutungen, Wahrscheinlichkeiten oder Unterstellungen genügen nicht. Auch die Beweiserleichterung nach § 287 ZPO greift insoweit nicht ein. Ein Anscheinsbeweis (vgl. § 16, 279ff) kommt dann in Betracht, wenn bei entsprechender Sachlage im Bereich der Haftungsbegründung ein solcher eingreifen würde (vgl. RG JW **1910** 37; BGH VersR **1957** 529), also nicht für die Feststellung

grober Fahrlässigkeit (vgl. § 16, 285). Für den Kausalitätsbeweis gelten die auch sonst zuzubilligenden Erleichterungen, d. h. die Beschränkung auf den Nachweis der nach der Lebenserfahrung anzunehmenden Kausalität (vgl. § 16, 289). § 287 ZPO ist hingegen auch im Bereich der Kausalität des Mitverschuldens nicht anwendbar (**a. A.** BGH VersR **1957** 236; **1957** 571; **1968** 646).

c) Beruht die Inanspruchnahme des Schädigers auf einer **Wahlfeststellung** (d. h. 101
es kann nicht festgestellt werden, welche von mehreren ausschließlich in Betracht kommenden Verhaltensweisen er verwirklicht hat, jede von ihnen begründet aber seine Haftung), so kann für die Gewichtung eines Mitverschuldens des Verletzten entsprechend oben genannter Beweislastverteilung nur von demjenigen Geschehensablauf ausgegangen werden, der ihn weniger belasten würde. Umgekehrt darf jedoch der Verursachungsbeitrag des Schädigers nicht auf der Grundlage dieses nur unterstellten Unfallverlaufs bemessen werden, denn auch ihm darf nur sein erwiesener Tatbeitrag zur Last gelegt werden, d. h. die für ihn günstigere Alternative (BGH VersR **1978** 185). Hier müssen bei der Abwägung demnach zweierlei Schadensabläufe zu Grunde gelegt werden, die sich tatsächlich nicht miteinander vereinbaren lassen; es werden Größen zueinander in Beziehung gesetzt, zwischen denen keine reale Beziehung besteht. In solchen Fällen gleichwohl einen „gemeinsamen Nenner" zu finden, wird nur durch einen vermittelnden Schadensausgleich nach Billigkeit möglich sein. Dies ist unbefriedigend, aber unausweichliche Folge der Zulassung einer Alternativfeststellung zum Haftungsgrund (zur ähnlichen Problematik bei § 830 Abs. 1 Satz 2 BGB vgl. Rdn. 96).

d) Für die **Bestimmung der Haftungsquote** kann ein voller Beweis nicht verlangt 102
werden. So wie dem Verletzten nicht zugemutet werden kann, den Betrag seines Schadens auf Mark und Pfennig genau zu beweisen, kann auch vom Ersatzpflichtigen nicht verlangt werden, den Haftungsanteil des Verletzten auf einzelne Prozente genau nachzuweisen. Wie bei der Schadensbezifferung ist daher § 287 ZPO (zumindest sinngemäß) auch hier anzuwenden[28], d. h. das Gericht hat einen gewissen Ermessensspielraum und kann auch zu einer Schätzung greifen (vgl. § 16, 277).

6. Rechtsprechungsübersicht 103

Im folgenden sind Gerichtsentscheidungen zur Mitverschuldensabwägung bei besonderen Fallgestaltungen zusammengestellt. Die Übersicht ist nach Sachverhalten geordnet und beschränkt sich auf den Anwendungsbereich des § 9 (s. Rdn. 2). Für die Fälle, in denen auch auf seiten des Verletzten eine Betriebsgefahr mitgewirkt hat (Kraftfahrzeug, Eisenbahn, Tier) ist auf die Übersicht bei § 17, 52ff zu verweisen, für die Fälle, in denen sich die Haftung des Schädigers aus unerlaubter Handlung ergibt, auf § 16, 185ff.

Die Festsetzung der Haftungsquote wird von der Gesamtheit aller Umstände des 104
Einzelfalles beeinflußt. Bei der Übertragung auf andere Fälle ist daher Vorsicht geboten. Es wurde aus diesem Grund darauf verzichtet, die in den einzelnen Entscheidungen festgesetzten Quoten in die Übersicht aufzunehmen. Die Zusammenstellung soll vielmehr nur den Weg zu den einschlägigen Entscheidungen weisen; hierbei wird durch stichwortartige Angabe einiger Besonderheiten des jeweiligen Sachverhalts eine Vorauswahl ermöglicht.

[28] BGHZ **60** 184; BGH VersR **1957** 236; **1957** 571; **1961** 368; **1968** 646; *Lange* § 10 XVIII; *Greger* 195; *Klauser* JZ **1968** 169; *Arens* ZZP 88 (1975) 44.

105 **a) Kraftfahrzeug gegen Gespannfuhrwerk:**
BGH VersR **1962** 543: Kraftfahrzeug fährt auf unzureichend beleuchtetes Langholzfuhrwerk auf;
BGH VRS **25** 246: Kraftrad fährt auf unbeleuchtetes Fuhrwerk auf;
BGH VersR **1963** 1075: Kraftrad, Verletzung der Vorfahrt;
BGH VRS **25** 418: Lkw gegen Pferdefuhrwerk, scheuendes Pferd;
BGH VersR **1964** 296: Kraftrad fährt auf unbeleuchtetes Pferdefuhrwerk auf;
BGH VersR **1967** 178: Kraftrad fährt nachts auf ein soeben eingebogenes Fuhrwerk auf.

106 **b) Kraftfahrzeug gegen Fahrrad:**

aa) Geöffnete Kraftfahrzeugtür:
OLG Düsseldorf VersR **1953** 232;
OLG Hamm VersR **1953** 359: Lkw;
BGH VersR **1957** 41: Pkw;
LG Göttingen DAR **1958** 161: Pkw;
OLG Oldenburg VersR **1963** 490: Pritschenwagen, Fahrer steht in der Tür.

107 **bb) Überholendes Kraftfahrzeug gegen links abbiegendes Fahrrad:**
BGH VersR **1963** 682: Lieferwagen;
OLG Stuttgart VersR **1971** 1178: Radfahrer ordnet sich unter Zeichengebung zum Linksabbiegen links ein, Kraftrad fährt rechts mit 2 m Abstand vor;
OLG Düsseldorf VersR **1972** 1031: der überholte Radfahrer weicht vor dem Zusammenstoß links aus;
OLG Düsseldorf VersR **1972** 377: Radfahrer biegt vom Radfahrweg aus nach links quer über die Bundesstraße ein, obwohl hinter ihm ein Pkw kommt, der gegen einen nach links einbiegenden Pkw geschleudert wird.

108 **cc) Abbiegendes Kraftfahrzeug gegen in gleicher Richtung fahrenden Radfahrer:**
OLG Oldenburg DAR **1952** 141;
OLG Hamm VRS **17** 146: Kraftfahrzeug überholt und biegt rechts ab.

109 **dd) Abbiegendes Kraftfahrzeug gegen entgegenkommenden Radfahrer:**
BGH VersR **1955** 186: Traktor – unter 20 km/h – biegt nach links ein;
OLG Köln DAR **1955** 305: Kraftfahrzeug biegt in ein Grundstück ein;
LG Berlin VersR **1955** 558: Pkw biegt links ein;
LG Aachen VersR **1958** 468: Pkw biegt nach rechts ab, dort ist Radweg für zwei Richtungen;
OLG Oldenburg DAR **1960** 364: Radweg;
OLG München VersR **1963** 739: links in Grundstück einbiegender Lieferwagen gegen Fahrrad, das auf nasser Straße 20 km/h fuhr.

110 **ee) Abbiegender Radfahrer gegen entgegenkommendes Kraftfahrzeug:**
OLG München VersR **1958** 116: Kraftrad;
BGH VersR **1961** 561: Kraftrad, Grundstückseinfahrt;
BGH VersR **1963** 143: radfahrende Schüler verlassen nach links ihre Fahrbahn;
BGH VersR **1973** 1045: der entgegenkommende Omnibus hält, hinter ihm kommt ein Zehnjähriger hervor.

111 **ff) Kraftfahrzeug gegen Radfahrer an Kreuzung oder Einmündung:**
BGH VersR **1964** 48: Pkw;
BGH VersR **1966** 164: Pkw auf Bundesstraße;
BGH VersR **1969** 571: Radfahrer verletzt leichtfertig die Vorfahrt;

BGH VersR **1969** 756: Radfahrer biegt links in vorfahrtberechtigte Straße ein, auf der Kraftfahrzeuge herankommen, von denen eines überholt;

BGH VersR **1970** 328: Radfahrer biegt aus einer Nebenstraße links ein, Pkw kommt von rechts, Fahrrad erst am linken, dann am rechten Straßenrand;

OLG Düsseldorf VersR **1970** 650: Radfahrer biegt aus einer Nebenstraße links ein, Pkw von rechts;

OLG Frankfurt VersR **1973** 844: zwölfjähriger Radfahrer gegen einen von rechts aus einer Seitenstraße kommenden Pkw;

OLG Celle VersR **1973** 257: Radfahrer, 8 Jahre alt, fährt von rechts aus einer nur Anliegern vorbehaltenen Straße in die Kreuzung ein;

BGH VersR **1982** 94: wartepflichtiger Pkw gegen Radfahrer, der unerlaubt linken Radweg benützt;

AG Köln VersR **1982** 610: wie vor.

gg) Kraftfahrzeug gegen Fahrrad, sonstige Fälle: 112

BGH VersR **1968** 369: Pkw versperrt den Radfahrweg, radfahrendes Kind biegt auf die Fahrbahn aus und stößt gegen einen Lastzug;

BGH VersR **1968** 775: Radfahrer biegt vom Radweg auf die Fahrbahn ein, obwohl hinter ihm ein Pkw naht.

c) Kraftfahrzeug gegen Fußgänger 113

aa) In gleicher Richtung gehender oder entgegenkommender Fußgänger:

BGH VersR **1967** 257: Pkw in Ortschaft gegen einen rechts gehenden Fußgänger;

OLG Oldenburg VRS **33** 406: Fußgänger, der nachts links ein Rad schiebt, wird von hinten angefahren;

BGH VersR **1967** 977: unbenützbarer Gehsteig, Fußgängerin wird von hinten angefahren;

BGH VersR **1968** 1092: angetrunkener gehbehinderter und schwerhöriger Fußgänger benützt nachts ohne Grund den Gehweg nicht;

BGH VersR **1968** 1093: drei Fußgänger gehen nachts auf schmaler Dorfstraße nebeneinander, Kraftfahrzeug kommt von hinten;

OLG Celle VersR **1970** 187: in gleicher Richtung links gehender Fußgänger wird bei Nebel von hinten angefahren;

BGH VersR **1969** 750: Fußgänger geht links auf dem Randstreifen und tritt auf die Fahrbahn, obwohl ein Kraftwagen entgegenkommt;

OLG Celle VersR **1971** 722: Fußgänger gehen außerhalb der Ortschaft nachts rechts und werden von einem Pkw mit Abblendlicht, dessen Fahrer keine Brille trägt, von hinten angefahren;

OLG Düsseldorf VersR **1972** 377: Fußgänger, der verkehrswidrig nachts außerhalb der Ortschaft rechts geht, wird von einem Pkw von hinten angefahren;

BGH VersR **1972** 258: Pkw fährt entgegenkommende Fußgänger an, weil ihn ein aus der Seitenstraße einbiegender Jeep blendet;

OLG Düsseldorf VersR **1972** 793: Fußgänger wird innerorts von hinten angefahren;

LG Stuttgart VersR **1973** 755: Pkw fährt von dem Entgegenkommenden geblendet einen Fußgänger an;

OLG Düsseldorf VersR **1975** 1052: Fußgänger geht äußerst links, aber neben einem Kind.

bb) Fußgänger, der sich auf der Fahrbahn aufhält: 114

BGH VersR **1962** 90: Bauunternehmer untersucht nachts die Wasserabsperrung an einem die Fahrbahn einengenden Erdhaufen, Kraftfahrzeug;

BGH VersR **1969** 668: Omnibusfahrer wechselt nachts die Reifen, ohne durch Warnleuchten gesichert zu sein;

OLG München VersR **1974** 676: Pkw verletzt bei einem Perfektions- und Schleuderkurs auf einem Übungsgelände einen unvorsichtigen Beobachter.

115 **cc) Fußgänger an Straßenbahn- oder Bushaltestelle:**

RG JW **1935** 33: Aussteigen;

RG JW **1935** 34: Aussteigen;

KG VAE **1936** 518: Aussteigen;

OLG Köln JW **1936** 2809: Einsteigen;

LG Bremen VersR **1963** 689: Straßenbahn hält am rechten Straßenrand, Motorroller überholt links, Fußgänger geht vor der Straßenbahn nach links;

BGH NJW **1967** 981: auf die Straßenbahn wartender Fußgänger tritt zu bald auf die Fahrbahn, Pkw;

BGH VersR **1968** 702: Fußgänger, die aus rechtshaltendem Bus ausgestiegen sind, laufen vor dem Bus herum in Fahrbahn eines Pkw.

116 **dd) Kinder** (auch Abwägung gegen Haftung aus Aufsichtspflichtverletzung):

BGH VersR **1967** 1157: VW-Bus fährt nachts zwischen mehreren entgegenkommenden Kindern durch;

BGH VersR **1967** 1186: Pkw fährt gegen eine Mauer, weil Fahrer befürchtet, das Kind werde vom Bürgersteig in seine Fahrbahn laufen;

BGH VersR **1968** 356: Pkw auf einem Fußgängerüberweg gegen ein vorher vielleicht von einem Pfeiler verdeckt gewesenes Kind;

BGH VersR **1968** 475: Achtjähriger, der mit dem Rücken zum herannahenden Pkw auf dem Gehsteig stand, läuft auf die Fahrbahn;

BGH VersR **1969** 79: Fünfjähriger fährt mit dem Roller eine von rechts einmündende steile Straße schnell hinunter;

BGH VersR **1969** 860: Vierjähriger läuft vor einem haltenden Omnibus über die Straße in einen mit nur 1 m Abstand vorbeifahrenden Pkw;

OLG München VersR **1970** 232: Kind rennt auf dem Platz vor einem Haus auf eine nicht einsehbare Ausfahrt zu, stürzt auf den Warnruf des Vaters zu Boden, ausfahrender Lkw;

BGH VersR **1970** 286: zwei von drei außerorts an der Straße stehenden Kindern rennen vor Fahrzeug auf die Straße;

AG Schweinfurt VersR **1972** 108: Fünfjähriger wird von elfjähriger Schwester auf Fahrrad abgeholt, springt ab und rennt über Fahrbahn;

LG München II VersR **1971** 1158: Sechsjähriger wird vom Vater über belebte Durchgangsstraße geschickt;

LG Lüneburg VersR **1973** 931 LS: Schulbus fährt auf eine Haltestelle zu, an der sich Zehn- bis Sechzehnjährige lebhaft bewegen;

OLG Nürnberg VersR **1973** 720: Dreijähriger spielt unbeaufsichtigt auf Straße;

OLG Köln VersR **1973** 847: Schulbus hält an einem Parkplatz, während die Schulkinder auf ihn zulaufen; er hält nicht sofort an, als er die Kinder nicht mehr im Rückspiegel sieht;

BGH VersR **1973** 925: Kind überquert von links nach rechts tags die Fahrbahn und gerät unter einen Pkw;

BGH VersR **1974** 139: plötzliches Heranlaufen eines Kindes hinter einem stehenden Fahrzeug auf 6 m breiter Straße (dazu *Foeste* VersR **1974** 856);

KG VersR **1974** 368: Ein Kind geht über eine Großstadtstraße, ein zweites siebenjähriges läuft hinterher;

OLG Schleswig VersR **1975** 479: Ein Dreijähriger überquert unbeaufsichtigt die Fahrbahn, seine Großmutter steht in der Nähe, achtet aber nicht auf das Kind;

KG VersR **1975** 770: Schneeballschlacht am Straßenrand, ein siebenjähriges Kind läuft in die Fahrbahn;

AG Kleve VersR **1975** 844: Kinder steigen aus einem Schulbus aus;

LG Rottweil VersR **1982** 1062: Kollision eines Motorradfahrers mit 10jähriger Schülerin außerhalb eines Fußgängerüberwegs.

ee) Fußgänger, der die Fahrbahn überquert: **117**

BGH VersR **1967** 1202: Moped gegen eine von rechts kommende Fußgängerin, die durch einen von links kreuzenden Lastzug verdeckt war;

BGH VersR **1968** 897: am Neujahrsmorgen überqueren mehrere angeheiterte Fußgänger unachtsam die Fahrbahn;

BGH VersR **1968** 848: Pkwfahrer sieht nachts mehrere Fußgänger von links her die Straße überqueren und nimmt an, sie würden in der Mitte stehen bleiben;

BGH bei *Bode – Weber* DAR **1970** 155: Fußgänger von rechts, Pkw fährt ohne zu bremsen weiter;

BGH VersR **1969** 518: Fußgänger überquert von links her, Kfz fährt nahe am linken Rand;

OLG Bamberg VersR **1969** 136: Fußgänger überquert Einbahnstraße von rechts, ohne auf den Verkehr zu achten;

OLG Hamm VersR **1971** 1177 LS: Fußgänger mit 3,1‰ überquert nachts in der Nähe eines Überwegs von links die Fahrbahn und stößt gegen die Seitenwand eines Kfzs;

AG Garmisch-Partenkirchen VersR **1971** 653: Fußgänger mit 1,7‰;

OLG Karlsruhe VersR **1971** 1177: Pkw fährt einen Fußgänger auf einem Überweg oder in dessen nächster Nähe nachts bei Regen frontal an;

KG VersR **1972** 104: Frau mit sehbehindertem Mann überquert nachts von rechts vor herannahender Fahrzeugschlange die Fahrbahn, weil der Mann ihr sagte, er sehe kein Fahrzeug kommen;

OLG Hamm VersR **1972** 1060: Fußgänger kreuzt die Fahrbahn von links her in Höhe eines beleuchteten Fußgängerüberwegs;

BGH VersR **1971** 864: Fußgänger kreuzt die Fahrbahn, obwohl die Feuerwehr mit Martinshorn naht;

OLG Saarbrücken VersR **1973** 237: mehrere Fußgänger bleiben auf der Fahrbahn stehen, Pkw fährt vor ihnen vorbei;

OLG Hamburg VersR **1972** 867: gehbehinderter Fußgänger von rechts, Überweg war mehr als 50 m entfernt;

BGH VersR **1972** 951: Fußgänger von rechts bei Dunkelheit, weil er in den Omnibus links einsteigen will;

BGH VersR **1972** 558: die Geschwindigkeit überschreitender Pkw erfaßt einen Fußgänger, der von links kommt;

OLG Düsseldorf VersR **1973** 40: Fußgänger überquert von einer Verkehrsinsel aus die Fahrbahn, als ein auf den Schienen fahrender Linienbus an der Insel vorbeifährt;

OLG Nürnberg VersR **1973** 948: Pkw fährt nachts innerorts zu schnell, ein Fußgänger quert die Fahrbahn;

OLG Celle VersR **1973** 526: Fußgänger unterläßt es, in Fahrbahnmitte angelangt, beide Richtungen zu beobachten;

OLG Düsseldorf DAR **1974** 160: Pkw fährt mit 40 km/h an einen Fußgängerüberweg;

OLG Köln VersR **1974** 1230: Am Fußgängerüberweg ist die Ampel ausgefallen;

OLG Köln VersR **1975** 472: Ein Fußgänger überquert die Fahrbahn außerhalb des an der Kreuzung eingerichteten Übergangs, aber in dessen Nähe, ein Rechtseinbieger fährt gegen den Fußgänger;

OLG Koblenz VersR **1975** 286: ein Fußgänger überquert nachts unachtsam die Fahrbahn;

LG Aachen VersR **1975** 1036: Fußgänger überquert trotz Rotlicht die Fahrbahn;

BGH VersR **1975** 858: Fußgänger überquert trotz Rotlicht die Fahrbahn;

OLG Düsseldorf VersR **1976** 152: Fußgänger überquert im Stadtverkehr unvorsichtig die Fahrbahn;

BGH VersR **1975** 1121: eine am Straßenrand gehende Fußgängerin überquert vor einem mit 80 km/h fahrenden Pkw überraschend die Fahrbahn;

BGH VersR **1977** 434: Fußgänger faßt Lichthupe als Aufforderung zum Weitergehen auf;

BGH VersR **1982** 876: Pkw-Fahrer mißachtet Vorrecht des Fußgängers an Überweg;

BGH VersR **1982** 978: Pkw-Fahrer fährt an Fahrzeugen vorbei, die angehalten haben, um Fußgänger Überqueren der Straße zu ermöglichen, dieser achtet nicht auf das herannahende Fahrzeug;

BGH VersR **1983** 667: Fußgänger will Vorrecht an markiertem Überweg erzwingen, obwohl sich Kraftfahrzeug in gefährlicher Weise nähert.

118 **ff) Kraftfahrzeug gegen Fußgänger; sonstige Fälle:**

BGH NJW **1952** 796: Kraftfahrzeug fährt rückwärts aus einem Grundstück;

BGH VersR **1965** 787: Lastwagen kippt Schutt auf die Straße, ein Fußgänger wird verletzt;

BGH VersR **1967** 862: Fußgänger tritt aus dem Garten auf die Straße;

BGH VersR **1968** 395: Lastzug schleudert wegen falsch eingestellter Anhängerbremse;

BGH VersR **1971** 1172: Fußgänger geht an Eingang zu Werksgelände zwischen Lkw und Lastzug hindurch, statt Gehweg zu benutzen, Lkw fährt an;

OLG Koblenz VersR **1972** 1130: Fußgänger weicht vor Mülltonnen auf Fahrbahn aus.

119 **d) Mitverschulden des Kraftfahrzeuginsassen**

aa) Alkoholgenuß des Fahrers:

BGH VersR **1968** 197: Kenntnis vom Alkoholgenuß allein noch kein Mitverschulden;

BGH VersR **1969** 380: Insasse weiß infolge Alkoholgenusses nicht, daß der Fahrer nicht mehr verkehrssicher ist;

BGH VersR **1970** 624: Keine Kenntnis von der Fahruntüchtigkeit;

OLG Hamburg VersR **1970** 258: Insasse erkennt fahrlässig die Trunkenheit des Fahrers nicht;

BGH VersR **1971** 473: Insasse hat fahrlässig die Fahruntüchtigkeit seines Fahrers nicht erkannt, bei Dunkelheit auf der Straße stehender Lkw-Anhänger;

BGH VersR **1972** 398: Insasse weiß nur von mäßigem Alkoholgenuß und daß der 22jährige Fahrer 20 Stunden nicht geschlafen hatte;

LG Köln VersR **1974** 1187: Erkennbarkeit der Fahruntüchtigkeit bei 2,26‰;

OLG Düsseldorf VersR **1975** 57: Erkennbarkeit der Fahruntüchtigkeit bei 1,33‰.

bb) Übermüdung des Fahrers: 120

BGH VRS 7 4: Mietwagenfahren am frühen Morgen;

OLG München VersR **1958** 491: auch alkoholische Getränke;

BGH VersR **1961** 518: weite Fahrt;

BGH VRS **22** 161: gemeinsam durchzechte Nacht und Heimfahrt erst gegen 5 Uhr;

OLG Celle VersR **1962** 843: mehrstündige Nachtfahrt in Kenntnis der Tagesarbeit unter Zwischenschaltung von einer Stunde Schlaf;

OLG Nürnberg DAR **1963** 297: Kenntnis;

BGH VersR **1972** 398: dem Insassen hätten sich begründete Zweifel an der Fahrtüchtigkeit aufdrängen müssen;

OLG Düsseldorf VersR **1975** 57: Der Insasse schläft und achtet nicht auf die Übermüdung des Fahrers.

cc) Fahrgast eines Omnibusses, Mietwagens oder Taxis: 121

LG Hanau VersR **1971** 727 mit Anm. *Schmalzl* 873: Insasse steht 60 m vor der Haltestelle auf, um auszusteigen, und hält sich fest, Omnibus bremst scharf, wegen eines Fußgängers auf einem Überweg;

LG Hamburg VersR **1971** 136: stehender Fahrgast eines Linienbusses rechnet nicht mit verkehrsnotwendiger Bremsung;

OLG Stuttgart VersR **1971** 674: Kläger steigt in Linienbus und hält sich nicht fest, als dieser anfährt;

LG Kiel VersR **1973** 870: Fußgängerin mit Kinderwagen beim Aussteigen aus einem Linienbus mit selbständig sich schließenden Türen;

OLG Düsseldorf VersR **1972** 1171: Omnibus nähert sich der Ampel zu schnell und muß deshalb scharf bremsen;

OLG Frankfurt VersR **1975** 381: ortskundiger Fahrgast eines Omnibusses, dem Schnee- und Eisglätte bekannt sind, stürzt beim Aussteigen;

LG Wiesbaden VersR **1975** 481: Omnibusfahrer bremst an Ampel, Fahrgast verbotswidrig aufgestanden.

dd) Mitverschulden des Insassen, sonstige Fälle: 122

BGH VersR **1966** 593: 16jähriger Mopedfahrer verletzt 14jährigen Sozius durch verkehrswidrige Fahrweise;

BGH VersR **1966** 1156: Halter eines Kraftrads als Sozius;

BGH VersR **1969** 424: Insasse weiß, daß Kraftfahrzeug nicht zugelassen und nicht versichert ist;

OLG Schleswig DAR **1971** 101: Fahrgast kennt Umstände, die die Gefährlichkeit der Fahrt erhöhen;

OLG Düsseldorf VersR **1972** 282: Halter läßt, ohne den zu niedrigen Reifendruck zu prüfen, wegen zu hohen Alkoholgenusses seinen Freund ans Lenkrad, dieser kommt wegen überhöhter Geschwindigkeit ins Schleudern;

OLG Düsseldorf VersR **1975** 645: Soziusfahrer weiß nicht, daß der Fahrer keine Fahrerlaubnis hat.

123 **V. Prozeßrechtliche Fragen**

1. Grundurteil

a) Die Mitverantwortlichkeit des Geschädigten für das **Entstehen des Schadensereignisses** betrifft den Haftungsgrund. Sie ist daher vor Erlaß eines Grundurteils zu klären und ggf. in diesem mit Festsetzung der Haftungsquote auszusprechen (BGHZ **76** 397; BGH VersR **1981** 57). Der BGH läßt es aber zu, ausnahmsweise die Frage des Mitverschuldens durch ausdrücklichen Vorbehalt im Grundurteil dem Nachverfahren zu überlassen, sofern der Einwand nur zu einer Minderung, nicht zur Beseitigung der Schadenshaftung führen kann (BGHZ **1** 36; **63** 119; **76** 400; BGH VersR **1981** 57) und das Mitverschulden mit dem Haftungsgrund nicht deswegen untrennbar verknüpft ist, weil beides sich aus einem einheitlich zu würdigenden Schadensereignis ableitet (BGHZ **63** 119; BGH VersR **1981** 57).

124 **b)** Ein Mitverschulden hinsichtlich der **Auswirkungen des Schadensereignisses** ist dagegen erst im Nachverfahren zu berücksichtigen. Da es sich hinsichtlich einzelner Unfallfolgen oder Schadensposten unterschiedlich ausgewirkt haben kann, ist es fehlerhaft, bereits im Grundurteil eine globale Mitverschuldungsquote festzusetzen (BGH VersR **1979** 960; **1981** 57). Dies gilt z. B. auch, wenn der Ersatzpflichtige sich auf einen Verstoß des Verletzten gegen die Anschnallpflicht (§ 21a StVO) beruft.

125 **2. Beschränkung der Revision**

Kann die Frage des Mitverschuldens dem Nachverfahren überlassen werden (Rdn. 123f), so kann das OLG, gleich ob es hiervon Gebrauch gemacht hat oder nicht, die Revisionszulassung wirksam auf diesen Einwand beschränken (BGHZ **76** 397). Es hat auch die Möglichkeit, die Revision nur für den auf die Verletzung der Anschnallpflicht gegründeten Einwand des Mitverschuldens und nicht auch für den gleichzeitig beschiedenen Einwand des Mitverschuldens am Zustandekommen des Unfalls zuzulassen (BGH VersR **1981** 57).

§ 10

Ersatzpflicht bei Tötung

(1) Im Falle der Tötung ist der Schadensersatz durch Ersatz der Kosten einer versuchten Heilung sowie des Vermögensnachteils zu leisten, den der Getötete dadurch erlitten hat, daß während der Krankheit seine Erwerbsfähigkeit aufgehoben oder gemindert oder eine Vermehrung seiner Bedürfnisse eingetreten war. Der Ersatzpflichtige hat außerdem die Kosten der Beerdigung demjenigen zu ersetzen, dem die Verpflichtung obliegt, diese Kosten zu tragen.

(2) Stand der Getötete zur Zeit der Verletzung zu einem Dritten in einem Verhältnisse, vermöge dessen er diesem gegenüber kraft Gesetzes unterhaltspflichtig war oder unterhaltspflichtig werden konnte, und ist dem Dritten infolge der Tötung das Recht auf Unterhalt entzogen, so hat der Ersatzpflichtige dem Dritten insoweit Schadensersatz zu leisten, als der Getötete während der mutmaßlichen Dauer seines Lebens zur Gewährung des Unterhalts verpflichtet gewesen sein würde. Die Ersatzpflicht tritt auch dann ein, wenn der Dritte zur Zeit der Verletzung erzeugt, aber noch nicht geboren war.

Übersicht

Schrifttum

Böhmer Ersatz für Trauerkleidung, DAR **1951** 106; *Böhmer* Beerdigungskosten und Unterhaltsersparnis, RdK **1953** 5; *Eckelmann* Schadensersatz bei Verletzung oder Tötung einer (berufstätigen) Frau oder Ehefrau[4] (1974); *Eckelmann* Schadensersatz für Personenschäden (1974); *Eckelmann/Schäfer* Beitrag zur Schadensregulierung bei Personenschäden nach Unfalltod wegen Ausfalls von Geldunterhalt, DAR **1981** 365; *Eckelmann/Nehls/Schäfer* Beitrag zum Schadensersatz bei Ausfall von Hausfrauen und Müttern im Haushalt nach Unfalltod, DAR **1982** 377; *Eckelmann/Nehls/Schäfer* Die Berechnung des Schadensersatzes bei Ausfall von Geldunterhalt nach Unfalltod des Ehemannes/Vaters NJW **1984** 945; *Fleer* Modifizierte Nettomethode und Schadensersatzanspruch der Hinterbliebenen nach § 844 Abs. 2 BGB, VersR **1974** 108; *Höring* Ersatz für entgangene Zukunftssicherung, VersR **1955** 72; *John* Einfluß der vorzeitig angefallenen Erbschaft auf den Ersatzanspruch, JZ **1972** 543; *Krebs* Ansprüche der Witwe, VersR **1961** 293; *Küppersbusch* Die Ablösung der §§ 1542, 1543 RVO durch die §§ 116 bis 119 SGB-X, VersR **1983** 193; *Millauer* Ansprüche der berufstätigen Ehefrau, NJW **1967** 1061; *v. Olshausen* Die Regreßregelung des § 116 Abs. 3 S. 2 SGB-X – eine Fehlleistung des Gesetzgebers; *Reinicke* Vorteilsausgleichung bei entgangenem Unterhalt und entgangenen Diensten, MDR **1952** 460; *Schulz-Borck/Hofmann* Schadensersatz bei Ausfall von Hausfrauen und Müttern im Haushalt (1978); *Thiele* Gedanken zur Vorteilsausgleichung, AcP **167** (1967) 193; *Thierfelder* Wegfall von Ansprüchen der Witwe bei Wiederverheiratung? NJW **1961** 641; *Weichlein* Die Höhe des Schadensersatzes bei Verletzung oder Tötung einer Hausfrau (1977); *Weimar* Wegfall von Ansprüchen der Witwe bei Wiederverheiratung? NJW **1960** 2181; *Weyer* Schadensersatz wegen Ausfalls der Hausfrau und Mutter, VersR **1971** 1111; *Wussow* Zusammentreffen der Ansprüche mehrerer Familienmitglieder, FamRZ **1967** 189.

Geschichtliche Entwicklung. Die Vorschrift war bereits wörtlich im Entwurf 1906 enthalten. Anträge hierzu wurden nicht gestellt; sie wurde unverändert angenommen (Komm. Ber. S. 25) und auch später nicht mehr geändert.

I. Bedeutung und Inhalt der Vorschrift 1

1. Anspruchsberechtigung nicht unmittelbar Verletzter

Im Grundsatz geht das StVG ebenso wie § 823 Abs. 1 BGB (im Gegensatz zu § 823 Abs. 2 BGB) davon aus, daß nur demjenigen Geschädigten Ersatzansprüche gegen den Schädiger zustehen, der selbst entweder einen Sachschaden oder einen Personenschaden erlitten hat, während alle diejenigen Betroffenen leer ausgehen (§ 7 Abs. 1 StVG), die lediglich einen Vermögensschaden erlitten haben (sog. Dritte). Von diesem im Interesse der Haftungsbegrenzung aufgestellten Grundsatz normiert § 10 zwei Ausnahmen zugunsten von Pietätspflichten, nämlich für die Durchführung einer standesgemäßen Beerdigung des Unfallopfers und die Versorgung der Witwe und der Waisen. Der zum Tragen der Beerdigungskosten Verpflichtete und die Unterhaltsberechtigten haben daher, obgleich nicht unmittelbar Verletzte, einen eigenen Anspruch auf Schadensersatz (§ 10 Abs. 1 Satz 2, Abs. 2). Sie erwerben diesen Anspruch nicht als Rechtsnachfolger des Getöteten, sondern originär. Die Selbständigkeit des Anspruchs zeigt sich z. B. darin, daß die Ausschlußklausel des § 11 Nr. 3 AKB ihn nicht erfaßt, wenn nur der Getötete, nicht aber der Hinterbliebene zu dem dort genannten Personenkreis gehört (BGH VersR **1978** 54).

2. Ansprüche für Krankheitszeiten vor dem Ableben 2

Abs. 1 Satz 1 hat im wesentlichen nur klarstellende Funktion. Stirbt der Verletzte, ehe der Schädiger seine bereits entstandenen Ansprüche nach § 11 befriedigt hat, so gehen diese ohnehin auf die Erben des Verletzten über, und zwar ohne Rücksicht darauf, ob der Tod eine Folge des Unfalls war. § 10 Abs. 1 Satz 1, der diese Rechtslage für den besonderen Fall feststellt, daß der Tod auf dem Unfall beruhte, besagt also nichts Neues. Er gibt nicht etwa einem Miterben abweichend von § 2039 Satz 1 BGB das Recht, vom Schädiger Zahlung an ihn allein zu verlangen (RG VAE **1936** 587; **a. A.** KG VR **1927** **404**). Ferner gewährt er auch nicht etwa den Erben Ansprüche, die der Getötete nicht hatte, sondern bezieht sich nur auf die beim Tod bereits vorhandenen Ansprüche. Insbesondere hatte der Erblasser schon einen Anspruch gegen den Schädiger auf Freistellung von den Zahlungsansprüchen des Krankenhauses und der Ärzte, auch wenn diese noch nicht Rechnung gestellt hatten (§ 11, 21).

3 Eine eigene Bedeutung hat Abs. 1 Satz 1 allenfalls insoweit, als ihm zu entnehmen ist, daß die Kosten eines Transportes von der Unfallstelle ins Krankenhaus und die Aufnahme im Krankenhaus auch dann unter die Heilungskosten fallen, wenn der beim Unfall Verletzte beim Beginn der Beförderung bereits tot war oder unterwegs gestorben ist.

4 **3. Kein Ausschluß von Ansprüchen des Erben aus Sachschädn**

Keinesfalls kann aus der Vorschrift entnommen werden, der Erbe dürfe nur Ansprüche des Erblassers aus Personenschäden geltend machen, nicht aber solche aus Sachschäden. Der Erbe kann vielmehr den Schaden, den der Verstorbene durch die Beschädigung seines Wagens beim Unfall erlitten hat, ebenso ersetzt verlangen, als lebte der Erblasser noch. Zu beachten ist freilich, daß dies nur für Schäden gilt, die zu Lebzeiten des Erblassers entstanden waren; Schäden, die der Erbe selbst durch den Unfall erleidet, werden – wenn sie nicht auf einer unmittelbaren Verletzung des Erben beim Unfall beruhen – nur im Rahmen der von § 10 normierten Ausnahmen ersetzt (Rdn. 15ff).

5 **4. Kein Ausschluß von Ansprüchen aus anderen Rechtsgründen**

§ 10 enthält keine ausschließliche Regelung in dem Sinne, daß Ansprüche Dritter, die auf andere Rechtsgründe (z. B. Vertrag, Geschäftsführung ohne Auftrag oder ungerechtfertigte Bereicherung) gestützt werden, ausgeschlossen wären. Wer den Transport des Verletzten ins Krankenhaus bezahlt oder selbst durchgeführt oder die Heilungskosten bezahlt hat, hat selbst einen Anspruch gegen den Schädiger, weil er dessen Aufgabe übernommen hat, die Unfallfolgen soweit als möglich abzuwenden oder zu verringern.

6 Ebenso steht es, wenn ein Dritter, der hierzu nicht verpflichtet gewesen wäre, den Hinterbliebenen des Getöteten Unterhalt gewährt, weil diese sonst Sozialhilfe in Anspruch nehmen müßten. Denn dieser Dritte erfüllte eine gesetzliche Verpflichtung des Schädigers, deren Erfüllung in öffentlichem Interesse lag, und kann daher sogar dann Ersatz seiner Aufwendungen verlangen, wenn der Schädiger die Unterhaltsgewährung durch den Dritten mißbilligt hat (§ 679 BGB).

7 **5. Kein Einfluß auf Ansprüche Dritter aus eigener Verletzung**

Die Frage, inwieweit Personen, die selbst nicht am Unfall beteiligt sind, aber infolge des Miterlebens oder der Unfallnachricht körperlich geschädigt werden, Ersatzansprüche haben, wird von § 10 weder im positiven noch im negativen Sinn geregelt (vgl. hierzu § 7, 137 und zur Frage der Anrechenbarkeit von Mitverschulden § 9, 23).

6. Kein Ersatzanspruch für den Wegfall von Dienstleistungen 8

Im Gegensatz zu § 845 BGB sieht das StVG keinen Ersatzanspruch für den Wegfall von Dienstleistungen durch den Tod des gesetzlich zu Diensten Verpflichteten vor. Auch eine entsprechende Anwendung der Vorschrift scheidet aus (RGZ **57** 52; **139** 295). Dieser Unterschied in der Regelung kommt jedoch nur selten zur Auswirkung, seit der BGH entschieden hat, daß die Mitarbeit eines Ehegatten im Haushalt oder im Erwerbsgeschäft des anderen keine Dienstleistung im Sinne des § 845 BGB darstellt (BGHZ **51** 109; **59** 172; **77** 157), so daß sich der Ersatzanspruch des Ehemannes im Falle der Tötung seiner Frau allein nach § 844 Abs. 2 BGB bzw. § 10 Abs. 2 StVG richtet (BGH NJW **1980** 2196; vgl. § 16, 11). Bedeutung kann das Fehlen einer § 845 BGB entsprechenden Vorschrift aber z. B. für die familienrechtlich geschuldeten Dienstleistungen von Kindern nach § 1619 BGB haben (vgl. § 16, 9). Die – insbesondere aus Art. 3 GG hergeleiteten – Gründe für die Herausnahme der Mitarbeitspflicht von Ehegatten aus dem Anwendungsbereich des § 845 BGB lassen sich auf diese Dienstleistungen nicht übertragen (BGHZ **69** 380).

7. Keine Ersatzpflicht für nach dem Tod des Verletzten eintretende Vermögensschäden 9

Von den in § 10 geregelten Ausnahmen abgesehen haftet der Schädiger nicht für Unfallfolgen, die erst nach dem Tod des Verletzten eingetreten sind (BGH VersR **1979** 324). Auch die Erben, die diese Folgen zu tragen haben, sind „Dritte" im Sinne der in Rdn. 1 dargelegten Grundsätze. Erleidet z. B. der Wagen, in dem der Getötete fuhr und der diesem gehörte, beim Unfall Totalschaden, so hat der Schädiger den Erben zwar die Kosten für einen gebrauchten gleichwertigen Wagen zu erstatten, ihnen aber keinen Nutzungsausfall zu zahlen und ihnen die Aufwendungen für einen Mietwagen auch dann nicht zu erstatten, wenn sie nach dem Tod des Erblassers auf den Wagen dringend angewiesen waren. Ein solcher Fall wird vor allem dann eintreten, wenn die Erben das Geschäft des Verstorbenen weiterführen (OLG Dresden VAE **1940** 184 und 224 m. Anm. *Küster*). Der Erbe kann den Ersatz des ihm durch den Unfall entstandenen Schadens auch nicht etwa unter dem Gesichtspunkt fordern, die Gewißheit, daß weitere Schadensfolgen eintreten werden, sei schon zu Lebzeiten des Erblassers entstanden, der den Unfall um einige Stunden überlebt habe. Denn während nach § 1922 BGB die Gesamtheit der wertbezogenen Rechtsverhältnisse auf die Erben übergeht und diese daher nach § 1967 Abs. 2 BGB auch für solche Schadensfolgen anderer Unfallbeteiligter einzustehen haben (eine Haftung des Erblassers unterstellt), die erst nach dem Tod des Erblassers entstehen, haben sie umgekehrt keinen Ersatzanspruch für Schadensfolgen, die das Vermögen des Erblassers erst nach dessen Tod treffen (BGH VersR **1965** 1077). So hat BGH VersR **1962** 337 einen Ersatzanspruch der Erben dafür verneint, daß infolge des Todes des Erblassers eine im Aufbau befindliche Fabrikanlage nicht vollendet werden konnte, so daß die vom Erblasser bestellten Maschinen nicht abgenommen werden konnten und ein Abstandsgeld an die Lieferanten gezahlt werden mußte. Die Erben können mithin auch keinen Ersatz für Prozeßkosten verlangen, wenn infolge des Todes des Erblassers ein Rechtsstreit erforderlich geworden ist. War der Getötete Notar, so braucht der Schädiger die Kosten der Auflösung des Notariats, die den Erben entstehen, nicht zu ersetzen (BGH VersR **1968** 554; vgl. auch BGH VersR **1970** 41). Die Ersatzpflicht für die Folgen der Erwerbsminderung des an den Unfallfolgen Sterbenden bedeutet nicht, daß dessen Erben auch den Vermögensverlust ersetzt bekämen, der dadurch entsteht, daß nach dem Tod des Verletzten dessen Erwerbsgeschäft aufgelöst werden muß und kein Erlös zu erzielen ist, der dem Wert des Unternehmens und der in dieses eingebrachten Sachen entspricht (BGH VersR **1972** 460). Etwas anderes gilt, wenn das Geschäft noch zu Lebzeiten des Verletzten aufgelöst oder veräußert werden muß (§ 11, 109f).

10 **8. Kein Anspruch auf Ersatz von Anwaltskosten**

Wegen der Beschränkung des Hinterbliebenen auf die in § 10 genannten Ansprüche können die Kosten einer außerprozessualen Rechtsberatung von ihm nicht geltend gemacht werden. Sie sind allenfalls als Verzugsschäden erstattungsfähig. Rechtsanwaltskosten, die anläßlich der Geltendmachung des Rentenanspruchs gegenüber einem Sozialversicherungsträger entstehen, können weder nach § 10 noch als Verzugsschaden ersetzt verlangt werden (BGH LM Nr. 3 zu § 10 StVG).

11 **9. Kein Anspruch auf Ausgleich steuerlicher Nachteile**

Wegen der Beschränkung des § 10 auf Beerdigungskosten und Unterhaltsschaden kann für steuerliche Nachteile, die der Tod des Verletzten mit sich bringt (z. B. Verlust der Begünstigung durch den Splitting-Tarif, der erhöhten Pauschal- und Höchstbeträge für Werbungskosten und Sonderausgaben), kein Ersatz verlangt werden. Zur Erstattung der für Unterhaltsersatzrenten zu zahlenden Einkommensteuer vgl. Rdn. 131.

12 **II. Allgemeine Anspruchsvoraussetzungen**

Die besonderen in § 10 geregelten Ersatzansprüche entstehen nur, sofern der Schädiger eine Ersatzpflicht gegenüber dem unmittelbar Verletzten hatte (Rdn. 13), und nur soweit dem Schädiger keine Einwendungen gegenüber dem unmittelbar Verletzten zustanden (Rdn. 14).

13 **1. Ersatzpflicht gegenüber dem Getöteten**

Die in § 10 den „Dritten" zugesprochenen Ansprüche setzen voraus, daß der Schädiger dem unmittelbar Geschädigten, hier also dem infolge des Unfalls Verstorbenen, die diesem durch den Unfall erwachsenen Schäden zu ersetzen hatte. Darauf, ob der Getötete selbst einen Schaden erlitten hat, kommt es freilich nicht an, es genügt das Bestehen einer theoretischen Ersatzpflicht des Schädigers. Die unerlaubte Handlung muß geeignet gewesen sein, solche Schäden zu verursachen und solche Ersatzansprüche zu begründen. Zum Begriff der Tötung vgl. § 7, 111.

14 **2. Einwendungen des Schädigers**

Aus Vorstehendem ergibt sich, daß der Schädiger dem mittelbar geschädigten Dritten alle Einreden und Einwendungen entgegenhalten kann, die ihm gegen Ansprüche des Getöteten gegeben gewesen wären. Das mitwirkende Verschulden des Getöteten oder die Betriebsgefahr seines Kraftfahrzeugs mindert die Ersatzansprüche des Dritten in Anwendung der §§ 9, 17 StVG und § 254 BGB oder schließt sie ganz aus; § 846 BGB ist entsprechend anwendbar (BGH VersR **1957** 198; NJW **1961** 1966; s. a. § 9, 22). Hat der unmittelbar Verletzte vor dem Unfall gegenüber dem Schädiger ganz oder teilweise auf Ersatzansprüche verzichtet, so hat auch der Dritte nach dem Tod des Verzichtenden keine oder nur die geminderten Ansprüche (BGH VersR **1961** 846). Dagegen berührt ein Verzicht des Verletzten nach dem Unfall die Ansprüche der Dritten nicht (*Palandt/Thomas* § 844 1 a).

III. Heilungskosten und Erwerbsminderung 15

Diese Schäden werden nach den in § 11 aufgestellten Grundsätzen ersetzt, da es sich um Ansprüche handelt, die dem Erblasser vor seinem Tode erwachsen sind. Es wird daher auf die Erläuterungen zu § 11 verwiesen.

Die Besonderheit des § 10 Abs. 1 Satz 1 besteht lediglich darin, daß Kosten für die Beförderung des Verletzten ins Krankenhaus (sie gehören ebenfalls zu den Heilungskosten; RG JW **1905** 143) und Krankenhaus- sowie Arztkosten, die erst nach dem Tod des Verletzten entstanden sind, so behandelt werden, als seien sie schon vor seinem Tod entstanden (Rdn. 3).

IV. Beerdigungskosten 16

Die in § 10 getroffene Regelung stimmt mit der entsprechenden Regelung beim Recht der unerlaubten Handlungen (§ 844 Abs. 1 BGB) überein.

1. Anspruchsberechtigung 17

a) Personenkreis. Anspruchsberechtigt ist jede Person, die familienrechtlich verpflichtet ist, die Beerdigungskosten zu tragen. Dies ist in der Regel der Erbe (§ 1968 BGB). Hilfsweise sind kraft Gesetzes zur Tragung der Beerdigungskosten verpflichtet und daher ersatzberechtigt: die Verwandten in gerader Linie (§ 1615 Abs. 2 BGB), der Ehegatte (§ 1360a Abs. 3 BGB) und der unterhaltspflichtige geschiedene Ehegatte, sofern die Ehe nach den vor 1. 7. 1977 geltenden Vorschriften geschieden wurde (§ 69 Abs. 2 EheG i. V. m. Art. 12 Nr. 3 Abs. 2 1. EheRG; das neue Scheidungsrecht enthält keine entsprechende Bestimmung mehr). Die Verpflichtung kann auch (anders als bei § 10 Abs. 2) vertraglich übernommen worden sein. Den Anspruch aus § 10 hat jedoch derjenige nicht, der die Kosten tatsächlich gezahlt hat, ohne hierzu verpflichtet zu sein (BGH NJW **1962** 793), außer wenn er sich den Anspruch von dem eigentlich zur Tragung der Kosten Verpflichteten hat abtreten lassen. Auch ein Anspruch aus Geschäftsführung ohne Auftrag kommt in Betracht (OLG Saarbrücken VersR **1964** 1257; KG VersR **1979** 379).

b) Forderungsübergang bei Anspruch auf Sterbegeld. Hat der Hinterbliebene Anspruch auf Zahlung eines Sterbegeldes, so sind hinsichtlich seiner Anspruchsberechtigung folgende Fälle zu unterscheiden: 18

aa) Hat ein **Sozialversicherungsträger** Sterbegeld zu zahlen (z. B. nach §§ 201ff, 589 RVO), so geht der Anspruch auf Ersatz der Beerdigungskosten in Höhe seiner Leistungspflicht auf ihn über, obwohl Ersatzberechtigter nicht der Versicherte, sondern ein unbeteiligter Dritter ist (BGH VersR **1959** 231; **1981** 675). Dem Sozialversicherungsträger steht im Verhältnis zu dem Dritten, der die entstandenen Kosten tragen mußte und getragen hat, das Quotenvorrecht (Rdn. 83) zu. Dies hat zur Folge, daß dann, wenn den Getöteten eine Mitverantwortung am Unfall trifft und deshalb der Ersatzanspruch gegen den Schädiger geringer ist als die entstandenen Aufwendungen, der Ersatzberechtigte nur den verbleibenden Rest erhält oder leer ausgeht (OGHZ **4** 16). Darauf, ob der Verstorbene Pflichtversicherter oder freiwillig Weiterversicherter war, kommt es nicht an (OLG Naumburg JW **1933** 2716). 19

bb) Wenn der Getötete **Beamter** war und den Hinterbliebenen ein Sterbegeld nach § 18 BeamtVG zusteht, geht der Anspruch nach § 10 in der betreffenden Höhe auf den Dienstherrn über (§ 87a BBG), denn zwischen beiden Ansprüchen besteht, 20 da das Sterbegeld auch die Beerdigungskosten abdecken soll, sachliche Kongruenz (BGH VersR **1977** 427). Dem Dienstherrn steht kein Quotenvorrecht zu (BGHZ **22** 136; vgl. § 87a Satz 2 BBG). Dies bedeutet, daß nur der Teil des Schadensersatzanspruchs auf den Dienstherrn übergeht, der nach Deckung des entsprechenden Schadens des Hinterbliebenen verbleibt (Näheres zum Quotenvorrecht s. Rdn. 86).

21 cc) Bei **Angestellten im öffentlichen Dienst** wird nach § 41 BAT ebenfalls ein Sterbegeld gezahlt. Hier kommt es aber mangels einer § 87a BBG entsprechenden Regelung nicht zu einem gesetzlichen Forderungsübergang (BGH VersR **1978** 249). Zur Frage der Vorteilsausgleichung vgl. Rdn. 31.

22 **dd)** Zahlt eine **private Versicherung** Sterbegeld, so findet nach § 67 VVG ebenfalls ein Forderungsübergang statt. Mit dem Quotenvorrecht verhält es sich wie beim Beamten (Rdn. 20).

23 **2. Umfang des Anspruchs**

Der Berechtigte wird hinsichtlich der Beerdigungskosten wie ein Verletzter behandelt, kann also grundsätzlich jeden Vermögensschaden ersetzt verlangen, soweit er ihm durch die „Beerdigung" entstanden ist (zur Kausalität vgl. Rdn. 29). Daß die Feuerbestattung der Beerdigung gleichzusetzen ist, ist jetzt unstreitig, desgleichen, daß der Begriff „Beerdigung" sehr weit auszulegen ist. Die Erstattungspflicht besteht allerdings nur in dem Umfang, in dem Aufwendungen wirklich gemacht wurden (*Hagemann* RdK **1940** 52), und soweit diese standesgemäß waren, also den Gebräuchen der Personenkreise entsprachen, zu denen der Verstorbene gehörte (§ 1968 BGB)[1]. Bei kleinen Kindern ist daher nur ein geringerer Aufwand erstattungsfähig (OLG Köln VersR **1951** 85).

24 **a) Zu ersetzende Aufwendungen** sind z. B., jeweils im Rahmen des Üblichen und Angemessenen, die Gebühren für Leichenschau und Leichenpaß, Waschen, Einkleiden und Aufbahren der Leiche, Beschaffung des Sarges oder der Urne, geistliche und weltliche Feiern mit Musik, bei Angehörigen der katholischen Kirche auch die Seelenmesse und das Sechswochenamt mit Einladungen dazu (OLG Köln JW **1938** 811; OLG Celle HRR **1939** Nr. 551), der Versand von Trauerkarten an Verwandte und Bekannte, Zeitungsanzeigen (KG VAE **1938** 22); Telegramme an nahe Angehörige, Ausschmückung der Leichenhalle und des Grabes einschließlich der Kränze (OLG Köln DAR **1956** 646; **a. A.** KG DAR **1934** 32), Blumenbepflanzung, soweit sie zur Grundausstattung des Grabes gehört (OLG Köln VersR **1956** 647 m. Anm. *Pikart*); Trauerkleider für die nächsten Verwandten (RG WarnR **1928** Nr. 127; KG DAR **1929** 297; LG Ulm VersR **1968** 183; **a. A.** KG DAR **1934** 32) und für vermögenslose Angehörige (OLG Kiel JW **1931** 668); Mietwagen für die Fahrt der Trauergäste zum Friedhof (OLG Köln JW **1938** 811); ein Trauermahl für bis zu 40 Personen, je nach den Vermögensverhältnissen des Verstorbenen (OLG Kiel JW **1931** 668; HRR **1930** Nr. 1502; OLG Celle RdK **1932** 205; LG Ulm VersR **1968** 183); Kosten der Übernachtung der nächsten Angehörigen am Ort des Begräbnisses (OLG Hamm VersR **1972** 405); Verdienstausfall der nächsten Angehörigen für den Tag der Beerdigung (KG DAR **1929** 297); Verdienstausfall dessen, der

[1] RGZ **139** 393; BGH NJW **1960** 910; VersR **1974** 140; OLG Köln JW **1938** 811; VersR **1951** 85; OLG Hamm VRS **2** 105; OLG Karlsruhe VersR **1956** 542 u. 595 m. Anm. *Böhmer* u. 631 m. Anm. *Schultze*; OLG Düsseldorf MDR **1961** 940; KG VersR **1979** 379; *Böhmer* RdK **1953** 5.

die Vorbereitungen für die Feierlichkeiten getroffen hat, für einen weiteren Tag (OLG Hamm DAR **1956** 217), Danksagungskarten einschließlich Porto (OLG Kiel JW **1931** 668) und schließlich die üblichen Trinkgelder (OLG Köln JW **1938** 811).

Einen **Grabstein** zu setzen, ist jetzt in Deutschland allgemein üblich geworden. **25** Die frühere Rechtsprechung zu der Frage, ob der Schädiger die Kosten eines Grabsteins ersetzen muß, ist daher überholt. Statt des Grabsteins kann auch, soweit ortsüblich, ein schmiedeeisernes Kreuz oder Holzkreuz mit Schnitzerei aufgestellt werden. Die Aufwendungen für den Grabstein mit Sockel und Inschrift (oder eines entsprechenden Metall- oder Holzkreuzes) müssen bis zur Höhe der Kosten ersetzt werden, die der hierzu Verpflichtete voraussichtlich aufgewendet hätte, wäre der Unfallbeteiligte aus anderer Ursache gestorben[2]. Die Tatsache, daß der Verstorbene vermögenslos war und sich noch in der Berufsausbildung befand, oder daß der Erbe für seine Klage das Armenrecht (Prozeßkostenhilfe) bewilligt erhalten hat, steht der Zubilligung eines Anspruchs auf Ersatz eines der Ortssitte und Gepflogenheit entsprechenden Grabsteins nicht entgegen (OLG München EE **49** 66). Der Stein darf nicht luxuriöser sein, als es der wirtschaftlichen und gesellschaftlichen Stellung des tödlich Verunglückten entspricht (KG DAR **1928** 421; LG Hof VersR **1950** 183).

Eine **Überführung** der Leiche ist bei der Feuerbestattung zu dem Ort erforderlich, **26** an dem sich das nächste Krematorium befindet, im übrigen können die Kosten der Überführung nur beim Vorliegen besonderer Gründe ersetzt verlangt werden (RGZ **66** 308; OLG Karlsruhe/Freiburg VersR **1954** 12), vor allem dann, wenn ein Familiengrab besteht (OLG Stettin OLGZ **24** 63) oder wenn der Verstorbene die Beerdigung an einem bestimmten Ort aus beachtlichen Gründen (Beerdigung neben dem vorverstorbenen Ehegatten) gewünscht hat (RG WarnR **1925** Nr. 203) oder der Tod auf einer Reise eingetreten ist (OLG Karlsruhe/Freiburg NJW **1954** 720). Auch bei einem in Deutschland verunglückten Gastarbeiter wird die Überführung des Leichnams in die Heimat in der Regel standesgemäß sein (vgl. LG Gießen DAR **1984** 151).

Zu der Frage, wer eine **Exhumierung und Umbettung** der Leiche oder der Asche an- **27** ordnen kann und unter welchen Voraussetzungen dies möglich ist, vgl. *von Blume* (AcP **112** 367); RGZ **108** 220; OLG Hamburg OLGZ **16** 262. Auch diese Kosten sind, wenn die Voraussetzungen für eine Umbettung gegeben waren, vom Schädiger zu ersetzen (OLG Karlsruhe/Freiburg VersR **1954** 12).

b) Nicht zu ersetzende Aufwendungen sind z. B. solche für die standesamtliche **28** Beurkundung des Todes und die Ausfertigung der Urkunden, die Testamentseröffnung, die Erteilung des Erbscheins (OLG Köln VersR **1982** 558), die Verteilung des Nachlasses unter die Erben, die Umschreibung der Konten und der Grundstücke, die Nachlaßverwaltung, die Einsetzung eines Leiters für den verwaisten Gewerbebetrieb, die Mehrkosten für ein Doppelgrab, das auch für die noch lebende Ehefrau des Verunglückten bestimmt ist (BGH NJW **1973** 2103), die Mehrkosten für einen Doppelgrabstein (OLG Köln VersR **1976** 373; **a. A.** OLG München NJW **1968** 252) oder ein Familiendenkmal (OLG München EE **49** 66), die Grabmiete (sie wird nur für das erste Jahr oder die von der Friedhofsverwaltung vorgeschriebene Mindestdauer ersetzt); die Instandhaltung der Grabstätte und des Grabsteins und die lau-

[2] RGZ **139** 393; RG JW **1937** 1490; OLG Kiel JW **1931** 668; HRR **1930** Nr. 1502; OLG Karlsruhe VersR **1955** 153; **1956** 542.

fende Bepflanzung des Grabes[3]; Kränze von Verwandten und Freunden; Reisekosten von Angehörigen zur Beerdigung, außer wenn ausnahmsweise der Erbe wegen der Höhe des Nachlasses und der Bedürftigkeit des Verwandten solche Reisekosten tragen müßte (BGHZ **32** 72).

29 **3. Ursachenzusammenhang**

Die Beerdigungskosten sind auch dann voll zu ersetzen, wenn der Verstorbene in hohem Alter stand oder schon vor dem Unfall schwerkrank war, wenn die Kosten also auch ohne den Unfall bald erwachsen wären (OLG Kiel JW **1931** 668). Die Pflicht zu vollem Ersatz der Beerdigungskosten hat der Schädiger mithin auch dann, wenn das den Unfall herbeiführende Ereignis den tödlichen Verlauf einer Krankheit lediglich beschleunigt oder begünstigt hat.

30 **4. Vorteilsausgleichung**

Von den Anschaffungskosten für Trauerkleidung ist abzuziehen die Ersparnis, die dadurch entsteht, daß die Abnützung anderer Kleidung – vor allem während des Trauerjahres – erspart wird[4]. Diese Ersparnis wird üblicherweise mit der Hälfte der Gestehungskosten angesetzt[5], ist aber je nach der Art der Bekleidungsgegenstände (Schuhe, Strümpfe, Handschuhe, Unterkleider, Herrenanzüge, Damenkleider, Trauerflor, Hüte) verschieden. Kann dem Beteiligten wegen seiner schlechten wirtschaftlichen Verhältnisse ein Beitrag zu den Anschaffungskosten nicht zugemutet werden, so entfällt die Kürzung (KG DAR **1928** 421; OLG Schleswig MDR **1952** 747). Bei Beträgen unter 600,– DM will das LG Ulm (VersR **1968** 183) von einer Kürzung ohne weiteres absehen.

31 Im übrigen findet eine Vorteilsausgleichung nicht statt. Der Schädiger kann mithin – nach Maßgabe von Rdn. 32 – nicht einwenden, der zum Tragen der Beerdigungskosten Verpflichtete habe von anderer Seite folgende Leistungen erhalten oder zu erhalten: Sterbegeld (BGH VersR **1978** 249), Feuerbestattungskosten, Lebensversicherungssummen, Unfallversicherungssummen (RGZ **146** 289; **148** 164; RG DJ **1938** 792; **1940** 1396), Leistungen der Insassenversicherung (RGZ **139** 393), freiwillige Zahlungen des Arbeitgebers oder Pensionszahlungen auf Grund des Arbeitsvertrags (RGZ **151** 334), Zahlungen aus einer öffentlichen Sammlung (RG DJ **1935** 1703).

32 Zu unterscheiden von der Frage der Anrechenbarkeit solcher Leistungen anderer Personen ist die, ob der zur Tragung der Beerdigungskosten Verpflichtete den gesamten Anspruch selbst geltendmachen darf oder ob ein Teil davon auf den anderen übergegangen oder diesem abzutreten ist. Diese Frage beantwortet sich unterschiedlich je nach den Rechtsbeziehungen des Verstorbenen zu dem anderen (zum Anspruchsübergang beim Sterbegeld nach §§ 201 ff, 589 RVO, § 18 BeamtVG oder anderen Vorschriften vgl. Rdn. 18 ff).

[3] RGZ **160** 256; BGH VersR **1974** 140; KG DAR **1939** 222; OLG Celle HRR **1939** Nr. 551; OLG Dresden VAE **1940** 184; OLG Hamm VRS **2** 105; KG DAR **1974** 225.

[4] BGH VersR **1973** 224; OLG Hamm DAR **1956** 217; **a. A.** OLG Karlsruhe VersR **1956** 542 u. 631 m. abl. Anm. *Schultze*; LG Köln VersR **1953** 38 m. abl. Anm. *Wussow*; LG Düsseldorf VersR **1967** 985; **a. A.** OLG Hamm VersR **1973** 1110.

[5] BGH VersR **1973** 224; OLG Dresden VAE **1941** 117; OLG Köln VersR **1956** 646 (40%) m. Anm. *Pikart*; LG Karlsruhe VersR **1957** 725.

Die Tatsache, daß derjenige, der die Beerdigungskosten zu tragen hat, als Erbe oder Vermächtnisnehmer etwas aus dem **Nachlaß** des Verstorbenen erhält, berührt den Entschädigungsanspruch ebensowenig wie der Umstand, daß der Berechtigte sich durch den Tod in Zukunft **Unterhaltsleistungen** erspart (OLG Düsseldorf NJW **1952** 309; *Böhmer* RdK **1953** 5). 33

V. Ansprüche wegen entgangenen Unterhalts 34

1. Überblick

a) Umfang der Ansprüche. Wird bei einem Unfall ein Beteiligter getötet, so hat dies im allgemeinen für den Ehegatten des Getöteten und für sonstige Verwandte, vor allem für die Kinder, erhebliche finanzielle Nachteile zur Folge, weil der Verletzte seine Arbeitskraft zum Wohle der Familienmitglieder eingesetzt hatte. Da diese Personen „Dritte" im Sinne des Schadenersatzrechts sind, würden sie den ihnen durch den Unfall verursachten Schaden selbst zu tragen haben, wenn ihnen nicht § 10 StVG (entsprechend § 844 BGB) besondere Ersatzansprüche zuerkennen würde, die sich freilich in engen Grenzen halten. Abgesehen davon, daß selbstverständlich der Tod durch das den Unfall herbeiführende Ereignis adäquat verursacht oder mitverursacht sein muß (vgl. hierzu Rdn. 13), setzt die Entstehung solcher Ansprüche zweierlei voraus: Erstens muß zwischen dem Verstorbenen und dem Anspruchsteller eine familienrechtliche Beziehung bestanden haben, aus der – sofern die weiteren Voraussetzungen hierfür eintreten – Unterhaltsansprüche bestehen oder entstehen können (Rdn. 39ff), und zweitens muß feststehen, daß diese weiteren Voraussetzungen eingetreten wären oder fortbestanden hätten, wenn sich der Unfall nicht ereignet hätte (Rdn. 43ff). Die genannten weiteren Voraussetzungen sind insbesondere die Bedürftigkeit des Anspruchstellers und die Leistungsfähigkeit des Getöteten. Es muß daher auch geprüft werden, wie sich die Vermögenslage der Familienmitglieder entwickelt hätte, wenn der Verstorbene weitergelebt hätte und beim Unfall nicht gesundheitlich beeinträchtigt worden wäre. Nur wenn diese Prüfung ergibt, daß der Verletzte dem Anspruchsteller hätte Unterhalt gewähren können und müssen, sind dessen Ansprüche gegen den Schädiger berechtigt, und zwar in der Höhe des entgangenen Unterhalts (BGH VersR **1966** 588; OLG Nürnberg VersR **1966** 526) und unter Berücksichtigung der Mitverantwortung des Verstorbenen für den Unfall (§§ 9, 17 StVG, § 254 BGB) (BGHZ **4** 170). Da das Gesetz nur auf die familienrechtliche Verpflichtung, Unterhalt zu leisten, abstellt, kommt es nicht darauf an, ob und in welcher Höhe der Verpflichtete seine Schuld bis zu seinem Tod erfüllt hat (BGH VersR **1969** 897; **1971** 423; **1974** 906; OLG Stuttgart OLGZ **2** 440). Immerhin können aus dem Verhalten, das der Getötete bis zum Unfall gezeigt hat, Schlüsse in der Richtung gezogen werden, daß er zur Leistung von Unterhalt imstande war. Auch für die Höhe des geschuldeten Unterhalts lassen sich in diesem früheren Verhalten gewisse Anhaltspunkte finden (Rdn. 133).

b) Unterhaltsrückstände werden von der Ersatzpflicht nach § 10 Abs. 2 nicht erfaßt (BGH VersR **1973** 620; KG NJW **1970** 476; OLG München NJW **1972** 586; **a. A.** OLG Nürnberg FamRZ **1968** 476; VersR **1971** 921). Das Gegenteil läßt sich auch nicht damit begründen, daß der Getötete sie im Falle seines Weiterlebens hätte tilgen können, denn § 10 Abs. 2 begründet einen Schadensersatzanspruch wegen Verlust des Rechts auf Unterhalt, nicht wegen Verlust der Verwirklichungsmöglichkeit von rückständigen Unterhaltsforderungen. 35

36 **c) Rechtsnatur der Ansprüche.** Die Ansprüche aus § 10 Abs. 2 sind auf Leistung von Schadensersatz gerichtet, unterliegen also nicht den für Unterhaltsansprüche geltenden Sonderregeln (OLG Hamburg RdK **1929** 352).

37 **d) Ausgeschlossene Ansprüche.** Außerhalb der in § 10 oder in § 844 BGB bestimmten Grenzen haben die Hinterbliebenen keine Ansprüche gegen den Schädiger. Wenn der Bundesgerichtshof der Witwe auch über den mutmaßlichen Todeszeitpunkt des Ehegatten hinaus einen Anspruch gegen den Schädiger auf Zahlung der Witwenrente aus der Rentenversicherung zuerkennt, die ihr infolge des Unfalltodes des Mannes entgeht (Rdn. 181), so geschieht dies im Rahmen des vom Verstorbenen geschuldeten Unterhalts; keinesfalls will der BGH daneben einen selbständigen Anspruch eröffnen. Es handelt sich vielmehr um eine Sachlage, die derjenigen entspricht, wie sie besteht, wenn ein freiberuflich tätiger Ehemann getötet und dadurch gehindert wird, für eine Altersversorgung der Witwe ausreichendes Kapital zurückzulegen (BGH VersR **1954** 325; **1970** 128). Keinesfalls kann daraus gefolgert werden, die Witwe könne vom Schädiger auch Ersatz des Schadens verlangen, der ihr infolge des Unfalltodes des Mannes dadurch entsteht, daß die Kinder ihre Berufsausbildung nicht vollenden und daher nicht in dem Maße zu ihrem Unterhalt beitragen können, wie dies bei ungestörter Berufsausbildung der Fall gewesen wäre.

38 **e) Form der Ersatzleistung.** Der Ersatz des Unterhaltsschadens ist für die Zukunft grundsätzlich in Form einer Rente zu gewähren (§ 13 Abs. 1; wegen der Einzelheiten vgl. die Erl. zu dieser Vorschrift).

39 2. Anspruchsvoraussetzungen

a) Gesetzliche Unterhaltspflicht. Kraft Gesetzes unterhaltspflichtig sind nur die aus Regeln des Familienrechts (§§ 1360ff, 1569 bis 1586b, 1601ff, 1615aff, 1736, 1739, 1751, 1754, 1770 BGB und §§ 26, 37 EheG) Unterhaltspflichtigen, nicht dagegen diejenigen Personen, die aus unerlaubter Handlung oder Gefährdungshaftung zur Leistung einer Unterhaltsrente verpflichtet sind; letztere schulden bei genauer Betrachtung keinen Unterhalt, sondern Schadenersatz für Unterhalt. Wird also z. B. bei einem Unfall derjenige getötet, der einem blinden Schulkameraden unterhaltspflichtig war, weil er ihn als Kind an beiden Augen verletzt und dadurch die Blindheit herbeigeführt hatte, so erhält der Blinde von dem Schädiger nichts. Auch wer dadurch geschädigt ist, daß ein vertraglich begründeter Anspruch auf Gewährung des Lebensunterhalts durch den Tod des Verpflichteten wegfiel, erhält keinen Ersatzanspruch (BGH VersR **1979** 1066). Erst recht geht derjenige leer aus, dem ein anderer freiwillig und ohne eine Verpflichtung hierzu zu haben, Unterhalt geleistet hatte (LG Tübingen RdK **1950** 157). Stiefkinder haben keinen Anspruch, auch wenn der getötete Elternteil für sie so gesorgt hat, als seien es seine eigenen Kinder (BGH VersR **1969** 998; **1984** 189). Entsprechendes gilt bei Verlobten oder Partnern einer nichtehelichen Lebensgemeinschaft (OLG Frankfurt VersR **1984** 449).

40 Im einzelnen sind folgende Personen unter bestimmten Voraussetzungen Kraft Gesetzes unterhaltsberechtigt: der Ehegatte bei bestehender Ehe (§ 1360 BGB), der Ehegatte nach Scheidung der Ehe (§§ 1569 bis 1586b), der Ehegatte nach Aufhebung (§ 37 EheG) oder Nichtigerklärung (§ 26 EheG) der Ehe, Verwandte in gerader Linie (§ 1601 BGB), auch das nicht eheliche Kind (§ 1615a BGB) sowie das Adoptivkind (§ 1736 BGB). Wer nach dem Tod des Verletzten geboren wird, hat

dieselben Rechte wie ein Kind des Verletzten, sofern er von diesem erzeugt ist (§ 10 Abs. 2 Satz 2).

b) Zum Zeitpunkt des Unfalls. Der für das Bestehen der Verwandtschaft mit dem Getöteten maßgebende Zeitpunkt ist der der Körperverletzung, nicht etwa der des Todes. Der Zeitpunkt des Unfalls ist daher auch dann maßgebend, wenn erst später Verletzungsfolgen entstehen. Dasselbe gilt für die nicht auf Verwandtschaft beruhenden Unterhaltsverpflichtungen (Adoption, Eheschließung, Zeugung des Nasciturus); hier kommt es, wie das Gesetz ganz allgemein sagt, darauf an, daß „die Verhältnisse" schon im Zeitpunkt der Verletzung bestanden haben. Darauf, ob die sonstigen Voraussetzungen für das Entstehen einer Unterhaltspflicht in diesem Zeitpunkt schon bestanden haben, kommt es nicht an; es genügt die durch die „Verhältnisse" begründete Anwartschaft auf eine Unterhaltsberechtigung gegenüber dem Verletzten (RG JW **1931** 3310 m. Anm. *Landsberg*). Kinder, die erst nach der Körperverletzung gezeugt wurden und die Witwe, die den Verletzten nach dessen Verletzung geheiratet hatte (RG VAE **1937** 111), gehen mithin leer aus. Das Gericht ist bei der Prüfung der Frage, ob die Zeugung vor oder nach der Verletzung erfolgt ist, nicht an Beweisregeln oder gesetzliche Vermutungen gebunden, sondern hat die Feststellung in freier Beweiswürdigung (§ 286 ZPO) zu treffen. Die Verlobung begründet keine Anwartschaft auf Unterhalt (LG Tübingen RdK **1950** 125 LS; KG NJW **1967** 1089; **a. A.** *Reichel* DJZ **1931** 562). Da der Legitimation eines unehelichen Kindes durch die nachfolgende Eheschließung der Eltern (§ 1719 BGB) keine Rückwirkung beigelegt ist, hat ein solches Kind, wenn die Eltern erst nach dem Unfall heiraten, gegenüber dem Schädiger nur die Ansprüche, die es ohne seine Legitimation haben würde. **41**

Für die Anwendung des § 10 bleiben selbstverständlich auch solche Verhältnisse außer Betracht, die schon vor dem Unfall geendet hatten; dies gilt vor allem für eine ohne Unterhaltspflicht des Verletzten geschiedene Ehe. War zur Zeit des Unfalls ein **Scheidungsverfahren** anhängig, so entfällt der Unterhaltsanspruch, wenn der Schädiger nachweist, daß die Ehe unter Ausschluß eines Unterhaltsanspruchs des Hinterbliebenen geschieden worden wäre (vgl. z. B. § 1579 BGB); er endet an dem Tag, an dem das Urteil voraussichtlich rechtskräftig geworden wäre (RGZ **152** 363). War noch kein Scheidungsantrag erhoben, so bleibt die Absicht, sich scheiden zu lassen, unberücksichtigt (BGH VersR **1969** 350; **1974** 700). **42**

c) Tatsächlicher Unterhaltsanspruch. Steht fest, daß der Getötete die Stellung eines gesetzlich Unterhaltsverpflichteten gegenüber dem Anspruchsteller hatte, so ist weiter zu prüfen, ob unter den Umständen des konkreten Falles ein tatsächlicher Unterhaltsanspruch bestand oder in der Zukunft bestanden hätte. Diese Prüfung umfaßt in der Regel drei Umstände: die Bedürftigkeit des Unterhaltsberechtigten, die Leistungsfähigkeit des Getöteten und die Frage, ob der Getötete unter mehreren Verpflichteten „an der Reihe" war, den Unterhalt zu gewähren. Das Ergebnis der Prüfung ist die Feststellung, welchen Unterhalt der tödlich Verletzte dem Berechtigten in bestimmten Zeiträumen geschuldet hätte, wäre er nicht beim Unfall verletzt worden. **43**

aa) Bedürftigkeit des Berechtigten. Voraussetzung der Unterhaltspflicht ist grundsätzlich, daß der Berechtigte in dem Zeitraum, für den er Unterhalt fordert, ganz oder teilweise außerstande ist, sich selbst zu unterhalten (§ 1602 Abs. 1 BGB). Eine Ausnahme gilt für den gegenseitigen Unterhaltsanspruch der Ehegatten. Jeder von beiden muß einen angemessenen Beitrag zum Familienunterhalt leisten, auch wenn **44**

der andere nicht bedürftig ist (Rdn. 54). Wird ein berufstätiger Sohn getötet, der seine Mutter laufend finanziell unterstützt hat, so braucht der für den Unfalltod des Sohnes Verantwortliche nicht in die weggefallenen Zahlungen des Sohnes einzutreten, wenn die Mutter keinen Unterhaltsanspruch hatte, weil sie imstande war, sich selbst zu unterhalten (§ 1602 BGB), also z. B. ihren Lebensunterhalt durch eine zumutbare Erwerbstätigkeit zu bestreiten. Zumutbar kann hierbei auch eine Tätigkeit in einem anderen als dem erlernten Beruf sein, auch eine solche unterhalb der bisherigen beruflichen Qualifikation.

45 Ein minderjähriges unverheiratetes Kind braucht, um seinen Unterhalt zu bestreiten, sein **Vermögen** nicht anzugreifen (§ 1602 Abs. 2 BGB). Alle anderen Personen haben dann keinen Unterhaltsanspruch, wenn sie ihren Lebensbedarf aus dem Ertrag oder Stamm ihres Vermögens bestreiten können; der Stamm muß allerdings nur angegriffen werden, wenn dessen Verwertung bei Berücksichtigung der voraussichtlichen Lebensdauer zumutbar ist (BGH VersR **1966** 283).

46 **bb) Leistungsfähigkeit des Verpflichteten.** Unterhaltspflichtig ist nicht, wer bei Berücksichtigung seiner sonstigen Verpflichtungen außerstande ist, ohne Gefährdung seines angemessenen Unterhalts den Unterhalt zu gewähren (§ 1603 Abs. 1 BGB). Eltern müssen aber darüber hinaus alle verfügbaren Mittel zu ihrem und der Kinder Unterhalt gleichmäßig verwenden, außer wenn ein anderer unterhaltspflichtiger Verwandter oder ein Vermögen des Kindes vorhanden ist (§ 1603 Abs. 2 BGB). Sie haften den Kindern nach ihren Erwerbs- und Vermögensverhältnissen, und zwar unabhängig vom Bestand der Ehe.

47 **cc) Reihenfolge der Unterhaltsverpflichteten.** Ein kraft Gesetzes Unterhaltspflichtiger hat nur dann tatsächlich Unterhalt zu leisten, wenn nicht ein anderer, gleichfalls Unterhaltspflichtiger nach dem Gesetz vorrangig einzutreten hat. So sind z. B. die Abkömmlinge vor den Verwandten der aufsteigenden Linie unterhaltspflichtig, wobei nähere Abkömmlinge vor den entfernteren haften; auch unter den Verwandten der aufsteigenden Linie haften die näheren vor den entfernteren (§ 1606 BGB). Ist ein Verwandter wegen Unvermögens nicht unterhaltspflichtig oder ist er nicht greifbar, so hat der nach ihm haftende Verwandte Unterhalt zu gewähren (§ 1607 BGB). Der Ehegatte haftet vor den Verwandten, sofern er nicht außerstande ist, ohne Gefährdung seines angemessenen Unterhalts den Unterhalt zu gewähren (§ 1608 BGB). Sind mehrere Bedürftige da, die vom Unterhaltsverpflichteten nicht alle voll versorgt werden können, so bestimmt § 1609 BGB die Reihenfolge. Mehrere gleich nahe Verwandte haften anteilig nach ihren Erwerbs- und Vermögensverhältnissen (§ 1606 Abs. 3 BGB), also nicht als Gesamtschuldner.

48 **dd) Verhältnis zu Unterhaltsansprüchen gegen andere Personen.** Der Umstand, daß durch den Unfalltod des bisher Verpflichteten andere Personen unterhaltspflichtig geworden sind, hindert das Entstehen des Ersatzanspruchs des Unterhaltsberechtigten nicht. Dies ergibt sich daraus, daß in § 13 Abs. 2 StVG (wie in § 844 Abs. 2 BGB) auf § 843 Abs. 4 BGB verwiesen ist. Das bedeutet nicht etwa, daß der Ersatzanspruch auch dann entstünde, wenn ein erst in zweiter Linie zum Unterhalt Verpflichteter beim Unfall tödlich verletzt wird, der in erster Linie Unterhaltsverpflichtete aber in der Lage ist, den Unterhalt zu gewähren. Vielmehr ist mit der Verweisung auf § 843 Abs. 4 BGB lediglich gemeint, daß dem Ersatzanspruch des Unterhaltsberechtigten die Tatsache nicht entgegensteht, daß infolge des Unfalltodes des in erster Linie Verpflichteten ein erst in zweiter Linie Verpflichteter (Rdn. 47) unterhaltspflichtig geworden ist. Der Ersatzanspruch wegen Entziehung des Unter-

haltsanspruchs besteht mithin auch dann, wenn der Getötete zwar zur Gewährung von Unterhalt verpflichtet gewesen wäre, aber keinen Unterhalt geleistet hat, vielmehr ein anderer Verwandter für den Unterhalt des Dritten gesorgt hat. Dasselbe gilt für Zeiträume nach dem Tod des unmittelbar Verletzten, in denen ein Dritter für den Unterhalt des Bedürftigen aufgekommen ist. Daher kann sich der Schädiger nicht darauf berufen, dem Witwer sei durch den Wegfall der Dienste seiner tödlich verunglückten Frau kein Schaden entstanden, weil nunmehr die Tochter die Haushaltsarbeit übernommen habe (BGH VRS **20** 81).

Der Vorrang der Schadensersatzpflicht des Schädigers gegenüber der Unterhalts- **49**
pflicht eines anderen nach § 13 Abs. 2 StVG, § 843 Abs. 4 BGB gilt auch im Verhältnis zu einem in die Unterhaltspflicht des Getöteten eingetretenen **Erben** (gesetzlich vorgesehen beim Tod eines geschiedenen Ehegatten, § 1586b Abs. 1 BGB bzw. § 70 Abs. 1 EheG i. V. m. Art. 12 Nr. 3 Abs. 2 1. EheRG). Die von RGZ **74** 376 vertretene Ansicht, der Schädiger sei von seiner Verpflichtung frei, wenn der Erbe des Getöteten an dessen Statt infolge des Unfalls in seiner Eigenschaft als Erbe unterhaltspflichtig wurde, ist mit dem Sinn des § 843 Abs. 4 BGB nicht vereinbar. Die Vorschrift bringt den allgemeinen Rechtsgedanken zum Ausdruck, daß auf den Schaden keine Leistungen anderer anzurechnen sind, die nach ihrer Natur dem Schädiger nicht zugute kommen sollen (BGH NJW **1963** 1051, 1446 m. Anm. *Ganssmüller*; VersR **1970** 41).

Eine Ausnahme von dem Grundsatz des Nachrangs anderer Unterhaltsverpflich- **50**
teter gilt dann, wenn die durch den Tod des Verletzten unterhaltspflichtig gewordene Person den Unterhalt des Hinterbliebenen aus dem Vermögen des Verstorbenen zu leisten verpflichtet und in der Lage ist[6]. Denn insoweit ist dem Hinterbliebenen nicht „infolge der Tötung das Recht auf Unterhalt entzogen". Es hat lediglich die Person des Leistenden, nicht aber die Vermögensmasse gewechselt, aus der Unterhalt geleistet wird. Der Schädiger braucht aber nur insoweit nicht einzustehen, als der Unterhalt aus den Erträgnissen des überkommenen Vermögens geleistet werden kann und muß.

Bei **Wiederverheiratung** des Berechtigten tritt die Ersatzpflicht des Schädigers **51**
ebenfalls zurück. Der durch die neue Ehe begründete Unterhaltsanspruch ist, jedenfalls soweit in zumutbarer Weise realisierbar, anzurechnen, denn § 843 Abs. 4 BGB gilt nur für den Fall, daß ein anderer „aus Anlaß des Unfalls" unterhaltspflichtig wird (BGH VersR **1970** 524; **1979** 55; vgl. Rdn. 119).

ee) Mehrere gemeinsam Unterhaltsverpflichtete. Sind mehrere Personen neben- **52**
einander in der Weise unterhaltspflichtig, daß sie zum Unterhalt eines Dritten gemeinsam beizutragen haben, so haftet der Schädiger nur für den Anteil, der auf den Getöteten getroffen hätte. Das gilt insbesondere für Unterhaltsansprüche des Kindes gegen seine Eltern (vgl. Rdn. 169). Diese haften seit 1. 7. 58 nicht mehr als Gesamtschuldner für den vollen Unterhalt, sondern gleichrangig nach Anteilen (§ 1606 Abs. 3 BGB; vgl. *Massfeller* DNotZ **1957** 365; *Habscheidt* Rpfleger **1957** 327). Während der Vater in der Regel durch seine Erwerbstätigkeit zum Unterhalt beisteuert (BayObLG NJW **1964** 1084), erbringt in der Regel die Mutter die geschuldete Leistung durch ihre Arbeit im Haushalt und bei der Pflege des Kindes. Sind beide Elternteile berufstätig, so schulden sie dem Kinde Unterhalt im Verhältnis ihrer Einnahmen, wobei sich der Prozentsatz zugunsten desjenigen verschiebt,

[6] RGZ **69** 294; **72** 438; JW **1936** 2306; BGH VersR **1969** 951; *Palandt/Thomas* § 844 5.

der im Haushalt und bei der Pflege des Kindes größere körperliche Leistungen erbracht hat, die ihm als Unterhaltsleistungen anzurechnen sind. Dabei kommt es auf die rechtliche Verpflichtung zu solch körperlicher Arbeit an. Zu beachten ist, daß die Arbeitsleistung desjenigen Ehegatten, der das Kind ohne fremde Hilfe versorgt und pflegt, vom Gesetz ebenso hoch gewertet wird, wie die Aufwendungen für die Verköstigung, Bekleidung, Unterrichtung und Unterkunft des Kindes sowie dessen sonstigen täglichen Bedarf (vgl. BVerfG NJW **1960** 1711; BGHZ **8** 377).

53 **ff) Persönliche Dienstleistungen als Unterhalt.** Inhalt der Unterhaltspflicht ist nicht etwa nur das Zurverfügungstellen von Geld; sie umfaßt vielmehr auch die gesamte persönliche Sorge um die Person des Betreuten und die damit zusammenhängenden Dienste, Bemühungen und Aufwendungen (BGH NJW **1957** 537; **1965** 1710; VRS **31** 20); die Dienstleistungspflicht der Kinder im elterlichen Haushalt oder Betrieb (§ 1619 BGB) gehört jedoch nicht hierher (vgl. Rdn. 8). Derjenige, der wegen Tötung des Unterhaltsverpflichteten Ersatz zu leisten hat, hat zwar nicht selbst dafür zu sorgen, daß dem Unterhaltsberechtigten die erforderliche Pflege zukommt, hat ihm aber durch Geldleistungen zu ermöglichen, fremde Hilfskräfte zu entlohnen, die die Pflege und Sorge übernehmen (BGH VersR **1953** 149). Wegen der Einzelheiten der Berechnung vgl. Rdn. 156ff.

54 **gg) Unterhaltsbeitrag der Ehegatten.** Die Pflicht jedes Ehegatten, zum Unterhalt der Familie beizutragen (§ 1360 BGB), bildet die Grundlage für ein entsprechendes Recht des anderen Ehegatten. Dieser kann nicht nur Unterhalt für sich verlangen, sondern auch einen Beitrag zum Unterhalt der Kinder. Der Anspruch auf einen Beitrag zum Familienunterhalt erlischt jedoch mit dem Ende der Ehe. Das hat zur Folge, daß beim Unfalltod eines Ehegatten der andere vom Schädiger nur noch Ersatz für den Wegfall seiner eigenen Unterhaltsberechtigung fordern kann, also nicht Ersatz für den Wegfall der den Kindern zustehenden Unterhaltsforderung (Rdn. 139). Die Höhe der Anteile des Ehegatten und der Kinder am ausgefallenen Unterhalt bemißt sich nach den Umständen des Einzelfalles (BGH NJW **1972** 251). Wird eine Ehefrau getötet, so hat der Witwer nach § 10 Abs. 2 (und wenn den Schädiger ein Verschulden trifft, auch nach § 844 BGB) einen Schadensersatzanspruch wegen Wegfalls der Dienste der Frau im Haushalt (BGH VersR **1969** 137). Entsprechendes gilt bei Tötung des Ehemannes, wenn dieser (wie meist bei der sog. Doppelverdienerehe) einen Beitrag zur Haushaltsführung nach § 1360 Abs. 2 BGB geschuldet hatte (vgl. BGH VersR **1982** 291). Einzelheiten zur Berechnung s. Rdn. 156ff.

55 **hh) Künftige Unterhaltsansprüche.** Das die gesetzliche Unterhaltspflicht begründende Verhältnis muß bereits zum Zeitpunkt des Unfalls bestanden haben (vgl. Rdn. 41); dagegen kommt es nicht darauf an, ob auch die zu einer tatsächlichen Unterhaltsberechtigung führenden Umstände bereits zu diesem Zeitpunkt vorliegen oder erst später eintreten. Daher ist z. B. ein Unterhaltsanspruch auch dann gegeben, wenn der Anspruchsteller zur Unfallzeit noch ein ausreichendes Einkommen bezog, später aber aus Altersgründen auf die finanzielle Unterstützung durch den getöteten Angehörigen angewiesen wäre. Der – angesichts der kurzen Verjährungsfrist des § 14 naheliegenden – Gefahr der Verjährung solcher Ansprüche kann durch Erhebung einer Klage auf Feststellung der künftigen Ersatzpflicht begegnet werden (vgl. zur Zulässigkeit, insbesondere zur Frage des Feststellungsinteresses Rdn. 184).

Da künftige Entwicklungen – hier bezüglich Bedürftigkeit des Berechtigten, Leistungsfähigkeit und Rangfolge des Verpflichteten – nie mit Sicherheit vorhergesagt werden können, läßt die Rechtsprechung die **Wahrscheinlichkeit** eines künftigen Unterhaltsschadens für den Erlaß eines Feststellungsurteils ausreichen[7]. Dies ist zutreffend. Das für den Erlaß eines positiven Feststellungsurteils erforderliche Rechtsverhältnis kann auch schon dann bestehen, wenn noch kein bezifferbarer Schaden entstanden ist; ausreichend ist bereits eine Vermögensgefährdung, d. h. die Wahrscheinlichkeit eines Schadens (BGHZ **4** 133; *Greger* 145). Ob eine solche im Einzelfall gegeben ist, hängt von den jeweiligen Gesamtumständen ab. Spricht die Lebenserfahrung nach dem gewöhnlichen Lauf der Dinge für einen hypothetischen Unterhaltsanspruch gegen den Getöteten, so ist die Feststellungsklage begründet. Hierbei sollten an das Maß der Wahrscheinlichkeit keine allzu hohen Anforderungen gestellt werden[8]. Der BGH hat eine ausreichende Wahrscheinlichkeit künftiger Unterhaltsgewährung z. B. angenommen beim Tod der Tochter des 47jährigen Klägers (BGHZ **4** 133) und sogar beim Tod des 5jährigen Kindes 33- bzw. 30jähriger Eltern (BGH VersR **1952** 210). Auch bei der Tötung des 9jährigen Sohnes eines Rechtsanwalts, von dessen Vorsorge für die Altersversorgung ausgegangen wurde, hat der BGH der Feststellungsklage stattgegeben, weil bei der Unvorhersehbarkeit der Entwicklung keine Gewähr gegeben sei, daß wirtschaftliche Not immer ferngehalten bleibe (BGH VersR **1953** 481). Den Einwand eines Vorteilsausgleichs wegen ersparten Kindesunterhalts läßt der BGH im Rahmen der Feststellungsklage nur zu, wenn bereits jetzt festgestellt werden könnte, daß diese Ersparnis den entgangenen Unterhalt erreicht oder überstiegen hätte; ansonsten ist die Frage erst bei Eintritt der Unterhaltsbedürftigkeit des Klägers zu prüfen (BGH VersR **1952** 210). 56

3. Mehrheit von Unterhaltsberechtigten 57

Leiten von dem Unfalltod eines Familienangehörigen mehrere Unterhaltsberechtigte (der Ehegatte, Kinder) Ersatzansprüche gegen den Schädiger ab, so sind sie keine Gesamtgläubiger. Vielmehr ist für jeden der Gläubiger die ihm zustehende Forderung eigens zu berechnen und, wenn ein Urteil ergeht, getrennt zuzusprechen (BGH VersR **1972** 743; **1973** 84; **1979** 423). Das stößt oft auf erhebliche Schwierigkeiten, weil die Höhe des Unterhalts von der Leistungsfähigkeit und damit auch von der Höhe des den Geschwistern (dem überlebenden Elternteil) geschuldeten Unterhalts abhängt. Dadurch entsteht eine der Gesamtgläubigerschaft angenäherte Stellung (BGH NJW **1972** 1716), die zur Folge hat, daß die Zulässigkeit eines unbestimmten Klageantrags wohlwollend beurteilt werden muß. Während sonst verlangt wird, daß die Unterhaltsgeschädigten mit Rücksicht auf die Bestimmtheit des Klageantrags (§ 253 Abs. 2 Nr. 2 ZPO) die Größenordnung jedes einzelnen der erhobenen Ansprüche angeben und die zur Fixierung der Ansprüche nötigen tatsächlichen Unterlagen, genügt es in einem solchen Fall, wenn außer den tatsächlichen Unter-

[7] RG WarnR **1911** 123; BGHZ **4** 133; BGH VersR **1952** 210; **1953** 481; OLG Freiburg DRZ **1950** 567 m. zust. Anm. *Rosenberg*; OLG Düsseldorf MDR **1965** 135; LG Braunschweig VersR **1972** 567; kritisch *Schwab* ZZP **85** 246.

[8] BGHZ **4** 133, RG JW **1911** 153, OLG Freiburg DRZ **1950** 567: „gewisse Wahrscheinlichkeit"; BGH VersR **1952** 210, **1953** 481: „nicht eben entfernt liegende Möglichkeit"; zu weitgehend aber LG Braunschweig VersR **1972** 567, wonach bloße Möglichkeit genügen soll; zu streng dagegen wohl OLG Hamburg DJZ **1904** 752; OLG Karlsruhe DJZ **1916** 546; OLG Köln JW **1933** 1895; OLG Dresden JW **1936** 1389.

lagen der gemeinsame Unterhaltsbedarf in den durch die Leistungspflicht des Getöteten gezogenen Grenzen dargetan und gemeinsam der Antrag gestellt wird, das Gericht möge innerhalb des Gesamtschadensbetrages den Unterhaltsschaden des einzelnen Klägers nach § 287 ZPO schätzen und jedem Kläger das ihm Zustehende zusprechen. Der bei einem solchen Rechtsstreit neben den Kindern beteiligte unterhaltsgeschädigte Elternteil darf sich auch im Namen der Kinder mit einem solchen Antrag einverstanden erklären, auch wenn dieser zu einer ihm günstigeren Aufteilung führen kann. Denn mit einer Erklärung des hier geschilderten Inhalts ist kein sachlichrechtlicher Teilverzicht verbunden; das Innenverhältnis der Kläger bleibt vielmehr unberührt (BGH NJW **1972** 1716).

58 **4. Gesetzlicher Forderungsübergang**

Der Unterhaltsberechtigte kann seine durch den Tod des Unterhaltsverpflichteten entstandenen Forderungen dann nicht geltend machen, wenn sie auf einen Dritten übergegangen sind. Gesetzlich vorgesehen ist ein solcher Forderungsübergang für Fallgestaltungen, bei denen der Dritte dem Geschädigten seinerseits Leistungen zum Ausgleich des Schadens erbringt (z. B. Dienstherr, Sozialversicherungsträger). Sinn dieser Regelungen ist es, zu vermeiden, daß der Verletzte doppelt entschädigt oder der Schädiger ungerechtfertigt entlastet wird.

59 Durch Inkrafttreten des Zehnten Buchs des Sozialgesetzbuchs (SGB-X) hat sich die Rechtslage hinsichtlich des Forderungsübergangs auf Sozialversicherungsträger am 1. Juli 1983 geändert. Für Schadensfälle vor diesem Zeitpunkt bleibt jedoch das alte Recht maßgeblich (Art. II § 22 SGB-X). Im folgenden ist daher jeweils die bisherige Regelung dargestellt und mit Hinweisen auf die Änderungen versehen.

60 **a) Anwendungsbereich.** Ein gesetzlicher Forderungsübergang bezüglich von Ansprüchen nach § 10 Abs. 2 kommt in Betracht
- nach § 1542 Abs. 1 Satz 1 RVO für Träger der Sozialversicherung nach diesem Gesetz bzw. – für Schadensfälle nach dem 30. Juni 1983 – nach § 116 Abs. 1 SGB-X,
- nach § 77 Abs. 2 AVG i. V. m. § 1542 RVO (bzw. § 116 Abs. 1 SGB-X) für die Angestelltenversicherung,
- nach § 109 RKnappschG i. V. m. § 1542 RVO (bzw. § 116 Abs. 1 SGB-X) für die Knappschaftsversicherung,
- nach § 32 GAL i. V. m. § 1542 RVO (bzw. § 116 Abs. 1 SGB-X) für die landwirtschaftliche Altershilfe,
- nach § 90 Abs. 1 Satz 1 BSHG für Sozialhilfeträger (bei Schadensfällen nach dem 30. Juni 1983 nach § 116 Abs. 1 SGB-X),
- nach § 87a Satz 1 BBG (bzw. § 52 BRRG i. V. m. den einschlägigen Landesbeamtengesetzen) für den Dienstherrn eines Beamten,
- nach § 30 Abs. 3 SoldG i. V. m. § 87a BBG für den Dienstherrn eines Soldaten,
- nach § 81a BVG auf die Versorgungsverwaltung (vgl. hierzu BGH VersR **1977** 649).

61 Nicht in Betracht kommt dagegen bei Ansprüchen nach § 10 Abs. 2 StVG ein Rechtsübergang auf **private Versicherer** nach § 67 Abs. 1 VVG, denn diese Vorschrift gilt nur im Bereich der Schadensversicherung, nicht bei einer Summenversicherung wie z. B. der Lebens- oder Unfallversicherung. Auch eine Zusatzversorgungskasse, bei der die Höhe der zu zahlenden Renten im voraus fixiert ist, kann sich aus diesem Grund nicht auf § 67 VVG berufen; sie kann Ansprüche gegen den

Schädiger nur kraft Abtretung durch die Hinterbliebenen geltend machen (BGH VersR **1980** 1072).

Der Forderungsübergang findet in **allen Zweigen der Sozialversicherung** statt, und zwar auch dann, wenn der Verstorbene freiwillig (zusatz)versichert war (OLG Hamburg VersR **1974** 595) oder wenn die Unfallversicherung z. B. deshalb eingreift, weil jemand bei dem Bemühen, einen anderen zu retten, ums Leben gekommen ist (§ 539 Abs. 1 Nr. 9 RVO). **62**

Der Rechtsübergang zugunsten eines ausländischen Sozialversicherungsträgers ist nach Art. 52 Abs. 1 der EWG-VO Nr. 3 vom 25. 9. 1958 von allen Mitgliedsländern der Europäischen Gemeinschaft anzuerkennen, wenn ein Versicherter nach den Rechtsvorschriften eines Mitgliedstaates eine Leistung des Sozialversicherers für einen im Hoheitsgebiet eines anderen Mitgliedstaates eingetretenen Schaden erhält und dort gegen einen Dritten Anspruch auf Schadensersatz hat (BGH VersR **1978** 231 für die französische Caisse Primaire). **63**

Die Zahlung von **Nachversicherungsbeiträgen** durch den Dienstherrn eines getöteten Beamten an den Rentenversicherungsträger nach § 1232 RVO bzw. § 9 AVG bewirkt keinen Rechtsübergang nach § 87a BBG. Der Dienstherr erbringt hier keine Leistungen an die Hinterbliebenen, sondern überträgt nur den bei ihm für den Getöteten gebildeten Pensionsdeckungsstock auf den statt seiner leistungspflichtig gewordenen Rentenversicherer. Auf diesen gehen daher nach § 1542 RVO bzw. § 77 Abs. 2 AVG die Ersatzansprüche nach § 10 Abs. 2 über (BGHZ **74** 227). **64**

b) Die **Voraussetzungen des Forderungsübergangs** sind hinsichtlich der einzelnen Fälle etwas unterschiedlich geregelt. In keinem Fall vorausgesetzt ist jedoch ein **Schaden** auf seiten des Zessionars (BGH VersR **1953** 229; **1978** 251; **1981** 427). Der Forderungsübergang hat nicht den Zweck, den Erwerber der Forderung zu entlasten, sondern er soll unbillige Ergebnisse im Verhältnis Schädiger – Geschädigter vermeiden (Rdn. 58). Der Leistende kann daher keinen Ausgleich für Leistungen verlangen, die er über den übergangsfähigen Ersatzanspruch des Geschädigten hinaus oder bei Nichtbestehen eines solchen aus Anlaß des Unfalls an ihn zu erbringen hat (BGH VersR **1978** 861; **1981** 477; **1982** 552); er braucht sich umgekehrt aber auch nicht entgegenhalten zu lassen, ihm sei durch den Unfall letztlich kein Schaden entstanden, weil er hierdurch – etwa bei Tötung eines Rentners oder Ruhestandsbeamten – andere Leistungen erspart habe (BGHZ **9** 179; **70** 67). **65**

Der Forderungsübergang im **Sozialversicherungsrecht** (§ 116 Abs. 1 SGB-X bzw. § 1542 Abs. 1 Satz 1 RVO und entsprechende Bestimmungen) setzt lediglich voraus, daß die Hinterbliebenen des Versicherten aufgrund des Todes des Ernährers Schadensersatz verlangen können und der Versicherer den Entschädigungsberechtigten nach der RVO oder dem entsprechenden Gesetz Leistungen zu gewähren hat. Zum Erfordernis der Kongruenz zwischen Entschädigungs- und Versicherungsleistung vgl. Rdn. 69ff, zum Zeitpunkt des Forderungsübergangs Rdn. 74. **66**

Auf den **Sozialhilfeträger**, der einen Hilfsbedürftigen unterstützt, gehen dessen Ersatzansprüche bei Unfällen vor dem 1. Juli 1983 nicht ohne weiteres über; hierfür ist vielmehr eine schriftliche Anzeige an den anderen erforderlich (§ 90 Abs. 1 Satz 1 BSHG). Die Überleitungserklärung ist ein Verwaltungsakt. Sie kann auch an den allgemein bevollmächtigten Haftpflichtversicherer des Schädigers gerichtet werden, soweit sie sich ausschließlich auf von diesem zu regulierende Ansprüche bezieht (BGH VersR **1973** 711). Bei Unfällen nach dem 30. Juni 1983 vollzieht sich der **67**

Forderungsübergang auf den Sozialhilfeträger ebenso wie der auf den Sozialversicherungsträger (§ 90 Abs. 4 Satz 2 BSHG, § 116 Abs. 1 SGB-X). Sachliche Kongruenz von Leistung und Ersatzanspruch ist auch hier erforderlich (BGH VersR **1970** 1053; **a. A.** BGH VersR **1973** 713); außerdem müssen sich beide auf den gleichen Zeitraum beziehen.

68 Der Forderungsübergang im **Beamtenrecht** (§ 87a BBG und entsprechende Bestimmungen) setzt voraus, daß der Dienstherr infolge der Tötung des Beamten zur Gewährung einer Versorgung oder einer anderen Leistung verpflichtet ist. Zum Erfordernis der Kongruenz vgl. Rdn. 69ff, zum Zeitpunkt des Forderungsübergangs Rdn. 75.

69 **c) Kongruenz zwischen Ersatzanspruch und Leistungspflicht des Dritten.** Ein Forderungsübergang auf Sozialversicherungsträger und Dienstherrn findet nur statt, wenn und soweit sich deren Leistungen sachlich und zeitlich mit den betreffenden Ersatzansprüchen decken, d. h. den gleichen Zweck verfolgen und den gleichen Entschädigungszeitraum betreffen[9]. Nach der Rechtsprechung des BGH soll es allerdings genügen, wenn der Versicherungsschutz der Art nach den Schaden umfaßt, für den der Schädiger einzustehen hat; ob auch der einzelne Schadensposten vom Versicherer gedeckt wird, soll für den Rechtsübergang ohne Belang sein[10]. Dies kann zu dem unbilligen Ergebnis führen, daß der Geschädigte, wenn für ihn ein Versicherer eintritt, trotz vollen Ersatzanspruchs gegen den Schädiger dann keine volle Schadensdeckung erreicht, wenn die Leistungen seines Versicherers sich zwar der Art nach auf seinen Schaden beziehen, diesen aber nur zu einem Teil abdecken.

70 **aa) Sachliche Kongruenz** besteht insbesondere zwischen dem Unterhaltsersatzanspruch nach § 10 Abs. 2 und einer Witwen- oder Waisenrente bzw. den an die Hinterbliebenen bezahlten Versorgungsleistungen. Auch die Witwen- und Waisenbeihilfe nach § 48 BVG ist sachlich kongruent (BGH VersR **1984** 36).

71 Da zum Unterhalt auch die Führung des Haushalts und die persönliche Betreuung gehören (§ 1360 BGB; vgl. Rdn. 54), gehen auch diesbezügliche Ansprüche wegen der Kongruenz mit der vom Sozialversicherungsträger zu zahlenden Hinterbliebenenrente auf diesen über (BGH VersR **1966** 487; **1968** 771; **1982** 291 m. Anm. *Gitter* JR **1982** 204 u. *Sieg* SGb **1982** 322; **a. A.** noch BGH VersR **1959** 633). Ebenso verhält es sich mit dem Anspruch auf Vorsorge für Krankheitsfälle, der in der Regel durch Verschaffung von Krankenversicherungsschutz (sei es auch im Rahmen der beitragsfreien Familienkrankenhilfe nach § 205 RVO) erfüllt wird. Daher wurden auch die bis 31. 12. 1982 vom Rentenversicherungsträger zu zahlenden Beiträge zur Rentnerkrankenversicherung (§ 381 Abs. 2, § 385 Abs. 2 RVO) als kongruent mit dem Unterhaltsersatzanspruch angesehen (BGH VersR **1960** 1122; **1978** 346; OLG Karlsruhe VersR **1978** 1060). Hatte sowohl der getötete als auch der andere Elternteil des unterhaltsberechtigten Kindes Anspruch auf Familienkrankenhilfe, so konnte der Rentenversicherungsträger nur die Hälfte seiner Beiträge zur Rentnerkrankenversicherung gegen den Schädiger geltendmachen (BGH VersR **1978** 346). Vermittelte nur der getötete Elternteil dem Kind die Krankenhilfe nach § 205 RVO,

[9] BGHZ **25** 343; **44** 387; **47** 311; BGH VersR **1968** 786; **1973** 566; **1977** 427; **1979** 640; **1979** 737.

[10] Zu § 1542 RVO; BGH VersR **1973** 566 m. krit. Anm. *Wussow* WJ **1973** 90, 138; zu § 67 VVG; BGH VersR **1958** 15, **1958** 161; offengelassen in BGH VersR **1979** 641.

so entfiel durch die Aufnahme des Kindes in die Rentnerkrankenversicherung nach § 165 Abs. 1 Nr. 3 RVO der Anspruch auf Ersatz für den verlorenen Krankenversicherungsschutz und damit auch ein Regreßanspruch des Rentenversicherers total (BGH VersR **1980** 844). Wegen der Höhe der erstattungsfähigen Beiträge zur Rentnerkrankenversicherung vgl. BGH VersR **1978** 323.

Kein Forderungsübergang auf die öffentlich-rechtliche Körperschaft findet statt, **72**
wenn den Hinterbliebenen eines getöteten Soldaten nach § 12 SVG Übergangsbeihilfe gewährt wird; denn diese dient nicht Unterhaltszwecken (OLG Hamm NJW **1969** 1213).

bb) Zeitliche Kongruenz. Die Leistungen des Versicherungsträgers bzw. Dienst- **73**
herrn müssen sich auf denselben Zeitraum beziehen wie der Unterhaltsersatzanspruch (RG JW **1937** 2366; DR **1941** 2245; BGH VersR **1973** 436). Reichen in einem Zeitabschnitt die Ansprüche des Unterhaltsberechtigten gegen den Schädiger nicht aus, um den Versicherungsträger voll zu befriedigen, so kann dieser nicht etwa wegen des ihm entstehenden Ausfalls auf andere Zeitabschnitte zurückgreifen (OLG München VersR **1966** 927).

d) Zeitpunkt des Übergangs **74**

aa) Auf den **Sozialversicherungsträger** geht der Ersatzanspruch des Hinterbliebenen nach § 1542 Abs. 1 Satz 1 RVO bzw. § 116 Abs. 1 SGB-X bereits bei Entstehung der Leistungspflicht, in der Regel also im Zeitpunkt des Todes des Unterhaltsverpflichteten, über (BGHZ **28** 71; OLG Celle VersR **1957** 398). Dies gilt auch hinsichtlich einer künftigen Leistungspflicht, die im Unfallzeitpunkt noch nicht überschaubar ist, aber bereits in Betracht kommt (BGHZ **48** 184; BGH VersR **1983** 536). Nicht maßgebend ist somit der Zeitpunkt der Erfüllung der Leistungspflicht oder jener der Antragstellung oder der Rentenfestsetzung (BGHZ **48** 181; BGH VersR **1959** 34; KG VersR **1959** 535). Werden jedoch Leistungsberechtigungen erst nach dem Unfall neu geschaffen, so findet der Forderungsübergang bei Inkrafttreten der Neuregelung statt (BGH VersR **1954** 537; **1955** 393; **1966** 233; **1984** 36; anders bei bloßer Verbesserung bestehender Berechtigungen, vgl. BGHZ **19** 183; BGH VersR **1960** 830; **1962** 19; **1962** 467). Wegen des sofortigen Forderungsübergangs ist der Hinterbliebene zu keinem Zeitpunkt zu einer Geltendmachung des Unterhaltsanspruches aktiv legitimiert, soweit ein kongruenter Anspruch gegen einen Sozialversicherungsträger besteht, mag er sich dessen auch nicht bewußt sein.

bb) Für den Übergang auf den **Dienstherrn** nach § 87a BBG gilt das Vorstehende **75**
entsprechend.

cc) Der Übergang auf den **Sozialhilfeträger** ist bei Schadensfällen vor dem **76**
30. Juni 1983 abhängig von dessen Überleitungserklärung (§ 90 Abs. 1 Satz 1 BSHG; vgl. Rdn. 67). Solange diese noch nicht abgegeben ist, steht der Ersatzanspruch also dem Hilfeempfänger selbst zu (BGH VersR **1976** 291). Die Überleitungserklärung wirkt allerdings auch für künftig fällig werdende Raten der Ersatzleistung.

Bei Schadensfällen nach dem 1. Juli 1983 gilt infolge der Gleichstellung mit dem **77**
Forderungsübergang auf Sozialversicherungsträger nach § 116 Abs. 1 SGB-X der Übergang bereits mit dem Zeitpunkt des Entstehens der Bedürftigkeit als erfolgt, denn Sozialhilfebedürftigkeit ist am ehesten mit der Existenz eines Sozialversiche-

rungsverhältnisses zu vergleichen, wie sie in den sonstigen Fällen des § 116 Abs. 1 SGB-X vorausgesetzt wird (*Küppersbusch* VersR **1983** 195).

78 **e) Ausmaß des Rechtsübergangs.** Er ist in zweifacher Hinsicht begrenzt: einmal (selbstverständlich) durch die Höhe des Ersatzanspruchs des Hinterbliebenen, zum anderen durch die Höhe der Leistung des Dritten an diesen. Einwendungen, die dem Schädiger gegen den Verletzten zustehen, kann er auch dem Dritten gegenüber erheben (z. B. hinsichtlich eines Verstoßes gegen die Schadensminderungspflicht, vgl. BGH VersR **1979** 424). Mit der Forderung geht auch das Recht des Hinterbliebenen auf den Versicherungsträger über, wegen wesentlicher Änderung der Verhältnisse eine Änderung des Unterhaltstitels zu verlangen (BGH VersR **1970** 617). Beim Übergang auf den Sozialhilfeträger (Rdn. 67) ist die Bindung des Zivilrichters an die Bestandskraft der Überleitungserklärung zu beachten (vgl. BGH VRS **66** 115).

79 Auch beim Übergang auf einen ausländischen Sozialversicherer (vgl. Rdn. 63) gilt die Beschränkung auf die dem Verletzten bzw. Hinterbliebenen entstandenen Schadensersatzansprüche; Art. 52 der in Rdn. 63 angeführten EWG-VO verschafft dem ausländischen Sozialversicherer nicht etwa weitergehende Ersatzansprüche (BGH VersR **1978** 231).

80 Zur Begrenzung des Rückgriffs bei notleidendem Haftpflichtversicherungsverhältnis des Schädigers s. Rdn. 98f.

81 **f) Rangfolge bei nicht ausreichender Ersatzleistung.** Verbleibt dem Unterhaltsberechtigten nach Abzug der von einer öffentlich-rechtlichen Körperschaft (Sozialversicherungsträger, Dienstherr, Träger der Sozialhilfe) zur Bestreitung des Unterhalts empfangenen Leistungen noch ein restlicher Schaden, weil diese Leistungen den ihm zustehenden Unterhalt nicht ganz decken, so entsteht dann, wenn der Schädiger wegen der Mitverantwortung des Getöteten am Unfall oder aus anderen Gründen nicht verpflichtet ist, Schadenersatz in der vollen Höhe des entgangenen Unterhalts zu leisten, die Frage, ob die Schadenersatzforderung in erster Linie dem Unterhaltsberechtigten zugutekommt, damit dieser hieraus seinen restlichen Schaden abdecken kann, oder ob sie in erster Linie der öffentlich-rechtlichen Körperschaft zugutekommt, damit diese für die von ihr erbrachten Leistungen Ersatz erhält. Eine dritte Möglichkeit wäre die, den Schadenersatzanspruch nach Quoten, die an der Höhe der Forderungen gemessen werden, zum Teil der öffentlich-rechtlichen Körperschaft, zum anderen Teil aber dem Unterhaltsberechtigten zukommen zu lassen.

82 Die Rechtslage hat sich durch das Inkrafttreten des § 116 SGB-X am 1. Juli 1983 geändert. Nach Art. II § 22 SGB-X ergeben sich daher teilweise unterschiedliche Rechtsfolgen für Unfälle vor und nach diesem Zeitpunkt.

83 **aa) Schadensfälle vor 1. Juli 1983**

Quotenvorrecht des Sozialversicherungsträgers. Nach der ständigen Rechtsprechung des BGH steht dem Sozialversicherungsträger dann, wenn der übergehende Anspruch des Geschädigten aus rechtlichen Gründen geringer ist als der entsprechende Schaden (z. B. wegen Mitverschuldens des Getöteten; Haftungsbegrenzung nach § 12), das Quotenvorrecht zu[11]. Dies bedeutet, daß der Ersatzanspruch auf den

[11] BGH VersR **1956** 85; **1968** 1182; **1976** 190; s. a. RG Recht **1911** Nr. 3749; RGZ **123** 40; **148** 19; OLG München NJW **1955** 267; OLG Köln VersR **1956** 667.

Sozialversicherungsträger übergeht, bis dieser befriedigt ist; der Geschädigte erhält nur den Rest der unzureichenden Ersatzforderung oder hat den nicht durch die Versicherungsleistung gedeckten Schaden selbst zu tragen. Belaufen sich z. B. der entgehende Unterhalt auf 1000 DM monatlich, der Unterhaltsersatzanspruch wegen einer Mitverantwortung des Getöteten von 20% nur auf 800 DM und die Hinterbliebenenrente des Sozialversicherungsträgers auf 500 DM, so geht der Ersatzanspruch in Höhe von 500 DM auf den Sozialversicherungsträger über und verbleibt nurmehr in Höhe von 300 DM dem Geschädigten. Da sich der Geschädigte somit durch den – immerhin mit Beiträgen erkauften – Versicherungsschutz nicht besser stellt als ohne einen solchen, ist die Rechtsprechung zum Quotenvorrecht heftigen Angriffen ausgesetzt[12]. Sie entspricht indes dem Gesetz, läßt sich mit der Erwägung rechtfertigen, daß an der Finanzierung der Sozialversicherungsleistungen auch die Allgemeinheit beteiligt ist und ist daher auch nicht wegen Verstoßes gegen Art. 3 Abs. 1 GG verfassungswidrig (vgl. BGHZ **70** 67; BGH VersR **1968** 1182). Abhilfe konnte hier nur der Gesetzgeber schaffen: durch den am 1. 7. 1983 in Kraft getretenen § 116 Abs. 3 SGB-X wurde eine vermittelnde Lösung (sog. relative Theorie) eingeführt, die jedoch nur für Schadensfälle nach dem Inkrafttreten gilt (s. Rdn. 87ff). Unerfreulich an der bisherigen Rechtslage ist insbesondere die Diskrepanz zur Rechtsprechung zu § 67 VVG und § 87a BBG (vgl. Rdn. 86 u. § 11, 33).

Quotenvorrecht des Sozialversicherten. In Durchbrechung des vorgenannten **84** Grundsatzes hat der BGH das Quotenvorrecht dem Sozialversicherten bzw. seinem Hinterbliebenen dann zuerkannt, wenn aufgrund des Unfalls keine finanzielle Mehrbelastung für den Versicherungsträger entsteht, wie dies z. B. bei der Tötung eines Rentners wegen des Wegfalls der diesem zu zahlenden Rente der Fall ist (BGHZ **70** 67, s. a. BGH VersR **1981** 335). Hier soll dem Hinterbliebenen der Unterhaltsanspruch insoweit verbleiben, als dies zum Ausgleich der Differenz zwischen Rente und Schaden erforderlich ist. Diese Rechtsprechung erscheint inkonsequent.

Befriedigungsvorrecht des Sozialversicherten. Nicht um ein Problem des Quoten- **85** vorrechts handelt es sich, wenn der Ersatzanspruch nur aus *tatsächlichen* Gründen nicht voll realisiert werden kann, z. B. weil der Ersatzschuldner hierzu wirtschaftlich nicht in der Lage ist; teilweise geleisteter Ersatz tilgt zunächst den verbliebenen Restanspruch des Geschädigten (BGH VersR **1968** 170; **1968** 1182). Dies gilt auch, wenn der Ersatzanspruch wegen Überschreitens der Deckungssumme aus dem Haftpflichtversicherungsvertrag nicht voll realisiert werden kann, denn der Direktanspruch gegen den Haftpflichtversicherer des Schädigers nach § 3 Nr. 1 PflVG ist lediglich ein Annex des Haftpflichtanspruchs gegen den Schädiger (BGH VersR **1975** 558; **1979** 30). Das Befriedigungsvorrecht wirkt sich dann beim Verteilungsverfahren nach §§ 155, 156 Abs. 3 VVG aus.

Quotenvorrecht und Befriedigungsvorrecht des Beamten. Für den Forderungsüber- **86** gang nach § 87a BBG hat die Rechtsprechung anerkannt, daß das Quotenvorrecht bei aus rechtlichen Gründen nicht ausreichendem Ersatzanspruch sowie das Befriedigungsvorrecht bei Nichtrealisierbarkeit des Anspruchs aus tatsächlichen Gründen dem Beamten zustehen (BGHZ **22** 136; BGH VRS **12** 163; VersR **1967** 902). Dies ergibt sich zwar nur für den letztgenannten Fall aus § 87a Satz 2 BBG, wonach der

[12] Vgl. LG Berlin VersR **1968** 249; *Reinicke* NJW **1954** 1103; *G. Schmidt* VersR **1958** 278; *Clauss* VersR **1959** 589; *Breithaupt* NJW **1961** 203; *Schmidt* VersR **1968** 809; *Sieg* JuS **1968** 357; *Marschall v. Bieberstein* VersR **1978** 485.

Übergang nicht zum Nachteil des Beamten geltend gemacht werden kann, doch soll nach Sinn und Zweck des Gesetzes die Frage des Quotenvorrechts (bei der es nicht um die Geltendmachung des Übergangs, sondern bereits um den Übergang als solchen geht) in gleicher Weise geklärt werden. Hier wird dem Gesichtspunkt, daß der Beamte sich die Versorgung durch seine Dienstleistung gewissermaßen erdient hat, (anders als beim Forderungsübergang auf den Sozialversicherungsträger nach § 1542 RVO; vgl. Rdn. 83) entscheidende Bedeutung beigemessen.

87 **bb) Schadensfälle nach 30. Juni 1983**

Mitverantwortlichkeit des Geschädigten. Durch § 116 Abs. 3 Satz 1 SGB-X wurde die Rechtsprechung zum Quotenvorrecht des Sozialversicherungsträgers (Rdn. 83 ff) für Schadensfälle ab seinem Inkrafttreten (Art. II §§ 22, 25 SGB-X) ersetzt durch eine Regelung, die keiner Seite ein Vorrecht einräumt, sondern durch *Quotelung* des Schadensersatzanspruchs den Ausfall gleichmäßig verteilt (sog. relative Theorie). Auf den Sozialversicherungsträger geht also der Teil des Ersatzanspruchs über, der im selben Verhältnis zu seiner Leistung steht wie die Haftungsquote des Schädigers. Im obigen Beispiel (Rdn. 83) erhält der Sozialversicherungsträger also 80% von 500 DM = 400 DM, der Verletzte ebenfalls 400 DM. Nach demselben Prinzip errechnen sich die Ansprüche, wenn der Ersatzanspruch des mitverantwortlichen Geschädigten zudem durch Gesetz der Höhe nach begrenzt ist (§ 116 Abs. 3 Satz 2 SGB-X); die wegen der Höhenbegrenzung erforderliche Kürzung der Ansprüche ist erst nach dieser Quotelung vorzunehmen; hierbei ist das Quotenvorrecht des Versicherten nach § 116 Abs. 2 SGB-X (Rdn. 89) zu berücksichtigen (*Küppersbusch* VersR **1983** 203; s. a. *v. Olshausen* VersR **1983** 1108).

88 In zwei Fällen hat der mitverantwortliche Verletzte abweichend von § 116 Abs. 3 Satz 1 SGB-X ein *Quotenvorrecht:*
- wenn und soweit der Verletzte oder seine Hinterbliebenen durch den Forderungsübergang auf den Sozialversicherungsträger sozialhilfebedürftig würden (§ 116 Abs. 3 Satz 3 SGB-X; Einzelheiten hierzu bei *Küppersbusch* VersR **1983** 198);
- wenn aufgrund des Unfalls keine finanzielle Mehrbelastung für den Sozialversicherungsträger entsteht (§ 116 Abs. 5 SGB-X; dies entspricht der bisherigen Rechtslage; vgl. Rdn. 84).

89 **Gesetzliche Höhenbegrenzung des Anspruchs.** In diesen Fällen steht nach § 116 Abs. 2 SGB-X das Quotenvorrecht anstatt wie bisher dem Sozialversicherungsträger (vgl. Rdn. 83) jetzt dem Versicherten zu. Der (gekürzte) Ersatzanspruch geht nur insoweit auf den Sozialversicherungsträger über, als er nicht zum Ausgleich des kongruenten Schadens des Geschädigten oder seiner Hinterbliebenen erforderlich ist.

90 Das **Befriedigungsvorrecht des Versicherten** (vgl. Rdn. 85) ist nunmehr gesetzlich geregelt (§ 116 Abs. 4 SGB-X).

91 Für den **Forderungsübergang auf einen Sozialhilfeträger** gelten die vorstehenden Grundsätze nach § 116 SGB-X in gleicher Weise.

92 **g) Ausschluß des Übergangs.** Ist der Ersatzpflichtige ein mit dem Hinterbliebenen in häuslicher Gemeinschaft lebender **Angehöriger**, so ist nach § 67 Abs. 2 VVG der Übergang des Ersatzanspruchs auf den privaten Versicherer ausgeschlossen (sog. Familienprivileg). Die Rechtsprechung hat diesen Rechtsgedanken, der auf der Erwägung basiert, daß die Angehörigen wirtschaftlich gesehen eine Einheit bilden und den Anspruch unter sich nicht geltendmachen würden und daß das Eintreten des Versicherers hieran nichts ändern soll, auf den Forderungsübergang im Sozial-

versicherungsrecht (BGHZ **41** 79; **54** 256; **66** 111; BGH VersR **1979** 256) und im Beamtenrecht (BGHZ **43** 72) entsprechend angewendet, nicht jedoch auf den Übergang nach § 90 BSHG (BGH VRS **66** 116; hier aber u. U. Einschränkungen durch den Grundsatz von Treu und Glauben). Für Unfälle nach dem 30. Juni 1983 ergibt sich die entsprechende Regelung hinsichtlich des Übergangs auf Sozialversicherungs- oder Sozialhilfeträger aus Art. 116 Abs. 6 SGB-X.

Angehörige im Sinne des § 67 Abs. 2 VVG sind neben den Verwandten aufsteigender und absteigender Linie insbesondere Ehegatten, aber auch Stief-, Adoptiv- und Pflegekinder (BGH VersR **1980** 526) bzw. -eltern, nicht aber unverheiratete Lebensgefährten (OLG Schleswig VersR **1979** 669; **a. A.** AG München DAR **1981** 358; vgl. auch BGH VersR **1980** 526). 93

Häusliche Gemeinschaft liegt vor bei einem auf gewisse Dauer beabsichtigten Zusammenleben mit überwiegend gemeinschaftlicher Haushaltsführung (vgl. BGH VersR **1980** 644). Vorübergehende Trennung hebt sie nicht auf, wie z. B. bei Kindern, die nur zu Ausbildungszwecken zeitweise außerhalb wohnen. 94

Einen festen **Zeitpunkt** für das Vorliegen der genannten Voraussetzungen hat die Rechtsprechung nicht bestimmt. Es genügt für den Ausschluß des Übergangs, daß die Angehörigeneigenschaft und die häusliche Gemeinschaft im Zeitpunkt des Unfalls bestanden haben, auch wenn sie später weggefallen sind (BGH VersR **1971** 901; **1980** 644). Ebenso genügt es aber auch, wenn die genannten Voraussetzungen (im Rahmen des Unterhaltsersatzanspruchs kann es sich wohl nur um die der häuslichen Gemeinschaft handeln) erst später entstanden sind (BGH VersR **1972** 764; **1976** 289; **1977** 149). Es besteht dann ein Durchsetzungshindernis (so für Unfälle nach dem 30. Juni 1983 ausdrücklich Art. 116 Abs. 6 Satz 2 SGB-X). Die spätere Änderung ist auch hier ohne Bedeutung (*Breuer* NJW **1984** 276 u. VersR **1984** 512; **a. A.** *Fenn* ZfS **1983** 113). 95

Genießt der Angehörige den Schutz einer **Haftpflichtversicherung**, so ändert dies am Ausschluß des Forderungsübergangs nichts (BGHZ **41** 84; BGH VersR **1968** 248; **1977** 149; **1979** 256; **1980** 644; *Gitter* JR **1979** 288; **a. A.** *Wussow* NJW **1979** 54). Hier hätte zwar nicht der Angehörige mit dem Familienvermögen aufzukommen; es hieße aber das Wesen der Haftpflichtversicherung verkennen, wenn ihre Existenz zum Entstehen sonst nicht gegebener Ansprüche führen würde. 96

Haftet dem Hinterbliebenen außer dem Angehörigen noch ein **Zweitschädiger**, so geht nur der Ersatzanspruch gegen den Zweitschädiger über. Trotz der an sich gegebenen gesamtschuldnerischen Haftung haftet der Zweitschädiger gegenüber dem Zessionar nur auf den Anteil, den er im Verhältnis zum Erstschädiger an sich zu tragen haben würde („gestörtes Gesamtschuldverhältnis"; vgl. BGHZ **54** 256; **73** 195). 97

h) Begrenzung des Rückgriffs bei notleidendem Haftpflichtversicherungsverhältnis des Schädigers. Nach der früheren Rechtsprechung des BGH sollte der Regreßanspruch des Sozialversicherungsträgers in entsprechender Anwendung der geschäftsplanmäßigen Erklärung der Kraftfahrzeughaftpflichtversicherer vom März 1973 (Veröffentlichungen des Aufsichtsamts 1973, 103) auf 5000 DM begrenzt sein, wenn der Haftpflichtversicherer des Schädigers diesem gegenüber wegen einer vor Eintritt des Versicherungsfalles begangenen Obliegenheitsverletzung (z. B. Fehlen der Fahrerlaubnis, § 2 Abs. 2c AKB) leistungsfrei ist (BGHZ **80** 332; BGH VersR **1982** 850; **1983** 234; s. a. 19. VGT (1981) 12; **a. A.** OLG München VersR **1980** 618). Be- 98 gründet wurde diese Rechtsprechung mit Erfordernissen der Gleichbehandlung: in Fällen, in denen der (nach § 3 Nr. 4 PflVG eintrittspflichtige) Haftpflichtversicherer nach der geschäftsplanmäßigen Erklärung nur bis zum Betrag von 5000 DM Rückgriff nehmen könnte, dürfe sich die Situation des Ersatzpflichtigen nicht dadurch verschlechtern, daß der Verletzte sozialversichert war, die Eintrittspflicht des Haftpflichtversicherers somit nach § 3 Nr. 6 PflVG i. V. m. mit § 158c Abs. 4 VVG entfiel und folglich der Sozialversicherer kraft übergegangenen Rechts bei ihm Rückgriff nehmen kann.

Diese Rechtsprechung vermochte nicht zu überzeugen (so auch *Otto* VersR **1982** 820 und jedenfalls hinsichtlich der Begründung *Sieg* VersR **1982** 913). Es ist nicht einzusehen, wie einer geschäftsplanmäßigen Erklärung der Haftpflichtversicherer eine Wirkung zulasten Dritter, nämlich der nicht an ihr beteiligten Sozialversicherungsträger beigelegt werden kann. Der Gleichheitssatz rechtfertigt einen solchen Verstoß gegen fundamentale Rechtsgrundsätze jedenfalls nicht. Der Ersatzpflichtige muß auch sonst den Verletzten so nehmen, wie er ist: er wird beim jungen Großverdiener erheblich mehr Schadensersatz leisten müssen als beim betagten Habenichts. Warum also sollte es willkürlich sein, wenn ihn bei Verletzung eines Sozialversicherten andere Rechtsfolgen treffen als bei Verletzung eines anderen? Daß ihm in den hier zur Rede stehenden Fällen die Schadensersatzverpflichtung nicht vom Haftpflichtversicherer abgenommen wird, hat er seinem eigenen rechtswidrigen Verhalten zuzuschreiben. Wenn der mit ihm in vertraglicher Beziehung stehende Haftpflichtversicherer auf einen Teil seiner Regreßforderung verzichtet, so ist dies ein freiwilliges Entgegenkommen, aus dem der Schädiger keine Rechte gegenüber Dritten herleiten kann. Es sollte auch nicht übersehen werden, daß die Rechtsprechung des BGH zu einer Ungleichbehandlung anderer Art führte. Demjenigen, der außerhalb der Pflichtversicherung für Kraftfahrzeuge (z. B. als Radfahrer oder Fußgänger) haftpflichtig wurde, kam sie nämlich nicht zugute.

99 Inzwischen ist der BGH von dieser Rechtsprechung abgerückt (BGH VersR **1983** 1133; **1984** 137). Anlaß hierzu war, daß sich der Ausschuß für Arbeit und Sozialordnung des Deutschen Bundestags im Gesetzgebungsverfahren zu § 116 SGB-X gegen die vom BGH vorgenommene Regreßbegrenzung ausgesprochen und die Auffassung vertreten hat, Sozialversicherungsträger sollten von der Geltendmachung eines Schadensersatzanspruchs nur bei Vorliegen der Voraussetzungen des § 31 Abs. 2 HGrG oder des § 76 Abs. 2 SGB-IV absehen dürfen (Schriftlicher Bericht vom 17. 6. 1982, BTDrucks. 9/1753 S. 44). Der BGH sah darin, daß der Bundestag § 116 SGB-X in Kenntnis dieser Rechtsauffassung verabschiedete, ohne eine weitergehende Beschränkung des Rückgriffsrechts zu normieren, eine authentische Interpretation des geltenden Rechts durch den Gesetzgeber, an die er sich gebunden fühlte. Diese Begründung erscheint zwar anfechtbar. Im Ergebnis ist aber zu begrüßen, daß der BGH auf diese Weise Gelegenheit zu einer Abkehr von der bedenklichen Judikatur seit BGHZ **80** 332 gefunden hat.

Der Rückgriff des Sozialversicherers bei notleidendem Haftpflichtversicherungsverhältnis des Schädigers ist somit nunmehr auch nach Ansicht des BGH nicht mehr generell, sondern nur unter den Voraussetzungen des § 31 Abs. 2 HGrG oder des § 76 Abs. 2 SGB-IV beschränkt (hierzu *Hüffer* VersR **1984** 199). Ob diese Voraussetzungen vorliegen, können die Zivilgerichte nicht überprüfen. Der Erlaß der Regreßforderung setzt einen Verwaltungsakt des Sozialversicherungsträgers voraus; die Überprüfung seiner Rechtmäßigkeit ist eine Streitigkeit öffentlich-rechtlicher Natur (BGH VersR **1983** 1133; Einzelheiten *Hüffer* VersR **1984** 200).

i) Zusammentreffen mehrerer Zessionen. Erhält ein Hinterbliebener gleichzeitig vom Dienstherrn des Verstorbenen eine Pension und vom Sozialversicherungsträger eine Rente, so sind beide Gesamtgläubiger (BGH VersR **1960** 85; **1963** 239; **1983** 687). Reicht die Ersatzforderung aus rechtlichen Gründen nicht zur Befriedigung beider Zessionare aus, so wirkt das Quotenvorrecht des Sozialversicherungsträgers auch gegenüber dem Dienstherrn (BGH VersR **1960** 1100; **1961** 628; **1971** 637). Das gleiche gilt im Verhältnis zwischen Sozialversicherungsträger und Träger der Versorgungsverwaltung (BGH VersR **1977** 649). 100

Löst ein Unfall die Leistungspflicht der Rentenversicherung und der Berufsgenossenschaft (gesetzliche Unfallversicherung) nebeneinander aus und reicht der Ersatzanspruch des Hinterbliebenen gegen den Schädiger nicht aus, um beide Sozialversicherungsträger völlig schadlos zu stellen, so entscheidet für den Innenausgleich zwischen beiden die Höhe der jeweiligen Rentenbelastung (BGHZ **28** 68; BGH VersR **1964** 376; **1979** 741). Es findet also eine Aufteilung nach Quoten statt. Diese wirkt aber nicht gegenüber dem Schädiger. Ihm gegenüber sind die Sozialversicherungsträger in Höhe des Betrages desjenigen von beiden, der die geringere Leistung zu erbringen hat, Gesamtgläubiger nach § 428 BGB (BGHZ **28** 73; BGH VersR **1960** 1122; **1969** 898; **1979** 741); der Schuldner kann mithin nach seinem Belieben an jeden Gläubiger leisten, auch wenn einer von beiden gegen ihn schon Klage auf Zahlung erhoben hat. Die von der Rechtsprechung entwickelten Grundsätze haben nunmehr in § 117 SGB-X Eingang ins Gesetz gefunden. Keine Gesamtgläubigerschaft besteht – wegen des unterschiedlichen Zeitpunkts des Rechtsübergangs – zwischen einem Sozialversicherungsträger und einem Schadensversicherer (BGH VersR **1980** 1072). Ficht einer der Gesamtgläubiger den Bescheid des Amtes für Verteidigungslasten, der seinen Anspruch abgelehnt hat, nicht innerhalb der Klagefrist nach Art. 12 Abs. 3 NTS-AG an, so berührt der hierdurch eintretende Verlust seines Ersatzanspruchs den Anspruch des konkurrierenden Sozialversicherungsträgers nicht; dieser kann vielmehr in voller Höhe Regreß nehmen (BGH VersR **1979** 741).

j) Prozeßrechtliches. Das über einen übergegangenen Schadensersatzanspruch erkennende Gericht ist an die Entscheidung gebunden, die in einem Verfahren nach der RVO darüber ergeht, ob und in welchem Umfang der Versicherungsträger verpflichtet ist (§ 1543 Abs. 1 RVO; für Schadensfälle nach dem 30. Juni 1983 § 118 SGB-X). Das Gericht setzt ein Verfahren von Amts wegen so lange aus, bis die Entscheidung ergangen ist (§ 1543 Abs. 2 i .V. m. § 638 Abs. 2 RVO). 101

5. Vorteilsausgleichung 102

Da bei der Berechnung des Schadens die Vorteile schadensmindernd zu berücksichtigen sind, die der Schadensfall dem Geschädigten gebracht hat (§ 7, 161), hat auch der Unterhaltsberechtigte sich grundsätzlich die Vorteile anrechnen zu lassen, die ihm der Tod des Unterhaltsverpflichteten gebracht hat. Dieser Grundsatz wird allerdings erheblich durch zwei Regeln eingeschränkt: Erstens sind nur Vorteile, die das schadenstiftende Ereignis adäquat verursacht hat, die also in einem inneren Zusammenhang mit dem Einzelschaden stehen, zu berücksichtigen (BGHZ **8** 329; BGH NJW **1959** 1078; VersR **1984** 354) und zweitens nur solche, deren Anrechnung dem Geschädigten „zumutbar" ist (BGHZ **10** 108; OLG Celle MDR **1965** 42). Nicht anzurechnen ist z. B. – da nicht durch den Tod des Unterhaltsverpflichteten verursacht – die Arbeitslosen-Hilfe, die die Witwe wegen ihrer eigenen Arbeitslosigkeit erhält (BGHZ **4** 178) oder – mangels inneren Zusammenhangs – der Zinsgewinn aus dem durch den Tod des Ehegatten veranlaßten Verkauf des gemeinsam ausgeübten Betriebs (BGH VersR **1984** 353). Nicht „zumutbar" ist die Anrechnung freiwilliger Leistungen Dritter, auch wenn sie wegen des Unfalltodes des Unterhaltsverpflichteten erfolgen, und solcher Leistungen Dritter, die aufgrund eines Vertrages zwischen dem Erblasser und dem Dritten erfolgen, für den der Erblasser Gegenleistungen erbracht hat (z. B. Unfallversicherungsvertrag; vgl. Rdn. 115). Ferner ist es nicht zumutbar, ersparte Aufwendungen für den getöteten Ehegatten auch insoweit anzurechnen, als dieser durch unentgeltliche Versorgung der ersteheliche Kinder des Hinterbliebenen diesem Aufwendungen erspart hatte (BGH VersR **1984** 190).

103 **a) Nachlaß.** Ist der Unterhaltsberechtigte zugleich Erbe des Getöteten, so kommt eine Vorteilsausgleichung hinsichtlich der ihm anfallenden Erbschaft in Betracht. Eine Anrechnung ist jedoch nur insoweit gerechtfertigt, als der Anfall der Erbschaft dem Unterhaltsberechtigten Vorteile bringt, die er ohne den Unfall (nach dem wahrscheinlichen Verlauf der Dinge) nicht gehabt hätte.

104 **aa)** Der **Stammwert** des Nachlasses ist daher nur dann (ggf. teilweise) anzurechnen, wenn davon auszugehen ist, daß er dem Unterhaltsberechtigten ohne den vorzeitigen Unfalltod nicht oder nur teilweise zugefallen wäre (BGHZ **8** 328; BGH VersR **1957** 265; **1961** 836; **1963** 545). Dies ist z. B. dann der Fall, wenn die Erbmasse voraussichtlich für die Erfüllung der Unterhaltspflicht verbraucht worden wäre (BGH VersR **1974** 700), oder wenn der Ersatzberechtigte eine geringere Lebenserwartung hatte als der Getötete (*Lange* § 9 IV 2). Die Entscheidungen BGH VersR **1957** 265 und **1967** 1154, in denen bei Beerbung eines Kindes durch einen Elternteil eine Anrechnung der Erbschaft abgelehnt wurde, werden von *Lange* (aaO) zu Recht in Frage gestellt, weil es hier nach dem wahrscheinlichen Verlauf der Dinge nicht zu einer Beerbung gekommen wäre (vgl. auch *Thiele* AcP **167** (1967) 234; *John* JZ **1972** 546). Gewißheit des Nichtanfalls der Erbschaft ist, wie bei allen hypothetischen Abläufen, nicht zu fordern; es genügt eine aus dem gewöhnlichen Verlauf der Dinge herzuleitende Wahrscheinlichkeit (vgl. *John* JZ **1972** 546).

105 **bb) Erträgnisse** des Nachlasses (z. B. Gewinn aus einem Wirtschaftsbetrieb, Mieteinnahmen, Zinsen) sind dann anzurechnen, wenn sie vom Erblasser zur Erfüllung der Unterhaltspflicht verwendet worden wären (BGH VersR **1974** 700). Wären sie hingegen zur Vermehrung oder Erhaltung des Vermögens verwendet, z. B. in das Mietgrundstück (BGH VersR **1962** 322) oder den Bauernhof (BGH VersR **1961** 855) reinvestiert worden, so sind sie nicht anzurechnen, wenn der Ersatzberechtigte mit dem Anfall der auf diese Weise erhöhten Erbmasse ohnehin hätte rechnen können. Dies ergibt sich auch schon daraus, daß der Hinterbliebene sich nur die Reinerträge anrechnen lassen muß und die gebotenen Reinvestitionen von ihm wohl auch vorgenommen werden. Hätte der Getötete Erträgnisse weder zum Unterhalt verwendet noch dem Vermögen wieder zugeführt, so entsteht dem Hinterbliebenen durch die Erträgnisse des Nachlasses ein anrechenbarer Vorteil (*Wussow/Küppersbusch* 249). Der Anrechnung von Erträgnissen kann der Ersatzberechtigte nicht mit der Begründung begegnen, daß bei längerer Lebensdauer des Getöteten die Erbschaft größer gewesen wäre (BGH VersR **1960** 1097 = MDR **1961** 221 m. Anm. *Pohle*).

106 Gehört zum Nachlaß ein Wirtschaftsbetrieb, der unter unentgeltlichem **Einsatz der eigenen Arbeitskraft** des Erben oder eines Miterben fortgeführt wird, so mindern dessen Erträgnisse, soweit nach obigen Grundsätzen überhaupt anrechenbar, den Ersatzanspruch nur insoweit, als der Hinterbliebene (im Rahmen seiner Schadensminderungspflicht, d. h. der Zumutbarkeit) zu der Arbeitsleistung gehalten ist (RGZ **72** 440; **154** 241; RG JW **1907** 130; BGHZ **58** 14; BGH VersR **1957** 783; **1963** 635; **1963** 733; **1967** 260). Hat der Ersatzberechtigte bereits bisher im Betrieb mitgearbeitet, wird ihm dies in der Regel mindestens im bisherigen Umfang weiter zugemutet werden können; dies gilt grundsätzlich auch für eine Witwe, die noch Kinder zu versorgen hat (BGH VersR **1957** 785). Hat der Erbe die persönliche Weiterführung des ererbten Betriebs übernommen, obwohl sie ihm nicht zuzumuten wäre, so beschränkt sich der als Vorteil auf den Schaden anzurechnende Betrag auf den objektiven Wert der Nutzung des in dem Geschäft steckenden Vermögens; ein Anhaltspunkt hierfür kann der erzielbare Pachtzins sein (BGHZ **58** 18). Bei Veräußerung des Betriebs ist nicht der Erlös (Stammwert!), sondern nur dessen Zinsertrag absetzbar (BGH VersR **1969** 713).

Bei **Tötung beider Eltern** sind die Erträgnisse des jeweiligen Nachlasses, soweit **107** nach obigen Grundsätzen anrechenbar, auf die zugehörigen Unterhaltsansprüche zu verrechnen. Hierbei ist jedoch zu beachten, daß die Erträgnisse aus der einen Erbschaft sich auf Bestand oder Umfang des Unterhaltsanspruchs gegen den anderen Elternteil (und damit auch den diesbezüglichen Ersatzanspruch) auswirken können (BGHZ **62** 126; vgl. auch OLG Köln VersR **1978** 972).

cc) Die **Erhöhung der Unterhaltsleistungspflicht des anderen Elternteils** infolge des **108** von Todes wegen erworbenen Vermögens kann für die Kinder des Getöteten ebenfalls einen ausgleichspflichtigen Vorteil darstellen (BGHZ **58** 20); § 843 Abs. 4 BGB steht dem nicht entgegen, weil hier nur die Person des Unterhaltspflichtigen, nicht aber die Quelle des Unterhalts gewechselt hat (BGH VersR **1965** 376; **1969** 951; vgl. Rdn. 50).

b) Fällt dem Hinterbliebenen ein **Vermächtnis** oder ein **Pflichtteil** zu, so gilt das **109** zum Anfall eines Nachlasses Ausgeführte entsprechend (BGH VersR **1960** 1097; **1961** 846; OLG München VersR **1967** 190). Nach BGH VersR **1960** 1097 mindern die gesetzlichen Zinsen aus dem Betrag des Pflichtteils den Unterhaltsersatzanspruch nach § 254 Abs. 2 BGB auch dann, wenn die Witwe ihren Pflichtteilsanspruch nicht alsbald nach dem Todesfall geltend gemacht und den Schuldner nicht in Verzug gesetzt hat.

c) Steht der Ehefrau nur die **Nutznießung** am Hof ihres getöteten Mannes zu, gilt **110** hinsichtlich der Erträgnisse das zur Erbschaft Ausgeführte entsprechend (BGH VersR **1969** 951).

d) **Zugewinnausgleich.** Der Ausgleichsanspruch der Witwe aus der gesetzlichen **111** Zugewinngemeinschaft, der durch den Unfalltod des Mannes fällig wird, gehört zu ihrem eigenen Vermögen, so daß der Ertrag hieraus nicht ausgleichungspflichtig ist. Daß das Gesetz den Ausgleichsanspruch, wenn der Ehepartner stirbt, nicht gemäß der in §§ 1372ff BGB vorgesehenen Berechnung gewährt, sondern als Erhöhung des Erbteils um ein Viertel (§ 1931 BGB), ändert nichts daran, daß dieser zusätzliche Erbteil kein durch den Unfalltod erworbenes Vermögen der Frau darstellt, sondern lediglich eine Verwirklichung des ihr schon vorher zustehenden Anspruchs (**a. A.** wohl BGH VersR **1968** 770).

e) Für eine **Bausparsumme**, die für die Errichtung eines Wohnhauses mit Räumen **112** für das Geschäft des Mannes vorgesehen war und der Witwe nach dem Unfalltod des Mannes zugeflossen ist, gilt das zur Erbschaft Ausgeführte auch dann, wenn sie der Witwe nach § 331 BGB zugefallen ist (BGH VersR **1969** 713).

113 **f) Freiwillige Leistungen Dritter,** die aus Anlaß des Todesfalles gegenüber dem Hinterbliebenen erbracht werden, sind dann nicht auf den Unterhaltsersatzanspruch anzurechnen, wenn es nicht Sinn der Leistung ist, den Ersatzpflichtigen zu entlasten. Dies wird in aller Regel der Fall sein, so z. B. beim Ertrag einer Sammlung für den Hinterbliebenen (RG JW **1935** 3369), bei freiwilligen Unterhaltsleistungen eines Dritten (RGZ **92** 57), bei freiwilligen Zahlungen des Arbeitgebers (RGZ **136** 86; **141** 173; BGHZ **10** 108), des Versicherers (RG JW **1936** 1667 m. Anm. *Carl*) oder öffentlicher Körperschaften (RG DR **1941** 1457).

114 **g) Leistungen aufgrund arbeitsrechtlicher Verpflichtung.** Ist der Arbeitgeber des Verstorbenen aufgrund Tarif- oder Arbeitsvertrags zur Zahlung einer Hinterbliebenenrente (z. B. sog. Dreimonatsrente) verpflichtet, so sollen diese Leistungen, wenn nicht eine abweichende Bestimmung getroffen ist, den Hinterbliebenen ohne Rücksicht darauf zukommen, ob sie Ersatzansprüche gegen einen Schädiger haben. Diese Leistungen stellen nämlich einen Teil des Entgelts für geleistete Arbeit dar. Es wäre unbillig, wollte man ihn aus der Tatsache, daß ein für den Unfalltod Verantwortlicher vorhanden ist, zum Nachteil der Witwe einen Gewinn ziehen lassen (BGHZ **10** 107; BGH VersR **1969** 898).

115 **h) Versicherungsleistungen.** Die aufgrund einer **Lebensversicherung** des Getöteten erlangten Zahlungen sind nicht anzurechnen, auch nicht deren Zinserträgnisse (BGH VersR **1979** 323, wo die frühere Unterscheidung zwischen Risiko- und Sparversicherungen [vgl. BGHZ **39** 249] aufgegeben wurde). Es widerspräche dem Sinn des Versicherungsverhältnisses, wenn die Versicherungsleistungen, die der Versicherungsnehmer zu Lebzeiten durch seine Prämien erkauft hat, dem Schädiger zugute kämen. Das gleiche gilt für Leistungen aufgrund einer **Unfallversicherung** (BGHZ **10** 109; BGH VersR **1969** 350). Wer Versicherungsnehmer ist und wer die Prämien tatsächlich aufgebracht hat, ist ohne Bedeutung (BGH NJW **1968** 837).

116 Auch für die **Insassen-Unfallversicherung** gilt im Prinzip, daß die Versicherungsleistung nicht zu einer Minderung des Schadensersatzanspruchs im Wege der Vorteilsausgleichung führt (BGHZ **19** 94; **25** 328; BGH VersR **1962** 85; **1963** 521). Der Versicherungsnehmer kann allerdings ihre Verrechnung auf den Schadensersatzanspruch des Verletzten anordnen, und zwar nicht nur dann, wenn er selbst haftpflichtig ist, sondern auch dann, wenn er zu dem Haftpflichtigen in näherer Beziehung, z. B. als Angehöriger, steht. Die Anrechnung muß gegenüber dem Geschädigten spätestens im Zeitpunkt der Auszahlung der Versicherungsleistung erklärt oder zumindest vorbehalten werden (BGHZ **80** 8; vgl. auch BGHZ **64** 266).

117 **i) Kindergeld** nach dem BKGG, welches bisher an den getöteten Unterhaltspflichtigen geleistet wurde und nunmehr an den überlebenden Elternteil weitergezahlt wird, bleibt bei der Berechnung des Unterhaltsschadens außer Betracht. Das Kindergeld hat den Zweck, die Unterhaltslast des Unterhaltsverpflichteten zu erleichtern, und berührt nicht die zivilrechtliche Unterhaltspflicht. Da § 10 Abs. 2 an letztere anknüpft, entscheidet für die Höhe des Ersatzanspruchs allein der nach den §§ 1601 ff BGB geschuldete Betrag (BGH VersR **1979** 1029).

118 **k) Unterhaltsleistungen Dritter.** Nach § 13 Abs. 2 in Verbindung mit § 843 Abs. 4 BGB ist die Unterhaltspflicht eines Dritten für den Schadensersatzanspruch gegen den Schädiger ohne Bedeutung (Rdn. 48). § 843 Abs. 4 BGB betrifft jedoch nur den

Fall, daß die Unterhaltspflicht des Dritten aus Anlaß des Unfalls entstanden ist, regelt also z. B. nicht die Frage, ob bei Wiederverheiratung des hinterbliebenen Ehegatten dessen Unterhaltsanspruch aus der neuen Ehe den Schädiger entlastet (BGH VersR **1970** 524; OLG Hamburg JW **1918** 147).

Nach ständiger Rechtsprechung berührt die **Wiederverheiratung** den Bestand des Unterhaltsersatzanspruchs nicht, wohl aber seine Höhe[13]. Soweit die Realisierung des durch die neue Ehe begründeten Unterhaltsanspruchs möglich und zumutbar ist, muß sich der Hinterbliebene diesen Umstand als schadenmindernden Faktor anrechnen lassen. Dies gilt auch dann, wenn der getötete Ehegatte seinen Unterhaltsbeitrag durch Dienstleistungen im Geschäft des anderen erbracht hat, der neue Ehegatte hingegen mit seinem Verdienst aus einer Erwerbstätigkeit zum Unterhalt beiträgt. In diesem Fall wird der Schaden, für den der Schädiger Ersatz zu leisten hat, insoweit ausgeglichen, als der Unterhaltsbeitrag des zweiten Ehegatten dem Ersatzberechtigten die Beschäftigung einer – seinem früheren Ehegatten im Hinblick auf die geleisteten Dienste gleichwertigen – Hilfskraft für seinen Geschäftsbetrieb ermöglicht (BGH VersR **1970** 522). Um eine Vorteilsausgleichung im eigentlichen Sinne geht es in diesen Fällen nicht, da der Erwerb der Unterhaltsansprüche nicht durch das Schadensereignis selbst hervorgerufen wurde, sondern auf einer späteren, durch die Tötung des Ehegatten lediglich ermöglichten Entwicklung beruht. Es handelt sich vielmehr um eine nachträgliche Verminderung des Schadensumfangs. 119

Bei der **Adoption** von Unfallwaisen ist die Frage der Anrechnung genauso zu beurteilen[14]. 120

l) Arbeitseinkommen des Hinterbliebenen ist nur dann anzurechnen, wenn die Aufnahme der Arbeit durch die Schadensminderungspflicht geboten ist (vgl. hierzu Rdn. 125ff). Erzielt der Hinterbliebene durch eine über diese Verpflichtung hinausgehende Arbeitsleistung ein Einkommen, so wäre es unbillig, dies dem Schädiger zugute kommen zu lassen[15]. Einkommen aus einer bereits bei Lebzeiten des Ehegatten bestehenden Erwerbstätigkeit ist schon deswegen nicht als Vorteil anzurechnen, weil es ohnehin die Höhe des Unterhaltsanspruchs verringert. 121

Kann der Hinterbliebene wegen eines Mitverschuldens des Getöteten keinen vollen Ersatz seines Unterhaltsschadens verlangen (vgl. Rdn. 14), so ist ein anrechenbares Arbeitseinkommen zunächst auf den vom Hinterbliebenen selbst zu tragenden Teil des Schadens zu verrechnen; erst wenn es diesen übersteigt, mindert es den Ersatzanspruch gegen den Schädiger (BGHZ **16** 274; BGH VersR **1955** 355; **1962** 1063; OLG Nürnberg VersR **1978** 774). Dies folgt daraus, daß dem Hinterbliebenen nicht zuzumuten ist, primär für den Schädiger zu arbeiten. 122

m) Ersparte Aufwendungen, z. B. für den Unterhalt und die Ausbildung des erst später (möglicherweise) unterhaltspflichtig werdenden Kindes, sind auf den Ersatzanspruch anzurechnen, jedenfalls soweit es nicht Billigkeitsgründe ausnahmsweise 123

[13] RG JW **1905** 143; RG HRR **1934** Nr. 1023; BGH VersR **1958** 627; **1970** 522; **1979** 55; **a. A.** *Full* 76.

[14] *Schultze-Bley* NJW **1971** 1137; **a. A.** BGHZ **54** 269 = JZ **1971** 657 m. krit. Anm. *Rother; Wussow* 1122; *Lange* § 9 VI 7.

[15] RGZ **154** 240; RG VAE **1940** 179; BGHZ **4** 170; BGHZ **49** 62; **55** 332; BGH NJW **1974** 602; **a. A.** OGHZ **1** 317 m. abl. Anm. *Schale*.

verbieten, die Ersparnis als Vorteil anzusehen[16]. Hat der Hinterbliebene eigene Einkünfte (z. B. eine Rente) teilweise auch für persönliche Bedürfnisse des Ehegatten aufgewendet, so vermindert sich sein Unterhaltsschaden insoweit, als er diese Beträge jetzt für sich verwenden kann; erhält der Hinterbliebene wegen Mitverschuldens des Getöteten keinen vollen Ersatz, gilt das in Rdn. 122 Ausgeführte entsprechend (BGH VersR **1983** 726). Dem Rückgriff nehmenden Sozialversicherungsträger oder Dienstherrn (Rdn. 58ff) gegenüber kann sich der Schädiger nicht auf die Ersparnis berufen, die durch Wegfall etwaiger für den Verunglückten erbrachter Versorgungsleistungen eingetreten ist (BGH VersR **1953** 229; **1971** 636).

124 **n) Wegfall von Dienstleistungen.** Der Umstand, daß der hinterbliebene Ehegatte infolge des Unfalltodes des anderen keine Dienste im Haushalt oder Beruf mehr zu leisten braucht, ist kein anrechenbarer Vermögensvorteil (RGZ **152** 211; **154** 240; RG JW **1938** 1816; BGHZ **4** 171; *Krebs* VersR **1961** 293). Eine andere Frage ist, ob er aus Gründen der Schadensminderung gehalten ist, seine frei werdende Arbeitskraft für eine Erwerbstätigkeit auszunützen (vgl. Rdn. 125).

125 **6. Schadensminderungspflicht**

a) Einsatz der Arbeitskraft. Der hinterbliebene Ehegatte kann aufgrund § 254 Abs. 2 BGB verpflichtet sein, seine durch den Tod des anderen freigewordene Arbeitskraft dazu zu verwenden, am Erwerbsleben teilzunehmen. Entscheidend hierfür sind die Umstände des Einzelfalles, insbesondere die wirtschaftlichen und sozialen Verhältnisse der Eheleute, Alter, Gesundheitszustand, Leistungsfähigkeit, Berufsausbildung, evtl. frühere Berufstätigkeit und nicht zuletzt das Vorhandensein von betreuungsbedürftigen Kindern (BGHZ **4** 170; BGH VersR **1955** 354; **1962** 1088; **1966** 1047; **1969** 469; VRS **11** 25). Von der ihm bis dahin zustehenden Freizeit braucht der Hinterbliebene nichts zu opfern, um den Schädiger zu entlasten (OLG Stuttgart RdK **1954** 90).

126 Grundsätzlich ist dem Ehegatten nicht zuzumuten, die **Betreuung der Kinder** fremden Leuten oder einem Heim zu überlassen, um eine Arbeitsstelle annehmen zu können (BGH FamRZ **1966** 566); dies gilt sogar dann, wenn Großeltern die Betreuung übernehmen könnten (RG VAE **1938** 344). Kinder über 16 Jahren bedürfen allerdings in der Regel keiner ganztägigen Betreuung mehr (RG aaO).

127 Bei **älteren Menschen** ist zu berücksichtigen, daß eine tiefgreifende Änderung der Lebensverhältnisse u. U. nicht mehr zumutbar ist (vgl. BGH VersR **1962** 1176; OLG München VersR **1962** 649). Bei einer 45jährigen Frau wird dies allerdings nicht ohne weiteres gesagt werden können (BGH VersR **1962** 1088). Bei einer 50jährigen, etwas kränklichen Frau ohne Berufsausbildung hat BGH VersR **1966** 1047 eine Arbeitspflicht verneint, ebenso bei einer 52jährigen, die drei Kinder großgezogen hat (BGH VersR **1962** 1176).

128 Hatte der Hinterbliebene wegen der Eheschließung ein Studium oder eine sonstige **Ausbildung** abgebrochen, so muß ihm zugestanden werden, daß er diese Ausbildung zunächst beendet. Einen über den Ersatzanspruch wegen entgangenen Unterhalts hinausgehenden Zuschuß zu den Ausbildungskosten braucht der Schädiger allerdings nicht zu leisten.

[16] Vgl. BGHZ **56** 389; unentschieden BGHZ **4** 137. Grundsätzlich für Anrechnung *MünchKomm/Mertens* § 844 45; dagegen *Eckelmann/Boos* VersR **1978** 213. Zur Billigkeitsproblematik s. Rdn. 102

b) Fortführung des ererbten Geschäfts. War der Hinterbliebene schon zu Lebzeiten des Getöteten in dessen Erwerbsgeschäft unentgeltlich tätig und hat er das Geschäft geerbt, so ist er im Rahmen des Zumutbaren verpflichtet, weiterhin im gleichen Umfang im Geschäft tätig zu sein; der hierdurch erzielte reine Geschäftsgewinn mindert die Ersatzansprüche gegen den Schädiger (vgl. Rdn. 106 m. Nachw.). 129

c) Berücksichtigung des geringeren Wohnraumbedarfs. Der hinterbliebene Ehegatte ist in der Regel nicht verpflichtet, in eine kleinere Wohnung umzuziehen (BGH VersR **1974** 32) oder den durch den Tod des anderen in der Ehewohnung freigewordenen Raum durch (Unter)vermietung zu verwerten (LG Lüneburg VersR **1966** 272). Tut er dies trotzdem, so verbleiben ihm die Einnahmen aus der Vermietung. Auch ein alleinstehender Hauseigentümer braucht keinen Mieter aufzunehmen (OLG Celle VersR **1966** 246). 130

7. Steuern 131

Der Schädiger muß den Hinterbliebenen, falls sie die Unterhaltsersatzrenten versteuern müssen, diese Steuern ersetzen (BGH VersR **1970** 183; **1979** 670). Dies wird grundsätzlich der Fall sein, da die als Schadensersatz gezahlten Renten nicht den steuerfreien Unterhaltsrenten gleichzusetzen, sondern als wiederkehrende Leistungen i. S. d. § 22 Nr. 1 Satz 2 EStG anzusehen sind (BGH VersR **1979** 670 unter Bezugnahme auf eine Anfrage beim BFH). Sonstige Steuernachteile durch den Todesfall sind nicht erstattungspflichtig (s. Rdn. 11).

8. Berechnung des Ersatzanspruchs des hinterbliebenen Ehegatten 132

a) Grundsätze. Der Hinterbliebene hat das Recht, so gestellt zu werden, wie wenn der Ehegatte am Leben geblieben wäre. Der Ersatzpflichtige muß die Witwe daher in den Stand setzen, die Lebensweise fortzuführen, auf die sie zu Lebzeiten ihres Mannes einen Anspruch gehabt hätte (BGH VersR **1952** 97; **1957** 128; **1961** 543; **1966** 588; **1968** 770; **1970** 183; **1972** 176). Daher kann die vielfach geübte Methode, das um die fixen Kosten verminderte Nettoeinkommen des Getöteten durch die Zahl der Personen zu teilen, die bis zum Tod ihres Ernährers von dessen Einnahmen lebten, und dann den Schadensersatzanspruch wieder um die fixen Kosten zu vermehren (*Fischer* VersR **1970** 21), allenfalls dazu dienen, die Höhe der Summe der Ansprüche aller Hinterbliebenen in groben Umrissen abzustecken. Richtig ist, daß beim Tod des Ernährers einer Familie die fixen Kosten in der Regel ohne Rücksicht auf die Zahl der Hinterbliebenen unverändert oder nahezu unverändert weiterlaufen und – wenn auch nur einmal – voll ersetzt werden müssen. Trotzdem müssen die Ansprüche aller Hinterbliebenen getrennt betrachtet werden. Ausgangspunkt für die Höhe des Unterhaltsanspruchs ist die tatsächliche Arbeitsleistung des Getöteten und die Feststellung, wieviel er gearbeitet und verdient hätte, wäre er noch am Leben. Die Frage, ob der Getötete zu einer solchen Arbeitsleistung verpflichtet gewesen wäre, bleibt außer Betracht. Es kann sich also der Schädiger nicht darauf berufen, der Verstorbene sei ungewöhnlich fleißig gewesen und der Unterhalt dürfe nur aus der Arbeitsleistung eines Durchschnittsbürgers berechnet werden. Andererseits kann die Witwe aber auch nicht mit Erfolg vortragen, ihr Mann hätte mehr leisten können, wenn er gewollt hätte, oder er hätte den Beruf wechseln und in dem anderen Beruf mehr verdienen können.

133 Der Schaden, den die Hinterbliebenen durch den Verlust von Unterhaltsansprüchen erleiden, kann nicht dem Teil des Einkommens des Verstorbenen gleichgesetzt werden, der über dessen eigenen Bedarf hinausging (BGH VersR **1966** 588; **1968** 770). Vielmehr kann die Witwe vom Schädiger als Schadensersatz denjenigen Unterhalt verlangen, den ihr der Verstorbene während seiner mutmaßlichen Lebensdauer hätte gewähren müssen. Nicht der tatsächlich vom Verstorbenen gewährte Unterhalt ist maßgebend, sondern derjenige, auf den die Witwe Anspruch gehabt hätte, also derjenige, der nach den konkreten Lebensverhältnissen und bei Berücksichtigung des den Kindern zu gewährenden Unterhalts bei einer dem Wesen der Ehe entsprechenden Lebensgemeinschaft angemessen war[17]. Es ist daher festzustellen, welche Beträge seines Einkommens der Verstorbene, wenn er am Leben geblieben wäre, hätte aufwenden müssen, um seinen unterhaltsberechtigten Angehörigen denjenigen Lebensunterhalt zu verschaffen, auf den sie nach den familienrechtlichen Vorschriften Anspruch gehabt hätten (BGH VersR **1961** 543; **1966** 588). Im Regelfall ist allerdings davon auszugehen, welchen Unterhalt der Verstorbene der Witwe gewährt hat; der Ersatzpflichtige hat – wenn der Verstorbene weder besonders geizig noch besonders freigebig gewesen ist – die Witwe in die Lage zu setzen, ihre Lebensweise so fortzuführen, wie wenn der Getötete noch lebte (BGH VersR **1962** 322; LG Tübingen RdK **1953** 46). Je höher das vom Verstorbenen erzielte Einkommen war, um so weniger kann davon ausgegangen werden, daß es in vollem Umfang zum Unterhalt der Familie zu verwenden war (BGH VersR **1961** 543; **1966** 588). Die Feststellung der Einkommensverhältnisse dient mithin der Prüfung, ob der tatsächliche Lebensstandard der Familie vor dem tödlichen Unfall des Mannes den Einkommensverhältnissen entsprach. Entsprach er ihnen, so ist bei der Berechnung des Unterhaltsanspruchs von dem innegehabten Lebensstandard auszugehen, dessen Aufrechterhaltung der Witwe ermöglicht werden muß. War der Lebensstandard, gemessen am Einkommen, zu hoch oder zu niedrig, so sind bei der Berechnung des Ersatzanspruchs entsprechende Abstriche zu machen oder Erhöhungen vorzunehmen.

134 Der vom Einkommen des Mannes nach Bestreitung des Unterhalts verbleibende Rest bleibt bei der Berechnung des Ersatzanspruchs der Frau außer Betracht. Sie hat mithin keinen Anspruch auf Ersatz des Schadens, der ihr dadurch entsteht, daß der Mann sein Vermögen nicht mehr mehrt und daß hierdurch ihr Ausgleichsanspruch (§§ 1371, 1372 BGB) geringer ist, als er bei längerer Lebensdauer des Mannes gewesen wäre. Hat der Mann die nicht als Unterhalt geschuldeten Beträge auf Sparkonto oder in anderer Weise angelegt, so hat die Witwe keinen Anspruch gegen den Schädiger auf Zahlungen, die den Sparraten oder einem Teil davon entsprechen. Eine Ausnahme bilden die Aufwendungen zur Alterssicherung (vgl. Rdn. 138). Was für diese gilt, gilt aber nicht für Rücklagen zur späteren Vergrößerung des Gewerbebetriebs (BGH VersR **1967** 260).

135 Ergibt sich, daß eine **Steigerung des Einkommens** von einem gewissen Zeitpunkt an zu erwarten war, so hat der Schädiger der Witwe von diesem Zeitpunkt an einen entsprechend höheren Lebensstandard zu ermöglichen; dagegen sinkt der Ersatzanspruch der Witwe von dem Tag an, an dem mit einer **Verringerung des Einkommens** des Mannes zu rechnen war, also vor allem vom Tag seiner Pensionierung oder der Aufgabe beruflicher Tätigkeit an. Zu berücksichtigen ist auch, daß der Lebensstan-

[17] BGH VersR **1958** 702; **1959** 713; **1968** 770; **1969** 897; **1970** 183; **1971** 423; **1974** 906; OLG Bamberg VersR **1956** 664; OLG Stuttgart VersR **1959** 1057.

dard der Eltern steigt, wenn die Kinder ins Erwerbsleben eintreten und keines Unterhalts mehr bedürfen.

Für die Ermittlung des hypothetischen künftigen Einkommens ist nach § 287 ZPO festzustellen, welches Einkommen der Unterhaltspflichtige bei gewöhnlichem Lauf der Dinge unter Berücksichtigung der mutmaßlichen Entwicklung seiner Verhältnisse und des Einkommens vergleichbarer Beschäftigter in den einzelnen Zeitabschnitten erzielt hätte (OLG Stuttgart VersR **1958** 1058). Zur Frage des Einflusses einer (hypothetischen) Ehescheidung s. Rdn. 42. **136**

Zu beachten ist, daß der Unterhaltsersatzanspruch auch den **Wegfall der Dienste** des Getöteten im Haushalt oder in Beruf oder Geschäft des Hinterbliebenen umfaßt, soweit diese Mitarbeit im Rahmen der Unterhaltspflicht nach §§ 1360ff BGB geschuldet war (vgl. Rdn. 8, 54 und § 16, 11; zur Berechnung Rdn. 156ff). **137**

Zur Unterhaltspflicht eines Ehegatten gehört ferner in der Regel (bei Berufstätigen) die Verschaffung einer den Verhältnissen entsprechenden **Altersversorgung und Krankenversicherung**. Daher sind ggf. auch die Beiträge für eine Weiterversicherung zu erstatten (BGH VersR **1971** 717) oder es ist Ersatz dafür zu leisten, daß der Hinterbliebene wegen des vorzeitigen Todes des Ehegatten keinen Rentenanspruch erwerben kann (BGHZ **32** 246; vgl. Rdn. 148). **138**

Einen **Anspruch auf Familienunterhalt**, wie ihn nach § 1360 BGB jeder Ehegatte zu Lebzeiten des anderen hat, kann der Hinterbliebene gegen den Schädiger nicht gelten machen (BGH VersR **1960** 801; **a. A.** RG SeuffA **57** 217). Alle Hinterbliebenen, also auch die Kinder, haben einen eigenen Anspruch auf Ersatz ihres jeweiligen Unterhaltsschadens, der eigenen Regeln hinsichtlich Höhe und Dauer folgt (BGHZ **11** 181; BGH VersR **1953** 210; **1960** 801). Der hinterbliebene Ehegatte kann den für die Kinder benötigten Unterhalt daher nicht aus eigenem Recht vom Schädiger fordern, sondern nur als gesetzlicher Vertreter in deren Namen. Dies ist vor allem dann von Bedeutung, wenn ein Forderungsübergang (Rdn. 58ff) stattgefunden hat, der sich hinsichtlich des Ehegatten und der Kinder verschieden auswirkt. **139**

Bei **Getrenntleben** der Ehegatten richtet sich das Bestehen und die Höhe eines Unterhaltsanspruchs nach den Lebensverhältnissen und den Erwerbs- und Vermögensverhältnissen (§ 1361 BGB); eine etwaige Trennungsschuld bleibt außer Betracht. **140**

Nicht beigepflichtet werden kann der gelegentlich vertretenen Ansicht, die Witwe habe überhaupt keine Ansprüche, wenn ihr Ehemann schon nach **kurzer Dauer der Ehe** tödlich verletzt werde (LG Bielefeld VersR **1968** 783). Die Begründung dieser Ansicht mit dem Hinweis auf §§ 242, 254 BGB läßt sich nicht halten. **141**

Zum Ausgleich durch den Todesfall erlangter Vorteile vgl. Rdn. 102ff, zur Frage der Arbeitspflicht des Hinterbliebenen Rdn. 125ff, zur Erstattung der für die Rente zu entrichtenden Steuern Rdn. 131. **142**

b) Nettoeinkommen des Getöteten als Berechnungsgrundlage. Das Nettoeinkommen des Getöteten, in der Regel also sein Lohn oder Gehalt abzüglich Steuern und Sozialversicherungsbeiträgen, ist Ausgangspunkt für die Ermittlung des Unterhaltsanspruchs des Hinterbliebenen[18]. Bei Selbständigen ist der Nettogewinn um die Rücklagen für Investitionen zu vermindern (BGH VersR **1967** 259). Bei Mitarbeit **143**

[18] BGH VersR **1958** 528; **1959** 713; **1961** 855; **1962** 322; **1971** 717; OLG Stuttgart VersR **1958** 1057; **1969** 720.

im Betrieb des Ehegatten ist nicht das vereinbarte Gehalt, sondern das wirkliche Arbeitseinkommen des Getöteten zugrundezulegen, das sich nach seinem Beitrag zum Geschäftsgewinn des gemeinsam ausgeübten Betriebs bemißt (BGH VersR **1984** 353).

144 Da die Einkommensverhältnisse in der Regel bei frei Berufstätigen erheblichen Schwankungen unterliegen und auch bei Arbeitnehmern nicht immer gleich bleiben, muß der Berechnung der Unterhaltspflicht ein fiktives Durchschnittseinkommen zugrundegelegt werden. Dabei bilden die Einkommensverhältnisse im letzten Jahr vor dem Tod den Ausgangspunkt für die Berechnung des monatlichen Durchschnittseinkommens (OLG Karlsruhe VRS **8** 113; *Hüskes* VersR **1959** 250; *Wittkämper* Betrieb **1964** 1228).

145 Einkünfte aus dem Vermögen sind, soweit sie zum Unterhalt zu verwenden wären, dem Nettoeinkommen hinzuzurechnen. War der Getötete an einer Gesellschaft beteiligt (an einem Unternehmen) und hat er die ihm zustehenden Entnahmen nicht in voller Höhe getätigt, so ist von dem Betrag auszugehen, den er hätte entnehmen dürfen (BGH VersR **1968** 770).

146 Eine **Versorgungsrente**, die der Verstorbene als Kriegsbeschädigter bezogen hatte, erhöht sein Nettoeinkommen (BGH VersR **1960** 757; NJW **1981** 1313), desgleichen die Schwerbeschädigtenzulage nach § 31 Abs. 5 BVG (BGH NJW **1982** 41) oder eine berufsgenossenschaftliche Verletztenrente (OLG Braunschweig VersR **1979** 1125). Nach dem (hypothetischen) Eintritt in den Ruhestand ist das maßgebliche Einkommen aufgrund der Leistungen der Rentenversicherung, des Dienstherrn oder Arbeitgebers sowie etwaiger Einkünfte aus Versicherungen und Kapitalvermögen zu ermitteln.

147 Nicht dem Nettoeinkommen hinzuzurechnen sind Einkünfte aus **verbotener Tätigkeit** (Straftaten, Schwarzarbeit; OLG Köln VersR **1969** 382), **Auslösungen**, die zur Deckung eines entsprechenden Mehrbedarfs verwendet worden wären (OLG Saarbrücken VersR **1977** 727), sowie das **Kindergeld** nach dem Bundeskindergeldgesetz (BGH VersR **1979** 1029; vgl. Rdn. 117).

148 **Aufwendungen zur Alterssicherung**, zu denen Erwerbstätige, die nicht sozialversicherungspflichtig sind und keinen Anspruch auf Pension haben, gegenüber ihrem Ehegatten verpflichtet sind (z. B. durch Ansammlung von Rücklagen oder den Abschluß einer Lebensversicherung) dürfen vom Nettoeinkommen nicht abgezogen werden; diese Beträge müssen dem Hinterbliebenen vielmehr, da zum Unterhalt gehörend, vorweg zugestanden werden (BGH VersR **1954** 325; **1964** 779; **1967** 260; **1971** 717). Das gilt auch für freiberuflich Tätige, die einer Altersversorgung angehören müssen, sofern die Leistungen dieser Kassen so gering sind, daß ein standesgemäßer Lebensunterhalt im Alter nicht gewährleistet ist (BGH VersR **1956** 38; vgl. auch BGH VersR **1952** 97). Dem Hinterbliebenen zuzubilligen sind auch die Prämien, die der Ehegatte für eine Lebens- oder Unfallversicherung weiter hätte zahlen müssen, wenn er nicht vorzeitig gestorben wäre (BGHZ **39** 249).

149 c) **Vorwegerstattung der fixen Kosten.** Aus dem nach obigen Grundsätzen ermittelten Nettoeinkommen sind dem unterhaltsberechtigten Ehegatten zunächst die fixen Kosten der Lebensführung zur Verfügung zu stellen (s. aber wegen der in der Praxis üblichen Pauschalierung Rdn. 155).

150 Fixe Kosten sind die laufenden Aufwendungen für Wohnung und Wohnungseinrichtung, Heizung, Gas, Strom, Wasser, Abgaben, Telefon, Zeitung, Rundfunk,

Fernsehen und für Versicherungen, also alle laufenden Ausgaben, die an einem bestimmten Kalendertag immer wieder zu erbringen sind. Ob auch die Kosten für ein Auto, eine Putzfrau oder Hauspersonal hierher gehören, richtet sich nach den jeweiligen Verhältnissen.

Wohnten die Ehegatten im **eigenen Haus**, so treten die Kosten für die Reparatu- 151
ren, Grundsteuer und Gemeindeabgaben an die Stelle des sonst vom Schädiger geschuldeten Mietzinses. Das gilt auch dann, wenn das Haus dem Verstorbenen allein gehörte und es die Witwe geerbt hat. Für den Nutzungswert der Wohnung braucht sie sich im Wege der Vorteilsausgleichung keine Abzüge machen zu lassen, weil der Vorteil, nämlich die Nutzung der Wohnung, als Teil des Unterhalts vom Schädiger geschuldet ist, und die Witwe die ersparte Wohnungsmiete für die Unkosten des Hauses aufwenden muß (*Wittkämper* Betrieb **1964** 1227). Die Lasten dürfen aber die Kosten einer entsprechenden angemessenen Mietwohnung nicht übersteigen (OLG Braunschweig VersR **1979** 1124). Bis zu dieser Grenze sind auch die Aufwendungen für Finanzierungsdarlehen (Zinsen und Tilgung) den fixen Kosten zuzurechnen (OLG Braunschweig aaO). *Eckelmann/Schäfer* (VersR **1981** 370) wollen stets die fiktiven Mietkosten zugrundelegen; dies trägt den individuellen Gegebenheiten nicht hinreichend Rechnung.

Die fixen Kosten des Haushalts ändern sich im allgemeinen, soll der Lebensstan- 152
dard aufrechterhalten bleiben, durch den Tod des Mannes nicht oder nicht erheblich. Soweit Ersparnisse eintreten (vor allem bei den Versicherungen), muß die Witwe sie sich anrechnen lassen; im übrigen bekommt sie die fixen Kosten vom Schädiger voll ersetzt[19]. Die fixen Kosten können sich dadurch erhöhen, daß beim Ehemann die Krankenversicherungsbeiträge durch den Arbeitgeber abgeführt wurden, also vom Nettolohn nicht gezahlt zu werden brauchten, während die Witwe die Beiträge zur Krankenversicherung selbst aufzubringen hat. Abzüge sind im allgemeinen nur zu machen, wenn die Familie bis zum Tod des Mannes über ihre Verhältnisse gelebt hat (BGH VersR **1952** 97; **1959** 713; OLG Bamberg VersR **1956** 664).

Entfallen die fixen Kosten auf mehrere Hinterbliebene, so sind sie für die Be- 153
rechnung der einzelnen Ansprüche entsprechend den jeweiligen Verhältnissen aufzuteilen, zwischen der Witwe und zwei Waisen z. B. im Verhältnis 2:1:1 (BGH VersR **1972** 176; nach *Eckelmann/Nehls/Schäfer* NJW **1984** 946 zu gleichen Teilen; allgemein zum Verhältnis zwischen mehreren Unterhaltsberechtigten vgl. Rdn. 57).

d) Aufteilung des restlichen Einkommens. Die Festlegung der Unterhaltsquote, 154
d. h. des Anteils des Hinterbliebenen am nach Aussonderung der fixen Kosten verbleibenden Resteinkommen ist nach den Umständen des Einzelfalles vorzunehmen. Auszugehen ist von dem Grundsatz, daß jedem Ehegatten die Hälfte des verfügbaren Einkommens zusteht, weil beide in gleicher Weise am ehelichen Lebensstandard teilnehmen; dem berufstätigen Ehegatten wird im allgemeinen jedoch ein etwas höherer Anteil zugebilligt, weil er infolge seiner Erwerbstätigkeit auch höhere Ausgaben haben wird (BGH NJW **1982** 42). Somit stehen z. B. der nicht erwerbstätigen, kinderlosen Witwe in der Regel neben den fixen Kosten ca. 40% des verbleibenden Nettoeinkommens zu (BGH VersR **1971** 717; *Schloën/Steinfeltz* Kap. 6 Rdn. 355; **a. A.** *Eckelmann/Nehls/Schäfer* NJW **1984** 947: 47,5%). Beim Vorhandensein von Kindern kann sich diese Quote je nach deren Zahl auf ca. 35% (ein

[19] RGZ **159** 24; BGH VersR **1952** 97; **1961** 855; OLG Stuttgart VersR **1959** 1057; *Fischer* VersR **1970** 21.

Kind) bis ca. 25% (4 Kinder) vermindern (für höhere Quote *Eckelmann/Schäfer* VersR **1981** 372). Bei nicht erwerbstätigen, Rente beziehenden Ehegatten wird in der Regel eine Aufteilung nach gleich hohen Quoten vorzunehmen sein (OLG Stuttgart FamRZ **1978** 252; OLG Bremen FamRZ **1979** 123; OLG Karlsruhe FamRZ **1981** 551). Wenngleich eine gewisse Pauschalierung unumgänglich ist, sind doch stets die Besonderheiten des konkreten Falles (etwa ein durch persönliche Umstände bedingter besonders hoher Eigenbedarf des Unterhaltspflichtigen) zu beachten. Dies gilt vor allem auch dann, wenn der hinterbliebene Ehegatte ebenfalls zum Familienbarunterhalt beigetragen hat. Hier ist die dem Einzelfall adäquate Verteilung des Familieneinkommens, auch unter Berücksichtigung der Pflicht zur Mithilfe im Haushalt, herauszufinden (vgl. z. B. BGH VersR **1983** 726: Rentnerehepaar; BGH VersR **1984** 81: Taxiunternehmer).

155 In der Regulierungspraxis werden die fixen Kosten vielfach nicht gesondert errechnet, sondern durch Erhöhung der üblichen Quoten (vgl. Rdn. 154), die dann aus dem vollen Nettoeinkommen zu errechnen sind, berücksichtigt. Nach der Tabelle bei *Schloën/Steinfeltz* (Kap. 6 Rdn. 357) beträgt die Quote des hinterbliebenen Ehegatten dann 50%, bei Vorhandensein von Kindern zwischen ca. 42% (ein Kind) und ca. 28% (vier Kinder). Hierbei dürften sich in der Regel zu niedrige Sätze ergeben (vgl. *Eckelmann/Nehls/Schäfer* NJW **1984** 949).

156 **e) Ersatz für entgangene Dienste.** Die Haushaltsführung und die Mitarbeit im Geschäft des Ehegatten stellen, soweit nach § 1360 BGB geschuldet (hierzu *Moritz* VersR **1981** 1101), ebenfalls Unterhaltsleistungen dar (s. Rdn. 8, 54), so daß bei Tötung des diese Dienste leistenden Ehegatten ein entsprechender Ersatzanspruch besteht. Entscheidend ist auch hier der rechtlich geschuldete, nicht der tatsächlich geleistete Umfang der Dienste (BGH VersR **1971** 423; **1979** 670; s. auch Rdn. 133).

157 Für den Ausgleich des Ausfalls kommen im Wesentlichen vier Wege in Betracht: Die Anstellung einer Ersatzkraft, die Unterstützung durch einen Verwandten gegen entsprechende Vergütung, die unentgeltliche Hilfe eines Angehörigen oder die Mehrarbeit des Hinterbliebenen. Im Sinne möglichst weitgehender Restitution können grundsätzlich die Dienste einer Ersatzkraft in Anspruch genommen und die hierfür aufzuwendenden Kosten ersetzt verlangt werden (Einzelheiten Rdn. 158ff). Ist jedoch im Einzelfall eine zumutbare Lösung im Rahmen des Familienverbandes möglich, die zu einem geringeren Aufwand führt, so soll sich nach neuer Rechtsprechung des BGH der Ersatzanspruch auf den Betrag beschränken, der erforderlich ist, um den Verwandten angemessen zu entschädigen (BGH VersR **1982** 874; **1982** 953 = 1192 m. zust. Anm. *Hofmann*). Dieser Auffassung kann nicht zugestimmt werden (so auch *Grunsky* NJW **1983** 2470). Sie ist unvereinbar mit der ständigen Rechtsprechung zum Ersatz fiktiver Reparaturkosten bei Beschädigung eines Kraftfahrzeugs (vgl. § 7, 203ff), verstößt gegen den Grundsatz, daß freiwillige Opfer den Schädiger nicht entlasten dürfen (vgl. § 843 Abs. 4 BGB), und führt zu großen Schwierigkeiten dann, wenn der Hinterbliebene auf eine fremde Hilfe überhaupt verzichtet. Soll er dann – wie bisher – die fiktiven Kosten einer Ersatzkraft beanspruchen können oder soll das Gericht gehalten sein, die gesamte Verwandtschaft daraufhin zu überprüfen, ob jemandem die Unterstützung des Hinterbliebenen zumutbar wäre, um sodann den Ersatzanspruch entsprechend kürzen zu können? Entgegen der Ansicht des BGH ist daher stets auf die (ggf. fiktiven) Kosten einer Ersatzkraft abzustellen. Für die Berechnung des Anspruchs gelten die folgenden Grundsätze.

aa) Anstellung einer Ersatzkraft. Wird zum Ausgleich der entgangenen Dienste eine Ersatzkraft angestellt, so sind die hierfür aufzuwendenden Kosten zu erstatten, und zwar der Bruttobetrag einschließlich Steuern und Arbeitgeberbeiträge zur Sozialversicherung (BGH VersR **1973** 940; **1974** 604). Die Höhe des Arbeitseinkommens des hinterbliebenen Ehegatten stellt keine Begrenzung für diesen Anspruch dar, denn zum Familieneinkommen gehörten auch die Leistungen des haushaltführenden Ehegatten (BGH VersR **1971** 1065; **1982** 952). Die Kosten sind aber nur dann voll erstattungsfähig, wenn die Dienste der Ersatzkraft hinsichtlich Umfang und Qualifikation jene des Ehegatten nicht übersteigen. Die eingehenden Untersuchungen von *Schultz-Borck/Hofmann*, die auch die Zustimmung der Rechtsprechung gefunden haben (vgl. BGH VersR **1979** 670; OLG Hamm VersR **1980** 723) und die zu differenzierten Tabellen für unterschiedliche Haushaltstypen geführt haben (aaO 13 ff), liefern gute Anhaltswerte. 158

Als **Zeitaufwand** sind z. B. für einen aus dem Witwer und zwei minderjährigen Kindern bestehenden Haushalt vom BGH (VersR **1979** 670) ca. 48 Wochenstunden für angemessen erachtet worden, bei zwei Kindern im vorschulpflichtigen Alter ca. 60 Wochenstunden (BGH VersR **1982** 952). Sind Familienangehörige zur Mithilfe verpflichtet, so ist dies bei der Bemessung des Arbeitszeitbedarfs durch entsprechende Abzüge zu berücksichtigen. Sie betragen bei Kindern ab ca. 12 Jahren eine Stunde täglich (BGH VersR **1973** 939; zu Recht einschränkend *Eckelmann/Nehls/Schäfer* DAR **1982** 383); für den Ehemann richtet sich der Umfang der Mitarbeitspflicht nach den jeweiligen Umständen, insbesondere dem Ausmaß der Berufstätigkeit beider Ehegatten (vgl. *Schulz-Borck/Hofmann* Nr. 2.1.4; BGH NJW **1974** 1238). 159

Hinsichtlich der **Qualifikation** ist zu beachten, daß im Regelfall nicht die Anstellung einer ausgebildeten Fachkraft (z. B. Hauswirtschaftsmeisterin), sondern nur die einer Hauswirtschafterin oder Haushaltshilfe beansprucht werden kann (BGH VersR **1979** 670). 160

bb) Fiktive Kosten einer Ersatzkraft sind zu ersetzen, wenn eine solche nicht eingestellt, sondern der Ausfall durch an sich nicht geschuldete Mehrleistung der Hinterbliebenen oder durch unentgeltliche Hilfe Dritter ausgeglichen wird; hierbei ist von den Kosten einer vergleichbaren, nach BAT bezahlten Ersatzkraft auszugehen (BGH VersR **1971** 1045; **1972** 743; **1972** 948), sofern nicht wegen der örtlichen Verhältnisse eine Haushaltshilfe zu günstigeren Bedingungen angestellt werden kann (BGH VersR **1982** 952). Zunächst ist festzustellen, für wieviele Stunden eine Haushaltshilfe beschäftigt werden müßte, um den Haushalt im bisherigen Umfang weiterzuführen; die Verkleinerung des Haushalts durch den Todesfall ist dabei in Rechnung zu stellen (BGH VersR **1982** 952 = 1192 m. zust. Anm. *Hofmann*; **a. A.** *Eckelmann* 80 ff). Die so gefundene Stundenzahl (vgl. auch Rdn. 159) ist sodann mit der sich aus dem BAT ergebenden Stundenvergütung zu multiplizieren, wobei je nach Umfang und Qualität der anfallenden Aufgaben auf die Vergütungsgruppen VIII, VII oder – in Ausnahmefällen – VI abzustellen ist (vgl. *Schulz-Borck/Hofmann* Tabelle 4; BGH VersR **1972** 743; **1972** 948; **1973** 84; **1973** 939; **1979** 670). Bei einem Haushalt kleinsten und einfachsten Zuschnitts kann es auch angemessen sein, lediglich die Kosten einer Zugehfrau als Berechnungsgrundlage heranzuziehen (BGH VersR **1974** 32). 161

162 Maßgeblich ist allein das fiktive *Netto*-Gehalt, denn für die Bestimmung des Wertes der Unterhaltsleistung haben Beträge, die einer Ersatzkraft nicht selbst zufließen würden, außer Betracht zu bleiben[20].

163 **9. Berechnung des Ersatzanspruchs des ehelichen Kindes**

a) Grundsätze. Beim Unfalltod des Vaters werden sich in der Regel andere Ansprüche gegen den Schädiger ergeben als beim Unfalltod der Mutter. Dies liegt daran, daß jeder Elternteil dem ehelichen Kind den Unterhalt jeweils in der durch die Lebensumstände gegebenen Form schuldet (Rdn. 52). Auch hier kommt es daher nicht auf das bloß theoretische Bestehen einer Unterhaltspflicht an, sondern auf den Unterhalt, den der beim Unfall Getötete dem Kinde in dem jeweiligen Zeitraum hätte zukommen lassen müssen (näher hierzu Rdn. 132). Der Unterhaltsanspruch des Kindes setzt sich – ebenso wie der des überlebenden Elternteils – zusammen aus entgangenem Unterhalt in Natur und Geld und aus einem Anspruch wegen Wegfalls der persönlichen Dienste des Getöteten. Der Unterhalt eines noch in der Ausbildung befindlichen Kindes richtet sich nach der Lebensstellung und den wirtschaftlichen Verhältnissen der Eltern. Das bedeutet aber nicht, daß dem Kind eine der Lebensführung der Eltern entsprechende Lebensgestaltung (eigener Wagen, Urlaubsreisen in ferne Länder) ermöglicht werden müßte. Vielmehr rechtfertigt bei überdurchschnittlich guten wirtschaftlichen Verhältnissen der Eltern die besondere Lage des noch in der Ausbildung befindlichen Kindes eine Begrenzung des Unterhalts nach oben deshalb, weil es noch keine berufliche Lebensstellung besitzt und den Eltern das Recht zusteht, im Interesse einer Erziehung zur Sparsamkeit Einschränkungen nach billigem Ermessen vorzunehmen (BGH VersR **1973** 84). Maßgebend ist mithin hier die Handhabung durch den verstorbenen Elternteil, sofern sie keinen Ermessensmißbrauch darstellte.

164 Zum Unterhalt gehört auch der Anspruch auf **Pflege im Krankheitsfall** einschließlich Deckung der Heilungskosten. Ist nur ein Elternteil erwerbstätig, so erfüllt er diesen Anspruch durch Abschluß einer Krankenversicherung für das Kind bzw. bei gesetzlicher Krankenversicherung dadurch, daß er dem Kind die Leistungen der Krankenkasse nach § 205 RVO verschafft; der andere Elternteil schuldet nur die tatsächlichen Fürsorgeleistungen im Rahmen der Pflicht zur Haushaltsführung (BGH VersR **1980** 844). Entfällt durch den Tod des erwerbstätigen Elternteils der (kostenlose) Versicherungsschutz nach § 205 RVO, so muß der Ersatzpflichtige die nunmehr anfallenden Kosten für eine Krankenversicherung des Kindes erstatten, auch wenn diese (wie nach § 381 Abs. 2 Nr. 3 RVO a. F.) vom Rentenversicherungsträger aufzubringen sind (BGH VersR **1978** 346; zum Anspruchsübergang auf diesen s. Rdn. 71). Standen beide Elternteile in einem krankenversicherungspflichtigen Arbeitsverhältnis, so schuldet der Schädiger bei der Tötung eines Elternteils nur 50% des (fiktiven) Beitrags zu einer Krankenversicherung (BGH VersR **1978** 346).

[20] BGH VersR **1973** 85 (hinsichtlich der Arbeitgeberanteile zur Sozialversicherung); **1982** 952 = 1192 m. zust. Anm. *Hofmann*; **1983** 458 = JR **1983** 414 m. Anm. *Schlund*; LG Berlin DAR **1979** 304; *Schulz-Borck/Hofmann* 2.2.2; *Wussow/Küppersbusch* 274; 15. VGT (1977) 10; **a. A.** *Grunsky* NJW **1983** 2470.

Eine Verpflichtung des Kindes, durch **eigene Arbeit** den Unterhaltsanspruch zu mindern oder in Wegfall zu bringen, besteht nur ausnahmsweise. Vor Beendigung der Berufsausbildung des Kindes ist dieses zwar nach § 1619 BGB verpflichtet, in einer seinen Kräften und seiner Lebensstellung entsprechenden Weise den Eltern in ihrem Hauswesen und Geschäft Dienste zu leisten; es ist aber nicht verpflichtet, bei fremden Leuten Dienste zu leisten, um Geld zu verdienen. Es wäre auch nicht angängig, aus § 1602 Abs. 2 BGB zu entnehmen, daß das Kind nach dem Zeitpunkt der Volljährigkeit seine Berufsausbildung nicht fortsetzen dürfe, sondern sich einen Arbeitsplatz suchen müsse. Die Tatsache, daß infolge des Todes eines Elternteils oder beider Elternteile die Dienstleistungspflicht in deren Hauswesen und Geschäft sich aus tatsächlichen Gründen (Auflösung des Haushalts oder Geschäfts) verringert oder ganz wegfällt, stellt für das Kind keinen Vermögensvorteil dar, der zu einer Minderung des Ersatzanspruchs führt (Rdn. 124). Wird der Haushalt nach dem Tod des Elternteils (oder beider Eltern) weitergeführt, so ist allerdings bei der Berechnung des Anspruchs des Kindes wegen Wegfalls der Arbeitsleistung des Vaters und der Mutter im Haushalt zu berücksichtigen, inwieweit das Kind im Haushalt, lebte der Verstorbene noch, hätte mithelfen müssen (vgl. hierzu Rdn. 159). 165

Ab wann das Kind einer Erwerbstätigkeit nachzugehen hat, um sich seinen eigenen Unterhalt zu verdienen, richtet sich nicht nach dem Eintritt der Volljährigkeit. Der maßgebende Zeitpunkt ist vielmehr der des regulären Abschlusses der **Berufsausbildung** (vgl. Rdn. 177). Dabei hat das Kind sich nach den Anordnungen der Eltern zu richten (§§ 1626, 1627 BGB), jedoch nur bis es volljährig wird. Von da an bestimmt es über seinen Ausbildungsweg grundsätzlich selbst (OLG Düsseldorf FamRZ **1978** 613). Allerdings hat es nur Anspruch auf die Ermöglichung *einer* (adäquaten) Berufsausbildung (§ 1610 Abs. 2 BGB); ein Zweitstudium oder eine weitere Berufsausbildung braucht der Unterhaltsverpflichtete grundsätzlich nicht zu finanzieren (vgl. BGH FamRZ **1981** 437; OLG Braunschweig VersR **1967** 813; VGH Baden-Württemberg FamRZ **1980** 628). Soweit nach den jeweiligen Umständen angemessen, kann das Kind verpflichtet sein, durch eigene Erwerbstätigkeit neben der Ausbildung, z. B. Ferienarbeit, zum Unterhalt beizutragen. 166

Nach Abschluß der Ausbildung hat das Kind einen Unterhaltsanspruch gegen beide Elternteile nur, wenn es (durch Krankheit, unverschuldete Arbeitslosigkeit usw.) in eine Notlage gerät. 167

Ein Kind mit **eigenem Vermögen** kann von seinen Eltern, solange es seine Berufsausbildung nicht abgeschlossen hat, Unterhalt insoweit verlangen, als die Erträgnisse seines Vermögens zum Unterhalt einschließlich der Ausbildungskosten nicht ausreichen. Dies gilt aber nur bis zum Eintritt der Volljährigkeit. Von da an muß es den Stamm seines Vermögens aufzehren, ehe es Unterhalt von seinen Eltern verlangen kann (§ 1602 Abs. 2 BGB). Eine Ausnahme gilt, wenn es unzumutbar, insbesondere unwirtschaftlich ist, das Vermögen anzugreifen. 168

Die **Unterhaltspflicht des überlebenden Elternteils** schließt nach § 13 Abs. 2 StVG, § 843 Abs. 4 BGB den Ersatzanspruch des Kindes gegen den für den Unfalltod des anderen Elternteils Verantwortlichen nicht aus und mindert ihn nicht (Rdn. 48). Zu beachten ist aber, daß der Schädiger nur für den Teil der gemeinsamen Unterhaltspflicht haftet, der auf den Getöteten entfiel (s. Rdn. 52). Wird der Vater beim Unfall getötet und war die Mutter nicht im Erwerbsleben gestanden, hatte sie vielmehr nur den Haushalt besorgt, so umfaßt der Ersatzanspruch des Kindes gegen den Schädiger den gesamten Unterhalt mit Ausnahme der persönlichen Dienste der 169

Mutter, die diese weiterhin dem Kinde allein schuldet (BayObLGSt **64** 8; LG Mönchengladbach MDR **1961** 1016). War die Mutter neben dem Vater berufstätig, so kann, wenn der Vater getötet wird, das Kind vom Schädiger nur den auf den Vater entfallenden Teil des Unterhalts ersetzt verlangen, nicht seinen vollen Unterhalt. Wird in einem solchen Fall die Mutter getötet, so entstehen Ersatzansprüche in Höhe ihrer Pflicht, zum Unterhalt des Kindes beizutragen (BGH FamRZ **1967** 380; VersR **1970** 41; OLG Braunschweig VersR **1967** 813). Zu beachten ist hierbei, daß bei Berufstätigkeit der Ehefrau der Ehemann zu erhöhter Mithilfe im Haushalt verpflichtet ist (BGH VersR **1974** 32; **1974** 885).

170 Hat die Witwe infolge des Unfalltodes ihres Mannes dessen Unternehmen geerbt, so mindern sich hierdurch die Ersatzansprüche der Kinder gegen den Schädiger. Es ist aber nicht etwa so, daß die Kinder sich einen „erhöhten" Unterhaltsanspruch gegen ihre Mutter auf ihre Schadenersatzansprüche „anrechnen" lassen müßten (**a. A.** OLG München VersR **1967** 190), denn dieser Unterhaltsanspruch gegen die Mutter konnte sich durch den Tod des Vaters nicht erhöhen. Vielmehr greift der Grundsatz ein, daß die in § 843 Abs. 4 BGB enthaltene Regel nicht gilt, wenn nur die Person des Unterhaltspflichtigen, nicht aber die Quelle des Unterhalts gewechselt hat (vgl. Rdn. 50, 108).

171 **b) Berechnung des materiellen Unterhalts.** Da jedes Kind einen eigenen Anspruch auf Ersatz des gerade ihm entgangenen Anteils am Familienunterhalt hat (vgl. Rdn. 57), ist in jedem Falle ein den jeweiligen Umständen entsprechender Verteilungsschlüssel zu finden. Insbesondere das Alter des Kindes und sein Ausbildungsbedarf beeinflussen die Höhe seiner Quote. Der BGH (VersR **1972** 176) hat eine Verteilung des gesamten Unterhaltsschadens auf Witwe und zwei Waisen im Verhältnis 3 : 1 : 1 nicht beanstandet. Bezogen auf das zu verteilende Nettoeinkommen ergibt dies bei Tötung des allein erwerbstätigen Elternteils bei Vorhandensein eines Kindes ca. 15%, bei zwei Kindern je ca. 12,5%, bei drei Kindern je ca. 11% und bei vier Kindern je ca. 10%, bzw. wenn die fixen Kosten nicht gesondert herausgerechnet werden (vgl. Rdn. 155), je nach Kinderzahl zwischen ca. 18% und ca. 11% (vgl. *Schloën/Steinfeltz* Kap. 6 Rdn. 355, 357; für höhere Quoten *Eckelmann/Nehls/Schäfer* NJW **1984** 948). Anhaltspunkte liefern auch die bei verschiedenen Oberlandesgerichten gebräuchlichen Unterhaltstabellen[21]. Ist auch der hinterbliebene Elternteil berufstätig, so ist dessen finanzieller Unterhaltsbeitrag, der sich auch nach der Höhe seines Einkommens richtet, ggf. mit zu berücksichtigen. Ferner ist zu berücksichtigen, daß sich infolge seiner Erwerbstätigkeit u. U. seine Pflicht zur Hausarbeit ermäßigt und teilweise auf den anderen Ehegatten verlagert (vgl. BGH VersR **1974** 32; **1974** 885).

172 **c) Bewertung entgangener Dienstleistungen.** Schuldete der Getötete dem Kind im Rahmen der Unterhaltspflicht persönliche Dienstleistungen (Haushaltsführung, Betreuung, Erziehung, vgl. Rdn. 53), so richtet sich die Berechnung des insoweit eingetretenen Ausfalls nach den in Rdn. 156ff dargestellten Regeln, d. h. nach den Kosten einer für diese Aufgaben angestellten Ersatzkraft bzw., wenn der Ausfall durch Einspringen anderer ausgeglichen wurde, nach den fiktiven Kosten einer solchen. Nimmt die Ersatzkraft auch Aufgaben gegenüber anderen Hinterbliebenen wahr, so ist der auf den einzelnen Anspruchsteller entfallende Anteil festzustellen.

[21] Gesamtüberblick und Nachweise in NJW **1984** 278.

Wird durch den Todesfall eine **auswärtige Unterbringung** (Heim, Pflegeeltern) erforderlich, so sind die hierfür anfallenden Kosten, soweit angemessen, als Unterhaltsschaden zu ersetzen (BGH VersR **1971** 1045). Wird das Kind unentgeltlich, z. B. bei Großeltern, untergebracht, so sind grundsätzlich die Kosten einer vergleichbaren Unterbringung bei einer fremden Familie erstattungsfähig (BGH VersR **1971** 1045; **1974** 601). Dies gilt aber nur, wenn die auswärtige Unterbringung nach den Umständen notwendig ist; ansonsten können nur die fiktiven Kosten einer Ersatzkraft beansprucht werden. 173

10. Berechnung des Ersatzanspruchs des nichtehelichen Kindes 174

Dem nichtehelichen Kind stehen gegen seinen Vater und seine Mutter Unterhaltsansprüche zu (Rdn. 40). Werden Vater und Mutter oder wird einer von beiden durch einen Unfall getötet, so entstehen dem nichtehelichen Kind anstelle des weggefallenen Unterhaltsanspruchs Ersatzansprüche gegen den Schädiger in gleicher Höhe; auch das nichteheliche Kind hat ein Recht, so gestellt zu werden, als lebten beide Elternteile noch.

Nach § 1615c BGB ist für die Bemessung des Unterhaltsanspruchs eines Kindes, das noch keine selbständige Lebensstellung erlangt hat, die Lebensstellung beider Eltern zu berücksichtigen. Dies geschieht im allgemeinen durch prozentuale Zuschläge zum Regelunterhalt nach § 1615f BGB in Verbindung mit der RegelunterhaltsVO, der den – grundsätzlich unabhängig von Bedürftigkeit und Leistungsfähigkeit zu zahlenden – Mindestunterhalt darstellt (vgl. wegen der Höhe der Zuschläge, abgestuft nach Einkommensgruppen, die „Heidelberger Bedarfstabelle 1976" (DAVorm **1976** 461). Die Zahl der sonst noch zu unterhaltenden Kinder ist bei beiden Elternteilen zu berücksichtigen (LG Lüneburg NJW **1973** 2112).

Bei dem Elternteil, der das Kind tatsächlich betreut, ist für die Bemessung des Ersatzanspruchs auch der Wert der entgangenen Dienste in Rechnung zu stellen (zur Berechnung vgl. Rdn. 172f). 175

11. Dauer der Ersatzpflicht 176

Die Schadensersatzrente ist entsprechend ihrer Zweckbestimmung, den Verlust des Unterhaltsanspruchs auszugleichen, so lang zu zahlen wie auch die Unterhaltsleistungen gewährt worden wären. Die Ersatzpflicht endet daher mit dem Zeitpunkt, zu dem die Unterhaltspflicht des Getöteten geendet hätte, z. B. durch Wegfall der Bedürftigkeit des Berechtigten oder der Leistungsfähigkeit des Verpflichteten. Sie endet nach § 10 Abs. 2 Satz 1 aber spätestens im Zeitpunkt des mutmaßlichen Ablebens des Unterhaltsverpflichteten.

a) Mutmaßliche Beendigung der Unterhaltspflicht. Die Unterhaltspflicht gegenüber Kindern endet nicht mit dem Eintritt der Volljährigkeit, sondern erst mit der Beendigung der Ausbildung (Einzelheiten Rdn. 166). Wird eine Unterhaltsersatzrente durch Urteil ausgesprochen, so hat das Gericht, das auch über die Dauer der Zahlungspflicht entscheiden muß, in einer vorausschauenden Betrachtung festzustellen, welchen Ausbildungsweg das Kind bei Fortleben des Getöteten eingeschlagen hätte und wie lange dieser dauern würde (BGH VersR **1966** 588). Erweist sich die Hypothese später als unzutreffend, kann das Urteil nach § 323 ZPO abgeändert werden. Bei kleinen Kindern soll nach BGH VersR **1983** 688 die Verurteilung zur Rentenzahlung auf die Zeit bis zur Vollendung des 18. Lebensjahres beschränkt 177 werden; hinsichtlich etwaiger weiterer Ansprüche soll nur ein Feststellungsurteil ergehen.

178 Hätte eine bereits beantragte **Ehescheidung** zum Ausschluß von Unterhaltsansprüchen des hinterbliebenen Ehegatten geführt, so ist dies zu berücksichtigen (vgl. Rdn. 42).

179 Bei **Wiederverheiratung** des hinterbliebenen Ehegatten entfällt der Unterhaltsersatzanspruch nicht, der Unterhaltsanspruch gegen den neuen Ehegatten ist aber anzurechnen (vgl. Rdn. 119). Das gleiche gilt bei der Adoption von Unfallwaisen (vgl. Rdn. 120).

180 **b) Mutmaßliche Lebensdauer des Getöteten.** Die Ersatzpflicht endet zu dem Zeitpunkt, an dem der tödlich Verunglückte voraussichtlich gestorben wäre, wenn sich der Unfall nicht ereignet hätte. Diesen Zeitpunkt hat das Gericht nach freier Überzeugung (§ 287 ZPO) zu bestimmen. Anhaltspunkte bieten hierbei die Sterbetafeln des Statistischen Bundesamtes, veröffentlicht im jeweiligen Statistischen Jahrbuch (BGH VersR **1972** 176). Individuelle Umstände, die für eine geringere oder höhere Lebenserwartung sprechen, können berücksichtigt werden (BGH NJW **1979** 1248).

181 Eine Ausnahme von dem Grundsatz, daß die Schadensersatzansprüche des Hinterbliebenen durch den mutmaßlichen Zeitpunkt des Todes des Unterhaltsverpflichteten begrenzt sind, macht der BGH[22] für den Fall, daß die Witwe eines verunglückten Arbeitnehmers oder Beamten infolge dessen vorzeitigen Ablebens keine Witwenrente aus der Rentenversicherung bzw. keine Versorgungsleistungen erhält. In solchen Fällen ist auch nach dem mutmaßlichen Todeszeitpunkt Ersatz für jene entgangene Altersversorgung zu leisten. Der Grund hierfür liegt darin, daß der Getötete nicht durch Ausnützung seiner Arbeitskraft die Voraussetzungen für den Erwerb eines Renten- oder Versorgungsanspruchs seiner Ehefrau herbeiführen konnte, wozu er aufgrund seiner auch die Altersversicherung umfassenden Unterhaltspflicht gehalten gewesen wäre. Dies entspricht der Rechtsprechung zur Rentenbemessung für hinterbliebene Ehegatten freiberuflich tätiger Personen, wonach die Pflicht zur Bildung von Rücklagen für die Altersversorgung des Ehegatten zu berücksichtigen ist (vgl. Rdn. 148).

182 **12. Änderung der Rentenhöhe**

Später eintretende Umstände, die die Höhe des Unterhaltsanspruchs gegen den Getöteten beeinflußt hätten, sind auch für den Ersatzanspruch nach § 10 Abs. 2 beachtlich (z. B. Beginn einer kostspieligen Ausbildung, Eintritt in den Ruhestand). Sie sind nötigenfalls durch Abänderungsklage nach § 323 ZPO geltend zu machen (vgl. § 13, 25ff).

183 **13. Beweislast**

Die Verteilung der Beweislast weicht von derjenigen ab, die gilt, wenn ein Unterhaltsberechtigter Forderungen gegen den Unterhaltsverpflichteten erhebt. Bei Klagen gegen den Schädiger muß nämlich derjenige, der den Ersatzanspruch geltend macht, beweisen, daß der Unterhaltsverpflichtete leistungsfähig gewesen wäre (BGH DAR **1960** 73; OLG München VersR **1964** 102). Bei der Prüfung der Frage,

[22] BGHZ **32** 248 im Anschluß an *Wussow* DR **1940** 1866; **1941** 590; DAR **1951** 3; **a. A.** RG JW **1906** 570; RGZ **155** 20.

wie hoch die Unterhaltspflicht des Getöteten in dem Zeitraum gewesen wäre, für den nun Ersatz wegen Wegfalls der Unterhaltspflicht gefordert wird, wird das Gericht allerdings in den meisten Fällen von seiner Befugnis, eine Schätzung vorzunehmen (§ 287 ZPO), Gebrauch machen müssen, weil sichere Feststellungen über die hypothetische Entwicklung der Verhältnisse nicht getroffen werden können. Behauptet der Schädiger, die Unterhaltspflicht des Verstorbenen hätte vorzeitig geendet, z. B. durch Ehescheidung, so hat er das zu beweisen (RG VAE **1937** 111; OLG Naumburg JW **1936** 1797). Desgleichen trägt er die Beweislast für die Behauptung, der Getötete wäre zur Zeit des Unfalls oder kurz danach ohnehin an einer Krankheit verstorben oder aus gesundheitlichen Gründen vorzeitig erwerbsunfähig geworden (BGH NJW **1972** 1515).

14. Prozeßrechtliche Fragen 184

a) Feststellungsklage. Besteht zum Zeitpunkt der Tötung zwar schon das eine Unterhaltspflicht begründende familienrechtliche Verhältnis, ist aber eine Bedürftigkeit der Unterhaltsberechtigten noch nicht gegeben, oder eine Bezifferung des Anspruchs noch nicht möglich, so kann der Unterhaltsberechtigte Feststellungsklage (§ 256 Abs. 1 ZPO) erheben (vgl. Rdn. 55). Das zur Zulässigkeit erforderliche Feststellungsinteresse ergibt sich in der Regel schon daraus, daß die kurzen Verjährungsfristen (§ 14 StVG, § 852 BGB) einer Verwirklichung des Ersatzanspruchs bei einer in Zukunft etwa eintretenden Unterhaltsbedürftigkeit des Berechtigten entgegenstehen, wenn dieser kein Feststellungsurteil erwirkt hat. Ob der Eintritt eines Unterhaltsschadens im Einzelfall mit Wahrscheinlichkeit erwartet werden kann, ist keine Frage des Feststellungsinteresses[23], sondern der Begründetheit der Klage (vgl. Rdn. 56).

Wegen der **Möglichkeit einer späteren Erhöhung des Unterhaltsschadens** kann 185 nicht neben der bereits möglichen Leistungsklage zusätzlich eine entsprechende Feststellungsklage erhoben werden. Da spätere Änderungen der Höhe des (hypothetischen) Unterhalts im Wege der Abänderungsklage nach § 323 ZPO geltendgemacht werden können, bestünde für eine solche Feststellungsklage kein Feststellungsinteresse.

Für eine **negative Feststellungsklage** des Schädigers oder seines Haftpflichtversi- 186 cherers ist angesichts der kurzen Verjährungsfristen (§ 14 StVG, § 852 BGB) in der Regel kein Raum, solange noch die Aussicht besteht, mit dem Verletzten zu einer Einigung zu kommen. Der Umstand, daß der Verletzte die Annahme eines ihm angebotenen Abfindungsbetrages ablehnt, weil die Auswirkungen des Unfalls noch nicht zu übersehen sind, begründet noch kein rechtliches Interesse an einer negativen Feststellungklage mit dem Ziel, höhere Ersatzansprüche des Verletzten zu verneinen (BGH VersR **1969** 238).

b) Einen unbestimmten Klageantrag läßt der BGH in Abweichung von § 253 187 Abs. 2 Nr. 2 ZPO insoweit zu, als es um die Aufteilung des Gesamtanspruchs auf

[23] So allerdings BGHZ **4** 133; OLG Dresden JW **1936** 1389; OLG Köln VersR **1951** 85; wie hier dagegen BGH VersR **1952** 210; **1953** 481; OLG Freiburg DRZ **1950** 567.

mehrere Unterhaltsberechtigte geht (vgl. Rdn. 57). Des weiteren soll ein unbestimmter Klageantrag nach der Rechtsprechung auch hinsichtlich Rentenhöhe und -dauer ausreichend sein, wenn der Kläger nur die Bemessungsgrundlagen hierfür darlegt (vgl. RGZ **140** 213; BGHZ **4** 138). Ob diese Ausnahmen vom Bestimmtheitsgebot des § 253 Abs. 2 Nr. 2 ZPO tatsächlich erforderlich sind, erscheint fraglich. Die Schwierigkeit der exakten Berechnung des Unterhaltsschadens dürfte kein ausreichendes Argument liefern, weil es nicht unzumutbar erscheint, vom Geschädigten zu verlangen, daß er sich hinsichtlich des begehrten Betrages festlegt. Wollte man allein die Schwierigkeit der exakten Schadensberechnung zur Rechtfertigung eines unbestimmten Klageantrags ausreichen lassen, müßte dies in weiten Bereichen des Schadensrechts zur Zulassung solcher Anträge und damit zur Durchlöcherung des gesetzlichen Bestimmtheitsgebotes führen.

188 c) Wegen Besonderheiten bei **Verurteilung zu einer Rente** s. § 13, 23 ff.

§ 11

Ersatzpflicht bei Körperverletzung

Im Falle der Verletzung des Körpers oder der Gesundheit ist der Schadensersatz durch Ersatz der Kosten der Heilung sowie des Vermögensnachteils zu leisten, den der Verletzte dadurch erleidet, daß infolge der Verletzung zeitweise oder dauernd seine Erwerbsfähigkeit aufgehoben oder gemindert oder eine Vermehrung seiner Bedürfnisse eingetreten ist.

Übersicht

Schrifttum

Berger Zur Berechnung des entgangenen Gewinns beim Ausfall einer Kraftdroschke, VersR **1963** 514; *Breuer/Labuhn* Auswirkungen der Zuzahlungspflichten des Versicherten auf den Regreß nach § 116 SGB-X VersR **1983** 914; *Eckelmann/Boos* Schadensersatz bei Ausfall der Hausfrau, VersR **1978** 210; *Eckelmann/Nehls/Schäfer* Beitrag zum Schadensersatz bei Verletzung von Kindern, Schülern, Lehrlingen oder Studenten wegen ihrer Verzögerung in der Ausbildung, Verdienstausfalls und vermehrter Bedürfnisse; *Fuchsius* Das Quotenvorrecht in der Privat-, Beamten- und Sozialversicherung (1971); *Ganßmüller* Die Tantieme und andere umzurechnende Vergütungsteile beim Erwerbsschaden des Gesellschafter-Geschäftsführers, VersR **1978** 805; *Gunkel-Hebmüller* Die Ersatzansprüche nach § 1542 RVO[3] (1969); *Hofmann* § 845 BGB im Zeichen der Gleichberechtigung, VersR **1961** 481; *Huber* Der Pauschalersatz nach § 1542 Abs. 2 RVO (1959); *Klimke* Erstattung schadensadäquater Heilungskosten, VersR **1971** 882; *Klimke* Ersatzansprüche eines Taxiunternehmers im Falle eines Haftpflichtschadens, VersR **1972** 903 und **1973** 397; *Knobbe-Keuk* Möglichkeiten und Grenzen abstrakter Schadensberechnung, VersR **1976** 401; *Kuckuck* Die Tantieme eines GmbH-Geschäftsführers im Schadensersatzrecht, BB **1978** 283; *Küppersbusch* Die Ablösung der §§ 1542, 1543 RVO durch die §§ 116 bis 119 SGB-X, VersR **1983** 193; *Lieb* „Wegfall der Arbeitskraft" und normativer Schadensbegriff, JZ **1971** 358; *Marschall von Bieberstein* Reflexschäden und Regreßrechte (1967); *Marschall von Bieberstein* Zur Schadensberechnung bei Verdienstausfall, VersR **1975** 1065; *Marschall von Bieberstein* Das Quotenvorrecht des Sozialversicherers – ein überholtes Privileg? VersR **1978** 485; *Mössinger* Das Quotenvorrecht des Sozialversicherungsträgers (1974); *Raddatz* Nochmals: Ersatz der Heilungskosten des Pflichtversicherten, VersR **1966** 1121; *Riedmaier* Schadensersatz wegen Arbeitsunfähigkeit, VersR **1978** 110; *Riedmaier* Pauschalierte Berechnung des Verdienstausfallschadens von Arbeitnehmern, VersR **1978** 1002; *Ritze* Zum Übergang von Beitragsansprüchen nach § 119 SGB-X, VersR **1983** 214; *Ritze* Zum Ausgleich unfallbedingt verkürzter künftiger Rentenleistungen NJW **1983** 2624; *Ruhkopf/Book* Über die Haftpflichtansprüche körperlich verletzter, freiberuflich tätiger Personen und Gewerbetreibender wegen Gewinnentgangs, VersR **1970** 690 und **1972** 114; *Ruhkopf/Book* Ist § 34 EStG bei der Beurteilung von Haftpflichtansprüchen wegen Gewinnentgangs von Freiberuflern und Gewerbetreibenden zu berücksichtigen? VersR **1973** 781; *Sabel* Schadensersatz für anteiliges Weihnachtsgeld und Urlaubsentgelt, VersR **1973** 302; *Schmidt* Ersatz der Heilungskosten des Pflichtversicherten – Kosten der II. Krankenhausklasse als Kassen- oder Privatpatient? VersR **1966** 614; *Schulz-Borck/Hofmann* Schadensersatz bei Ausfall von Hausfrauen und Müttern im Haushalt (1978); *Seitz* Die Ersatzansprüche der Sozialversicherungsträger nach §§ 640 und 1542 RVO[2] (1964); *Sieg* Der Umfang des auf den Arbeitgeber übergegangenen Ersatzanspruchs des verletzten Arbeitnehmers, VersR **1964** 8; *Spengler* Berechnung des Verdienstausfalls von Kraftdroschken-Haltern nach Verkehrsunfällen, VersR **1972** 1008; *Stamm* Berücksichtigung häuslicher Ersparnisse bei unfallbedingtem Krankenhausaufenthalt, VersR **1975** 690; *Steffen* Ersatz von Fortkommensnachteilen und Erwerbsschäden aus Unfällen vor Eintritt in das Erwerbsleben; *Weimar* Der Schadensersatzanspruch wegen vermehrter Bedürfnisse, VP **1969** 17; *Weitnauer* Aktuelle Probleme des Rückgriffs des Versicherers gegen den Schädiger, Betrieb **1968** 879; *Weitnauer* Gleichberechtigung und vermehrte Bedürfnisse im Sinne der §§ 843 Abs. 1 BGB, 11 StVG, 36 LuftVG und 3a RHG, VersR **1963** 305; *Wilts* § 87a BBG und beamtenrechtliche Beihilfeleistungen, VersR **1966** 13.

Geschichtliche Entwicklung

Die Vorschrift befand sich bereits im Entwurf 1906, allerdings mit der sich aus der damaligen Fassung des § 1 ergebenden Abweichung, daß von einer Verletzung der Gesundheit nicht die Rede war. Als dieser Begriff in § 1 des Entwurfs 1908 aufgenommen wurde, wurde der damalige § 5 – der dem jetzigen § 11 entsprach – entsprechend ergänzt. Seitdem ist die Vorschrift unverändert geblieben.

I. Stellung der Vorschrift im System des Haftungsrechts

1. Ansprüche Dritter 1

Anders als im Fall der Tötung eines Unfallbeteiligten (§ 10) erwerben dritte Personen dadurch, daß eine Person infolge des Unfalls lediglich eine Körperverletzung erleidet, keinen eigenen Anspruch, auch wenn der Unfall sie finanziell hart und ohne ihr Verschulden trifft. Dieser Grundsatz gilt nicht nur für die Gefährdungshaftung und das vermutete Verschulden des Schädigers nach dem StVG, sondern auch für die Haftung des Schädigers aus unerlaubter Handlung nach dem BGB. Der Grund für diese die Betroffenen erheblich benachteiligende Vorschrift liegt darin begründet, daß unser geltendes Recht, abgesehen von den Bestimmungen in § 254 BGB und §§ 9, 17 StVG, von dem „Alles oder Nichts"-Prinzip ausgeht, also den Schädiger auch bei geringem Verschulden mit dem vollen, seine Leistungsfähigkeit u. U. weit übersteigenden Schaden belastet und zum Ausgleich der darin beruhenden Härten den Kreis der Anspruchsberechtigten auf die in eigenen

Rechtsgütern Verletzten einschränkt. Eine Ausnahme von diesem Grundsatz stellt im Ergebnis die Regelung des Rückgriffs bei der Lohnfortzahlung dar, weil hier der Arbeitgeber wegen seiner nutzlosen Aufwendungen für den Verletzten den Schädiger in Anspruch nehmen kann (s. Rdn. 163). Andere Ausnahmen von der gesetzlichen Regelung, daß nur dem „Verletzten" Ansprüche zustehen, läßt aber weder das Gesetz noch die Rechtsprechung zu. Insbesondere haben also die Personen, die ihren Unterhalt von dem Verletzten bezogen haben und finanziell darunter leiden müssen, daß dieser durch den Unfall erwerbsunfähig geworden ist, keine Ansprüche gegen den Schädiger. Von diesem kann allerdings der Verletzte seinen gesamten Ausfall ersetzt verlangen, also auch insoweit, als er das Geld benötigt, um seine Unterhaltspflichten zu erfüllen.

2 **2. Ansprüche des Verletzten**

Wer „Verletzter" ist, und daher Ansprüche nach § 11 (und – soweit die Voraussetzungen hierfür vorliegen – nach §§ 249ff, 842, 843 BGB) gegen den Schädiger geltend machen kann, ist in § 7, 113ff dargelegt. Zu beachten ist, daß die Vorschrift nur die bei Personenschäden gegebenen Ansprüche regelt, nicht aber Ansprüche aus Sachschäden (§ 7, 119). Erleidet ein Fuhrunternehmer Einbußen, weil sein Lkw beim Unfall zerstört wird, so ist § 11 nicht anzuwenden.

§ 11 gibt einen Anspruch auf Ersatz von Heilungskosten (Rdn. 3ff), auf Ersatz der durch Vermehrung der Bedürfnisse entstehenden Unkosten (Rdn. 44ff) und auf Ersatz der Mindereinnahmen durch Aufhebung oder Minderung der Erwerbsfähigkeit des Verletzten (Rdn. 60ff). Im BGB ist von einem Ersatz für Heilungskosten nicht die Rede. Dies bedeutet aber nicht etwa, daß solche Ersatzansprüche bei einer Haftung aus unerlaubter Handlung nicht gegeben wären. Vielmehr gilt nach der Regelung des BGB (§§ 823, 249) der Grundsatz, daß alle Schäden zu ersetzen sind, die dem Verletzten als Folge der beim Unfall erlittenen Körperverletzung erwachsen. § 842 BGB, der darauf hinweist, daß dazu auch die Nachteile für Erwerb und Fortkommen des Verletzten gehören, hat lediglich klarstellenden Charakter. Dasselbe gilt für die Vorschrift in § 843 BGB, daß bei Vermehrung der Bedürfnisse eine Geldrente gefordert werden kann. Dagegen enthält § 11 StVG eine erschöpfende Aufzählung der Ansprüche aus Gefährdungshaftung, die bei einer Körperverletzung entstehen. Im Gegensatz zu § 252 BGB gibt es im StVG keine Vorschrift, daß der Schädiger dem Verletzten auch den Gewinn zu ersetzen hat, der erzielt worden wäre, wäre die Verletzung nicht dazwischengekommen; die in § 11 geregelte Ersatzpflicht für Vermögensnachteile durch aufgehobene oder verminderte Erwerbsfähigkeit läuft jedoch in der Regel auf dasselbe hinaus (vgl. Rdn. 60). Einen Schadensersatzanspruch wegen beeinträchtigten Urlaubsgenusses gibt es im Rahmen von § 11 ebensowenig wie bei der Haftung aus unerlaubter Handlung (hierzu BGH VersR **1983** 392 = JR **1983** 494 m. Anm. *Gitter*).

II. Ersatz der Heilungskosten

3 **1. Umfang des Anspruchs**

a) Begriff der Heilungskosten. Unter Heilung ist die Wiederherstellung des körperlichen Zustandes zu verstehen, der ohne den Unfall bestünde; Heilungskosten sind die hierfür erforderlichen Kosten und zwar nicht nur für ärztliche Behandlung, Krankenhaus und Medikamente, sondern auch sämtliche in Zusammenhang damit stehenden Nebenkosten (Einzelheiten s. Rdn. 4ff; zur Kausalität zwischen Unfall und Verletzung § 7, 129). Das Ziel völliger Wiederherstellung wird sich häufig nicht erreichen lassen. Daher gehören zu den Heilungskosten auch die Aufwendungen für Maßnahmen, die einen Zustand herstellen sollen, der den Verletzten von Schmerzen und Behinderungen und sonstigen Beeinträchtigungen, z. B. seines Aussehens, möglichst freistellt.

b) Einzelposten. Zu den Heilungskosten gehören hauptsächlich die Ausgaben für den Krankentransport, die Wiederbelebung, eine Bluttransfusion, Laboruntersuchungen, das Krankenhaus, die Bemühungen der Ärzte, des Pflegepersonals, der Nachtwachen, der Krankengymnastin und des Bademeisters, sowie für Medikamente, Betäubungsmittel, Verbandstoffe, Operationssaalbenutzung, Bestrahlungen, künstliche Gliedmaßen, Krücken, Rollstühle, Zahnprothesen, Brillen, Hörapparate, Kuraufenthalte in Heilbädern (KG VAE **1936** 576) sowie einen der Wiederherstellung dienlichen Erholungsaufenthalt (LG Tübingen VersR **1953** 213). 4

Die Heilung umfaßt aber auch **kosmetische Operationen** und die Anschaffung von Epithesen (künstliche Nase, künstliche Ohrmuschel usw.). Die kosmetische Beseitigung einer Unfallnarbe muß der Schädiger auch bezahlen, wenn sie reizlos verheilt war und keine weiteren Funktionsstörungen zu befürchten waren (zur Frage der Verhältnismäßigkeit s. Rdn. 17). 5

Auch die **Nebenkosten der Heilung** kann der Verletzte ersetzt verlangen. Dazu zählen die Aufwendungen für Hauspflege (RGZ **151** 298), Kräftigungsmittel, Obst, Obstsäfte, kräftigende Kost während der Rekonvaleszenz (RGZ **151** 298), u. U. Telefonkosten im Krankenhaus (OLG Nürnberg VersR **1964** 176) und, soweit üblich, Trinkgelder für Pflegepersonal (KG DAR **1975** 282). 6

Aufwendungen, die den Angehörigen des Verletzten für medizinisch gebotene **Besuche im Krankenhaus** entstehen, kann der Verletzte ebenfalls ersetzt verlangen[1]; ohne Bedeutung ist hierbei, ob zwischen dem Besucher und dem Verletzten eine Unterhaltspflicht besteht. Daß die Angehörigen die Kosten (zunächst) selbst aufgewendet haben, steht dem Anspruch des Verletzten nicht entgegen. Der Besucher selbst (oder ein Dritter, der die Kosten trägt) hat keinen eigenen Anspruch aus § 11 oder unerlaubter Handlung gegen den Schädiger, weil er nicht in eigenen Rechtsgütern verletzt ist; er kann allenfalls einen Anspruch aus Geschäftsführung ohne Auftrag haben (vgl. § 16, 579). 7

Zu den Besuchskosten gehören die Aufwendungen für die Fahrt, bei Benützung eines Kraftfahrzeugs die reinen Betriebskosten (OLG Celle DAR **1975** 269). Falls unumgänglich, ist auch ein Verdienstausfall des Besuchers zu ersetzen (BGH VersR **1961** 545) oder der Aufwand für zwischenzeitliche Betreuung der Kinder (**a. A.** LG Köln VersR **1975** 145). Die Aufwendungen für mitgebrachte Blumen sind, da vom Heilungszweck wohl nicht mehr umfaßt, nicht zu ersetzen, wohl aber die Kosten für Spielsachen, die dem verletzten Kind den Aufenthalt im Krankenhaus erträglich machen sollen (BGH VersR **1957** 790). 8

Muß ein Verwandter die **Pflege** eines aus dem Krankenhaus entlassenen Schwerverletzten übernehmen, so zählen auch die Reisekosten – selbst wenn er das Flugzeug benützte – und der Verdienstausfall der Pflegeperson zu den Heilungskosten (OLG Düsseldorf NJW **1973** 2112). 9

[1] BGH VersR **1961** 272; **1964** 532; **1967** 714; **1979** 350; OLG Düsseldorf VR **1933** 42; OLG Kiel VR **1934** 41; OLG Dresden VAE **1941** 117; OLG Hamm VersR **1972** 1174.

10 Nebenkosten, die nur mittelbar der Heilung dienen, wie der Umzug in eine gesündere Wohnung, wird man unter die – ebenfalls erstattungspflichtigen – vermehrten Bedürfnisse (Rdn. 44ff) einreihen müssen.

11 Nicht zu den Nebenkosten gehören zusätzliche Kosten für das **Durchgangsarztverfahren**, das von den Berufsgenossenschaften durch Vertrag mit der kassenärztlichen Bundesvereinigung für alle Arbeitsunfälle eingeführt worden ist, die eine – wenn auch nur kurz dauernde – Arbeitsunfähigkeit zur Folge haben. Betrieb, Krankenkasse und erstkonsultierter Arzt sind gehalten, den Patienten sobald als möglich dem von der Berufsgenossenschaft bestellten Durchgangsarzt vorzustellen. Seine Untersuchung schließt die notwendige Erstversorgung ein. Der Durchgangsarzt bestimmt sodann im Auftrag der Berufsgenossenschaft, ob die Behandlung durch den Hausarzt ausreicht oder ob eine fachärztliche Behandlung erforderlich ist. In diesem Falle übernimmt der Durchgangsarzt entweder selbst die Behandlung oder veranlaßt die Einweisung in ein Krankenhaus. Er überwacht die weitere Behandlung durch Nachuntersuchungen und ist auch bei einer Wiedererkrankung aufzusuchen. Über seine Entscheidungen erstattet er der Berufsgenossenschaft, dem behandelnden Arzt und der Krankenkasse Bericht. Keinesfalls zu den Heilungskosten gehören in diesem Fall die dem praktischen Arzt für die Überweisung an den Durchgangsarzt zustehende Gebühr, ferner die Gebühr für Aufzeichnungen des Arztes im Facharztverfahren und die Berichtsgebühren des Durchgangsarztes und des Facharztes (*Vollmar* VersR **1958** 436). Die übrigen Kosten gehören nur insoweit zu den Heilungskosten, als sie für eine Heilbehandlung oder für erste Hilfe anfallen. Die Ansicht von *Peters* (VersR **1959** 10), daß die durch das Durchgangsarztverfahren entstehenden Kosten in keinem Falle ersatzfähig seien, weil das Verfahren ausschließlich im Interesse der Berufsgenossenschaften durchgeführt werde, dürfte zu weit gehen (*Klick* VersR **1963** 903).

12 **Finanzierungskosten** hat der Schädiger ebenfalls als Heilungskosten zu ersetzen, wenn der Verletzte einen Kredit aufnehmen mußte, weil er nicht über so viel Barmittel verfügte, um die Kosten der Heilung zu verauslagen, und wenn er den Schädiger rechtzeitig auf diese Lage aufmerksam gemacht hatte. Der Verletzte ist verpflichtet, sich um eine Vorfinanzierung (um einen Kredit) zu bemühen, wenn der Schädiger den erforderlichen Vorschuß verweigert und durch das Nichtergreifen von Maßnahmen eine Verschlechterung des Gesundheitszustands oder ein Dauerschaden droht. In einer solchen Lage kann der Verletzte auch verpflichtet sein, seine private Krankenkasse oder – wenn er im Staatsdienst steht – die Vorschüsse der Beihilfestelle in Anspruch zu nehmen, weil andernfalls seine Ansprüche wegen Verstoßes gegen die Schadensminderungspflicht gekürzt werden (Rdn. 25).

13 **c) Erforderlichkeit.** Erforderliche Kosten im Sinn von § 249 Abs. 2 BGB sind alle Aufwendungen, die vom Standpunkt eines verständigen Betrachters bei der gegebenen Sachlage als zweckmäßig und angemessen angesehen werden konnten (RGZ **99** 183; BGH VersR **1969** 1040; **1970** 129; OLG Neustadt VersR **1954** 436). Daher brauchen in der Regel die Mehrkosten einer **auswärtigen Behandlung** nicht bezahlt zu werden, wenn tüchtige Ärzte am Wohnort des Verletzten vorhanden sind. Ausländer dürfen sich allerdings in ihrem Heimatort behandlen lassen, wenn schwierige Eingriffe erforderlich sind.

14 Wird ein notwendiger **Erholungsaufenthalt** in einem anderen Land gewählt, so hat der Verletzte die Fahrtkosten selbst zu tragen (LG München I VersR **1958** 654),

sofern der dortige Aufenthalt nicht aus Klimagründen besondere Heilungsaussichten versprach.

Auf das **Urteil eines Arztes** über die Erforderlichkeit einer Maßnahme darf sich der Verletzte grundsätzlich verlassen. Nicht zu billigen ist daher die Ansicht des LG Düsseldorf (VersR **1966** 95), der Verletzte dürfe sich nicht allein aufgrund Anordnung seines Hausarztes einer Kur unterziehen, sondern müsse vorher einen Facharzt zu Rate ziehen. 15

Die Kosten einer höheren als der allgemeinen **Pflegeklasse** im Krankenhaus sind jedenfalls dann zu ersetzen, wenn die dortige Behandlung aus medizinischer Sicht geboten war (BGH VersR **1964** 257). Darüber hinaus besteht aber auch dann ein Anspruch auf Erstattung dieser Mehrkosten, wenn dem Verletzten eine Unterbringung in der allgemeinen Pflegeklasse deswegen nicht zuzumuten ist, weil er sich auch bei Fehlen eines ersatzpflichtigen Schädigers in der ersten oder zweiten Klasse behandeln lassen würde (BGH VersR **1970** 129; OLG Neustadt VersR **1954** 436; OLG Stuttgart VersR **1957** 546); hierfür können zurückliegende Klinikaufenthalte oder das Bestehen einer entsprechenden Versicherung Anhaltspunkte liefern. 16

d) Verhältnismäßigkeit. Unverhältnismäßige Aufwendungen erhält nach dem auch hier anwendbaren § 251 Abs. 2 BGB der Verletzte nicht ersetzt, auch wenn sie „erforderlich" im Sinn von § 249 Abs. 2 BGB waren. Es handelt sich dabei vor allem um besonders teure Heilmethoden oder Kuraufenthalte, sofern nur eine äußerst geringe Aussicht besteht, daß sie zur Besserung der unfallbedingten Körperschäden beitragen werden, oder sofern der zu erwartende Grad der Besserung so gering ist, daß die ungewöhnliche Höhe der Kosten in keinem tragbaren Verhältnis dazu steht (BGH VersR **1967** 80). Ist die Beseitigung einer unbedeutenden Narbe mit unverhältnismäßig hohen Kosten verbunden, so können diese nicht ersetzt verlangt werden, jedoch erhöht sich hierfür, soweit gegeben, der Schmerzensgeldanspruch des Verletzten (BGH VersR **1975** 342). Entscheidend für die Beurteilung der Verhältnismäßigkeit ist die Sicht eines verständigen Beurteilers zum Zeitpunkt des Ergreifens der fraglichen Maßnahme. 17

e) Erfolglose Aufwendungen. Auch die Kosten für Maßnahmen, die sich nachträglich als erfolglos herausstellen, von denen aber nach medizinischer Erfahrung anzunehmen war, sie könnten Erfolg haben, sind zu ersetzen. Die Kosten einer versuchten Heilung können auch **wiederholt** anfallen. Der Verletzte hat das Recht, einen mißglückten Versuch (z. B. eine orthopädische Operation) wiederholen zu lassen, solange nur einige Aussicht besteht, daß er zu einer Besserung führen könnte. 18

Verstirbt der Verletzte trotz der Heilungsversuche, so können die bisherigen Aufwendungen, wie § 10 Abs. 1 klarstellt, von den Erben geltend gemacht werden. 19

f) Fiktive Aufwendungen sind nicht zu ersetzen, weil andernfalls der Gesundheit im Widerspruch zum Rechtsgedanken des § 253 BGB ein wirtschaftlicher Wert beigemessen würde (*Grunsky* NJW **1983** 2469; s. a. 20. VGT (1982) 10). Bedeutung erlangt diese Frage z. B., wenn der Verletzte eine zur völligen Wiederherstellung an sich erforderliche und verhältnismäßige Maßnahme nicht vornehmen läßt, was insbesondere im Bereich kosmetischer Operationen vorkommt (vgl. OLG Celle VersR **1972** 468; OLG Stuttgart VersR **1978** 188), oder wenn er auf einen Kuraufenthalt oder auf die Einnahme bestimmter Medikamente oder Kräftigungsmittel verzichtet (hier würde wohl auch der Nachweis der Erforderlichkeit auf Schwierigkeiten sto- 20 ßen). Daß die Anwendung wegen des Fehlens der erforderlichen Mittel unterbleibt, dürfte wegen der zumeist möglichen Inanspruchnahme einer Krankenversicherung oder eines Kredits (Rdn. 12) kaum vorkommen (vgl. hierzu BGH NJW **1958** 627; OLG Neustadt VRS **7** 321).

21 **2. Entstehung des Anspruchs**

Der Anspruch auf Ersatz der zur Heilung erforderlichen Kosten entsteht im Augenblick des Unfalls (RGZ **151** 302; BGH VersR **1958** 176), nicht etwa erst nach Inanspruchnahme des Arztes, Einnahme der Medikamente usw. Der Schädiger ist daher verpflichtet, die Heilungskosten vorzuschießen.

22 **3. Vorteilsausgleichung**

Lebenshaltungskosten, die während des Krankenhausaufenthalts **erspart** werden (insbesondere für Verpflegung, u. U. auch für Wohnung, vgl. OLG Nürnberg VersR **1964** 176), sind von den Krankenhauskosten abzuziehen (BGH VersR **1965** 786; NJW **1971** 240). Je nach Lebenszuschnitt ist die Einsparung für Verpflegung im Bereich zwischen 5,– DM und 15,– DM anzusetzen. Auch bei nicht Erwerbstätigen und Kindern ist die Ersparnis zu berücksichtigen (OLG Braunschweig VersR **1969** 249; OLG München VersR **1978** 373; KG VersR **1979** 137), nicht aber bei einem Soldaten, der von der Bundeswehr unentgeltlich verpflegt wird (BGH VersR **1978** 251). Die Einsparung wird nicht durch vermehrte Nebenausgaben im Krankenhaus aufgewogen (KG VersR **1968** 259; OLG Saarbrücken VersR **1976** 271). Auch auf den Sozialversicherungsträger, Dienstherrn usw. geht nur der um die häusliche Ersparnis gekürzte Betrag der Krankenhauskosten über (vgl. aber Rdn. 38). Im Falle des verletzten Soldaten (s. o.), bei dem wegen der Teilnahme an der Gemeinschaftsverpflegung keine häusliche Ersparnis eintritt, kann auch gegenüber dem Bund als Zessionar des Heilungskostenanspruchs (§ 30 Abs. 3 SoldG, § 87a BBG) keine entsprechende Kürzung vorgenommen werden, obwohl er die für den betreffenden Soldaten bestimmte Gemeinschaftsverpflegung erspart hat (BGH VersR **1978** 251). Ist ein Mitverschulden des Verletzten zu berücksichtigen, so ist die häusliche Ersparnis nicht in voller Höhe von dem ihm verbleibenden Anspruch abzuziehen, sondern es ist umgekehrt die ihm zustehende Quote auf der Grundlage der gekürzten Heilungskosten zu berechnen.

23 Auf die Kosten eines Kuraufenthalts wird ein **ersparter Erholungsurlaub** nicht anzurechnen sein, weil die Kur in der Regel wohl *neben* den allgemeinen Jahresurlaub treten soll; unterläßt der Verletzte in dem betreffenden Jahr ausnahmsweise eine Urlaubsreise, so sollte dies nicht zu einer Kürzung seiner Heilungskosten führen (**a. A.** KG VAE **1936** 576).

24 **4. Schadensminderungspflicht** (allgemein hierzu § 9, 49).

a) Der Verletzte darf nicht durch **unvernünftiges Verhalten** den Heilungserfolg beeinträchtigen oder sich über ärztliche Anordnungen hinwegsetzen. Er muß sich erforderlichen Behandlungsmaßnahmen unterziehen (vgl. hierzu, insbesondere auch zur Frage der Duldung einer Operation § 9, 61 ff).

25 **b) Die Inanspruchnahme der privaten Krankenversicherung** ist im allgemeinen nicht durch die Schadenminderungspflicht geboten (*Ortschig* NJW **1952** 290; *Schmidt* VersR **1966** 617). Denn Ersparnisse für den Schädiger können durch die

Inanspruchnahme nicht eintreten, weil die Ersatzansprüche des Verletzten nach § 67 VVG auf den Versicherer übergehen (Rdn. 30). Die Inanspruchnahme des Versicherers durch den Verletzten kann allenfalls dann geboten sein, wenn dieser die Heilungskosten nicht aus eigenen Mitteln verauslagen kann, denn sie wird häufig billiger kommen, als die Finanzierung durch eine Bank. Der Schädiger muß dem Verletzten die entstehenden Nachteile (Verlust des Anspruchs auf Prämienrückvergütung usw.) als Finanzierungskosten ersetzen (**a. A.** *Schmidt* aaO). Der Verletzte darf seine eigene Krankenversicherung jedenfalls immer dann in Anspruch nehmen, wenn er andernfalls seine Ansprüche gegen diese wegen Fristablauf verlieren würde (§ 14 Nr. 2a AVK) und der Schädiger nicht rechtzeitig vorher die Kosten beglichen hat (*Geigel* NJW **1952** 733). Eine Pflicht des Verletzten, den Schädiger darauf hinzuweisen, daß er seine Privatversicherung in Anspruch nehmen müsse, wenn der Schädiger nicht sofort Vorschuß leiste, wird man wohl nicht verlangen können. Denn ein solches Verhalten entspricht der Regel, so daß eine Hinweispflicht nach § 254 Abs. 2 BGB entfällt.

c) Die **Krankenkassen der Sozialversicherung** (Allgemeine Ortskrankenkasse, Betriebskrankenkasse) muß der Verletzte ebenfalls nicht in Anspruch nehmen (OLG Schleswig NJW **1955** 1234). Eine solche Inanspruchnahme bringt häufig keine Kostenersparnis mit sich, kann vielmehr dem Schädiger erhebliche zusätzliche Kosten verursachen, weil die Sozialversicherungsträger nach § 1542 Abs. 2, § 1524 RVO, anstatt ihre Aufwendungen konkret zu berechnen, einen Pauschalbetrag verlangen dürfen, dessen Höhe vom Einkommen des Versicherten abhängt (vgl. Rdn. 39). Der Sozialversicherungsträger hat die Wahl, seine tatsächlichen Aufwendungen geltend zu machen, oder den Pauschalbetrag (BGH VersR **1978** 178); bei krassem Mißverhältnis kann der Ersatzpflichtige aber den Einwand unzulässiger Rechtsausübung erheben (vgl. BGH VersR **1956** 178; **1978** 178). Daß unter diesen Umständen die Schadenminderungspflicht des Verletzten in der Regel kein Anlaß sein kann, die Sozialversicherung in Anspruch zu nehmen, liegt auf der Hand. Allerdings vertritt *Schmidt* (VersR **1966** 616) die entgegengesetzte Ansicht mit der Begründung, es bestünden häufig Teilungsabkommen zwischen Haftpflichtversicherern und Krankenkassen der Sozialversicherung; der Haftpflichtversicherer müsse der Krankenkasse in einem solchen Falle nicht die vollen Pauschalbeträge ersetzen. Hierauf kann es aber nicht ankommen. Die Sorgfaltspflicht des Verletzten (§ 254 Abs. 2 BGB) geht jedoch nicht so weit, daß er sich vor Beginn der Behandlung erkundigen müßte, ob im Einzelfall ein solches Teilungsabkommen besteht. Den Regelfall stellen solche Teilungsabkommen (§ 16, 622) nicht dar. Die Höhe der tatsächlich entstehenden Aufwendungen ist daher meist nicht vorherzusehen, so daß ein Verschulden des Verletzten – von Ausnahmen abgesehen – nicht darin bestehen kann, daß er die Ortskrankenkasse nicht in Anspruch genommen hat, noch weniger allerdings darin, daß er sie in Anspruch genommen hat. Dem Verletzten steht die Wahl frei. 26

5. Forderungsübergang 27

Ein Übergang der Forderung des Verletzten auf Ersatz von Heilungskosten findet statt, wenn ein Privatversicherer (Rdn. 30), ein öffentlicher Dienstherr (Rdn. 35) oder ein Sozialversicherungsträger (Rdn. 37) solche Kosten getragen oder ersetzt hat.

a) Sachliche Kongruenz. Der gesetzliche Forderungsübergang setzt in jedem Fall voraus, daß die Leistung des Versicherungsträgers dem gleichen Zweck diente, wie 28 der zu leistende Schadenersatz (vgl. § 10, 69ff). Diese Voraussetzung ist für die Heilungskosten nach § 11 bei den Leistungen für ambulante und stationäre Behandlung durchwegs erfüllt. Eine Ausnahme macht die Rechtsprechung lediglich für die Besuchskosten (Rdn. 7; vgl. OLG München VersR **1978** 373) sowie für die Mehrkosten bei Unterbringung in der zweiten und ersten Pflegeklasse (BGH VersR **1973** 566).

29 **b) Zeitliche Kongruenz.** Der Übergang der Schadenersatzforderung findet stets nur in der Höhe statt, in der der Versicherungsträger für denselben Zeitraum Leistungen erbracht hat (vgl. § 10, 73). Hat der Versicherungsträger in einem Zeitraum Leistungen erbracht, die den Schadenersatzanspruch des Verletzten für diesen Zeitraum überschreiten, so kann nicht wegen des Ausfalls ein Übergang von Forderungen für andere Zeiträume verlangt werden.

30 **c) Private Versicherer.** Hat der Verletzte seine Krankenversicherung oder seine private Unfallversicherung (diese übernimmt die Heilungskosten nur für das erste Jahr nach dem Unfall, § 8 VI Abs. 1 AUB, und nur subsidiär neben dem Krankenversicherer) in Anspruch genommen, so geht sein Schadenersatzanspruch insoweit auf den Versicherer über, als dieser ihm für Heilungskosten Ersatz geleistet hat und sein Anspruch gegen den Schädiger Heilungskosten betrifft (§ 67 Abs. 1 VVG).

31 **aa) Maßgeblicher Zeitpunkt** für den Forderungsübergang und damit den Verlust der Aktivlegitimation des Verletzten ist der der tatsächlichen Leistung des Versicherers. Anders als beim Übergang auf Sozialversicherungsträger und Dienstherrn (vgl. Rdn. 35ff) fällt der Anspruch hier also zunächst dem Verletzten zu, der ihn auch klageweise geltend machen kann.

32 **bb)** Ob für den Versicherer eine **Verpflichtung zur Leistung** bestand, ist für den Rechtsübergang unerheblich (BGH NJW **1964** 101; OLG Nürnberg VersR **1966** 621).

33 **cc)** Dem Verletzten steht das **Quotenvorrecht** zu (zum Begriff s. § 10, 81ff); das bedeutet, daß der Privatversicherer den Forderungsübergang nur in derjenigen Höhe gegenüber dem Schädiger geltendmachen darf, die es dem Verletzten gestattet, durch Geltendmachung des nicht übergegangenen Teils der Forderung den Teil der Heilungskosten voll abzudecken, den ihm der Versicherer nicht erstattet hat und nicht erstatten muß. Versicherer und Versicherungsnehmer sind also nicht Gesamtgläubiger; dies kommt zur Auswirkung, wenn zu ihrer Befriedigung keine für beide ausreichende Summe zur Verfügung steht (BGHZ **13** 28; **25** 340; **44** 382; **47** 308). Die Leistungen des Privatversicherers wirken sich nicht schadenmindernd aus.

34 **dd) Zum Ausschluß des Rückgriffs gegenüber Familienangehörigen** (§ 67 Abs. 2 VVG) vgl. § 10, 92ff.

35 **d) Öffentliche Dienstherren.** Nach § 87a BBG und den entsprechenden Vorschriften der Landesbeamtengesetze (vgl. § 52 BRRG) findet ein gesetzlicher Forderungsübergang auch auf den Dienstherrn eines Beamten statt, der bei dessen Verletzung zu Leistungen an ihn verpflichtet ist (wegen Einzelheiten vgl. § 10, 75, 86 und 92). Zu beachten ist aber, daß der Dienstherr zur Zahlung einer Beihilfe zu den Heilungskosten nicht verpflichtet ist, wenn dem verletzten Beamten ein Schadensersatzanspruch gegen einen Dritten zusteht (Nr. 3 Abs. 4 Satz 1 BhV). In diesem Bereich kann es folglich auch nicht zu einem Forderungsübergang auf den Dienst-

herrn kommen[2]. Leistet dieser ohne rechtliche Verpflichtung eine Beihilfe, so verbleibt ihm nur ein evtl. Rückforderungsanspruch gegen den Beamten.

Bei Verletzung eines **Angehörigen des Beamten** kommt ein Forderungsübergang nach § 87 a BBG im übrigen schon deswegen nicht in Betracht, weil diese Vorschrift nur Schadensersatzansprüche des Beamten selbst erfaßt (OLG München VersR **1972** 473; OLG Hamm VersR **1977** 151). 36

e) Sozialversicherungsträger. Erbringt ein Träger der Sozialversicherung (z. B. Ortskrankenkasse, Ersatzkasse, Betriebskrankenkasse, Innungskrankenkasse) Leistungen für ambulante oder stationäre Heilbehandlung, so gehen die Schadensersatzansprüche des Verletzten, soweit kongruent (Rdn. 28f), auf ihn über (§ 1542 Abs. 1 RVO; für Schadensfälle nach dem 30. Juni 1983: § 116 SGB-X; vgl. § 10, 60ff). Durfte der Verletzte die zweite Pflegeklasse des Krankenhauses in Anspruch nehmen (vgl. Rdn. 16), während der Sozialversicherer ihm nur die Kosten der dritten erstattete, so verbleiben die Ansprüche hinsichtlich der Mehrkosten mangels sachlicher Kongruenz dem Verletzten (BGH VersR **1973** 566). Dasselbe gilt für Zuzahlungen, die der Geschädigte nach der RVO zu zahlen hat (z. B. Verordnungsblattgebühr nach § 182a RVO); um diese Beträge mindert sich der Regreßanspruch des Sozialversicherers (vgl. *Breuer/Labuhn* VersR **1983** 914). Überhaupt kein Forderungsübergang findet statt, wenn der Sozialversicherer keine Leistungen erbracht hat, weil der Verletzte sich privat behandeln ließ (BGH VersR **1965** 161; OLG München VersR **1959** 548). 37

Da der Verletzte sich bei stationärer Behandlung **ersparte Verpflegungskosten** anrechnen lassen muß (Rdn. 22), kann auch nur der entsprechend geminderte Ersatzanspruch auf den Sozialversicherer übergehen. Seine dem Anrechnungsbetrag entsprechenden Aufwendungen sind aber, da der Verletzte sie sonst aus seinem Erwerbseinkommen hätte begleichen müssen, mit dem Verdienstausfallschaden kongruent, so daß es auf diesem Weg doch zu einem Anspruchsübergang in voller Höhe kommt[3]. Zur Berücksichtigung der Zuzahlungspflicht nach § 184 Abs. 3 RVO s. *Breuer/Labuhn* VersR **1983** 916. 38

Der Ersatzanspruch geht auf den Sozialversicherungsträger grundsätzlich nur bis zur **Höhe** seiner eigenen Leistungen über. Zu einer (fragwürdigen) Ausnahme hiervon kommt es aber bei Schadensfällen vor 1. Juli 1983 (vgl. Rdn. 41) infolge der nach § 1542 Abs. 2 i. V. m. § 1524 RVO zugelassenen **Pauschalierung** der Berechnung. Der Sozialversicherer kann nach diesen Vorschriften nämlich nach eigener Wahl anstelle seines konkreten Aufwands an Heilbehandlungskosten einen Pauschalbetrag beanspruchen: $^3/_8$ des Grundlohns des Versicherten für ambulante Behandlung und $^7/_8$ für stationäre Behandlung. Entscheidend ist hierbei auch bei Aufwendungen für Angehörige im Rahmen der Familienhilfe (§§ 205ff RVO) der Grundlohn des Versicherten (BGH VersR **1958** 153; **1978** 178; OLG Celle NJW **1973** 197); bei Aufwendungen für einen Rentner oder einen Angehörigen eines Rentners ist maßgeblich der durchschnittliche Grundlohn aller versicherungspflichtigen Kassenmitglieder (BGH VersR **1978** 178). Eine gesonderte Berücksichtigung 39

[2] OLG Koblenz VersR **1967** 962; OLG München VersR **1972** 472; OLG Hamm VersR **1977** 151; *Wilts* VersR **1966** 13; **a. A.** *Marschall von Bieberstein* VersR **1965** 1134; *Palandt/Heinrichs* vor § 249 7 c dd.

[3] BGH VersR **1965** 786; **1984** 583; NJW **1971** 240; OLG Saarbrücken VersR **1976** 271; KG DAR **1977** 217; OLG Celle VersR **1977** 1027. S. a. Rdn. 166, 175.

ersparter Verpflegungskosten (vgl. Rdn. 38) findet bei der Pauschalabrechnung nicht statt (BGH VersR **1966** 1028). Der Sozialversicherer kann auch hinsichtlich stationärer und ambulanter Behandlung unterschiedlich abrechnen (BGH VersR **1965** 660). Die Pauschalierung kann dazu führen, daß der Sozialversicherer im Einzelfall mehr erhält als er aufgewendet hat (RGZ **103** 219; BGHZ **12** 156; BGH VersR **1978** 178). Nur wenn er im Wege der Pauschalierung wesentlich mehr verlangt als die fiktiven Kosten einer Privatbehandlung, steht dem Ersatzpflichtigen der Einwand unzulässiger Rechtsausübung zu (BGH VersR **1954** 141; **1954** 166; **1956** 178; **1978** 149; **1978** 178). Die Beweislast für das Mißverhältnis trifft den Ersatzpflichtigen (BGH VersR **1978** 178). Greift sein Einwand durch, so hat der Sozialversicherer Anspruch auf Ersatz der fiktiven Privatbehandlungskosten (BGH VersR **1956** 178). Er darf nicht eine andere Pauschalberechnung an die Stelle der unzulässigen setzen (BGH VersR **1982** 1000).

40 Die Pauschalierung nach § 1542 Abs. 2, § 1524 RVO führt zu Ungereimtheiten, die durch die geschilderte Rechtsprechung nur unzulänglich ausgeglichen werden können und im Hinblick auf den Gleichheitssatz Bedenken begegnen. Es sind keine gewichtigen Gründe ersichtlich, die es rechtfertigen könnten, daß ein Haftpflichtiger bei Einschaltung eines Sozialversicherers zu dessen alleinigem Vorteil wesentlich höhere Zahlungen zu leisten hat als bei Inanspruchnahme durch den Verletzten selbst.

41 Durch die Neuregelung der Pauschalierung in § 116 Abs. 8 SGB-X hat der Gesetzgeber diesen Einwänden – für Schadensfälle nach dem 30. Juni 1983 (Art. II §§ 22, 25 SGB-X) – weitgehend Rechnung getragen. Eine gesetzliche Pauschalierung ist jetzt nur noch für die Kosten einer nichtstationären Behandlung vorgesehen. Der Sozialversicherungsträger kann hierfür, sofern er nicht höhere Kosten nachweist, 5% der monatlichen Bezugsgröße nach § 18 SGB-IV berechnen. Bei Mithaftung des Verletzten oder Überschreitung einer Höchsthaftungssumme ist die Pauschale nach § 116 Abs. 2 und 3 SGB-X zu kürzen (hierzu § 10, 87ff). Die *Vereinbarung* einer Pauschalierung ist in § 116 Abs. 9 SGB-X ausdrücklich zugelassen.

42 Zum Zeitpunkt des Rechtsübergangs vgl. § 10, 74, zum Rangverhältnis zwischen Sozialversicherungsträger und Geschädigtem (Quoten- bzw. Befriedigungsvorrecht) bei nicht ausreichender Ersatzforderung § 10, 81ff, zum Ausschluß des Rückgriffs gegenüber Familienangehörigen § 10, 92ff, zum Verhältnis mehrerer Zessionare zueinander § 10, 100.

43 Bei **Wechsel der Krankenkasse** (z. B. infolge Wohnsitz- oder Arbeitsplatzwechsel) geht der von der früheren erworbene Ersatzanspruch auf die jetzige über, und zwar in dem Zustand, in dem er sich zum Zeitpunkt des Wechsels befand (BGH VersR **1958** 153). Verjährungsfristen laufen also weiter. Dies gilt im Grundsatz auch beim Übergang der Leistungspflicht nach § 565 RVO (BGH VersR **1978** 660) sowie beim Übergang der Leistungspflicht von der Krankenkasse auf einen öffentlichen Dienstherrn (BGH VersR **1983** 724). Wegen der bloßen Möglichkeit, daß eine Krankenkasse nach dem Ausscheiden des Verletzten bei einer anderen Kasse leistungspflichtig wird (z. B. weil bereits der Ehegatte des Verletzten bei ihr versichert ist), kann sie keine zulässige Feststellungsklage gegen den Schädiger erheben (BGH VersR **1983** 724).

III. Ersatz vermehrter Bedürfnisse

1. Begriff 44

a) Definition. Unter Vermehrung der Bedürfnisse versteht man alle Mehrausgaben, die den Zweck haben, diejenigen Nachteile auszugleichen, die dem Verletzten infolge dauernder Beeinträchtigung seines körperlichen Wohlbefindens entstehen (BGH VersR **1974** 162; NJW **1982** 757). Insbesondere zählen hierzu Aufwendungen, die dem Verletzten dadurch entstehen, daß er die Dienstleistungen fremder Personen infolge seiner unfallbedingten Körperbehinderung oder Erkrankung in Anspruch nehmen muß, oder Gerätschaften, Diätkost, Verkehrsmittel oder andere Hilfsmittel benötigt, um einen seinen früheren Gewohnheiten entsprechenden Lebensstil aufrechterhalten zu können. Abzustellen ist auf die Lage, in der sich der Verletzte befinden würde, hätte sich der Unfall nicht ereignet. Zu den vermehrten Bedürfnissen zählt auch die durch den Unfall entstandene Notwendigkeit, eine andere Wohnung zu beziehen. Durch die Vermehrung der Bedürfnisse können einmalige Kosten entstehen (Anschaffungskosten, Umzugskosten); in der Regel kehren aber die Aufwendungen laufend wieder (BGH NJW **1982** 757). Wegen der für den Forderungsübergang erforderlichen Kongruenz (vgl. Rdn. 59) sind die vermehrten Bedürfnisse von den Heilungskosten und vom Erwerbsausfall abzugrenzen (vgl. Rdn. 45ff).

b) Abgrenzung gegenüber den Heilungskosten. Die Aufwendungen, die der 45
Wiederherstellung der Gesundheit dienen, sind Heilungskosten (Rdn. 4); unter dem Gesichtspunkt der Vermehrung der Bedürfnisse zu ersetzen sind dagegen solche Kosten, die für eine noch nicht absehbare Zeit oder für dauernd erforderlich sind, um verbleibende Unfallbeeinträchtigungen auszugleichen. Hierunter fällt auch die Beschaffung von Medikamenten und Arztkosten, die mit einer gewissen Regelmäßigkeit immer wieder anfallen, um den im Rahmen des Möglichen wiederhergestellten Gesundheitszustand zu erhalten (vgl. OLG Hamburg OLGZ **36** 143).

c) Abgrenzung gegenüber dem Verdienstausfall. Soweit die Mehrausgaben dazu 46
dienen, eine Erwerbstätigkeit zu ermöglichen oder Einkommenseinbußen zu verhindern, fallen sie nicht unter „Vermehrung der Bedürfnisse“, sondern sind als Schadensminderungskosten bei der Berechnung des Verdienstausfalls zu berücksichtigen (Rdn. 98). Ein Verdienstausfall kann mithin in einem solchen Fall auch dann vorliegen, wenn das Arbeitseinkommen durch den Unfall nicht beeinträchtigt worden ist. Das hat zur Folge, daß die Ersatzansprüche insoweit auf den Sozialversicherungsträger (die Berufsgenossenschaft) übergehen, wenn eine Unfallrente wegen Erwerbsminderung gewährt wird. Hierzu können z. B. zählen erhöhte Fahrtkosten zum Arbeitsplatz, die Kosten einer zusätzlichen Schreibkraft oder eines Begleiters auf Geschäftsreisen, Aufwendungen für eine Umschulung oder einen Umzug.

Ist die unfallverletzte **Hausfrau** bei ihrer Tätigkeit im ehelichen Haushalt behin- 47
dert, so steht dies einem Verdienstausfall gleich; um eine Vermehrung der Bedürfnisse der Hausfrau handelt es sich nur insoweit, als die Haushaltführung der Befriedigung eigener Bedürfnisse dient (vgl. Rdn. 136).

d) Eine Abgrenzung gegenüber dem Schmerzensgeld ist schwierig, da auch dieses 48
teilweise dazu bestimmt ist, dem Verletzten Anschaffungen zu ermöglichen, die einen Ausgleich für die erlittenen Dauerschäden (Körper- und Gesundheitsschäden) schaffen. Die Abgrenzung ist von Bedeutung, wenn der Schädiger nur aus Gefährdungshaftung Schadensersatz schuldet, weil er in diesem Fall kein Schmerzens-

geld zu zahlen hat; ähnlich steht es, wenn der Verletzte sich durch Teilabfindungsvergleich entweder nur hinsichtlich des Schmerzensgeldes oder nur hinsichtlich der Vermehrung der Bedürfnisse hat abfinden lassen. Der Unterschied zwischen beiden Ersatzansprüchen liegt in folgendem: Der Ersatz wegen Vermehrung der Bedürfnisse betrifft stets nur konkrete Aufwendungen, wobei es allerdings nicht darauf ankommt, ob der Verletzte die Ausgaben getätigt hat oder ob er sie aus Mangel an Mitteln unterlassen mußte (RGZ **151** 300; BGH VersR **1958** 176; vgl. Rdn. 58). Dagegen gilt das Schmerzensgeld, abgesehen von seiner Funktion als Ausgleich für die erlittenen Schmerzen und für die Notwendigkeit eines Krankenhausaufenthalts oder eines Krankenlagers, die durch Dauerschäden entstandenen Behinderungen und Unbequemlichkeiten insoweit ab, als durch Beschaffung von Pflege und Geräten ein Ausgleich nicht möglich ist, wie z. B. hinsichtlich der Hinderung an einer bestimmten Freizeitgestaltung (Wandern, Tanzen, Sport usw.).

49 **2. Form der Ersatzleistung**

Zu der Frage, ob der Schadensersatz wegen vermehrter Bedürfnisse in Kapital- oder in Rentenform zu leisten ist, vgl. die Erl. zu § 13 (dort auch zu Einzelheiten der Rentengewährung).

50 **3. Einzelfälle**

a) Kosten einer **Pflegeperson** oder einer sonstigen Hilfskraft (zur Haushaltshilfe bei Verletzung der Hausfrau vgl. Rdn. 57) fallen unter die vermehrten Bedürfnisse (RGZ **151** 298; KG DAR **1933** 150). Dies gilt auch dann, wenn solche Kosten nur deswegen nicht angefallen sind, weil Verwandte die Pflege des Verletzten unentgeltlich übernommen haben (RG VAE **1937 44**; BGH VersR **1963** 463; vgl. Rdn. 58).

51 **b)** Ein **Wohnungswechsel** kann außer wegen der Notwendigkeit eines Berufswechsels (vgl. hierzu Rdn. 46) z. B. infolge einer unfallbedingten Gehbehinderung (RG WarnR **1919** 195) oder aus medizinischen Gründen (gesündere Lage) erforderlich werden. In einem solchen Fall ist neben den Umzugskosten auch der evtl. Mehrbetrag an Miete, Fahrtkosten usw. zu ersetzen (vgl. OLG Dresden VAE **1941** 116). Die Verschaffung von Wohnungseigentum kann vom Schädiger allerdings grundsätzlich nicht verlangt werden. Hat der Geschädigte seine vermehrten Bedürfnisse auf diese Weise befriedigt (z. B. behindertengerechter Anbau an das Haus der ihn betreuenden Eltern), so kann er nur die Kosten (insbesondere für Beschaffung und Verzinsung des erforderlichen Kapitals) geltendmachen, in denen sich der durch sein Gebrechen bedingte Mehraufwand niederschlägt, weil die übrigen Kosten das allgemein bestehende Bedürfnis nach Wohnraum decken (BGH NJW **1982** 758).

52 **c)** Bei Kindern kann sich die Notwendigkeit ergeben, **Privatunterricht** in Anspruch zu nehmen, wenn keine geeignete Schule erreichbar ist (RG WarnR **1914** Nr. 13).

53 **d)** Die Aufwendungen für häufige **Benutzung öffentlicher Verkehrsmittel** sind bei einem infolge des Unfalls Gehbehinderten im Rahmen der vermehrten Bedürfnisse zu ersetzen (BGH NJW **1965** 102).

54 **e)** Ausgaben zur **Stärkung oder Schonung** des Verletzten (z. B. Medikamente, medizinische Behandlungen, Bäder, Kuren, Stärkungsmittel, Mehraufwendungen für

Diätkost) können sowohl zu den Heilungskosten als auch zu den vermehrten Bedürfnissen rechnen (zur Abgrenzung s. Rdn. 45).

f) **Technische Hilfsmittel** (Rollstuhl, Zusatzeinrichtungen im Kraftfahrzeug, spezielles Schuhwerk, Brillen usw.) fallen ebenfalls unter die vermehrten Bedürfnisse. 55

g) Auch ein **erhöhter Verschleiß** an Kleidung o. ä. begründet unter diesem Gesichtspunkt einen Ersatzanspruch. 56

h) Die Kosten einer **Haushaltshilfe** sind nur dann vermehrte Bedürfnisse, wenn durch sie vereitelte Dienste ausgeglichen werden, die der Verletzte nicht gegenüber unterhaltsberechtigten Angehörigen, sondern nur für sich zu leisten hätte (vgl. BGH VersR **1974** 162). Im anderen Fall ergibt sich der Schadensausgleich aus dem Gesichtspunkt des Verdienstausfalls (vgl. Rdn. 133ff)[4]. Diese – auch für den Forderungsübergang bei kongruenten Leistungen Dritter wichtige – Unterscheidung ist Konsequenz der Rechtsprechung, die dem nicht erwerbstätigen, haushaltführenden Ehegatten einen eigenen Anspruch wegen Verdienstausfalls gibt. 57

4. Fiktive Aufwendungen 58

Das Unterlassen von Aufwendungen, die eigentlich wegen Vermehrung der Bedürfnisse erforderlich gewesen wären, z. B. für medizinisch indizierte Stärkungsmittel, vermindert den Anspruch des Verletzten nicht (BGH NJW **1958** 627). Der Anspruch entsteht schon in dem Augenblick, in dem entsprechende Ausgaben zweckmäßig gewesen wären (RGZ **151** 298 = JW **1936** 2976 und 3385 m. abl. Anm. *Carl*). Dasselbe gilt, wenn Verwandte die Pflege des Verletzten oder Arbeiten im Haushalt unentgeltlich übernehmen (RG VAE **1937** 44; BGH VersR **1963** 463). Der Verletzte kann in diesem Fall den Betrag ersetzt verlangen, den er dem Angehörigen zu zahlen hätte, wenn dieser nicht wegen der persönlichen Beziehung auf eine Entlohnung verzichten würde (er wird in aller Regel unter den Kosten einer angestellten Pflegekraft liegen; BGH VersR **1978** 149). Da der Verletzte aber nur Anspruch auf Ersatz der Aufwendungen hat, die ein verständiger Geschädigter in seiner Lage gemacht hätte (vgl. BGHZ **54** 85), kann er nicht etwa dann, wenn zum Ausgleich der Pflegebedürftigkeit verschiedene Möglichkeiten mit unterschiedlichem Kostenaufwand in Betracht kommen (z. B. Einstellung einer Pflegekraft, Unterbringung in einem Pflegeheim oder Versorgung durch einen Angehörigen), die fiktiven Kosten der aufwendigsten Lösung beanspruchen, sondern nur die der in verständiger Weise tatsächlich gewählten (BGH VersR **1978** 149).

5. Forderungsübergang 59

Der Anspruch des Verletzten wegen Vermehrung seiner Bedürfnisse geht mangels Kongruenz nicht auf den (Sozial-)Versicherungsträger über, der dem Verletzten wegen Minderung der Erwerbsfähigkeit eine Rente zahlt (BGH VersR **1958** 454; **1970** 899; **1974** 162; **1977** 916), wohl aber auf den Dienstherrn, der seinem verletzten Beamten einen Hilflosigkeitszuschlag (§ 34 Abs. 2 BeamtVG) oder Unfallausgleich (§ 35 BeamtVG) zahlt (BGH VersR **1965** 563; **1970** 1034; NJW **1982** 758) oder nach seinem Ausscheiden eine Grundrente gewährt (BGH VersR **1964** 1307). Desgleichen besteht Kongruenz mit Pflegegeldern und ähnlichen Leistungen, z. B.

[4] **A. A.** die frühere Rechtsprechung (RGZ **129** 55; OLG Nürnberg VersR **1964** 954) und *Full* 36.

nach § 558 RVO. Kein Verhältnis kongruenter Deckung besteht zwischen dem Anspruch wegen Vermehrung der Bedürfnisse und den Aufwendungen der privaten oder öffentlichen Krankenkassen für Heilungskosten; gleiches gilt für ähnliche Aufwendungen privater Unfallversicherer oder einer Berufsgenossenschaft. Dies ist von Bedeutung, weil der Anspruch des Verletzten wegen vermehrter Bedürfnisse auch Kosten für Medikamente, Hilfsmittel und Hauspflege umfassen kann. Soweit der Sozialversicherer oder die Krankenkasse neben den Aufwendungen für die Heilung auch Leistungen zum Ausgleich vermehrter Bedürfnisse gewährt, geht der Anspruch des Verletzten aus diesem Grunde auf den Versicherer über. Stets aber gehen nur Forderungen über, die denselben Zeitraum betreffen wie die Leistungen des Sozialversicherungsträgers (Rdn. 29). Ist keine Vermehrung der Bedürfnisse eingetreten, so kommt ein Forderungsübergang wegen des Unfallausgleichs nicht in Betracht (BayObLG VersR **1968** 949). Die Höhe des übergegangenen Anspruchs auf Ersatz vermehrter Bedürfnisse ist jeweils konkret zu berechnen; eine Pauschalabrechnung (wie bei Heilungskosten nach § 1542 Abs. 2 i. V. m. § 1524 RVO) ist hier nicht zulässig (BGH VersR **1978** 149). Wegen weiterer Einzelheiten zum Forderungsübergang vgl. Rdn. 171 ff und § 10, 58 ff.

IV. Ersatz für Aufhebung oder Minderung der Erwerbsfähigkeit

60 **1. Übersicht**

§ 11 gewährt dem Verletzten ebenso wie § 842 BGB einen Anspruch gegen den Schädiger auf Ersatz der Vermögensnachteile, die ihm dadurch entstehen, daß infolge der Verletzung seine Erwerbsfähigkeit zeitweise oder dauernd aufgehoben wird. Zu diesen Vermögensnachteilen gehört vor allem der während der unfallbedingten Arbeitsunfähigkeit oder infolge der unfallbedingten Beeinträchtigung entgangene Verdienst (vgl. Rdn. 64 ff) oder Gewinn (vgl. Rdn. 101 ff). Ist ein Verdienst nur deswegen nicht entgangen, weil der Arbeitgeber Lohn oder Gehalt fortgezahlt hat, so ändert dies an der Ersatzpflicht dem Grunde nach nichts; es ändert sich allenfalls durch einen Forderungsübergang die Aktivlegitimation (vgl. Rdn. 163 ff). Neben dem Verdienstausfall wegen der Hinderung an einer bisher ausgeübten Erwerbstätigkeit sind nach § 11 auch Nachteile für das berufliche Fortkommen (Rdn. 144) zu ersetzen. Daß § 11 diese im Gegensatz zu § 842 BGB nicht ausdrücklich erwähnt, rechtfertigt keinen gegenteiligen Schluß. Der Schaden, der z. B. darin besteht, daß ein Kind, wenn es dereinst ins Berufsleben tritt, weniger Einkommen hat, als es ohne die unfallbedingte körperliche oder geistige Behinderung der Ausbildung haben würde, ist im Rahmen der Minderung der Erwerbsfähigkeit ebenso zu entschädigen, wie die künftigen unmittelbaren Auswirkungen einer Körperbehinderung auf die Verdienstmöglichkeit (vgl. RG DJZ **1906** 877; näher zu dieser Schadensart Rdn. 145). Daß die Beeinträchtigung der Heiratsaussichten einen Erwerbsschaden darstellen kann, wird in einer Zeit, in der auch Frauen durch eigene Berufstätigkeit Einkommen erzielen können, allenfalls dann in Betracht kommen, wenn durch den Unfall eine konkret beabsichtigte, besonders lukrative Heirat vereitelt worden ist (vgl. Rdn. 149). Da die nicht berufstätige Hausfrau spätestens seit Inkrafttreten des Gleichberechtigungsgesetzes vom 18. 7. 1957 keine Dienstleistungen im Sinne von § 845 BGB mehr erbringt, sondern ihre Arbeit im Haushalt einer Erwerbstätigkeit gleichzuerachten ist, hat sie auch einen eigenen Anspruch aus § 11 (Rdn. 133), anders als Hauskinder, die familienrechtlich geschuldete Dienste

(§ 1619 BGB) leisten (vgl. Rdn. 142). Da aus dem Arbeitseinkommen in der Regel auch die Altersvorsorge bestritten wird, sind auch diesbezügliche Nachteile im Rahmen des Erwerbsschadens zu berücksichtigen (vgl. Rdn. 155).

2. Ursächlichkeit des Unfalls 61

Zwischen der Erwerbsminderung und dem Unfall muß Kausalzusammenhang bestehen (vgl. hierzu § 7, 129ff); der Unfall braucht allerdings nicht die alleinige Ursache zu sein (vgl. zur mittelbaren Kausalität § 7, 134ff, zu den Fällen schadensgeneigter Konstitution § 7, 143, zur Berücksichtigung hypothetischer Kausalabläufe § 7, 154).

3. Konkrete Berechnung des Erwerbsschadens 62

Im Gegensatz zu der bei der Sozialversicherung und bei der Unfallversicherung geltenden Regelung besteht der Ersatzanspruch nicht in einem nach dem abstrakten Prozentsatz der Körperbehinderung (Minderung der Erwerbsfähigkeit, MdE) zu berechnenden Satz. Vielmehr muß festgestellt werden, welchen *konkreten* Verdienstausfall der Verletzte aufgrund des Unfalls erlitten hat[5]. Es ist durchaus möglich, daß ein Verletzter bei einer MdE von 30% in seinem Beruf nicht mehr in der Lage ist, 70% seiner bisherigen Einnahmen zu erzielen, während ein anderer bei gleichem Grad der abstrakten Erwerbsminderung imstande ist, dasselbe zu verdienen wie vor seinem Unfall. Insbesondere bei älteren Arbeitnehmern kommt es auch vor, daß sie durch relativ geringfügige Dauerschäden beim Wettbewerb auf dem Arbeitsmarkt erheblich benachteiligt werden und deshalb keinen Arbeitsplatz finden, obwohl sie ihn mit der verbliebenen Leistungsfähigkeit voll ausfüllen könnten; in einem solchen Fall ist ebenfalls der volle Verdienstausfall zu ersetzen[6]. Maßgebend sind also stets die konkreten Verhältnisse, unter denen der Verletzte bisher gearbeitet hat und künftig arbeiten wird.

4. Form der Ersatzleistung 63

Zu der Frage, ob der Schadensersatz für Verdienstausfall in Form einer Rente oder durch Kapitalentschädigung zu leisten ist, vgl. die Erl. zu § 13. Dort finden sich auch Ausführungen zu Einzelheiten im Zusammenhang mit der Ratenzahlung (z. B. Dauer, Anpassung, Sicherheitsleistung).

5. Der Verdienstausfall bei unselbständiger Tätigkeit 64

a) Umfang. Er besteht in dem Unterschied zwischen dem Einkommen, das der Verletzte erzielt hätte, wenn sich der Unfall nicht ereignet hätte, und demjenigen, das er in Wirklichkeit erzielt. Es kommt mithin nicht auf den medizinischen Grad der Erwerbsminderung an (diese abstrakte Berechnung gilt für das Recht der Sozialversicherung), sondern auf den im Einzelfall entstehenden Schaden (Rdn. 62).

[5] RGZ **136** 18; **165** 241; RG JW **1932** 2029; **1933** 770; **1933** 830 u. 1405 m. Anm. *Bezold;* BGH VersR **1956** 132; **1956** 218; **1957** 132; **1964** 529; **1965** 1153; **1968** 396; **1977** 625; **1978** 1170; OLG Nürnberg VersR **1960** 1007.

[6] RG JW **1931** 2725; DRiZ **1933** Nr. 33; JRPrV **1937** 324; BGH VersR **1953** 27; **1968** 396; KG JW **1927** 1525.

65 Der Einkommensunterschied kann sowohl darauf beruhen, daß die körperliche oder geistige Leistungsfähigkeit durch den Unfall vermindert wurde, wie auch darauf, daß der Verletzte infolge seiner vorübergehenden unfallbedingten Arbeitsunfähigkeit (wegen deren langer Dauer) seine Stellung verloren hat oder als Beamter zwangspensioniert wurde. Erfahrungsgemäß gelingt es einem durch einen Unfall aus seiner beruflichen Laufbahn Geworfenen auch bei Wiedererlangung der vollen Arbeitsfähigkeit häufig nicht mehr, eine berufliche Stellung zu erlangen, die der vorherigen gleicht. Auch diesen Schaden muß der Schädiger ersetzen. Die Ersatzpflicht endet mithin nicht etwa ohne weiteres in dem Augenblick, in dem der Verletzte nach ärztlicher Ansicht wieder voll erwerbsfähig geworden ist (RG DAR **1931** 286; **1933** 24). Der Ersatzpflichtige muß den Verletzten bei der Suche nach einem geeigneten neuen Arbeitsplatz ggf. unterstützen (RGZ **160** 121), vor allem die hierfür erforderlichen wirtschaftlichen Voraussetzungen schaffen (Erwerb von Handwerkszeug, eines Kraftwagens, Reisen zur Bewerbung um eine Stelle). Auch die Kosten einer erforderlich gewordenen Umschulung muß er bestreiten (RGZ **160** 121; RG Recht **1917** Nr. 1229).

66 Der Schadensersatz umfaßt auch **Nebeneinkünfte**, soweit sie nicht einen bloßen Aufwendungsersatz (wie z. B. Fahrtkostenzuschüsse, Spesenausgleich) darstellen; eine dem Verletzten normalerweise von seinem Arbeitnehmer gewährte Auslösung für auswärtige Arbeit ist daher nur insoweit zu ersetzen, als der Verletzte bei der auswärtigen Arbeit tatsächlich keine besonderen Aufwendungen hatte[7]. Ersatzpflichtig ist auch eine Gefahrenzulage, Nachtdienstzulage, Bordzulage (BGH VersR **1967** 1080) oder ähnliches. Er umfaßt weiterhin Einkünfte aus Nebentätigkeiten (RG VAE **1936** 428).

67 **b) Einfluß der Lohn- oder Gehaltsfortzahlung.** Die Lohnfortzahlung im Krankheitsfall, also auch bei einem Unfall, ist heute der gesetzliche Regelfall (vgl. für Handlungsgehilfen § 63 HGB, für die technischen Angestellten § 133c Abs. 2 GewO, für die übrigen Angestellten § 616 Abs. 2 BGB, für die Besatzungsmitglieder von Seeschiffen § 48 SeemannsG, für Beamte § 82 BBG und die entsprechenden Vorschriften der Landesgesetze und für Arbeiter § 1 LFZG). Sie greift nicht ein bei grobem Verstoß des Arbeitnehmers gegen die dem Verkehrsteilnehmer im Straßenverkehr obliegenden Pflichten oder sonstigem „Verschulden gegen sich selbst", wie z. B. pflichtwidrigem Nichtanlegen des Sicherheitsgurts (BAG VersR **1982** 659; LAG Berlin NJW **1979** 2327; *Weber* DAR **1983** 9; **a. A.** LAG Düsseldorf DAR **1981** 94). Der Lohnfortzahlungsanspruch ist im allgemeinen auf sechs Wochen beschränkt.

68 Infolge der Lohnfortzahlung tritt der Schaden, wirtschaftlich betrachtet, nicht beim Verletzten, sondern beim Arbeitgeber ein, der die ausgefallene Arbeitskraft weiter bezahlen muß. Dieser hat jedoch keinen Ersatzanspruch gegen den Schädiger, da er nicht in eigenen durch § 7 geschützten Rechtsgütern beeinträchtigt ist. Das Ergebnis, daß der Schädiger durch die Lohnfortzahlung seitens des Arbeitgebers entlastet würde, widerspräche jedoch der Billigkeit. Nach den für die Vorteilsausgleichung entwickelten Regeln (vgl. § 7, 161) ist daher bei normativer Wertung ein Erwerbschaden des Verletzten trotz der Lohnfortzahlung zu bejahen[8], die Dop-

[7] BGH VersR **1979** 624; OLG Frankfurt MDR **1964** 843; vgl. auch OLG Nürnberg VersR **1968** 976; OLG Düsseldorf VersR **1972** 695; *Schmalzl* VersR **1977** 1137.

[8] BGHZ **7** 47; **13** 360; **21** 112; **43** 381; BGH NJW **1953** 1346; **1976** 326; *Larenz* § 30 II d; *Lange* § 9 XI 1 b. Für Beamte vgl. BGHZ **59** 154; BGH VersR **1980** 455.

pelbegünstigung des Verletzten ist durch Überleitung seines Schadensersatzanspruchs auf den Arbeitgeber (durch cessio legis oder Abtretung) zu vermeiden (Rdn. 163 ff).

c) Weiterzahlung des vollen Gehalts trotz unfallbedingter Leistungsminderung. Beschäftigt der Arbeitgeber den Verletzten nach Wiedererlangung der Arbeitsfähigkeit zum vollen Gehalt weiter, obwohl er infolge einer verbliebenen Behinderung nicht mehr dieselbe Leistung wie zuvor erbringen kann, so läßt sich dieser Fall dem der Lohnfortzahlung (Rdn. 67) nicht ohne weiteres gleichstellen. Es ist vielmehr zu unterscheiden: **69**

- beschäftigt der Arbeitgeber ihn deshalb weiter, weil er im eigenen Interesse auf seine, wenn auch geschmälerte, Arbeitskraft nicht verzichten will (z. B. wegen der besonderen Erfahrung), so entsteht kein Erwerbsschaden und somit auch kein Ersatzanspruch, der auf den Arbeitgeber übergehen könnte (BGH VersR **1967** 1068; OLG Celle VersR **1974** 1208);
- wird die Überzahlung (für den ausgefallenen Teil der Leistung) ausschließlich aus sozialen Erwägungen geleistet, so rechtfertigt sich eine Gleichbehandlung mit der Lohnfortzahlung.

d) Berechnung des Verdienstausfalls **70**

aa) Grundsätze. Auszugehen ist von der Erwerbstätigkeit des Verletzten im Zeitpunkt des Unfalls. Es ist zu ermitteln, notfalls nach § 287 ZPO zu schätzen, welchen Verdienst er nach dem mutmaßlichen Verlauf der Dinge (RGZ **63** 197; RG JW **1932** 1249) gehabt hätte, wenn sich der Unfall nicht ereignet hätte. Diese Berechnung ist für jeden Zeitraum, in dem sich eine Änderung gegenüber dem vorhergehenden Zeitraum ergeben hätte, gesondert vorzunehmen. Bei schwankenden Einkünften ist für größere Zeitabschnitte jeweils das Durchschnittseinkommen zu berechnen oder zu schätzen (BGH VersR **1964** 76). Mutmaßliche Beförderungen, aber auch Einkommensminderungen (z. B. Eintritt in den Ruhestand) sind zu berücksichtigen (zur Dauer des Schadensersatzes vgl. Rdn. 77). Bei vorzeitiger Inanspruchnahme des Altersruhegelds mindert sich der Verdienstausfallschaden auf die Differenz zwischen dem ohne den Unfall erzielten Einkommen und dem Altersruhegeld (BGH VersR **1982** 166). Maßgebend sind die Bruttoeinnahmen (Rdn. 71 ff). Sodann sind die tatsächlichen Einnahmen des Verletzten in den einzelnen Zeitabschnitten festzustellen oder – wenn Ansprüche für die Zukunft geltend gemacht werden – zu schätzen. Der Unterschiedsbetrag ist zu ersetzen, soweit er auf der unfallbedingten Verletzung beruht. Der Verletzte, der auf dem Hof seiner Schwiegereltern gegen Gewährung eines Taschengelds gearbeitet hat, weil er damit rechnete, ihm werde dereinst der Hof übergeben werden, hat einen Verdienstausfall nur in Höhe des Taschengeldes (OLG München RdL **1957** 153); erst von dem Zeitpunkt an, zu dem ihm der Hof übergeben worden wäre, hätte sich der Unfall nicht ereignet, erhält er seinen Verdienstausfall als Landwirt ersetzt.

bb) Der Bruttolohn ist Ausgangspunkt für die Berechnung des Verdienstausfalls[9]. **71** Dies ist unstreitig für die Fälle eines Anspruchsübergangs auf Dritte (Sozialversicherungsträger, Staat, Arbeitgeber), sollte aber auch dann gelten, wenn der Arbeitnehmer selbst den Verdienstausfall geltend macht.

[9] BGHZ **42** 76; **43** 378; BGH VersR **1954** 277; **1965** 793; KG JW **1932** 808; **1938** 1816; OLG Kiel DJ **1937** 1993.

72 Demgegenüber vertritt der VI. Senat des BGH[10], abweichend vom III. Senat[11], die sog. modifizierte Nettolohntheorie. Der Arbeitnehmer bekommt nach ihr vom Schädiger grundsätzlich nur den Nettolohn ersetzt. Behauptet er, darüber hinausgehende Schäden zu erleiden, so muß er sie im einzelnen beweisen. Er muß mithin nach der modifizierten Nettomethode dartun, welche Steuern er für die Schadenersatzleistungen zu zahlen hat (Rdn. 81) und daß ihm dadurch, daß er keine Beiträge mehr zur Sozialversicherung leistet, ein Schaden entsteht und wie hoch er ist. Dasselbe gilt für geringere Beitragsleistungen eines nur teilweise Erwerbsbehinderten (vgl. BGH VersR **1983** 663). Diesen Nachweis vermag der Verletzte im allgemeinen nicht zu führen, weil er davon abhängt, wieviele Jahre er in Zukunft noch im Erwerbsleben stehen wird und welches Entgelt er dafür erhalten wird. Die Unmöglichkeit, den genauen Beweis für die Höhe der Schäden zu führen, die aus dem Nichtzahlen von Beiträgen entstehen werden, soll stets zu Lasten des Verletzten gehen, sofern nicht eine freiwillige Weiterversicherung in Betracht kommt (s. hierzu Rdn. 156). Dem Verletzten wird sonst lediglich eine Klage auf Feststellung der Ersatzpflicht für Zukunftsschäden zuerkannt. Versäumt er dies oder gerät der Schädiger später in Vermögensverfall, so kann er seine Ansprüche nicht mehr durchsetzen (wegen Verjährung oder mangelnder Vollstreckbarkeit) und er bleibt an seinem Lebensabend ohne Versorgung.

73 Zu folgen ist der Ansicht des III. Senats (Bruttolohntheorie). Grundsätzlich kann davon ausgegangen werden, daß ein Schaden in Höhe des Bruttolohns einschließlich der Arbeitgeberbeiträge zur Sozialversicherung entstanden ist. Da die Schadensersatzleistung ihrerseits zu versteuern ist (§ 24 Nr. 1a EStG) scheidet insoweit eine ungerechtfertigte Begünstigung des Geschädigten aus (wegen des ermäßigten Steuersatzes vgl. Rdn. 81); die ersparten Sozialabgaben werden häufig durch freiwillige Weiterversicherung oder durch Nachteile bei der Altersversorgung ausgeglichen. Im übrigen ist es dem Schädiger unbenommen, nach den Regeln über den Vorteilsausgleich geltendzumachen, der Verletzte ziehe aus dem Unfall ihm nicht zustehende Vorteile, wenn ihm der Schädiger den Bruttolohn ersetze (vgl. RG JW **1909** 455; *Staudinger/Werner* 104 vor § 249). Nicht der Arbeitnehmer muß daher nach richtiger Auffassung beweisen, daß seine Altersversorgung wegen unfallbedingten Wegfalls der Beiträge schlechter ausfallen wird; vielmehr trifft den Schädiger, der den entstandenen Schaden um die weiteren Beiträge kürzen will, die Beweislast, daß die Nichtzahlung der Beiträge ohne nachteilige Folgen ist (ähnlich BGH VersR **1954** 277). Die etwas grobere Schadensbemessung nach der Bruttolohntheorie findet ihre Rechtfertigung in § 287 ZPO, zumal auch die komplizierten Berechnungen nach der modifizierten Nettolohntheorie eine exakte Erfassung aller steuerlichen Auswirkungen des Schadensfalls nicht gewährleisten können (vgl. BGH VersR **1980** 529). Zur Vorteilsausgleichung s. Rdn. 80, zum Ausgleich von Nachteilen in der Altersversorgung Rdn. 155ff. Vom Bruttolohn ist nicht nur bei der Feststellung auszugehen, was der Verletzte ohne den Unfall in den einzelnen Zeitabschnitten verdient hätte, sondern auch bei der Feststellung, welche Einnahmen er trotz der unfallbedingten Behinderung hat (oder haben könnte, wenn er wollte). Der Unterschied zwischen beiden Beträgen ist der zu ersetzende Verdienst-

[10] BGH VersR **1957** 574; **1958** 528; **1970** 640; **1983** 149; ihm folgend OLG Bamberg VersR **1978** 451; OLG Frankfurt VersR **1979** 920; *Wussow* Unfallhaftpflichtrecht Rdn. 1026.

[11] BGH VersR **1965** 793; **1975** 37; vgl. auch VII. Senat VersR **1970** 223; OLG Celle VersR **1972** 468; KG VersR **1972** 960. Kritisch zu dieser Divergenz *Hartung* VersR **1981** 1008.

ausfall. Er erhöht sich um die Arbeitgeberanteile zur Rentenversicherung und mindert sich infolge des unter Rdn. 81 ff behandelten Vorteilsausgleichs für eingesparte Steuern und Sozialabgaben.

Der Ersatzanspruch erhöht sich ferner, wenn dem Arbeitnehmer oder Beamten bezahlter **Jahresurlaub** gewährt wird, um den Betrag, der dem Bruttolohn während des ihm zustehenden Jahresurlaubs entspricht, gemindert in dem Verhältnis, in dem die Zahl der Tage der völligen Dienstunfähigkeit zur Zahl 365 steht (BGHZ **59** 109; **59** 154). Der Schädiger soll nicht dadurch entlastet werden, daß der Verletzte aufgrund gesetzlicher oder tarifvertraglicher Regelung durch krankheitsbedingten Arbeitsausfall in urlaubsrechtlicher Hinsicht keinen Nachteil erleidet. **74**

e) Prognose des künftigen Verdienstes. Bei der Bemessung des Verdienstausfalls sind, wenn er für einen längeren Zeitraum zu ersetzen ist (z. B. bei Dauerschäden), die wahrscheinlichen Einkommensentwicklungen zu berücksichtigen. **75**

aa) Verdienststeigerungen können sich insbesondere aus der allgemeinen Einkommensentwicklung (Tariferhöhungen usw.), aber auch aus dem beruflichen Fortkommen des einzelnen ergeben. Hierbei wird von der durchschnittlichen Entwicklung eines vergleichbaren Erwerbstätigen auszugehen sein. Für einen außergewöhnlichen beruflichen Aufstieg müßte der Geschädigte hinreichende Anhaltspunkte nachweisen. Ergibt sich kein Anhaltspunkt für eine Steigerung, so muß von einem gleichbleibenden Einkommen ausgegangen werden (OLG Hamm VersR **1954** 420 u. 500 m. Anm. *Möring*). Es ist auch nicht ohne weiteres davon auszugehen, daß ein Verletzter, der vor dem Unfall nicht regelmäßig gearbeitet hat, künftig eine ständige Erwerbstätigkeit ausgeübt hätte. Vgl. auch zu den Nachteilen für das Fortkommen Rdn. 144. **76**

bb) Verdienstminderungen sind ebenfalls zu berücksichtigen, insbesondere auch im Rahmen sog. überholender Kausalität (vgl. § 7, 154). Der Ersatzanspruch kann sich daher z. B. ermäßigen oder ganz entfallen, wenn der Verletzte einen zweiten Unfall erleidet, aus nicht unfallbedingten Gründen erkrankt oder in sonstiger Weise (z. B. durch Konkurs des Arbeitgebers) seinen Arbeitsplatz verloren hätte (BGH VersR **1965** 493; OLG Zweibrücken VersR **1978** 67). Auch die ggf. mit dem Eintritt in den Ruhestand verbundene Einkommensminderung ist in Rechnung zu stellen (BGH VersR **1976** 663); der hierfür maßgebliche Zeitpunkt ist nach den Umständen des Einzelfalles durch Schätzung zu ermitteln. Das gleiche gilt bei Verletzung eines Gastarbeiters für den Zeitpunkt der Rückkehr in das Heimatland, der in aller Regel ebenfalls mit einer Einkommensminderung verbunden sein wird. **77**

cc) Maßgeblicher Zeitpunkt für die Prognose ist nicht in jedem Fall der des Unfalls. § 252 Satz 2 BGB („erwartet werden konnte") ist nicht in diesem einschränkenden Sinn zu verstehen (BGHZ **29** 398). Vielmehr sind auch Entwicklungen, die zu diesem Zeitpunkt noch nicht absehbar waren, in Rechnung zu stellen. Dies gilt grundsätzlich auch dann, wenn der Verletzte seine Lebensgestaltung später aufgrund einer neuen Willensentscheidung geändert hat (z. B. ein ursprünglich rückkehrwilliger Gastarbeiter bleibt nach Eheschließung in Deutschland; BGHZ **74** 221). Der Schädiger kann nicht verlangen, daß sich der Verletzte in seinem Interesse an der zum Unfallzeitpunkt bestehenden Lebensplanung festhalten läßt. Andererseits ist aber auch hier der Grundsatz zu beachten, daß dem Verletzten nicht infolge des Unfalls mehr zufließen darf als er sonst erhalten hätte. Daher müßten Entscheidungen außer Betracht bleiben, die mit dem Ziel getroffen werden, höheren Schadensersatz zu erhalten (BGHZ **74** 221). **78**

79 **dd) Beweisfragen.** Kommt es auf die künftige Einkommensentwicklung an, so ist eine gesicherte Feststellung naturgemäß nicht möglich. Nach § 252 Satz 2 BGB reicht es daher aus, den mit Wahrscheinlichkeit zu erwartenden Gewinn festzustellen. Hierin soll nach der etwas unklaren BGH-Rechtsprechung eine über § 287 ZPO hinausgehende Beweiserleichterung liegen[12]. Dies ist jedoch nur im Ergebnis richtig. § 252 Satz 2 BGB ist eine materiell-rechtliche Vorschrift[13]. Sie ordnet an, daß auch der (laut nachträglicher Prognose; vgl. Rdn. 78) wahrscheinliche Gewinn vom Schädiger zu ersetzen ist. Ob ein Gewinn im konkreten Fall tatsächlich wahrscheinlich war und in welcher Höhe, ist dann vom Gericht nach § 287 ZPO zu ermitteln (*Greger* 135; vgl. auch BGHZ **54** 55). Die Grundlagen für die Ermittlung des wahrscheinlichen Verdienstes hat der Verletzte beizubringen[14]. Er trägt auch die Beweislast für Eintritt und Höhe des Verdienstausfalls. Beruft sich der Schädiger auf eine überholende Kausalität, trifft insoweit ihn die Beweislast.

80 **f) Vorteilsausgleichung.** Fallen dem Verletzten dadurch, daß er trotz Nichtarbeitens den Lohn vom Schädiger ersetzt bekommt, Vorteile zu, so sind diese nach den Regeln über den Vorteilsausgleich von der Ersatzleistung abzuziehen. Die Frage, ob ersparte Lohn- bzw. Einkommenssteuer sowie Sozialversicherungsbeiträge zu berücksichtigen sind, stellt sich freilich nicht, wenn der Berechnung des Schadensersatzanspruchs die sog. modifizierte Nettolohntheorie (Rdn. 72) zugrundegelegt wird, denn in diesem Fall wird ohnehin von dem Nettolohn – ohne Steuern und Sozialabgaben – ausgegangen. Bei der (hier vertretenen) Bruttolohntheorie (Rdn. 73) kommt dagegen eine Berücksichtigung von Ersparnissen im Wege der Vorteilsausgleichung in Betracht. Dies soll nach der Rechtsprechung jedoch nicht gelten, wenn der Ersatzanspruch auf den Arbeitgeber (Dienstherrn) übergegangen ist (vgl. BGHZ **42** 76).

81 **aa)** Eine **Ersparnis von Lohn- oder Einkommenssteuer** tritt in der Regel nicht ein, weil der Verletzte auch den Entschädigungsbetrag zu versteuern hat (§ 24 Abs. 1 Nr. 1a EStG). Auf Antrag des Verletzten kann zwar bei Kapitalentschädigungen der Steuersatz nach § 34 Abs. 1, Abs. 2 Nr. 2 EStG ermäßigt werden, doch sollte diese Vergünstigung nicht dem Schädiger zugutekommen[15].

82 Nach anderer Ansicht[16] ist die Steuerersparnis jedoch anzurechnen, einen entsprechenden Antrag beim Finanzamt zu stellen, der Verletzte nach § 254 Abs. 2 BGB verpflichtet. Eine sichere Berechnung der monatlichen Steuerersparnis ist freilich unmöglich, weil dafür bereits bekannt sein müßte, um welchen Betrag sich der monatliche Schadenersatzanspruch infolge des Vorteilsausgleichs ermäßigt. Diese Ermäßigung muß vielmehr zunächst, und zwar gegebenenfalls unter Berücksichtigung der weiteren Ersparnis durch Wegfall der Beiträge zur Rentenversicherung

[12] BGHZ **29** 398; BGH JZ **1961** 27; DRiZ **1963** 25; ebenso RG JW **1907** 828; **1929** 2508; **1931** 3088; *E. Schneider* AP § 252 BGB Nr. 2.

[13] So auch BGHZ **54** 55 (VI. Senat) ohne Eingehen auf die abweichende Ansicht des III. Senats in BGHZ **29** 399. Vgl. auch *Soergel/Siebert/Schmidt* §§ 249–253 44; *Steindorff* JZ **1961** 12; *Klauser* JZ **1968** 168.

[14] BGHZ **2** 310; **54** 55; BGH NJW **1964** 661; VersR **1973** 423; BAGE **20** 100; BAG NJW **1972** 1437; OLG Köln VersR **1980** 240; OLG Frankfurt VersR **1981** 1036.

[15] BGHZ **74** 115; BGH VersR **1970** 223; **1980** 529; KG VersR **1972** 960; OLG Celle VersR **1980** 582.

[16] OLG Frankfurt VersR **1979** 86; *Spengler* VersR **1972** 1008; *Klimke* VersR **1973** 397; *Ruhkopf/Book* VersR **1973** 781; *Späth* VersR **1978** 1004; *Hofmann* VersR **1980** 808.

(Rdn. 80), geschätzt werden. Sodann ist aufgrund der Tabelle die Einkommensteuer festzustellen, die anfallen würde, wäre die Summe aus wirklichem Bruttoverdienst und Schadenersatz voll zu versteuern. Anschließend ist der sich dabei ergebende durchschnittliche Steuersatz in Prozenten dieser Summe zu errechnen. Der Satz ist zu halbieren (§ 34 Abs. 1 Satz 1 EStG). Aufgrund des so errechneten Steuersatzes ist die Einkommensteuer zu errechnen, die für den Schadenersatzanspruch zu zahlen ist. Nunmehr ist aufgrund der Lohnsteuertabelle festzustellen, welche Steuer einerseits von dem Verdienst zu zahlen wäre, das der Verletzte gehabt hätte, hätte sich der Unfall nicht ereignet, andererseits für den wirklichen Verdienst zu zahlen ist. Der zuletzt genannte Betrag ist um die (ermäßigte) Steuer für den Schadenersatz zu erhöhen. Der Unterschied zwischen diesem erhöhten Betrag und dem Betrag, der als Lohnsteuer für den Verdienst hätte abgeführt werden müssen, den der Verletzte ohne den Unfall gehabt hätte, ist die Steuerersparnis; um sie ist der Schadenersatzanspruch des Verletzten monatlich zu kürzen. Ergibt sich, daß der zu Beginn der Berechnung geschätzte Betrag und der sich schließlich ergebende erheblich von einander abweichen, so ist der Vorgang mit zutreffender Schätzung zu wiederholen. Hat der Verletzte außer der Schadenersatzrente keine Einnahmen, so vereinfacht sich die Berechnung. Geht ein Teil des Anspruchs auf den Arbeitgeber, einen Sozialversicherungsträger oder einen Privatversicherer über, so ist die Einkommensteuer, die der Verletzte zu zahlen hat, aus dem Restbetrag, der ihm zufließt, unter Beachtung der obigen Grundsätze zu errechnen. In solchen Fällen wird mitunter das zu versteuernde Gesamteinkommen so gering sein, daß die steuerfreien Mindestsätze nicht erreicht werden. Dies liegt daran, daß die Leistungen der Sozialversicherungsträger vom Verletzten nicht versteuert werden müssen (§ 3 Nr. 1 EStG), die Einkommensteuer mithin nur aus der Schadenersatzrente, erhöht um die sonstigen Einnahmen des Verletzten, zu berechnen ist.

Der Freibetrag für Körperbehinderte (§ 33b EStG) soll nach seiner Zweckbe- **83**
stimmung dem Verletzten zugutekommen; hieraus sich ergebende Ersparnisse sind daher nicht anzurechnen (BGH VersR **1958** 528).

bb) Eine **Ersparnis von Rentenversicherungsbeiträgen** ist auf den Schadensersatz- **84**
anspruch, der nach der Bruttolohntheorie (Rdn. 71) diese Ausgaben (einschließlich Arbeitgeberanteile) umfaßt, dann anzurechnen, wenn der Verletzte dadurch, daß infolge der Arbeitsunfähigkeit keine oder geringere Beiträge geleistet werden, keine Nachteile für seine Altersversorgung zu gewärtigen hat. Da in einem solchen Fall eine freiwillige Weiterversicherung, soweit überhaupt möglich, nicht sinnvoll wäre, wäre der Verletzte um die entsprechenden Beträge bereichert. Die Beweislast hierfür trifft den Schädiger (Rdn. 73).

cc) Ersparnis von Beiträgen zur Arbeitslosenversicherung. Auch diese Beiträge **85**
sind nach der Bruttolohntheorie an sich an den Verletzten zu zahlen. Beiträge zur Arbeitslosenversicherung braucht ein arbeitsunfähiger Verletzter aber nicht mehr zu leisten. Ihre Ersparnis ist deshalb ein Vorteil, den sich der Verletzte anrechnen lassen muß[17].

dd) Eine **Ersparnis von Beiträgen zur Krankenversicherung** ist ebenfalls zu berück- **86**
sichtigen, wenn diese Beiträge dem Verletzten nach der Bruttolohntheorie (Rdn. 71) zu ersetzen sind, eine entsprechende Beitragspflicht für ihn aber nicht besteht (z. B.

[17] BGH VersR **1967** 380; KG VersR **1975** 863; OLG Celle VersR **1979** 918; *Dickertmann* VW **1950** 164.

wegen beitragsfreier Versicherung). Übernimmt ein Dritter die Krankenversicherungsbeiträge, greift u. U. ein Forderungsübergang auf diesen ein (vgl. Rdn. 174).

87 **ee) Sozialleistungen** sind grundsätzlich nicht anzurechnen, da nicht zur Entlastung des Schädigers bestimmt (vgl. § 7, 161). Dies gilt z. B. für Erwerbsunfähigkeitsrenten eines Sozialversicherungsträgers, Übergangsgelder, Maßnahmen der Berufshilfe, Krankengeld (BGH VersR **1976** 756), Beiträge zur Krankenversicherung durch den Sozialversicherungsträger, Leistungen der Sozialhilfe (vgl. BGH FamRZ **1961** 28), Arbeitslosenhilfe (BGH VersR **1956** 118). In diesen Fällen findet jedoch häufig ein gesetzlicher Forderungsübergang (Rdn. 171 ff) statt.

88 Hat der Verletzte die vorzeitige Gewährung von Altersruhegeld (§ 1248 RVO) beantragt, so geht zwar sein Ersatzanspruch mangels Kongruenz nicht auf den Rentenversicherer über (Rdn. 173), er muß sich die vorzeitige Rente jedoch auf seinen Verdienstausfall anrechnen lassen (BGH VersR **1982** 166).

89 **ff) Leistungen von Privatversicherer** führen nicht zu einer Vorteilsausgleichung (LG Düsseldorf VersR **1966** 95 für Insassenunfallversicherung). Das gilt auch dann, wenn die Prämien ganz oder teilweise vom Arbeitgeber getragen worden waren (BGH VersR **1968** 361).

90 **gg) Leistungen des Arbeitgebers** sollen nicht den Schädiger entlasten und sind daher nicht ausgleichspflichtig. Dies gilt nicht nur für die Lohnfortzahlung (Rdn. 67), sondern z. B. auch für eine aus sozialen Gründen gezahlte „Pension" (BGH VersR **1978** 249).

91 **hh) Ersparnis durch die Berufstätigkeit bedingter Aufwendungen** ist grundsätzlich anzurechnen. Dies gilt insbesondere für die Kosten der Fahrt zwischen Wohnung und Arbeitsstätte. Diese Kosten sind auch dann auf den Verdienstausfall anzurechnen, wenn der für die Fahrten benützte Pkw bei dem Unfall beschädigt worden ist; nicht etwa sind diese Ersparnisse auf den Anspruch wegen Nutzungsausfall (§ 7, 243 ff) anzurechnen (BGH VersR **1980** 455; wichtig bei Forderungsübergang hinsichtlich des Erwerbsschadens). Denn die Ersparnis beruht darauf, daß der Verletzte wegen des Unfalls nicht mehr zur Arbeit fahren kann, nicht auf der Beschädigung seines Wagens.

92 Auch die Ersparnis sonstiger Aufwendungen, die ausschließlich berufsbedingt und vom Verletzten aus dem Arbeitsverdienst zu bestreiten waren, ist anzurechnen. Zu denken ist hierbei an die Kosten für Anschaffung, Instandhaltung und Reinigung von Berufskleidung, für vom Arbeitnehmer selbst zu beschaffendes Werkzeug oder Material, für eine Zweitwohnung am Arbeitsplatz u. dgl. (vgl. OLG Bamberg VersR **1967** 911). Dies darf aber nicht so weit gehen, daß jede Veränderung in der Lebensführung, zu der der Verletzte durch den Unfall veranlaßt worden ist, zur Kürzung seines Ersatzanspruchs führt, so z. B. wenn er auf das Halten eines Pkw für die Zukunft verzichtet, weil er ihn hauptsächlich beruflich benützt und für private Zwecke nur in begrenztem Umfang Bedarf hat, oder wenn er künftig mehr zu Hause ißt als in Gaststätten (vgl. BGH VersR **1980** 455). Entscheidendes Kriterium ist, ob die betreffenden Aufwendungen *rein* berufsbedingt waren oder auch auf einer bestimmten Lebensgestaltung, die über den beruflichen Zweck hinausging, beruhten.

93 **ii) Möglichkeit zur Haushaltsführung.** Ist der Verletzte infolge des Unfalls zwar arbeitsunfähig, kann er aber den Haushalt seiner Familie besorgen, so kommt im Hinblick auf diesen Umstand eine Minderung seines Anspruchs auf Ersatz des Ver-

dienstausfalls in Betracht (BGHZ **74** 226). Dies wird allerdings nur dann zu gelten haben, wenn hierdurch eine wirtschaftliche Besserstellung der Familie erreicht worden ist (z. B. durch Wegfall einer bezahlten Haushaltshilfe, Ermöglichen einer Erwerbstätigkeit der Ehefrau). Hilft der Verletzte im Haushalt nur mit, um seine Frau zu entlasten, erscheint eine Kürzung seines Schadensersatzanspruchs nicht angebracht. Zur Frage der Schadensminderungspflicht in diesem Zusammenhang vgl. Rdn. 95.

g) Schadensminderungspflicht 94

aa) Der Verletzte ist nach § 254 Abs. 2 BGB zur ehestmöglichen **Verwertung seiner verbliebenen Arbeitskraft** verpflichtet. Kann er nicht an seinen früheren Arbeitsplatz zurückkehren, so hat er sich mit allen zur Verfügung stehenden Mitteln um einen neuen zu bemühen (BGH VersR **1959** 374; **1961** 1018). Zumutbare Arbeitsangebote (hier können die Kriterien für die Gewährung von Arbeitslosenunterstützung herangezogen werden) darf er nicht ausschlagen, ohne des Ersatzanspruchs in Höhe des erzielbaren Einkommens verlustig zu gehen. Die genannte Mitwirkungspflicht trifft ihn auch dann, wenn er wegen des Unfalls eine Rente erhält (BGH VersR **1979** 425) oder als Beamter in den Ruhestand versetzt wurde (BGH VersR **1963** 337; **1983** 488). Die Annahme einer geringer bewerteten Stellung ist ebenso wie ein Ortswechsel nicht von vorneherein unzumutbar; es kommt auf die Umstände des Einzelfalles an, wobei auch die unfallbedingten Beeinträchtigungen in Rechnung zu stellen sind. Niemand ist verpflichtet, trotz erheblicher Schmerzen unter Aufbietung seiner äußersten Willenskraft zu arbeiten, um die Ersatzpflicht des Schädigers zu verringern (RG JW **1937** 1916).

bb) Vom Verletzten kann unter Umständen auch verlangt werden, seine Arbeits- 95
kraft auf die **Führung des Haushalts** zu verwenden; entscheidend sind Zumutbarkeit und Wirtschaftlichkeit. Entsteht hierdurch für die Familie ein wirtschaftlicher Vorteil (z. B. weil eine Haushaltshilfe erspart wird oder der bisher den Haushalt versorgende Ehegatte erwerbstätig sein kann), so ist der Wert der Haushaltsführung (vgl. Rdn. 138ff) auf den Erwerbsschaden anzurechnen (BGHZ **74** 226; vgl. Rdn. 93).

cc) Kann der Verletzte nicht mehr in seinem erlernten Beruf, wohl aber in einem 96
anderen arbeiten, so kann eine **Umschulung** zumutbar sein (BGH VersR **1961** 1018), auch wenn sie mit vorübergehender Trennung von der Familie verbunden ist (BGHZ **10** 18). Im Alter von über 55 Jahren ist es dem Verletzten allerdings im allgemeinen nicht mehr zuzumuten, sich einer Umschulung zu unterziehen und den Beruf zu wechseln (RG VAE **1939** 66).

dd) Einkünfte, die durch **überpflichtmäßige Anstrengungen** erzielt werden, 97
braucht sich der Verletzte nicht anrechnen zu lassen (BGH VersR **1974** 142). Er verstößt aber gegen seine Schadensminderungspflicht, wenn durch dieses Verhalten die Ausheilung der Unfallverletzungen verzögert oder verhindert wird und hierdurch weiterer Schaden entsteht (BGH VersR **1974** 142).

ee) Die **Kosten der Schadensminderung** (z. B. der Umschulung, des Umzugs, vgl. 98
OLG Celle VersR **1962** 292) sind vom Schädiger zu ersetzen (vgl. § 9, 50ff). Sie zählen nicht zu den „vermehrten Bedürfnissen“ (vgl. Rdn. 44ff), was u. U. für die Frage eines Forderungsübergangs bedeutsam ist (vgl. Rdn. 173). Hat ein Sozialversicherer zum Zweck der beruflichen Rehabilitation Umschulungskosten aufgewendet, so sind diese vom Schädiger nicht nur dann zu ersetzen, wenn der Verletzte nach § 254 BGB zur Umschulung verpflichtet war, sondern auch dann, wenn die

Umschulung bei verständiger Beurteilung der Erfolgsaussichten und des Verhältnisses dieser Aussichten zum wirtschaftlichen Gewicht des anderenfalls absehbaren Erwerbsschadens geeignet und sinnvoll erscheint (BGH VersR **1982** 767). Hierbei dürfen weder an die Erfolgs- noch an die Schadensprognose zu hohe Anforderungen gestellt werden (BGH VersR **1982** 791).

99 **ff)** Die **Beweislast** dafür, daß es dem Verletzten möglich und zumutbar war, eine andere als die ihm infolge des Unfalls unmöglich gewordene Arbeit aufzunehmen, trägt der Schädiger (RGZ **160** 120; BGHZ **10** 20; BGH VersR **1962** 1100; **1967** 953; **1971** 348; **1972** 975; **1979** 425). Der Verletzte ist jedoch, da er seine Fähigkeiten und Neigungen selbst am besten kennt und in der Regel auch über die für ihn in Betracht kommenden Arbeitsmöglichkeiten besser informiert ist, verpflichtet, an der Feststellung, ob er seiner Schadensminderungspflicht genügt hat, mitzuwirken. Er hat daher im Rahmen seiner **Darlegungslast** den Schädiger darüber zu unterrichten, welche Arbeitsmöglichkeiten ihm zumutbar und durchführbar erscheinen und was er bereits unternommen hat, um einen angemessenen Arbeitsplatz zu erhalten. Demgegenüber ist es Sache des Schädigers, zu behaupten und zu beweisen, daß der Verletzte entgegen seiner Darstellung in einem konkret bezeichneten Fall ihm zumutbare Arbeit hätte aufnehmen können. Hat der Schädiger eine konkret zumutbare Arbeitsmöglichkeit nachgewiesen, so wird es Sache des Verletzten sein, darzulegen und zu beweisen, warum er diese Möglichkeit nicht hat nutzen können (BGH VersR **1979** 425).

100 **gg) Beweisanforderungen.** Die Frage, ob der Verletzte einen bestimmten Arbeitsplatz tatsächlich erhalten hätte, läßt sich kaum jemals mit völliger Sicherheit beantworten. Es muß – wie immer, wenn es um hypothetische Entwicklungen geht – eine nach der Lebenserfahrung anzunehmende Wahrscheinlichkeit genügen. Hat sich der Verletzte überhaupt nicht oder nur unzureichend um Arbeit bemüht, so kann, wenn ein in entsprechender Situation Befindlicher bei entsprechendem Einsatz jedenfalls zu einem gewissen Zeitpunkt einen Arbeitsplatz gefunden hätte, der Schluß gerechtfertigt sein, daß dies auch beim Verletzten der Fall gewesen wäre (BGH VersR **1979** 425 spricht in diesem Zusammenhang von einem Anscheinsbeweis).

101 **6. Gewinnausfall bei selbständig Tätigen**

Für den Anspruch eines selbständig Tätigen (Freiberufler, Unternehmer u. dgl.) gelten die vorstehenden Regeln im Grundsatz entsprechend. Einige Besonderheiten ergeben sich jedoch daraus, daß der entgangene Gewinn in diesen Fällen häufig viel schwerer zu ermitteln ist als bei einem Arbeitnehmer mit im wesentlichen konstantem Einkommen.

102 **a) Berechnungsgrundsätze.** Auch für Selbständige gilt, daß der Schaden **konkret** zu ermitteln ist. Er kann nicht abstrakt aufgrund des Grades der Erwerbsminderung errechnet werden (vgl. Rdn. 62).

103 Für die **Dauer** des Schadenersatzes kommt es noch stärker als bei Unselbständigen (vgl. Rdn. 77) auf die Umstände des Einzelfalles an[18]. Während bei jenen die Altersgrenze für die Renten- bzw. Pensionsberechtigung einen wichtigen Anhaltspunkt liefert, gibt es keinen Erfahrungssatz des Inhalts, daß ein Unternehmer oder freiberuflich Tätiger seine Tätigkeit im entsprechenden Alter einstellt. Unter Um-

[18] RG JW **1932** 2029; **1933** 830 u. 1405 m. Anm. *Bezold*; OGH NJW **1949** 340 m. Anm. *Dahs; Böhmer* DAR **1951** 181.

ständen wird der Beruf vielmehr bis ins hohe Alter fortgeführt (RG RdK **1927** 221), wenn auch – was bei der Bemessung zu berücksichtigen ist – vielfach mit geringeren Einkünften (BGH VersR **1956** 174; **1963** 433: im allgemeinen ab Vollendung des 65. Lebensjahrs). In der Rechtsprechung wurde z. B. bei einem Arzt bis zum 75. Lebensjahr Erwerbstätigkeit angenommen (BGH VersR **1964** 778), bei einem anderen bis über das 78. Lebensjahr hinaus (OLG Braunschweig VRS **2** 124). Bei einem Viehhändler ging das OLG Tübingen (RdK **1946** Nr. 35) von einer Erwerbstätigkeit bis zum 68. Lebensjahr aus, während das OLG Celle (RdK **1953** 79) entschied, ein Unternehmer, der seinen Lastzug selbst fahre, könne diese Tätigkeit in der Regel nicht über die Vollendung des 65. Lebensjahres hinaus ausüben.

Der Erwerbsschaden kann auch nicht ohne weiteres mit den **fiktiven Kosten einer Ersatzkraft** (Geschäftsführer, Betriebsleiter, Handwerksmeister u. ä.) gleichgesetzt werden. Eine solche Art der Schadensberechnung, die sich insbesondere dann anbieten könnte, wenn der Ausfall des verletzten Unternehmers durch vermehrte Arbeitsleistung von Mitarbeitern, Einsatz von Angehörigen oder überpflichtmäßige Anstrengungen des Verletzten ausgeglichen wurde, hat der BGH abgelehnt, weil der Wegfall oder die Beeinträchtigung der Arbeitskraft für sich gesehen kein ersatzfähiger Schaden sei; die Grundsätze des normativen Schadens (§ 7, 128) seien hierfür nicht heranzuziehen (BGHZ **54** 50; BGH VersR **1978** 179; vgl. aber Rdn. 108; für weitergehende Zulassung dieser Berechnungsweise *Berger* VersR **1981** 1105 u. 17. VGT (1980) 14). Daß die Rechtsprechung beim „Erwerbsschaden" einer Hausfrau anders entscheidet, läßt sich damit rechtfertigen, daß es dort nicht um den Ersatz eines ausgefallenen Gewinnes geht (vgl. hierzu Rdn. 133ff). 104

Maßgeblich ist daher auch hier die **Differenzhypothese**, d. h. der Vergleich zwischen dem tatsächlich eingetretenen Betriebsergebnis und dem hypothetischen, welches bei Mitarbeit des Verletzten zu erzielen gewesen wäre. Der Vergleich ist unter Berücksichtigung aller Besonderheiten des konkreten Falles zu ziehen. Einflüsse auf das Betriebsergebnis, die mit dem unfallbedingten Ausfall nichts zu tun haben (insbesondere Konjunkturschwankungen, Entwicklung des Betriebsumfangs und der betreffenden Branche), sind zu eliminieren. In der Regel wird die Einholung eines betriebswirtschaftlichen Gutachtens unerläßlich sein, welches dann die Grundlage für die richterliche Schätzung nach § 287 ZPO abgibt (BGH VersR **1970** 860). 105

Kann der Verletzte **konkret entgangene Geschäfte** nachweisen, so ist der Gewinn, der sich hieraus nach Abzug der Kosten ergeben hätte, zu ersetzen. Im Rahmen der Vorteilsausgleichung ist aber ggf. zu berücksichtigen, daß der Verletzte die wegen des Ausfalls freigebliebene Arbeitskapazität anderweitig nutzen konnte. 106

b) Kosten einer Ersatzkraft. Ist es möglich und zumutbar, den Ausfall des Verletzten (zeitweise) durch eine Ersatzkraft zu überbrücken, so ist der Verletzte nach § 254 Abs. 2 BGB gehalten, zur Vermeidung eines größeren Gewinnausfalls von dieser Möglichkeit Gebrauch zu machen. Die Kosten der Ersatzkraft sind ihm dann als Kosten der Schadensminderung zu ersetzen, zusätzlich ein trotz dieser Vorkehrung noch entgangener Gewinn. Liegen die Kosten der Ersatzkraft (Bruttokosten abzüglich etwaiger Steuerersparnisse) über dem zu erwartenden Gewinnausfall, so mindert dies den Anspruch auf Erstattung dieser Kosten nur, wenn die Unwirtschaftlichkeit der Einstellung von vorneherein auf der Hand lag. Kommt es infolge besonderer Tüchtigkeit der Ersatzkraft zu einer Gewinnsteigerung, so braucht sich der Verletzte dies nicht auf den Ersatzanspruch anrechnen zu lassen. 107

108 Wird die Einstellung einer Ersatzkraft durch **unentgeltliche Leistungen** Dritter entbehrlich (z. B. Einsatz von Angehörigen, Mehrarbeit von Mitarbeitern), so soll dies den Schädiger nicht entlasten. Daher können auch die fiktiven Kosten einer Ersatzkraft im Rahmen der Schadensminderungskosten, ggf. zuzüglich gleichwohl eingetretenen Gewinnausfalls, beansprucht werden. Voraussetzung ist aber, daß ohne das unentgeltliche Einspringen des Dritten die Einstellung einer Ersatzkraft tatsächlich zur Schadensminderung geboten gewesen wäre; keineswegs kann der entsprechende Betrag etwa als Minimalschaden ohne weiteren Nachweis ersetzt verlangt werden (vgl. Rdn. 104).

109 **c) Verkauf des Unternehmens.** Den Mindererlös, der beim Verkauf des Unternehmens oder der Betriebsgrundstücke und der Betriebseinrichtung entsteht, hat nicht nur derjenige Schädiger zu ersetzen, der aus unerlaubter Handlung haftet, sondern auch derjenige, der nur aus Gefährdungshaftung Schadenersatz schuldet (RGZ **136** 19; BGH VersR **1972** 460). Daher trifft die Ansicht des Reichsgerichts (JW **1908** 455) zu, die Feststellung des Gerichts, der Schädiger habe den durch Minderung der Erwerbsfähigkeit entstandenen Schaden zu ersetzen, umfasse auch den Anspruch des Verletzten auf Ersatz des Mindererlöses beim Verkauf des Unternehmens. Der Mindererlös, der durch einen Verkauf nach dem Tod des Verletzten eintritt, ist nicht zu ersetzen, weil es sich um einen den Erben entstandenen Schaden handelt (§ 10, 9). Zu ersetzen ist der Mindererlös bei der Veräußerung einzelner Betriebsmittel ebenso wie bei der Veräußerung des ganzen Betriebs.

110 **d) Stillegung des Unternehmens.** Muß ein Kaufmann oder Gewerbetreibender sein Unternehmen wegen der unfallbedingten Körperverletzung stillegen, so hat ihm der Schädiger den vollen Reingewinn, der dem Verletzten hierdurch entgeht, zu ersetzen (BGH LM Nr. 1 zu § 843 BGB). Eine Stillegung kann auch dann erforderlich werden, wenn die Arbeitskraft des Verletzten nur beeinträchtigt ist, mit der restlichen Arbeitskraft aber ein wettbewerbsfähiger Betrieb nicht aufrechterhalten werden kann (BGH VersR **1968** 396). Wäre ihm später wegen Besserung seines Zustandes die Wiedereröffnung des Geschäfts mit Hilfe eines Angestellten möglich und unterläßt er dies, so tritt eine Minderung des Ersatzanspruchs nur ein, wenn dem Verletzten das Eingehen des Risikos einer Wiedereröffnung zuzumuten war (BGH LM Nr. 1 zu § 843 BGB). Der entgehende Reingewinn wird, soweit nicht andere Anhaltspunkte gegeben sind, bei einem Unternehmen, das schon länger bestand, nach dem durchschnittlichen Reingewinn der letzten fünf Jahre berechnet.

111 **e) Geschäftliche Fehlleistungen.** Der Schädiger hat auch für die Folgen geschäftlicher Fehlleistungen einzustehen, soweit sie auf einer unfallbedingten psychischen Beeinträchtigung beruhen (BGH VersR **1966** 931).

112 f) Wegen der **Hinderung an der Eröffnung eines Geschäftsbetriebs** vgl. Rdn. 147.

113 **g) Verbotene oder sittenwidrige Geschäfte** dürfen bei der Berechnung des Verdienstausfalls nicht berücksichtigt werden (BGH VersR **1964** 654; **1976** 941). Dies gilt auch dann, wenn für den Verletzten keine greifbare Gefahr bestand, die Gesetzwidrigkeit oder Sittenwidrigkeit werde Anlaß zu einer zwangsweisen Unterbindung des Geschäftsbetriebs sein (BGH VersR **1954** 498).

114 Beispiele für verbotene und damit nicht erstattungspflichtige Einkünfte sind solche aus Schwarzarbeit (OLG Köln VersR **1969** 382; vgl. Gesetz zur Bekämpfung der Schwarzarbeit), Bestechungsgelder (BGH VersR **1954** 498), Gewinne, die unter Umgehung des GüKG (BGH NJW **1955** 1313) oder des PBefG (BGH VersR **1956**

219; KG OLGZ **1972** 408), des Rechtsberatungsgesetzes (BGH VersR **1974** 968) oder des Rabattgesetzes (OLG Stuttgart VersR **1973** 773) erzielt worden wären usw. (zur Frage der Genehmigungsfähigkeit s. Rdn. 116). Beispiel für eine sittlich mißbilligte Erwerbstätigkeit ist die Prostitution (s. Rdn. 127).

Verbotsnormen, die nur die Vornahme eines Rechtsgeschäfts verhindern sollen, nicht aber dessen zivilrechtliche Wirksamkeit tangieren, schließen auch den Ersatzanspruch wegen Gewinnausfalls nicht aus (BGH NJW **1980** 775). Dies gilt z. B. für gewerbepolizeiliche Vorschriften (BGH NJW **1968** 2286; **a. A.** *Stürner* VersR **1976** 1012), Nebentätigkeitsbestimmungen für Beamte (vgl. BGH VersR **1961** 23), vertragliche Konkurrenzklauseln u. ä. **115**

Bedurfte es zur Durchführung bestimmter gewinnbringender Geschäfte einer **Genehmigung** (z. B. nach dem Rechtsberatungsgesetz), so kann der Verletzte den entgangenen Gewinn nur ersetzt verlangen, wenn er den Nachweis erbringen kann, daß er die Genehmigung beantragt und erhalten hätte. Daß er sie bei nur gedachter Antragstellung erhalten hätte, genügt nicht (**a. A** BGH VersR **1974** 968). Unerheblich ist es entgegen dieser Entscheidung auch, ob der Verletzte die Genehmigungspflicht entschuldbar oder jedenfalls nur aufgrund leichter Fahrlässigkeit nicht gekannt hat. Es geht hier nur um die Frage, ob der Verletzte von dem Ersatzpflichtigen etwas haben will, was ihm zu erlangen versagt war; auf subjektive Momente kommt es hierbei nicht an (*Lange* § 6 X 6). **116**

h) Vorteilsausgleich. Wegen der Frage, welche Vorteile sich der Verletzte auf seinen Ersatzanspruch anrechnen lassen muß, kann auf die in Rdn. 80ff dargelegten Grundsätze verwiesen werden. Durch den Arbeitsausfall ersparte Aufwendungen schlagen sich bereits in der Berechnung des Gewinns nieder, unter dem der nach Abzug der Kosten verbleibende Reinverdienst zu verstehen ist. Besonderheiten für Selbständige ergeben sich insbesondere hinsichtlich der steuerrechtlichen Auswirkungen des Schadensfalls. **117**

aa) Einkommensteuer. Der Vorteil, daß die Ersatzleistung nach § 34 EStG ggf. einem ermäßigten Steuersatz unterliegt, soll dem Ersatzpflichtigen nicht zugute kommen (vgl. Rdn. 81). Wird ein Erwerbsausfall (teilweise) durch die Einstellung einer Ersatzkraft vermieden (Rdn. 107), so wirkt sich deren Entlohnung zwar gewinn- und damit steuermindernd aus; dieser Vorteil dürfte in der Regel aber durch die von der Ersatzkraft bewirkte Gewinnsteigerung aufgewogen werden und kann daher im allgemeinen außer Betracht bleiben. **118**

bb) Umsatzsteuer. Da die Mehrwertsteuer gewinneutral ist, bleibt sie bei der Berechnung des Ausfallschadens außer Betracht (vgl. *Seetzen* NJW **1977** 1384). **119**

cc) Gewerbesteuer. Sie erfaßt nur die im gewerblichen Betrieb unmittelbar erwirtschafteten Einnahmen, nicht also die Ersatzleistung für einen unfallbedingten Erwerbsausfall (BFH BStBl **1966** III 94). Infolgedessen muß sich ein Gewerbetreibender, der vom Schädiger Ersatz wegen Verdienstausfalls fordert, im Wege der Vorteilsausgleichung das auf seinen Ersatzanspruch anrechnen lassen, was er an Gewerbesteuer erspart (BGH VersR **1979** 519). **120**

i) Schadensminderungspflicht. Die unter Rdn. 94ff dargelegten Grundsätze gelten für Selbständige sinngemäß. Auch der Selbständige hat seine verbliebene Arbeitskraft im Rahmen des Möglichen und Zumutbaren schadensmindernd einzusetzen (BGH VersR **1959** 374); bei einem nicht zu erheblichen Ausfall kann von ihm auch verlangt werden, unterbliebene Geschäfte oder Arbeitsleistungen nach seiner Gene- **121**

sung durch eine maßvolle Verlängerung der täglichen Arbeitszeit nachzuholen (BGH VersR **1971** 544). Ist es möglich, den drohenden Verdienstausfall durch Einstellung einer Ersatzkraft oder Arbeitsverlagerung auf Mitarbeiter abzuwenden oder zu vermindern, so ist der Verletzte verpflichtet, von dieser Möglichkeit Gebrauch zu machen (BGH VersR **1966** 851), andernfalls hat er den vermeidbaren Ausfall (unter Berücksichtigung der fiktiven Kosten der Ersatzkraft) selbst zu tragen. Ist abzusehen, daß die Kosten einer Ersatzkraft, die als Schadensminderungskosten vom Schädiger zu tragen sind (vgl. § 9, 50), höher sein werden als der zu erwartende Gewinnausfall, so ist die Ersatzpflicht des Schädigers auf letzteren beschränkt, es sei denn, der Verletzte habe (z. B. aus Wettbewerbsgründen oder zur Erhaltung des Kundenstamms) ein besonderes wirtschaftliches Interesse daran, daß sein Betrieb ungestört weiterläuft.

122 k) Wegen der **beweisrechtlichen Fragen** vgl. Rdn. 79.

123 l) **Ein unbezifferter Klageantrag** (als Ausnahme vom Bestimmtheitserfordernis des § 253 ZPO) ist bei Klagen auf Ersatz eines Erwerbsschadens nicht für zulässig zu erachten. Die frühere Rechtsprechung des BGH (VersR **1959** 694), die eine solche Klageerhebung im Hinblick auf die Schätzungsbefugnis des Gerichts nach § 287 ZPO zugelassen hatte, erscheint als zu weitgehend und wird daher in jüngerer Zeit zu Recht in Frage gestellt (vgl. BGH VersR **1970** 127). Der unbezifferte Klageantrag widerspricht der gesetzlichen Regelung und belastet den Prozeß mit Unklarheiten und Unsicherheiten. Seine Zulässigkeit sollte daher auf Fälle echter Unmöglichkeit oder Unzumutbarkeit der Bezifferung (z. B. bei dem im Ermessen des Gerichts stehenden Schmerzensgeld nach § 847 BGB) beschränkt werden. In den hier in Frage stehenden Fällen ist es dem Schadensersatzkläger aber, trotz zweifellos bestehender Schwierigkeiten, durchaus zuzumuten, den von ihm begehrten Betrag anzugeben. Er kennt seine wirtschaftliche Situation am genauesten und ist daher besser als jeder Außenstehende in der Lage, abzusehen, inwieweit sich die Folgen des Unfalls auf sein Einkommen ausgewirkt haben. Mit § 287 ZPO allein läßt sich die Zulassung unbezifferter Anträge nicht rechtfertigen, weil diese Vorschrift für jede Schadensbemessung gilt und das Bestimmtheitsgebot des § 253 ZPO somit konsequenterweise für das gesamte Schadensersatzrecht als obsolet betrachtet werden müßte.

124 **m) Einzelfälle**

aa) Taxiunternehmer. Ein Verdienstausfall eines Taxiunternehmers wird häufig als Folge von Beschädigungen des Wagens entstehen, kann aber auch auf seiner Verletzung beruhen. Die von *Berger* (VersR **1963** 514; siehe dazu nun auch BGH VersR **1966** 595) angegebene Berechnungsmethode hat den Vorzug der Klarheit. Es empfiehlt sich, die Ausfallzeit nicht in Tagen oder Wochen, sondern nach der Zahl der ausgefallenen Schichten zu bestimmen, jedenfalls dann, wenn das Taxi in mehreren Schichten gefahren worden war. Anhand der Fahrtenbücher und des Betriebsergebnisses der drei letzten Monate vor dem Unfall (bei Saisonbetrieben der vergleichbaren drei Monate des Vorjahrs) wird festgestellt, wie viele von den tatsächlich möglichen Schichten im Durchschnitt wirklich gefahren wurden. In dem hieraus zu errechnenden Verhältnis ist die Zahl der theoretisch möglichen Schichten, die unfallbedingt ausgefallen sind, zu kürzen. Sind Schichten nur teilweise ausgefallen, so sind die Bruchstücke zusammenzuzählen und ist auf diese Weise die Zahl der ganzen ausgefallenen Schichten zu errechnen. Es erübrigt sich, aus der durchschnittlichen Bruttoeinnahme pro Schicht die durchschnittliche Nettoeinnahme pro Schicht zu errechnen, weil der Schädiger neben dem Gewinnausfall auch die trotz des Unfalls weiterlaufenden Unkosten ersetzen muß. Durch das Stillegen der Droschke wird im allgemeinen nur der Treibstoff und das Motoröl gespart, ferner ein Anteil an der Reifenabnutzung. Die von *Berger* (aaO) angegebenen Erfahrungssätze betragen 30% Ersparnis bei Dieselkraftdroschken und 35% Ersparnis bei Benzinkraftdroschken. Der unfallbedingte Schaden errechnet sich, wenn die durchschnittliche Bruttoeinnahme pro Schicht mit der Zahl der ausgefallenen Schichten multipliziert wird und schließlich der Prozentsatz an Ersparnis abgezogen wird. Häufig wird sich ein Ausfall durch Einsatz eines Ersatzfahrers allerdings vermeiden lassen (vgl. Rdn. 121).

bb) Transportunternehmer. Die Errechnung des Schadens, der durch das krank- 125
heitsbedingte Stillegen eines Lkw entsteht, geschieht auf ähnliche Weise wie bei Taxis (Rdn. 124). Zu beachten ist, daß auch hier der Schädiger nicht nur den Ausfall an Reingewinn, sondern daneben auch die laufenden Unkosten zu erstatten hat, soweit sie durch das Stillegen nicht entfallen. Weitere Einzelheiten bei *Danner* ZfV **1962** 143.

cc) Zugunsten eines **Handelsvertreters** ist zu berücksichtigen, wenn das Unterneh- 126
men, dessen Erzeugnisse er vertreibt, nach seinem Unfall einen beachtlichen Aufschwung genommen hat. Den Maßstab kann das Geschäftsergebnis der nunmehr tätigen anderen Handelsvertreter bilden (BGH VersR **1963** 682). Auch der Umstand, daß bei längerer Tätigkeit die greifbare Aussicht bestand, die Stellung eines Generalvertreters zu erhalten, fällt ins Gewicht. Behauptet der Verletzte, er hätte, wäre er nicht durch den Unfall hieran gehindert gewesen, durch Vermittlung eines Großauftrags hohe Provisionen verdient, so sind an den Nachweis, daß das Geschäft zustandegekommen wäre, im Rahmen des § 287 ZPO strenge Anforderungen zu stellen, die wenigstens eine hohe Wahrscheinlichkeit darzutun geeignet sind (BGH VersR **1964** 95).

dd) Prostituierte. Die rechtliche Duldung der Prostitution ändert nichts daran, 127
daß aus ihr gezogene Gewinne sittenwidrig und damit nicht ersatzpflichtig sind[19]. Da dieses Unwerturteil nicht aufgespalten werden kann, ist die Auffassung des BGH abzulehnen, Ersatz sei wenigstens in Höhe eines existenzdeckenden Einkommens zu gewähren, das von jedem gesunden Menschen erfahrungsgemäß erzielt werden kann (BGHZ **67** 119 = JZ **1977** 173 m. Anm. *Stürner*). Sie widerspricht auch dem Grundsatz, daß die abstrakte Beeinträchtigung der Arbeitskraft keinen ersatzpflichtigen Schaden darstellt (vgl. Rdn. 143).

ee) Sonstige. Steuerberater: vgl. BGH VersR **1966** 957; Zahnarzt: OLG Nürnberg 128
VersR **1968** 481; Geschäftsinhaber: BGH VersR **1968** 970; Inhaber einer Kraftfahrzeugreparaturwerkstatt: BGH bei *Bode-Weber* DAR **1969** 118; Portraitmaler: BGH VersR **1969** 376.

7. Verdienstausfall eines Gesellschafters 129

Bei einem Gesellschafter kann durch Arbeitsunfähigkeit in zweifacher Hinsicht ein Erwerbsschaden entstehen; durch Wegfall einer für seine Geschäftsführung oder Mitarbeit im Unternehmen der Gesellschaft gezahlten Tätigkeitsvergütung

[19] BGHZ **67** 119; OLG Hamburg VersR **1977** 85; *Born* VersR **1977** 118; **a. A.** OLG Düsseldorf NJW **1970** 1852; LG Offenburg VersR **1973** 69 und mit Einschränkungen *Stürner* VersR **1976** 1016.

und durch Minderung seiner Beteiligung am Gesellschaftsgewinn bzw. am Kapitalkonto. Beide Schadensarten sind gesondert zu betrachten.

130 **a) Tätigkeitsvergütung.** Der Gesellschafter ist insoweit wie ein Arbeitnehmer zu behandeln. Er kann also vom Schädiger Ersatz der auf die Zeit der Arbeitsunfähigkeit entfallenden Vergütung verlangen. Wie bei der Lohnfortzahlung für Arbeitnehmer steht seinem Anspruch nicht entgegen, daß die Gesellschaft ihm seine Bezüge trotz seiner Arbeitsunfähigkeit weiterbezahlt hat[20] (vgl. Rdn. 67f). Der Gesellschafter hat in diesem Fall allerdings seinen Ersatzanspruch an die Gesellschaft abzutreten (BGH VersR **1964** 1243).

131 Voraussetzung für die vorstehend geschilderten Rechtsfolgen ist allerdings, daß es sich um eine echte Tätigkeitsvergütung, nicht etwa um eine verdeckte Gewinnausschüttung oder verdeckte Entnahmen handelt (BGH VersR **1964** 1243; **1977** 863; MDR **1967** 121). Für die demnach vorzunehmende Schätzung, welcher Teil einer Gesellschaftervergütung ein echtes „Gehalt" darstellt, können die Beträge, welche die Steuerbehörden als Tätigkeitsvergütung, also als absetzbare Betriebsausgaben der Gesellschaft anerkennen, als Anhaltspunkte dienen (BGH VersR **1977** 863). Allein die Tatsache, daß eine Vergütung von Umsatz oder Gewinn des Unternehmens abhängig ist, nimmt ihr nicht den Charakter als Tätigkeitsvergütung (BGH VersR **1977** 863).

132 **b) Verringerung der Gewinnbeteiligung bzw. des Kapitalkontos.** Ist durch den Ausfall der Tätigkeit des Gesellschafters bei der Gesellschaft eine Minderung des Gewinns eingetreten, so ist der hierin liegende Schaden der Gesellschaft bzw. der anderen Gesellschafter als Drittschaden nicht ersatzpflichtig. Eine Ersatzpflicht besteht jedoch gegenüber dem verletzten Gesellschafter insofern, als sich die Gewinnminderung auf seine Gesellschaftsbeteiligung ausgewirkt hat (BGH VersR **1962** 622; **1964** 1243; **1967** 83; **1977** 227; **1977** 374; **1979** 179). Eine – nicht überzeugende – Ausnahme von diesen Grundsätzen macht der BGH allerdings für den Fall, daß der geschäftsführende Alleingesellschafter einer Kapitalgesellschaft infolge Unfallverletzung arbeitsunfähig wird und seiner Gesellschaft dadurch ein Gewinn entgeht: diesen Verlust soll der Gesellschafter als eigenen Schaden von dem für den Unfall Verantwortlichen ersetzt verlangen können (BGH VersR **1977** 374 = NJW **1977** 1283 m. Anm. *Hüffer*). Obgleich der BGH in dieser Entscheidung hervorhebt, daß der Alleingesellschafter damit nicht einen Schaden der von seinem eigenen Vermögen gesondert zu betrachtenden Gesellschaft geltendmacht (denn der Gesellschaft ist ja kein erstattungspflichtiger Schaden entstanden), sondern daß es nur um die richtige Bemessung des seinem eigenen Vermögen durch die Einbußen im Gesellschaftsvermögen vermittelten Schadens geht, führt seine Auffassung im Ergebnis doch zu einer Durchbrechung der rechtlichen Selbständigkeit von Gesellschafts- und Gesellschaftervermögen, ohne daß hierfür ein dringender Grund bestünde. Das Argument des BGH, der Schädiger dürfe keinen Vorteil daraus ziehen, daß er statt eines Einzelkaufmanns eine Ein-Mann-Gesellschaft geschädigt hat, überzeugt nicht, da der Vergleich mit der Haftungssituation bei einer regulären Gesellschaft wohl näher läge. Entscheidend sollte daher auch hier sein, inwieweit sich der Gewinnausfall der Gesellschaft im eigenen Vermögen des Gesellschafters niedergeschlagen hat (ablehnend zur Begründung der Entscheidung auch *Hüffer* NJW **1977**

[20] BGHZ 7 30; **21** 112; BGH VersR **1963** 369 = NJW **1963** 1446 m. Anm. *Ganssmüller*; VersR **1967** 83; **1970** 38; **1971** 570; **1977** 374.

1285, der aber über die Konstruktion einer Drittschadensliquidation zum selben Ergebnis gelangt).

8. Erwerbsschaden des den Haushalt führenden Ehegatten 133

a) Grundsätze. Seit Inkrafttreten des Gleichberechtigungsgesetzes am 1. Juli 1958 hat die unfallverletzte Ehefrau, die keiner Erwerbstätigkeit nachgeht, sondern den Haushalt führt, einen eigenen Schadensersatzanspruch wegen ihrer Beeinträchtigung in der Führung des Haushalts (BGHZ **38** 55; **50** 306).

Während die Ehefrau nach der früheren Rechtslage (§ 1356 Abs. 2 a. F. BGB) zu 134
unentgeltlichen Arbeiten im Hauswesen verpflichtet war und bei Aufhebung ihrer Fähigkeit hierzu dem Mann ein Ersatzanspruch wegen entgangener Dienste (§ 845 BGB) gegen den Schädiger zustand, führt sie nach § 1356 Abs. 1 n. F. BGB den Haushalt in eigener Verantwortung und erfüllt dadurch in der Regel ihre Verpflichtung, durch Arbeit zum Unterhalt der Familie beizutragen. Die Frau gibt also ihre Arbeitskraft nicht mehr mit der Heirat in der Form unentgeltlicher Dienste weg. Sie verwertet sie vielmehr als ihren fortlaufenden Beitrag zum Familienunterhalt, der in dem korrespondierenden Recht auf Unterhalt seine Anerkennung findet (BGHZ **38** 57 ff). Diese Betrachtungsweise rechtfertigt es, die Aufhebung oder Beeinträchtigung der Fähigkeit zur Haushaltsführung als einen eigenen Erwerbsschaden der Ehefrau anzusehen, ohne gegen den Grundsatz zu verstoßen, daß die abstrakte Minderung der Arbeitskraft keinen ersatzpflichtigen Schaden darstellt. Der Umstand, daß die Ehefrau trotz des Ausfalls ihrer Arbeitsleistung vom Ehemann weiter alimentiert wird, steht der Bejahung eines bei ihr selbst eingetretenen Schadens nicht entgegen. Das Auffangen der Verletzungsfolgen hat den Charakter eines internen Ausgleichs durch die eheliche Lebensgemeinschaft und mindert nach § 843 Abs. 4 BGB den Ersatzanspruch gegen den Schädiger nicht. Die verletzte Frau kann den Schädiger deshalb aus eigenem Recht auf Ersatz ihres ganzen, in der Verminderung ihrer häuslichen Arbeitsleistung bestehenden Schadens in Anspruch nehmen, gleichviel wie er von der ehelichen Lebensgemeinschaft aufgefangen wird (BGHZ **38** 59 f).

Führt der Ehemann den Haushalt, während die Frau einer Erwerbstätigkeit 135
nachgeht, gilt das Vorstehende entsprechend. Teilen sich die Ehegatten die Haushaltsführung, weil beide berufstätig sind, so kommt ein dem Umfang der für den Haushalt entfalteten Tätigkeit entsprechender Ausfallschaden in Betracht.

Ein Erwerbsschaden in vorstehendem Sinne liegt aber nur insoweit vor, als die 136
Versorgung des Haushalts im Rahmen des Familienunterhalts vorgenommen wird, nicht also hinsichtlich des Teils der Hausarbeit, der auf die **Befriedigung der eigenen Bedürfnisse** entfällt (BGH VersR **1974** 162). Daher stellt die Haushaltstätigkeit einer oder eines Alleinstehenden keine der Erwerbstätigkeit vergleichbare Arbeitsleistung dar; unfallbedingte Nachteile, insbesondere die Kosten für eine Hilfskraft, sind insoweit nur unter dem Gesichtspunkt vermehrter Bedürfnisse (Rdn. 57) erstattungspflichtig (BGH VersR **1958** 456; **1974** 162). Bei Ehegatten ist festzustellen, welcher Teil der Hausarbeit auch bei ausschließlicher Selbstversorgung anfallen würde (vermehrte Bedürfnisse) und welcher Teil auf den Familienunterhalt entfällt (BGH VersR **1974** 162). Die Unterscheidung kann insbesondere für die Frage der Aktivlegitimation (gesetzlicher Forderungsübergang) von Bedeutung sein (vgl. Rdn. 59).

137 Wegen fehlenden Bezugs zum Familienunterhalt kann auch eine Großmutter, die freiwillig die **Obhut über ein Enkelkind** übernommen hat, keine Entschädigung dafür verlangen, daß ihr durch ein Unfallereignis die Betreuung des Enkelkindes für einige Zeit unmöglich geworden ist (OLG Celle VersR **1983** 40).

138 **b) Berechnung.** Ausgangspunkt der Berechnung ist die Feststellung, welche Arbeitsleistung die Hausfrau (der Hausmann) ohne den Unfall **tatsächlich erbracht** hätte; anders als beim Unterhaltsschaden (§ 10, 34) ist nicht entscheidend, welche Leistungen sie rechtlich geschuldet hätte (BGH VersR **1974** 1016).

139 Von der **Anstellung einer Ersatzkraft** ist die Bemessung des Schadensersatzanspruchs nicht abhängig. Nach dem Rechtsgedanken des § 843 Abs. 4 BGB wirkt es sich auf die Schadensersatzpflicht des Schädigers nicht aus, wenn der Ausfall in anderer Weise, z. B. durch unentgeltliche Dienste Angehöriger oder verstärkten Einsatz anderer Familienangehöriger, aufgefangen wurde. Im übrigen handelt es sich bei dem hier in Rede stehenden Ersatzanspruch nicht um den Ausgleich vermehrter Bedürfnisse, sondern um den Ausgleich eines Erwerbschadens, der keinesfalls mit den Aufwendungen für eine Ersatzkraft übereinzustimmen braucht.

140 Gleichwohl orientiert sich die Praxis bei der Bemessung des Ausfallsschadens an den tatsächlichen oder fiktiven **Kosten einer Ersatzkraft** (BGHZ **50** 306). Dem ist insoweit zuzustimmen, als diese Kosten Anhaltspunkte für die Schadensschätzung (§ 287 ZPO) liefern können (vgl. BGH VRS **61** 83). Es sollte jedoch nicht aus den Augen verloren werden, daß der Ausfall auf seiten des haushaltführenden Ehegatten im Grunde im Wert der Alimentierung durch den erwerbstätigen Ehegatten besteht, die nur dank der familienrechtlichen Verbindung ungeachtet der unfallbedingten Beeinträchtigung fortgesetzt wird (vgl. Rdn. 134). Genau genommen müßte also der Wert dieser Alimentierung ermittelt werden. Dieser wird sich nach den Einkommensverhältnissen des erwerbstätigen Ehegatten und dem Lebenszuschnitt der Familie vor dem Unfall richten. Hinsichtlich des auf die Selbstversorgung entfallenden Teils der Hausarbeit sind auf jeden Fall die entsprechenden Kosten einer Ersatzkraft zu berechnen (vgl. Rdn. 136). Da die verletzte Ehefrau im Regelfall noch in der Lage sein wird, die Haushaltsführung zu leiten, können anders als bei der Tötung der Hausfrau (§ 10, 161) grundsätzlich nur die Kosten einer Hilfskraft (Vergütung etwa nach BAT X) beansprucht werden (vgl. hierzu und zu den Einzelheiten der Berechnung *Schulz-Borck/Hofmann* 3.1.1). Soweit Ersatz für vermehrte Bedürfnisse zu leisten ist (Rdn. 136), ist vom Bruttolohn, soweit Anhaltspunkte für die Bemessung des Erwerbsschadens gesucht werden, vom Nettolohn auszugehen (vgl. hierzu *Eckelmann* VersR **1978** 211).

141 **9. Erwerbsschaden des im Geschäft des anderen mitarbeitenden Ehegatten**

Erbringt der Ehegatte die Mitarbeit im Rahmen seiner Verpflichtung, zum Familienunterhalt beizutragen, so gelten die vorstehenden Grundsätze entsprechend (BGHZ **77** 157). Leistet er über seine Unterhaltspflicht hinausgehende Dienste unentgeltlich, so kann sich ein Erwerbsschaden nur daraus ergeben, daß infolge des Wegfalls seiner Dienste das Familieneinkommen sinkt und sich damit auch sein Unterhaltsanspruch mindert. Der Erwerbsschaden fällt weg, soweit der bisher mitarbeitende Ehegatte seine verbliebene Arbeitskraft, ggf. nach Umschulung oder im Haushalt, anderweitig verwerten kann.

10. Erwerbsschaden des im Geschäft der Eltern mitarbeitenden Kindes 142

Ein Kind, welches im elterlichen Betrieb aufgrund seiner familienrechtlich geschuldeten Mitarbeit (§ 1619 BGB) unentgeltliche Dienste leistet, erleidet keinen Verdienstausfall, wenn es unfallbedingt hieran gehindert wird (BGHZ **69** 380); an seiner Stelle haben die Eltern bei deliktischer Haftung des Schädigers einen Ersatzanspruch nach § 845 BGB (vgl. § 16, 8ff). Bei bloßer Gefährdungshaftung ist für diesen Ausfall kein Ersatz zu leisten, weil das StVG keine Verweisung auf § 845 BGB enthält. Ein zu ersetzender Verdienstausfall des Kindes kann aber dann entstehen, wenn es sich entschließt oder nach anzunehmendem Verlauf bei Hinwegdenken des Unfalls entschlossen hätte, eine Erwerbstätigkeit aufzunehmen, und wenn es durch verbliebene Unfallfolgen hierin beeinträchtigt ist.

11. Nicht erwerbstätige Verletzte 143

Personen, die zur Zeit des Unfalls keiner Erwerbstätigkeit nachgingen (z. B. Schüler, Studenten, Rentner, Sozialhilfeempfänger, Arbeitsscheue) und auch nicht wegen Führung eines Haushalts Erwerbstätigen gleichgestellt sind (vgl. Rdn. 133ff), haben keinen Anspruch auf Schadensersatz wegen Verdienstausfalls. Ob der Verletzte die Möglichkeit gehabt hätte, seine Arbeitskraft gewinnbringend einzusetzen, spielt hierbei keine Rolle, da die bloße Beeinträchtigung der Arbeitskraft keinen Vermögensschaden darstellt. Daher kann z. B. auch ein Dritter, der dem Verletzten Leistungen zum Lebensunterhalt gewährt, nicht im Wege eines Forderungsübergangs Ersatzansprüche gegen den Schädiger erwerben. Nur wenn der Verletzte nachweisen kann, daß er von einem bestimmten Zeitpunkt an eine Erwerbstätigkeit ausgeübt oder in einer anderen Tätigkeit ein höheres Einkommen erzielt hätte und hieran durch die Unfallverletzungen gehindert wurde, kommt insoweit ein Schadensersatzanspruch in Betracht (vgl. Rdn. 145ff).

Arbeitslose, die Arbeitslosengeld (§§ 100ff AFG) oder Arbeitslosenhilfe (§§ 134ff 143a
AFG) bezogen, diesen Anspruch aber infolge des Unfalls verloren haben, weil sie wegen ihrer Verletzung dem Arbeitsmarkt nicht mehr zur Verfügung stehen, erleiden hingegen einen „Erwerbsschaden" (BGH VersR **1984** 639; **1984** 862). Dies gilt auch dann, wenn sie nunmehr in gleicher Höhe gemäß § 182 Abs. 1 Nr. 2 RVO, § 158 Abs. 1 AFG Krankengeld beziehen. Der Anspruch geht dann auf die Krankenkasse über (BGH aaO).

12. Nachteile für das Fortkommen 144

Im allgemeinen beeinträchtigen Unfälle, die die Erwerbsfähigkeit beeinflussen, auch das berufliche Fortkommen. Der Schädiger hat daher nicht nur die Einkommenseinbuße auszugleichen, die sich bei gedachter Fortsetzung der zur Zeit des Unfalls ausgeübten Tätigkeit errechnet, sondern es sind auch künftige Erhöhungen des Einkommens, die der berufliche Aufstieg mit sich gebracht hätte, wäre er nicht durch den Unfall vereitelt worden, zu berücksichtigen. Der besonders schwer zu führende Beweis derartiger hypothetischer Entwicklungen wird durch § 287 ZPO erleichtert (vgl. hierzu Rdn. 79). Ein außergewöhnliches Fortkommen wird das Gericht der Schadensbemessung aber nur zugrundelegen können, wenn hierfür konkrete Anhaltspunkte bestehen. So kann z. B. die Behauptung, ein Handwerker hätte sich später selbständig gemacht und dann ein wesentlich höheres Einkommen erzielt, nur als erwiesen angesehen werden, wenn bereits Dispositionen in diese Richtung getroffen worden sind oder z. B. ein elterlicher Betrieb zur Übernahme anstand.

145 **13. Hinderung an der beabsichtigten Aufnahme einer Erwerbstätigkeit**

a) Wird ein **Schüler, Student oder Auszubildender** verletzt, so hat ihm der Schädiger als Erwerbsschaden das Einkommen zu ersetzen, das durch Aufnahme einer Erwerbstätigkeit nach Abschluß der Ausbildung erzielt worden wäre, wenn der Verletzte nicht durch die Unfallfolgen an der Aufnahme der beabsichtigten Tätigkeit gehindert worden wäre. Der Verletzte muß darlegen und beweisen, welchen Beruf er ergriffen und welches Einkommen er hierbei erzielt hätte; doch muß für den Nachweis dieser hypothetischen Umstände genügen, daß sich aus konkreten Anhaltspunkten in Verbindung mit der allgemeinen Lebenserfahrung eine erhebliche Wahrscheinlichkeit des betreffenden Vorbringens ergibt (vgl. *Eckelmann/Nehls/Schäfer* DAR **1983** 347; *Steffen* DAR **1984** 1). Von dem so ermittelten hypothetischen Einkommen ist das tatsächlich erzielte bzw. bei Beachtung der Schadensminderungspflicht (vgl. Rdn. 94ff) erzielbare abzuziehen (vgl. BGH VersR **1965** 489). Ist, z. B. bei einem Kind, noch nicht abzusehen, welche berufliche Laufbahn ihm trotz der Schädigung erreichbar bleibt, so kommt eine Feststellungsklage in Betracht (RG Recht **1907** Nr. 3810; WarnR **1912** Nr. 256); steht jedoch fest, daß der Verletzte sein Leben lang keinen Beruf wird ausüben können, so kann sogleich eine Rente (ab dem Zeitpunkt des hypothetischen Eintritts ins Berufsleben) zuerkannt werden (OLG Köln NJW **1972** 59; eingehend *Eckelmann/Nehls/Schäfer* DAR **1983** 337).

146 Wird der Eintritt in das Erwerbsleben durch den Unfall **verzögert** (z. B. wegen Unterbrechung der Ausbildung), so ist der hierdurch hervorgerufene Verdienstausfall zu ersetzen (vgl. *Eckelmann/Nehls/Schäfer* m. Nachw.). Zugrundezulegen ist das Einkommen, das in dem Zeitraum der Verzögerung erzielt worden wäre (zu den Beweisanforderungen Rdn. 145). Anderweitige Einkünfte während dieser Zeit (z. B. nach dem BAFöG) sind anzurechnen (KG DAR **1971** 296).

147 **b)** Wird der Verletzte durch den Unfall an der **Eröffnung des beabsichtigten Geschäftsbetriebs** gehindert, weil die unfallbedingte Körperbehinderung ihm die damit verbundene Arbeitsleistung nicht mehr gestattet, so wird der Verletzte im allgemeinen nicht näher dartun können, was er im Falle der Geschäftseröffnung verdient hätte. Die Gerichte legen in solchen Fällen im allgemeinen der Schätzung des Schadens den Lohn zugrunde, den ein Arbeitnehmer in vergleichbarer Stellung (z. B. als Filialleiter eines kaufmännischen Betriebes) erfahrungsgemäß verdient. Demgemäß hat das OLG München (RdL **1957** 153) dem Schwiegersohn eines Bauern, dem der Bauer wegen des Unfalls den Hof nicht – wie eigentlich beabsichtigt – übergab, von dem vermutlichen Tag der Übergabe an den Lohn eines Großknechts als Verdienstausfall zuerkannt. Gegen die Handhabung der Gerichte ist, wenn Erkenntnisquellen für eine wirklichkeitsnähere Schätzung fehlen, nichts einzuwenden; es müßte dabei aber berücksichtigt werden, daß der Verdienst eines selbständigen Unternehmers regelmäßig etwas höher liegt als der eines Arbeitnehmers, auch wenn man beachtet, daß der Teil des Gewinns, der als Kapitalertrag anzusehen ist, vom Schädiger nicht ersetzt werden muß.

148 **c)** Die **Vereitelung einer beabsichtigten Tätigkeit als Hausfrau** (Hausmann) ist in konsequenter Fortführung der Rechtsprechung zum Erwerbsschaden des den Haushalt versorgenden Ehegatten (vgl. Rdn. 133ff) ebenfalls ein Umstand, der einen Schadensersatzanspruch nach § 11 begründen kann (BGHZ **38** 60). Allerdings sind

Einkünfte aus einer (zumutbaren) anderweitigen Verwertung der Arbeitskraft anzurechnen. Zur Vereitelung einer beabsichtigten Eheschließung vgl. Rdn. 149f.

14. Hinderung an Eheschließung 149

Allein der Umstand, daß der oder die Verletzte wegen einer unfallbedingten Behinderung oder Entstellung voraussichtlich keinen Ehepartner finden kann, begründet keinen Erwerbsschaden (*Weimar* VersR **1961** 782). Dieser richtet sich vielmehr allein danach, welche Berufstätigkeit der Verletzte noch ausüben kann und welche er ohne den Unfall hätte ausüben können. Die Vereitelung einer bestimmten Lebensplanung begründet keinen Ersatzanspruch nach § 11; sie ist allenfalls bei der Zubilligung eines Schmerzensgeldes (bei deliktischer Haftung, § 847 BGB) zu berücksichtigen.

Etwas anderes mag gelten, wenn eine **konkret beabsichtigte Heirat** durch den Un- 150
fall vereitelt worden ist (RG WarnR **1912** Nr. 256; Recht **1929** Nr. 33; BGH JZ **1959** 365). Erleidet der oder die Verletzte hierdurch eine materielle Einbuße (im Sinne von Rdn. 62), die das durch eigene Erwerbstätigkeit für den Betreffenden Erreichbare übersteigt, so ist diese der Berechnung des Ausfallschadens zugrundezulegen. Abzuziehen ist auch hier das durch Verwertung der verbliebenen Arbeitskraft erzielbare Einkommen.

15. Vorzeitige Pensionierung 151

Wird ein Beamter infolge des Unfalls vorzeitig in den Ruhestand versetzt, so ist ihm sein volles Gehalt bis zu dem Zeitpunkt zu ersetzen, an dem er ohne den Unfall pensioniert worden wäre; in Höhe der dem Beamten gezahlten Versorgungsbezüge geht der Ersatzanspruch allerdings nach § 87a BBG auf den Dienstherrn über. Darauf, ob beim Beamten nach seiner Versetzung in den Ruhestand tatsächlich noch irgendwelche gesundheitliche Unfallfolgen vorliegen, kommt es für die Entstehung des Ersatzanspruchs nicht an (BGH VersR **1960** 1092).

Wird ein Beamter infolge des Unfalls pensioniert, nimmt er aber danach eine **an-** 152
dere Erwerbstätigkeit auf, so mindern seine Einnahmen hieraus seinen Ersatzanspruch gegen den Schädiger. Auf den Dienstherrn geht daher nur noch der verminderte Ersatzanspruch über (BGH VersR **1961** 595; **1969** 538; *Kallfelz* VersR **1963** 204). Hätte der Beamte die Möglichkeit, seine Arbeitskraft nach der Pensionierung gegen Entgelt einzusetzen, unterläßt er dies aber, so verstößt er gegen seine Schadenminderungspflicht (§ 254 Abs. 2 BGB). Dies hat zur Folge, daß sich der auf den Dienstherrn übergegangene Anspruch in gleicher Weise mindert, wie wenn der Beamte die anderweitige Arbeit aufgenommen hätte (BGH VersR **1969** 75; **1969** 538; *Kallfelz* aaO). Hätte der Zusatzerwerb (mindestens) die Höhe der Pensionsbezüge erreicht, so entfällt der Anspruch des Dienstherrn (BGH VersR **1983** 489; s. auch Rdn. 94 u. 183).

Auch bei **ungerechtfertigter Pensionierung** ist Ersatz nach vorstehenden Grund- 153
sätzen zu leisten. Den Zivilgerichten ist die Möglichkeit genommen, zu prüfen, ob der Dienstherr den Beamten mit Recht in den Ruhestand versetzt hat; denn insoweit greift die Tatbestandswirkung des Verwaltungsaktes ein (BGH VersR **1969** 538; **1983** 488; *Heuss* VersR **1963** 212; **a. A.** für das Verhältnis des Schädigers zum Dienstherrn BGH VersR **1960** 1094). Der Zivilrichter hat aber zu prüfen, ob die Pensionierung eine Folge des Unfalls ist (BGH VersR **1969** 75; **1969** 538). Außer-

dem hat der Schädiger die Möglichkeit, die Verfügung, durch die der Beamte in den Ruhestand versetzt wurde, wegen Rechtswidrigkeit im Verwaltungsstreitverfahren anzufechten.

154 Die Witwe und die Kinder eines wegen des Unfalls vorzeitig in den Ruhestand versetzten Beamten können vom Schädiger nicht den Unterschiedsbetrag fordern, um den ihre Versorgungsbezüge infolge der vorzeitigen Versetzung in den Ruhestand geringer sind, als wenn der Beamte die Altersgrenze im Dienst erreicht hätte (BGH VersR **1962** 568; **1969** 75). Sie können auch als Erben des Verstorbenen keine in diese Richtung gehenden Ansprüche erheben, denn es handelt sich nicht um einen Schaden, den der Verstorbene erlitten hatte.

155 **16. Nachteile in der Rentenversicherung**

a) Art des Nachteils. Dem Verletzten kann dadurch ein Nachteil entstehen, daß während der Zeit seiner Arbeitsunfähigkeit keine (bzw. bei verminderter Arbeitskraft geringere) Beiträge zur Rentenversicherung geleistet werden. Führt dies zur **Minderung seines Rentenanspruchs**, so liegt hierin ein nach § 11 ersatzpflichtiger Schaden. Ob ein solcher entsteht und in welcher Höhe, kann in aller Regel aber erst nach Eintritt des Versicherungsfalls festgestellt werden, so daß zunächst nur eine Feststellungsklage in Betracht kommt. Nach der vom III. Senat des BGH (im Gegensatz zum VI. Senat) vertretenen Bruttolohntheorie (vgl. Rdn. 71) stellt sich dieses Problem allerdings nicht, weil sich der Verletzte mittels der ihm verbleibenden fiktiven Sozialversicherungsbeiträge einen Ausgleich verschaffen kann (zum Ausschluß einer Vorteilsausgleichung s. Rdn. 84). Die folgenden Ausführungen gelten daher nur bei Zugrundelegung der modifizierten Nettolohntheorie (Rdn. 72).

156 **b) Ausgleichsanspruch** (für Schadensfälle nach dem 30. Juni 1983 vgl. Rdn. 159). Hat der Geschädigte die Möglichkeit einer **freiwilligen Weiterversicherung**, so kann er vom Schädiger Ersatz der Beiträge verlangen, die er aufwenden muß, um seine Altersversorgung ungeschmälert zu erhalten (BGHZ **43** 378; **46** 332; **69** 347). Voraussetzung dieses Ersatzanspruchs ist, daß die Möglichkeit zur freiwilligen Weiterversicherung im konkreten Fall tatsächlich besteht (vgl. BGH VersR **1979** 622, wo bei einem Gastarbeiter die Wartezeit nach § 1233 Abs. 1 a. F. RVO nicht erfüllt war); ob der Verletzte die Ersatzleistung entsprechend verwendet, ist ohne Belang (KG VersR **1975** 862). Daß die künftige Rente durch das Ausbleiben der betreffenden Beiträge tatsächlich beeinträchtigt wird, braucht nicht festzustehen; es genügt grundsätzlich die Möglichkeit solcher Nachteile (BGHZ **69** 349). Ist die (behauptete) Absicht des Verletzten, sich freiwillig weiterzuversichern, aber wirtschaftlich unvernünftig, weil er in seiner Rentenversicherung bereits eine derart gesicherte Position erlangt hat, daß seine künftigen Renten durch den Ausfall nicht mehr oder allenfalls geringfügig beeinträchtigt werden können, so ist ein Anspruch auf Zahlung der betreffenden Beiträge zu verneinen (BGHZ **69** 350; BGH VersR **1979** 1104). Nicht berührt wird der Anspruch dadurch, daß die Berufsgenossenschaft dem Verletzten schon jetzt eine Unfallrente zahlt, durch die eine etwaige spätere Verkürzung des Altersruhegeldes ausgeglichen sein könnte (BGH VersR **1977** 1158), oder dadurch, daß der Rehabilitationsträger die Beiträge zur Rentenversicherung aufbringen mußte (BGH VersR **1981** 427). Ebensowenig kommt dem Umstand, daß hinter dem Schädiger ein Haftpflichtversicherer steht, eine Gefährdung des Anspruchs auf Ausgleich der späteren Rentendifferenz also nicht zu besorgen ist, eine

Bedeutung für das Bestehen des Anspruchs auf sofortige Schadloshaltung zu (BGHZ **69** 347).

Werden die Arbeitseinkünfte und damit die Sozialversicherungsbeiträge durch die Verletzung lediglich vermindert, so besteht für den Verletzten keine Möglichkeit, für den späteren Rentennachteil sogleich Ausgleich zu verlangen, etwa in Form der Beiträge für eine Höherversicherung (BGH VersR **1983** 663). 157

Hat der Verletzte später einen Rentennachteil, obwohl er die vom Schädiger gezahlten Ersatzleistungen zur freiwilligen Weiterversicherung verwendet hat, so ist er nicht gehindert, diesen zusätzlichen Schaden noch geltend zu machen (BGHZ **69** 347). Hat er die Ersatzleistungen dagegen nicht zweckentsprechend eingesetzt, so scheidet ein Ersatz eines künftigen Rentenschadens insoweit aus, als er durch die mögliche Weiterversicherung vermieden worden wäre. 158

c) Forderungsübergang. Nach § 119 SGB-X geht bei Schadensfällen nach dem 30. Juni 1983 (Art. II §§ 22, 25 SGB-X) der Beitragsanspruch eines Versicherungspflichtigen auf den Sozialversicherungsträger über. Dies gilt nicht, wenn die Pflichtversicherungsbeiträge bereits durch einen Dritten an den Versicherungsträger gezahlt werden (zum Fall der Lohnfortzahlung ausdrücklich § 119 Satz 1 Halbsatz 2 SGB-X). Wegen weiterer Einzelheiten vgl. *Küppersbusch* VersR **1983** 205ff; *Ritze* VersR **1983** 214ff u. NJW **1983** 2624; *Hüffer* VersR **1984** 201; *v. Einem* NJW **1984** 1222; *Denck* VersR **1984** 604. 159

d) Prozessuales. Trotz der Schwierigkeit, die Höhe der erforderlichen Beitragsleistung zu beziffern, muß der Verletzte auch insoweit einen **bestimmten Klageantrag** stellen (§ 253 Abs. 2 Nr. 2 ZPO; vgl. BGH VersR **1979** 1104, wo für den Erlaß eines Grundurteils eine Ausnahme gemacht wurde). Es empfiehlt sich, eine Auskunft des Rentenversicherers einzuholen. 160

17. Sonstige Vermögensnachteile 161

Auch Nachteile, die durch den Wegfall des Arbeitseinkommens mittelbar verursacht werden, fallen unter die Ersatzpflicht, wie z. B. Einbußen, die dadurch entstehen, daß ein Erwerbstätiger die Belastung für sein Eigenheim nicht mehr tragen kann und es deswegen zum Verkauf (RGZ **95** 174; RG JW **1908** 455) oder zur Zwangsversteigerung kommt (RGZ **141** 173). Die Gefahr eines solchen Schadens muß der Verletzte aber nach Kräften abwenden, zumindest dem Schädiger rechtzeitig anzeigen (§ 254 Abs. 2 BGB).

18. Entgangene Annehmlichkeiten 162

Muß der Geschädigte infolge der Körperverletzung auf bestimmte Annehmlichkeiten (z. B. bei der Freizeit- und Urlaubsgestaltung) verzichten, so kann dies allenfalls – wenn zugleich deliktische Haftung eingreift – bei der Bemessung des Schmerzensgeldes berücksichtigt werden; ein Schadensersatzanspruch besteht insoweit nicht (zur Vereitelung der Jagdausübung BGHZ **55** 146; zur Beeinträchtigung des Urlaubsgenusses BGH VersR **1983** 392 in zutreffender Abgrenzung zur Rechtslage bei vertraglicher Haftung). Näher zu dem Problem § 7, 251.

163 **19. Forderungsübergang**

a) Auf Arbeitgeber. Gewährt der Arbeitgeber einem Arbeiter trotz der unfallbedingten Arbeitsunfähigkeit Lohnfortzahlung (§ 1 LFZG), so geht der Schadensersatzanspruch des Arbeiters auf den Arbeitgeber über (§ 4 Abs. 1 LFZG). Bei den übrigen Gruppen von Beschäftigten, denen Gehaltsfortzahlung gewährt wird (vgl. Rdn. 67) kommt es zum gleichen Ergebnis durch eine Abtretung, zu der der Verletzte nach Tarifvertrag (z. B. § 38 Ic BAT) oder Einzelarbeitsvertrag verpflichtet ist (BGHZ **21** 112).

164 **aa) Umfang.** Maßgeblich ist das Bruttogehalt einschließlich Arbeitnehmer- und Arbeitgeberanteil zur Sozialversicherung (BGHZ **43** 378). Außerdem gehören zu dem übergangsfähigen Anspruch alle Leistungen, die als „Arbeitsentgelt" (§ 4 LFZG) angesehen werden, d. h. aufgrund des Arbeitsvertrags vom Arbeitgeber verlangt werden können (BGHZ **59** 114), also z. B. auch der auf die Zeit der Arbeitsunfähigkeit entfallende Anteil an der Weihnachtsgratifikation (BGH VersR **1972** 566) sowie am Urlaubsentgelt (BGH VersR **1972** 1057; zur Berechnung bei Schwerbehinderten *Drees* VersR **1983** 321) und Urlaubsgeld, etwaige vermögenswirksame Leistungen (LG Mannheim VersR **1974** 605), Überstundenvergütungen, die vor dem Unfall über drei Monate hinweg gezahlt worden sind (OLG Koblenz VersR **1975** 1056) und Beiträge zu den Sozialkassen des Baugewerbes (OLG Oldenburg VersR **1975** 719; eingehend hierzu *Wussow/Küppersbusch* 56).

165 Nicht von dem Forderungsübergang erfaßt werden Aufwendungen des Arbeitgebers, die nur seinem eigenen Interesse dienen, wie z. B. Beiträge zur Berufsgenossenschaft (BGH VersR **1976** 340; OLG Oldenburg VersR **1975** 719). Das gleiche gilt für Lasten, die der Arbeitgeber im Interesse der Allgemeinheit zu tragen hat, z. B. die Lohnsummensteuer (LG Münster VersR **1976** 599) oder das Entgelt für einen Zusatzurlaub nach dem SchwbG (BGH VersR **1980** 82; s. hierzu *Drees* VersR **1983** 319). Selbstverständlich sind auch Anwaltskosten, die dem Arbeitgeber aus Anlaß des Regresses entstehen, nicht Teil der übergangsfähigen Arbeitsvergütung; sie können daher, da der Arbeitgeber keinen eigenen Schadensersatzanspruch hat, allenfalls unter dem Gesichtspunkt des Verzugsschadens vom Schädiger ersetzt verlangt werden.

166 **bb) Zeitpunkt.** Der Forderungsübergang auf den Arbeitgeber nach § 4 LFZG findet nicht schon zum Zeitpunkt des Unfalls, sondern erst zum Zeitpunkt der Leistung des Arbeitgebers statt (BGH VersR **1978** 660). Daher kann ein zwischenzeitliches Erlöschen des Ersatzanspruchs (z. B. durch einen Abfindungsvergleich zwischen Verletztem und Haftpflichtversicherer des Schädigers) auch dem Arbeitgeber entgegengehalten werden (§§ 412, 404 BGB). Hat auch ein Sozialversicherungsträger eine mit dem Erwerbsschaden kongruente Leistung erbracht, so hat der Übergang auf ihn, da bereits zum Zeitpunkt des Unfalls vollzogen (§ 10, 74), Vorrang gegenüber dem Übergang auf den Arbeitgeber (OLG Celle VersR **1977** 1027). Dies ist z. B. der Fall hinsichtlich des Teils des Arbeitseinkommens, das auf ersparte häusliche Verpflegungskosten entfällt (BGH VersR **1984** 584; vgl. Rdn. 38).

167 Da es nur auf die tatsächliche Leistung des Arbeitgebers ankommt, ist es für die Frage des Forderungsübergangs ohne Bedeutung, ob eine Verpflichtung zu der Lohnfortzahlung bestand.

168 cc) Ein **Befriedigungsvorrecht** (zum Begriff s. § 10, 85) steht dem Arbeitgeber nicht zu (§ 4 Abs. 3 LFZG). Die Frage eines **Quotenvorrechts** (s. § 10, 81ff) wird im Verhältnis Arbeitgeber – Arbeitnehmer kaum akut, da letzterer in der Regel seinen vollen Lohn weitergezahlt bekommt; jedenfalls stünde dem Arbeitgeber ein solches nicht zu (vgl. zur entsprechenden Problematik beim Beamten § 10, 86).

169 **dd) Ausschluß des Übergangs gegenüber Familienangehörigen.** § 67 Abs. 2 VVG ist nach Sinn und Zweck auch auf den Forderungsübergang nach § 4 LFZG entsprechend anzuwenden (BGH VersR **1976** 567; OLG Celle VersR **1976** 93; OLG Hamm VersR **1977** 746). Der Arbeitgeber kann daher bei einem in häuslicher Gemeinschaft mit dem Verletzten lebenden Angehörigen nicht Rückgriff nehmen. Das Bestehen einer Haftpflichtversicherung ändert hieran nichts (BGH VersR **1976** 567). Näher zu § 67 Abs. 2 VVG s. Rdn. 30ff.

170 **ee) Anrechnung von Mitverschulden.** Ein Mitverschulden des Arbeitnehmers hinsichtlich Entstehung oder Höhe des Schadens (vgl. § 9) kann der Schädiger auch dem Arbeitgeber gegenüber einwenden, auf den der Anspruch auf Ersatz des Erwerbsschadens übergegangen ist (§§ 404, 412 BGB). Hat an dem Unfall ein Verschulden des Arbeitgebers mitgewirkt, so führt dies ebenfalls zur Minderung seiner Regreßansprüche gegen den Zweitschädiger, und zwar auch dann, wenn die Voraussetzungen des § 636 RVO vorliegen, der Arbeitgeber sich also dem Arbeitnehmer gegenüber auf einen Haftungsausschluß berufen könnte (BGHZ **54** 177).

171 **b) Auf Sozialversicherungsträger** kann der Ersatzanspruch nach § 1542 Abs. 1 RVO, § 77 Abs. 2 AVG, § 109 RKnappschG übergehen. Für Schadensfälle nach dem 30. Juni 1983 ist der Forderungsübergang in § 116 SGB-X geregelt, außerdem kommt in diesen Fällen ein Übergang von Beitragsansprüchen nach § 119 SGB-X in Betracht (vgl. hierzu Rdn. 159).

172 **aa) Kongruenz.** Der Forderungsübergang findet nur statt, soweit der Sozialversicherungsträger für denselben Zeitraum Leistungen erbracht hat oder erbringt, die zudem dem selben Zweck dienen sollen wie der Schadensersatzanspruch (sachliche und zeitliche Kongruenz; vgl. § 10, 69ff). Mit dem Anspruch auf Ersatz des Erwerbsschadens kongruent sind insbesondere Erwerbs- oder Berufsunfähigkeitsrenten der Rentenversicherung, Renten der Berufsgenossenschaft, Kinderzuschuß und Kinderzulage (BGH VersR **1983** 52; s. aber Rdn. 177), sowie Krankengeld, auch wenn auf freiwilliger Weiterversicherung beruhend (BGH VersR **1976** 756; **1977** 768) oder an die Stelle von Arbeitslosenunterstützung tretend (BGH VersR **1984** 639; **1984** 862; s. Rdn. 143a). Dies gilt auch für Ersatzansprüche wegen Schmälerung des Altersruhegeldes (BGH VersR **1968** 945; vgl. Rdn. 155). Leistungen, die der Sozialversicherungsträger im Rahmen der beruflichen Rehabilitation für die Umschulung des Verletzten erbringt, sind (in dem in Rdn. 96 beschriebenen Umfang) mit Schadensersatzansprüchen wegen Beeinträchtigung der Erwerbsfähigkeit kongruent (BGH VersR **1982** 767; *Westphal* VersR **1982** 1126).

173 Dagegen geht der auf Ersatz freiwilliger Beiträge zur Rentenversicherung gerichtete Anspruch nicht auf eine Berufsgenossenschaft über, die eine Verletztenrente zahlt (BGH VersR **1977** 1158; **1981** 477). Keine Kongruenz besteht auch zwischen einer Verletztenrente und einem Anspruch auf Ersatz vermehrter Bedürfnisse (vgl. Rdn. 59); anders verhält es sich allerdings bei solchen Aufwendungen, die der Verletzte, um seinen Einnahmeverlust aufzufangen, für eine Ersatzkraft gemacht hat (BGH VersR **1977** 916). Die Zahlung von (auch vorzeitigem) Altersruhegeld ist mit dem Verdienstausfallschaden nicht kongruent (BGH VersR **1982** 166).

174 Auch die **Beiträge zur Krankenversicherung**, die ein Sozialversicherungsträger (z. B. als Träger einer Rehabilitation, § 381 Abs. 3a RVO) erbringt, begründen einen Forderungsübergang, jedoch nur, wenn sie der Erhaltung der Mitgliedschaft dienen, nicht wenn sie kraft gesetzlicher Regelung dem zum Unfallzeitpunkt nicht versicherten Geschädigten eine zusätzliche Sozialvorsorge verschaffen sollen (BGH VersR **1984** 237). Entsprechendes gilt für Beiträge zur Arbeitslosenversicherung (BGH aaO).

Für einen Geschädigten, der während des Bezugs von Krankengeld beitragsfrei krankenversichert ist (§ 383 RVO) kann die Krankenkasse keine Beiträge erstattet verlangen. Der Geschädigte hat in diesem Fall keinen Ersatzanspruch, der übergehen könnte (BGH VersR **1970** 40; **1981** 477). Hieran hat auch der auf Unfälle nach dem 30. Juni 1983 anzuwendende § 119 SGB-X nichts geändert (*Küppersbusch* VersR **1983** 206; **a. A.** *Ritze* VersR **1983** 215; *Denck* VersR **1984** 603).

175 Soweit Leistungen der Krankenkasse für stationäre Behandlung auf **ersparte häusliche Verpflegung** entfallen, sind sie mit dem Erwerbsschaden kongruent, weil die Verpflegungskosten ohne den Unfall aus dem Erwerbseinkommen zu tragen gewesen wären, die Übernahme der Verpflegungskosten also dem teilweisen Ersatz des Erwerbsschadens diente; daher geht auch insoweit der Schadensersatzanspruch über (BGH VersR **1965** 787; **1984** 583; NJW **1971** 240; OLG Celle VersR **1977** 1027).

176 Die wegen **Verminderung der Fähigkeit zur Haushaltsführung** vom Schädiger zu zahlende Rente ist mit einer Erwerbsunfähigkeitsrente des Sozialversicherungsträgers insoweit kongruent, als es sich um Ersatz eines Erwerbsschadens handelt (vgl. Rdn. 133 ff). Dem Forderungsübergang auf den Sozialversicherungsträger steht auch nicht entgegen, daß die Tätigkeit im Haushalt von der Sozialversicherung ausgeschlossen ist und der Rentenanspruch sich daher nur aus einer früheren, pflichtversicherten Tätigkeit ergeben kann (BGH VersR **1974** 163; **a. A.** BGH VersR **1968** 194). Es wäre eine ungerechtfertigte Besserstellung des den Haushalt führenden Ehegatten, wenn ihm neben einer Erwerbsunfähigkeitsrente auch der volle Schadensersatzanspruch wegen Beeinträchtigung seiner Tätigkeit verbliebe. Auch eine Benachteiligung des Ehegatten gegenüber einem Alleinstehenden (der die Kosten einer Hilfskraft als vermehrte Bedürfnisse geltendmachen kann) liegt nicht vor, da auch beim Verheirateten für den auf die Eigenversorgung entfallenden Teil der Haushaltführung nur unter dem Gesichtspunkt der vermehrten Bedürfnisse Ersatz zu leisten ist, also nur der Teil der Schadensersatzforderung auf den Sozialversicherungsträger übergeht, der für reinen Erwerbsschaden zu leisten ist (BGH VersR **1974** 163).

177 Kinderzuschuß und Kinderzulage nach der RVO sind zwar mit dem Verdienstausfallschaden sachlich kongruent (Rdn. 172). Da aber ihre Gewährung nach § 8 Abs. 1 Nr. 1 BKGG zum Wegfall des Kindergeldes führt, muß der Rückgriff des Sozialversicherungsträgers auf den das Kindergeld übersteigenden Betrag beschränkt werden (BGH VersR **1983** 52; vgl. auch BGH VersR **1978** 861; VRS **67** 88).

178 **bb) Anrechnung eines Mitverschuldens.** Trifft den **Verletzten** am Unfall oder an der Höhe des Schadens eine Mitverantwortung (§ 9 StVG, § 254 BGB), so kann der Schädiger dies auch dem Zessionar entgegenhalten (§§ 404, 412 BGB).

179 Die Berufsgenossenschaft muß sich u. U. aber auch ein mitwirkendes Verschulden des **Arbeitgebers** des Verletzten entgegenhalten lassen. Die Bestimmungen der

RVO über den Versicherungsschutz der bei einem Arbeitsunfall Verletzten bewirken im Ergebnis, daß die Berufsgenossenschaft an Stelle des Unternehmers für den Personenschaden einzustehen hat. Sie tritt gewissermaßen an die Stelle des nach bürgerlichem Recht an sich haftpflichtigen Unternehmers und kann daher von einem außerhalb des Sozialversicherungsverhältnisses stehenden Zweitschädiger nur soviel beanspruchen, wie der Unternehmer fordern könnte, wenn er selbst die Leistungen an den Verletzten hätte erbringen müssen (BGHZ **51** 37).

Auch den **Sozialversicherungsträger** selbst kann ein anrechenbares Mitverschul- **180**
den treffen. So verstößt er z. B. gegen die Schadensminderungspflicht nach § 254 Abs. 2 BGB, wenn er gebotene Hilfen zur Rehabilitation unterläßt, durch die die Erwerbsfähigkeit des Verletzten hätte wiederhergestellt werden können (vgl. §§ 1236ff RVO, §§ 13ff AVG, §§ 35ff RKnappschG und zur Verpflichtung zur Rehabilitation BVerfGE **9** 147; **14** 114). Auch in diesem Fall hat er eine Kürzung seiner Rückgriffsforderung bzw. (wenn der gesamte geltendgemachte Erwerbsschaden auf die unterlassene Rehabilitation zurückzuführen ist) deren Ausschluß hinzunehmen (BGH VersR **1981** 347 = 1075 m. Anm. *Klimke*).

cc) Wegen **sonstiger Fragen** im Zusammenhang mit dem Forderungsübergang auf **181**
Sozialversicherungsträger vgl. Rdn. 37ff und § 10, 58ff.

c) Zum Forderungsübergang auf **Privatversicherer** (§ 67 VVG) vgl. § 7, 282ff und **182**
Rdn. 30ff.

d) Auf den **Dienstherrn** eines Beamten oder Soldaten, dem trotz Dienstunfähig- **183**
keit das Gehalt weitergezahlt wird, geht der Anspruch auf Ersatz des Erwerbsschadens (der durch die Fortzahlung der Dienstbezüge nicht ausgeschlossen wird; vgl. Rdn. 67) über (§ 87a BBG, § 52 BRRG, § 30 III SoldG). Maßgeblich ist die Höhe des Bruttogehalts (BGHZ **42** 76) einschließlich anteiligen Urlaubsgelds, Urlaubsentgelts (BGHZ **59** 154) und Weihnachtsgelds (BGH VersR **1972** 566) sowie vermögenswirksamer Leistungen (vgl. Rdn. 164). Die Belastung des Dienstherrn mit dem Umstand, daß Zeiten der Dienstunfähigkeit ruhegehaltsfähig sind, findet keine Entsprechung in einem übergangsfähigen Ersatzanspruch des Beamten, so daß dem Dienstherrn ein Rückgriff verschlossen ist (BGH VersR **1982** 1193). Ein Verstoß des Beamten gegen die Schadensminderungspflicht wirkt sich wegen des aus § 87a Satz 2 BBG hergeleiteten Vorrechts (vgl. § 10, 86) zu Lasten des Dienstherrn aus (BGH VersR **1983** 488). Wegen weiterer Einzelheiten zum Forderungsübergang vgl. § 10, 68ff und 92ff.

e) Auf den **Träger der Arbeitslosenversicherung,** der dem Verletzten Unterstüt- **184**
zung gewährt, geht der Anspruch auf Ersatz des Erwerbsschadens nach §§ 127, 140 AFG über, bei Unfällen nach dem 30. Juni 1983 nach § 127 AFG n. F. i. V. m. § 116 SGB-X. Maßgeblicher Zeitpunkt für den Rechtsübergang ist bei Unfällen vor dem 1. Juli 1983 der der Leistung (OLG Köln VersR **1982** 780; *Wussow/Küppersbusch* 483), nach BGHZ **83** 245 möglicherweise schon der der Bewilligung der Leistung[21], nicht aber der des Unfalls. Bei Schadensfällen nach dem Stichtag geht der Anspruch bei Bestehen eines Arbeitslosenversicherungsverhältnisses im Zeitpunkt des Unfalls, bei Nichtbestehen im Zeitpunkt der Begründung eines solchen Versicherungsverhältnisses über (§ 127 AFG n. F. i. V. m. § 116 Abs. 1 SGB-X). Das Quotenvorrecht steht dem Versicherer zu (*Adam* VersR **1970** 605; **a. A.** *Sieg* VersR **1969** 1).

[21] Ebenso BGH VersR **1984** 482; OLG Frankfurt VersR **1984** 484. Zum Meinungsstand s. a. *Plagemann* VersR **1982** 218.

185 Der Forderungsübergang auf den **Träger der Sozialhilfe**, der dem Verletzten Leistungen nach dem BSHG erbracht hat oder erbringt, erfolgt – bei Unfällen vor dem 1. Juli 1983 – nicht ohne weiteres, sondern erst, wenn dem Schädiger nach § 90 dieses Gesetzes eine Überleitungsanzeige zugeht (vgl. § 10, 76f; dort auch zur Rechtslage nach dem genannten Zeitpunkt). Werden fortlaufend vom Träger der Sozialhilfe Leistungen erbracht, so wirkt die Überleitungsanzeige auch für die Zukunft, solange nicht die Leistungen auf mehr als zwei Monate unterbrochen werden. Zu beachten ist auch hier, daß nur kongruente Ansprüche übergehen, also nur solche, die die Deckung des Lebensbedarfs zum Gegenstand haben (BGH VersR **1970** 1053; **a. A.** BGH VersR **1973** 713).

§ 12

Höchstbetrag der Haftung

(1) Der Ersatzpflichtige haftet

1. im Falle der Tötung oder Verletzung eines Menschen nur bis zu einem Kapitalbetrag von fünfhunderttausend Deutsche Mark oder bis zu einem Rentenbetrag von jährlich dreißigtausend Deutsche Mark;

2. im Falle der Tötung oder Verletzung mehrerer Menschen durch dasselbe Ereignis, unbeschadet der in Nummer 1 bestimmten Grenzen, nur bis zu einem Kapitalbetrag von insgesamt siebenhundertfünfzigtausend Deutsche Mark oder bis zu einem Rentenbetrag von fünfundvierzigtausend Deutsche Mark; diese Beschränkung gilt jedoch in den Fällen des § 8a Abs. 1 Satz 1 nicht für den ersatzpflichtigen Halter des Kraftfahrzeugs;

3. im Falle der Sachbeschädigung, auch wenn durch dasselbe Ereignis mehrere Sachen beschädigt werden, nur bis zu einem Betrag von einhunderttausend Deutsche Mark.

(2) Übersteigen die Entschädigungen, die mehreren auf Grund desselben Ereignisses nach Absatz 1 zu leisten sind, insgesamt die in Nummer 2 Halbsatz 1 und Nummer 3 bezeichneten Höchstbeträge, so verringern sich die einzelnen Entschädigungen in dem Verhältnis, in welchem ihr Gesamtbetrag zu dem Höchstbetrag steht.

Dazu bestimmt Art. 5 des G. vom 16. 8. 77 (BGBl. I 1577), das die vorher geltenden Höchstbeträge heraufgesetzt hat:

(1) Die Vorschriften dieses Gesetzes finden mit Ausnahme von Artikel 4 keine Anwendung, wenn das schädigende Ereignis vor seinem Inkrafttreten (1. 1. 1978) eingetreten ist.

(2) Ist nach den Vorschriften des Reichshaftpflichtgesetzes, des Straßenverkehrsgesetzes oder des Luftverkehrsgesetzes wegen der Tötung oder Verletzung eines Menschen Schadensersatz zu leisten, so kann der Ersatzberechtigte, soweit es nach seinen Verhältnissen aus Billigkeitsgründen erforderlich ist und dem Ersatzpflichtigen zugemutet werden kann, Schadensersatz bis zur Höhe der in Artikel 1 Nr. 6, Artikel 2 Nr. 1 und Artikel 3 Nr. 1 und 3 bestimmten Beträge auch dann verlangen, wenn das schädi-

gende Ereignis vor dem Inkrafttreten dieses Gesetzes eingetreten ist. Dies gilt nicht, soweit nach diesen Gesetzen eine Schadensersatzpflicht bisher nicht bestand. Im übrigen findet Artikel 7 des Gesetzes über Maßnahmen auf dem Gebiet des Verkehrsrechts und Verkehrshaftpflichtrechts vom 16. Juli 1957 (BGBl. I S. 710) sinngemäße Anwendung.

Art. 7 des Gesetzes vom 16. Juli 1957 (BGBl. I 710) hat folgenden Wortlaut:

(1) Ist nach den Vorschriften des Straßenverkehrsgesetzes wegen der Tötung oder Verletzung eines Menschen Schadensersatz zu leisten, so kann der Ersatzberechtigte, soweit es nach seinen Verhältnissen aus Billigkeitsgründen erforderlich ist und dem Ersatzpflichtigen zugemutet werden kann, Schadensersatz bis zur Höhe der in Artikel 1 Nr. 5 bestimmten Beträge auch dann verlangen, wenn das schädigende Ereignis vor dem Inkrafttreten dieses Gesetzes eingetreten ist. Soweit der Schadensersatz durch Entrichtung einer Geldrente zu leisten ist, gilt dies nur für diejenigen Rentenbeträge, die nach dem Inkrafttreten dieses Gesetzes fällig werden.

(2) Absatz 1 ist auch anzuwenden, wenn der Ersatzpflichtige und der Ersatzberechtigte sich vor dem Inkrafttreten dieses Gesetzes dahin geeinigt haben, daß der Ersatz durch Entrichtung einer Geldrente zu leisten ist; dies gilt nicht, wenn und soweit die bisherigen Haftungshöchstbeträge für die Bestimmung der Höhe der Rentenbeträge nicht maßgebend waren oder wenn sich aus den Vereinbarungen der Beteiligten etwas anderes ergibt.

(3) Absatz 1 gilt nicht,

1. wenn vor dem Inkrafttreten dieses Gesetzes dem Ersatzberechtigten durch rechtskräftiges Urteil statt einer Geldrente ein Kapitalbetrag auf Grund der bisher geltenden Vorschriften zuerkannt worden ist, oder

2. wenn der Ersatzpflichtige und der Ersatzberechtigte sich vor dem Inkrafttreten dieses Gesetzes dahin geeinigt haben, daß als Schadensersatz für die Zukunft ein Kapitalbetrag zu entrichten ist,
oder

3. wenn und soweit die Ersatzansprüche auf einen anderen übergegangen sind.

(4) Ist durch rechtskräftiges Urteil auf Entrichtung einer Geldrente erkannt oder ist eine Verpflichtung zur Zahlung einer Geldrente in einem gerichtlichen Vergleich oder in einer vollstreckbaren Urkunde (§ 794 Nr. 1 und 5 der Zivilprozeßordnung) übernommen, so kann der Ersatzberechtigte im Wege der Klage eine den vorstehenden Vorschriften entsprechende Abänderung verlangen; die Vorschriften des § 323 Abs. 2 und 3 der Zivilprozeßordnung sind entsprechend anzuwenden.

(5) Der sich aus Absatz 1 ergebende Anspruch verjährt in zwei Jahren von dem Zeitpunkt an, in welchem der Ersatzberechtigte Kenntnis von den Umständen erlangt, aus denen sich der Anspruch ergibt, jedoch frühestens vom Inkrafttreten dieses Gesetzes an. Im übrigen gelten für die Verjährung die Vorschriften des § 14 Abs. 2, 3 des Straßenverkehrsgesetzes entsprechend.

(6) Der in Absatz 1 bestimmte Anspruch kann insoweit nicht geltend gemacht werden, als auf dem Straßenverkehrsgesetz beruhende Schadensersatzansprüche gemäß §§ 14, 15 des Straßenverkehrsgesetzes nicht geltend gemacht werden können.

Übersicht

Schrifttum

Arndt Rückwirkende Änderung der Haftungssummen RdK **1926** 37; *Inselmann* Einfluß der in § 13 enthaltenen Regelung auf die Höchstbeträge des § 12 RdK **1938** 320; *Wussow* Zur Anwendung des § 12 Abs. 2 StVG NJW **1959** 563.

Entstehungsgeschichte

Der Entwurf 1906 enthielt keine ziffernmäßige Begrenzung der Haftpflicht. Bei Beratung in der Reichstagskommission tauchte der zunächst von der Regierung bekämpfte Gedanke einer Beschränkung auf.

Der Entwurf 1908 machte sich diesen zu eigen und schlug in § 6 auch schon die Höchstsummen vor, die später Gesetz wurden. In der Begründung (S. 10 der Reichstagsvorlage Nr. 988) führte er aus, nur die feste Begrenzung der Ersatzpflicht verschaffe den Fahrzeughaltern die Möglichkeit, sich gegen die verschärfte Haftung ohne unverhältnismäßige Kosten zu versichern.

Bei Beratung war beantragt worden (KommBer. 21) die Vorschrift durch den Zusatz zu ergänzen:

Über diese Beträge hinaus haftet der Ersatzpflichtige insoweit, als die Billigkeit nach den Umständen insbesondere nach den Verhältnissen der Beteiligten, eine Schadloshaltung erfordert und ihm nicht die Mittel entzogen werden, deren er zum standesmäßigen Unterhalte, sowie zur Erfüllung seiner gesetzlichen Unterhaltspflichten bedarf.

Der Antrag wurde zunächst angenommen, in zweiter Lesung aber wieder gestrichen, nachdem ausgeführt worden war, bei Nichtbegrenzung der Haftsummen würden die Versicherungsprämien, wie das in Österreich der Fall gewesen, so ungeheuer in die Höhe schnellen, daß der Minderbemittelte, außerstande, sich zu versichern, das Wagnis selbst tragen müßte (KommBer. 25).

Nach Inkrafttreten der Vorschrift machte der Wechsel des Geldwertes wiederholt eine Anpassung der Haftungssummen erforderlich. Das Gesetz vom 23. 11. 1922 (RGBl. 1923 I 1) ermächtigte in der Inflationszeit die Reichsregierung, mit Zustimmung des Reichsrats die seit 1909 geltenden Höchstbeträge zu ändern. Diese Ermächtigung wurde mit Gesetz vom 6. 2. 1924 (RGBl. I 1179) erneuert. Bis 1922 hatten die Höchstsummen betragen: Bei Tötung oder Verletzung *eines* Menschen 50 000,– M oder 3000,– M Jahresrente, Erhöhung bei mehreren Verletzten auf insgesamt 150 000,– M (9000,– M Rente). Bei Sachschäden 10 000,– M. Im Gesetz vom 23. 11. 1922 wurden erhöht der Betrag von 50 000,– M auf 5 000 000 M, der Rentenbetrag auf 250 000 M, der Betrag von 150 000 M auf 12 500 000 M, der Gesamtrentenbetrag auf 1 000 000 M sowie der Betrag für Sachschäden auf 1 000 000 M. Aufgrund der erteilten Ermächtigung änderte die Reichsregierung neuerlich die Haftungssummen durch VO vom 3. 10. 1923 (RGBl. I 932) und VO vom 6. 2. 1924 (RGBl. I 42). In der VO von 1924 wurden die Höchstbeträge auf die Hälfte der Höhe von 1909 herabgesetzt; als Wertmaß wurde die wertbeständige Goldmark eingeführt. Das Maßnahmengesetz vom 16. 7. 57 (BGBl I 710), in Kraft seit 19. 7. 1957, stellte die Höchstsummen von 1909 wieder her. Das Gesetz zur Änderung der Haftungshöchstbeträge nach dem StVG vom 15. 9. 1965 (BGBl. I 1352) erhöhte mit Wirkung ab 1. 10. 1965 die Höchstbeträge auf 250 000,– DM bzw. 15 000,– DM Jahresrente bei Personen- und 50 000,– DM bei Sachschäden, kannte aber keine über die Haftungshöchstbeträge hinausgehende Haftungsbegrenzung mehr bei Unfällen mit mehreren Verletzten. Die mehreren Verletzten hatten sich vielmehr seit 1. 10. 1965 in die sonst dem Alleinverletzten zustehende Haftungshöchstsumme zu teilen. Durch Gesetz vom 16. 8. 1977 (BGBl. I 1577), in Kraft seit 1. 1. 1978, wurden die nunmehr geltenden Höchstbeträge sowie erneut ein Summenhöchstbetrag für den Fall der Verletzung oder Tötung mehrerer eingeführt.

Eine weitere Änderung des § 12 wurde durch die Einführung der Gefährdungshaftung gegenüber Insassen öffentlicher Verkehrsmittel im Jahre 1939 erforderlich, denn andernfalls würde bei Unfällen, die eine Verletzung mehrerer Insassen zur Folge haben, der auf jeden Insassen treffende Entschädigungsbetrag unangemessen gering. Eingeführt wurde die Vorschrift, durch die der Summenhöchstbetrag bei Verletzung mehrerer Insassen außer Kraft gesetzt wurde, gleichzeitig mit § 8 Abs. 2 durch Gesetz vom 7. 11. 1939 (RGBl. I 2223). Bei Wegfall des Summenhöchstbetrags durch Gesetz vom 15. 9. 1965 (BGBl. I 1352) blieb die Ausnahme für die Insassenhaftung insoweit bestehen, als der Einzelhöchstbetrag für unanwendbar erklärt wurde. Seit 1. 1. 1978 besteht wieder die frühere Regelung.

I. Zweck der Vorschrift 1

Die summenmäßige Haftungsbeschränkung wurde im Jahre 1909 eingeführt, um die Versicherungsprämien für die Haftpflichtversicherung in erträglichen Grenzen zu halten. Diesem Gesichtspunkt kommt seit der Einführung der Pflichtversicherung, die sich auch auf die unbegrenzte Haftung aus unerlaubter Handlung bezieht, nur noch eine zweitrangige Bedeutung zu. Die Notwendigkeit einer summenmäßigen Begrenzung der Haftung beruht nunmehr in erster Linie auf der Erwägung, daß sie bei Vorschriften, die eine Haftung ohne Verschulden vorsehen, das gebotene Gegenstück zur Ausweitung des Haftungstatbestandes ist.

II. Anwendungsbereich

1. Haftpflichtansprüche 2

Die Höchstbeträge nach § 12 gelten für die Haftung des Kraftfahrzeug-Halters nach § 7 und für die des Kraftfahrzeugführers nach § 18. Sie gelten nicht, wenn der Anspruch des Verletzten auch aus dem Gesichtspunkt der unerlaubten Handlung (§ 823 BGB; vgl. hierzu § 16, 5ff) begründet ist. Von den sonstigen Gefährdungshaftungstatbeständen sehen §§ 9, 10 HaftpflG und § 37 LuftVG, nicht aber §§ 833, 834 BGB und § 22 WHG eine Haftungsbegrenzung vor.

2. Ausgleichsansprüche 3

Bei Ausgleichsansprüchen nach § 17 Abs. 1 S. 1 gilt § 12 ebenfalls (BGH DAR **1957** 129). Wird mithin der Halter oder Führer eines Kraftfahrzeugs von einem anderen Unfallbeteiligten, der die Ansprüche des Verletzten erfüllt hat, auf teilweisen Ersatz der Aufwendungen in Anspruch genommen, so braucht er, soweit er nur aus § 7 oder § 18 haftet, nie mehr als den Haftungshöchstbetrag zu zahlen (BGH VersR **1964** 1145).

4 **3. Mithaftung des Verletzten**

Nach der Rechtsprechung des RG und des BGH soll die Verpflichtung des geschädigten Halters, bei eigener Mitverantwortung einen Teil des Schadens mitzutragen (vgl. § 9, 4; § 17, 40), nicht auf die Höchstgrenzen des § 12 begrenzt sein (RGZ **149** 213; BGH NJW **1956** 1068; VRS **11** 108).

Diese Ansicht beruht auf einer Verkennung des Zwecks der summenmäßigen Haftungsbegrenzung. Diese ist etwa seit 1910 unersetzlicher Ausgleich für fast alle Fälle des Haftens ohne Verschulden geworden, die seitdem eingeführt wurden. Damals setzte sich die Rechtsüberzeugung durch, daß der Schaden des hierfür mitverantwortlichen Verletzten aufzuteilen sei, auch wenn den Verletzten kein Verschulden trifft. Wird dem Verletzten auferlegt, ohne Verschulden einen Teil seines eigenen Schadens zu tragen (wie z. B. in § 17 Abs. 1 Satz 2) und haftet der Verursacher des Unfalls ihm aus unerlaubter Handlung, so wäre es grob unbillig, dem Verletzten die Tragung eines über die Haftungsgrenzen des § 12 hinausgehenden Schadens zuzumuten (s. auch § 17, 43).

III. Einzelheiten der Haftungsbegrenzung

5 **1. Personen- und Sachschaden**

Der Höchstbetrag von 100 000,– DM für den Ersatz von Sachschäden tritt neben den Höchstbetrag von 500 000,– DM für Personenschäden. Der für den Ersatz von Personenschäden zur Verfügung stehende Betrag mindert sich mithin (anders als in § 37 Abs. 4 LuftVG nicht, wenn ein Unfall außer Personenschäden auch Sachschäden hervorgerufen hat.

6 Der Höchstbetrag wegen eines Personenschadens umfaßt sämtliche durch den Tod oder die Verletzung einer Person entstandenen Ansprüche; er umfaßt mithin neben dem Unterhaltsschaden der Witwe auch die Kosten der versuchten Heilung und die Beerdigungskosten (BGH DAR **1969** 101).

7 **2. Mehrere Schadensposten**

Setzt sich der Schaden aus mehreren Posten zusammen, ist aber nur eine Person geschädigt, so kann diese nach BGHZ **50** 271 nicht nach ihrem Belieben einen oder mehrere der Schadensposten bis zur Erschöpfung des Höchstbetrages geltend machen und auf die Geltendmachung der übrigen verzichten (woran u. U. wegen eines gesetzlichen Forderungsübergangs ein Interesse bestehen kann). Die Normierung der Höchstbeträge in § 12 bewirkt vielmehr eine verhältnismäßige Kürzung jedes ersetzt verlangten Schadenspostens, und zwar in dem Verhältnis, in dem die Haftungshöchstsumme zum Gesamtbetrag des Schadens steht. Der Schädiger, der dartut, daß der Geschädigte Anspruch auf Ersatz weiterer Schadensposten hat, muß daher auch deren Höhe dartun, wenn er die geltendgemachten Posten teilweise zu Fall bringen will.

3. Mithaftung des Verletzten 8

Trifft den Verletzten ein mitwirkendes Verschulden (oder eine mitwirkende Verantwortung nach § 17 Abs. 1 Satz 2), so wird der Höchstbetrag nicht etwa im Verhältnis des mitwirkenden Verschuldens verringert. Vielmehr erhält der Verletzte den vollen ihm unter Berücksichtigung seiner Mithaftung zustehenden Schadenersatz, wenn dieser sich innerhalb der Höchstgrenzen des § 12 hält. Übersteigt die Forderung den Höchstbetrag, so ist nur dieser geschuldet. Haben sich mehrere Verletzte in den Höchstbetrag zu teilen (Rdn. 17ff), so nimmt jeder mit dem Betrag an der Verteilung teil, der ihm unter Beachtung seiner Mitverantwortung zusteht (RGZ **87** 404; RG JW **1930** 2943 m. Anm. *Fromherz*; BGH VRS **7** 34).

4. Kapitalbetrag und Rente 9

Die Vorschrift besagt nicht etwa, daß bei Personenschäden neben einem Kapitalbetrag von 500 000,– DM noch eine Rente von jährlich 30 000,– DM zu zahlen sei. Vielmehr ist nur das eine oder andere geschuldet. Besteht der Schadenersatz in einer Rente, so ist allerdings fast immer daneben noch ein Kapitalbetrag für Heilungskosten oder Beerdigungskosten geschuldet. Dieser kürzt den Höchstbetrag für die Rente (RGZ **136** 84). Er ist bei der Berechnung der Kürzung aber nicht etwa, wie man früher annahm (RGZ **156** 392; RG JW **1931** 854 m. Anm. *Müller*), in voller Höhe zu berücksichtigen; vielmehr gilt der oben Rdn. 7 behandelte Grundsatz auch hier, daß die Verteilung der Haftungshöchstsumme auf verschiedene Schadensposten nach Quoten zu erfolgen hat (BGHZ **51** 226). Bei der Berechnung der Kürzung ist davon auszugehen, daß der Betrag von 30 000,– DM 6% von 500 000,– DM ausmacht. Die Haftungssumme von 500 000,– DM ist zunächst um alle Beträge zu mindern, die als Kapital geschuldet sind (BGH VersR **1969** 569); dabei ist der Kapitalbetrag allerdings, auch wenn er schon voll ausbezahlt wurde, nur mit der sich nach Abs. 2 errechnenden Quote in Ansatz zu bringen, 6% des Restes entspricht sodann dem Höchstbetrag der daneben geschuldeten Jahreshöchstrente (RGZ **156** 392; BGHZ **51** 226; BGH VRS **22** 189).

Um eine Kürzung der Rente zu vermeiden, kann teilweise statt eines Kapitalbetrags Rente gefordert werden. Verdienstausfall und Ersatz für vermehrte Bedürfnisse kann der Verletzte für die Vergangenheit nach freier Wahl entweder als Kapital oder Rente fordern; desgleichen Heilungskosten (§ 13, 13). Fordert der Verletzte den bereits aufgelaufenen Betrag als Kapital, so ist er ihm voll zuzusprechen (BGH VersR **1956** 17; **1964** 638; VRS **22** 189); die Rente für die Zukunft verringert sich hierdurch entsprechend (Rdn. 9). Für die Vergangenheit können mithin in diesem Fall mehr als 30 000,– DM pro Jahr verlangt werden, auch soweit es sich um Verdienstausfall oder Vermehrung der Bedürfnisse handelt (RGZ **151** 9; RG VAE **1937** 322; BGH VersR **1956** 17; VRS **22** 189). Der Schuldner ist nicht berechtigt, durch einseitige Erklärung die Rentenschuld in eine Kapitalschuld umzuwandeln (BGH VersR **1969** 569). Nur der Gläubiger ist berechtigt, Kapital statt Rente zu verlangen. Das kann er auch stillschweigend erklären (BGH VersR **1969** 569). Zwar kann er einen Schadensposten als Kapital, den anderen als Rente fordern, er darf aber denselben Schadensposten nicht zerreißen, z. B. auch den Zukunftsschaden nicht teilweise als Rente, teils als Kapitalabfindung geltend machen (BGH VersR **1968** 664). Er muß sich für das eine oder andere entscheiden. Bei hohen kurzfristigen Schäden ist also für den Verletzten die Kapitalzahlung günstiger als die Rentenzahlung. Bei einer voraussichtlichen Laufzeit von mehr als 16 Jahren ist die Rente günstiger; die 10

Pflicht zur Rentenzahlung endet nicht etwa bei Erreichen der für Kapitalleistungen geltenden Grenze von 500 000,– DM. Ist nach der Klagebegründung nicht klar, ob für die Vergangenheit Kapital oder Rente gefordert wird, so hat der Richter sein Fragerecht auszuüben oder den Willen des Klägers durch Auslegung zu ermitteln (BGH VersR **1964** 638).

11 **5. Gesetzlicher Forderungsübergang**

a) Auswirkungen hinsichtlich kongruenter Forderungen. Ein Forderungsübergang wirkt sich bei der Berechnung des Höchstbetrages dann zu Ungunsten des Verletzen aus, wenn ein **Sozialversicherungsträger** mit Quotenvorrecht (§ 10, 83) eine kongruente Forderung infolge gesetzlichen Übergangs erworben hat (zum Begriff der Kongruenz vgl. § 10, 69, zu den Rechtsgrundlagen des Forderungsübergangs § 10, 60). Ein Rentenanspruch kann in einem solchen Fall dem Verletzten (oder Hinterbliebenen) für Vergangenheit und Zukunft nur noch in Höhe des Unterschieds zwischen den im betreffenden Jahr von den Sozialversicherungsträgern zu erbringenden Leistungen und 30 000,– DM zustehen.

12 Ist die Forderung auf einen **Privatversicherer** oder bei Verletzung eines Beamten auf den **Staat** übergegangen, so steht dem Verletzten das Quotenvorrecht zu (§ 7, 285; § 10, 86; § 11, 33). Das bedeutet, daß die dem Verletzten verbliebenen Ansprüche anteilsmäßig (Rdn. 7) zu berechnen und von 500 000,– DM abzuziehen sind, damit sich der dem Privatversicherer oder Staat zustehende Restbetrag der Haftungssumme ergibt (vgl. für die Kaskoversicherung BGHZ **47** 196; **50** 271).

13 Haben **mehrere Sozialversicherungsträger** Leistungen wegen unfallbedingter Schäden zu erbringen, so sind sie Gesamtgläubiger. Das Gericht hat also nicht den Teil des Haftungsbetrages zu errechnen, der auf jeden Versicherungsträger trifft, sondern nur den Betrag, der auf alle Sozialversicherungsträger insgesamt trifft (BGHZ **28** 68). Dasselbe gilt, wenn ein öffentlicher Dienstherr und Sozialversicherungsträger Leistungen zu erbringen haben (BGH VersR **1960** 85), jedoch wirkt sich das Quotenvorrecht des Sozialversicherungsträgers auch gegenüber dem Dienstherrn aus (vgl. § 10, 100).

14 **b) Auswirkungen hinsichtlich inkongruenter Forderungen.** Schadensersatzansprüche bezüglich solcher Schadensposten, zu deren Ausgleich die Leistung des Sozialversicherungsträgers, Dienstherrn oder Privatversicherers nicht bestimmt ist, verbleiben dem Verletzten bzw. Hinterbliebenen. Insoweit kommt es, wenn der Schaden die Höchstbeträge nach § 12 übersteigt, zu einer Konkurrenz zwischen Geschädigtem und Legalzessionar, die nicht nach den Grundsätzen über das Quotenvorrecht zu lösen ist. Hier greift vielmehr der Rechtsgedanke der verhältnismäßigen Aufteilung, den § 12 Abs. 2 für den Fall der Verletzung mehrerer Personen aufstellt, in entsprechender Anwendung ein (BGHZ **51** 226; BGH VersR **1958** 324; **1968** 786). Sind bei dieser Sachlage ein Kapitalbetrag und eine Rentenleistung zueinander in Relation zu setzen, so ist für die Rente der Kapitalbetrag anzusetzen, der bei der in § 12 Abs. 1 Nr. 1 zugrundegelegten sechsprozentigen Verzinsung den Jahresbetrag der Rente ergibt (BGHZ **51** 226; s. a. Rdn. 9).

15 **6. Künftige Schäden**

Beim Zusammentreffen bezifferbarer Schäden mit in Zukunft zu erwartenden, ihrer Höhe nach nicht feststehenden Schäden ist es, wenn nur eine Person beim Unfall einen Schaden erlitten hat (und auch nicht mehrere Hinterbliebene anspruchsberechtigt sind), nicht angängig, die voraussichtliche Höhe der Zukunftsschäden zu schätzen und, wenn unter Berücksichtigung dieser Schäden die Höchsthaftungssumme überschritten wird, die bereits ziffernmäßig feststehenden Ansprüche zu kürzen (BGH VRS **22** 189). Eine Kürzung kommt auch dann nicht in Betracht, wenn der Verletzte Ansprüche für die Vergangenheit geltend macht und daneben der Sozialversicherer aufgrund Forderungsübergangs ebenfalls, die Summe der Ansprüche für die Vergangenheit aber 500 000,– DM nicht übersteigt (BGH VRS **22** 189). Dies wird nur erforderlich, wenn weitere Verletzte oder Hinterbliebene Ansprüche stellen (Rdn. 17 ff). Ist dagegen nur eine Person aus dem Unfall forderungsberechtigt, so sind dieser alle geltendgemachten Ansprüche in zeitlicher Reihenfolge so lange zuzusprechen, bis der Höchstbetrag erschöpft ist. Dies gilt lediglich insofern nicht, als eine Rente verlangt wird (RG JW **1931** 854). Diese darf stets nur bis zu dem im Gesetz bestimmten und gegebenenfalls nach Rdn. 9 gekürzten jährlichen Höchstsatz zuerkannt werden.

Wird in einem Urteil dem Verletzten ein bestimmter Betrag oder eine laufende **16**
Rente zugesprochen und daneben die Ersatzpflicht des Schädigers für Zukunftsschäden **festgestellt**, so ist im feststellenden Teil des Urteils die Beschränkung auf den von § 12 gesetzten Rahmen auszusprechen. Dies gilt nach BGH VersR **1981** 1180 jedoch dann nicht, wenn der Schaden des Klägers den Höchstbetrag offensichtlich nicht überschreiten wird oder wenn sich die Beschränkung eindeutig aus dem Zusammenhang von Urteilsformel und Entscheidungsgründen ergibt. Ist die Beschränkung im landgerichtlichen Urteil versehentlich unterblieben und legt der Verletzte Berufung ein, so kann das OLG nicht etwa unter Hinweis auf das Fehlen der Beschränkung dem Verletzten einen Betrag zuerkennen, der den Höchstbetrag übersteigt (BGH VRS **23** 348). Es muß vielmehr die Urteilsformel berichtigen. Bei Feststellungsklagen darf nicht übersehen werden, daß, wenn die Haftungssumme des § 12 bereits erreicht ist, das nach § 256 ZPO erforderliche Feststellungsinteresse entfallen kann. Dies gilt aber nur, wenn bereits feststeht, daß die Haftungshöchstsumme durch die übrigen Ansprüche bereits erschöpft ist (BGH VersR **1961** 1115). Das Gericht kann mithin nicht durch Zwischenurteil den Rentenanspruch dem Grunde nach für berechtigt erklären und gleichzeitig den Feststellungsantrag für die übrigen Ansprüche mit der Begründung abweisen, die Haftungshöchstsumme werde voraussichtlich durch die Rente allein erschöpft werden (RG JW **1931** 854 m. Anm. *Müller*). Haben auch andere Verletzte aus demselben Unfall Ansprüche geltend gemacht und läßt sich daher, weil deren Berechtigung zweifelhaft ist, noch gar nicht übersehen, ob ein Teil der Haftungssumme noch für den Feststellungsanspruch zur Verfügung steht, so ist Klage dahin zu erheben, daß Feststellung der Zahlungspflicht für weitere Schäden „vorbehaltlich einer Herabsetzung der Ansprüche des Klägers gemäß § 12 Abs. 2 StVG" begehrt wird (BGH VersR **1961** 1115).

7. Mehrere Verletzte **17**

Erlitten bei einem Unfall mehrere Personen Sach- oder Personenschäden, so haben sich diese in den Haftungshöchstbetrag für Sachschäden (Abs. 1 Nr. 3) und den absoluten Höchstbetrag für Personenschäden (Abs. 1 Nr. 2) zu teilen. Besonderheiten gelten, wenn Insassen nach § 8a Ansprüche gegen den Halter aus Gefährdungshaftung für Personenschäden geltend machen (vgl. Rdn. 22).

18 **a) Identität des haftungsbegründenden Ereignisses.** Eine Pflicht zur Teilung entsteht nur, wenn die Ansprüche der mehreren Verletzten aus „demselben Ereignis" entstanden sind. Unter Ereignis ist der tatsächliche Vorgang zu verstehen, der den Unfall hervorgerufen hat (§ 7, 385). Hat ein Ereignis mehrere Unfälle verursacht, so sind alle dabei Verletzten zur Haftungsgemeinschaft zusammengefaßt und müssen sich in die Höchsthaftungssummen teilen. Das gilt vor allem bei sogenannten Serienunfällen, wie sie nicht selten entstehen, wenn ein Kraftfahrzeug nach einem Unfall auf der Autobahn liegen bleibt und weitere Kraftfahrzeuge auffahren. Eine zeitliche Grenze besteht nicht. Die Haftungsgemeinschaft dehnt sich auch noch auf die Insassen und den Halter eines nach Stunden auffahrenden oder durch Ausweichbewegung von der Fahrbahn abkommenden Kraftfahrzeugs aus, sofern der erste Unfall hierfür ursächlich war. Andererseits ist zu beachten, daß keine Haftungsgemeinschaft entsteht, wenn ein Kraftfahrzeug auf einer Fahrt mehrere Unfälle erleidet. Dies gilt auch dann, wenn die Unfälle auf einem fortwährenden Dauerzustand (z. B. Trunkenheit des Fahrers oder Funktionsuntüchtigkeit der Bremsen) beruhen. Ein solcher Zustand ist kein Ereignis im Sinne des § 12.

19 **b) Zusammentreffen von Gefährdungshaftung und deliktischer Haftung.** Haftet der Halter – was nur in Ausnahmesituationen denkbar ist – einem Verletzten aus § 7, einem anderen aber aus unerlaubter Handlung, so bleibt letzterer für die nachfolgend dargestellte Ermittlung des Haftungshöchstbetrages außer Betracht. Dem bzw. den allein nach StVG Anspruchsberechtigten bleibt also der gesamte Höchstbetrag nach § 12 Abs. 1 Nr. 1 bzw. Nr. 2 erhalten.

20 **c) Haftungsbegrenzung bei Personenschäden.** Der Haftungsumfang wird bei Tötung und/oder Verletzung mehrerer Menschen in zweifacher Hinsicht begrenzt: durch den Höchstbetrag für jeden einzelnen (Abs. 1 Nr. 1: 500 000 DM oder jährliche Rente von 30 000 DM) und durch den Summenhöchstbetrag, der die absolute Grenze für den insgesamt zu leistenden Betrag setzt (Abs. 1 Nr. 2: 750 000 DM oder jährliche Rente von 45 000 DM). Übersteigt der gesamte Personenschaden den Summenhöchstbetrag, so ist die jedem einzelnen zu leistende Entschädigung verhältnismäßig zu kürzen (Abs. 2). Liegt der Schaden bei einem der Verletzten bereits über dem Einzelhöchstbetrag, so ist der Abzug von letzterem vorzunehmen.

21 Da ein **Verteilungsverfahren** (wie etwa beim Konkurs) nicht vorgesehen ist, entsteht für den Verletzten bei Vorhandensein mehrerer Anspruchsberechtigter die Schwierigkeit, bei der Bezifferung seines Klageantrags die möglicherweise zum Überschreiten des Summenhöchstbetrags führenden Ansprüche der anderen in Rechnung zu stellen. Noch schwieriger ist die Situation des Ersatzpflichtigen, der die Anspruchsminderung nach § 12 zu beweisen hat (Rdn. 31). Für den Verletzten wird, wenn es nicht möglich ist, das Vorgehen gegen den Schädiger mit den anderen Verletzten zu koordinieren und die Haftungssumme entsprechend aufzuteilen, in Betracht zu ziehen sein, zunächst eine Klage auf Feststellung der Ersatzpflicht mit Vorbehalt der Begrenzung nach § 12 Abs. 2 zu erheben. Auf seiten des Ersatzpflichtigen könnte bei Inanspruchnahme durch einen Verletzten an die Möglichkeit einer Streitverkündung (§ 72 ZPO) gedacht werden. Eine Hinterlegung des Haftungsbetrags nach § 372 BGB scheidet dagegen aus, weil es sich nicht um *eine* Forderung handelt, die von mehreren in Anspruch genommen wird, sondern um *mehrere* Forderungen (*Wussow* NJW **1959** 563).

22 Für **Ansprüche der durch das Kraftfahrzeug beförderten Person** gegen dessen Halter bei entgeltlicher Benutzung (§ 8a Abs. 1 Satz 1) gilt der Summenhöchstbetrag

nicht (§ 12 Abs. 1 Nr. 2 Halbsatz 2). Derartige Personen können ihre Ansprüche – bis zur Grenze der Nr. 1 – gegen den Ersatzpflichtigen auch dann voll geltend machen, wenn weitere Verletzte vorhanden sind und der Summenhöchstbetrag nach Nr. 2 überschritten wird. Umgekehrt beeinträchtigen die Ansprüche beförderter Personen die Ansprüche anderer Verletzter nicht; es wird gleichsam so angesehen, als seien die beförderten Personen nicht durch „dasselbe Ereignis" verletzt worden.

Gegenüber mehreren **Hinterbliebenen eines Getöteten** greift nach dem klaren 23 Wortlaut des § 12 Abs. 1 Nr. 2 („Tötung mehrerer Menschen") nicht die Summenbegrenzung nach Nr. 2, sondern die Einzelbegrenzung nach Nr. 1 ein (RGZ **127** 183; BGH VersR **1967** 903). Sie haben sich also bei Überschreitung des Kapitalbetrags von 500 000 DM bzw. des Rentenbetrags von jährlich 30 000 DM in entsprechender Anwendung des Abs. 2 in die genannten Beträge zu teilen.

d) Haftungsbegrenzung bei Sachschäden. Der Höchstbetrag beläuft sich hier, 24 gleich ob eine oder mehrere Sachen beschädigt wurden, einheitlich auf 100 000 DM. Ist mehreren Geschädigten bei einem diesen Betrag übersteigenden Gesamtschaden Ersatz zu leisten, so ist nach Abs. 2 eine anteilsmäßige Kürzung der Entschädigungen vorzunehmen; Rdn. 20f gelten insoweit entsprechend. Eine Sonderregelung für durch das Kraftfahrzeug beförderte Sachen besteht nicht.

8. Nichteinrechnung von Rechtsverfolgungskosten 25

Notwendige Rechtsverfolgungskosten, die dem Geschädigten nach § 7 zu ersetzen sind (§ 7, 252ff) sind in die Höchstbeträge nach § 12 nicht einzurechnen, sondern ggfl. zusätzlich zu erstatten. Es wäre sinnwidrig, Kosten, die dem Geschädigten zur Rechtsverfolgung zwangsläufig entstehen, mittels Kürzung seiner Ersatzansprüche zu seinen Lasten gehen zu lassen (BGH VersR **1968** 998; **1969** 1043 für die im Verwaltungsverfahren nach dem NTS und dem hierzu ergangenen Gesetz entstandenen Kosten).

IV. Änderung der gesetzlichen Höchstbeträge

1. Gesetzliche Regelung 26

Die in § 12 normierten Haftungshöchstbeträge wurden vom Gesetzgeber wiederholt geändert (vgl. den Abschnitt „Geschichtliche Entwicklung"). Damit entsteht die Frage, welcher Betrag maßgeblich ist, wenn der Höchstbetrag nach einem Unfall geändert wurde. Sie wurde vom Gesetzgeber jeweils durch Übergangsregelungen geklärt (hinsichtlich der letzten Änderung oben im Anschluß an den Text des § 12 abgedruckt).

2. Begrenzte Rückwirkung der Änderungen 27

Die gesetzlichen Übergangsvorschriften stimmen – während diejenige von 1923 keinerlei Rückwirkung auf zurückliegende Unfälle vorsah – seit der Änderung von 1924 (Art. II des Gesetzes vom 2. 2. 1924 RGBl. I 42) in folgendem überein: **Sachschäden** aus Unfällen, die vor dem Inkrafttreten der Änderung liegen, werden nur im Rahmen der früher geltenden Höchstsummen ersetzt. Dies gilt grundsätzlich auch für **Personenschäden**; doch kann, wenn die Billigkeit (BGH VRS **14** 334; LG Berlin VersR **1968** 249) dies fordert, vom Inkrafttreten an Schadensersatz nach der neuen, dem Verletzten günstigeren Regelung verlangt werden. Diese Rückwirkung der Änderungsgesetze verstößt nicht gegen das Grundgesetz (BGH VersR **1960** 151). Das Maßnahmengesetz vom 16. 7. 1957 brachte erstmals eine noch mehr ins Einzelne gehende Übergangsregelung für solche Ersatzansprüche. Sie ist oben im Anschluß an den Gesetzestext des § 12 abgedruckt und gilt nach Art. 2 des Gesetzes vom 15. 9. 1965 sowie nach Art. 5 des Gesetzes vom 16. 8. 1977 auch für die am 1. 10. 1965 bzw. am 1. 1. 1978 in Kraft getretenen Gesetzesänderungen.

28 Der **Billigkeit** entspricht die erhöhte Haftung des Ersatzpflichtigen dann, wenn es ihm nach seinen wirtschaftlichen Verhältnissen zuzumuten ist, den Mehrbetrag aufzubringen und wenn dies auch aus der Sicht des Verletzten zum gerechten Schadensausgleich geboten ist (z. B. bei einem Fürsorgeempfänger, dem ein haftpflichtversicherter Schädiger gegenübersteht; BGH VersR **1960** 151). Sind die wirtschaftlichen Verhältnisse des Verletzten so gut, daß er nicht aus Billigkeitsgründen Schadensersatz verlangen kann, dann braucht nicht geprüft zu werden, ob dem Schädiger eine Zahlung zuzumuten wäre (BGH VersR **1961** 446; OLG Hamm VersR **1973** 378). Nicht der Billigkeit entspricht es, wenn der Betrag nicht dem Verletzten zugutekommt, sondern einem Dritten, auf den die Forderung übergegangen ist (BGH VersR **1968** 303).

29 Greift die Rückwirkung aus Billigkeitsgründen nur zugunsten **eines von mehreren Geschädigten** ein, so ist dessen Anspruch unter Anwendung der Grundsätze des § 12 Abs. 2 zu berechnen. Hierbei sind die Ansprüche der Mitgeschädigten in der Höhe in Ansatz zu bringen, die sie erreichen würden, wenn die Rückwirkung auch ihnen zugute käme. Der nach dieser Berechnung auf den durch die Rückwirkung begünstigten Geschädigten entfallende Betrag darf dann aber nicht etwa aufgrund des Umstandes, daß die Ansprüche der anderen wegen der Begrenzung durch die alten Höchstbeträge in Wirklichkeit geringer sind, entsprechend erhöht werden. Hierdurch würde der Betreffende entgegen dem Sinn der Rückwirkungsvorschrift besser gestellt, als er stünde, wenn sich der Unfall schon unter der Geltung des neuen Rechts ereignet hätte. Sein Anteil an dem gemeinschaftlich zu beanspruchenden Höchstbetrag bleibt daher verhältnismäßig gemindert um die *unterstellten* Ansprüche der Mitgeschädigten (BGH NJW **1972** 1466).

30 Der für Personenschäden angeordneten Rückwirkung ist **keine zeitliche Grenze** gezogen; sie greift auch für Unfälle ein, die so weit zurückliegen, daß bis zur Entschädigungszahlung das Gesetz zweimal geändert wurde (RG JR **1926** Nr. 276; BGH VRS **31** 411; *Arndt* RdK **1926** 37).

31 **V. Beweislast**

An sich ergibt sich die Begrenzung der Haftung auf die in § 12 bestimmten Summen aus dem Gesetz. Beweisschwierigkeiten können sich jedoch dann ergeben, wenn eine verhältnismäßige Kürzung des Klageanspruchs in Betracht kommt, weil mehrere Geschädigte vorhanden sind und die Summe der Ansprüche den Haftungshöchstbetrag übersteigt. Dies geltend zu machen, ist Sache des Schädigers. Behauptet er, weitere Verletzte hätten berechtigte Forderungen aus demselben Unfall, so muß er beweisen, daß solche berechtigten Forderungen bestehen und wie hoch sie sind (BGH NJW **1972** 1466).

§ 13

Ersatz in Form einer Rente

(1) Der Schadensersatz wegen Aufhebung oder Minderung der Erwerbsfähigkeit und wegen Vermehrung der Bedürfnisse des Verletzten sowie der nach § 10 Abs. 2 einem Dritten zu gewährende Schadensersatz ist für die Zukunft durch Entrichtung einer Geldrente zu leisten.

(2) Die Vorschriften des § 843 Abs. 2 bis 4 des Bürgerlichen Gesetzbuchs finden entsprechende Anwendung.

(3) Ist bei der Verurteilung des Verpflichteten zur Entrichtung einer Geldrente nicht auf Sicherheitsleistung erkannt worden, so kann der Berechtigte gleichwohl Sicherheitsleistung verlangen, wenn die Vermögensverhältnisse des Verpflichteten sich erheblich verschlechtert haben; unter der gleichen Voraussetzung kann er eine Erhöhung der in dem Urteil bestimmten Sicherheit verlangen.

§ 843 Abs. 2 bis 4 BGB lauten:

(2) Auf die Rente finden die Vorschriften des § 760 Anwendung. Ob, in welcher Art und für welchen Betrag der Ersatzpflichtige Sicherheit zu leisten hat, bestimmt sich nach den Umständen.

(3) Statt der Rente kann der Verletzte eine Abfindung in Kapital verlangen, wenn ein wichtiger Grund vorliegt.

(4) Der Anspruch wird nicht dadurch ausgeschlossen, daß ein anderer dem Verletzten Unterhalt zu gewähren hat.

§ 760 BGB lautet:

(1) Die Leibrente ist im voraus zu entrichten.

(2) Eine Geldrente ist für drei Monate vorauszuzahlen; bei einer anderen Rente bestimmt sich der Zeitabschnitt, für den sie im voraus zu entrichten ist, nach der Beschaffenheit und dem Zwecke der Rente.

(3) Hat der Gläubiger den Beginn des Zeitabschnitts erlebt, für den die Rente im voraus zu entrichten ist, so gebührt ihm der volle auf den Zeitabschnitt entfallende Betrag.

Übersicht

Schrifttum

Geyer Kapitalisierung dynamischer Renten NJW **1974** 1170; *Hüskes* Zur Berechnung von Schadensrenten nach §§ 843, 844 Abs. 2 BGB VersR **1959** 250; *Nehls* Kapitalisierungstabellen (1977); *Nehls* Kapitalisierung von Schadensersatzrenten VersR **1981** 407; *Preußner* Die Kapitalisierung von Renten wegen entgangenen Unterhalts VersR **1967** 840; *Schlund* Juristische Grundlagen der Kapitalisierung von Schadensersatzrenten VersR **1981** 401; *Schlund/Schneider* Rentenkapitalisierung unter Berücksichtigung der mutmaßlichen Lebensdauer des Unterhaltsberechtigten VersR **1976** 210; *Schneider* Kapitalisierung von Schadensersatzrenten VersR **1981** 493; *Schneider/Schlund/Haas* Kapitalisierungs- und Verrentungstabellen (1977).

Entstehungsgeschichte

Die Vorschrift war schon im Entwurf 1906 enthalten und blieb bis 1952 unverändert. Absatz 2 Satz 2 hatte ursprünglich gelautet: „Das Gleiche gilt für die dem Verletzten zu entrichtende Geldrente von der Vorschrift des § 850 Abs. 3 und für die dem Dritten zu entrichtende Geldrente von der Vorschrift des § 850 Abs. 1 Nr. 2 ZPO.“ Dieser Satz 2 wurde anläßlich der Neubekanntmachung des Gesetzes am 19. 12. 1952 (BGBl. I 837), die aufgrund des ersten Straßenverkehrssicherungsgesetzes erfolgte, als gegenstandslos gestrichen. Sonstige Änderungen des Gesetzestextes sind unterblieben mit Ausnahme der Streichung der in Absatz 2 enthalten gewesenen Verweisung auf § 708 Nr. 6 ZPO (jetzt § 708 Nr. 8 ZPO) durch die Vereinfachungsnovelle vom 3. 12. 1976 (BGBl. I 3281).

1 **I. Bedeutung der Vorschrift**

Die Vorschrift hat einen zweifachen Inhalt. Sie bestimmt, daß bei Personenschäden der Ersatz für Verdienstausfall und Vermehrung der Bedürfnisse (nach § 11) sowie der Ersatz für entgehenden Unterhalt (nach § 10 Abs. 2) im Regelfall für die Zukunft nicht als Kapitalabfindung, sondern als Rente zu gewähren ist, und regelt außerdem die Einzelheiten einer solchen Rente. Das Schwergewicht ruht nicht auf diesen Einzelheiten, sondern auf dem Grundsatz des Schadensersatzes in Rentenform. Erhält ein Verletzter, dessen Erwerbsmöglichkeiten durch einen Unfall gemindert worden sind oder der ganz erwerbsunfähig geworden ist, als Schadenersatz einen Kapitalbetrag, so besteht die Gefahr, daß er ihm später durch wirtschaftliche Fehldispositionen oder durch Geldentwertung verloren geht. Ähnlich liegen die Verhältnisse, wenn bei einem Unfall der Ernährer der Familie getötet wurde. Deshalb hat der Gesetzgeber angeordnet, daß der Schadenersatz in solchen Fällen grundsätzlich durch Entrichtung einer Geldrente zu leisten ist. Dieses Ziel wird freilich nur in seltenen Fällen erreicht, weil den Haftpflichtversicherern daran gelegen ist, jeden Schadensfall möglichst schnell restlos abzuwickeln, und weil sie deshalb entgegenkommend berechnete Kapitalabfindungen anzubieten pflegen, die sich die Verletzten oder Hinterbliebenen nach Abschluß eines Abfindungsvergleichs auszahlen lassen (Rdn. 11). Der Gesetzgeber ist nicht so weit gegangen, den Grundsatz der Vertragsfreiheit in diesem Punkte einzuschränken. § 13 Abs. 1 ist Sondervorschrift gegenüber § 843 Abs. 1 BGB, der den gleichen Grundsatz, allerdings nicht beschränkt auf Zukunftsschäden, aufstellt.

II. Regelung für Zukunftsschäden 2

1. Grundsätzlich Rente

Nach § 13 Abs. 1 kann dann, wenn – jeweils für die Zukunft – entweder die Voraussetzungen für die Gewährung eines Ersatzanspruchs wegen Verdienstausfalls oder Vermehrung der Bedürfnisse gegeben sind, also dem Verletzten ein Anspruch nach **§ 11** zusteht, oder wenn unterhaltsberechtigte Hinterbliebene nach **§ 10 Abs. 2** einen Ersatzanspruch wegen Tötung des Unterhaltsverpflichteten haben, vom Geschädigten nur Ersatz in Form einer Rente, nicht als Kapitalabfindung, verlangt werden.

2. Zeitlicher Anwendungsbereich 3

Die Vorschrift gilt nur für den für die **Zukunft** zu leistenden Schadenersatz. Der Zeitpunkt, von dem an nur eine Geldrente, nicht aber die Kapitalabfindung gefordert werden kann, ist im Rechtsstreit der der mündlichen Verhandlung (BGHZ **59** 187; BGH VersR **1972** 1030; s. auch RGZ **156** 392; BGH VersR **1964** 639: Urteilserlaß). Dies gilt auch bei der Geltendmachung von Ansprüchen nach dem NTS; hier ist nicht etwa auf den Zeitpunkt der Entscheidung des Amtes für Verteidigungslasten abzustellen (BGH VersR **1972** 1019; **1972** 1030; **1974** 550).

3. Ausnahmsweise Kapitalabfindung 4

a) Nach § 13 Abs. 2 i.V.m. § 843 Abs. 3 BGB kann der Verletzte eine Kapitalabfindung statt der Rente verlangen beim Vorliegen eines **wichtigen Grundes**. Ein solcher ist gegeben, wenn zu erwarten ist, daß der Wegfall der Rente einen günstigen Einfluß auf den psychischen Zustand des Verletzten haben und er sich wieder ins Erwerbsleben eingliedern wird (RGZ **73** 418). Wenn bei den Ansprüchen gegen mehrere Schädiger die Frage entsteht, ob Kapitalabfindung statt Rente gefordert werden kann, gegen einen der Schädiger aber dahin beantwortet worden ist, daß Kapitalabfindung zu gewähren ist, wird dies in der Regel ein wichtiger Grund sein, auch gegen die anderen Schuldner einen gleichen Anspruch zuzulassen. Wird gleichzeitig entschieden, so sind die Verhältnisse aller Beteiligten zu berücksichtigen. Das Reichsgericht ging sogar so weit, es als unzulässig anzusehen, den einen Schädiger zur Rente, den anderen aber zur Kapitalabfindung zu verurteilen (RGZ **68** 430). Ob es als wichtiger Grund genügt, daß der Verletzte die Abfindung zur Gründung oder zur Übernahme eines Erwerbsgeschäftes begehrt, erscheint fraglich; jedenfalls sind die Aussichten für einen erfolgreichen Betrieb des Geschäfts sorgfältig zu prüfen (vgl. RG JW **1933** 840). Es kann auch angebracht sein, auf einen entsprechenden Klagantrag die Kapitalabfindung nur für einige Jahre zuzuerkennen und von einem späteren Zeitpunkt an eine Rente zuzusprechen (RG Recht **1917** Nr. 1631). Schließlich liegt ein wichtiger Grund für eine Kapitalabfindung vor, wenn die Durchsetzung künftiger Ansprüche auf erhebliche Schwierigkeiten stoßen würde, wie z. B. bei einem Ausländer, der nicht haftpflichtversichert ist. Dem Ersatzpflichtigen steht kein Recht zu, Kapitalabfindung zu wählen (**a. A.** *Schlund* VersR **1981** 403).

5 **b) Zeitpunkt der Wahl.** Der Geschädigte kann das Wahlrecht zugunsten eines Kapitalbetrags auch dann noch ausüben, wenn er vorher bereits Rentenleistungen erhalten hat; deren evtl. Anrechnung bleibt der Kapitalisierung, d. h. der Festsetzung des Abfindungsbetrages, vorbehalten (RG Recht **1917** Nr. 1631; **1923** Nr. 37; BGH NJW **1982** 758).

6 **c) Prozessuale Fragen.** Fordert der Verletzte eine Kapitalabfindung, so darf ihm das Gericht nicht statt dessen eine Rente zusprechen (RGZ **136** 375; vgl. auch RGZ **110** 150). Dem Risiko, mit der Klage abgewiesen zu werden, wenn das Gericht zu dem Ergebnis kommt, es liege kein triftiger Grund für eine Kapitalabfindung vor, begegnet der Kläger zweckmäßig dadurch, daß er eine Rente mit einem Hilfsantrag fordert (RGZ **136** 375). Im übrigen hat das Gericht, wenn kein solcher Hilfsantrag gestellt ist, die Pflicht, den Kläger, ehe es die Klage abweist, darauf aufmerksam zu machen, daß er mit einem Anspruch auf Rente durchdringen könnte, und ihm Gelegenheit zur Umstellung des Klageantrags zu geben. Eine solche Umstellung ist keine Klageänderung, ebensowenig wie die Umstellung des Klageantrags von Rente auf Kapitalabfindung. Überhaupt handelt es sich im Sinn des Prozeßrechts (Rechtshängigkeit) und der Verjährung nicht um verschiedene Ansprüche (RGZ **77** 216). Ob ein wichtiger Grund vorliegt, der den Verletzten berechtigt, eine Kapitalabfindung zu verlangen, entscheidet der Richter nach pflichtgemäßem Ermessen. Das Revisionsgericht kann nur überprüfen, ob die maßgebenden Grundsätze beachtet wurden (RG JW **1933** 840).

7 **d) Gesamtgläubiger.** Sind mehrere Sozialversicherungsträger aufgrund Forderungsübergangs Gesamtgläubiger geworden, so muß die Erklärung, daß eine Kapitalabfindung gefordert werde, von allen Gläubigern gemeinsam abgegeben werden (BGH VersR **1972** 1017; **1972** 1029).

8 **e) Abfindende Wirkung** hat die Zahlung des Kapitals hinsichtlich der Ansprüche wegen Vermehrung der Bedürfnisse und wegen Verdienstausfalls sowie bei Ansprüchen Hinterbliebener hinsichtlich des Ersatzanspruchs wegen Wegfalls der Unterhaltsleistungen des Getöteten. Die abfindende Wirkung tritt mit Rechtskraft des Urteils oder des gerichtlichen Vergleichs ein, auch wenn der Verletzte oder Hinterbliebene nicht ausdrücklich auf die Geltendmachung künftiger Ansprüche verzichtet (RGZ **73** 420). Eine spätere Abänderung des Abfindungsbetrags (entsprechend § 323 ZPO) ist nicht möglich (BGHZ **79** 187; 19. VGT [1981] 10).

9 f) Bei der **Berechnung der Kapitalabfindung** ist von der mutmaßlichen Dauer der Rentenzahlungspflicht, ggf. also der Lebenserwartung des Gläubigers auszugehen. Man verwendet, um sie festzustellen, die vom Statistischen Bundesamt errechneten „Allgemeinen Deutschen Sterbetafeln" (OLG München VersR **1958** 249; abgedruckt bei *Becker* 604; s. dort die auf ihrer Grundlage errechneten Kapitalisierungstabellen; hierzu auch *Schlund/Schneider* VersR **1976** 812), bei Ausländern die entsprechenden Tabellen des Heimatlandes. Besondere persönliche Umstände sind zu berücksichtigen (z. B. Krankheit, gefährlicher Beruf). Dem Umstand, daß die Kapitalabfindung dem Verletzten, verglichen mit der Rente, einen Zinsgewinn bringt, ist durch Berücksichtigung einer angemessenen Verzinsung Rechnung zu tragen. Nach herrschender Ansicht ist von 5% Verzinsung auszugehen. Die Kapitalabfindung ist

daher niedriger als die Summe der zu erwartenden Renten (RG JW **1932** 3719). Bei der Kapitalisierung von Verdienstausfallrenten ist die künftige Einkommensentwicklung zu prognostizieren (vgl. hierzu BGHZ **79** 187). Zum voraussichtlichen Eintritt in den Ruhestand und zur Wiederverheiratungschance s. *Schlund* VersR **1981** 404, zur Berücksichtigung der Rentendynamik *Nehls* VersR **1981** 407. Dem Vorschlag von *Schmid* (DAR **1981** 129), den Kapitalbetrag so zu bemessen, daß er einen Zinsertrag erbringt, der dem Einkommen vor der Schädigung entspricht, kann nicht gefolgt werden, weil er die Höhe der Abfindung völlig loslöst von der zu erwartenden Rente.

g) Steuerliche Fragen. Es ist zu berücksichtigen, daß bei der Kapitalabfindung, 10 soweit der Schadenersatzanspruch auf einer Minderung oder auf dem Wegfall der Erwerbsfähigkeit beruht, eine Ersparnis an Einkommensteuer eintritt. Während die Rente in diesem Fall nach § 24 Nr. 1 Buchst. a EStG ebenso versteuert werden muß, wie das entgangene Arbeitseinkommen (§ 11, 81), besteht zwar für die Abfindungssumme ebenfalls eine Steuerpflicht (BFH BStBl. **1961** III 101), die Steuer ist aber zu dem ermäßigten Satz des § 34 Abs. 1 EStG zu berechnen (vgl. BFH BStBl. **1960** III 72; OLG München VersR **1958** 249). Dies beruht darauf, daß eine Abfindung zu den außerordentlichen Einkünften zählt, weil die Entschädigung an die Stelle von entgehenden Einnahmen mehrerer Jahre tritt (*Schick* NJW **1967** 963). Eine Rente wegen Vermehrung der Bedürfnisse unterliegt der Einkommensteuer nicht, da es sich lediglich um durchlaufende Posten handelt (*Schick* aaO; vgl. auch BFH BStBl. **1960** III 87; **1964** III 12). Deshalb ist auch die Kapitalabfindung insoweit steuerfrei, als sie die Vermehrung der Bedürfnisse betrifft.

4. Freiwillig gewährte Kapitalabfindungen 11

Sie sind aufgrund freier Vereinbarung der Parteien auch dann möglich, wenn der Verletzte nach dem Gesetz nur eine Rente verlangen könnte. Sie sind sogar die Regel (Rdn. 1). Allerdings kann der Schädiger in keinem Fall verlangen, daß sich der Verletzte mit einer einmaligen Zahlung abfinden läßt. Auch Treu und Glauben (§ 242 BGB) können den Verletzten nicht zwingen, sich abfinden zu lassen. Die Verpflichtung des Schädigers, den Schaden für die Zukunft durch Zahlung einer Rente auszugleichen, kann dieser nur durch Abschluß eines Vertrages mit dem Verletzten („Abfindungsvergleich“) in eine Verpflichtung zur Zahlung eines Kapitals umwandeln. Einzelheiten über den Abfindungsvergleich, der die Grundlage solcher Zahlungen bildet, und die Möglichkeiten, ihn später außer Kraft zu setzen, s. § 16, 560 ff.

III. Regelung für bereits entstandene Schäden 12

1. Wahlrecht des Geschädigten

Das grundsätzliche Verbot, Kapitalabfindung statt Rente zu verlangen, gilt nur für den Zukunftsschaden (vgl. Rdn. 3, auch zum maßgeblichen Zeitpunkt). Bei vergangenheitsbezogenen Ansprüchen aus dem StVG hat der Verletzte die Wahl, den Verdienstausfall und den Schaden durch Vermehrung der Bedürfnisse bis zur Höchstgrenze von jährlich 30000 DM zu verlangen oder in Kapitalform geltend zu machen (RG JW **1938** 954 m. Anm. *Gülde*; BGH VersR **1964** 638), wobei dann die Begrenzung auf jährlich 30000,– DM nicht gilt (RGZ **133** 183; **136** 18; vgl. § 12, 10). Dasselbe Recht haben die Hinterbliebenen hinsichtlich des Ersatzanspruchs für entgangenen Unterhalt, den der Schädiger trotz Fälligkeit nicht erfüllt hat. Zum Zeitpunkt der Ausübung der Wahl vgl. Rdn. 5.

13 Der BGH (VersR **1964** 777) geht sogar so weit, auch die Geltendmachung von **Heilungskosten** für die Vergangenheit als Rente zuzulassen. Diese Erstreckung auf die Heilungskosten rechtfertigt sich aus dem Umstand, daß es kein gesetzliches Verbot gibt, Schadenersatz für andere als die in § 13 bezeichneten Schäden in Rentenform zu fordern (RGZ **86** 431). Vielmehr erlaubt die in § 13 enthaltene Ausnahmeregelung, die in bestimmten Fällen die Forderung von Kapital verbietet, keine Umkehrung.

14 **2. Auswirkungen**

Wählt der Verletzte oder Hinterbliebene für die Vergangenheit die **Rente**, so hat er den Vorteil, in Zukunft die Rente (ohne zeitliche Beschränkung) bis zum ungekürzten jährlichen Höchstbetrag von 30000,– DM zu erhalten; dagegen wird die Rente für die Zukunft in der in § 12, 9 angegebenen Weise gekürzt, wenn für die Vergangenheit ein **Kapitalbetrag** gefordert wird. Im allgemeinen wird der Verletzte für die Vergangenheit den Kapitalbetrag wählen, wenn ihm für die Zukunft nur geringe Ersatzansprüche zustehen, für die Vergangenheit aber sehr hohe, während er sich für die Vergangenheit die Rente nachzahlen lassen wird, wenn er für die Zukunft hohe Rentenansprüche geltend machen will.

15 **3. Forderungsübergang**

Hat ein Sozialversicherer dem Verletzten oder Hinterbliebenen Rentenleistungen gewährt und sind in Höhe dieser Leistungen die Ansprüche auf den Sozialversicherungsträger übergegangen, so kann der Verletzte für die Vergangenheit nicht mehr wählen, ob hierfür Rente oder ein Kapitalbetrag übergegangen ist; der Übergang ist vielmehr in Form einer Rente erfolgt; eigene Ansprüche für denselben Zeitraum kann der Verletzte ebenfalls nur noch als Rente fordern, und zwar nur bis zum Unterschiedsbetrag zwischen der empfangenen Jahresrente und 30000,– DM. Die entgegengesetzte Ansicht des Reichsgerichts (RG JW **1937** 2360) beruht darauf, daß dieses eine Rentennachforderung für die Vergangenheit als in jedem Falle unzulässig ansah (RGZ **133** 184; anders nunmehr BGH VersR **1964** 777). Besteht wegen Forderungsübergangs auf mehrere Legalzessionare Gesamtgläubigerschaft (§ 10, 100), so können sie nur durch gemeinsame Erklärung bewirken, daß anstelle einer Rente Kapitalabfindung geschuldet wird (BGH VersR **1972** 1030).

16 **4. Prozessuale Fragen**

Da dem Verletzten (Hinterbliebenen) im allgemeinen ein Recht zur Wahl zusteht, muß der Klageantrag erkennen lassen, ob für die Vergangenheit Kapital oder Rente gefordert wird. Das Gericht darf nur das zusprechen, was mit der Klage verlangt wird. Der Kläger kann wirksam beide Arten des Schadenersatzes in der Form eines Haupt- und eines Hilfsantrags zur Entscheidung des Gerichts stellen (RGZ **136** 375).

IV. Einzelheiten der Rentengewährung 17

1. Bemessung der Rente

Wegen der Höhe der Rente vgl. die Erl. zu §§ 10, 11; wegen der Dauer der Rentenzahlung s. § 10, 176ff sowie § 11, 77 u. 103.

2. Geldrente 18

Sie ist die einzige nach dem StVG zugelassene Form der Gewährung. Der Verletzte kann also keine Naturalleistungen verlangen.

3. Vorauszahlung 19

Drei Monate im voraus ist die Rente zu zahlen (§ 13 Abs. 2 i. V. m. § 843 Abs. 2 Satz 1, § 760 Abs. 1 und 2 BGB). Das bedeutet aber nicht, daß der monatliche Betrag jeweils schon zwei Monate vor dem Ersten des Monats zu zahlen wäre. Gemeint ist vielmehr, daß die Rente jeweils für ein Vierteljahr im ganzen zu Beginn des Vierteljahrs zu zahlen ist. Dabei ist nicht auf Kalendervierteljahre abzustellen, sondern auf den Beginn der Zahlungspflicht. Die nächsten Zahlungen sind drei, sechs, neun und zwölf Monate später fällig. Verlangt der Verletzte mit seiner Klage monatliche Zahlung, ohne die vierteljährliche Zahlungsweise zu erwähnen, so darf ihm das Gericht nur monatliche Zahlungen zusprechen. Stirbt der Berechtigte, so dürfen seine Erben, wenn ein Recht auf vierteljährliche Zahlungsweise bestand, den letzten Vierteljahresbetrag behalten oder, wenn er trotz Fälligkeit noch nicht gezahlt war, fordern (§ 760 Abs. 3 BGB).

4. Sicherheitsleistung 20

Eine Pflicht zur Sicherheitsleistung hat der Schädiger grundsätzlich nicht. Solange nur ein Feststellunganspruch gegeben ist, kommt eine Sicherheitsleistung überhaupt nicht in Betracht (RGZ **60** 416). Steht die Pflicht zur Rentenzahlung fest, so räumt § 843 Abs. 2 Satz 2 BGB, auf den in § 13 verwiesen ist, dem Richter die Möglichkeit ein, nach pflichtgemäßem Ermessen eine Sicherheitsleistung anzuordnen, wenn die besonderen Umstände eine naheliegende Gefährdung der Durchsetzung des Anspruchs dartun und der Schädiger nicht freiwillig Sicherheit leistet. Ist der Schädiger haftpflichtversichert und überschreitet der Schaden die Deckungssummen voraussichtlich nicht, so kommt eine Pflicht zur Sicherheitsleistung im allgemeinen nicht in Betracht. Das gilt auch dann, wenn Versicherer eine ausländische Versicherungsgesellschaft ist (RGZ **157** 348). Das Bestehen einer Haftpflichtversicherung hindert ein Entstehen der Pflicht zur Sicherheitsleistung allerdings nicht in jedem Fall (RG JW **1935** 2949). Besteht bei einem Anspruch auf Rente eine Pflicht zur Sicherheitsleistung, so richten sich die Einzelheiten nach §§ 232 bis 240 BGB.

Entsteht eine Gefährdung des Rentenanspruchs erst **nach Rechtskraft des Urteils,** 21
so kann Sicherheitsleistung oder Erhöhung der bereits geleisteten Sicherheit nachträglich verlangt werden (§ 13 Abs. 3). Diese Vorschrift erstreckt die Wirkung des § 324 ZPO, der nur für unerlaubte Handlungen gilt, auf die Haftung aus StVG. Der Schädiger hat allerdings kein Recht, nachträglich die Freigabe seiner Sicherheit zu verlangen, wenn der Grund für die Sicherheitsleistung wegfällt (**a. A.** *Baumbach/Lauterbach/Hartmann* § 324 2B; *Thomas/Putzo* § 324). Die Freigabe muß nur dann

erfolgen, wenn nachträglich die Pflicht zur Rentenzahlung wegfällt oder nur noch eine geringere Rente, als im Urteil angeordnet, geschuldet ist (Rdn. 25).

22 **V. Beschränkte Pfändbarkeit der Rente**

Nach § 850b Abs. 1 Nr. 1 u. 2 ZPO sind Renten, die wegen einer Verletzung des Körpers oder der Gesundheit zu entrichten sind, desgleichen Renten wegen Entziehung einer Unterhaltsforderung, nur pfändbar, wenn die Vollstreckung in das sonstige bewegliche Vermögen des Schuldners zu einer vollständigen Befriedigung des Gläubigers nicht geführt hat oder voraussichtlich nicht führen wird und wenn nach den Umständen des Falles, insbesondere nach der Art des beizutreibenden Anspruchs und der Höhe der Bezüge, die Pfändung der Billigkeit entspricht. Bis zum Gesetz vom 19. 12. 1952 befand sich in § 13 eine ausdrückliche Verweisung auf die entsprechende Vorschrift der ZPO. Die Verweisung ist, da entbehrlich, gestrichen worden.

23 **VI. Prozeßrechtliche Fragen**

1. Grundurteil

Eine Vorabentscheidung über den Grund des Anspruchs auf Zahlung einer Schadensrente darf nur ergehen, wenn eine hohe Wahrscheinlichkeit dafür besteht, daß der Kläger einen fortlaufenden Schaden erlitten hat (BGH VersR **1961** 23; **1964** 1113). Es ist zulässig, den Rentenanspruch ohne zeitliche Begrenzung dem Grunde nach für gerechtfertigt zu erklären und die Entscheidung über Beginn und Ende der Rente dem Betragsverfahren ausdrücklich vorzubehalten (RG RdK **1927** 222; BGHZ **11** 183; BGH VersR **1965** 84).

24 **2. Zeitbestimmung im Urteil**

Die Dauer der Rente, also ihr Beginn und ihr Ende, müssen in dem Urteil festgelegt werden, das die Verpflichtung des Schädigers zur Zahlung einer Rente an den Verletzten oder Hinterbliebenen anordnet.

25 **3. Abänderungsklage**

a) Anwendungsbereich. Ändern sich später die Verhältnisse (dies gilt vor allem, wenn sich später weitere Gesundheitsschäden bemerkbar machen), so ist eine Änderung der Höhe der Rente auch noch dann möglich, wenn sie durch Urteil festgesetzt ist (§ 323 ZPO). Voraussetzung der in diesem Fall zu erhebenden Klage auf Abänderung ist, daß eine wesentliche Änderung derjenigen Umstände eingetreten ist, die für die Höhe und Dauer der Rente bei Erlaß des Urteils maßgebend waren. Zugelassen sind nur Gründe, die nach Schluß der mündlichen Verhandlung in dem Verfahren entstanden sind, in dem das Urteil erging. Solche Gründe können Anlaß geben, die Rente für die Zukunft zu erhöhen oder zu kürzen. Auf diesem Wege kann auch eine erhebliche Veränderung der Kaufkraft des Geldes berücksichtigt werden (BGH VersR **1966** 37).

26 Ist die Rente durch **gerichtlichen Vergleich** festgesetzt worden, so gilt dasselbe (§ 323 Abs. 4 i. V. m. § 794 Abs. 1 Nr. 1 ZPO). Nur wenn vereinbart ist, daß die Rente unter allen Umständen gleich hoch bleiben soll, ist eine Abänderung ausgeschlossen. Die Worte „zwecks endgültiger Regelung" enthalten einen solchen Ausschluß nicht (BGH VersR **1968** 450). Eine unwesentliche Veränderung der Verhältnisse wird nicht dadurch zur wesentlichen, daß im ersten Urteil die damaligen Verhältnisse unrichtig beurteilt worden waren (BGH VersR **1969** 236). Insbesondere läßt sich mit der Abänderungsklage keine andere Beurteilung des im früheren Urteil verneinten Ursachenzusammenhangs zwischen dem Unfall und dem Körperschaden erreichen. Ein außergerichtlicher Vergleich kann nicht nach § 323 ZPO abgeändert werden.

27 **b) Erhöhung der Rente.** Ist ein auf den Unfall zurückzuführender neuer Schaden entstanden, nachdem eine Rente durch Urteil oder gerichtlichen Vergleich festgelegt wurde, und kann Ersatz für den Schaden nur in Form einer Rente verlangt werden, so ist der Klagantrag auf Erhöhung der bisher laufenden Rente zu richten. § 323 ZPO schaltet verfahrensrechtlich die Möglichkeit aus, in einem solchen Fall eine zweite Rente neben der ersten zu fordern (BGHZ **34** 115; BGH VersR **1960** 346). Das gilt natürlich dann nicht, wenn zunächst nur Klage auf einen Teilbetrag der Rente erhoben gewesen war und Erfolg hatte. In einem solchen Fall kann der restliche Teilbetrag neben der bereits zugesprochenen Rente gefordert werden. Ist durch Feststellungsurteil die Ersatzpflicht festgelegt und ist später Leistungsurteil für einen bestimmten Zeitabschnitt ergangen, so kann eine Erhöhung der Rente für diesen Zeitraum nur auf dem Weg des § 323 ZPO erreicht werden, nicht durch eine neue, auf das Feststellungsurteil gestützte Leistungsklage (BGH VersR **1968** 1066). Das Recht, die laufende Rente den später sich ändernden Verhältnissen anpassen zu lassen, verjährt nicht. Für eine Feststellungsklage, die die Befugnis, eine spätere Änderung zu verlangen, durch Urteilsspruch bestätigt haben möchte, fehlt es daher am Rechtsschutzinteresse (BGHZ **34** 110).

28 **c) Kapital statt Rente.** Verlangt der Verletzte oder Hinterbliebene für den neu entstandenen unfallbedingten Schaden keine Rente, sondern einen Kapitalbetrag, und ist er hierzu berechtigt, so kommt § 323 ZPO nicht in Betracht. Eine solche Forderung kann mithin nur durchdringen, wenn sie nicht verjährt ist (§ 14).

29 **d) Rente nach Kapitalabfindung.** Ist einmal anstelle einer Rente ein Kapitalbetrag gefordert und gezahlt worden und hat der Verletzte oder Hinterbliebene dabei nicht ausdrücklich bestimmt, daß damit nur der bis zu einem bestimmten Zeitpunkt entstehende Schaden abgegolten sein solle, so ist der Kapitalbetrag in der Regel eine Abfindung für den gesamten Schaden aus Verdienstausfall und Vermehrung der Bedürfnisse bzw. beim Hinterbliebenen für den gesamten Schaden wegen entgehenden Unterhalts und eine spätere Nachforderung ist auch bei erheblicher Veränderung der Verhältnisse ausgeschlossen. Die Abfindung nach § 843 Abs. 3 BGB hat mithin dieselbe Wirkung wie der Abschluß eines Abfindungsvergleichs (Rdn. 8). Eine entsprechende Anwendung von § 323 ZPO kommt in solchen Fällen nicht in Betracht.

30 **e) Rente nach Klageabweisung.** Ist durch Urteil der Anspruch auf eine Rente rechtskräftig abgewiesen worden, weil weder ein Verdienstausfall noch eine Mehrung der Bedürfnisse entstanden sei bzw., weil keine Bedürftigkeit des Unterhaltsberechtigten bestehe, entstehen aber später solche Schäden und ist der Anspruch nicht verjährt, so kann erneut Klage auf Schadenersatz erhoben werden. § 323 ZPO

ist in solchen Fällen nicht anzuwenden (BGH NJW **1982** 578; *Rosenberg/Schwab* § 159 III a. E.; **a. A.** RGZ **162** 281). War die Klage abgewiesen worden, weil eine Haftung des Schädigers nicht bestehe, so kann auch eine spätere Klage keinen Erfolg haben, weil die materielle Rechtskraft des ersten Urteils entgegensteht. Beruhte die Klageabweisung dagegen darauf, daß der Forderungsübergang auf Sozialversicherungsträger die Forderung des Verletzten übersteige, und ändert sich später die Sachlage, etwa durch Entstehen weiterer Gesundheitsschäden, so kann eine spätere Klage des Verletzten auf Rente Erfolg haben. Es ist auch denkbar, daß eine Rente unter Anwendung des § 323 ZPO nachträglich durch Urteil von einem bestimmten Zeitpunkt an aberkannt, durch ein weiteres Urteil aber von einem noch später liegenden Zeitpunkt an wieder zuerkannt wird (RG JW **1925** 55 m. Anm. *Schmidt-Ernsthausen*).

31 **f) Herabsetzung der Rente.** Die Höhe des Rentenanspruchs kann sich auch dadurch ändern, daß der Verletzte später einen zweiten Unfall erleidet, für dessen Folgen ein anderer einzustehen hat. Steht fest, daß sich die Verhältnisse in einem bestimmten Punkt zugunsten des Verletzten geändert haben, so ergibt sich hieraus nicht ohne weiteres, daß die Klage des Schädigers auf Kürzung der künftigen Rentenzahlungen Erfolg haben muß. Das Gericht ist vielmehr gehalten, auch bei der Abänderungsklage alle die Höhe der Rente bestimmenden Umstände einer Prüfung zu unterziehen. Dabei kann sich ergeben, daß sich die Lage in anderer Hinsicht zum Nachteil des Verletzten oder Hinterbliebenen verändert hat, so daß trotz Richtigkeit der vom Schädiger aufgestellten Behauptungen eine Herabsetzung der Rente nicht in Betracht kommt (BGH VersR **1960** 415). Das gilt sogar dann, wenn sich der Forderungsübergang auf Sozialversicherungsträger erhöht hat, weil diese nun eine höhere Rente an den Verletzten oder Hinterbliebenen zahlen. Auch ein solcher Sachverhalt hat nicht notwendig zur Folge, daß sich die Rentenforderung des Verletzten oder Hinterbliebenen in gleichem Maße verringert, wie sich der Forderungsübergang erhöht (BGH VersR **1963** 1033).

32 **g) Klagebefugnis bei Legalzession.** Auch der Sozialversicherer, auf den eine Forderung des Verletzten oder Hinterbliebenen in vollem Umfang übergegangen ist, ist befugt, die Abänderungsklage zu seinen eigenen Gunsten zu erheben (LG Duisburg MDR **1965** 668 u. **1966** 335 m. abl. Anm. *Künkel*). Das gilt allerdings nicht für den Träger der Sozialhilfe (*Künkel* aaO; **a. A.** LG Duisburg aaO). Denn während bei den anderen Sozialversicherungsträgern der Forderungsübergang ohne weiteres mit der Wirkung eintritt, daß die Leistungspflicht des Trägers den Umfang des Übergangs unabhängig davon bestimmt, ob die Leistungen erbracht wurden oder in Zukunft erbracht werden, tritt bei der Sozialhilfe (bei Schadensfällen vor dem 1. Juli 1983; vgl. § 10, 76f) ein Forderungsübergang erst durch die Überleitungsanzeige nach § 90 BSHG ein und grundsätzlich nur für die Vergangenheit. Leistungen, die der Träger nach der Überleitungsanzeige erbringt, bewirken den Übergang zwar auch, aber erst in dem Augenblick, in dem sie erbracht werden und nur dann, wenn die Leistungen nicht länger als zwei Monate unterbrochen waren (BGHZ **20** 132; KG NJW **1954** 761). Diese bloße Anwartschaft gibt dem Träger der Sozialhilfe kein Recht, im eigenen Namen Abänderungsklage zu erheben. Er muß sich vielmehr vom Sozialhilfeempfänger hierzu ermächtigen lassen.

VII. Kein Einfluß der Unterhaltspflicht Dritter 33

Durch Verweisung auf § 843 Abs. 4 BGB ordnet § 13 Abs. 2 an, daß der Anspruch auf Geldrente nicht dadurch ausgeschlossen oder gemindert wird, daß ein anderer dem Verletzten Unterhalt zu gewähren hat. Das gilt für Ansprüche der Hinterbliebenen aus § 10 ebenso wie für Ansprüche des Verletzten selbst aus § 11. Die Vorschrift entspricht einem allgemeinen Grundsatz des Schadenersatzrechts und ist mithin nicht nur – wie ihr Wortlaut sagt – auf Geldrenten anzuwenden, sondern auf alle Ansprüche aus § 10 oder § 11 StVG sowie aus § 843 oder 844 BGB (RGZ **47** 211; **65** 162; RG JW **1909** 137; **1911** 774; **1913** 1147). So gilt die Regelung z. B. auch für die Heilungskosten. Da der Grundsatz bei den Ausführungen zu § 10 und § 11 berücksichtigt ist, erübrigt es sich, hier auf seine Einzelheiten einzugehen.

§ 14

Verjährung

Auf die Verjährung finden die für unerlaubte Handlungen geltenden Verjährungsvorschriften des Bürgerlichen Gesetzbuchs entsprechende Anwendung.

§ 852 BGB hat folgenden Wortlaut:

(1) Der Anspruch auf Ersatz des aus einer unerlaubten Handlung entstandenen Schadens verjährt in drei Jahren von dem Zeitpunkt an, in welchem der Verletzte von dem Schaden und der Person des Ersatzpflichtigen Kenntnis erlangt, ohne Rücksicht auf diese Kenntnis in dreißig Jahren von der Begehung der Handlung an.

(2) Schweben zwichen dem Ersatzpflichtigen und dem Ersatzberechtigten Verhandlungen über den zu leistenden Schadensersatz, so ist die Verjährung gehemmt, bis der eine oder der andere Teil die Fortsetzung der Verhandlungen verweigert.

(3) Hat der Ersatzpflichtige durch die unerlaubte Handlung auf Kosten des Verletzten etwas erlangt, so ist er auch nach der Vollendung der Verjährung zur Herausgabe nach den Vorschriften über die Herausgabe einer ungerechtfertigten Bereicherung verpflichtet.

Übersicht

Schrifttum

Brox Erhöhung wiederkehrender Leistungen durch Abänderungs- oder Zusatzklage, NJW **1961** 853; *Büning* Die Verjährung der Ansprüche aus unerlaubten Handlungen (1964); *Henckel* Die Grenzen der Verjährungsunterbrechung, JZ **1962** 335; *Krebs* Anmerkungen zur Verjährung im Haftpflichtrecht, VersR **1959** 163; *Meyer* Der Verjährungsablauf nach § 852 BGB und die Wirkungen eines gesetzlichen Rechtsübergangs, VersR **1957** 761; *Münzberg* Feststellungsurteil und Verjährung einzelner Unfallfolgen, NJW **1960** 1605; *Rölle* Beginn der Verjährung nach Unfällen, DAR **1959** 311; *Wurz* Feststellungsurteil und Verjährung einzelner Unfallfolgen, NJW **1960** 470 und 1606.

Entstehungsgeschichte. Der Entwurf 1906 enthielt in § 5 folgende, dem § 8 RHaftpflG im wesentlichen entsprechende Bestimmung:

„Die in den §§ 1 bis 3 bestimmten Ansprüche auf Schadenersatz verjähren in zwei Jahren von dem Unfall an. Gegen denjenigen, welchem der Getötete Unterhalt zu gewähren hatte, beginnt die Verjährung mit dem Tode. Im übrigen finden die Vorschriften des Bürgerlichen Gesetzbuchs über die Verjährung Anwendung".

Der Entwurf 1908, dessen Fassung dann Gesetz wurde, lehnte sich an einen bei Beratung des Entwurfs 1906 gestellten Antrag an.

Die Vorschrift war seit 1909 unverändert geblieben, erhielt aber mit Wirkung zum 1. 1. 1978 (Gesetz vom 16. 8. 1977, BGBl. I, 1577) die jetzige Fassung einer Verweisung auf das BGB. Gleichzeitig wurde der bisherige § 14 Abs. 2 über die Hemmung von Verhandlungen als § 852 Abs. 2 BGB in das allgemeine Recht der Verjährungshemmung bei unerlaubten Handlungen übernommen. Diese Regelung gilt seit 1. 1. 1978 für Ansprüche aus dem StVG in gleicher Weise wie für unerlaubte Handlungen und für die Haftung aus dem Haftpflichtgesetz (dort § 11). Seitdem beträgt die Verjährungsfrist einheitlich drei Jahre.

I. Allgemeines 1

1. Gesetzliche Regelung

§ 14 verweist auf die Verjährungsvorschriften des BGB über unerlaubte Handlungen. Diese sind in § 852 BGB enthalten. Ergänzend gelten die allgemeinen Vorschriften über die Verjährung in §§ 194 bis 225 BGB.

2. Zweck der Verjährungsvorschriften 2

Alle Verjährungsvorschriften dienen demselben Zweck, nämlich „der Behelligung mit veralteten Ansprüchen ein Ziel zu setzen"; in den Motiven zum BGB (Bd. 10 S. 291) liest man: „Der Verkehr erträgt es nicht, daß lange verschwiegene, in der Vergangenheit vielleicht weit zurückliegende Tatsachen zur Quelle von Anforderungen in einem Zeitpunkt gemacht werden, in welchem der in Anspruch genommene Gegner infolge der verdunkelnden Macht der Zeit entweder nicht mehr oder doch nur schwer noch in der Lage ist, die ihm zur Seite stehenden entlastenden Umstände mit Erfolg zu verwerten." Dem auf Leistung von Schadenersatz in Anspruch Genommenen wird es, je mehr Zeit seit dem Unfall verstrichen ist, immer schwerer, Beweismittel zu beschaffen, die die Behauptung des Verletzten entkräften können. Der Zeitablauf führt zu einer stetigen Verschlechterung der Aussichten des in Anspruch Genommenen, im Prozeß der Wahrheit zum Sieg zu verhelfen. Denn während der Verletzte die Zeit nutzen und Beweismittel sammeln konnte, weiß der in Anspruch Genommene bis zur Mahnung des Verletzten oft gar nichts davon, daß er einen Unfall verursacht haben könnte oder daß der Unfall, den er für belanglos hielt, schwere Folgen für einen anderen Beteiligten gehabt hat. Daher geben alle Haftungsvorschriften demjenigen, der von einem Verletzten oder angeblich Verletzten in Anspruch genommen wird, nach Ablauf einer gewissen Zeit das Recht, den Anspruch schon allein durch die Berufung auf den Zeitablauf wirksam abzuwehren. Von großer Bedeutung ist die Verjährung auch für den Geschäftsbetrieb der Versicherungsunternehmen, bei denen die Kraftfahrer gegen Haftpflicht pflichtversichert sind.

Die erhebliche Bedeutung für den Rechtsfrieden und die Rechtssicherheit (RGZ **120** 359), insbesondere für eine ordnungsgemäße Abwicklung der Haftpflichtschäden hat das Reichsgericht dadurch anerkannt, daß es den Verjährungsausschluß, soweit er in ausländischen Rechten enthalten ist, als unvereinbar mit der Rechtsordnung in Deutschland und daher als nach Art. 30 EGBGB unwirksam angesehen hat (RGZ **106** 85; **136** 432). Das gilt aber nicht, wenn die Verjährungsfristen nach dem ausländischen Recht lediglich länger sind als die deutschen (RGZ **151** 201; OLG München HRR **1938** Nr. 1020). In dieser Hinsicht ist dem Rechtsinstitut der Verjährung, das vielen ausländischen Rechten unbekannt ist, die dort geltende Regelung über das Verbot der Klageerhebung nach Ablauf bestimmter Fristen gleichzusetzen.

Wegen der Unentbehrlichkeit der Verjährung für ein geordnetes Rechtsleben kann nur in Ausnahmefällen die Berufung auf die Verjährung gegen Treu und Glauben verstoßen (Rdn. 93ff). Die Verjährung, so sagen die Motive (aaO), verlangt Opfer, die die Betroffenen dem Gemeinwohl bringen müssen.

3 **3. Geltendmachung der Verjährung**

Nach deutschem Recht darf der Richter den Eintritt der Verjährung nicht beachten, wenn sich der Beklagte nicht darauf beruft (vgl. § 222 BGB). Der Richter darf den Beklagten auch nicht darauf hinweisen, daß er sich auf die Verjährung berufen könnte. Denn ein Anlaß zur Aufklärung nach § 139 ZPO fehlt immer dann, wenn die Erklärungen klar und sachdienlich sind; es ist nicht Aufgabe des Richters, eine Partei auf ein ihr günstiges Vorbringen hinzuweisen (vgl. KG JW **1931** 87). Wie die Einrede der Verjährung vorgebracht wird, ist ohne Bedeutung; es genügt, wenn der Beklagte erklärt, schon deshalb nicht zur Leistung verpflichtet zu sein, weil so viel Zeit verstrichen ist. Er muß die Erklärung auch nicht etwa im Prozeß abgeben; sie kann gegenüber demjenigen, der Ansprüche geltend macht, formlos und unabhängig von einem Verfahren vorgebracht werden; dieser Vorgang kann dann freilich vom Richter nur beachtet werden, wenn auf ihn im Verfahren hingewiesen wird. Auch nach Geltendmachung der Verjährung kann die Forderung noch erfüllt werden (Rdn. 4). Der Schuldner kann auch noch im Prozeß die Einrede fallen lassen;

dies bedeutet allerdings in der Regel keinen Verzicht auf sie (BGHZ **22** 267). In der Revisionsinstanz kann sich niemand auf Verjährung berufen, der die Einrede in den Tatsacheninstanzen nicht vorgebracht hat (BGHZ **1** 234; BAG VRS **26** 474).

4. Wirkung der Verjährung

a) **Leistungsverweigerungsrecht.** Die verjährte Forderung bleibt erfüllbar; der Schuldner ist jedoch berechtigt, die Leistung zu verweigern (§ 222 Abs. 1 BGB). Ist bei Rentenansprüchen das „Stammrecht" verjährt, so bezieht sich diese Wirkung auch auf die einzelnen wiederkehrenden Leistungen (BGH VersR **1979** 55). Nebenleistungen, vor allem Zinsen und Kosten, werden von der Verjährung des Hauptanspruchs mit umfaßt (§ 224 BGB). Dazu gehören auch Ansprüche auf Ersatz des durch den Verzug entstandenen Schadens (RG SeuffA **82** Nr. 183). 4

b) Eine **erbrachte Leistung** kann, auch wenn der Leistende sich vorher auf die Verjährung berufen hatte, nicht zurückgefordert werden (§ 222 Abs. 2 BGB). 5

c) **Aufrechnung.** Mit einer verjährten Forderung kann aufgerechnet werden, wenn der Schuldner dieser Forderung später seinerseits gegen den Gläubiger der Forderung Ansprüche erhebt. Voraussetzung ist lediglich, daß sich in irgendeinem Zeitpunkt vor Eintritt der Verjährung beide Ansprüche aufrechenbar gegenübergestanden haben (§ 390 Satz 2 BGB). 6

II. Verzicht auf die Verjährungseinrede

1. Vor Eintritt der Verjährung 7

Auf die Verjährung kann, solange sie nicht eingetreten ist, weder einseitig noch durch Vertrag verzichtet werden (§ 225 Satz 1 BGB). Diese zwingende Vorschrift kann auch nicht dadurch umgangen werden, daß der Schuldner verspricht, er werde sich auf die Verjährung nicht berufen oder er werde, wenn sie eingetreten sei, auf ihre Geltendmachung verzichten (BGH VRS **24** 93). Immerhin kann ein solcher Verzicht dann, wenn der Verletzte hierdurch veranlaßt wird, seine Ansprüche zunächst nicht einzuklagen, zur Folge haben, daß der Schädiger gegen Treu und Glauben verstößt, wenn er sich später auf Verjährung beruft (s. Rdn. 93).

2. Nach Eintritt der Verjährung 8

kann der Schädiger wirksam darauf verzichten, sich auf sie zu berufen (BGHZ **57** 209; BGH VersR **1962** 809). Der Verzicht kann auch stillschweigend erklärt werden, setzt aber stets voraus, daß der Schädiger wußte, daß die Verjährung bereits eingetreten ist, oder daß er sich zumindest darüber im klaren war, daß die Ansprüche möglicherweise schon verjährt sind[1]. Der Verzicht kann für einen bestimmten Zeitraum erklärt werden (BGH VersR **1962** 809). Überschreitet der Verletzte diese Frist auch nur geringfügig, so kann der Ersatzpflichtige mit Fug und Recht Verjährung einwenden (BGH VersR **1962** 809). Soll der Verzicht nach dem erkennbaren Willen des Verzichtenden für alle Zeiten wirksam bleiben, so kommt ihm trotzdem diese Wirkung nicht zu; er hat in einem solchen Falle vielmehr nur zur Folge, daß vom Tage der Erklärung an eine neue Verjährungsfrist läuft (OLG Karlsruhe NJW **1964** 1135). Nicht gebilligt werden kann die Ansicht des OLG Köln (NJW **1955** 713

[1] BGH VRS **20** 187; VersR **1979** 646; OLG Köln VersR **1982** 461; s. a. OLG Celle VersR **1983** 563.

m. abl. Anm. *Lent*), wenn ein Haftpflichtversicherer auf die Einrede verzichte, habe dies keine Wirkung für und gegen den von ihm vertretenen Ersatzpflichtigen selbst; der Haftpflichtversicherer überschreite vielmehr durch einen solchen Verzicht erkennbar seine Vertretungsmacht. Diese Ansicht steht nicht nur in Widerspruch mit der umfassenden dem Haftpflichtversicherer eingeräumten Vertretungsmacht (§ 10 Nr. 5 AKB), sondern würde, wollte man ihr folgen, zu dem unannehmbaren Ergebnis führen, daß der Haftpflichtversicherer auf die Einrede der Verjährung nie wirksam verzichten könnte (s. a. *Schirmer* VersR **1970** 112).

9 **III. Beginn der Verjährungsfrist**

1. Übersicht

Die Verjährungsfrist beginnt in dem Zeitpunkt zu laufen, in welchem der Ersatzberechtigte von dem Schaden (Rdn. 22) und von der Person des Ersatzpflichtigen (Rdn. 24ff) Kenntnis erlangt. Eine zusätzliche Überlegungsfrist ist insoweit nicht eingeräumt (RG JW **1937** 1237). Erlangt er entweder vom Schaden oder von der Person des für den Unfall Verantwortlichen (des „Schädigers") keine Kenntnis, so beginnt die Verjährung mit dem Unfall; die Frist beträgt aber in einem solchen Fall nicht drei Jahre, sondern dreißig Jahre (Rdn. 30). Das „Kennenmüssen" steht der Kenntnis nicht gleich (Rdn. 12).

10 **2. Begriff der Kenntnis**

a) Tatsachenkenntnis. Mit „Kenntnis" ist gemeint, daß der Ersatzberechtigte alle Tatsachen kennt, auf die er eine erfolgversprechende Klage – und zwar wenigstens eine Feststellungsklage – stützen könnte (BGH VersR **1979** 547). Für die Kenntnis des Sozialversicherungsträgers (vgl. Rdn. 18) ist es ausreichend, wenn ihm die Umstände bekannt sind, aus denen sich eine, wenn auch nur entfernte, Möglichkeit ergibt, daß er dem Verletzten Leistungen zu gewähren haben wird (BGH VersR **1969** 921; **1978** 660).

11 **b) Rechtsirrtum.** Zur „Kenntnis" ist nicht erforderlich, daß der Verletzte alle Tatumstände zutreffend rechtlich würdigt. Nur ausnahmsweise kann eine auf Rechtsunkenntnis beruhende Ungewißheit den Beginn der Verjährungsfrist hinausschieben. Das Reichsgericht hat seine ursprüngliche Ansicht, die Frist beginne erst zu laufen, wenn der Ersatzberechtigte nicht nur den Schaden und den Schädiger kenne, sondern auch wisse, daß ein Gesetz ihm das Recht gebe, von diesem Schadenersatz zu verlangen, bald erheblich eingeschränkt. Es betonte, daß Rechtsunkenntnis den Beginn der Frist nur dann hinausschiebe, wenn hierauf die Unsicherheit des Ersatzberechtigten beruhe, welche von mehreren in Betracht kommenden Personen er in Anspruch nehmen könne (RGZ **76** 63; **142** 283; **142** 352). Der BGH (VersR **1959** 1040; **1961** 910; **1966** 632) hat sich dieser einengenden Meinung des Reichsgerichts angeschlossen. Unbillig erscheint die Ansicht des Reichsgerichts (RGZ **142** 352), die durch Rechtsunkenntnis verursachte Unsicherheit, welche Körperschaft für den seine Amtspflicht verletzenden, dem Namen nach bekannten Beamten einzustehen habe, hindere den Beginn der Verjährungsfrist nicht. Gerade diese Rechtsfragen sind oft von besonderer Schwierigkeit (vgl. BayObLGZ **1954** 22). Mit Recht sieht daher der BGH (VRS **15** 177) eine solche auf Rechtsunkenntnis beruhende Ungewißheit, sofern nicht durch Bewilligung der Prozeßkostenhilfe eine gerichtli-

che Klärung erfolgt ist, als ausreichend an, den Beginn der Verjährungsfrist hinauszuschieben.

c) **Kennenmüssen** (fahrlässige Unkenntnis) ist der Kenntnis nicht gleichzustellen 12
(BGH VersR **1968** 1165; **1969** 380; **1970** 89). Der Grund hierfür liegt in dem Umstand, daß den Verletzten in keinem Fall eine Rechtspflicht oder eine sittliche Pflicht trifft, den Ersatzpflichtigen ausfindig zu machen und die Grundlagen für die Geltendmachung von Ersatzansprüchen zu klären[2]. Nicht der Verletzte hat den Sachverhalt zu klären; die sittliche Pflicht hierfür trifft vielmehr den Ersatzpflichtigen. Dieser erleidet, wenn er sich nicht meldet, den Rechtsnachteil, daß die Verjährung der gegen ihn gerichteten Ansprüche nicht beginnen kann. Deshalb beginnt die Verjährung auch nicht etwa in dem Zeitpunkt, in dem der Geschädigte anläßlich einer polizeilichen Anzeige aufgrund ungesicherter Vermutungen über den Unfallhergang berichtet hat (BGH VersR **1970** 89). Auch wenn der Verletzte oder Hinterbliebene bewußt alle Ermittlungen unterläßt, kann dies dem Ersatzpflichtigen nicht zugute kommen[3]. Zum Nachteil gereicht ihm ein solches Unterlassen nur, wenn es in der Absicht geschieht, dem Ersatzverpflichteten dadurch den Nachweis der dem Ersatzanspruch entgegenstehenden Tatsachen unmöglich zu machen. Mit Zurückhaltung ist dem in der Rechtsprechung verschiedentlich anzutreffenden Satz zu begegnen, Kenntnis sei dann zu bejahen, wenn sich der Verletzte die zur Klageerhebung erforderlichen Angaben „ohne besondere Mühe" beschaffen kann[4]. Eine Ausnahme von dem hier erläuterten Grundsatz, daß allein die wirkliche Kenntnis maßgebend ist, kann allerdings insoweit gemacht werden, als die Kenntnis vom polizeilichen Kennzeichen des am Unfall beteiligten Kraftfahrzeugs der Kenntnis von der Person des Halters gleichgestellt wird (BGH VersR **1959** 34; VRS **17** 245 [weitergehend]; OLG Köln VersR **1970** 29). Sind nach dem Unfall polizeiliche Untersuchungen bezüglich des Ersatzpflichtigen eingeleitet worden, darf der Geschädigte grundsätzlich deren Ergebnis abwarten (BGH VersR **1979** 280). Der Erhalt einer Anklageschrift gegen den Schädiger begründet in der Regel „Kenntnis"; das Ergebnis der Hauptverhandlung abzuwarten, ist für gewöhnlich nicht gerechtfertigt (BGH VersR **1983** 273).

3. Inhaber der Kenntnis 13

a) Die besagte Kenntnis muß nach § 852 Abs. 1 BGB beim **Verletzten** vorliegen (zum Begriff vgl. § 7, 276). Bei Ansprüchen nach § 10 entscheidet die Kenntnis des ersatzberechtigten Hinterbliebenen.

b) **Bei Geschäftsunfähigen oder -beschränkten** kommt es auf die Kenntnis des ge- 14
setzlichen Vertreters an (BGH VersR **1958** 592; **1963** 161). Erfährt der gesetzliche Vertreter nichts von dem Schaden, so tritt die Verjährung dreißig Jahre nach dem Unfall ein. Hat das durch den Unfall elternlos gewordene Kind keinen gesetzlichen Vertreter mehr, so beginnt der Lauf der Frist erst, wenn ein Vormund bestellt worden ist und dieser Kenntnis von den Ersatzansprüchen und vom Ersatzverpflichte-

[2] RG JW **1920** 147 m. zust. Anm. *Isaac*; BGH VersR **1955** 234; VRS **11** 100; KG DAR **1932** 267.

[3] RG JW **1920** 147 m. zust. Anm. *Isaac*; RG VAE **1937** 323; BGH VersR **1963** 285; KG DAR **1932** 267; *Rölle* DAR **1959** 311.

[4] Vgl. BGH VersR **1955** 234; **1960** 1142; **1966** 632; **1967** 775; **1973** 371; **1973** 841; **1975** 520; **1977** 249; **1977** 739; OLG Frankfurt VersR **1982** 1148.

ten erhält. Wird der Verletzte durch den Unfall geschäftsunfähig, so beginnt die Verjährung erst, wenn ihm ein Vormund bestellt ist und dieser Kenntnis vom Schaden und von der Person des Ersatzpflichtigen erlangt. Hat der Geschäftsunfähige inzwischen einen Vergleich mit dem Schädiger abgeschlossen, so beginnt die Verjährungsfrist erst, wenn der Vormund erfährt, daß der Verletzte schon beim Abschluß des Vergleichs geschäftsunfähig war (BGH VersR **1968** 1165). War allerdings, ehe der Vormund bestellt wurde, schon vorläufige Vormundschaft angeordnet und auf dieser Grundlage ein Vormund bestellt gewesen, der von den anspruchsbegründenden Tatsachen wußte, so läuft die Verjährungsfrist schon von der Kenntnis jenes Vormunds an. Hieran ändert die Aufhebung der vorläufigen Vormundschaft nichts (BGH VersR **1968** 1165). Wird bei einem Unfall ein Kind im Mutterleib verletzt, so beginnt die Verjährung mit der Kenntnis des gesetzlichen Vertreters des Kindes, frühestens jedoch mit der Geburt des Kindes. Ebenso ist es, wenn der Erzeuger eines Kindes vor dessen Geburt bei einem Unfall getötet wird, hinsichtlich der Ersatzansprüche wegen entgehenden Unterhalts.

15 c) Bei **juristischen Personen** ist die Kenntnis des Organs maßgebend; besteht dieses aus mehreren Personen, so beginnt die Frist, wenn einer davon Kenntnis erhält. Hat eine **Handelsgesellschaft** einen Prokuristen, in dessen Aufgabengebiet die Regelung solcher Schäden gehört, so läuft die Frist schon, wenn der Prokurist Kenntnis erhält (OLG Danzig VR **1927** 46). Ansprüche, die einer **Erbengemeinschaft** zustehen, sind, wenn der Erblasser die Kenntnis vom Schaden und von der Person des Ersatzpflichtigen nicht mehr hat erwerben können (Rdn. 21), erst dann dem Beginn der Verjährung ausgesetzt, wenn jeder der Miterben die erforderliche Kenntnis erlangt (OLG Celle VersR **1964** 416).

16 **d) Wissensvertreter.** Die Kenntnis eines Dritten ist dem Verletzten in Heranziehung des Rechtsgedankens von § 166 BGB dann zuzurechnen, wenn er sich des Dritten wie eines Vertreters bedient hat oder wenn er zumindest erkennbar und wissentlich geduldet hat, daß der Dritte als sein Vertreter auftritt (BGH VersR **1977** 739). Dies gilt erst recht, wenn er den anderen mit den erforderlichen Tatsachenermittlungen (BGH VersR **1968** 453) oder der Geltendmachung der Schadensersatzansprüche (RG WarnR **1934** Nr. 187) beauftragt hat.

17 **e) Gesetzlicher Forderungsübergang.** Hier ist für die Frage, auf wessen Kenntnis es für den Beginn der Verjährungsfrist ankommt, zu unterscheiden, ob der Forderungsübergang kraft Gesetzes bereits im Zeitpunkt des Schadensfalls oder erst später eingetreten ist.

18 **aa)** Vollzieht sich der **Übergang im Zeitpunkt des Unfalls** (z. B. nach §§ 1542 RVO, 116 SGB-X, 87a BBG; vgl. § 10, 74), so ist allein die Kenntnis des Zessionars maßgebend für den Beginn der Verjährungsfrist hinsichtlich der übergegangenen Ansprüche oder Teile von Ansprüchen; auf die Kenntnis des Verletzten kommt es insoweit überhaupt nicht an (BGHZ **48** 181; BGH VersR **1979** 547; **1983** 536). Die Kenntnis des den Rentenantrag des Versicherten entgegennehmenden Versicherungsamtes genügt nicht (BGH VersR **1977** 739). Bei Schadensfällen von Soldaten kommt es nicht auf die Kenntnis des Dienstvorgesetzten, sondern auf die der für die Abwicklung zuständigen Wehrbereichsverwaltung an (OLG Schleswig VersR **1982** 1058 m. Anm. *Perkuhn*).

19 **bb) Bei späterem Übergang** (z. B. nach § 67 Abs. 1 VVG oder bei einem zum Unfallzeitpunkt noch nicht sozialversicherten Verletzten) muß es der Erwerber der Forderung gegen sich gelten lassen, wenn der Verletzte vor dem Übergang Kennt-

nis erlangte (§§ 404, 412 BGB). Der Erwerber der Forderung wird so behandelt, als habe er in jenem Zeitpunkt selbst Kenntnis erlangt (BGH VersR **1982** 546; **1984** 136). Hatte der Verletzte vor dem Übergang keine Kenntnis, so kommt es für den übergegangenen Teil der Forderung nur noch auf die Kenntnis des Erwerbers an (RGZ **152** 117; BGH VersR **1959** 34; **1960** 630; **a. A.** OLG Schleswig VersR **1959** 819). Hatte der Versicherungsträger schon vor dem Übergang Kenntnis, der Verletzte dagegen nicht, so zählt der Zeitpunkt, zu dem der Versicherungsträger Kenntnis erlangte (RGZ **152** 118).

cc) Bei **Wechsel des leistenden Sozialversicherungsträgers** ist § 404 BGB ebenfalls **20** anzuwenden, so daß der zweite die während der Gläubigerschaft des ersten verstrichene Verjährungsfrist gegen sich gelten lassen muß (BGH VersR **1978** 660).

f) Gesamtrechtsnachfolge. Für Ansprüche, die in der Person des Erblassers ent- **21** standen sind, kommt es auf dessen Kenntniserlangung an, hat eine solche nicht mehr stattgefunden, auf die jedes einzelnen Miterben (OLG Celle VersR **1964** 416). Bei originären Ansprüchen der Hinterbliebenen (§ 10 StVG) entscheidet allein deren Kenntnis (Rdn. 13).

4. Inhalt der Kenntnis **22**

a) Kenntnis vom Schaden. Sie liegt auch schon dann vor, wenn dessen Höhe noch unbekannt ist. Der Verletzte muß lediglich allgemeine Kenntnis vom Eintritt eines Schadens haben, d. h. wissen, daß eigene Sachen beim Unfall beschädigt wurden bzw. er selbst an seinem Körper irgendeine Verletzung erlitten hat. Für den Beginn der Verjährung genügt es, wenn er die (möglichen) schädigenden Folgen des Unfalls im allgemeinen kennt, auch wenn er über Einzelheiten noch nicht Bescheid weiß[5]; über den Schaden braucht er nicht mehr zu wissen, als zur Erhebung einer Feststellungsklage erforderlich ist[6]. Die Verjährung umfaßt, sofern der Verletzte erkannt hat, daß er körperlich verletzt worden ist, alle Schadensfolgen, die er als möglich voraussehen kann[7]. Dasselbe gilt für alle als möglich erkennbaren Folgen eines dem Verletzten bekannten Sachschadens. Verschlimmert sich eine Gesundheitsstörung nachträglich in völlig unerwarteter Weise, stellt sich heraus, daß die körperlichen Beeinträchtigungen nicht, wie anfangs angenommen, vorübergehender Art, sondern ein Dauerleiden sind oder treten weitere bis dahin nicht vorhersehbare unfallbedingte Schäden auf, so beginnt hinsichtlich dieser Unfallfolgen die Verjährung erst in dem Zeitpunkt, in dem der Verletzte davon erfährt[8]. Daß im Gefolge einer beim Unfall erlittenen schweren Kopfverletzung wegen einer hierbei erlittenen Hirnschädigung nach Jahren epileptische Anfälle auftreten, ist im Sinne dieser Rechtsprechung nicht unvorhersehbar (BGH VersR **1979** 646). Treten unvorhergesehene Spätfolgen nach einem Abfindungsvergleich ein, so beginnt die Verjährung für die weiteren Ansprüche zu laufen, sobald für den Verletzten erkennbar wird, daß die weitere Schadensentwicklung ein so krasses und unzumutbares Miß-

[5] BGH VersR **1961** 753; **1962** 86; **1963** 631; **1978** 350; **1979** 155; OLG Nürnberg VersR **1960** 1006.

[6] RGZ **157** 18 = JW **1938** 970 m. Anm. *Herschel*; RGZ **168** 219; BGHZ **6** 202; BGH VersR **1964** 1201; **1968** 1163; **1970** 89; BAG NJW **1959** 260.

[7] RGZ **85** 427; **119** 208; RG JW **1936** 2398; **1937** 994; BGH VersR **1978** 350; **1979** 55; **1979** 155; **1982** 703.

[8] RGZ **119** 208; BGH VRS **13** 247; VersR **1968** 1163; **1979** 55; **1979** 646; OLG Nürnberg VersR **1960** 1006.

verhältnis zwischen Schaden und Abfindungssumme ergibt, daß der Schädiger sich nach Treu und Glauben nicht mehr auf den Abschluß des Vergleichs berufen kann (BGH VersR **1968** 1165). Auch dies gilt für Sachschäden in gleicher Weise wie für Körperschäden. Die Verjährung von Vermögensschäden, die nur mittelbare Folgen des Unfalls sind (Mietwagenkosten, Finanzierungskosten, Verdienstausfall), beginnt mit der Kenntnis des Verletzten vom Sachschaden oder vom Personenschaden, sofern der Verletzte mit der Möglichkeit rechnen mußte, daß solche mittelbare Folgen noch eintreten werden. Hat die erlittene Körperverletzung zunächst keine Erwerbsminderung zur Folge, stellt sich aber später unerwartet heraus, daß der Verletzte infolge der entstandenen Körperbehinderung seine Arbeit nicht mehr zufriedenstellend leisten kann und daher seinen Arbeitsplatz verliert, so beginnt die Verjährungsfrist für diese Unfallfolge erst mit dem Erkennbarwerden der beruflichen Schwierigkeiten (OLG Dresden VAE **1941** 181 Nr. 218). Sind Ersatzansprüche eines verletzten Beamten wegen seines Verdienstausfalls auf seinen Dienstherrn übergegangen und muß der Beamte wegen des unfallbedingten Leidens in den Ruhestand versetzt werden, so beginnt die Verjährungsfrist für denjenigen Teil der Ansprüche, der das Ruhegehalt betrifft, sobald der Dienstherr weiß, daß die ihm bekannten Unfallfolgen zur Pensionierung führen können (BGH VRS **22** 404; NJW **1965** 909; VersR **1967** 496; OLG Köln VersR **1970** 189). Weiß der Verletzte nicht, ob das Leiden, das ihn befallen hat, auf den Unfall zurückzuführen ist, so beginnt die Verjährung erst, wenn ein Arzt ihn darüber aufklärt, daß höchstwahrscheinlich eine unfallbedingte Verletzung die Ursache ist (BGH VersR **1959** 994; **1960** 752). Hat der Verletzte kurz nach dem Unfall einen weiteren Unfall mit Körperverletzung erlitten, so ist dies auf den Lauf der Verjährungsfrist für etwaige spätere Folgeschäden bezüglich des Erstunfalls ohne Einfluß (BGH VersR **1979** 1106). Erhöht sich bei Anspruch auf wiederkehrende Leistungen der Schaden durch Ansteigen der Lebenshaltungskosten, so beginnt für den dadurch begründeten Anspruch auf Erhöhung der Rente die Verjährung erst in dem Zeitpunkt, zu welchem der Verletzte die Kenntnis erlangt hat, daß es sich um eine nachhaltige Entwicklung handelt (BGH VersR **1979** 55; zum Umfang einer Verjährungsunterbrechung in diesen Fällen s. Rdn. 79).

23 Die Verjährung der Ersatzansprüche von **Hinterbliebenen** eines beim Unfall Getöteten beginnt für jeden einzelnen Ersatzberechtigten, sobald er vom Tod des Unterhaltsverpflichteten erfährt. Die Kenntnis davon, daß der Unterhaltsverpflichtete beim Unfall verletzt wurde, setzt die Frist noch nicht in Gang (OLG Koblenz VersR **1967** 668). Gegen eine Witwe, die ihren durch Wiederverheiratung ganz oder teilweise weggefallenen Unterhaltsersatzanspruch nach Auflösung der neuen Ehe wieder (ungeschmälert) geltend machen will (vgl. § 10, 119), läuft die Verjährungsfrist erst vom Auflösungszeitpunkt an (BGH VersR **1979** 55).

24 **b) Kenntnis vom Ersatzpflichtigen** setzt einmal voraus, daß er weiß, wie der Betreffende heißt und wo er wohnt (Rdn. 25), zum anderen aber auch, daß er weiß, daß den Betreffenden als Halter oder Führer eines am Unfall beteiligten Kraftfahrzeugs eine Haftung für die Unfallfolgen trifft. Kommen mehrere Personen nebeneinander als Schadenersatzpflichtige in Betracht, so läuft hinsichtlich jeder Person eine eigene Verjährungsfrist (*Rölle* DAR **1959** 311).

25 **aa) Personalien.** Der Verletzte kennt die Person des Ersatzpflichtigen erst, wenn er seinen Namen und seine ladungsfähige Anschrift weiß. Ist ihm das polizeiliche Kennzeichen des beteiligten Kraftfahrzeugs bekannt, so wird er so behandelt, als

kenne er den Halter und dessen Anschrift. Damit weiß aber der Verletzte noch nicht, wer das Fahrzeug geführt hat, es sei denn, er habe Gewißheit, daß der Halter selbst den Wagen gefahren habe. Kennt er den Namen des Fahrers, nicht dessen Anschrift, so muß er sich nur dann so behandeln lassen, als sei ihm die Anschrift bekannt, wenn sich diese mühelos feststellen, z. B. dem Adreßbuch entnehmen läßt (BGH VRS **17** 245). Ähnliches gilt, wenn dem Verletzten zwar nicht das Kennzeichen des anderen Kraftfahrzeugs bekannt ist, er aber die Firma auf dem Fahrzeug gelesen hat und anhand des Telefonbuchs ohne weiteres die Anschrift des Unternehmens feststellen kann (OLG Saarlouis VR **1927** 307). Sind jedoch Ermittlungen erforderlich, die mehr Umstände machen, so beginnt die Verjährungsfrist erst, wenn der Verletzte herausgefunden hat, wie die ladungsfähige Anschrift des Schädigers lautet; es hat dabei außer Betracht zu bleiben, ob sich der Ersatzberechtigte diese Kenntnis ohne weiteres hätte verschaffen können (Rdn. 12). Zur ladungsfähigen Anschrift gehört bei juristischen Personen auch die Kenntnis vom vertretungsberechtigten Organ, beim Minderjährigen auch diejenige vom gesetzlichen Vertreter. Ist ein Ersatzpflichtiger, der dem Verletzten bekannt war, gestorben, so wird der Lauf der Frist nicht dadurch gehindert, daß der Verletzte nicht weiß, wer Erbe ist (OLG Neustadt MDR **1963** 413).

bb) Anspruchbegründende Tatsachen. Der Verletzte weiß erst dann, wer der Er- **26**
satzpflichtige ist, wenn er alle Umstände kennt, die die Ersatzpflicht gerade dieser Person auslösen. Die Kenntnis von den anspruchbegründenden Tatsachen ist vorhanden, wenn der Geschädigte aufgrund der ihm bekannten Tatsachen gegen eine bestimmte Person eine Klage (zumindest eine Feststellungsklage) erheben kann, die so viel Erfolgsaussichten bietet, daß sie ihm – wenn auch nicht risikolos – zuzumuten ist[9]. Maßgebend ist, ob ein verständiger Mensch, der die Prozeßkosten selbst aufzubringen hätte, in der Lage des Verletzten das Risiko eines Rechtsstreits auf sich nehmen würde, ohne mehr vorbringen zu können als im gegebenen Augenblick der Verletzte (vgl. BGHZ **6** 202; BGH VersR **1968** 1163; OLG Köln VersR **1970** 49). Daß er zur Höhe der Ansprüche noch keine Einzelheiten vortragen kann, steht nicht entgegen, da ihn dies nicht hindert, Feststellungsklage zu erheben.

Vor allem dann, wenn der Verletzte beim Unfall eine Gehirnerschütterung erlit- **27**
ten und dadurch das Erinnerungsvermögen an die letzten Minuten und Sekunden vor dem Unfall verloren hat, beginnt die Verjährungsfrist erst zu laufen, wenn er durch dritte Personen sichere Kenntnis von der Entstehung des Unfalls und damit von der Ersatzpflicht des anderen erlangt hat. Hellt sich das Erinnerungsvermögen im Verlauf des Heilungsvorgangs auf, so beginnt die Verjährung mit der Rückkehr des Erinnerungsvermögens für die anspruchbegründenden Tatsachen. Hat der Verletzte Körperschäden erlitten, die ihn unfähig machen, sich ein klares Urteil über die anspruchsbegründenden Tatsachen zu bilden, so kennt er den Ersatzpflichtigen nicht (BGH VersR **1959** 445; **1961** 701; **1961** 886; **1964** 302). Solange die Witwe des beim Zusammenstoß mit einem entgegenkommenden Lastzug ums Leben gekommenen Pkw-Insassen nicht weiß, wie sich der Unfall ereignet hat, läuft die Frist nicht (BGH VersR **1970** 89). Ist die Frage, wer von mehreren in Betracht kommenden und dem Namen nach bekannten Personen der Ersatzpflichtige ist, noch zwei-

[9] RGZ **76** 63; **124** 114; **157** 18 = JW **1938** 970 m. Anm. *Herschel*; BGHZ **6** 202; BGH VersR **1955** 234; **1957** 534; **1957** 641; **1959** 274; **1959** 1040; **1960** 754; **1960** 1144; **1961** 158; **1961** 753; **1961** 910; **1982** 898; VRS **11** 100; OLG München HRR **1940** Nr. 157; KG VersR **1954** 178.

felhaft, so beginnt die Verjährungsfrist erst mit dem Zeitpunkt, in dem begründete Zweifel darüber, wer von ihnen den Schadenersatz schuldet, nicht mehr bestehen (RG JW **1935** 3154; BGH VersR **1964** 927). Bei einem Unfall, an dem zahlreiche Fahrzeuge beteiligt waren, kann es durchaus sein, daß dem Verletzten die Einsicht in die Strafakten noch nicht die Kenntnis verschafft hat, auch der später Beklagte komme als Schädiger in Betracht (BGH VersR **1978** 564). Hat der Ersatzberechtigte zunächst eine Person in Anspruch genommen, von der sich dann durch die Beweisaufnahme ergab, daß sie nicht Halter des anderen Kraftfahrzeugs war, so beginnt die Frist zur Geltendmachung von Ansprüchen gegen den richtigen Halter erst, wenn der Ersatzberechtigte Mitteilung vom Inhalt der Zeugenaussagen erhält (OLG Köln JW **1920** 395 m. Anm. *Schmidt-Ernsthausen*; OLG Stuttgart RdK **1954** 40). Stellt die Staatsanwaltschaft das Ermittlungsverfahren gegen denjenigen, den der Verletzte für den am Unfall Schuldigen gehalten hatte, mangels ausreichenden Tatverdachts ein, so fehlt dem Verletzten die Kenntnis, daß dieser den Unfall verschuldet habe (RG JW **1937** 2361; **a. A.** OLG Köln VersR **1970** 49). Das gleiche muß gelten, wenn der Schädiger im zweiten Rechtszug freigesprochen wird (**a. A.** OLG Celle VersR **1960** 281). Glaubt der Ersatzberechtigte, gegen den Halter eines Kraftfahrzeugs vorgehen zu können, so muß er wissen, daß sich der Unfall beim Betrieb gerade dieses Kraftfahrzeugs ereignet hat (§ 7). Will er gegen einen Fahrer vorgehen, so muß er wissen, daß die von ihm in Betracht gezogene Person im Zeitpunkt des Unfalls Führer desjenigen Kraftfahrzeugs war, bei dessen Betrieb sich der Unfall ereignete (§ 18). Auch auf den Kausalzusammenhang muß sich das Wissen beziehen; Zweifel hieran haben zur Folge, daß keine Kenntnis besteht (BGH VersR **1960** 848). Solange der Ersatzberechtigte ernsthaft zweifelt, ob das Kraftfahrzeug, das den Unfall verursacht hat, mehr als 20 km/h fahren konnte (§ 8), läuft die Frist noch nicht (RGZ **124** 114).

28 Die Wirkung der Kenntnis wird nicht dadurch beeinträchtigt, daß der Verletzte weiß oder befürchtet, der Schädiger werde **Einwendungen** bringen, sobald der Anspruch geltend gemacht werde (BGH VersR **1959** 274; **a. A.** BGH VersR **1970** 89). Solche Einwendungen können zum Inhalt haben, es sei Haftungsausschluß vereinbart, oder den Verletzten treffe ein so stark überwiegendes Verschulden am Unfall, daß kein Schadenersatz geschuldet sei. Auch der Umstand, daß der Schädiger in der Lage ist, wirksam aufzurechnen und dadurch die Forderung zunichte zu machen, hindert die Verjährung nicht.

29 Will der Verletzte Schadensersatzansprüche auch aus **unerlaubter Handlung** herleiten, so beginnt insoweit die Verjährungsfrist erst, wenn er Kenntnis von Umständen erlangt, aus denen sich ein Verschulden des Ersatzpflichtigen ergibt (BGH VRS **18** 330; VersR **1967** 775; OLG Neustadt DAR **1955** 113). Es ist daher möglich, daß die Verjährungsfrist für die Ansprüche aus dem StVG früher zu laufen beginnt als für die Ansprüche aus unerlaubter Handlung (BGH VersR **1959** 1045; OLG München HRR **1940** Nr. 157).

30 IV. Dauer der Verjährungsfrist

Sie beträgt drei Jahre von der Kenntnis an, und wenn der Ersatzpflichtige 27 Jahre lang keine Kenntnis erlangte, 30 Jahre vom Unfall an gerechnet (§ 852 Abs. 1 BGB). Die Frist ist nach §§ 187, 188 BGB zu berechnen (§ 186 BGB). Die Verjährungsfrist endet mithin im Regelfall nach drei Jahren mit dem Ablauf desjenigen Tages, der dieselbe Tageszahl und Monatsbezeichnung trägt, wie derjenige Tag, an dem der Verletzte (oder Hinterbliebene) Kenntnis vom Schaden und der Person des Ersatzpflichtigen erlangte. Ein gesetzlicher Forderungsübergang hat auf die Dauer der Verjährungsfrist keinen Einfluß (BGH VersR **1957** 802).

V. Hemmung der Verjährung 31

1. Bedeutung

Die Zeit, in der aus besonderen Gründen die Verjährung gehemmt ist, wird in die Verjährungsfrist nicht eingerechnet (§ 205 BGB). Nach Beendigung der Hemmung läuft die Verjährungsfrist weiter, es läuft also lediglich der vor der Hemmung noch nicht verbrauchte Rest der Frist. Die Vorschriften über die Hemmung sind als Ausnahmevorschriften eng auszulegen (RGZ **120** 359 = JW **1928** 2839 m. Anm. *Mügel*). Die wesentlichsten Hemmungsgründe sind Bestehen eines Leistungsverweigerungsrechts (§ 202 BGB), Stillstand der Rechtspflege (§ 203 Abs. 1 BGB), höhere Gewalt (§ 203 Abs. 2 BGB), familienrechtliche Beziehungen (§ 204 BGB) und die Hemmung durch Verhandlungen zwischen dem Schädiger (oder seinem Versicherer) und dem Verletzten (§ 852 Abs. 2 BGB). Schließlich gibt es noch die Ablaufhemmung in einigen Fällen, in denen der Verletzte vor Gericht nicht auftreten kann (§ 206 BGB) sowie bei Nachlaßsachen (§ 207 BGB). Im folgenden werden nur die wichtigsten Hemmungsgründe behandelt; im übrigen ist auf die Kommentierungen zum BGB zu verweisen.

2. Hemmung durch Leistungsverweigerungsrecht 32

a) Die Vereinbarung einer **Stundung** führt in der Regel zugleich zu einer Unterbrechung der Verjährung (Rdn. 58ff), da sie ein Anerkenntnis der Forderung (§ 208 BGB) enthält. Das bedeutet, daß die Verjährungsfrist von vorne beginnt, zugleich aber in ihrem Lauf gehemmt wird.

b) Ein zeitlich begrenztes **pactum de non petendo** begründet ein Leistungsver- 33
weigerungsrecht, das zu einer Hemmung der Verjährung führt. Ein solches kann z. B. liegen in der Vereinbarung, der Verletzte solle erst eine Vorentscheidung oder den Abschluß der Ermittlungen des Schuldners abwarten (BGH LM Nr. 3 zu § 202 BGB) oder zunächst versuchen, einen Dritten auf Ersatz des Schadens in Anspruch zu nehmen (BGH LM Nr. 5 zu § 202 BGB), oder in der Vereinbarung eines Schiedsgutachtens (RGZ **142** 263). Kein pactum de non petendo liegt vor, wenn der Haftpflichtversicherer des Schädigers dem Verletzten im Laufe der Regulierungsverhandlungen eine Prüfung zusagt und ihn um Geduld bittet (OLG München VersR **1967** 565); insoweit kann aber § 852 Abs. 2 BGB eingreifen (vgl. Rdn. 46ff). Wird bei einem außergerichtlichen Vergleich ein Punkt ausgeklammert, über den man sich nicht einigen konnte, so liegt insofern kein pactum de non petendo vor (OLG Nürnberg VersR **1970** 92).

c) Das Bestehen eines **vorübergehenden rechtlichen** Hindernisses begründet eben- 34
falls eine Hemmung nach § 202 Abs. 1 BGB (BGHZ **10** 310). Hat z. B. eine Berufsgenossenschaft nach dem tödlichen Unfall eines Versicherten in einem Bescheid nach § 1583 RVO einen Arbeitsunfall verneint und deshalb einen Anspruch der Hinterbliebenen auf Entschädigung abgelehnt, das Sozialgericht jedoch später den Bescheid aufgehoben und die Berufsgenossenschaft verurteilt, den Hinterbliebenen

eine Rente zu gewähren, so ist die Verjährung der nach § 1542 RVO auf die Berufsgenossenschaft übergegangenen Ansprüche in der Zeit vom Erlaß des Ablehnungsbescheids bis zur Rechtskraft des sozialgerichtlichen Urteils gehemmt, weil der Ersatzpflichtige bis zu diesem Zeitpunkt die Zahlung aufgrund der Feststellung der Berufsgenossenschaft hätte verweigern können (BGH VersR **1969** 856).

35 **3. Hemmung durch höhere Gewalt**

Höhere Gewalt hemmt die Verjährung, wenn sie den Verletzten hindert, seine Ansprüche durch Klage geltend zu machen (§ 203 Abs. 2 BGB). Höhere Gewalt liegt nur vor, wenn das hindernde Ereignis oder der die Klageerhebung unmöglich machende Zustand vom Kläger auch durch die äußerste ihm zumutbare Sorgfalt nicht hätte verhindert werden können. Dabei muß sich der Kläger das Verschulden seines Prozeßbevollmächtigten grundsätzlich als eigenes zurechnen lassen (BGHZ **17** 204). Ist der Ersatzberechtigte erkrankt, so wird die Verjährung nur gehemmt, wenn ihm die Besorgung seiner Angelegenheiten unmöglich wird und er nicht einmal mehr in der Lage ist, einen anderen mit der Wahrnehmung zu beauftragen (BGH VersR **1963** 93).

36 Der häufigste Fall der höheren Gewalt ist der, daß der Kläger durch unverschuldete **Armut** an der Prozeßführung verhindert ist. Er hat in einem solchen Fall nur dann alles ihm Zumutbare getan, wenn er ein Gesuch um Prozeßkostenhilfe (§ 117 ZPO) versehen mit den zur Glaubhaftmachung der Armut erforderlichen Unterlagen und unter ausreichender Darlegung der für seine Rechtsverfolgung maßgebenden Gründe beim Gericht eingereicht hat. Es genügt, wenn das Gesuch am Tage des Ablaufs der Verjährungsfrist eingereicht wird (BGHZ **70** 235 in Abweichung von der früheren Rechtsprechung, die so frühzeitige Einreichung verlangt hatte, daß das Gericht nach dem gewöhnlichen Geschäftsgang noch vor dem Ablauf hierüber entscheiden konnte; BGHZ **17** 202; **37** 122). Die Klage muß sodann unverzüglich nach Abschluß des Prozeßkostenhilfeverfahrens erhoben werden (BGHZ **70** 239).

37 Ein **Irrtum** über die tatsächliche oder rechtliche Lage hemmt die Verjährung grundsätzlich nicht (BGHZ **24** 134; BGH NJW **1968** 1381). Etwas anderes kann allenfalls bei einem trotz größter Sorgfalt nicht vermeidbaren Irrtum gelten, der die Rechtsverfolgung vorübergehend ganz aussichtslos erscheinen läßt (BGH VersR **1972** 394). Auch eine dem geltendgemachten Anspruch entgegenstehende ständige Rechtsprechung begründet grundsätzlich keine Hemmung (BAG NJW **1972** 1077; **a. A.** BGH Betrieb **1961** 1257).

38 **4. Hemmung wegen familienrechtlicher Beziehungen**

Sie besteht nach § 204 BGB bei Ansprüchen zwischen Ehegatten bis zur Rechtskraft des Scheidungsurteils oder des die Ehe aufhebenden Urteils, ferner zwischen Eltern und Kindern, auch nichtehelichen und Adoptivkindern. Die Adoption beendet die Hemmung zwischen dem Kind und seinen leiblichen Eltern (vgl. § 1757 BGB). Hemmung besteht auch zwischen Vormund und Mündel für die Dauer der Vormundschaft, ferner zwischen Pfleger und Pflegling (§ 1915 BGB); gleiches gilt, wenn einer Person ein Beistand bestellt ist (§ 1685 BGB). Keine Hemmung besteht zwischen Stiefkind und Stiefvater (Stiefmutter). Auch alle anderen verwandtschaftlichen Beziehungen rufen keine Hemmung hervor.

Salje (VersR **1982** 922) vertritt mit guten Gründen die Auffassung, daß bei Ansprüchen zwischen Ehegatten aus Straßenverkehrsunfällen die Hemmung nach § 204 BGB nicht eingreift. 39

5. Hemmung durch Anmeldung beim Haftpflichtversicherer 40

Nach § 3 Nr. 3 Satz 3 PflVG wird die Verjährung des Haftpflichtanspruchs auch dadurch gehemmt, daß der Geschädigte seinen Direktanspruch gegen den Versicherer (§ 3 Nr. 1 PflVG; vgl. § 16, 590) bei diesem anmeldet. Die Hemmung dauert bis zum Eingang der schriftlichen Entscheidung des Versicherers.

a) Anforderungen an die Anmeldung. Da das PflVG – anders als Art. 8 Abs. 2 Satz 41
1 des Anhanges I zum Europäischen Übereinkommen über die obligatorische Haftpflichtversicherung für Kraftfahrzeuge – keine bestimmte Form vorschreibt, genügt eine formlose Anmeldung, mit der der Geschädigte unter Hinweis auf ein bestimmtes Schadensereignis einen Schaden geltend macht (BGHZ **74** 395; BGH VersR **1978** 423). Aus der Anmeldung muß lediglich hervorgehen, daß gegen den Haftpflichtigen aus einem bestimmten Ereignis Ersatzansprüche erhoben werden; die einzelnen Ansprüche brauchen noch nicht näher bezeichnet und beziffert zu werden (BGH VersR **1978** 423; **1979** 1104; **1982** 547; **1982** 675). Das Versäumen der Anmeldefrist nach § 3 Nr. 7 PflVG ist für die Hemmungswirkung ohne Einfluß (BGH VersR **1975** 279; **1982** 651).

b) Bei **Mehrheit von Geschädigten** muß jeder seinen Ersatzanspruch anmelden, 42
um in den Genuß der Hemmung zu kommen, denn nach § 3 Nr. 3 Satz 3 PflVG ist nicht der Unfall, sondern der Anspruch anzumelden (BGHZ **74** 393). Eine Ausnahme läßt der BGH (aaO) jedoch wegen der engen Verknüpfung der Ansprüche dann zu, wenn nur der hinterbliebene Ehegatte seinen Anspruch angemeldet hat, außer ihm aber auch noch ein hinterbliebenes und vom Anmeldenden gesetzlich vertretenes Kind anspruchsberechtigt ist.

c) Umfang der Hemmung. Die Hemmung erfaßt nicht nur den Direktanspruch 43
gegen den Versicherer, sondern auch den Ersatzanspruch gegen den Schädiger selbst (§ 3 Nr. 3 Satz 4 PflVG; vgl. BGH VersR **1977** 282; **1977** 739; **1982** 651), und zwar auch dann, wenn der Ersatzanspruch die Deckungsverpflichtung des Versicherers übersteigt (BGH VersR **1982** 546; **1984** 441). Sie bezieht sich auf alle Ansprüche, die dem Anmeldenden aus dem Unfall erwachsen sind, auch wenn sie in der Meldung noch nicht näher bezeichnet wurden (BGH VersR **1978** 423) und auch soweit sie auf eintrittspflichtige Leistungsträger übergegangen sind (BGH VersR **1982** 674). Ist der Haftpflichtversicherer gegenüber dem Versicherungsnehmer gemäß § 7 V 2 AKB von der Leistungspflicht teilweise frei, so wird die Verjährung des auf einen Sozialversicherungsträger übergegangenen Schadenersatzanspruchs auch hinsichtlich des unter der Leistungsfreigrenze liegenden Sockelbetrags gehemmt (BGH VRS **66** 262).

d) Ende der Hemmung. Nach § 3 Nr. 3 Satz 3 PflVG endet die Hemmung (mit der 44
Folge, daß die Verjährungsfrist weiterläuft) mit dem Eingang der schriftlichen Entscheidung des Versicherers. Eine Entscheidung in diesem Sinne liegt nur dann vor, wenn das Schreiben eindeutig erkennen läßt, daß der Dritte die mit dem Anspruchsteller geführten Verhandlungen als beendet betrachtet, und zwar entweder im ablehnenden (BGHZ **67** 372) oder im stattgebenden Sinn (letzteres offengelassen in BGH VersR **1978** 423). Die Äußerung des Versicherers muß eindeutig und endgül-

tig sein (BGH VersR **1982** 1006; OLG München VersR **1982** 173). Es genügt nicht, wenn der Versicherer in seinem Schreiben zwar Einwendungen gegen den Anspruch erhebt, ihn jedoch nicht ablehnt, sondern zum Ausdruck bringt, daß er um eine weitere Klärung des Sachverhalts bemüht ist (BGH VersR **1979** 1120). Auch die bloße Erklärung, auf die Einrede der Verjährung verzichten zu wollen, führt nicht zur Beendigung der Hemmung (BGH VersR **1978** 423).

45 Durch ein **Verhalten des Geschädigten** kann die Beendigung der Verjährungshemmung nicht herbeigeführt werden; dies würde dem auf Schutz des Geschädigten vor Verjährung seiner Ansprüche gerichteten Zweck des § 3 Nr. 3 Satz 3 PflVG zuwiderlaufen (BGH VersR **1977** 335, **1978** 93). Daher endet die Hemmung nicht etwa deswegen, weil der Geschädigte sich trotz Schweigens des Versicherers längere Zeit, selbst jahrelang, nicht mehr meldet (BGH VersR **1978** 93). Allerdings kann es gegen Treu und Glauben (§ 242 BGB) verstoßen, wenn der Geschädigte aufgrund des Verhaltens des Versicherers, z. B. seiner Zahlungen, keinen Anlaß hatte, noch auf einen schriftlichen Bescheid zu warten und erst nach Jahren mit neuen Forderungen an den Versicherer herantritt; in diesem Fall kann sich der Versicherer ggf. auf den Ablauf der Verjährungsfrist berufen (BGH VersR **1978** 423).

46 **6. Hemmung durch Verhandlungen über den Schadensfall**

Daß Vergleichsverhandlungen die Verjährung hemmen, war eine in § 14 Abs. 2 angeordnete Besonderheit, die nur für Ansprüche aus dem StVG und für solche gegen den Unternehmer einer Straßenbahn oder Eisenbahn wegen Sachschäden (§ 6 Abs. 2 SHG) galt, seit Einfügung des § 852 Abs. 2 BGB mit Wirkung vom 1. 1. 1978 aber ganz allgemein gilt.

47 **a) Begriff der Verhandlungen.** Es unterbrechen nicht nur solche Verhandlungen die Verjährung, die auf eine außergerichtliche Erledigung hinzielen; es fällt vielmehr jeder Austausch von Erklärungen zwischen dem Ersatzberechtigten und dem Ersatzverpflichteten oder seinem Haftpflichtversicherer darunter, sofern Gegenstand des Meinungsaustausches der Schaden oder die Entstehung des Schadens ist. Die Vorschrift ist mithin nicht auf Vergleichsverhandlungen beschränkt. Jeder Meinungsaustausch zwischen dem Ersatzberechtigten und dem Ersatzverpflichteten (oder dessen Haftpflichtversicherer) über den Schadensfall ist eine Verhandlung über den Schadenersatz, sofern der Ersatzverpflichtete oder sein Versicherer nicht sofort mitteilt, daß er jeden Schadenersatz ablehne. Lehnt derjenige, an den der Verletzte wegen Vergleichsverhandlungen herantritt, solche Verhandlungen ab, so liegt in diesem Austausch von Erklärungen keine Vergleichsverhandlung (OLG Karlsruhe VersR **1967** 667). Die Ansicht des LG Stuttgart (VersR **1966** 151; ähnlich auch OLG Düsseldorf OLGZ **1966** 535), es liege keine Verhandlung über den Schadensfall vor, wenn der Haftpflichtversicherer auf die Schadensmeldung des Verletzten antworte, „nach Abschluß unserer Ermittlungen werden wir dazu Stellung nehmen", geht unzutreffend von der Annahme aus, § 852 Abs. 2 BGB stelle nur auf Vergleichsverhandlungen ab.

48 **b) Beschränkung der Verhandlungen.** Sind die Verhandlungen ausdrücklich auf einen von mehreren Anspruchskomplexen beschränkt, z. B. auf die Reparaturkosten oder auf den Verdienstausfall, so hemmen sie auch nur die Verjährung der zu dem Komplex gehörenden Ansprüche. Das gleiche gilt, wenn der Haftpflichtversicherer des Ersatzpflichtigen nur bis zur Höhe der Deckungssumme mit dem Ge-

schädigten verhandelt. Dies muß er dem Geschädigten aber eindeutig erkennbar machen (BGH VersR **1978** 533).

c) Person des Verhandelnden. Zu Vergleichsverhandlungen befugt ist nicht nur der Ersatzberechtigte oder -verpflichtete selbst (oder sein gesetzlicher Vertreter), sondern auch eine von ihm bevollmächtigte Person (z. B. ein Rechtsanwalt). Der Haftpflichtversicherer ist nach § 10 Abs. 5 AKB zu Regulierungsverhandlungen bevollmächtigt, so daß auch seine Verhandlungen die Verjährung hemmen. Dies gilt auch dann, wenn die Ansprüche des Geschädigten, deretwegen der Versicherer mit ihm verhandelt hat, die Deckungssumme übersteigen (BGH VersR **1970** 549; **1978** 533). Bei Selbstversicherung nach § 2 Abs. 2 PflVG beziehen sich wegen der entsprechenden Anwendung von § 10 Abs. 5 AKB Verhandlungen mit dem Fahrzeughalter auch auf den Ersatzanspruch gegen den Fahrer (BGH MDR **1965** 198). Soweit die Forderung auf einen Dritten (z. B. auf einen Versicherer oder auf den Dienstherrn) übergegangen ist, ist dieser allein in der Lage, solche Verhandlungen mit verjährungshemmender Wirkung zu führen. Verhandlungen, die der Verletzte mit dem Haftpflichtversicherer des Schädigers führt, hemmen die Verjährung desjenigen Teils der Ersatzansprüche nicht, der auf den Sozialversicherer übergegangen ist (OLG Frankfurt VersR **1966** 1056). **49**

d) Beginn der Hemmung. Er fällt auf den Zeitpunkt, in dem der Schädiger, sein Haftpflichtversicherer oder eine von diesem oder vom Schädiger bevollmächtigte Person eine Erklärung abgibt, aus der der Ersatzberechtigte entnehmen kann, daß eine gewisse Verhandlungsbereitschaft bestehe oder daß der Verpflichtete oder sein Versicherer möglicherweise beabsichtige, die Ansprüche des Verletzten wenigstens teilweise zu befriedigen (RG DAR **1929** 199; VR **1932** 294; BGH VersR **1962** 615; **1965** 1151; **1969** 857). Darauf, ob sich der Verletzte vergleichen will, kommt es nicht an (**a. A.** OLG Karlsruhe VersR **1967** 667). Einigen sich die Parteien darüber, daß vorläufige Zahlungen geleistet werden sollen und daß man erst später über die Schadenersatzpflicht weiter verhandeln wolle, so beginnt mit einer solchen Vereinbarung die Hemmung und endet erst, wenn die Zahlungen eingestellt werden (OLG Frankfurt/Kassel RdK **1950** 157). Meldet der Ersatzberechtigte seine Ansprüche beim Ersatzverpflichteten oder bei dessen Haftpflichtversicherer an, so wird die Verjährung gehemmt, wenn die Antwort keine sofortige Ablehnung enthält, sich vielmehr ihr Absender auf Erörterungen einläßt (RG JW **1932** 2022; BGH VRS **16** 93). Schreibt der Versicherer auf die Meldung des Verletzten lediglich, er habe die Anzeige empfangen, so sind das noch keine „Verhandlungen" (OLG Stuttgart VersR **1971** 1178); anders wenn er schreibt, er werde, sobald das Strafverfahren beendet ist, auf die Angelegenheit zurückkommen (BGH VersR **1975** 440). **50**

e) Ende der Hemmung. Das Ende der Verhandlungen tritt ein, sobald der Ersatzverpflichtete auf eine Anfrage oder einen Vorschlag des Ersatzberechtigten keine Antwort mehr gibt. Maßgebend ist der Zeitpunkt, zu dem eine Antwort spätestens zu erwarten gewesen wäre (BGH VersR **1963** 146; **1966** 619). Das Ende tritt stets dann ein, wenn der Schädiger unmißverständlich erklärt, er lehne jede Ersatzleistung ab, oder mitteilt, er halte weitere Verhandlungen für zwecklos (BGH VersR **1960** 831; KG VAE **1938** 358) oder wenn der Haftpflichtversicherer des Schädigers dem Ersatzberechtigten eine ausführliche Stellungnahme zuleitet, in der dargelegt ist, warum die erhobenen Ansprüche nicht befriedigt werden (OLG Nürnberg VersR **1966** 1144 LS). Darauf, ob der Schädiger oder sein Bevollmächtigter die Haftung bestreiten, kommt es nicht an (BGH VersR **1970** 327). Waren die Vergleichs- **51**

verhandlungen dadurch zum Ruhen gekommen, daß der Ersatzberechtigte Antrag auf Sozialrente gestellt hatte, so enden die Verhandlungen an dem Tag, an dem der Ersatzverpflichtete, der sich schriftlich zur Fortsetzung der Verhandlungen erboten hatte, mit einer Antwort rechnen konnte (BGH VersR **1967** 502). Werden vorläufige Zahlungen geleistet, so beendet die Einstellung der Zahlungen die Hemmung. Dem Verletzten steht es allerdings frei, noch ein Schreiben an den Schädiger zu richten und nach dem Grund der Zahlungseinstellung zu fragen. Dann endet die Verjährung zu dem Zeitpunkt, in dem nach allgemeiner Lebenserfahrung mit einer Antwort spätestens zu rechnen gewesen wäre. Antwortet der Haftpflichtversicherer auf eine Anfrage des Ersatzberechtigten, er könne derzeit keine Erklärungen zum Ersatz der in Zukunft entstehenden Heilungskosten abgeben, der Ersatzberechtigte müsse gegebenenfalls später die Notwendigkeit der aufgewendeten Kosten nachweisen, so sind die Verhandlungen über jene Kosten noch nicht beendet (KG VAE **1938** 358). Verlieren die Verhandlungspartner den Gegenstand der Verhandlungen (die Schadenersatzansprüche) aus den Augen, so endet die Hemmung (OLG Stuttgart VersR **1967** 508).

52 War die Verjährungsfrist schon fast abgelaufen, als die Verhandlungen begannen, und endet sie mithin schon wenige Tage oder Wochen nach Abbruch der Verhandlungen, so kann der Ersatzberechtigte, der in der kurzen Zeit die für eine Klageerhebung nötigen Unterlagen nicht mehr zu beschaffen vermag, der Verjährungseinrede des Ersatzpflichtigen den Arglisteinwand entgegenhalten (BGH VRS **16** 1).

53 **f) Verhältnis zur Unterbrechung.** Zu beachten ist, daß es bei Vergleichsverhandlungen auch zu einer Unterbrechung der Verjährung kommen kann (vgl. Rdn. 61). Ist die Verjährung dadurch unterbrochen worden, daß der Schädiger oder sein Haftpflichtversicherer anläßlich der Verhandlungen einräumt, der Grund des Anspruchs werde nicht bestritten, so hat die zugleich hemmende Wirkung der Vergleichsverhandlung die Wirkung, daß die Verjährungsfrist erst nach deren Scheitern zu laufen beginnt.

54 7. Ablaufhemmung bei Fehlen voller Geschäftsfähigkeit

a) Wesen der Ablaufhemmung. Sie greift ein, solange ein geschäftsunfähiger oder nur beschränkt geschäftsfähiger Gläubiger keinen gesetzlichen Vertreter hat, und über dessen Bestellung bzw. die Erlangung der vollen Geschäftsfähigkeit hinaus noch sechs Monate. Nach Verstreichen der sechs Monate tritt sodann die Verjährung sofort ein, es sei denn, die Verjährungsfrist wäre bis dahin ohnedies noch nicht abgelaufen. Der bezeichnete Mangel hat somit nur dann hemmende Wirkung, wenn er innerhalb der letzten sechs Monate der Verjährungsfrist vorliegt, dann aber unabhängig von seiner Dauer. Bei fehlender Geschäftsfähigkeit auf Seiten des Ersatzpflichtigen gilt § 206 BGB nicht; hier ermöglicht § 57 ZPO eine Klageerhebung.

55 **b) Gesetzliche Vertreter** ehelicher minderjähriger Kinder sind die Eltern gemeinschaftlich, nach dem Tode eines Elternteils der Überlebende, nach der Ehescheidung derjenige, dem das Familiengericht die elterliche Gewalt überträgt (§ 1671 BGB). Bei nichtehelichen minderjährigen Kindern steht die gesetzliche Vertretung grundsätzlich der Mutter zu (§ 1705 BGB). Für alle anderen nicht voll geschäftsfähigen Personen muß das Vormundschaftsgericht einen Vormund bestellen, und zwar für Minderjährige in jedem Fall (§ 1773 BGB), für Volljährige dagegen nur dann, wenn sie entmündigt sind (§ 1896 BGB). Ist der Volljährige nicht entmündigt, aber nach § 104 Nr. 2 BGB geschäftsunfähig, so kann ihm nach § 1910 BGB ein Ge-

brechlichkeitspfleger bestellt werden, dessen Aufgabenkreis aber beschränkt sein muß. Fallen die Ersatzansprüche aus dem Unfall in diesen Aufgabenkreis, so endet die Ablaufhemmung sechs Monate nach der Pflegerbestellung. Die Geschäftsunfähigkeit eines Verletzten kann sich auf die mit seinen Ansprüchen aus dem Unfall zusammenhängenden Fragen beschränken und bewirkt dann eine Hemmung der Verjährung auf diesem Gebiet (BGH VersR **1969** 906; **1969** 1020). Das Fehlen eines handlungsfähigen Organs einer juristischen Person begründet keine Ablaufhemmung nach § 206 BGB (RGZ **156** 300 = JW **1938** 516 m. Anm. *Roth*; BGH NJW **1968** 693).

8. Ablaufhemmung bei Erbfall 56

Zum Wesen der Ablaufhemmung vgl. Rdn. 54. Anders als im dort behandelten Fall des § 206 BGB tritt Ablaufhemmung hier auch dann ein, wenn der klagehindernde Umstand auf seiten des Schuldners liegt (§ 207 BGB), d. h. wenn der Schädiger stirbt. Die Verjährung tritt sechs Monate nach dem Zeitpunkt ein, in dem die Erben die Erbschaft annehmen oder in dem ein Nachlaßverwalter, Nachlaßkonkursverwalter oder Nachlaßpfleger bestellt wird. Ist im Testament des Verstorbenen ein Testamentsvollstrecker bestimmt, so laufen die sechs Monate von dem Tag an, an dem dieser sein Amt annimmt. Stirbt der Verletzte, so tritt in gleicher Weise Ablaufhemmung ein, jedoch nur hinsichtlich der Ansprüche, die in der Person des Toten bereits entstanden waren, nicht jedoch hinsichtlich der den Hinterbliebenen unmittelbar zustehenden Ansprüche aus § 10 StVG.

VI. Unterbrechung der Verjährung

1. Bedeutung 57

„Unterbrechung" bedeutet, daß die Verjährungsfrist neu und in voller Dauer von dem unterbrechenden Ereignis an zu laufen beginnt (§ 217 BGB). Unterbrechend wirken ein Anerkenntnis des Schädigers oder dem Anerkenntnis gleichgestellte Sachverhalte (Rdn. 58ff) sowie eine Klagerhebung und ihr gleichgestelltes Vorgehen des Verletzten oder Hinterbliebenen (Rdn. 62ff). Die Unterbrechung tritt nur ein, wenn die Verjährung noch nicht abgelaufen ist. Bei der Unterbrechung durch Klagerhebung beginnt nicht sofort die neue Verjährungsfrist zu laufen; vielmehr beginnt sie im Regelfall erst nach der rechtskräftigen Entscheidung (§ 211 BGB; vgl. Rdn. 88).

2. Unterbrechung durch Anerkenntnis 58

a) Begriff des Anerkennens. Unter „Anerkennen" im Sinne des § 208 BGB ist nicht nur das ausdrückliche Schuldanerkenntnis des Schädigers (vgl. § 16, 556), sondern jedes tatsächliche Verhalten gegenüber dem Geschädigten zu verstehen, aus dem sich ein Bejahen des Bestehens des Anspruchs unzweideutig ergibt, insbesondere auch aus einer Zahlung. Es handelt sich um keine Willenserklärung im Sinne des bürgerlichen Rechts. Daher braucht das Verhalten nicht in einer positiven Handlung zu bestehen (BGH NJW **1965** 1430). Das tatsächliche Verhalten des Schuldners gegenüber dem Gläubiger muß aber ergeben, daß sich der Schuldner bewußt ist, daß die Forderung besteht (BGHZ **58** 103; BGH VersR **1972** 372; **1972**

398). Die Anfrage des Haftpflichtversicherers, mit welcher Abfindung sich der Verletzte zufriedengeben würde, enthält kein Anerkenntnis (BGH VersR **1966** 536). Ebenso stellt die Erklärung der Aufrechnung mit einer bestrittenen Forderung gegen eine unbestrittene Forderung kein Anerkenntnis im Sinne des § 208 BGB dar (BGHZ **58** 103). Die Beifügung der Worte „ohne Anerkennung einer Rechtspflicht" schließt ein Bewußtsein des Bestehens der Forderung nicht ohne weiteres aus (BGH VersR **1972** 398; vgl. aber Rdn. 60). Dasselbe gilt für die Worte, der Versicherer behalte sich sämtliche Einwendungen vor für den Fall, daß eine außergerichtliche Einigung nicht erzielt werden könne, jedenfalls dann, wenn die Verhandlungen nur über die Höhe geführt wurden (BGH VersR **1972** 372). Näher zu Vergleichsverhandlungen s. Rdn. 61.

59 **b) Beschränktes Anerkenntnis.** Ein Anerkenntnis dem Grunde nach reicht für die unterbrechende Wirkung aus (RGZ **113** 238; BGH VersR **1965** 1149), und zwar auch dann, wenn der Schädiger die Höhe der vom Verletzten (Hinterbliebenen) geltend gemachten Ansprüche ausdrücklich bestreitet (RGZ **63** 389; **73** 133; BGH VersR **1960** 831). Das Anerkenntnis kann allerdings auch in diesem Zusammenhang wirksam auf einen abgrenzbaren Teil der Ansprüche beschränkt werden, z. B. auf die lediglich aus der Haftung nach dem StVG berechtigten Ansprüche, oder auf einen bestimmten Bruchteil aller in Frage kommenden Ansprüche (BGH VersR **1960** 831; OLG Stuttgart VersR **1967** 888; OLG Nürnberg VersR **1970** 92). Hat mithin der Schädiger vorgebracht, er habe wegen hohen Mitverschuldens des Verletzten nur ein Drittel des Schadens zu ersetzen, so verjähren alle Ansprüche in Höhe der restlichen zwei Drittel, wenn sie nicht rechtzeitig gerichtlich geltend gemacht werden. Erkennt der Haftpflichtversicherer an, daß der Witwe Ansprüche wegen entgehenden Unterhalts zustehen, soweit nicht ein Forderungsübergang wegen einer noch zu berechnenden Sozialrente erfolgt, so ist hinsichtlich dieses noch zu berechnenden Unterschiedsbetrags die Verjährung auch dann unterbrochen, wenn der Haftpflichtversicherer später zu der Ansicht gelangt, wegen der Arbeitspflicht der Witwe bestehe kein derartiger Unterschiedsbetrag (BGH VersR **1963** 187). Hat der Verletzte bestimmte Ansprüche geltend gemacht, so wirkt sich das Anerkenntnis des Ersatzpflichtigen nicht auf Ansprüche aus, die nicht geltend gemacht wurden (OLG Düsseldorf VersR **1960** 1053). Erklärungen des Haftpflichtversicherers unterbrechen die Verjährung nicht nur hinsichtlich der Ansprüche gegen den Halter, sondern auch hinsichtlich derjenigen gegen den Fahrer (BGH VersR **1964** 1199; **1972** 372). Zahlungen des Versicherers bewirken auch dann die Unterbrechung hinsichtlich des Versicherungsnehmers, wenn dieser über die Deckungssumme (BGH VersR **1970** 549; **1972** 398) oder über die Höchstsumme nach § 12 StVG hinaus (BGH VersR **1979** 284) persönlich in Anspruch genommen wird. Ist ein Teil der Forderung auf einen Sozialversicherungsträger oder ein privates Versicherungsunternehmen übergegangen, so wirkt eine Unterbrechung, die vor dem Übergang erfolgt ist, für beide nun selbständig gewordenen Teile der Forderung, ein Anerkenntnis des Schädigers nach dem Forderungsübergang aber nur hinsichtlich des Teils der Forderung, der demjenigen zusteht, dem gegenüber anerkannt wurde (OLG Düsseldorf VersR **1962** 1213). Sind zwei Personen bei einem Unfall verletzt worden und sind ihre Ansprüche auf denselben Versicherungsträger übergegangen, so wirkt ein auf eine der Forderungen beschränktes Anerkenntnis des Schädigers nicht auch für die andere Forderung (BGH VersR **1969** 921).

60 c) Wie ein Anerkenntnis wirkt die **Teilzahlung**; bezieht sie sich nur auf eine bestimmte Gruppe von Schäden (z. B. nur auf das Schmerzensgeld), so bewirkt sie keine Unterbrechung der Verjährung anderer Schadensgruppen (so bei Zahlung der Heilungskosten: RG Recht **1914** Nr. 464; bei der Zahlung von Schmerzensgeld: OLG Oldenburg VersR **1967** 384; bei Teilvergleich: OLG Stuttgart VersR **1967** 888); bezieht sie sich auf mehrere Schadensgruppen, so wird in der Regel die Verjährung aller Forderungen unterbrochen, die demjenigen zustehen, dem Zahlung geleistet wird (RGZ **135** 12; BGH VersR **1968** 277). Wird die Zahlung mit der Bemerkung versehen, daß die Haftung nicht anerkannt werde, so unterbricht sie nicht über den gezahlten Betrag hinaus (OLG Köln VersR **1967** 463). Ratenzahlungen des Schuldners unterbrechen die Verjährung auch dann, wenn sie aufgrund einer strafgerichtlichen Bewährungsauflage geleistet werden (LAG Frankfurt NJW **1966** 1678). Abschlagszahlungen des Versicherers bewirken die Unterbrechung hinsichtlich des Schuldners auch insoweit, als er über die Deckungssumme hinaus in Anspruch genommen werden soll (BGH VersR **1970** 549; **1972** 398). Zahlungen an die Krankenkasse des Verletzten, auf die dessen Ansprüche teilweise übergegangen sind, unterbrechen die Verjährung der dem Verletzten verbliebenen restlichen Ansprüche und Teile von Ansprüchen nicht (OLG Oldenburg VersR **1967** 384).

d) Vergleichsverhandlungen unterbrechen die Verjährung dann, wenn der Ersatz- **61**
pflichtige dabei einräumt, er schulde Schadenersatz aus dem Unfall, und wenn daher die Verhandlungen nur über die Höhe der Ansprüche gepflogen werden (BGH VersR **1965** 1149; **1969** 567). Die Meinung des Reichsgerichts (Recht **1908** Nr. 255; JW **1911** 32; WarnR **1933** Nr. 146; ebenso BGH WM **1970** 548), das Anerkenntnis werde durch das Scheitern der Vergleichsverhandlungen unwirksam, läßt unbeachtet, daß das Anerkenntnis keine Willenserklärung ist und daher auch nicht auflösend bedingt abgegeben werden kann. Das Scheitern der Verhandlungen kann es in keinem Fall ungeschehen machen. Unterbricht das Angebot eines bestimmten Abfindungsbetrages die Verjährung oder die Tatsache, daß die Parteien sich darüber einig sind, irgendein Betrag sei geschuldet, und daß sie deshalb nur über die Höhe der Ansprüche verhandeln, so beginnt mit dem Scheitern der Verhandlungen die neue Verjährungsfrist (Rdn. 53). Läßt der Schädiger oder sein Haftpflichtversicherer bei den Verhandlungen die Frage, ob überhaupt etwas geschuldet ist, offen, so greift lediglich die Hemmung nach § 852 Abs. 2 BGB ein.

3. Unterbrechung durch gerichtliche Geltendmachung

a) Unterbrechungshandlungen

aa) Klageerhebung (§ 209 Abs. 1 BGB). Jede Klage auf Befriedigung oder Fest- **62**
stellung des Anspruchs sowie auf Erteilung der Vollstreckungsklausel oder Erlaß des Vollstreckungsurteils unterbricht die Verjährung (zur Auswirkung von Mängeln vgl. Rdn. 63, zum Unterbrechungszeitpunkt Rdn. 82). Die Erhebung einer negativen Feststellungsklage und die Verteidigung gegen sie unterbrechen die Verjährung nicht, denn es wird ein Vorgehen vorausgesetzt, das darauf gerichtet ist, der Anspruch solle dem Beteiligten zugesprochen werden (BGH VersR **1972** 644). Unterbrechende Wirkung hat auch die Widerklage (RGZ **149** 326) sowie die Zwischenfeststellungsklage nach § 256 Abs. 2 ZPO (RGZ **66** 13).

Mängel der Klageerhebung beeinträchtigen die Unterbrechungswirkung nicht in **63**
jedem Falle. Die Klageerhebung muß *wirksam*, d. h. durch Zustellung einer den wesentlichen Erfordernissen des § 253 ZPO entsprechenden Klageschrift oder in der Form des § 261 Abs. 2 ZPO erfolgt sein; auf ihre *Zulässigkeit* kommt es dagegen nicht an.

64 **Unwirksam** ist die Klage z. B., wenn sie keinen bestimmten Antrag enthält (zum Problem des unbezifferten Antrags vgl. § 16, 41 f). Der Umstand, daß die mit der Klage geltendgemachte Forderung nicht auf einzelne Schadensposten aufgegliedert ist, beeinträchtigt die Unterbrechungswirkung jedoch nicht (BGH VersR **1967** 855). Eine falsche Bezeichnung des Beklagten ist unschädlich, wenn er aufgrund der Bezeichnung ohne weiteres feststellbar ist (BGH NJW **1977** 1686). Zustellungsmängel können durch Heilung rückwirkend unbeachtlich werden (BGH NJW **1960** 1947).

65 **Unzulässigkeit,** die die Unterbrechung nicht hindert, liegt z. B. vor, wenn die Klage bei einem unzuständigen Gericht erhoben wird (RGZ **115** 140 = JW **1927** 658 m. Anm. *Reichel*; OLG München VersR **1960** 952); allerdings muß in diesem Falle innerhalb von sechs Monaten nach rechtskräftiger Abweisung der Klage erneut geklagt werden, damit die Unterbrechungswirkung erhalten bleibt (§ 212 BGB). Eine Feststellungsklage unterbricht auch bei Fehlen des Feststellungsinteresses nach § 256 Abs. 1 ZPO (BGHZ **39** 291).

66 **Klageerhebung im Ausland** unterbricht die Verjährung nur, wenn die Voraussetzungen für eine Anerkennung des Urteils im Inland (§ 328 ZPO) gegeben sind (RGZ **129** 390) oder wenn es sich um einen Vertragsstaat des EuGVÜ handelt (OLG Düsseldorf NJW **1978** 1752).

67 Die **Klage eines Nichtberechtigten** unterbricht grundsätzlich nicht. Anders verhält es sich jedoch, wenn der Kläger vom Anspruchsinhaber zur Prozeßführung ermächtigt war (gewillkürte Prozeßstandschaft; BGH NJW **1957** 1838; VersR **1967** 162), und zwar unabhängig davon, ob er das nach Prozeßrecht für die Zulässigkeit der Prozeßstandschaft erforderliche Eigeninteresse hat (BGH NJW **1980** 2461). Die Klage eines vollmachtlosen Vertreters bzw. die Zustellung an einen solchen kann vom Berechtigten rückwirkend genehmigt werden (RGZ **86** 245). Nach gesetzlichem Forderungsübergang kann nur noch die Klage des neuen Gläubigers die Unterbrechung bewirken (RGZ **61** 170; **85** 429; BGH VersR **1965** 611), es sei denn der Verletzte wäre befugt, Klage auf Leistung an den Zessionar (z. B. Versicherer) zu erheben (RG Recht **1930** Nr. 1982). Stand dem Kläger die Forderung bei Klageerhebung nicht zu, so kann die Unterbrechungswirkung nicht rückwirkend durch Abtretung herbeigeführt werden (BGH VersR **1967** 162); Unterbrechung tritt vielmehr erst mit Wirksamwerden des Erwerbs ein (BGH NJW **1958** 338).

68 **Klagerücknahme** hat zur Folge, daß die Unterbrechungswirkung entfällt (§ 212 Abs. 1 BGB); sie kann jedoch durch neuerliche Klage innerhalb von sechs Monaten wiederhergestellt werden (Abs. 2 aaO).

69 **bb) Zustellung eines Mahnbescheids** (§ 209 Abs. 2 Nr. 1, §§ 688ff ZPO). Im Mahnbescheid muß erkennbar gemacht sein, um welchen Anspruch es sich handelt; es genügt jedoch die Bezugnahme auf ein dem Schuldner bekanntes Schreiben (BGH NJW **1967** 2354; OLG Hamm Rpfleger **1967** 115). Bei fehlender Berechtigung des Antragstellers gilt Rdn. 67 entsprechend; vgl. auch BGH NJW **1972** 1580). Zum Zeitpunkt der Unterbrechung s. Rdn. 83.

70 **cc) Antrag bei Gütestelle** (§ 209 Abs. 2 Nr. 1 a BGB, § 794 Abs. 1 Nr. 1 ZPO).

71 **dd) Anmeldung im Konkurs** (§ 209 Abs. 2 Nr. 2 BGB, §§ 138ff KO), nicht im Vergleichsverfahren (§ 55 VerglO: nur Hemmung). Die Unterbrechung bleibt auch dann wirksam, wenn die Konkurseröffnung auf Beschwerde hin aufgehoben wird (OLG Celle NJW **1959** 941).

ee) Prozeßaufrechnung (§ 209 Abs. 2 Nr. 3 BGB). Greift die Aufrechnung durch, so erlischt die Forderung; die Fälle, in denen die Aufrechnung die Verjährung unterbricht, sind mithin diejenigen, in denen die erklärte Aufrechnung wirkungslos ist, weil sie vom Gericht als unzulässig angesehen oder, da nur hilfsweise geltend gemacht, nicht berücksichtigt wird. Sind mehrere Forderungen in dieser Weise hilfsweise zur Aufrechnung gestellt worden, so tritt die Unterbrechung für alle ein, und zwar ohne Rücksicht darauf, ob im Zivilprozeß eine Reihenfolge dieser Forderungen angegeben war oder nicht (BayObLGZ **66** 353). Die Unterbrechungswirkung entfällt, wenn nicht innerhalb von sechs Monaten nach der Beendigung des Prozesses Klage erhoben wird (§ 215 BGB). Zum Umfang der Unterbrechungswirkung s. Rdn. 81; zum Zeitpunkt der Unterbrechung Rdn. 84. 72

ff) Streitverkündung (§ 209 Abs. 2 Nr. 4 BGB). Sie muß nach § 72 ZPO zulässig sein (RGZ **58** 79). Hierfür reicht es allerdings aus, wenn der Streitverkündende in diesem Augenblick lediglich annimmt, einen Anspruch auf Schadloshaltung gegen denjenigen zu haben, dem er den Streit verkündet, oder diesen alternativ zu dem Beklagten in Anspruch nehmen zu können (BGHZ **8** 80). Das Reichsgericht (JW **1913** 32) hatte die Meinung vertreten, die Streitverkündung unterbreche die Verjährung nur dann, wenn derjenige, der den Streit verkündete, im Prozeß unterliege. Diese Meinung steht jedoch mit dem Gesetz in Widerspruch und wird daher auch vom BGH (BGHZ **36** 214 = LM Nr. 11 zu § 209 BGB m. Anm. *Kreft*) abgelehnt. 73

gg) Vollstreckungshandlungen (§ 209 Abs. 2 Nr. 5 BGB). Werden sie auf Antrag der Berechtigten oder wegen Mangels der gesetzlichen Voraussetzungen aufgehoben, so entfällt die Unterbrechungswirkung (§ 216 BGB); unschädlich ist es dagegen, wenn sie fruchtlos bleiben. 74

hh) Adhäsionsverfahren. Die Geltendmachung des Anspruchs im Strafverfahren gegen den Schädiger (§§ 403ff StPO) ist der Erhebung der Klage gleichzustellen. 75

ii) Antrag auf Vorentscheidung einer Behörde (§ 210 BGB). Hängt die Zulässigkeit des Rechtswegs von vorhergehender Entscheidung einer Behörde ab, so unterbricht die Einreichung des Gesuchs bei der Behörde in gleicher Weise wie die Klage, sofern innerhalb von drei Monaten nach Erledigung des Gesuchs Klage erhoben wird. Dies gilt z. B. auch für den Entschädigungsantrag nach Art. 8 Abs. 6 und 7 des Finanzvertrags für durch Kraftfahrzeuge der Stationierungsstreitkräfte verursachte Schäden (BGH VersR **1977** 647). 76

kk) Für einen **Antrag auf Bestimmung des zuständigen Gerichts** (§ 36 ZPO) gilt das in Rdn. 76 Ausgeführte entsprechend (§ 210 BGB; vgl. BGHZ **53** 270). 77

ll) Handlungen ohne Unterbrechungswirkung sind z. B. die einfache Mahnung, der Antrag auf Abweisung einer negativen Feststellungsklage oder einer Widerklage (RGZ **153** 383; RG HRR **1936** Nr. 1209; BGH VersR **1963** 90; **1963** 957; **1972** 644), sowie der Antrag auf Beweissicherung, dem nur in Sondervorschriften außerhalb des Haftpflichtrechts Unterbrechungswirkung beigelegt ist. 78

b) Umfang der Unterbrechungswirkung. Der Inhalt der Klageanträge begrenzt den Umfang der Unterbrechung. Klagt der Verletzte zunächst nur einen Teilbetrag ein, so verjähren die restlichen Ansprüche. Eine Ausdehnung der unterbrechenden Wirkung auf andere Teile der Forderung, wie sie bei der Teilzahlung (Rdn. 60) u. U. eintritt, gibt es bei der Klageerhebung nicht. Bei der Klage auf Zahlung einer dauernden Rente wird jedoch auch hinsichtlich späterer Erhöhungen des Schadens die Verjährung unterbrochen (BGH NJW **1970** 1682; VersR **1979** 373). Erhebt der 79

Verletzte Klage auf Ersatz zukünftiger Schäden, so unterbricht die Klage nicht die Verjährung von Ansprüchen, die bei Klageerhebung bereits entstanden waren und mit Leistungsklage hätten geltend gemacht werden können (OLG Neustadt VersR **1961** 167 LS). Erhebt der Verletzte zulässigerweise eine unbezifferte Klage, so wird die Verjährung auch insoweit unterbrochen, als der Verletzte später die von ihm vorgetragenen Umstände in einer ihm günstigeren Weise beurteilt (BGH VersR **1974** 1018). Eine Feststellungsklage reicht aus, die Verjährung für alle von ihr erfaßten Ansprüche zu unterbrechen, auch soweit sie erst nach Rechtskraft des Urteils fällig werden[10].

80 Die Unterbrechung wirkt grundsätzlich nur im Verhältnis **zwischen den Klageparteien.** Eine Klage gegen den Halter unterbricht mithin nicht die Verjährung gegenüber dem Fahrer desselben Fahrzeugs. Entsprechendes gilt bei teilweisem Übergang der Forderung auf einen anderen. Hier unterbricht die Klageerhebung nur hinsichtlich des Teils der Forderung, der dem Kläger zusteht. Klagt mithin der Sozialversicherungsträger auf Erfüllung des Teils der Ansprüche, der auf ihn übergegangen ist, so wird die Verjährung hinsichtlich desjenigen Teils der Ansprüche nicht unterbrochen, der beim Verletzten verblieben ist.

81 Bei der **Prozeßaufrechnung** (s. Rdn. 72) wird die Verjährung nur hinsichtlich des zur Aufrechnung verwendeten Teils der Forderung unterbrochen, also nicht über die Klageforderung hinaus (RG **57** 372; OLG Karlsruhe VersR **1977** 482).

82 **c) Zeitpunkt der Unterbrechung**

aa) Klageerhebung. Der Zeitpunkt der Verjährungsunterbrechung bei Klageerhebung ist der des Eingangs einer ordnungsgemäßen Klageschrift bei Gericht (§ 270 Abs. 3 ZPO, sofern die Zustellung der Klageschrift „demnächst" erfolgt. Damit die zwischen Einreichung und Zustellung liegende Zeitspanne als „demnächst" bezeichnet werden kann, darf den Kläger kein Verschulden an der Verzögerung treffen (BGHZ **25** 77; **69** 361; BGH NJW **1971** 892), auch kein leichtes Mitverschulden (BGH VersR **1968** 984). Er muß ferner darüber hinaus alles in seinen Kräften Stehende tun, um eine Beschleunigung zu erreichen (BGH NJW **1967** 779). Das Verschulden des Büropersonals eines Anwalts ist dem Kläger nicht anzulasten (OLG Köln NJW **1967** 887), wohl aber das Verschulden des Anwalts (BGH VersR **1969** 255). Es schadet zwar nichts, wenn der Verletzte den Prozeßkostenvorschuß (§ 65 GKG) nicht gleichzeitig mit Einreichung der Klageschrift einzahlt. Wird er aber von der Geschäftsstelle zur Einzahlung aufgefordert, so muß er dieser Aufforderung binnen etwa drei Wochen nachkommen (OLG Oldenburg DAR **1964** 111). Der Anwalt muß für eine rechtzeitige Zahlung der Prozeßgebühr sorgen und gegebenenfalls den Korrespondenzanwalt nachdrücklich mahnen (BGH VersR **1969** 255). Ein Verschulden liegt z. B. vor, wenn der Ersatzberechtigte in der Klageschrift die Einzahlung der selbst berechneten Prozeßgebühr ankündigt, dann aber mehr als drei Monate lang nichts unternimmt, um das in seinem Machtbereich liegende zu unternehmen, die Voraussetzungen für eine Zustellung zu schaffen (BGH VersR **1967** 698; OLG Nürnberg VersR **1968** 381). Der Verletzte ist nicht entschuldigt, wenn er seine Rechtsschutzversicherung gebeten hat, den Vorschuß zu zahlen, diese aber zu spät zahlt (BGH VersR **1961** 713; **1968** 1062). Fehlen dem Kläger die Mittel,

[10] RGZ **61** 170; RG JW **1914** 408; **1927** 843; BGH NJW **1952** 740; VRS **4** 344; **a. A.** *Wurz* NJW **1960** 470.

den Gebührenvorschuß einzuzahlen, so trifft den Kläger stets dann ein Verschulden an der Verzögerung der Zustellung der Klageschrift, wenn er nicht gleichzeitig den Antrag nach § 67 Abs. 7 GKG gestellt hat, ihm mit Rücksicht auf seine Vermögenslage die Einzahlung des Vorschusses zu erlassen (BGH LM Nr. 9 zu § 261b ZPO). Ein solches Gesuch muß auch dann Erfolg haben, wenn der Kläger zwar nicht arm im Sinne der Vorschriften über die Prozeßkostenhilfe (§§ 114ff ZPO) ist, aber augenblicklich über keine flüssigen Mittel verfügt (z. B. weil er hilflos im Krankenhaus liegt). Statt den Antrag nach § 67 Abs. 7 GKG zu stellen, kann der Kläger auch beantragen, die Klageschrift vor Bestimmung des Verhandlungstermins zuzustellen (OLG München NJW **1966** 1517; OLG Nürnberg MDR **1967** 669). Eine solche Zustellung vor Terminbestimmung ist wirksam (BGHZ **11** 177 = NJW **1954** 640 m. Anm. *Lent*; BGH VersR **1965** 1149). Das Gericht muß sie auf Antrag anordnen (OLG München NJW **1966** 1517), weil andernfalls die arme Partei mit einem Risiko in der Verfolgung ihrer Ansprüche belastet würde, dem ein zahlungsfähiger Verletzter nicht ausgesetzt ist (BGH LM Nr. 8 zu § 261b ZPO). Das Risiko besteht in erster Linie darin, daß dem Kläger auch solche Nachlässigkeiten seines Prozeßbevollmächtigten angerechnet werden, die diesem während des Prozeßkostenhilfebewilligungsverfahrens unterlaufen. Eine solche Nachlässigkeit des Klägers oder seines Prozeßbevollmächtigten hat zwei nachteilige Folgen: Erstens hört die Nebenwirkung des Prozeßkostenhilfeverfahrens, die Verjährung zu hemmen (Rdn. 36), auf, und zweitens ist die Zustellung der Klageschrift, wenn sie nach Abschluß dieses Verfahrens erfolgt, nicht mehr „demnächst" im Sinne von § 270 Abs. 3 ZPO ausgeführt (BGH VersR **1968** 368; **1969** 57). Hieraus ergibt sich, daß das Gericht, sofern keine rechtzeitige Zustellung der Klageschrift vor Terminbestimmung erfolgt ist, die Prozeßkostenhilfe versagen muß, wenn das Verfahren, das ihre Bewilligung zum Gegenstand hat (§§ 114ff ZPO) nachlässig betrieben wird und hierdurch Verjährung eintritt. In einem solchen Falle kann es dem Verletzten auch nichts mehr nützen, wenn er nach Erlaß des versagenden Beschlusses den Gebührenvorschuß einzahlt und wenn sodann die Klageschrift zugestellt wird; wendet der Schädiger Verjährung ein, so muß die Klage abgewiesen werden (BGH VersR **1968** 368).

bb) Beim **Mahnbescheid** ist der Tag des Eingangs des Antrags bei Gericht maßgebend, wenn er demnächst (Rdn. 82) erlassen und zugestellt wird (§ 693 Abs. 2 ZPO). **83**

cc) Bei der **Aufrechnung** kommt es nicht auf den Zeitpunkt der Erklärung gegenüber dem Kläger, sondern auf den der Geltendmachung im Prozeß an. **84**

dd) Bei der **Streitverkündung** tritt die Unterbrechung mit Einreichung des sie enthaltenden Schriftsatzes ein, sofern er demnächst zugestellt wird (§§ 73, 270 Abs. 3 ZPO), ansonsten mit der Zustellung an den Dritten. **85**

ee) Bei **Zwangsvollstreckungsmaßnahmen** wird die Verjährung unterbrochen, wenn der Gerichtsvollzieher eine Handlung vornimmt. Hat das Gericht die Zwangsvollstreckung durchzuführen, wie bei der Pfändung und Überweisung einer Forderung, so tritt die Unterbrechung schon im Zeitpunkt des Eingangs des Antrags ein. **86**

d) Ende der Unterbrechung. Grundsätzlich beginnt die neue Verjährungsfrist mit dem unterbrechenden Ereignis. In den praktisch wichtigsten Fällen gelten jedoch Besonderheiten. **87**

88 **aa)** Bei der **Klageerhebung,** der **Aufrechnung** und der **Streitverkündung** beginnt die neue Frist mit der Zustellung des den Rechtsstreit beendenden Urteils (OLG Nürnberg OLGZ **1966** 388) oder mit der Wirksamkeit eines das Verfahren abschließenden Vergleichs oder mit der sonstigen Erledigung des Verfahrens (RGZ **66** 13; §§ 211, 215 BGB). Wird der Prozeß nicht weiterbetrieben, so ist die letzte Prozeßhandlung der Parteien oder des Gerichts maßgebend (§ 211 Abs. 2 BGB). Bloße Untätigkeit der Parteien führt aber dann nicht zu einem Stillstand des Prozesses im Sinne des § 211 Abs. 2 BGB, wenn das Gericht von Amts wegen für den Fortgang des Verfahrens zu sorgen hat (BGH VersR **1976** 37; **1977** 646). Dies ist z. B. auch dann der Fall, wenn die Parteien Auflagen, die ihnen in einem Beweisbeschluß gemacht wurden, nicht erfüllen (BGH VersR **1978** 1142) oder wenn nach Rechtskräftigwerden eines Grundurteils des Berufungsgerichts kein Termin zur Fortsetzung des Rechtsstreits im Betragsverfahren bestimmt wird (BGH VersR **1979** 1006). Sieht das Gericht mit ausdrücklichem Einverständnis des Klägers von einer Terminbestimmung auf unbestimmte Zeit ab, so geht die Verantwortung für das Betreiben des Prozesses vom Gericht wieder auf den Kläger über (BGH MDR **1983** 747). Hat das Gericht durch Beschluß das Ruhen des Verfahrens angeordnet, so ist wegen § 251 Abs. 2 ZPO drei Monate lang die Verjährung gehemmt, sofern nicht jederzeitige Wiederaufnahme möglich ist (BGH NJW **1968** 693). Wird der in Stillstand geratene Prozeß von einer Partei weiterbetrieben, so wird die Verjährung hierdurch wie bei Klageerhebung erneut unterbrochen (§ 211 Abs. 2 Satz 2 BGB).

89 Bei Verurteilung zu **künftigen Leistungen** beginnt der Lauf der Verjährung nicht mit der Rechtskraft des Urteils, sondern erst mit der Fälligkeit der Leistung (OLG Celle NJW **1964** 820). Denn der Grundsatz, daß die Verjährungsfrist frühestens mit der Fälligkeit eines Anspruchs zu laufen beginnt, gilt auch hier. Der Anspruch auf jede dieser Einzelleistungen verjährt in einem solchen Fall grundsätzlich erst nach dreißig Jahren (Rdn. 92).

90 **bb)** Beim **Mahnverfahren** gilt das zur Klageerhebung Ausgeführte (Rdn. 88) entsprechend, wenn sich das Streitverfahren unmittelbar anschließt (§§ 213 Satz 1, 212a, 211 BGB); im übrigen endet die Unterbrechung mit Rechtskraft des Vollstreckungsbescheides. Bei Stillstand des Verfahrens findet § 211 Abs. 2 BGB entsprechende Anwendung. Ist ein Mahnverfahren nicht weiterbetrieben worden und hat daher die Verjährungsfrist nach dieser Vorschrift erneut zu laufen begonnen, so unterbricht die Einzahlung der restlichen halben Prozeßgebühr die Verjährung dann, wenn der Antrag auf Terminbestimmung schon vorher gestellt war oder gleichzeitig gestellt wird (BGHZ **52** 50); desgleichen unterbricht der Terminsantrag, wenn die restliche Hälfte alsbald gezahlt wird (BGHZ **55** 216).

91 **cc)** Bei **Anmeldung im Konkurs** dauert die Unterbrechung fort, bis der Konkurs beendigt, d. h. seine Aufhebung (§ 163 KO) oder Einstellung (§§ 202ff KO) öffentlich bekanntgemacht ist (BGHZ **64** 3).

92 **e) Dauer der neuen Verjährungsfrist.** Die nach der Unterbrechung beginnende Verjährungsfrist ist im allgemeinen ebensolang wie diejenige, die vor der Unterbrechung lief. Ist jedoch ein Anspruch durch Urteil, gerichtlichen Vergleich oder vollstreckbare Urkunde rechtskräftig zuerkannt worden, so verjährt er erst nach dreißig Jahren (§ 218 Abs. 1 BGB). Das gilt aber nicht, soweit sich das Urteil auf künftige Rentenzahlungen bezieht. Insofern verbleibt es bei der kurzen Verjährung (§ 218 Abs. 2 BGB). Das bedeutet, daß Rentenleistungen, die lediglich auf einer Verpflichtung aus dem StVG beruhen, jeweils drei Jahre nach ihrer Fälligkeit verjähren.

VII. Arglisteinwand 93

1. Anwendungsbereich

Der Einwand unzulässiger Rechtsausübung (§ 242 BGB) ist gegenüber der Verjährungseinrede begründet, wenn der Ersatzpflichtige durch sein Verhalten den Ersatzberechtigten bewogen hat, von der Erhebung einer Feststellungsklage abzusehen und auf diese Weise die Verjährungsfrist auf dreißig Jahre zu verlängern, so z. B. wenn er erklärt hat, er werde auf die Verjährungseinrede verzichten (BGH VersR **1960** 517; **1982** 365), wenn der Gläubiger aus dem gesamten Verhalten des Schuldners für diesen erkennbar das Vertrauen gewinnen konnte, es würden lediglich sachliche Einwendungen nicht aber Verjährung geltend gemacht (BGH VersR **1982** 444), wenn der Ersatzpflichtige durch häufigen Wohnungswechsel oder unrichtige Anmeldung bei der Meldestelle der rechtzeitigen Inanspruchnahme entgangen ist (OLG Königsberg HRR **1941** Nr. 111), wenn der Ersatzberechtigte infolge der falschen Auskunft eines bei der schadenersatzpflichtigen Körperschaft tätigen Beamten die Klage verspätet erhoben hat (BGH VersR **1967** 704), oder wenn der Ersatzberechtigte aus dem Verhalten des Schädigers oder des Haftpflichtversicherers mit Recht den Schluß ziehen konnte, seine Ansprüche würden wenigstens teilweise befriedigt werden (OLG Hamburg VersR **1965** 1084). Hat der Ersatzpflichtige oder sein Haftpflichtversicherer sich auf Regulierungsverhandlungen mit dem Verletzten eingelassen, so braucht der Arglisteinwand nicht bemüht zu werden, weil in solchen Fällen die Verjährung gehemmt wird (§ 852 Abs. 2 BGB; vgl. Rdn. 46ff).

Dem Schuldner ist es nicht verwehrt, sich auf Verjährung zu berufen, wenn der 94
Verletzte von einer Klage deswegen Abstand genommen hat, weil er mit Rücksicht auf das Ansehen des Schuldners mit einer pünktlichen Erfüllung seiner Forderungen rechnen konnte (BAG NJW **1967** 174). Auch der Umstand, daß der Schuldner gegen Haftpflicht versichert ist, nimmt ihm nicht etwa das Recht, sich auf Verjährung zu berufen (BGH VersR **1965** 1000). Hat jedoch der Schädiger den Verletzten ausdrücklich an seine Haftpflichtversicherung verwiesen, so kann eine Berufung auf die anschließend eintretende Verjährung rechtsmißbräuchlich sein, wenn der Versicherer den Deckungsschutz verneint und Verhandlungen ablehnt (BGH VersR **1969** 451).

2. Wirkung 95

Die Wirkung des Arglisteinwands ist nicht die einer Unterbrechung oder Hemmung der Verjährung. Der aus § 242 BGB abzuleitende Vertrauensschutz gilt vielmehr nur so lange, wie die den Einwand der unzulässigen Rechtsausübung begründenden tatsächlichen Umstände fortdauern. Ändert sich die Sachlage dahin, daß der Verletzte nicht mehr erwarten darf, sein Schuldner werde die Einrede der Verjährung nicht erheben, so muß er seine Ansprüche alsbald gerichtlich geltend machen. Nutzt er eine für die Vorbereitung der Klage erforderliche angemessene Übergangsfrist, die je nach den Umständen auf einige Wochen, allenfalls auch auf wenige Monate bemessen werden kann, nicht zur Klageerhebung, so ist der Schuldner nicht mehr gehindert, sich auf die Verjährung zu berufen[11]. Das gilt auch dann, wenn die Parteien rechtswirksam vereinbart hatten, die Verjährung vom Eintritt eines bestimmten Ereignisses an als gehemmt zu betrachten, über ein Ende der

[11] RG HRR **1940** Nr. 980; BGH VersR **1955** 454; **1955** 695; **1956** 46; **1957** 667; **1958** 862; **1960** 515; **1961** 701; **1962** 372; **1963** 145; **1978** 527; **1979** 284; OLG Hamburg VersR **1978** 45.

Hemmung aber nichts verabredet wurde (BGH VersR **1962** 372). Es ist nicht etwa so, daß der unwirksame Verzicht nachträglich wirksam würde, wenn die Verjährung eintritt und der Ersatzpflichtige seinen Verzicht nicht „widerruft" (OLG Hamm VersR **1967** 587). Ist ein Teil der Ansprüche auf einen Sozialversicherungsträger übergegangen und hat der Schädiger diesem erklärt, er werde den Einwand der Verjährung nicht bringen, so kann der Verletzte nicht geltend machen, es verstoße gegen Treu und Glauben, wenn der Schädiger sich ihm gegenüber auf Verjährung berufe (BGH VRS **13** 81).

96 VIII. Konkurrenz mit anderen Anspruchsgrundlagen

1. Vertragliche Ansprüche

Ansprüche nach dem StVG können (in Ausnahmefällen; vgl. § 8a) mit gleichberechtigten vertraglichen Ansprüchen zusammentreffen. Im allgemeinen gilt bei einem derartigen Zusammentreffen, daß jeder Anspruch nach seinen eigenen Regeln verjährt (BGHZ **66** 315). Bei Ansprüchen aus Leih- oder Mietvertrag ist jedoch dann, wenn die Verjährung aus Vertrag eher eintritt als die aus unerlaubter Handlung, die kürzere Verjährungsfrist auch für die Ansprüche aus unerlaubter Handlung maßgebend (BGHZ **55** 392; BGH NJW **1964** 1225; vgl. § 16, 552ff). Wegen des begrenzten Anwendungsbereichs der Gefährdungshaftung innerhalb von Vertragsverhältnissen kommt diese Regelung jedoch gegenüber Ansprüchen nach dem StVG kaum zum Tragen.

97 2. Ansprüche nach § 22 WHG

Im WHG fehlt eine Regelung über die Verjährung der in § 22 normierten Ansprüche aus Gefährdungshaftung, wie sie insbesondere gegen den Halter eines auslaufenden Tankwagens infolge des Versickerns von Erdöl, Benzin, Wein oder anderen Flüssigkeiten entstehen können (vgl. § 16, 580ff). Nach BGHZ **57** 176 ist hierauf aber § 852 BGB entsprechend anzuwenden.

98 IX. Beweislast

Der Ersatzpflichtige, der sich auf Verjährung beruft, hat deren Beginn (*Rölle* DAR **1959** 311) und Ablauf zu beweisen; der Ersatzberechtigte dagegen hat zu beweisen, wie lange und aus welchem Grunde der Lauf der Frist gehemmt und unterbrochen war. Beruft er sich auf unzulässige Rechtsausübung, so muß er dartun, warum der Einwand der Verjährung Treu und Glauben widerspricht.

§ 15

Anzeige an den Schädiger

Der Ersatzberechtigte verliert die ihm auf Grund der Vorschriften dieses Gesetzes zustehenden Rechte, wenn er nicht spätestens innerhalb zweier Monate, nachdem er von dem Schaden und der Person des Ersatzpflichtigen Kenntnis erhalten hat, dem Ersatzpflichtigen den Unfall anzeigt. Der Rechtsverlust tritt nicht ein, wenn die Anzeige infolge eines von dem Ersatzberechtigten nicht zu vertretenden Umstandes unterblieben ist oder der Ersatzpflichtige innerhalb der bezeichneten Frist auf andere Weise von dem Unfall Kenntnis erhalten hat.

Übersicht

Entstehungsgeschichte. Der Entwurf 1906 enthielt noch keine entsprechende Bestimmung. Der Entwurf 1908 fügte sie – damals unter der Bezeichnung § 9 – ein. Zum Unterschied von der jetzigen Fassung wurde aber gefordert, daß der Ersatzberechtigte den Schaden (nicht den Unfall) anzuzeigen habe. Entsprechend hieß es in Satz 2, daß der Rechtsverlust nicht eintrete, wenn der Ersatzpflichtige auf andere Weise von dem Schaden Kenntnis erhalten habe. Die Reichstagskommission änderte in Satz 1 den Ausdruck „Schaden“ zunächst in „Beschädigung “ mit der Begründung (Komm. Ber. S. 28), auch der Umfang des Schadens müsse angezeigt werden. In zweiter Lesung ersetzte man das Wort „Beschädigung“ durch das Wort „Unfall“. Der Kommissionsbericht bemerkte dazu, die Änderung sei lediglich redaktioneller Natur. In Satz 2 ließ man dagegen das Wort „Schaden“ stehen. In dieser Fassung wurde die Vorschrift Gesetz. Die herrschende Meinung erblickte in dem Umstand, daß in Satz 2 das Wort „Schaden“ nicht in „Unfall“ geändert worden war, lediglich ein Versehen. Art. X des Gesetzes vom 21. 7. 1923 (RGBl. I, 743) brachte die entsprechende Berichtigung des Gesetzestextes.

I. Zweck der Vorschrift 1

Die amtliche Begründung lautet (RT-Drucksache Bd. 248 Nr. 988 S. 5595/5600): „Der Ersatzpflichtige hat ein berechtigtes Interesse an der schleunigen Feststellung des Sachverhalts, da ihm nach dem Entwurfe die Beweispflicht in bezug auf die Ursachen des Unfalls obliegt. Er darf deshalb verlangen, daß er so rasch als möglich von dem Schaden, für den er verantwortlich gemacht werden soll, Kenntnis erhält.

Mit Rücksicht hierauf setzt der Entwurf in § 9 dem Ersatzberechtigten eine Ausschlußfrist von einem Monat, binnen deren er dem Gegner den Schaden anzuzeigen hat. Der Rechtsverlust soll jedoch, um Härten zu vermeiden, nicht eintreten, wenn die Anzeige infolge eines von dem Ersatzberechtigten nicht zu vertretenden Umstandes unterblieben ist oder der Verpflichtete innerhalb der bezeichneten Frist auf andere Weise von dem Schaden Kenntnis erhalten hat.“ Die Anzeigepflicht dient also der Wahrung der Rechte des Ersatzverpflichteten nur insoweit, als ihn die Beweislast nach § 7 als Halter oder nach § 18 als Fahrer trifft. Sie bezieht sich mithin nicht auf die Höhe des Schadens; denn diese hat der Ersatzberechtigte zu beweisen.

2 **II. Die Ausschlußfrist**

Die Vorschrift betrifft nicht wie § 14 die Verjährung, sondern bestimmt, daß die Ansprüche des Verletzten oder Hinterbliebenen erlöschen, wenn er der Anzeigepflicht schuldhaft nicht nachkommt. Es handelt sich also um eine nicht nur auf Einrede hin zu beachtende Ausschlußfrist.

3 **1. Beginn der Frist**

Er fällt auf den Zeitpunkt, in dem auch die Verjährung nach § 14 zu laufen beginnt (vgl. hierzu § 14, 9ff). Es wäre unrichtig, aus Satz 2 folgern zu wollen, bei § 15 sei ein Kennenmüssen der positiven Kenntnis gleichzustellen (RG Recht **1920** Nr. 484). Lediglich dann, wenn erwiesen ist, daß der Verletzte arglistig Nachforschungen nach dem Schädiger unterlassen hat, um ihm die Verteidigung gegen den Ersatzanspruch zu erschweren, und daß andererseits der Schädiger ergebnislos alles in seiner Macht stehende getan hat, den Ersatzberechtigten ausfindig zu machen, ist der Anspruch auf Schadenersatz verwirkt (OLG Hamburg Recht **1919** Nr. 823). Wegen Einzelheiten zu der Frage, wer die Kenntnis haben und die Anzeige erstatten muß vgl. Rdn. 7.

4 **2. Keine Unterbrechung oder Hemmung**

Die entsprechenden für die Verjährung geltenden Vorschriften sind unanwendbar. An ihre Stelle tritt die Sonderregelung in Satz 2 (Rdn. 11).

5 **3. Dauer und Berechnung der Frist**

Die Berechnung der Frist von zwei Monaten richtet sich nach §§ 187, 188 BGB. Auf § 14, 30 wird verwiesen.

III. Die Anzeige

6 **1. Inhalt und Form**

Für die Anzeige ist keine Form vorgeschrieben. Sie kann also auch telefonisch oder mündlich erstattet werden. Letzteres wird häufig unmittelbar nach dem Unfall am Unfallort erfolgen. Mitzuteilen ist der Unfall (§ 7, 105), nicht der entstandene Schaden. Auch wenn nach längerer Zeit unvorhergesehene Spätfolgen auftreten, entsteht keine neue Anzeigepflicht, sofern die Anzeige vom Unfall rechtzeitig erfolgt war. Die Mitteilung vom Unfall muß klarstellen, wer geschädigt worden ist und ob der Geschädigte einen Sachschaden oder einen Personenschaden oder beides erlitten hat. Im übrigen muß die Anzeige lediglich Hinweise auf Ort und Zeit des Unfalls und auf das Fahrzeug enthalten, das den Unfall verursacht haben soll. Diese Angaben sind erforderlich, damit der Ersatzpflichtige in die Lage versetzt wird, den Dingen nachzugehen und Feststellungen zum Sachverhalt zu treffen. Über die Art der Ansprüche braucht die Meldung nichts zu enthalten, erst recht nichts über die voraussichtliche Höhe der Ansprüche.

2. Person des Anzeigenden 7

Anzeigepflichtig ist der Ersatzberechtigte, der Ersatzansprüche geltend machen will. Er kann sich einer anderen Person bedienen. Die Anzeige wirkt sogar, wie sich aus dem zweiten Halbsatz des Satz 2 ergibt, wenn der andere keine Vollmacht hatte. Auch ein Minderjähriger kann daher die Anzeige erstatten. Weiß nur der verletzte Minderjährige von dem Unfall, nicht aber sein gesetzlicher Vertreter, so läuft die Frist erst, wenn dieser Kenntnis erlangt. Der Begriff „Ersatzberechtigter" umfaßt den körperlich Verletzten, den durch Sachschaden Geschädigten, den Unterhaltsberechtigten (dem durch einen tödlichen Unfall des Unterhaltsverpflichteten das Recht auf Unterhalt entzogen wurde) und denjenigen, der verpflichtet ist, die Beerdigungskosten zu tragen. Ist mit dem Unfall die Forderung auf einen Sozialversicherungsträger, auf den Dienstherrn des Verletzten oder Getöteten oder auf dessen Arbeitgeber übergegangen, so ist derjenige zur Erstattung der Anzeige verpflichtet, auf den die Forderung übergegangen ist. Sind mehrere Personen durch einen Unfall geschädigt, so wirkt in der Regel die Anzeige des einen Geschädigten zugunsten der anderen (Satz 2, zweiter Halbsatz). Voraussetzung ist freilich, daß die Anzeige die Mitteilung enthält, daß auch der andere geschädigt wurde, und den Hinweis, ob dieser einen Sachschaden oder einen Personenschaden erlitten hat (Rdn. 6). Wer aufgrund Forderungsübergangs ersatzberechtigt ist, braucht keine Anzeige zu erstatten, wenn der unmittelbar Verletzte schon Anzeige erstattet hatte; wer als Unterhaltsberechtigter nach § 10 Abs. 2 Ansprüche geltend machen will, braucht keine Anzeige zu erstatten, wenn der Verstorbene schon Anzeige erstattet hatte. Der Hinterbliebene muß also in diesem Fall dem Ersatzverpflichteten nicht mitteilen, daß der beim Unfall verletzte Unterhaltsverpflichtete seinen Verletzungen erlegen ist. Insofern schadet es mithin nichts, daß der Ersatzverpflichtete zunächst nicht weiß, wer forderungsberechtigt ist und worin der Schaden besteht. Hatte der Getötete keine Anzeige erstattet, so läuft für den Unterhaltsberechtigten eine neue Frist, die mit der Kenntnis vom Todesfall beginnt.

3. Zugang der Anzeige 8

Die Anzeige muß dem Ersatzpflichtigen innerhalb der Zweimonatsfrist zugehen (§ 130 BGB); nicht erforderlich ist, daß der Ersatzverpflichtete von der Anzeige Kenntnis nimmt. Zu richten ist die Anzeige an die Person, von der nach dem StVG Schadenersatz gefordert werden soll, also an den Halter (§ 7), Fahrer (§ 18) oder unbefugten Benutzer (§ 7 Abs. 3). Die Anzeige kann auch an den Haftpflichtversicherer des Ersatzpflichtigen gerichtet werden, da dieser bevollmächtigt ist, alle in Abwicklung des Schadenfalles erforderlichen Erklärungen abzugeben und entgegenzunehmen. Nicht bevollmächtigt ist der Versicherungsvertreter, der den Abschluß der Versicherung vermittelt hat und die Prämien kassiert (§ 44 VVG; vgl. dazu BGH VersR **1963** 524). Ist der Ersatzpflichtige minderjährig, so muß die Anzeige dem gesetzlichen Vertreter erstattet werden. Bei juristischen Personen, die mehrere verfassungsmäßige Vertreter haben, genügt der Zugang an einen von diesen. Bei Körperschaften des öffentlichen Rechts sind die Verordnungen zu beachten, die deren Vertretung regeln.

9 **IV. Unterlassen der Anzeige**

1. Wirkung

Grundsätzlich bringt der Fristablauf die Ansprüche zum Erlöschen, und zwar ohne weiteres. Diese Rechtsfolge tritt nicht ein, wenn entweder die Anzeige erstattet wurde (Rdn. 6 bis 8) oder nicht erstattet werden konnte (Rdn. 11) oder wenn der Ersatzpflichtige auf andere Weise vom Unfall erfahren hat (Rdn. 13). Der Richter hat das Erlöschen zu beachten, wenn die Parteien einen Sachverhalt vortragen, aus dem sich diese Rechtsfolge ergibt. Es steht nicht in der Macht der Parteien, die Folge rückgängig zu machen, sofern sie nicht einen Vertrag schließen, der gleichartige Ansprüche neu entstehen läßt. Zahlt der Ersatzpflichtige in Unkenntnis der Gesetzesvorschrift, so kann er das Geleistete zurückfordern.

10 **Nur Ansprüche aus dem StVG** gehen verloren, wenn die Anzeige versäumt wird. Die Ansprüche aus Vertrag oder unerlaubter Handlung bleiben bestehen (§ 16). Wer aufgrund Vertrages das Recht hat, von einem anderen die Befreiung von seinen Verbindlichkeiten aus dem StVG zu verlangen, braucht diesem keine Anzeige zu erstatten (KG VAE **1937** 178). Von der Anzeige ist auch befreit, wer nach § 17 Ausgleichung von einem anderen für den Unfall Verantwortlichen verlangen kann (BGHZ **11** 170). Auch Ausgleichungsansprüche aus bürgerlichem Recht bleiben unberührt.

2. Unschädlichkeit des Unterlassens

11 **a) Entschuldigte Versäumnis.** Unterbleibt die Anzeige wegen eines Grundes, den der Ersatzberechtigte nicht zu vertreten hat, so ist der Rechtsverlust nicht eingetreten. Ein Wiedereinsetzungsverfahren ist hierfür nicht vorgesehen; die Wirkung tritt vielmehr ohne weiteres ein. Die Worte „nicht zu vertreten" bedeuten soviel wie „ohne Verschulden" (vgl. § 276 BGB). Dem Ersatzberechtigten darf mithin keine Nachlässigkeit vorzuwerfen sein. Das Verschulden des gesetzlichen Vertreters oder des vom Ersatzberechtigten beauftragten Rechtsanwalts ist dem Verschulden des Ersatzberechtigten gleichzustellen. Wenn der Verletzte den Ersatzpflichtigen nicht sogleich ausfindig machen kann, so ist er nur entschuldigt, wenn er auch nicht ermitteln kann, bei welchem Unternehmen der Ersatzpflichtige haftpflichtversichert war; denn die Anzeige kann auch dem Versicherer erstattet werden. Leidet der Verletzte so sehr unter den Unfallfolgen, daß er weder mündlich noch schriftlich Meldung erstatten kann, so ist er nur entschuldigt, wenn er auch außerstande ist, einen Bekannten oder sein Pflegepersonal damit zu beauftragen, oder wenn die beauftragte Person den Auftrag übernimmt, aber nicht durchführt. Entschuldigt ist der Ersatzberechtigte auch, wenn der ordnungsgemäß der Post oder einem Boten übergebene Brief verloren geht. Er ist nicht verpflichtet, die Sendung einschreiben zu lassen. Für das Verschulden der Post oder des Boten braucht der Ersatzberechtigte nicht einzustehen. § 278 BGB ist unanwendbar, da es sich nicht um eine Verbindlichkeit, sondern um eine Obliegenheit handelt.

Eine **Nachholung** der schuldlos versäumten Anzeige nach Wegfall des Hinde- 12
rungsgrundes sieht § 15 nicht vor. Es kann aber, wenn er allzulange zögert, seine Ansprüche geltend zu machen, Verwirkung nach den allgemeinen von der Rechtsprechung zu § 242 BGB entwickelten Grundsätzen eintreten.

b) Anderweitig erlangte Kenntnis des Ersatzpflichtigen. Die Versäumung der An- 13
zeigefrist ist auch dann unschädlich, wenn der Ersatzpflichtige innerhalb der Frist in irgendeiner anderen Weise Kenntnis von dem Unfall, d. h. den in Rdn. 6 genannten Umständen, erlangt hat.

V. Beweislast 14

Der Ersatzpflichtige hat zu beweisen, daß der Ersatzberechtigte in einem Zeitpunkt Kenntnis erlangt hat, der mehr als zwei Monate vor der Anzeige liegt. Ist dies bewiesen oder unbestritten dargelegt, so hat der Ersatzberechtigte zu beweisen, daß er während des gesamten Laufs der zwei Monate ohne Verschulden außerstande war, die Anzeige zu erstatten (RG Recht **1923** Nr. 793). Statt dessen kann er auch beweisen, daß der Ersatzverpflichtete innerhalb dieser zwei Monate vom Unfall Kenntnis erlangt hat.

§ 16

Haftung aus anderen Rechtsgründen

Unberührt bleiben die bundesrechtlichen Vorschriften, nach welchen der Fahrzeughalter für den durch das Fahrzeug verursachten Schaden in weiterem Umfang als nach den Vorschriften dieses Gesetzes haftet oder nach welchen ein anderer für den Schaden verantwortlich ist.

Übersicht

Schrifttum

Zur Haftung aus unerlaubter Handlung (ohne Verletzung der Verkehrssicherungspflicht):

Becker Das Recht der unerlaubten Handlungen (1976); *Bernstein* Schadensausgleich bei Arbeitsunfällen (1963); *Berr* Grundsätze der Baustellenabsicherung an Straßen aus rechtlicher Sicht DAR **1984** 6; *Boennecke* Verkehrsrichtiges Verhalten NJW **1960** 1188; *Bötticher* Zur Ausrichtung der Sanktion nach dem Schutzzweck der verletzten Privatrechtsnorm AcP **158** 385; *von Caemmerer* Wandlungen des Deliktsrechts Festschrift für den Deutschen Juristentag (1960) Bd. II 49; *Clauß* Sozialadäquates Verhalten VersR **1963** 996; *Deutsch* Fahrlässigkeit und erforderliche Sorgfalt (1963); *Deutsch* Zurechnungsfähigkeit und Verschulden, ein Beitrag zum Anwendungsbereich des § 829 BGB JZ **1964** 86; *Diederichsen* Zur Rechtsnatur und systematischen Stellung von Beweislast und Anscheinsbeweis VersR **1966** 211; *Diederichsen* Fortschritte im dogmatischen Verständnis des Anscheinsbeweises ZZP **81** (1968) 45; *Dunz* Das verkehrsrichtige Verhalten NJW **1960** 507; *Eckelmann* Der Schadensersatzanspruch bei Verletzung oder Tötung der Mutter wegen Beeinträchtigung oder Ausfall in der Haushaltsführung und Kinderbetreuung (1965); *Fraenkel* Tatbestand und Zurechnung bei § 823 Abs. 1 BGB (1979); *Gies* Haftungsbeschränkung des Arbeitnehmers und Gefährdungshaftung des Arbeitgebers bei gefahrgeneigter Tätigkeit VersR **1961** 871; *Gitter* Schadensausgleich im Arbeitsunfallrecht (1969); *Hacks/Ring/Böhm* Schmerzensgeld-Beträge[10] (1981); *Hanau* Kausalität der Pflichtwidrigkeit (1971); *Hauß* Entwicklungslinien des deutschen Schadensersatzrechts ZVersWiss **1967** 151; *Hirschberg* Arbeitnehmerhaftung und Haftpflichtversicherung VersR **1973** 785; *U. Huber* Zivilrechtliche Fahrlässigkeit Festschrift für E. R. Huber (1973) 253; *U. Huber* Verschulden, Gefährdung und Adäquanz Festschrift für Wahl (1973) 301; *Klauser* Möglichkeit und Grenze richterlicher Schadensschätzung (§ 287 ZPO) JZ **1968** 167; *Knoop* Verantwortung für technische Fahrzeugmängel BB **1959** 1190; *Konertz* Der Rückgriffsanspruch des Sozialversicherungsträgers nach § 640 RVO VersR **1980** 209; *Kummer* Die Haftpflicht bei Gefälligkeitsfahrten (1963); *Kuntz* Schmerzensgeld (1981); *Hermann Lange* Rechtswidrigkeit und Handlungsbegriff im Zivilrecht Festschrift für Dölle I (1963) 169; *Marschall von Bieberstein* Haftungsbefreiung im dreispurigen Schadensausgleich VersR **1968** 509; *Mühl-*

haus Ursächlichkeit eines Fahrfehlers DAR **1965** 13; *Münzberg* Verhalten und Erfolg als Grundlagen der Rechtswidrigkeit und Haftung (1966); *Musielak* Die Grundlagen der Beweislast im Zivilprozeß (1975); *Musielak* Zur gerichtlichen Praxis bei der Bemessung des Schmerzensgeldes VersR **1982** 613; *Nipperdey* Rechtswidrigkeit, Sozialadäquanz, Fahrlässigkeit, Schuld im Zivilrecht NJW **1957** 1777; *Nipperdey* Tatbestandsaufbau und Systematik der deliktischen Grundtatbestände NJW **1967** 1985; *Pienitz* Der Minderjährige im Haftpflichtrecht[2] (1960); *Prölß* Beweiserleichterung im Schadensprozeß (1966); *Rother* Haftungsbeschränkung im Schadensrecht (1965); *Sanden* Zum Rechtsbegriff der groben Fahrlässigkeit VersR **1967** 1013; *Sanftleben* Der Arbeitsunfall in zivilrechtlicher Sicht VersR **1978** 403; *Schmid* Die Aufsichtspflicht nach § 832 BGB VersR **1982** 822; *Schmid* Haftungsprobleme des § 2 Abs. 5 StVO DAR **1982** 149; *Stoll* Das Handeln auf eigene Gefahr (1961); *Stoll* Haftungsverlagerung durch beweisrechtliche Mittel AcP **176** 145; *Walter* Der Anwendungsbereich des Anscheinsbeweises ZZP **90** (1977) 270; *Walter* Freie Beweiswürdigung (1979); *Weitnauer* Rechtswidrigkeit und Verschulden VersR **1961** 1057; *Weitnauer* Verkehrsrichtiges Verhalten NJW **1962** 1190; *Weitnauer* § 823 Abs. 2 BGB und die Schuldtheorie JZ **1963** 631; *Weitnauer* Fahrlässigkeit und Rechtswidrigkeit VersR **1963** 992; *Weitnauer* Wahrscheinlichkeit und Tatsachenfeststellung KF **1966** 3; *Welzel* Fahrlässigkeit und Verkehrsdelikte (1961), *Weyer* Schadensersatz wegen Ausfalls der Hausfrau und Mutter DRiZ **1971** 261; *Wiese* Der Ersatz der immateriellen Schäden (1964); *Wiethölter* Der Rechtfertigungsgrund des verkehrsrichtigen Verhaltens (1960); *Wiethölter* § 823 II BGB und die Schuldtheorie JZ **1963** 205; *Wimmer* Schuldfrage bei Fehlleistungen von Kraftfahrern NJW **1959** 1753.

Zur Haftung aus Verkehrssicherungspflicht:

v. Bar Verkehrspflichten (1980); *Birk* Ersatzpflicht für Dachlawinenschäden NJW **1983** 2911; *Bode* Verletzung der Verkehrssicherungspflicht DAR **1965** 63; *Gaisbauer* Die Verkehrssicherungspflicht des Hauseigentümers gegen das Abrutschen von Schnee vom Dach VersR **1971** 199; *Jahn* Das Verhältnis zwischen der Verkehrssicherungspflicht und der Straßenunterhaltungspflicht NJW **1964** 2041; *Jahn* Die rechtlichen Grundlagen der Verkehrssicherungspflicht JR **1965** 247; *Kleinewefers-Wilts* Die Verkehrssicherungspflicht auf öffentlichen Straßen VersR **1965** 397; *Leenen* Verkehrssicherungspflicht und Wildgefahr DAR **1973** 317; *Maaß* Anmerkung zu der Verkehrssicherungspflicht des Hauseigentümers bei sog. Dachlawinen DAR **1983** 313; *Mertens* Verkehrspflichten und Deliktsrecht VersR **1980** 397; *Nedden* Die Verkehrssicherungspflicht der Länder und Gemeinden auf öffentlichen Straßen BB **1967** 1230; *Schröder* Verkehrssicherungspflicht gegenüber Unbefugten AcP **179** (1979) 567; *Vollmer* Haftungsbefreiende Übertragung von Verkehrssicherungspflichten JZ **1977** 371; *Walldorf* Die Verkehrssicherungspflicht auf öffentlichen Straßen VersR **1965** 930; *Westen* Zur Frage einer Garantie- und Risikohaftung für sog. Verkehrspflichtverletzungen Festschrift für *F. v. Hippel* (1967) 591.

Zur Amtshaftung (einschl. Haftung für Stationierungsschäden):

Böhmer Zur Frage der Amtspflicht gegenüber einem Dritten im Sinne des § 839 BGB JZ **1965** 487; *Frowein* Staatshaftung gegenüber Ausländern JZ **1964** 358, 409; *Neufelder* Amtspflichtverletzung gegenüber Ausländern NJW **1974** 979; *Ossenbühl* Staatshaftungsrecht[3] (1983); *Rieger* Stationierungsschädenrecht (1963).

Zur Haftung aus Vertrag:

Diederichsen Wohin treibt die Produzentenhaftung NJW **1978** 1281; *Gamillschag* Die Haftung des Arbeitnehmers (1965); *Gaul* Schaden und Haftung im Arbeitsverhältnis (1962); *Gunkel* Die Haftung von Unternehmern und Betriebsangehörigen[3] (1964); *Klein* Schadenshaftung im Arbeitsverhältnis (1964); *Kullmann* Die Entwicklung der höchstrichterlichen Rechtsprechung zur deliktischen Warenherstellerhaftung WM **1978** 210; *Ruppert* Die Haftung der Arbeitnehmer bei schadensgeneigter Arbeit unter besonderer Berücksichtigung der Betriebspraxis (1960).

Zur Geschäftsführung ohne Auftrag:

Böhmer Zur Selbstaufopferung in kritischer Lage JR **1967** 178 und JZ **1968** 98; *Deutsch* Selbstaufopferung des Kraftfahrers AcP **65** 193; *Frank* Die Selbstaufopferung des Kraftfahrers im Straßenverkehr JZ **1982** 737; *Helm* Haftung und Versicherung bei der Selbstaufopferung des Kraftfahrers VersR **1968** 209 und 318; *Imlau* Selbstaufopferung des Kraftfahrzeughalters und Betriebsgefahr NJW **1963** 1039; *Kallfelz* Selbstaufopferung des Kraftfahrers MDR **1963** 544; *Kallfelz* Höhe des Selbstaufopferungsanspruchs VersR **1963** 709; *Körner* Die Selbstaufopferung von Kraftfahrern bei verkehrswidrigem Verhalten anderer DAR **1962** 11; *Pfleiderer* Ansprüche des Kraftfahrers bei Selbstaufopferung VersR **1961** 675; *Rogalski* Der Selbstaufopferungsanspruch der Kraftfahrer (1965); *Weimar* Geschäftsführung ohne Auftrag bei Hilfeleistung an Verkehrsopfern MDR **1964** 821.

Zur Haftung des Haftpflichtversicherers:

Backhaus Die Konkurrenz zwischen den Verweisungsprivilegien des Staatshaftungsrechts und des Pflichtversicherungsrechts VersR **1984** 16; *Baumann* Leistungspflicht und Regreß des Entschädigungsfonds für Schäden aus Kraftfahrzeugunfällen (1969); *Clasen* Teilungs- und Regreßverzichtsabkommen mit Haftpflichtversicherern (1961); *Denck* Verdrängung des Haftungsrechts durch Teilungsabkommen NJW **1982** 2048; *Müller-Stüler* Der Direktanspruch gegen den Haftpflichtversicherer (1966); *Wussow* Teilungsabkommen zwischen Sozialversicherer und Haftpflichtversicherern[4] (1975).

Entstehungsgeschichte. Im Entwurf 1906 hieß es: „Unberührt bleiben die reichsgesetzlichen Vorschriften, nach welchen der Betriebsunternehmer für den bei dem Betriebe ... entstehenden Schaden ..." Diese Fassung entsprach der des damaligen § 1: „Wird bei dem Betrieb eines Kraftfahrzeugs ein Mensch getötet ..." Entwurf 1908 hatte in § 1 die Bestimmung vorgesehen: „Wird durch ein in Betrieb befindliches Kraftfahrzeug ein Mensch getötet ..." und der Entwurf des § 10 lautete: „Unberührt bleiben die reichsgesetzlichen Vorschriften, nach welchen der Fahrzeughalter für den durch das Fahrzeug verursachten Schaden ..." Der Reichstag stellte zu § 1 die Fassung des Entwurfs 1906 „Wird bei dem Betrieb ..." wieder her, unterließ es aber, nun der Vorschrift über die weitergehende Haftung die Fassung von 1906 wieder zu geben. Ein gleiches Versehen ist bei der Fassung des § 8 unterlaufen. Die textliche Abweichung der Grundvorschrift (§ 7) hat weder bei § 8 noch bei § 16 Bedeutung, sondern beruht auf einem redaktionellen Versehen. „Durch das Fahrzeug verursacht" bedeutet nichts anderes als „beim Betrieb"; dies geht schon daraus hervor, daß es sich bei § 16 gerade darum handelt, eine Haftung hervorzuheben, die über diejenige des § 7 hinausgeht, also über diejenige „beim Betrieb".

Seit dem Erlaß des KFG erfolgte keine Änderung des Gesetzestextes mehr. Die Neubekanntmachung vom 19. 12. 1952 ersetzte lediglich das Wort „reichsgesetzlichen" durch „bundesrechtlichen".

I. Bedeutung

1. Verhältnis des StVG zu anderen Haftungsnormen

1 **a) Halterhaftung.** Da das Straßenverkehrsgesetz in §§ 7 bis 17 besondere Vorschriften über die Haftung der Halter von Kraftfahrzeugen aufstellt, liegt der Gedanke nahe, diese Sonderregelung schließe die Haftung des Halters aus anderen Vorschriften aus. § 16 stellt klar, daß dies nicht der Fall ist, daß vielmehr der Halter nach anderen bundesrechtlichen Regelungen ebenso haftet, als gäbe es die Sonderregelung in §§ 7 bis 17 StVG nicht. Die Sonderregelung des StVG schafft eine zusätzliche Haftungsgrundlage, die neben die Haftung aus anderen bundesrechtlichen Vorschriften tritt, deren Voraussetzungen im Einzelfall erfüllt sind.

2 **b) Haftung anderer Personen.** Zwar läge es nicht gerade nahe, die Haftungsvorschriften des StVG dahin auszulegen, daß hierdurch die Haftung anderer Personen ausgeschlossen werden solle; doch stellt § 16 – vorsichtshalber – klar, daß die Haf-

tung anderer für Schäden, die durch den Betrieb eines Kraftfahrzeugs verursacht sind, bestehen bleibt, sofern sie nach anderen Vorschriften (oder nach § 18 StVG) begründet ist.

c) Umfang der Haftung bei Anspruchskonkurrenz. Die Formulierung „in weiterem Umfang" will besagen, daß einerseits die (vor allem nach § 12 beschränkte) Höhe der Ansprüche des Verletzten nach anderen Vorschriften weiter gehen kann als nach dem StVG, und daß andererseits nach anderen Vorschriften auch gewisse dritte Personen Ansprüche geltend machen können, denen nach dem StVG keine Ansprüche zustehen. Außerdem wird mit den Worten „in weiterem Umfang" darauf hingewiesen, daß das BGB Ersatzansprüche bei gewissen Schäden zuerkennt, bei deren Entstehung nach StVG kein Ersatz geschuldet wird. Es handelt sich vor allem um Schadenersatz wegen Vermögensschäden (vgl. Rdn. 6) und Schmerzensgeld (§ 847 BGB, unten Rdn. 18). Dritte haben nach dem StVG nur Anspruch auf Ersatz der Kosten für die Beerdigung des Verletzten (§ 10 Abs. 1) und des ihnen entgangenen Unterhalts (§ 10 Abs. 2), während nach § 845 BGB auch Schadenersatz für entgangene Dienste des Verletzten geschuldet wird (Rdn. 8). Liegen die Voraussetzungen einer Haftung aus unerlaubter Handlung vor, so kann der Verletzte seine Ansprüche gegen den Halter, soweit sie über die vom StVG gesetzten Grenzen hinausgehen, auf die Bestimmungen des BGB über die Haftung aus unerlaubter Handlung stützen. Gleiches gilt für andere im Einzelfall zutreffende Vorschriften. Die Worte „in weiterem Umfang" sollen freilich nicht besagen, daß eine Haftung nach anderen Vorschriften dann ausgeschlossen sei, wenn das StVG im Einzelfall überhaupt keinen Anspruch gewähre. Die Verjährung ist für jede Anspruchsgrundlage gesondert zu prüfen. 3

d) Prozeßrechtliche Fragen. Auch wenn ein Anspruch sowohl auf das StVG als auch auf §§ 823ff BGB oder andere Vorschriften gestützt werden kann, liegt ein einheitlicher Streitgegenstand vor. Da der Kläger nicht gehalten ist, dem Gericht die seinen Anspruch begründenden Rechtsvorschriften zu bezeichnen, und da unrichtige oder unvollständige Hinweise nicht zu seinem Nachteil gereichen dürfen, hat das Gericht auch dann den vom Kläger vorgetragenen Sachverhalt im Hinblick auf §§ 823ff BGB (oder andere Vorschriften) zu prüfen, wenn die Klage ausdrücklich nur auf das StVG gestützt worden ist (RGZ **129** 60; RG VAE **1938** 327). Sind die geltendgemachten Ansprüche schon nach dem StVG in voller Höhe gerechtfertigt, so kann (und sollte) das Gericht es allerdings dahinstehen lassen, ob sie daneben auch nach anderen Vorschriften gerechtfertigt wären. Eine Verschuldensprüfung kann freilich auch im Rahmen der Haftung nach dem StVG erforderlich sein, wenn eine Haftungsabwägung nach § 17 vorzunehmen ist (vgl. § 17, 29). Steht für das Gericht fest, daß der Beklagte aus §§ 7, 18 StVG haftet, während es bezüglich eines behaupteten Verschuldens noch Beweis erheben muß, so kann es nicht etwa bezüglich der Haftung aus dem StVG ein Teil-Grundurteil erlassen; möglich ist aber, wenn ein Feststellungsantrag gestellt ist, ein Teilurteil, in dem der Anspruch im Rahmen der Höchstbeträge nach § 12 festgestellt wird (BGHZ **72** 34). 4

II. Haftung aus unerlaubter Handlung

1. Haftungsumfang 5

a) Überblick. Die Haftung aus unerlaubter Handlung (§§ 823ff BGB) geht insbesondere in folgenden Punkten über die Haftung aus dem StVG hinaus:

– sie ist nicht der Höhe nach begrenzt (vgl. zur Gefährdungshaftung § 12);
– sie erstreckt sich u. U. auch auf bloße Vermögensnachteile (vgl. Rdn. 6);
– sie besteht auch gegenüber Dritten wegen entgangener Dienste des Getöteten oder Verletzten (vgl. Rdn. 8);
– sie erstreckt sich auch auf immaterielle Schäden (Schmerzensgeld; vgl. Rdn. 18ff).

Zum Ausgleich dafür ist die Haftung aus unerlaubter Handlung von zusätzlichen Voraussetzungen (insbesondere Verschulden) abhängig (vgl. Rdn. 43ff). Die Verjährungsregelung ist jetzt mit der für Ansprüche nach dem StVG identisch (vgl. Rdn. 262).

6 **b) Vermögensnachteile.** Reine Vermögensschäden sind auch bei Haftung aus unerlaubter Handlung grundsätzlich nicht zu ersetzen. § 823 Abs. 1 BGB setzt vielmehr die Verletzung eines der dort genannten Rechtsgüter oder absoluten Rechte voraus; lediglich der aus einer solchen Verletzung erwachsende Vermögensnachteil ist zu ersetzen. Insoweit ergibt sich kein Unterschied zur Haftung nach dem StVG (vgl. § 7, 107). Auch die etwas unterschiedlichen Formulierungen in § 11 StVG und in § 842 BGB hinsichtlich des Umfangs der Ersatzpflicht bei Körperschäden begründen praktisch keinen Unterschied: Nachteile für das Fortkommen sind auch nach § 11 zu ersetzen (vgl. § 11, 144). Eine Abweichung ergibt sich jedoch, wenn § 823 Abs. 2 BGB anwendbar ist. Beim Verstoß gegen ein Schutzgesetz sind auch reine Vermögensnachteile zu ersetzen, wenn dies dem Schutzzweck des betreffenden Gesetzes entspricht (vgl. Rdn. 57ff).

7 **Betriebserschwerniskosten,** wie sie z. B. bei Störung des Bahnverkehrs durch einen Unfall entstehen, können mittelbare Vermögensfolgeschäden (z. B. bei Beschädigung der Bahntrasse durch ein herabgestürztes Kraftfahrzeug) oder reine Vermögensschäden sein (z. B. bei Blockieren der Strecke durch Unfall auf Bahnübergang); sie sind in letzterem Fall – sofern nicht ausnahmsweise ein Anspruch aus Eingriff in einen Gewerbebetrieb (Rdn. 45) in Betracht kommt – nur über § 823 Abs. 2 BGB erstattungsfähig (vgl. *Kunz* VersR **1982** 25).

8 **c) Ersatzansprüche wegen entgangener Dienste.** Nach § 845 BGB hat – anders als nach dem StVG – der Ersatzpflichtige im Falle der Tötung, der Verletzung des Körpers oder der Gesundheit demjenigen durch Entrichtung einer Geldrente Ersatz zu leisten, dem der Verletzte kraft Gesetzes zur Leistung von Diensten in dessen Hauswesen oder Gewerbe verpflichtet war. Ein Ersatzanspruch entsteht nur, wenn die Pflicht zur Leistung von Diensten schon im Zeitpunkt der Verletzung bestanden hat (OLG München NJW **1965** 1439; KG NJW **1967** 1089).

9 **aa) Anwendungsbereich.** Die Pflicht des **Kindes** zu Dienstleistungen im Haushalt oder Erwerbsgeschäft (hierzu vgl. RGZ **162** 116; OLG Köln HRR **1937** Nr. 698) besteht, solange es dem elterlichen Hausstand angehört (§ 1619 BGB). Gleiches gilt für nichteheliche Kinder gegenüber ihrer Mutter (§ 1705 BGB) und für Adoptivkinder (§ 1754 BGB). Die Pflicht der Kinder erlischt nicht mit ihrer Volljährigkeit. Das ist vor allem von Bedeutung bei Kindern, die im Betrieb des landwirtschaftlichen Anwesens der Eltern oder in deren Erwerbsgeschäft mitarbeiten und weiterhin dem Hausstand der Eltern angehören; allerdings nur, solange die Kinder außer einem Taschengeld keine Entlöhnung erhalten, solange also kein Arbeitsverhältnis besteht (BGH VersR **1965** 1202; **1966** 735; **1969** 952). Es kommt nicht selten vor, daß der Sohn, dem später der Hof oder das Geschäft übergeben werden soll, noch viele Jahre nach Erreichen des 21. Lebensjahres im elterlichen Haushalt bleibt (RGZ **162**

119; BGHZ **69** 380; BGH VRS **14** 340; NJW **1972** 429). Seine Dienstpflicht gegenüber den Eltern erlischt an dem Tag, an dem er entweder einen eigenen Hausstand gründet oder das Geschäft (den Hof) übergeben erhält (BGH VersR **1965** 1202; **1966** 735). Wird er schon vorher durch einen Unfall getötet, so hat das Gericht an Hand der Gegebenheiten (z. B. einer in Bälde beabsichtigten Heirat des Sohnes) den Zeitpunkt zu schätzen, von dem an der Ersatzanspruch gegen den Schädiger wegfällt. Der Anspruch der Eltern entfällt auch, wenn der Sohn seine verbliebene Arbeitskraft anderweitig nutzt oder in zumutbarer Weise nutzen könnte; einen etwaigen Verdienstausfall infolge des Unfalls kann dann nur noch er selbst geltend machen (BGHZ **69** 380).

Die **Mutter** hat gegenüber ihren Kindern ebensowenig eine Arbeitspflicht (**a. A.** 10
OLG Karlsruhe VersR **1961** 740) wie der **Vater**, beide sind nur zu Unterhalt verpflichtet, der – zumindest teilweise – durch Zurverfügungstellen von Nahrung, Kleidung und Wohnung und außerdem durch persönliche Sorge und Dienste gewährt werden kann. Den Kindern steht daher bei Verletzung oder Tötung ihrer Eltern kein Anspruch aus § 845 BGB gegen den Schädiger zu; bei Tötung eines Elternteils können sie Ansprüche aus § 844 BGB herleiten, bei Verletzung haben die Unterhaltsverpflichteten eigene Ansprüche (vgl. § 11, 133ff).

Ein **Ehegatte** erbringt durch die Führung des Haushalts dem anderen gegenüber 11
keine Dienstleistung im Sinne des § 845 BGB, sondern seinen Unterhaltsbeitrag, so daß für die Ersatzansprüche das Vorstehende entsprechend gilt (vgl. zum Fall der Tötung § 10, 8, zum Fall der Verletzung § 11, 133ff). Ebenso verhält es sich mit der Mitarbeit eines Ehegatten im Geschäft des anderen, die im Rahmen der Verpflichtung, zum Familienunterhalt beizutragen, geleistet wird (vgl. § 11, 141). Geht die Mitarbeit über diesen Rahmen hinaus (z. B. um dem anderen Ehegatten zu ermöglichen, einer wissenschaftlichen oder künstlerischen Neigung nachzugehen), so besteht für ihren Wegfall weder nach § 844 Abs. 2 BGB noch nach § 845 BGB ein Ersatzanspruch (BGHZ **77** 157).

Für rein **tatsächliche** Dienstleistungen ohne gesetzliche Verpflichtung oder für 12
vertragliche Pflichten gilt § 845 BGB nicht, also auch nicht, wenn die Eheleute ein Gesellschaftsverhältnis eingegangen sind und auf dieser Grundlage ein Unternehmen betreiben (BGH NJW **1962** 1612), oder wenn ein Ehegatte Arbeitnehmer des anderen Ehegatten geworden ist, sei es auch nur aus Gründen der Steuerersparnis. Für Kinder, die im Unternehmen der Eltern mitarbeiten, gilt dasselbe.

bb) Umfang des Anspruchs. Während das Reichsgericht die Ansicht vertreten hat- 13
te (RGZ **152** 208), § 845 BGB gebe keinen Schadensersatzanspruch, sondern einen Anspruch auf Entschädigung nach Billigkeitsgrundsätzen, so daß z. B. die Grundsätze über die Vorteilsausgleichung unanwendbar seien, ist der BGH (BGHZ **4** 123) von dieser Ansicht abgerückt und behandelt die Ansprüche als Schadensersatzansprüche, freilich mit gewissen Einschränkungen. Geschuldet ist nur Ersatz für die entgehenden Dienste, nicht dagegen Ersatz für sonstige Schäden, etwa Einbußen im Betrieb (RG JW **1904** 357; BGHZ **69** 380). Ob der Dienstverpflichtete die Dienste tatsächlich geleistet hätte, ist ohne Belang (BGH Betr. **1959** 487).

cc) Vorteilsausgleich. Bei der Berechnung ist es im Falle der Tötung des Ver- 14
pflichteten zu berücksichtigen, wenn die Unterhaltspflicht hinsichtlich Wohnung und Verpflegung durch dasselbe Ereignis weggefallen ist (BGHZ **4** 123; BGH VRS **4** 413; VersR **1961** 856). Der Wegfall anderer Aufwendungen als für Wohnung und Verpflegung des Getöteten (z. B. Schulgeld, Studiengebühren) soll allerdings nach

Ansicht des BGH wegen der besonderen Natur des Anspruchs unberücksichtigt bleiben (BGHZ **4** 131; BGH VersR **1961** 856). Eine anderweitige Rente ist nicht anzurechnen, soweit sie einem anderen Zweck dient als dem Ausgleich für die entgangenen Dienste (BGH NJW **1962** 800); insoweit findet mangels kongruenter Deckung auch kein Forderungsübergang auf den Versicherungsträger statt (vgl. BGH FamRZ **1960** 267). Zum Forderungsübergang bei kongruenten Leistungen s. Rdn. 17.

15 **dd) Berechnung des Anspruchs.** Die auf § 845 BGB gestützten Ansprüche werden ebenso berechnet wie Ansprüche aus § 10 StVG oder § 844 BGB (vgl. hierzu § 10, 156 ff u. 172). Ohne Einfluß auf die Höhe des Anspruchs ist, ob der Dienstberechtigte die Arbeiten nun selbst ausführt[1], ob er sich eine bezahlte Hilfskraft nimmt oder ob eine andere familienrechtlich zu Diensten verpflichtete Person die Stelle des Verstorbenen einnimmt (letzteres ergibt sich aus § 843 Abs. 4 BGB, der für entsprechend anwendbar erklärt ist). Anhaltspunkt für die Höhe des Anspruchs ist der Lohn oder das Gehalt, das einer anstelle des Verletzten oder Getöteten anzunehmenden Hilfskraft gezahlt werden muß (einschließlich Sozialleistungen und räumlicher Unterbringung) oder – falls keine solche Hilfskraft eingestellt worden ist – gezahlt werden müßte[2].

16 ee) Die **Dauer der Rente** bemißt sich danach, wie lange der Verletzte voraussichtlich zu der Dienstleistung verpflichtet gewesen wäre.

17 **ff) Forderungsübergang auf den Sozialversicherungsträger,** der Leistungen zum Ausgleich des Erwerbsschadens zu erbringen hat, findet auch dann statt, wenn der Dienstberechtigte den gewissermaßen auf ihn verlagerten Erwerbsschaden des Verletzten nach § 845 BGB geltend macht (BGHZ **69** 380; BGH VersR **1967** 176).

18 **d) Schmerzensgeld.** Ausgleich für immaterielle Schäden (sog. Schmerzensgeld) wird nach § 847 BGB – als Ausnahme von § 253 BGB – nur gewährt, wenn eine unerlaubte Handlung im Sinn des BGB vorliegt, in diesem Falle aber auch bei den Sondertatbeständen der §§ 829 (RGZ **169** 394; BGHZ **76** 279), 831 (RGZ **129** 61; RG JW **1932** 3717) und 833 (RGZ **50** 252). Zu der – m. E. zu verneinenden – Frage, ob ein Schmerzensgeldanspruch bei Gefährdungshaftung de lege ferenda begründet werden sollte, vgl. 20. VGT (1982) 8; *Küppersbusch* VersR **1982** 618; *Kötz* VersR **1982** 624. Die Besonderheit dieser nach § 847 BGB zu gewährenden Entschädigung liegt darin, daß nicht ein Vermögensschaden ausgeglichen werden soll; vielmehr wird dem Vermögen des Verletzten etwas zugeführt, was er ohne den Unfall nicht erhalten hätte. Die Entschädigung soll dem Verletzten einen angemessenen Ausgleich für erlittene Schmerzen, Verunstaltungen und Beeinträchtigungen des körperlichen und seelischen Wohlbefindens bieten und außerdem dem Gedanken Rechnung tragen, daß der Schädiger dem Verletzten für das, was er ihm angetan hat, Genugtuung schuldet (BGHZ **18** 154). Eine Aufspaltung des Schmerzensgeldes in einen Betrag zur Ausgleichung und einen zur Genugtuung ist aber unzulässig; beides sind lediglich Bemessungsgrundlagen (BGH VersR **1961** 164). Da der Schmerzensgeldanspruch mit dem Anspruch auf Ersatz des Vermögensschadens keine rechtliche Einheit bildet, ist der Übergang von einem zum anderen eine Klageänderung (RGZ **149** 167; **170** 39). Der Anspruch auf Schmerzensgeld

[1] RGZ **152** 208; RG JW **1937** 1490; BGH NJW **1952** 459; VersR **1959** 833; **1973** 84.

[2] BGHZ **4** 132; **50** 306; BGH VersR **1952** 289; **1952** 432; OLG Bremen VersR **1954** 342; LG Kiel NJW **1967** 357 m. Anm. *Feaux de la Croix; Weyer* DRiZ **1971** 261.

verjährt, wenn nur Ersatz des Vermögensschadens mit der Klage geltend gemacht worden ist.

aa) Anspruchsvoraussetzungen. Berechtigt ist nur der Verletzte und nur dann, wenn sein Körper oder seine Gesundheit verletzt worden sind. Der Körperschaden muß durch den Unfall verursacht worden sein, sei es auch nur mittelbar wie beim Nervenzusammenbruch der Mutter beim Unfall ihres Kindes (RGZ **133** 273; **157** 14; BGHZ **8** 249). Liegt keine Beschädigung der Gesundheit vor, sondern nur seelischer Schmerz, so erhält der Betroffene kein Schmerzensgeld (OLG Köln VersR **1982** 558; LG Köln VN **1964** 147). Keinen Anspruch hat daher auch die Ehefrau wegen unfallbedingten Nachlassens der Potenz des Mannes (LG Augsburg NJW **1967** 1513 u. 1914 m. Anm. *Selb*). Die allgemeine Behauptung des Geschädigten, der „Schock" habe zu einer Verschlechterung des Gesundheitszustands geführt, reicht für ein Schmerzensgeld nicht aus (BGH VersR **1972** 745). Psychische Störungen von Krankheitswert können jedoch einen Schmerzensgeldanspruch begründen (BGHZ **18** 157), und zwar auch dann, wenn die Veranlagung des Verletzten für sie mitursächlich war (BGHZ **20** 139). Dies gilt auch für eine Wesensänderung des Verletzten infolge einer Hirnschädigung (BGH VersR **1979** 739: Unfall als Verursachungsbeitrag zu späterer Straffälligkeit, die zu Unterbringung in psychiatrischem Krankenhaus führt). Bei Bagatellverletzungen und leichtem Verschulden tritt das Bedürfnis für Ausgleich und Genugtuung soweit hinter dem mit der Teilnahme am Verkehr verbundenen Lebensrisiko zurück, daß ein Schmerzensgeldanspruch zu verneinen ist[3]. 19

Daß der Verletzte seine Beeinträchtigung infolge geistiger Störung nicht zu erfassen vermag, steht dem Anspruch nicht entgegen, ist jedoch bei der Bemessung, ggf. durch Zubilligung eines lediglich symbolischen Schmerzensgeldes, zu berücksichtigen (BGH VersR **1976** 660; **1982** 880). Dies gilt auch, wenn der Verletzte einige Tage nach dem Unfall stirbt, ohne das Bewußtsein wiedererlangt zu haben (BGH VersR **1981** 447). 20

bb) Bemessungsfaktoren. Nach § 847 BGB sind die gesamten nichtvermögensrechtlichen Folgen zu entschädigen, die ein Unfall für den **körperlichen, gesundheitlichen und seelischen Zustand** des Verletzten nach sich zieht (BGHZ **18** 157; BGH VersR **1956** 197; **1957** 61). Zu berücksichtigen sind vor allem das Ausmaß der erduldeten Schmerzen und derjenigen, die als Unfallfolge noch in der Zukunft zu erwarten sind, die Art und Schwere der Verletzung und etwaiger Dauerfolgen, die Dauer und Art der Behandlung, die Dauer der Arbeitsunfähigkeit, die Beeinträchtigung der Lebensfreude (durch Ausfall des Gebrauchs von Gliedmaßen oder sonstiger Körperfunktionen, durch die Unmöglichkeit zu wandern oder Sport zu treiben), erlittene Todesangst (OLG München VersR **1959** 959), seelische Erschütterungen, Bedrückung und Sorgen. In diesem Zusammenhang kann auch das Bewußtsein des Verletzten, in Zukunft berufsunfähig zu sein, – neben dem Schaden durch Verdienstausfall – nochmals berücksichtigt werden, desgleichen bei einem Mädchen 21

[3] 15. VGT (1977) 9; BGH VersR **1983** 838; OLG Celle VersR **1973** 717; **1980** 358; KG VersR **1975** 51; **1978** 569; OLG München VersR **1979** 726; LG Aachen VersR **1977** 1059; **1983** 45; LG Düsseldorf VersR **1979** 456; LG Oldenburg VersR **1979** 581; LG Freiburg VersR **1980** 1080; LG Rottweil VersR **1980** 1127; LG Osnabrück VersR **1980** 1152; LG Frankfurt VersR **1981** 583; **a. A.** LG Oldenburg MDR **1982** 143; AG Köln VersR **1980** 246 = **1981** 565 m. abl. Anm. *Jordan* und **1981** 1041 m. Anm. *Menken*; AG Paderborn VersR **1981** 344; AG Seesen VersR **1982** 53.

die Minderung der Heiratsaussichten (BGH VersR **1959** 458; OLG Nürnberg VersR **1967** 716). Gleiches gilt zugunsten desjenigen, der infolge des Unfalls seine Prüfung erst ein Jahr später ablegen kann (OLG Karlsruhe NJW **1960** 2058). Auch der beste Zahnersatz ist kein voller Ausgleich für gesunde Zähne (OLG München VersR **1964** 52).

22 Von erheblicher Bedeutung ist auch das Ausmaß des **Verschuldens** des Schädigers (BAG VRS **26** 466; BGH VersR **1979** 622; **1982** 400). Dies gilt nicht nur zugunsten des Verletzten, sondern auch – bei besonders leichtem Verschulden – zu seinen Ungunsten (**a. A.** BGH VersR **1958** 849).

23 Auch **Mitverschulden** des Verletzten ist – nach dem Rechtsgedanken des § 254 BGB – zu berücksichtigen (BGH VersR **1956** 500; *Koebel* NJW **1957** 1009). Deshalb kann ein Grundurteil dahin ergehen, bei der Bemessung des Schmerzensgeldes sei eine bestimmte Haftungsquote zu berücksichtigen[4].

24 Bei der Bemessung muß der Schaden, der durch Schädigung des Vermögens entstand, unberücksichtigt bleiben (BGH VRS **12** 405; VersR **1958** 50; **1982** 552). Zu berücksichtigen ist zwar in erster Linie, welcher Betrag zur Wiedergutmachung des immateriellen Schadens erforderlich ist („Ausgleichsfunktion"), daneben kommt es aber auch auf die **wirtschaftlichen Verhältnisse** der Beteiligten und das Ausmaß des Verschuldens des Schädigers an („Genugtuungsfunktion"; BGHZ **18** 160). Mit Berücksichtigung der wirtschaftlichen Verhältnisse ist nicht gemeint, daß ein Verletzter, der sich wirtschaftlich in schlechten Verhältnissen befindet, mehr bekommt als ein in guten Verhältnissen lebender (OLG Neustadt VersR **1958** 727); vielmehr ist demjenigen mehr zuzusprechen, bei dem ein geringer Betrag wegen seiner guten Vermögensverhältnisse nicht ins Gewicht fallen würde. Da in der Regel auf seiten des Schädigers die Pflichtversicherung das Schmerzensgeld zu tragen hat, kann es im allgemeinen auf die Vermögensverhältnisse des Schädigers nicht ankommen (BGHZ **18** 164; *Füchsel* VersR **1970** 16). Hat der Schädiger schuldhaft seinen Haftpflichtversicherungsanspruch verloren, so darf der Wegfall nicht berücksichtigt werden; denn die Versicherung ist eine Pflichtversicherung (BGH VersR **1967** 607).

25 Hat der Unfall dem Verletzten **Vorteile** gebracht, so sind sie nur dann zu berücksichtigen, wenn sie auf der Körperverletzung beruhen, nicht wenn sie die Folge von Begleitumständen sind (vgl. *Hüffer* VersR **1970** 211). Nicht zu berücksichtigen sind auch Leistungen, die dem Ausgleich eines materiellen Schadens dienen sollen, selbst wenn ein solcher im Einzelfall gar nicht entstanden ist (z. B. bei der Verletztenrente aus der gesetzlichen Unfallversicherung für einen Schüler, der keinerlei Erwerbseinbußen erlitten hat; BGH VersR **1982** 552). Nicht zu berücksichtigen sind Vorteile, die der Empfang des Schmerzensgeldes dem Verletzen zusätzlich verschafft.

26 **Sonstige Umstände.** Eine freiwillige **Haftpflichtversicherung** wirkt sich zuungunsten des versicherten Schädigers aus (BGH VersR **1966** 561). Dies gilt auch, wenn eine **öffentlich-rechtliche Körperschaft** den Schaden zu tragen hat (BGHZ **18** 162; BGH VersR **1964** 389). Ins Gewicht fällt zugunsten des Schädigers lediglich, wenn dieser seinen Freistellungsanspruch gegenüber der Haftpflichtversicherung verloren hat; dies gilt insbesondere in den Fällen, in denen der Versicherer seine Lei-

[4] BGH VersR **1966** 593; OLG Bremen NJW **1966** 781; OLG Nürnberg NJW **1967** 1516; OLG Celle NJW **1968** 1785.

stung nach § 158 VVG vom Versicherungsnehmer zurückfordern kann (BGH VersR **1957** 573). Nach BGHZ **18** 165 ist zugunsten des Verletzten zu berücksichtigen, daß der Schädiger gegen einen zweiten Schädiger einen **Freistellungsanspruch** nach § 17 Abs. 1 Satz 1 hat.

Der Schmerzensgeldanspruch erhöht sich, wenn der Unfall die **Lebenserwartung** des Verletzten herabgesetzt hat (OLG Köln NJW **1967** 1968 m. Anm. *Teplitzky*). Daß dies, wie OLG Schleswig MDR **1966** 926 meint, nicht gelten soll, wenn der Verletzte schon 16 Tage nach dem Unfall stirbt, kann nicht richtig sein, auch wenn der Verletzte bis zu seinem Tod bewußtlos war. 27

Wer von seinem **Ehegatten** oder einem **Verwandten** verletzt wird, kann kein so hohes Schmerzensgeld verlangen wie ein von einem Fremden Verletzter; dies ergibt sich aus den sozialen Bindungen zwischen Familienmitgliedern, auf denen das gesamte Unterhaltsrecht fußt (BGH VersR **1967** 286). 28

Auch der **Anlaß** des Schadensereignisses kann eine Rolle spielen. So ist es z. B. zugunsten des Schädigers zu berücksichtigen, daß sich die Verletzung des Mitfahrers auf einer Gefälligkeitsfahrt ereignet hat (BGHZ **18** 158). Dies gilt erst recht, wenn dem Verletzten bekannt war, daß der Fahrer Alkohol getrunken hat, und zwar unabhängig davon, ob dem Verletzten ein Mitverschulden anzulasten ist (BGH VersR **1979** 622). 29

Beschleunigt der Unfall den Ablauf einer **schon vorher bestehenden tödlichen Erkrankung**, so ist Maßstab für das Schmerzensgeld der Zeitraum, um den sich der Ablauf beschleunigt (OLG Nürnberg VersR **1959** 960). Dieser Fall tritt häufig ein, wenn der Verletzte vor dem Unfall an Hirnsklerose gelitten hat, ein Leiden, das sich erfahrungsgemäß durch Anwendung von Narkose, schmerzstillenden Mitteln und Bettruhe erheblich verschlimmert. 30

Auch das **Regulierungsverhalten** kann bei der Bemessung des Schmerzensgeldes zugunsten des Verletzten berücksichtigt werden, so z. B. wenn der Schädiger sich längere Zeit weigert, einen Vorschuß auf die Ansprüche des Verletzten zu leisten (BGH VersR **1967** 256; **1969** 134; OLG Hamburg VersR **1966** 499); desgleichen die Tatsache, daß Kränkungen in den Schriftsätzen der Gegenseite enthalten sind (BGH VersR **1964** 1103), oder eine lange Prozeßdauer, die nicht der Verletzte zu vertreten hat (OLG Celle NJW **1968** 1677). 31

Bei der **Billigkeitshaftung** nach § 829 BGB können die im Rahmen dieser Regelung anzustellenden Erwägungen es nahelegen, Schmerzensgeldansprüche dann, wenn der Schädiger nur begrenzte Zugriffsmöglichkeiten bietet, gegenüber wichtigeren Ersatzansprüchen – etwa solchen, die den Lebensunterhalt des Geschädigten sichern sollen – zurücktreten zu lassen (BGHZ **76** 282). 32

Eine **Bestrafung** des Schädigers kann im Rahmen der Genugtuungsfunktion von Bedeutung sein. 33

cc) Ermessensspielraum. Der Richter hat bei der Bemessung der „billigen Entschädigung" im Einzelfall einen weiten Ermessensspielraum; er muß sich allerdings an den Beträgen orientieren, die in anderen Fällen von der Rechtsprechung zuerkannt worden sind (BGH VersR **1970** 136; Hilfsmittel hierbei sind die veröffentlichten Schmerzensgeld-Tabellen, z. B. von *Hacks/Ring/Böhm* oder *Kuntz*). Zwar ist es ihm nicht verwehrt, diese Beträge im Einzelfall zu unterschreiten oder zu überbieten, doch muß er diese Abweichung begründen (BGH VersR **1976** 968). Zur 34 gerichtlichen Praxis bei der Bemessung des Schmerzensgeldes s. *Musielak* VersR **1982** 613.

35 **dd) Form der Ersatzleistung.** Das Schmerzensgeld wird in der Regel in Form eines Kapitalbetrags zugesprochen, kann aber auch in Rentenform zugebilligt werden. Dies kommt insbesondere bei Dauerschäden in Betracht, so z. B. beim Verlust von Gliedmaßen oder wichtigen Körperfunktionen (OLG Nürnberg VersR **1964** 1179), bei Verlust des Augenlichts (BGH VersR **1957** 66), bei Ertaubung (OLG Stuttgart VersR **1961** 956), bei Hirnschäden (BGH VersR **1958** 801; **1968** 475; OLG Celle Nds Rpfl. **1961** 200; OLG Stuttgart VersR **1961** 956), beim Wegfall der Zeugungsfähigkeit oder bei Beeinträchtigung der Gehfähigkeit (BGH VersR **1958** 801; **1961** 460; OLG Hamburg VersR **1958** 419; OLG Karlsruhe VersR **1959** 540; OLG Celle MDR **1959** 842). Die Leistung des Schmerzensgeldes als Rente ist auch dann geschuldet, wenn der Schädiger wegen seiner schlechten Vermögensverhältnisse einen Einmalbetrag in angemessener Höhe nicht zu leisten vermag (BGHZ **18** 167). Feste Grenzen zwischen der Schuld von Kapital und derjenigen einer Rente können nicht gezogen werden, es kann auch beides nebeneinander zugesprochen werden (BGH VersR **1958** 530; **1959** 458; OLG Celle MDR **1959** 842). Die Entscheidung liegt letzten Endes im Ermessen des Tatrichters (BGH VersR **1957** 66; **1961** 460; VRS **22** 421). Er hat darüber zu befinden, welche Form der Entschädigung (Kapital oder Rente oder beides) dem Einzelfall am besten gerecht wird (BGH VersR **1968** 475; **1968** 946). Auch wenn wegen eines Dauerschadens in erster Linie eine Rente in Frage käme, kann der Richter in geeigneten Fällen eine Kapitalsumme zusprechen. Auch dann, wenn mit der Klage nur ein Kapitalbetrag verlangt ist, hat das Gericht eine Rente zuzusprechen, wenn dies der Billigkeit entspricht und die Höhe des Schmerzensgeldes in das Ermessen des Gerichts gestellt worden ist. Die Rente muß (nach Kapitalisierungsgrundsätzen) in einem ausgewogenen Verhältnis zum angemessenen Kapitalbetrag stehen (BGH VersR **1970** 134). Obwohl das Schmerzensgeld als Rente keinen Anspruch auf regelmäßig wiederkehrende Leistungen darstellt, sondern einen einheitlichen Anspruch (BGH LM Nr. 23 zu § 75 Einl. Pr. allg. LR; VersR **1968** 1168), soll nach Ansicht des BGH im Verfahren nach § 323 ZPO eine spätere Änderung der Rente erfolgen können (BGHZ **18** 167; BGH VersR **1968** 475). Die Rente kann zeitlich gestaffelt ausgesprochen werden, insbesondere wird bei Kindern eine ansteigende Rente den Verhältnissen am besten gerecht (OLG Celle VersR **1961** 761).

36 **ee) Zinsen.** Das Schmerzensgeld ist von dem Zeitpunkt an zu verzinsen, in dem sich der Unfall ereignet (BGH VersR **1965** 242). Der Schädiger hat Prozeßzinsen auch zu zahlen, wenn der Verletzte die Höhe des Schmerzensgeldes in das Ermessen des Gerichts gestellt hat (KG NJW **1966** 259).

37 **ff) Zukünftige Entwicklungen.** Läßt sich die weitere Entwicklung der nachteiligen Folgen für die Gesundheit des Verletzten noch nicht übersehen, so kann Schmerzensgeld für den Zeitraum zwischen dem Unfall und dem Urteil (oder einem anderen Zeitpunkt) gefordert und daneben die Feststellung begehrt werden, daß für die anschließenden Zeiträume ebenfalls Schmerzensgeld geschuldet sei (BGH VersR **1966** 144). Wird keine derartige Beschränkung der Leistungsklage auf ein Teil-Schmerzensgeld vorgenommen, so erfaßt die Rechtskraft des Urteils auch alle vorhersehbaren künftigen Entwicklungen des Körperschadens. Der Verletzte kann daher ein weiteres Schmerzensgeld nur für solche Verletzungsfolgen einklagen, mit deren Eintritt nicht ernstlich zu rechnen war (BGHZ **18** 167; BGH VersR **1976** 440).

Ist im Urteil des Vorprozesses festgestellt worden, daß der Beklagte verpflichtet ist, dem Kläger allen weiteren immateriellen Schaden zu ersetzen, so bezieht sich dieser Ausspruch ebenfalls nur auf nicht vorhersehbare Spätschäden (BGH VersR **1973** 71; **1980** 975). Die Erhebung einer solchen Feststellungsklage kann zur Unterbrechung der Verjährung angezeigt sein, doch ist das Feststellungsinteresse nach § 256 Abs. 1 ZPO nur gegeben, wenn die Möglichkeit irgendwelcher Spätfolgen nicht entfernt liegt (BGH VersR **1966** 256 und 843 m. Anm. *Kühn*). Eine Schmerzensgeldrente kann späteren Änderungen der Bemessungsgrundlagen nach § 323 ZPO angepaßt werden (BGHZ **18** 149).

gg) Übertragbarkeit und Vererbung des Schmerzensgeldanspruchs. Der Anspruch ist nur übertragbar und vererblich, wenn er anerkannt oder rechtshängig geworden ist (§ 847 Abs. 1 Satz 2 BGB; für freie Vererblichkeit bei Angehörigen de lege ferenda 15. VGT (1977) 9). Auf einen Träger der Sozialversicherung geht er auch in diesen Fällen nicht über, weil die Sozialversicherung dem Verletzten kein Äquivalent für den immateriellen Schaden bezahlt (fehlende Kongruenz). **38**

Maßgebend für die **Rechtshängigkeit** ist die Zustellung der Klage an den Beklagten (§§ 262, 253 Abs. 1 ZPO; vgl. BGH VersR **1961** 515; **1961** 661; **1977** 452; NJW **1976** 1890; OLG Köln VersR **1975** 1156); die Einreichung der Klage bei Gericht genügt nicht (**a. A.** OLG Nürnberg VersR **1968** 508; OLG Köln VersR **1976** 837). Dies gilt auch, wenn Antrag auf Erlaß eines Mahnbescheids gestellt wird. Die Rechtshängigkeit tritt in einem solchen Falle erst ein, wenn der Mahnbescheid zugestellt ist, vorausgesetzt, die Sache wird nach Widerspruch alsbald an das zuständige Gericht abgegeben (§ 696 Abs. 3 ZPO; vgl. BGH NJW **1974** 493; VersR **1977** 475; OLG Düsseldorf VersR **1959** 483; OLG Schleswig MDR **1961** 320). Die §§ 270 Abs. 3, 693 Abs. 2 ZPO sind nicht entsprechend anwendbar, denn es geht hier nicht um die Wahrung einer Frist (BGH VersR **1976** 1045; **1981** 447). Auf die Zuständigkeit des Gerichts kommt es aber nicht an (BGH VersR **1981** 447). Durch die Einreichung eines Antrags auf Prozeßkostenhilfe wird der Schmerzensgeldanspruch nicht rechtshängig, also auch nicht vererblich. Abzulehnen ist die Ansicht des LG Hamburg (DAR **1967** 275), der Erbe werde forderungsberechtigt, wenn zwar die Zustellung erst nach dem Tod des Verletzten erfolge, aber im Ausland, und wenn einem im Inland wohnenden Schädiger die Klage noch rechtzeitig hätte zugestellt werden können. Ist die Klage dem Schädiger rechtzeitig zugestellt worden, so kann sie wegen des gesetzlichen Schuldbeitritts nach § 3 Nr. 1 PflVG nachträglich auf dessen Haftpflichtversicherer erstreckt werden (BGH VersR **1981** 447). **39**

Ist die Klage auf Schmerzensgeld zwar namens des bewußtlosen Verletzten, aber ohne Vollmacht erhoben, so kann auch eine **Genehmigung der Klageeinreichung** durch die Erben nicht die Vererblichkeit des Schmerzensgeldanspruchs bewirken. Zwar ist in einem solchen Fall die Rechtshängigkeit im verfahrensrechtlichen Sinn begründet worden; die Besonderheit des Schmerzensgeldanspruchs fordert jedoch zusätzlich eine Erklärung des Verletzten selbst, den Anspruch geltend machen zu wollen (BGHZ **69** 323; BGH VersR **1984** 867; **a. A.** noch BGH NJW **1967** 2304). Eine vor dem Unfall erteilte Blankovollmacht mit dem Auftrag, Schmerzensgeldansprüche in jedem Fall geltend zu machen, genügt nicht (BGH VersR **1984** 867). Rechtzeitige Klageerhebung bei bis zum Tode bewußtlosen Verletzten kann daher nur durch Bestellung eines Pflegers erreicht werden. **40**

hh) Unbezifferter Klageantrag. Weil die Bemessung des Schmerzensgeldes im Ermessen des Gerichts steht, läßt es die Rechtsprechung zu, abweichend von § 253 **41**

Abs. 2 Nr. 2 ZPO im Klageantrag von der Angabe eines bestimmten Betrages abzusehen (BGHZ **45** 91). Hierdurch wird der besonderen Lage des Klägers Rechnung getragen, der die gerichtliche Ermessensentscheidung schwerlich genau vorhersehen kann, bei zu niedrigem Ansatz aber wegen § 308 ZPO, bei zu hohem wegen kostenverursachender Teilabweisung Nachteile erleidet. Dem Bestimmtheitsgebot ist aber, auch wegen des berechtigten Interesses des Beklagten, den Umfang des Streitgegenstandes in etwa abschätzen zu können, durch zwei Mindesterfordernisse des Klageantrags Rechnung zu tragen:
- dem Gericht müssen die tatsächlichen Grundlagen für die Bemessung des Schmerzensgeldes vorgetragen werden (BGHZ **4** 138; **45** 92; BGH NJW **1970** 281; **1974** 1551);
- der Kläger muß die Größenordnung angeben, in der er sich ungefähr das angemessene Schmerzensgeld vorstellt, z. B. in Form eines Mindestbetrages (BGH VersR **1977** 861; **1982** 96). Die Vorstellung des Klägers kann auch aus einer Streitwertangabe oder der Höhe des eingezahlten Prozeßkostenvorschusses erschlossen werden.

42 An der für die Zulässigkeit eines Rechtsmittels erforderlichen **Beschwer** fehlt es, wenn der vom Gericht zugesprochene Betrag in etwa der vom Kläger angegebenen Größenordnung entspricht, z. B. den genannten Mindestbetrag erreicht oder übersteigt (BGHZ **45** 91; BGH NJW **1969** 1427; **1970** 198; VersR **1977** 916).

43 2. Allgemeine Voraussetzungen der Haftung nach § 823 Abs. 1 BGB

a) Übersicht. Die Haftung nach § 823 Abs. 1 BGB greift ein, wenn vorsätzlich oder fahrlässig eines der dort genannten absoluten Rechte oder Rechtsgüter widerrechtlich verletzt wird. Die wesentlichen Unterschiede gegenüber der Gefährdungshaftung nach § 7 StVG liegen also in folgenden Punkten:
- während § 7 StVG eine Sachbeschädigung, Tötung oder Verletzung des Körpers oder der Gesundheit voraussetzt, stellt § 823 Abs. 1 BGB auf die Verletzung eines absoluten Rechts oder Rechtsguts ab; hieraus können sich bei der Beschädigung von Sachen Unterschiede ergeben (vgl. Rdn. 44);
- das Merkmal der Widerrechtlichkeit spielt bei § 7 StVG keine Rolle (vgl. Rdn. 56);
- wer Ansprüche aus § 823 Abs. 1 BGB herleiten will, muß – anders als bei § 7 StVG – ein Verschulden (Vorsatz oder Fahrlässigkeit) beweisen (vgl. Rdn. 46);
- hieraus ergeben sich auch Unterschiede für die Zurechnung im Rahmen des Kausalzusammenhangs (vgl. Rdn. 54f) und der Haftungsausfüllung (vgl. Rdn. 46).

44 **b) Rechtsgutsverletzung.** Keine Abweichungen von der Gefährdungshaftung ergeben sich hier bei **Personenschäden**, so daß auf die Erl. zu §§ 10, 11 Bezug genommen werden kann. Bei **Sachschäden** ist jedoch zu beachten, daß § 7 an die *Beschädigung einer Sache* anknüpft (vgl. § 7, 119), während nach § 823 Abs. 1 BGB auch andere *Eingriffe in das Eigentum* die Haftung auslösen können. Eine physische Beeinträchtigung der Sache ist hier also nicht unbedingt erforderlich; es genügt auch, wenn die Benutzbarkeit der Sache verhindert worden ist. Haftung nach § 823 Abs. 1 BGB kann daher auch dann eintreten, wenn lediglich die Bewegungsmöglichkeit eines Fahrzeugs blockiert worden ist (BGHZ **55** 159; vgl. auch BGHZ **67** 382), oder wenn ein Fahrzeug infolge einer polizeilichen Anordnung, die wegen Explosionsgefahr nach einem Unfall erlassen worden ist, vorübergehend nicht benutzt werden kann (BGH VersR **1977** 965). Die deliktische Haftung bei Sachschäden kann je-

doch insofern auch enger sein als die Gefährdungshaftung, als letztere nicht nur dem Eigentümer Schadensersatzansprüche verschafft (vgl. § 7, 121). Allerdings wird dieser Unterschied dadurch relativiert, daß auch das Recht zum Besitz als von § 823 Abs. 1 BGB geschütztes Recht angesehen wird (vgl. *Palandt/Thomas* § 823 6b). Zu beachten ist, daß auch mittelbare Eigentumsverletzungen von § 823 Abs. 1 BGB erfaßt werden (Beispiel: durch den Unfall wird die Stromleitung eines Energieversorgungsunternehmens beschädigt, der Stromausfall führt zu Verderb von Eiern in den Brutapparaten eines angeschlossenen Betriebs; vgl. BGHZ **41** 125). Es ist aber genau zu prüfen, ob bei dem mittelbar Geschädigten tatsächlich eine Eigentumsverletzung und nicht nur eine Vermögensschädigung eingetreten ist.

Das **Recht am eingerichteten und ausgeübten Gewerbebetrieb** ist als „sonstiges Recht" i. S. d. § 823 Abs. 1 BGB anerkannt. Bei Haftpflichtfällen im Straßenverkehr wird hieraus allerdings in aller Regel kein Anspruch hergeleitet werden können, weil Voraussetzung hierfür eine unmittelbar gegen den Gewerbebetrieb als solchen gerichtete, betriebsbezogene Beeinträchtigung ist (BGHZ **29** 165). Hieran fehlt es z. B., wenn der Betrieb mittelbar dadurch beeinträchtigt wird, daß die Stromzufuhr (BGH VersR **1977** 1006) oder der Fernsprechanschluß (OLG Oldenburg VersR **1975** 866) unterbrochen oder daß ein Angestellter verletzt wird (BGHZ **7** 30). Auch Störungen des Bahnverkehrs durch Verkehrsunfälle sind in der Regel nicht als unmittelbar betriebsbezogene Eingriffe anzusehen (**a. A.** *Kunz* VersR **1982** 26). **45**

c) Verschulden. Die Haftung aus § 823 Abs. 1 BGB setzt eine pflichtwidrige Handlung des Halters voraus, bei der er damit rechnen mußte, daß das Leben, der Körper, die Gesundheit, die Freiheit, das Eigentum oder ein sonstiges Recht eines anderen verletzt werde. Nicht erforderlich ist, daß der Schädiger genaue Vorstellungen von der Art des eintretenden Schadens oder der Schadensfolgen hatte oder haben mußte (RGZ **69** 344; **136** 10; **148** 165; BGH NJW **1953** 542). Voraussetzung der Haftung ist bei § 823 Abs. 1 BGB nicht ein Verstoß gegen gesetzliche oder polizeiliche Vorschriften; vielmehr ist ein Verschulden schon in der Außerachtlassung der Vorsichtsmaßregeln zu erblicken, die unabhängig von jeder gesetzlichen oder polizeilichen Regelung zu beachten sind (Einzelheiten über diese Pflichten finden sich in den Abschnitten über die Haftung der einzelnen Verkehrsteilnehmer bzw. sonstigen Schädiger). Voraussetzung ist des weiteren, daß dem Schädiger Vorsatz (bleibt im folgenden, da im Verkehrshaftpflichtrecht kaum von Bedeutung, außer Betracht) oder Fahrlässigkeit (Rdn. 47) zur Last fällt. Schließlich dürfen keine besonderen Schuldausschließungsgründe vorliegen (Rdn. 49ff). **46**

aa) Fahrlässigkeit liegt nach § 276 Abs. 1 Satz 2 BGB bei demjenigen vor, der die im Verkehr erforderliche Sorgfalt außer acht läßt. Wem ein pflichtwidriges Verhalten im Straßenverkehr vorgeworfen wird, also ein „verkehrswidriges" Verhalten, haftet nur, wenn ihm nachgewiesen wird, daß er die im Straßenverkehr erforderliche Sorgfalt, also die Sorgfalt eines ordentlichen Kraftfahrzeugführers, außer acht gelassen hat. Dabei ist nicht auf das Können, die Geistesgegenwart und die Entschlußfähigkeit der wegen Schadenersatz in Anspruch genommenen Person abzustellen, sondern ein objektiver Maßstab anzulegen, der auf einen besonnenen, gewissenhaften Verkehrsteilnehmer (oder Halter) abstellt (BGH VersR **1968** 395). Zwar sind an diesen angesichts der Gefährlichkeit des Straßenverkehrs strenge Anforderungen zu stellen; doch darf dies nicht dazu führen, jeden objektiven Verstoß gegen Verkehrsregeln als schuldhaft zu bezeichnen und damit den Begriff der unerlaubten Handlung seines Sinngehalts zu entkleiden. Zu fordern ist nicht „jede nach **47**

den Umständen des Falles gebotene Sorgfalt" wie in § 7 Abs. 2 Satz 2, sondern nur die gewöhnliche Sorgfalt. In einem – allerdings nicht den Straßenverkehr betreffenden – Fall (BGH VersR **1972** 559) hat der Bundesgerichtshof mit Recht darauf hingewiesen, daß nicht das Unterlassen jeder denkmöglichen Sicherheitsmaßnahme ein Verschulden darstelle; es genüge vielmehr, daß ein Sicherheitsgrad erreicht wird, der nach der im betreffenden Bereich herrschenden Verkehrsauffassung für erforderlich erachtet werde. Anders als bei der Gefährdungshaftung ist Maßstab bei der Haftung aus unerlaubter Handlung nicht der ideale Fahrer, der an alle Möglichkeiten denkt und in jeder Situation optimal reagiert, sondern derjenige, der sein Verhalten auf die allgemeinen Verkehrsbedürfnisse ausrichtet. Eingerissene Verkehrsunsitten entlasten den Schädiger hierbei nicht. Dagegen begründen Fahrfehler und Fehlreaktionen infolge unvermuteter Gefahrensituationen nicht den Vorwurf der Fahrlässigkeit (BGH VersR **1982** 443).

48 **Abweichende Fahrlässigkeitsmaßstäbe** sieht das Gesetz im Verhältnis zwischen Ehegatten (§ 1359 BGB), zwischen Eltern und Kindern (§ 1664 Abs. 1 BGB) sowie zwischen Gesellschaftern (§ 708 BGB) vor („Sorgfalt wie in eigenen Angelegenheiten"). Diese Haftungsprivilegierung gilt jedoch nicht für die Haftung im Straßenverkehr. Hier greift der Grundsatz ein, daß die Sorgfaltsanforderungen bei allen Teilnehmern am Verkehr gleich sein müssen; niemand soll sich darauf berufen können, er verletze gewöhnlich die Verkehrsvorschriften[5]. Für die Haftung zwischen Eheleuten hat der BGH jedoch aus § 1353 BGB die Rechtspflicht hergeleitet, den Schadensersatzanspruch nicht geltend zu machen, wenn sich der schädigende Ehegatte im Rahmen seiner wirtschaftlichen Möglichkeiten um einen Ausgleich bemüht oder wenn er durch die Inanspruchnahme wesentliche Nachteile erleiden würde (BGHZ **61** 105). Diese Verpflichtung entfällt, wenn die Ehegatten in Scheidung leben (BGHZ **53** 352). Zur Modifizierung des Haftungsmaßstabs im Verhältnis zwischen Arbeitnehmer und Arbeitgeber vgl. Rdn. 210ff.

49 **bb) Schuldausschluß durch Irrtum.** Entschuldbarer Tatsachen- oder Rechtsirrtum läßt den Schuldvorwurf entfallen (BGH NJW **1951** 398). An die Entschuldbarkeit eines Rechtsirrtums sind allerdings strenge Anforderungen zu stellen. Die für ihn geltenden Verkehrsvorschriften muß jeder Verkehrsteilnehmer kennen, über Änderungen muß er sich auf dem laufenden halten. Kann sich der Schädiger für seine Rechtsansicht auf die Entscheidung eines Kollegialgerichts berufen, so wird sein Irrtum in der Regel zu entschuldigen sein, es sei denn, es wäre für ihn erkennbar gewesen, daß es sich bei der Entscheidung um eine allgemein für unvertretbar gehaltene Abweichung von der h. M. gehandelt hat.

50 **cc) Schuldunfähigkeit.** Nicht zurechnungsfähig sind Kinder, die das siebente Lebensjahr noch nicht vollendet haben (§ 828 Abs. 1 BGB), Jugendliche zwischen 7 und 18 Jahren sowie Taubstumme, sofern sie bei Begehung der schädigenden Handlung nicht die erforderliche Einsicht haben (§ 828 Abs. 2 BGB) und Bewußtlose oder krankhaft Geistesgestörte, die sich in einem die freie Willensbestimmung ausschließenden Zustand befinden (§ 827 BGB). Das Vorliegen eines solchen Zustands hat der zu beweisen, der sich darauf beruft (BGH VersR **1982** 849).

51 **Bewußtlosigkeit** kann durch Krankheit oder krankhafte Erscheinungen (Blutdruckschwankungen, Fieber, Epilepsie u. a.), durch Medikamente und durch Alko-

[5] BGHZ **46** 317; **53** 352; **61** 104; **68** 220; BGH VersR **1971** 836; **1973** 941; OLG Karlsruhe Justiz **1976** 511.

hol herbeigeführt werden. Die bloße Minderung der Verstandes- oder Willenskraft stellt keinen die freie Willensbestimmung ausschließenden Zustand dar. Deshalb kann ein wegen Geisteskrankheit oder Geistesschwäche Entmündigter schuldfähig sein (RGZ **108** 90; RG JW **1912** 24). Auch der Unfall selbst kann einen Unfallschock hervorrufen, der zur Bewußtseinsstörung führt, so daß derjenige, der im Schock handelt, für seine Handlungen nicht verantwortlich ist. Eine solche Gesundheitsfolge des Unfalls ist aber nur in außergewöhnlichen Fällen denkbar (BGH VersR **1966** 458). Für Alkohol und sonstige berauschende Mittel gilt nach § 827 Satz 2 BGB die Besonderheit, daß die Haftung wegen Fahrlässigkeit bestehen bleibt, wenn der durch sie Berauschte schuldhaft in diesen Zustand geraten ist. Verletzt ein Patient seine Pflicht, sich beim behandelnden Arzt über seine Eignung zum Führen eines Kraftfahrzeugs zu unterrichten, so setzt er hierdurch schuldhaft eine Ursache für den später in schuldunfähigem Zustand herbeigeführten Unfall (vgl. OLG Hamm VM **1959** 24), wenn festgestellt werden kann, daß dem Arzt die Fahruntüchtigkeit bekannt war. Für die Unzurechnungsfähigkeit wegen Alkoholgenusses gibt es keine bestimmte Promillegrenze; Fahruntüchtigkeit genügt nicht.

Bei **Jugendlichen** und **Taubstummen** ist die Frage des Verschuldens (Fahrlässig- **52**
keit) von der Frage der Einsichtsfähigkeit zu unterscheiden.

1. Verschulden. Der Kläger hat zu beweisen, daß der Jugendliche nach den Maßstäben des § 276 BGB schuldhaft gehandelt hat. Zwar ist das Maß der erforderlichen Sorgfalt, die der Täter beobachtet haben muß, um frei von Haftung zu sein, nach objektiven Maßstäben zu bemessen. Hierbei muß aber das Alter des Kindes berücksichtigt werden (BGH VersR **1964** 1023). Fahrlässigkeit liegt also nur vor, wenn ein Jugendlicher des Alters wie der Täter die Gefährlichkeit seines Tuns unter den z. Z. der Tat gegebenen Umständen hätte erkennen müssen. Maßgebend ist die Einsichtsfähigkeit der Altersgruppe, der der Jugendliche angehört (BGH VersR **1964** 1023; **1967** 158; **1970** 374; OLG Bamberg VersR **1965** 989). So kann z. B. ein Elfjähriger erkennen, daß er sich selbst gefährdet, wenn er ohne Beachtung des Fahrverkehrs eine verkehrsreiche Straße überquert (BGH VersR **1966** 831); ein Achtjähriger weiß, daß das Abspringen von einem Lkw gefährlich ist (KG VersR **1966** 297). Da es nur auf die Merkmale der Altersgruppe ankommt, hat die individuelle Willensfähigkeit des Jugendlichen und sein persönliches Hemmungsvermögen außer Betracht zu bleiben.

2. Einsichtsfähigkeit. Dem Jugendlichen oder Taubstummen obliegt nunmehr der **53**
Beweis, daß er die zur Erkenntnis der Verantwortlichkeit erforderliche Einsicht nicht besessen habe (BAG NJW **1967** 220; OLG Stuttgart VersR **1957** 67). Hier kommt es auf die Eigenschaften des Täters an, vor allem die, in denen er sich von seinen Altersgenossen unterscheidet. Maßgebend ist hier nicht, ob der Jugendliche den schädlichen Erfolg seines Tuns oder Unterlassens vorhersehen konnte, sondern lediglich, ob er das Unrecht seines Tuns oder Unterlassens erkennen konnte[6]. Dabei kommt es in erster Linie auf die geistige und sittliche Reife an[7]. Mit schlechten Schulzeugnissen allein kann dieser Beweis in der Regel nicht geführt werden (OLG Stuttgart VersR **1957** 67). Das Unrecht seines Tuns oder Unterlassens kennt der Jugendliche im allgemeinen dann, wenn er dessen Gefährlichkeit kennt (OGH NJW

[6] RGZ **146** 216; **156** 193; BGH VersR **1953** 28; **1954** 118; **1954** 221; **1959** 732; **1964** 385; **1965** 503; OLG Neustadt VRS **5** 32; OLG Braunschweig VersR **1954** 460.

[7] BGH VersR **1957** 131; **1959** 393; **1959** 732; **1960** 633; OLG Celle VersR **1957** 46; OLG Hamm VersR **1959** 540; OLG München VersR **1960** 862.

1950 905; BGH VersR **1954** 221; OLG München VersR **1964** 931) oder wenn er fähig gewesen wäre, sie zu erkennen. Hatte der Jugendliche zwar die erforderliche Einsicht, war er aber nicht in der Lage, seiner Einsicht entsprechend zu handeln, so entfällt seine Haftung nicht (BGH VersR **1970** 467; **1984** 641; **a. A.** OLG Nürnberg OLGZ **1967** 143).

54 **d) Zurechnungszusammenhang.** Zwischen dem schuldhaften Verhalten und der Rechtsverletzung sowie zwischen dieser und dem Schaden muß ein kausaler Zusammenhang bestehen. Wegen der Unterscheidung zwischen haftungsbegründender und haftungsausfüllender Kausalität kann auf § 7, 129, wegen des zivilrechtlichen Kausalitätsbegriffs auf § 7, 36ff, wegen der mittelbaren Verursachung auf § 7, 48ff, wegen der alternativen Kausalität auf § 7, 66ff, Bezug genommen werden.

55 Besonderheiten ergeben sich bei der deliktischen Haftung jedoch aus der **Schutzzwecklehre.** Nach dieser mittlerweile von der Rechtsprechung übernommenen Lehre[8] bedarf die Adäquanzlehre (§ 7, 37), durch die nur gänzlich unwahrscheinliche Kausalabläufe von der Zurechenbarkeit ausgenommen werden, der Korrektur durch eine wertende Beurteilung: für einen Schaden soll dann gehaftet werden, wenn er nach Art und Entstehensweise unter den Schutzzweck der verletzten Norm fällt („Rechtswidrigkeitszusammenhang"). Dies gilt nicht nur für die eigentlichen Schutzgesetzverletzungen nach § 823 Abs. 2 BGB, sondern auch für § 823 Abs. 1 BGB (vgl. BGHZ **27** 138; **32** 205; BGH NJW **1968** 2287; zur Geltung für § 7 StVG vgl. § 7, 44). Die Haftung entfällt daher z. B. für solche Schadensfolgen, die dem Schadensereignis gegenüber zwar adäquat, bei wertender Betrachtung aber dem allgemeinen Lebensrisiko des Verletzten zuzurechnen sind (vgl. BGH NJW **1968** 2287).

56 **e) Widerrechtlichkeit.** Ein wesentlicher Unterschied zur Haftung nach § 7 StVG liegt auch darin, daß nur die widerrechtliche Verletzung des fremden Rechtsguts zur deliktischen Haftung führt. Widerrechtlich ist jede Verletzung, für die nicht ausnahmsweise ein besonderer Rechtfertigungsgrund besteht (*Palandt/Thomas* § 823 7 A). Im Bereich des Verkehrshaftpflichtrechts kommen kaum Rechtfertigungsgründe in Betracht. Allenfalls die Rechtfertigung durch Notstand kann gelegentlich praktische Bedeutung haben; sie greift z. B. ein, wenn jemand, um der Verletzung durch ein Fahrzeug zu entgehen, dieses (§ 228 BGB) oder eine andere Sache, z. B. den Gartenzaun beim Ausweichmanöver (§ 904 BGB), beschädigt. Bei fingierten Unfällen (vgl. § 7, 109) kann der Rechtfertigungsgrund der Einwilligung des Geschädigten eingreifen. Ob sich der Schädiger verkehrswidrig verhalten hat, ist entgegen verbreiteter Lehre[9] keine Frage der Widerrechtlichkeit, sondern der Fahrlässigkeit und damit des Verschuldens[10].

3. Haftung wegen Verstoßes gegen ein Schutzgesetz (§ 823 Abs. 2 BGB)

57 Nach § 823 Abs. 2 BGB trifft auch denjenigen die deliktische Haftung, der gegen ein den Schutz des Verletzten bezweckendes Gesetz verstößt. Zumeist wird diese

[8] Vgl. *Esser/Schmidt* § 33 III; *Larenz* § 27 III 2; BGHZ **27** 138; **35** 315; **57** 142; BGH NJW **1968** 2287; **1969** 372; VersR **1976** 639; **1978** 183; **1982** 297.

[9] BGHZ **24** 21 = NJW **1957** 986 m. Anm. *Bettermann*; *Welzel* NJW **1968** 425; *Nipperdey* NJW **1967** 1991; *Wiethölter* Der Rechtfertigungsgrund des verkehrsrichtigen Verhaltens; *von Caemmerer* 49ff.

[10] *Palandt/Thomas* § 823 7 A; *Staudinger/Werner* 81 ff vor § 276; mit Einschränkungen *Larenz* § 72 I c.

Haftung mit jener aus § 823 Abs. 1 BGB zusammentreffen; sie setzt jedoch nicht die Verletzung eines der dort genannten absoluten Rechte oder Rechtsgüter voraus und umfaßt daher auch reine Vermögensnachteile. Außerdem braucht sich die Fahrlässigkeit nicht auf die Rechtsgutsverletzung, sondern nur auf den Gesetzesverstoß zu beziehen; Voraussehbarkeit der Schädigung ist daher nicht erforderlich (BGH VersR **1972** 1072).

a) Begriff des Schutzgesetzes. Schutzgesetz im Sinn des § 823 Abs. 2 BGB ist eine Norm, der die Bestimmung innewohnt, den einzelnen Mitgliedern eines Personenkreises (zu dem der Geschädigte gehört) einen besonderen Rechtsschutz zu verleihen. Der Umstand, daß eine Norm bestimmten Personen zum Vorteil gereicht, genügt mithin nicht. Ob die Norm ein Schutzgesetz darstellt, ergibt sich aus ihrem Inhalt und ihrem Zweck. Maßgebend ist, ob der Gesetzgeber den besonderen Schutz der Mitglieder eines Personenkreises (als einzigem Zweck des Gesetzes oder neben anderen Zwecken) gewollt und diesen Willen zum Ausdruck gebracht hat[11]. Die Schutzwirkung des Gesetzes muß von ihm unmittelbar gewollt sein und darf sich nicht nur als Reflexwirkung eines in seiner Hauptrichtung anders gerichteten Zwekkes ergeben (BGHZ **66** 390). Oft ergibt sich die Absicht des Gesetzgebers, an die Verletzung der von ihm geschützten Interessen auch deliktische Schadensersatzansprüche zu knüpfen, erst aus umfassender Würdigung des Zusammenhangs, in den er die Norm gestellt hat (BGH VersR **1978** 609). Zur Begründung der Haftung genügt es allerdings nicht, daß ein Gesetz allgemein betrachtet als Schutzgesetz qualifiziert werden kann. Erforderlich ist vielmehr, daß es – in persönlicher und sachlicher Hinsicht – gerade den Schutz gewähren will, den der Verletzte im konkreten Fall in Anspruch nimmt (vgl. Rdn. 59). **58**

b) Begrenzung der Haftung durch den Schutzzweck der Norm. Wer gegen ein Schutzgesetz verstößt und hierdurch einen Schaden hervorruft, ist zum Schadenersatz nur verpflichtet, wenn der Schaden an einem Rechtsgut eingetreten ist, das die Schutzvorschrift sichern will, und durch eine Gefahr, vor der sie das Rechtsgut bewahren will[12]. Verkehrsvorschriften wollen zumeist nicht vor allen, sondern jeweils nur vor bestimmten Gefahren des Straßenverkehrs schützen, so daß die Verletzung einer solchen Norm nicht in jedem Falle zur Haftung nach § 823 Abs. 2 BGB führt (Einzelfälle: Rdn. 60ff). Dies gilt nicht nur hinsichtlich der Art der Gefahrverwirklichung, sondern auch hinsichtlich der Art der Rechtsgutsverletzung. Daher kann z. B. die Verletzung einer Norm, die nur Leib, Leben und Sachwerte schützen will, nicht zur Haftung für einen reinen Vermögensschaden führen (zur Frage, ob der Schutzzweckgedanke auch auf Vermögensfolgeschäden anderer Rechtsgutsverletzungen anzuwenden ist, vgl. § 7, 132). So kann z. B. der Arbeitgeber des Verletzten den durch dessen unfallbedingten Ausfall entstandenen Verlust nicht unter Berufung auf einen Verstoß des Schädigers gegen die StVO ersetzt verlangen. **59**

c) Einzelfälle zum Schutzzweck (nach Paragraphen geordnet)

§ 2 StVO. Das Rechtsfahrgebot dient nur dem Schutz der Verkehrsteilnehmer, die sich in Längsrichtung auf derselben Straße bewegen, nicht auch dem Schutz derer, die diese Straße überqueren (BGH VersR **1964** 1069; **1975** 37) oder in sie ein- **60**

[11] BGHZ **7** 207; **12** 148; **22** 296; **29** 102; BGH MDR **1951** 97; VersR **1973** 921; **1975** 45; **1978** 921; OLG Frankfurt NJW **1955** 109; *Knöpfle* NJW **1967** 697.

[12] BGHZ **19** 126; **22** 296; **27** 140; **28** 365; **29** 102; BGH NJW **1957** 1762; VersR **1972** 1072; **1975** 37; **1975** 45; **1977** 524; **1978** 921; OLG Karlsruhe NJW **1957** 874; OLG Düsseldorf NJW **1957** 1153.

biegen (BGH VersR **1963** 163; **1977** 524) oder aus dem Gegenverkehr nach links abbiegen wollen (BGH VersR **1981** 837).

61 **§ 3 StVO.** Geschwindigkeitsbegrenzungen haben nicht den Zweck, zu verhindern, daß sich ein bestimmtes Fahrzeug zu einem bestimmten Zeitpunkt an einer bestimmten Stelle befindet. Daher genügt die bloße Tatsache, daß ein Kraftfahrer verbotswidrig zu schnell gefahren war, mithin bei Beachtung der Verkehrsvorschriften noch nicht an der Stelle gewesen wäre, an welcher er dann mit dem Verletzten zusammengestoßen ist, nicht für die Begründung eines Zurechnungszusammenhangs. Entscheidend ist vielmehr, ob sich die zu hohe Geschwindigkeit auf die Vermeidbarkeit des Unfalls ausgewirkt hat, d. h. ob der Kraftfahrer die kritische Situation ohne Unfall hätte meistern können, wenn er zum Zeitpunkt der Erkennbarkeit der Gefahr die erlaubte Geschwindigkeit eingehalten hätte (BGH VersR **1977** 524). Die Geschwindigkeitsbegrenzung für bestimmte Arten von Kraftfahrzeugen hat auch den Zweck, solche Fahrzeuge von einem gefahrvollen Überholen auszuschließen (BGH VersR **1969** 900).

62 **§ 4 StVO.** Das Gebot, vom Vorausfahrenden angemessenen Abstand zu wahren, bezweckt auch, dem Fahrer die Übersicht über die Fahrbahn zu verbessern und ihm eine Reaktion auf plötzlich auftauchende Gefahren zu ermöglichen; es dient damit auch dem Schutz von Fußgängern auf der Fahrbahn (OLG München NJW **1968** 653).

63 **§ 5 StVO.** Ein Überholverbot dient nicht nur der Sicherung des Gegenverkehrs, sondern auch der des Nachfolgeverkehrs; ereignet sich bei einem Zuwiderhandeln ein Unfall, so kann auch derjenige seine Ansprüche hierauf stützen, der selbst verbotswidrig überholt hat (BGH VersR **1968** 578).

64 **§ 12 StVO.** Der Verstoß gegen ein Halteverbot ist ein solcher gegen ein Schutzgesetz (BGH VersR **1969** 715). Es dient auch dem Schutz der die Fahrbahn überquerenden Fußgänger (BGH VersR **1983** 438).

65 **§ 15 StVO.** Der Verstoß gegen die Pflicht zur Absicherung liegengebliebener Fahrzeuge ist ein solcher gegen ein Schutzgesetz (BGH VersR **1969** 895).

65a **§ 20 StVO.** Die Vorschrift, daß an haltenden Schulbussen nur mit mäßiger Geschwindigkeit vorbeigefahren werden darf (Abs. 1 a), dient nicht dem Schutz eines die Straße überquerenden Erwachsenen (OLG Hamm VRS **60** 38).

66 **§ 25 StVO.** Die Vorschrift, daß Fußgänger die Gehwege zu benützen haben, dient in erster Linie dem Schutz der Fußgänger (BGH VersR **1969** 1022).

67 **§ 37 StVO.** Eine ca. 15 m vor der Kreuzung stehende Fußgängerampel dient nicht dem Schutz von entgegenkommenden Linksabbiegern (BGH VersR **1982** 701).

68 **§ 41 Nr. 6 StVO.** Die Mißachtung eines Verkehrsverbots kann Verstoß gegen ein Schutzgesetz sein (BGH VersR **1955** 183). Dies gilt jedoch dann nicht, wenn der Schaden unabhängig von der Gefahr, vor der das Verbot schützen soll, eingetreten ist. So haftet z. B. der Fahrer eines Pkw, der verbotswidrig in eine nur für Anlieger freigegebene Straße einfährt, seinen Insassen bei einem Begegnungszusammenstoß nicht schon wegen der Mißachtung des Verbots (BGH VersR **1970** 159).

69 **§ 18 StVZO.** Darauf, daß ein unfallbeteiligtes Kraftfahrzeug nicht zum Verkehr zugelassen war, beruht der Unfall in der Regel nicht (BGH VersR **1966** 1156).

§§ 20ff StVZO. Keine Schutzgesetze sind die Vorschriften über die Betriebserlaubnis und den Kraftfahrzeugbrief (BGH VRS **56** 110). 70

§ 27 StVZO. Veräußert jemand sein Kraftfahrzeug, ohne die Veräußerung gem. § 27 Abs. 3 Satz 1 StVZO der Zulassungsstelle mit Namen und Anschrift des Erwerbers anzuzeigen, so kann er aus Verletzung dieser Vorschrift haftbar sein, wenn der Erwerber mit dem nicht zugelassenen Fahrzeug fährt, nicht aber wegen Verletzung von § 1 PflVG, denn diese Vorschrift trifft nur den Inhaber der Sachherrschaft (BGH VersR **1974** 754; s. a. Rdn. 112). 71

§ 36 StVZO. Die Vorschrift über die Mindesttiefe des Reifenprofils ist ein Schutzgesetz (BGH VersR **1969** 1025). Ihre Verletzung führt jedoch nur dann zur Haftung des Fahrers und des Halters, wenn diese nicht den Nachweis führen, daß der Unfall sich auch bei ausreichendem Profil in gleicher Weise ereignet hätte (BGH VersR **1969** 615). Wer als Halter oder Fahrer wegen des schlechten Zustands eines Reifens damit rechnen muß, daß dieser platzt, hat auch dafür einzustehen, daß er nach dem Platzen des Reifens auf der Autobahn langsam fahren muß und daß deshalb ein anderes Kraftfahrzeug auf seinen Wagen auffährt (BGH VersR **1968** 1165). Zwar braucht der Reservereifen nicht hinsichtlich der Profiltiefe dem § 36 Abs. 2 StVZO zu entsprechen. Einen Reservereifen mit geringerer Profiltiefe darf aber ein Taxi- oder Mietwagenunternehmer dem Fahrer oder Mieter des Wagens nicht mitgeben; er würde durch diesen Verstoß gegen seine Verkehrssicherungspflicht für Unfälle einzustehen haben, für die der schlechte Zustand des inzwischen vom Fahrer oder Mieter montierten Reifens ursächlich ist (BGH VersR **1968** 1033). 72

§ 142 StGB. Die Strafvorschrift für unerlaubtes Entfernen vom Unfallort bezweckt primär den Schutz von Vermögensinteressen, nämlich des Interesses des bei einem Verkehrsunfall Geschädigten an der Erhaltung der Beweismöglichkeiten zur Durchsetzung seiner Ersatzansprüche (BGH VersR **1981** 161). Ihr Schutzzweck umfaßt auch Schäden, die ein Dritter erleidet, weil er im Interesse des Geschädigten den flüchtenden Schädiger verfolgt (vom BGH aaO offengelassen). 73

§ 248b StGB schützt zwar den Berechtigten gegen unbefugten Gebrauch seines Kraftfahrzeugs, nicht aber andere Verkehrsteilnehmer (BGHZ **22** 296). 74

§ 317 StGB ist Schutzgesetz nur zugunsten der Post, nicht auch zugunsten der einzelnen Fernsprech- oder Fernschreibteilnehmer. Erleiden diese daher durch eine unfallbedingte Unterbrechung der Fernmeldeverbindung einen Vermögensschaden, so haben sie keinen Ersatzanspruch gegen den Unfallverursacher (BGH VersR **1977** 616). 75

Auf die **Bauordnungen** der Länder können Ersatzansprüche desjenigen, der durch einen Unfall von der Stromversorgung abgeschnitten wird und hierdurch einen Vermögensschaden erleidet, nicht gestützt werden (BGHZ **66** 388). 76

d) Verschulden. Der für die Haftungsbegründung erforderliche Verschuldensgrad richtet sich nach der Regelung in dem betreffenden Schutzgesetz: verlangt es Vorsatz, so kann auch ein Anspruch nach § 823 Abs. 2 BGB nur bei Vorsatz entstehen, ansonsten genügt Fahrlässigkeit (BGHZ **46** 21). Kann gegen ein Schutzgesetz auch ohne Verschulden verstoßen werden (im Verkehrshaftpflichtrecht kaum praktisch), so ist nach § 823 Abs. 2 Satz 2 BGB zur Begründung der Haftung gleichwohl mindestens Fahrlässigkeit erforderlich. Die Fahrlässigkeit (Voraussehbarkeit) braucht 77 sich nur auf den Gesetzesverstoß, nicht auch auf die Schädigung zu beziehen (vgl. Rdn. 57). Weitere Einzelheiten zum Verschulden s. Rdn. 46 ff.

78 e) **Widerrechtlichkeit** ist auch bei § 823 Abs. 2 BGB erforderlich (näher hierzu Rdn. 56).

79 f) Wegen **Beweisfragen** vgl. Rdn. 265 ff.

4. Billigkeitshaftung

80 **a) Anwendungsbereich**

Nach § 829 BGB kann der Bewußtlose, Geisteskranke, Taubstumme, Jugendliche oder das Kind zu einer Billigkeitshaftung herangezogen werden, wenn ihm in einem der in §§ 823 bis 826 BGB bezeichneten Fälle die Einsichtsfähigkeit fehlt und daher wegen Unzurechnungsfähigkeit die Haftung entfällt (vgl. Rdn. 50 ff). Dies gilt auch bei der Feststellung eines Mitverschuldens nach § 254 BGB (vgl. § 9, 13). Auch im Fall des § 830 Abs. 1 Satz 2 BGB ist § 829 BGB anwendbar (RGZ **74** 145). Eine entsprechende Anwendung kommt jedoch nicht in Betracht, wenn ein Jugendlicher zwar einsichtsfähig ist, aber aus altersgruppenbedingten Gründen nicht fahrlässig gehandelt hat (*Wilts* VersR **1963** 1098; *Böhmer* MDR **1964** 278; **a. A.** BGHZ **39** 281; OLG Braunschweig VersR **1954** 460). Verursacht ein Kfz-Führer infolge plötzlicher Bewußtlosigkeit einen Schaden, für den er aus diesem Grunde nicht verantwortlich ist, so kann die Billigkeit es erfordern, ihn zum teilweisen Ersatz des Schadens heranziehen (BGHZ **23** 90).

81 b) Die **Voraussetzungen** der Billigkeitshaftung liegen vor, wenn die Billigkeit sie erfordert, der Ersatz des Schadens nicht von einem aufsichtspflichtigen Dritten erlangt werden kann und dem Jugendlichen, Bewußtlosen usw. nicht die Mittel entzogen werden, deren er zum standesgemäßen Unterhalt sowie zur Erfüllung seiner gesetzlichen Unterhaltspflichten bedarf (§ 829 BGB).

82 **aa) Keine Haftung Aufsichtspflichtiger.** Die Gründe, warum von einem Aufsichtspflichtigen kein Ersatz erlangt werden kann, können auf tatsächlichem (Fehlen eines Aufsichtspflichtigen; Vermögenslosigkeit des Aufsichtspflichtigen) oder rechtlichem Gebiet liegen.

83 **bb) Keine Entziehung des Unterhalts.** Handelt es sich um ein unterhaltsberechtigtes Kind, so werden ihm die Mittel zu standesgemäßem Unterhalt nicht entzogen, soweit es den Unterhalt von seinen Eltern erhält. Zu berücksichtigen sind nur solche Kosten des standesgemäßen Unterhalts, deren Entstehung mit einer gewissen Wahrscheinlichkeit zu erwarten ist (OLG Stuttgart VersR **1961** 455).

84 **cc) Billigkeit.** Die Billigkeit muß die Ersatzpflicht erfordern, nicht nur erlauben (BGH NJW **1969** 1762; VersR **1973** 925). Von Bedeutung sind die Vermögensverhältnisse des Schädigers und des Verletzten, der Grad der Einsicht des Täters, der Grad der Pflichtwidrigkeit und Schuld. Insbesondere bei erheblichem Gefälle zwischen Schädiger und Geschädigtem hinsichtlich der wirtschaftlichen Verhältnisse oder hinsichtlich des beiderseitigen Verschuldens kann die Billigkeit eine Schadloshaltung erfordern. Der Umstand, daß der Schädiger gegen Haftpflicht versichert ist, kann für sich allein eine Billigkeitshaftung nicht begründen[13] (zum Einfluß auf die Höhe des Anspruchs vgl. Rdn. 85).

[13] BGHZ **23** 90; **76** 279; BGH VersR **1958** 485 = MDR **1958** 838 m. Anm. *Pohle*; VersR **1962** 811; LG Kiel VersR **1968** 80.

c) Für **Art und Höhe des Ersatzes** ist zunächst § 249 BGB maßgebend. Daneben entscheidet aber auch insoweit die Billigkeit (vgl. hierzu Rdn. 84). Ist der Schädiger gegen Haftpflicht versichert, so kann – sofern Billigkeitshaftung aus anderen Gründen dem Grunde nach zu bejahen ist (vgl. Rdn. 84) – die Deckungssumme bei der Bemessung der Entschädigung berücksichtigt werden (BGHZ **23** 90); dies gilt nach BGHZ **76** 279 jedenfalls im Bereich der (auch den Schutz des Opfers bezweckenden) Pflichtversicherung, während bei freiwilliger Haftpflichtversicherung der Versicherungsschutz des Schädigers nicht zur Zubilligung von Beträgen führen dürfte, die dessen finanzielle Möglichkeiten sonst schlechthin überschreiten würde. Es kann auch die Zahlung einer Rente geschuldet sein. Ist diese durch Urteil oder Vergleich festgelegt, so ist eine Änderung im Verfahren des § 323 ZPO statthaft. 85

d) **Verfahrensrechtliches.** Ist die Klage gegen einen Jugendlichen lediglich darauf gestützt, dieser habe die zur Kenntnis der Verantwortlichkeit erforderliche Einsicht besessen (§ 828 BGB), so kann ihr nicht nach § 829 BGB stattgegeben werden, solange der klägerische Vortrag nicht entsprechend ergänzt ist (RGZ **74** 146). Der Richter ist allerdings verpflichtet, hierauf hinzuweisen. Ist ein Schadensersatzanspruch erst in Zukunft zu erwarten, so kann zunächst gegen den Jugendlichen Feststellungsklage erhoben werden (BGH VersR **1958** 485; **1962** 811); sie ist insoweit abzuweisen, als auch ein voll Deliktsfähiger, wäre er statt des Jugendlichen an dem Unfall beteiligt gewesen, keinen Schadenersatz schulden würde (BGH VersR **1962** 811). 86

e) **Verjährung.** Der Beginn der dreijährigen Verjährung (§ 852 Abs. 1 BGB) wird nicht dadurch verschoben, daß der Verletzte im unklaren darüber ist, ob der Aufsichtspflichtige seiner Aufsichtspflicht genügt hat (RGZ **133** 6). Dagegen läuft die Frist nicht, solange der Verletzte nicht weiß, daß es an einer Verantwortlichkeit des Täters fehlt (RGZ **94** 222). 87

5. Haftung für Verrichtungsgehilfen (§ 831 BGB) 88

a) **Allgemeines.** Nach § 831 BGB haftet derjenige, der einen anderen für sich tätig werden läßt (Geschäftsherr) für den Schaden, den der andere (Verrichtungsgehilfe) einem Dritten widerrechtlich zufügt. Der Grund für diese Haftung liegt nicht im Verschulden des Verrichtungsgehilfen, sondern im Verschulden des Geschäftsherrn bei der Auswahl oder Beaufsichtigung des Gehilfen oder bei der Beschaffung seiner Vorrichtungen oder Gerätschaften. Dieses Verschulden wird nach § 831 BGB vermutet. Es ist Sache des Geschäftsherrn, diese Vermutung zu entkräften. Das Wesen des § 831 BGB liegt somit in einer Umkehrung der Beweislast hinsichtlich des Verschuldens desjenigen, der den anderen zu der Verrichtung bestellt hat (RGZ **139** 304; **140** 392; **142** 368).

§ 831 BGB stellt darüber hinaus noch eine zweite Vermutung auf, nämlich die, daß der Mangel der Sorgfalt des Geschäftsherrn für den Schaden ursächlich gewesen sei. Diese Vermutung kann der Geschäftsherr entkräften, indem er nachweist, daß der Schaden auch bei Anwendung der gebotenen Sorgfalt entstanden wäre. 89

Aufgrund dieser **Beweisregelung** hat der *Verletzte* in der Regel nur darzulegen, daß ihm durch eine zu der Verrichtung bestellte Person widerrechtlich ein Schaden zugefügt wurde. Zum Begriff der Widerrechtlichkeit ist auf Rdn. 56 zu verweisen; wie dort auch ausgeführt ist, gehört die Frage, ob sich der Schädiger verkehrsrichtig verhalten hat, nicht zum Merkmal der Widerrechtlichkeit, so daß der Verletzte insoweit keinen Nachweis zu erbringen braucht. Darauf, ob der Verletzte die Person 90 des Schadensverursachers kennt, kommt es nicht an; es genügt vielmehr, wenn er den Unfall nach Art, Zeit und Umständen so bezeichnet, daß sich das Tätigwerden einer Hilfsperson ergibt (RGZ **159** 290; RG JW **1933** 824).

91 Aufgabe des *Geschäftsherrn* ist es sodann, zu beweisen, daß das Verhalten rechtmäßig war (BGH VersR **1957** 656), d. h. daß dem Gehilfen für seine Schädigung ein Rechtfertigungsgrund zur Seite stand. Der Nachweis verkehrsrichtigen Verhaltens vermag das Merkmal der Widerrechtlichkeit nicht auszuschließen (**a. A.** BGHZ **24** 21; vgl. Rdn. 56); er kann aber, wie sogleich darzulegen ist, für den Entlastungsbeweis hinsichtlich der Kausalität Bedeutung haben. Kann der Geschäftsherr die Widerrechtlichkeit nicht ausräumen, so kann er sich entlasten, indem er nachweist, daß ihn kein Verschulden hinsichtlich der Auswahl oder Leitung des Gehilfen oder der Beschaffung seiner Vorrichtungen und Gerätschaften trifft (vgl. Rdn. 97ff). Schließlich bleibt ihm noch die Möglichkeit, den Beweis zu erbringen, daß ein derartiges Verschulden nicht ursächlich für den Schaden war, d. h. daß dieser auch bei Beachtung der gebotenen Sorgfalt eingetreten wäre (vgl. Rdn. 108). Dies kann z. B. dann der Fall sein, wenn der Gehilfe sich bei der Schädigung verkehrsrichtig verhalten hat, weil ein etwaiges Auswahlverschulden dann ohne Auswirkung geblieben ist.

92 Ein **Verschulden** (und damit auch Schuldfähigkeit) braucht beim Verrichtungsgehilfen nicht gegeben zu sein. Wohl aber haftet der Geschäftsherr nur, wenn er selbst deliktsfähig ist oder die Voraussetzungen des § 829 BGB vorliegen. Verursacht der Verrichtungsgehilfe den Schaden im Zustand der Handlungsunfähigkeit (z. B. Bewußtlosigkeit), so ist § 831 BGB nicht anwendbar (BGHZ **39** 103; BGH VersR **1978** 1163). Handelt er schuldhaft, so haftet er selbst (entweder aus § 823 BGB oder aus § 18 StVG) neben dem Geschäftsherrn. Steht fest, daß das Verhalten des Geschäftsherrn ursächlich für das Verhalten des Verrichtungsgehilfen war und daß das Verhalten des Geschäftsherrn schuldhaft und pflichtwidrig war, so haftet dieser wegen unerlaubter Handlung aus § 823 BGB, ohne daß es des Umwegs über § 831 BGB bedürfte. Ist eine juristische Person des bürgerlichen oder öffentlichen Rechts Geschäftsherr, so liegt ein zur Haftung nach § 823 BGB führendes Verschulden schon dann vor, wenn sie es unterlassen hat, einen verfassungsmäßigen oder besonderen Vertreter zu bestellen, obwohl ihre Organe nicht in der Lage waren, die Aufsichtspflicht der juristischen Person in gleicher Weise zu erfüllen, wie dies eine natürliche Person hätte tun können (sogenannte Organisationsmängel); vgl. RGZ **89** 136; **162** 166; BGHZ **11** 151; **27** 280.

93 **b) Verrichtungsgehilfe** ist derjenige, dem von einem anderen, von dessen Weisungen er abhängig ist, eine Tätigkeit übertragen worden ist (BGH VersR **1960** 354; OLG Köln DAR **1965** 22). Die Bestellung braucht nicht durch ein Rechtsgeschäft zu erfolgen. Vielmehr genügt auch ein nur tatsächliches Abhängigkeitsverhältnis (BGH VRS **26** 182), wie das des minderjährigen Sohnes oder des wegen seines Studiums vom Vater finanziell abhängigen Sohnes oder Stiefsohnes. Die Geschäftsherreneigenschaft gegenüber dem Fahrer ist also mit der Haltereigenschaft nicht ohne weiteres identisch (RG VAE **1940** 6).

94 **Einzelfälle**

Die Bestellung zum Verrichtungsgehilfen kann auch durch eine hierzu befugte Mittelsperson geschehen, z. B. durch einen anderen Verrichtungsgehilfen. Nicht Verrichtungsgehilfe ist der selbständige Unternehmer, der im Auftrag eines anderen

Verrichtungen vornimmt; denn er unterliegt hinsichtlich der Durchführung nicht dessen Weisungen (BGH NJW **1969** 2005). Daher ist z. B. kein Verrichtungsgehilfe der Mietwagenunternehmer, der von einem Auftraggeber für dessen Fahrten ständig herangezogen wird, oder der Fuhrunternehmer, der für ein Industrieunternehmen regelmäßig dessen Erzeugnisse zu den Großabnehmern fährt. Keine Verrichtungsgehilfen sind die verfassungsmäßig berufenen Vertreter einer Körperschaft (§ 31 BGB), die durch die Satzung vorgesehen sind. Auch Angestellte, die den Titel Direktor führen, sind Verrichtungsgehilfen, wenn sie nicht verfassungsmäßig berufene Vertreter sind (*Böhmer* MDR **1960** 445). Hat ein Unternehmer einen Angestellten zum Leiter seiner Niederlagen bestellt und ihm einen Wagen zur Verfügung gestellt, so ist der Angestellte bei Geschäftsfahrten, nicht aber bei den (ihm vom Unternehmer gestatteten) Privatfahrten (BGH NJW **1969** 2005) Verrichtungsgehilfe. Kein Verrichtungsgehilfe ist auch der Bekannte, dem der Halter seinen Wagen gefälligkeitshalber überlassen hat (RG JW **1935** 35). Wer einen Wagen zur Benützung mit der Auflage erhalten hat, für den verkehrssicheren Zustand zu sorgen, ist insoweit Verrichtungsgehilfe (BGH VersR **1969** 1025). Nicht Verrichtungsgehilfe ist die Hilfsperson, die regelmäßig vom Arbeitsplatz mit dem eigenen Kraftwagen nach Hause zu fahren pflegt und die von ihrem Arbeitgeber mit einer Bestellung nur gelegentlich einer solchen Fahrt, die ohnedies an der Unfallstelle vorbeigeführt hätte, betraut wurde (BGH VersR **1958** 549). Dagegen kann ein Verwandter des Halters dessen Verrichtungsgehilfe sein, wenn der Halter ihm während einer gemeinsamen Fahrt die Führung des Wagens überlassen hat; Voraussetzung ist allerdings – wie oben bereits erwähnt –, daß ein Abhängigkeitsverhältnis des Fahrers vom Halter bestand und der Fahrer alle Weisungen des Halters zu befolgen hatte. Eine solche Gehorsamspflicht hat BGH VRS **26** 182 beim Stiefsohn angenommen; sie obliegt in der Regel nur den Kindern gegenüber ihren Eltern. Keine Weisungsgebundenheit besteht dagegen für den Schwiegersohn oder im Verhältnis zwischen Ehegatten (BGH VersR **1972** 832; OLG Nürnberg VersR **1954** 132; **a. A.** RG JW **1932** 2024). Die Gesellschafter einer Personengesellschaft (Gesellschaft des bürgerlichen Rechts, OHG, KG) haften für den Geschäftsführer, wenn sie ihm gegenüber weisungsberechtigt sind, nicht ohne weiteres aber für andere Gesellschafter (BGHZ **45** 311). Für den nicht rechtsfähigen Verein wird heute überwiegend die entsprechende Anwendung des § 31 BGB anstelle von § 831 BGB bejaht (vgl. *Palandt/ Heinrichs* § 54 6a).

c) **In Ausführung der Verrichtung,** nicht nur gelegentlich derselben, muß der **95**
Schaden zugefügt sein. In Ausführung der Verrichtung begangen ist jede Handlung, die in den Kreis der dem Verrichtungsgehilfen übertragenen Tätigkeit fällt und hiermit in innerem Zusammenhang steht; dies gilt auch dann, wenn der Verrichtungsgehilfe seine Befugnisse im Einzelfall (irrtümlich oder eigenmächtig) überschritten hat (RG VR **1930** 127; BGH VRS **8** 333; **8** 334; **25** 401; BGH VersR **1966** 1074).

Einzelfälle. Der innere Zusammenhang bleibt bestehen, wenn der Fahrer hin- **96**
sichtlich der Fahrstrecke von den erteilten Weisungen abweicht, nicht jedoch, wenn er verbotswidrig einen Bekannten mitnimmt, der dann auf der Fahrt zu Schaden kommt (BGH NJW **1965** 391). Bei einer Schwarzfahrt, die er ohne Wissen und Wollen des Halters vornimmt, handelt der Fahrer in der Regel nicht in Ausführung der Verrichtung (BGH Betr **1970** 2314; hier evtl. Haftung nach § 7 Abs. 3 StVG oder § 823 BGB). Eine verkehrsübliche Hilfeleistung steht, selbst wenn der Geschäftsherr solche Tätigkeit allgemein untersagt hat, in Zusammenhang mit dem

Aufgabenbereich des angestellten Fahrers (OLG Nürnberg VersR **1965** 70). Zu eng erscheint daher die Ansicht des OLG Hamburg (VersR **1974** 52), wonach der Zusammenhang fehlen soll bei Schäden, die der Kraftfahrer eines Transportunternehmens bei vertraglich nicht geschuldeter Mithilfe beim Entladen verursacht.

97 **d)** Der **Entlastungsbeweis** kann nicht mit der Erwägung abgeschnitten werden, daß sich aus der schädigenden Handlung selbst die Unzulänglichkeit der Auswahl und Beaufsichtigung des Verrichtungsgehilfen ergebe (BGH VRS **5** 35). Der Entlastungsbeweis geht dahin, daß der Verrichtungsgehilfe bei der Bestellung zu der Verrichtung einem sorgfältigen Menschen nach Lage der Umstände als tüchtig und zuverlässig erscheinen mußte (vgl. Rdn. 98), daß ihn der Geschäftsherr in der Zwischenzeit zwischen Bestellung und Unfall ausreichend beaufsichtigt hat, ohne daß ihm Nachteiliges bekannt geworden ist (Rdn. 103ff) und daß, falls ein Mangel des Kraftfahrzeugs oder einer sonstigen Vorrichtung den Unfall herbeigeführt haben könnte, entweder kein Mangel vorlag oder den Geschäftsherrn an seinem Vorliegen kein Verschulden trifft (vgl. Rdn. 107). Schließlich kann sich der Geschäftsherr auch noch dadurch entlasten, daß er die fehlende Kausalität seines (vermuteten) Versagens für den Unfall beweist (Rdn. 108). Für die Beantwortung der Frage, wann ein Entlastungsbeweis geführt ist, gibt es keine festen Regeln (BGH DAR **1951** 176); die nachfolgende Übersicht kann daher nur Anhaltspunkte liefern (s. a. *Kiser* VersR **1984** 213).

98 **aa) Auswahl.** An die Auswahl eines Kraftfahrzeugführers sind strenge Anforderungen zu stellen (BGH DAR **1951** 176; VersR **1974** 138; OLG Stuttgart VersR **1954** 241; OLG Karlsruhe VersR **1955** 312), und zwar insbesondere auch bei der Anstellung eines Fahrers durch eine juristische Person (BGH Betr **1965** 324). Dies gilt vor allem bei der Einstellung eines Fahrers als Omnibusfahrer (BGH VersR **1957** 463; **1959** 852; VRS **18** 322). Der Halter oder Eigentümer muß sich beim letzten Arbeitgeber nach den Eigenschaften des Einzustellenden erkundigen; die Einsichtnahme in Zeugnisse genügt nicht (RG DAR **1929** 197; **1931** 285; VR **1933** 273; VAE **1937** 43). Bei günstiger Auskunft brauchen schriftliche Zeugnisse nicht verlangt zu werden (RG VAE **1938** 299). Auch hinsichtlich eines nicht mit Zeugnissen belegten Zeitraums hat der Halter oder Eigentümer Erkundigungen einzuziehen (RG VR **1929** 129). War der Fahrer einen Monat lang nicht für den Halter tätig gewesen, so muß sich dieser bei erneuter Einstellung des Führers über die Fortdauer der Tauglichkeit vergewissern (RG DAR **1930** 362). Der Halter hat sein Augenmerk vor allem auf die körperlichen und charakterlichen Eigenschaften des Führers zu richten, da diese beim Erwerb der Fahrerlaubnis nicht geprüft werden. Allerdings können gute Charaktereigenschaften den Mangel an Fahreigenschaften nicht ersetzen (RG VAE **1937** 400). Bei einem Anfänger, der noch keinen Arbeitsplatz hatte, sind jedenfalls Erkundigungen über die sittliche Reife anzustellen (RG RdK **1928** 198); außerdem ist der Führer in der ersten Zeit besonders sorgfältig zu überwachen (KG VAE **1937** 406; OLG Braunschweig VAE **1938** 292). Ein mehrfach wegen Fahrens mit einem nicht zugelassenen Kraftfahrzeug geahndeter Mann darf nicht als Lastzugführer beschäftigt werden (BGH VersR **1966** 929). Die Ansicht des OLG Celle, daß bei Einstellung eines Fahrers für einen Lkw ein Sachverständiger hinzugezogen werden müsse (VkBl. **1953** 550), ist dahin klarzustellen, daß eine Person hinzuzuziehen ist, die etwas von dem Fahren eines Lastzugs versteht.

99 Im übrigen hat die Haftung aus § 831 BGB nicht zur Voraussetzung, daß der Schaden gerade durch diejenige Eigenschaft des Bestellten verursacht wurde, die seine sorgfältige Auswahl in Frage stellt (BGH VersR **1961** 848; NJW **1978** 1681).

Ein zu Trunkenheit neigender Fahrer führt also die Haftung seines Dienstherrn aus § 831 auch bei einem Unfall herbei, den er in nüchternem Zustand verursacht hat.

Ist der Verrichtungsgehilfe durch eine Mittelsperson bestellt worden, so muß der Geschäftsherr beweisen, daß er bei der Auswahl der Mittelsperson (z. B. eines höheren Angestellten) durch sorgfältige Prüfung zu der Überzeugung gelangen konnte, daß sie nur geeignete und zuverlässige Personen mit einer Verrichtung betrauen werde (dezentralisierter Entlastungsbeweis; BGH NJW **1952** 418). Auch insofern muß allerdings für ausreichende Überwachung gesorgt sein (BGH VersR **1964** 297) in der Richtung, daß der Unternehmer oder Dienstherr allgemeine Sicherheits- und Aufsichtsanordnungen erteilt und ihre Durchführung stichprobenweise überprüfen läßt. Nach BGH Betr **1973** 1645 ist auch nachzuweisen, daß die Mittelsperson ihrerseits den Verrichtungsgehilfen sorgfältig ausgewählt hat. **100**

Der Nachweis, daß die Auswahl ordnungsgemäß vorgenommen wurde, läßt sich durch den Beweis *ersetzen*, daß der Fahrer an seinem jetzigen Arbeitsplatz lange Jahre zufriedenstellend gearbeitet hat und unfallfrei gefahren ist (RG HRR **1932** Nr. 445; KG DAR **1928** Heft 8 S. 6; OLG Köln VersR **1958** 724). Hat der Geschäftsherr bei der Einstellung des Kfz-Führers dessen Fähigkeiten nicht geprüft, so kann der Entlastungsbeweis durch den Nachweis geführt werden, daß das Ergebnis einer solchen Prüfung die Tauglichkeit des Fahrers ergeben hätte, wenn diese durchgeführt worden wäre (RG Recht **1906** Nr. 459; OLG Zweibrücken BayZ **1906** 446; KG DAR **1932** 166). Dagegen läßt sich der Entlastungsbeweis nicht durch den Nachweis führen, daß der Schaden nur möglicherweise auch von einem tüchtigen Fahrer nicht hätte vermieden werden können (RG JW **1907** 333); es muß vielmehr bewiesen werden, daß sich ein mit Sorgfalt ausgewählter Fahrer nicht anders verhalten haben würde (vgl. Rdn. 102, 108). **101**

Liegt eine Verletzung der Aufsichtspflicht oder der Pflicht zur sorgfältigen Auswahl des Verrichtungsgehilfen vor, so braucht das Gericht die **Ursächlichkeit** der Pflichtverletzung für den Schaden nicht zu erörtern; Sache des Beklagten ist es darzulegen, daß der Unfall auch ohne sie eingetreten wäre (RG DAR **1932** 165 LS). Der Geschäftsherr kann sich aber durch den Nachweis entlasten, auch ein sorgfältig ausgewählter Fahrer würde nicht anders gehandelt haben, als es im gegebenen Fall geschehen ist (RG DAR **1932** 165 LS; BGH VersR **1955** 745). **102**

bb) Beaufsichtigung. Zwar haftet der Halter nach § 831 BGB, wenn er entweder bei der Auswahl des Kfz-Führers oder bei dessen Beaufsichtigung nicht mit ausreichender Sorgfalt verfahren ist. Hinsichtlich des zu fordernden Ausmaßes der Sorgfalt herrschen aber gewisse Wechselbeziehungen. Bei mangelnder Sorgfalt in der Auswahl tritt Haftung auch bei bester Aufsicht ein, wenn nur ein kurzer Zeitraum zwischen Einstellung des Führers und dem Unfall vergangen ist (RGZ **159** 314). Jedenfalls zwingt mangelhafte Sorgfalt bei der Auswahl zu verstärkter Aufsicht. Ein sehr gut ausgewählter Führer muß schon nach verhältnismäßig kurzer Zeit strenger Überwachung nur noch gelegentlich stichprobenweise überwacht werden. Die Ansicht des Reichsgerichts (RGZ **135** 156), zehnmonatige Tätigkeit bei dem Halter genüge nicht, ist abzulehnen. Die Überwachungspflicht des Halters ergibt sich hinsichtlich des Fahrers aus der Gefährlichkeit der Verrichtung, zu der er bestellt ist (RGZ **78** 107; **79** 101; **87** 1; **120** 161; **128** 149); feste Regeln über Art und Umfang der Überwachung lassen sich nicht aufstellen (BGH VersR **1970** 84; **1970** 327; **1970** 318; **1970** 1157). War eine Überwachung erforderlich, so ist der Entlastungsbeweis nur geführt, wenn erwiesen ist, daß der Unternehmer hierbei keinen Anlaß gefun- **103**

den hat, an der Eignung des Fahrers zu zweifeln (BGH VersR **1963** 955). Die Aufsicht der Verkehrspolizei enthebt den Halter dieser Pflicht nicht (RG DAR **1931** 46). Den Umfang bestimmt im allgemeinen die Zumutbarkeit der Maßnahmen (KG VAE **1937** 467); hierbei dürfen die Anforderungen nicht überspannt werden (BGH VersR **1984** 67).

104 Einzelanweisungen sind bei langjährig erprobten Fahrern nicht erforderlich (RGZ **158** 356); bei ihnen kann sich die Aufsicht auf gelegentliche Stichproben beschränken (KG VAE **1939** 109; OLG Düsseldorf VRS **8** 111; OLG Karlsruhe VersR **1955** 312). Der Geschäftsherr muß allerdings Vorkehrungen dagegen treffen, daß der Fahrer den Wagen in fahruntüchtigem Zustand lenkt (BGH VRS **21** 328). Es genügt nicht, wenn der Halter überprüft oder überprüfen läßt, daß die bei ihm beschäftigten Führer bei Dienstbeginn nüchtern sind; er muß auch Stichproben bei Dienstende anstellen (RG VR **1930** 515). Bei kleineren Betrieben genügt eine gelegentliche Überwachung durch den Halter selbst, auch wenn er kein Fachmann ist (RG VAE **1936** 132; OLG Dresden VAE **1942** 70). Bei Betrieben mit zahlreichen Kraftfahrzeugen muß aber eine planmäßige unauffällige Überwachung durch Aufsichtspersonen eingerichtet sein (RGZ **128** 149; RG DAR **1934** 10). Das gilt z. B. auch für die Bundespost (BGH DAR **1951** 176). Staatsbehörden haben zu diesem Zweck besondere Überwachungseinrichtungen zu schaffen (OLG München DRW **1941** 274). Der Halter kann die Ausführung der Überwachung einem Dritten übertragen, z. B. bei einer Droschke der Droschkeninnung oder dem Droschkenversicherungsverein (RG VAE **1937** 42). Die Auswahl der Fahrtstrecke kann der Halter im allgemeinen dem Führer überlassen (RG VAE **1942** 200; **1944** 19). Erlangt der Halter Kenntnis davon, daß der Führer Verkehrsvorschriften übertreten hat oder daß wegen eines solchen Vorwurfs gegen den Führer ein Ermittlungsverfahren eingeleitet ist, so muß er ihn nicht unbedingt sofort entlassen (OLG Köln VersR **1966** 766), wohl aber belehren und die Überwachung verschärfen (RG DAR **1932** 165; VR **1932** 338; KG DAR **1931** 284; DRW **1939** 168; OLG Kiel RdK **1932** 67). Die verschärfte Überwachung darf erst gemildert werden, wenn der Verrichtungsgehilfe sich während eines längeren Zeitraums als zuverlässig erwiesen hat (OLG Dresden OLGZ **1928** 292). Der Halter braucht nicht ohne besonderen Anlaß hinter seinem Fahrer herzufahren, außer wenn Anhaltspunkte dafür vorhanden sind, daß er sich nicht verkehrsgerecht verhält. Im allgemeinen genügt es vielmehr, wenn er beim Mitfahren und bei gelegentlichem Vorbeifahren seine Beobachtungen anstellt (BGH VersR **1955** 745). Ob eine unauffällige Kontrolle erforderlich ist, richtet sich nach den Verhältnissen des Einzelfalles (BGH VersR **1958** 29; **1961** 330; OLG Karlsruhe VkBl. **1953** 444; VersR **1955** 312; OLG Nürnberg MDR **1960** 923). Sie ist erforderlich in der ersten Zeit der Tätigkeit eines neu angestellten Fahrers (BGH VersR **1959** 994), erübrigt sich aber, wenn ein Fahrer nach sorgfältiger Prüfung eingestellt worden war und sich seitdem in langjährigem Dienst bewährt hat (BGH VersR **1960** 473; **1965** 473; **1966** 364; **1966** 490; **1983** 669). Eine Pflicht des Halters, den Fahrer fortlaufend weiter zu schulen, gibt es nicht, auch nicht bei der Post (OLG Stuttgart VAE **1937** 401).

105 Besondere Sorgfalt ist erforderlich, wenn es sich um einen Krankentransportwagen handelt (BGH VersR **1963** 239), oder wenn der Geschäftsherr erfährt, daß sein Fahrer nachlässig wird und trinkt (OLG Stuttgart RdK **1954** 89). Zur Überwachung eines in einem Großunternehmen tätigen Lastzugfahrers genügt eine ständige Auswertung des Fahrtschreiberdiagramms nicht (OLG Düsseldorf VersR **1962** 1092). Hat ein Unternehmer nur einen Lastzug laufen, so kann er diesen nicht so genau überwachen, wie dies bei Unternehmen mit mehreren Lastzügen der Fall ist; die Überwachung darf aber nicht ganz fehlen (OLG Düsseldorf VRS **8** 111). Ist ein Fahrer sorgfältig ausgewählt und überwacht und hat er sich bewährt, so braucht der Halter ihn nicht auf die Einhaltung bestimmter Verkehrsvorschriften besonders aufmerksam zu machen (BGH VersR **1960** 328). Wohl aber gehört es zu den Pflichten des Halters, den Dienst der angestellten Fahrer so einzuteilen, daß keiner in übermüdetem Zustand zu fahren braucht (KG DAR **1929** 195). Ein Fuhrunternehmer muß seine Gehilfen allgemein anweisen, seine Kraftfahrzeuge regelmäßig zu überprüfen, auch wenn keine Mängel hervorgetreten sind (BGH VersR **1956** 382). Der angestellte Lenker eines Pferdefuhrwerks, zu dessen Aufgaben das Befahren einer verkehrsreichen Bundesstraße gehört, muß vom Geschäftsherrn regelmäßig überwacht und auf die besonderen Gefahren der Wegstrecke und auf die Möglichkeiten ihrer Vermeidung hingewiesen werden (BGH VersR **1965** 37). Daß für eine Zugmaschine, die nicht mehr als 20 km/h fahren kann, die Gefährdungshaftung des § 7 nicht gilt, ist kein Grund, geringere Anforderungen an die Sorgfalt des Halters bei der Überwachung seines Fahrers zu stellen (BGH VersR **1969** 906). Fahrer von Linienbussen öffentlicher Verkehrsbetriebe müssen gelegentlich unvermutet und unauffällig durch Personen kontrolliert werden, die sie nicht kennen (BGH VersR **1969** 518). Die Fahrer müssen auch darüber belehrt werden, in welcher Weise an Haltestellen bei Glatteis an die Bordkante heranzufahren ist (BGH VersR **1969** 518). Wer seinen Kraftwagen einem anderen mit der Weisung überläßt, für den verkehrssicheren Zustand zu sorgen, muß den Zustand der Reifen überwachen (BGH VersR **1969** 1025). Die Notwendigkeit einer ärztlichen Überprüfung des Fahrers besteht nur, wenn für den Halter des Kraftfahrzeugs (oder den Unternehmer einer Straßenbahn) Grund dafür besteht, an der körperlichen Tauglichkeit des Fahrers zum Führen von Fahrzeugen zu zweifeln. An die Anforderungen für den Entlastungsbeweis, den der Inhaber einer Fahrschule wegen eines von ihm angestellten Fahrlehrers führen will, ist ein strenger Maßstab anzulegen (KG VersR **1966** 1036 = **1967** 44 m. Anm. *Gaisbauer* = **1967** 85 m. Anm. *Schmidt*). Fährt der Lenker eines Baggers, der nicht zum Fahren auf öffentlichen Straßen zugelassen ist, verbotswidrig gelegentlich auf öffentlichem Verkehrsgrund und schreitet der Halter nicht dagegen ein, so haftet der Halter aus § 831 BGB, wenn der Baggerfahrer neuerdings eine öffentliche Straße befährt und dabei einen Unfall verursacht (BGH VersR **1966** 1074). Ein Kraftfahrer, der nur Lastkraftwagen gefahren hat, muß ehe er erstmals einen Tankwagen führt, auf die besonderen Schwierigkeiten und Gefahren eines solchen Transports hingewiesen werden, einschließlich des Befüllens von Tankanlagen. Schriftliche Anweisungen oder das einmalige Mitfahren eines erfahrenen Begleiters genügen nicht (BGH VersR **1973** 713).

Fehlende Einwirkung durch den im Kfz **mitfahrenden Halter** führt im allgemeinen dessen Haftung nach § 831 BGB nicht herbei (RG RdK **1928** 115; DAR **1933** 149), wohl aber, wenn der Halter Unvorsichtigkeiten bemerkt und nicht darauf gedrungen hat, daß sie in Zukunft unterbleiben (BGH NJW **1953** 779; VRS **9** 421; *Schmidt-Ernsthausen* JW **1921** 627). Voraussetzung ist freilich, daß der Halter die Befugnis hatte, dem Fahrer Anweisungen zu geben (RG JW **1915** 89; BGH DAR **1953** 94; KG VAE **1936** 280; vgl. auch Rdn. 93f). Bei nur unzweckmäßigem Handeln des Führers besteht keine Pflicht einzugreifen (RG DAR **1932** 123; **1932** 232). Ein solcher Eingriff muß vielmehr grundsätzlich schon deshalb unterlassen werden, weil er den Führer unsicher machen könnte (RG JW **1932** 781; VAE **1938** 70). Vor allem ist jeder gewaltsame Eingriff auch im Falle der Gefahr eine Pflichtwidrigkeit **106** des Halters (RG VAE **1936** 340; OLG Stuttgart DAR **1951** 65). Fährt der Führer mit einer für die betreffende Wegstrecke zu hohen Geschwindigkeit und erkennt dies der Halter, so hat er den Führer des Kraftfahrzeugs, wenn dieser sein Angestellter ist, anzuweisen, die Geschwindigkeit der Gefährlichkeit der Strecke anzupassen (RG JW **1911** 41; DAR **1929** 395). Der Halter darf nicht dulden, daß sein Führer sich unterwegs betrinkt (OLG Hamburg VkBl. **1950** 399) oder trotz offensichtlicher Übermüdung weiterfährt (OLG Dresden VAE **1941** 166). Die Pflicht, in solchen Fällen und bei überhöhter Geschwindigkeit einzugreifen, trifft auch den mitfahrenden Vertreter des Halters, sofern diesem die Befugnis eingeräumt ist, dem Führer des Kraftfahrzeugs Anweisungen zu geben (RG JW **1932** 781 m. Anm. *Isaac*). Nicht gebilligt werden kann die Ansicht des Reichsgerichts, daß dann, wenn ein Kraftfahrzeug zwei Halter hat, die sich in der Lenkung ablösen, der eine das Recht und die Pflicht habe, dem anderen Anweisungen zu erteilen (RG VAE **1941** 11). Zu beachten ist, daß die Möglichkeit, dem Fahrer Weisungen zu erteilen, für sich allein denjenigen, der dieses Weisungsrecht hat, noch nicht zum Geschäftsherrn des Fahrers (im Sinne des § 831 BGB) macht. Hinzukommen muß vielmehr, daß der Weisungsberechtigte den Fahrer auch zu dieser Verrichtung bestellt hatte. Bei einer Kapitalgesellschaft ist diese Geschäftsherr und sind es nicht etwa auch die Mitglieder ihres Vorstands. Der Entlastungsbeweis des Unternehmens kann mithin nicht daran scheitern, daß der von einem Firmenfahrer im Firmenwagen beförderte Direktor des Unternehmens den Fahrer nicht während der Fahrt überwacht hat (BGH VersR **1962** 475).

107 **cc) Beschaffung von Vorrichtungen.** Hierunter fällt auch die Verpflichtung des Kraftfahrzeughalters, für verkehrssicheren Zustand des Fahrzeugs zu sorgen. Der Halter muß daher beweisen, daß kein unfallursächlicher Mangel vorgelegen hat oder daß er ihn vor dem Unfall nicht bemerken konnte, obwohl er in dieser Richtung alles ihm Zumutbare getan hat (BGH VersR **1966** 564). Der Nachweis, daß sich das Fahrzeug vor dem Unfall in Reparatur befunden hat und daß der Inhaber der Werkstätte angewiesen war, alle bemerkbaren Mängel zu beheben, reicht zur Entlastung nicht aus (BGH VersR **1966** 564).

108 **dd) Fehlende Kausalität.** Kann der Geschäftsherr sich nicht nach den vorstehenden Grundsätzen entlasten, so hat er die Möglichkeit, die fehlende Kausalität seines (vermuteten) Versagens unter Beweis zu stellen (vgl. Rdn. 102). Diesen Beweis kann er auch dadurch führen, daß er verkehrsrichtiges Verhalten seines Gehilfen nachweist, denn besser könnte sich auch der optimal ausgewählte und überwachte Gehilfe nicht verhalten.

109 **6. Einzelfälle**

Im folgenden werden, geordnet nach der Art der Verkehrsbeteiligung des Schädigers, Beispielsfälle deliktischer Haftung und im Einzelfall eventuell zu beachtende Besonderheiten angeführt. Selbstverständlich ist die Aufstellung nicht abschließend; weitere Haftungsfälle sind ohne weiteres denkbar.

a) Haftung des Kraftfahrzeughalters

110 **aa) Zustand des Fahrzeugs.** Eine Fahrlässigkeit des Halters wird häufig vorliegen, wenn der Unfall durch einen Fehler in der Beschaffenheit des Kraftfahrzeugs oder ein Versagen der Verrichtungen verursacht ist. Wer ein neues oder ein generalüberholtes Kraftfahrzeug erwirbt, braucht es aber zunächst nicht auf Betriebssicherheit untersuchen zu lassen; anders wenn der Verkauf eines gebrauchten Kraftfahrzeugs

ohne Gewährleistung erfolgt ist (RG DAR **1933** 40). Der Halter ist nicht verpflichtet, sich vor Antritt jeder Fahrt vom vorschriftsmäßigen Zustand desselben zu überzeugen; er hat jedoch nach § 31 Abs. 2 StVZO die Inbetriebnahme zu untersagen, wenn ihm bekannt ist oder bekannt sein muß, daß das Fahrzeug einschließlich der Zugkraft und der Ladung den Vorschriften nicht entspricht. Der unvorschriftsmäßige Zustand muß ihm nur dann bekannt sein, wenn ihn nach anderen Vorschriften eine Untersuchungspflicht trifft. Eine allgemeine Untersuchungspflicht besteht für den Halter nicht. Hinsichtlich der Erhaltung der Betriebssicherheit des Kraftfahrzeugs kann sich der Halter einer Hilfsperson bedienen, die die zur Pflege des Wagens und Beurteilung der Betriebssicherheit erforderliche Sachkunde besitzt und von deren Tauglichkeit und Zuverlässigkeit sich der Halter mit der erforderlichen Sorgfalt vergewissert hat. Er muß sich in einem solchen Falle nicht etwa noch eines Sachverständigen höheren Grades zur Überwachung des Wagenpflegers bedienen (RG VAE **1938** 93). Allein aus der Untersuchung des Kraftfahrzeugs nach § 29 StVZO darf der Halter nicht ohne weiteres den Schluß ziehen, daß keine Mängel vorhanden seien (**a. A.** für Untersuchung eines Dampfkessels RGZ **145** 374). Bei großstädtischen Verkehrsbetrieben dürfen sich die verfassungsmäßig zur Vertretung Berufenen und die von ihnen mit der Auswahl und der Oberaufsicht über das Fahrpersonal betrauten Angestellten darauf beschränken, allgemeine Anordnungen zu erlassen und deren Befolgung zu überwachen; dabei sind sie darauf angewiesen, was ihnen von den Unterstellten berichtet wird; auf die Richtigkeit der Berichte dürfen sie vertrauen, solange kein besonderer Anlaß zu Bedenken besteht (OLG Dresden VAE **1940** 180 LS).

bb) Zulassung des Fahrzeugs. Regelmäßig wird die Inbetriebnahme eines zulas- **111**
sungspflichtigen, aber nicht zugelassenen Fahrzeugs eine die Feststellung von Fahrlässigkeit rechtfertigende Handlung sein. Eine Haftung aus § 16 StVG, § 823 Abs. 2 BGB für den durch ein nicht zugelassenes Kraftfahrzeug angerichteten Schaden wäre aber nur dann gegeben, wenn der Unfall gerade auf den Verstoß gegen das Schutzgesetz, die Vorschrift über den Zulassungszwang zurückzuführen wäre. Beruht dagegen der Unfall, wie in der Regel, auf schuldhaftem Verhalten des Führers, nicht aber auf dem Mangel der Zulassung, so kann auch die Schadenersatzklage nicht auf § 823 Abs. 2 BGB gestützt werden (BGH VersR **1966** 1156). Veräußert jemand sein Kraftfahrzeug, ohne die Veräußerung gemäß § 27 Abs. 3 Satz 1 StVZO der Zulassungsstelle mit Namen und Anschrift des Erwerbers anzuzeigen, so kann er wegen Verletzung dieser Vorschrift haftbar sein, wenn der Erwerber mit dem nicht zugelassenen Fahrzeug fährt (BGH VersR **1974** 754).

cc) Haftpflichtversicherung. Läßt der Halter die Inbetriebnahme eines nicht haft- **112**
pflichtversicherten Kraftfahrzeugs zu, so haftet er dem bei einem Unfall Geschädigten nicht nach § 823 Abs. 1 BGB, weil er nicht für den entstandenen Sach- oder Personenschaden, sondern nur dafür verantwortlich ist, daß der Geschädigte seine Ersatzansprüche nicht (voll) realisieren kann. Es handelt sich also um einen reinen Vermögensschaden, für den nur eine Haftung nach § 823 Abs. 2 BGB in Betracht kommt (BGH VersR **1980** 457). Schutzgesetz im Sinne dieser Vorschrift ist auch § 6 PflVG (BGH VersR **1974** 754). Dieser setzt jedoch voraus, daß der Betrieb des nicht versicherten Kraftfahrzeugs „gestattet" wurde, d. h. daß der Halter die Sachherrschaft hatte. Hat er das unversicherte Fahrzeug veräußert, so liegt keine Gestattung vor, wenn der Erwerber damit fährt (BGH VersR **1974** 754; **1979** 766). Die Bestimmung des § 29d Abs. 1 StVZO, daß der Halter bei Erlöschen des Versicherungsschutzes unverzüglich den Kraftfahrzeugschein abliefern und das Kennzeichen ent-

stempeln lassen muß, ist nach BGH VersR **1980** 457 nicht als Schutzgesetz anzusehen (a. A. OLG München VersR **1973** 236).

113 **dd) Schutz vor ungeeignetem Fahrer.** Der Halter handelt schuldhaft, wenn er das Kraftfahrzeug einer ungeeigneten, z. B. bekanntermaßen leichtsinnigen, Person anvertraut. Er hat sich über ihre Charaktereigenschaften, soweit möglich, vorher zu vergewissern. Die Haftung setzt allerdings voraus, daß der Eignungsmangel für den Unfall kausal war. Das gleiche gilt im Falle der Überlassung an einen Fahrer ohne Fahrerlaubnis. § 21 Abs. 1 Nr. 2 StVG ist Schutzgesetz im Sinne des § 823 Abs. 2 BGB, findet jedoch keine Anwendung, wenn der Halter das Fahrzeug dem Fahrer verkauft hatte: ein „Zulassen" im Sinne dieser Vorschrift liegt nur vor, wenn der Zulassende während der Fahrt Halter geblieben ist (BGH VersR **1979** 766). Allerdings kann der Verkäufer aus dem Gesichtspunkt der Verletzung der Verkehrssicherungspflicht haftbar sein, wenn sich ihm aufgrund der Gesamtumstände die Befürchtung aufdrängen mußte, daß derjenige, der mit dem Fahrzeug wegfahren will, dies nicht in gesetzmäßiger Weise tun wird (BGH VersR **1979** 766; OLG München VersR **1982** 172). Dem Schutz vor ungeeigneten Fahrern dienen auch die unter Rdn. 114 behandelten Sorgfaltspflichten des Halters. Der ungeeignete Fahrer selbst wird von der Schutzwirkung der vorgenannten Pflichten grundsätzlich nicht erfaßt; eine Ausnahme mag bei Überlassung des Kraftfahrzeugs an einen Jugendlichen gelten (BGH VersR **1978** 183).

114 **ee) Schutz vor unbefugter Benutzung.** Der Halter eines Kraftfahrzeugs haftet für Unfälle, die sich auf einer Schwarzfahrt ereignen, nicht nur nach § 7 Abs. 3 StVG (§ 7, 333ff), sondern u. U. auch aus unerlaubter Handlung (§ 823 BGB), und zwar wegen Verletzung der Verkehrssicherungspflicht oder Verstoß gegen ein Schutzgesetz (z. B. § 14 StVO, § 38a StVZO; vgl. BGH VersR **1970** 66; **1978** 183; **1981** 40). Der Halter ist verpflichtet, alle zumutbaren Maßnahmen zu ergreifen, um sein Kraftfahrzeug vor einer Benutzung durch Unbefugte zu bewahren[14]. Anders als bei § 7 Abs. 3 StVG muß der Verletzte, der sich auf deliktische Haftung berufen will, aber nachweisen, daß der Unfall (und nicht nur die Schwarzfahrt) durch das Verschulden des Fahrers adäquat verursacht wurde (BGH VersR **1960** 736; **1966** 79; **1966** 166). Dies ist auch mit der in der Rechtsprechung verschiedentlich anzutreffenden Formulierung gemeint, die Haftung aus unerlaubter Handlung trete nur ein, wenn sich das Verschulden des Halters nicht in der Ermöglichung der Schwarzfahrt erschöpft, sondern sich darüber hinaus darauf bezogen hat, daß das Kraftfahrzeug in verkehrsgefährlicher Weise benutzt worden ist (RGZ **135** 155; **136** 17; BGHZ **1** 390; BGH VersR **1979** 766). Es ist zwar eine allgemeine Erfahrungstatsache, daß Schwarzfahrer und Autodiebe die Achtung vor fremden Rechtsgütern vermissen lassen und daher durch rücksichtsloses Fahren häufig Unfälle verursachen[15], doch kann damit allein der Kausalitätsbeweis nicht geführt werden. Es kommt auf die Umstände des Einzelfalles an (RGZ **136** 10). Der Ursachenzusammenhang fehlt, wenn sich der unbefugte Benutzer verkehrsgerecht verhalten und keiner Verkehrsvorschrift zuwidergehandelt hat (BGH VersR **1955** 184; OLG Düsseldorf VRS **10**

[14] RGZ **136** 10; BGH VersR **1952** 279; **1955** 184; **1958** 413; **1959** 179; **1960** 736; **1961** 417; **1965** 988; **1966** 79; VRS **30** 166; OLG Düsseldorf VRS **10** 100; OLG Nürnberg VersR **1958** 118; **1958** 202 = **388** m. zust. Anm. *Stelzer*; OLG Köln DAR **1959** 297; VersR **1966** 766; OLG München VersR **1960** 862.

[15] RGZ **136** 10; RG VAE **1942** 33; BGH VersR **1955** 184; **1958** 413; VRS **14** 416; OLG Naumburg DAR **1940** 66; OLG Köln VRS **4** 355; LG Verden/Aller VersR **1954** 376.

100). Verursacht der Schwarzfahrer (z. B. Dieb) einen Unfall bei dem Versuch, sich durch Flucht mit dem Fahrzeug der Festnahme durch die Polizei zu entziehen, so ist der Zurechnungszusammenhang zu bejahen, weil durch die mangelhafte Sicherung des Fahrzeugs die Gefahr eines derartigen Verlaufs der Schwarzfahrt voraussehbar in nicht unerheblicher Weise erhöht wird (BGH VersR **1981** 40). Der unbefugte Benutzer selbst wird von der Schutzwirkung der Vorschriften über die Sicherung des Kraftfahrzeugs grundsätzlich nicht erfaßt. Zur Kausalität zwischen mangelhafter Sicherung und Schwarzfahrt s. § 7, 363, zu Einzelfällen des Verschuldens § 7, 364ff.

ff) Halter als Fahrer. Führt der Halter selbst sein Fahrzeug, so gelten für ihn die Ausführungen zur deliktischen Haftung des Kraftfahrzeugführers (Rdn. 118ff) entsprechend. 115

gg) Halter als Beifahrer. Vgl. hierzu Rdn. 128. 116

hh) Haftung für Verrichtungsgehilfen. Verrichtungsgehilfe des Halters im Sinne von § 831 BGB kann insbesondere der Führer seines Kraftfahrzeugs sein, aber auch jede andere Hilfsperson, z. B. beim Entladen oder Absichern des Fahrzeugs. Auch bei einem Schadensereignis auf einer Schwarzfahrt, die eine Vertrauensperson des Halters ermöglicht hat, kann die Haftung nach § 831 BGB eingreifen (RGZ **136** 9; **136** 17; RG JW **1934** 1647; OLG Dresden VAE **1942** 88; OLG Köln VRS **5** 11). Einzelheiten zur Haftung für Verrichtungsgehilfen s. Rdn. 88ff. 117

b) Haftung des Kraftfahrzeugführers. Sie ergibt sich zunächst aus § 18 StVG. Auch diese Vorschrift begründet eine Verschuldenshaftung, doch ist die Beweislast zugunsten des Verletzten umgekehrt. Außer auf diese Sondervorschrift kann sich die Haftung des Führers – ebenso wie die des Halters – auch auf § 823 Abs. 1, auf § 823 Abs. 2 BGB oder auf § 831 BGB gründen. Diese Anspruchskonkurrenz hat durchaus ihren Sinn, weil auch für die aus § 18 StVG folgenden Ansprüche die im StVG vorgesehenen Haftungsbegrenzungen (vgl. Rdn. 5) gelten. 118

aa) Handhabung und Wartung des Fahrzeugs. Jeder, der einen ihm unbekannten Wagen erstmals fährt, ist gehalten, zunächst Situationen zu vermeiden, die zu scharfem Bremsen zwingen könnten (BGH NJW **1967** 211). Wer ein bestimmtes fremdes Fahrzeug regelmäßig fährt, ist zwar nicht gehalten, den Wartungsdienst regelmäßig durchführen zu lassen. Weiß er aber, daß ein solcher schon längere Zeit unterlassen wurde, muß er dafür sorgen, daß auch Fehler, die nicht ohne weiteres erkennbar sind, behoben werden (BGH VersR **1966** 564). Längeres Fahren mit vermindertem Reifendruck ist ein schuldhafter Verstoß gegen die im Verkehr erforderliche Sorgfalt, sofern sich der Fahrer nicht auf die regelmäßige Prüfung durch Tankstelle oder Werkstatt verlassen durfte (BGH VersR **1983** 399; s. auch OLG Celle VersR **1983** 877). 119

bb) Verkehrsverhalten. Wann ein Verschulden im Straßenverkehr vorliegt, ergibt sich im wesentlichen aus der StVO und der StVZO. Auf die Erläuterungswerke hierzu wird verwiesen. Auch den Aufstellungen über die Mitverschuldensabwägung (§ 9, 103ff, § 17, 52ff) sind Einzelfälle schuldhaften Verkehrsverhaltens zu entnehmen. 120

Zu beachten ist, daß nicht jeder Verkehrsverstoß ohne weiteres zur Haftung für einen damit zusammenhängenden Unfall führt. Nach den Grundsätzen über den **Zurechnungszusammenhang** tritt die Haftung vielmehr nur dann ein, wenn die Vermeidung des betreffenden Unfallgeschehens von der Schutzwirkung der verletzten 121

Verkehrsvorschrift erfaßt wird (Rdn. 55). So dient z. B. das Rechtsfahrgebot nur dem Schutz des Gegen- und Überholverkehrs, so daß ein hierauf beruhender Zusammenstoß mit einem querenden Fahrzeug von der Schutzwirkung nicht erfaßt wird (weitere Einzelfälle s. Rdn. 60ff).

122 Außerdem muß der Verkehrsverstoß auf **Fahrlässigkeit** beruhen (vgl. hierzu Rdn. 47). Hieran fehlt es z. B., wenn ein Kraftfahrer ins Schleudern kommt, weil plötzlich Glatteis auftritt, womit er nach den Umständen nicht zu rechnen brauchte (BGH VersR **1981** 782).

123 **cc) Ermöglichen unbefugter Benutzung.** Der Führer haftet ebenso wie der Halter für die Folgen eines Unfalls, den er in zurechenbarer Weise dadurch verursacht, daß er das Fahrzeug einer ungeeigneten Person überläßt oder die unbefugte Benutzung des Fahrzeugs, z. B. durch Unterlassen der vorgeschriebenen Sicherheitsvorkehrungen, ermöglicht (vgl. Rdn. 114 und wegen Einzelheiten zu den einschlägigen Sorgfaltspflichten § 7, 364). Überläßt ein Jugendlicher bei einer Schwarzfahrt das Steuer einem mitfahrenden Jugendlichen, so ist er für einen von diesem verursachten Unfall mitverantwortlich. Wegen der eigenen Verletzungen kann der zweite Schwarzfahrer den ersten aber nicht haftbar machen, denn er hat sich aus eigenem Antrieb zu einem gesetzwidrigen und selbstgefährlichen Tun entschlossen (BGH VersR **1978** 183).

124 **dd) Haftung gegenüber Insassen des Kraftfahrzeugs.** Die Haftung des Fahrers aus unerlaubter Handlung besteht grundsätzlich auch gegenüber den von ihm beförderten Personen. Haftungsbefreiungen können sich aus einem ausdrücklichen oder stillschweigenden Haftungsverzicht ergeben, wie er u. U. bei sog. Gefälligkeitsfahrten angenommen werden kann (hierzu Rdn. 205 ff), gelegentlich auch aus Mitverschulden des Insassen (§ 9, 26ff). Bei Verletzung des Ehegatten oder des eigenen Kindes greift die Beschränkung auf Verstöße gegen die in eigenen Angelegenheiten übliche Sorgfalt (§§ 1359, 1664 BGB) nicht ein (BGHZ **53** 352; **61** 104; OLG Karlsruhe Justiz **1976** 511; *Böhmer* MDR **1966** 648).

125 **ee) Haftung gegenüber dem Eigentümer des Kraftfahrzeugs.** Beschädigt der Führer schuldhaft das von ihm geführte Kraftfahrzeug, so ist er dem Eigentümer gegenüber nach § 823 BGB haftbar. Haftungsmilderungen oder -ausschlüsse kommen aber – außer im Falle ausdrücklicher Vereinbarung – in Betracht, wenn es sich um das Kraftfahrzeug des Arbeitgebers (Rdn. 210ff) handelt, wenn der Fahrer das Fahrzeug lediglich aus Gefälligkeit für den Eigentümer (Rdn. 205ff) oder als Kaufinteressent (Rdn. 203) oder Fahrschüler (Rdn. 202) fährt, oder wenn den Eigentümer (z. B. bei nicht verkehrssicherem Zustand des Fahrzeugs) ein Mitverschulden (Rdn. 184ff) trifft. Die Betriebsgefahr seines Kraftfahrzeugs muß sich der Halter, wenn er Ansprüche gegen den Fahrer geltend macht, nicht ohne weiteres anrechnen lassen, wohl aber dann, wenn er dem Fahrer, wäre dieser bei dem Unfall verletzt worden, aus § 7 StVG oder § 823 BGB haften würde (BGH VersR **1972** 959; näher zum Verhältnis zwischen Fahrer und Halter § 18, 28). Ein Gesellschafter kann sich, wenn er einen zum Gesellschaftsvermögen gehörenden Wagen lenkt, nicht auf das Haftungsprivileg des § 708 BGB berufen (BGHZ **46** 313; *Böhmer* MDR **1961** 21; **a. A.** noch BGH VersR **1960** 802). Das gleiche gilt für die familienrechtlichen Haftungsbeschränkungen nach §§ 1359, 1664 BGB (vgl. Rdn. 124).

126 **ff) Haftung für Verrichtungsgehilfen.** Auch für den Fahrer kann eine Haftung nach § 831 BGB (vgl. hierzu Rdn. 88ff) eingreifen, so z. B. wenn er einen anderen, der seinen Weisungen unterworfen ist, mit einer ihm obliegenden Maßnahme (etwa

Absichern des liegengebliebenen Fahrzeugs) betraut hat und die Beachtung der erforderlichen Sorgfalt bei Auswahl oder Leitung des anderen nicht beweisen kann.

c) Haftung des Insassen eines Kraftfahrzeugs 127

aa) Der **Fahrgast** braucht sich, sofern nicht eine ihm in die Augen fallende außergewöhnliche Gefahrenlage besteht, zu deren Abwehr beizutragen er imstande ist, um die Führung des Kraftfahrzeugs nicht zu kümmern. Er braucht daher, auch wenn er neben dem Lenker des Kraftfahrzeugs sitzt, diesen auf gewöhnliche im Straßenverkehr auftretende Gefahren (z. B. auf einen die Fahrbahn betretenden Fußgänger, auf ein die Vorfahrt mißachtendes anderes Kraftfahrzeug) nicht aufmerksam zu machen (RG DAR **1930** 199; **1933** 149; WarnR **1935** Nr. 130; HRR **1938** Nr. 311). Der Insasse darf während der Fahrt schlafen. Die Ansicht des Reichsgerichts, er dürfe nicht schlafen, wenn der Führer des Kraftfahrzeugs besonders schnell fahre (Recht **1913** Nr. 169), ist überholt. Unternimmt der Insasse gemeinsam mit dem Führer eine Schwarzfahrt, so darf er nicht mit dem Führer zusammen soviel trinken, daß dieser fahruntüchtig wird; zumindest muß er dann die Weiterfahrt verhindern (RG SeuffA **82** Nr. 49). Haftbar macht sich der Insasse, der beim Anhalten eine Wagentür öffnet, ohne auf den Verkehr zu achten (RG VR **1933** 411), desgleichen ein Insasse, der es übernimmt, die rückwärtige Fahrbahn zu beobachten, und der beim Linkseinbiegen den Führer des Kraftfahrzeugs nicht darauf aufmerksam macht, daß soeben ein anderes Kraftfahrzeug zum Überholen angesetzt hat (BGH VRS **20** 161). Fällt unterwegs die Beleuchtung aus oder wird das Kraftfahrzeug aus anderem Grund unterwegs zur Gefahrenquelle für andere Verkehrsteilnehmer, weil der Fahrer auf der Fahrbahn anhalten muß, so ist der Insasse verpflichtet, sich nach Weisung des Fahrers an der Absicherung des Kraftfahrzeugs gegen das Auffahren anderer Kraftfahrzeuge zu beteiligen. Gibt der Fahrer keine solchen Anweisungen, so entsteht eine entsprechende Pflicht des Insassen nur, wenn die entstandene Gefahr offensichtlich ist und die zu ergreifenden Abwehrmaßnahmen jedermann geläufig sind (OLG München VersR **1966** 858). Muß ein liegengebliebenes Kraftfahrzeug wegen besonderer Gefahrenlage schnellstmöglich von der Straße geschafft werden, so handelt der Beifahrer nicht vorwerfbar, der sich, obwohl er keine Fahrerlaubnis hat, auf Bitten des Fahrers ans Steuer setzt, um beim Wegschieben des Wagens behilflich zu sein; er schuldet in einer solchen Notsituation nur sein Bestes und ist nicht zu dem verpflichtet, was von einem Kraftfahrer im Verkehr an sich zu fordern ist (BGH VersR **1977** 624). Strenger sind die Pflichten eines Berufskraftfahrers, der als Zweitfahrer im Lastzug mitfährt. Er hat unabhängig vom Erstfahrer die Sicherung des nachts liegengebliebenen Lastzugs unverzüglich durchzuführen (BGH VersR **1968** 199).

bb) Den mitfahrenden **Halter** kann auch dann, wenn er nicht schon nach § 831 BGB für den Fahrer als seinen Verrichtungsgehilfen einzustehen hat (vgl. Rdn. 93f) eine deliktische Haftung treffen. Auch ihn trifft aber als Insassen seines Kraftfahrzeugs nicht die Pflicht, dem Straßenverkehr seine Aufmerksamkeit zu schenken (OLG Zweibrücken VAE **1943** 118). Zu weit ging die frühere Ansicht des RG, der Halter sei in allen Fällen, in denen er eine Gefahr erkannt habe oder sie ohne besondere Aufmerksamkeit hätte erkennen können, zum Eingreifen verpflichtet, wenn er in der Lage sei, sie abzuwenden[16]. Schon das Reichsgericht hatte diese Ver- 128

[16] RG JW **1905** 289; **1908** 405; **1909** 276; **1910** 105; **1910** 148; **1911** 40; **1911** 218; **1915** 89; **1921** 627 m. Anm. *Schmidt-Ernsthausen*; **1928** 1723 m. Anm. *Bezold;* **1932** 2024; WarnR **1913** Nr. 209; **1915** Nr. 19; **1915** Nr. 151; **1917** Nr. 28.

pflichtung in seinen späteren Entscheidungen erheblich eingeengt. Es hatte betont, daß sich für den mitfahrenden Eigentümer nur ausnahmsweise eine Pflicht zum Eingreifen ergebe, nicht schon in jedem Falle, in dem der Fahrer unzweckmäßig handle, und ganz besonders dann nicht, wenn der Halter die Lage nicht völlig übersehe und sein Eingreifen daher die Gefahr vergrößern könne (RG JW **1932** 781; **1932** 782; SeuffA **86** Nr. 83). Grundsätzlich werden an den mitfahrenden Halter – von Grenzfällen abgesehen – über die Sorgfaltspflichten anderer Insassen hinausgehende Anforderungen nur zu stellen sein, wenn er dem Fahrer gegenüber weisungsbefugt ist; in diesen Fällen wird sich die Haftung schon aus § 831 BGB ergeben. Es läßt sich daher auch die Ansicht des Reichsgerichts (DAR **1931** 311) nicht aufrechterhalten, daß sogar die Ehefrau des Halters verpflichtet sei, dafür zu sorgen, daß der Führer des Kraftwagens vor der Abfahrt die Wagentüren ordnungsgemäß schließe. Dagegen trifft ihn natürlich wie jeden anderen Insassen die Pflicht, eine während der Fahrt aufgehende Tür wieder zu schließen (vgl. RG aaO).

129 **d) Haftung anderer Verkehrsteilnehmer.** Alle Verkehrsteilnehmer müssen sich gemäß der Grundregel des § 1 StVO verhalten. Wer hiergegen oder gegen eine andere Vorschrift der StVO verstößt, haftet bei einem Unfall dem hierdurch Verletzten nach § 823 Abs. 2 BGB.

130 **aa) Radfahrer.** Die von Radfahrern ausgehende Gefahr für andere Verkehrsteilnehmer besteht vor allem darin, daß sie gelegentlich ohne ersichtlichen Grund ihre **Fahrtrichtung ändern**, also von der von ihnen bisher eingehaltenen Spur abweichen und in die Fahrspur eines anderen hinter oder neben ihnen fahrenden Fahrzeugs hineingeraten. Wenn auch einerseits, um dieser Gefahr zu begegnen, vom Kraftfahrer verlangt wird, einen Sicherheitsabstand von etwa 1,50 m von Radfahrern einzuhalten (BGH VersR **1955** 764), so handelt doch andererseits jeder Radfahrer schuldhaft, der auf die beschriebene Weise in die Fahrspur eines anderen Fahrzeugs gerät und dieses dadurch behindert oder gefährdet[17]. Es ist bei den anzustellenden Berechnungen davon auszugehen, daß ein Radfahrer 70 cm breit ist und nicht näher als in einer Entfernung von 20 cm von der Bordsteinkante fahren kann, daß diese also 55 cm von der Bereifung des Fahrrades entfernt ist (BGH VersR **1955** 764). Hat ein Radfahrer Anlaß, seine Fahrtrichtung zu ändern (beim Überholen eines anderen Fahrzeugs, beim Vorbeifahren an einem haltenden Wagen, beim Einbiegen in eine Querstraße oder in ein Grundstück), so hat er sich durch einen Blick nach hinten zu vergewissern, daß die Fahrspuren, die er kreuzen oder in die er einbiegen will, frei sind. Vor dem Linkseinbiegen hat er sich, wie der Lenker eines Kfzs, links einzuordnen, nachdem er sich durch einen Blick nach hinten vergewissert hat, daß er kein anderes Fahrzeug hierdurch behindert oder gefährdet[18]. Biegt ein anderes Fahrzeug ebenfalls nach links ein, so hat sich der Radfahrer rechts davon einzuordnen (§ 9 Abs. 2 StVO; vgl. OLG Celle VRS **11** 228).

131 Wird der Radfahrer geblendet oder besteht die Gefahr eines Zusammenstoßes und kann er sie erkennen, so muß er **absteigen** (RG DAR **1930** 127; OLG Dresden DAR **1932** 251).

132 Wird die linke Tür eines haltenden Kfzs geöffnet, so darf der Radfahrer nur mit einem Sicherheitsabstand **vorbeifahren** (OLG Oldenburg VersR **1963** 490). Dies gilt

[17] RG JW **1936** 2999; **1937** 1821; BayObLG DAR **1930** 107; OLG Tübingen RdK **1953** 67; OLG Celle DAR **1957** 73.

[18] OLG München VAE **1937** 86; KG VAE **1938** 246; OLG Dresden VAE **1938** 358; **1938** 411 LS; LG Hildesheim DAR **1929** 234.

nicht, wenn der Radfahrer keinen Anhalt für die Befürchtung haben konnte, die Türe könne plötzlich geöffnet werden, und wenn sie weiter geöffnet wurde, als zur Ausschau erforderlich war (BGH VersR **1960** 1079). Dasselbe gilt, wenn er an einem Kfz vorbeifährt, das soeben vor ihm angehalten hat (KG VRS **16** 361). Ein Radfahrer, der an parkenden Wagen vorbeifährt, muß nicht damit rechnen, daß ihn eine von hinten kommende Straßenbahn trotz des zu engen Zwischenraums zu überholen versucht (BGH VersR **1968** 582).

Fahrbahnbenutzung. Ein Bankett darf der Radfahrer benützen, muß dies aber **133**
nicht tun (OLG Nürnberg VersR **1956** 634); dagegen ist die Benutzung des Radfahrwegs für ihn Pflicht. Er muß auch dann nicht auf das Bankett ausweichen, wenn zwei Kraftfahrzeuge sich bei schmaler Straße oder beim Überholen begegnen (BGH VersR **1957** 483). Hält ein Radfahrer nachts an, um Mängel am Fahrrad zu beseitigen, so muß er die Fahrbahn verlassen (BayObLG VRS **16** 307).

Wer ein Grundstück verläßt, auf dem Gehsteig sein Fahrrad besteigt und **in die** **134**
Fahrbahn einfährt, hat auf den fließenden Verkehr zu achten (§ 10 StVO; vgl. BGH VersR **1968** 256). Ein Radfahrer darf nicht vom Radweg auf die Fahrbahn einbiegen, wenn hinter ihm Fahrzeuge kommen, die sich nicht rechtzeitig auf die Fahrweise einstellen können. Eine weitergehende Wartepflicht trifft ihn nicht (BGH VersR **1968** 775).

Weitere Einzelfälle s. § 9, 106ff. **135**

bb) Fußgänger müssen sich entsprechend der Vorschrift des § 25 StVO verhalten. **136**

Beim **Gehen in Richtung der Straße** müssen sie, wenn ein Gehweg vorhanden ist, **137**
diesen benutzen, andernfalls den befestigten Seitenstreifen (das befestigte Bankett) und dürfen auf der Fahrbahn nur gehen, wenn kein gefestigter Seitenstreifen vorhanden ist. Außerhalb geschlossener Ortschaften ist links zu gehen. Ist der Randstreifen aufgeweicht, so darf der Fußgänger die Fahrbahn benützen[19]. Dasselbe gilt, wenn sich die Gehbahn in besonders schlechtem Zustand befindet (OLG München VAE **1937** 415; OLGZ **1965** 9), vor allem, wenn in gewissen Abständen Einschnitte für den Abfluß des Wassers von der Fahrbahn angebracht sind (BGH VersR **1956** 55) oder wenn hoher Schnee darauf liegt (OLG Nürnberg DR **1942** 576 LS). Dabei muß der Fußgänger allerdings – vor allem nachts und bei Nebel – den Fahrverkehr im Auge behalten[20]. Ist ein genügend festes Bankett vorhanden, so muß auf diesem gegangen werden (BGH VRS **12** 21); benützt werden muß auch ein neben der Straße laufender Pfad (BGH VersR **1960** 149), gegebenenfalls auch der Sommerweg, wenn er sich in einem begehbaren Zustand befindet (BGH VRS **12** 21).

Das **Nebeneinandergehen** zweier Personen auf der Fahrbahn ist gestattet, wenn **138**
die Fahrbahn so breit ist, daß trotzdem noch zwei Kfze aneinander vorbeifahren können, und wenn kein Gehweg, Fußpfad oder begehbares Bankett vorhanden ist (BGH VersR **1956** 55; **1968** 1093; OLG Köln DAR **1955** 218). Naht bei starkem Nebel ein Fahrzeug, so hat einer der beiden Fußgänger hinter den anderen zu treten (OLG Freiburg DAR **1952** 106). Dreierreihen sind – jedenfalls nachts – verboten (RG DAR **1937** 286; BGH VersR **1968** 1093). Ein erlaubtermaßen auf der Fahr-

[19] RG VAE **1937** 479; KG DAR **1930** 318; OLG Oldenburg DAR **1952** 5; OLG Hamburg VersR **1955** 312.

[20] BGH VersR **1954** 96; **1956** 55; **1968** 1093; DAR **1954** 109; OLG Düsseldorf RdK **1953** 12; OLG München VersR **1958** 250; OLG Celle VersR **1970** 187.

bahn gehender Fußgänger muß, ehe er andere Fußgänger überholt, nach hinten blicken, ob ein Fahrzeug naht (BGH DAR **1954** 109).

139 Ein Fußgänger ist, wenn er berechtigt die **Fahrbahn** benützt, nur in Ausnahmefällen gehalten, diese zu **verlassen**, so wenn er erkennt, daß sich auf schmaler Straße neben ihm zwei Fahrzeuge begegnen werden (BGH DAR **1954** 69; **1956** 55; **a. A.** BGH VersR **1967** 706). Dies gilt vor allem nachts und bei Nebel (OLG Dresden VAE **1938** 301). Das OLG Celle (VersR **1970** 187) geht wohl etwas zu weit, wenn es verlangt, daß ein ordnungsgemäß links gehender Fußgänger bei Nebel stets die Fahrbahn verlassen muß, wenn von hinten ein Kfz naht. Eine solche Pflicht ist nur bei schmalen Straßen zu bejahen. Berechtigt ist dagegen die Ansicht des BGH, ein Fußgänger, der ordnungsgemäß links geht, müsse, wenn ihm nachts ein Kraftfahrzeug entgegenkommt, an den linken Fahrbahnrand herantreten (BGH VersR **1968** 603). Notfalls neben den Fahrbahnrand zu treten ist er nur bei schmaler Straße oder bei Fahrbahnverengung durch Schnee gezwungen oder wenn sich zwei Kraftfahrzeuge in seiner Höhe begegnen oder überholen.

140 Vor dem **Heruntertreten vom Gehweg** (wegen einer Baustelle usw) auf die Fahrbahn oder beim Verlassen des Banketts (wegen eines dort haltenden Fahrzeugs) hat sich der Fußgänger zu vergewissern, daß er kein Fahrzeug gefährdet (BGH VRS **14** 296; OLG Karlsruhe VersR **1957** 169). Er darf nicht unachtsam hinter Bäumen oder zwischen parkenden Wagen hervor auf die Fahrbahn treten (BGH VersR **1968** 804).

141 Weitere Einzelfälle siehe § 9, 113f.

142 **Überqueren der Fahrbahn.** Ein Fußgänger, der den Gehweg oder den Straßenrand verlassen will, um die Fahrbahn zu überqueren, hat sich zu vergewissern, daß er hierdurch kein Fahrzeug behindert oder gefährdet (BGH VersR **1957** 413; **1960** 323; **1965** 1054; **1966** 877; KG DR **1942** 982; zum Verhalten auf gekennzeichneten Überwegen: *Schmidt* DAR **1967** 100). Er darf eine schmale Fahrbahn nur überqueren, wenn er mit Sicherheit annehmen kann, er werde die andere Straßenseite vor Eintreffen eines Fahrzeugs erreichen (BGH VersR **1967** 457). Ganz besonders vorsichtig hat er sich in die Fahrbahn hineinzutasten, wenn er zwischen haltenden Fahrzeugen hindurch oder hinter ihnen hervortritt (BGH VersR **1960** 323; KG JW **1932** 808) oder wenn er aus einem Gartentor unmittelbar auf die Fahrbahn einer nicht mit Bürgersteigen versehenen Straße tritt (BGH VersR **1967** 862). Da der Fußgänger sowohl nach links als auch nach rechts blicken muß, kann ihm ein Zusammenstoß mit einem von links kommenden Kraftfahrzeug nicht vorgeworfen werden, wenn dieses verkehrswidrig zu schnell gefahren ist und daher erst während der Beobachtung des von rechts kommenden Verkehrs in den Sichtbereich gekommen ist (BGH VersR **1966** 660; **1980** 868). Das Warnzeichen eines Kraftfahrers (Hupe, Lichthupe) darf ein bereits auf der Fahrbahn befindlicher Fußgänger nur bei zusätzlichen Anzeichen (z. B. Anhalten, Handzeichen) als Aufforderung zum Weitergehen verstehen (BGH VersR **1977** 434). Ist an einer Kreuzung oder einem Übergang eine Verkehrsregelung mit Lichtzeichen oder durch Verkehrsposten eingerichtet, so dürfen die Fußgänger auf die Freigabe ihrer Gehrichtung hin nicht blindlings die Fahrbahn betreten, sondern müssen warten, bis die Fahrzeuge die Kreuzung geräumt haben (BGH VersR **1960** 1045).

143 Überquert ein Fußgänger eine breite Straße, so darf er **in der Mitte stehenbleiben**, um in dem von rechts kommenden Verkehrsstrom eine Lücke abzuwarten (BGH NJW **1960** 2255). Dies gilt nicht auf einer schmalen, noch dazu schlecht ausgeleuchteten Straße außerhalb geschlossener Ortschaft (BGH VersR **1983** 1038). Der Fuß-

gänger muß berücksichtigen, daß überholende Kraftfahrzeuge von rechts (BGH VersR **1983** 1038) oder von links nahen können (BGH VersR **1956** 571; **a. A.** OLG Dresden VAE **1938** 306). Er muß daher auch den eben durchquerten – von links kommenden – Verkehrsstrom im Auge behalten, zumal ein Fußgänger für die zur Überholung ansetzenden Fahrzeuge oft erst im letzten Augenblick sichtbar wird (OLG München VersR **1960** 1003). Wenn der BGH (VersR **1956** 571) die Ansicht vertritt, der Fußgänger müsse sogar an Stellen, an denen Überholverbot besteht, mit Überholvorgängen rechnen, so geht dies zu weit. Ist dagegen deutlich erkennbar, daß kein Überholvorgang bevorsteht, so braucht ein Fußgänger, der die Straßenmitte erreicht hat, nicht damit zu rechnen, daß ein von links kommendes Kraftfahrzeug unter Benutzung der anderen Fahrbahnhälfte versuchen werde, noch vor ihm vorbeizufahren (BGH VersR **1961** 84; OLG München VersR **1959** 1036; **1960** 46).

An sich ist ein Fußgänger in der **Wahl der Stelle**, an der er die Fahrbahn über- **144**
queren will, frei (OLG Celle NJW **1956** 1044), braucht also nicht die schmalste und übersichtlichste Stelle zu wählen (BGH VersR **1965** 1054). Wählt er aber eine unübersichtliche Stelle, so muß er besonders vorsichtig sein (RG JW **1932** 1724; vgl. auch OLG Stuttgart VersR **1955** 463). Ist eine Kreuzung oder ein Fußgängerüberweg in der Nähe, so muß er diese Stelle benützen, wenn es die Verkehrslage erfordert (§ 25 Abs. 3 StVO; vgl. OLG München VersR **1959** 928; **1968** 480). Die Überquerung einer Straße mit stärkerem Verkehr ist außerhalb des Kreuzungsbereichs vor allem nachts und bei Nebel und Regen stets mit Gefahren verbunden. Nachts kann die Überquerung allenfalls an gut beleuchteten Stellen verantwortet werden, soweit vorhanden (vgl. BGH VersR **1959** 809). Überhaupt hat ein Fußgänger, der außerhalb des Kreuzungsbereichs nachts oder bei Nebel oder Regen die Fahrbahn überquert, mit besonderer Sorgfalt die von beiden Seiten nahenden Fahrzeuge während der ganzen Überquerung im Auge zu behalten (BGH VersR **1961** 856 = 996 m. Anm. *Venzmer*; OLG Nürnberg VersR **1956** 70). In jedem Fall muß er die Fahrbahn rechtwinkelig überqueren (OLG Neustadt RdK **1955** 104; OLG München VersR **1959** 1036).

Ein Fußgänger, der in einer von ihm nicht verschuldeten Gefahrenlage weiter- **145**
geht, statt stehen zu bleiben, handelt in der Regel nicht schuldhaft (BGH VRS **21** 277). Wer aus Höflichkeit einen verkehrsunsicheren alten Fußgänger oder einen Blinden über die Fahrbahn führt, übernimmt ihm gegenüber die Sorgfaltspflicht (OLG Hamm VRS **12** 45). Überquert ein Fußgänger an einer Straßenkreuzung, die links von ihm liegt, im Schutz eines ihm entgegenkommenden Lastzugs die Fahrbahn, so braucht er, wenn er die Mitte erreicht hat, nicht damit zu rechnen, daß ihn von links, hinter dem Lastzug hervor, ein Moped anfährt (BGH VkBl. **1968** 154). Eilt ein Kind auf die Fahrbahn zu, hält es aber dann doch am Fahrbahnrand an, so handelt es verkehrswidrig und muß dem Kraftfahrer, der durch scharfes Bremsen ins Schleudern kam, gegebenenfalls seinen Schaden ersetzen (BGH VkBl. **1968** 156).

Weitere Einzelfälle s. § 9, 117. **146**

cc) Gespannfuhrwerke. Vgl. hierzu Rdn. 162f. **147**

dd) Schienenfahrzeuge. Vgl. hierzu die Erl. zum HaftpflG. **148**

e) Haftung für das Verhalten von Tieren im Straßenverkehr. Zu unterscheiden ist **149**
die Haftung des Halters und Hüters für das Verhalten des Tieres, das dem Willen

dieser Personen nicht entsprach (Rdn. 150ff) von derjenigen für das Verhalten des Tieres, das ihrem Willen und ihrer Leitung entsprach (162ff). Für Schäden durch Wild schließlich besteht grundsätzlich keine Haftung (Rdn. 166).

150 **aa) Die Haftung des Tierhalters und Tierhüters.** Der Tierhalter haftet im Regelfall nach § 833 Satz 1 BGB ohne die Möglichkeit einer Entlastung, wenn durch das Tier ein Mensch getötet oder verletzt wird oder eine Sache beschädigt wird. Ein Entlastungsbeweis ist nur bei Haustieren und nur in den unten Rdn. 156ff dargelegten Fällen zugelassen. Kann ihm ein schuldhaftes Verhalten nachgewiesen werden, ergibt sich die Haftung auch aus § 823 BGB.

151 **Begriff des Tierhalters.** Tierhalter ist, wer in eigenem Interesse durch Gewährung von Obdach und Unterhalt die Sorge für das Tier übernommen hat, sofern dies nicht nur zu einem ganz vorübergehenden Zweck geschieht[21]. Auf Eigentum und unmittelbaren Besitz kommt es nicht an. Wer sein Tier verleiht oder vermietet, bleibt Tierhalter, sofern ihm das Verleihen oder Vermieten einen wirtschaftlichen Nutzen – wenn auch nur mittelbar – bringt[22]. Auch wer einem Kaufinteressenten das Pferd einen Tag zur Probe überläßt, bleibt Halter (RG JW **1906** 197). Der Viehhändler und der Metzger werden mit Erwerb des Tieres Tierhalter, dagegen ist weder der Tierarzt Halter noch der Kauflustige, der mit dem Pferd eine Probefahrt unternimmt. Die Gemeinde ist Halterin des Zuchtstieres. Derjenige, dem ein Tier entlaufen ist, ist für alle Schäden verantwortlich, die das Tier von nun an verursacht, auch wenn dem Halter jede Einwirkungsmöglichkeit verlorengegangen ist (BGH VersR **1965** 1102; *Wilts* VersR **1965** 1019). Dieser für den Tierhalter ungünstige Zustand endet erst, wenn sich ein anderer das Tier angeeignet hat. Der Tierschutzverein, der sich eines entlaufenen Hundes annimmt, wird nicht Halter (LG Mönchengladbach VersR **1967** 486). Dasselbe gilt für einen Privatmann, der sich vorübergehend eines solchen Hundes annimmt (LG Düsseldorf VersR **1968** 99). Tiere in freier Wildbahn haben keinen Halter. Auch für die Anwendung des Satzes 1 kommen mithin im wesentlichen nur Haustiere in Betracht, daneben Bienen, gezähmte Tiere, wilde Tiere nur im zoologischen Garten, im Zirkus oder in der Tierhandlung.

152 Die Haftung nach § 833 BGB umfaßt nur Fälle, in denen das Verhalten des Tieres nicht auf den Willen und die **Leitung eines Menschen** zurückgeht; entspricht das Verhalten der Leitung eines Menschen, so gilt dieser allein als der Handelnde (BGH NJW **1952** 1329; vgl. auch Rdn. 162ff). Auch wenn das Tier unter Leitung eines Menschen steht, z. B. ein Pferd unter der des Kutschers oder Reiters, fallen willkürliche Bewegungen des Tieres (Hochsteigen, Ausschlagen, Beißen, ein Sprung zur Seite) unter § 833 BGB (RG WarnR **1908** Nr. 582; JW **1909** 218; BGH VersR **1963** 1141; **1966** 1073).

153 In dem Schadensereignis muß sich die in der Unberechenbarkeit des Tieres liegende **typische Tiergefahr** verwirklicht haben (BGHZ **67** 129). Daher kommt eine Anwendung des § 833 BGB nicht in Betracht, wenn ein äußeres Ereignis nur mechanisch auf das Tier einwirkt, z. B. ein Pferd durch den Anprall eines Kraftfahrzeugs umgeworfen wird und auf einen Fußgänger fällt. Wohl aber liegt ein unberechenbares Tierverhalten dann vor, wenn ein äußeres Ereignis anreizend auf das

21 RGZ **52** 117; **62** 79; OLG Koblenz VersR **1955** 423; LG Mönchengladbach VersR **1967** 486.

22 RGZ **62** 79; RG Recht **1912** Nr. 1302; **1915** Nr. 2671; JW **1915** 91; OLG Nürnberg VersR **1964** 1178.

Tier einwirkt (z. B. Scheuen eines Pferdes wegen eines herannahenden Kraftfahrzeugs, RGZ **82** 113).

Hinsichtlich des **ursächlichen Zusammenhangs** zwischen der Bewegung des Tieres und dem Schaden ist zu beachten, daß eine Einwirkung des Tieres auf ein anderes Tier oder auf einen Menschen genügt, wenn das andere Tier oder der Mensch infolge der Einwirkung einen Schaden hervorruft. So haftet der Hundehalter, wenn der Hund ein Reh in die Fahrbahn eines Kraftfahrzeugs treibt, der Pferdehalter, wenn das Pferd durchgeht und ein Insasse des Wagens deshalb abspringt. Springt ein gutartiger Hund einen Menschen in harmloser Weise an, so soll nach RG JW **1908** 41 ein durch die Abwehrbewegung oder das Erschrecken des Menschen hervorgerufener Unfall dann keine adäquate Folge des Verhaltens des Tieres sein, wenn kein Anlaß zu irgendwelchen Befürchtungen bestand (zweifelhaft). **154**

Nicht unter den **Schutzzweck** des § 833 BGB fällt derjenige, der sich ein Pferd entleiht und die Herrschaft über das Tier verliert, so daß dieses ihn verletzt, denn er hat die Herrschaft über das Tier in Kenntnis der damit verbundenen besonderen Tiergefahr im eigenen Interesse übernommen (BGH NJW **1974** 234). **155**

Die Führung eines **Entlastungsbeweises** bei Haustieren wurde durch den im Jahre 1908 (Ges. v. 30. 5. 08, RGBl. 313) angefügten Satz 2 für den Fall gestattet, daß das Tier dem Beruf, der Erwerbstätigkeit oder dem Unterhalt des Tierhalters zu dienen bestimmt ist. Der Entlastungsbeweis wird durch den Nachweis geführt, daß der Halter bei der Beaufsichtigung des Tieres die im Verkehr erforderliche Sorgfalt beobachtet hat oder daß der Schaden auch bei Anwendung dieser Sorgfalt entstanden wäre. **156**

Unter **Haustier** versteht man nur diejenigen in der Hauswirtschaft zur dauernden Nutzung oder Dienstleistung gezüchteten oder gehaltenen zahmen Tiere, die der Beaufsichtigung und dem beherrschenden Einfluß des Halters unterstehen (RGZ **158** 391). Dazu gehören auch gewisse Tierarten, die Anweisungen des Menschen im allgemeinen nicht zu befolgen pflegen (Tauben, Kaninchen, Katzen). Andererseits wird die Biene, die sich in gleicher Weise der Beaufsichtigung entzieht, nicht als Haustier angesehen (RGZ **158** 391; *Weimar* VN **1965** 126; **a. A.** *Rohde* VersR **1968** 227), während folgsame Tiere, wie ein Affe, nicht als Haustiere gelten, obwohl sie mit dem Halter in engeren Beziehungen zusammenleben als etwa eine Taube. **157**

Alle Haustiere – mit Ausnahme der Katze – dienen im Regelfall dem **Beruf**, der **Erwerbstätigkeit** oder dem **Unterhalt** des Tierhalters; ausgenommen sind lediglich Tiere, die nur zum Sport oder zur Annehmlichkeit gehalten werden, wie das Reitpferd (vgl. BGH VersR **1982** 366). Ausgenommen sind auch alle Hunde, die nicht für die Bewachung von Gewerbebetrieben oder landwirtschaftlichen Anwesen eingesetzt sind, sofern sie nicht einem Jäger als Jagdhund oder einem Blinden zum Führen dienen. **158**

Bei der Beantwortung der Frage, welche **Anforderungen an den Entlastungsbeweis** zu stellen sind, ist darauf abzustellen, welche Sicherungen üblich sind. § 28 StVO kann Anhaltspunkte geben. Übergibt der Tierhalter das Tier einem Tierhüter, so hat er den Entlastungsbeweis dahin zu führen, daß er bei der Auswahl und Beaufsichtigung des Tierhüters die nötige Sorgfalt beobachtet hat, daß er ihm die erforderlichen Weisungen erteilt und ihn mit den erforderlichen Gerätschaften ausgestattet hat (BGH VersR **1953** 516; OLG Düsseldorf VersR **1967** 1100). Anweisungen sind vor allem erforderlich, wenn das Tier besonders unangenehme Eigenschaften **159** hat (RGZ **76** 225; RG Recht **1911** Nr. 2147; **1911** Nr. 2435; OLG Colmar Recht **1912** Nr. 426). Darauf, ob der Tierhüter den Unfall rechtswidrig oder schuldhaft verursacht hat, kommt es bei der Haftung aus § 833 BGB nicht an.

160 **Einzelfälle.** Eine Katze kann nicht daran gehindert werden, sich auf die Fahrbahn zu begeben (OLG Oldenburg VersR **1957** 742); dasselbe gilt in ländlichen Gemeinden auch für Hühner und anderes Geflügel. Auch ein friedfertiger Hund darf nicht unbeaufsichtigt auf der Straße herumlaufen (RG JW **1933** 832). Vor allem ein Hund, der zum Streunen neigt, muß sorgfältig verwahrt werden (RG WarnR **1929** Nr. 99), desgleichen ein Hund, der nicht im Hause, sondern in einem umhegten Gelände oder in einem Zwinger gehalten wird (BGH VersR **1964** 779). Junge Hunde sind besonders unberechenbar (OLG Koblenz VersR **1955** 313). Vieh oder Pferde, die sich auf der Weide befinden, müssen daran gehindert werden, diese eigenmächtig zu verlassen (BGH VersR **1959** 759; LG Flensburg MDR **1969** 924). Die Sicherung des Weidetores durch eine bloße Drahtschlaufe, die von Unbefugten abgestreift werden kann, so daß das Tor zu öffnen ist, genügt nach Ansicht der Rechtsprechung nicht (BGH VersR **1964** 595; **1966** 186). Dasselbe gilt für eine Schlaufe aus Hanf (BGH VersR **1966** 758; OLG Oldenburg DAR **1964** 217). Diese Ansicht geht wohl dann zu weit, wenn man sie auch für rein ländliche Gegenden (z. B. Almweiden) anwenden wollte, die fern von jedem Durchgangsverkehr sind. Zutreffend ist sie aber jedenfalls dann, wenn eine Bundesfernstraße in der Nähe ist (BGH VersR **1966** 758 = 849 m. Anm. *Schmidt*; **1967** 906) oder wenn die Weide gelegentlich von betriebsfremden Personen als Durchgang zu anderen Grundstücken oder als Spazierweg benutzt wird (OLG Celle DAR **1967** 189). Nicht nur hinsichtlich der Möglichkeit, das Weidetor zu öffnen, sondern auch hinsichtlich der Standfestigkeit des Weidezaunes und der Abwehrkraft eines elektrischen Weidezaunes sind angesichts der durch Vieh dem Verkehr drohenden Gefahr strenge Anforderungen zu stellen (OLG Nürnberg VersR **1966** 42). Örtliche Freiweiderechte ändern nichts an der Pflicht des Tierhalters zur Absicherung der Weide (BayObLG VRS **14** 372). Schafe müssen, wenn sie von einem Hirten mit Hütehund bewacht werden, nicht durch einen Weidezaun gegen Entweichen geschützt werden (BGH VersR **1963** 308). Wird im Winter ein Jungrind über den Hof geführt und stürzt es, weil nicht gestreut war, so haftet der Halter, wenn es nach dem Sturz entweicht und einen Unfall verursacht (OLG München VersR **1966** 1083). Ein Reitpferd darf bei der Rast auf einer Wiese nicht frei herumlaufen (BGH VersR **1964** 1197).

161 Die **Haftung des Tierhüters** nach § 834 BGB tritt neben diejenige des Halters. Es ist keine Gefährdungshaftung wie beim Halter nach § 833 Satz 1, sondern eine Haftung aus vermutetem Verschulden, wie beim Halter nach § 833 Satz 2 BGB. Voraussetzung ist, daß der Tierhüter die Aufsicht durch Vertrag mit dem Halter oder einem Dritten übernommen hat. Die Aufsicht braucht nicht Hauptpflicht aus dem Vertrag zu sein, eine bloß tatsächliche Übernahme der Beaufsichtigung genügt aber nicht. Der Hufschmied und der Tierarzt sind auch für die Dauer der Behandlung des Tieres keine Tierhüter, ebenso weisungsgebundene Bedienstete wie Stallburschen, Kutscher usw. Der Tierhüter kann, wenn er auf einem Fahrrad fährt, auf einen ihn frei begleitenden Hund nicht ausreichend einwirken (OLG Königsberg HRR **1941** Nr. 883).

162 **bb) Haftung bei Lenkung von Tieren im Straßenverkehr.** Im Gegensatz zur Haftung aus §§ 833, 834 BGB für Handlungen eines Tieres, die dem Willen des Halters oder Hüters nicht entsprachen, steht die Haftung für das Verhalten von Tieren, das

dem Willen des Halters oder Hüters entsprach und trotzdem zu einem Unfall führte. Hier greifen nur die allgemeinen Haftungsvorschriften, insbesondere § 823 BGB, ein.

Pferdefuhrwerke und -schlitten. Wer ein von einem Pferd, von einem Ochsen oder von einem sonstigen Haustier gezogenes Fuhrwerk im Straßenverkehr lenkt, hat die Pflicht, auf andere Verkehrsteilnehmer zu achten, die Verkehrsregeln zu beachten und seine Geschwindigkeit so einzurichten, daß er Menschen oder Sachen nicht gefährdet und die anderen Verkehrsteilnehmer nicht unnötig behindert[23]. Die für den Fahrverkehr geltenden Verkehrsvorschriften sind entsprechend anwendbar (§ 28 Abs. 2 StVO). Bei längerem Halten des Wagens müssen alle Maßnahmen ergriffen werden, die üblich sind, um das Durchgehen der Pferde zu verhüten (RG HRR **1937** Nr. 1223). Der Fuhrherr muß ähnlich einem Unternehmer, der Kfze betreibt, auf den ordnungsgemäßen Zustand seiner Fuhrwerke achten und den Betrieb laufend überwachen (RG JW **1905** 740; LZ **1918** 626). Pferde, die leicht scheuen, dürfen auf Straßen mit Kraftfahrzeugverkehr überhaupt nicht eingesetzt werden (BGH VersR **1956** 502). Weitere Einzelfälle siehe § 9, 105. **163**

Für **Reiter** gilt ganz allgemein das für Fuhrwerke Gesagte (RG WarnR **1909** Nr. 94). **164**

Für das Führen und Treiben von Vieh gelten neben den allgemeinen Verkehrsvorschriften die Sonderregeln über die Beleuchtung nach § 28 Abs. 2 StVO. Sind sie nicht beachtet und entsteht beim Überholen der Herde ein Unfall, weil das überholende Fahrzeug ins Schleudern gerät, so spricht der Beweis des ersten Anscheins (Rdn. 279) für einen ursächlichen Zusammenhang (BGH VersR **1959** 805). Dasselbe gilt, wenn ein Fahrzeug in die Herde hineinfährt. Bei größeren Herden muß außer dem Treiber eine zweite Person für die Absicherung sorgen (vgl. OLG Celle VRS **9** 412; OLG Nürnberg VersR **1968** 285 m. Anm. *Schmidt*). **165**

cc) Haftung des Jagdberechtigten für Wild. Wild, das auf die Fahrbahn einer Straße gerät, kann den Kraftfahrer erheblich gefährden. Eine Haftung des Jagdberechtigten besteht jedoch nicht, weil er weder Tierhalter noch Tierhüter ist; auch aus dem BJagdG ergibt sich keine Haftung (OLG Hamm VersR **1957** 472 = 723 m. zust. Anm. *Weimar*); schließlich sieht auch das Landesrecht keine Entschädigung für durch Wild entstandene Unfälle vor. Es besteht insbesondere keine Pflicht, die Wälder in Richtung zur Straße einzuzäunen. Der Halter eines Jagdhundes kann freilich nach § 833 BGB haften, wenn er von diesem einen Rehbock hetzen läßt, der beim Überqueren einer Straße in ein Kraftfahrzeug rennt (LG Mosbach VersR **1955** 383). **166**

f) Haftung wegen Verletzung der Aufsichtspflicht. Sie trifft denjenigen, der das Personensorgerecht über einen Minderjährigen oder über eine Person ausübt, die wegen ihres geistigen oder körperlichen Zustands der Beaufsichtigung bedarf. Der Aufsichtspflichtige ist nach § 832 Abs. 1 BGB zum Ersatz des Schadens verpflichtet, den der Beaufsichtigte einem Dritten widerrechtlich zufügt. Gleiches gilt für denjenigen, der die Führung der Aufsicht durch Vertrag übernimmt (Absatz 2). Das Gesetz stellt für diese Fälle die Vermutung auf, daß der Aufsichtspflichtige seine Aufsichtspflicht verletzt habe und daß dies die Ursache des Schadens sei. In beiden Fällen ist die Führung eines Entlastungsbeweises zulässig. Dieser bezieht sich – im **167**

[23] RG JW **1906** 465; **1911** 152; WarnR **1909** Nr. 280; **1910** Nr. 328; OLG München HRR **1938** Nr. 95.

Gegensatz zu § 831 BGB – nicht darauf, ob der Aufsichtspflichtige seine Pflichten im allgemeinen erfüllt hat, sondern darauf, ob er hinsichtlich der Vermeidung des den Schaden verursachenden Ereignisses alles getan hat, was ihm seine Pflicht vorschreibt (BGH VersR **1965** 137; NJW **1968** 1672). Außerdem kann sich der Aufsichtspflichtige auch durch den Nachweis fehlender Ursächlichkeit seiner Pflichtverletzung für den Schaden entlasten. Die bloße Möglichkeit, daß der Unfall sich auch bei der Erfüllung der Aufsichtspflicht ereignet hätte, genügt hierfür nicht (RG Recht **1922** Nr. 1154). Der Aufsichtspflichtige haftet nach § 832 BGB nur dem durch das Kind geschädigten Dritten; ob er auch – neben dem Verletzer – dem unfallverletzten Kind haftet, richtet sich nach § 823 BGB. Die Haftungserleichterung nach § 1664 BGB greift demgegenüber nicht ein (offengelassen von BGHZ **73** 195). Liegen die Voraussetzungen einer deliktischen Haftung vor, so sind der Verletzer und der Aufsichtspflichtige Gesamtschuldner (BGHZ **73** 195).

168 **aa) Aufsichtsbedürftig** sind alle Minderjährigen (RGZ **52** 73); dagegen wird eine Aufsicht über Personen, die an körperlichen oder geistigen Gebrechen leiden, nur geführt, wenn sie im Einzelfall einer solchen bedürfen. Das Ausmaß und die Art der Aufsicht ist selbstverständlich bei den Minderjährigen nach ihrem Alter verschieden (RGZ **52** 73).

169 **bb) Kraft Gesetzes zur Aufsicht verpflichtet** sind bei Kindern beide Elternteile nebeneinander, bei nichtehelichen Kindern jedoch nur die Mutter, ferner der Vormund sowie der Pfleger, wenn es ihm bei der Bestellung übertragen worden ist und in dem Umfang, in dem dies geschah. Der Lehrer einer öffentlichen Unterrichtsanstalt hat die gesetzliche Aufsichtspflicht ebenso wie der an einer privaten Anstalt (RGZ **65** 290; RG Recht **1910** Nr. 1578; BGHZ **13** 25).

170 Keine gesetzliche Aufsichtspflicht haben Ehegatten untereinander, der Stiefvater, die Stiefmutter, das Vormundschaftsgericht, der Beistand und der Gegenvormund. Dasselbe gilt für Eltern, denen das Vormundschaftsgericht das Personensorgerecht entzogen hat, und zwar auch dann, wenn der Vormund oder Pfleger das Kind bei ihnen beläßt (OLG Düsseldorf NJW **1959** 2120). Auch den Vorgesetzten, Dienstherrn, Haushaltsvorstand trifft keine gesetzliche Aufsichtspflicht. In Betracht kommt allerdings stets eine Haftung aus Verletzung der Verkehrssicherungspflicht (vgl. Rdn. 172).

171 **cc) Vertraglich zur Aufsicht verpflichtet** sind Kindermädchen, Vorsteher von Erziehungsanstalten und Kinderheimen, die Pflegeeltern sowie die Krankenwärter und die Leiter von Nervenkliniken und Heilanstalten (BGH VersR **1984** 460; bei geschlossener Anstalt einer Körperschaft des öffentlichen Rechts greift dagegen Amtshaftung ein). Die Leitung eines Altersheims trifft keine Aufsichtspflicht hinsichtlich des Verhaltens der Heimbewohner im Straßenverkehr (**a. A.** OLG Celle VersR **1961** 739). Dulden zwei Elternpaare die gegenseitigen Besuche ihrer Kinder, so liegt der Beaufsichtigung des fremden Kindes kein Vertrag zugrunde (BGH VersR **1968** 1043).

172 **dd)** Eine **sonstige Aufsichtspflicht,** die weder auf Vertrag noch auf Gesetz beruht, führt in keinem Fall zu der in § 832 BGB enthaltenen Beweisregelung. Dies bedeutet aber nicht, daß nicht auch die Verletzung einer solchen, sich nur aus den tatsächlichen Verhältnissen ergebenden Aufsichtspflicht zur Leistung von Schadenersatz an den Geschädigten verpflichten würde. Eine solche Pflicht kann sich vielmehr aus der Regel ergeben, daß derjenige, der eine Gefahrenlage geschaffen hat, die daraus für andere entstehenden Gefahren zu verhüten hat; bei Pflichtverletzung

tritt Haftung nach § 823 BGB ein. Eine solche Gefahrenlage liegt z. B. vor, wenn ein Kleinkraftrad fremden Jugendlichen zugänglich ist (RG DAR **1931** 181; BGH VRS **4** 404; vgl. im übrigen Rdn. 113f). Eine Umkehrung der Beweislast findet aber nicht statt. Aus der Sonderregelung des § 832 BGB ergibt sich vielmehr, daß dann, wenn weder eine gesetzliche noch eine vertragliche Aufsichtspflicht besteht, der Verletzte den vollen Beweis des Verschuldens des Aufsichtspflichtigen zu führen hat. Dies gilt vor allem, wenn eine Person in Anspruch genommen werden soll, die die Aufsicht nur aus Gefälligkeit übernommen hat (LG Osnabrück VersR **1954** 518), und zwar auch dann, wenn sich ein Kind ohne seine Eltern bei Verwandten aufhält (**a. A.** LG Heilbronn VersR **1955** 414).

ee) Übertragung der Aufsicht. Der Aufsichtspflichtige muß die Aufsicht nicht per- **173** sönlich ausüben. Gibt er das Kind in ein Heim oder Internat, so hat er eine Aufsichtspflicht nur während der Zeit, in der sich das Kind nicht dort befindet (Ferien, Wochenenden). Im übrigen beschränkt sich seine Pflicht auf leitende Anordnungen. Überhaupt wird der Aufsichtspflichtige seiner Pflicht durch die Übertragung nie ganz ledig (BGH VersR **1968** 903). Sind beide Eltern berufstätig, so genügen die Eltern ihrer Aufsichtspflicht, wenn sie in der Zeit ihrer Abwesenheit eine im Haushalt lebende Verwandte oder eine andere vertrauenswürdige Person mit der Aufsicht über das Kind beauftragen und diese stichprobenweise auf ihre Zuverlässigkeit prüfen; nach ihrer Rückkehr müssen sie sich über das Verhalten des Kindes in der Zwischenzeit berichten lassen und danach die weiteren Maßnahmen einrichten (BGH VersR **1968** 903). Ob derjenige, der die Aufsicht tatsächlich ausübt, dies vertraglich übernommen hat, ist für seine eigene Haftung von Bedeutung (Rdn. 171), nicht aber für die Haftung desjenigen, der ihm die Aufsicht übertragen hat.

ff) Das **Ausmaß der Aufsicht** richtet sich nach den Anschauungen des Verkehrs **174** und nach dem Alter (RGZ **52** 73), dem Charakter und der geistigen Entwicklung des Beaufsichtigten (BGH VersR **1965** 137; **1968** 903; OLG Freiburg VersR **1954** 87). Keinesfalls ist der Aufsichtspflichtige gehalten, den Beaufsichtigten ständig im Auge zu behalten[24]; unter Umständen kann eine Belehrung genügen (vgl. *Schmid* VersR **1982** 822). Entscheidend ist, was verständige Eltern nach vernünftigen Anforderungen tun müssen, um Schädigungen Dritter durch das Kind zu vermeiden (BGH VersR **1980** 279). Zu den Anforderungen bei älteren, insbesondere psychisch auffälligen Jugendlichen BGH VersR **1984** 462.

Nimmt der Aufsichtspflichtige **mit dem Kind** am Straßenverkehr teil, so bestimmt **175** sich das gebotene Maß der Aufsicht nach der konkreten Gefahrensituation. Eine allgemeine Belehrung des Kindes genügt dann nicht, wenn das Alter des Kindes noch so gering ist, daß es allein – an der in Frage kommenden Straßenstelle – nicht dem Straßenverkehr überlassen werden dürfte (OLG Celle FemRZ **1966** 107). Der Aufsichtspflichtige braucht das Kind nicht an der Hand zu führen, wenn dieses sich daran gewöhnt hat, seine Anordnungen im Straßenverkehr zu befolgen. Er hat dabei aber zu bedenken, daß Einzelanordnungen erforderlich sind, weil erfahrungsgemäß Kinder in Begleitung Erwachsener weniger auf den Straßenverkehr achten, als wenn sie allein unterwegs sind. Der Aufsichtspflichtige ist befugt, die Aufsicht vorübergehend einem anderen zu übertragen, wenn dieser verläßlich ist.

Es ist aber auch durchaus zulässig, **Kinder allein** am Straßenverkehr teilnehmen **176** zu lassen (LG Berlin VersR **1967** 237). Bei der Frage, ob dem Kind gestattet werden

[24] BGH VersR **1957** 340; FamRZ **1964** 84; OLG München VersR **1954** 544; OLG Stuttgart VersR **1955** 685; OLG Köln VersR **1955** 347; LG Kiel VersR **1957** 812 m. Anm. *Schmalzl.*

kann, unbeaufsichtigt an der Straße zu spielen, kommt es auf die örtlichen Verhältnisse, vor allem auf die Verkehrsbedeutung der Straße, sowie auf das Alter des Kindes an. Ein Spielen auf der Fahrbahn, auch auf Dorfstraßen, die nicht dem überörtlichen Verkehr dienen, darf nicht gestattet werden (OLG Dresden VAE **1940** 53), es sei denn, es handle sich um eine für den Verkehr gesperrte oder als Spielstraße ausgewiesene Straße. Das Spielverhalten der Kinder muß durch häufige Stichproben überwacht werden[25]. Ein unter vier Jahre altes Kind ist im allgemeinen trotz aller Ermahnungen nicht zu bewegen, ausreichend auf den Straßenverkehr zu achten (BGH VersR **1968** 903). Überläßt ein Vater seinem vierjährigen Sohn einen Roller, so muß er ihn darauf hinweisen, daß er nicht auf der Fahrbahn fahren darf (BGH VersR **1958** 85). Das OLG Bremen (VersR **1958** 64) erachtete es 1956 für zulässig, daß eine Hausfrau ihr zweijähriges Kind nicht ständig beaufsichtigt, wenn es auf der Straße spielt. Das kann aber bei der jetzigen Verkehrsdichte nicht mehr gelten. Befindet sich das Kind auf einem Spielplatz, so besteht erst recht keine Verpflichtung der Eltern, das Kind ständig dabei zu bewachen (AG Mellrichstadt VersR **1955** 464). Ebensowenig ist das auf einem landwirtschaftlichen Anwesen möglich und erforderlich; der Aufsichtspflichtige haftet nicht, wenn ein dreijähriges Kind unbemerkt vom Anwesen auf die Fahrbahn läuft und dabei einen Unfall verursacht (BGH VersR **1968** 903). Das Rollerfahren auf der Gehbahn ist nicht zu beanstanden, sofern das Kind stichprobenweise daraufhin überwacht wird, daß es nicht zu nahe an Fußgängern vorbeifährt (BGH VersR **1968** 301). Schulkinder kann man den Schulweg allein zu Fuß zurücklegen lassen, von etwa dem achten Lebensjahr an auch mit dem Fahrrad. Im übrigen dürfen Kinder etwa bis zum zehnten Lebensjahr nur unter Aufsicht der Eltern oder in Gegenden radfahren, in denen sie auch unbeaufsichtigt spielen dürften. Das LG München I (VersR **1955** 636) hat entschieden, daß die Eltern einem neunjährigen Mädchen ein Fahrrad überlassen dürfen, wenn es über die Verkehrsvorschriften unterrichtet worden ist. Letzteres gehört allerdings ebenso zum Inhalt der Aufsichtspflicht wie eine stichprobenweise Überwachung, ggf. durch Erkundigungen bei Dritten (BGH VkBl. **1952** 261; KG VAE **1938** 92). Die Anforderungen verringern sich, wenn sich das Kind längere Zeit im Straßenverkehr bewährt hat (OLG Oldenburg VersR **1963** 491, für ein achtjähriges Kind, das täglich mit dem Fahrrad zur 3 km entfernten Schule fuhr).

177 Bezüglich der **Kraftfahrzeugbenutzung** durch Minderjährige sind besondere Anforderungen zu stellen. Die Aufsichtspflicht bezieht sich auch darauf, daß der Minderjährige, der noch keinen Führerschein hat, das elterliche Kraftfahrzeug nicht benützen kann (BGH VRS 4 404). Bei der Führung eines Kraftfahrzeugs, für das der Minderjährige eine Fahrerlaubnis besitzt, dürfte für den Aufsichtspflichtigen in der Regel keine Überwachungspflicht durch Stichproben bestehen. Stellt der Vater fest, daß sein minderjähriger Sohn betrunken ist, so muß er ihn daran hindern, ein Kraftfahrzeug zu lenken (BGH DAR **1952** 40). Dies gilt auch sonst, wenn der gesetzliche Vertreter ein pflichtwidriges Verhalten des minderjährigen Kraftfahrzeugführers bemerkt (RG VAE **1940** 82).

178 **g) Haftung aus Verletzung der Verkehrssicherungspflicht.** Nach § 823 BGB ist auch haftbar, wer eine Gefahrenquelle für andere schafft oder sonst für einen gefahrbringenden Zustand verantwortlich ist und die notwendigen und zumutbaren Vorkehrungen zum Schutze Dritter vor einer Verwirklichung der Gefahr unterläßt.

[25] KG VR **1926** 343; LG Berlin VersR **1954** 439; LG Lüneburg VersR **1954** 533; LG Passau VersR **1956** 428 LS.

Im Straßenverkehr spielen die Verkehrssicherungspflichten eine besonders wichtige Rolle. Sie werden deshalb und weil sie auch in den Bereich der Staatshaftung hineinspielen, in Rdn. 393 ff gesondert behandelt, begegnen aber auch in einzelnen speziell dargestellten Bereichen deliktischer Haftung, so z. B. bei der Haftung wegen Ermöglichens einer Schwarzfahrt (Rdn. 114), wegen Verabreichens von Alkohol (Rdn. 179) oder wegen mangelhafter Reparatur eines Fahrzeugs (Rdn. 180).

h) Haftung aus Verabreichen von Alkohol. Wer einem Kraftfahrer Alkohol verab- 179
reicht, obwohl er weiß, daß dieser seine Fahrt anschließend fortzusetzen gedenkt, macht sich gegenüber Verkehrsteilnehmern, die bei einem Unfall verletzt oder geschädigt werden, der sich auf der Weiterfahrt infolge der Alkoholisierung ereignet, nur dann schadenersatzpflichtig (aus unerlaubter Handlung, § 823 BGB), wenn er erkennen mußte, daß hierdurch die Fahrtüchtigkeit des Kraftfahrers erheblich beeinträchtigt wurde. Als Anhaltspunkt kann der von der Rechtsprechung verwendete Grenzwert von 1,3‰ (BGH VRS **16** 448; NJW **1964** 733; **1967** 116) angesehen werden. Die Ersatzpflicht tritt allerdings nur ein, wenn die Betrunkenheit des Gastes für denjenigen, der ihm den Alkohol verabreicht hat, erkennbar war und dieser es unterlassen hat, mit allen ihm zu Gebote stehenden angemessenen und zumutbaren Mitteln zu verhindern, daß der Betrunkene eine Fahrt mit dem Kfz unternimmt oder fortsetzt (BGH BB **1964** 154). Ist dem Wirt nicht bekannt, daß der Gast mit einem Kraftfahrzeug gekommen ist, oder ist dieser in der Tat zu Fuß gekommen, so hat der Wirt nur dann Maßnahmen zu ergreifen, wenn der Gast beim Verlassen der Gaststätte erkennbar in eine lebensbedrohliche Lage gerät (OLG München NJW **1966** 1165). Diese Haftung kann außer einem Gastwirt (RG JW **1938** 1241) auch andere Personen (RG JW **1932** 3720) betreffen, wie den Auftraggeber für die Fahrt, der dem Fahrer Schnaps bezahlt (OLG Dresden VAE **1942** 28). Die Haftung besteht auch gegenüber dem Kraftfahrer, dem der Alkohol verabreicht wurde, selbst; sie besteht unter gewissen Umständen auch gegenüber einem Fußgänger, der auf einer von Kraftfahrzeugen viel befahrenen Landstraße oder Bundesstraße heimzukehren gedenkt. Dafür, daß ein Fußgänger oder Radfahrer im Stadtverkehr infolge der Trunkenheit verunglückt, hat der Gastwirt in keinem Falle einzustehen. Er ist nicht verpflichtet, den Gast heimzubegleiten oder die Polizei zu verständigen.

i) Haftung des Herstellers, Händlers oder Reparateurs. Beruht ein Unfall auf 180
einem Fabrikations- oder Konstruktionsfehler eines Kraftfahrzeugs oder Kraftfahrzeugteils, so ist der Hersteller für die Unfallfolgen unter dem Gesichtspunkt der Verletzung der Verkehrssicherungspflicht (Rdn. 178) haftbar.

Das gleiche gilt, wenn der Unfall auf den Fehler einer Reparaturwerkstatt zu- 181
rückzuführen ist. Wegen der besonderen Gefährlichkeit solcher Fehler treffen den Inhaber einer Reparaturwerkstatt besonders strenge Organisationspflichten. Es genügt nicht, wenn er für die Ausführung der Arbeiten geeignete Personen bestellt, für deren Tätigkeit er sich nach § 831 entlasten kann. Vielmehr muß er – ggf. durch Organe oder sonstige Vertreter i. S. d. §§ 30, 31 BGB – besondere Anordnungen erlassen, die eine ordnungsgemäße Ausführung der Reparaturen gewährleisten (BGHZ **4** 3). Vor allem muß er die Anweisungen des Herstellerwerkes über Verwendung und Einbau von Ersatzteilen an die Monteure weitergeben und auf ihre Beachtung durch den für die Schlußabnahme zuständigen Meister hinwirken. Bei besonders kritischen Arbeiten, z. B. Verwechslungsgefahr bei bestimmten Ersatzteilen, muß er zusätzlich spezielle Anordnungen dahingehend treffen, daß die Mitarbeiter mit gesteigerter Sorgfalt zu Werke gehen (BGH VersR **1978** 722). Zur

Haftung des Monteurs, der bei der Reparatur einer Lichtsignalanlage eine verkehrsgefährdende Situation hervorgerufen hat, vgl. BGH VersR **1978** 963.

182 Der Gebrauchtwagenhändler haftet für die Beschädigung des verkauften Fahrzeugs, wenn dieses infolge (für ihn erkennbar) falscher Bereifung verunglückt, nicht nur aus Vertrag, sondern auch aus § 823 Abs. 1 BGB, da der Mangel der Bereifung das Fahrzeug als solches nicht im Ganzen entwertet, sondern an der ansonsten mangelfreien Sache erst später einen zusätzlichen Schaden hervorgerufen hat (BGH NJW **1978** 2241).

183 Ein Händler, der aufgrund der Sonderbedingungen für Kraftfahrzeughandel und -handwerk eine eingeschränkte Fahrzeugversicherung abgeschlossen hat, haftet dem Kunden wegen unrichtiger Auskunft, wenn er ihm rät, bei einer Überführungsfahrt zum Werk und zurück mit rotem Kennzeichen keinen eigenen Versicherungsvertrag abzuschließen (BGH VersR **1973** 411).

7. Mitverschulden

184 **a) Grundsätze.** Die Haftung aus unerlaubter Handlung kann dadurch gemildert oder ausgeschlossen sein, daß den Verletzten an dem Unfall ein Mitverschulden (§ 254 BGB) trifft. Die wichtigsten Grundsätze hierzu sind in den Erl. zu § 9 behandelt.

185 **b) Einzelfälle zur Haftungsverteilung** sind, soweit es sich (nur) bei dem Schädiger um einen Kraftfahrzeughalter oder -führer handelt, in § 9, 103ff zusammengestellt; soweit auch auf Seiten des mitverantwortlichen Verletzten eine Betriebsgefahr mitgewirkt hat, in § 17, 52ff. Im folgenden ist daher nur noch auf die Fälle einzugehen, in denen der Schädiger kein Kraftfahrzeughalter oder -führer ist. Hierbei ist für Unfälle zwischen einem solchen Verkehrsteilnehmer und einem Kraftfahrzeug wiederum auf § 9, 103ff zu verweisen, weil die dort dargestellte Haftungsverteilung spiegelbildlich auch für die Schädigung des Kraftfahrzeughalters oder -führers gilt. Somit beschränkt sich die nachstehende Rechtsprechungsübersicht (allgemein hierzu § 9, 104) auf folgende Konstellationen:

186 **aa) Verkehrssicherungspflichtiger und Kraftfahrzeug:**

OLG Oldenburg DAR **1956** 75: Verletzung der Streupflicht, fehlerhaftes Bremsen;

OLG Köln VRS **22** 2: Baum zu nahe an Straße, Lkw fährt bei Gegenverkehr 38 km/h;

BGH VersR **1966** 779: Verkehrsregler an einer Baustelle; Kraftfahrzeug fährt mit überhöhter Geschwindigkeit in den gesperrten Raum ein;

BGH VersR **1966** 1139: Glatteis, gerade noch ausreichendes Profil;

OLG Köln MDR **1967** 589: Umleitungsschild wurde von Unbefugten entfernt;

BGH VersR **1967** 602: unrichtige Ampelregelung;

BGH VersR **1967** 132: fehlende Beleuchtung an schlecht sichtbarer Bahnschranke;

OLG Düsseldorf VersR **1968** 806: Befahren erkannter Glättestelle;

KG VRS **39** 408: niedrige Äste an innerstädtischer Straße;

KG VersR **1971** 183: Lkw fährt gegen einen zu tief über die Straße ragenden Ast;

OLG Nürnberg VersR **1971** 918: Pkw fährt nachts auf der Autobahn gegen einen Zementbrocken, der sich aus der Fahrbahndecke gelöst hat;

BGH VersR **1971** 475: dem Fahrer eines Lastzugs wird durch eine unvermutete Querrinne im Großstadtverkehr die Lenkung aus der Hand gerissen;

OLG Saarbrücken VersR **1972** 207: Taxi fährt in einer unfertigen städtischen Straße gegen einen herausragenden Kanaldeckel;

OLG Stuttgart VersR **1972** 868: hoher Frostaufbruch;

OLG Stuttgart VersR **1973** 260: Lkw fährt über eine im Straßenzug liegende Bodenwaage, die für das Gewicht nicht geeignet ist;

KG VersR **1973** 187: Möbeltransporter stößt innerorts gegen geneigten Straßenbaum;

OLG Karlsruhe VersR **1973** 972 LS: Pkw fährt auf einem unbefestigten Feldweg mit verschmutzter Fahrbahn viel zu schnell; BGH VersR **1974** 780: Bauunternehmer sichert eine Straßenbaustelle, eine Druckleitung der mit Preßluft betriebenen Baumaschine platzt;

LG Mannheim VersR **1975** 937: Pkw beachtet Warnposten nicht und kommt auf dem Eis einer durch Rohrbruch entstandenen Pfütze ins Schleudern;

BGH VersR **1980** 740: Abstellen des Fahrzeugs vor dachlawinengefährdetem Gebäude, unterlassene Belehrung der insoweit unerfahrenen Ehefrau über Gefahr von Dachlawinen;

BGH VersR **1981** 733: Sperranhänger eines Bautrupps auf Autobahn nicht ausreichend gesichert, aber gelbe Springlichter schon aus 1 km erkennbar;

OLG Hamm VersR **1982** 171: schneeglatte Straße noch nicht gestreut, Fahrer muß an Gefälle von 14% hinter Bergkuppe mit verunfallten Fahrzeugen rechnen.

bb) Verkehrssicherungspflichtiger und Fußgänger: 187

OLG Hamburg VersR **1962** 344: Loch an Straße, dem Fußgänger bekannt;

OLG Stuttgart VersR **1967** 485: ein Baustahlgewebe liegt auf dem Fußweg;

BGH VersR **1969** 515: Frau stolpert über Unebenheit im Pflaster, weil sie nicht nach unten geblickt hat;

BGH VersR **1970** 182: Fußgänger auf der glatten Fahrbahn anstatt auf gefrorenem Rasenstreifen am Straßenrand;

OLG Nürnberg VersR **1970** 773: vereiste Fahrbahn voller Schlaglöcher, kein Stock benutzt;

LG Hamburg VersR **1972** 653: Fußgänger stürzt über eine Kellertreppe auf dem Gehsteig;

LG Berlin VersR **1973** 327: Fußgänger stürzt bei Tag über eine Unebenheit des unbefestigten Gehwegs;

LG Heidelberg VersR **1973** 724: Fußgänger stürzt bei Tag an einem aufgefüllten Graben;

LG Flensburg VersR **1973** 476: eine Fußgängerin stürzt über einen Baumstumpf;

LG Heidelberg VersR **1974** 688: Unachtsame Fußgängerin stürzt über eine mangelhaft abgesicherte Abdeckung eines Wassereinlaufs.

cc) Fahrrad gegen Fahrrad: 188

OLG Düsseldorf VkBl. **1950** 159: Fahrrad gegen Fahrrad, Kreuzung;

BGH VersR **1971** 909: Fahrrad auf bevorrechtigter Straße, zweites Fahrrad von rechts.

dd) Radfahrer gegen Fußgänger: 189

BGH DAR **1957** 211: Fußgänger tritt, einem Mast ausweichend, auf die Fahrbahn;

BGH VersR **1962** 635: ballspielendes Kind;

OLG Nürnberg VersR **1962** 1116: Fahrrad gegen achtjähriges Kind, das sein Fahrrad quer nach links über die Fahrbahn schiebt;

BGH VersR **1967** 179: Fußgänger gibt dem Radfahrer auf enger Fahrbahn den Weg frei, tritt aber dann doch auf die Fahrbahn zurück;

BGH VersR **1968** 804: Fußgänger tritt in der Dämmerung zwischen Bäumen und parkenden Wagen hervor auf die Fahrbahn, Radfahrer stürzt.

190 **ee) Sonstige Fälle:**

OLG München VRS **8** 161: Pkw wird bei der Fahrt vom Fährschiff an Land beschädigt;

BGH VersR **1957** 585: Bagger trifft beim Entladen des Lkw dessen Führerhaus und Fahrer;

LG Göttingen DAR **1958** 12: Gastwirt läßt Pkw des Gastes durch Angestellte in Garage fahren;

OLG Neustadt ZfV **1960** 231: Aufseher der Hotelgarage fährt Wagen des Gastes gegen die Wand;

BGH NJW **1961** 1622: rollerfahrendes Kind fährt Fußgänger an;

BGH VersR **1962** 664: Anhänger wird mit geöffneter Bordwand durch Gabelstapler nach vorn gezogen, Ladung rutscht herab;

OLG Hamm MDR **1963** 216: Käufer gegen Verkäufer des Kraftwagens, weil Radmuttern nicht ausreichend angezogen waren;

LG Hamburg VersR **1967** 1164: Pkw fährt unter Mißachtung des Rotlichts gegen sich schließende Aufzugstür einer Garage;

OLG Oldenburg DAR **1967** 272: Tankwart schließt Motorhaube eines Pkw nicht ordnungsgemäß, so daß der Fahrwind sie öffnet;

OLG Düsseldorf DAR **1967** 303: Autoverkäufer gestattet dem Kaufinteressenten, bei einer Probefahrt auf schmaler, kurvenreicher Straße schnell zu fahren;

BGH VersR **1968** 301: rollerfahrendes Kind fährt frontal gegen eine Fußgängerin;

LG Berlin VersR **1972** 56: Fußgänger, zwischen einer Laterne und am Boden hockenden Kindern durchgehend, stolpert über einen zur Laterne gezogenen Gummifaden;

BGH VersR **1981** 354: Autokran stößt durch Verschulden des Einweisers mit schienengebundenem Löschwagen auf Gelände einer Eisenhütte zusammen.

191 **8. Haftungsausschlüsse**

Insbesondere im Verhältnis zum verletzten Mitfahrer oder zum geschädigten Eigentümer des benützten Kraftfahrzeugs beruft sich der Fahrer häufig auf einen Ausschluß seiner Haftung. Ein solcher kann sich aus ausdrücklicher Vereinbarung (Rdn. 192ff), aber auch aus stillschweigender Übereinkunft (Rdn. 200ff) ergeben. Die besonderen Haftungsausschlüsse des Arbeitsrechts sind in Rdn. 210ff dargestellt.

a) Vertraglicher Haftungsausschluß

192 **aa) Abschluß.** Ein vertraglicher Haftungsausschluß kann ausdrücklich vereinbart werden (§ 276 Abs. 2 BGB) und bezieht sich nicht nur auf die Haftung aus Vertrag, sondern auch auf diejenige aus anderen Rechtsgründen. Darauf, ob ein Beförderungsvertrag geschlossen wurde oder die Mitnahme des Insassen lediglich tatsächlich als Handlung außerhalb des bürgerlichen Rechtsverkehrs vorgenommen wird,

kommt es nicht an[26]. Der Vertrag kann ausdrücklich oder durch schlüssige Handlungen (stillschweigend) geschlossen werden. Maßgebend für den Inhalt ist – wenn keine ausdrückliche Vereinbarung geschlossen wurde – das gesamte Verhalten der Beteiligten, während es auf den Willen der Beteiligten nicht ankommt, soweit er nicht zum Ausdruck gekommen ist[27].

bb) Geschäftsfähigkeit der Beteiligten ist Voraussetzung der Wirksamkeit des Haftungsausschlußvertrags. Auf seiten des Führers des Kraftfahrzeugs genügt – da der Vertrag ihm nur einen Vorteil bringt – beschränkte Geschäftsfähigkeit, nicht aber auf seiten des Mitfahrenden[28]. Sein gesetzlicher Vertreter kann jedoch den Haftungsausschluß nachträglich genehmigen oder schon vor der Fahrt einwilligen. Die Einwilligung ist nicht ohne weiteres in der Erteilung der Erlaubnis zur Teilnahme an der Fahrt zu sehen, auch wenn es sich um eine Gefälligkeitsfahrt (vgl. Rdn. 205ff) handelt. Der gesetzliche Vertreter ist nach § 1629 Abs. 2, § 1795 Abs. 2, § 181 BGB nicht in der Lage, einen Haftungsausschluß mit sich selbst zu vereinbaren, wenn er selbst das Kfz führt. Dagegen widerspricht die Ansicht, die Einwilligung des Vaters oder der Mutter allein sei wirkungslos, weil die Eltern nur gemeinsam ihr Kind vertreten können, den tatsächlichen Gegebenheiten. In der Regel ermächtigen sich vielmehr die Eltern gegenseitig, Verträge ihres Kindes, die dem täglichen Leben angehören, ohne Mitwirkung des anderen Elternteils zu genehmigen (BGH VersR **1955** 342, bezieht sich auf die Rechtslage vor Nichtigerklärung des § 1629 Abs. 1 BGB). Ist der Mitfahrende während der Fahrt geschäftsunfähig, z. B. sinnlos betrunken (RG DAR **1930** 136; OLG Oldenburg VRS **4** 4), so ist zu prüfen, ob er auch schon geschäftsunfähig war, als er mit dem Führer des Kfzs vereinbarte, daß er mitfahren dürfe; liegt diese Vereinbarung vor Eintritt der Trunkenheit, so ist der Haftungsausschluß wirksam (OLG Düsseldorf RdK **1932** 94). 193

cc) Eine **Anfechtung** des Haftungsausschlusses kann, da es sich um eine Willenserklärung handelt, wegen Irrtums (§ 119 BGB) oder wegen arglistiger Täuschung (§ 123 BGB) erfolgen. Dies kommt z. B. in Betracht, wenn der Mitfahrer nicht gewußt hat, daß das Kraftfahrzeug nicht verkehrssicher ist (BGH VersR **1952** 350). 194

dd) Unwirksamkeit des Haftungsausschlußvertrags wegen **Sittenwidrigkeit** ist zwar denkbar (RG VAE **1939** 326), doch werden solche Fälle wohl kaum jemals vorkommen. Insbesondere kann es in der Regel nicht als sittenwidrig bezeichnet werden – wie das Reichsgericht annahm – wenn der Mitfahrer mit dem Führer des Kraftfahrzeugs vereinbart, er werde ihn nur in Anspruch nehmen, wenn kein Dritter für den Schaden einzustehen habe. So ist es z. B. rechtlich unbedenklich, den Haftungsverzicht dahin zu formulieren, daß der Mitfahrer auf alle Ansprüche gegen den Führer des Kraftfahrzeugs verzichtet, die nicht durch dessen Haftpflicht- 195

[26] RGZ **128** 229; **141** 262; RG JW **1911** 28; **1911** 714; **1915** 275; **1934** 2033 m. Anm. *Lechner*; DAR **1930** 136; **1932** 90; RdK **1933** 76; BGHZ **2** 159; BGH VersR **1955** 278; OLG Karlsruhe VersR **1955** 630; OLG Düsseldorf VersR **1959** 568.

[27] RGZ **65** 313; **67** 431; **145** 390; RG JW **1915** 275; DAR **1930** 136; **1932** 90; **1932** 232; **1936** 145; **1939** 226; RdK **1933** 76; VAE **1936** 338; BGHZ **2** 159; BGH VRS **7** 6; VersR **1957** 299; **1961** 846; OLG Düsseldorf RdK **1932** 94; VersR **1959** 568; OLG Dresden VAE **1936** 430; OLG Naumburg DAR **1939** 106; OLG Jena DAR **1941** 76; OLG Celle RdK **1950** 122; OLG Hamm VRS **1** 177; OLG Schleswig VRS **2** 1; OLG Kassel VersR **1954** 38; OLG Karlsruhe VersR **1955** 630.

[28] RGZ **141** 262; BGH VRS **14** 401; OLG Bamberg NJW **1949** 506; OLG Schleswig VRS **2** 1; OLG Celle MDR **1961** 413.

versicherung gedeckt sind (BGH VersR **1960** 549; OLG Stuttgart VersR **1961** 384). Die gegenteilige Ansicht (vgl. OLG Celle RdK **1941** 16; OLG Karlsruhe/Freiburg VRS **7** 170) übersieht, daß der Versicherer ohne Vereinbarung des Haftungsausschlusses ohnedies voll eintreten müßte, durch ihn also nicht unbillig belastet wird. Auch bei entgeltlicher Beförderung ist die Vereinbarung eines Haftungsausschlusses durchaus nicht schlechthin sittenwidrig. Die Haftung des Halters nach § 8a bleibt auch bei Vereinbarung des Haftungsausschlusses stets bestehen (§ 8a Abs. 2) und garantiert dem Mitfahrer ein Maß an Ersatzforderungen, welches die Unsittlichkeit des Abbedingens anderer Ansprüche im allgemeinen ausschließen wird.

196 ee) Ob der Haftungsverzicht **auf einzelne Ansprüche beschränkt** ist, ist Frage der Vertragsgestaltung oder -auslegung im Einzelfall. Auch beim konkludent abgeschlossenen Verzichtsvertrag ist dies durch interessengerechte Auslegung zu ermitteln. Sie wird häufig dahin gehen, daß der Mitfahrer nur auf solche Ansprüche verzichtet, die nicht durch die Haftpflichtversicherung des Fahrers gedeckt sind (vgl. BGH VersR **1961** 427; **1961** 518; OLG Saarbrücken VersR **1961** 928; OLG Hamburg VersR **1970** 188).

197 ff) Eine **Beschränkung des Haftungsausschlusses auf leichte Fahrlässigkeit** ist möglich, kann aber in den Verzichtsvertrag (auch den durch konkludentes Handeln geschlossenen) nicht ohne weiteres hineininterpretiert werden. Entscheidend ist auch hier die Interessenlage im konkreten Fall. Auszugehen ist allerdings davon, daß vertragliche Haftungsmilderungen im Zweifel eng und gegen den, der sich freizeichnen will, auszulegen sind (BGHZ **22** 96; **54** 305; BGH NJW **1978** 261).

198 **gg) Haftungsausschluß durch Aushang o. ä.** Gelegentlich sind in Kraftfahrzeugen Schilder mit der Aufschrift angebracht: „In diesem Fahrzeug fahren Sie auf eigene Gefahr." Die Bedeutung eines solchen Schildes lag nach früherer Auffassung in der Regel darin, daß der Insasse dann, wenn er das Schild widerspruchslos gelesen hat, vertraglich auf die Haftung des Halters aus Gefährdungshaftung verzichtet, während das Schild auf die Haftung des Führers keinerlei Einfluß haben sollte (RGZ **145** 390 = JW **1935** 1021 m. Anm. *Louis;* RG DAR **1931** 249; OLG Jena DAR **1931** 39). Entsprechendes sollte gelten, wenn der Führer des Kraftfahrzeugs den Mitfahrer vor Antritt der Fahrt darauf hinwies, er fahre auf eigene Gefahr oder auf eigenes Risiko (RG RdK **1933** 76; KG VAE **1938** 395; OLG Düsseldorf RdK **1949** 45). Liegt der Beförderung des Fahrgastes jedoch ein Vertrag zugrunde, so kann einer solchen einseitigen Erklärung, wenn sie vom Fahrgast nicht ausdrücklich oder schlüssig (das bloße Mitfahren genügt hierbei nicht!) angenommen wird, schon deswegen keine Bedeutung zukommen, weil der Beförderungsvertrag üblicherweise bereits vorher zustande gekommen ist. Gleiches muß aber auch dann gelten, wenn es sich um eine bloße Mitnahme ohne vertragliche Grundlage handelt. Zum einseitigen Haftungsausschluß bei der Verkehrssicherungspflicht vgl. Rdn. 520.

199 **hh)** Der Haftungsverzicht kann auch **Wirkung auf Ansprüche Dritter** haben. So setzen z. B. die Ansprüche Dritter wegen Unterhalts (§ 844 Abs. 2 BGB) und wegen entgangener Dienste (§ 845 BGB) das Bestehen einer Ersatzpflicht des Führers des Kraftfahrzeugs gegenüber dem Verletzten voraus. Hat dieser die Haftung ganz oder teilweise vertraglich ausgeschlossen, so sind auch die Ansprüche Dritter in gleichem Maße eingeschränkt[29]. Ist infolge vereinbarten Haftungsausschlusses ein An-

[29] RGZ **65** 313; RG JW **1930** 2854 m. Anm. *Bezold*; BGH VersR **1961** 846; OLG Koblenz VersR **1953** 403; OLG Oldenburg DAR **1956** 296.

spruch des Verletzten gegen den Führer des Kraftfahrzeugs, in dem er fuhr, nicht entstanden, so kann auch kein Anspruch auf den Träger der Sozialversicherung übergehen. Der Ausschluß ist vielmehr auch gegenüber dem Träger der Sozialversicherung wirksam[30]. Zur Wirkung auf Ausgleichsansprüche bei Mehrheit von Schädigern vgl. § 17, 22ff.

b) Ein **stillschweigender Haftungsausschluß** kann nur in Ausnahmefällen ange- 200
nommen werden. Die wichtigsten Fallgruppen sind im folgenden dargestellt.

aa) **Gewerbliche Kraftfahrzeugvermietung.** Hier liegt eine stillschweigende Ver- 201
einbarung des Haftungsausschlusses zugunsten des mit leichter Fahrlässigkeit den Wagen beschädigenden Mieters dann vor, wenn und soweit der Mieter im Vertrag die Bezahlung oder Erstattung der Prämie für die Kaskoversicherung (hinsichtlich der von ihm durchzuführenden Fahrten) übernommen hat (BGHZ **22** 113; OLG Köln VersR **1966** 530).

bb) Ein **Fahrschüler** haftet dem Fahrlehrer dann nicht für einen von ihm herbei- 202
geführten Schaden, wenn sein Versagen im Straßenverkehr auf mangelhaftem Wissen oder Können beruht (OLG Düsseldorf NJW **1966** 736). Zur Haftung des Fahrschülers gegenüber Dritten vgl. § 18, 23.

cc) Für eine bei der **Probefahrt** entstandene Beschädigung des Kraftfahrzeugs 203
haftet der Fahrer dem Eigentümer dann nicht, wenn lediglich leichte Fahrlässigkeit vorliegt und die Beschädigung in Zusammenhang mit den einer Probefahrt eigentümlichen Gefahren steht. Dies gilt sowohl für Vorführwagen eines Kraftfahrzeughändlers (BGH VersR **1972** 863) als auch für Gebrauchtwagen, deren Verkauf der Händler lediglich für den Eigentümer vermittelt (BGH VersR **1979** 352), und hat seinen Grund darin, daß es dem Interessenten nicht möglich ist, sich gegen seine Haftpflicht gegenüber dem Eigentümer zu versichern (§ 11 Nr. 3 AKB), während dem Händler der Abschluß einer Vollkaskoversicherung möglich und zumutbar ist. Im Falle VersR **1979** 352 hat der BGH den Haftungsausschluß allerdings daraus hergeleitet, daß der Händler den Kaufinteressenten trotz dessen Widerstandes und offenkundiger Unsicherheit dazu gedrängt hatte, sich selbst ans Steuer des Wagens zu setzen (krit. *Stöfer* NJW **1979** 2553). Wird die Probefahrt vom privaten Verkäufer eines Gebrauchtwagens gewährt, so kann, von außergewöhnlichen Fallgestaltungen abgesehen, ein Haftungsausschluß nicht bejaht werden; hier fährt der Interessent, wenn er bei einer Probefahrt selbst steuern will, auf eigenes Risiko.

Wird der mitfahrende Händler bei der Probefahrt verletzt, so ist der Kaufinteres- 204
sent nach BGH VersR **1980** 426 ihm gegenüber von der Haftung frei, soweit er – wie dies nach § 11 Nr. 3 AKB a. F. der Fall war – insoweit keinen Versicherungsschutz hat. Der BGH hat diese Auffassung auf die Erwägung gestützt, daß der Händler die Möglichkeit hat, sich durch Beitritt zur Berufsgenossenschaft Versicherungsschutz zu verschaffen. Da der Probefahrer seit der Neufassung von § 11 Nr. 3 AKB mit Wirkung ab 1. 1. 1977 hinsichtlich der Personenschäden des Halters den Schutz dessen Haftpflichtversicherung genießt, hat diese Entscheidung für Schadensfälle nach diesem Datum keine Bedeutung mehr. Im Verhältnis zum privaten Verkäufer des Kraftfahrzeugs hat sie ohnehin keine Geltung.

30 RGZ **167** 213; OLG Dresden RdK **1940** 141; OLG Düsseldorf VersR **1959** 568; LG Frankenthal DAR **1956** 277.

205 **dd) Gefälligkeitsfahrt.** Allein die Tatsache, daß der Fahrer die Unglücksfahrt im Interesse eines anderen und aus Gefälligkeit ihm gegenüber unternommen hat, rechtfertigt es nicht, einen stillschweigenden Haftungsverzicht dieses anderen anzunehmen (BGHZ **41** 81; BGH VersR **1978** 625; **1979** 136). So haftet der Fahrer z. B. grundsätzlich auch dann für die verschuldete Verletzung eines Insassen, wenn er diesen unentgeltlich und gefälligkeitshalber mitgenommen hat; ebenso hat er in der Regel für die schuldhafte Beschädigung eines Kraftfahrzeugs einzustehen, das er für den Eigentümer aus Gefälligkeit an einen anderen Ort überführen wollte.

206 Die Rechtsprechung hat allerdings unter besonderen Umständen im Einzelfall gleichwohl einen stillschweigenden Haftungsverzicht – jedenfalls für leichte Fahrlässigkeit – bejaht, und zwar insbesondere zwischen Fahrer und Halter des Kraftfahrzeugs. Hierfür war insbesondere maßgeblich, daß nach der bis 31. 12. 1976 geltenden Fassung von § 11 Nr. 3 AKB der Fahrer keinen Versicherungsschutz im Verhältnis zum Halter des von ihm benutzten Kraftfahrzeugs genoß und somit z. B. für Verletzungen des mitfahrenden Halters selbst aufzukommen hatte. Dies führte zu dem als unbillig empfundenen Ergebnis, daß der verletzte Halter zwar den Schutz seiner Kranken- bzw. Sozialversicherung genoß, der Fahrer aber, der sich dem Halter lediglich gefällig erweisen wollte, im Wege des Regresses für den gesamten Schaden aufzukommen hatte. Zur Rechtfertigung der Konstruktion eines stillschweigenden Haftungsausschlusses in solchen Fällen wurde angeführt, daß unterstellt werden könnte, Fahrer und Halter hätten, wären sie sich dieser Konsequenzen bewußt gewesen, einen ausdrücklichen Haftungsverzicht vereinbart, denn der Halter hätte sich unter den gegebenen Umständen einem solchen Ansinnen des für ihn tätig werdenden Fahrers gar nicht verschließen können. Da seit der Neufassung von § 11 Nr. 3 AKB die Haftpflichtversicherung in Fällen der geschilderten Art auch für Personenschäden (nicht allerdings Sach- und Vermögensschäden) des Halters eintritt, hat sich das Problem der Gefälligkeitsfahrt etwas entschärft.

207 Besondere Umstände, die die Annahme eines stillschweigenden Haftungsverzichts rechtfertigen können, hat der BGH z. B. angenommen

– wenn ein Kolonnenführer einen ihm unterstellten Arbeitskollegen beauftragt, bei der gemeinsamen Heimfahrt von der Arbeitsstelle das Steuer seines Kraftfahrzeugs zu übernehmen (BGH VersR **1978** 625 unter Abstellen auf die zum Einsatz gelangte dienstliche Autorität);

– wenn Halter und Fahrer sich auf der Rückfahrt aus dem gemeinsam verbrachten Urlaub am Steuer des Kraftwagens abgewechselt haben (BGH VersR **1979** 136 unter Abstellen auf ein gesellschaftsähnliches Verhältnis zwischen beiden, das auch in der Teilung der Unkosten seinen Ausdruck gefunden habe);

– wenn der Halter den Fahrer aus eigenem Interesse nachdrücklich beauftragt, ihn heimzufahren, obwohl letzterer erst seit kurzem die Fahrerlaubnis besitzt und den Wagen nicht kennt (BGH VersR **1980** 384; sehr weitgehend).

208 Nicht genügen soll es dagegen nach der Rechtsprechung des BGH, daß Halter und Fahrer befreundet waren und der Fahrer den Halter aus Gefälligkeit gefahren hat (BGHZ **41** 81; **43** 76; BGH VersR **1966** 40). Auch für Gefälligkeitsfahrten gegenüber Angehörigen gilt insoweit nichts Besonderes (vgl. jedoch Rdn. 48).

209 **ee) Bewußte Selbstgefährdung, Handeln auf eigene Gefahr.** Die Haftung eines Fahrers kann u. U. dadurch ausgeschlossen oder gemindert sein, daß der verletzte Mitfahrer sich freiwillig und bewußt einer besonders gesteigerten Unfallgefahr aus-

gesetzt hat (z. B. bei Trunkenheit des Fahrers). Diese Haftungsmilderung ergibt sich jedoch nicht aus einem stillschweigend vereinbarten Haftungsverzicht und – entgegen der früher in der Rechtsprechung vertretenen Auffassung[31] – auch nicht aus einer fingierten Einwilligung in die mögliche Verletzung, sondern aus § 254 BGB (BGHZ **34** 355; BGH VersR **1961** 427; **1961** 518; OLG Saarbrücken VersR **1961** 928). Einzelheiten hierzu s. § 9, 26ff).

9. Haftungsausschlüsse im Arbeitsverhältnis

a) Haftungsausschluß zugunsten des Arbeitnehmers bei gefahrgeneigter Arbeit. Die **210** Rechtsprechung hat aus dem Gedanken einer billigen Risikoabwägung zwischen Arbeitgeber und Arbeitnehmer Grundsätze über eine Einschränkung der Haftung des Arbeitnehmers bei gefahrgeneigten Tätigkeiten entwickelt. Die zugrundeliegende Erwägung besteht darin, daß der Arbeitnehmer das Risiko, durch leichtes Verschulden Schäden zu verursachen, die zu seiner Vergütung außer Verhältnis stehen, nicht allein tragen soll, wenn er dieses Risiko auf Veranlassung und im Interesse des Arbeitgebers übernommen hat. Eine weitere Haftungsbeschränkung kann sich daraus ergeben, daß der Arbeitgeber es unter Verletzung seiner Fürsorgepflicht unterlassen hat, durch Abschluß einer Versicherung besondere Haftungsrisiken von dem Arbeitnehmer abzuwenden (vgl. Rdn. 216).

aa)Anwendungsbereich. Die Haftungsmilderung wegen gefahrgeneigter Arbeit gilt **211** für Sach-, Personen- und Vermögensschäden. Sie gilt nicht nur für den vertraglichen Anspruch, sondern auch für den Anspruch aus unerlaubter Handlung (BAG VersR **1967** 169). Voraussetzung ist jedoch das Bestehen eines Arbeitsverhältnisses oder Ausbildungsverhältnisses; ein selbständiges Dienstverhältnis genügt nicht (BGH NJW **1963** 1100 m. abl. Anm. *Isele*). Wer seinen Wagen in eine Instandsetzungswerkstätte und dort nach besonderer Weisung des Reparaturunternehmers über die Reparaturgrube fährt, ist bei diesem Vorgang nicht Arbeitnehmer; er haftet daher dem Unternehmer, dem er dabei einen Schaden zufügt (BGH VersR **1968** 452). Die Grundsätze finden auch bei einem Leiharbeiterverhältnis gegenüber Schadensersatzansprüchen des entleihenden Arbeitgebers Anwendung (BGH VersR **1973** 1120). Sie greifen nicht ein, wenn der Arbeitnehmer eigenmächtig seine Arbeitspflicht überschreitet, es sei denn, daß er unverschuldet eine akute Notsituation annimmt, die sein Einspringen erforderlich macht (BGH NJW **1976** 1229).

bb) Begriff der gefahrgeneigten Arbeit. Gefahrgeneigt ist eine Arbeit, die nach **212** den Umständen des Einzelfalls leicht zu Schäden wie dem eingetretenen führen kann, die zum Arbeitseinkommen außer Verhältnis stehen. Die Lenkung eines Kraftfahrzeugs, insbesondere eines Lkw, ist fast immer gefahrgeneigte Arbeit (BGH VersR **1957** 463; BAG VersR **1967** 169), nicht jedoch in ganz einfachen Verkehrssituationen (BAG AP Haftung des Arbeitnehmers Nr. 22, 26).

cc) Fehlen schwerer Schuld des Arbeitnehmers am Unfall ist weitere Vorausset- **213** zung[32]. Die Haftungsmilderung greift daher nicht ein bei Vorsatz oder grober Fahrlässigkeit. Eine schwere Schuld fehlt, wenn das Verschulden des Schädigers im we-

[31] RGZ **130** 169; **141** 265; RG JW **1934** 2033 m. Anm. *Lechner*; DAR **1936** 145; VAE **1939** 201; BGHZ **2** 159; BGH VRS **4** 88; **5** 2; **16** 81; VersR **1953** 85; **1955** 309; **1957** 733; **1958** 309; **1959** 386; NJW **1958** 905; OGH NJW **1950** 143; VRS **2** 131; OLG Dresden VAE **1936** 430; **1937** 401; OLG Freiburg VersR **1951** 206; OLG Karlsruhe MDR **1956** 550.

[32] BGHZ **16** 119; **27** 62 = VersR **1958** 398 u. 621 m. Anm. *Böhmer*; BGH VersR **1957** 463; BAG VersR **1958** 54.

sentlichen darin besteht, daß er sich einer im Betrieb eingebürgerten fehlerhaften Arbeitsmethode angeschlossen hat (BGH VersR **1959** 754); sie liegt also z. B. dann nicht vor, wenn ein Arbeitnehmer im Interesse des Unternehmens trotz Übermüdung weiterfährt und hierdurch einen Unfall verursacht (**a. A.** LAG Stuttgart Betrieb **1961** 711). Grobe Fahrlässigkeit ist zu bejahen, wenn sich der Täter über Gebote und Einsichten hinweggesetzt hat, die sich jedem aufdrängen mußten (BGH VersR **1974** 569). Hat der Kraftfahrer den Unfall durch „Einnicken" am Steuer verursacht, so rechtfertigt dies allein noch nicht den Vorwurf grober Fahrlässigkeit (BGH VersR **1974** 593). Dem Kraftfahrer, der sich auf einer Gefällstrecke bewußt über mehrere Warnzeichen hinweggesetzt hat, wurde der Vorwurf schwerer Schuld gemacht (BGH VersR **1974** 569). Hat sich ein Kraftfahrer, um eine Erkältung zu bekämpfen, bewußt durch Alkohol fahruntüchtig gemacht, so trifft ihn der Vorwurf schwerer Schuld, wenn er in diesem Zustand den Entschluß faßt, sich ans Lenkrad zu setzen (BGH VersR **1974** 853).

214 **dd) Einfluß bestehenden oder fehlenden Versicherungsschutzes.** Das **Bestehen einer Haftpflichtversicherung** ist für die Haftungsmilderung bei gefahrgeneigter Arbeit ohne Bedeutung (LAG Düsseldorf Betr. **1954** 520; OVG Saarlouis NJW **1968** 1796; **a. A.** LAG Dresden JW **1938** 2999).

215 Bei **Bestehen einer Kaskoversicherung** für das vom Arbeitnehmer beschädigte Kraftfahrzeug des Arbeitgebers ist letzterer verpflichtet, vorrangig seine Kaskoversicherung in Anspruch zu nehmen; deren Regreß gegen den Arbeitnehmer ist nach § 15 Abs. 2 AKB ausgeschlossen.

216 Bei **Nichtbestehen einer Kaskoversicherung** kann der Arbeitgeber schon aus diesem Grund verpflichtet sein, einen Teil des Schadens selbst zu tragen. Jedenfalls bei Überlassung eines hochwertigen Fahrzeugs an den Arbeitnehmer ist er nämlich aufgrund seiner Fürsorgepflicht gehalten, das hohe Schadensrisiko durch Abschluß einer Kaskoversicherung vom Arbeitnehmer abzuwenden (OLG Stuttgart NJW **1980** 1169; ArbG Kassel BB **1981** 1641; **a. A.** BAG NJW **1968** 1846). Hierbei kann eine Selbstbeteiligung (OLG Stuttgart aaO: 1500 DM; ArbG Kassel aaO: 650 DM) vorgesehen werden. Die Haftung des Arbeitnehmers reduziert sich somit bei nicht grob fahrlässiger Beschädigung eines pflichtwidrig nicht kaskoversicherten Arbeitgeberfahrzeugs auf die Selbstbeteiligung, ggf. noch gequotelt nach den Grundsätzen über die gefahrgeneigte Arbeit (Rdn. 217).

217 **ee) Wirkung der Haftungsmilderung.** Fällt dem Arbeitnehmer in Fällen der vorstehend beschriebenen Art weder Vorsatz noch grobe Fahrlässigkeit zur Last, so ist nach BAG VersR **1983** 940 seine Haftung gegenüber dem Arbeitgeber völlig ausgeschlossen (anders die frühere Rechtsprechung, wonach im Bereich zwischen ganz leichter und grober Fahrlässigkeit der Schaden in entsprechender Anwendung des § 254 BGB quotenmäßig zu teilen sei; vgl. BGH VRS **11** 407; VersR **1970** 63; BAG NJW **1959** 1796; Betrieb **1964** 1741). Richtiger erscheint eine individuelle Abwägung, bei der auf der einen Seite das Verschulden des Arbeitnehmers (unter Berücksichtigung aller, auch subjektiver Besonderheiten des Einzelfalls), auf der anderen das Betriebsrisiko des Arbeitgebers zu gewichten sind. Bei der Bewertung des Betriebsrisikos kann auch die Höhe des entstandenen Schadens von Bedeutung sein (vgl. LAG Bremen Betrieb **1964** 627). Trifft auch den Arbeitgeber ein Verschulden, ist zusätzlich nach § 254 BGB zu quoteln (vgl. LAG Frankfurt VRS **30** 79).

218 **ff)** Bei **Schädigung eines Dritten** (auch eines Arbeitskollegen; vgl. hierzu jedoch Rdn. 236ff) durch gefahrgeneigte Arbeit bleibt die Haftung des Arbeitnehmers un-

berührt; er kann jedoch einen Freistellungsanspruch gegen den Arbeitgeber haben (vgl. Rdn. 548).

gg) Wirkung des Ausschlusses gegenüber Dritten beim Schadensregreß: vgl. § 17, 26. 219

b) Haftungsausschluß zugunsten des Arbeitgebers bei Personenschaden des Arbeitnehmers 220

aa) Überblick. Nach § 636 Absatz 1 RVO ist die Haftung des Unternehmers (Arbeitgebers) gegenüber dem sozialversicherten Arbeitnehmer und dessen Angehörigen und Hinterbliebenen, auch wenn sie keinen Anspruch auf Rente haben, für die bei einem Arbeitsunfall erlittenen Personenschäden grundsätzlich ausgeschlossen, weil der Unternehmer die ganzen Kosten der sozialen Unfallversicherung seiner Arbeitnehmer trägt. In den vom Gesetz (RVO) geregelten Fällen entfällt nicht nur die Haftung des Unternehmers aus unerlaubter Handlung (§§ 823ff BGB), sondern auch diejenige aus Vertrag und die Gefährdungshaftung aus § 7 StVG oder § 1 HaftpflichtG. Der Haftungsausschluß ist jedoch dann unvollkommen, wenn der Unternehmer den Arbeitsunfall vorsätzlich herbeigeführt hat oder wenn der Unfall bei der Teilnahme am allgemeinen Verkehr eingetreten ist (§ 636 Abs. 1 Satz 1 RVO); in diesen Fällen ist die Haftung lediglich in der Höhe ausgeschlossen, in der die Sozialversicherung dem Verletzten (oder seinen Angehörigen oder Hinterbliebenen) Ersatz leistet; für den darüber hinausgehenden Schaden, insbesondere für das Schmerzensgeld haftet der Unternehmer dem Verletzten und den übrigen nach BGB Berechtigten.

bb) Umfang des Haftungsausschlusses. In allen anderen Fällen, also wenn der 221
Haftungsausschluß unbeschränkt wirkt, sind auch Schmerzensgeldansprüche ausgeschlossen[33]; desgleichen auch Ansprüche für Zeiträume, für die eine Rente noch nicht gewährt wird. Der Haftungsausschluß greift sogar dann ein, wenn der Verletzte keine Rente erhält, z. B. weil seine Erwerbsfähigkeit um weniger als 20% gemindert ist (§ 581 Abs. 1 Nr. 2 RVO) (RAG DR **1944** 783). Lediglich solche Ansprüche sind nicht ausgeschlossen, die sich auf Schäden oder Schadensgruppen beziehen, die die RVO überhaupt nicht regeln will (BGH VersR **1959** 108). Insbesondere kann der Versicherte seinen Sachschaden gegen den Unternehmer geltend machen (BGHZ **52** 115). Ausgenommen sind Schadenersatzansprüche wegen einer Beschädigung von Körperersatzstücken und größeren orthopädischen Hilfsmitteln (Gebiß, Prothese u. a.), weil insoweit der Sozialversicherungsträger aufzukommen hat. Dazu gehört sogar ein wegen eines Brustgipses erforderlich gewordener neuer – in der Brustpartie weiterer – Anzug (OLG Stuttgart VersR **1965** 977).

cc) Wirkung gegenüber Dritten. Ist ein Unternehmer von der Haftung für einen 222
Arbeitsunfall freigestellt, so kann er auch nicht von einem Zweitschädiger auf Ausgleichung in Anspruch genommen werden (BGHZ **19** 114; BGH VersR **1967** 250; vgl. § 17, 22f). Da der Haftungsausschluß nur zugunsten des Unternehmers (und evtl. der Arbeitskollegen; Rdn. 236) wirkt, sind Ansprüche des Verletzten gegen andere Personen nicht ausgeschlossen (BGH VersR **1975** 855). Es können insbesondere andere Unternehmer in Anspruch genommen werden. Die Haftung des Zweit-

[33] BGHZ **3** 298; **12** 278; **64** 203; BGH VersR **1961** 126; BAG NJW **1967** 25 LS; LAG Düsseldorf VersR **1963** 354; LAG Hamm VersR **1965** 375; *Voss* VersR **1954** 7; **a. A.** *Böhmer* MDR **1964** 185.

schädigers beschränkt sich auf den Schadensanteil, den er ohne das Haftungsprivileg des Erstschädigers im Verhältnis zu diesem letztlich tragen müßte (BGH VersR **1971** 223; **1973** 836; vgl. § 17, 24).

223 **dd) Einfluß der Haftpflichtversicherung.** Der Haftungsausschluß gilt auch dann, wenn der Ersatzpflichtige haftpflichtversichert ist[34]. Die gegenteilige Ansicht (OLG München VersR **1962** 673; *Böhmer* MDR **1962** 958; JR **1963** 215; JR **1964** 56) beachtet nicht, daß es den Unternehmern nicht zuzumuten ist, höhere Versicherungsprämien zur Haftpflichtversicherung zu zahlen, um dadurch in Fällen dem Arbeitnehmer einen zusätzlichen Vorteil zu verschaffen, für die die Unternehmer schon Beiträge zur Berufsgenossenschaft leisten. Haben Haftpflichtversicherer ein Schadenteilungsabkommen geschlossen und ist darin vereinbart, daß die Teilung ohne Prüfung der Haftungsfrage zu erfolgen hat, so ist auch nicht zu prüfen, ob §§ 636f RVO anzuwenden sind (LG Frankfurt VersR **1961** 501).

224 **ee) Begriff des Unternehmers.** Unternehmer ist derjenige, auf dessen Rechnung der Betrieb oder die Arbeit, bei der sich der Unfall ereignet hat, ging (§ 658 Abs. 2 Nr. 1 RVO; vgl. RGZ **98** 253; **99** 228; **144** 40). Nicht erforderlich ist, daß mit dem Verletzten ein Arbeitsvertrag bestand; es reicht aus, daß der Verletzte für den Unternehmer tätig war (BGH VersR **1967** 678 m. Anm. *Prölss*). Es ist nicht einmal erforderlich, daß der Unternehmer von der Tätigkeit des Betreffenden in seinem Betrieb weiß (BGH NJW **1966** 452). Es genügt, daß die Tätigkeit dem mutmaßlichen Willen des Unternehmers entspricht. Dies ist z. B. der Fall, wenn in betrieblichem Interesse ein Beifahrer an einer Fahrt teilnimmt (OLG Stuttgart VersR **1965** 977). Da es auf das Bestehen eines Vertrages nicht ankommt, sind Unternehmer auch die Eltern, in deren Betrieb ein Kind aufgrund der familiären Beziehung tätig ist. Mehrere Personen sind nur dann Unternehmer, wenn sie am Gewinn und Verlust teilnehmen; bei Kommanditgesellschaften sind nur die Gesellschaft als solche und die persönlich haftenden Gesellschafter Unternehmer. Ist der Betrieb verpachtet, so ist der Pächter Unternehmer. Im übrigen wird auch über die Frage, wer Unternehmer ist, im Bescheid des Versicherungsträgers bzw. im Urteil des Sozialgerichts nach § 638 Abs. 1 RVO mit Bindungswirkung für den Schadensersatzprozeß entschieden (vgl. Rdn. 232). Beruht ein Unfall auf einer Pflichtwidrigkeit des Unternehmers, der sein Unternehmen schon vor dem Unfall veräußert hatte, so tritt der Haftungsausschluß nicht ein (BGH NJW **1966** 653).

225 **ff) Vom Haftungsausschluß erfaßte Verletzte** sind die nach der RVO Versicherten (vgl. Rdn. 226) und diejenigen, auf die die Satzung der Berufsgenossenschaft die Versicherungspflicht ausgedehnt hat, ferner auch die freiwillig Versicherten (§ 545 RVO). Die versicherungsfreien Personen (§§ 541, 542 RVO) gehören nicht dazu. Hinterbliebene sind die Witwe (§ 590 RVO), die frühere Ehefrau (§ 592 RVO), der Witwer (§ 593 RVO), die Waisen (§ 595 RVO) und die Eltern (§ 596 RVO). Mit „Angehörigen" sind vor allem die nach § 845 BGB Dienstberechtigten gemeint. Die Vorschrift schließt auch Ansprüche verbotswidrig Beschäftigter aus, z. B. eines Jugendlichen (BGH NJW **1952** 462). Dies gilt sogar dann, wenn der Unternehmer von der Mithilfe des Jugendlichen in seinem Betrieb nichts wußte, dieser aber vorübergehend in den Betrieb eingegliedert war (vgl OLG Schleswig VersR **1968** 147 u. 828 m. Anm. *Boller*).

[34] BGH VersR **1959** 754; **1963** 1025; NJW **1963** 654 m. Anm. *Seydel*; *Schmalzl* VersR **1962** 771; *Asanger* VersR **1963** 149.

Gegen Arbeitsunfall versichert sind nach § 539 Abs. 1 RVO in erster Linie die Arbeitnehmer des schädigenden Unternehmers, einschließlich Auszubildender, Heimarbeiter, mitarbeitender Angehöriger u. ä. (s. Nr. 1 bis 3 aaO). § 539 Abs. 2 RVO erweitert den Sozialversicherungsschutz und damit auch den Haftungsausschluß auf Personen, die zwar keine Arbeitnehmer in dem in Frage stehenden Unternehmen sind, aber dort wie ein solcher tätig werden (BGH VersR **1975** 1002; **1978** 151); dies gilt auch für Strafgefangene, die als Freigänger in dem betreffenden Betrieb tätig sind (BGH VersR **1983** 261) sowie bei nur vorübergehender Tätigkeit (LAG Frankfurt NJW **1966** 2330). Nicht erfaßt werden dagegen Schüler im Rahmen eines sog. Betriebspraktikums (BGH VersR **1984** 652; s. a. Rdn. 256). § 539 Abs. 2 RVO bezieht sich auf jede ernstliche, dem Unternehmen dienende Tätigkeit von wirtschaftlicher Bedeutung (BGH VersR **1955** 40), die dem wirklichen oder mutmaßlichen Willen[35] des Unternehmers entspricht und in einem inneren oder ursächlichen Zusammenhang mit dem Unternehmen steht (BGH VersR **1969** 757; **1971** 735; **1977** 959; **1978** 150). Die Beweggründe für das Tätigwerden sind ohne Belang (BSG NJW **1973** 1821). Ein Verhältnis persönlicher oder wirtschaftlicher Abhängigkeit braucht nicht zu bestehen (BSG VersR **1958** 337; NJW **1973** 1821; BGH VersR **1959** 109; **1966** 182; **1978** 150; **1982** 41); auch braucht kein objektiver Nutzen aus der Arbeit entstanden zu sein (BGH VersR **1959** 109). Der Unternehmer braucht von ihr keine Kenntnis zu haben (BGH VersR **1966** 182). Es genügen daher bereits vorübergehende Hilfeleistungen, sofern sie für das betreffende Unternehmen typisch sind und sich nicht etwa im Bereich allgemeiner Nothilfe bewegen (BGHZ **52** 121; BGH NJW **1981** 626). **226**

Allerdings muß sich der Verletzte dem Unfallbetrieb in gewisser Weise **eingegliedert** haben; es reicht nicht, wenn er sich nur in loser Form in dessen Arbeitsvorgänge eingeschaltet oder nur im Rahmen der Tätigkeit für einen anderen Arbeitgeber mit ihm in Berührung gekommen ist (BGH VersR **1978** 150). Es genügt daher für den Haftungsausschluß nicht, wenn der Verletzte nur deshalb von dem Unfallereignis betroffen wird, weil seine Arbeitsstelle im Einflußbereich des Unfallbetriebs liegt, mag dies auch auf gemeinsame Aufgaben zurückzuführen sein, wie z. B. bei Beteiligung mehrerer Unternehmer an einem Bauvorhaben (BGH VersR **1957** 615; **1958** 377; **1966** 387; ebenso für Subunternehmer BAG JZ **1984** 286 m. Anm. *Hanau*). Dies gilt auch dann, wenn der Stammbetrieb des Verunglückten für den Unfallbetrieb tätig wird, der Verunglückte aber nur eigene Aufgaben seines Betriebs besorgt (BGH VersR **1960** 427; **1960** 800; **1961** 358; **1963** 252; **1965** 457). Anders verhält es sich dagegen, wenn der Verunglückte von seinem Stammbetrieb als „Leiharbeiter" in den Unfallbetrieb entsandt worden ist. Die hierfür erforderliche Einordnung in den fremden Betrieb ist anzunehmen, wenn die Arbeitskraft sich mit dem Betriebsunternehmer (oder dessen Bevollmächtigten) und anderen Arbeitnehmern des Betriebs derart zu einer Arbeitsgemeinschaft zusammenschließt, daß sie unter der den Arbeitsgang bestimmenden Leitung des Unternehmers (oder der von ihm Beauftragten) tätig wird sowie nach dessen Anordnungen handelt und damit diesem auch einen Teil der Verantwortung für die Durchführung der Arbeiten überläßt[36]. Entsprechendes gilt, wenn der aushelfende Arbeitnehmer nicht durch sein Stammunternehmen entsandt worden ist, sondern aufgrund eigenen Entschlusses **227**

[35] BSG VersR **1958** 337; LSG Celle VersR **1958** 136; LSG Stuttgart VersR **1961** 795; LG Oldenburg VersR **1958** 795.

[36] BGH VersR **1957** 245; **1959** 827; **1959** 602; **1960** 426; **1962** 540; OLG München VersR **1959** 817.

dem Unfallbetrieb Hilfe leistet, weil er gerade zur Stelle war, etwa beim Beladen eines Fahrzeugs (BGH VersR **1977** 959; **1983** 855) oder beim Ankuppeln eines Anhängers an den Lastwagen eines Lieferanten (BGH VersR **1959** 109; **1978** 150). Hierbei ist allerdings sorgfältig zu prüfen, ob sich die Tätigkeit für den fremden Betrieb tatsächlich wie ein Ausleihen der Arbeitskraft darstellt oder ob die Arbeitskraft nicht doch für eigene Aufgaben des Stammunternehmens eingesetzt wird, wie dies z. B. anzunehmen ist, wenn ein Revierförster nur deshalb im Lkw des Holzfuhrunternehmens mitfährt, um die abzufahrenden Baumstämme zu bezeichnen (BGH VersR **1955** 457) oder wenn ein Arbeitnehmer des Verkäufers den Wagen des Kunden vereinbarungsgemäß mit der gekauften Ware belädt (BGH VersR **1957** 102). War der fremde Betrieb dagegen dem Stammbetrieb gegenüber zum Entladen verpflichtet, so hat sich der helfende Arbeitnehmer dem fremden Betrieb eingegliedert (BGH VersR **1983** 728). Handelt es sich um ein Tätigwerden in der Sphäre des Unfallbetriebs, so scheitert die Annahme einer Eingliederung in diesen nicht daran, daß die Tätigkeit zugleich für den Stammbetrieb nützlich war (vgl. BGH VersR **1978** 150: der Verunglückte half auf dem Gelände seines Betriebs dem Fahrer eines Lieferanten, der keinen Beifahrer zur Verfügung hatte, beim Ankuppeln eines Anhängers, ohne die Leitung dieses Manövers zu übernehmen; er wollte damit vor allem erreichen, selbst früher an die Laderampe heranfahren zu können). Bei nur vorübergehenden Hilfeleistungen ist zu prüfen, ob die Eingliederung in den Unfallbetrieb zum Zeitpunkt des Unfalls nicht schon beendet war (vgl. z. B. BGH VersR **1983** 855).

228 Ein Arbeitnehmer kann somit durchaus mehreren Betrieben (im Sinne der RVO) angehören und damit auch mehrfachen Unfallversicherungsschutz (mit der Folge entsprechenden Haftungsausschlusses) genießen. Hat die für seinen Stammbetrieb zuständige Berufsgenossenschaft den Unfall als Arbeitsunfall anerkannt, so hindert dies den Haftungsausschluß für den anderen Unternehmer, in dessen Betrieb sich der Unfall ereignet hat, nicht (BGH VersR **1978** 151; **1983** 31).

229 Aber auch ohne jede Beziehung zu einem Arbeitsverhältnis im eigentlichen Sinne kann eine Person in den Geltungsbereich der gesetzlichen Unfallversicherung und damit auch des Haftungsausschlusses nach § 636 RVO kommen, sofern er nur eine **arbeitnehmerähnliche Tätigkeit** ausübt (§ 539 Abs. 2 i. V. m. § 539 Abs. 1 Nr. 1 RVO; BGH VersR **1981** 260 m. Anm. *Denck* SGb **1981** 238). Dies gilt etwa dann, wenn ein völlig Außenstehender in einer Notsituation Hilfe leistet und hierbei durch Verschulden des „Unternehmers" verletzt wird. Ein Beispiel hierfür ist die Pannenhilfe durch einen anderen Kraftfahrer, und zwar auch gegenüber dem Halter eines privaten Kraftfahrzeugs, der nach § 658 Abs. 2 Nr. 2 RVO als Unternehmer gilt und dem Helfer den Versicherungsschutz der Berufsgenossenschaft für Fahrzeughaltungen verschafft (BSGE **35** 140; **46** 233; OLG Bamberg VersR **1976** 890). Voraussetzung ist aber, daß die Hilfeleistung für den „Unternehmer" erbracht wird; handelt der Helfer zur Abwehr von Gefahren für die Allgemeinheit, so ist er zwar auch gesetzlich versichert (§ 539 Abs. 1 Nr. 9a RVO), verliert aber nicht etwaige Schadensersatzansprüche gegen den Betrieb, von dem die Gefahr ausgeht (BGHZ **52** 122; BGH VersR **1979** 668; NJW **1981** 626). Das gleiche gilt für den (ebenfalls von § 539 Abs. 1 Nr. 9a RVO erfaßten) Fall, daß die Hilfeleistung in der Rettung eines Verunglückten, gleich ob aus eigenem Antrieb oder auf dessen Bitte hin, besteht; auch bei weitester Auslegung kann man diese Tätigkeit nicht mehr als arbeitnehmerähnlich, den Verunglückten nicht als Unternehmer betrachten (BGH VersR **1981** 260 m. Anm. *Denck* SGb **1981** 238).

Ein selbständiger Unternehmer wird nur dann für einen anderen Unternehmer im Rahmen des § 539 Abs. 2 RVO tätig, wenn die Tätigkeit nicht zu dem Kreis der Arbeiten gehört, die den Gegenstand seines eigenen Unternehmens bilden (BGH VersR **1959** 429; **1962** 540; **1964** 237). Die Mitarbeit von Familienangehörigen im Unternehmen gehört nicht hierher, wenn familienrechtliche oder ethische Verpflichtungen die alleinige Grundlage bilden. Insbesondere ist die Mitarbeit auf landwirtschaftlichen Anwesen keine versicherungspflichtige Tätigkeit und schließt daher die Haftung des Schädigers aus unerlaubter Handlung nicht aus. 230

gg) Arbeitsunfall ist ein plötzliches, im Rahmen der Tätigkeit für einen Unternehmer verursachtes Ereignis, durch das ein Versicherter eine Körperverletzung oder eine Gesundheitsschädigung erleidet. Der Unfall muß sich bei einer der in §§ 539, 540, 543, 544, 545 RVO genannten Tätigkeiten ereignen (§ 548 Abs. 1 Satz 1 RVO), aber auch Unfälle bei der Verwahrung, Beförderung, Instandhaltung und Erneuerung des Arbeitsgeräts, auch wenn es vom Versicherten gestellt wird (§ 549 RVO), Unfälle auf dem Wege nach und von dem Tätigkeitsort (§ 550 RVO) und unter bestimmten Voraussetzungen Unfälle beim Geldabheben, wenn der Lohn auf ein Geldinstitut überwiesen wird (§ 548 Abs. 1 Satz 2 RVO), gelten als Arbeitsunfälle. War Trunkenheit für den Unfall mitursächlich, so ändert dies nichts am Vorliegen eines Arbeitsunfalls im Sinne des § 636 RVO (vgl. BGH VersR **1968** 353). Auf Einzelheiten, vor allem zu der Frage, wann ein Wegeunfall vorliegt, einzugehen, erübrigt sich im Rahmen des Straßenverkehrsrechts, weil die ordentlichen Gerichte nicht selbst prüfen dürfen, ob der Unfall, aus dem der Kläger seinen Schadenersatzanspruch herleitet, ein Arbeitsunfall ist (vgl. Rdn. 234). 231

hh) Feststellung des Arbeitsunfalls. Wird die Klage auf Schadenersatz wegen Körperverletzung erhoben und sind gewichtige Anhaltspunkte dafür vorhanden, daß der Unfall, auf den die Ansprüche gestützt werden, ein Arbeitsunfall war, so muß das angegangene Gericht sein Verfahren so lange aussetzen, bis die Entscheidung in dem Verfahren nach der RVO oder dem SGG ergangen ist (§ 638 Abs. 2 RVO). Dies gilt nicht für Arreste und einstweilige Verfügungen. Das Verfahren über die auf Schadenersatz gerichtete Klage darf erst fortgesetzt werden, wenn ein bindender Bescheid des Versicherungsträgers (§ 77 SGG) vorliegt oder das Verfahren vor dem Sozialgericht rechtskräftig entschieden ist. Was für die Frage gilt, ob ein Arbeitsunfall vorliegt, gilt auch für die Frage, in welchem Umfang und von welchem Träger der Unfallversicherung die Leistungen zu gewähren sind. 232

Ist im Bescheid des Versicherungsträgers oder im Urteil des Sozialgerichts festgestellt, in welchem Betrieb sich der Arbeitsunfall ereignet hat, wer im Augenblick des Unfalls Unternehmer war oder ob der Verletzte zu den versicherten Personen gehört, so nehmen nach herrschender Ansicht (Rdn. 224) diese Feststellungen an der Bindungswirkung des § 638 Abs. 1 RVO teil (BGH VersR **1958** 288; **1968** 372 u. 768 m. Anm. *Schmalzl*; LAG Frankfurt NJW **1966** 2330). Dies gilt aber hinsichtlich der Feststellung des Betriebs und des Unternehmers nur, wenn hierüber im Bescheid des Versicherungsträgers (der Berufsgenossenschaft, § 1583 RVO) oder im Urteil des Sozialgerichts eine Feststellung getroffen ist. Fehlt diese, so hat das ordentliche Gericht oder Arbeitsgericht nicht etwa nach § 638 Abs. 2 RVO sein Verfahren auszusetzen, sondern es hat diese Fragen selbst zu entscheiden. In keinem Fall ist das ordentliche Gericht an der Feststellung gehindert, daß neben dem im Bescheid oder im Urteil des Sozialgerichts genannten Unternehmer noch ein ande- 233 rer Unternehmer den Schutz des §636 RVO genießt[37]. Liegt ganz offensichtlich ein Arbeitsunfall vor und wird dies von den Prozeßparteien nicht in Zweifel gezogen, so ist das Verfahren vor dem ordentlichen Gericht oder Arbeitsgericht nicht auszusetzen (BAG NJW **1967** 1925 LS). Dasselbe gilt, wenn mit Sicherheit ausgeschlossen werden kann, daß ein Arbeitsunfall vorliegt, und wenn daher mit einer Entscheidung des Sozialversicherungsträgers nicht zu rechnen ist.

234 Bei der Prüfung, ob die Haftung durch die RVO ausgeschlossen ist, sind die Gerichte an eine Entscheidung des Sozialversicherungsträgers (oder des Sozialgerichts) darüber, ob ein Arbeitsunfall vorliegt und in welchem Umfang ein Träger der Unfallversicherung Leistungen zu erbringen hat (und welcher), **gebunden**. Haben sie einen Arbeitsunfall verneint, so kann das Gericht den Unternehmer nicht nach § 636 RVO von der Haftung freistellen; haben dagegen der Sozialversicherungsträger oder das Sozialgericht für einen bestimmten Unternehmer den Arbeitsunfall bejaht, so muß diesem Haftungsfreistellung nach § 636 RVO gewährt werden (BGH NJW **1972** 1990).

235 **ii) Kein Haftungsausschluß bei Teilnahme am allgemeinen Verkehr.** Bei Arbeitsunfällen, die sich bei Teilnahme am allgemeinen Verkehr ereignen, ist die Haftung des Unternehmers, der den Unfall fahrlässig herbeigeführt hat, nur insoweit ausgeschlossen, als Ansprüche gegen den Sozialversicherungsträger bestehen (§ 636 Abs. 1 Satz 2 RVO). Der Begriff „allgemeiner" Verkehr ist nicht inhaltsgleich mit dem Begriff „öffentlicher Verkehr" (BGHZ **3** 298; BGH VersR **1981** 252; *Bülow* DJ **1944** 28). Allgemeiner Verkehr ist vielmehr jede Teilnahme am Verkehr auf öffentlichen Straßen, Wasserstraßen, Eisenbahnen usw., sofern nicht die einzelne Fahrt gerade als „besonderer Verkehr" im Verhältnis zwischen dem Verletzten und dem Unternehmer, den er in Anspruch nehmen will, unternommen worden ist. Maßgeblich ist also, ob der Arbeitnehmer den Unfall als gewöhnlicher Verkehrsteilnehmer oder gerade als Betriebsangehöriger, bei einem innerbetrieblichen Vorgang, erlitten hat (BGH VersR **1953** 134; **1956** 36; **1981** 252). Letzteres ist z. B. der Fall, wenn der Unternehmer entweder in eigenen Fahrzeugen eine dienstliche Fahrt ausführt oder ausführen läßt (BAG NJW **1967** 1925 LS), oder für eine solche Fahrt ein Fahrzeug mietet; dazu gehört auch die Inanspruchnahme von Taxis, Mietwagen, Mietomnibussen u. dgl. zu Beförderungen aus dienstlichen Gründen, soweit sie vom Arbeitgeber oder einer von diesem mit solchen Aufgaben betrauten Person angeordnet wurde. Fehlt es an einer solchen dienstlichen Anordnung, handelt vielmehr der Arbeitnehmer bei der Mitnahme eines anderen auf eigene Faust, so liegt Teilnahme am allgemeinen Verkehr vor (BGH VersR **1956** 589; OLG Celle VersR **1956** 198). Schwierigkeiten der Abgrenzung entstehen dann, wenn derjenige, der „auf eigene Faust" einen Arbeitskameraden mitnimmt, im Aufbau des Betriebs die Befugnis gehabt hätte, eine Dienstfahrt anzuordnen. Die Rechtsprechung geht bei der Prüfung eines solchen Sachverhalts davon aus, daß in Fällen, in denen die Mitnahme eine bloße und nur gelegentliche Gefälligkeit darstellt, keine angeordnete Dienstfahrt vorliege. Dies ist vor allem für eine Mitnahme auf dem Weg zum Arbeitsplatz oder von dort nach Hause angenommen worden, wenn es sich nicht um eine planmäßige Beförderung, sondern nur um ein gelegentliches „Mitnehmen" gehandelt hat (BGH VersR **1956** 589; OLG Celle VersR **1956** 198; **a. A.** OGHZ **1** 248). Eine Abgrenzung

[37] BGH VersR **1957** 517; **1958** 288; NJW **1972** 1990; OLG Nürnberg VersR **1958** 464; OLG Koblenz VersR **1959** 38; SG Reutlingen VersR **1958** 494; *Möring* VersR **1955** 489; *Boller* VersR **1968** 828.

solcher Fahrten von betrieblichen Fahrten ist vor allem bei Kleinbetrieben von Bedeutung, in denen der Unternehmer selbst die Aufgabe übernommen hat, den Kraftwagen bei den zu Unternehmerzwecken veranstalteten Fahrten zu lenken. Nimmt z. B. der Bezirksvertreter oder Kolonnenleiter seine Untervertreter in seinem Kraftwagen zum Einsatzort mit, oder der Bauer seinen Knecht, so liegt eine angeordnete betriebliche Fahrt vor. Eine solche kann mithin auch gegeben sein, wenn die Fahrt nicht Berufsaufgabe des Arbeitnehmers ist, sondern der Berufsaufgabe lediglich zu dienen hat (*Neumann-Duesberg* VersR **1968** 1). Die Beförderung Betriebsangehöriger im firmeneigenen Kraftfahrzeug zur Arbeitsstelle und zurück ist auch dann betriebliche Tätigkeit, wenn der Unternehmer nur einen Teil der Beförderungskosten trägt und gelegentlich – anstelle des nicht betriebsfähigen firmeneigenen Kraftfahrzeugs – der Fahrer seinen eigenen Wagen einsetzt (BGH VersR **1968** 1193). Keine Teilnahme am allgemeinen Verkehr liegt auch vor, wenn eine Versicherte mit Duldung ihres für den Heimtransport vertraglich verantwortlichen Betriebsinhabers nach Betriebsschluß vom Ehegatten des Inhabers nach Hause gefahren wird (BGH NJW **1976** 673). Im Normalfall ist der Weg zur Arbeitsstätte und zurück jedoch Teilnahme am allgemeinen Verkehr. Dienstbezogener Verkehr hingegen ist die Beförderung von einem Arbeitsplatz zum anderen sowie die Beförderung im Rahmen eines Betriebsausflugs (BGH VersR **1956** 36) oder die Beförderung von der Wohnung zum Arbeitsplatz und zurück, immer vorausgesetzt, daß keine andere Person als die dienstlich beförderte an solchen „Sonderfahrten“ teilnimmt[38]. Trotz Teilnahme anderer Personen an der Fahrt liegt ein „besonderer Verkehr“ für die Lenker von Fahrzeugen und für die beim Betrieb der Fahrzeuge Beschäftigten (vor allem für die Schaffner und das sonstige Begleitpersonal) dann vor, wenn die berufliche Tätigkeit in der Lenkung des Fahrzeugs, in der Mitfahrt als Begleitpersonal oder in der Mitarbeit beim Beladen oder Entladen besteht[39].

c) Haftungsausschluß bei Verletzung eines Arbeitskollegen 236

aa) Überblick. § 637 Abs. 1 RVO erweitert die Regelung des § 636, also den Ausschluß oder die Beschränkung der Haftung für Personenschäden (zu den Einzelheiten dieser Haftungsmilderung vgl. Rdn. 220ff), im Interesse der Wahrung des Betriebsfriedens auf gegenseitige Ersatzansprüche der in demselben Betrieb tätigen Betriebsangehörigen. Die Haftungsprivilegierung gilt zugunsten der Arbeitskollegen dann, wenn diese den Arbeitsunfall (vgl. hierzu Rdn. 231) durch eine betriebliche Tätigkeit verursacht haben. Haftpflichtversicherung des Schädigers läßt den Haftungsausschluß nicht entfallen (BGH VersR **1971** 564).

bb) Begriff der betrieblichen Tätigkeit. Auch wenn die Tätigkeit nicht zum eigentlichen Aufgabenbereich des Arbeitskollegen gehörte, tritt der Haftungsausschluß ein, wenn die Arbeit betriebsbezogen war (BGH VersR **1971** 565; BAG NJW **1967** 220). Darunter fällt z. B. die Mitnahme von und zur Arbeitsstelle im firmeneigenen Fahrzeug (BGH VersR **1973** 736) oder aufgrund einer vom Arbeitgeber finanzierten und organisierten Fahrgemeinschaft mit Arbeitnehmerfahrzeugen (BGH VersR **1978** 625) sowie die Mitnahme auf einer Dienstfahrt zur Erledigung von Dienstgeschäften (BGH VersR **1971** 564; **1972** 146). Kann ein Betriebsangehöriger die aus- 237

38 OGHZ **1** 248; BGHZ **8** 330; **19** 114 = VersR **1956** 36 und 126 m. Anm. *Böhmer;* BGHZ **33** 339; BGH VersR **1956** 388; **1956** 589; OLG Köln ZfV **1955** 730; OLG Karlsruhe VersR **1956** 199; **1958** 100.

39 BGHZ **3** 304; BGH VersR **1953** 256; **1958** 46; **1959** 52; LG Berlin VersR **1956** 719.

wärtigen Dienstgeschäfte nicht an einem Tag erledigen und fährt er, statt unterwegs zu übernachten, abends nach Hause zurück, so fällt diese Fahrt unter die betriebliche Tätigkeit (BGH VersR **1972** 145). Die gemeinsame Fahrt zur Arbeitsstelle ist – von den oben genannten Sonderfällen abgesehen – keine betriebliche Tätigkeit und fällt daher, obwohl es sich bei einem Unfall auf einer solchen Fahrt um einen „Wegeunfall" (§ 550 RVO) handelt, nicht unter den Haftungsausschluß[40]. Auch die gemeinsame Heimfahrt von einem Richtfest ist keine betriebliche Tätigkeit, außer wenn der Mitgenommene volltrunken ist oder wegen einer Erkrankung nicht allein nach Hause gelangen kann (BGH VersR **1966** 665). Eine betriebliche Tätigkeit im Sinn der Vorschrift liegt auch dann vor, wenn der Schädiger bei der Verrichtung der ihm aufgetragenen Arbeit fehlerhaft und leichtsinnig verfährt (BAG NJW **1967** 1925 LS). Auch Trunkenheit des schädigenden Kollegen schließt die Bejahung einer betrieblichen Tätigkeit nicht aus (BGH VersR **1968** 353).

238 cc) **Zugehörigkeit zu demselben Betrieb.** Der Schädiger muß, um sich auf den Haftungsausschluß nach § 637 Abs. 1 RVO berufen zu können, demselben Betrieb angehören, in dem auch der Verletzte tätig war. Zugehörigkeit zum selben Konzern oder zu einer Tochterfirma desselben Unternehmens genügt nicht (BGH VersR **1975** 1002). Nach BGHZ **64** 203 ist die Bundesrepublik allerdings einheitlicher Unternehmer, wenn ein Soldat den Arbeitsunfall eines bei der Bundeswehrverwaltung beschäftigten Arbeiters verursacht.

239 Wie bei § 636 RVO fallen auch hier nicht nur Arbeitnehmer im engeren Sinn unter den Haftungsausschluß, sondern auch vorübergehend, z. B. zu Hilfeleistungen, in den Betrieb Eingegliederte. Die in Rdn. 227 vorgenommene Abgrenzung dieses Personenkreises gilt aber nur für den verletzten Arbeitskollegen. An die Eingliederung des Schädigers werden von der Rechtsprechung strengere Anforderungen gestellt. Er muß in den Unfallbetrieb in einer Art und Weise eingegliedert sein, die ihn – wenn auch nur vorübergehend – einem Angehörigen dieses Betriebes gleichstellte (BGH VersR **1956** 553; **1971** 224; **1976** 473; **1978** 152; **1979** 935; **1983** 31; **1983** 687). Diese Differenzierung wird aus dem gesetzlichen Begriff des „in demselben Betrieb tätigen Betriebsangehörigen" und den ihm zugrundeliegenden Erwägungen des Gesetzgebers hergeleitet (BT-Drucksache IV/938 neu S. 18). Sie führt dazu, daß nicht alle Personen, die nur vorübergehend im Sinne des § 539 Abs. 2 RVO wie ein aufgrund von Abs. 1 dieser Vorschrift Versicherter in einem Betrieb tätig werden und daher als Verletzte die Haftungseinschränkung des Unternehmers und dessen Arbeitnehmer hinnehmen müssen, den rechtlichen Vorteil der Haftungsfreistellung genießen, wenn sie während der Zeit dieser Einordnung selbst in Ausübung einer betriebsbezogenen Tätigkeit einem im selben Betrieb Tätigen Schaden zufügen. Ein wesentliches Merkmal für die Eigenschaft als Betriebsangehörige ist das Bestehen einer Weisungsgebundenheit (BGH VersR **1959** 603; **1962** 541; **1979** 935; **1983** 687).

240 Wird der Unternehmer selbst durch seinen Arbeitnehmer verletzt, so greift § 637 Abs. 1 RVO auch dann nicht ein, wenn er sich bei seiner Berufsgenossenschaft freiwillig gegen Arbeitsunfall versichert hatte (BGH NJW **1981** 53 m. Anm. *Plagemann* VersR **1981** 632 u. *Sieg* SGb **1981** 366; **a. A.** OLG Hamm VersR **1978** 510).

241 **dd)** Für die **Feststellung**, ob der auf Schadenersatz vor dem ordentlichen Gericht in Anspruch Genommene ein Arbeitskollege des Klägers war, gelten die für die

[40] BGH VersR **1956** 589; **1967** 1201; **1971** 564; **1978** 625; **1981** 251; LAG Düsseldorf Betrieb **1966** 386.

Feststellung des Unternehmers oben Rdn. 224 aufgestellten Regeln. Die Bindung nach § 638 RVO besteht mithin nur in dem dort angegebenen Umfang.

ee) Ausschluß des Haftungsprivilegs bei Teilnahme am allgemeinen Verkehr. Der Arbeitskollege kann sich (ebenso wie nach § 636 RVO der Arbeitgeber) abgesehen vom Fall vorsätzlicher Schädigung auch dann nicht auf den vollen Haftungsausschluß berufen, wenn der Arbeitsunfall bei der Teilnahme am allgemeinen Verkehr eingetreten ist. Maßgebend hierfür ist, ob der Versicherte den Unfall als normaler Verkehrsteilnehmer oder als Betriebsangehöriger erlitten hat. So ist z. B. die Mitfahrt im Unfallfahrzeug dann keine Teilnahme am allgemeinen Verkehr, wenn die Fahrt mit dem Betrieb und der Betriebszugehörigkeit in so engem Zusammenhang stand, daß demgegenüber die Eigenschaft als Verkehrsteilnehmer in den Hintergrund tritt (BGH VersR **1971** 564). Wird die Helferin in einem Krankentransportwagen bei einem Unfall verletzt, der sich auf einem Krankentransport ereignete, so hat sie keine Ansprüche gegen den Lenker des Wagens; denn es liegt keine Teilnahme am allgemeinen Verkehr vor (BGH VersR **1968** 355). Eigenständige Bedeutung kann das Merkmal der Teilnahme am allgemeinen Verkehr nur haben, wenn bei dem Arbeitsunfall zwar der Schädiger, nicht aber der Verletzte eine betriebliche Tätigkeit ausübte, z. B. wenn ein Versicherter auf dem Weg zur Arbeit von einem Kollegen, der sich auf Dienstfahrt befindet, angefahren wird. In einem solchen Fall könnte der Verletzte also seine Schadensersatzansprüche gegen den Verletzer geltend machen. 242

d) Rückgriff des Sozialversicherers gegen den Unternehmer oder Arbeitskollegen 243

aa) Grundzüge der Regelung. § 640 RVO gibt dem Sozialversicherer einen Anspruch, sich bei dem nach §§ 636, 637 RVO von der Haftung gegenüber dem verletzten Beschäftigten bzw. Arbeitskollegen befreiten Schädiger dann schadlos zu halten, wenn der Schädiger den Unfall vorsätzlich oder grob fahrlässig verursacht hat. Dieser Anspruch beruht mithin nicht auf einem Forderungsübergang, sondern entsteht in der Hand des Sozialversicherers neu und ist auf den Ersatz der gesamten, diesem entstehenden Aufwendungen gerichtet. Er erstreckt sich daher (anders als der Regreßanspruch nach § 1542 RVO) auch auf die Kinderzulage nach § 583 Abs. 1, 2 Satz 1 RVO (BGH VersR **1983** 854). Das Mitverschulden des Verletzten bleibt bei der Berechnung des Anspruchs ebenso außer Betracht wie die Höhe des dem Verletzten tatsächlich entstandenen Schadens (BGH VersR **1972** 171; **a. A.** *Kühne* VersR **1973** 207). Der in Anspruch Genommene kann einwenden, daß der Sozialversicherer von einem bestimmten Zeitpunkt an auch ohne den Unfall Leistungen hätte erbringen müssen (BGHZ **57** 314). Das Familienprivileg des § 67 Abs. 2 VVG ist nicht entsprechend anwendbar (BGHZ **69** 354; vgl. aber Rdn. 249).

Der Anspruch aus § 640 RVO gehört dem bürgerlichen Recht an (BGH VersR **1968** 373; **1968** 455; **1968** 641) und gehört nicht vor das Sozialgericht (BGH VersR **1968** 64; **1968** 668) oder vor das Arbeitsgericht (BGH VersR **1968** 455; **1968** 641). Da der Anspruch aus § 640 RVO bürgerlich-rechtlicher Natur ist, kann er gegen den Erben des Unternehmers oder gegen den Erben des Arbeitnehmers geltend gemacht werden, der den Unfall eines Arbeitskollegen grob fahrlässig verursacht hat und beim Unfall oder danach gestorben ist (BGH VersR **1969** 848). Der Anspruch des Sozialversicherungsträgers verjährt nach § 642 RVO in einem Jahr nach dem Tag, an dem die Leistungspflicht bindend festgestellt wurde, spätestens fünf Jahre nach dem Arbeitsunfall. Die einjährige Verjährungsfrist gilt für den Rückgriffan- 244 spruch der AOK aus § 640 RVO ebenso wie für den der Berufsgenossenschaft (BGH VersR **1970** 365).

245 **bb)** Der Rückgriff setzt **Vorsatz oder grobe Fahrlässigkeit** des Schädigers voraus. Sie müssen sich auf Eintritt und Umfang des Schadens beziehen (BGH VersR **1980** 164).

246 Unter *grober Fahrlässigkeit* ist zu verstehen ein objektiv besonders schwerer und subjektiv nicht entschuldbarer Verstoß gegen die Anforderungen der verkehrserforderlichen Sorgfalt (BGH VersR **1972** 944; **1973** 565; **1976** 649; **1977** 465; BAG BB **1968** 912). Er ist zu bejahen, wenn sich der Kraftfahrer im konkreten Fall über die Bedenken hinweggesetzt hat, die sich jedem anderen in gleicher Lage aufdrängen mußten (BGH VersR **1964** 1024; **1978** 541). Da es auch auf die subjektive Verantwortlichkeit ankommt, können objektiv gleich schwere Pflichtverstöße verschiedener Personen wegen des unterschiedlichen Grades der persönlichen Vorwerfbarkeit zu unterschiedlichen Ergebnissen bei der Beurteilung als grobe Fahrlässigkeit führen (BGH VersR **1978** 541). Nicht grob fahrlässig handelt z. B. ein Kraftfahrer, der an einer erkennbar gefährlichen Kreuzung weder die gelb blinkende Warnlampe beachtete, noch das Halteschild, noch den sichtbaren vorfahrtsberechtigten Lastzug; das OLG vertrat mit Billigung des BGH die Ansicht, gerade diese Häufung lasse bei dem beim Unfall getöteten Fahrer vermuten, daß sein Fehlverhalten auf einer außergewöhnlichen Ursache beruhte, zumal er sich früher nicht verkehrswidrig verhalten hatte (BGH VersR **1972** 944). Einen Anscheinsbeweis für grobe Fahrlässigkeit gibt es nicht (vgl. Rdn. 285). Der Verstoß gegen Unfallverhütungsvorschriften beruht durchaus nicht immer auf grober Fahrlässigkeit[41].

247 Nicht verallgemeinerungsfähig sind daher Entscheidungen, wonach es für grobe Fahrlässigkeit spricht, wenn ein Kraftfahrer auf einem ordnungsgemäß gekennzeichneten Bahnübergang mit einer Eisenbahn zusammenstößt (OLG Oldenburg DAR **1964** 111), wenn er auf einer geraden Strecke von einer verkehrsstillen Straße ohne ersichtlichen Grund abkommt[42], wenn er tagsüber bei guter Sicht auf den Grünstreifen der Autobahn gerät (OLG Köln VersR **1966** 530) oder wenn er ohne erkennbaren Anlaß auf ein beleuchtetes Hindernis auffährt, das er von weitem sehen konnte (LG Tübingen VersR **1966** 726). Auch zu schnelles Fahren (BGH VRS **65** 349), eine Vorfahrtsverletzung (BGH VRS **26** 84; VersR **1966** 829), ein Rotlichtverstoß (OLG Düsseldorf VersR **1966** 529) oder ein Abkommen von der Fahrbahn bei Nacht spricht nicht unbedingt für grobe Fahrlässigkeit (OLG Karlsruhe Justiz **1967** 143), desgleichen das Einnicken des Fahrers, wenn sich keine Umstände feststellen lassen, die den Schluß zulassen, er habe sich über deutliche Vorzeichen der Ermüdung bewußt hinweggesetzt (BGH VersR **1977** 619; OLG München VersR **1963** 1044).

248 Als ausreichender Hinweis auf grobe Fahrlässigkeit des Fahrers ist es allerdings angesehen worden, daß er sich nach Alkoholgenuß in fahruntüchtigem Zustand an das Steuer eines Kraftfahrzeugs setzte (BGH VersR **1972** 277; **1974** 853; einschränkend OLG Stuttgart VersR **1972** 290); habe der Fahrer die Lenkung des Fahrzeugs

[41] BGH VersR **1969** 39; **1981** 75; OLG Köln VersR **1962** 648; **1963** 621; OLG Frankfurt VersR **1970** 808; *Marschall v. Bieberstein* VersR **1968** 509.

[42] OLG München VersR **1959** 74; **1965** 1089; OLG Köln VersR **1967** 273 und 371 m. Anm. *Ruhkopf*; LG Stuttgart VersR **1967** 59; LG Coburg VersR **1966** 1089; **a. A.** OLG Stuttgart VersR **1970** 765.

jedoch nur übernommen, um den noch betrunkeneren ursprünglichen Fahrer am Weiterfahren zu hindern, so habe er zwar das unrichtige Mittel ergriffen, aber nicht grob fahrlässig (BGH VersR **1972** 277). Auch der Kraftfahrer, der wegen eines im Fahrzeug herabgefallenen Gegenstandes den Blick von der Fahrbahn abwendet (OLG Saarbrücken VersR **1974** 183) oder sich gar bückt oder umwendet (OLG Frankfurt VersR **1973** 610; LG Würzburg VersR **1977** 275), handelt grob fahrlässig, sofern nicht ausnahmsweise entlastende Umstände hinzutreten. Einen umfassenden Überblick über Rechtsprechung und Schrifttum gibt *Riedmaier* VersR **1981** 10.

cc) Verzicht auf den Rückgriff. Die Träger der Sozialversicherung können nach billigem Ermessen, insbesondere unter Berücksichtigung der wirtschaftlichen Verhältnisse des Schädigers auf den Ersatzanspruch aus § 640 Abs. 1 RVO verzichten (§ 640 Abs. 2 RVO). Für die Gerichte stellt sich damit die Frage, ob sie das Ermessen des Sozialversicherers überprüfen können; denn die Erfüllung der Ansprüche des Sozialversicherungsträgers führt oft zum wirtschaftlichen Zusammenbruch eines Arbeitnehmers auf Lebenszeit und kann auch den Betrieb kleinerer Gewerbetreibender finanziell zum Erliegen bringen. *Brox* (Betrieb **1969** 490) spricht den ordentlichen Gerichten die Möglichkeit einer solchen Überprüfung ab und vertritt die Ansicht, der Betroffene müsse vor dem Sozialgericht Klage dahin erheben, daß der Sozialversicherer den ihm zustehenden Anspruch nicht geltend machen dürfe. Zutreffend weist demgegenüber *Benz* (VersR **1970** 109) auf den Leerlauf hin, den das Nebeneinander eines Prozesses vor den ordentlichen Gerichten und eines zweiten vor den Sozialgerichten verursachen würde, sowie auf die bürgerlich-rechtliche Natur des Anspruchs aus § 640 RVO. Seiner Ansicht ist beizupflichten. Die ordentlichen Gerichte haben im Verfahren nach § 640 RVO auch zu prüfen, ob die Geltendmachung des Anspruchs bei Berücksichtigung der wirtschaftlichen Verhältnisse des Schuldners unbillig ist, zumal dieser keinen Versicherungsschutz genießt. Unbillige Härte ist rechtsmißbräuchlich ebenso wie sachfremde Erwägungen (BGH VersR **1971** 1167). Das Bestehen einer Haftpflichtversicherung kann bei der Ermessensentscheidung berücksichtigt werden (BGH VersR **1971** 1167; **1978** 35; OLG Frankfurt VersR **1972** 1123). Sind Schädiger und Verletzter Angehörige in häuslicher Gemeinschaft, so hat der Sozialversicherungsträger auch die Wahrung des Familienfriedens zu berücksichtigen (BGHZ **69** 354). **249**

dd) Verhältnis zum Rückgriff nach § 1542 RVO. Ein Forderungsübergang nach § 1542 RVO auf Sozialversicherungsträger, die dem Verletzten Zahlungen geleistet haben, findet nicht statt, wenn ein Arbeitsunfall vorliegt und lediglich der Unternehmer oder ein Kollege bei betrieblicher Tätigkeit (vgl. BGH VersR **1981** 251) den Unfall schuldhaft verursacht hat. Da keine Forderung des Verletzten gegen den Unternehmer besteht, kann auch keine Forderung übergehen. Das gilt bei vorsätzlicher Unfallverursachung des Unternehmers und bei Unfällen, die bei Teilnahme am allgemeinen Verkehr entstanden sind, hinsichtlich der gesetzlichen Leistungen, die der Sozialversicherungsträger zu erbringen hat. Dieser hat also nicht etwa in dieser Höhe einen Anspruch gegen den Unternehmer, außer wenn nach § 640 RVO wegen grober Fahrlässigkeit Rückgriffshaftung stattfindet. Haftet dagegen für einen Arbeitsunfall eine Person, die nicht Unternehmer oder Betriebsangehöriger ist, so gehen die Schadenersatzansprüche kraft Gesetzes (§ 1542 RVO) auf den Sozialversicherungsträger über (§ 10, 58ff; § 11, 171ff). Haben der Unternehmer und ein nicht am Sozialversicherungsverhältnis Beteiligter den Schaden des Arbeitnehmers gemeinsam verursacht, so kann die Berufsgenossenschaft im Grundsatz wählen, wen sie in Anspruch nimmt (BGH VersR **1972** 171). Sie kann aber gegen den letzte- **250**

ren insoweit keinen Rückgriff nehmen, als der Unternehmer, wäre er nicht als an der Unfallversicherung Beteiligter von seiner Haftung freigestellt, im Verhältnis zum Zweitschädiger (nach §§ 426, 254 BGB, nach § 17 StVG oder nach ähnlichen Vorschriften) für den Schaden aufkommen müßte (BGH VersR **1969** 34 = JZ **1969** 262 m. Anm. *Sieg*; BGH VersR **1973** 836). Im Gegensatz zum Rückgriff aus § 640 RVO ist beim Forderungsübergang nach § 1542 RVO zu beachten, daß ein Rückgriff wegen übergegangener Forderungen nur möglich ist, soweit die Leistungen demselben Zweck dienten wie der vom Schädiger zu zahlende Schadenersatz („kongruente Schadensdeckung") und denselben Zeitabschnitt betrafen (BGH VersR **1974** 162; vgl. § 10, 69ff).

251 **10. Haftungsausschlüsse bei Beamten und Soldaten**

a) Haftungsausschluß. Der bei einem Dienstunfall verletzte Beamte oder Soldat sowie deren Hinterbliebene haben gegen den Dienstherrn nur die in §§ 30ff BeamtVG bzw. die im SoldVG vorgesehenen Ansprüche; weitergehende Ansprüche gegen einen öffentlich-rechtlichen Dienstherrn im Geltungsbereich dieser Gesetze (sowohl gegen den eigenen als auch gegen einen anderen) und gegen Bedienstete eines solchen Dienstherrn bestehen nur, wenn der Schädiger vorsätzlich gehandelt hat oder der Dienstunfall bei Teilnahme am allgemeinen Verkehr eingetreten ist (§ 46 BeamtVG, § 91a SoldVG, § 1 ErwG). Der Haftungsausschluß gilt aber nur, wenn der Schädiger in seiner Eigenschaft als öffentlich-rechtlicher Bediensteter, d. h. in ursächlichem Zusammenhang mit dem Dienstverhältnis, gehandelt hat (vgl. BGH VersR **1972** 491; **1977** 649). Zum Merkmal „Teilnahme am allgemeinen Verkehr" vgl. Rdn. 235. Zum allgemeinen Verkehr zählt z. B. die gemeinsame Fahrt von aus dem Urlaub zurückkehrenden Soldaten zum Dienst (BGH VersR **1977** 649). Nicht bei der Teilnahme am allgemeinen Verkehr ereignet sich dagegen ein Unfall, bei dem ein Soldat einen anderen auf dem Kasernengelände bei Rückkehr vom Urlaub mit dem Kraftwagen verletzt (BGH VersR **1972** 491), oder den ein Bundeswehrsoldat auf einem Truppenübungsplatz durch Verschulden eines dort ebenfalls im Einsatz befindlichen Angehörigen der territorialen Verteidigung erleidet (BGH VersR **1979** 32).

252 **b) Rückgriff.** Auf den **Forderungsübergang** zugunsten des Dienstherrn nach § 87a BBG (und entsprechenden Vorschriften) soll sich der Haftungsausschluß nach der Rechtsprechung des BGH nicht auswirken (VersR **1974** 784; **1977** 649). Greift der Haftungsausschluß zu Lasten des Beamten aber nicht ein, weil der Dienstunfall sich bei Teilnahme am allgemeinen Verkehr ereignete (§ 1 ErwG), so ist der Regreß des Dienstherrn gegen eine andere öffentliche Verwaltung nach § 4 ErwG ausgeschlossen (vgl. BGH VersR **1973** 467; **1974** 784).

11. Sonstige Haftungsausschlüsse nach der RVO

253 **a) Feuerwehr, Katastrophenschutz, ziviler Bevölkerungsschutz.** Für Unfälle in derartigen Unternehmen gilt ebenfalls der in Rdn. 236ff geschilderte Haftungsausschluß (§ 637 Abs. 2, 3 RVO). Hierunter fallen nicht nur Unfälle bei Einsätzen, sondern z. B. auch bei Übungen.

254 **b) Kindergärten, Schulen, Ausbildungsstätten.** Auch für den pädagogischen Bereich ist, aufgrund der Einbeziehung in die gesetzliche Unfallversicherung, ein Haftungsausschluß normiert (§ 637 Abs. 4 i. V. m. § 539 Abs. 1 Nr. 14 RVO). Er kann

auch für den Bereich des Straßenverkehrsrechts Bedeutung erlangen, insbesondere beim Transport von Schülern in Kraftfahrzeugen.

aa) Persönlicher Geltungsbereich. Ausgeschlossen ist die Haftung 255
– des Unternehmers (z. B. Schulträgers) gegenüber im Unternehmen Beschäftigten (z. B. Lehrer) schon nach § 636 Abs. 1 RVO bzw. den beamtenrechtlichen Vorschriften,
– der in den Unternehmen Beschäftigten untereinander nach § 637 Abs. 1 RVO bzw. den beamtenrechtlichen Vorschriften,
– der Beschäftigten gegenüber den Kindern bzw. Lernenden nach § 637 Abs. 1 RVO,
– des Unternehmers gegenüber den Kindern bzw. Lernenden (§ 637 Abs. 4 1. Alt. i. V. m. § 636 Abs. 1 RVO),
– der Kinder bzw. Lernenden untereinander (§ 637 Abs. 4 2. Alt. i. V. m. Abs. 1 RVO),
– der Kinder bzw. Lernenden gegenüber den Beschäftigten (im Gesetz nicht ausdrücklich geregelt, aber aus Sinn und Zweck des § 637 Abs. 1 und 4 RVO zu schließen, vgl. *Schloën/Steinfeltz* 290).

Andere als die genannten Personen können dann von dem Haftungsausschluß 256
erfaßt sein, wenn sie sich, sei es auch nur vorübergehend, in die Organisation der Schule usw. eingliedern (vgl. hierzu Rdn. 227). Dies kann z. B. bei Eltern eines Schülers der Fall sein (vgl. BGH NJW **1980** 289 = SGb **1980** 127 m. Anm. *Sieg*) sowie beim Inhaber und den Mitarbeitern eines Betriebs, dem Schüler im Rahmen eines sog. Betriebspraktikums zugewiesen sind (BGH VersR **1984** 652). Der Busunternehmer, der aufgrund vertraglicher Abmachung Schulbusfahrten durchführt sowie sein Fahrer sind nicht in den Schulbetrieb eingegliedert (BGH VersR **1982** 270); der Busunternehmer kann auch nicht etwa als „Mitunternehmer" hinsichtlich der Schule angesehen werden (BGH aaO).

Die Haftungsfreistellung einer Gemeinde als Schulträger (§ 637 Abs. 4 1. Alt. 257
i. V. m. § 636 Abs. 1 RVO) greift auch ein, soweit sie wegen eines Schulunfalls aus Verletzung der Verkehrssicherungspflicht für Gemeindestraßen in Anspruch genommen wird (BGH VersR **1983** 637).

bb) Betriebsunfall. Der Haftungsausschluß greift (wie auch sonst bei §§ 636, 637 258
RVO) nur ein, wenn es sich um einen betriebsbezogenen Unfall handelt, d. h. wenn es zu dem Unfall nicht nur bei Gelegenheit des Besuchs der pädagogischen Einrichtung, sondern im Zusammenhang mit einer schulbezogenen Tätigkeit kommt. Nekkereien, Raufereien und Verfolgungsjagden unter Mitschülern sind nach BGHZ **67** 279 noch schulbezogen, weil durch die typische Schulsituation bedingt. An die Anerkennung als Schulunfall durch den Träger der gesetzlichen Unfallversicherung ist das Zivilgericht nach § 638 RVO gebunden.

cc) Teilnahme am allgemeinen Verkehr. Wie sich aus § 636 Abs. 1 RVO ergibt, 259
greift der Haftungsausschluß nicht ein, wenn sich der Betriebsunfall bei Teilnahme am allgemeinen Verkehr ereignet hat (vgl. hierzu Rdn. 235). Dies ist vom BGH (VersR **1981** 849) verneint worden beim Unfall eines Schülers an der Schulbushaltestelle, der auf eine infolge mangelnder Aufsicht entstandene Drängelei zurückzuführen war. Bejaht hat der BGH (VersR **1983** 636) eine Teilnahme am allgemeinen Verkehr und damit die Haftung des Schulträgers jedoch bei einem gleichartigen Unfall, der auf eine Verletzung der Straßenverkehrssicherungspflicht durch die (mit dem Schulträger identische) Gemeinde zurückging.

260 **c) Unfallhilfe.** Bei privater Hilfeleistung in Unglücksfällen genießt jedermann den Schutz der gesetzlichen Unfallversicherung (§ 539 Abs. 1 Nr. 9 Buchst. a RVO). Dies gilt z. B. auch für das Ausweichmanöver eines Kraftfahrers, das wesentlich von der Absicht mitbestimmt ist, eine andere Person aus erheblicher gegenwärtiger Gefahr für Körper oder Gesundheit zu retten (BSG VersR **1983** 368). Ein Haftungsausschluß nach § 636 RVO greift im Verhältnis zwischen Retter und Gerettetem jedoch grundsätzlich nicht ein; der Gerettete kann auch bei weitester Auslegung nicht als „Unternehmer" angesehen werden und kann daher z. B. aus Geschäftsführung ohne Auftrag (s. Rdn. 573ff) verpflichtet sein (BGHZ **52** 122). Anders verhält es sich nur, wenn es sich bei der Hilfeleistung um eine einem Unternehmer dienende Tätigkeit handelt und der Helfer sich diesem Unternehmen eingliedert (s. hierzu Rdn. 227). Hier folgt der Unfallversicherungsschutz aus § 539 Abs. 2 RVO, der Haftungsausschluß aus § 636 Abs. 1 RVO (vgl. BGHZ **52** 121).

261 **d) Pannenhilfe.** Hier kommt es über § 658 Abs. 2 Nr. 2, § 636 Abs. 1 RVO in der Regel zu einem Ausschluß der Haftung gegenüber dem Helfer (s. hierzu Rdn. 229).

262 **12. Verjährung**

a) Bei Unfällen nach dem 31. 12. 1977 (d. h. nach Inkrafttreten des Gesetzes zur Änderung schadensersatzrechtlicher Vorschriften vom 16. 8. 1977) gelten für die Verjährung deliktischer Ansprüche (§ 852 BGB) dieselben Regeln wie für die Ansprüche nach dem StVG. Auf die Erl. zu § 14 kann daher verwiesen werden. Zu beachten ist, daß Verhandlungen zwischen den Parteien, die schon vor dem Stichtag begonnen haben, die Verjährung erst von diesem Zeitpunkt ab, nicht aber rückwirkend hemmen (BGH VersR **1983** 690).

263 **b) Bei Unfällen vor dem 1. 1. 1978** verjähren die Ansprüche aus unerlaubter Handlung und jene aus der Gefährdungshaftung nach § 7 StVG jedoch zu verschiedenen Zeitpunkten, weil § 14 StVG eine Verjährungsfrist von zwei Jahren vorsah. Außerdem fehlte für die deliktischen Ansprüche eine § 14 Abs. 2 StVG a. F. entsprechende Regelung über die Hemmung der Verjährung durch Regulierungsverhandlungen. Die frühere Rechtslage (mit Ausnahme der Hemmungsregelung) gilt für die Regulierung der Altfälle fort (Art. 5 des Gesetzes zur Änderung schadensersatzrechtlicher Vorschriften vom 16. 8. 1977, BGBl. I 1577).

264 Über die Zulassung des **Arglisteinwandes** gelangte die Rechtsprechung allerdings in vielen Fällen doch zu einem § 14 Abs. 2 StVG (jetzt: § 852 Abs. 2 BGB) entsprechenden Ergebnis. Sie hatte nämlich den Grundsatz entwickelt, daß der Ersatzpflichtige, der sich auf Vergleichsverhandlungen eingelassen hat, gegen Treu und Glauben verstößt, wenn er sich nach Abbruch der Verhandlungen und in den ersten Wochen danach auf die Verjährung beruft, die im Verlauf der Verhandlungen eingetreten ist[43]. Der Arglisteinwand wurde als unbegründet angesehen, wenn der Verletzte mit der Klagerhebung nicht wegen der schwebenden Verhandlungen zugewartet hatte, sondern weil er irrig annahm, die Verjährungsfrist habe noch nicht zu laufen begonnen (BGH VersR **1955** 454). Als nicht verspätet angesehen hat der BGH eine Klagerhebung 4 Tage nach dem endgültig einen Vergleich ablehnenden Schriftsatz der Gegenseite (BGH VersR **1958** 51), auch eine Klagerhebung 10 Tage nach Eingang des klarstellenden Schriftsatzes (BGHZ **9** 6), schließlich sogar eine

[43] BGHZ **9** 6 = MDR **1953** 353 m. Anm. *Schmid-Loßberg*; BGH VersR **1957** 392; **1960** 1094; **1964** 66; OLG Düsseldorf VersR **1960** 1053; OLG München VersR **1960** 573.

Klagerhebung nach einem Monat und vier Wochen (BGH VersR **1960** 1094). Das Reichsgericht (RGZ **115** 139) hatte eine Klagerhebung nach vier Wochen noch als rechtzeitig angesehen. Als verspätet hat die Rechtsprechung die Klagerhebung durchwegs angesehen, wenn nach dem Scheitern der Verhandlungen mehr als zwei Monate verstrichen waren[44]. Was „Scheitern der Verhandlungen" bedeutet, ist in § 14, 51 erläutert. Der Arglisteinwand gegenüber der Verjährungseinrede wird durch Zeitablauf auch dann unzulässig, wenn der Ersatzpflichtige unter ausdrücklichem Hinweis auf die bereits eingetretene Verjährung über deren Eintritt weiterverhandelt hat (BGH VersR **1960** 1094) oder wenn er vor Eintritt der Verjährung wirkungslos auf die Geltendmachung der Verjährung verzichtet hat (BGH VersR **1969** 857). In diesem Fall soll nach Ansicht der Rechtsprechung der Zeitraum, innerhalb dessen der Arglisteinwand zulässig sein soll, etwas länger bemessen werden. Hat er nur bis zu einem bestimmten Zeitpunkt auf die Geltendmachung verzichtet, so darf er sich auf Verjährung berufen, wenn die Zeit verstrichen ist (BGH VersR **1969** 857). Der Arglisteinwand ist übrigens auch gegeben, wenn zwar im Verlauf der Verhandlungen die Verjährung noch nicht eingetreten ist, die Frist aber so kurz nach dem Abbruch der Verhandlungen abläuft, daß eine ordnungsgemäße Vorbereitung der Klage nicht mehr möglich ist (BGH VersR **1963** 359; **1963** 753). Die in § 270 ZPO vorgesehene und in § 14, 82 näher dargestellte Rückwirkung der Klagerhebung gilt auch für die angemessene Frist, die nach Scheitern der Vergleichsverhandlungen eingehalten werden muß, wenn diese sich über den Ablauf der Verjährungsfrist hingezogen haben (BGH VersR **1964** 297). Besonderheiten ergeben sich, wenn während der Vergleichsverhandlungen der Schädiger stirbt und nun Klage gegen die Erben erhoben werden muß (BGH VersR **1968** 591).

13. Beweisfragen 265

a) Beweislast. Die Regeln über die Beweislast bestimmen, wie der Richter zu entscheiden hat, wenn er aufgrund seiner Beweiswürdigung weder das Vorliegen noch das Nichtvorliegen einer behaupteten Tatsache festzustellen vermag (sog. „non liquet"). Sie erfüllen diese Funktion dadurch, daß sie anordnen, ob der Richter so zu entscheiden hat, als sei das fragliche Tatbestandsmerkmal gegeben, oder so, als sei es nicht gegeben.

aa) Grundregel. Jede Partei trägt die Beweislast für die Voraussetzungen der ihr 266 günstigen Normen (*Rosenberg/Schwab* § 118 II 2). Wer also aus unerlaubter Handlung einen Ersatzanspruch herleiten will, muß die schuldhafte unerlaubte Handlung, die Schädigung und den beide verbindenden Ursachenzusammenhang beweisen, des weiteren die Höhe des Schadens, wofür allerdings Beweiserleichterungen nach § 287 ZPO bestehen (vgl. Rdn. 277f). Abweichende Beweislastlehren, die das Risiko der Unaufklärbarkeit nach anderen Kriterien (z. B. nach Gefahrenbereichen oder nach Wahrscheinlichkeit der zu beweisenden Behauptung) verteilen wollen, sind abzulehnen (vgl. *Rosenberg/Schwab* § 118 II 3).

bb) Bei Verletzung eines Schutzgesetzes (§ 823 Abs. 2 BGB) trägt ebenfalls der 267 Anspruchsteller umfassend, d. h. für Gesetzesverletzung, Schädigung, Schadenshöhe und Ursachenzusammenhang, die Beweislast. In der (vornehmlich älteren)

[44] RGZ **128** 215; BGH VersR **1955** 695; **1958** 862; **1959** 513; **1960** 475; **1961** 831; **1963** 359; **1964** 66; VRS **13** 161; OLG Düsseldorf VersR **1960** 1053; **1963** 97; OLG Stuttgart VersR **1967** 888; OLG Celle VRS **14** 246; OLG München VersR **1960** 573.

Rechtsprechung[45] wurde zwar verschiedentlich die Auffassung vertreten, daß sich für den Kausalitätsbeweis in diesen Fällen die Beweislast umkehre, d. h. auf den Beklagten übergehe, doch ist insoweit keine einheitliche Linie erkennbar. In zahlreichen anderen Fällen halfen RG und BGH dem in Beweisnot befindlichen Kläger mit Erleichterungen wie Anscheinsbeweis (s. Rdn. 279ff) und § 287 ZPO (s. Rdn. 277f), teilweise lehnten sie eine Beweislastumkehr für die hier zu behandelnden Fälle auch ausdrücklich ab (vgl. RGZ **29** 139; BGH VersR **1957** 429). Letzterem ist zuzustimmen. Bei richtigem Verständnis der Anforderungen an den Kausalitätsbeweis (s. hierzu Rdn. 289) besteht für eine Beweislastumkehr contra legem kein Anlaß.

268 cc) **Vereitelung der Beweisführung** (z. B. durch Vernichten von Unterlagen, Beseitigen von Unfallspuren, Unfallflucht) führt nicht zu einer Umkehrung der Beweislast, sondern ist lediglich bei der Beweiswürdigung zu berücksichtigen[46] (vgl. Rdn. 274).

269 dd) Bezüglich des **Mitverschuldens**, auch in Form der Verletzung der Schadensminderungspflicht, trägt der Schädiger die Beweislast (vgl. § 9, 99).

270 ee) Zur Beweisregelung bei der Haftung für **Verrichtungsgehilfen** vgl. Rdn. 88ff.

271 ff) Zur Beweislage bei Behauptung eines **fingierten Unfalls** vgl. § 7, 535.

272 b) **Beweiswürdigung.** Ob der Richter eine streitige Behauptung als bewiesen erachtet, hat er nach freier Überzeugung zu entscheiden (§ 286 Abs. 1 ZPO; Prinzip der freien Beweiswürdigung). An gesetzliche Beweisregeln ist er grundsätzlich nicht gebunden (§ 286 Abs. 2 ZPO; eng begrenzte Ausnahmen gelten für die Beweiskraft von Urkunden). Gleichwohl ist seine Freiheit nicht grenzenlos. Der Richter muß die Gründe für seine Überzeugungsbildung im Urteil angeben (§ 286 Abs. 1 Satz 2 ZPO) und darf sich hierbei nicht auf allgemeine Wendungen beschränken (BGH NJW **1961** 2061). Bei Verstößen gegen die Denk- oder Naturgesetze unterliegt sein Urteil der Aufhebung durch das Revisionsgericht.

273 Der Richter ist nicht gehindert, einem Zeugen, der im Fahrzeug der beweisführenden Partei zum Unfallzeitpunkt Beifahrer war, geringeren Beweiswert beizumessen als einem außenstehenden Unfallzeugen. Er kann diese Beweiswürdigung auf die Erfahrungstatsache stützen, daß es bei Zeugen im eigenen Fahrzeug, ganz besonders natürlich bei zusätzlich bestehender freundschaftlicher oder verwandtschaftlicher Bindung, zu einem (oftmals unbewußten) Solidarisierungseffekt kommt, und daß der Beifahrer das zum Unfall führende, meist überraschend einsetzende, sekundenschnell ablaufende und mit Schockwirkung verbundene Geschehen oft nur bruchstückhaft wahrnimmt, so daß sich tatsächlich Wahrgenommenes sehr leicht mit eigenen Rückschlüssen und Erklärungsversuchen vermengen kann. Es wäre aber unzulässig, den Beifahrerzeugen generell jeden Beweiswert abzusprechen. Die Frage der Glaubwürdigkeit ist vielmehr in jedem Einzelfall aufgrund der besonderen Umstände, auch des persönlichen Eindrucks, zu beantworten (vgl. OLG München VersR **1982** 678). Im übrigen ist zu beachten, daß es in Verkehrsunfallsachen auch bei außenstehenden Zeugen wegen der Plötzlichkeit und Schnelligkeit des Ablaufs sehr leicht zu Fehleinschätzungen kommen kann; auch dort sind Solidarisierungstendenzen nicht selten.

[45] RGZ **1** 271; **10** 11; **10** 140; **95** 68; RG SeuffA **40** 147; JW **1916** 38; BGH VersR **1955** 105; **1956** 492; **1961** 160; **1964** 942.

[46] *Rosenberg/Schwab* § 118 II 4a und h. M.; **a. A.** RGZ **60** 152; **87** 440; **105** 259.

Auch aus einer Erschwerung der Beweisführung durch eine Partei kann der Richter im Rahmen der Beweiswürdigung Schlüsse ziehen, so z. B. wenn der Schädiger oder der Verletzte durch Beseitigung von Unfallspuren oder durch Ausschlachten seines Kraftfahrzeugs (RG JW **1933** 2393) die Aufklärung des Sachverhalts vorsätzlich unmöglich gemacht hat, wenn er Unfallflucht begangen hat (BGH VersR **1966** 730) oder wenn er seinen Arzt nicht von der Schweigepflicht entbindet (vgl. BGH VersR **1964** 945). 274

c) Beweisanforderungen. Die Frage, welches Ergebnis die Beweiswürdigung erbracht haben muß, damit eine Behauptung als bewiesen angesehen werden kann, regelt die Lehre vom Beweismaß oder Beweiskriterium (vgl. hierzu *Greger* 8ff, 101ff). 275

aa) Allgemeines Beweismaß ist nach § 286 Abs. 1 ZPO die Überzeugung des Richters von der Wahrheit der streitigen Behauptung. Die Erwägung, daß der Richter aufgrund der begrenzten menschlichen Erkenntnisfähigkeit vielfach nicht in der Lage ist, die objektive Wahrheit zu ermitteln, darf nicht dazu führen, bloße Wahrscheinlichkeiten für ausreichend zu erachten. Erforderlich ist, daß der Richter die subjektive Gewißheit erlangt hat; das Bewußtsein, irren zu können, steht dem nicht entgegen (vgl. *Greger* 101ff, auch zu den Gegenmeinungen). 276

bb) Beweiserleichterung nach § 287 ZPO. Nach dieser Vorschrift kann der Richter nach freier Überzeugung entscheiden, ob ein Schaden entstanden sei und wie hoch er sich belaufe. Er braucht also – anders als nach § 286 Abs. 1 ZPO – nicht die Überzeugung von der Wahrheit der entsprechenden Behauptung zu gewinnen. In der Rechtsprechung ist anerkannt, daß § 287 ZPO dem Richter bezüglich der Schadensfestsetzung ein Schätzungsermessen einräumt[47]. Die Schätzung muß freilich auf – von den Parteien beizubringenden – Grundlagen beruhen; sie darf nicht „in der Luft schweben" (BGHZ **29** 400; **54** 55; BGH VersR **1961** 610; **1978** 283). Allerdings kann der Richter auch die Anforderungen an den Nachweis der Bemessungsgrundlagen nach seinem Ermessen festlegen[48]; den Beweislastgrundsatz, daß jede Partei die ihr günstigen Umstände darzutun und das Risiko ihrer Feststellbarkeit zu tragen hat, muß er beachten[49]. Verweigert eine Partei die ihr zumutbare Mitwirkung bei den Tatsachenfeststellungen, so kann sie sich nicht auf die Beweiserleichterung nach § 287 ZPO berufen (BGH NJW **1981** 1454). Die tatsächlichen Grundlagen der Schätzung sind im Urteil darzulegen (BGH VersR **1967** 1095). Die Revisionsinstanz kann jedoch nur nachprüfen, ob die Schätzung auf grundsätzlich falschen oder offenbar unsachlichen Erwägungen beruht und ob entscheidungserhebliche Tatsachen außer acht gelassen worden sind (BGHZ **3** 176; BGH VersR **1965** 1054; **1978** 283). 277

§ 287 ZPO bezieht sich nur auf die Bezifferung des Schadens; auf die Feststellung des Haftungsgrundes darf er nicht erstreckt werden (BVerfG NJW **1979** 413; BGHZ **4** 196; **58** 53; zur Abgrenzung von Haftungsgrund und Haftungsausfüllung vgl. § 7, 36). Daher sind auch der reale Verletzungserfolg (die Schädigung im Sinne der Rechts- oder Rechtsgutsverletzung) sowie die haftungsbegründende Kausalität nach § 286 Abs. 1 ZPO zu beweisen. Infolge unrichtiger Abgrenzung zwischen Haf- 278

[47] RGZ **9** 416; **31** 88; **83** 65; BGHZ **29** 215; **54** 55; BGH NJW **1964** 589; VersR **1965** 280; **1965** 489; **1965** 491; **1966** 162; **1969** 160.

[48] BGH MDR **1978** 735; *Klauser* JZ **1968** 168; *Arens* ZZP **88** 46; *Greger* 133; **a. A.** RG JW **1931** 1188 m. abl. Anm. *Matthiessen*.

[49] BGH VersR **1961** 610; **1965** 489; *Klauser* JZ **1968** 169; *Greger* 134.

tungsgrund und Haftungsausfüllung wird hiergegen in der Rechtsprechung immer wieder verstoßen (vgl. z. B. zur Schädigung bei Vereitelung künftiger Unterhaltsansprüche BGH VersR **1960** 179 gegenüber der richtigen Abgrenzung in BGH NJW **1974** 1373; zur haftungsbegründenden Kausalität RGZ **10** 64; **97** 13; BGHZ **2** 140; **7** 203; BGH VersR **1957** 198; **1960** 57; NJW **1961** 868; **1964** 405 gegenüber BGHZ **4** 196; BGH VersR **1961** 160; **1969** 327; **1969** 378; **1982** 756; NJW **1968** 985; **1968** 2291; **1969** 1708). Zur Frage, wann es sich bei der Verursachung von Folgeschäden um haftungsbegründende und wann um haftungsausfüllende Kausalität handelt, vgl. § 7, 126). Näher zur Abgrenzung des Anwendungsbereichs von § 287 ZPO *Greger* 136ff, 168 m. w. N.

d) Anscheinsbeweis

279 **aa) Wesen.** Der Anscheinsbeweis, auch prima-facie-Beweis oder Beweis des ersten Anscheins genannt, spielt in Haftungsprozessen, insbesondere in Verkehrsunfallsachen, eine sehr bedeutsame Rolle. Seine Grundsätze können – ungeachtet ihrer mangelnden dogmatischen Herleitung – heute als durch ständige Rechtsprechung gesichert angesehen werden:

– Seine Anwendung setzt einen typischen Geschehensablauf voraus, d. h. einen Sachverhalt, bei dem eine ohne weiteres naheliegende Erklärung nach der allgemeinen Lebenserfahrung zu finden ist und angesichts des typischen Charakters die konkreten Umstände des Einzelfalles für die tatsächliche Beurteilung ohne Belang sind[50].

– Die Erfahrungssätze müssen die volle Überzeugung des Richters von dem behaupteten Geschehensablauf begründen; es genügt nicht, daß die Darstellung der beweispflichtigen Partei nur wahrscheinlich gemacht wird[51].

– Der Tatrichter ist zur Beachtung der Erfahrungssätze verpflichtet, wenn er einen Sachverhalt der geschilderten Art festgestellt hat. Sein Urteil unterliegt revisionsgerichtlicher Aufhebung, wenn er einen Erfahrungssatz nicht oder nicht richtig anwendet[52].

– Der Anscheinsbeweis führt nicht zu einer Umkehr der Beweislast[53]. Seine Wirkung entfällt vielmehr schon dann, wenn der Gegner des Beweisführers Tatsachen beweist, die die ernsthafte Möglichkeit eines anderen Geschehensablaufs ergeben; diese Tatsachen bedürfen allerdings des vollen Beweises[54]. Ist auf diese Weise der Anscheinsbeweis ausgeräumt, so trifft die beweispflichtige Partei wieder die volle Beweislast für ihre Behauptung (BGHZ **2** 1; **6** 169).

– Ob der Anscheinsbeweis durch den Nachweis der Möglichkeit eines anderen Geschehensablaufs entkräftet ist, ist eine Frage der tatrichterlichen Würdigung; die Revisionsinstanz kann nur prüfen, ob der Tatrichter insoweit von richtigen rechtlichen Voraussetzungen ausgegangen ist, d. h. den Begriff der ernsthaften Möglichkeit nicht verkannt hat (BGH VersR **1969** 136; **1972** 767).

[50] BGH NJW **1951** 360; VersR **1953** 69; **1956** 696; **1956** 793; **1957** 234; **1969** 834.
[51] BGH NJW **1951** 360; **1962** 31; **1966** 1263; VersR **1953** 69; **1958** 91.
[52] BGHZ **8** 239; **11** 227; **17** 191; **18** 311; BGH VersR **1954** 288; **1954** 401; **1956** 577; **1956** 793; **1964** 263; **1971** 842.
[53] BGHZ **2** 1; **39** 103; BGH NJW **1951** 360; VersR **1955** 523.
[54] BGHZ **2** 1; **6** 169; **8** 239; BGH VersR **1953** 69; **1954** 401; **1955** 760; **1956** 793; **1957** 252; **1958** 91; **1964** 263.

bb) Anwendungsbereich. Als Hauptanwendungsbereiche lassen sich in der Rechtsprechung der Beweis der Kausalität und der des Verschuldens feststellen; bezüglich anderer Tatbestandsmerkmale wird der Anscheinsbeweis zwar gelegentlich herangezogen, zumeist aber für unanwendbar erklärt. 280

Der Anscheinsbeweis der Kausalität greift ein, wenn der Ursachenzusammenhang zwischen einem haftungsbegründenden Verhalten und einem Schadenserfolg wegen der Typizität des Geschehensablaufs nach der Lebenserfahrung anzunehmen ist. Sind in einem solchen Fall keine Tatsachen nachgewiesen, die für einen anderen Ablauf sprechen, so kann und muß der Richter den Ursachenzusammenhang als gegeben ansehen. Hauptanwendungsgebiet dieses Anscheinbeweises sind Fälle, in denen der Schädiger gegen Schutzgesetze, Unfallverhütungsvorschriften oder allgemeine Pflichten zur Schadensverhütung verstoßen hat und nunmehr behauptet, der Schaden wäre auch ohne diesen Verstoß eingetreten, oder in denen es um die Beurteilung schwer oder überhaupt nicht erfaßbarer Abläufe medizinischer, chemischer oder physikalischer Art geht (Einzelfälle Rdn. 293 ff). 281

Der Anscheinsbeweis des Verschuldens kommt dem Kläger zu Hilfe, der nicht nur den Kausalzusammenhang zwischen einem Schadenserfolg und einer haftungsbegründenden Handlung, sondern diese selbst, das „Verschulden" des Beklagten, zu beweisen hat. Er bewirkt, daß ein Verschulden als bewiesen angesehen wird, wenn ein typischer Geschehensablauf vorliegt, bei dem die Erfahrung dafür spricht, daß der Schadenserfolg auf ein schuldhaftes Verhalten zurückzuführen ist und keine Tatsachen nachgewiesen sind, die für einen anderen Hergang sprechen (Einzelfälle Rdn. 306 ff). 282

Sind nach der Lebenserfahrung mehrere Geschehensabläufe typisch, so ist der Beweis des ersten Anscheins geführt, wenn alle typischen Abläufe auf ein Verschulden des Beklagten hinweisen. Weist nur eine der mehreren Möglichkeiten nach der Lebenserfahrung auf ein Verschulden hin, so ist der Beweis des ersten Anscheins erst geführt, wenn der Verletzte bewiesen hat, daß die anderen möglichen Geschehensabläufe hier nicht in Betracht kommen. Darauf, ob nach den Erfahrungen des täglichen Lebens oder nach der besonderen Sachlage eine größere Wahrscheinlichkeit für die eine oder andere Möglichkeit besteht, kommt es nicht an (BGH VersR **1954** 224; **1964** 1063; **1969** 751; **1978** 945). Weisen alle nach der Lebenserfahrung typischen Geschehensabläufe auf ein Verschulden des Schädigers hin, so hat dieser den Beweis des ersten Anscheins erst entkräftet, wenn er bewiesen hat, daß keiner dieser Abläufe in Betracht kommt (BGH VRS **10** 128). 283

Die **Täterschaft** kann nicht mittels Anscheinsbeweis festgestellt werden. Unzulässig wäre es z. B., mittels Anscheinsbeweis den Schluß zu ziehen, daß der Halter eines Kraftfahrzeugs auch dessen Führer zur Unfallzeit war (OLG Hamm MDR **1972** 626). 284

Ebensowenig kann aus dem Eigentum an einem Fahrzeug mittels Anscheinsbeweis auf die **Haltereigenschaft** geschlossen werden (vgl. § 7, 304).

Das Vorliegen **grober Fahrlässigkeit** kann ebenfalls nicht mit Hilfe des Anscheinsbeweises festgestellt werden, da die insoweit anzustellende Wertung alle subjektiven Gegebenheiten des Einzelfalles zu berücksichtigen hat (vgl. Rdn. 246) und sich damit nicht auf typische Geschehensabläufe stützen kann[55]. 285

[55] BGH VersR **1967** 909; **1968** 668; **1969** 77; **1970** 568; **1972** 171; **1974** 593; **1978** 541; VRS **65** 350; OLG Hamburg VersR **1970** 148; *Sanden* VersR **1967** 1013; **a. A.** BAG VersR **1968** 296.

286 Die Unanwendbarkeit des Anscheinsbeweises schließt selbstverständlich nicht aus, daß der Richter im Wege des **Indizienbeweises** (auch Anzeichenbeweis genannt) im Rahmen der freien Beweiswürdigung aus bestimmten Feststellungen mittelbar die Überzeugung vom Vorliegen eines bestimmten Tatbestandsmerkmals gewinnt; insbesondere bei subjektiven Merkmalen wird dies oftmals gar nicht anders möglich sein.

287 **cc) Rechtsnatur.** Die Regeln des Anscheinsbeweises haben ihre Wurzel in den tatsächlichen Vermutungen des gemeinen Rechts, die vom ROHG in Haftpflichtprozessen aus Schiffskollisionen zu besonderen, schließlich gewohnheitsrechtlich anerkannten Beweislastregeln fortentwickelt wurden (vgl. *Greger* VersR **1980** 1097 f m. Nachw.). Etwa ab 1930 wurde der Anscheinsbeweis von der Rechtsprechung dann als Vorgang der richterlichen Beweiswürdigung angesehen (vgl. RGZ **134** 237). Dem haben sich BGH und h. L. angeschlossen[56]. In der Literatur wird aber auch die Auffassung vertreten, daß beim Anscheinsbeweis eine Reduzierung des Beweismaßes auf einen gewissen Grad von Wahrscheinlichkeit stattfindet[57].

288 In jüngerer Zeit wird der Anscheinsbeweis zunehmend in Bezug zum materiellen Recht gesetzt[58]. Dies entspricht der Funktion des Anscheinsbeweises, in bestimmten, durch besondere Beweisschwierigkeiten gekennzeichneten Fällen das Haftungsrisiko zu Lasten des wahrscheinlichen Schädigers zu verschieben. Derartige Risikozuweisungen vermag nur das materielle Recht (ggf. in Verbindung mit den Beweislastregeln) zu bewirken. Ein beweisrechtliches Verständnis des Anscheinsbeweises gerät dagegen mit dem Grundsatz der freien Beweiswürdigung bzw. dem gesetzlichen Beweismaß der richterlichen Wahrheitsüberzeugung in Konflikt (näher hierzu und zum folgenden *Greger* VersR **1980** 1101 ff).

289 Hinter dem Anscheinsbeweis verbergen sich somit Modifizierungen des materiellen Haftungsrechts. **Beim Anscheinsbeweis der Kausalität** handelt es sich darum, daß an die Stelle des Merkmals „Kausalität" – wie ausdrücklich in § 119 Abs. 1, § 2087 Abs. 1 BGB – die „nach der Lebenserfahrung anzunehmende Kausalität" gesetzt wird, weil in zahlreichen Fällen die Feststellung, wie das Geschehen sich bei Hinwegdenken des haftungsbegründenden Umstands entwickelt hätte, von niemanden mit Sicherheit getroffen werden kann.

290 Beim **Anscheinsbeweis des Verschuldens** geht es um mehr als eine beweisrechtlich orientierte Interpretation eines materiell-rechtlichen Tatbestandsmerkmals. Ein strikter Verschuldensbeweis ist keineswegs objektiv unmöglich. Das pflichtwidrige Verhalten ist eine sinnlicher Wahrnehmung zugängliche Realität, deren Beweis nicht am Fehlen von Erkenntnismitteln, sondern allenfalls am Fehlen (zulänglicher) Beweismittel scheitern kann. Soll deshalb, wie dies mit der Anscheinsbeweis-Judikatur geschieht, zum Zweck einer billigen Verteilung des Beweisrisikos für bestimmte Fälle eine Haftung für wahrscheinliches Verschulden begründet werden, so bedarf es hierzu der Statuierung eigener materiell-rechtlicher Haftungsnormen. Derartige Normen haben die Gerichte durch ihre Rechtsprechung zum Anscheinsbeweis, also durch Richterrecht geschaffen. Für den Bereich des Straßenverkehrs kann die Haftungsnorm etwa wie folgt formuliert werden:

[56] BGH NJW **1951** 360; VersR **1953** 69; **1953** 241; *Rosenberg/Schwab* § 114 II 3; *Baumbach/Lauterbach/Hartmann* § 286 Anh. 3 B; *Stein/Jonas/Schumann/Leipold* § 282 IV 7 a.

[57] *Musielak* 120 ff; *Weitnauer* KF **1966** 13 ff u. Verhandlungen des 46. DJT E 73.

[58] *Diederichsen* VersR **1966** 217 u. ZZP **81** 63; *Hauß* NJW **1967** 970 u. ZVersWiss. **1967** 157; *Walter* ZZP **90** 283.

„Wer am Straßenverkehr teilnimmt, ist zum Ersatz des einem anderen entstehenden Schadens verpflichtet, wenn dieser nach dem typischen Geschehensablauf auf ein fahrlässiges Verhalten des Schädigers zurückzuführen ist, es sei denn, daß sich aus bestimmten Tatsachen die Möglichkeit eines fehlenden Verschuldens ergibt".

Diese dem materiellen Recht angehörende Norm statuiert eine verschuldensunabhängige Quasi-Gefährdungshaftung, die durch den Nachweis der realen Möglichkeit schuldloser Schadensverursachung ausgeräumt werden kann. Sie erklärt zugleich den engen Zusammenhang der Anscheinsbeweisregeln mit der Beweislastverteilung. Denn auch bezüglich dieser Haftungsnorm kann es zum non liquet kommen; die Beweislast trifft dann hinsichtlich des ersten Satzteils den Kläger und hinsichtlich des zweiten („es sei denn, daß") den Beklagten. Kann also der Kläger den ihm obliegenden Beweis des gefahrtypischen Verhaltens und des typischen Geschehensablaufs nicht führen oder gelingt dem Beklagten der Beweis der Möglichkeit fehlenden Verschuldens, so bedeutet dies, daß die Anscheinshaftungsnorm nicht zur Anwendung kommen kann. Es braucht jedoch nicht zu bedeuten, daß die Haftung des Beklagten endgültig entfällt; vielmehr ist zu prüfen, ob er nach den allgemeinen Haftungsnormen und Beweislastgrundsätzen zu verurteilen ist. Dieses Nebeneinander von Anscheinshaftung und normaler Haftung erklärt zugleich, weshalb die Anscheinsbeweisregeln, obwohl sie eine Beweislastverteilung (nämlich für die Anscheinshaftung) beinhalten, kein non liquet bezüglich des normalen Haftungstatbestandes voraussetzen.

Die materiell-rechtliche Deutung des Anscheinsbeweises läßt sich mit der bishe- **291**
rigen Handhabung durch die Rechtsprechung ohne weiteres vereinbaren. Dies gilt im Ergebnis auch bezüglich der Revisibilität. Was bisher zumeist als revisionsgerichtliche Kontrolle der Beweiswürdigung im Rahmen des Kausalitäts-Anscheinsbeweises angesehen wird, ist in Wirklichkeit nichts anderes als die materiell-rechtliche Prüfung, ob der Tatrichter das Merkmal der Kausalität zutreffend, d. h. in dem oben wiedergegebenen Sinn, verstanden hat, und die Handhabung des Verschuldens-Anscheinsbeweises durch den BGH stellt nichts anderes dar als die Kontrolle der Anwendung der oben wiedergegebenen Anscheinshaftungsnorm. Es handelt sich also um ganz normale Fälle der Überprüfung der Anwendung materiellen Rechts.

Eine grundlegende, in der Praxis allerdings wenig bedeutsame Auswirkung auf **292**
den Anwendungsbereich dürfte die Zuordnung der Anscheinsbeweisregeln zum materiellen Recht lediglich bei Haftungsfällen im Ausland haben, auf welche das Tatortrecht anzuwenden ist. Hier wird bisher durchwegs der Anscheinsbeweis als zur lex fori gehörig angewendet (vgl. *Soergel/Siebert* vor Art. 7 EGBGB Rdn. 389); richtigerweise ist jedoch darauf abzustellen, ob auch das anzuwendende ausländische Recht einen modifizierten Kausalitätsbegriff bzw. eine Anscheinshaftung kennt.

dd) Einzelfälle zum Anscheinsbeweis der Kausalität **293**

Alkoholeinfluß. Der Ursachenzusammenhang zwischen alkoholbedingter Fahruntauglichkeit und einem Unfall kann zwar grundsätzlich mittels Anscheinsbeweis festgestellt werden (BGHZ **18** 311); dies gilt jedoch nicht, wenn Umstände zu dem Unfall geführt haben, die auch ein Nüchterner nicht hätte meistern können (z. B. plötzliches Auftauchen eines Fußgängers oder eines Vorfahrtverletzers; BGH VersR **1960** 479; **1961** 620; **1961** 693; **1963** 357; **1965** 81; **1966** 585). Dagegen kann bei einer Blutalkoholkonzentration von 1,9‰ und drei abgefahrenen Reifen von der Usächlichkeit dieser Umstände für das Schleudern eines Pkw auf regennasser Straße auch dann ausgegangen werden, wenn der Fahrer durch einen entgegenkommenden Bus behindert wird (BGH VersR **1964** 1145). Die leichte Alkoholisierung eines Unfallbeteiligten kann nicht ohne weiteres mittels Anscheinsbeweis als unfallursächlich angesehen werden (BGH VersR **1962** 132).

294 Liegt ein betrunkener Fußgänger auf der Straße (BGH VersR **1976** 729) oder wird er nachts radschiebend angefahren (BGH VersR **1956** 195) oder verunglückt er sonst in einer Situation, die ein Nüchterner gemeistert hätte (BGH VersR **1957** 509; **1964** 846), so ist davon auszugehen, daß seine Alkoholisierung hierfür (mit-) ursächlich war.

295 Unklar an der Rechtsprechung des BGH zu dieser Fallgruppe ist, ob der Umstand, daß auch ein Nüchterner die Situation nicht hätte meistern können, Voraussetzung für die Anwendung des Anscheinsbeweises (und damit vom Kläger zu beweisen) ist, oder ob es sich hierbei um die dem Beklagten obliegende Entkräftung des Anscheinsbeweises handelt. Richtigerweise wird zu differenzieren sein. Bei absoluter Fahruntauglichkeit eines Kraftfahrers (vgl. § 7, 416) kann deren Kausalität für einen Verkehrsunfall ohne weiteres als prima facie erwiesen angesehen werden, sofern nicht der Beklagte Tatsachen nachweist, aus denen sich die Möglichkeit eines unabhängig von der Fahruntauglichkeit ablaufenden Unfallgeschehens ergibt. Bei einer geringen Alkoholisierung hingegen sowie bei Unfallbeteiligten ohne Kraftfahrzeug ist bereits zur Begründung eines typischen Geschehensablaufs erforderlich, daß die konkrete Unfallsituation für eine Ursächlichkeit der Trunkenheit spricht.

296 **Fehlen der Fahrerlaubnis.** Die Kausalität des Fehlens der vorgeschriebenen Fahrerlaubnis läßt sich nicht mittels Anscheinsbeweises feststellen (BGH VersR **1959** 277; **1962** 374; OLG Köln VersR **1966** 596).

297 **Auffahren infolge mangelhafter Beleuchtung oder Absicherung.** Die fehlende oder mangelhafte Beleuchtung eines Fahrzeugs ist nach dem ersten Anschein ursächlich, wenn ein anderes Fahrzeug auffährt[59], der Anscheinsbeweis entfällt jedoch, wenn das Fahrzeug aufgrund anderweitiger Beleuchtung von weitem gut sichtbar war (BGH VersR **1961** 1015). Die fehlende Beleuchtung einer auf der Straße getriebenen Viehherde (BGH VersR **1959** 805) oder einer Baustelle (BGH VersR **1964** 1082) ist als kausal für den Sturz eines Kradfahrers anzusehen. Wird ein liegengebliebenes Fahrzeug nicht ausreichend abgesichert oder nicht ordnungsgemäß abgestellt, so ist diese Unterlassung prima facie kausal für das Auffahren eines anderen Fahrzeugs (BGH VersR **1956** 409; **1968** 646; vgl. auch BGH VersR **1969** 636). Der Anscheinsbeweis ist jedoch entkräftet, wenn dessen Fahrer durch Grüßen eines entgegenkommendes Fahrers erheblich abgelenkt war (BGH VersR **1971** 318).

298 **Geschwindigkeitsüberschreitung.** Steht fest, daß ein Kraftfahrer die auf dem betreffenden Straßenabschnitt zulässige Höchstgeschwindigkeit überschritten hat, so ist davon auszugehen, daß dies der Grund für sein Unvermögen war, vor einem Zusammenstoß rechtzeitig auszuweichen oder anzuhalten (BGH VRS **4** 262). Fährt ein Kraftfahrer zu schnell und in fahruntauglichem Zustand an einer haltenden Straßenbahn vorbei, so ist dies nach dem Anscheinsbeweis kausal für das Überfahren eines auf die Fahrbahn eilenden Fußgängers (BGH VersR **1957** 529). Das Über-

[59] BGH VersR **1955** 760; **1957** 429; **1958** 532; **1959** 613; **1961** 860; **1962** 633; **1964** 296; **1964** 621; **1968** 646.

schreiten der für Lastzüge bestehenden Geschwindigkeitsbegrenzung ist als kausal für solche Unfälle anzusehen, die durch die Begrenzung gerade vermieden werden sollen (BGH VersR **1969** 900).

Begegnungsunfälle. Hat bei einem Begegnungszusammenstoß einer der beiden Fahrer seine rechte Straßenseite nicht eingehalten, so spricht der erste Anschein dafür, daß diese Verkehrswidrigkeit die Unfallursache war (BGH VersR **1964** 166; einschränkend BGH VersR **1963** 945). Das gleiche gilt bei zu dichtem Vorüberfahren an einer begegnenden Kolonne (BGH VersR **1967** 473) und vor allem dann, wenn der Kraftfahrer die durchlaufende weiße Sperrlinie überfahren hat (BGH VersR **1968** 698). Wird ein Kraftfahrer unmittelbar nach dem Überholen eines sichtbehindernden Fahrzeugs vom Gegenverkehr überrascht und stößt er deshalb auf der für ihn linken Fahrbahnseite mit einem entgegenkommenden Fahrzeug zusammen, so spricht der Anscheinsbeweis für einen Kausalzusammenhang zwischen dem Überholvorgang und dem Unfall (BGH VersR **1982** 893). 299

Fahrzeugmängel. War ein Wagen, dessen Reifen nicht alle eine Profiltiefe von einem Millimeter hatten, bei nasser oder vereister Fahrbahn ins Schleudern geraten, so spricht der Anschein dafür, daß der schlechte Reifenzustand für den Unfall ursächlich war. Dies gilt aber nicht bei trockener, staubfreier Fahrbahn, denn auf ihr haften abgefahrene Reifen sogar besser als Reifen mit Profil (BGH VersR **1968** 785). Für das Unvermögen, ein aus anderem Grund ins Schleudern gekommenes Kraftfahrzeug wieder abzufangen, kann die Ursächlichkeit der abgefahrenen Reifen aber mittels Anscheinsbeweis festgestellt werden (BGH VersR **1958** 186). 300

Steht das Lastreglerventil am Anhänger auf halb statt auf leer und blockieren die Räder infolge des zu starken Bremsdrucks und bricht daher der Anhänger seitlich aus, so deutet das auf einen Ursachenzusammenhang mit der falschen Ventileinstellung hin (BGH VersR **1968** 395). Kausalität besteht prima facie auch zwischen einer Delle in der Radfelge (BGH VersR **1969** 834) oder einer fehlerhaften Bremsvorrichtung des Fahrzeugs und einem Unfall (BGH VersR **1971** 80). Nach BGH VersR **1968** 1144 soll allerdings dann, wenn nicht dargetan ist, daß ein mit defekter Bremse fahrender Radfahrer, hätte er mit guter Bremse beim Erkennbarwerden der Gefahr gebremst, den Zusammenstoß hätte vermeiden können, der erste Anschein nicht dafür sprechen, daß die Mangelhaftigkeit der Bremse Ursache des Unfalls war (BGH VersR **1968** 1144).

Unfälle mit Fußgängern. Das Halten einer Straßenbahn auf einem Fußgängerüberweg ist nach dem ersten Anschein Unfallursache, wenn ein hinter der Straßenbahn auf die Gleise tretendes Kind von einer entgegenkommenden überfahren wird (BGH VersR **1975** 1007). Das unaufmerksame Betreten der Fahrbahn durch einen Fußgänger ist prima facie die Ursache dafür, daß der Fußgänger infolge Erschrekkens über ein herannahendes Fahrzeug zu Fall kommt (BGH VersR **1974** 196). 301

Zweitunfall. Fährt ein Kraftfahrzeug auf ein anderes und sodann ein weiteres auf, so spricht der erste Anschein dafür, daß der erstgenannte Fahrer auch das Auffahren des dritten Fahrzeugs verursacht hat (OLG Hamburg VersR **1967** 478). Ist ein mit 2,2‰ Blutalkohol auf der Fahrbahn gehender Fußgänger von einem Motorradfahrer angefahren worden und läuft er 5 Minuten später hinter einem haltenden Wagen hervor grob fahrlässig in einen Pkw, der ihn tödlich überfährt, so spricht der erste Anschein nicht dafür, daß der erste Unfall Ursache des zweiten war, weil der Fußgänger beim ersten einen Schock erlitten hat (BGH VersR **1970** 61). 302

303 Die **Nichterkennbarkeit eines Vorfahrtzeichens** ist prima facie kausal für einen Unfall in der Kreuzung (BGH VersR **1960** 317).

304 **Todesursache.** Wird der Insasse eines an einen Baum gefahrenen Kraftwagens unmittelbar nach dem Unfall sterbend aus dem Wagen geborgen, so spricht der erste Anschein für die Ursächlichkeit des Unfalls für den Tod, wenn die festgestellten Verletzungen geeignet waren, den Tod herbeizuführen (OLG München VersR **1967** 484).

305 **Verletzungsursache.** Nach BGH VersR **1983** 986 spricht der Beweis des ersten Anscheins für die Kausalität zwischen einer Knieverletzung und einer Notbremsung.

306 **ee) Einzelfälle zum Anscheinsbeweis des Verschuldens**

Abkommen von der Fahrbahn. Für ein schuldhaft verkehrswidriges Verhalten des Fahrers spricht es, wenn das Kraftfahrzeug gegen einen Lichtmast, ein Verkehrszeichen, eine Leitplanke, einen Begrenzungspfahl, einen Begrenzungsstein, einen Baum o. ä. fährt[60], oder auf andere Weise von der Fahrbahn abkommt, z. B. auf den Grünstreifen, in eine Wiese, den Straßengraben oder auf die Gehbahn[61] (zum Abkommen auf die Gegenfahrbahn vgl. Rdn. 313).

307 Der Anscheinsbeweis ist jedoch entkräftet, wenn sich ein Tier auf der Fahrbahn befand (BGH VersR **1964** 1102; OLG Stuttgart VersR **1974** 503), das abkommende Fahrzeug von einem anderen behindert (BGH VersR **1967** 557; **1967** 583) oder berührt wurde (BGH VersR **1961 444**) oder die Fahrbahn nicht erkennbare Unebenheiten aufwies (BGH VersR **1953** 207; **1966** 344; OLG Nürnberg VersR **1964** 1183), oder wenn sich der Unfall bei einer Probefahrt mit einem nicht verkehrssicheren Fahrzeug ereignete (BGH VersR **1957** 234). Steht fest, daß Glatteisbildung der Grund für das Abkommen von der Fahrbahn gewesen sein kann, so ist hierdurch der gegen den Fahrer sprechende Beweis des ersten Anscheins nicht entkräftet; er muß vielmehr dartun, daß das Auftreten von Glatteis an dieser Stelle unvorhersehbar war (vgl. Rdn. 316).

308 **Auffahren auf ein Hindernis.** Ein Verschulden des Kraftfahrers ist prima facie erwiesen, wenn er auf ein Hindernis, z. B. einen querstehenden Anhänger, ein geparktes Fahrzeug oder einen auf der Fahrbahn liegenden Gegenstand, auffährt (BGH VersR **1954** 288; **1959** 1034; **1966** 567).

309 Der Anscheinsbeweis wird nicht dadurch entkräftet, daß das Hindernis nicht beleuchtet war (BGH VersR **1959** 1034; **1960** 1118; **1963** 1026; **1966** 567; **1969** 1023; **a. A.** RG HansRZ **1926** 776), wohl aber durch den Beweis von Tatsachen, aus denen sich die Möglichkeit ergibt, daß es erst unmittelbar vor dem Fahrzeug auf die Fahrbahn kam.

310 Der Nachweis, daß der Fahrer während der letzten Sekunden vor dem Aufprall ohne Reaktion auf die drohende Gefahr gefahren ist, reicht nicht aus, den gegen ihn sprechenden Anscheinsbeweis zu entkräften, solange nicht dargetan ist, daß das Fehlen einer Reaktion auf einem Umstand beruhte, den der Fahrer nicht zu vertre-

[60] RG JW **1932** 3704; BGHZ **8** 239 = NJW **1953** 584 m. Anm. *Bezold*; BGH VersR **1953** 69; **1959** 445; **1962** 252; **1962** 1010; **1984** 44; OLG Hamburg VersR **1970** 188.

[61] RG HRR **1933** Nr. 751; VAE **1936** 440; BGH NJW **1951** 195; VersR **1956** 799; **1958** 566; **1966** 693; BAG NJW **1967** 269; OLG Karlsruhe VersR **1957** 47; OLG Nürnberg VersR **1964** 1184; OLG Stuttgart VersR **1966** 531.

ten hat. Aus dem Fehlen einer Reaktion kann insbesondere, solange weitere Anhaltspunkte fehlen, nicht geschlossen werden, aus der Heizungsanlage müsse Kohlenmonoxyd ausgetreten sein, denn der Fahrer kann ebensogut aus anderem Grund eingeschlafen sein (BGH VersR **1967** 709). Wird nach dem Unfall festgestellt, daß der Bremshebel der Fußbremse gebrochen ist, so liegt nahe, daß dieser Bruch sich unmittelbar vor dem Unfall ereignet hat und Ursache dafür war, daß der Fahrer nicht gebremst hat, so daß in einem solchen Fall der gegen den Fahrer sprechende Beweis des ersten Anscheins ausgeräumt ist (BGH VRS **4** 91).

Auffahren auf vorausfahrendes Fahrzeug. Der Beweis des ersten Anscheins 311
spricht, wenn ein Kraftfahrzeug auf ein vor ihm in gleicher Richtung fahrendes anderes Kraftfahrzeug auffährt, dafür, daß der Fahrer entweder unaufmerksam war, oder daß er keinen ausreichenden Sicherheitsabstand gewahrt hatte. Diese wahlweise Feststellung reicht aus, ein Verschulden darzutun (BGH VRS **10** 98; VersR **1964** 263; OLG Köln VersR **1970** 91). Dasselbe gilt, wenn er auf ein erkennbar verkehrsbedingt anhaltendes Fahrzeug auffährt, sofern dieses nicht ungewöhnlich stark abgebremst wurde (BGH VersR **1969** 859). Der Anscheinsbeweis gilt auch, wenn sich der Auffahrunfall auf der linken Fahrbahnhälfte ereignet und der Vorausfahrende verlangsamt hat, weil er aus dem Überholen heraus links abbiegen wollte (BGH VersR **1969** 900). Prima facie ist auch das Verschulden des Straßenbahnfahrers erwiesen, der auf einen weithin sichtbaren Bus aufgefahren ist (BGH VersR **1958** 626).

Der Anscheinsbeweis ist ausgeräumt, wenn Tatsachen bewiesen sind, aus denen 312
sich die ernsthafte Möglichkeit ergibt, daß das andere Fahrzeug erst kurz vor dem Auffahrenden in dessen Fahrspur gelangt ist; die bloße Möglichkeit eines solchen Ablaufs genügt nicht (zu weitgehend daher BGH VersR **1960** 1118). Der gegen den Fahrer eines Straßenbahnzugs sprechende Anscheinsbeweis, er sei schuldhaft auf das vor ihm fahrende Kraftfahrzeug aufgefahren, ist ausgeräumt, wenn feststeht, daß das Kraftfahrzeug so nahe vor dem Straßenbahnzug nach links auf das Gleis gefahren war, daß die Notwendigkeit einer Schnellbremsung der Straßenbahn ernstlich in Erwägung gezogen werden mußte (OLG München VersR **1967** 167). Der gegen den Auffahrenden sprechende Anscheinsbeweis wird nicht durch den Nachweis ausgeräumt, daß sich hinter dem vorausfahrenden Fahrzeug eine Kondenswolke gebildet hatte (OLG München VersR **1967** 691). Ausgeräumt wird der Anscheinsbeweis jedoch durch den Nachweis, daß das angefahrene Fahrzeug kurz vor dem Unfall das andere überholt und sich vor dieses gesetzt hatte (OLG Köln VersR **1970** 91). Daß der Vorausfahrende seinerseits auf ein verunglücktes Fahrzeug auffuhr, entkräftet den Anscheinsbeweis nicht, wenn dem Auffahrenden erkennbar war, daß der Vordermann in eine Unfallstelle einfuhr (BGH VersR **1975** 373). Ereignet sich ein Auffahrunfall in zeitlichem und räumlichem Zusammenhang mit dem Einfahren eines Fahrzeugs in die Bundesautobahn, so spricht kein Anscheinsbeweis für ein Verschulden des die Autobahn benutzenden Fahrers (BGH VersR **1982** 672).

Begegnungszusammenstöße. Der erste Anschein spricht gegen den Fahrer, der mit 313
einem entgegenkommenden Fahrzeug in dem Zeitpunkt zusammenstieß, in dem er sich nicht auf seiner rechten Fahrbahnhälfte befunden hat[62]. Dies gilt auch beim Überfahren des Mittelstreifens auf der Autobahn (BGH VersR **1958** 91; **1967** 557;

[62] BGH VersR **1955** 189; **1957** 733; **1960** 1017; **1961** 846; **1964** 239; **1965** 188; **1966** 270; **1968** 668; **1969** 636; **a. A.** BGH VersR **1959** 465; **1959** 519; **1959** 852.

1967 583; **1967** 709), beim Zusammenstoß auf dem mittleren von drei Fahrstreifen, wenn das andere Fahrzeug diesen zum Überholen benutzt hatte (BGH VersR **1962** 642) sowie bei einem jugendlichen Radfahrer, der auf die linke Fahrbahnhälfte gerät (BGH VersR **1970** 467). Das Nichteinhalten der rechten Seite der eigenen Fahrbahnhälfte begründet, von ungewöhnlichen Verkehrslagen abgesehen, keinen Anscheinsbeweis (BGH VersR **1963** 945; **1967** 473). Es besteht auch kein Anscheinsbeweis dafür, daß das Abkommen eines Fahrzeugs nach rechts auf einem Überfahren der Mittellinie durch ein entgegenkommendes beruht (BGH VersR **1961** 137). Der für ein Verschulden sprechende Anschein wird ausgeräumt, wenn ein äußerer Anlaß nachgewiesen ist (z. B. eine unrichtig gezogene weiße Leitlinie oder ein entlaufenes Rind), der es vielleicht rechtfertigen konnte, die rechte Straßenhälfte zu verlassen (BGH VersR **1964** 1102; **1966** 239; **1976** 587). Dagegen wird der Anscheinsbeweis nicht dadurch entkräftet, daß zur Unfallzeit starker Wind herrschte (BGH VersR **1966** 270) oder daß ein Versagen der Lenkeinrichtung behauptet wird (BGH VersR **1954** 288).

314 **Überholen.** Der Anscheinsbeweis spricht gegen den Überholer, der links einen Fußgänger anfährt (BGH VersR **1964** 594). Beim Zusammenstoß zwischen einem überholenden und dem überholten Fahrzeug spricht der Anscheinsbeweis nur unter bestimmten Voraussetzungen (z. B. nahender Gegenverkehr, Fahrbahnverengung) für ein Verschulden des Überholers (BGH VersR **1975** 331; **1975** 765).

315 Er greift nicht ein, wenn ein Radfahrer mit 2 m Abstand überholt wird, auch wenn Sturm herrscht (BGH RdK **1953** 29 m. Anm. *Pohle*), oder wenn der überfahrene Mopedfahrer während des Überholtwerdens wegen eines in die Fahrbahn laufenden Kindes stürzt (OLG Celle VersR **1968** 153).

316 **Schleudern.** Der Anscheinsbeweis spricht für ein Verschulden des Fahrers bei Schleudern auf regennasser (BGH VersR **1960** 523; **1961** 232; **1963** 955; **1970** 284; **1971** 439), vereister (BGH VersR **1961** 63; **1963** 585; **1967** 475; **1967** 882; **1969** 895), oder schneeglatter Straße (BGH VersR **1962** 786; **1966** 1077; **1971** 842) sowie allgemein in einer Verkehrslage, die bei ordnungsgemäßer Fahrweise ohne weiteres zu meistern war (BGH VersR **1964** 532; **1968** 670). Er greift jedoch nur ein, wenn die Glätte erkennbar war, nicht, wenn sie plötzlich und ohne warnende Anzeichen auftrat (BGH VersR **1961** 63; **1963** 585; **1965** 690; **1967** 475; **1967** 882; **1969** 895). Bei Ausbrechen des Anhängers in einer Kurve ist ein Verschulden des Fahrers prima facie erwiesen (BGH VersR **1962** 378). Rutschen auf Schneematsch in leicht ansteigender und seitlich überhöhter Kurve begründet nach BGH VersR **1958** 647 keinen Anscheinsbeweis für ein Verschulden, da dies auch einem vorsichtigen Fahrer passieren könne (zw.).

317 **Kollisionen an Kreuzungen und Einmündungen.** Beim Zusammenstoß an einer Kreuzung oder Einmündung spricht der Anscheinsbeweis für ein Verschulden des Fahrers, der aus der untergeordneten Straße eingefahren[63] oder beim Linksabbiegen mit einem entgegenkommenden Fahrzeug zusammengestoßen ist (BGH VersR **1964** 639). Dies gilt auch dann, wenn der Vorfahrtsberechtigte bei sorgsamer Fahrweise noch hätte anhalten oder ausweichen können (BGH VRS **5** 182; VersR **1963** 1075).

[63] BGH VersR **1960** 597; **1963** 1075; **1964** 48; **1976** 365; BGH VRS **5** 182; OLG Oldenburg DAR **1953** 95.

Die Möglichkeit einer zu hohen Geschwindigkeit des Vorfahrtberechtigten genügt nicht zur Entkräftung des Anscheinsbeweises; diese würde vielmehr den Beweis einer so hohen Geschwindigkeit voraussetzen, daß das andere Fahrzeug beim Anfahren des Wartepflichtigen für diesen noch nicht sichtbar war (BGH VersR **1964** 639). 318

Kein Anscheinsbeweis greift ein, wenn der Wartepflichtige nach rechts einbog und dabei gegen einen von rechts kommenden Verkehrsteilnehmer stieß, weil dieser beim Überholen auf die linke Straßenseite geraten war. Hier wäre ein Verschulden nur gegeben, wenn für den Wartepflichtigen Anzeichen für ein beabsichtigtes Überholen bestanden hätten; das Vorhandensein solcher Anzeichen läßt sich aber nicht mittels allgemeiner Erfahrung feststellen (BGH VersR **1982** 903). 319

Unfälle an Grundstücksein- oder -ausfahrten. Fährt auf das Fahrzeug desjenigen, der nach links in ein Grundstück einfährt, ein entgegenkommendes Fahrzeug auf, so spricht der erste Anschein für ein Verschulden des Einfahrenden (BGH VersR **1959** 613). Dasselbe gilt, wenn ein Fahrzeug auf einen aus einem Grundstück Ausfahrenden auffährt. Nicht dagegen spricht der Anschein gegen den nach rechts oder links in ein Grundstück Einfahrenden, wenn auf dessen Fahrzeug ein hinter ihm sich in gleicher Richtung bewegendes Fahrzeug auffährt oder durch die Reaktion auf den Einbiegevorgang ins Schleudern gerät. Gegen diesen Fahrer und nicht gegen den Einbiegenden spricht der erste Anschein (OLG Celle NJW **1966** 2020; **a. A.** OLG Köln DAR **1956** 13). 320

Unfälle mit Fußgängern. Beim Zusammenstoß eines die Fahrbahn überquerenden Fußgängers mit einem Kraftfahrzeug auf dessen rechter Fahrbahnseite spricht der Anscheinsbeweis für ein Verschulden des Fußgängers (BGH VersR **1953** 242; **a. A.** OLG München VersR **1968** 480) – allerdings nicht für sein alleiniges Verschulden (BGH VersR **1957** 321). Dasselbe gilt, wenn ein Fußgänger zu einer Straßenbahn eilt und beim ersten Schritt auf die Fahrbahn erfaßt wird (BGH VersR **1957** 529). Allein aus dem Verunglücken auf der Fahrbahn kann jedoch nicht auf ein Verschulden des Fußgängers geschlossen werden (BGH VersR **1956** 488). Insbesondere greift ein solcher Anscheinsbeweis nicht ein, wenn der Zusammenstoß in (BGH VersR **1958** 169; **1966** 873) oder jenseits der Fahrbahnmitte (BGH VersR **1958** 550; **1961** 84) geschieht. 321

Das Anfahren eines am rechten Straßenrand in gleicher Richtung gehenden Fußgängers bei Dunkelheit beruht nach dem Anscheinsbeweis auf einem Verschulden des Kraftfahrers (BGH VersR **1967** 257). Dagegen spricht der Anscheinsbeweis nicht für ein Verschulden desjenigen, der einen Fußgänger anfährt, der möglicherweise so kurz vor ihm in die Fahrbahn trat, daß der Zusammenstoß auch bei Sichtfahrgeschwindigkeit unvermeidbar war (BGH VersR **1968** 603; **1968** 804). 322

Fahrzeugmängel. Beruht ein Unfall auf einem technischen Mangel des Fahrzeugs, so kann hieraus dann auf ein Verschulden des Führers geschlossen werden, wenn die Mangelhaftigkeit schon vor dem Unfall ohne weiteres erkennbar war. Dies gilt vor allem für Fahren mit unvorschriftsmäßiger Beleuchtung oder ohne Beleuchtung (BGH VRS **9** 427; VersR **1962** 633) oder mit nicht funktionstüchtigen Bremsen. Aus dem bloßen Vorhandensein von Mängeln am Kraftfahrzeug kann jedoch auf Fahrlässigkeit des Führers nicht geschlossen werden, wenn nicht feststeht, daß die Schäden schon früher aufgetreten sind oder erkennbar waren. So hat der Bundesgerichtshof den Beweis des ersten Anscheins für ein Verschulden abgelehnt, als bei einem Lkw aus ungeklärter Ursache das Bremspedal klemmte und auch die 323

Handbremse wegen Verölung der Bremsbacken nur unzureichend bremste (BGH VersR **1956** 696). Das Versagen der Kardanwelle ist nur in den seltensten Fällen vorher erkennbar und läßt daher nicht auf ein Verschulden schließen (BGH VersR **1956** 161).

324 **Verlust von Fahrzeugteilen oder Ladung.** Lösen sich Teile vom Kraftfahrzeug, vor allem Felgen, Reifen (OLG Neustadt VRS **11** 15), ein Zwillingsrad (BGH VersR **1961** 424), ein Reservereifen (OLG Düsseldorf MDR **1962** 53) oder Gepäck oder Ski vom Dachständer, so spricht dies für eine schuldhafte Pflichtwidrigkeit des Fahrers.

325 Ausgeräumt ist der Anscheinsbeweis, beim Abspringen eines Zwillingsrades, wenn ausreichende Anhaltspunkte dafür dargetan sind, daß möglicherweise in der Reparaturwerkstatt die Radmuttern überzogen worden waren (BGH VersR **1961** 424).

326 **Öffnen der Wagentüre,** während ein Radfahrer vorbeifährt, spricht dafür, daß die Tür unvorsichtig geöffnet wurde (KG VersR **1972** 1143).

327 **Stürze mit Krad.** Stürzt ein Kradfahrer nach einer Kurve, die er mit Grenzgeschwindigkeit durchfahren hat, so spricht der Anscheinsbeweis für sein Verschulden (BGH VersR **1962** 1208). Dieser Anscheinsbeweis greift dagegen nicht ein, wenn ein Kradfahrer stürzt, nachdem kurz vor ihm ein anderes Krad verunglückt und explodiert war; denn der Gestürzte kann auch erschrocken oder durch ein Fahrzeugteil getroffen worden sein (BGH VersR **1957** 445).

328 Das **Übersehen eines Verkehrszeichens** beruht prima facie auf Fahrlässigkeit (BGH VersR **1955** 183; **1960** 597).

329 **Unzulängliche Verkehrsregelung.** Ist eine Gefahrenstelle unzureichend oder irreführend beschildert, so spricht nach BGH VersR **1969** 539 der erste Anschein für ein Verschulden der Beamten der zuständigen Behörde (zweifelhaft).

III. Amtshaftung

330 **1. Überblick**

Verursacht ein Beamter einen Unfall durch Verletzung einer dem Geschädigten gegenüber bestehenden Amtspflicht, so richtet sich der Schadensersatzanspruch nicht nach § 823, sondern nach § 839 BGB. Eine Rechtsgutsverletzung im Sinne von § 823 Abs. 1 BGB ist demnach nicht vorausgesetzt; es kann auch die Zufügung bloßen Vermögensschadens genügen, sofern er vom Schutzzweck der verletzten Amtspflicht umfaßt wird. Die Haftung des Beamten ist auf der anderen Seite aber dadurch eingeschränkt, daß sie bei Fahrlässigkeit hinter anderweitigen Ersatzmöglichkeiten zurücktritt (§ 839 Abs. 1 Satz 2 BGB; zu den erheblichen Einschränkungen dieser Subsidiaritätsklausel durch die jüngere Rechtsprechung vgl. Rdn. 368). Nach Art. 34 GG tritt an die Stelle der persönlichen Haftung des Beamten nach § 839 BGB die dieser Vorschrift nach Voraussetzungen und Umfang entsprechende Haftung des Staates oder sonstigen Dienstherrn, sofern der Beamte in Ausübung des ihm anvertrauten öffentlichen Amtes gehandelt hat. Diese auf der persönlichen Haftung des Beamten aufbauende Haftungsverlagerung sollte durch Gesetz vom 26. 6. 1981 (BGBl. I 553) durch eine originäre Staatshaftung ersetzt werden; das Gesetz wurde jedoch wegen fehlender Gesetzgebungskompetenz des Bundes vom

BVerfG (DVBl. **1982** 1135) für nichtig erklärt. Gegenüber Ausländern ist die Staatshaftung eingeschränkt (vgl. Rdn. 361).

2. Verhältnis zu sonstigen Anspruchsgrundlagen

a) Gegen den Beamten. Im Anwendungsbereich des § 839 BGB sind Ansprüche 331
gegen den Beamten nach allgemeinem Deliktsrecht (§ 823 BGB, auch § 831 BGB) ausgeschlossen, gleich ob die Haftung (bei Ausübung öffentlicher Gewalt) nach Art. 34 GG auf den Staat übergegangen oder (bei Tätigwerden innerhalb des privatrechtlichen Geschäftskreises des Dienstherrn) bei seiner Person verblieben[64] ist. Ist der Beamte Halter des Kraftfahrzeugs, so bleibt seine Haftung nach § 7 StVG unberührt (RGZ **165** 374; BGHZ **29** 43); dagegen haftet er nicht neben dem Dienstherrn als Kraftfahrzeugführer nach § 18 StVG[65].

b) Gegen den Dienstherrn. Eine Haftung für den Beamten nach §§ 89, 30, 31 oder 332
§ 831 BGB kommt nur bei Tätigwerden im privat-rechtlichen Geschäftskreis des Dienstherrn in Betracht. Ist der Dienstherr auch Halter des Kraftfahrzeugs, mit dem der Beamte den Unfall verursacht hat, so haftet er auch nach § 7 StVG (BGHZ **50** 271; **68** 219).

3. Voraussetzungen der Haftung nach § 839 BGB

a) Beamteneigenschaft. Das Merkmal „Beamter“ in § 839 BGB hat unterschiedli- 333
che Bedeutung, je nach dem, ob es sich um die persönliche Haftung des Beamten bei Tätigwerden im privat-rechtlichen Geschäftskreis des Dienstherrn (Rdn. 334) oder ob es sich um die Haftung des Dienstherrn bei hoheitlicher Tätigkeit (Rdn. 335) handelt.

aa) Bei privat-rechtlicher Tätigkeit ist maßgeblich der beamten-rechtliche Beam- 334
tenbegriff (vgl. § 6 Abs. 2 BBG, § 5 BRRG; BGHZ **42** 178).

bb) Bei hoheitlicher Tätigkeit ist – wie sich aus der Fassung des Art. 34 GG ergibt 335
– allein entscheidend, ob der betreffenden Person öffentliche Gewalt anvertraut ist; ob sie nach Beamtenrecht die Eigenschaft eines Beamten hat, ist unerheblich (RGZ **142** 192; **151** 386; BGHZ **2** 350; BGH NJW **1972** 2088). Die Staatshaftung greift daher z. B. auch ein für angestellte Kraftfahrer einer Behörde (OLG München HRR **1942** 648), Angehörige der freiwilligen Feuerwehr (BGHZ **20** 290), zur Katastrophenabwehr von staatlichen Organen herangezogene Mitarbeiter von Hilfsorganisationen (OLG Düsseldorf VersR **1971** 185) und Schülerlotsen (OLG Köln NJW **1968** 655). Ob der von der Polizei beauftragte Abschleppunternehmer als mit hoheitlicher Gewalt Beliehener anzusehen ist, hat BGH VersR **1978** 1070 offengelassen (wohl zu verneinen). Nicht unter § 839 BGB fällt ein deutscher Fahrer im Dienste einer Stationierungsmacht (OGH NJW **1950** 693).

b) Verletzung einer Amtspflicht gegenüber dem Geschädigten. Der Unfall muß 336
darauf beruhen, daß der Beamte (oder sonstige Amtsträger) eine Dienstpflicht verletzt hat, die ihm gerade dem Geschädigten als „Dritten“, nicht nur der Allgemeinheit oder seiner Behörde gegenüber oblag.

aa) Bei **Teilnahme am Straßenverkehr** besteht gegenüber den anderen Verkehrs- 337
teilnehmern (als „Dritten“) die Amtspflicht, die Verkehrsregeln zu beachten und

[64] RG JW **1937** 1706 = 1967 m. Anm. *Reuss*; BGHZ **3** 101; **34** 99.

[65] OGH NJW **1950** 695; BGH VersR **1958** 320; **1959** 455 = JZ **1960** 174 m. Anm. *Schröer*; OLG Hamburg VersR **1952** 376; LG Düsseldorf VersR **1965** 1211.

Schädigungen der in § 823 Abs. 1 BGB genannten Rechtsgüter zu vermeiden (BGHZ **68** 217; BGH VersR **1966** 493; **1969** 189; **1974** 1018). Sie besteht jedoch nicht gegenüber den Verwandten des Verletzten oder den Erben des Getöteten (BGH VersR **1968** 554) oder einem Dritten, der durch den Unfall lediglich einen Vermögensschaden erleidet (BGH VersR **1973** 275; **1981** 252).

338 **bb)** Die Pflicht zur **Verhinderung einer vorschriftswidrigen Benutzung von Dienstfahrzeugen** obliegt den betr. Aufsichtspersonen auch gegenüber den gefährdeten Verkehrsteilnehmern (BGH VersR **1983** 638).

339 **cc)** Die Straßenverkehrsbehörden sind gegenüber den Verkehrsteilnehmern verpflichtet, durch sachgerechte **Verkehrsregelung** für die Sicherheit und Leichtigkeit des Verkehrs zu sorgen[66] (zur hiervon zu unterscheidenden, grundsätzlich bürgerlich-rechtlichen Verkehrssicherungspflicht s. Rdn. 349 u. 393ff). Die Amtspflicht besteht auch gegenüber einem Verkehrsteilnehmer, der ein nicht mehr zum Verkehr zugelassenes Kraftfahrzeug benützt (BGH NJW **1966** 1456).

340 Wie die Behörde den Verkehr regelt, steht grundsätzlich in ihrem **Ermessen**, so daß eine Haftung nur für Ermessensfehler in Betracht kommt. Sie ist daher z. B. grundsätzlich nicht gehalten, enge Straßen zu Einbahnstraßen zu erklären, auch wenn sie vorübergehend eine größere Verkehrsdichte bewältigen müssen (BGH bei *Bode-Weber* DAR **1969** 99) oder die Vorfahrt an Kreuzungen durch Verkehrszeichen zu regeln (BGH VersR **1959** 33; OLG Bremen DAR **1963** 107). Ist eine Kreuzung allerdings so gefährlich, daß die Möglichkeit von Unfällen auch für den Fall naheliegt, daß die Verkehrsteilnehmer die von ihnen zu verlangende Sorgfalt walten lassen, so kann eine Verkehrsregelung, zumindest die Aufstellung von Gefahrzeichen, zwingend geboten sein (BGH VersR **1981** 336). Einzelheiten zur Verkehrsregelung enthält die VwV-StVO.

341 Bei **fehlerhafter Verkehrsregelung** haftet die verantwortliche Körperschaft für hierdurch verursachte Unfälle, so z. B. bei Anbringung irreführender Verkehrszeichen oder bei fehlerhafter Schaltung von Lichtsignalanlagen (vgl. BGH VersR **1966** 1080; **1967** 602; **1971** 867; **1978** 963; OLG Celle VRS **33** 401; die ordnungsgemäße Wartung von Signalanlagen gehört allerdings zur Verkehrssicherungspflicht, vgl. Rdn. 349). Der Fehler muß von ihr verschuldet sein; auch beim Versagen technischer Einrichtungen greift weder eine Gefährdungshaftung noch eine Haftung aus enteignungsgleichem Eingriff ein (BGHZ **54** 332). Ob bezüglich des Verschuldens ein Anscheinsbeweis eingreifen kann (so BGH VersR **1969** 539) muß bezweifelt werden (vgl. Rdn. 329); erst recht abzulehnen ist eine Umkehr der Beweislast (**a. A.** OLG Düsseldorf MDR **1976** 842).

342 **Verkehrsregelungspflicht und Verkehrssicherungspflicht** (zu den Begriffen Rdn. 349) können sich im Einzelfall überschneiden, denn auch der Verkehrssicherungspflichtige ist unter bestimmten Voraussetzungen berechtigt und verpflichtet, Gefahrzeichen aufzustellen (vgl. Rdn. 418ff). In solchen Fällen können Ansprüche gegen beide Pflichtenträger bestehen (BGH VersR **1956** 320; **1957** 375; **1957** 776; OLG Köln MDR **1967** 589). Keiner von ihnen kann geltend machen, er habe sich auf die Pflichterfüllung durch den anderen verlassen (BGH VersR **1960** 998). Ist der Verkehrssicherungspflichtige eine Privatperson, so muß sich der Geschädigte we-

[66] BGH NJW **1952** 1214; VersR **1956** 320; **1957** 776; **1959** 33; **1981** 336; OLG Hamburg VersR **1954** 20; OLG Hamm VkBl. **1954** 39; OLG Stuttgart VersR **1958** 865; OLG Celle VersR **1967** 382.

gen des Verweisungsprivilegs des § 839 Abs. 1 Satz 2 BGB primär an diese halten (RG DR **1944** 111; OLG Hamburg VersR **1954** 20; OLG München DAR **1954** 157); die Rechtsprechung des BGH zur Unanwendbarkeit des Verweisungsprivilegs bei Haftung aus Verletzung der Verkehrssicherungspflicht (s. Rdn. 398) läßt sich auf diesen Fall nicht übertragen. Obliegt jedoch auch die Verkehrssicherungspflicht einer Behörde, so kann der Geschädigte beide Pflichtenträger wahlweise in Anspruch nehmen, weil § 839 Abs. 1 Satz 2 BGB in solchen Fällen nicht eingreift.

dd) Nach § 29d Abs. 2 StVZO hat die **Zulassungsstelle**, sobald sie erfährt, daß ein Kraftfahrzeug nicht (mehr) haftpflichtversichert ist, unverzüglich dafür zu sorgen, daß das Fahrzeug nicht mehr in den Verkehr kommt, indem sie den Fahrzeugschein einzieht und das Kennzeichen entstempelt. Diese Amtspflicht obliegt der Zulassungsstelle nicht nur der Allgemeinheit, sondern auch den Verkehrsteilnehmern oder Mitfahrern gegenüber, die durch ein nichtversichertes Fahrzeug zu Schaden kommen können. Infolgedessen können diese als „Dritte" i. S. des § 839 BGB vom Träger der Zulassungsstelle Ersatz verlangen (BGH VersR **1961** 131; **1980** 457; **1981** 1154; DAR **1965** 178), und zwar auch bei Standortverlegung des Fahrzeugs der Zulassungsstelle, die das Kennzeichen erteilt hat (BGH VersR **1981** 1154, auch zur Haftung der um Amtshilfe ersuchten Zulassungsstelle am neuen Standort). Diese Haftung erstreckt sich in der Regel auf den gesamten adäquat verursachten Schaden, ist also nicht etwa auf die Mindestversicherungssumme nach § 4 Abs. 2 PflVG beschränkt (BGH VersR **1980** 457). 343

ee) Gegenüber Trägern öffentlicher Gewalt können ebenfalls Amtspflichten im Sinne des § 839 BGB bestehen. „Dritter" im Sinne des Amtshaftungsrechts ist die andere Körperschaft aber nur dann, wenn der Beamte ihr bei Erledigung seiner Dienstgeschäfte in einer Weise gegenübertritt, wie sie für das Verhältnis zwischen ihm und seinem Dienstherrn einerseits und dem Staatsbürger andererseits charakterisitisch ist. Dies ist dann nicht der Fall, wenn der Dienstherr des Beamten und die andere Körperschaft bei der Erfüllung einer ihnen gemeinschaftlich übertragenen Aufgabe derart zusammenwirken, daß sie im Rahmen dieser Aufgabe als Teil eines einheitlichen Ganzen erscheinen (BGHZ **26** 232; **27** 210; **60** 371). Keinen Amtshaftungsanspruch hat daher das Deutsche Rote Kreuz als anerkannte Beschäftigungsstelle gem. § 3 ZDG gegen die Bundesrepublik Deutschland wegen der Beschädigung eines ihrer Fahrzeuge durch einen Zivildienstleistenden (BGH VersR **1983** 833 = JZ **1983** 764 m. abl. Anm. *Papier*). 344

c) Verschulden. Die Amtspflichtverletzung muß vorsätzlich oder fahrlässig begangen sein. Fahrlässig handelt, wer bei Beobachtung der für einen Beamten erforderlichen Sorgfalt hätte erkennen können, daß er einer Amtspflicht zuwiderhandelt. Daß der Beamte den Schaden vorhersehen konnte, ist nicht erforderlich (BGH NJW **1965** 963). Stets richtet sich die erforderliche Sorgfalt nicht nach dem Verhalten eines besonders gewissenhaften Beamten, sondern danach, wie sich ein pflichtgetreuer Durchschnittsbeamter verhalten hätte (RGZ **156** 51). Erhöhte Sorgfalt ist bei Einsatz einer besonders gefährlichen Maschine (z. B. Schneepflug, Streufahrzeug, Kehrmaschine) aufzuwenden (BGH VersR **1966** 589). 345

Unzurechnungsfähigkeit des Beamten (z. B. Bewußtlosigkeit) führt auch hinsichtlich der Amtshaftung nach § 827 BGB zur Haftungsfreiheit. Die Anwendung des § 829 BGB kommt bei der Amtshaftung nicht in Betracht. 346

4. Voraussetzungen der Staatshaftung nach Art. 34 GG

347 **a) Grundsatz.** Um die Haftung der Körperschaft anstelle des Beamten eintreten zu lassen, muß zu den vorstehenden Voraussetzungen (wegen des abweichenden Beamtenbegriffs vgl. Rdn. 333ff) hinzukommen, daß der Schädiger in Ausübung eines öffentlichen Amtes, also hoheitlich, gehandelt hat.

348 **b) Begriff der Ausübung eines öffentlichen Amtes.** Entscheidend ist, ob die Zielsetzung, die mit der schadensauslösenden Tätigkeit des Beamten verfolgt wurde, dem Bereich der hoheitlichen Verwaltung zuzurechnen ist (BGHZ **42** 176; **68** 219). Hoheitliche Verwaltung liegt nicht nur beim Einsatz staatlicher Zwangsmittel vor, sondern auch bei der sog. schlichten Hoheitsverwaltung, etwa der öffentlich-rechtlich organisierten Daseinsvorsorge (BGH NJW **1973** 1650). Auszuscheiden sind dagegen Tätigkeiten in Wahrnehmung bürgerlich-rechtlicher Belange der Körperschaft. Darauf, ob der Beamte verpflichtet war, die hoheitliche Tätigkeit auszuüben, kommt es nicht an (BGH VersR **1961** 438). Zur Ausübung öffentlicher Gewalt gehört auch die sie unmittelbar vorbereitende oder sie bestimmungsgemäß abschließende Benützung öffentlicher Straßen (RG JW **1937** 241; DR **1941** 269; BGH VersR **1960** 258; **1963** 971); es muß ein engerer Zusammenhang zwischen der Fahrt und der hoheitlichen Betätigung bestehen (BGHZ **42** 176; BGH VersR **1979** 225). Nicht darunter fällt daher die Fahrt eines Beamten zwischen Wohnung und Dienststelle. Ob auf der Fahrt Hoheitsrechte in Anspruch genommen werden, ist ohne Belang (**a. A.** OLG Stuttgart NJW **1964** 727 m. Anm. *Isele*).

c) Einzelfälle

349 **aa) Verkehrssicherungspflicht und Verkehrsregelungspflicht.** Die öffentlich-rechtliche Körperschaft kann wählen, ob sie ihre Verkehrs*sicherungs*pflicht in privatrechtlicher oder in hoheitlicher Form erfüllt (vgl. Rdn. 394). Bei Wahrnehmung der Pflicht zur Verkehrs*regelung* handelt die Körperschaft hingegen stets hoheitlich (BGH VersR **1981** 336; s. a. Rdn. 339). Die beiden Pflichten unterscheiden sich dadurch, daß es bei der Verkehrssicherung um die Abwehr von Gefahren geht, die der Zustand einer Sache (insbesondere der Straße) hervorruft, während durch die Verkehrsregelung die aus dem Verkehr auf der Straße sich ergebenden Gefahren vermieden werden sollen. So ist z. B. beim Betrieb einer Lichtzeichenanlage der fehlerhafte Schaltplan ein Verstoß gegen die Verkehrsregelungspflicht, der Defekt infolge mangelhafter Unterhaltung ein Verstoß gegen die Verkehrssicherungspflicht (BGH VersR **1971** 867; **1972** 788). Wegen Einzelheiten zur Verkehrssicherungspflicht s. Rdn. 393ff, zur Verkehrsregelungspflicht Rdn. 339ff.

350 **bb) Dienstfahrten.** An der Eigenschaft einer Fahrt als Ausübung hoheitlicher Gewalt ändert die Tatsache nichts, daß der Beamte nicht einen Dienstwagen benützt, sondern ein **privateigenes Kraftfahrzeug** (RG DR **1944** 1071; BGHZ **29** 38; OLG Dresden VAE **1937** 337), jedenfalls wenn dessen Benutzung bei der Dienstfahrt geboten war (BGH VersR **1979** 225).

351 Macht ein Beamter auf einer Dienstfahrt, die aus den genannten Gründen als Hoheitsfahrt anzusehen ist, während der Mittagspause einen **Umweg** von einigen Kilometern, um einzukehren, so wird hierdurch die Ausübung hoheitlicher Gewalt nicht unterbrochen (RG VAE **1942** 151). Dasselbe gilt, wenn während einer Hoheitsfahrt eine Übernachtung erforderlich wird, für die Fahrt zu einem nahegelegenen Gasthof.

In Ausübung öffentlicher Gewalt werden nahezu alle Fahrten der **Bundeswehr**[67] und des Bundesgrenzschutzes unternommen, auch wenn sie nur Übungszwecken dienen, desgleichen die Fahrten der Stationierungsstreitkräfte (BGH VersR **1968** 398; **1968** 400; s. Rdn. 371 ff). Dienstfahrten eines Soldaten mit einem Dienstkraftwagen dienen stets gleichzeitig der Erhaltung der Fahrsicherheit von Fahrer und Wagen (BGH VersR **1969** 569). Auch eine dienstlich angeordnete Fahrt mit dem Privatwagen eines Soldaten ist eine Dienstfahrt (BGH VersR **1981** 753). Ein Soldat der Bundeswehr, der mit einem Dienstwagen eine Schwarzfahrt unternimmt, haftet dem Verletzten aus § 18 StVG und aus § 823 BGB. Die Bundesrepublik haftet neben ihm aus § 839 BGB, Art. 34 GG, wenn dem Soldaten durch eine Unaufmerksamkeit des Wachtpostens die Schwarzfahrt ermöglicht wurde (LG Karlsruhe VersR **1967** 239). Der Soldat selbst haftet bei der Schwarzfahrt nicht nach § 839 BGB und die Bundesrepublik muß daher auch nicht nach Art. 34 GG für ihn einstehen (BGH VersR **1969** 189). Hieran ändert der Umstand nichts, daß dem Soldaten die Privatfahrt verboten war. Die Amtshaftung tritt aber ein, wenn der Wachhabende einer Fahrbereitschaft, der die Verwendung der Fahrzeuge zu überwachen hat, ein Fahrzeug zu einer nicht dienstlichen Fahrt benutzt (BGH VersR **1969** 189). 352

Auch Fahrten der **Polizei** finden in aller Regel in Ausübung öffentlicher Gewalt statt (RG VAE **1937** 255; OLG Dresden VAE **1936** 43). Dies gilt vor allem für die Ausführung von Verkehrskontrollen (BGH VRS **16** 167), für Streifenfahrten (OLG Oldenburg VersR **1963** 1087) und für die Beförderung von Polizeibeamten (RGZ **125** 98; **140** 415; **155** 186; RG JW **1937** 2516; OLG Hamm VR **1929** 357). Auch die Mitnahme des Besuchers eines von der Polizei veranstalteten „Tages der offenen Tür" im Beiwagen eines Polizeimotorrads fällt in den hoheitlichen Tätigkeitsbereich, weil durch die Veranstaltung die Einsatzfähigkeit der Polizei demonstriert werden sollte (BGH VersR **1981** 252). 353

Fahrten der **Feuerwehr**, auch der freiwilligen Feuerwehr, sind ebenfalls Ausübung öffentlicher Gewalt[68], und zwar auch dann, wenn es sich nur um Probefahrten oder um Fahrten zu Ausbildungszwecken handelt (BGH NJW **1956** 1633). Anders verhält es sich dagegen bei einer Probefahrt anläßlich des Ankaufs eines Wagens (BGH MDR **1962** 803). 354

In **Bauangelegenheiten** ist die Dienstfahrt eines Beamten, die der Bauberatung dient, hoheitliche Aufgabe, nicht dagegen eine Dienstfahrt zur Beaufsichtigung der Bauarbeiten eines Staatsgebäudes (OLG München HRR **1942** Nr. 648). Der Transport von Straßenbaumaterial durch die Bediensteten eines Straßenbauamts ist in der Regel hoheitliche Tätigkeit (BGH VersR **1962** 378), ebenso Fahrten des Straßenbaupersonals (BGHZ **21** 48). Wegen Fahrten in Wahrnehmung der Verkehrssicherungspflicht vgl. Rdn. 399. 355

Die **Post** übt bei der Personenbeförderung (BGHZ **20** 102; OLG Nürnberg VersR **1958** 252) und zwar sogar bei einer Sonderfahrt (OLG Braunschweig VRS **6** 402), sowie bei der Beförderung und Zustellung von Briefen und Paketen öffentliche Gewalt aus[69], desgleichen beim Entleeren der Briefkästen (OLG München 356

[67] BGH VersR **1968** 664; **1972** 1017; **1973** 35; für die Wehrmacht RG VAE **1937** 119; **1937** 403; **1938** 399.

[68] RGZ **129** 307; RG DR **1941** 1294; BGH NJW **1956** 1633; VersR **1957** 267; **1958** 886; VRS **23** 258; OLG Stuttgart MDR **1955** 355; OLG Celle NJW **1960** 676.

[69] RGZ **158** 83; **164** 273; RG VAE **1941** 12; BGHZ **16** 111; OLG Karlsruhe VRS **7** 423; OLG Köln VRS **13** 334.

HRR **1941** Nr. 964), ja sogar bei Fahrten vom Postamt zur Garage (OLG Karlsruhe NJW **1953** 1915), bei Verbringung eines Anhängers zu einem anderen Ort (OLG Oldenburg VRS **9** 255) und beim Zurückbringen eines ausgeliehenen Postomnibusses (BGH VersR **1958** 767). Dagegen geschieht die Überführung eines Postomnibusses zur Reparatur nicht in Ausübung öffentlicher Gewalt (BGH VersR **1957** 449). Schließlich werden alle Dienstfahrten zu folgenden Zwecken in Ausübung öffentlicher Gewalt ausgeführt: Telegrafie (RGZ **165** 365), Fernsprechdienst, einschließlich Unterhaltung der Kabel (BGH VersR **1957** 590; **1962** 824; **1963** 971; **1979** 547; OLG Dresden Recht **1941** Nr. 1191), Rundfunk und Fernsehen, einschließlich Entstörung (RG DR **1941** 1225 m. Anm. *Reuss*), Postscheckverkehr (RG DR **1940** 38), Postsparkassendienst.

357 Im Gegensatz zur Post, deren Betrieb seit Jahrhunderten auf einem Regal beruht, ist der Betrieb der **Bundesbahn** keine Ausübung öffentlicher Gewalt (RGZ **161** 341; **162** 364; RG DR **1944** 491).

358 **Weitere Fälle hoheitlicher Fahrten:** Kurierfahrten zur Beförderung der Dienstpost (BGH VersR **1956** 50); Dienstfahrt von Beamten des Wasserwirtschaftsamtes zur Funktionsprüfung eines Speichersees (LG Weiden VersR **1970** 190); Fahrt eines Richters zu einem Ortstermin (**a. A.** BGH VersR **1965** 1101); Müllabfuhr (BGH VersR **1983** 461).

359 **Weitere Fälle nicht hoheitlicher Fahrten:** Fahrten für privatrechtlich betriebene kommunale Einrichtungen wie Versorgungsbetriebe oder Verkehrsbetriebe (RGZ **63** 374); Schulbusbetrieb im Auftrag der Gemeinde (BGH VersR **1973** 394).

360 **cc) Sonstige Fälle** (soweit für die Haftung im Straßenverkehr von Bedeutung): Veranlassen des Abschleppens eines Fahrzeugs seitens der Polizei ist hoheitliche Tätigkeit (BGH NJW **1977** 628; **a. A.** OLG Nürnberg JZ **1967** 61 m. Anm. *Medicus*); ebenso die Tätigkeit des Angestellten der Autobahnmeisterei bei Entgegennahme der Anrufe von Notrufsäulen und Veranlassung von Hilfe (OLG Celle DAR **1964** 215); das Schließen der Bahnschranken ist dagegen privat-rechtlich zu qualifizieren (BGH VersR **1954** 36).

361 **d) Verbürgung der Gegenseitigkeit bei Ausländern.** Gegenüber Ausländern wird die Haftung des Staates durch reichs- und landesrechtliche Vorschriften, die ihre Wirksamkeit durch Art. 34 GG nicht verloren haben (BGHZ **13** 241; **76** 375; BGH VersR **1961** 857), weithin von der Verbürgung der Gegenseitigkeit abhängig gemacht (Übersicht bei *Frowein* JZ **1964** 360). Diese Vorschriften wurden zwar durch das Staatshaftungsgesetz vom 26. 6. 1981 aufgehoben, haben aber durch dessen Nichtigerklärung wieder Wirksamkeit erlangt. Das Erfordernis der Verbürgung der Gegenseitigkeit ist nicht verfassungswidrig (BVerfG NVwZ **1983** 89). Eine Zusammenstellung von Staaten, mit denen die Gegenseitigkeit verbürgt ist, findet sich z. B. bei *Palandt/Thomas* § 839 2 A a bb. Ist die Haftung des Staates nach diesen Vorschriften ausgeschlossen, so haftet der Beamte persönlich nach § 839 BGB.

5. Haftende Körperschaft

362 **a) Maßgeblichkeit der Anstellung.** Nach Art. 34 GG haftet in den Fällen der übergeleiteten Haftung die Körperschaft, in deren Dienst der Beamte steht. Dies ist in der Regel die Körperschaft, die ihn angestellt hat und folglich auch besoldet. Daß der Beamte im konkreten Einzelfall Aufgaben einer anderen Körperschaft wahrgenommen hat, ändert hieran nichts (BGHZ **2** 350; BGH LM Nr. 4 zu Art. 34

GG). Nur bei förmlicher Abordnung geht die Haftung auf die andere Körperschaft über (RGZ **168** 361; BGHZ **34** 20). Bei echter Doppelstellung (z. B. Landrat in Bayern) haftet die Körperschaft (Staat oder Landkreis), deren Aufgaben im Einzelfall wahrgenommen worden sind (BGH LM Nr. 24 zu Art. 34 GG; BayObLGZ **1955** 10). Keine Doppelstellung in diesem Sinn haben die Bediensteten der Kreisverwaltung in Rheinland-Pfalz; für sie haftet, auch wenn sie staatliche Aufgaben (z. B. der Straßenverkehrszulassungsbehörde) wahrnehmen, der Landkreis als Anstellungskörperschaft (BGH VersR **1983** 856). Für Angestellte gilt das Vorstehende entsprechend (BGHZ **6** 215).

b) Haftung mehrerer Körperschaften. Sind für einen Schaden mehrere Fahrer ver- **363**
antwortlich, die von verschiedenen öffentlich-rechtlichen Körperschaften beschäftigt sind, so haften letztere als Gesamtschuldner (RGZ **141** 286; RG JW **1936** 249 LS). Der Ausgleich zwischen ihnen erfolgt nach §§ 840, 426 BGB (BGHZ **9** 65).

6. Subsidiarität der Amtshaftung

a) Grundsätze. Nach § 839 Abs. 1 Satz 2 BGB haftet der Beamte bzw. der Staat **364**
dann nicht, wenn der Schaden fahrlässig herbeigeführt wurde und der Verletzte auf andere Weise Ersatz erlangen kann. Diese Einschränkung gilt nur für die Amtshaftung, nicht für etwaige konkurrierende Ansprüche (BGHZ **6** 23). Für den Bereich der Haftung im Straßenverkehr ist der Haftungsausschluß bei anderweitiger Ersatzmöglichkeit durch die Rechtsprechung weitgehend aufgehoben worden (vgl. Rdn. 368).

b) Begriff des anderweitigen Ersatzes. Grundsätzlich schließt jeder auf Ersatz des- **365**
selben Schadens gerichtete Anspruch gegen einen Dritten (nicht gegen die in Anspruch genommene Körperschaft selbst; BGHZ **13** 88; **50** 271) die Amtshaftung aus. Abweichendes kann sich allerdings aus dem Zweck des anderweitigen Ersatzanspruchs ergeben. Insbesondere dann, wenn der Verletzte die andere Ersatzmöglichkeit unter Aufwendung eigener Mittel oder durch von ihm verdiente Leistungen Dritter erlangt hat, hält der BGH nunmehr – im Gegensatz zur früheren Rechtsprechung[70] – das Verweisungsprivileg des Staates nicht mehr für anwendbar. So hat er z. B. nicht mehr als anderweitigen Ersatz im Sinne des § 839 Abs. 1 Satz 2 BGB angesehen die Leistungen der gesetzlichen Unfall- oder Rentenversicherung (BGHZ **70** 7; BGH VersR **1983** 638), der gesetzlichen Krankenversicherung (BGHZ **79** 26), der privaten Krankenversicherung (BGHZ **79** 35) und der Kaskoversicherung (BGHZ **85** 230; OLG Hamm VersR **1982** 795). Auch gegenüber Ansprüchen aus einer Lebensversicherung (RGZ **155** 191; BGH VersR **1958** 886), dem Lohnfortzahlungsanspruch (BGHZ **62** 380) und dem Anspruch auf Grundrente nach dem BVG (BGHZ **62** 394) wurde die Subsidiarität der Amtshaftung verneint. Ob diese Einschränkungen des Verweisungsprivilegs auch bei der persönlichen Haftung des Beamten nach § 839 BGB (vgl. Rdn. 330) gelten, hat BGHZ **79** 31 offengelassen. Zum Zusammentreffen mit seinerseits subsidiärem Direktanspruch nach § 3 PflVG s. *Backhaus* VersR **1984** 16.

c) Ob die **Unmöglichkeit anderweitigen Ersatzes** auf dem Fehlen eines anderen **366**
Schuldners oder darauf beruht, daß er aus tatsächlichen Gründen nicht oder nicht in voller Höhe in Anspruch genommen werden kann, ist unerheblich (BGH MDR **1959** 107; OLG Stuttgart NJW **1964** 727). Haftet der Beamte wegen Mitverschul-

[70] RGZ **138** 209; **145** 56; **152** 20; **158** 176; **161** 199; **171** 173; RG JW **1935** 1084; BGHZ **62** 397; BGH VersR **1973** 1066.

dens des Verletzten nur für eine Quote des Schadens, so muß sich der Verletzte eine anderweitige Ersatzmöglichkeit auf die Quote anrechnen lassen (BGH VersR **1968** 71; OLG Köln NJW **1966** 887). Nicht auf Unmöglichkeit berufen kann sich der Verletzte, wenn er eine früher vorhandene Ersatzmöglichkeit schuldhaft versäumt hat (BGH VersR **1960** 325; **1960** 663; OLG Düsseldorf DNotZ **1966** 630). Beruht die Versäumung jedoch auf fehlender Kenntnis von der Schadensentstehung, so soll nach RGZ **145** 258 die Amtshaftung auch dann nicht ausgeschlossen sein, wenn die Unkenntnis verschuldet war. Besteht ein anderweitiger Ersatzanspruch gegen einen Schädiger im Ausland, so kann Unmöglichkeit bejaht werden, wenn die Verfolgung des Anspruchs einschließlich eventueller Zwangsvollstreckung mit unzumutbaren Erschwernissen und Verzögerungen verbunden wäre (BGH NJW **1976** 2074). Unzumutbar kann die Inanspruchnahme des Dritten auch sein, wenn es sich um einen nahen Angehörigen handelt, so z. B. bei Schädigung durch einen Beamten und den Ehegatten des Verletzten (BGHZ **61** 101).

367 **d) Beweis- und prozeßrechtliche Fragen.** Der Kläger muß darlegen und ggf. beweisen, daß aus dem vorgetragenen Sachverhalt sich ergebende anderweitige Ersatzmöglichkeiten nicht realisierbar sind (BGH VersR **1964** 639); dem Beklagten steht es frei, weitere Ersatzansprüche aufzuzeigen (BGH Betr **1969** 788). Der Verletzte ist nicht verpflichtet, zunächst gegen den Dritten gerichtlich vorzugehen; er kann die Unmöglichkeit der Ersatzerlangung im Prozeß gegen den Beamten bzw. Staat nachweisen (BGH VersR **1960** 663). Gelingt dieser Nachweis nicht, so wird die Amtshaftungsklage als zur Zeit unbegründet abgewiesen (BGHZ **37** 377), sie kann also wiederholt werden, wenn sich später herausstellt, daß ein anderweitiger Ersatzanspruch nicht besteht oder nicht durchsetzbar ist (BGH VersR **1973** 443). Der Verletzte kann gegen die Körperschaft und den Dritten auch gleichzeitig Klage erheben; über den Amtshaftungsanspruch kann dann erst entschieden werden, wenn die Frage der Haftung des Dritten geklärt ist (BGH VersR **1958** 451; BayObLGZ **1964** 427; KG NJW **1968** 1971). Wird die Klage gegen den Dritten abgewiesen, so verliert der Verletzte seinen Anspruch nicht, wenn er keine Berufung einlegt und auf die Berufung der Körperschaft das OLG zu der Ansicht gelangt, es hafte der Dritte (KG aaO); denn der Anspruch gegen den Dritten besteht nicht, weil er rechtskräftig abgewiesen ist.

368 **e) Besonderheiten bei Teilnahme des Amtsträgers am Straßenverkehr.** Hat der Amtsträger bei der dienstlichen Teilnahme am allgemeinen Straßenverkehr einen Unfall verschuldet, so hat nach der jüngeren Rechtsprechung des BGH die Subsidiarität der Amtshaftung gegenüber dem Grundsatz der haftungsrechtlichen Gleichbehandlung aller Verkehrsteilnehmer zurückzutreten (BGHZ **68** 217; BGH VersR **1979** 225; **1979** 547), sofern der Amtsträger nicht Sonderrechte nach § 35 Abs. 1 StVO in Anspruch genommen hatte (BGH VersR **1983** 84). Von diesem Ausnahmefall abgesehen kann der Geschädigte den Staat also auch dann in Anspruch nehmen, wenn er daneben Ersatzansprüche, z. B. gegen einen Zweitschädiger oder eine Unfallversicherung hat. Dieser im Gegensatz zur früheren Rechtsprechung (vgl. BGHZ **61** 101) stehende Grundsatz gilt auch für Unfälle, die sich vor Verkündung der Entscheidung BGHZ **68** 217 ereignet haben (BGH VersR **1979** 348). Mag diese Rechtsprechung auch im Ergebnis befriedigen, so muß sie als sehr weitgehende Rechtsfortbildung contra legem doch Bedenken begegnen. Zur entsprechenden Judikatur bei Verkehrssicherungspflichtverletzungen vgl. Rdn. 398. Im Rahmen der Haftung der Zulassungsstelle (Rdn. 343) kommt § 839 Abs. 1 Satz 2 BGB zur Anwendung (BGH VersR **1981** 1154).

7. Verjährung 369

Die für den Beginn der Verjährung erforderliche Kenntnis muß im Falle der Staatshaftung neben den allgemeinen und besonderen Haftungsvoraussetzungen auch die an Stelle des Beamten haftende Körperschaft umfassen[71], denn es geht hier nicht um Rechtsunkenntnis, sondern um die Ungewißheit, welcher von mehreren in Betracht kommenden der richtige Ersatzpflichtige ist.

Der Beginn der Verjährung setzt auch die Kenntnis des Verletzten voraus, daß 370
andere Ersatzmöglichkeiten im Sinne des § 839 Abs. 1 Satz 2 BGB nicht vorhanden sind[72], hierbei hindert das vermeintliche Vorhandensein einer anderweitigen Ersatzmöglichkeit die Verjährung nicht, wenn die Klage entgegen der Erwartung des Verletzten Erfolg versprechen würde (BGH VersR **1967** 711). Dies gilt aber seit BGHZ **68** 217 nicht mehr bei Amtshaftung aufgrund der Teilnahme am Straßenverkehr oder Verletzung der Verkehrssicherungspflicht, weil es auf das Fehlen anderweitiger Ersatzmöglichkeiten dort seither nicht mehr ankommt (vgl. Rdn. 368, 398). Vor dieser Änderung der Rechtsprechung war es für den Verletzten jedoch unzumutbar, vor der Klärung anderweitiger Ersatzmöglichkeiten Klage zu erheben; dies ist bei der Prüfung der Verjährungsfrage zu berücksichtigen (BGH VersR **1979** 547).

IV. Haftung für Stationierungsschäden 371

Ist ein Unfall durch ein Mitglied der Stationierungs-Streitkräfte (einschließlich des zivilen Gefolges; zum Begriff Art. I Abs. 1 Buchst. b NTS) verursacht worden, so gelten grundsätzlich die Regeln des StVG und des BGB, wenn sich der Unfall im Gebiet der Bundesrepublik Deutschland ereignet hat. Für die Geltendmachung der Ansprüche gelten aber Besonderheiten (Rdn. 372ff).

1. Nicht in Ausübung des Dienstes verursachte Unfälle 372

Hier kann gegen den Schädiger oder gegen den Halter des schädigenden Kraftfahrzeugs unmittelbar vor deutschen Gerichten vorgegangen werden. Aus einem solchen Urteil kann auch vollstreckt werden (Art. VIII Abs. 6 Buchst. d und Abs. 9 NTS). Der Anspruch des Verletzten ist ausgeschlossen, wenn er vom Entsendestaat eine freiwillige Ersatzleistung („ex gratia") erhalten hat. Das Verfahren bietet mithin im allgemeinen keine Besonderheiten; zu beachten sind aber die Vorschriften über das Armenrecht in Art. 31 ZA, über Zustellungen in Art. 32 und 36 ZA, über die Ladungen in Art. 37 ZA, über die Säumnis in Art. 33 ZA und über die Zwangsvollstreckung in Art. 34 und 35 ZA und in Art. 5 NTS-AG. Wird eine ex-gratia-Zahlung bewilligt, so geht der Zahlungsanspruch in keinem Fall auf den Träger der Sozialversicherung über. Dieser kann aber nach Bereicherungsgrundsätzen vom Verletzten den Betrag herausverlangen, der – wenn man die Leistungen der Sozialversicherung hinzurechnet – den Gesamtschaden übersteigt (BGH VersR **1968** 170).

2. In Ausübung des Dienstes verursachte Unfälle 373

a) Rechtsgrundlagen. Schäden, die durch Personen hervorgerufen worden sind, die den Stationierungs-Streitkräften in der Bundesrepublik Deutschland angehö-

[71] BGH VRS **15** 177; VersR **1960** 515; **1960** 788; **a. A.** RGZ **142** 352; **168** 221; BGH VersR **1957** 428; **1957** 641.

[72] RGZ **161** 375; RG JW **1926** 2284 m. Anm. *Riemann*; BGH Betrieb **1958** 1360; VersR **1960** 788.

ren, sind nach Art. VIII FV abzuwickeln, wenn sie nach dem 5. 5. 1955, 12.00 Uhr und vor dem 1. 7. 1963 verursacht sind oder zwar nach diesem Zeitpunkt, aber nicht in der Bundesrepublik, sondern in Berlin, wo noch das Besatzungsregime gilt (Einzelheiten siehe *Rieger* 199ff), während die vor dem 5. 5. 1955 verursachten Schäden als Besatzungsschäden gelten und sich nach dem Gesetz über die Abgeltung von Besatzungsschäden vom 1. 12. 1955 (BGBl. I 734) regeln. Die nach dem 30. 6. 1963 verursachten Schäden, die im folgenden allein gemeint sind, beurteilen sich nach dem NATO-Truppenstatut vom 19. 6. 1951 (NTS), nach dem Zusatzabkommen zu dem Abkommen zwischen den Parteien des Nordatlantikvertrages über die Rechtsstellung ihrer Truppen hinsichtlich der in der Bundesrepublik Deutschland stationierten ausländischen Truppen vom 3. 8. 1959 (ZA), nach dem Unterzeichnungsprotokoll zum Zusatzabkommen vom 3. 8. 1959 (UP) und nach dem Gesetz zum NATO-Truppenstatut und den Zusatzvereinbarungen vom 18. 8. 1961 (NTS-AG). Das NTS gilt im Verhältnis zu Belgien, Kanada, Dänemark, Frankreich, Italien, Luxemburg, den Niederlanden, Norwegen, Portugal, Großbritannien und Nordirland, den USA, Türkei und Griechenland. Das ZA und das UP gelten im Verhältnis zu Belgien, Kanada, Frankreich, den Niederlanden, Großbritannien und Nordirland und den USA. Der Austritt Frankreichs aus der NATO hat an der Anwendbarkeit nichts geändert. Die Mitgliedstaaten des NTS werden, wenn sie Truppen in der Bundesrepublik Deutschland stationieren, „Entsendestaaten" genannt. Maßgebende Vorschriften sind Art. VIII NTS, Art. 41 ZA, das UP zu Art. 41 ZA und Art. 6–17 NTS-AG. Die folgenden Ausführungen gelten nur für Schäden, die nach dem 30. 6. 1963 verursacht worden sind.

374 **b) Deutsche Gerichtsbarkeit.** Die Streitkräfte der Entsendestaaten unterstehen ebensowenig wie diese selbst der deutschen Gerichtsbarkeit. Gegen sie können Ansprüche aus Verkehrsunfällen nur nach Art. VIII Abs. 5 NTS und den hierzu ergangenen weiteren Vorschriften geltend gemacht werden. Dagegen unterstehen die Mitglieder der Truppe (Art. I Abs. 1 Buchst. a NTS) und die Mitglieder des zivilen Gefolges aaO Buchst. b) persönlich der deutschen Gerichtsbarkeit. Gegen sie darf aber aus einem Urteil, das in der Bundesrepublik in einer aus der Ausübung des Dienstes herrührenden Angelegenheit ergangen ist, nicht vollstreckt werden (Art. VIII Abs. 5 Buchst. g NTS). Infolge dieser Vorschrift führt das an sich zulässige (BGH NJW **1964** 104) Vorgehen gegen solche Personen vor den deutschen Gerichten nicht zu dem gewünschten Erfolg. Nach dem Finanzvertrag, der auf Schadensfälle vor dem 1. 7. 1963 anzuwenden ist, war ein solches Vorgehen unzulässig gewesen.

375 **c) Geltendmachung von Ersatzansprüchen gegen die Bundesrepublik Deutschland.** Der Ersatz von Drittschäden, also Schäden, die einem anderen als dem Entsendestaat oder der Bundesrepublik Deutschland entstanden sind, kann gegen die Bundesrepublik Deutschland geltend gemacht werden, wenn der Schaden durch Handlungen oder Unterlassungen von Mitgliedern einer Truppe oder eines zivilen Gefolges in Ausübung des Dienstes oder durch eine andere Handlung, Unterlassung oder Begebenheit in der Bundesrepublik Deutschland verursacht ist, für welche die Truppe oder das zivile Gefolge eines Entsendestaates rechtlich verantwortlich ist (Art. VIII Abs. 5 NTS, Art. 41 ZA, Art. 6ff NTS-AG). Die Geltendmachung unterliegt aber besonderen Regeln.

376 **aa) Erfaßte Ansprüche.** In dem vorgenannten Verfahren können nur Ansprüche aus Gefährdungshaftung und unerlaubter Handlung geltend gemacht werden, fer-

ner z. B. auch Ansprüche der Polizei wegen Ersatzvornahme bei einem Unfall eines Lkw, bei dem Öl auslief (BGHZ **54** 21). Des weiteren fallen unter die Vorschriften des NTS Ausgleichsanprüche zwischen Gesamtschuldnern (§ 426 BGB) wegen Inanspruchnahmen vorstehender Art (BGH VersR **1979** 838; **1981** 134) sowie der Bereicherungsanspruch des Haftpflichtversicherers eines neben dem Truppenangehörigen an dem Unfall Beteiligten, der lediglich aufgrund eines Teilungsabkommens (vgl. Rdn. 630) in Anspruch genommen wurde (BGH VersR **1981** 76), nicht aber vertragliche Ansprüche, also auch nicht Ansprüche aus Beförderungsvertrag oder Dienstvertrag (UP Abs. 1 zu Art. 41 ZA; *Rieger* BB **1963** 753). Solche Ansprüche sind vielmehr im Zivilprozeß ohne weiteres gegen das Mitglied der Truppe oder des zivilen Gefolges zu verfolgen, mit dem der Vertrag geschlossen wurde; zu beachten sind freilich die Vorschriften der Art. 31 bis 39 ZA über Ladung, Zustellung und Zwangsvollstreckung. Ausgeschlossen sind von der Prozeßstandschaft der Bundesrepublik ferner Ansprüche aus Schwarzfahrten, wenn die Benutzung eines Fahrzeugs der Streitkräfte des Entsendestaates unbefugt war und die Truppe oder das zivile Gefolge für sie rechtlich nicht verantwortlich ist (Art. VIII Abs. 7 NTS).

Hat ein bei den Stationierungsstreitkräften beschäftigter deutscher Arbeitnehmer **377**
einen Drittschaden (den Schaden eines anderen als der Bundesrepublik oder des Entsendestaats) verursacht, so ist der Schaden nicht nach Art. VIII Abs. 5 erste Alternative NTS gegen die Bundesrepublik geltend zu machen, da er nicht zum zivilen Gefolge der Truppe (Art. I Abs. 1 Buchst. b NTS) gehört. Der Arbeitnehmer haftet dem Verletzten persönlich. Aus dem Urteil kann ohne weiteres gegen ihn vollstreckt werden. Auch zivile Arbeitnehmer, die staatenlos sind oder einem Staate angehören, der nicht Vertragsstaat der NATO ist, gehören nicht zum zivilen Gefolge und haften daher nur persönlich. Eine Haftung der Bundesrepublik für den Entsendestaat kann aber in solchen Fällen eintreten, wenn der Entsendestaat für dienstliche Handlungen oder Unterlassungen des Arbeitnehmers „rechtlich verantwortlich" ist (Art. VIII Abs. 5 zweite Alternative NTS). Diese Verantwortlichkeit ist gegeben, wenn entweder die Voraussetzungen der §§ 89, 31 i. V. mit §§ 823ff BGB vorliegen oder diejenigen des § 831 BGB.

Ansprüche von Mitgliedern der Truppe oder ihres zivilen Gefolges gegen ihren **378**
eigenen Staat können nicht gegenüber der Bundesrepublik geltend gemacht werden, wenn die Ansprüche auf einem Schaden beruhen, den Mitglieder ihrer eigenen Truppe oder ihres zivilen Gefolges verursacht haben.

bb) Nachweis der Dienstbezogenheit. Der Nachweis, daß die Handlung oder Un- **379**
terlassung, die den Schaden verursacht hat, in Ausübung des Dienstes begangen worden ist (Art. VIII Abs. 5 NTS) und daß die Benutzung des Kraftfahrzeuges nicht unbefugt war (Art. VIII Abs. 7 NTS), ist durch Bescheinigung der Truppe zu führen, zu der der Schädiger oder das schädigende Kraftfahrzeug im Zeitpunkt der Verursachung gehörte. Bei Meinungsverschiedenheiten kann die Entscheidung eines Schiedsrichters herbeigeführt werden (Art. VIII Abs. 8 NTS), und zwar unter den Voraussetzungen des Art. 12 Abs. 5 NTS-AG auch auf Antrag des deutschen Gerichts. Den deutschen Gerichten ist eine eigene Entscheidung über diese Tatfragen versagt (zum Umfang der Bindungswirkung: BGH VersR **1966** 975; **1968** 596).

Ist die Klage erhoben, ehe die Bescheinigung eingeholt wurde, so ist die Klage **380**
unzulässig; sie kann aber zulässig werden, wenn die deutsche Behörde die Entschließung bei zügiger Bearbeitung noch vor der letzten mündlichen Verhandlung vor dem Tatsachengericht hätte herbeiführen können (BGH VersR **1969** 284). Lie-

gen die Voraussetzungen für eine Geltendmachung nicht vor (entweder keine in Ausübung des Dienstes begangene Handlung oder Unterlassung, oder unbefugte Benutzung bei der Schwarzfahrt), so kann der Entsendestaat unmittelbar nach Billigkeitsgrundsätzen freiwillige Zahlungen, sogenannte „ex-gratia"-Leistungen, erbringen (Art. VIII Abs. 6 und 7 NTS). Ein Anspruch hierauf besteht nicht. Bei Schwarzfahrten, für die die Truppe oder das zivile Gefolge eines Entsendestaates verantwortlich ist, kann jedoch gegen diese auf dem eingangs erwähnten Weg wegen unerlaubter Handlung vorgegangen werden (Art. VIII Abs. 7 NTS).

381 **cc) Anzuwendendes Recht.** Die Ansprüche des Verletzten richten sich nach deutschem Recht, soweit nicht NTS, ZA, UP und NTS-AG Sonderregelungen bringen. Der Fall ist materiell-rechtlich so zu behandeln, als habe die Bundeswehr oder einer ihrer Angehörigen oder Kraftfahrzeuge den Schaden verursacht (§ 839 BGB i. Verb. mit Art. 34 GG; §§ 823ff BGB; §§ 89, 31 BGB; §§ 7ff StVG). Maßgebend sind in der Regel die Grundsätze der Amtshaftung (§ 839 BGB, Art. 34 GG; vgl. hierzu Rdn. 330ff) und die Gefährdungshaftung nach § 7 StVG, nicht aber §§ 823, 831 BGB. Denn die Haftung der Bundesrepublik würde sich nach diesen Vorschriften richten, wäre der Unfall von einem Soldaten der Bundeswehr verursacht worden (BGH VersR **1972** 1017; **1972** 1020; **1973** 35). Das Verweisungsprivileg nach § 839 Abs. 1 Satz 2 BGB ist auch hier nicht anwendbar, wenn sich der Unfall bei Teilnahme am allgemeinen Straßenverkehr ereignet (BGH VersR **1981** 134; vgl. hierzu Rdn. 368). Daß die Truppen oder ihr ziviles Gefolge von bestimmten Vorschriften des deutschen Rechts befreit sind (vgl. insbesondere Art. 57 Abs. 4, 5 ZA) schließt für die Handlungen ihrer Mitglieder die Rechtswidrigkeit nicht aus (Art. 41 Abs. 8 Satz 1 ZA). Die Streitkräfte müssen sich also haftungsrechtlich so behandeln lassen, als ob die Befreiungsvorschrift nicht bestünde (BGHZ **38** 21; BGH VersR **1980** 939; **1981** 134). Dies gilt nicht für Befreiungen, die in gleicher Weise auch die Bundeswehr für sich in Anspruch nehmen könnte (z. B. § 35 StVO). In solchen Fällen steht dem Verletzten ein Anspruch also nur zu, wenn ein Mitglied der Bundeswehr, hätte es unter gleichen Umständen den Unfall verursacht, einen Schadenersatzanspruch ausgelöst hätte.

382 **dd) Schuldner des Anspruchs** ist in allen Fällen der Entsendestaat. Der Anspruch wird aber von der Bundesrepublik Deutschland für den Entsendestaat erfüllt, die gegen diesen gewisse Ersatzansprüche hat (Art. VIII Abs. 5 NTS). Wird im Wege der Klage vorgegangen, so ist diese gegen die Bundesrepublik zu richten (Art. 12 Abs. 1 NTS-AG); diese führt den Rechtsstreit im eigenen Namen für den Entsendestaat (Prozeßstandschaft). Das Urteil hat auf Leistung „für den Entsendestaat" zu lauten (Art. 25 NTS-AG).

383 **ee) Geltendmachung der Ansprüche.** Die Ansprüche müssen innerhalb von 3 Monaten geltend gemacht werden (Art. 6 Abs. 1 NTS-AG). Der Antrag hat die geltend gemachten Ansprüche dem Grunde und – soweit möglich – der Höhe nach zu bezeichnen und soll alle für die Bearbeitung wesentlichen Angaben unter Hinweis auf die Beweismittel enthalten (Art. 9 Abs. 2 NTS-AG). Die Anmeldung muß zumindest soviel beinhalten, daß es der Behörde möglich ist, sich ein ungefähres Schadensbild zu machen und die voraussichtlich zu erbringenden Ersatzleistungen zu überschauen (sehr weitgehend BGH VersR **1979** 838 für etwaige Ausgleichsansprüche nach § 426 BGB).

384 Die Frist für den Antrag beginnt, wenn der Verletzte von dem Schaden und den Umständen Kenntnis erlangt, aus denen sich ergibt, daß die Truppe oder das zivile

Gefolge eines Entsendestaats für den Schaden rechtlich verantwortlich ist oder daß ein Mitglied oder ein Bediensteter einer Truppe oder eines zivilen Gefolges den Schaden verursacht hat (Art. 6 Abs. 1 NTS-AG). Sie beginnt für Ansprüche, die im Augenblick des Schadensereignisses auf den Sozialversicherungsträger übergehen, erst, wenn dieser die erforderliche Kenntnis erlangt (BGH NJW **1967** 2208), während es für den nach § 67 VVG auf den Haftpflichtversicherer übergegangenen Ausgleichsanspruch des Versicherungsnehmers auf dessen Kenntnis ankommt (BGH VersR **1979** 838). Zum Begriff „Kenntnis" s. § 14, 10. Nach Ablauf von zwei Jahren seit dem Unfall kann der Anspruch nicht mehr geltend gemacht werden. War der Schaden allerdings vor Ablauf dieser Frist nicht erkennbar, so beginnt sie erst mit dem Zeitpunkt zu laufen, in dem der Geschädigte bei Anwendung der im Verkehr erforderlichen Sorgfalt von dem Schaden hätte Kenntnis erhalten können (Art. 6 Abs. 4 NTS-AG).

Die Geltendmachung hat schriftlich bei der zuständigen deutschen Behörde zu **385** erfolgen, doch gilt die Frist auch als gewahrt, wenn der Anspruch innerhalb der Frist bei einer Dienststelle der Truppe oder des zivilen Gefolges geltend gemacht worden ist, die allgemein für die Behandlung von Entschädigungsansprüchen zuständig ist oder der an dem Schadensfall beteiligte Mitglieder oder Bedienstete der Truppe oder des zivilen Gefolges unterstehen (Art. 6 Abs. 2 NTS-AG). Zuständige deutsche Behörde ist diejenige Behörde der unteren Verwaltungsstufe der Verteidigungslastenverwaltung (Amt für Verteidigungslasten), in deren Bezirk das schädigende Ereignis stattgefunden hat (Art. 8 Abs. 1 und 2 NTS-AG).

Wird der Anspruch von der zuständigen Behörde nicht oder nicht in vollem Umfang anerkannt – dies wird dem Antragsteller in einer mit Gründen versehenen **386** Entschließung mitgeteilt – so kann der Antragsteller innerhalb von zwei Monaten nach Zustellung der Entschließung Klage vor den ordentlichen Gerichten gegen die Bundesrepublik Deutschland erheben (Art. 12 Abs. 1, 3 NTS-AG). Hat die Behörde fünf Monate nach Eingang des Antrags bei ihr noch keine Entschließung mitgeteilt, so kann ebenfalls Klage gegen die Bundesrepublik erhoben werden.

Die Behörde braucht keine Entschließung zu erlassen, wenn sie sich mit dem Antragsteller über die Entschädigung geeinigt hat. **387** Die Entschließung des Amts für Verteidigungslasten ergeht im Rahmen fiskalischer Tätigkeit und ist kein Hoheitsakt. Sie gehört zum Gebiet des bürgerlichen Rechts; mithin ist die vertragliche Vereinbarung über die Höhe der Entschädigung wie ein Vergleich nach § 779 BGB zu behandeln (BGH VersR **1970** 518).

ff) Fristversäumnis. Sowohl die Anmeldefrist nach Art. 6 NTS-AG als auch die **388** Klagefrist nach Art. 12 NTS-AG sind Ausschlußfristen. Ihre von Amts wegen zu beachtende Versäumung führt zum Verlust des Anspruchs, nicht zum Entstehen des Prozeßhindernisses (BGH VersR **1969** 569). Für die Fristwahrung gelten bei der Klagefrist §§ 270, 696 Abs. 3 ZPO (BGH VersR **1979** 738; vgl. hierzu § 14, 82). Die Frist ist auch gewahrt, wenn innerhalb der Frist ein unzuständiges Gericht angerufen wurde und die Sache später an das zuständige Gericht gelangt ist (BGHZ **34** 230; BGH VersR **1979** 738).

Auf beide Fristen sind die Vorschriften der ZPO über Notfristen entsprechend **389** anzuwenden (Art. 6 Abs. 3, Art. 12 Abs. 3 Satz 2 NTS-AG). Es kann daher dem Verletzten sowohl von der Behörde, bei der der Schadenersatz zu beantragen ist, als auch von dem Gericht der ordentlichen Gerichtsbarkeit **Wiedereinsetzung in den vorigen Stand** für die jeweils versäumte Frist gewährt werden. Voraussetzung ist nach

§ 233 ZPO, daß der Verletzte ohne Verschulden gehindert worden ist, die Frist einzuhalten. Eine Versäumung, die in dem Verschulden eines Vertreters (gesetzlichen Vertreters oder Bevollmächtigten) ihren Grund hat, ist nicht unverschuldet (§ 85 Abs. 2 ZPO). Die Wiedereinsetzung muß innerhalb einer zweiwöchigen Frist beantragt werden, die mit dem Tage beginnt, an dem das Hindernis wegfällt (§ 234 Abs. 1 und 2 ZPO). Nach Ablauf eines Jahres, vom Ende der versäumten Frist an, kann die Wiedereinsetzung nicht mehr beantragt werden (§ 234 Abs. 3 ZPO). Der Antrag ist bei Versäumung der Anmeldefrist nach Art. 6 NTS-AG beim Amt für Verteidigungslasten zu stellen; lehnt dieses den Antrag ab, so prüft das ordentliche Gericht, ob er begründet war (BGH VersR **1968** 947).

390 **gg) Einfluß der Fristversäumung auf Gesamtschuldnerausgleich.** Ist dem Verletzten neben dem Angehörigen der Stationierungsstreitkräfte ein weiterer Schädiger verantwortlich und hat er diesen in Anspruch genommen, die Anmelde- oder die Klagefrist nach dem NTS dagegen verstreichen lassen, so hat er zwar seinen eigenen Anspruch gegen die Bundesrepublik verloren, der Zweitschädiger (bzw. aufgrund Anspruchsübergangs nach § 67 VVG sein Haftpflichtversicherer) ist jedoch dadurch nicht gehindert, seinen Ausgleichsanspruch nach § 426 Abs. 1 BGB gegen die Bundesrepublik geltend zu machen (BGH VersR **1981** 134). Allerdings muß auch dieser Ausgleichsanspruch innerhalb der Frist des Art. 6 Abs. 1 NTS-AG angemeldet worden sein (BGH VersR **1979** 838; **1981** 134).

391 **hh) Verjährung.** Die Verjährungsvorschriften des deutschen Rechts (§§ 852 BGB, 14 StVG) werden durch die Vorschriften des NTS und des NTS-AG nicht berührt. Für die absolute Verjährungsfrist nach § 852 Abs. 1 Halbsatz 2 BGB wird dies in Art. 6 Abs. 4 NTS-AG ausdrücklich klargestellt. Die Verjährung wird durch die Anmeldung der Ansprüche beim Amt für Verteidigungslasten unterbrochen (§ 210 BGB), und zwar für alle Ansprüche, auf die sich die Anmeldung erstreckt hat (BGH VersR **1977** 646).

392 **ii) Bindungswirkung der Entscheidung des Amtes für Verteidigungslasten.** Hat das Amt bestandskräftig entschieden, so sind der Antragsteller und die Bundesrepublik hieran grundsätzlich gebunden. Die Bindung entfällt aber, wenn es nicht mit Treu und Glauben vereinbar wäre, die Bundesrepublik an der Entscheidung festzuhalten, etwa weil der Geschädigte Tatsachen verschwiegen hat, die zu einer völlig anderen Würdigung des Sachverhalts führen (BGH VersR **1976** 1156). Ebenso kann die Bindungswirkung entfallen, wenn der Schaden noch nicht endgültig abgewickelt ist, z. B. bei Zubilligung einer laufenden Rente, die unter mehreren Berechtigten unrichtig aufgeteilt wurde (BGH VersR **1979** 423) oder die sich aufgrund der neuen Rechtsprechung zum Verweisungsprivileg nach § 839 Abs. 1 Satz 2 BGB (Rdn. 368) als zu niedrig erweist (BGH VersR **1980** 257).

393 V. Haftung aus Verletzung der Verkehrssicherungspflicht

1. Rechtliche Grundlagen

a) Geschichtliche Entwicklung. Die Verkehrssicherungspflicht ist nicht umfassend gesetzlich geregelt. Das Rechtsinstitut ist vielmehr von der Rechtsprechung geschaffen worden. Das Reichsgericht, das den Begriff im wesentlichen geprägt hat, stützte sich auf einen Satz des gemeinen Rechts, der besagte: Wer Räume oder Örtlichkeiten der Allgemeinheit zugänglich macht – mithin einen Verkehr für andere eröffnet – ist für die verkehrssichere Beschaffenheit der Sache verantwortlich (RGZ **54** 53).

Hieraus entwickelte sich der gewohnheitsrechtliche Rechtssatz, daß jeder, der im Verkehr eine Gefahrenquelle schafft oder unterhält, die notwendigen und zumutbaren Vorkehrungen zum Schutze anderer zu treffen hat[73].

b) Rechtsnatur. Der vorstehend wiedergegebene Rechtssatz ist ein solcher des bürgerlichen Rechts. Die Verletzung der Verkehrssicherungspflicht führt somit grundsätzlich zur Haftung nach § 823 BGB (BGHZ **9** 373; **54** 168). Dem öffentlichen Recht gehört jedoch die Pflicht der Straßenverkehrsbehörden zur (sachgerechten) Verkehrs*regelung* an (BGH NJW **1962** 1767; VersR **1969** 539; **1981** 336; hierzu s. Rdn. 339). Außerdem haben die öffentlich-rechtlichen Körperschaften nach der Rechtsprechung des BGH die Möglichkeit, die Erfüllung der Straßenverkehrssicherungspflicht hoheitlich zu organisieren und den im Dienste der Körperschaft stehenden Personen die Verkehrssicherungspflicht als Amtspflicht gegenüber den Verkehrsteilnehmern aufzuerlegen; es greift dann die Amtshaftung nach § 839 BGB, Art. 34 GG ein (BGHZ **60** 54). Die bloße Übertragung der Überwachung der Straßensicherheit auf das Straßenbauamt einer Stadt und die Veröffentlichung dieser Übertragung in der Tagespresse reicht nicht aus, um eine hoheitliche Organisation der Straßenverkehrssicherungspflicht zu begründen (BGH VersR **1969** 35). **394**

In zahlreichen Straßen- und Wegegesetzen der Länder wurde inzwischen ausdrücklich bestimmt, daß die Verkehrssicherungspflicht hinsichtlich der öffentlichen Straßen in Ausübung eines öffentlichen Amtes wahrgenommen wird. Demnach tritt z. B. in Hamburg (§ 5 WegeG), in Baden-Württemberg (§ 67 StrG; BGH VersR **1979** 542; **1980** 48), in Bayern (Art. 72 BayStrWG; BGH VersR **1981** 733; BayObLG VersR **1972** 862), in Niedersachsen (§ 10 Abs. 1 NStrG; BGHZ **60** 54; BGH VersR **1983** 636), in Nordrhein-Westfalen (§ 9a StrG; BGH VersR **1979** 1055; **1970** 282) und in Rheinland-Pfalz (§ 48 Abs. 2 StrG) bei Verletzung der Verkehrssicherungspflicht für öffentliche Straßen Amtshaftung ein. Zur Rechtslage in Hessen vgl. BGH VersR **1967** 604; **1982** 577; OLG Frankfurt VersR **1968** 380; für Schleswig-Holstein LG Lübeck SchlHAnz. **1966** 66. **395**

Auch im Fall hoheitlicher Wahrnehmung der Verkehrssicherungspflicht durch Bedienstete tritt die Haftung der Körperschaft nur an die Stelle der sonst bestehenden Haftung nach §§ 823, 831 BGB; die privatrechtliche Verpflichtung der Körperschaft, für eine ordnungsgemäße Organisation der Verkehrssicherung zu sorgen, wird hierdurch nicht berührt. Wird diese Verpflichtung verletzt, so haftet die Körperschaft auch im Falle hoheitlicher Organisation der Verkehrssicherungspflicht nach §§ 823, 31, 89 BGB[74] (s. a. Rdn. 444). **396**

c) Besonderheiten bei hoheitlicher Ausgestaltung der Verkehrssicherungspflicht **397**

aa) Für den **Umfang der Pflicht** gilt nichts Besonderes; der Inhalt der Amtspflichten entspricht der allgemeinen Verkehrssicherungspflicht (BGH VersR **1980** 946).

bb) Die **Unanwendbarkeit der Subsidiaritätsklausel** (§ 839 Abs. 1 Satz 2 BGB) hat der BGH im Anschluß an seine neuere Rechtsprechung zur Amtshaftung bei Teil- **398**

[73] RGZ **58** 334; **68** 358; **121** 407; **147** 275; **154** 25; **155** 1; BGHZ **9** 373 = NJW **1953** 1297, 1625 m. Anm. *Frisius*; BGHZ **14** 83; **16** 95; **24** 124; BGH DAR **1952** 133 m. Anm. *Guelde*; NJW **1953** 1865; VersR **1959** 228; **1959** 711; **1961** 139; **1968** 72; **1969** 1022; FamRZ **1968** 149; BayObLGZ **1957** 157; **1961** 39.

[74] BGHZ **27** 283 = NJW **1958** 1234, 1819 m. Anm. *Nedden*; BGH VersR **1959** 389; **1959** 1027; LG Traunstein VersR **1960** 93.

nahme am Straßenverkehr (s. Rdn. 368) auch für den Bereich der Verletzung der Verkehrssicherungspflicht bejaht (BGHZ **75** 134; BGH VersR **1980** 282; **1980** 946; **1981** 347). Zur Begründung verweist er auch hier auf den Grundsatz der haftungsrechtlichen Gleichbehandlung. Die Pflicht, für die Sicherheit der Straßen zu sorgen, entspreche auch bei öffentlich-rechtlicher Ausgestaltung als Amtspflicht der allgemeinen Verkehrssicherungspflicht; zudem stehe sie in engem Zusammenhang mit den Pflichten, die einem Amtsträger als Teilnehmer am allgemeinen Straßenverkehr obliegen. Auf die Verletzung der Verkehrsregelungspflicht (vgl. Rdn. 339ff) oder der polizeilichen Pflicht zur Gefahrenabwehr läßt sich diese Rechtsprechung nicht übertragen (BGH VersR **1984** 760).

399 **cc) Fahrten in Erfüllung der Verkehrssicherungspflicht.** Ereignet sich bei einer Fahrt, die der Erfüllung der Verkehrssicherungspflicht insofern dient, als der Straßenzustand beobachtet oder eine Gefahr beseitigt werden soll, ein Unfall, bei dem ein anderer geschädigt wird, und war die Fahrt hoheitlich organisiert, wurden also die mitwirkenden Personen als Beamte mit Amtspflichten gegenüber den Verkehrsteilnehmern tätig, so tritt Haftung nach § 839 BGB, Art. 34 GG ein (BGHZ **21** 48; vgl. auch OLG Bremen VersR **1968** 501).

400 **2. Träger der Pflicht**

a) Grundsatz. Die Verkehrssicherungspflicht trifft denjenigen, der in der Lage ist, die zur Abwendung der Gefahr erforderlichen Maßnahmen zu treffen, in der Regel also den Eigentümer oder Besitzer. Für den verkehrssicheren Zustand einer Straße haftet somit diejenige (natürliche oder juristische) Person, welche die tatsächliche Möglichkeit und privatrechtliche Befugnis hat, auf den Straßenzustand einzuwirken[75], d. h. wer die Straße tatsächlich und aufgrund einer Rechtspflicht verwaltet (BGH VersR **1968** 749; **1968** 1167; **1969** 35). Dies ist, soweit eine Verkehrssicherungspflicht öffentlich-rechtlicher Körperschaften in Betracht kommt, die Straßenbaubehörde (BGH NJW **1968** 443), d. h. die Behörde, welche die Aufgaben des beteiligten Trägers der Straßenbaulast nach den gesetzlichen Vorschriften wahrnimmt (§ 45 Abs. 2 Satz 2 StVO). Es haftet mithin diejenige Körperschaft, der die für den Streckenabschnitt zuständige Straßenbaubehörde unterstellt ist. Häufig wird diese verkehrssicherungspflichtige Körperschaft mit dem Träger der Straßenbaulast identisch sein. Diese Identität ist gegeben, wenn der Träger der Baulast selbst verpflichtet ist, nicht nur die Mittel für den Bau und den laufenden Unterhalt der Straße bereitzustellen, sondern auch die Pflicht hat, den Bau und die Instandhaltung der Straße selbst durchzuführen. Dies ist jedoch durchaus nicht immer der Fall (BGHZ **24** 124).

401 **b) Übertragung der Verkehrssicherungspflicht** ist, da es sich um eine privatrechtliche Verpflichtung handelt, nicht nur durch Gesetz oder Satzung möglich, sondern auch durch bürgerlich-rechtlichen Vertrag[76]. Der Übertragende bleibt aber verpflichtet, die Ausführung zu überwachen (BGH VRS **12** 86; VersR **1982** 577; OLG Düsseldorf VersR **1959** 339). Oftmals wird ohnehin der Vertrag dahin auszulegen sein, daß der Übernehmer die Pflicht nur zusätzlich zu dem bisher Verpflichteten übernimmt. Dies gilt vor allem bei einem Vertrag mit einem Bauunternehmer (BGH

[75] Vgl. RGZ **68** 161; **121** 404; BGHZ **6** 195; BGH VersR **1955** 11; **1957** 200; **1957** 238; OLG Celle VersR **1955** 397.

[76] RG JW **1938** 3163; VAE **1938** 459; BGH VersR **1966** 266; OLG Hamm VkBl. **1950** 104; OLG Düsseldorf VersR **1958** 833; *Baumgärtel* MDR **1959** 190.

VRS **9** 106; VersR **1960** 349; OLG Düsseldorf VersR **1958** 833). Abzulehnen ist die Ansicht von OLG Koblenz (VersR **1955** 253) und OLG Hamm (VersR **1955** 622), die vertragliche Übernahme der Verkehrssicherungspflicht durch den Bauunternehmer sei unzulässig und wirkungslos; diese Ansicht ist unvereinbar mit dem bürgerlich-rechtlichen Charakter der Verkehrssicherungspflicht. Übernimmt jemand vertraglich die „Verantwortlichkeit" für die Straße, so übernimmt er die Verkehrssicherungspflicht (BGH VersR **1957** 234). Dagegen bewirkt die tatsächliche Durchführung verkehrssichernder Maßnahmen für sich allein keinen Übergang der Verkehrssicherungspflicht auf denjenigen, der die Maßnahmen vorgenommen hat (OLG Neustadt VersR **1959** 959); dies hindert freilich nicht, daß derjenige, der sie tatsächlich durchführt, neben dem anderen verkehrssicherungspflichtig wird. Übernimmt für einen Anlieger mit Zustimmung der Ortspolizeibehörde ein anderer die Reinigung, so haftet der Anlieger für Pflichtwidrigkeiten des anderen grundsätzlich nicht (KG NJW **1968** 605). Wer als Hauswart, Reinigungsunternehmen oder als Angestellter eines solchen Unternehmens die Verkehrssicherungspflicht für einen anderen übernimmt, haftet selbst, wenn er die übernommene Pflicht verletzt (BGH VersR **1970** 38).

c) Einzelheiten. Im einzelnen bestimmt sich die Verkehrssicherungspflicht wie **402**
folgt:

aa) Bundesfernstraßen (Autobahnen und Bundesstraßen) werden, obwohl Träger der Straßenbaulast der Bund ist (§ 5 BFStrG), von den Ländern nach Art. 90 Abs. 2 GG als Auftragsangelegenheit verwaltet; verkehrssicherungspflichtig ist mithin das Land, weil sich allein beim Land die tatsächliche Möglichkeit und die rechtliche Befugnis vereinigen, die von der Straße ausgehenden Gefahren zu mindern[77]. In Nordrhein-Westfalen wurde dem Landschaftsverband die Verkehrssicherungspflicht übertragen (BGH VersR **1960** 850; OLG Köln VRS **13** 329). Ausgenommen von der Verkehrssicherungspflicht des Landes oder Landschaftsverbandes sind Ortsdurchfahrten der Bundesstraßen in größeren Gemeinden (Einzelheiten s. § 5 Abs. 2 bis 4 BFStrG). Trotz der Verkehrssicherungspflicht des Landes oder Landschaftsverbandes haftet in Ausnahmefällen die Bundesrepublik, aber nur wenn Bundesorgane unsachliche Weisungen erteilen (BGHZ **16** 98) oder im Einzelfall ihre Aufsichtspflicht verletzen (BGH NJW **1956** 1028).

bb) Für **Landstraßen** (Staatsstraßen, Kreisstraßen) sowie deren Ortsdurchfahrten **403**
ist auf die unterschiedlichen Regelungen über die Straßenbaulast und die Verwaltung der Straßen in den Straßengesetzen der Länder zu verweisen.

cc) Für **Gemeindestraßen** obliegt die Verkehrssicherungspflicht außerorts wie in- **404**
nerorts den Gemeinden. Dies gilt auch für sonstige öffentliche Straßen (z. B. öffentliche Feld- und Waldwege), die in der Straßenbaulast der Gemeinde stehen. Entscheidend sind die jeweiligen landesrechtlichen Regelungen. Die Verkehrssicherungspflicht der Gemeinde erstreckt sich auch auf die im Eigentum der Anlieger stehenden Teile des Bürgersteigs (OLG Koblenz VersR **1960** 162).

dd) Für Privatstraßen (Eigentümerwege) **und -grundstücke** ist der Eigentümer **405**
oder der Verfügungsberechtigte verkehrssicherungspflichtig. So ist für das Gelände einer Tankstelle der Pächter, für das einer Reparaturwerkstatt der Inhaber des Gewerbebetriebs verantwortlich. Für ein Werkgelände ist der Unternehmer, für einen

[77] BGH VersR **1955** 108; **1956** 67; **1959** 228; **1980** 48; NJW **1980** 582; OLG Frankfurt MDR **1959** 126; OLG Oldenburg VRS **31** 161.

öffentlichen Parkplatz der Unternehmer, jedoch – wenn es sich um Verkehrsgrund der Gemeinde handelt – diese verantwortlich. Entsprechendes gilt für Feld- und Forstwege, soweit sie nicht Gemeindewege (Rdn. 404) sind. Auf ihnen trifft die Verkehrssicherungspflicht denjenigen, dessen Feld oder Wald vermittels des Weges bewirtschaftet wird (OLG München NJW **1954** 1452). Handelt es sich um mehrere Personen, so hat jeder von ihnen die volle Verkehrssicherungspflicht. Nicht gebilligt werden kann die Ansicht des OLG München (aaO), an tatsächlich öffentlichen Wegen bestehe keine Verkehrssicherungspflicht; diese beschränke sich auf ordnungsgemäß gewidmete Wege. Vielmehr ist jeder verkehrssicherungspflichtig, der öffentlichen Verkehr auf seinem Grundstück duldet.

406 **ee)** Für **Straßenkreuzungen, Einmündungen und Bahnübergänge** gelten die Bestimmungen der BundesfernstraßenkreuzungsVO v. 2. 12. 1975 (BGBl. I 2984), der Landesstraßengesetze und des EisenbahnkreuzungsG i. d. F. v. 21. 3. 1971 (BGBl. I 337).

407 **ff)** Für **Umleitungsstrecken** wegen Sperrung einer Straße ist verkehrssicherungspflichtig, wer es für die gesperrte Strecke ist (KG VAE **1938** 187).

408 **gg) Eingriffe anderer in den Straßenzustand** können für diese eine Pflicht zur Abwehr hierdurch entstandener Gefahren begründen. Auf diese Weise entsteht z. B. eine Verkehrssicherungspflicht der Bundespost, wenn sie im Straßenkörper Fernsprechkabel verlegt (BGH VRS **16** 86), wenn ein Fernsprechmast auf die Straße stürzt (OLG Stuttgart VRS **7** 276), wenn nach der Beendigung von Fernmeldebauarbeiten der Gehweg instandzusetzen ist (BGH VersR **1982** 1198) oder wenn der Deckel eines Kabelschachts in die Gehbahn ragt (OLG München ArchivPF **1956** 258 m. Anm. *Aubert*). Des weiteren haftet, wer auf der Straße sonstige Arbeiten vornimmt, z. B. den Deckel eines Gullys entfernt (BGH VersR **1961** 371; zu Baustellen s. im übrigen Rdn. 409). Oftmals bleibt aber eine Mitverantwortung der Körperschaft, die die Straße verwaltet (BGH VersR **1957** 776 für eine von der Zollverwaltung errichtete Straßensperre; BGH VersR **1960** 511 für eine von der Gemeinde betriebene Waage mit Abweisstein). Deshalb hat der für die Straße Verkehrssicherungspflichtige auch für die Tragfähigkeit eines in die Fahrbahn eingelassenen Schachtdeckels einzustehen, den ein anderer dort befugterweise angebracht hat (BGH VersR **1967** 1155).

409 **hh) Baustellen.** Für die Verkehrssicherung ist zunächst der verantwortlich, dem die Bauleitung übertragen ist (BGH VersR **1977** 543; s. a. OLG Karlsruhe VRS **48** 194). Außerdem ist der Bauunternehmer verpflichtet, während der Dauer des Baus die Baustelle so abzusichern, daß erkennbare Gefahren von Dritten ferngehalten werden (BGH VersR **1971** 233; **1974** 780; **1977** 544; **1982** 577). Eine Überwachungspflicht trifft auch den Bauherrn (BGH Betrieb **1976** 2300). Schließlich ist die Straßenbaubehörde bzw. die Straßenverkehrsbehörde verpflichtet, sachgerechte Anordnungen nach § 45 Abs. 6 StVO über die Absperrung bzw. Verkehrsregelung zu treffen (näher hierzu Rdn. 421 ff); die Zuständigkeit ergibt sich aus § 45 Abs. 1 und 2 StVO (vgl. *Berr* DAR **1984** 7).

410 **ii) Straßenbahn- und Busbetriebe.** Für einwandfreie Beschaffenheit der Straßendecke in der Gleiszone (zwischen den Schienen und am äußeren Rande derselben) ist das Straßenbahn- oder Bahnunternehmen verantwortlich, das die Gleise benützt (BGH VersR **1961** 236; KG VAE **1938** 520). Das Straßenbahnunternehmen ist auch verpflichtet, dafür zu sorgen, daß die Fahrgäste ungefährdet ein- und aussteigen können. Das gleiche gilt für Omnibus- und Obusbetriebe. Dies bedeutet nicht unbe-

dingt, daß der Verkehrssicherungspflichtige auch die Kosten von Schutzeinrichtungen zu tragen hat; u. U. kann er die wegeunterhaltspflichtige Behörde auffordern, die notwendigen Maßnahmen zu veranlassen.

kk) Auch **Sondernutzungsberechtigte** sind verkehrssicherungspflichtig. Das gilt vor allem für jeden, der einen Mast auf dem Bürgersteig (oder gar auf der Fahrbahn) aufstellen darf (BGH VersR **1958** 51). Befindet sich eine Waage auf öffentlichem Verkehrsgrund, so muß derjenige, der sie betreibt, sie auch sichern (BGH VersR **1960** 511). Verkehrssicherungspflichtig ist auch der Veranstalter eines Radrennens (BGH VRS **8** 16)). **411**

ll) Anlieger. Der Eigentümer eines an einer öffentlichen Straße liegenden Grundstücks hat schädliche Einwirkungen zu vermeiden, die von seinem Grundstück ausgehen und die Verkehrsteilnehmer gefährden (vgl. hierzu Rdn. 439). Ihn kann auch, kraft Übertragung, die Streupflicht für den Gehweg treffen (vgl. Rdn. 428). **412**

mm) Verkehrssicherungspflicht kraft tatsächlicher Übung. Streiten zwei Körperschaften über die Rechtsfrage, welche von beiden auf einer Straße bei Winterglätte zu streuen hat, so ist die Körperschaft, die tatsächlich jahrelang gestreut hat, verpflichtet, solange weiter zu streuen, bis die unter ihnen bestehenden Zweifel ausgeräumt sind (BGHZ **31** 219). Das gleiche gilt ganz allgemein für die Verkehrssicherungspflicht, z. B. hinsichtlich eines Brückengeländers (BGH VersR **1956** 768). Wer eine Straße laufend streut, ist für die ordnungsgemäße Ausführung des Streuens verantwortlich, auch wenn er zum Streuen gar nicht verpflichtet war (BGH VersR **1973** 825; BayObLGZ **56** 256). **413**

3. Inhalt der Pflicht **414**

a) Kein Einfluß der Organisationsform. Der Umfang der Verkehrssicherungspflicht ist unabhängig davon, ob sie in privatrechtlicher Form oder als hoheitliche Aufgabe (hierzu Rdn. 394) wahrgenommen wird (BGHZ **60** 54; BGH VersR **1980** 946).

b) Maßgeblichkeit des Verkehrsaufkommens und der Verkehrsbestimmung. Der Umfang der Verkehrssicherungspflicht wird von Art und Häufigkeit der Benutzung des Verkehrswegs maßgebend bestimmt (BGH VersR **1963** 38; **1964** 727; **1980** 946); er ist daher auf einer Privatstraße, auf der der Eigentümer öffentlichen Verkehr lediglich duldet, geringer (BGH VersR **1968** 68; OLG München NJW **1954** 1452). **415**

Begrenzt wird die Verkehrssicherungspflicht auch durch die erkennbare Verkehrsbestimmung. Eine nur für Kraftfahrzeuge bis 1,5 t Gesamtgewicht zugelassene Straße braucht schweren Lasten nicht standzuhalten (BGH VersR **1964** 727). Ist erkennbar, daß eine Straße von einer bestimmten Stelle an nicht mehr für Lastkraftwagen benutzbar ist, so endet an dieser Stelle die Pflicht, die Straße in einem für Lastkraftwagen benutzbaren Zustand zu erhalten (BGH VRS **14** 3; **14** 412; VersR **1959** 275). Das gleiche gilt, wenn eine Straße – z. B. ein Gemeindeverbindungsweg – in ihrem ganzen Verlauf für schwere Fahrzeuge ungeeignet ist und dies jedem Straßenbenutzer ohne weiteres – auch bei Nacht – erkennbar ist (OLG Nürnberg BB **1959** 1277; LG Hechingen VersR **1959** 440). Der Grundsatz ist auch auf andere nur für bestimmte Verkehrsarten errichtete Straßen anzuwenden, vor allem für Radfahrwege und Fußpfade, auch wenn auf ihnen der übrige Verkehr nicht durch Verbotszeichen ausgeschlossen ist. Es wird jedoch auch einem Kraftradfahrer gehaftet, der auf einem nur für Radfahrer gestatteten Weg fährt, sofern der Weg häufig trotz **416** des Verbotes von Krafträdern benützt wird (BGH VersR **1956** 794). Eine Verletzung der Verkehrssicherungspflicht kommt nicht in Betracht, wenn ein Lastzug auf einem zur Holzabfuhr freigegebenen unbefestigten Waldweg ins Rutschen kommt (BGH VersR **1964** 323).

417 Wird eine Straße infolge der Ausbeutung eines Kiesvorkommens, wegen einer Baustelle oder aus einem anderen Grund nur vorübergehend über ihre Tragfähigkeit hinaus benützt und dabei zerstört, so braucht der Verkehrssicherungspflichtige die Straße nicht ständig mit hohen Kosten herrichten zu lassen, sondern er kann sich darauf beschränken, sie nach Beendigung der außergewöhnlichen Benutzung instandzusetzen und in der Zwischenzeit die Verkehrsteilnehmer durch Warnzeichen auf den schlechten Straßenzustand hinzuweisen (BGH VersR **1958** 604; **1958** 640).

418 **c) Gefährliche Beschaffenheit der Straße.** Die Verkehrssicherungspflicht für öffentliche Straßen geht dahin, daß die Straße so angelegt und in einem solchen Zustand erhalten wird, daß sie keine Gefahrenstellen aufweist, mit denen ein sorgfältiger Benutzer nach dem äußeren allgemeinen Erscheinungsbild nicht zu rechnen braucht (BGH VersR **1979** 542; **1979** 1009; **1979** 1055; **1980** 946). Jeder Benutzer muß zwar mit gewissen Unebenheiten und Gefahren rechnen und darauf achten (BGH VRS **12** 407; VersR **1957** 785; **1958** 609; **1959** 435); er muß die Straße grundsätzlich so hinnehmen, wie sie sich ihm erkennbar darbietet (BGH VersR **1980** 946). Andererseits kann sich der Benutzer der Straße darauf verlassen, daß er wenigstens durch Warnzeichen oder auf andere Weise auf nicht ohne weiteres erkennbare Gefahren hingewiesen wird. Kennzeichnungspflichtig sind im allgemeinen nur solche Straßenstellen, deren Beschaffenheit die Möglichkeit eines Unfalls nahelegt, weil der Verkehrsteilnehmer die Gefahr trotz Anwendung der im Verkehr erforderlichen Sorgfalt nicht oder nicht rechtzeitig erkennen kann (BGH VersR **1965** 516; **1968** 399; **1968** 1090; **1969** 80), wie z. B. eine plötzliche Verengung (BGH VersR **1963** 652) oder ein unvermutetes Ende der Straße (BGH VRS **4** 498; **16** 131; **18** 268; OLG Nürnberg VersR **1958** 632). Daß sich an der Stelle jahrelang kein Unfall ereignet hat, steht der Qualifizierung als Gefahrenstelle nicht entgegen (BGH VersR **1968** 399). Zu beachten ist aber, daß Verkehrssicherheit, die jeden Unfall ausschließt, nicht erreicht werden kann. Daher muß nicht jeder abstrakten Gefahr durch vorbeugende Maßnahmen begegnet werden. Vielmehr bedarf es nur solcher Sicherungsmaßnahmen, die ein verständiger und vorsichtiger Mensch für ausreichend halten darf, um andere vor Schäden zu bewahren, und die ihm zuzumuten sind (BGH VersR **1975** 812; **1978** 1163; **1980** 67).

419 Die naheliegende **Möglichkeit vorschriftswidrigen Verhaltens** von Straßenbenutzern ist zu berücksichtigen (BGH VersR **1963** 652; OLG Oldenburg VRS **31** 161). Keinesfalls braucht aber der Verkehrssicherungspflichtige auf alle denkbaren Verstöße von Verkehrsteilnehmern gegen Sorgfaltspflichten Rücksicht zu nehmen (OLG Düsseldorf VersR **1966** 298). Vor allem braucht er das Verhalten völlig Unaufmerksamer, ganz Unverständiger oder Betrunkener nicht einzuplanen (BGH VersR **1968** 399). Da der Umfang der Verkehrssicherungspflicht von objektiven Maßstäben abhängt, wäre es fehlerhaft, aus dem Vorliegen eines erheblichen Verschuldens des Geschädigten schließen zu wollen, eine Verkehrssicherungspflicht habe nicht bestanden (BGH VersR **1963** 38).

420 Das Aufstellen von **Warnschildern** allein genügt häufig, aber nicht in jedem Falle zur Erfüllung der Verkehrssicherungspflicht (BGH VRS **13** 3; VersR **1968** 1090;

1983 39). Ggf. kann es geboten sein, unverzüglich die Gefahrenstelle durch Straßenbaumaßnahmen zu beseitigen, so z. B. wenn trotz des vorhandenen Warnzeichens ein sorgfältig fahrender und das Warnzeichen beachtender Fahrer der Gefahr zum Opfer fallen kann (BGH VRS **13** 3; VersR **1968** 1090). Die Befugnis der Straßenbaubehörden zur Anbringung von Warnschildern ergibt sich aus § 45 Abs. 3 Satz 3 StVO; jedoch gehen Maßnahmen der Straßenverkehrsbehörden vor. Letztere handeln hoheitlich (vgl. Rdn. 339). Der Verkehrssicherungspflichtige darf sich nicht darauf verlassen, daß der Verkehrsregelungspflichtige tätig wird und umgekehrt (BGH VersR **1960** 998). Zugelassen sind nur die Gefahrzeichen und sonstigen Verkehrseinrichtungen nach der StVO (§ 45 Abs. 4 StVO). Besteht lediglich eine Pflicht zur Aufstellung von Warnzeichen, so ist deren Verletzung nicht kausal für einen Unfall, wenn der Verunglückte die Gefahr gekannt oder in vorwerfbarer Weise nicht gekannt hat.

d) Sicherung von Baustellen. Der Bauunternehmer ist verpflichtet, die Baustelle – im Rahmen des Zumutbaren – so abzusichern, daß erkennbare Gefahren von Verkehrsteilnehmern ferngehalten werden (BGH VRS **9** 106; NJW **1971** 752; OLG Bamberg VersR **1971** 233). Einzelheiten enthalten die in VkBl. **1980** 276 veröffentlichten Richtlinien für die Sicherung von Arbeitsstellen an Bundesfernstraßen. Die Sicherungspflicht besteht auch, wenn die Baustelle außerhalb der Straße liegt, aber Gefahren für den Verkehr hervorruft, z. B. weil sie einen falschen Eindruck über den Verlauf der Straße erweckt (BGH VersR **1982** 577). Der Bauunternehmer darf Absicherungen erst entfernen, wenn die Straßenbeschaffenheit einwandfrei ist oder anderweitige Maßnahmen zur Warnung vor der schlechten Beschaffenheit der Straße (einschließlich des Bürgersteigs) veranlaßt worden sind (BGH VersR **1960** 798). Er hat die Arbeitskräfte laufend zu überwachen, ob sie dieser Verpflichtung nachkommen (RG HRR **1931** Nr. 1217). Er muß auch dafür sorgen, daß Unbefugte keine Materialien oder sonstige Gegenstände von der Baustelle auf die frei gebliebene Verkehrsfläche verbringen. Insoweit beschränkt sich jedoch seine Pflicht auf verkehrsübliche Sicherungsmaßnahmen (OLG Düsseldorf VRS **5** 143). Die Sicherungspflicht erstreckt sich auch auf den Zufahrtsweg zur Baustelle (OLG Hamburg VRS **9** 408; **9** 410; *Starke* BB **1955** 333). **421**

Neben dem Bauunternehmer ist auch derjenige persönlich zur Verkehrssicherung verpflichtet, der die örtliche Bauaufsicht übernommen hat (BGH VersR **1977** 543; LG Frankenthal MDR **1958** 337). Den Bauherrn trifft dann eine Verkehrssicherungspflicht, wenn sich ihm das Vorhandensein besonderer Gefahren aufdrängen muß oder wenn er Anlaß zu Zweifeln hat, ob der Unternehmer oder der Bauleiter seinen Verpflichtungen nachkommt und wenn er zur Abhilfe durch eigene Anordnungen in der Lage ist (vgl. BGH VersR **1960** 824; Betrieb **1976** 2300; **a. A.** BGH VersR **1959** 998). **422**

Der Unternehmer ist bei Arbeiten, die sich auf den Straßenverkehr auswirken, nach § 45 Abs. 6 StVO verpflichtet, vor Beginn der Arbeiten von der Straßenverkehrsbehörde bzw. der Straßenbaubehörde (vgl. Rdn. 409) Anordnungen darüber einzuholen, wie die Arbeitsstellen abzusperren und zu kennzeichnen sind, ob und wie der Verkehr, auch bei teilweiser Straßensperrung, zu beschränken, zu leiten und zu regeln ist und ob und wie der Unternehmer die gesperrten Straßen und Umleitungen zu kennzeichnen hat. Die Ausführung der Anordnungen ist bürgerlichrechtlicher Natur (BGH VersR **1958** 185). Sind dagegen unzutreffende Anordnungen getroffen, so haftet in erster Linie die Behörde aus hoheitlicher Tätigkeit, neben ihr aber der Unternehmer bzw. Bauleiter, wenn sie erkannt haben, daß die von der **423**

Behörde angeordneten Maßnahmen nicht ausreichen, und die Baustelle gleichwohl eröffneten (BGH VersR **1977** 543). Amtshaftung tritt auch ein, wenn die Behörde die Ausführung ihrer zutreffenden Anordnungen unzureichend überwacht und sich wegen Zuwiderhandlung gegen die Anordnungen ein Unfall ereignet (*Clasen* NJW **1972** 1930). In solchen Fällen tritt die Haftung der Behörde neben die bürgerlichrechtliche Haftung des Unternehmers.

424 **e) Reinigungspflicht.** Eine allgemeine Pflicht, die Fahrbahnen frei von jeglicher Verschmutzung zu halten, besteht nicht. Weitgehend treffen die Landesgesetze ausdrückliche Anordnungen, auch hinsichtlich der Überwälzung der Reinigungspflicht auf die Anlieger. Jedenfalls muß aber eine außergewöhnliche und für den Kraftfahrer nicht vorhersehbare Verschmutzung, die Schleuder- oder Rutschgefahr mit sich bringt, beseitigt werden (Einzelfälle Rdn. 511).

425 Das Ausmaß der Reinigungspflicht richtet sich nach der Verkehrsbedeutung der Straße. So kann z. B. auf Landstraßen oder in Dörfern eine mäßige Verschmutzung, mit der der Verkehrsteilnehmer rechnen muß, im allgemeinen nicht beanstandet werden (OLG Stuttgart NJW **1959** 2065). Die Pflicht zur Beseitigung der Verschmutzung besteht allerdings erst, wenn der Verkehrssicherungspflichtige oder sein Organ (vor allem der Straßenmeister) auf die Verschmutzung aufmerksam gemacht wurde oder durch regelmäßige Begehung der Straße durch einen Straßenwärter ihm die Verschmutzung hätte zur Kenntnis gelangen müssen. Im Herbst ist an Straßen, die mit Laubbäumen gesäumt sind, für regelmäßige (wenn auch nicht ständige) Beseitigung des Laubes zu sorgen. Erneuert sich die Verschmutzung an einer bestimmten Stelle (Zufahrt zu einer Baustelle, einer Kiesgrube) während eines gewissen Zeitabschnitts laufend, so muß der Verkehrssicherungspflichtige Warnzeichen aufstellen (BGH VersR **1959** 708). Das gleiche gilt (jedenfalls an Straßen mit größerer Verkehrsbedeutung), wenn an Strecken, über die regelmäßig Vieh getrieben wird, die sofortige Beseitigung des Unrats nicht gewährleistet ist (BGH VersR **1961** 1121 m. Anm. *Venzmer*).

426 Neben dem für die Straße Verkehrssicherungspflichtigen haftet auch der Verursacher der Verschmutzung für deren pflichtwidrige Nichtbeseitigung. Wer z. B. die Straße vor seiner Hofeinfahrt verschmutzt, hat die Gefahrenstelle unmittelbar nach Beendigung seiner Arbeit zu beseitigen, auch wenn es sich nur um eine kleine Stelle handelt (OLG Oldenburg VRS **34** 244).

427 **f) Beleuchtungspflicht.** Auch sie ist Bestandteil der Verkehrssicherungspflicht. Sie besteht im allgemeinen nur innerhalb des bebauten Gemeindegebietes (OLG Neustadt VRS **5** 565). Das Maß der Beleuchtung richtet sich nach der Verkehrsstärke (RGZ **55** 28; OLG Köln MDR **1955** 290; LG Tübingen VersR **1965** 1062). Auf der Fahrbahn stehende Verkehrszeichen, Verkehrsinseln und Masten müssen so beleuchtet sein, daß sie bei einer Geschwindigkeit von 50 km/h auch bei Regen so rechtzeitig erkannt werden können, daß ein Kraftfahrzeug zum Stehen kommen kann. Auch Hindernisse, z. B. durch Baustellen, müssen ausreichend beleuchtet sein (*Marschall* NJW **1951** 907; OLG Bremen VkBl. **1950** 211). Laternen dürfen nachts erst nach Anbringen der als Zeichen 394 bei § 42 StVO vorgeschriebenen Hinweiszeichen ausgeschaltet werden (BGHZ **36** 237; BayObLGSt **1956** 272).

428 **g) Räum- und Streupflicht**

aa) Träger der Pflicht ist, da die Räum- und Streupflicht ein Teil der Verkehrssicherungspflicht ist, grundsätzlich der Verkehrssicherungspflichtige (BayObLGZ

1957 160). Teilweise bestehen besondere landesrechtliche Regelungen. Hinsichtlich der Gehwege ist die Pflicht weitgehend auf die Anlieger übertragen; die Gemeinde bleibt jedoch überwachungspflichtig (Amtspflicht; BGH NJW **1966** 2311). Auch die Eigentümer von Ruinengrundstücken sind in diesen Fällen streupflichtig (OLG Hamburg VersR **1955** 125), bei zwangsverwalteten Häusern der Zwangsverwalter (KG JW **1937** 1073). Der Hauseigentümer kann seine Streupflicht auf die Mieter abwälzen (BGH VRS **12** 86), jedoch trifft ihn in diesem Fall weiterhin eine Überwachungspflicht (BGH BB **1957** 15). Überträgt der Streupflichtige die Ausführung einem Reinigungsunternehmen oder einer anderen Person, so ist im Zweifel anzunehmen, daß er sich des Unternehmens (der Person) nur als Verrichtungsgehilfen bedienen will, daß er also bei deren Pflichtverletzung nach § 831 BGB haftet (RG JW **1931** 1690; BGH VersR **1957** 62; OLG Oldenburg VersR **1956** 523).

Wer wegen Alters oder Krankheit nicht streuen kann, muß dafür sorgen, daß ein **429** anderer streut (BGH VersR **1970** 182). Wer eine Straße laufend streut, ist für die ordnungsgemäße Ausführung verantwortlich, auch wenn er rechtlich zum Streuen nicht verpflichtet war (BayObLGZ **56** 256; **a. A.** OLG Neustadt VersR **1959** 959). Ein Anlieger, der vor seinem Haus einen Streifen von Schnee freischaufelt, muß ihn auch streuen (BGH VersR **1969** 1022). Streiten sich zwei Körperschaften darüber, wer von ihnen auf einer Straße zu streuen hat, so muß die Körperschaft, die bisher gestreut hatte, bis zur Klärung der Lage weiter streuen (BGHZ **31** 219 = LM Nr. 75c zu § 823 (Dc) BGB m. Anm. *Pagendarm*).

bb) Streupflicht auf Fahrbahnen. Die Streupflicht dient vornehmlich dem Schutz **430** der Fußgänger. Die Fahrbahn muß nur in Ausnahmefällen gestreut werden[78], wie z. B. dort, wo sich Fußgängerüberwege befinden, wo die Fußgänger sie in Längsrichtung benützen müssen oder sie im allgemeinen zu überschreiten pflegen (BayObLGZ **1957** 157; OLG Hamburg VersR **1958** 33; OLG München VersR **1961** 569).

Außerdem muß die Fahrbahn **in geschlossenen Ortschaften** an allen Stellen ge- **431** streut werden, wo häufig überraschend gebremst werden muß (vor Kreuzungen und Lichtsignalanlagen und an unübersichtlichen und schmalen Straßenstücken), sofern die Straße nicht eine untergeordnete Bedeutung hat; ferner auch an stark abschüssigen Strecken. Der BGH[79] spricht von „verkehrswichtigen und gefährlichen Stellen" und fügt hinzu, daß das Maß der zu stellenden Anforderungen sich nach den örtlichen Gegebenheiten, insbesondere nach Art und Wichtigkeit des Verkehrswegs sowie nach der Stärke des Verkehrs richte, daß aber auch die Besonderheiten der Fahrbahn zu berücksichtigen seien. Den Begriff „geschlossene Ortslage" hat BGH VersR **1967** 504 erläutert.

Außerhalb geschlossener Ortschaften besteht eine Streupflicht nur an *besonders* **432** gefährlichen Stellen[80]. Besonders gefährlich sind Stellen, deren Gefährlichkeit der Verkehrsteilnehmer trotz der auf Straßen im Herbst, Winter und Frühjahr zu fordernden schärferen Beobachtung des Straßenzustandes nicht rechtzeitig erkennen (BGH NJW **1963** 37; OLG Braunschweig VersR **1968** 260) oder trotz Kenntnis von

[78] RG JW **1913** 859; HRR **1929** Nr. 1091; SeuffA **88** 142; BGH VersR **1955** 295; **1960** 323; VRS **10** 254; OLG Breslau JW **1937** 1260; OLG Hamm RdK **1950** 46; OLG Bamberg VKBl. **1951** 60; OLG Düsseldorf RdK **1953** 67; OLG Stuttgart DAR **1953** 236.

[79] BGHZ **6** 3; BGH VersR **1955** 295; VRS **10** 254; OLG Karlsruhe VersR **1955** 509.

[80] BGHZ **31** 75; **45** 147; BGH VersR **1979** 1055; OLG Bamberg VersR **1966** 370; OLG Braunschweig VersR **1968** 260; LG Karlsruhe VRS **3** 11; LG Hannover RdK **1950** 190.

der Gefahr und Anwendung höchster Sorgfalt nicht meistern kann (z. B. vereiste Strecken mit erheblichem Längs- oder Quergefälle). Die Streupflicht besteht außerhalb geschlossener Ortschaften mithin nur da, wo die dem Verkehrsteilnehmer im Hinblick auf die Witterungs- und Straßenverhältnisse zuzumutende Sorgfalt auch bei Beachtung allgemeiner Erfahrungssätze zur Vermeidung von Schäden nicht ausreicht[81]. Die Regelung in § 3 Abs. 3 FStrG, wo angeordnet ist, daß die Träger der Straßenbaulast die Bundesfernstraßen bei Schnee- und Eisglätte nach besten Kräften räumen und streuen sollen, begründet keine Rechtspflicht (BGH VRS **44** 241; VersR **1979** 1055; OLG Köln VersR **1958** 711).

433 **cc) Streupflicht auf Fußwegen.** Der Fußweg oder Bürgersteig braucht nicht in voller Breite gestreut zu werden[82]. Ist kein Bürgersteig vorhanden, so ist die Fahrbahn in einer dem Fußgängerverkehr entsprechenden Breite zu streuen (BGH VersR **1969** 377; BayObLGZ **1963** 253). Außerdem müssen die Zugänge zu den Grundstücken und zu den Übergängen über die Fahrbahn gestreut sein (OLG Köln VersR **1954** 67). An Haltestellen muß der Gehweg bis zum Randstein gestreut werden (BGH NJW **1967** 2199 LS). Auch Abkürzungswege über einen öffentlichen Platz, die sich von selbst gebildet haben, sind zu streuen (OLG Hamm VkBl. **1950** 104), nicht dagegen unbedeutende Fußwege am Ortsrand (BayObLG VersR **1967** 758) oder unbeleuchtete Abkürzungswege nach Einbruch der Dunkelheit (BGH VRS **25** 242).

434 **dd) Zeitpunkt des Streuens.** Es muß keinesfalls ununterbrochen gestreut werden. In der Regel genügt täglich eine Streuung vor Einsetzen der morgendlichen Verkehrsspitze (etwa 7 Uhr; vgl. LG Tübingen BB **1954** 82). Der BGH hat sogar eine Ortssatzung, die 7 Uhr 30 anordnet, als maßgebend angesehen (VRS **6** 251), das OLG Celle (VersR **1966** 67) eine solche, die „bis 8 Uhr" anordnete. Jedenfalls muß in der Frühe ein verstärkter Einsatz zum Streuen erfolgen, wenn nachts sich allgemein Glatteis gebildet hat (KG VAE **1939** 288; vgl. auch BayObLG NJW **1955** 105), und zwar u. U. schon vor Tagesanbruch, da im Winter die Verkehrsspitze noch in die Dunkelheit fällt (OLG Köln NJW **1953** 1631). Wenig begangene Nebenstraßen können später gestreut werden (OLG Stuttgart VersR **1955** 652). Überhaupt kann von einem Reinigungsunternehmen oder einer öffentlich-rechtlichen Körperschaft nicht verlangt werden, daß überall um 7 Uhr gestreut wird; dies würde einen unwirtschaftlichen Einsatz zu vieler Arbeitskräfte fordern (OLG Köln NJW **1953** 1631). Fußwege, die schon um 5 Uhr gestreut wurden, brauchen um 7 Uhr nicht nochmals gestreut zu werden. Vor Schulen muß allerdings dann gestreut werden, wenn die Schüler zum Unterricht erscheinen. Nur bei starker Neuvereisung muß tagsüber oder am Abend ein zweites Mal – bei außergewöhnlicher Vereisung sogar ein drittes Mal – gestreut werden (BGH VersR **1968** 1161). Wenn in ampelgesicherter Kreuzung das Streugut wegen der Verkehrsdichte rasch weggeschleudert wird, so muß tagsüber alle 3 Stunden neu gestreut werden (BGH VersR **1969** 667).

435 Es kann nicht erwartet werden, daß alle gefährlichen Stellen sofort nach dem Auftreten von Glatteis gestreut sind. BGH VersR **1955** 456 hat es zwar als pflicht-

[81] BGHZ **31** 73; BGH NJW **1952** 1087; VersR **1956** 68; **1959** 763; VkBl. **1963** 50; OLG Köln VersR **1953** 403; **1958** 711; OLG Oldenburg DAR **1956** 129; OLG Stuttgart VRS **13** 332; OLG Karlsruhe VersR **1960** 837; **1961** 1004.

[82] OLG Köln VersR **1954** 67; OLG Hamburg VersR **1954** 358; OLG Celle VersR **1955** 286; OLG Bamberg NJW **1975** 1787; LG Augsburg VersR **1954** 374; LG Dortmund VersR **1965** 1211.

widrig erachtet, wenn 1¼ Stunde nach der Eisbildung an einer Stelle mit starkem Fußgängerverkehr noch nicht gestreut ist. Diese strengen Grundsätze lassen sich aber nicht verallgemeinern. Andere Entscheidungen stellen mit Recht auf eine „angemessene Zeit" nach Eintritt der Glätte ab (BGH VersR **1958** 289; **1959** 1055; OLG Karlsruhe VersR **1955** 630; OLG Düsseldorf VersR **1956** 699).

Es besteht keine Pflicht, auch nachts alle Straßen einer Stadt auf Glatteisbildung abzusuchen (KG VAE **1938** 341; **1939** 160). Nachts müssen nur solche Stellen innerhalb von Ortschaften gestreut werden, die als besonders gefährlich und zu Glatteis neigend bekannt sind oder wo auch nachts starker Verkehr herrscht, z. B. vor dem Bahnhof (OLG Celle VersR **1958** 387). Ist nach der Wetterlage das Entstehen von Straßenglätte nicht zu erwarten, so braucht das Straßennetz nicht dahin kontrolliert zu werden, ob vereinzelt Glatteis entsteht (OLG Düsseldorf VersR **1966** 740). Wird die Streuung (z. B. infolge Dauerregens auf den gefrorenen Boden oder wegen Schneefalls) binnen kurzem wirkungslos, so kann sie unterbleiben. Es muß nicht etwa pausenlos weitergestreut werden (OLG Celle VersR **1955** 408). Dies bedeutet aber nicht, daß bei drohendem Schneefall das Streuen stets unterbleiben dürfte (BGH VersR **1963** 1047). 436

ee) Art des Streuens. Es reicht aus, wenn mit der Streuung erreicht wird, daß ein Fußgänger bei Anwendung der bei Glatteis erforderlichen besonderen Vorsicht den Weg ohne Gefahr benutzen kann (KG VersR **1965** 1105; **1966** 855). Es kann nicht verlangt werden, daß die Gehbahn gleichmäßig mit Sand bedeckt ist. Dies gilt um so mehr bei Fußgängerüberwegen über die Fahrbahn, da die Einwirkung der Fahrzeuge nicht auszuschalten ist (OLG Hamburg VersR **1958** 33). Die Verwendung von Salz ist nicht geboten, teilweise sogar ortsrechtlich untersagt. 437

ff) Glatteiswarnung. Fußgänger brauchen nicht vor Glatteis gewarnt zu werden. Sie haben die Möglichkeit, die Straßenbeschaffenheit laufend selbst festzustellen. Dagegen fehlt den Kraftfahrern diese Möglichkeit, weil das Kraftfahrzeug bei kurvenfreier gleichmäßiger Fahrt auf Glatteis in der Regel keine Reaktionen zeigt. Hieraus haben Rechtsprechung und Schrifttum in begrenzten Maßen eine Pflicht des Verkehrssicherungspflichtigen zur Aufstellung von Warnzeichen abgeleitet. Als Glatteiswarnung ist das Zeichen 114 der StVO mit rechteckigem Zusatzschild anzubringen („Gefahr unerwarteter Glatteisbildung"). Die Pflicht, ein Warnzeichen anzubringen, besteht aber außerhalb geschlossener Ortschaften nur für Stellen, an denen wegen außergewöhnlicher Gefährlichkeit oder wegen Unvorhersehbarkeit der Glatteisbildung eine Streupflicht für die Fahrbahn besteht (RG JW **1935** 273; BGH VersR **1959** 763; OLG Stuttgart VRS **13** 332; VersR **1960** 332), und nur, wenn entgegen der Streupflicht nicht oder nicht ausreichend gestreut ist (BGH VRS **12** 408; OLG Oldenburg MDR **1958** 843). Die Kenntnis der Erfahrungstatsache, daß bei Temperaturen um den Gefrierpunkt und darunter in Waldstücken und auf Brücken (und dort, wo sich parallel zur Straße ein Gewässer befindet) die Straße häufig auch dann mit einer Glatteisschicht bedeckt ist, wenn sie im freien Gelände trocken und eisfrei ist, gehört zur Fahrausbildung. Vor derartigen erfahrungsgemäß zur Glatteisbildung neigenden Stellen braucht daher kein Warnzeichen angebracht zu werden, das auf Vereisungsgefahr hinweist (BGH VersR **1960** 157; **1960** 323). 438

h) Abwehr von Gefahren, die von angrenzenden Grundstücken ausgehen 439

aa) Der für die Straße Verkehrssicherungspflichtige ist grundsätzlich nicht dafür verantwortlich, daß von fremden Grundstücken oder Bauwerken, die an der Straße stehen, keine Gefahren ausgehen (BGH NJW **1953** 1865). Er ist auch nicht gezwungen, Steinschlag oder Lawinen durch kostspielige Verbauungen oder Bauwerke von der Straße fernzuhalten. Allerdings ist er gehalten, die Verkehrsteilnehmer durch Warnzeichen auf Stellen hinzuweisen, an denen in erhöhter Weise die Gefahr von Steinschlag oder Lawinen besteht. Gegen Sichtbehinderung in den Kurven braucht er keine Maßnahmen zu ergreifen, sofern die Sichtbehinderung dadurch verursacht ist, daß Anlieger ihre Grundstücke erlaubterweise (zum Stapeln von Holz oder zur Errichtung von Rübenmieten) nutzen. Auch Warnzeichen sind in einem solchen Fall nicht erforderlich (OLG Koblenz NJW **1961** 2208). Sind Steine, Äste o. dgl. auf die Fahrbahn gelangt, so muß der Verkehrssicherungspflichtige sie beiseiteräumen lassen. Aber auch diese Pflicht entsteht nicht unmittelbar nach Herabfallen des Steins, sondern erst, wenn der Pflichtige die Gefahr erkannt hat oder bei ordnungsgemäßer Überwachung (vgl. Rdn. 443) erkennen konnte. Ein verkehrsgefährdender Überhang von Bäumen ist zu beseitigen (RG VAE **1941** 135; LG Mönchengladbach VersR **1952** 360), vor allem, wenn Zweige ein Verkehrszeichen bedecken (BGH VersR **1960** 317). Dem Straßenverkehrssicherungspflichtigen obliegt es grundsätzlich auch, für den ordnungsgemäßen Zustand der Entwässerungsanlage zu sorgen und eine Überflutung der Straße zu verhindern (BGH VersR **1968** 555). Außerdem müssen Sicherungen (in der Regel Leitplanken) an der Straße angebracht werden, damit Verkehrsteilnehmer nicht in einen neben der Straße befindlichen Abgrund oder in ein Gewässer stürzen (BGHZ **24** 124; BGH DAR **1952** 133 m. Anm. *Guelde*; VersR **1959** 711). Das geht aber nicht so weit, daß der Verkehrssicherungspflichtige die Fußgänger durch Absperrungen daran hindern müßte, gefährliche Abkürzungen zu betreten (RG JW **1911** 446). Auch brauchen einfache Fahrwege, z. B. in Weinbergen oder im Gebirge, gegen die Talseite nicht gesichert zu sein.

440 **bb)** Den **Eigentümer des Grundstücks** trifft die Pflicht, erkennbare Gefahren für den Verkehr auf der Straße im Rahmen der Zumutbarkeit zu unterbinden. Die Anforderungen dürfen aber nicht überspannt werden. Ein Waldbesitzer ist z. B. nicht verpflichtet, Vorkehrungen gegen Windbruch der an einem Gemeindeverbindungsweg stehenden Bäume zu treffen (OLG München VersR **1959** 927). Der Eigentümer eines Waldbestands neben einer Bundesstraße muß zwar durch äußere Besichtigung von Zeit zu Zeit feststellen, ob Bäume, die auf die Straße stürzen können, von Rotfäule befallen sind; zu weitergehenden Untersuchungen (z. B. Bohrungen) ist er aber nicht verpflichtet (BGH VersR **1974** 88; LG München II VersR **1970** 68). Für Schäden durch Dachlawinen haftet der Hauseigentümer nur, wenn er die vorgeschriebenen oder nach den örtlichen Verhältnissen erforderlichen Sicherheitsvorkehrungen unterlassen hat[83].

441 **cc) Sonstige Verursacher von Gefahren** können ebenfalls verkehrssicherungspflichtig bezüglich einer Straße werden. So hat z. B. derjenige, der in der Nähe einer Straße Sprengarbeiten ausführt, den Gefahren entgegenzuwirken, die hieraus für die Straßenbenutzer entstehen können (BGH VersR **1958** 850).

[83] BGH VersR **1955** 82; OLG München NJW **1965** 1085; VersR **1965** 908 = 1059 m. Anm. *Gaisbauer*; **1965** 1037; **1967** 88; OLG Stuttgart DAR **1964** 214; VersR **1973** 356; LG Berlin VersR **1967** 69; LG Traunstein VersR **1963** 1088; LG Gießen VersR **1966** 198; LG Konstanz VersR **1965** 1013; LG Kempten VersR **1968** 102; *Gaisbauer* VersR **1971** 199; *Scherer* ZMR **1967** 34.

i) Für die **Abwehr von Gefahren, die von anderen Verkehrsteilnehmern ausgehen,** ist nicht der Verkehrssicherungspflichtige, sondern der Verkehrsregelungspflichtige verantwortlich (BGH VRS **4** 173). 442

Anders verhält es sich jedoch, wenn durch Verhalten von Verkehrsteilnehmern bleibende Gefahrenquellen entstanden sind, z. B. durch Unfälle, Verschmutzung oder auf die Straße gebrachte Gegenstände (RGZ **121** 404; BGHZ **12** 124; BGH VersR **1957** 109).

k) Überwachungspflicht. Die Wahrnehmung der Verkehrssicherungspflicht bedingt eine laufende Kontrolle der Straße; der Verkehrssicherungspflichtige muß sie daher in angemessenen Zeitabständen begehen oder sonst überprüfen lassen (BGH VRS **11** 408; **14** 1; OLG Nürnberg VersR **1958** 171). Die Häufigkeit richtet sich nach der Verkehrsbedeutung der Straße. Bei Gemeindeverbindungswegen genügt eine gelegentliche Begehung. Übernimmt eine Behörde die Verwaltung einer Straße von einer anderen Stelle, so muß sie sich sogleich über den Straßenzustand unterrichten (BGH VersR **1958** 380). 443

l) Organisationspflicht. Öffentlich-rechtliche Körperschaften und sonstige juristische Personen sind für ausreichende Organisation der Erfüllung ihrer Verkehrssicherungspflicht verantwortlich. Sie haben die geeigneten Anordnungen zu treffen, um die regelmäßige Unterhaltung und Beaufsichtigung des Straßenwesens zu gewährleisten, den Vollzug, die Angemessenheit und das Zureichen dieser Anordnungen zu sichern, ferner deren stete Übereinstimmung mit den sich schnell ändernden Verkehrsbedürfnissen. Schließlich haben sie die Einrichtung ihrer Organisation, deren Arbeit und die Tätigkeit der dafür bestellten Bediensteten im allgemeinen zu beaufsichtigen[84] (siehe auch Rdn. 396). Größere Körperschaften haben für diese Aufgaben einen besonderen Vertreter nach § 30 BGB zu bestellen; schon die Unterlassung einer Organbestellung dieser Art ist ein Organisationsmangel und damit auch ein Verstoß gegen die Verkehrssicherungspflicht der Körperschaft, der zur Haftung ohne Möglichkeit eines Entlastungsbeweises führt[85]. Die Einsetzung eines Straßenmeisters ist z. B. Bestellung eines solchen besonderen Vertreters, für dessen Pflichtverletzung die Körperschaft nach den §§ 30, 31, 89 BGB ohne Entlastungsmöglichkeit haftet[86], während dann, wenn die Organisation ausreichend war und der Verstoß gegen die Verkehrssicherungspflicht nur auf einem Versagen der für die Ausführung bestellten Angestellten oder Arbeiter beruht, im Rahmen der bürgerlich-rechtlichen Haftung der Entlastungsbeweis nach § 831 BGB möglich ist[87]. 444

m) Eine Verpflichtung zum modernen **Ausbau alter Straßen** besteht an sich nicht (BGH VersR **1957** 378; **1966** 290). Auch fehlende Überhöhung einer Kurve ist in der Regel nicht zu beanstanden (BGH VersR **1959** 435). Ergeben sich aus dem Straßenzustand aber unvermutete Gefahren, kann zumindest die Pflicht zur Aufstellung 445

[84] RGZ **89** 136; **113** 293; **128** 149; **153** 360; RG DAR **1931** 213; BGHZ **11** 151; **27** 278 = NJW **1958** 1234, 1819 m. Anm. *Nedden*.

[85] RGZ **89** 136; **113** 296; **128** 158; **153** 360; RG DAR **1931** 213; BGHZ **11** 151; **27** 280; OLG Hamm MDR **1954** 736; BayObLGZ **1955** 91; OLG Karlsruhe VkBl. **1959** 550; *Himmelmann* JR **1931** 249; *Kröner* DRiZ **1959** 233; **a. A.** *Neumann-Duesberg* NJW **1966** 715.

[86] BayObLGZ **1955** 91; OLG Karlsruhe VkBl. **1959** 550; vgl. auch BGHZ **27** 278 = NJW **1958** 1234, 1819 m. Anm. *Nedden*.

[87] RGZ **154** 24; OLG Hamm MDR **1954** 736; *Böhmer* MDR **1956** 401; *Kröner* DRiZ **1959** 234; **a. A.** *Heyen* NJW **1955** 326.

von Gefahrenzeichen bestehen (BGH VersR **1958** 332; vgl. hierzu Rdn. 418). Die Entscheidung darüber, in welcher Reihenfolge die einzelnen Gefahrenstellen innerhalb eines bestimmten Gebietes zu beseitigen sind, steht im Ermessen des Verkehrssicherungspflichtigen (RG VAE **1936** 53).

446 **n) Räumliche Grenzen.** Gegenstand der Verkehrssicherungspflicht sind alle Örtlichkeiten, die nach dem Willen des Verfügungsberechtigten von anderen Personen als dem Besitzer betreten werden sollen oder von denen Einwirkungen auf den Verkehr ausgehen können. Die Verkehrssicherungspflicht an öffentlichen Straßen bezieht sich auf Straßengrund, Straßenunterbau, Straßendecke, Bankette, Brücken, Durchlässe, Dämme, Gräben, Entwässerungsanlagen, Böschungen, Stützmauern, Mittelstreifen und die Sicherheitsstreifen beiderseits der Straße, ferner auch auf die Verkehrszeichen, die Verkehrseinrichtungen und die Bepflanzung. Die räumlichen Grenzen der Verkehrssicherungspflicht liegen dort, wo für einen mit den örtlichen Verhältnissen nicht vertrauten Verkehrsteilnehmer erkennbar die Grenze der Benutzbarkeit der Grundstücke zum öffentlichen Verkehr liegt. Der Verkehrssicherungspflichtige hat aber auch zu bedenken, daß der Fahrer geringfügig von der eigentlichen Fahrbahn abkommen kann (BGH VersR **1965** 483) oder daß Fußgänger an bestimmten Stellen der Straßenböschung bei einem Gewitter Schutz suchen (BGH VRS **23** 13).

o) Einzelfälle aus der Rechtsprechung (alphabetisch geordnet):

447 **Abgrund** (s. a. Brücke, Graben)

BGHZ **24** 124: Höhenunterschied zwischen Straße und angrenzendem Grundstück;

BGH VersR **1959** 711: Brückenauffahrt;

BGH VersR **1959** 1043: Rheinuferpromenade;

OLG München VersR **1960** 211: keine Sicherung an Dorfstraße mit leicht abfallender Böschung;

BGH VersR **1963** 950: Böschungsmauer am Fluß neben Straße;

BGH VersR **1966** 562: Autobahnparkplatz;

OLG Düsseldorf VersR **1971** 967: Steilhang;

OLG Karlsruhe VersR **1973** 355: Abhang neben Parkplatz.

448 **Äste** s. Baum.

449 **Ampel** (s. a. Rdn. 341)

BGH VersR **1972** 788: Schaltungsdefekt.

450 **Ausfahrt** (s. a. Sichtbehinderung)

BGH Betrieb **1965** 1740: besonders gefährliche Werksausfahrt; Grundeigentümer muß Straßenverkehr vor Gefahren durch ausfahrende Fahrzeuge schützen;

OLG Düsseldorf VersR **1978** 851: Warnpflicht trifft den für die Ausfahrt Sicherungspflichtigen.

451 **Bach** s. Graben

452 **Bahnübergang**

RG DAR **1932** 215: muldenartige Vertiefung;

BGH VkBl. **1954** 157: unbeschrankter Bahnübergang;

BGH NJW **1954** 640: ungesicherter, verkehrsreicher Bahnübergang;

BGH VersR **1958** 644: Anschlußgleis, keine Glockenzeichen, keine Sicherung;

OLG Celle VersR **1960** 281: Schrankenwärterposten mit schlechter Sicht;

BGH VersR **1964** 1024: verkehrsreicher Übergang ohne Schranken;
BGH VersR **1965** 84: Straße kreuzt nicht rechtwinklig;
BGH VersR **1967** 132: Beleuchtung von Bahnschranken;
KG VersR **1967** 956: Zugang zu öffentlichem Bad führt über Gleisanlage mit Rangierbetrieb;
OLG Hamm VersR **1982** 557: unbeschrankter Bahnübergang, Überwachung von Verkehrsentwicklung und Sichtverhältnissen.

Bankett 453
RG DAR **1939** 227: Schlaglöcher;
BGH VRS **4** 178: Kieshaufen;
OLG Köln VRS **8** 81: Grenze zwischen Bankett und Fahrbahn wegen gleicher Oberfläche nicht erkennbar;
OLG Stuttgart DAR **1955** 108: Umleitungsstrecke;
OLG Celle VRS **9** 253: Bankett hebt sich nicht deutlich von Fahrbahn ab;
BGH VersR **1956** 220: Warnschilder nur bei ungewöhnlicher Beschaffenheit;
OLG Bamberg VersR **1957** 133: Lockerung der Straßenränder;
BGH VersR **1957** 371: deutlich von Fahrbahn abgesetzt;
BGH VersR **1957** 666: Omnibus sinkt ein;
BGH VRS **14** 3: ungenügende seitliche Straßenbefestigung;
BGH VersR **1959** 395: Seitenstreifen 8 cm tiefer als Fahrbahn;
BGH VersR **1959** 729: Schlaglöcher im geteerten Seitenstreifen;
BGH VersR **1959** 830: unbefestigtes Bankett bei schmaler Fahrbahn;
BayObLG VersR **1961** 716: Schnee verdeckt Grenze zum Bankett;
BGH VersR **1962** 177: Baumaterial und Leitplanken auf Seitenbegrenzungsstreifen der Autobahn;
BGH VersR **1962** 574: Straßenrand rutscht bei Befahren ab;
BGH VersR **1964** 617: schwerer Lkw bricht ein;
OLG Koblenz VersR **1964** 1255: zu erwartende Benutzung durch schwere Fahrzeuge;
BGH VersR **1965** 516: keine Warnung wegen Nichtbefahrbarkeit bei schmalem, deutlich von Fahrbahn abgesetztem Bankett;
BGH VersR **1966** 849: Fahrbahnrand rutscht ab, weil Decke bis zum Straßenrand reicht;
OLG Bamberg VersR **1969** 66: Fahrbahnrand einer Staatsstraße sinkt ab;
BGH VersR **1969** 280: Befahrbarkeit für Lkw;
BGH bei *Bode-Werner* DAR **1970** 97: keine Warnung bei Nichtbefahrbarkeit, wenn grasbewachsen;
OLG Hamm VersR **1973** 379: keine Befahrbarkeit für Lkw bei untergeordneter Straße;
OLG Karlsruhe VersR **1978** 573: Befahrbarkeit für Lkw;
OLG München VersR **1980** 293: für Schwerfahrzeuge nicht ausreichend tragfähiger Seitenstreifen.

Baum (s. a. Sichtbehinderung) 454
RG RdK **1941** 154: Ast ragt in Fahrbahn;
OLG Dresden VAE **1942** 237: durch Sturm über Straße geworfener Baum;
OLG Celle VersR **1959** 322: Äste von Laubbäumen an Landstraße 2. Ordnung;
BGH VRS **12** 1: morsche Äste auf Parkplatz;
OLG Oldenburg VersR **1958** 634: herabfallende Äste;
OLG Celle VersR **1958** 693: umstürzender Baum;

LG Wiesbaden VersR **1959** 220: trockene Äste;
OLG München VersR **1959** 212: Fichte stürzt auf Straße;
BGH VersR **1959** 275: tiefe Äste an Feldweg;
OLG München VersR **1959** 927: Windbruch an Gemeindeverbindungsweg;
BGH VersR **1960** 32: morsche Bäume;
BGH VersR **1960** 317: Zweige verdecken Vorfahrtzeichen;
OLG Stuttgart BWVBl. **1960** 110: Obstbaum stürzt auf Straße;
OLG Köln VRS **22** 2: Baum nur 6 cm von Bordsteinkante entfernt;
BGH VersR **1962** 262: Allee alter Bäume;
OLG Köln VersR **1963** 738: Baum stürzt auf Bundesstraße; nicht durch Abklopfen überprüft;
OLG Oldenburg VersR **1963** 1234: Ast ragt in Straßenraum;
BGH VersR **1965** 475: Anweisung an Straßenwärter, wie Bäume zu untersuchen sind;
OLG Nürnberg VersR **1965** 1037: Baum dicht neben Fahrbahn am Ende eines Parkstreifens;
BGH VersR **1965** 1096: Baum verdeckt Vorfahrtschild;
OLG Düsseldorf VersR **1966** 298: kein Hinweis nötig, daß neue Straße nicht zwischen alten Baumreihen verläuft;
BGH VersR **1967** 805: Holzfällerarbeiten;
BGH VersR **1968** 72: Ast ragt in 2,70 m Höhe in Fahrbahn;
KG VersR **1971** 183: Äste an innerstädtischen Straßen;
KG VersR **1973** 187: wie vor;
BGH VersR **1974** 88: keine Pflicht, alle Bäume in Straßennähe auf Rotfäulebefall zu untersuchen;
OLG Stuttgart VersR **1974** 681: nähere Untersuchung bei verdächtigen Anzeichen;
OLG Düsseldorf VersR **1974** 1114: in Straßenraum ragender Baum;
OLG Bamberg VersR **1976** 571: nähere Untersuchung bei verdächtigen Anzeichen;
OLG Oldenburg VersR **1977** 845: nähere Untersuchung bei verdächtigen Anzeichen;
OLG Schleswig VersR **1977** 1037: Äste außerhalb des Luftraums über der Fahrbahn;
OLG Hamm VersR **1979** 627: Prüfung der Standfestigkeit;
OLG Braunschweig MDR **1980** 312: nähere Untersuchung bei verdächtigen Anzeichen;
OLG Oldenburg VersR **1980** 778: Pflicht zur Straßenbaumschau unabhängig von Grundeigentum;
OLG Köln VRS **59** 222: Äste über schmaler Nebenstraße.

455 **Baustelle** (s. a. Schacht u. Rdn. 421 ff)
RG DAR **1932** 23: Erdarbeiten;
OLG Celle RdK **1932** 94: Baugrube;
RG VAE **1936** 431: Beleuchtung von Sperren;
RG VAE **1942** 201: Verschleppen von Gegenständen auf die Fahrbahn;
OLG Bremen VkBl. **1950** 211: Beleuchtung der Absperrung vor Beginn der Bauarbeiten;
OLG Düsseldorf VRS **5** 143: Verschleppen von Baumaterial auf die Fahrbahn;
OLG Düsseldorf VRS **6** 81: Gehweg;

BGHZ **12** 124: Verschleppen von Gegenständen auf die Fahrbahn;
OLG Schleswig VRS **8** 84: Ausbesserung von Telefonkabeln;
BGH VRS **9** 106: Autobahn bei Nacht;
BayObLGZ **1955** 91: Teermischgut auf der Fahrbahn;
OLG Hamm VersR **1955** 622: aufgebrochener Bachdurchlaß;
BGH NJW **1957** 499: Betreten durch Unbefugte;
BGH VRS **13** 15: Kanalisationsarbeiten;
BGH VRS **16** 28: Baustelle an gesperrter Straße;
BGH VRS **16** 86: Verlegen von Fernsprechkabeln;
OLG Karlsruhe VkBl. **1959** 550: Baustelle für Lkw ungeeignet;
BGH VersR **1960** 636: Splitthaufen;
BGH VersR **1960** 798: vorzeitige Entfernung eines Bauzauns;
OLG Celle VersR **1961** 740: Bagger an öffentlicher Straße;
LG Düsseldorf MDR **1961** 768: Kanalarbeiten;
OLG Düsseldorf MDR **1962** 52: Unebenheiten auf weithin sichtbarer Baustelle;
BGH VersR **1962** 519: ungesicherter Kanalisationsgraben;
BGH VersR **1962** 1158: Zurücklassen von Absperreinrichtungen auf der Fahrbahn;
OLG Nürnberg VersR **1962** 1191: Lkw bricht an Verengung in zugeschütteten Wasserleitungsgraben ein;
OLG Frankfurt VersR **1964** 1252: keine Verkehrsregelung an halbseitig gesperrter Straße;
BGH VersR **1966** 266: Autobahn bei Nacht;
BGH VersR **1966** 589: Absicherung einer zur Splittentfernung auf Autobahn fahrenden Kehrmaschine;
OLG Stuttgart VersR **1967** 485: Stahlgewebeplatte auf Fußweg;
OLG Celle VersR **1968** 76: schlecht beleuchtete Kanalbaustelle in der Stadt;
OLG Köln VersR **1974** 1186: auf Gehweg gelagerte Steine geraten auf Fahrbahn;
BGH VersR **1973** 126: Überpüfung der Tragfähigkeit der Straße nach umfangreichen Arbeiten;
OLG Köln OLGZ **1973** 321: Überprüfungspflicht nach Unwetter;
KG VersR **1973** 1146: blinder Fußgänger verunglückt auf Bürgersteig;
KG VersR **1977** 230: Hineinragen von Arbeitsgeräten in den Luftraum der Straße;
BGH VersR **1977** 543: Überleitung einer Straße ohne Beleuchtung, die vom Bauunternehmer vorgeschlagen, von der Behörde aber abgelehnt worden war;
KG VersR **1978** 766: Hinweisschild für Fußgänger, daß auf halbseitig gesperrter Straße mit Verkehr aus beiden Richtungen zu rechnen ist;
BGH VersR **1981** 733: bewegliche Baustelle auf Autobahn;
BGH VersR **1982** 576: außerhalb der Straße liegende Baustelle erweckt falschen Eindruck vom Verlauf der Straße;
OLG Bamberg VersR **1982** 803: Weg durch gut erkennbare Baustelle;
OLG Düsseldorf VersR **1982** 856 LS: Hineinfahren in unübersehbare, aber nicht vorschriftsmäßig gekennzeichnete Baugrube auf der rechten Fahrbahnseite;
OLG München DAR **1983** 295: mit Betongittersteinen belegter Weg auf Großbaustelle;
KG VersR **1983** 1162: gut erkennbare Bodenwelle am Ende einer Baustelle.

Beleuchtung (s. a. Baustelle, Hindernisse auf der Straße, u. Rdn. 427) **456**
OLG Neustadt VRS **5** 565: kleine Gemeinde;

OLG Hamm Der Städtetag **1955** 121: Wohnstraße ohne Durchgangsverkehr;
BGH VRS **16** 241: Richtleuchte einer Verkehrsinsel;
BGH VersR **1962** 256: nächtliches Abschalten ohne Zeichen 394;
BGH VersR **1970** 179: Bushaltestelle;
BGH VersR **1971** 626: Ortsdurchfahrt von Bundesstraße.

457 **Blaubasalt** s. Straßenbelag

458 **Böschung** s. Abgrund

459 **Bordsteinkante**
RG DAR **1932** 23: aus ihrer Lage gebrachte Bordsteine;
BGH VersR **1958** 531: vorspringende Kante ohne weißen Anstrich;
LG Oldenburg VersR **1959** 200: überstehende Steine an Bordkante eines Abstellplatzes;
BGH VersR **1962** 665: Wiederbeginn nach 25 m breiter Einfahrt;
BGH VersR **1963** 652: rechter Fahrbahnrand mündet in zum Fluß hinabführenden Fußweg;
OLG Hamburg VersR **1977** 970: Erkennbarkeit.

460 **Brücke**
RG DR **1940** 2105: fehlendes Geländer an Auffahrt;
OLG Hamm VRS **1** 94: gesprengte Straßenbrücke;
BGHZ **6** 195: gesprengte Brücke;
BGHZ **14** 83: fehlendes Brückengeländer;
OLG Hamburg NJW **1955** 1922: Pfeiler einer Eisenbahnbrücke;
BGH VersR **1956** 768: schadhaftes Brückengeländer;
BGH VersR **1959** 228: gefährliche Brückenauffahrt;
BGH VersR **1959** 711: Brückenauffahrt;
BGH VersR **1961** 662: Übergang einer Dorfstraße über Bach;
BGH VersR **1964** 1082: Arbeitsgerüst unter Eisenbahnbrücke.

461 **Dachlawinen** s. Rdn. 440.

462 **Dampf** s. Sichtbehinderung

463 **Einmündung** s. Sichtbehinderung

464 **Eis** s. Streupflicht

465 **Ende der Straße**
BGH NJW **1952** 1214: unvermutetes Ende der Straße;
OLG Nürnberg VersR **1958** 632: wie vor;
BGH VRS **16** 131: wie vor;
BGH VRS **18** 268: wie vor;
OLG Düsseldorf VersR **1963** 271 LS: Ende des Radfahrwegs nur durch Drähte gekennzeichnet.

466 **Engstelle** s. Verengung

467 **Frostaufbrüche** s. Unebenheit

468 **Gefälle**
LG Wiesbaden NJW **1952** 1098: unvermutetes starkes Gefälle.

469 **Geländer** s. Abgrund, Brücke, Graben

470 **Glätte** s. Streupflicht

Gleise 471
KG VAE **1938** 520: Fehler in Straßendecke im Gleisbereich;
OLG Oldenburg NdsRpfl. **1958** 187: Frostaufbruch entlang Straßenbahnschiene;
BGH VersR **1961** 236: Straßenbahn;
OLG Schleswig VersR **1970** 870: eingestellter Straßenbahnbetrieb.

Graben (s. a. Abgrund, Querrinne) 472
BGH DAR **1952** 133 m. Anm. *Guelde*: Wasserlauf neben Straße;
OLG Stuttgart DAR **1953** 236: Schnee verdeckt Grenze zwischen Straßenrand und Straßengraben;
BGH VersR **1963** 950: Stützmauer zum Bach;
BGH VersR **1968** 399: Parkplatz nur mit geringer Mauer gegen Graben abgegrenzt.

Grube 473
BGH DAR **1970** 150 (bei *Bode-Weber*): Abschmiergrube in Sammelgarage.

Gully s. Schacht 474

Hausvorsprung 475
OLG Braunschweig VersR **1962** 1068: Haus springt in 2,65 m Höhe in Fahrbahn vor.

Hindernisse auf der Straße (s. a. Baustelle, Beleuchtung, Steinschlag) 476
RGZ **162** 273: Verkehrszeichen auf der Fahrbahn;
RG VAE **1942** 26: Dreibock nachts unbeleuchtet auf frisch geteerter Straße;
BGH DAR **1952** 41: durch Sprengung auf Autobahn gelangter Betonklotz;
BGH NJW **1954** 913: vier Telefonmasten quer über Straße;
OLG Stuttgart VRS **7** 246: Telefonmast stürzt auf Straße;
BGH VRS **8** 172: Aufstellen von Gerüstleitern;
BGH VersR **1956** 320: Betonmast eines Wegweisers liegt auf der Straße;
OLG München VersR **1956** 581: Straßenbegrenzungsstein nachts auf der Fahrbahn;
BGH VersR **1958** 51: Mast auf Bürgersteig;
OLG Hamm VRS **17** 309: in Straße ragendes Förderband;
OLG Celle VersR **1959** 859: Sandhaufen auf Sommerweg;
OLG München VersR **1960** 187: liegendes Motorrad;
BGH VersR **1960** 511: Abweisstein an Gemeindewaage;
BGH VersR **1960** 636: Splitthaufen auf Dorfstraße;
AG Kehl VersR **1960** 1149: leere Teertonnen;
BGH NJW **1961** 262: liegendes Motorrad;
BGH VersR **1961** 442: Bausand vor Haus;
OLG Nürnberg VersR **1964** 348: Telefonmastverankerung auf Fußweg;
OLG Celle VersR **1965** 1083: mangelhaft beleuchteter Splitthaufen;
OLG Oldenburg VRS **31** 161: Sperrbock hinter Kurve auf der Fahrbahn;
BGH VersR **1967** 755: Kraftfahrzeug gegen Spannseil auf Werksgrundstück;
OLG Düsseldorf DAR **1968** 153: schlecht gekennzeichneter Fahrbahnteiler;
OLG Nürnberg VersR **1971** 918: Teerhaufen auf Autobahn.

Kinderspielplatz 477
BGH VersR **1977** 817: Absicherung zur Straße.

Lawine (s. a. Dachlawine) 478
RG DR **1943** 111: Steinschlag und Lawine.

479 **Minen**
BGH VersR **1957** 109: Minen in Grünstreifen neben der Straße.

480 **Ölspur**
BGH VersR **1958** 330: Warnpflicht.

481 **Pflaster** s. Straßenbelag

482 **Quergefälle**
RG VAE **1936** 53: starke Wölbung;
RG VAE **1937** 40: Straße mit Quergefälle;
OLG Hamm VkBl. **1954** 39: Quergefälle mit Glatteis;
BGH VersR **1960** 237: Quergefälle mit Blaubasalt;
BGH VersR **1960** 998: abschüssige Kurve im Winter;
BGH VersR **1961** 162: Ortsdurchfahrt einer Landstraße 2. Ordnung.

483 **Querrinne** (s. a. Unebenheiten)
RG DAR **1930** 152: in der Stadt;
RG DAR **1931** 45: wie vor;
RG DAR **1932** 328: Rohrgraben quer zur Fahrbahn;
OLG Königsberg VR **1932** 550: Erhöhungen und Vertiefungen;
RG JW **1932** 3702: zwei Querrinnen mit geringem Abstand;
OLG Schleswig VersR **1964** 1258 m. Anm. *Böhmer*: Haftung des Tiefbauunternehmers für provisorisch zugeschüttete Querrinne;
BGH VersR **1971** 475: unvermutete Querrinne im Großstadtverkehr.

484 **Rollsplitt** s. Splitt

485 **Ruine**
BGH NJW **1953** 1865: Einsturz von Hausruinen an der Straße;
BGH VersR **1955** 11: Kinder tragen laufend Steine von Trümmergrundstücken auf die Fahrbahn;
BGH VRS **16** 329: ungesicherte Kelleröffnungen einer Ruine zur Straße hin.

486 **Schacht**(deckel)
OLG Stuttgart DAR **1932** 88: tiefer liegender Deckel;
BGH VRS **7** 412: Kanaldeckel;
OLG Hamm Städtetag **1955** 121: Hydrantendeckel auf Gehweg;
OLG München ArchPF **1956** 258: Hineinragen von Fahrbahn in Gehbahn;
BGH VRS **12** 407: Kanaldeckel ragt 12 mm über Bürgersteig;
OLG Köln VersR **1958** 457: Kanaldeckel ragt 17 mm aus unfertiger Fahrbahn;
OLG Celle VkBl. **1959** 356: Gully auf Gehweg;
OLG Düsseldorf VersR **1959** 529: Kanaldeckel auf unfertiger Straße;
BGH VersR **1961** 371: offener Kanalschacht von Wasser überflutet;
BGH VersR **1961** 371: Entfernung eines Gullydeckels;
OLG München VersR **1962** 994: Kanaldeckel zu tief;
BGH VersR **1964** 746: 3 mm Höhenunterschied;
OLG Stuttgart VersR **1964** 1275: unzureichend abgedeckter Kanalschacht;
BGH VersR **1965** 483: einbrechender Kanaldeckel;
BGH VersR **1967** 1155: Tragfähigkeit eines in Fahrbahn eingelassenen Schachtdeckels;
OLG Saarbrücken VersR **1972** 207: herausragender Kanaldeckel auf unfertiger Straße;
OLG Schleswig VersR **1973** 772: Kabelschachtdeckel auf Gehweg;

BGH VersR **1976** 149: Sicherung von Gitterrosten in Passage gegen unbefugtes Anheben;
OLG Koblenz VersR **1976** 1163: erkennbar hoch herausragender Kanaldeckel;
OLG Hamm VersR **1977** 970: einbrechender Kanaldeckel;
OLG Düsseldorf VersR **1978** 768: weite Schlitze im Kanalrost;
OLG Hamm VersR **1979** 1033: herausragender Kanaldeckel;
BGH VersR **1983** 39: Öffnungen eines Gullys parallel zur Fahrtrichtung, naheliegende Gefahr für Radfahrer.

Schlamm s. Verschmutzung 487

Schlechter Straßenzustand s. Unebenheit 488

Schnee (s. a. Streupflicht) 489
OLG Schleswig VersR **1975** 431: Räumen nur bei Glättegefahr und nach Ende des Schneefalls;
BGH VersR **1983** 637: Schneewall an Bushaltestelle vor Schule.

Schotter 490
OLG Stuttgart JW **1929** 2065: Schotteraufschüttung;
OLG Koblenz VersR **1955** 253: Schotterstein verursacht Reifenschaden.

Schulbushaltestelle 491
BGH VersR **1981** 849: Aufsicht, Absicherung zur Straße;
BGH VersR **1983** 637: Schneewall.

Sichtbehinderung 492
RG VAE **1941** 239: Bäume verdecken Einmündung eines Nebenwegs;
BGH VersR **1959** 33: Wald verdeckt Straßeneinmündung;
BGH VersR **1959** 1030: Eisenbahnbrücke, Warnung vor Dampfwolken;
OLG Koblenz NJW **1961** 2208: Holzlager am Straßenrand behindert Sicht in Kurve;
BGH VersR **1961** 1044: Sichtbehinderung durch Staub einer Schuttrutsche;
BGH VersR **1962** 177: vorübergehend sichtbehindernde Gegenstände;
BGH VersR **1980** 946: Hecke auf Mittelstreifen.

Splitt 493
LG Weiden VRS **17** 405: Splitt auf schwitzendem Asphalt.

Sportplatz 494
BGH VRS **18** 48: Ballschutzzaun bei Fußballplatz an belebter Straße.

Sprengarbeiten 495
BGH VersR **1958** 850: in Nähe öffentlicher Straße.

Steinkreuz 496
BGHZ **37** 165: Steinkreuz an Böschung fällt bei Berührung um.

Steinschlag 497
RG DR **1943** 111: Steinschlag und Lawinen;
BGH NJW **1968** 246: erhöhte Steinschlaggefahr.

Straßenbelag (s. a. Splitt, Unebenheiten) 498
OLG Düsseldorf VRS **8** 107: Blaubasalt;
BGH VersR **1957** 238: Blaubasalt;
BGH VersR **1957** 378: Blaubasalt;
BGH VersR **1958** 262: Blaubasalt;

OLG Frankfurt VersR **1958** 418: Kleinpflaster;
BGH VersR **1959** 334: Kopfsteinpflaster in Ortsdurchfahrt;
BGH VersR **1959** 435: Wechsel des Straßenbelags in Kurve;
BGH VersR **1959** 469: Blaubasalt in Kurve;
BGH VersR **1959** 672: Pflasterung der Zufahrt zur Fähre;
BGH VersR **1959** 828: S-Kurve mit Blaubasalt;
BGH VersR **1960** 237: Quergefälle mit Blaubasalt;
BGH VersR **1960** 996: Blaubasalt;
BGH VersR **1960** 712: lockere Lavalithschicht;
BGH VersR **1963** 1045: Blaubasalt;
OLG Hamm VersR **1964** 152: Blaubasaltkleinpflaster;
BGH VersR **1966** 583: gefährlicher Zustand des Pflasters nach Regengüssen;
OLG Bamberg VersR **1970** 845: infolge Hitze aufgeweichter Teerbelag;
BGH VersR **1973** 637: ungünstiges Mischungsverhältnis von Bitumen und Splitt.

499 **Straßenrand** s. Bankett

500 **Streupflicht**
KG JW **1937** 1073: Zwangsverwalter;
OLG Hamm VkBl. **1950** 104: Abkürzungsweg;
BGH NJW **1952** 1087: starkes Gefälle außerorts;
OLG Köln VersR **1953** 403: starkes Gefälle außerorts;
OLG Köln VersR **1954** 67: Fußweg, Zugänge zu Grundstücken;
OLG Hamburg VersR **1954** 358: Fußweg;
BGH MDR **1954** 349: Beginn lt. Satzung 7.30 Uhr;
OLG Hamburg VersR **1955** 125: Eigentümer von Ruinengrundstücken;
OLG Celle VersR **1955** 286: Fußweg;
BGH VersR **1955** 295: Übergänge an Straßenkreuzungen;
OLG Celle VersR **1955** 408: Wirkungslosigkeit wegen Schneefalls;
BGH VersR **1955** 456: Stelle mit starkem Fußgängerverkehr;
OLG Stuttgart VersR **1955** 652: wenig begangene Nebenstraßen;
BGH VersR **1956** 68: für Durchgangsverkehr gesperrte Straße;
OLG Oldenburg DAR **1956** 129: Holzbrücke;
BGH VRS **12** 86: Mieter;
BayObLGZ **1956** 256: laufendes Streuen ohne Verpflichtung;
BayObLGZ **1957** 161: Übergänge an Straßenkreuzungen;
OLG Hamburg VersR **1958** 33: Fußgängerüberweg;
OLG Celle VersR **1958** 387: nachts vor Bahnhof;
OLG Nürnberg VersR **1958** 616: steile Straße mit Querneigung außerorts;
BGH NJW **1958** 1234 = 1819 m. Anm. *Nedden*: Eisscholle;
LG Aachen MDR **1960** 48: Kurve mit Gefälle;
BGHZ **31** 73: Brücke;
BGHZ **31** 219: Streit zweier Körperschaften über Streupflicht;
BGH VersR **1960** 157: erfahrungsgemäß zu Glatteis neigende Stelle der Fahrbahn;
BGH VersR **1960** 323: wie vor;
BGH VersR **1960** 853: Brücke;
BGH VersR **1960** 930: Stelle mit ungewöhnlich hohem Grundwasserstand;
BGH VersR **1961** 607: Ortsdurchfahrt von Bundesstraße;
OLG Düsseldorf VersR **1961** 642: Kirchenverwaltung für Platz vor der Kirche;
OLG Karlsruhe VersR **1961** 1004: Brücke;

BGH NJW **1962** 1767: erfahrungsgemäß zu Glatteis neigende Stelle;
BGH NJW **1963** 37: Glatteis durch Nebel auf kurvenreicher, leicht abfallender Bundesstraße;
OLG Nürnberg VersR **1963** 293: anhaltender Schneefall;
BayObLGZ **1963** 253: Fahrbahn bei fehlendem Bürgersteig;
BGH VersR **1963** 661: unbeleuchteter Abkürzungsweg über Marktplatz;
BGH VersR **1963** 1047: drohender Schneefall;
BGH VersR **1964** 630: Gemeinde, Glatteis nachts;
OLG Nürnberg VersR **1964** 1180: Schneefall;
OLG Hamm VersR **1964** 1254: kleine Eisbuckel;
BGH VersR **1965** 66: Fahrbahn innerorts; Radfahrer;
BGH VersR **1965** 690: Kreuzungen, Einmündungen;
OLG Düsseldorf VersR **1965** 992: Autobahnbrücke;
KG VersR **1965** 1105: Parkplatz;
OLG Celle VersR **1966** 67: Beginn lt. Satzung 8.00 Uhr, Schneefall;
OLG Düsseldorf VersR **1966** 247: nur Anliegerverkehr dienende Straße;
BGH NJW **1966** 202: Parkplatz;
OLG Bamberg VersR **1966** 370: Fahrbahn außerorts;
KG VersR **1966** 855: Eisstreifen am Gehsteigrand durch Tropfwasser;
BGH NJW **1966** 1162: Brückendurchfahrt;
BGH VersR **1967** 226: Gehweg innerorts;
BayObLG VersR **1967** 758: unwichtiger Gehrand am Ortsrand;
OLG Bamberg NJW **1967** 1235: Fußgängerverkehr dienender Straßenteil;
BGH Betrieb **1967** 1543: Gehweg an Bushaltestelle;
BGH VRS **33** 411: Ortsdurchfahrt;
OLG Braunschweig VersR **1968** 260: Fahrbahn außerorts;
OLG München VersR **1968** 976: ländliche Gemeinde;
BGH VersR **1968** 1161: wiederholtes Streuen bei außergewöhnlicher Vereisung;
OLG Karlsruhe VersR **1969** 191: bis etwa 20 Uhr;
BGH VersR **1969** 377: unbenutzbarer Gehsteig;
BGH VersR **1969** 667: Wegschleudern des Streuguts an ampelgesicherter Kreuzung;
OLG Stuttgart NJW **1969** 1966: Tankstellenzufahrt;
BGH VersR **1969** 1022: von Anlieger freigeschaufelter Streifen;
BGH VersR **1970** 38: beauftragter Hauswart;
BGH VersR **1970** 182: Verhinderung durch Alter oder Krankheit;
OLG Stuttgart VersR **1970** 454: Breite des Streuens auf Fahrbahn;
OLG Nürnberg VersR **1970** 773: Überweg über vereiste Fahrbahn mit Schlaglöchern;
BGH VersR **1970** 904: Autobahnbrücke;
BGH VersR **1971** 416: Breite des zu streuenden Streifens auf Gehweg;
BGH VersR **1972** 563: Schnellstraße nachts;
BGH VersR **1972** 789: Aufsichtspflicht bei Übertragung;
BGH VersR **1973** 249: Fahrbahn außerorts;
OLG Saarbrücken VersR **1974** 202: Fahrbahn innerorts;
BGH VersR **1974** 910: Fahrbahn innerorts;
BGH VersR **1975** 42: Überwachungspflicht bei Beauftragtem;
BGH VersR **1975** 349: innerörtliche Privatstraße;
OLG Bamberg NJW **1975** 1787: Breite des zu streuenden Streifens auf Gehweg;
BayObLG DÖV **1976** 178: angrenzendes Schienengrundstück;

OLG Karlsruhe VersR **1976** 346: kleine glatte Stellen auf gestreutem Gehweg;
OLG Frankfurt VersR **1976** 1138: Fahrbahn außerorts;
OLG Karlsruhe VersR **1977** 61: abschüssige Nebenstraße vor Beginn des Tagesverkehrs;
OLG Düsseldorf VersR **1977** 745: Brücke einer Bundesstraße;
OLG Hamm VersR **1978** 547: Fahrbahn innerorts;
OLG Hamm VersR **1978** 950: Verlängerung von Gehweg über Fahrbahn hinweg;
OLG Düsseldorf VersR **1979** 57: Stadtautobahn, Brücke;
OLG Bamberg VersR **1979** 262: Fahrbahn innerorts;
OLG Karlsruhe VersR **1979** 358: abschüssige Ortsstraße;
OLG Düsseldorf VersR **1979** 773: Kontrollfahrten 5 Uhr morgens;
OLG Zweibrücken VersR **1979** 1039: Fahrbahn innerorts;
BGH VersR 1979 1055: Ausfahrt einer Schnellstraße;
OLG Karlsruhe VersR **1980** 538: Autobahnbrücke;
BGH VersR **1982** 299: nur vereinzelt auftretende Glättegefahren;
BGH u. OLG Köln VersR **1983** 162: Parkplatz.

501 **Tragfähigkeit der Straße** (s. a. Bankett, Unterspülung)
RG DAR **1930** 184: ungeeignet für Lkw;
BGH VersR **1958** 380: zu schwacher Unterbau;
BGH VersR **1958** 563: zu schwacher Unterbau einer Umleitungsstraße;
LG Hechingen VersR **1959** 440: für schwere Fahrzeuge offensichtlich nicht geeigneter Weg;
OLG Stuttgart VersR **1973** 260: Bodenwaage gibt unter Lkw nach;
OLG Stuttgart VersR **1980** 726: Verschlammung eines Holzabfuhrwegs;
BGH VersR **1983** 88: schweres Fahrzeug auf wegen Bauarbeiten gesperrtem Forstweg.

502 **Treppe**
OLG Celle VersR **1977** 671: Kinderwagenrampe muß sich deutlich abheben;
BGH VersR **1982** 854: Treppe von Fußweg zur Fahrbahn im Zuge einer Böschung.

503 **Türe**
KG VAE **1936** 337: geöffnete Haustüre ragt in Verkehrsraum.

504 **Überflutung**
BGH VersR **1961** 806: überschwemmte Autobahn;
LG München I VersR **1962** 995: Wasser auf Autobahn;
LG Fulda DAR **1964** 102: Überschwemmung einer Bundesstraße bei Regen wegen fehlenden Abflusses;
OLG Koblenz VersR **1967** 480: Überschwemmung durch Schneeschmelze;
BGH VersR **1968** 555: verstopfter Entwässerungsgraben;
BGH VersR **1970** 545: Wasser auf Straße;
OLG Saarbrücken VM **1973** 59: Überflutung einer Hauptstraße von Feldweg her;
BGH VersR **1973** 254: Wasser auf Fahrbahn;
OLG München VersR **1980** 197: große Wasserlache nach Regen und Schneeschmelze.

505 **Umleitung**
KG VAE **1938** 187: schlechter Zustand;
OLG Stuttgart DAR **1955** 108: Bankett;

OLG Hamm DAR **1956** 278: Umleitung und Sperren auf Autobahn;
BGH VersR **1958** 563: zu schwacher Unterbau, zu eng;
BGH VersR **1959** 1049: Engstellen;
BGH VersR **1966** 849: umgeleitete Kreisstraße.

Unebenheiten (s. a. Querrinne, Straßenbelag) 506
RG DAR **1930** 122: Sommerweg;
RG DAR **1933** 87: erhebliche Vertiefung;
RG RdK **1935** 221: Vertiefung am Rand zum Sommerweg;
RG RdK **1935** 363: Erhöhung nach Erdarbeiten;
RG VAE **1936** 53: Sommerweg liegt 18 cm tiefer;
OLG Köln VAE **1936** 513: Schlaglöcher;
KG VAE **1938** 341: Grenze zum Sommerweg;
OLG Oldenburg VRS **6** 82: geringe Unebenheit des Pflasters auf Nebenstraße;
OLG Hamm VersR **1954** 14: Landstraße 2. Ordnung;
OLG Oldenburg RdK **1954** 75: Murmellöcher auf Marktplatz;
OLG Hamburg VRS **9** 408: Zufahrt zu einer Baustelle;
OLG Hamburg VRS **9** 410: Zufahrt zu einer Baustelle;
OLG Neustadt MDR **1955** 32: Notpflasterung;
OLG Nürnberg VersR **1958** 171: Frostschäden auf Bundesstraße;
OLG Oldenburg NdsRpfl. **1958** 187: Frostaufbruch entlang Straßenbahnschiene;
BGH VersR **1958** 604: Schlaglöcher;
BGH VersR **1958** 640: Feldweg zu Baustelle;
OLG Frankfurt MDR **1959** 126: Frostaufbrüche;
OLG Frankfurt VersR **1959** 506: Kinder haben Steine aus Kopfsteinpflaster entfernt;
OLG Frankfurt VersR **1959** 530: Straße auf Baugelände;
BGH VersR **1959** 435: Mulde im Klinkerpflaster;
OLG Karlsruhe VersR **1959** 861: unebenes Kopfsteinpflaster auf Gehweg;
OLG Koblenz VersR **1960** 162: Bürgersteig;
BGH VersR **1960** 235: Frostaufbrüche;
LG Itzehoe SchlHAnz **1960** 237: Gehweg;
BGH VersR **1961** 550: Leichtmotorrad stürzt wegen Schlagloch;
OLG München VersR **1962** 240: aufgefüllter, aber noch nicht asphaltierter Kabelgraben;
BGH VersR **1962** 326: muldenförmige Vertiefung durch Wasserrohrbruch;
OLG Braunschweig VRS **26** 295: erhebliche Vertiefung auf Betonstraße;
OLG Celle NJW **1964** 1230: Vieh kommt zu Schaden;
OLG Oldenburg VM **1966** 52: Schlaglöcher;
BGH DVBl. **1966** 403: abgenutztes Pflaster an Verkehrsknotenpunkt;
BGH VRS **32** 244: geringe Höhenunterschiede zwischen Gehsteigplatten;
BGH VersR **1969** 35: schadhafter Plattenbelag eines Gehwegs;
BGH VersR **1970** 179: Unebenheiten an von Stadt angelegter Bushaltestelle;
OLG Stuttgart VersR **1972** 868: Frostaufbrüche;
OLG Stuttgart VersR **1974** 395: nächtliche Gefahrenquelle für Fußgänger;
OLG Hamburg VersR **1978** 470: Fußgänger, geringe Unebenheit;
OLG Karlsruhe VersR **1978** 970: Stufe auf Plattenweg;
OLG Frankfurt VersR **1979** 58: unebener Gehweg.

Unfallhäufung 507
BGH VersR **1966** 290: Häufung von Unfällen an einer Stelle ohne erkennbare Ursache;

BGH VersR **1969** 80: Unfälle von Fußgängern häufen sich.

508 **Unterspülung**
BGH VersR **1954** 414: durch Wasserrohrbruch;
BGH VRS **10** 83: wie vor;
BGH VersR **1962** 326: wie vor;
OLG Nürnberg VRS **29** 401: Lastzug bricht wegen Wasserrohrbruch ein.

509 **Verengung**
KG VAE **1936** 338: schlecht sichtbare Bordsteinkante;
BGH VRS **4** 173: Maßnahmen gegen mißbräuchliche Benützung einer schmalen Brücke durch Radfahrer;
BGH VersR **1958** 531: plötzliche Verengung;
BGH VersR **1958** 563: Umleitung zu eng;
OLG Oldenburg VRS **15** 322: Aufhören des Seitenstreifens;
BGH VersR **1960** 349: einspurige Fahrbahn wegen Straßenbahn;
OLG Nürnberg VersR **1965** 1037: Parkstreifen endet am Baum.

510 **Vermessungsarbeiten**
OLG Köln VersR **1966** 834: auf der Autobahn.

511 **Verschmutzung** (s. a. Ölspur)
KG VAE **1940** 48: Verschlammung durch einmündenden Feldweg;
RG VAE **1941** 31: Verschlammung auf Bürgersteig zwingt zur Benutzung der Fahrbahn;
OLG München DAR **1954** 157: Kuhmist;
OLG Celle VersR **1955** 397: Schlamm;
BGHZ **16** 95: Erde von Ackerwagen;
OLG Oldenburg MDR **1958** 843: Ackererde;
OLG Bamberg VRS **15** 174: Verschmutzung einer Landstraße 2. Ordnung durch landwirtschaftliche Fahrzeuge;
OLG Stuttgart NJW **1959** 2065: Lehmstreifen durch Panzer;
BGH VersR **1959** 708: Lehm von Baustelle;
OLG Neustadt MDR **1959** 758: Ackererde durch Rübenernte;
BGH VersR **1961** 1121 m. Anm. *Venzmer*: Warnzeichen bei Viehtrieb;
BGH VersR **1965** 260: Gemeindeverbindungsweg;
LG Kreuznach VersR **1965** 345: Verschlammung durch Tauwetter;
OLG Oldenburg VRS **34** 244: leichte Verschmutzung der Straße vor Hofeinfahrt;
BGH Betrieb **1966** 148: Transport von Aushub;
OLG Hamm VersR **1980** 685: Hundekot.

512 **Vertiefung** s. Unebenheiten

513 **Wasser** s. Überflutung

514 **Wildwechsel**
OLG Celle VersR **1967** 382: Kennzeichnungspflicht.

515 **Wölbung** s. Quergefälle.

516 **4. Schadensersatzanspruch**

a) Rechtsgrundlagen. Wer vorsätzlich oder fahrlässig unter Mißachtung der ihm obliegenden Verkehrssicherungspflicht das Leben, den Körper, die Gesundheit, das Eigentum oder ein sonstiges Recht eines anderen verletzt, ist diesem zum Ersatz des daraus entstehenden Schadens verpflichtet (§ 823 Abs. 1 BGB). Dies trifft zu, wenn ein Verkehrsteilnehmer oder Straßenanlieger durch eine Pflichtwidrigkeit des Verkehrssicherungspflichtigen einen Schaden erleidet (BGH VersR **1969** 515; NJW **1973** 460; OLG Frankfurt MDR **1959** 126). Bei hoheitlicher Ausgestaltung der Verkehrssicherungspflicht (vgl. Rdn. 397) ergibt sich die Schadensersatzpflicht aus § 839 BGB, Art. 34 GG.

b) Reine Vermögensschäden fallen nicht unter die Ersatzpflicht. Dies ergibt sich bei der bürgerlich-rechtlichen Haftung aus dem eingeschränkten Rechtsgüterschutz nach § 823 Abs. 1 BGB, bei der Amtshaftung daraus, daß die zugrundeliegende Amtspflicht nur den Inhalt hat, die Straßenbenutzer vor Gefahren für Leben, Gesundheit, Eigentum oder sonstige absolute Rechte zu bewahren, nicht aber vor jedem Vermögensschaden (BGH VersR **1973** 275). **517**

c) Schutzumfang bei untypischem Unfallhergang. Wer eine Sicherungsmaßnahme, die wegen einer bestimmten voraussehbaren Gefahr geboten war, unterlassen hat, kann dann, wenn es zu einem Schaden gekommen ist, der bei Einhaltung dieser Maßnahme nicht eingetreten wäre, seine Verantwortlichkeit nicht mit der Berufung darauf verneinen, daß sich jene Gefahr, deretwegen er etwas hätte tun oder lassen müssen, nicht verwirklicht hatte, sondern eine andere Gefahr, die ganz ungewöhnlich gewesen war. Zu seiner Haftung genügt es, daß sich der Unfall immerhin innerhalb des Gefahrenkreises ereignet hat, der ihn zu jener Sicherungsmaßnahme hätte veranlassen müssen (BGH VersR **1961** 465; **1978** 962). **518**

d) Bei **Mitverschulden des geschädigten Verkehrsteilnehmers** mindert sich sein Schadensersatzanspruch nach Maßgabe des § 254 BGB. Dies gilt auch, wenn ihn zwar kein Verschulden trifft, er aber bei der Unglücksfahrt ein Kraftfahrzeug benützt hat und sich dessen Betriebsgefahr anrechnen lassen muß (OLG München VersR **1961** 1049; vgl. § 17, 40). Der Insasse eines Kraftfahrzeugs, das infolge Verschuldens des Verkehrssicherungspflichtigen verunglückt ist, muß sich ein mitwirkendes Verschulden des Fahrers oder eine Betriebsgefahr nicht anrechnen lassen. Es haften vielmehr der Verkehrssicherungspflichtige und der Fahrer als Gesamtschuldner (§ 840 BGB). Hat der Verletzte den Unfall weitaus überwiegend durch sein Verschulden herbeigeführt, so hat er nach § 254 BGB überhaupt keinen Ersatzanspruch (BGH VersR **1981** 733; OLG München VersR **1961** 383; OLG Düsseldorf VersR **1966** 370). Wegen Einzelheiten vgl. Rdn. 186f. **519**

5. Haftungsausschluß **520**

Durch einseitigen Aushang (z. B. Schild, Anschlag) kann sich der Pflichtige nicht von der Haftung für die Verletzung grundlegender Verkehrssicherungspflichten freizeichnen (BGH VersR **1982** 493).

6. Beweisfragen **521**

Der Geschädigte hat die schuldhafte Verletzung der Verkehrssicherungspflicht und deren Kausalität für seine Schädigung zu beweisen.

a) Für den **Kausalitätsbeweis** sind die generell angezeigten Erleichterungen zu gewähren (sog. Anscheinsbeweis; vgl. Rdn. 279ff). Nach diesen Grundsätzen sieht die Rechtsprechung die Ursächlichkeit eines Verstoßes gegen die Streupflicht z. B. als erwiesen an, wenn der Verletzte innerhalb der zeitlichen Grenzen der Streupflicht zu Fall gekommen ist, nicht jedoch bei einem Unfall nach dem Ende der Streu- **522**

pflicht (BGH VersR **1984** 41). Die vereinzelt in der Rechtsprechung des BGH[88] anzutreffende Ansicht, bei der Amtshaftung sei bereits die Amtspflichtverletzung konkreter Haftungsgrund und die Frage der Verursachung des Schadens durch diese Pflichtverletzung daher der Haftungsausfüllung, d. h. dem Anwendungsbereich des beweiserleichternden § 287 ZPO zuzuordnen, ist abzulehnen (ebenso BGH VersR **1965** 91), desgleichen eine ebenfalls verschiedentlich befürwortete Umkehr der Beweislast (z. B. in BGH VersR **1961** 610; **1963** 60; **1974** 782; wie hier dagegen BGH VersR **1965** 91).

523 **b)** Beim **Verschuldensbeweis** ist die Zulassung eines Anscheinsbeweises im Bereich der Verkehrssicherungspflichten problematisch. Die Rechtfertigung für die mit dem Anscheinsbeweis des Verschuldens verbundene Quasi-Gefährdungshaftung (vgl. Rdn. 290) liegt bei der Haftung zwischen Verkehrsteilnehmern darin, daß sich Unfallabläufe häufig nicht eindeutig rekonstruieren lassen und daß in der Teilnahme am Verkehr regelmäßig die Bereitschaft zur Übernahme eines gewissen, in der Regel durch Versicherung abgedeckten Haftungsrisikos gesehen werden kann. Zudem gibt es besonders typische Unfallsituationen, in denen das Verschulden eines Beteiligten nach allgemeiner Erfahrung so nahe liegt, daß ein abweichender Hergang zunächst außer Betracht gelassen werden kann. All dies ist bei der Inanspruchnahme aus Verletzung der Verkehrssicherungspflicht nicht, zumindest nicht in gleichem Maße der Fall. Diese Haftung knüpft allein an die Herrschaft über eine potentielle Gefahrenquelle an. Typische Pflichtwidrigkeiten sind hier kaum ersichtlich. Vor allem aber wird es hier in aller Regel möglich sein, die objektive Pflichtverletzung (das Loch in der Straße, die überhängenden Äste, das Fehlen des Warnschildes usw.) eindeutig festzustellen; die Frage der subjektiven Vorwerfbarkeit ist in der Regel kein Beweisproblem, sondern eine Angelegenheit richterlicher Wertung, nämlich der Definition der verkehrsüblichen Sorgfalt. Mit Recht hat der BGH daher z. B. einen Anscheinsbeweis für ein Verschulden des Verkehrssicherungspflichtigen bei Stürzen eines Fußgängers (BGH VersR **1955** 251: in Badeanstalt; BGH VersR **1965** 520: auf Treppe; BGH VersR **1954** 224: Glatteis ohne Schnee) abgelehnt.

524 Eine **Umkehr der Beweislast** entsprechend der für positive Vertragsverletzungen anerkannten Beweislastverteilung nach Gefahrenbereichen (vgl. Rdn. 555) ist abzulehnen. Da es bei der Verkehrssicherungspflicht an einer bereits vor dem Schadensfall bestehenden rechtlichen Sonderverbindung zwischen den Parteien fehlt, gebietet die gerechte Risikoverteilung, am allgemeinen Beweislastgrundsatz (vgl. Rdn. 266) festzuhalten. Der BGH hat die Frage, ob auch bei der Geltendmachung von Ansprüchen aus Verletzung der Verkehrssicherungspflicht eine Beweislastverteilung nach Gefahrenbereichen vorzunehmen ist, in VersR **1978** 842 offengelassen; in VersR **1967** 685 dürfte er sie jedoch bejaht haben, indem er entschied, es sei bei feststehendem Verstoß gegen die Streupflicht Sache des Verantwortlichen, zu beweisen, daß er alles Zumutbare getan hat, um die Beachtung der Streupflicht zu sichern. Das OLG Düsseldorf (MDR **1976** 842) hat für den Fall der Störung einer Lichtsignalanlage die Beweislast für das (fehlende) Verschulden dem Verkehrssicherungspflichtigen auferlegt. Diese Rechtsprechung führt sehr in die Nähe einer Gefährdungshaftung, die BGHZ **54** 332 zu Recht abgelehnt hat. Daß das vom BVerfG aus formellen Gründen für nichtig erklärte Staatshaftungsgesetz vom

[88] BGHZ **7** 287; **58** 343; BGH VersR **1956** 45; **1957** 373; **1958** 782; **1959** 453; **1960** 905; **1961** 610; **1963** 60; **1969** 422; **1974** 782 (vor allem Fälle unterlassener oder unrichtiger Beratung).

26. 6. 1981 (BGBl. I 553) eine entsprechende Regelung vorsah, ist de lege lata kein Argument.

VI. Haftung aus Vertrag 525

1. Allgemeines

Neben Gefährdungshaftung und deliktischer Haftung spielt auch die Haftung aus positiver Vertragsverletzung (zum Begriff vgl. *Larenz* § 24 I) bei Unfällen im Straßenverkehr (andere Haftungsfälle bleiben im folgenden außer Betracht) eine wichtige Rolle. Sie greift dann ein, wenn zwei oder mehr Personen miteinander in vertraglichen Beziehungen stehen und es zu den Vertragspflichten einer der beiden Personen gehört, für den Nichteintritt eines Unfallschadens zu sorgen. Die Vertragshaftung schließt die Haftung aus unerlaubter Handlung und die Haftung aus dem StVG nicht aus, sondern tritt neben sie. Sie ist teilweise enger (kein Schmerzensgeld, keine Ansprüche Dritter), teilweise geht sie weiter. Der Verletzte wird sich vor allem dann (zusätzlich) auf Vertrag stützen, wenn die Haftungsgrenzen des § 12 StVG überschritten werden. Einen weiteren Vorteil für den Verletzten bietet die Vertragshaftung dadurch, daß die Verjährung später (in der Regel erst nach 30 Jahren) eintritt, daß infolge der weitgehenden Anwendung der sich aus § 282 BGB ergebenden Grundsätze häufig den Beklagten die Beweislast trifft (Rdn. 555) und daß dieser für Handlungen und Unterlassungen seiner Erfüllungsgehilfen nach § 278 ohne die Möglichkeit eines Entlastungsbeweises haftet. Die Haftung setzt Verschulden (Vorsatz oder Fahrlässigkeit) des Schädigers oder seines Erfüllungsgehilfen voraus; jedoch greift insoweit häufig die genannte Beweiserleichterung für den Geschädigten ein.

2. Abgrenzung von Gefälligkeitsverhältnissen 526

Vertrag ist die von zwei oder mehr Personen erklärte Willensübereinstimmung über die Herbeiführung eines bestimmten rechtlichen Erfolges. Wesensmerkmal ist daher der Wille, eine rechtliche Bindung zu begründen. Hierbei entscheidet nicht der innere Wille, sondern es kommt darauf an, wie sich das Verhalten der Beteiligten bei Würdigung aller Umstände einem objektiven Beobachter darstellt (BGHZ **21** 107).

Kein Vertrag liegt daher bei Handlungen vor, die lediglich aus Gefälligkeit ohne 527
rechtliche Verpflichtung erfolgen. Hierzu zählt in der Regel die unentgeltliche Mitnahme im Kraftfahrzeug, und zwar ohne Rücksicht darauf, ob der Halter oder Führer des Kraftfahrzeugs den anderen zur Mitfahrt aufgefordert hat[89]. Eine reine Gefälligkeit liegt auch dann vor, wenn der im Kraftfahrzeug Mitgenommene dem Fahrer ein Trinkgeld gibt. Ein Vertrag kann dagegen angenommen werden, wenn vor der Fahrt eine Beteiligung des Mitfahrers an den Unkosten vereinbart wird (RG VAE **1937** 118), wenn ein Gastwirt seinen ständigen Gast auf seinem Kraftrad nach Hause fährt (OLG Dresden VAE **1937** 118), wenn ein Patient den Arzt durch ein eigenes oder fremdes Kraftfahrzeug holen läßt (RG JW **1941** 401), wenn ein Kraftfahrzeughändler einen Interessenten zu einer Probefahrt einlädt, auch wenn der Kauf eines anderen Kraftfahrzeugs als des gefahrenen in Betracht gezogen wur-

[89] RGZ **65** 18; **128** 229; **141** 262; **145** 390; OLG Köln JW **1931** 1975; OLG Bamberg NJW **1949** 506; LG Düsseldorf NJW **1968** 2379.

de (BGH VersR **1968** 777) sowie bei der sog. Fahrgemeinschaft, z. B. von Arbeitskollegen (vgl. hierzu, auch zur Einordnung als Werk- oder Gesellschaftsvertrag, *Mädrich* NJW **1982** 860). Wer einem anderen Verkehrsteilnehmer Winkzeichen gibt, die andeuten sollen, er könne vorbeifahren, haftet in keinem Falle, wenn der andere diesem Wink folgt und hierdurch einen Unfall verursacht (OLG Frankfurt NJW **1965** 1334 m. Anm. *Rother*).

528 **3. Einzelfälle**

a) Haftung aus Beförderungsvertrag. Bei diesem Vertrag (in der Regel Werkvertrag) besteht neben der Pflicht, den anderen oder seine Sachen zu befördern, die weitere Pflicht, die Fahrt ohne Schaden für seine Gesundheit oder sein Eigentum durchzuführen (OLG Nürnberg VRS **5** 403)

529 Für die Haftung des **Spediteurs** gelten die Sondervorschriften der ADSp, für den **Frachtführer** die der KVO, bei grenzüberschreitendem Verkehr die der CMR (zu Abgrenzungsfragen vgl. BGH VersR **1978** 318; **1978** 946). Bei bestimmten Gütern ist die Anwendbarkeit der KVO durch die Freistellungsverordnung zum GüKG v. 29. 7. 1969 ausgeschlossen (vgl. hierzu BGH VersR **1978** 935). Der Frachtführer ist gegenüber dem Spediteur nach § 35 Abs. 3 KVO bzw. Art. 25 CMR nur zur Erstattung der Wertminderung, nicht von Reparaturkosten verpflichtet (BGH NJW **1980** 2021; *Helm* IPrax **1981** 46).

530 Das **Befestigen des Ladeguts** ist grundsätzlich Sache des Fuhrunternehmers. Auch den Auftraggeber kann jedoch eine Haftung treffen, so z. B. beim Lohnfuhrvertrag (Stellung eines Lkw mit Fahrer zur Verfügung des Auftraggebers; BGH VersR **1977** 662) oder wenn sich eine entsprechende Nebenpflicht aus dem Kaufvertrag über die zu transportierende Sache ergibt (BGH VersR **1977** 517).

531 Der **Versender gefährlicher Güter** (vgl. § 5a ADSp) haftet dem Spediteur auch ohne Verschulden für den diesem durch jenes Gut entstandenen Schaden, wenn er es ihm ohne einen besonderen Hinweis auf seine Gefährlichkeit übergeben hatte. Jedoch muß dieser nicht schriftlich erfolgt sein; es genügt auch, wenn der Spediteur ihn bei der Übergabe des Gutes erhält. Wenn dieser ohnehin die Gefährlichkeit kannte, kann er sich nicht darauf berufen, daß der vorgeschriebene Hinweis unterblieben war (BGH VersR **1978** 133).

532 Die Haftung der **Bundespost** im Postreisedienst ist durch § 18 PostG auf bestimmte Höchstbeträge begrenzt.

533 Die Beschränkung der Vertragshaftung des Frachtführers wegen Verlust oder Beschädigung, die § 430 HGB anordnet, berührt den Umfang der daneben gegebenen Haftung aus § 823 Abs. 1 BGB nicht (BGH VkBl. **1968** 117; vgl. aber Art. 28 CMR).

534 **b) Haftung des Reparateurs.** Der Unternehmer einer Instandsetzungswerkstätte oder einer Tankstelle ist verpflichtet, nicht nur diejenigen Wartungs- und Reparaturarbeiten auszuführen, für die ihm ausdrücklich Auftrag erteilt wurde, sondern darüber hinaus den Auftraggeber auf alle Mängel des Kraftfahrzeugs hinzuweisen, die er bei den Arbeiten bemerkt, die ihm hätten in die Augen fallen müssen oder auf die sich im allgemeinen der Wartungsdienst erstreckt (BGH VM **1957** 1; VersR **1967** 707; OLG Köln NJW **1966** 1468). Wird bei einer Probefahrt, die ein im Reparaturunternehmen Beschäftigter mit dem Kundenfahrzeug ausführt, ein Dritter schuldhaft verletzt, so hat der Kunde einen vertraglichen Anspruch gegen den Inhaber der Werkstätte auf Freistellung von seiner Haftung aus § 7 (RGZ **150** 134).

Der Tankwart, der nach dem Tanken die Motorhaube schließt, ohne sich zu überzeugen, daß der Verschluß eingerastet ist, haftet für einen Unfall, der sich wegen Aufklappens der Motorhaube durch den Fahrwind ereignet (OLG Oldenburg DAR **1967** 274; LG Essen VersR **1968** 562 m. Anm. *Kampgens*). Der Unternehmer, der nichts dagegen eingewendet hat, als sein Angestellter mit einem Kunden vereinbarte, er werde dessen Wagen nach der Reparatur zurückfahren, haftet nicht für die Folgen eines Unfalls, der sich auf dieser Fahrt ereignet (BGH VersR **1968** 472).

c) Haftung des Verkäufers. Der Kraftfahrzeughändler hat zwar eine Probefahrt mit Prüfung der Bremsen durchzuführen, im übrigen aber nicht die Pflicht, ein fabrikneues Kraftfahrzeug vor Aushändigung an den Kunden zu prüfen (BGH VersR **1956** 259). Dies gilt allerdings nicht für Mängel, die für ihn offensichtlich sind. Hat der Verkäufer vertraglich die Pflicht übernommen, den Wagen vor der Auslieferung prüfen zu lassen, und übersieht der vom Verkäufer beauftragte Kraftfahrzeugmeister eine Delle an der Felge, die die Luft aus dem schlauchlosen Reifen entweichen läßt, so haftet der Verkäufer für seinen Erfüllungsgehilfen, wenn sich ein Unfall ereignet (BGH VersR **1969** 834). Bei Fabrikationsfehlern greift in der Regel keine vertragliche Haftung ein, weil zwischen Käufer und Hersteller keine Vertragsbeziehung besteht und den Händler an der Auslieferung des mangelhaften Fahrzeugs kein Verschulden treffen wird. Es kann in diesen Fällen jedoch deliktische Produzentenhaftung eingreifen (vgl. hierzu *Diederichsen* NJW **1978** 1281; *Kullmann* WM **1978** 210). 535

Der Händler, der den Verkauf eines Gebrauchtwagens übernommen hat, ist verpflichtet, diesen auf solche Mängel hin zu untersuchen, mit deren Vorhandensein er bzw. seine Angestellten als Fachleute rechnen mußten, und etwa festgestellte Mängel dem Käufer zu offenbaren (BGHZ **63** 386; BGH NJW **1979** 1707). Bestätigt ein Vertragshändler einer bestimmten Autofirma beim Verkauf eines Gebrauchtwagens der entsprechenden Marke, daß der Wagen sich in technisch einwandfreiem Zustand befindet, so haftet er wegen fälschlicher Zusicherung der Betriebssicherheit gem. § 463 BGB, wenn die aufgezogenen Reifen nicht der Betriebserlaubnis entsprechen und der Käufer daher mit dem Fahrzeug verunglückt; ein etwaiger formularmäßiger Gewährleistungsausschluß würde diese Haftung nicht ausschließen, hierfür bedürfte es vielmehr eines ausdrücklichen Haftungsausschlusses (BGH NJW **1978** 2241). Die Haftung des Händlers wird nicht dadurch ausgeschlossen, daß er den Gebrauchtwagen lediglich als Vertreter des Eigentümers verkauft (BGH NJW **1979** 1707). Der Kraftfahrzeugverkäufer, der dem Käufer für die Dauer einer Garantiereparatur ein anderes Kraftfahrzeug leiht, kann für von diesem leicht fahrlässig verursachte Schäden keinen Ersatz verlangen, wenn er es unterlassen hat, den Käufer auf fehlenden Kaskoversicherungsschutz hinzuweisen, obgleich er wußte, daß dieser beim Kauf des jetzt von ihm zu reparierenden Fahrzeugs entscheidenden Wert auf Vollkaskoversicherung gelegt hatte (BGH VersR **1979** 280). 536

d) Der **Sachverständige**, der das Kraftfahrzeug vor der Zulassung zu prüfen hat, sei es als Prüfung eines ganzen Typs (§ 20 StVZO), oder eines einzelnen Kraftfahrzeugs (§ 21 StVZO), das in Sonderausfertigung oder im Selbstbau hergestellt ist, hat alle nach dem Stand der Wissenschaft üblichen Methoden anzuwenden, um festzustellen, ob das Kraftfahrzeug verkehrssicher ist. Dasselbe gilt für die Prüfung von Kraftfahrzeugteilen (§ 22 StVZO). Da ein Vertragsverhältnis mit dem Sachverständigen nur für den besteht, der ihm den Auftrag erteilt hat, kommt für eine Haftung 537 bei Unfällen nur der Sachverständige in Betracht, der sein Gutachten für die Erteilung einer Einzelerlaubnis erstattet hat.

538 **e) Kraftfahrzeugvermietung**

aa) Der **Vermieter** hat dafür zu sorgen, daß der Selbstfahrer ein betriebstüchtiges und den Vorschriften entsprechendes Kraftfahrzeug erhält, dessen Bereifung sich in gutem Zustand befindet. Allgemeine Geschäftsbedingungen, wonach der Mieter Mängelfreiheit des Kraftfahrzeugs anerkennt, entlasten den gewerbsmäßigen Vermieter nicht (BGH Betrieb **1967** 118).

539 **bb)** Haftung des **Mieters**. Zeigt sich während der Mietzeit ein Mangel am Kraftfahrzeug, so hat der Mieter dem Vermieter unverzüglich Anzeige zu machen (§ 545 BGB). Unterläßt er die Anzeige, so macht er sich gegenüber dem Vermieter schadenersatzpflichtig und hat bei einem auf dem Mangel beruhenden Unfall keine Schadenersatzansprüche aus positiver Vertragsverletzung (BGH VRS **35** 83).

540 Im übrigen haftet der Mieter für die schuldhafte Beschädigung des Fahrzeugs, z. B. durch einen Unfall. Verspricht der gewerbliche Autovermieter in Allg. Geschäftsbedingungen dem Mieter, ihn gegen Zahlung eines Entgelts von der Haftung für Unfallschäden ohne Selbstbeteiligung freizustellen, so muß er diese Volldeckung nach dem Leitbild einer Vollkaskoversicherung ausgestalten (BGHZ **22** 114; **65** 120; **70** 306). Versicherungsschutz muß daher auch bestehen für den Fall, daß der Mieter das Fahrzeug einem Dritten überläßt; eine entgegenstehende Klausel wäre nach § 9 Abs. 1 AGBG unwirksam (BGH NJW **1981** 1211). In der Vereinbarung der Volldeckung liegt zugleich ein Verzicht auf die Inanspruchnahme des Dritten wegen leicht fahrlässig verursachter Schäden (BGH NJW **1982** 987; VRS **65** 348). Die gegen Entgelt gewährte Haftungsbefreiung kann für den Fall grober Fahrlässigkeit ausgeschlossen werden (BGH VersR **1974** 492; **1974** 975). Unwirksam ist aber die Klausel, wonach der Mieter die Beweislast dafür tragen soll, daß Vorsatz und grobe Fahrlässigkeit nicht vorgelegen haben (BGHZ **65** 118).

541 **f)** Der **Veranstalter eines Rennens** hat dafür zu sorgen, daß die Zuschauer dem Rennen ungefährdet zusehen können. Die Rennfahrer sind bei diesem Vertrag seine Erfüllungsgehilfen, für deren Pflichtwidrigkeiten er daher nach § 278 BGB ebenso einzustehen hat[90] wie für eine Pflichtwidrigkeit seines Rennleiters. Der Veranstalter des Rennens muß sich vor dessen Beginn persönlich oder durch eine hierfür bestimmte verläßliche Person überzeugen, daß die erforderlichen Sicherungsmaßnahmen getroffen worden sind (OLG Stuttgart DAR **1933** 165). Andererseits steht er auch mit den Rennfahrern in Vertragsbeziehungen und schuldet ihnen die ordnungsgemäße Sicherung der Strecke und die fachgerechte Durchführung des Rennens. Insbesondere hat er darüber Anordnungen zu treffen, wer ein Rennen für beendet erklärt und anordnet, daß das nächste beginnt. Inhalt der Rennbedingungen, denen sich jeder unterwirft, der sich zur Teilnahme meldet, ist üblicherweise, daß die Rennfahrer auf alle Schadenersatzansprüche verzichten, die ihnen durch Unfälle gegen einen anderen Teilnehmer entstehen können. Der vertragliche Haftungsausschluß bezieht sich nicht nur auf das Rennen selbst, sondern auch auf das offizielle Training. Er gilt gewohnheitsrechtlich auch in den Fällen, in denen er nicht ausdrücklich vereinbart wurde.

[90] RG JW **1930** 2925 m. Anm. *Endemann*; RG JRPrV **1936** 279; OLG München VersR **1951** 21.

g) Der **Inhaber eines Parkhauses, Parkplatzes** oder eines sonstigen Sammeleinstellplatzes ist für die Bewachung der Kraftfahrzeuge verantwortlich, wenn er Besitzer des Abstellraumes bleibt (KG VersR **1968** 440). Es genügt allerdings, wenn er einen Kaskoversicherungsvertrag für die eingestellten Fahrzeuge abschließt. Daß durch einen solchen kein Ersatz für Nutzungs- und Verdienstausfall erfolgt, löst keine weitergehende Haftung des Kaufhausbesitzers aus, der die Parkplätze zur Verfügung gestellt hat (BGH VersR **1972** 102). Ist bei einem bewachten Parkplatz die Haftung für Verlust von Handelsware aus den bewachten Kraftfahrzeugen vertraglich ausgeschlossen, so wirkt der Haftungsausschluß auch bei grobem Verschulden von Verrichtungsgehilfen (BGH VersR **1968** 795). Ein Garagenunternehmer haftet aus eigenem Verschulden, wenn er vom Kunden die Fahrzeugschlüssel in Empfang nimmt, ohne Maßnahmen gegen einen Mißbrauch durch sein Personal zu ergreifen. Daß er seine Haftung für Verschulden seines Personals ausgeschlossen hat, steht nicht entgegen (BGH VersR **1974** 574). 542

h) Gastwirt. Ist im Rahmen des Beherbergungsvertrages (sei es auch ohne gesonderte Berechnung eines Entgelts) ein Mietvertrag für das Abstellen des Fahrzeugs des Gastes auf einem Parkplatz oder in einer Sammelgarage abgeschlossen, so haftet der Gastwirt nach § 538 Abs. 1 BGB ohne Verschulden, wenn das Fahrzeug infolge eines Mangels der Abstellfläche (z. B. herabfallende Äste) beschädigt wird; die Haftung für solche Gefahren wird auch durch ein Schild „Parken auf eigene Gefahr" nicht ausgeschlossen (BGHZ **63** 333). 543

i) Wer einem anderen den **Auftrag** erteilt, seinen Wagen aus Gefälligkeit streckenweise zu lenken, haftet dafür, daß die Haftpflichtversicherung für den Wagen ordnungsgemäß in Kraft ist und daß insbesondere die Prämien bezahlt sind. Wegen eines Schadens, den der Auftraggeber bei einer solchen Fahrt erleidet, haftet der Fahrer nicht, wenn der Versicherer den Schaden hätte tragen müssen, wäre die Prämie bezahlt gewesen (BGH VersR **1969** 49). 544

Erleidet der Beauftragte bei der Durchführung des Auftrags einen Schaden oder wird er einem Dritten gegenüber haftpflichtig, so hat er gegen den Auftraggeber, sofern ihm nicht Vorsatz oder grobe Fahrlässigkeit zur Last fällt und sofern es sich um eine gefahrgeneigte Tätigkeit (vgl. Rdn. 212) handelt, einen Ersatz- bzw. Freistellungsanspruch. Dies gilt auch im Rahmen von Geschäftsbesorgungsverhältnissen wie z. B. zwischen einem Verein und seinem ehrenamtlichen Jugendleiter (BGH JZ **1984** 620 m. Anm. *Löwisch/Arnold*).

k) Arbeitsverhältnis 545

aa) Die **Haftung des Arbeitnehmers** gegenüber dem Arbeitgeber für verschuldete Schäden ergibt sich auch aus Verletzung des Arbeitsvertrages. Verursacht der Arbeitnehmer durch Verletzung seiner vertraglichen Pflichten einen Unfall, der zur Rückstufung des Schadensfreiheitsrabatts in der Haftpflichtversicherung führt, so hat er dem Arbeitgeber den im Prämienmehraufwand liegenden Vermögensschaden zu ersetzen (BAG VersR **1982** 480). Zur Einschränkung der Arbeitnehmerhaftung s. Rdn. 210ff.

bb) Haftung des Arbeitgebers auf Schadensersatz. Bei schuldhafter Verletzung einer Schutz-, Fürsorge- oder Obhutspflicht kommt eine Haftung aus positiver Vertragsverletzung in Betracht, so z. B. wenn der Arbeitgeber seinem Fahrer ein mit technischen Mängeln behaftetes und daher einen Unfall verursachendes oder ein nicht ausreichend versichertes Fahrzeug zur Verfügung stellt. Beruht ein Unfall auf einem Mangel des Fahrzeugs, von dem der Fahrer keine Kenntnis hatte, und wäre 546 der Mangel bei Durchführung des vom Hersteller vorgeschlagenen Wartungsdienstes entdeckt worden, so beruht der Unfall auf dem pflichtwidrigen Unterlassen (BGH VersR **1966** 564). Aus dem Arbeitsvertrag ergibt sich keine Pflicht des Arbeitgebers, für die Fahrzeuge eine Schadensversicherung abzuschließen, die Arbeitnehmer auf dem ihnen hierfür zur Verfügung gestellten Parkplatz abstellen (BGH NJW **1966** 1534).

547 Eine **schuldlose** Haftung des Arbeitgebers (hergeleitet aus entsprechender Anwendung des § 670 BGB) kommt in Betracht, wenn der Arbeitnehmer sein eigenes Fahrzeug mit Einwilligung und im Interesse des Arbeitgebers für eine Dienstfahrt verwendet und das Fahrzeug hierbei beschädigt wird (BAG NJW **1981** 702; mit Einschränkungen bereits BAG NJW **1979** 1423). Ein etwaiges Mitverschulden des Arbeitnehmers an dem Unfall schließt seinen Schadensersatzanspruch nicht von vornherein aus, denn der Arbeitnehmer hat sich in den vorbezeichneten Fällen im Tätigkeitsbereich des Arbeitgebers in eine Situation begeben, in der auch verschuldete Unfälle oft vorkommen. Es müssen deshalb die Grundsätze über gefahrgeneigte Arbeit (Rdn. 210ff) auch hier eingreifen, mit der Folge, daß ein geringes Mitverschulden den Ersatzanspruch nicht mindert (BAG NJW **1981** 702).

548 **cc) Verpflichtung des Arbeitgebers zur Freistellung des Arbeitnehmers von Haftung gegenüber Dritten.** Schädigt der Arbeitnehmer bei gefahrgeneigter Arbeit (s. Rdn. 210ff) einen Dritten, so kann er im gleichen Maße, wie er bei einer Schädigung des Arbeitgebers diesem gegenüber von der Haftung frei würde, von diesem die Freistellung von seiner Haftung gegenüber dem Dritten verlangen (BAG NJW **1958** 964). Auch die im Betrieb ihres Ehemannes als Kraftfahrerin tätige Frau hat gegen ihren Mann einen Befreiungsanspruch, wenn sie einen Dritten im Straßenverkehr verletzt (BGH VersR **1967** 504). Der Befreiungsanspruch des Arbeitnehmers geht nicht dadurch verloren, daß er wegen Obliegenheitsverletzung seinen Versicherungsschutz verliert (OLG Düsseldorf VersR **1968** 82).

4. Verjährung

549 **a) Allgemeines.** Vertragliche Ansprüche verjähren im allgemeinen erst nach dreißig Jahren (§ 195 BGB); vielfach gelten jedoch Sondervorschriften (s. unten). Beim Zusammentreffen mit Ansprüchen aus unerlaubter Handlung oder Gefährdungshaftung folgt grundsätzlich jeder Anspruch seinen eigenen Verjährungsregeln (§ 14, 96; zur Ausnahme bei Miete und Leihe s. Rdn. 552ff).

b) Einzelfälle

550 **aa) Beförderungsvertrag.** Die Vorschrift in § 638 Abs. 1 BGB, daß Schadenersatzansprüche aus Werkvertrag in sechs Monaten verjähren, gilt für die Ansprüche des Insassen aus einem Verkehrsunfall nicht, da ihre Rechtsgrundlage die positive Vertragsverletzung ist (BGHZ **35** 132; **37** 345; BGH BB **1964** 1398; BAG BB **1961** 826). Besonderheiten gelten für die Beschädigung oder Vernichtung entgeltlich beförderter Güter im Geltungsbereich der KVO (hierzu Rdn. 529). Die Verjährung tritt bei solchen Beförderungen – wenn nicht Vorsatz vorliegt – bei völligem Verlust der Güter ein Jahr und dreißig Tage nach Beendigung der Lieferfrist ein, bei Beschädigung oder teilweisem Verlust ein Jahr nach dem Tag der Ablieferung des Restes (§ 40 Abs. 2 Buchst. d und e KVO). Eine schriftliche Anmeldung des Anspruchs hemmt die Verjährung bis zum abschlägigen Bescheid (§ 40 Abs. 3 KVO). Die Aufrechnung nach Eintritt der Verjährung ist nur zulässig, wenn der Anspruch ange-

meldet war (§ 40 Abs. 4 KVO). Diese Verjährungsvorschriften gelten auch, wenn die Parteien die Anwendung der Allgemeinen Spediteurbedingungen (ADSp) vereinbart haben (BGH VRS **22** 103).

bb) Reparaturvertrag. Die kürzere Verjährungsfrist des § 638 Abs. 1 BGB tritt nur ein, wenn es sich um Schäden handelt, die durch die Reparatur selbst hervorgerufen wurden, nicht aber für die anläßlich der Reparatur (z. B. durch einen Unfall bei der Probefahrt) entstandenen Schäden oder für Mangelfolgeschäden.

cc) Miete, Leihe. Mietet oder leiht jemand einen Kraftwagen und verursacht er 552
auf der Fahrt schuldhaft einen Unfall, so verjähren die Ansprüche des Vermieters (Verleihers) in sechs Monaten (§ 558 Abs. 1 BGB) (BGH VersR **1958** 513). Diese kurze Frist gilt auch, soweit die Ansprüche auf unerlaubte Handlung gestützt werden[91]. Sie wirkt sich auch zugunsten des Fahrers aus, den der Mieter mit dem Führen des Kraftfahrzeugs beauftragt hat, obwohl es an einer unmittelbaren Vertragsbeziehung zu diesem fehlt (BGHZ **49** 278). Die Frist beginnt mit dem Zeitpunkt, in dem der Vermieter das Kraftfahrzeug zurückerhält; dies gilt auch dann, wenn der Vermieter schon vorher von dem Unfall erfahren hatte (OLG Köln VersR **1960** 860). Liegt Totalschaden vor und wird das Wrack nicht zum Vermieter zurückgebracht, so beginnt die Verjährung, sobald der Vermieter in die Lage versetzt wird, über das Wrack tatsächlich zu verfügen.

Der Bundesgerichtshof vertritt die Ansicht, bei **Überlassung zur Probefahrt** besit- 553
ze der Kaufinteressent den Wagen aufgrund eines der Leihe ähnlichen Verhältnisses; dies habe zur Folge, daß die Ansprüche des Verkäufers wegen eines am Kraftfahrzeug durch den Kaufinteressenten verursachten Schadens ebenfalls schon nach sechs Monaten verjähren (BGH NJW **1964** 1225). Die Sechsmonatsfrist beginnt spätestens mit der Rückgabe des Wagens zu laufen, auch wenn der Wagen gar nicht als Kaufgegenstand in Aussicht genommen war (BGH VersR **1968** 777). Die kurze Verjährungsfrist gilt nicht, wenn das Fahrzeug durch den Unfall so völlig vernichtet ist, daß eine Reparatur nicht nur aus wirtschaftlichen, sondern darüber hinaus auch aus technischen Gründen nicht mehr in Frage kommt (BGH NJW **1968** 694). Beschädigt ein Kaufinteressent bei einer Probefahrt den Pkw, von dem er annahm, er gehöre dem Händler, während er einem Dritten gehörte, so verjähren die Ansprüche des Händlers gegen den Fahrer, auch wenn er aus abgetretenem Recht klagt, nach §§ 558, 606 BGB (BGHZ **54** 264).

Nach Ansicht des Bundesgerichtshofs geht die Vorschrift des § 558 BGB sogar so 554
weit, daß sich ein **Minderjähriger**, der aufgrund eines von seinen Eltern ausdrücklich mißbilligten und daher nichtigen Mietvertrags ein Kraftfahrzeug in Besitz genommen hatte, sich gegenüber den Ansprüchen des Vermieters wegen schuldhafter Beschädigung des Kraftfahrzeugs auf die kurze Verjährung von sechs Monaten berufen kann (BGH NJW **1967** 980, 1320 m. krit. Anm. *Berg*; **a. A.** OLG München VersR **1966** 1062).

5. Beweislast 555

Will der Geschädigte Ansprüche aus positiver Vertragsverletzung geltend machen, so muß er beweisen, daß sein Schaden durch eine objektive Pflichtverletzung des Vertragspartners oder seines Erfüllungsgehilfen verursacht worden ist. Für den

[91] RGZ **66** 364; **75** 117; **142** 262; BGHZ **55** 392; BGH NJW **1957** 1136; **1964** 545; **1964** 1225; **1968** 278; OLG Schleswig NJW **1974** 1712.

Kausalitätsbeweis gelten die allgemein zu beachtenden Erleichterungen (s. Rdn. 281). Das Verschulden (Fahrlässigkeit) des Schädigers braucht der Geschädigte nicht zu beweisen, wenn die Schadensursache aus dem Gefahrenkreis des Schädigers hervorgegangen ist; insoweit trifft nach h. M. in entsprechender Anwendung des § 282 BGB die Beweislast den Schädiger (RGZ **150** 139; BGHZ **8** 241; **23** 290; **27** 238). Auf die Haftung des Arbeitnehmers (Kraftfahrers) gegenüber seinem Arbeitgeber ist § 282 BGB nicht anzuwenden, weil die Fahrt mit dem Kraftfahrzeug zum Gefahrenkreis des Arbeitgebers gehört (BAG VersR **1967** 169; BGH NJW **1973** 2020).

VII. Haftung aus Schuldanerkenntnis

556 1. Abstrakter Anerkenntnisvertrag

Die Haftung für die Folgen eines Verkehrsunfalls kann sich nicht nur aus dem Unfall als solchem (in Verbindung mit §§ 823 BGB, 7 StVG, positiver Vertragsverletzung u. a.), sondern auch aus einem hiervon unabhängigen, abstrakten, mithin konstitutiv wirkenden Schuldanerkenntnisvertrag (§ 781 BGB) ergeben. Liegt ein solcher vor, gründet sich die Verbindlichkeit des Erklärenden allein auf ihn; auf die haftungsrechtliche Beurteilung des Unfalls kommt es nicht mehr an. Ein derartiges abstraktes Anerkenntnis ist bei Verkehrsunfällen jedoch die Ausnahme (zu anderweitigen Erscheinungsformen von Anerkenntniserklärungen s. Rdn. 557f). Eine Erklärung, die die Haftung unabhängig vom Unfallverlauf begründen soll, bedarf der Schriftform (§§ 780, 781 BGB). Es muß aus ihr hervorgehen, daß eine selbständige, vom Schuldgrund unabhängige Verpflichtung begründet werden soll (RG VAE **1942** 136; OLG Zweibrücken OLGZ **1966** 20). Sie muß vom anderen Teil angenommen worden sein, was allerdings auch stillschweigend erfolgen kann. Es ist möglich, auch eine solche Erklärung auf den Grund des Anspruchs zu beschränken oder dahin einzuschränken, daß nur im Rahmen der vom StVG (oder HaftpflichtG) gesetzten Grenzen gehaftet werde (RGZ **75** 7). Vom Reichsgericht wurde als abstraktes Schuldversprechen die schriftliche Erklärung des Haftpflichtversicherers angesehen, er verpflichte sich, als Versicherer des Haftpflichtigen alle aus Anlaß des tödlichen Unfalls entstandenen Aufwendungen zu ersetzen (RG JW **1929** 579; **a. A.** BGH VersR **1965** 1153). Das abstrakte Schuldanerkenntnis setzt, auch wenn es sich nur auf den Grund des Anspruchs, nicht aber auf seine Höhe bezieht, eine dreißigjährige Verjährungsfrist in Lauf (BGH VersR **1970** 177; OLG Frankfurt VersR **1954** 279). Es kann gemäß § 812 Abs. 2 BGB im Wege des Bereicherungsanspruchs zurückgefordert, d. h. unwirksam gemacht werden, wenn der Erklärende das Anerkenntnis in einem Irrtum über die Rechtslage abgegeben hat (RG JW **1929** 579), es sei denn, das Anerkenntnis wurde nach dem Willen der Parteien gerade zu dem Zweck abgeschlossen, ohne Rücksicht auf das Bestehen oder Nichtbestehen der Schuld für die Zukunft eine klare Rechtslage zu schaffen (BGH NJW **1963** 2316). Daneben bleibt selbstverständlich die Möglichkeit bestehen, das Anerkenntnis wegen Willensmängeln anzufechten, also mit der Behauptung, der Erklärende habe kein Anerkenntnis abgeben wollen (§ 119 BGB) oder er sei durch Täuschung oder Drohung zur Abgabe gezwungen worden (§ 123 BGB). Die Anfechtungsfrist (§ 124 BGB), die bei der Täuschung oder Drohung ein Jahr (rechnend ab Wegfall der Zwangslage oder dem Erkennen der Täuschung) beträgt, muß freilich dann gewahrt sein (bei Irrtum ist unverzüglich anzufechten).

2. Deklaratorischer Anerkenntnisvertrag

Durch die Erklärung eines Unfallbeteiligten, er erkenne seine Haftung für die Unfallfolgen an, kann ein schuldbestätigender Anerkenntnisvertrag zustande kommen, wenn der Verletzte sie entgegennimmt, ohne ihr zu widersprechen. Der Unterschied zum abstrakten Schuldanerkenntnis (Rdn. 556) liegt darin, daß dort nach dem Willen der Parteien eine selbständige Verbindlichkeit begründet werden soll, während es ihnen hier nur darum geht, ein anderweitig entstandenes Rechtsverhältnis dem Streit oder der Ungewißheit zu entziehen und endgültig festzulegen (BGH VersR **1984** 383). Dies ist aber auch erforderlich, um überhaupt das Zustandekommen eines schuldbestätigenden Anerkenntnisvertrages annehmen zu können; fehlt ein entsprechender Wille der Parteien, so liegt lediglich eine einseitige Erklärung (mit den in Rdn. 558 geschilderten Folgen) vor (BGH NJW **1982** 998). Die Annahme eines entsprechenden Willens setzt insbesondere voraus, daß die genannte Rechtsfolge der Interessenlage der Beteiligten, dem mit der Erklärung erkennbar verfolgten Zweck und der allgemeinen Verkehrsauffassung über die Bedeutung eines solchen Anerkenntnisses entspricht (BGH VersR **1984** 384). **557**

Der Vertrag ist formlos gültig, kann also auch mündlich abgeschlossen werden (RG JW **1916** 960; BayZ **1919** 163). Er ist dahin auszulegen, daß der Anerkennende auf alle Einwendungen gegen den Anspruch des Verletzten verzichtet, die er zur Zeit des Abschlusses des Vertrages kannte oder mit denen er zumindest rechnete[92]. Dieser Verzicht ist rechtswirksam und kann nicht kondiziert (RG JW **1916** 960), sondern allenfalls nach den Vorschriften des BGB über Willensmängel (§§ 119, 123) angefochten werden. Insbesondere kann der Anerkennende auch nicht mehr einwenden, es bestehe zwischen den Parteien überhaupt kein Schuldverhältnis, weil es schon an den Voraussetzungen für eine Haftung des Beklagten fehle (OLG Düsseldorf VersR **1961** 551; LG Mönchengladbach VersR **1968** 56). Das Anerkenntnis kann dahin eingeschränkt werden, daß es sich nur auf die Haftung aus dem StVG oder nur auf den Grund des Anspruchs beziehen soll (BGH NJW **1973** 620). Es kann auch in anderer Weise eingeschränkt werden (z. B. auf den Ersatz des am Kraftfahrzeug entstandenen Schadens oder auf die Haftung für ein Drittel des Schadens). Die Erklärung, die Haftung werde anerkannt, unterbricht in jedem Fall die Verjährung (§ 14, 58).

3. Nicht rechtsgeschäftliches Anerkenntnis **558**

In aller Regel werden Erklärungen, die nach einem Unfall von Beteiligten zur Schuldfrage abgegeben werden, nicht von dem Bewußtsein und dem Willen getragen, eine rechtsgeschäftliche Bindung in Form eines schuldbestätigenden oder gar schuldbegründenden Vertrages einzugehen. Läßt sich ein derartiger Verpflichtungswille nicht ausnahmsweise feststellen – wofür im übrigen der Anspruchsteller die Beweislast trägt – so kann einer die Schuld am Unfall anerkennenden Erklärung nur im Rahmen der Beweiswürdigung Bedeutung zukommen. Rückt der Anerkennende später von seiner Erklärung ab, so wird er, falls nicht auch das übrige Beweisergebnis gegen seine Schuld spricht, dem Richter plausibel machen müssen, weshalb er sich zu dem objektiv falschen Anerkenntnis hat bewegen lassen. Dies wird ihm um so schwerer fallen, je konkreter seine Erklärung war (z. B. wenn er zugab, ohne Licht gefahren zu sein oder das Rotlicht mißachtet zu haben). All dies

[92] RG JW **1916** 960; **1932** 2025 m. abl. Anm. *Lurje*; BGH WM **1962** 742; **1974** 411; VersR **1966** 1174; OLG München VersR **1968** 34; KG NJW **1971** 1219.

spielt sich jedoch im Rahmen der richterlichen Beweiswürdigung ab; eine Beweislastumkehr tritt infolge des Anerkenntnisses nicht ein (**a. A.** beiläufig BGHZ **66** 254; dahingestellt in BGH VersR **1984** 384). Dies gilt auch, wenn das Anerkenntnis zu einer Beeinträchtigung der Beweismöglichkeiten des Gegners geführt hat, z. B. weil er im Hinblick hierauf auf die Zuziehung der Polizei verzichtet hat. Die Gründe für schuldanerkennende Erklärungen durch einen Unfallbeteiligten können so mannigfach sein, daß sich sachgerechte Lösungen nur mittels des flexiblen Instruments der Beweiswürdigung erzielen lassen.

559 Die Erklärung eines Unfallbeteiligten, er sei schuld an dem Unfall, besagt im übrigen nichts darüber, ob nicht auch den anderen Beteiligten ein Verschulden trifft (OLG Karlsruhe VersR **1958** 112; OLG Frankfurt VersR **1974** 92). Keinerlei Wirkung hat in der Regel die Erklärung, der Unfall werde der Versicherung gemeldet, der Schaden sei durch die Versicherung gedeckt oder eine ähnliche Redewendung (RG JW **1914** 34; BayZ **1919** 163; JRPrV **1935** 24; OLG Karlsruhe VersR **1965** 1183).

560 **VIII. Ansprüche aus Vergleich**

1. Allgemeines

Nicht ein Rechtsstreit, sondern ein Abfindungsvergleich beendet in den weitaus meisten Fällen die Meinungsverschiedenheiten zwischen dem Schädiger und dem Verletzten über Grund und Höhe der Ansprüche. Es macht im Ergebnis keinen Unterschied, ob der Vergleich vor Gericht oder außergerichtlich geschlossen wird. Zwar ist im Falle gerichtlicher Protokollierung eine Zwangsvollstreckung möglich; hierauf kommt es aber in der Regel nicht an, weil es der für den Schädiger zumeist eintretende Haftpflichtversicherer nicht auf eine Zwangsvollstreckung ankommen lassen kann. In der Regel schließt der Versicherer den Abfindungsvergleich mit Wirkung für und gegen den Versicherten aufgrund seiner auf § 10 Abs. 5 AKB beruhenden Vollmacht, während der Versicherungsnehmer nach den Versicherungsbedingungen einen Vergleich nicht selbst abschließen darf.

561 **2. Abschluß**

Der Vergleich ist ein gegenseitiger Vertrag. Er kommt zustande durch Annahme eines entsprechenden Angebots. Die Einigung über eine Abfindungserklärung wird nicht dadurch ausgeschlossen, daß hinsichtlich einer Nebenforderung (BGH VersR **1963** 1206), z. B. hinsichtlich der Anwaltskosten (LG Mainz VersR **1965** 1059) Meinungsverschiedenheiten verbleiben. Die Annahme eines Vergleichsvorschlags kann auch stillschweigend durch schlüssige Handlung erklärt werden. Dies ist der Fall, wenn der Haftpflichtversicherer des Schädigers jahrelang die vom Verletzten vorgeschlagene Rente zahlt (BGH VersR **1965** 886). Macht das Gericht einen Vergleichsvorschlag und erklären beide Parteien in Schriftsätzen, die ausgetauscht werden, daß sie den Vorschlag annehmen, so kommt der Vergleich mit Zugang des letzten Schriftsatzes bindend zustande.

562 **3. Wirkung**

In der Regel läßt der Vergleich das ursprüngliche Rechtsverhältnis bestehen und gestaltet lediglich die hieraus sich ergebenden Rechtsfolgen. Beim Abfindungsvergleich verpflichtet sich der Schädiger zu einer bestimmten Schadensersatzzahlung, während der Geschädigte auf evt. weitergehende Ansprüche verzichtet. Ob sich der Verzicht auf unvorhersehbare Spätfolgen des Unfalls erstreckt, hängt von den Vorstellungen der Parteien bei Vergleichsabschluß ab (vgl. Rdn. 567).

a) Zugunsten anderer Gesamtschuldner wirkt der Abfindungsvergleich nur dann, wenn dies ausdrücklich vereinbart ist (§ 423 BGB). Fehlt es an einer solchen Vereinbarung, so bleiben die Ausgleichsansprüche der anderen Gesamtschuldner, an die sich der Verletzte wegen seines Ausfalls gehalten hat, bestehen (§ 426 Abs. 1 BGB). Der Umstand, daß es zu keinem Forderungsübergang nach § 426 Abs. 2 BGB kommt, weil der Verletzte gegen den Schädiger, der ihn abgefunden hat, keine Forderung mehr hat, steht dem nicht entgegen. 563

b) Auf die Ansprüche dritter Personen kann sich der Vergleich nur erstrecken, wenn diese dem Vergleich beitreten oder ihm zustimmen. Hieraus folgt, daß dann, wenn der Verletzte sich auch wegen der Ansprüche seiner Angehörigen für abgefunden erklärt, deren Ansprüche aus § 844 Abs. 2, § 845 BGB und § 10 StVG bestehen bleiben, sofern sie nicht in einer Erklärung gegenüber dem Schädiger diesem Verzicht zustimmen oder dem Vergleich beitreten. 564

4. Abänderung 565

Entsteht später bei beiden Vergleichsparteien der Wunsch, den Vergleich abzuändern, so ist dies ohne weiteres durch einen Vertrag möglich. Erstrebt dagegen nur eine der beiden Parteien eine Abänderung und widerspricht die andere, so bestehen folgende Möglichkeiten:

a) Wegfall der Geschäftsgrundlage. Gemeinsame irrige Erwartungen der Vergleichsschließenden, z. B. ein künftiges Ereignis werde eintreten oder ausbleiben, führen nicht zur Nichtigkeit des Vergleichs (BGH VersR **1961** 808). Auch wenn beide Parteien davon ausgingen, der Sachverhalt rechtfertige nur Ansprüche aus unerlaubter Handlung, während in Wirklichkeit auch vertragliche Ansprüche gegeben waren, beeinflußt dieser Irrtum den Abfindungsvergleich nicht (BGH Betrieb **1961** 944). Auf einen Wegfall der Geschäftsgrundlage (mit dem Ziel einer Anpassung des Vergleichs an die veränderten Umstände) können sich die Parteien nur berufen, wenn es sich um Änderungen handelt, die so überraschend sind, daß sie von ihnen bei Vergleichsabschluß weder ihrer Art noch ihrem Umfang nach als möglich hätten erwartet werden können. Dies kann z. B. der Fall sein bei einer überraschenden Änderung der Rechtsprechung (BGHZ **58** 362 – Rückgriff des Sozialversicherungsträgers gegen Zweitschädiger). Dagegen kann bei einem Abfindungsvergleich über zukünftigen Erwerbsschaden ein Abänderungsverlangen nicht auf eine unvorhergesehene strukturelle Besoldungsverbesserung gestützt werden (BGH VersR **1983** 1034). Es gehört zum Wesen eines Abfindungsvergleichs, daß beide Parteien gewisse Unsicherheiten der zukünftigen Entwicklung in Kauf nehmen. Daher kommt ein Wegfall der Geschäftsgrundlage nur in außergewöhnlichen Fällen in Betracht. Unter Umständen können die beiderseits irrigen Vorstellungen jedoch bei der Auslegung des Vergleichs zu beachten sein, falls der Wortlaut in dieser Hinsicht eine dem Verletzten günstige Auslegung zulassen sollte. An den Nachweis, daß dem Verletzten die Möglichkeit offengelassen werden sollte, Nachforderungen geltend zu machen, sind freilich strenge Anforderungen zu stellen (OLG Nürnberg VersR **1965** 626). 566

b) Einwand unzulässiger Rechtsausübung. Gegenüber einem Abfindungsvergleich kann der Verletzte den Einwand unzulässiger Rechtsausübung erheben, wenn sich 567 nach dem Auftreten unvorhergesehener, die Schadenshöhe betreffender Umstände ein so krasses Mißverhältnis zwischen der Vergleichssumme und dem Schaden ergibt, daß der Schädiger gegen Treu und Glauben verstieße, wenn er am Vergleich festhalten wollte (BGH VersR **1961** 382; **1967** 804; **1968** 1165). Zu beachten ist, daß ein bloßes Mißverhältnis oder das Entstehen einer Härte für den Verletzten nicht genügt. Es muß sich vielmehr um ein ganz ungewöhnliches, für den Geschädigten unerträgliches Mißverhältnis handeln (BGH VersR **1983** 1035; OLG Hamm VersR **1966** 371). Fallen die eingetretenen Veränderungen in den vom Geschädigten übernommenen Risikobereich, so muß dieser grundsätzlich auch bei erheblichen Opfern die Folgen tragen (BGH VersR **1957** 508; **1983** 1035).

568 c) Eine **Anfechtung** des Vergleichs wegen arglistiger Täuschung oder wegen Drohung (§ 123 BGB) führt ebenso zu seiner Nichtigkeit wie die Anfechtung wegen Irrtums (§ 119 BGB); Voraussetzung ist allerdings, daß die gesetzlichen Anfechtungsfristen gewahrt sind und ein die Anfechtung rechtfertigender Sachverhalt nachgewiesen wird. Geht der Haftpflichtversicherer irrig von der Annahme aus, es bestehe eine Schadensersatzpflicht des Versicherten, so kann er den Vergleich nicht anfechten, wenn er später bemerkt, daß eine Schadenersatzpflicht überhaupt nicht in Betracht kam (BGH VersR **1965 449**). Glaubt der Verletzte, sein Gesundheitszustand werde sich in Zukunft nicht verschlechtern, und stellt sich dies später als irrig heraus, so ist eine Anfechtung des Vergleichs nicht möglich; denn der Verletzte war nicht im Irrtum über den Inhalt des Vergleichs. Zu beachten ist, daß der Anfechtende dem Vergleichspartner denjenigen Schaden zu ersetzen hat, den er dadurch erleidet, daß er auf die Gültigkeit des Vergleichs vertraut (§ 122 Abs. 1 BGB); die Ersatzpflicht entfällt, wenn der Geschädigte den Grund der Anfechtbarkeit kannte oder fahrlässig nicht kannte (§ 122 Abs. 2 BGB). Liegen die Voraussetzungen des § 122 Abs. 2 BGB nicht vor, hat aber der Geschädigte den Irrtum des Anfechtenden schuldlos mitveranlaßt, so findet auf seinen Schadenersatzanspruch § 254 Abs. 1 BGB Anwendung (BGH VersR **1969** 613 LS).

569 **5. Besonderheiten des Prozeßvergleichs**

Der zur gänzlichen oder teilweisen Beilegung eines Rechtsstreits vor einem deutschen Gericht formgerecht, d. h. durch ordnungsgemäße Protokollierung abgeschlossene Vergleich ist zugleich privatrechtlicher Vertrag und Prozeßvertrag (BGHZ **28** 171; *Rosenberg/Schwab* § 132 III). Er kann daher sowohl aus materiellrechtlichen als auch aus prozeßrechtlichen Gründen unwirksam sein, doch kann er im letzteren Fall u. U. als außergerichtlicher Vergleich aufrechterhalten werden (BAG NJW **1960** 1364). Für einen Dritten, der dem Prozeßvergleich beitritt, besteht kein Anwaltszwang (BGH NJW **1983** 1433 = JR **1983** 369 m. Anm. *Bergerfurth*). Ein Widerrufsvorbehalt stellt in der Regel eine aufschiebende Bedingung für die Wirksamkeit des Vergleichs dar (BGHZ **46** 279; BGH JZ **1984** 342).

570 Die Frage, ob ein gerichtlicher Vergleich nichtig (und somit der Prozeß nicht beendigt) ist, ist durch Fortsetzung des bisherigen Rechtsstreits zu klären (BGHZ **14** 386; **28** 171). Wird wegen behaupteten Wegfalls der Geschäftsgrundlage die Abänderung des Vergleichs begehrt, so ist dies in einem neuen Prozeß geltend zu machen (BGH NJW **1966** 1658; *Stötter* NJW **1967** 1111). Auch der Streit über die Auslegung eines Prozeßvergleichs ist in einem neuen Prozeß auszutragen.

571 Ist im Prozeßvergleich eine laufende Rente vereinbart, so ist bei wesentlicher Veränderung der Verhältnisse eine Ermäßigung oder Erhöhung der Rentenzahlun-

gen im Verfahren nach § 323 ZPO möglich, und zwar grundsätzlich auch für die Zeit bis zur Erhebung der Klage (BGH [GS] VersR **1983** 147). Bei Vergleichen, die vor der Währungsreform vom 21. 6. 1948 geschlossen wurden, kann unter Umständen im Wege des § 323 ZPO eine Anpassung der Rente an die geschrumpfte Kaufkraft des Geldes erfolgen (BGH VersR **1966** 37).

IX. Haftung aus Abwehr eines Notstands 572

Aus der Abwehr eines Notstands kann demjenigen, der durch die Abwehrmaßnahme geschädigt wurde, ein Schadenersatzanspruch erwachsen. Beim Versagen der Bremsen hat z. B. der Führer eines bergabrollenden Fahrzeugs das Recht, sein Fahrzeug vorsätzlich auf einen vor ihm fahrenden oder stehenden Lastzug auffahren zu lassen, wenn der durch den sonst nicht zu vermeidenden Unfall entstehende Schaden größer sein würde (Güterabwägung). Die Handlung ist nicht rechtswidrig, aber nach § 904 Satz 2 BGB entsteht eine Schadenersatzpflicht. Darauf, ob das Versagen der Bremsen verschuldet war, kommt es nicht an. Ging jedoch die Gefahr lediglich von der Sache aus, die vermittels des Kraftfahrzeugs beschädigt wurde, so entfällt nach § 228 Satz 2 BGB die Schadenersatzpflicht, wenn der Handelnde die Gefahr nicht verschuldet hatte (§ 228 Satz 2 BGB). Das LG Darmstadt (VersR **1965** 1144) geht wohl zu weit, wenn es einen Ersatzanspruch nach § 904 BGB schon dann als unbegründet ansieht, wenn der Fahrer des geschädigten Wagens selbst eine für die Entstehung des Unfalls wesentliche Handlung vorgenommen hat. Es war der Fall zu entscheiden, daß während der Durchführung eines Überholvorgangs auf der Autobahn ein Wagen auf der falschen Fahrbahn entgegenkam und sich der Überholende durch scharfes Bremsen hinter den Wagen, den er überholen wollte, setzen mußte. Der Umstand allein, daß auch der Fahrer des überholten Wagens bremste und auf diese Weise einen Auffahrunfall herbeiführte, genügte dem Landgericht, ihm den Anspruch aus § 904 BGB abzusprechen. Die Vorschrift kann auch anwendbar sein, wenn beide am Unfall beteiligten Fahrer wegen Vorliegens eines unabwendbaren Ereignisses entlastet sind. Die Ersatzpflicht aus § 904 Satz 2 BGB gilt nur für Sachschäden. Ersatzpflichtig ist stets der Begünstigte (*Kraffert* AcP **165** 453). Für den Ersatzanspruch gilt nicht die dreijährige Verjährung nach § 852 BGB (BGHZ **19** 84), vielmehr verjährt der Ersatzanspruch in dreißig Jahren (§ 195 BGB).

X. Ansprüche aus Geschäftsführung ohne Auftrag 573

1. Aufopferung zur Gefahrenabwehr von anderem Verkehrsteilnehmer

a) Anspruchsvoraussetzungen. Schädigt sich ein Verkehrsteilnehmer selbst, um in einer Gefahrensituation einen anderen vor Schaden zu bewahren (z. B. er lenkt sein Fahrzeug in den Straßengraben, weil ein Kind auf die Fahrbahn springt), so kann er Ersatz seines Schadens unter dem Gesichtspunkt der Geschäftsführung ohne Auftrag (§§ 677 ff BGB) verlangen, denn er hat ein „Geschäft" (hierzu zählen auch rein tatsächliche Handlungen) im Interesse des anderen besorgt. Zwar handelt es sich bei den Schäden, die der opferbereite Verkehrsteilnehmer, um den anderen zu retten, sich selbst und seinem Fahrzeug zufügt, streng genommen nicht um Aufwendungen im Sinne des § 683 BGB. Bei interessengerechter Auslegung gelangt man aber zu dem Ergebnis, daß dem Retter ein Anspruch gegen den Geretteten auf Ersatz des erlittenen Schadens zusteht (ebenso BGHZ **38** 270 = JZ **1963** 547 m. Anm.

Lange). Als innerer Tatbestand genügt das Bewußtsein, das „Geschäft" als fremdes zu besorgen. Es genügt also der Gedanke, daß die Maßnahme erforderlich sei, um den anderen Verkehrsteilnehmer zu retten. Darauf, ob dies die alleinige Triebfeder des Handelns ist, kommt es nicht an.

574 **b) Ausschluß bei eigenem Verschulden.** Bei eigenem Verschulden muß der sich selbst schädigende Verkehrsteilnehmer den ihm erwachsenen Schaden selbst tragen, und zwar auch dann, wenn es in der gegebenen Gefahrenlage keine andere Möglichkeit mehr gegeben hat, den anderen zu retten, als das eigene Fahrzeug von der Fahrbahn weg oder gegen einen ruhenden Gegenstand (Baum, Hauswand) zu lenken. Dies gilt stets dann, wenn der Verkehrsteilnehmer die Gefahrenlage verkehrswidrig – durch Unaufmerksamkeit, zu schnelles Fahren oder auf andere Weise – herbeigeführt hat, aber auch dann, wenn er zu der Rettungshandlung nach den Grundsätzen der Güterabwägung verpflichtet war, d. h. bei ihrem Unterlassen haftpflichtig geworden wäre (**a. A.** *Frank* JZ **1982** 737). Für eine Anwendung des § 254 BGB ist kein Raum.

575 **c) Ausschluß bei mitwirkender Betriebsgefahr.** Entsprechendes gilt, wenn der Geschädigte ein Kraftfahrzeughalter ist, den die Gefährdungshaftung nach § 7 StVG trifft. Kann der Halter des bei der Rettung eines anderen Verkehrsteilnehmers aus plötzlich entstandener Gefahr beschädigten Kraftfahrzeugs den Entlastungsbeweis nach § 7 Abs. 2 nicht führen, so kann er keinen Anspruch aus Geschäftsführung ohne Auftrag gegen den Geretteten oder die Eltern des Kindes geltend machen (BGH VersR **1957** 340; **1958** 168; **1958** 646; *Hagen* NJW **1966** 1893). Dies soll nach Ansicht des Bundesgerichtshofs unbeschränkt gelten, auch soweit den Halter des geschädigten Kraftfahrzeugs hierdurch Aufwendungen treffen, die über die in § 12 bestimmten Höchstbeträge hinausgehen (vgl. auch RGZ **149** 213; BGH VRS **11** 107 entgegen OLG Neustadt VRS **8** 25; abl. auch *Helm* VersR **1968** 209).

576 **d) Umfang der Ansprüche.** Die Höhe der Ansprüche soll nach BGHZ **38** 270 erheblich – im Regelfall zur Hälfte – unter dem in Wirklichkeit entstandenen Schaden liegen, wenn derjenige, der sich zur Rettung eines anderen selbst geschädigt hat, Halter des beschädigten Kraftfahrzeugs war. Unter bewußter Abweichung von der Regelung des BGB gewährt der Bundesgerichtshof auch dem Halter, der bewiesen hat, daß der Unfall ein unabwendbares Ereignis war, nur eine „angemessene Entschädigung". Diese Abweichung von der gesetzlichen Regelung widerspricht der Billigkeit. Es geht nicht an, den Retter, der seine Gesundheit und sein Leben selbstlos aufs Spiel setzt, um dem anderen zu helfen, teilweise mit den Kosten und dem Tragen der Schäden zu belasten. Eine solche Regelung könnte auch die Folge haben, daß die Bereitschaft, einen anderen zu retten, untergraben würde. Dies gilt vor allem deshalb, weil der geschädigte Halter, wenn er eine Körperverletzung erlitten hat, einen Betrag in Höhe dessen, was die Berufsgenossenschaft zur Wiederherstellung seiner Gesundheit und als Rente bezahlt, nicht selbst geltend machen kann; denn der Anspruch ist insoweit auf die Berufsgenossenschaft nach § 1542 RVO übergegangen (BGHZ **38** 270; **a. A.** *v. Caemmerer* DAR **1970** 291; *Frank* JZ **1982** 743). Würde man dem Verletzten mit dem BGH nur den Ersatz etwa der Hälfte seines Schadens zuerkennen, so würde er in der Regel, was den Personenschaden betrifft, leer ausgehen. Für eine entsprechende Anwendung des in § 254 BGB enthaltenen Grundgedankens (so OLG Düsseldorf DAR **1962** 150) ist kein Raum, weil diese Vorschrift eine schuldhafte Verursachung voraussetzt (*Canaris* JZ **1963** 662; *Böhmer* MDR **1963** 185). Der Hinweis des BGH auf die Regelung des HGB für den

Fall der großen Haverei (§ 700 HGB) geht schon deshalb fehl, weil sie Personenschäden – mit einer selten vorkommenden Ausnahme – nicht betrifft. Im übrigen hat auch bei großer Haverei der Retter vollen Anspruch auf Ersatz seiner Aufwendungen; die Vorschrift bestimmt lediglich, daß sich die Eigentümer der Ladung an der Tragung des Aufwendungsersatzes zu beteiligen haben. Einer entsprechenden Anwendung dieser Vorschrift steht nichts entgegen, wenn zugleich mit dem geretteten Verkehrsteilnehmer auch Sachen, die einem Dritten gehören, gerettet worden sind; sie kann aber die Überbürdung eines Teils des Schadens auf den Retter nicht rechtfertigen, da eine vertragliche Gefahrengemeinschaft, wie zwischen dem Reeder und den Ladungsbeteiligten nicht gegeben ist. Der Halter kann daher – entgegen der Ansicht des Bundesgerichtshofs – den Ersatz des vollen Schadens vom Geretteten verlangen. Abzuziehen sind lediglich die Leistungen, die die Berufsgenossenschaft dem bei der Rettung geschädigten Halter aus Anlaß des Unfalls wegen der erlittenen Körperverletzung erbracht hat. Daß der Träger der Sozialversicherung in Fällen der Rettung eines anderen aus gegenwärtiger Lebensgefahr oder erheblicher gegenwärtiger Gefahr für Körper oder Gesundheit dem Retter die gesetzlichen Leistungen schuldet, ergibt sich aus § 539 Abs. 1 Nr. 9a RVO (siehe hierzu und zur Frage des Haftungsausschlusses nach § 636 RVO Rdn. 260).

Ein **Schmerzensgeld** kann der Verletzte nicht verlangen, denn auf §§ 670, 683 BGB läßt sich ein Anspruch auf Ersatz immaterieller Schäden nicht stützen (BGHZ **52** 115). **577**

e) Schuldner des Ersatzes ist der Gerettete. Ist dieser ein Kind, welches altersmäßig der dauernden Obhut seiner Eltern im Straßenverkehr noch nicht entwachsen war, so besorgt der Retter auch eine Angelegenheit der beiden Elternteile und kann daher von jedem von ihnen den Ersatz des vollen Schadens verlangen (BGH VersR **1958** 168; OLG Oldenburg VersR **1972** 1178). Das Kind und beide Elternteile sind Gesamtschuldner, doch hat im Innenverhältnis das Kind den Schaden zu tragen. Entsprechendes gilt ggf. für den Vormund. **578**

2. Tätigwerden zur Schadensminderung **579**

Wer nach einem Unfall dazu beiträgt, den Schaden zu beseitigen oder zu mindern, führt auch ein Geschäft des für den Unfall Verantwortlichen. Daß er zugleich in Erfüllung einer eigenen z. B. öffentlich-rechtlichen Verpflichtung handelt, steht dem nicht entgegen. Um Geschäftsführung ohne Auftrag handelt es sich daher z. B., wenn die Feuerwehr einen umgestürzten Tankwagen birgt (BGHZ **63** 167). Ebenfalls unter dem Gesichtspunkt der Geschäftsführung ohne Auftrag können Angehörige eines Verletzten die Aufwendungen vom Schädiger erstattet verlangen, die ihnen für Besuche des Verletzten entstanden sind, soweit diese aus ärztlicher Sicht notwendig und angemessen waren; denn es ist in erster Linie Sache des Schädigers, alles zu tun, was zur Förderung der Heilung des Verletzten geboten war (BGH VersR **1979** 350). Der Haftpflichtversicherer hat zu dem Unfallschaden nur eine mittelbare Beziehung. Die Behebung der Unfallfolgen ist nicht sein „Geschäft“. Daher hat die Behörde, die Unfallschäden (z. B. ausgelaufenes Öl) beseitigt hat, gegen ihn keinen Anspruch aus Geschäftsführung ohne Auftrag (BGHZ **54** 157).

580 **XI. Gefährdungshaftung bei Gewässerverunreinigung**

Wird bei einem Tankwagenunfall das Grundwasser oder ein oberirdisches Gewässer durch auslaufendes Transportgut verunreinigt, so kommt auch eine Haftung des Halters nach **§ 22 Abs. 2 Satz 1 WHG** in Betracht. Der Tankkraftwagen ist eine Anlage im Sinne dieser Vorschrift (BGHZ **47** 1; **57** 259). Inhaber ist (ähnlich wie der Halter im Sinne des StVG), wer die Anlage für eigene Rechnung in Gebrauch hat und die Verfügungsgewalt besitzt, die ein solcher Gebrauch voraussetzt; dies kann auf mehrere Beteiligte zugleich zutreffen (BGH NJW **1981** 1516). Der Inhaber haftet auch ohne Verschulden.

581 Die Ersatzpflicht ist jedoch ausgeschlossen, wenn der Schaden durch **höhere Gewalt** verursacht ist (§ 22 Abs. 2 Satz 2 WHG). Höhere Gewalt ist ein von außen kommendes außergewöhnliches Ereignis, das unter den gegebenen Umständen auch durch die äußerste, nach Lage der Sache vom Halter zu erwartende Sorgfalt nicht abgewendet werden konnte (RGZ **101** 95; **158** 361; s. auch § 1 HaftpflG, 31 ff). Das Eingreifen höherer Gewalt muß der Halter beweisen. Dieser Beweis stellt höhere Anforderungen als der Beweis der Unabwendbarkeit nach § 7 Abs. 2 StVG; der Halter ist daher noch nicht entlastet, wenn er lediglich die Unabwendbarkeit des Unfalls im Sinne des § 7 Abs. 2 StVG (vgl. § 7, 385 ff) bewiesen hat.

582 **Ersatzberechtigt** ist außer dem Grundstückseigentümer, wer sonst durch die Verunreinigung des Wassers unmittelbar betroffen ist. So kann z. B. der Betreiber des Wasserwerks, in dessen Einzugsbereich das verschmutzte Grundwasser liegt, vom Halter des Tankwagens alle Aufwendungen verlangen, die im Zeitpunkt der Verunreinigung zur Behebung der Verunreinigung geboten erschienen (BGH NJW **1967** 1131).

583 **Vorsorgeaufwendungen** (z. B. Ausbaggern des Erdreichs, um Verunreinigung des Grundwassers zu verhindern) werden vom Wortlaut des § 22 Abs. 2 WHG nicht erfaßt, weil zum Zeitpunkt ihres Entstehens noch keine Verunreinigung des Wassers vorliegt. Nach Sinn und Zweck der Vorschrift ist die Gefährdungshaftung jedoch auf solche Aufwendungen zu erstrecken, die zur Abwendung eines sicher bevorstehenden Gewässerschadens erforderlich waren (BGH VersR **1981** 458; **1983** 184).

584 **XII. Gefährdungshaftung für Luftfahrzeuge**

Auch durch Luftfahrzeuge können Unfälle im Straßenverkehr verursacht werden, sei es durch unmittelbare oder durch mittelbare Einwirkung (Beispiele: Kollision mit notlandendem Flugzeug, Unfall durch herabfallende Teile, Unfall durch Erschrecken über Fluglärm). Die Haftung für Unfälle durch Luftfahrzeuge ist durch §§ 33 ff LuftVG als Gefährdungshaftung ähnlich jener nach dem StVG ausgestaltet; der Halter des Luftfahrzeugs kann sich jedoch nicht durch den Beweis der Unabwendbarkeit des Unfalls entlasten.

585 **1. Haftungsvoraussetzungen**

Es muß sich um einen Unfall (zum Begriff § 7, 105 ff) beim Betrieb eines Luftfahrzeugs handeln. Der Begriff des Luftfahrzeugs ist in § 1 Abs. 2 LuftVG definiert; Modellflugzeuge, die als Kinderspielzeug anzusehen sind, fallen nicht darunter (OLG Düsseldorf VersR **1973** 826). Für das Tatbestandsmerkmal „beim Betrieb" gilt das unter § 7, 30 ff Ausgeführte entsprechend. Es kommt also nicht darauf an, ob sich das Luftfahrzeug im Zeitpunkt des Unfalls in der Luft oder wenigstens in Bewegung befand; entscheidend ist vielmehr allein, ob sich bei dem Unfall gerade die Gefahren ausgewirkt haben, die typischerweise von Luftfahrzeugen ausgehen und hinsichtlich derer der Verkehr daher nach dem Sinn der Haftungsvorschrift schadlos gehalten werden soll (BGHZ **79** 263; BGH VersR **1982** 243). Daher ist auch ein Unfall, der durch Erschrecken über den Lärm eines tieffliegenden Düsenflugzeugs oder einen Überschallknall hervorgerufen wird, dem Betrieb des Flugzeugs zuzurechnen (BGH VersR **1982** 243); die ursächliche Zurechnung wäre allerdings dann zu verneinen, wenn eine bei objektiver Betrachtung ungefährliche Geräuschentwicklung nur infolge einer außergewöhnlichen Empfindlichkeit des Geschädigten zu einer Schädigung geführt hätte (RGZ **158** 34). Da auch der ruhende Verkehr nach obiger Begriffsbestimmung noch zum Betrieb des Luftfahrzeugs gehören kann, greift die Haftung nach § 33 LuftVG z. B. auch ein, wenn ein notgelandetes oder über die Landebahn hinausgeratenes Flugzeug oder ein Rettungshubschrauber im Verkehrsraum einer Straße abgestellt ist und hierdurch ein Verkehrsunfall hervorgerufen wird; dagegen würde es an jedem Zusammenhang mit den für ein Luftfahrzeug typischen Gefahren fehlen, wenn etwa ein zusammengelegter Hängegleiter oder Flugdrachen beim Abtransport in den Verkehrsraum gelangen würde.

2. Ersatzpflichtiger **586**

Die Ersatzpflicht nach § 33 LuftVG trifft den Halter des Luftfahrzeugs. Der Halterbegriff deckt sich mit dem des StVG (vgl. § 7, 289ff). Für den Fall der unbefugten Benutzung eines Luftfahrzeugs („Schwarzflug") trifft § 33 Abs. 2 LuftVG eine dem § 7 Abs. 3 StVG entsprechende Regelung. Für Stoßwellen- oder Lärmschäden, die von Militärflugzeugen auf dem Gebiet der Bundesrepublik Deutschland verursacht werden, haften die Vertragsparteien des NATO-Truppenstatuts gesamtschuldnerisch, wenn als Verursacher nur Streitkräfte der Vertragsparteien in Betracht kommen, jedoch ein bestimmter Verursacher nicht zu ermitteln ist (vgl. Art. VIII Abs. 5e (ii) und (iii) NTS; BGH VersR **1976** 276; **1982** 243).

3. Haftungsumfang **587**

Wie bei § 7 StVG bezieht sich die Gefährdungshaftung nach § 33 LuftVG auf den Fall der Tötung, der Körper- oder Gesundheitsverletzung und der Sachbeschädigung. Die Vorschriften über den Umfang und die nähere Ausgestaltung der Ersatzpflicht (§§ 34 bis 41 LuftVG) entsprechen ebenfalls denen des StVG. Wie dort ist auch hier die Gefährdungshaftung der Höhe nach begrenzt (§ 37 LuftVG) und ist klargestellt, daß Ansprüche aus anderen Rechtsgrundlagen unberührt bleiben (§ 42 LuftVG). Für Halter militärischer Luftfahrzeuge ist die Haftpflicht in § 53 LuftVG durch Angleichung an die deliktische Haftung erweitert.

XIII. Gefährdungshaftung für Schienenbahnen, Schwebebahnen, Stromleitungsanlagen und Rohrleitungsanlagen **588**

In diesen Fällen ergibt sich eine Gefährdungshaftung des Betriebsunternehmers bzw. Inhabers der Anlage aus §§ 1, 2 HaftpflG. Diese Vorschriften sind im Anschluß an das StVG gesondert erläutert.

XIV. Haftung des Haftpflichtversicherers

589 **1. Übersicht**

Die Neufassung des PflVG durch Gesetz vom 5. 4. 1965 (BGBl. 1965 I 213) schuf für den Geschädigten die Möglichkeit, den Haftpflichtversicherer des Ersatzpflichtigen im Wege eines Direktanspruchs unmittelbar in Anspruch zu nehmen. Bis zu dieser Neuregelung war der Geschädigte bei Scheitern außergerichtlicher Regulierungsverhandlungen mit dem Versicherer gezwungen, zunächst den Schädiger zu verklagen. Zahlte der Versicherer trotz dessen Verurteilung nicht, so mußte der Geschädigte nach Pfändung und Überweisung des Deckungsanspruchs des Schädigers gegen den Versicherer einen weiteren Prozeß, nämlich gegen den Versicherer führen. Dieser Weg steht dem Geschädigten zwar nach wie vor offen. Er hat für ihn jedoch neben der Unannehmlichkeit, u. U. zwei Prozesse führen zu müssen, den Nachteil, daß bei etwaiger Leistungsfreiheit des Versicherers gegenüber dem Ersatzpflichtigen ein Pfändungs- und Überweisungsbeschluß gegenüber dem Versicherer ins Leere ginge (vgl. BGHZ **68** 153). Geht der Geschädigte im Wege der Direktklage (§ 3 Nr. 1 PflVG; näher hierzu Rdn. 590ff) vor, so kann ihm der Versicherer ein gegenüber dem Versicherungsnehmer bestehendes Leistungsverweigerungsrecht grundsätzlich nicht entgegenhalten (§ 3 Nr. 4 PflVG; Einschränkungen in § 3 Nr. 6 PflVG; Einzelheiten Rdn. 616ff). Wegen der Probleme, die das Nebeneinander von Direktanspruch und Anspruch gegen den oder die Ersatzpflichtigen aufwirft, vgl. Rdn. 603ff. Fragen, die den Umfang des Anspruchs betreffen, sind in Rdn. 599ff behandelt, der Einfluß von Teilungsabkommen mit Sozialversicherern auf die Haftung des Haftpflichtversicherers in Rdn. 622. Zur Inanspruchnahme des Versicherers bei Unfällen mit Ausländern oder im Ausland s. Rdn. 632f, zur Möglichkeit der Inanspruchnahme des Entschädigungsfonds nach § 12 PflVG, durch die gewisse Lücken zum Schutz der Verkehrsopfer durch die Haftpflichtversicherung geschlossen werden, Rdn. 634ff. Fragen, die ausschließlich das Deckungsverhältnis zwischen Versicherer und Versicherungsnehmer betreffen, bleiben, da nicht zum Haftungsrecht gehörend, außer Betracht.

590 **2. Wesen des Direktanspruchs**

Der Direktanspruch nach § 3 Nr. 1 PflVG ist kein vertraglicher Anspruch, wenngleich der Versicherungsvertrag für sein Bestehen und für seinen Umfang von entscheidender Bedeutung ist. Es handelt sich vielmehr um einen gesetzlich angeordneten Schuldbeitritt, der den Schadensersatzanspruch gegen den Schädiger lediglich zu seiner leichteren und sichereren Durchsetzung verstärken soll, indem er dem Geschädigten in der Person des Versicherers einen weiteren Schuldner gibt (BGHZ **57** 269; **69** 157; **72** 153; BGH VersR **1979** 30; **1979** 838). Er ist somit als bloßer Annex zum Haftpflichtanspruch überwiegend deliktischer Natur.

3. Anwendungsbereich

591 **a) Sachlicher Geltungsbereich.** § 3 PflVG gilt nur im Bereich der Pflichtversicherung für Kraftfahrzeughalter. Bei einer freiwillig abgeschlossenen Haftpflichtversicherung muß sich der Eigentümer zunächst an den Schädiger halten und dann, notfalls mittels Pfändung und Überweisung dessen Deckungsanspruchs, gegen den Versicherer vorgehen. Die nach § 2 Abs. 1 Nr. 1 bis 5 PflVG von der Versicherungspflicht befreiten Gebietskörperschaften und juristischen Personen haften selbst wie ein Haftpflichtversicherer (§ 2 Abs. 2 PflVG).

592 Die Direktklage tritt nur neben solche **Schadensersatzansprüche**, die nach § 10 AKB von der Kraftfahrzeug-Haftpflichtversicherung umfaßt werden. Der Schaden muß nach dieser Vorschrift durch den Gebrauch des versicherten Fahrzeugs entstanden sein. Der Begriff des „Gebrauchs" geht über den des „Betriebs" im Sinne von § 7 StVG hinaus; so ist z. B. das Entladen eines Tanklastzugs mittels einer auf ihm befindlichen Pumpe noch dem Gebrauch des Fahrzeugs zuzurechnen (BGHZ **75** 45). Nach § 10 AKB gedeckt sind jedoch nur solche Gefahren, die unmittelbar vom Kraftfahrzeug selbst ausgehen, also z. B. nicht der Unfall des ausgestiegenen Pkw-Fahrers beim Überschreiten der Straße, wenn der eigentliche Aussteigevorgang beendet war und der Gang über die Straße nicht in Zusammenhang mit den Pflichten eines Kraftfahrers stand (BGHZ **78** 52) oder der Unfall eines Fußgängers, der über eine breite Straße einem wartenden Taxi zustrebt (BGH VersR **1982** 281).

593 Bei dem Ersatzanspruch muß es sich nicht um einen solchen aus Delikt oder Gefährdungshaftung handeln; auch vertragliche Schadensersatzansprüche kommen in Betracht (BGH VersR **1972** 166). Ansprüche aus Geschäftsführung ohne Auftrag eröffnen die Direktklage nur dann, wenn es sich um Aufwendungsersatz mit schadensähnlichem Charakter handelt. Dies ist z. B. der Fall, wenn sich jemand im Interesse des Verunglückten aufopfert und dabei selbst zu Schaden kommt (OLG Koblenz VersR **1971** 359; vgl. Rdn. 573ff). Dagegen kommt § 3 PflVG nicht demjenigen zugute, der reinen Aufwendungsersatz für ein Geschäft verlangt, das er für den Verunglückten geführt hat (BGHZ **72** 151: Ölschadendienst beseitigt übergelaufenes Öl). Ist der Schaden (bedingt) vorsätzlich herbeigeführt worden, so hat der Geschädigte wegen des Risikoausschlusses nach § 152 VVG keine Direktansprüche gegen den Versicherer (BGH VersR **1981** 40).

594 Auch **Rückgriffsansprüche** fallen grundsätzlich unter den Geltungsbereich des § 3 PflVG, wie z. B. der Anspruch des Sozialversicherungsträgers nach § 640 RVO (BGH VersR **1972** 271). Anders verhält es sich jedoch mit dem (an sich nach § 10 AKB deckungsfähigen) Ausgleichsanspruch eines in Anspruch genommenen Mitschädigers, denn die über die im Innenverhältnis zu tragende Haftungsquote hinausgehende Belastung mit dem Anspruch des Geschädigten ist kein Schaden im Sinne des § 3 PflVG (KG VersR **1978** 435).

595 **Kosten eines Vorprozesses gegen den Schädiger** werden vom Anspruch gegen den Versicherer nicht umfaßt (BGHZ **68** 153).

596 **b) Persönlicher Geltungsbereich.** Die Vorschriften über die Direktklage gelten nach § 3 Abs. 1 Nr. 1 PflVG für geschädigte „Dritte". Keinen Direktanspruch gegen den Versicherer hat daher der vom mitversicherten Fahrer geschädigte Versicherungsnehmer oder der versicherte Fahrer wegen eines Rückgriffs- oder Freistellungsanspruchs gegen den Versicherungsnehmer (BGHZ **55** 281). Auch der Eigentümer eines Fahrzeugs, das beim Abschleppen beschädigt worden ist, kann den Haftpflichtversicherer des schleppenden Fahrzeugs nicht direkt in Anspruch nehmen, weil schleppendes und abgeschlepptes Fahrzeug eine Betriebseinheit bilden (BGH VersR **1978** 1070). Das gleiche gilt, wenn ein Anhänger durch Verschulden des Fahrers des ziehenden Fahrzeugs beschädigt wird; ein Direktanspruch des Eigentümers des Anhängers kann auch nicht etwa daraus hergeleitet werden, daß der Anhänger als eine vom ziehenden Fahrzeug „beförderte" Sache angesehen wird (BGH VersR **1981** 322).

597 c) **Zeitlicher Geltungsbereich.** Die Vorschriften über die Direktklage sind am 1. 10. 1965 in Kraft getreten. Für die Abwicklung von Unfällen vor diesem Zeitpunkt können sie nicht herangezogen werden (vgl. BGHZ **49** 130).

598 d) Zum **internationalen Geltungsbereich** s. Rdn. 632f.

4. Umfang des Anspruchs

599 a) **Begrenzung auf die Versicherungssumme.** Der Direktanspruch ist einmal durch die Höhe des Ersatzanspruchs, zum anderen durch die Höhe der **Versicherungssumme** (§ 10 Nr. 6 AKB) begrenzt. Für die Frage, wann die Deckungssumme überschritten wird, kommt es bei Rentenschulden nicht auf die Summe der gezahlten Renten, sondern auf den Kapitalwert der Renten an (§ 155 Abs. 1 VVG, § 10 Nr. 7 AKB). Der Versicherer hat also von jeder Rate den Teil zu decken, der zur vollen Rate im selben Verhältnis steht wie die Versicherungssumme zum Kapitalwert der Rente. Hatte er mehr gezahlt, so kann er den überschießenden Teil nicht mit künftigen Raten verrechnen; es kommt insofern allenfalls eine Rückforderung wegen ungerechtfertigter Bereicherung in Betracht. Keinesfalls kann er zu einem bestimmten Zeitpunkt seine Rentenzahlungen mit der Begründung einstellen, daß die Versicherungssumme erschöpft sei. Zur Berechnung des Kapitalwerts BGH VersR **1980** 132; **1980** 817).

600 Reicht die Versicherungssumme bei **mehreren Geschädigten** nicht aus, um alle Ersatzansprüche zu decken, so sind diese nach Maßgabe von §§ 155, 156 VVG verhältnismäßig zu kürzen, und zwar auf entsprechendes Vorbringen des Versicherers bereits im Erkenntnis-, nicht erst im Vollstreckungsverfahren (BGH VersR **1982** 791). Fortlaufende Renten müssen in dem Verhältnis herabgesetzt werden, in dem die Summe ihrer Kapitalwerte zur Versicherungssumme steht (BGH VersR **1980** 132 u. *Wenke* VersR **1983** 900 mit Einzelheiten zur Berechnung).

601 In einem **Feststellungsurteil** empfiehlt es sich, die Beschränkung der Haftung auf die Deckungssumme in den Tenor aufzunehmen (BGH VersR **1981** 1180).

602 b) Bei **krankem Versicherungsverhältnis** (§ 3 Nr. 4 PflVG) ist die Haftung des Versicherers auf die Mindestversicherungssumme nach § 158c Abs. 3 VVG beschränkt (§ 3 Nr. 6 PflVG; s. Rdn. 620). Ist in einem solchen Fall in einem rechtskräftigen Feststellungsurteil die Haftung des Versicherers nicht ausdrücklich auf die Mindestversicherungssumme beschränkt, so kann er sich auf diese Einschränkung nicht mehr berufen, sondern muß ggf. über diese Summe hinaus leisten (BGH VersR **1979** 272).

5. Verhältnis zum Anspruch gegen den Versicherungsnehmer bzw. Versicherten

603 a) **Gesamtschuld.** Versicherer, Versicherungsnehmer und Versicherter haften als Gesamtschuldner (§ 3 Nr. 2 PflVG). Der Geschädigte hat also die Wahl, ob er nur einen von ihnen oder alle gemeinsam in Anspruch nimmt. Da Kosten eines Vorprozesses gegen den Schädiger vom Versicherer nicht ersetzt werden (Rdn. 595), wird es in der Regel angezeigt sein, sogleich den Versicherer in Anspruch zu nehmen. Häufig wird der Schädiger zugleich mitverklagt, um nicht als Zeuge zur Verfügung zu stehen. Auf das Gesamtschuldverhältnis sind die §§ 421ff BGB anzuwenden, soweit sich nicht aus VVG und PflVG Besonderheiten ergeben (s. nachstehende Erl.).

b) Beschränkung auf Geldersatz. Auch wenn der Geschädigte vom Schädiger Naturalrestitution verlangt, haftet der Versicherer nur auf Geldersatz (§ 3 Nr. 1 Satz 2 PflVG). 604

c) Verjährung des Haftpflichtanspruchs. Für den Anspruch des Dritten gegen den Versicherer gilt dieselbe Verjährungsfrist und derselbe Verjährungsbeginn wie für den Anspruch des Dritten gegen den Versicherungsnehmer (§ 3 Nr. 3 Satz 1, 2 PflVG). Abweichend hiervon endet die Verjährungsfrist für den Direktanspruch jedoch spätestens in zehn Jahren von dem Schadensereignis an (§ 3 Nr. 3 Satz 2 Halbs. 2 PflVG). Die Hemmung oder Unterbrechung der Verjährung des Direktanspruchs wirkt auch für den Haftpflichtanspruch und umgekehrt (§ 3 Nr. 3 Satz 4 PflVG). Zur Verjährungshemmung durch Anmeldung des Direktanspruchs beim Versicherer (§ 3 Nr. 3 Satz 3 PflVG) s. § 14, 40ff. 605

d) Ein **Erlaß der Forderung gegen den Schädiger** wirkt entgegen OLG Köln VersR **1969** 1027 nicht in jedem Falle auch zugunsten des Versicherers, sondern nur dann, wenn dies dem Willen der Vertragsschließenden entsprach (§ 423 BGB). 606

e) Rechtskrafterstreckung 607

aa) § 3 Nr. 8 PflVG sieht – in Abweichung von § 425 Abs. 2 BGB – eine Rechtskrafterstreckung vor, allerdings nur für ein die Klage des Geschädigten **abweisendes Urteil**. Hierbei muß es sich um eine Abweisung aus sachlichen, nicht nur prozessualen Gründen handeln. Die Rechtskrafterstreckung hat zur Folge, daß dann, wenn auf die Direktklage des Geschädigten hin das Bestehen eines Ersatzanspruchs verneint worden ist, derselbe Anspruch auch gegen den Versicherungsnehmer nicht mehr geltend gemacht werden kann. Dasselbe gilt umgekehrt, wenn zunächst über den Haftpflichtanspruch entschieden worden ist. Hieran ändert auch ein Geständnis des Beklagten nichts (BGH VersR **1978** 865; **1981** 1156).

Zu beachten ist jedoch, daß es sich um denselben Ersatzanspruch handeln muß: 608
wurde bisher lediglich über den Anspruch gegen den versicherten Fahrer entschieden, so steht die Rechtskrafterstreckung des klageabweisenden Urteils einer Direktklage nicht entgegen, die auf den Ersatzanspruch gegen den Halter (Versicherungsnehmer) gestützt wird. Auch wenn besondere Umstände vorliegen, die nur im Verhältnis zu einem der Beklagten Rechtsfolgen auslösen, greift die Bindungswirkung nicht ein. So hindert es z. B. die Verurteilung des Versicherungsnehmers nicht, wenn die Direktklage rechtskräftig abgewiesen wurde, weil sich der Versicherer auf einen Risikoausschluß (§ 152 VVG) oder auf subsidiäre Haftung im kranken Versicherungsverhältnis (§ 3 Nr. 6 PflVG i. V. m. § 158c VVG) berufen konnte, oder wenn die Haftung aus einem (sei es auch nur deklaratorischen) Schuldanerkenntnis hergeleitet wird, welches bei fehlender Einwilligung des Versicherers nach § 3 Nr. 7 Satz 3 PflVG, § 154 Abs. 2, § 158e Abs. 2 VVG grundsätzlich nicht gegen diesen wirkt (BGH VersR **1981** 1156).

Für **teilabweisende Urteile** gilt die Rechtskrafterstreckung ebenfalls. 609

Sie greift auch dann ein, wenn Versicherer und Versicherungsnehmer in *einem* 610
Verfahren verklagt werden und das erstinstanzliche klageabweisende Urteil nur von einem Beklagten angefochten, gegen den anderen hingegen rechtskräftig wird (BGH VersR **1981** 1156; **1981** 1158; OLG Stuttgart VersR **1979** 562; zu einem Sonderfall, in dem die Klageabweisung eindeutig gesetzwidrig war und die Ausnutzung der Rechtskrafterstreckung durch den Versicherer daher mißbräuchlich wäre, vgl.

BGH VersR **1979** 841). Wird über die Klagen gegen Versicherungsnehmer und Versicherer in einem Urteil zugleich entschieden, so kann das Gericht im Hinblick auf § 3 Nr. 8 PflVG nicht den Anspruch gegen den Versicherungsnehmer zusprechen und die Direktklage gegen den Versicherer wegen Nichtbestehens des Anspruchs abweisen (zu solchen Konstellationen kann es kommen bei fingierten Unfällen [vgl. § 7, 109 u. 535], wenn der zur Ausschaltung des Zeugniszwangs ebenfalls verklagte Versicherungsnehmer das behauptete Unfallgeschehen wahrheitswidrig – und damit für den Versicherer nicht bindend – zugesteht; vgl. BGH VersR **1978** 862). Der BGH hat dies aaO nur für den Fall des sofort rechtskräftig werdenden Revisionsurteils entschieden; für andere Urteile kann aber wegen der ansonsten drohenden, § 3 Nr. 8 PflVG widersprechenden Rechtskraftkollision nichts anderes gelten.

611 **bb)** Ein der Klage des Geschädigten **stattgebendes Urteil** gegen einen der Gesamtschuldner hat keine Rechtskraftwirkung gegenüber dem anderen. Für eine solche besteht im Regelfall auch kein Bedürfnis. Hat der Geschädigte eine Verurteilung des Versicherers erstritten, so hat er an einer nachträglichen Inanspruchnahme des Versicherungsnehmers kein Interesse mehr. Wurde der Versicherungsnehmer verurteilt, so ist der Versicherer hieran (selbst bei einem Versäumnisurteil, vgl. BGH VersR **1978** 1105) grundsätzlich aufgrund des Versicherungsvertrags gebunden. Lediglich bei Leistungsfreiheit des Versicherers gegenüber dem Versicherungsnehmer kann die fehlende Bindungswirkung der Verurteilung des Versicherungsnehmers für den Geschädigten nachteilige Folgen haben.

612 **f) Streitgenossenschaft.** Wegen der begrenzten Rechtskrafterstreckung (vgl. Rdn. 607 ff) sind Versicherungsnehmer und Versicherer, wenn sie gemeinsam verklagt werden, keine notwendigen, sondern einfache Streitgenossen (BGHZ **63** 51).

6. Verhältnis zum Anspruch gegen Mitschädiger und deren Versicherer

613 **a) Mitschädiger.** Zu einem für den Unfall Mitverantwortlichen, für den er nicht kraft Versicherungsvertrags oder nach § 3 Nr. 4, 5 PflVG einzutreten verpflichtet ist, steht der Versicherer nicht in einem Gesamtschuldverhältnis, denn der Direktanspruch ist lediglich ein Annex zum Haftpflichtanspruch gegen den Versicherungsnehmer bzw. Versicherten (BGH VersR **1979** 838; **1981** 134; KG VersR **1978** 435). Dies hat für den Mitverantwortlichen zur Folge, daß er im Falle seiner Inanspruchnahme keinen Ausgleichsanspruch nach § 426 BGB gegen den Versicherer des anderen Schädigers hat; er ist auf den Ausgleichsanspruch gegen den anderen Schädiger selbst verwiesen, der auch nicht durch einen Direktanspruch gegen dessen Versicherer verstärkt wird (s. Rdn. 594).

614 Umgekehrt kann auch der in Anspruch genommene Versicherer einen Mitschädiger nicht nach § 426 BGB, sondern nur im Wege eines nach § 67 VVG auf ihn übergegangenen Ausgleichsanspruchs seines Versicherungsnehmers belangen (BGH VersR **1981** 134; **a. A.** OLG Celle VersR **1973** 1031; **1980** 562). Dieser Forderungsübergang findet auch statt, wenn der Versicherer wegen eines Leistungsverweigerungsrechts und der Haftung des Haftpflichtversicherers des Mitschädigers nicht zur Zahlung an den Geschädigten verpflichtet war (§ 3 Nr. 6 PflVG); ein Rückgriff gegen den Mitschädiger nach Bereicherungsrecht wird durch § 67 VVG ausgeschlossen (BGH VersR **1963** 1193).

615 **b) Versicherer anderer Schädiger.** Nach BGH VersR **1978** 843 besteht zwischen den Versicherern mehrerer Schädiger ein Gesamtschuldverhältnis. Dies ist nach dem oben (Rdn. 613) Ausgeführten problematisch. *Prölss/Martin* (§ 3 Nr. 1, 2

PflVG Rdn. 3) bejahen jedoch aus Praktikabilitätserwägungen einen Ausgleichsanspruch zwischen den Versicherern mehrerer Schädiger analog §§ 426, 254 BGB.

7. Fehlende Eintrittspflicht gegenüber dem Versicherungsnehmer

a) Übersicht. Das Verkehrsopfer wird durch § 3 Nr. 4, 5 PflVG insofern geschützt, als es den Haftpflichtversicherer auch dann, wenn er gegenüber seinem ersatzpflichtigen Versicherungsnehmer oder einem Mitversicherten von der Verpflichtung zur Deckung frei ist, mit der Direktklage in Anspruch nehmen kann (s. Rdn. 618). Dies gilt allerdings nicht in allen Fällen von Leistungsfreiheit (s. Rdn. 617). Auch ist der Direktanspruch in den Fällen von Leistungsfreiheit in zweifacher Hinsicht (Mindestversicherungssumme als Höchstgrenze, Subsidiarität bei Bestehen bestimmter anderweitiger Ansprüche) begrenzt (§ 3 Nr. 6 PflVG; s. Rdn. 619ff). Die in § 3 Nr. 4, 5 PflVG geregelte Vergünstigung für den Geschädigten greift nur ein, wenn er im Wege der Direktklage vorgeht. Der Weg über die Klage gegen den Ersatzpflichtigen und die Pfändung dessen Deckungsanspruchs gegen den Versicherer ist in den Fällen von Leistungsfreiheit nicht gangbar, weil die Pfändung ins Leere gehen würde und § 158c Abs. 1 und 2 VVG für den Bereich der Haftpflichtversicherung für Kraftfahrzeughalter durch § 3 PflVG derogiert werden (BGHZ **68** 153). 616

b) Erstreckung auf den Direktanspruch. Ist der Versicherer aufgrund eines Risikoausschlusses dem Versicherungsnehmer bzw. Versicherten gegenüber von der Leistungspflicht befreit, so schließt dies auch den Direktanspruch des Geschädigten aus. Dies ist insbesondere der Fall bei vorsätzlicher Schadensherbeiführung (§ 152 VVG). Bedingter Vorsatz genügt (RG JW **1938** 951; BGHZ **7** 311). Keine Haftung des Versicherers gegenüber dem Geschädigten besteht daher z. B., wenn der Unfall sich auf der Flucht des Ersatzpflichtigen vor einem verfolgenden Polizeifahrzeug ereignet hat und damit billigend in Kauf genommen war (BGH VersR **1981** 40). Zum Anspruch gegen den Verein Verkehrsopferhilfe e. V. vgl. Rdn. 634ff. 617

c) Keine Auswirkung auf das Bestehen des Direktanspruchs hat der Ausschluß der Eintrittspflicht des Versicherers gegenüber dem Versicherungsnehmer bzw. Versicherten in den Fällen des § 3 Nr. 4, 5 PflVG. Hierunter fallen insbesondere 618

- Leistungsfreiheit wegen Obliegenheitsverletzung, z. B. unberechtigte Fahrzeugbenützung (§ 2 Nr. 2b AKB; vgl. BGH VersR **1981** 323), Fahren ohne Fahrerlaubnis (§ 2 Nr. 2c AKB, vgl. BGH VersR **1979** 1120), Verletzung der Aufklärungspflicht (§ 7 I 2, V AKB);
- Leistungsfreiheit durch Fristablauf nach Bescheid gemäß § 12 Abs. 3 VVG (BGH VersR **1981** 323);
- Nichtbestehen oder Beendigung des Versicherungsverhältnisses, wenn das Schadensereignis innerhalb eines Monats nach Anzeige des Versicherers an die Zulassungsstelle gemäß § 29c Abs. 1 StVZO eintritt (§ 3 Nr. 5 PflVG).

d) Begrenzungen des isoliert bestehenden Direktanspruchs. Der trotz fehlender Eintrittspflicht des Versicherers nach § 3 Nr. 4 und 5 PflVG bestehende Direktanspruch des Geschädigten ist nach § 3 Nr. 6 PflVG in zweifacher Hinsicht beschränkt: 619

aa) Begrenzung auf Mindestversicherungssumme (§ 3 Nr. 6 PflVG, § 158c Abs. 3 VVG); zu deren Höhe s. § 4 Abs. 2 PflVG. Diese Beschränkung gilt auch für einen etwaigen Anspruch gegen den Versicherer aus § 823 Abs. 2 BGB wegen Unterlassens der Anzeige nach § 29c StVZO (BGH VersR **1978** 609). Sie greift nicht ein, 620 wenn sich die Leistungsfreiheit des Versicherers allein aus dem formellen Grund des § 12 Abs. 3 VVG ergibt (BGHZ **79** 170) oder wenn bei teilweiser Leistungsfreiheit (z. B. nach § 7 V AKB) der Deckungsanspruch nicht unter die Mindestversicherungssumme absinkt (BGH VersR **1983** 688).

621 **bb) Subsidiarität.** Wenn der Geschädigte Ersatz seines Schadens von einem anderen Schadensversicherer (nicht Summenversicherer; vgl. BGH VersR **1979** 1120) oder von einem Sozialversicherungsträger oder von einem Selbstversicherer nach § 2 Abs. 1 Nr. 1 bis 5 PflVG erlangen kann, ist der Direktanspruch ausgeschlossen (§ 3 Nr. 6 PflVG, § 158c Abs. 4 VVG). Die Subsidiaritätsklausel greift nicht nur dann ein, wenn der Schädiger doppelt gegen Haftpflicht versichert und nur eines dieser Versicherungsverhältnisse notleidend war, sondern auch dann, wenn neben dem Schädiger noch ein anderer haftet, der einen gültigen Versicherungsschutz genießt (BGHZ **25** 327; BGH VersR **1978** 609). Dem steht nicht entgegen, daß der Geschädigte diesen anderen Versicherer nicht mit der Direktklage, sondern nur mittelbar über den anderen Schädiger in Anspruch nehmen kann (BGH VersR **1978** 609). Aufgrund der Subsidiaritätsklausel scheiden auch Ansprüche eines leistungspflichtigen Sozialversicherungsträgers als Rechtsnachfolger des Geschädigten aus; dies gilt jedoch nicht, wenn die Leistungsfreiheit allein auf § 12 Abs. 3 VVG beruht (BGHZ **65** 1). Zu der Frage, inwieweit der Sozialversicherungsträger in diesen Fällen beim Schädiger Regreß nehmen kann, s. § 10, 98f, zum Zusammentreffen mit einem seinerseits subsidiären Amtshaftungsanspruch *Backhaus* VersR **1984** 16, zum Beitragsrückgriff nach § 119 SGB-X *Küppersbusch* VersR **1983** 211; *Denck* VersR **1984** 607.

8. Beeinflussung des Ersatzanspruchs durch Teilungsabkommen

622 **a) Wesen der Teilungsabkommen.** Der Rückgriff eines Sozialversicherungsträgers nach § 1542 RVO oder eines Privatversicherers nach § 67 VVG, der sich nach § 3 Nr. 1 PflVG ebenfalls gegen den Haftpflichtversicherer richtet, wird häufig durch Teilungsabkommen, die zwischen den Versicherern abgeschlossen wurden, beeinflußt. Es handelt sich hierbei um Rahmenverträge zur vergleichsweisen Erledigung künftiger Schadensfälle, in denen sich der Haftpflichtversicherer verpflichtet, die Aufwendungen des anderen durch Zahlung einer bestimmten Quote auszugleichen, während sich der Vertragspartner verpflichtet, sich der Geltendmachung des Anspruchs gegenüber dem Versicherungsnehmer sowie der weitergehenden Geltendmachung des Anspruchs gegenüber dem Haftpflichtversicherer zu enthalten[93]. Sinn solcher Abkommen ist es, die Kosten einer gerichtlichen oder außergerichtlichen Prüfung der Haftpflicht zu vermeiden, indem allen zwischen den Beteiligten vorzunehmenden Schadensregulierungen eine einheitliche, der Erfahrung nach als Durchschnittswert anzusehende Quote zugrundegelegt wird. Dies führt dazu, daß der Rückgriff nehmende Versicherer auch in solchen Fällen nur die Quote (z. B. 50%) erhält, in denen ganz klar volle Haftung des gegnerischen Versicherungsnehmers gegeben ist, während umgekehrt der Haftpflichtversicherer auch dann eintreten muß, wenn seinen Versicherungsnehmer an sich keine Schadenshaftung treffen würde. Zur Auslegung eines Teilungsabkommens, in dem nur auf die Prüfung der „Schuldfrage" verzichtet worden war, s. BGH VersR **1980** 1170; **1984** 225.

[93] BGH VersR **1951** 65; **1960** 988; **1962** 19; **1969** 641; **1970** 837; **1973** 164; **1974** 175; **1976** 923; **1978** 278.

b) Geltungsbereich. Die Regulierung entsprechend dem Teilungsabkommen greift stets dann ein, wenn der Schadensfall mit dem Gefahrenbereich in ursächlichem Zusammenhang steht, für den der Versicherte und mutmaßliche Schädiger Haftpflichtversicherungsschutz genommen hat (BGHZ **20** 386; BGH VersR **1966** 817; **1979** 1093). Der ursächliche Zusammenhang liegt vor, wenn sich der Unfall im öffentlichen Straßenverkehr in unmittelbarer Beziehung zum Gebrauch des versicherten Fahrzeugs ereignet hat[94]; daß er für den Versicherungsnehmer ein unabwendbares Ereignis war, hindert die Inanspruchnahme des Haftpflichtversicherers aus dem Teilungsabkommen nicht (BGH VersR **1963** 1066; **1969** 641). Eine Berührung zwischen den Fahrzeugen des Geschädigten und des Versicherungsnehmers braucht nicht stattgefunden zu haben (BGH VersR **1979** 1093). Nach § 242 BGB sind von der Anwendung des Teilungsabkommens aber solche Fälle (sog. Groteskfälle) ausgenommen, in denen schon aufgrund des unstreitigen Sachverhalts unzweifelhaft und offensichtlich eine Schadensersatzpflicht des Versicherungsnehmers nicht in Frage kommt (BGHZ **20** 390; BGH VersR **1966** 817; **1979** 1093). Der Haftpflichtversicherer des Halters eines erst einige Zeit nach einem Begegnungszusammenstoß an die Unfallstelle kommenden Lastzugs braucht auch dann nicht für die Folgen einer bei jenem Zusammenstoß hervorgerufenen Körperverletzung eines der Fahrer aufzukommen, wenn der später eintreffende Lastzug auf die beiden Unfallfahrzeuge auffährt und neue Sachschäden verursacht; er ist nur verpflichtet, sich anteilsmäßig am gesamten Sachschaden zu beteiligen (OLG Köln VersR **1966** 372 = 856 m. Anm. *Ebenhöch*). Ebensowenig kann aus Teilungsabkommen der Haftpflichtversicherer eines ordnungsgemäß auf einem Seitenstreifen außerhalb der Fahrbahn abgestellten Pkw in Anspruch genommen werden, wenn ein Mopedfahrer 20 m entfernt in Fahrbahnmitte mit einem anderen Fahrzeug zusammenstößt und dadurch gegen den Pkw geschleudert wird (BGH VersR **1983** 771 = NJW **1984** 41 m. Anm. *Tschernitschek*). 623

Voraussetzung für die Anwendung des Teilungsabkommens ist weiterhin, daß der Haftpflichtversicherer dem Versicherungsnehmer bzw. Versicherer gegenüber **deckungspflichtig** ist (BGH VersR **1960** 988; **1971** 117). Leistungsfreiheit allein aufgrund § 12 Abs. 3 VVG genügt allerdings nicht, um die Anwendung auszuschließen (BGH VersR **1974** 175). 624

Zur Frage, inwieweit bei der **Vereinigung von zwei Sozialversicherungsträgern** (Krankenkassen) das von der aufnehmenden Kasse abgeschlossene Teilungsabkommen auch auf Schäden eines Mitglieds der aufgenommenen Kasse vor der Vereinigung anzuwenden ist s. BGH VersR **1982** 1073. 625

c) Wirkung gegenüber dem Haftpflichtversicherer. Der Haftpflichtversicherer ist verpflichtet, die im Teilungsabkommen vereinbarte Schadensquote ohne Prüfung der Sach- und Rechtslage zu ersetzen. Auf die Frage der Unabwendbarkeit des Unfalls (§ 7 Abs. 2 StVG) kommt es hierbei ebensowenig an wie auf ein etwaiges Mitverschulden des Geschädigten (LG Köln VersR **1972** 147) oder eine Haftungsfreistellung des Versicherungsnehmers nach §§ 636, 637 RVO (BGH VersR **1978** 153). Andererseits ist der Haftpflichtversicherer berechtigt – ebenfalls ohne Prüfung der Sach- und Rechtslage – die Zahlung eines höheren Betrages zu verweigern. Ist das Teilungsabkommen betragsmäßig limitiert, so regelt sich die Ersatzpflicht hinsichtlich des überschießenden Teils nach der konkreten Sach- und Rechtslage. Bei Er- 626

[94] OLG Hamburg VersR **1967** 74; OLG Köln VersR **1967** 165; **1967** 655 = 1070 m. Anm. *Schmalzl*.

schöpfung der Versicherungssumme nimmt der Sozialversicherungsträger an dem Verteilungsverfahren nach § 156 Abs. 3 VVG (vgl. Rdn. 600) teil (BGH VersR **1983** 26).

627 **d) Wirkung gegenüber dem Versicherungsnehmer (Versicherten).** Das Teilungsabkommen begründet eine Stillhaltepflicht des Regreß nehmenden Versicherungsträgers auch gegenüber dem Schädiger. Er kann daher entsprechende Ersatzleistungen verweigern. Ist das Teilungsabkommen betragsmäßig limitiert, so erfaßt die Stillhaltepflicht auch den das Limit übersteigenden Schaden, solange die Aufwendungen des Sozialversicherungsträgers das Limit nicht erreicht haben; bis dahin ist deshalb die Verjährung eines Regreßanspruchs gegen den Versicherungsnehmer nach § 202 Abs. 1 BGB gehemmt (BGH VersR **1973** 759; **1974** 175). Dasselbe gilt bei unlimitierten Teilungsabkommen hinsichtlich der die Deckungssumme des Haftpflichtversicherungsvertrags übersteigenden Beträge (BGH VersR **1978** 278). Kann sich der Haftpflichtversicherer gemäß § 7 V 2 AKB in Höhe von 5000 DM auf Leistungsfreiheit berufen und ist er daher gemäß § 3 Nr. 4, 6 PflVersG, § 158c Abs. 4 VVG insoweit dem Sozialversicherungsträger nicht ersatzpflichtig, so kann dieser den entsprechenden Teil der Schadensersatzforderung vom Schädiger ersetzt verlangen; dieser Anspruch ist nicht entsprechend einer etwaigen Haftungsquote zu kürzen (BGH VersR **1984** 526). Ist der Versicherungsnehmer, z. B. nach §§ 636, 637 RVO, von der Haftung freigestellt, so ist die Klage des Sozialversicherungsträgers gegen ihn auch dann abzuweisen, wenn sie gegen seinen Haftpflichtversicherer aufgrund des Teilungsabkommens Erfolg hat (BGH VersR **1978** 153).

628 **e) Wirkung gegenüber Mitschädigern.** Hat der Haftpflichtversicherer eines von mehreren Schädigern ein Teilungsabkommen mit dem Regreß nehmenden Sozialversicherungsträger abgeschlossen, so fragt sich, inwieweit dies den Rückgriff des Sozialversicherungsträgers gegen andere Ersatzpflichtige sowie den Innenausgleich zwischen den Schädigern tangiert.

629 **aa)** Sind **mehrere Versicherungsnehmer des Haftpflichtversicherers** an dem Unfall beteiligt, so erhält der Sozialversicherungsträger die im Abkommen vorgesehene Quote nur einmal (BGH VersR **1974** 546).

630 **bb)** Gegen **andere Schädiger und deren Versicherer** kann der Sozialversicherungsträger grundsätzlich ohne Rücksicht auf das Teilungsabkommen Rückgriff nehmen. Er darf aber nicht gegen Dritte vorgehen, die dann ihrerseits vom Abkommenspartner oder dessen Versicherungsnehmer Ausgleich verlangen können; hierauf kann sich auch der in Anspruch genommene Dritte berufen (BGH VersR **1976** 923). Hat der Sozialversicherungsträger den Versicherer des nach Haftpflichtrecht nicht ersatzpflichtigen Unfallbeteiligten A aufgrund Teilungsabkommens in Anspruch genommen, so kann dieser vom ersatzpflichtigen Unfallbeteiligten B und dessen Haftpflichtversicherer Erstattung aus dem Gesichtspunkt der ungerechtfertigten Bereicherung (§§ 812ff BGB) verlangen (BGH VersR **1969** 641; **1978** 843; **1981** 76). Schulden beide Haftpflichtversicherer, weil mit dem Sozialversicherungsträger durch Teilungsabkommen verbunden, dasselbe, so richtet sich der Innenausgleich nach § 426 BGB i. V. m. § 17 StVG (BGH VersR **1978** 843). Sind A und B nebeneinander für den Schaden verantwortlich, so gilt für den Innenausgleich zwischen ihren Haftpflichtversicherern § 426 BGB entsprechend (s. Rdn. 615); das Teilungsabkommen bleibt insoweit außer Betracht.

9. Beweislast 631

Für die Verteilung der Beweislast gelten hinsichtlich des Direktanspruchs dieselben Grundsätze wie für den Haftpflichtanspruch gegen den Schädiger (BGHZ **71** 339; BGH VersR **1978** 865; **1979** 514; **a. A.** OLG Köln VersR **1975** 1128). Wegen der Beweisproblematik beim Verdacht eines zum Zweck des Versicherungsbetrugs fingierten Unfalls s. § 7, 535.

10. Unfälle mit Auslandsberührung

a) Für **Unfälle im Inland**, an denen Ausländer beteiligt sind, gilt deutsches Haftungsrecht. Infolge seiner akzessorischen Natur wird hierdurch auch der Direktanspruch gegen den ausländischen Haftpflichtversicherer begründet (§ 6 AuslPflVG i. V. m. mit § 3 Nr. 1 PflVG; vgl. BGHZ **57** 265). Ist der Ausländer im Besitz einer Versicherungsbescheinigung im Sinne von § 1 Abs. 2 AuslPflVG (Grüne Karte) oder ist er gemäß § 8a AuslPflVG i. V. m. mit VO vom 8. 5. 1974 (BGBl. I 1062) von diesem Erfordernis befreit, so hat der Geschädigte, auch wenn er ebenfalls Ausländer ist, einen Direktanspruch gegen den Deutschen HUK-Verband. Dieser hat gemäß Abkommen zwischen den Haftpflichtversicherern der beteiligten Länder den Schaden so zu regulieren, als wäre er von einem pflichtversicherten Inländer verursacht worden. Auch dieser Direktanspruch richtet sich nach § 6 AuslPflVG, demzufolge § 3 PflVG – mit Ausnahme von Nr. 5 – entsprechend gilt. An die Stelle von § 3 Nr. 5 PflVG (Direktanspruch bei Nichtbestehen oder Beendigung des Versicherungsverhältnisses) gilt § 6 Abs. 2 AuslPflVG, der wiederum bei Befreiung vom Erfordernis der Versicherungsbescheinigung durch § 8a Abs. 2 AuslPflVG ersetzt wird. 632

b) Da bei **Unfällen im Ausland** wegen der deliktischen Natur des Direktanspruchs ebenso wie für den Haftpflichtanspruch grundsätzlich Tatortrecht gilt (vgl. Vorb. 15ff), ist ein Direktanspruch dann nicht gegeben, wenn das betreffende ausländische Recht ihn nicht vorsieht (BGH VersR **1974** 254; **1977** 56). Dies gilt auch für den Direktanspruch gegen einen deutschen Versicherer. Bei Unfällen zwischen deutschen Staatsbürgern greift jedoch nach § 1 der VO vom 7. 12. 1942 (RGBl. I 706) deutsches Haftungsrecht ein (vgl. Vorb. 17). Vgl. wegen Unfällen in 633

- Bulgarien: *Jessel* VersR **1979** 701;
- Griechenland: *Rokas* VersR **1978** 900;
- Jugoslawien: OLG Celle VersR **1977** 1056 = **1978** 185 m. Anm. *Hübner; Peuster* VersR **1977** 795;
- Niederlande: AG Köln VersR **1978** 56; LG Köln VersR **1978** 957; OLG Köln VersR **1984** 527 m. Anm. *Brück;*
- Polen: *Lammich* VersR **1976** 520;
- Portugal: *Bujan* VersR **1978** 307;
- Spanien: *Mittelmeier* VersR **1979** 1085; *Buján* VersR **1983** 305;
- Türkei: OLG Hamm VersR **1979** 926; *Krüger* VersR **1975** 680.

11. Anspruch gegen die Verkehrsopferhilfe

a) Anwendungsbereich. Trotz des umfassenden Schutzes durch das PflVG verbleiben Fälle, in denen der bei einem Verkehrsunfall Geschädigte seinen Schaden nicht von einem Haftpflichtversicherer ersetzt verlangen kann, so z. B. wenn das schädigende Fahrzeug wegen Unfallflucht nicht ermittelt werden kann, wenn es nicht versichert ist (und nicht § 3 Nr. 5 PflVG eingreift) oder wenn der Schaden vorsätzlich 634 und widerrechtlich herbeigeführt wurde. Die in solchen Fällen bestehende Lücke im Schutz des Verkehrsopfers schließt § 12 PflVG, indem er unter bestimmten Voraussetzungen einen Anspruch gegen einen Entschädigungsfonds gewährt. Die Aufgaben dieses Entschädigungsfonds nimmt der Verein Verkehrsopferhilfe e. V. wahr (§ 13 Abs. 2 PflVG i. V. m. VO vom 14. 12. 1965). Eine besondere Bedürftigkeit setzt die Inanspruchnahme des Entschädigungsfonds nicht voraus.

635 **b) Ausschluß des Anspruchs.** Der Anspruch besteht nur, wenn der Geschädigte weder vom Halter, Eigentümer oder Fahrer des schädigenden Fahrzeugs noch von einem Schadensversicherer Ersatz verlangen kann und soweit sein Schaden auch nicht durch Leistungen von dritter Seite (Sozialversicherungsträger, Lohnfortzahlung, Amtshaftung) ausgeglichen wird (§ 12 Abs. 1 Satz 2 bis 4 PflVG). Ausgeschlossen sind ferner Ansprüche des Bundes, der Länder, der Gemeindeverbände und der Deutschen Bundesbahn als Baulastträger (aaO Satz 5). Hieraus folgert BGHZ **69** 315, daß auch private Bauunternehmer Schäden an Baustellensicherungseinrichtungen (wegen der möglichen Abwälzung auf den Baulastträger) nicht nach § 12 PflVG ersetzt verlangen können.

636 **c) Umfang des Anspruchs.** Zu ersetzen sind Personen- und Sachschäden, letztere allerdings nur, soweit sie 1000 DM übersteigen (§ 12 Abs. 2 Satz 3 PflVG). Sachschäden am Fahrzeug des Geschädigten sind von der Ersatzpflicht ausgenommen in den Fällen des nicht ermittelbaren Schädigers (Unfallfluchtfälle), nicht aber – was BGH VersR **1980** 457 übersieht – in den sonstigen Fällen des § 12 Abs. 1 PflVG (§ 12 Abs. 2 Satz 2 PflVG). Schmerzensgeldansprüche können in den Unfallfluchtfällen nur geltend gemacht werden, wenn und soweit dies wegen der besonderen Schwere der Verletzung zur Vermeidung grober Unbilligkeit erforderlich ist (§ 12 Abs. 2 Satz 1 PflVG). Im übrigen bestimmen sich die Ansprüche des Geschädigten nach den Vorschriften, die bei Bestehen einer Versicherung nach dem PflVG und Leistungsfreiheit des Versicherers gegenüber dem Versicherungsnehmer gelten (§ 12 Abs. 4 PflVG; vgl. hierzu Rdn. 616ff).

637 XV. Rückgriffsansprüche

Wurde einer von mehreren für einen Unfall Verantwortlichen in Anspruch genommen oder hat ein an sich nicht Haftpflichtiger aufgrund eines Unfalls Leistungen an den Geschädigten erbracht, so können gegenüber den (anderen) Ersatzpflichtigen Regreßansprüche bestehen. Diese sind hinsichtlich des Rückgriffs zwischen mehreren Ersatzpflichtigen in § 17, 15ff, im übrigen im Zusammenhang mit den zugrundeliegenden Haftpflichtansprüchen erläutert (vgl. für den Rückgriff des Sozialversicherungsträgers bei Tötung § 10, 19 u. 58ff, bei Verletzung § 11, 37 u. 171ff; des Kaskoversicherers § 7, 282ff; des Privatversicherers bei Tötung § 10, 22, bei Verletzung § 11, 30ff u. 182; des Dienstherrn eines Beamten bei Tötung § 10, 20 u. 58ff, bei Verletzung § 11, 35 u. 183; des Arbeitgebers bei Lohnfortzahlung § 11, 163; des Sozialversicherungsträgers bei Arbeitsunfall Rdn. 243ff; des Haftpflichtversicherers gegen Mitschädiger Rdn. 614f). Wegen des Rückgriffs zwischen Haftpflichtversicherer und Versicherungsnehmer ist auf die Erläuterungswerke zum VVG und zu den AKB zu verweisen.

§ 17

Ausgleichung unter Schädigern

(1) Wird ein Schaden durch mehrere Kraftfahrzeuge verursacht und sind die beteiligten Fahrzeughalter einem Dritten kraft Gesetzes zum Ersatz des Schadens verpflichtet, so hängt im Verhältnis der Fahrzeughalter zueinander die Verpflichtung zum Ersatz sowie der Umfang des zu leistenden Ersatzes von den Umständen, insbesondere davon ab, inwieweit der Schaden vorwiegend von dem einen oder dem anderen Teil verursacht worden ist. Das gleiche gilt, wenn der Schaden einem der beteiligten Fahrzeughalter entstanden ist, von der Haftpflicht, die für einen anderen von ihnen eintritt.

(2) Die Vorschriften des Absatzes 1 finden entsprechende Anwendung, wenn der Schaden durch ein Kraftfahrzeug und ein Tier oder durch ein Kraftfahrzeug und eine Eisenbahn verursacht wird.

Übersicht

Schrifttum

Böhmer Anrechnung der durch Verschulden des Fahrers erhöhten Betriebsgefahr MDR **1965** 878; *Deichmann* Rechtsprechung zur Haftungsquote (1965); *Dubischar* Haftungseinheit zwischen Halter und Fahrer desselben Kraftfahrzeugs NJW **1967** 608; *Dunz* Haftungseinheiten bei Schadensaufteilung NJW **1968** 679; *Herkner* Gefährdungshaftung und Ausgleichspflicht VW **1972** 263; *Koch* Abwägung bei mehreren Verursachern des Schadens NJW **1967** 181; *Medicus* Haftungsbefreiung und Gesamtschuldnerausgleich JZ **1967** 398; *Weitnauer* Innenausgleich unter Schadensgesamtschuldnern in: Festschrift für Klingmüller (1974) 499.

I. Bedeutung der Vorschrift 1

§ 17 Abs. 1 regelt in Satz 1 die Frage des Ausgleichs zwischen mehreren an einem Unfall beteiligten Kraftfahrzeughaltern bei Inanspruchnahme durch einen Unfallgeschädigten; er ergänzt somit § 426 BGB. Satz 2 betrifft hingegen die Haftung zwischen mehreren beteiligten Haltern für den ihnen selbst entstandenen Schaden. Gemeinsamer Grundgedanke, der in Abs. 2 auf das Verhältnis zwischen Kraftfahrzeughalter und Tierhalter oder Eisenbahnunternehmer erstreckt wird, ist, daß die Haftungsverteilung von der Ursächlichkeit der mitwirkenden Betriebsgefahren abhängig sein soll.

Die Vorschrift des Abs. 1 ist im Grunde überflüssig. Gäbe es sie nicht, so wäre 2
die Rechtslage dieselbe, weil diese sich auch schon aus dem § 254 BGB, so wie ihn die herrschende Rechtsansicht auslegt, ergäbe. Denn § 254 BGB beansprucht zwar seinem Wortlaut nach nur Geltung, wenn den Geschädigten an der Entstehung des Schadens ein Verschulden trifft; Rechtsprechung und Schrifttum sind sich jedoch seit langem darüber einig, daß die Vorschrift entsprechend auch in allen Fällen angewendet werden muß, in denen den Geschädigten zwar kein Verschulden trifft, er aber nach besonderen für die Gefährdungshaftung geschaffenen Vorschriften als Bahnunternehmer, Tierhalter, Flugunternehmer oder Kraftfahrzeughalter auch für solche Schäden aufzukommen hat, die beim Betrieb des Beförderungsmittels (oder durch das Tier) hervorgerufen sind[1]. Da der § 17 nun aber einmal vorhanden ist, muß er, ebenso wie § 9, als Spezialgesetz für den Ausschnitt aus den von § 254 BGB ergriffenen Sachverhalten angewendet werden, für den er Alleingeltung beansprucht. Die Abgrenzung dieses Ausschnitts bereitet einige Schwierigkeiten, da sie willkürlich ist und angesichts der Überflüssigkeit der Vorschrift auch sein muß. Die Regelung des § 17, daß immer dann, wenn ein Kraftfahrzeug an einem Unfall beteiligt ist, bei der beim „Schadensausgleich" vorzunehmenden Abwägung die Betriebsgefahr des Kraftfahrzeugs zuungunsten seines Halters[2] und zuungunsten seines Führers (BGH DAR **1953** 156) berücksichtigt werden muß, gilt auch für solche Fälle, für die § 17 keine Geltung beansprucht und die sich daher nach § 9 oder unmittelbar nach § 254 BGB regeln, z. B. für den Fall, daß ein Radfahrer den Unfall eines Kraftfahrzeugs schuldhaft herbeiführt. In seiner Überflüssigkeit ähnelt § 17 Abs. 1 dem § 9, der willkürlich einen anderen Ausschnitt der an sich schon durch § 254 BGB erschöpfend geregelten Sachverhalte herausgreift und für diesen Ausschnitt Alleingeltung beansprucht. Zur Abgrenzung der Anwendungsbereiche s. § 9, 2.

Selbständige Bedeutung hat § 17 Abs. 2 für die Haftung des Tierhalters, weil er 3
die Regelung des § 840 Abs. 3 BGB außer Kraft setzt (vgl. Rdn. 15).

Für entsprechend anwendbar erklärt ist § 17 in § 18 Abs. 3 für die Haftung des 4
Kraftfahrzeugführers.

[1] Vgl. RGZ **67** 122; RG HRR **1933** Nr. 1024 u. 1025; VAE **1939** 64; BGHZ **6** 320; BGH VRS **5** 163; **9** 89; VersR **1955** 295; OLG München VersR **1961** 1049; **a. A.** *Böhmer* NJW **1956** 1665; MDR **1957** 21; JR **1958** 254; JR **1960** 130.

[2] RGZ **114** 76; **130** 130; **162** 3; RG RdK **1940** 142; OLG Karlsruhe JW **1933** 1667; OLG Köln JR **1956** 342.

II. Geltungsbereich

5 **1. Erfaßte Personen**

a) Überblick. § 17 gilt, wenn an einem Unfall beteiligt sind
- mehrere Kraftfahrzeuge; er gilt dann für Halter und Fahrer (§ 18 Abs. 3), nicht aber zwischen Halter und Fahrer desselben Fahrzeugs (Rdn. 39) und nicht für sonstige Insassen eines Kraftfahrzeugs (Rdn. 6);
- ein Kraftfahrzeug und ein Tier; hier erfaßt er Kraftfahrzeughalter und -führer auf der einen, Tierhalter und -hüter auf der anderen Seite;
- ein Kraftfahrzeug und eine Eisenbahn; in diesem Fall regelt er das Verhältnis zwischen Kraftfahrzeughalter und -führer sowie dem Unternehmer der Eisenbahn.

6 **b) Insassen.** Unanwendbar ist § 17 auf die Ausgleichspflicht zwischen dem Insassen und dem Halter des Kraftfahrzeugs, in dem der Insasse saß, oder zwischen dem Insassen und dem Führer dieses Kraftfahrzeugs (OLG Celle JW **1937** 1074 m. Anm. *Müller*). Maßgebend ist vielmehr in solchen Fällen § 254 BGB.

7 Unanwendbar ist § 17 schließlich, wenn ein Insasse Ansprüche gegen den Halter oder Führer des anderen am Unfall beteiligten Kraftfahrzeugs geltend macht. Der Schädiger kann dem Insassen die Betriebsgefahr des Wagens, in dem dieser saß, nicht entgegenhalten (RGZ **160** 152; RG VR **1931** 486; RG VAE **1938** 299), und zwar auch dann nicht, wenn der Insasse pflichtwidrig den Unfall mitverursacht hat; in diesem Fall kann er allerdings dem Insassen dessen Verschulden nach § 254 BGB entgegenhalten (BGH VersR **1953** 148; vgl. § 9, 119ff).

8 Läßt sich der Halter die Ansprüche des Insassen gegen den Halter oder Führer desjenigen Kraftfahrzeugs abtreten, das den Unfall mitverursacht hat, und macht er diese Ansprüche geltend, so stehen dem Halter und dem Führer des anderen Kraftfahrzeugs nach RG JW **1930** 1954 in diesem Verfahren alle Einwendungen aus § 17 Abs. 1 Satz 1 offen, vor allem also die Berufung auf die Betriebsgefahr des Kraftfahrzeugs, in dem der Insasse fuhr. Dem kann nicht gefolgt werden.

9 **2. Erfaßte Ansprüche**

§ 17 gilt unabhängig davon, auf welchen Rechtsgrund (Gefährdungshaftung, Delikt, Vertrag o. a.) der Kraftfahrzeughalter, Tierhalter oder Bahnunternehmer bzw. der geschädigte Dritte seine Ansprüche stützt. Gleiches gilt, wenn sich zwei Kraftfahrzeuge gegenüberstehen und (§ 18 Abs. 3) der Führer Ansprüche aus irgendeinem Rechtsgrund geltend macht[3]. Auch gegenüber deliktischen Ansprüchen kommt also die Anrechnung der Betriebsgefahr nach § 17 zum Tragen (BGH VersR **1979** 544; **1979** 1010). Prozeßkosten aus einem Verkehrsunfall sind unter Gesamtschuldnern in der Regel nicht auszugleichen; ausgenommen sind Prozeßkosten, die einer der Schuldner zur Abgeltung eines Teils der Hauptforderung durch Vergleich übernommen hat, oder die anfielen, weil der in erster Linie in Anspruch Genommene sich weigerte, den Gläubiger anteilsmäßig zu befriedigen (BGH VersR **1971** 478).

10 **3. Mitwirkende Gefährdungshaftung**

a) Betrieb des Kraftfahrzeugs. Die Inanspruchnahme nach § 17 findet ihren Grund darin, daß der Beteiligte Kraftfahrzeughalter mindestens für die Betriebsge-

[3] BGHZ **6** 319; **26** 69; OLG München VersR **1961** 1049; *Rauschert* NJW **1954** 704; *Hoffmann* NJW **1954** 1186; **a. A.** *Berchtold* NJW **1953** 142.

fahr seines Fahrzeugs mithaftet. Sie setzt daher voraus, daß sich die beteiligten Kraftfahrzeuge im Zeitpunkt des Unfalls in Betrieb (§ 7, 30ff) befanden (RGZ **123** 165; RG DAR **1929** 88; OLG Bremen DAR **1952** 57).

b) Langsame Kraftfahrzeuge. Fällt das Kraftfahrzeug des in Anspruch zu nehmenden Halters unter den Ausschluß der Gefährdungshaftung nach § 8 StVG (langsame Kraftfahrzeuge), so ist auch § 17 nicht anwendbar, da es in diesem Fall keine anzurechnende Betriebsgefahr gibt[4]. Hier richtet sich der Ausgleich allein nach §§ 426, 254 BGB, die Haftung nach §§ 823ff BGB. 11

c) Verletzung eines Fahrgastes. Erhebt ein Insasse Schadenersatzansprüche gegen den Halter oder Führer des Kraftfahrzeugs, das mit demjenigen zusammenstieß, in dem er saß, so kann, wenn die Beförderung unentgeltlich erfolgte, der Schadenersatzpflichtige den am Unfall schuldlosen Halter des Kraftfahrzeugs, in dem der Insasse saß, wegen § 8a nicht mit der Begründung zum Ausgleich heranziehen, die Betriebsgefahr seines Kraftfahrzeugs habe den Unfall mitverursacht[5]. Anders liegt der Fall, wenn den Halter des Kraftfahrzeugs, in dem sich der Insasse befand, ein Verschulden am Unfall trifft (OLG Stuttgart VAE **1937** 397; dann allerdings Ausgleichspflicht nach § 426 Abs. 1 BGB) oder wenn der Insasse gegen Entgelt und geschäftsmäßig befördert wurde (§ 8a) und dem Halter der Entlastungsbeweis nach § 7 Abs. 2 mißlungen ist. 12

d) Anhänger, abgeschleppte Fahrzeuge. Da zwischen ziehendem und gezogenem Fahrzeug eine Betriebseinheit besteht (§ 7, 75), kommt zwischen den beteiligten Haltern ein Ausgleich nach § 17 nicht in Betracht (vgl. BGH VersR **1963** 47; **1971** 611; **1978** 1071). 13

4. Ausgleich bei Unanwendbarkeit des § 17 14

Für den Ausgleich zwischen anderen als den in Rdn. 5 genannten Schädigern gilt § 426 BGB. Demnach haften die Mitschädiger grundsätzlich zu gleichen Anteilen. Sondervorschriften gelten jedoch z. B. für das Verhältnis zwischen Verrichtungsgehilfen und Geschäftsherrn sowie zwischen Aufsichtspflichtigem und Aufsichtsbedürftigem (vgl. § 840 Abs. 2 BGB). Außerdem wendet die Rechtsprechung den Rechtsgedanken des § 254 BGB auch auf den Innenausgleich an, d. h. die Haftung wird nach dem Maß der Verursachung und der Schwere des Verschuldens abgewogen (RGZ **75** 256; **84** 430; **92** 147; BGHZ **17** 214; BGH NJW **1972** 1803). Diese Abwägung kann auch dazu führen, daß ein Schädiger wegen gänzlich untergeordneten Verursachungsbeitrags beim Innenausgleich vom Mitschädiger (unbeschadet seiner gesamtschuldnerischen Haftung im Außenverhältnis) völlig freizustellen ist. So verhält es sich z. B., wenn sich der Tatbeitrag eines Schädigers darin erschöpft, daß er (bei Fehlen einer vertraglichen Aufsichtspflicht) eine vom zweiten Schädiger bewußt geschaffene Gefahrenlage nicht alsbald beseitigt hatte (BGH VersR **1980** 770).

4 *Böhmer* MDR **1960** 732; **a. A.** RG JW **1937** 1769; BGH VRS **12** 172; OLG Königsberg VAE **1939** 11; OLG Celle HRR **1939** Nr. 767; OLG Dresden VAE **1941** 14; *Busse* MDR **1961** 660.

5 RGZ **146** 102; RG VAE **1937** 114; BGH NJW **1955** 178; OLG Frankfurt DAR **1935** 58; KG VAE **1936** 429; **1937** 114; OLG Dresden VAE **1941** 73.

15 **III. Der Ausgleichsanspruch des auf Schadenersatz in Anspruch genommenen Halters**

1. Wesen des Anspruchs

a) Beim Anspruch nach § 17 Abs. 1 Satz 1 handelt es sich um den **Ausgleichsanspruch zwischen Gesamtschuldnern.** Er setzt also voraus, daß der bei dem Unfall geschädigte Dritte einen gesetzlichen Schadensersatzanspruch (gleich ob nach StVG oder anderen Vorschriften) sowohl gegen denjenigen hat (bzw. hatte), der Ausgleichung verlangt, als auch gegen denjenigen, von dem Ausgleichung verlangt wird (BGH DAR **1954** 39). Seine Rechtsgrundlage ist, wenn es sich nicht um den Ausgleich zwischen Kraftfahrzeughaltern (oder den nach § 17 Abs. 2, § 18 Abs. 3 Gleichgestellten; vgl. zum Anwendungsbereich Rdn. 5) handelt, § 426 Abs. 1 i. V. m. § 254 Abs. 1 BGB[6]. § 17 ist Sondervorschrift gegenüber der allgemeinen Regelung im BGB (RGZ **84** 429). Da die Rechtsfolgen die gleichen sind, ist dies jedoch nur eine Frage des richtigen Zitats. Ein Unterschied in der Rechtslage (zwischen der Ausgleichspflicht nach § 17 und derjenigen nach BGB) besteht nur dann, wenn sich unter den mehreren Verursachern des Unfalls ein Tierhalter oder Tierhüter befindet, der nur nach §§ 833, 834 BGB für den Schaden einzustehen hat. Dieser hat, wenn er den Schaden bezahlt hat, Anspruch auf volle Freistellung durch diejenigen, die aus Verschulden haften (§ 840 Abs. 3 BGB) und braucht sich, wenn ein anderer dem Dritten den Schaden bezahlt hat, am Ausgleich nicht zu beteiligen. Ist der andere ein Bahnunternehmer, Kraftfahrzeugführer oder Kraftfahrzeughalter, der ohne Verschulden haftet, so gilt die Ausnahmevorschrift zugunsten des Tierhalters oder Tierhüters nicht, weil § 17 den §§ 833, 834 BGB vorgeht (OLG Hamm NJW **1958** 316).

16 **b)** Der **Forderungsübergang** nach § 426 Abs. 2 BGB findet auch bei der Ausgleichung nach § 17 statt. Der Schädiger, der dem Geschädigten den Schaden ersetzt hat, kann mithin dessen Forderung gegen die anderen Schädiger geltend machen, soweit er von diesen Ausgleichung verlangen kann. Eine praktische Bedeutung hat diese Vorschrift nicht, weil die Forderung des Gläubigers in der Regel nicht gesichert sein wird und im übrigen einer kürzeren Verjährung unterliegt als die Ausgleichsforderung selbst (Rdn. 21).

17 **c) Mehrere Ausgleichspflichtige** haften untereinander nicht als Gesamtschuldner. Jeder hat nur den auf ihn treffenden Bruchteil zu erstatten (BGHZ **11** 172; OLG Kiel HRR **1935** Nr. 427). Anders verhält es sich lediglich, wenn mehrere Gesamtschuldner eine Haftungseinheit bilden (z. B. Halter und Fahrer desselben Kraftfahrzeugs; vgl. Rdn. 36f).

18 **d) Abschließende Zuweisung der Haftungsquote.** Ein Mitschädiger kann nur insoweit Ausgleich von den anderen Gesamtschuldnern verlangen, als er über die auf ihn entfallende Haftungsquote hinaus in Anspruch genommen wurde; er kann auch nicht etwa über die Deliktsvorschriften Erstattung der ihm zugewiesenen Quote von einem Mitschädiger verlangen (vgl. BGH VersR **1978** 465).

19 **e) Verhältnis zu eigenem Schadensersatzanspruch.** Auch der selbst beim Unfall verletzte oder geschädigte Verkehrsteilnehmer ist denjenigen Unfallbeteiligten ausgleichspflichtig, die von dritten Unfallbeteiligten zum Schadenersatz herangezogen werden. Das gilt auch dann, wenn der Verletzte Halter oder Führer eines unfallbe-

[6] Vgl. RGZ **75** 256; **84** 430; **92** 147; **136** 286; **159** 89; RG JW **1913** 919; **1914** 922; BGHZ **17** 222.

teiligten Kraftfahrzeugs war. Er hat allerdings die Möglichkeit, mit seinen Schadenersatzansprüchen aufzurechnen. Desgleichen hat ein Verletzter ein von seinem eigenen Schadenersatzanspruch unabhängiges Recht auf Ausgleich, wenn er Dritten ihren Schaden bezahlt hat oder ersetzen muß.

2. Entstehung des Anspruchs 20

Die Ausgleichspflicht ist eine selbständige Verpflichtung und entsteht in dem Augenblick, in dem die Gesamtschuld entsteht, also bei der Entstehung des Schadens, in der Regel also schon beim Unfall, nicht erst durch die Befriedigung des Gläubigers (RGZ **160** 151). Der Anspruch kann mithin als Befreiungsanspruch geltend gemacht werden, ehe der Gläubiger befriedigt worden ist (BGH NJW **1958** 497).

3. Unabhängigkeit des Ausgleichsanspruchs von der Außenhaftung des Mitschädigers 21

Da der Ausgleichsanspruch als selbständiger Anspruch im Zeitpunkt des Unfalls entsteht, ist sein Bestand nicht vom weiteren Schicksal des Ersatzanspruchs des Geschädigten gegen den ausgleichspflichtigen Mitschädiger abhängig (zur Frage der Auswirkungen eines rechtskräftigen Urteils s. Rdn. 38). Dem Ausgleichsanspruch steht daher z. B. nicht entgegen, daß der zum Ausgleich Herangezogene dem Geschädigten gegenüber Verjährung einwenden könnte, wenn dieser unmittelbar an ihn heranträte (RGZ 77 322; **146** 101). Der Ausgleichsanspruch nach Abs. 1 Satz 1 verjährt erst in 30 Jahren (BGH DAR **1954** 39; VersR **1960** 996). Zu den Auswirkungen eines nachträglichen Erlasses der Schadensersatzforderung s. Rdn. 23.

4. Einfluß von Haftungsfreistellungen 22

Ist ein Gesamtschuldner gegenüber dem Geschädigten durch Vertrag oder kraft Gesetzes von der Haftung befreit, so stellt sich die Frage, ob der auf Schadensersatz in Anspruch genommene Mitschädiger bei ihm Rückgriff nehmen und dadurch die Haftungsfreistellung obsolet werden lassen kann. Andere Lösungen könnten so aussehen, daß der Mitschädiger den Schadensanteil des Freigestellten mitzuübernehmen oder daß der Geschädigte eine Kürzung seines Ersatzanspruchs um den betreffenden Anteil hinzunehmen hat. Diese umstrittene Frage ist für die verschiedenen Fälle der Haftungsfreistellung jeweils nach deren Sinn und Zweck zu entscheiden.

a) Nach dem Unfall vereinbarter Erlaß. Ein derartiger Vertrag (§ 397 BGB) wirkt zugunsten aller Gesamtschuldner, wenn dies von den Vertragsschließenden gewollt ist, ansonsten nur gegenüber dem Vertragspartner (§ 423 BGB). In diesem Falle entscheidet ebenfalls die am Willen der Parteien orientierte Auslegung darüber, ob eine volle Inanspruchnahme der Mitschuldner möglich sein soll (dann auch interne Ausgleichspflicht des Begünstigten) oder ob der Anspruch gegen diese nur in Höhe ihres Schadensanteils bestehen bleiben soll. Wer aus dem Erlaß eine Vergünstigung für sich herleiten will, hat den entsprechenden Willen zu beweisen. 23

b) Haftungsverzicht vor dem Unfall. Hat der Geschädigte mit dem Halter einen Haftungsverzicht vereinbart (z. B. bei einer Gefälligkeitsfahrt; vgl. § 16, 205ff), so ist er nach der Rechtsprechung des BGH nicht gehindert, einen mitverantwortlichen Halter eines anderen Kraftfahrzeugs auf Ersatz seines vollen Schadens in Anspruch zu nehmen. Der in Anspruch Genommene kann vom anderen sodann in Höhe dessen Schadensbeitrags Ausgleich verlangen (BGHZ **12** 213; **35** 323; **58** 220). 24

Dies ist jedoch insofern unbefriedigend, als die Haftungsbefreiung im Ergebnis gegenstandslos wird, und zwar nur wegen des (mehr oder weniger zufälligen) Umstands, daß neben dem Freigestellten noch ein Mitschädiger haftet. Das billige Ergebnis, daß der auf den Freigestellten entfallende Schadensbetrag letztlich vom Geschädigten selbst zu tragen ist, läßt sich – bei entsprechendem Willen der Parteien – so erreichen, daß in dem Verzichtsvertrag zugleich ein Vertrag zugunsten Dritter gesehen wird mit dem Inhalt, daß ein Mitschädiger nur in Höhe dessen Haftungsquote in Anspruch genommen werden kann, oder indem dem Freigestellten aufgrund der Vereinbarung über den Verzicht ein Anspruch gegen den Verzichtenden auf Befreiung von der Ausgleichspflicht zuerkannt wird. Der freigestellte Halter könnte dann, wenn er von dem Mitschädiger auf Ausgleich in Anspruch genommen wird, beim Geschädigten Rückgriff nehmen.

25 **c) Haftungsbefreiung nach §§ 636, 637 RVO.** Nach der früheren Rechtsprechung konnte der bei einem Arbeitsunfall Verletzte dann, wenn der für den Unfall verantwortliche Arbeitgeber oder Arbeitskollege nach §§ 636, 637 RVO von der Haftung befreit sind, einen Mitschädiger auf vollen Schadensersatz in Anspruch nehmen, ohne daß dieser beim Arbeitgeber bzw. Kollegen Rückgriff nehmen konnte (RGZ **153** 38; BGHZ **19** 120). Diese Ansicht wurde vom BGH zunächst für den Fall aufgegeben, daß der Ersatzanspruch vom Verletzten auf einen Sozialversicherungsträger übergegangen ist (BGHZ **51** 37; **55** 16; **58** 356). Nunmehr gilt allgemein, daß sich der Ersatzanspruch gegen den Mitschädiger um den Verantwortungsanteil des Arbeitgebers bzw. Kollegen, Mitschülers usw. mindert (BGHZ **61** 51; BGH VersR **1974** 889; **1982** 270). Dies gilt auch für den Schmerzensgeldanspruch (BGH VersR **1981** 260).

26 **d) Haftungsbefreiung wegen schadensgeneigter Arbeit.** Um die hierin liegende Privilegierung des Arbeitnehmers nicht durch den Rückgriff eines Mitschädigers illusorisch werden zu lassen, muß der Ersatzanspruch des Arbeitgebers um den Verantwortungsanteil des nicht haftenden Arbeitnehmers gemindert werden (OLG Karlsruhe OLGZ **1969** 158).

27 **e) Angehörigenprivileg nach § 67 Abs. 2 VVG.** Kann ein Versicherer nach dieser Vorschrift bzw. ein Sozialversicherungsträger aufgrund ihrer analogen Anwendung (vgl. § 10, 92) bei einem mitverantwortlichen Familienangehörigen des Verletzten keinen Regreß nehmen, so ist sein Rückgriffsanspruch gegen einen Zweitschädiger insoweit ausgeschlossen, als dieser Ausgleichsansprüche gegen den Erstschädiger haben würde, wenn das Gesetz diesen nicht von seiner Haftung verschont hätte (BGH VersR **1980** 938).

28 **f) Sonstige Haftungsprivilegierungen.** Die Frage, inwieweit Haftungsprivilegierungen für Angehörige (§§ 1359, 1664 BGB), Gesellschafter (§ 708 BGB) oder bei der Amtshaftung (§ 839 Abs. 1 Satz 2 BGB) die Haftung eines Mitschädigers bzw. dessen Rückgriff beeinflussen, hat für den Bereich des Verkehrshaftpflichtrechts durch die neuere Rechtsprechung, derzufolge sie hier nicht anzuwenden sind (vgl. § 16, 368 u. 398), an Bedeutung verloren (vgl. hierzu *Palandt/Heinrichs* § 426 5b dd). Die aus § 1353 BGB entspringende Verpflichtung, bestimmte Schadensersatzansprüche gegen den Ehepartner nicht geltend zu machen, berührt das Verhältnis zum Zweitschädiger ohnehin nicht (BGH VersR **1983** 134 = JR **1983** 240 m. zust. Anm. *Hohloch*).

5. Bemessung des Ausgleichsanspruchs 29

a) Allgemeines. Entscheidend für die interne Haftungsverteilung ist das Gewicht des jeweiligen Verursachungsbeitrags. In diesen fließt auch die Betriebsgefahr des beteiligten Kraft- oder Bahnfahrzeugs bzw. die Tiergefahr ein. Sie kann durch besondere Umstände, vor allem durch Verschulden des Halters bzw. Fahrers, erhöht sein. Hierbei muß es sich um erwiesenes Verschulden, nicht um lediglich nach § 18 vermutetes handeln. Bei der Abwägung kann sich auch ergeben, daß der Verursachungsbeitrag eines Schädigers ganz zurücktritt, dieser also keinen Ausgleich zu leisten braucht bzw. (wenn er selbst in Anspruch genommen wurde) vollen Ausgleich erlangen kann. Näher zur Abwägung § 9, 77ff; Einzelfälle s. Rdn. 52ff.

b) Abhängigkeit von der Ersatzpflicht gegenüber dem Geschädigten. Außerhalb 30
der Gesamtschuld liegende, d. h. einen Schädiger allein treffende Verpflichtungen werden nicht ausgeglichen (OLG Neustadt NJW **1953** 1264). Schuldete der Gesamtschuldner, der dem Verletzten das Schmerzensgeld bezahlt hat, dieses allein, so kann er von den anderen Unfallbeteiligten hierfür keinen Ausgleich verlangen. Schuldeten alle Schädiger zusammen dem Verletzten nur Ersatz eines bestimmten Teils seines Schadens, so berechnen sich die von den Ausgleichspflichtigen zu zahlenden Anteile als Teile dieser Schadensquote (BGHZ **12** 220).

c) Einfluß der tatsächlichen Zahlung an den Geschädigten. Zahlt einer der Schädi- 31
ger dem Geschädigten nur einen Teil des Schadens, der unter dem Betrag liegt, der bei der Ausgleichung auf ihn entfiele, so kann er nicht etwa von den anderen Schädigern verlangen, daß sie quotenmäßig ihm den Teilbetrag teilweise vergüten; der Ausgleichsanspruch bezieht sich nur auf den Teil des Schadens, der die selbst zu tragende Quote übersteigt. Zahlt ein Schädiger mehr, als er schuldete, so erwirbt er insoweit keinen Ausgleichsanspruch nach § 17 (BGH VersR **1966** 664). Auch ein Ausgleich unter dem Gesichtspunkt der Geschäftsführung ohne Auftrag oder der ungerechtfertigten Bereicherung kommt jedenfalls dann nicht in Betracht, wenn mit der Zahlung an den Geschädigten eine eigene Verbindlichkeit (z. B. aus Vergleich) erfüllt wurde (BGH VersR **1964** 1147). Anders kann es sich insoweit allerdings verhalten, wenn ein Schädiger aus freien Stücken mehr als geschuldet (z. B. über die Grenze des § 12 hinaus) gezahlt hat, auf Bereicherungsansprüche gegen den Zahlungsempfänger verzichtet und erklärt, daß die erbrachten Zahlungen, soweit sie über die eigene Schuld hinausgehen, als Zahlungen für den Mitverantwortlichen gelten sollen; in diesem Falle kommt ein Bereicherungsausgleich in Betracht (BGH VersR **1964** 1147).

6. Mehrheit von Mitschädigern

a) Grundsatz des Teilregresses. Kann der in Anspruch genommene Schädiger von 32
mehreren Mitschädigern Ausgleich fordern, so haften ihm diese grundsätzlich (Ausnahme: Rdn. 35) nicht als Gesamtschuldner, sondern jeweils nur in Höhe des auf sie entfallenden Schadensanteils. Dieser ist aufgrund einer Gesamtabwägung zu ermitteln. Zu beachten ist hierbei, daß möglicherweise nicht mit jedem Mitschädiger eine Gesamtschuld in gleicher Höhe besteht. Zu den Problemen, die sich bei Nebentäterschaft und Mitverschulden des Geschädigten ergeben s. § 9, 91ff.

Kann der in Anspruch genommene Schädiger vollen Ausgleich verlangen, weil 33
sein Verursachungsbeitrag völlig zurücktritt, so sollen ihm nach h. M. die Mitschädiger gesamtschuldnerisch zum Ausgleich verpflichtet sein (RGZ **87** 68; **136** 287;

BGHZ **17** 222; *Lange* § 11 A IV 2). Dies ist abzulehnen. Der Umstand, daß der betreffende Schädiger hundertprozentigen Ausgleich verlangen kann, ändert nichts daran, daß sein Anspruch ein Regreß- und nicht ein Ersatzanspruch ist. Es besteht auch kein Anlaß, dem Schädiger, der nach außen immerhin mithaften mußte, im Innenverhältnis die Vergünstigungen einer gesamtschuldnerischen Regreßhaftung zuzugestehen. Daß dies verfehlt ist, zeigt sich z. B. dann, wenn ein anderer Mitschädiger nur auf eine ganz geringe Quote haftet; der „privilegierte" Schädiger könnte dann ihn voll in Anspruch nehmen und damit die Last des Teilregresses ohne rechtfertigenden Grund ihm zuschieben.

34 **b)** Bei **Insolvenz eines Mitschädigers** ist der Ausfall von den übrigen zur Ausgleichung Verpflichteten, einschließlich des Regreßnehmenden, anteilsmäßig zu tragen (§ 426 Abs. 1 Satz 2 BGB).

35 **c)** Bei **Beteiligung mehrerer Ausgleichspflichtiger an einer einheitlichen Schadensursache** bilden diese eine sog. Haftungseinheit, d. h. sie haften dem Ausgleichsberechtigten gesamtschuldnerisch auf eine einheitliche Haftungsquote (vgl. die Erl. zur entsprechenden Situation bei der Mitverschuldensabwägung, § 9, 94). Eine solche Haftungseinheit besteht z. B. zwischen Halter und Fahrer eines Kraftfahrzeugs (BGH NJW **1966** 1262; VersR **1970** 64), aber auch zwischen sonstigen Schädigern, deren Verhalten sich in einem einheitlichen Ursachenbeitrag ausgewirkt hat (BGHZ **61** 218). Der Ausgleichsberechtigte kann den auf eine solche Haftungseinheit entfallenden Schadensanteil von jedem Mitglied der Haftungseinheit, aber nur einmal fordern. Der Ausgleich innerhalb der Haftungseinheit richtet sich sodann nach den entsprechenden Regelungen; vgl. für das Verhältnis Halter – Fahrer Rdn. 39, für das Verhältnis Geschäftsherr – Verrichtungsgehilfe § 840 Abs. 2 BGB.

36 **d) Beteiligung eines oder mehrerer Schädiger und des Geschädigten an einer einheitlichen Schadensursache.** In diesen Fällen der sog. Zurechnungseinheit (vgl. § 9, 95) findet zwischen dem oder den Schädiger(n), die mit dem Geschädigten für denselben Ursachenbeitrag verantwortlich sind, und dem oder den „außenstehenden" Schädiger(n) kein Ausgleich statt, weil die jeweiligen Schadensanteile hier bereits bei der Haftung gegenüber dem Geschädigten voneinander geschieden sind: zwischen den zur Einheit gehörenden und den außenstehenden Mitschädigern besteht kein Gesamtschuldverhältnis (BGHZ **61** 218). Es kann hier allenfalls zu einem Bereicherungsausgleich (§ 812 BGB) kommen, wenn der Außenstehende im Vorprozeß in Verkennung der Zurechnungseinheit mit einer zu hohen Quote belastet worden ist (BGH VersR **1978** 735).

37 Eine solche Zurechnungseinheit bilden z. B. der Fahrer eines Kraftfahrzeugs und dessen mitfahrender Halter. Aus diesem Grund kann es zwischen dem Halter eines anderen am Unfall beteiligten Kraftfahrzeugs und dem Fahrer nicht zu einer Ausgleichung bezüglich der dem mitfahrenden Halter entstandenen Schäden kommen (BGH NJW **1966** 1262 = 1810 m. Anm. *Dunz*).

38 **7. Bindung an Urteil im Haftungsprozeß**

Liegt eine rechtskräftige Verurteilung desjenigen, der Ausgleichung begehrt, zur Zahlung von Schadenersatz an den Verletzten vor, so ist der Richter, der über den Ausgleich zu befinden hat, hieran nicht gebunden. Zu einer Bindungswirkung kann es allenfalls nach § 68 ZPO kommen, wenn sich der Mitschädiger an dem Rechtsstreit als Nebenintervenient beteiligt oder wenn der Beklagte des damaligen Prozesses dem jetzigen Beklagten rechtzeitig den Streit verkündet hatte. Ist dies nicht der

Fall, so kann das Gericht zu dem Ergebnis kommen, daß es an einem Ausgleichsanspruch schon deshalb fehlt, weil der jetzige Kläger zu Unrecht zur Zahlung an den Verletzten verurteilt wurde. Ist die Klage des Verletzten gegen den einen der Gesamtschuldner abgewiesen worden, so kann er einem anderen Gesamtschuldner gleichwohl ausgleichspflichtig sein (RGZ **69** 426; BGH VersR **1969** 1039).

8. Ausgleich zwischen dem Halter und dem Führer desselben Kraftfahrzeugs 39

Er fällt nicht unter § 17, d. h. diese Vorschrift darf als Grundlage für die Ausgleichsansprüche zwischen diesen beiden Personen nicht zitiert werden (LAG Düsseldorf DAR **1952** 16; *Gelhaar* DAR **1954** 270). Der Ausgleich richtet sich vielmehr, da der Halter und der Führer dem Verletzten als Gesamtschuldner haften (§ 840 BGB), nach § 426 BGB, sofern zwischen ihnen keine vertraglichen Beziehungen mit anderweitiger Regelung bestehen. Ist der Führer Arbeitnehmer des Halters und wurde die Fahrt im Rahmen des Arbeits- (Angestellten-)Verhältnisses ausgeführt, so gelten die arbeitsrechtlichen Sondervorschriften (§ 16, 210ff). Der Arbeitgeber ist mithin in der Regel verpflichtet, den Arbeitnehmer von Schadenersatzansprüchen aus einem Unfall, der durch dessen verkehrswidriges Verhalten entstanden ist, ganz oder teilweise freizustellen. Beruht allerdings der Unfall darauf, daß der Arbeitnehmer seine Pflichten aus dem Dienstvertrag gröblich dadurch verletzt hat, daß er die Pflege des Wagens vernachlässigt oder Reparaturen, die er hätte durchführen müssen, nicht oder mangelhaft ausgeführt hat, so hat im Innenverhältnis der Arbeitnehmer den Schaden zu tragen. Ist der Führer Beamter und der Halter sein Dienstherr, so schließt die Haftung der Körperschaft nach Art. 34 GG eine Haftung des Beamten nach § 18 aus (§ 18, 25); der Rückgriff richtet sich nach den beamtenrechtlichen Vorschriften. Bestehen zwischen dem Halter und dem Führer keinerlei vertragliche Beziehungen und auch keine solchen aus einem öffentlich-rechtlichen Dienstverhältnis, so hat – im Rahmen der Haftung nach dem StVG – im Innenverhältnis jeder die Hälfte des Schadens zu tragen (§ 426 BGB). Soweit Schadenersatzansprüche des Verletzten aus unerlaubter Handlung die Grenzen der im StVG gesetzten Regelung überschreiten, ist insoweit der schuldhaft handelnde Führer alleiniger Schuldner.

IV. Der Ersatzanspruch des geschädigten Halters

1. Inhalt der Vorschrift 40

§ 17 Abs. 1 Satz 2 begründet keinen Schadensersatzanspruch des Halters, sondern setzt einen solchen (z. B. aus § 7, unerlaubter Handlung) voraus. Seine Wirkung besteht darin, diesen Ersatzanspruch um den eigenen Verursachungsanteil (einschl. Betriebsgefahr) zu mindern. Dies ergibt sich im Grunde schon aus § 254 BGB (vgl. Rdn. 2) und gilt daher ebenso, wenn es sich beim Anspruchsgegner nicht um eine von § 17 erfaßte Person handelt.

2. Hypothetische Haftung des Geschädigten als Voraussetzung der Anspruchsminderung 41

a) Gefährdungshaftung. Die Anrechnung eines eigenen Verursachungsanteils kommt nur dann in Betracht, wenn der Halter, wäre nicht er, sondern an seiner Stelle ein Dritter bei dem Unfall geschädigt worden, diesem (allein oder auch) aus

§ 7 ersatzpflichtig wäre[7], also z. B. nicht, wenn sein Kraftfahrzeug nicht in **Betrieb** oder wegen **geringer Geschwindigkeit** nach § 8 von der Gefährdungshaftung ausgenommen war (hier ggfs. Anspruchsminderung nach § 254 BGB bei deliktischem Verschulden; *Böhmer* MDR **1960** 732; s. a. Rdn. 10ff).

42 **b) Nicht aus dem StVG hergeleitete Ansprüche.** Eine Mithaftung nach § 17 Abs. 1 Satz 2 kommt – entgegen der Rechtsprechung des BGH – des weiteren dann nicht in Betracht, wenn der am Unfall schuldlose Halter Ansprüche geltend macht, die dem StVG nicht unterliegen, z. B. einen Anspruch auf Schmerzensgeld[8]. Kann die bloße Gefährdungshaftung keine Haftung für Schmerzensgeld begründen, so ist es inkonsequent, aus dem gleichen rechtlichen Gesichtspunkt die Minderung eines entsprechenden Anspruchs herzuleiten. Auch den Ansprüchen aus § 845 BGB kann daher die Betriebsgefahr des Kraftfahrzeugs nicht entgegengehalten werden, wenn den getöteten oder verletzten Halter kein Verschulden am Unfall getroffen hat (**a. A.** OLG Celle MDR **1956** 354). Es darf nicht außer acht gelassen werden, daß das schuldlose Einstehen für die Betriebsgefahr des Kraftfahrzeugs einen Ausnahmefall darstellt, der nicht durch erweiternde Auslegung auf andere Fälle erstreckt werden kann.

43 **c) Haftungsbegrenzung nach § 12.** Aus demselben Grund braucht – ebenfalls entgegen der Ansicht des Bundesgerichtshofs – der Halter in keinem Fall von dem seinem Kraftfahrzeug zugefügten Schaden, an dem er selbst keine Schuld trägt, mehr als die in § 12 bestimmten Haftungsbeträge zu tragen[9]. Es mag zwar zutreffen, daß § 12 des früheren KFG vom Gesetzgeber geschaffen wurde, um dem Halter den Abschluß einer Haftpflichtversicherung zu erleichtern; der BGH beruft sich aber zu Unrecht auf diesen seinerzeitigen Gesetzeszweck. Dieser vermag eine ausdehnende Auslegung der Sonderregelung über eine Haftung ohne Verschulden nicht zu rechtfertigen. Die Gefährdungshaftung, also das Einstehenmüssen für eine bloße Betriebsgefahr, ist nicht der Regelfall, wie der Bundesgerichtshof annimmt, sondern ein ungewöhnlicher Ausnahmefall.

44 **d) Amtshaftung.** Nimmt ein Beamter, der bei einem auf Dienstfahrt erlittenen Unfall geschädigt oder verletzt wurde, denjenigen auf Schadenersatz in Anspruch, der für den Schaden einzustehen hat, so kann dieser von dem Beamten Ausgleichung verlangen. Hier fehlt es zwar an der hypothetischen Haftung des Verletzten, weil die öffentlich-rechtliche Körperschaft haften würde (Art. 34 GG), wenn der Beamte eine andere Person verletzt hätte. Da aber der vom Beamten in Anspruch Genommene keine Möglichkeit hätte, den auf den Beamten treffenden Schadensanteil gegen dessen Dienstherrn geltend zu machen, wird ihm nach Treu und Glauben der Einwand der Ausgleichung gegenüber der Forderung des Beamten gewährt (BGH NJW **1959** 985 = JZ **1960** 174 m. Anm. *Schröer*; OLG Köln VersR **1957** 417).

45 **3. Berechnung des Anspruchs**

Die Verteilung des Schadens erfolgt nicht etwa, wie noch das Reichsgericht (RGZ **160** 151; RG HRR **1935** Nr. 1159) meinte, in der Weise, daß zunächst der

[7] RGZ **96** 68; **123** 165; **138** 4; RG JW **1929** 918; **1929** 1462; **1932** 785; HRR **1933** Nr. 1024.

[8] OLG Dresden VAE **1939** 70; OLG Oldenburg JRPrV **1942** 88; OLG Neustadt JZ **1957** 546 m. abl. Anm. *Böhmer*; **a. A.** BGHZ **20** 259 = JZ **1956** 491 m. Anm. *Böhmer*; BGH NJW **1958** 341; *Böhmer* NJW **1956** 1665.

[9] OLG Neustadt VRS **8** 25; **a. A.** RGZ **149** 213; BGH NJW **1956** 1068; VRS **11** 108; VersR **1964** 1147. S. auch § 12, 4.

Gesamtschaden aller Beteiligten zu berechnen und dann nach Quoten aufzuteilen wäre, vielmehr stehen sich die Ansprüche der an einem Unfall Beteiligten, wenn mehrere einen Schaden erlitten haben, selbständig gegenüber und sind einzeln nach der jeweils anzuwendenden Vorschrift (§ 254 BGB, § 9 StVG oder § 17 StVG) zu berechnen[10]. Daher ist auch der durch Verlust des Schadensfreiheitsrabatts in der Kasko- oder Krankenversicherung entstandene Schaden quotenmäßig zu verteilen, obwohl er auch entstanden wäre, wenn nur der Verletzte oder nur der Schädiger den Schaden verursacht hätte (*Klunzinger* NJW **1969** 2116). Eine Gesamtabrechnung findet nur statt, wenn sich die Beteiligten auf diese Methode einigen (OLG Dresden VAE **1939** 363). Ist der einem Beteiligten (oder gar beiden Beteiligten) entstandene Schaden nur aus Gefährdungshaftung zu ersetzen und die Höchstsumme des § 12 – oder die entsprechenden Höchstsummen aus anderen die Gefährdungshaftung normierenden Gesetzen – jeweils überschritten, so muß jeder die Höchstsumme überschreitende Anspruch vor der Abrechnung auch dann auf diese reduziert werden, wenn Aufrechnung erklärt ist (BGH DAR **1957** 129; OLG Oldenburg NJW **1953** 1514 m. abl. Anm. *Goltermann*). Abzulehnen ist die Ansicht des Kammergerichts (DAR **1930** 104 m. abl. Anm. *Hencke*) und des OLG Naumburg (VR **1935** 337), keiner von beiden könne vom anderen dann einen Ausgleich verlangen, wenn das Verschulden (oder bei reiner Gefährdungshaftung: die Verursachung) der beiden Gegner gleich hoch sei.

Für die **Haftungsverteilung** gelten die in § 9, 77ff dargestellten Grundsätze entsprechend. Einzelfälle s. Rdn. 52ff. 46

4. Auswirkungen auf Ansprüche der Erben und Unterhaltsberechtigten 47

a) Beerdigungskosten, Unterhalt. Ist der Halter bei dem Unfall getötet worden, so müssen sich die Erben bei der Geltendmachung der Beerdigungskosten (§ 10 Abs. 1) die Betriebsgefahr des Kraftfahrzeugs, in dem der Verstorbene als Führer oder Halter fuhr (gesetzt den Fall, der Entlastungsbeweis sei nicht zu führen) entgegenhalten lassen. Dasselbe gilt, wenn Unterhaltsberechtigte (§ 10 Abs. 2) von dem Schädiger Ersatz für den entgangenen und in Zukunft entgehenden Unterhalt verlangen (RG JW **1931** 1956; BGH VersR **1957** 198), denn diese Ansprüche sind von denen des Verstorbenen abgeleitet.

b) Erbe als verletzter Insasse. War der Erbe des beim Unfall ums Leben gekommenen Kraftfahrzeugführers bei diesem Unfall als Insasse verletzt worden und macht er eigene Schadenersatzansprüche gegen den Schädiger (anderen Unfallbeteiligten) geltend, so kann dieser einwenden, der Verstorbene habe den Unfall schuldhaft herbeigeführt, wäre daher dem Erben ebenfalls ersatzpflichtig (falls er noch leben würde) und der Erbe müsse diese Ausgleichspflicht im Rahmen seiner Erbenhaftung gegen sich gelten lassen (RGZ **138** 4; **160** 151; BGHZ **6** 319; BGH VersR **1957** 198). 48

c) Ansprüche bei beschränkter Erbenhaftung. Macht ein anderer beim Unfall Verletzter Ersatzansprüche gegen die Erben geltend, so können diese, falls sie beschränkbar haften (§ 2013 BGB) und nachweisen können, daß die Anordnung der Nachlaßverwaltung oder die Eröffnung des Nachlaßkonkurses mangels einer den Kosten entsprechenden Masse untunlich ist, die Beschränkung der Haftung auf den 49

[10] BGHZ **15** 133; BGH VRS **11** 107; OLG Karlsruhe JW **1933** 1667; OLG Oldenburg NJW **1953** 1514 m. abl. Anm. *Goltermann*; *Levis* RdK **1933** 120; *Gelhaar* DAR **1954** 265.

Nachlaß geltend machen (§ 1990 BGB, § 780 ZPO). In diesem Falle können die Erben eigene Ansprüche gegen den anderen Unfallbeteiligten in der Höhe geltend machen, in der sie den Wert des Nachlasses übersteigen. Dieser Fall tritt vor allem ein, wenn die Witwe des beim Unfall Getöteten nach § 10 von einem anderen beim Unfall Verletzten Ersatz des entgangenen Unterhalts verlangt. Dieses Recht steht, falls die Voraussetzungen vorliegen, sogar dem Träger der Sozialversicherung zu, auf den die Ansprüche aus § 844 Abs. 2 BGB übergegangen sind (BGH NJW **1961** 1966; OLG Stuttgart VkBl. **1959** 87).

V. Beweisfragen

50 1. Beweislast

Wer von einer Person auf Schadenersatz aus einem Unfall in Anspruch genommen wird und einwendet, den Kläger treffe ein Mitverschulden, hat das Verschulden des Klägers zu beweisen (§ 9, 99); behauptet er, den Kläger treffe zwar kein Mitverschulden, aber die Betriebsgefahr seines Kraftfahrzeugs, so hat er zu beweisen, daß der Kläger Halter eines am Unfall beteiligten Kraftfahrzeugs war, daß sich dieses im Augenblick des Unfalls in Betrieb befand und daß der Unfall sich „bei dem Betriebe“ (§ 7, 30ff) dieses Kraftfahrzeugs ereignet hat[11]. Hat der Schädiger dies bewiesen, so hat der Kläger die Gelegenheit, den Ausgleich durch den Nachweis zu Fall zu bringen, daß der Unfall für ihn und seinen Kraftfahrzeugführer und die beim Betriebe Beschäftigten ein unabwendbares Ereignis gewesen sei (OLG Koblenz VkBl. **1952** 78). Dieselbe Beweislast, die in obigem Beispiel den Beklagten traf, trifft den Kläger, der von einem anderen Unfallbeteiligten Ausgleich für Beträge fordert, die er einem bei einem Unfall Verletzten oder Geschädigten als Schadenersatz bezahlt hat, oder der zwar noch nichts bezahlt hat, aber von einem anderen Unfallbeteiligten teilweise Freistellung von den Ansprüchen begehrt, die der Verletzte gegen ihn erhebt (RG DAR **1931** 314). Wer sich im Verfahren nach Absatz 1 Satz 2 darauf beruft, den Verletzten treffe ein Verschulden, hat nicht nur dieses zu beweisen, sondern auch das Ausmaß des behaupteten Verschuldens und der Verursachung durch den Verletzten[12]; dasselbe gilt für denjenigen, der behauptet, die Betriebsgefahr des Kraftfahrzeugs des Verletzten habe den Unfall mitverursacht und diese Betriebsgefahr sei durch bestimmte Umstände – etwa durch verkehrswidriges Verhalten des Kraftfahrzeugführers – erhöht gewesen (RGZ **114** 73; RG VAE **1940** 30; OLG Köln JR **1956** 342). Das bloß nach § 18 vermutete Verschulden des Fahrers hat bei der Abwägung außer Betracht zu bleiben (Rdn. 29). Dagegen fällt das durch Anscheinsbeweis (§ 16, 279ff) erwiesene Verschulden ins Gewicht.

51 2. Beweismaß

Während der Beweis für Umstände, die dem Verletzten nach § 17 oder nach § 254 BGB angelastet werden, der Vorschrift des § 286 ZPO unterliegt, hat das Gericht unter Anwendung des § 287 ZPO zu entscheiden, ob und in welchem Maße

[11] RGZ **114** 76; **162** 4; RG RdK **1940** 135; OLG Hamburg HRR **1940** Nr. 1016; OLG München HRR **1940** Nr. 1432; teilw. **a. A.** OLG Stuttgart MDR **1962** 651; krit. hierzu *Böhmer* MDR **1962** 713; VersR **1962** 597.

[12] RGZ **114** 73; RG JW **1932** 787; OLG Koblenz VkBl. **1952** 78; OLG Schleswig VkBl. **1951** 488.

solche nach § 286 ZPO festgestellten Umstände das Entstehen des Schadens beeinflußt haben (BGH VersR **1968** 646).

VI. Rechtsprechungsübersicht 52

Im folgenden sind Gerichtsentscheidungen zur Haftungsverteilung im Anwendungsbereich des § 17 zusammengestellt. Die Fälle, in denen ausschließlich § 9 StVG zur Anwendung kommt, sind in § 9, 103ff aufgeführt, die allein nach § 254 BGB zu beurteilenden Fälle in § 16, 185ff. Zur Abgrenzung der Anwendungsbereiche s. § 9, 2. Auch auf die dortigen Vorbemerkungen zur Rechtsprechungsübersicht wird Bezug genommen.

1. Unfälle unter Beteiligung mehrerer Kraftfahrzeuge 53

a) Linksabbiegen während des Überholtwerdens:

OLG München VersR **1960** 188: Kraftfahrzeug wendet nachts auf der Autobahn;

OLG Neustadt DAR **1961** 285: Pkw gegen Kraftrad, das anhält und unter Linksabbiegen wieder anfährt;

BGH VersR **1962** 361: Einbiegen in ein Grundstück;

BGH VersR **1963** 87: Pkw überholt Kraftrad bei Dunkelheit;

BGH VersR **1963** 85: Pkw überholt einen Lkw, der gleich nach dem Linkseinbiegen erneut, diesmal in ein Grundstück, einbiegt;

BGH VRS **25** 241: Pkw gegen Kraftrad;

BGH VersR **1963** 1051: Lkw gegen Kraftrad, Einfahrt in ein Grundstück;

BGH VersR **1964** 681: Pkw gegen Pkw, links in ein Grundstück einfahrend;

BGH VersR **1964** 1051: Pkw gegen Kraftrad;

BGH VersR **1967** 903: Pkw gegen Kraftrad;

OLG Hamburg VersR **1968** 504: der überholende überschritt die zulässige Geschwindigkeit erheblich;

BGH VersR **1968** 1041: der an einer Straßeneinmündung Überholte muß wegen eines einbiegenden Radfahrers nach links ausweichen;

BGH VersR **1969** 614: Leichtmotorrad biegt auf Fernverkehrsstraße nach links in ein Grundstück ein mit Richtungsanzeige mit der Hand, Pkw will überholen;

OLG Düsseldorf VersR **1971** 723: Pkw setzt Überholen trotz ununterbrochener Leitlinie fort, überholter Pkw biegt links in Feldweg ab;

OLG Düsseldorf VersR **1972** 404: Pkw überholt innerorts Lkw, dieser biegt ohne zweite Rückschau nach links in Grundstück ein;

OLG Düsseldorf VersR **1973** 372: Überholer fährt innerorts zu schnell;

OLG Nürnberg VersR **1973** 1126: Vordermann hat sich nicht ausreichend zur Mitte eingeordnet;

OLG Oldenburg VersR **1974** 762: Überholer stößt gegen einen Linkseinbieger, der in ein Grundstück fährt;

OLG Schleswig VersR **1974** 867: Überholer einer Fahrzeugschlange, die am Ende einer Ortschaft ihre Geschwindigkeit verringert, gegen Linksabbieger;

OLG Schleswig VersR **1974** 703: Pkw überholt einen Lkw, der in eine Kiesgrube links einbiegen will;

OLG Düsseldorf DAR **1974** 192: überholender Pkw gegen Traktor, der ohne Einordnen und Blinken nach links in schwer erkennbaren Waldweg einbiegt;

OLG Düsseldorf VersR **1974** 864: Pkw biegt links ab, ein nachfolgender Pkw überholt;

OLG München VersR **1975** 1058: Pkw überholt trotz Überholverbots einen links blinkenden und ordnungsgemäß eingeordneten Pkw;

OLG Hamm VersR **1982** 1055 (LS): Überholen eines zum Linksabbiegen in Feldweg eingeordneten Treckergespanns;

OLG Köln VersR **1983** 352: Linksabbieger und zum Überholen ansetzendes Kraftfahrzeug.

54 **b) Ausscheren während des Überholtwerdens:**

BGH VersR **1970** 89: Pkw schert aus der Fahrzeugschlange nach links aus;

OLG Frankfurt VersR **1972** 53: Pkw wechselt wegen eines haltenden Fahrzeugs kurz vor Lkw auf die Überholspur;

BGH VersR **1971** 440: Pkw schert vor überholendem Pkw auf die Überholspur aus;

OLG Hamm MDR **1971** 579: Pkw weicht wegen eines von rechts Einfahrenden nach links aus und stößt gegen ein ihn überholendes Kraftfahrzeug;

BGH VersR **1971** 843: Pkw überholt Kolonne, ein Fahrzeug schert vor ihm zum Überholen aus;

BGH VersR **1971** 1043: Moped überholt Lkw, der eben anfährt;

OLG Celle VersR **1972** 1145: das vordere Fahrzeug wechselt die Fahrspur nach links;

OLG Karlsruhe VersR **1974** 151: Pkw schert auf Autobahn zum Überholen eines Lkw aus, ihn überholender Pkw fährt auf;

OLG Bamberg VersR **1974** 60: Lastzug schert aus, weil Vordermann schleudert, überholender Pkw fährt auf;

LG Köln VersR **1974** 67: Überholen mit unzulässiger Geschwindigkeit, Vordermann weicht einem Kind nach links aus.

55 **c) Sonstige Unfälle zwischen Überholer und Überholtem:**

BGH VersR **1968** 670: der auf der Autobahn Überholende drängt den Vorausfahrenden in die rechte Spur, wo dieser scharf bremsen muß und schleudert;

BGH VersR **1969** 1148: Lastzug lenkt wegen einer Verkehrsinsel nach rechts ohne zu bemerken, daß rechts von ihm ein Motorradfahrer fährt;

OLG Bamberg VersR **1971** 769: Pkw überholt ein Moped und biegt nach 10 Sekunden rechts ab;

OLG Frankfurt VersR **1972** 1146: Lkw will nach rechts in ein Grundstück, holt links aus, Pkw überholt rechts;

LG Fulda VersR **1973** 777: Pkw überholt auf der Landstraße einen anderen und wird dabei von einem Dritten überholt, den er streift; der Erstüberholende fuhr zu weit links;

OLG Hamburg VersR **1975** 911: Streifzusammenstoß beim Überholen auf der Autobahn, ohne daß ein Fahrstreifenwechsel feststellbar ist;

OLG Köln VersR **1982** 585: zu geringer Seitenabstand bei Überholen einer haltenden Kolonne;

OLG Stuttgart VersR **1982** 1155: Überholen einer Lkw-Kolonne mit 170 km/h.

56 **d) Linksabbieger bei Gegenverkehr:**

BGH VersR **1964** 514: Pkw gegen Pkw;

BGH VersR **1965** 811: Pkw gegen Kombiwagen;

BGH VersR **1965** 899: Lkw gegen Omnibus;

BGH NJW **1966** 108: abknickende Vorfahrt, unterlassenes Richtungszeichen;

BGH VersR **1966** 188: auf einer Schnellverkehrsstraße, Moped biegt links ab;

OLG Bamberg VersR **1966** 960: Moped gegen Pkw, der in ein Grundstück biegt;
OLG München VersR **1966** 787: Linksabbieger ordnet sich einen Meter jenseits der Straßenmitte ein;
BGH VersR **1966** 1074: Moped gegen Bagger an unübersichtlicher Stelle;
BGH VersR **1969** 75: Pkw darf vertrauen, daß der Linkseinbieger auf der Kreuzungsmitte anhält, auch wenn er sich eingeordnet und den Blinker betätigt hat;
LG Nürnberg-Fürth VersR **1972** 597: Sattelschlepper biegt links ein;
OLG Düsseldorf VersR **1971** 673: Pkw gegen Pkw, der links einbiegt, abknickende Vorfahrt hat und Fahrtrichtungsänderung nicht anzeigt;
BGH VersR **1971** 374: Pkw stößt gegen einen mit Blaulicht entgegenkommenden und nach links einbiegenden Feuerlöschwagen;
OLG München VersR **1973** 528: Der Geradeausfahrende kann sich darauf verlassen, daß der entgegenkommende Linkseinbieger anhält;
KG VersR **1975** 427: Linksabbiegen bei Aufleuchten des Grün- oder Gelbpfeils;
OLG Köln VersR **1975** 563: Pkw, der nach links in einen Parkplatz einbiegen will, stößt mit einem entgegenkommenden Kleinkraftrad zusammen, weil er über Straßenmitte geraten ist;
OLG Bamberg VersR **1975** 1152: Lkw biegt unnötig langsam links ein; die Sicht auf den Gegenverkehr ist behindert;
KG VersR **1975** 524: Pkw fährt rechts an einer haltenden Kolonne vor, aus dem Gegenverkehr fährt ein Pkw durch eine freigehaltene Lücke;
BGH VersR **1984** 441: Geschwindigkeitsüberschreitung des Bevorrechtigten um mindestens 100%.

e) Überholen bei Gegenverkehr: 57

BGH VersR **1968** 577: Lastzug überholt Lkw, muß wegen eines Mopeds bremsen, Pkw kommt entgegen;
BGH VersR **1968** 944: Lkw überholt auf schmaler Straße am Straßenrand fahrenden Eisenbahnzug, obwohl Omnibus entgegenkommt;
OLG Düsseldorf VersR **1973** 235: Pkw überholt Omnibus, stößt mit entgegenkommendem Pkw zusammen;
OLG Celle VersR **1973** 450: Lastzug überholt ohne ausreichende Sicht vor Kuppe und Kurve landwirtschaftliche Zugmaschine und kollidiert mit entgegenkommendem Pkw;
BGH VersR **1974** 997: überholender Lastzug auf linkem Fahrstreifen gegen entgegenkommenden Pkw;
BGH VersR **1979** 528: leichtsinniges Überholen mehrerer Fahrzeuge, Fahrfehler des Entgegenkommenden;
BGH VersR **1981** 533: Überholender prallt infolge zu geringen Seitenabstands gegen die vom Fahrer eines in Gegenrichtung stehenden Pkw unvorsichtig geöffnete Tür.

f) Sonstige Unfälle im Gegenverkehr: 58

BGH VersR **1964** 1145: Bus fährt trotz erkennbaren Gegenverkehrs an haltendem Pkw vorbei und kollidiert mit entgegenkommendem Wagen, der wegen betrunkenen Fahrers und abgefahrener Reifen auf regennasser Straße ins Schleudern kommt;
BGH VersR **1966** 732: Transporter gegen Lkw, unaufklärbare Ursache;
BGH VRS **30** 406: Pkw gegen Kraftrad in unübersichtlicher Kurve;
BGH VersR **1966** 776: Pkw schneidet die Kurve, den Fahrer des Kraftrads trifft kein Verschulden;

BGH VersR **1966** 929: Lastzug fährt an einem parkenden Lkw mit zu großem Sicherheitsabstand vorbei, Pkw kommt auf nicht ausreichend breiter Straße entgegen;

BGH VersR **1967** 286: Pkw fährt auf enger Fahrbahn nicht scharf rechts, auch der entgegenkommende Kraftradfahrer nicht;

BGH VersR **1968** 303: Pkw bremst und gerät auf Glatteis ins Schleudern;

BGH VersR **1968** 357: Moped gegen Lkw an Engstelle;

BGH VersR **1968** 698: Fahren über den durchgezogenen Fahrbahnteiler;

BGH VersR **1968** 847: Lastzug fährt auf unübersichtlicher enger Straße langsam an haltendem Lkw vorbei, ein Pkw kommt entgegen;

BGH VersR **1969** 738: einer der beiden Pkws gerät über die Fahrbahnmitte;

BGH VersR **1970** 284: Lkw hat Gerät und eine Straßenwalze geladen, schleudert in der Stadt auf nassem Großsteinpflaster auf die Gegenfahrbahn, entgegenkommender Pkw;

OLG Stuttgart VersR **1971** 352: Begegnungen an einer durch auf einer Seite parkende Fahrzeuge verursachten Engstelle;

OLG Düsseldorf VersR **1971** 88: Lkw fährt in eine durch Baufahrzeuge gebildete Engstelle ein, obwohl ein Pkw mit hoher Geschwindigkeit entgegenkommt;

OLG Nürnberg VersR **1972** 76: Begegnung in einer Kurve, der eine Pkw schneidet die Kurve, der andere hätte ganz rechts vorbeikommen können;

OLG Düsseldorf VersR **1973** 373: Pkw begegnet einem Lkw auf nasser Straße;

OLG Düsseldorf VersR **1973** 373: Lkw muß nachts einen haltenden Pkw umfahren, der entgegenkommende Pkw einen 3 m breiten Absperrbock;

LG Mannheim VersR **1973** 428: ein Pkw gerät an einem Fahrbahnteiler auf die falsche Spur, setzt zurück, ein Fahrzeug des Gegenverkehrs kommt beim Ausweichen ins Schleudern und prallt gegen Baum;

OLG Frankfurt VersR **1973** 751: Begegnung auf vereister, durch Schnee verengter Bergstrecke, Lkw gegen Tanklastzug;

OLG Düsseldorf VersR **1972** 649: eines der Fahrzeuge kommt 1 m über die Mittellinie;

KG VersR **1972** 234: Begegnung eines Pkw mit einem nach links eingebogenen Pkw, Straßenbreite verringert sich nach der Kreuzung erheblich;

BGH VersR **1973** 38: in Kolonne fahrender, mit Panzer beladener Tieflader kommt beim Rechtseinbiegen über Fahrbahnmitte, entgegenkommender Lieferwagen bremst und schleudert in Straßengraben;

OLG Celle VersR **1973** 716: Begegnungszusammenstoß an einer Fahrbahnverengung durch ein parkendes Kraftfahrzeug;

OLG Nürnberg VersR **1974** 40: das entgegenkommende Fahrzeug biegt nach links aus, weil ein von rechts in die Kreuzung der Vorfahrtsstraße einfahrender Pkw die Vorfahrt mißachtet;

OLG Oldenburg VersR **1974** 40: einer der Fahrer überschreitet die Mittellinie erheblich;

OLG Düsseldorf VersR **1973** 946: Pkw schneidet eine unübersichtliche Kurve;

OLG Frankfurt VersR **1973** 377: Pkw kommt ohne ersichtlichen Grund auf die linke Fahrbahnhälfte, Lkw weicht nach links aus;

OLG Hamm VersR **1974** 296: Begegnung auf schmaler Fahrbahn;

OLG Düsseldorf DAR **1974** 74: Pkw gerät wegen der aufgeblendeten Scheinwerfer des Entgegenkommenden auf die linke Fahrbahnhälfte;

OLG Schleswig VersR **1974** 679: ein Pkw kommt wegen Sonnenblendung über die Straßenmitte und stößt gegen einen haltenden Pkw;

OLG Schleswig VersR **1974** 680: Zusammenstoß mit einem auf glatter Straße unvermutet schleudernden Entgegenkommenden;

OLG Schleswig VersR **1975** 384: verbotswidrig in Kurve parkender Pkw verursacht Begegnungszusammenstoß;

BGH VersR **1974** 265: Pkw bremst auf regennasser Straße vor einem Zementwerk (Warnzeichen: „Schleudergefahr") stark hinter einem Lastzug, dessen Anhänger etwas schleudert, gerät ins Schleudern und stößt mit Entgegenkommendem zusammen;

LG Siegen VersR **1975** 576: auf 8 m breiter Bundesstraße kommt ein VW jenseits der Straßenmitte entgegen, Lkw kann nicht mehr ausweichen;

OLG Celle VersR **1976** 151: Begegnung an unübersichtlicher Engstelle;

OLG Bamberg VersR **1982** 583: Zusammenstoß beim Umfahren eines stehenden Lastzuges.

g) Unfälle an ampelgeregelter Kreuzung oder Einmündung: 59

KG VersR **1970** 164: Pkw startet bei Grün, obwohl sich noch ein Pkw in der Kreuzung befindet;

OLG Düsseldorf VersR **1974** 389: Ungesicherte Nebenkreuzung in der Nähe einer Ampelanlage mit Zusatzschild: „Bei Rot hier anhalten";

LG Stuttgart VersR **1975** 387: Pkw beachtet das Rotlicht an einem Fußgängerübergang vor einer Kreuzung nicht, ein anderer vertraut auf jenes Rotlicht und fährt in die Kreuzung ein;

LG Saarbrücken VersR **1973** 70 LS: Pkw fährt bei Grün in die Kreuzung ein, muß wegen eines Staus in der Mitte halten und fährt dann über die restliche Kreuzung;

BGH VersR **1971** 822: Pkw war am Linkseinbiegen bei Grün durch Gegenverkehr an der Weiterfahrt gehindert, Pkw fährt in fliegendem Start bei Phasenwechsel auf ihn auf;

OLG Hamm VersR **1972** 378: wartepflichtiger Pkw biegt nach links ein, obwohl von dort ein Pkw kommt, der allerdings wegen Rotlicht am Fußgängerübergang hätte halten sollen;

KG VersR **1973** 1049: Einfahren bei Grün, Querverkehr noch in der Kreuzung, der auch bei Grün eingefahren ist;

OLG München VersR **1975** 268: wie vor;

LG Essen VersR **1975** 512: Pkw bemerkt nicht, daß die Ampel schon längere Zeit auf Rot steht und daß der Querverkehr schon freigegeben ist;

KG VersR **1975** 427: Linksabbiegen bei Aufleuchten des Grün- oder Gelbpfeils;

LG Trier VersR **1975** 512: Pkw bemerkt das Rotlicht der Ampel nicht;

OLG Karlsruhe VersR **1976** 96 LS: Kraftfahrzeug kann bei Grün die Kreuzung nicht überqueren, weil ein Linksabbieger ihn hindert; Querverkehr setzt ein;

KG VM **1982** Nr. 70: Linksabbieger vertraut darauf, daß Entgegenkommender bei Rot anhält.

h) Unfälle an Kreuzung (oder Einmündung) mit vorfahrtsberechtigter Straße: 60

BGH VersR **1967** 157: Moped fährt auf bevorrechtigter Straße unnötig weit vom rechten Straßenrand; ein aus einer linken Seitenstraße einbiegender und anschließend entgegenkommender Pkw streift am Moped;

BGH VersR **1967** 802: Sattelschlepper gegen wartepflichtigen Pkw;

BGH VersR **1967** 883: Pkw gegen Lkw, der links einbiegt;

OLG Düsseldorf VersR **1967** 957: Lkw gegen Lastzug, der angeblich den rechten Blinker betätigte;

OLG Düsseldorf VersR **1968** 781: Pkw fährt mit 30 km/h in die Autobahn ein und lenkt, obwohl ein anderer sich mit 160 km/h nähert, sofort auf die Überholspur;

BGH VersR **1969** 160: wartepflichtiger Pkw rutscht auf regennasser Straße gegen bevorrechtigten;

BGH VersR **1969** 734: wartepflichtiges Moped gegen Pkw auf vereister Kreuzung;

BGH VersR **1969** 832: zwei Pkw, vereinsamtes Dreiecksschild;

OLG München VersR **1970** 232: Vorfahrtsberechtigter kann sich bei Ausfall der Ampel, wenn andere Kraftfahrzeuge angehalten haben, nicht auf die Beachtung seines Vorrechts verlassen;

LG Köln VersR **1971** 353: vereinsamtes Dreiecksschild;

BGH VersR **1971** 177: Pkw biegt nach rechts in die Bundesstraße ein, obwohl von links ein Sportwagen kommt, im Vertrauen darauf, dieser werde einen in gleicher Richtung fahrenden Traktor wegen durchgezogener Mittellinie nicht überholen;

LG Itzehoe VersR **1973** 188: Pkw auf der Vorfahrtstraße blinkt rechts, fährt aber geradeaus;

BGH VersR **1971** 568: Pkw fährt bei abknickender Vorfahrt geradeaus, von rechts kommender Pkw hat keine Vorfahrt;

OLG München VersR **1973** 69: Pkw überholt auf der Vorfahrtstraße eine Kolonne, die für den Querverkehr eine Lücke gelassen hat, durch die ein Pkw fährt;

OLG Frankfurt VersR **1971** 1127: Pkw überquert eine Ringstraße mit Grünstreifen, muß in dem Durchlaß des Grünstreifens halten, ein Pkw auf der Ringstraße prallt gegen das herausragende Heck;

KG VersR **1971** 647: Pkw überholt auf Vorfahrtstraße, an der beiderseits Fahrzeuge parken, Pkw von links;

KG VersR **1971** 648: Pkw gegen Pkw;

KG DAR **1971** 237: mehrere Kraftfahrzeuge halten vor der Kreuzung, um sie für einen Wartepflichtigen freizuhalten, ein weiteres Kraftfahrzeug fährt trotzdem in die Kreuzung ein;

OLG Düsseldorf VersR **1972** 277: Pkw fährt bei Dunkelheit auf vorfahrtsberechtigter Landstraße auf ein aus Feldweg nach rechts einbiegendes landwirtschaftliches Fahrzeug mit mangelhafter Beleuchtung auf;

OLG Bremen VersR **1973** 235: Einfädeln eines Pkws nach rechts in eine bevorrechtigte Straße;

OLG Köln VersR **1973** 91: unvorsichtiges Einfädeln in Autobahn an Anschlußstelle;

OLG Celle VersR **1973** 928: beim Einfahren aus wartepflichtiger Straße in zweispurige Schnellstraße wird Pkw von rechts überholendem Transporter in linke Fahrspur abgedrängt, dort fahrender Pkw fährt auf;

LG Münster VersR **1973** 973: der Vorfahrtsberechtigte blinkt rechts, weil er hinter der Kreuzung in einen Parkstreifen einfahren will; der von rechts aus der Seitenstraße Kommende denkt, der andere werde nach rechts abbiegen;

OLG Bremen VersR **1973** 944: überholender Pkw fährt innerorts zu schnell und gegen einen von links kommenden, 90 cm in die Fahrbahn ragenden Wartepflichtigen;

OLG Köln VersR **1973** 1075: Fahrzeugschlange hält vor der Bahnschranke, ein auf dem linken Fahrstreifen vorfahrender Pkw, der links abbiegen will, stößt gegen einen von rechts her die Kolonne durchquerenden Pkw;

OLG München VersR **1973** 947: Bremsen des auf der Hauptstraße Fahrenden, hinter einem aus der Seitenstraße Einbiegenden;

AG Stuttgart VersR **1974** 987: Pkw fährt auf dem rechten der 3 Fahrstreifen einer Vorfahrtsstraße, ein von links kommender Einbieger will sich in die linke der 3 Spuren einfädeln;

OLG Stuttgart VersR **1974** 348 LS: Lkw kommt aus einem Feldweg, biegt rechts in die Bundesstraße und nach 20 m wieder links in eine Nebenstraße ein; ein Pkw kommt von hinten und fährt auf;

OLG Celle VersR **1973** 1147: Überhöhte Geschwindigkeit des auf der Vorfahrtsstraße Kommenden;

OLG Düsseldorf VersR **1974** 37: Zugmaschine will eine Landstraße mit Sichtbehinderung überqueren, Sicherungsposten erforderlich;

BGH VersR **1973** 745: Pkw überquert eine bevorrechtigte Großstadtstraße, auf der ein anderer Pkw mit überhöhter Geschwindigkeit kommt;

BGH VersR **1973** 764: auf der Vorfahrtsstraße entsteht in der Fahrzeugschlange eine kurze Lücke; ein Pkw und eine Achtjährige mit Fahrrad durchqueren diese, das Mädchen wird vom Pkw erfaßt;

KG VersR **1974** 370: Fahrzeugschlange auf der Vorfahrtsstraße läßt eine Lücke für den Querverkehr, ein Überholender stößt gegen einen dort kreuzenden Pkw;

OLG Koblenz VersR **1975** 913: der Wartepflichtige fährt so scharf an die Kreuzung heran, daß der andere bremst und ins Schleudern kommt;

OLG Frankfurt VersR **1974** 864: der in der Vorfahrtsstraße Fahrende weiß, daß der aus der Seitenstraße Kommende ihn nur nach einem Hineintasten im letzten Augenblick bemerken kann;

OLG Koblenz VersR **1974** 671: der Bevorrechtigte überschreitet die Höchstgeschwindigkeit;

LG Marburg VersR **1974** 981: der Wartepflichtige fährt in die bevorrechtigte Straße ein, weil der Herannahende den Blinker eingeschaltet hat;

BGH VersR **1974** 600: abknickende Vorfahrt;

OLG Schleswig VersR **1975** 290: wartepflichtiger Pkw hält erst 50 – 75 cm in der Fahrbahn der Vorfahrtsstraße, der auf dieser Kommende kommt von der Fahrbahn ab;

LG Traunstein VersR **1975** 577: ein Pkw fährt nach links aus einem Forstweg zügig in die Vorfahrtsstraße ein, obwohl der zur Vorfahrt Berechtigte schon 35 m herangekommen war;

KG VersR **1975** 452: an der kreuzenden Stop-Straße wurde das eine Schild am rechten Fahrbahnrand wegen Bauarbeiten vorübergehend entfernt;

KG VersR **1975** 909: Pkw biegt nach rechts in die Vorfahrtsstraße ein, obwohl ihm dort von rechts ein Pkw entgegenkam, der seine linke Fahrbahnhälfte benutzte;

OLG Hamm VersR **1975** 161: Pkw naht auf der Vorfahrtsstraße von links, blinkt aber irreführend rechts, obwohl er geradeaus fährt;

OLG Frankfurt VersR **1976** 69: auch wenn an der wartepflichtigen Straße ein Stop-Schild steht, kann den zur Vorfahrt Berechtigten ein Mitverschulden treffen;

KG VersR **1975** 51: ein Pkw fährt vor einem Fußgängerüberweg auf der Vorfahrtsstraße auf dem 3. Fahrstreifen an anhaltenden Fahrzeugen vorbei und stößt gegen Querverkehr;

KG VersR **1975** 52: Lkw kommt auf der Vorfahrtstraße und blinkt rechts, biegt aber trotzdem nicht rechts ab, ein Pkw fährt in die Vorfahrtstraße ein;

LG Hamburg VersR **1975** 528: Bus biegt aus einer Seitenstraße in die Vorfahrtsstraße ein;

OLG Hamm VersR **1975** 542: beim Einfädeln in eine autobahnähnliche Bundesstraße gleich in die mittlere von drei Spuren muß Kraftfahrzeug bremsen, weil sich andere Fahrzeuge vor ihm in dieselbe Spur einfädeln;

OLG Karlsruhe VersR **1975** 1056: Postkraftwagen folgt nach links der abknikkenden Vorfahrt, ein von rechts kommender Pkw will vor ihm in Vorfahrtsstraße einfahren;

OLG Frankfurt VersR **1975** 957: Pkw überholt eine vor einer Kreuzung wegen einer Straßenbahnhaltestelle haltende Fahrzeugschlange, ein kreuzender Pkw benützt die Stauung, um sich in die Fahrspur des überholenden Pkw hineinzutasten;

OLG Celle DAR **1975** 273: an unübersichtlicher Einmündung darf sich der zur Vorfahrt Berechtigte nicht auf die Beachtung seiner Vorfahrt verlassen;

OLG Koblenz VersR **1975** 1155: ein auf der Vorfahrtsstraße nachts sehr schnell fahrender Pkw bemerkt einen Pkw, der sich auf einer Seitenstraße der Kreuzung nähert und verringert seine Geschwindigkeit nicht, sondern gibt nur Blinkzeichen;

OLG München VersR **1975** 100: vorfahrtregelnde Zeichen an Einmündung eines Feldwegs sind entfernt worden;

OLG Frankfurt VersR **1982** 556: Vorfahrtsberechtigter hätte Unfall durch Ausweichen verhindern können;

LG Verden VersR **1982** 658: Kraftfahrzeug biegt aus Feldweg nach rechts auf Bundesstraße ein, Bevorrechtigter bremst nicht rechtzeitig und fährt auf;

OLG Stuttgart VersR **1982** 782: Geschwindigkeitsüberschreitung des Bevorrechtigten um 5 km/h;

OLG Oldenburg VersR **1982** 1154: unübersichtliche Kreuzung.

61 **i) Kreuzungsunfälle mit Sonderrechtsfahrzeugen:**

BGH NJW **1962** 1767: Pkw gegen Feuerwehr;

BGH VersR **1964** 940: Pkw, Ampelregelung;

BGH VersR **1971** 374: Pkw stößt gegen mit Blaulicht entgegenkommenden, links abbiegenden Feuerwehrwagen;

OLG Düsseldorf VersR **1973** 945: Unfallkrankenwagen fährt bei Rot ohne ausreichende Beobachtung des Querverkehrs in eine Kreuzung ein;

LG Heidelberg VersR **1974** 446: Einfahrt in die Kreuzung bei Rot trotz Querverkehr;

OLG Karlsruhe VersR **1974** 39: Sonderrechtsfahrzeug fährt bei Rot in eine Kreuzung ein, obwohl die Eile das nicht geboten hätte; Zusammenstoß mit Querverkehr;

OLG Kiel VersR **1974** 704: Sonderrechtsfahrzeug bemerkt nicht, daß der Querverkehr das Martinshorn und das Blaulicht in der Kreuzung nicht bemerkt hat;

LG Heidelberg VersR **1974** 555: Pkw fährt bei Grün in eine Kreuzung ein, das Führungsfahrzeug einer Kolonne von Feuerwehrwagen stößt dagegen;

OLG Düsseldorf VersR **1975** 266: Feuerwehrfahrzeug mit Blaulicht und Martinshorn biegt bei roter Abbiegeampel nach links ein, Pkw kreuzt;

KG VersR **1975** 955: Pkw fährt bei Aufleuchten des Gelb-Pfeiles in die Kreuzung ein, ohne Einblick in die von rechts kommende Straße und auf den von dort mit Blaulicht nahenden Polizeiwagen zu haben;

OLG Hamm VersR **1983** 162: Feuerwehrfahrzeug, das bei Rot nach links abbiegt, kollidiert mit vorfahrtberechtigtem Geradeausfahrer.

62 **k) Unfälle an Kreuzung oder Einmündung ohne vorfahrtregelnde Zeichen:**

BGH VersR **1966** 690: Lkw kommt aus einem Holzweg und hält kurz vor der Kreuzung, Kraftrad kommt von links;

BGH VersR **1967** 283: Lkw gegen Kraftrad, das auf einem Feldweg fuhr;

BGH VersR **1971** 348: Motorrad wird von einem von rechts kommenden Pkw, der die trichterförmige Einmündung schnitt, auf einer Dorfstraße angefahren;

LG Mainz VersR **1972** 79: Pkw gegen Geschäftsfahrzeug im Stadtgebiet;

OLG Celle VersR **1972** 402: Privater Pkw auf Fliegerhorstgelände stößt gegen einen von rechts kommenden Werkstattwagen;

LG Stuttgart VersR **1972** 210: Pkw gegen Pkw, der aus einer für alle Fahrzeuge gesperrten Straße kommt;

OLG Frankfurt VersR **1973** 253: Einmündung über abgesenkte Bordsteinkante;

KG VersR **1972** 690: das von rechts kommende Fahrzeug fuhr mit 50 km/h und war erst im letzten Augenblick sichtbar;

OLG Koblenz VersR **1973** 971: Pkw kommt von rechts aus einem unbefestigten Nebenweg;

KG VersR **1972** 1143: der von rechts Kommende benützt seine linke Fahrbahnhälfte;

OLG Frankfurt VersR **1974** 472: Wartepflichtiger nimmt den von rechts Kommenden erst auf eine Entfernung von 4 m wahr;

KG VersR **1973** 257 LS: wer an der Kreuzung hält, um die von rechts Kommenden vorbeizulassen, gibt dadurch nicht zu erkennen, daß er auch einen von links Kommenden vorbeilassen will;

OLG Oldenburg VersR **1973** 1127 LS: der Vorfahrtberechtigte hat nicht die äußerste rechte Straßenseite eingehalten;

OLG Frankfurt VersR **1974** 580: auf den Straßen eines Klinikgeländes;

KG VersR **1973** 1145: der Wartepflichtige fährt rücksichtslos in die Kreuzung ein;

OLG Bremen VersR **1975** 285: Zwei Pkws an gleichberechtigter Kreuzung;

BGH VersR **1977** 917: Kreuzung schwer einsehbar.

l) Auffahren auf stehendes Kraftfahrzeug bei Nacht: 63

BGH VersR **1968** 646: Lastzug gegen einen abgesichert haltenden Lastzug, der wegen ungeeigneten Kraftstoffs liegen geblieben war;

BGH VersR **1969** 570: Pkw fährt trotz Wahrnehmung des mit Blaulicht abgestellten Polizeifahrzeugs auf den Unfallwagen auf, um einem Polizeibeamten auszuweichen;

BGH VersR **1969** 715: Motorroller fährt auf einen auf einer Bundesstraße schräg und nicht ganz rechts abgestellten Lastzug auf;

OLG Köln VersR **1969** 376: auf dem Gelände einer Braunkohlengrube steht ein 5,20 m breiter ringsum mit Lampen versehener Schwerlaster auf 6 m breiter Straße, entgegenkommender Motorroller stößt dagegen;

OLG Nürnberg VersR **1971** 481: Pkw prallt gegen einen auf der Autobahn wegen Glatteis querstehenden Pkw;

LG Bielefeld VersR **1971** 772: Pkw fährt nachts rückwärts aus einer von Schnee geräumten Einfahrt und hält, um zusteigen zu lassen, schräg am Randstein, Pkw fährt auf;

OLG Zweibrücken VersR **1971** 575: Auffahren auf der Autobahn auf unbeleuchtetes Kraftfahrzeug, mißverständliche Warnung durch dessen Fahrer;

LG Hildesheim VersR **1971** 1070: Pkw fährt in der Stadt auf unbeleuchteten Omnibus;

BGH VersR **1971** 471: Pkw fährt auf der Autobahn gegen einen nicht ausreichend abgesicherten liegengebliebenen Sattelschlepper;

OLG Frankfurt VersR **1973** 751: Tankzug fährt auf der Autobahn auf einen wegen Reifenschadens haltenden Lkw auf;

KG VersR **1972** 444: Feuerlöschwagen bekämpfte auf der Autobahn in leichter Linkskurve einen Böschungsbrand; nach Einsammeln der Warnlampen fährt kurz vor der Abfahrt ein Pkw auf;

OLG Karlsruhe VersR **1974** 659: Sattelzug fährt auf der Autobahn auf einen liegengebliebenen Lkw auf und stellt keine Warnleuchte auf; ein Pkw fährt auf;

OLG Koblenz VersR **1976** 152: Sattelzug fährt auf einen ordnungsgemäß abgestellten Pkw auf;

OLG Karlsruhe VersR **1983** 90: betrunkener Pkw-Fahrer fährt auf unzulänglich beleuchteten Anhänger auf;

OLG Braunschweig VersR **1983** 157: Lastzug fährt auf die Autobahn blockierenden unbeleuchteten Anhänger auf.

64 **m) Auffahren auf stehendes Kraftfahrzeug bei Tag:**

OLG Hamburg VersR **1967** 1205: Lastzug gegen Lastzug bei Nebel;

OLG Nürnberg VersR **1967** 762: Pkw gegen einen parkenden Pkw auf städtischer Straße;

OLG Schleswig DAR **1967** 324: Lkw gegen Lkw, der auf Autobahn rechts Gras auflädt;

BGH VersR **1969** 713: Lkw hält rechts in einer Linkskurve, Pkw fährt auf;

BGH VersR **1971** 318: Lkw fährt auf der Autobahn auf einen ganz rechts wegen Motorschadens abgestellten Pkw auf;

BGH VersR **1971** 953: Omnibus fährt zu nahe und unaufmerksam hinter Lkw, kann daher dessen Ausweichbewegung nicht folgen und fährt auf einen stehenden Lkw auf;

OLG Nürnberg VersR **1973** 849: Lkw hält unter Einschalten der Warnblinkanlage auf der Autobahn, weil von dem vorausfahrenden Lkw Metallroste auf die Fahrbahn fallen;

OLG Schleswig VersR **1974** 679: Ein sonnengeblendeter Pkw gerät über die Straßenmitte gegen einen dort haltenden Pkw;

OLG Celle VersR **1975** 1009: Postauto fährt zu schnell eine glatte, abschüssige Straße hinunter und gegen einen parkenden Pkw;

BGH VersR **1975** 1024: Lkw hält am Rand der Autobahn, um einem von der Fahrbahn abgekommenen Pkw Hilfe zu leisten; beim Einsteigen des Fahrers in den Lkw fährt ein Pkw hinten auf;

KG VersR **1975** 1103: Lkw hält verbotswidrig links am Mittelstreifen zum Entladen, Pkw fährt auf.

65 **n) Auffahren auf anhaltendes Kraftfahrzeug:**

AG Köln VersR **1972** 312: Pkw wechselt vor einer Ampel die Fahrspur nach rechts und setzt sich vor einen Lastzug, der beim Anhalten vor dem Rotlicht auffährt;

OLG Frankfurt VersR **1972** 261: Serien-Auffahrunfall einer Fahrzeugschlange;

OLG Hamburg VersR **1972** 74: Pkw fährt auf einen vorausfahrenden Pkw auf, der gewendet hat und links abbiegen will, wegen Gegenverkehr aber nicht kann;

BGH VersR **1971** 953: Militär-Lkw hält auf der BAB, Omnibus fährt auf;

LG Stuttgart VersR **1972** 209: Zwei Pkw fahren hintereinander in die Einfädelspur einer Schnellstraße, der vordere hält ohne zwingenden Anlaß nochmals an;

AG München VersR **1972** 212: Fahrschulwagen bremst überstürzt wegen eines rückwärts aus einem Parkstreifen fahrenden Pkw, ein dritter Pkw fährt auf;

OLG München DAR **1974** 19: scharfes Bremsen wegen Katze bei geringem Abstand zum Hintermann;

OLG Koblenz VersR **1974** 442: Transporter hält wegen tiefstehender Sonne an, weil er wegen Blendung nichts mehr sieht, ein Pkw, der auch nichts mehr sieht, fährt auf;

LG Heidelberg VersR **1974** 504: Pkw meint wegen der Abendsonne, die abgeschaltete Ampel zeige rot, ein anderer Pkw fährt auf;

OLG Köln VersR **1973** 934: Pkw fährt nachts mit 1,5‰ gegen die Leitplanke des Mittelstreifens der Autobahn, ein zweiter Wagen fährt auf und schleudert den ersten Wagen auf den rechten Fahrstreifen, so daß der Fahrer herausfällt, ein dritter Wagen fährt, um den Mann nicht zu überfahren, auf dessen Wagen auf;

OLG Düsseldorf MDR **1974** 42: Serienunfall durch grundloses Bremsen auf Autobahn;

OLG Köln VersR **1974** 761: irrtümliches Bremsen durch Verwechslung mit Kupplung;

OLG Celle VersR **1974** 669: Kettenunfall;

OLG Celle VersR **1974** 1189: Pkw bricht bei Dunkelheit seinen Überholvorgang plötzlich ab, der auf der rechten Spur folgende fährt auf;

KG VersR **1975** 837: Vorausfahrender muß wegen eines in zweiter Reihe Anhaltenden plötzlich bis zum Stillstand abbremsen;

LG Berlin VersR **1976** 76: nicht aufklärbarer Verkehrsunfall;

OLG Karlsruhe VersR **1975** 665: Pkw fährt auf vereister Brücke gegen die Leitplanke, zweiter Pkw fährt auf;

BGH VersR **1975** 1026: Pkw fährt bei einem Stau wegen zu geringem Sicherheitsabstand zwischen einem Pkw und einem Lkw durch, die vor ihm im Anhalten waren; er kommt vor dem Lkw zum Stehen, der abbremst und auf den ein anderer Pkw deshalb auffährt;

OLG Karlsruhe VRS **62** 408: Bremsleuchten leuchten nicht.

o) Auffahren auf fahrendes Kraftfahrzeug: 66

BGH VersR **1966** 148: Lastzug fährt wegen Reifenschadens auf der Autobahn sehr langsam;

OLG Celle VersR **1967** 1054: Pkw gegen einen bei Tag auf der Autobahn langsam fahrenden Lastzug;

OLG Hamburg VersR **1968** 504: Pkw will nachts nach links in ein Grundstück einbiegen und bremst deshalb, ein Pkw fährt auf;

OLG Köln VersR **1968** 479: Pkw fährt auf Autobahn auf Pkw auf, der Ausfahrt verpaßt hatte und zurückstößt;

BGH DAR **1969** 115 bei *Bode-Weber*: Pkw fährt auf der Autobahn auf langsamen Lastzug auf, dessen abgefahrener Anhängerreifen geplatzt war;

KG VersR **1972** 279: ein Pkw fährt bei Dunkelheit ohne zu bremsen im innerstädtischen Verkehr auf einen angeschobenen Pkw auf;

OLG Celle VersR **1973** 352: Sattelschlepper fährt auf der Autobahn nachts einem langsamfahrenden Tanklastzug auf;

LG Rottweil VersR **1973** 872: VW-Bus schert aus haltender Kolonne rechts in den anderen Fahrstreifen, während ein Postauto rechts vorfährt;

OLG Frankfurt VersR **1973** 968: Pkw stößt nachts auf Einbahnstraße zum Einparken zurück, von hinten kommender Pkw fährt auf;

OLG Zweibrücken VersR **1973** 166: Pkw fährt auf der Autobahn trotz guter Sicht auf langsamen Schwertransporter auf;

LG Karlsruhe VersR **1973** 726: Kraftfahrzeug kommt bei Nässe auf der Autobahn ins Schleudern, weitere Kraftfahrzeuge fahren auf;

LG Gießen VersR **1973** 777: Schnell fahrendes Kraftfahrzeug fährt auf ein mit verschmutzter Schlußleuchte ganz langsam fahrendes auf;

OLG Celle VersR **1974** 250: Reinigungskolonne auf dem Autobahn-Überholstreifen, Fahrer eines Sportwagens wagt ein Ausweichmanöver und fährt auf;

LG Köln VersR **1974** 505: ein Pkw überholt einen anderen, bremst, und der andere fährt auf;

OLG Frankfurt VersR **1974** 497: Auffahren eines Sattelzuges auf Pkw, der den Verkehrskreisel einer Bundesstraße länger befahren will als der Sattelzug;

OLG Celle VersR **1974** 438: Pkw setzt wegen eines Unfalls an sichtbehindernder Kuppe und Kurve zurück, Hintermann fährt an einer Fahrbahnverengung auf;

AG Rosenheim VersR **1975** 193: Lastzug fährt langsam bergab, ein Pkw fährt auf unübersichtlicher Wegstrecke wegen Straßenglätte und zu hoher Geschwindigkeit auf;

OLG Celle VersR **1975** 56: Pkw verlangsamt schon 600 m vor der Autobahnabfahrt erheblich, Auffahrunfall;

OLG Celle VersR **1975** 265: Pkw wechselt wegen eines Fahrzeugstaus auf der Autobahn auf den linken Fahrstreifen, ein anderer Pkw fährt auf;

OLG Celle VersR **1976** 50: Lastzug verringert nachts die Geschwindigkeit auf der Autobahn erheblich, Pkw fährt auf.

67 **p) Unfälle an Grundstücksausfahrten u. ä.:**

BGH VersR **1962** 361: Einbiegen in Grundstück beim Überholtwerden;

BGH VersR **1963** 85: Pkw überholt Lkw, der gleich nach dem Linkseinbiegen in Grundstück einbiegt;

BGH VersR **1963** 1051: Lkw überholt Kraftrad bei Linksabbiegen in Grundstück;

BGH VersR **1964** 681: Pkw überholt Pkw bei Linksabbiegen in Grundstück;

OLG Bamberg VersR **1966** 960: Moped gegen Pkw, der links in Grundstück abbiegt;

BGH VersR **1966** 980: Lkw biegt aus Grundstück nach rechts in Straße ein, Anhänger erfaßt einen rechts davon das Grundstück in gleicher Weise verlassenden Mopedfahrer;

BGH VersR **1967** 500: Pkw fährt an haltendem Lkw vorbei, hinter dem ein Kraftrad aus Grundstück kommt;

BGH VersR **1968** 504: Pkw will nachts nach links in Grundstück einbiegen und bremst deshalb, ein Pkw fährt auf;

BGH VersR **1969** 614: Leichtmotorrad biegt auf Fernverkehrsstraße nach links in Grundstück ein, Pkw will überholen;

KG VersR **1970** 226: Pkw bremst und hält ohne zu blinken, um in Tankstelle einzubiegen, Pkw fährt auf;

AG Berlin-Neukölln VersR **1971** 428: Pkw fährt in Parkhaus Richtung Ausfahrt, anderer Pkw fährt aus Abstellbox unachtsam heraus;

OLG Düsseldorf VersR **1972** 404: Pkw überholt innerorts Lkw, der ohne zweite Rückschau nach links in Grundstück einbiegt;

LG Kempten VersR **1973** 869: Pkw fährt bei Nebel ohne Einweiser aus Grundstück in Bundesstraße ein;

OLG Frankfurt VersR **1972** 845: Pkw ordnet sich zur Mitte ein, um nach links in Tankstelle abzubiegen, Pkw fährt hinten auf;

OLG Nürnberg VersR **1973** 262: Lkw biegt aus Grundstück nach rechts ein, Pkw von links;

LG Frankenthal VersR **1974** 203: Pkw fährt an unübersichtlicher Stelle aus Grundstück auf Bundesstraße, dort Fahrender überschreitet zulässige Geschwindigkeit;

OLG Oldenburg VersR **1974** 762: Überholer gegen Linksabbieger in Grundstück;

OLG Celle VersR **1974** 496: Pkw bremst, um nach links in Parkplatz einzufahren, Hintermann fährt auf;

LG Koblenz VersR **1975** 680: Tankwagen bremst unvermittelt, um links in Grundstück einzufahren, Lkw fährt auf;

OLG Düsseldorf VersR **1975** 429: Pkw biegt links in Parkplatz ein, Hintermann fährt auf;

OLG Karlsruhe VersR **1975** 1033: aus Ausfahrt rechts einbiegender Pkw gegen von rechts kommenden Bus;

KG VersR **1982** 374: Linksabbieger in Grundstück wird überholt;

OLG Düsseldorf VersR **1983** 542: Bus biegt aus Wendeschleife ein, anderes Fahrzeug hätte Zusammenstoß vermeiden können.

q) Unfälle beim Wenden: 68

OLG München VersR **1960** 188: auf Autobahn nachts wendendes Kraftfahrzeug gegen überholendes;

OLG Stuttgart VersR **1971** 161: Lkw muß auf vereister Gefällstrecke bremsen, weil unten Militärfahrzeug wendet;

BGH VersR **1971** 179: mit Abblendlicht zu schnell fahrender Sportwagen seitlich gegen wendenden Pkw;

KG VersR **1972** 401: Taxi wendet innerorts, Kranwagen hält, Müllwagen fährt auf diesen auf;

LG Mönchengladbach VersR **1974** 506: Pkw will hinter einem anderen durch Grünstreifen einer Schnellstraße hindurch wenden, ein dritter Pkw fährt auf;

AG Aachen VersR **1974** 919: Taxi wendet, Kleinkraftrad kommt entgegen;

AG Bremen VersR **1974** 475: auf Wendeplatz Wendender gegen in Parkplatz Einfahrenden;

KG VersR **1975** 53: Pkw wendet mit 1,35‰, Entgegenkommender fährt mit 80 km/h gegen ihn;

KG VersR **1975** 473: Wenden unter Durchfahren eines Grünstreifens;

OLG München VersR **1982** 173 (LS): Wenden durch Lücke in stehender Doppelkolonne, Zusammenstoß mit vorüberfahrendem Krad;

OLG Düsseldorf VersR **1982** 553: Kraftfahrzeug gerät beim Wenden in Fahrbahn eines anderen.

r) Anfahren vom Straßenrand: 69

BGH VersR **1966** 640: Pkw fährt vom Randstreifen einer Autobahn aus an, Lkw fährt auf;

OLG Düsseldorf VersR **1972** 404: Moped fährt vom Straßenrand an, um sofort nach links in eine Seitenstraße einzubiegen, obwohl von hinten ein Pkw naht;

OLG Frankfurt VersR **1974** 92: Lkw fährt vom Fahrbahnrand unvermittelt los, Pkw fährt auf;

BGH VersR **1971** 1043: Moped überholt Lkw, der eben anfährt;

LG Weiden VersR **1972** 1036: Pkw fährt aus der Parkreihe heraus an, ohne zu schauen und ohne zu blinken;

LG Hannover VersR **1974** 276: vor einer Ampel wechselt ein Pkw nach rechts vor einen haltenden Linienbus, der in diesem Augenblick anfährt.

70 **s) Unfälle beim Türöffnen und Aussteigen:**

LG Kleve MDR **1959** 1012: Moped gegen Lieferwagen;

OLG Düsseldorf MDR **1961** 322: Moped gegen Kombi;

LG Aachen VersR **1963** 492: Pkw gegen Pkw auf einem Parkplatz;

KG VersR **1973** 257: Pkw fährt an Pkw vorbei, dessen Fahrer unnötig zwischen Tür und Fahrzeug stehen bleibt;

LG Wiesbaden VersR **1973** 649: Kraftfahrzeug parkt am falschen Straßenrand;

OLG Hamburg VersR **1974** 267: Pkw fährt knapp am Straßenrand, ein auf dem Gehweg berechtigt haltender Pkw öffnet seine linke Tür;

KG VersR **1975** 263: Frau steigt zur Fahrbahnseite aus und sucht im Fahrzeuginneren nach einem Gegenstand.

71 **t) Unfälle durch verlorene Ladung:**

BGH VersR **1964** 410: Pkw gegen Pkw, herabgefallenes Koffergestell auf der Überholspur;

BGH VersR **1971** 953: Munitionskiste fällt von Militär-Lkw; dieser hält, Omnibus fährt auf den Lkw, obwohl ein dazwischen fahrender Lkw auf die Überholspur deutlich ausbog;

LG Berlin VersR **1974** 274: Pkw fällt von einem Autotransporter, 36 Stunden später fährt ein Pkw gegen den heruntergefallenen Wagen.

72 **2. Unfälle unter Beteiligung eines Kraftfahrzeugs und einer Eisenbahn**

a) Kraftfahrzeug gegen Straßenbahn

BGH VersR **1967** 1158: Betonmischer-Lkw, der wegen Gegenverkehrs nicht in die Baustelle biegen kann, steht längere Zeit auf dem Gleis;

OLG Düsseldorf VersR **1968** 675: Lieferwagen hält zum Entladen auf dem Gleis, Straßenbahn fährt auf;

OLG Düsseldorf VersR **1970** 91: Gleise verlaufen nach rechts, Pkw will rechts überholen;

BGH VersR **1969** 82: Motorradfahrer schert hinter einem anhaltenden Lastzug aus und stößt gegen eine entgegenkommende Straßenbahn;

OLG Hamm VersR **1972** 107: Pkw will nachts eine Straßenbahn rechts überholen, obwohl diese mit blinkendem Richtungsanzeiger rechts abbiegt;

OLG Hamburg VersR **1971** 1177 LS: Kraftfahrzeug fährt, obwohl hinter ihm eine Straßenbahn kommt, seitlich in deren Gleisbereich;

OLG Köln VersR **1970** 1669: Pkw hält, um in ein Grundstück einzubiegen, auf dem Gleis, obwohl ihm eine Straßenbahn folgt;

OLG Köln VersR **1972** 651: Pkw überholt eine Straßenbahn links und verursacht das Auffahren der Straßenbahn auf eine haltende Kraftfahrzeugschlange;

OLG Hamm VersR **1972** 962: Pkw ordnet sich aufs Gleis ein, um links abzubiegen, kann dies aber wegen des Gegenverkehrs nicht, Straßenbahn kommt von hinten;

OLG Hamm VersR **1973** 282: Lkw fährt notwendigerweise auf dem Gleis, Fußgänger kreuzen, Straßenbahn fährt auf;

LG Freiburg VersR **1973** 646: ein linksabbiegender Pkw ordnet sich auf das Gleis der entgegenkommenden Straßenbahn nach links ein;

OLG Düsseldorf VersR **1975** 243: Straßenbahn fährt auf einen im Schienenbereich stehenden Rechtsabbieger auf, der Pkw war durch einen Rückwärtsfahrer am Abbiegen gehindert;

OLG Hamburg VersR **1974** 38: Kraftfahrzeug überholt einen Straßenbahnzug und setzt sich vor diesem aufs Gleis, um nach links in die Seitenstraße abzubiegen; die Straßenbahn fährt auf;

OLG Hamm VersR **1973** 864: Pkw vor einer Kreuzung auf dem Gleis wegen Querverkehr, Straßenbahn kommt von vorn in unübersichtlicher Kurve;

OLG Düsseldorf VersR **1974** 390: eine Straßenbahn streift an der heruntergelassenen Ladeklappe eines zwischen Schienen und Bordstein haltenden Lkw;

OLG Hamm VersR **1974** 1228: Linksabbieger hält auf dem linken Gleis, entgegenkommende Straßenbahn fährt auf;

OLG Celle VersR **1974** 980: linkseinbiegender Pkw hält auf dem Gleis, obwohl eine Straßenbahn von hinten naht;

OLG Hamburg VersR **1975** 474: ein Linkseinbieger ordnet sich verbotswidrig aufs Gleis ein, obwohl die hinterherkommende Straßenbahn schon sichtbar ist, die Straßenbahn fährt auf, weil Rot den Pkw am Weiterfahren hindert;

LG Düsseldorf VersR **1976** 101: Kraftfahrzeug parkt zu nahe am Gleis, Straßenbahn streift im Vorbeifahren;

OLG Celle VersR **1982** 1200: Lkw fährt aus Grundstück vor rechtzeitig sichtbare Straßenbahn.

b) Kraftfahrzeug gegen Eisenbahn an unbeschranktem Bahnübergang **73**

BGH VersR **1967** 1197: Lastzug gegen rangierenden Zug;

OLG München VersR **1970** 235: Pkw auf einem vereisten Gemeindeverbindungsweg, Übergang durch Bäume, Sträucher und Baumaterial ohne Sicht;

BGH VersR **1974** 288: Umleitung einer Landstraße über einen unbeschrankten Bahnübergang.

c) Kraftfahrzeug gegen Eisenbahn auf Werksgelände **74**

OLG Köln VersR **1954** 436: Rangieren;

OLG Hamm VersR **1973** 41 LS: auf einem Werksgelände ist Schienenfahrzeugen die Vorfahrt vor Kraftfahrzeugen durch Hinweisschilder eingeräumt;

LG Aschaffenburg VersR **1973** 166: Lkw ragt auf einer Ladestraße in den Gleisbereich;

OLG Düsseldorf VersR **1973** 945: Rangier-Einheit einer Hafenbahn fährt auf einen unmittelbar am Gleis stehenden Lkw auf.

d) Kraftfahrzeug gegen Eisenbahn an beschranktem Bahnübergang **75**

OLG München VersR **1960** 1054: Kraftrad, halb geschlossene Schranke;

BGH VersR **1960** 1049: langsamer Krantransporter;

BGH VersR **1961** 950 und 1016 mit Anm. *Böhmer:* die Schranke wird zu bald geöffnet, ein Moped fährt gegen den letzten Wagen des Zuges;

BGH VersR **1967** 132: Kraftrad gegen unbeleuchtete Bahnschranke.

e) Sonstiges

OLG Hamburg NJW **1956** 1922: Lastzug zerstört Brückenpfeiler, Zug biegt die Brücke durch.

3. Unfälle unter Beteiligung eines Kraftfahrzeugs und eines Tieres

LG Lüneburg DAR **1953** 73: Vorbeifahren an zwei getriebenen Kühen; **77**

OLG Nürnberg VersR **1968** 285: Pkw gegen getriebene Kuh;

KG VersR **1971** 941: Pkw gegen plötzlich auftauchenden Hund;

OLG Düsseldorf VersR **1972** 403: ein mit 100 km/h fahrender Pkw kommt an einer Kreuzung wegen eines kreuzenden kleinen Hundes ins Schleudern;

OLG Frankfurt VersR **1974** 37: Ausbrechen einer Kuh auf eine Bundesstraße;

OLG Nürnberg VersR **1975** 164: Hund steht links am Straßenrand und wird von einem nach links ausweichenden Pkw erfaßt, der einen auf der anderen Straßenseite nahenden Hund nicht überfahren will;

OLG Frankfurt VersR **1982** 908: aus umzäunter Weide ausgebrochene Tiere, unaufmerksamer Fahrer;

OLG Stuttgart VersR **1982** 1106: nächtliche Kollision mit plötzlich in Fahrbahn springendem Tier.

§ 18

Haftung des Fahrzeugführers

(1) In den Fällen des § 7 Abs. 1 ist auch der Führer des Kraftfahrzeugs zum Ersatz des Schadens nach den Vorschriften der §§ 8 bis 15 verpflichtet. Die Ersatzpflicht ist ausgeschlossen, wenn der Schaden nicht durch ein Verschulden des Führers verursacht ist.

(2) Die Vorschrift des § 16 findet entsprechende Anwendung.

(3) Ist in den Fällen des § 17 auch der Führer eines Fahrzeugs zum Ersatz des Schadens verpflichtet, so finden auf diese Verpflichtung in seinem Verhältnis zu den Haltern und Führern der anderen beteiligten Fahrzeuge, zu dem Tierhalter oder Eisenbahnunternehmer die Vorschriften des § 17 entsprechende Anwendung.

Übersicht

Schrifttum

Meier-Scherling Schadensersatzpflicht des angestellten Fahrers DAR **1961** 125; *Meilicke* Wann haftet der Kraftfahrzeugführer aus Gefährdung? VersR **1971** 603.

Entstehungsgeschichte

Der Entwurf 1906, der sich in der grundsätzlichen Regelung der Haftpflicht eng an die Bestimmungen des RHaftpflG anlehnte und insbesondere als schadenersatzpflichtig den „Betriebsunternehmer" ansehen wollte, kannte keine Haftung des Führers.

In das KFG fand die Führerhaftung Eingang auf Grund des Gegenentwurfs. § 12 des Entwurfs 1908, mit dem, von einer geringfügigen sprachlichen Abweichung abgesehen, die noch jetzt gültige Fassung übereinstimmt, folgte dem Gegenentwurf.

Die Begründung zu § 12 führte u. a. aus:

Neben dem Halter des Kraftfahrzeugs haftet schon nach allgemeinen Rechtsgrundsätzen zugleich der Führer des Fahrzeugs, sofern ihm ein Verschulden zur Last fällt. Die Durchführung des Ersatzanspruchs ist jedoch infolge der von der Eigenart des Automobilbetriebs unzertrennlichen Beweisschwierigkeiten dem Führer gegenüber ebenfalls wesentlich erschwert. Deshalb verschärft der Entwurf auch die Haftung des Führers insofern, als er ihm die Beweislast dafür auferlegt, daß der Schaden nicht durch sein Verschulden entstanden ist (Abs. 1).

§ 12 des RegEntwurfs entsprach mit seinen Vorschriften über den Haftungsausschluß („wenn der Schaden nicht durch ein Verschulden des Führers entstanden – in der Reichstagsvorlage: „verursacht" – ist") dem damaligen § 1, wonach die Haftung des Halters ausgeschlossen sein sollte, „wenn der Schaden weder durch ein Verschulden des Fahrzeughalters ... verursacht worden ist". Die RTK änderte zwar die Bestimmung über den Haftungsausschluß beim Halter in der aus dem jetzigen Abs. 2 des § 7 ersichtlichen Weise (unabwendbares Ereignis, Beobachtung jeder gebotenen Sorgfalt), paßte jedoch nicht die Vorschrift über den Ausschluß der Führerhaftung der geänderten Fassung des Grundsatzes der Halterhaftung (Beobachtung jeder gebotenen Sorgfalt) an. Der Kommissionsbericht (S. 9) enthält nur den Vermerk, daß § 12 ohne Debatte zur Annahme gelangt ist.

I. Inhalt der Vorschrift

§ 18 wird verschiedentlich nicht als eigenständige Haftungsnorm, sondern als 1
bloße Beweisregel angesehen[1]. Dies ist nicht zutreffend. § 18 knüpft wie § 7 eine von sonstigen Anspruchsgrundlagen losgelöste Haftung an die Betriebsgefahr des Kraftfahrzeugs an; es ist nur eine Frage des Ausdrucks, ob auch insoweit von einer „Gefährdungshaftung" gesprochen werden soll. Der Unterschied zur Haftung nach § 7 liegt allein in den Anforderungen an den Entlastungsbeweis: während vom Halter der Nachweis eines unabwendbaren Ereignisses, also der Beachtung äußerster Sorgfalt (§ 7, 386ff) verlangt wird, kann sich der Führer bereits dadurch entlasten, daß er die Beachtung der im Verkehr erforderlichen Sorgfalt (§ 276 BGB) beweist. In der Praxis kommt dieser Unterschied allerdings selten zum Tragen.

§ 18 wirkt somit wie eine Beweislastumkehr oder Vermutung hinsichtlich der 2
Fahrlässigkeit bei § 823 BGB. Ereignet sich bei dem Betrieb von Kraftfahrzeugen ein Personen- oder Sachschaden, so wird zugunsten jedes bei dem Unfall Beteiligten oder Geschädigten vermutet, daß alle Führer der am Unfall beteiligten in Be-

[1] Vgl. RGZ **152** 48 = VAE **1936** 508 m. Anm. *Müller*; RG JW **1931** 854 = 863 m. Anm. *Müller*; RG VAE **1938** 96; BGH VRS **10** 12; *Full* 3.

trieb befindlichen Kraftfahrzeuge mit Ausnahme desjenigen, in dessen Kraftfahrzeug sich der Verletzte als Insasse befand, die Verletzung oder Schädigung durch schuldhaft verkehrswidriges Verhalten herbeigeführt haben. Der Führer des Kraftfahrzeugs, in dem sich der Verletzte als Insasse befand, tritt zu dem Personenkreis, gegen den die Vermutung wirkt, dann hinzu, wenn der Insasse entgeltlich und geschäftsmäßig befördert wurde (§ 8a). Die Vermutung führt nicht zur unbegrenzten Haftung des Führers aus unerlaubter Handlung, sondern nur zur Haftung in den Grenzen, welche die §§ 10, 11 hinsichtlich des sachlichen Umfangs und der § 12 hinsichtlich der Höhe setzen. Wie beim Halter die Gefährdungshaftung von der rechtzeitigen Anzeige des Geschädigten (§ 15) abhängt, so wirkt auch die Vermutung zuungunsten des Führers nur, wenn der Geschädigte ihm den Schaden rechtzeitig anzeigt. Auch die Verjährung (§ 14) ist dieselbe. Die Fristen nach §§ 14 und 15 laufen für den Führer des Kraftfahrzeugs besonders, beginnen und enden mithin nicht ohne weiteres gleichzeitig mit den für den Halter desselben Kraftfahrzeugs laufenden Fristen. Gegen den Führer eines Kraftfahrzeugs, dessen Höchstgeschwindigkeit 20 km/h beträgt, wirkt die Vermutung nicht (§ 8; OLG Dresden VAE **1936** 135).

3 § 18 hindert den Verletzten nicht, einen über die im StVG gezogenen Grenzen hinausgehenden Schaden geltend zu machen, wenn er die Voraussetzungen anderer Anspruchsgrundlagen, insbesondere § 823 BGB, nachweist. Er muß dann auch den vollen Nachweis des Verschuldens des Führers erbringen; es genügt nicht, daß er darauf hinweist, dieser habe keinen Entlastungsbeweis geführt. Allenfalls der Anscheinsbeweis (§ 16, 279ff) kann ihm u. U. die Beweisführung erleichtern.

II. Haftungsvoraussetzungen

4 Die Voraussetzungen der Haftung nach § 18 sind dieselben wie bei der Haftung nach § 7. Auf die dortigen Erl. (insbesondere zum Merkmal „bei dem Betrieb") kann daher verwiesen werden.

5 III. Führer des Kraftfahrzeugs

Nur zuungunsten des Führers eines am Unfall beteiligten Kraftfahrzeugs wirkt die Vermutung, ohne Rücksicht darauf, ob er gleichzeitig Halter des Kraftfahrzeugs war oder nicht. Die Haftung aus § 7 geht als die umfassendere der Haftung aus § 18 freilich vor. Zuungunsten des Führers wirkt die Vermutung auch dann, wenn er zur Führung nicht befugt war (BGH DAR **1954** 298).

6 1. Begriff

Führer eines Kraftfahrzeugs ist, wer es in eigener Verantwortlichkeit in Betrieb setzt (BGHSt **18** 8; OLG Dresden DAR **1932** 269). Er bleibt – sofern er nicht vorher stirbt – Führer des Kraftfahrzeugs bis zu dem Zeitpunkt, in dem er es wieder außer Betrieb setzt (OLG Dresden DAR **1930** 298), oder in dem ein anderer den Betrieb übernimmt. Vorübergehender Stillstand des Fahrzeugs ist ohne Belang. Wechseln sich mehrere Personen bei einer Fahrt ab, so ist Führer des Kraftfahrzeugs nur, wer das Kraftfahrzeug augenblicklich (also z. B. bei § 18 im Zeitpunkt des Unfalls) führt (RGZ **138** 326). Daher haftet der Führer eines Kraftfahrzeugs nicht nach § 18, wenn er fahrlässig einen Diebstahl ermöglicht und der Dieb einen Unfall verursacht (RGZ **138** 326). Im einzelnen ergibt sich aus dieser Definition:

a) Tatsächliche Herrschaft. Führer eines Kraftfahrzeugs kann nur sein, wer die 7 tatsächliche Herrschaft über das Kraftfahrzeug innehat (OLG Braunschweig VRS **11** 451). Die tatsächliche Herrschaft übt auch aus, wer diese aufgrund eines Dienstverhältnisses nur nach bestimmten Weisungen ausübt oder wer die Tätigkeit nur aus Gefälligkeit übernommen hat (RG VAE **1939** 267 für ein Fuhrwerk) oder schließlich, wer zur Führung des Kraftfahrzeugs nicht berechtigt ist. Überläßt der vom Halter bestellte Führer die Durchführung einem anderen, so ist der andere der Führer geworden, auch wenn der bestellte Führer sich etwa innerlich vorbehalten hat, erforderlichenfalls einzugreifen und die Führung wieder an sich zu nehmen (RGZ **90** 158). Hiervon gibt es eine gesetzliche Ausnahme: nach § 3 Abs. 2 ist der Fahrschüler nicht Führer, solange er von einem als Fahrlehrer zugelassenen Begleiter beaufsichtigt wird. In diesem Falle ist der Begleiter Führer des Kraftfahrzeugs, der Fahrschüler allenfalls aus unerlaubter Handlung haftbar (näher zur Haftung des Fahrlehrers Rdn. 22, des Fahrschülers Rdn. 23).

b) Art der Bewegung. Auf den Einsatz der Motorkraft kommt es nicht an. Es ge- 8 nügt daher, wenn das Kraftfahrzeug auf einer Gefällstrecke abwärts rollt[2]. Darauf, ob durch das Abrollenlassen der Motor in Gang gebracht werden soll, kommt es nicht an (**a. A.** OLG Hamm VRS **15** 134). Ein abgeschlepptes Fahrzeug wird hingegen nicht „geführt" (OLG Hamm BB **1963** 116).

c) Hilfsdienste. Führer ist nicht, wer dem Führer lediglich Hilfsdienste leistet (LG 9 Hamburg MDR **1949** 698), also vor allem nicht der Lotse (der Wegweiser durch eine Stadt), solange er das Kraftfahrzeug nicht selbst lenkt. Führer ist nicht, wer in Anwesenheit des Führers einen Bremskeil unterlegt, einen Anhänger ankuppelt (**a. A.** OLG Köln DAR **1957** 53), die Sonnenblende einstellt, einen Gang einlegt, (KG VRS **12** 110), den Wagen schiebt, die Tür des Kraftwagens öffnet, die Handbremse anzieht, die Hupe bedient, den Scheibenwischer in Gang setzt, das Licht einschaltet oder Öl nachfüllt. Das Lenken des Kraftfahrzeugs ist nicht allein ausschlaggebendes Merkmal für die Abgrenzung des Führens von bloßen Hilfsdiensten (OLG Braunschweig VRS **11** 451). Einerseits ist Führer, wer den Anlasser bedient, um das Kraftfahrzeug in Gang zu setzen, andererseits ist nicht Führer, wer ein abgeschlepptes, betriebsunfähiges Kraftfahrzeug lenkt (Rdn. 8). Wer ein Kraftfahrzeug lenkt, das bei Versagen des Anlassers angeschoben wird, um den Motor in Gang zu setzen, führt das Kraftfahrzeug, da es sich in diesem Stadium bereits in Betrieb befindet. Folgt er jedoch bedingungslos den Anweisungen des sein stehengebliebenes Fahrzeug schiebenden Fahrers hinsichtlich des Einschlagens des Steuerrads, so ist er nur „Werkzeug" des Führers und führt selbst nicht (BGH VersR **1977** 624).

d) Überlassung an einen Dritten. Führer ist nicht, wer zwar vom Halter die Er- 10 laubnis hat, das Kraftfahrzeug zu führen, von dieser Erlaubnis aber keinen Gebrauch macht, sondern die Führung einer dritten Person überläßt (RGZ **90** 158).

[2] BGHSt **14** 185; OLG Dresden JW **1932** 812; OLG Köln VRS **15** 334; BayObLG NJW **1959** 111.

11 **2. Mehrere Führer eines Kraftfahrzeugs**

Setzen zwei Personen in bewußtem Zusammenwirken ein Kraftfahrzeug in Betrieb und teilen sie sich (nicht etwa zeitlich getrennt, sondern gleichzeitig) in die Betätigung der Bedienungsgriffe (Lenkrad, Gaspedal, Kupplung, Bremse), so sind beide gemeinschaftlich Führer des Kraftfahrzeugs[3]. Das OLG Köln (VM **1956** 75) will dies allerdings für die Lenkung nicht anerkennen. Auf die Leistung von Hilfsdiensten (Rdn. 9) darf freilich nicht abgestellt werden. Sitzt ein des Fahrens Unkundiger am Lenkrad und betätigt der neben ihm sitzende des Fahrens Kundige nicht nur die Handbremse, sondern – wenigstens zeitweise – auch das Lenkrad, so sind beide Personen Führer des Kraftfahrzeugs. Die frühere Rechtsprechung, die in solchen Fällen nur den am Lenkrad Sitzenden (OLG Hamburg DAR **1931** 47; KG VRS **8** 140) oder nur den daneben Sitzenden (OLG Braunschweig VRS **11** 451) als Führer ansah, wurde dem Sachverhalt nicht gerecht. Das kurze Eingreifen des Beifahrers in die Lenkung ist allerdings kein Führen (OLG Hamm NJW **1969** 1976).

12 **3. Dauer der Führereigenschaft**

Sie beginnt, sobald das Kraftfahrzeug in Betrieb genommen wird und endet mit dem Betrieb oder mit der Übernahme der Führung durch einen anderen. Zur Dauer des Betriebes vgl. § 7, 26ff. Auch Nachwirkungen der Führereigenschaft sind denkbar: so kann der Führer auch für einen Unfall haftbar sein, der sich lange nach Beendigung der Fahrt aufgrund unterwegs verlorener Ladung ereignet.

13 **IV. Entlastungsbeweis**

1. Gegenstand des Beweises

Die Vermutung spricht für eine Fahrlässigkeit des Führers nach § 276 BGB. Dieser hat mithin, um die Vermutung zu widerlegen, nur zu beweisen, daß ihn kein Verschulden trifft; er muß nicht etwa beweisen, daß ein unabwendbares Ereignis vorliegt (RGZ **125** 100; RG DAR **1938** 265; BGH VersR **1957** 519; **1961** 423). Seine Haftung entfällt daher – anders als die des Halters – auch dann, wenn der Unfall durch einen Fehler in der Beschaffenheit des Kraftfahrzeugs oder durch ein Versagen seiner Verrichtungen entstanden ist, es sei denn, es treffe ihn gerade hieran ein Verschulden. Der Beweis für das Fehlen eines Verschuldens wird dadurch geführt, daß der wahre Ablauf der zum Unfall führenden Umstände und Ereignisse bewiesen wird. Ergibt sich sodann, daß entweder keine schuldhafte Pflichtwidrigkeit (also kein schuldhaft verkehrswidriges Verhalten) des Führers vorliegt oder daß zwar eine solche vorliegt, der eingetretene Schaden aber nicht hierdurch verursacht wurde (OLG Dresden JRPrV **1942** 55; OLG Neustadt VRS **2** 366), so entfällt die Haftung des Führers. Dieser wird von der Haftung für den Schaden nach § 18 nur frei, wenn keine Unklarheit über die wesentlichen Umstände des Unfalls verblieben ist und wenn feststeht, daß er alles einem ordentlichen Kraftfahrer Zumutbare getan hat, den Unfall zu vermeiden (BGH VersR **1972** 459). Bleibt unklar, wie sich der Unfall ereignet hat, so hat der Führer zu beweisen, daß ihn bei keinem der möglichen Geschehnisabläufe ein Verschulden träfe (BGH VersR **1974** 1030). Kann der Führer nicht aufklären oder nicht beweisen, wie es zum Unfall gekommen ist, so

[3] OLG Hamm VRS **37** 281; offengelassen in RGZ **90** 157; **a. A.** OLG Königsberg DJZ **1925** 899; BayObLG HRR **1929** 1194; *Wille* JW **1926** 2201.

bleibt die Vermutung zu seinen Ungunsten bestehen. Ergibt sich, daß der Unfall auf Mängeln in der Beschaffenheit des Kraftfahrzeugs oder auf dem Versagen seiner Verrichtungen beruht, so ist die Schuldvermutung erst widerlegt, wenn erwiesen ist, daß den Führer kein Verschulden daran trifft, daß die Mängel nicht vor dem Unfall erkannt und behoben wurden.

2. Anforderungen an den Beweis 14

Der Führer kann sich gelegentlich zur Führung des Beweises auf den sog. Beweis des ersten Anscheins (§ 16, 279ff) berufen. Bei der Beweiswürdigung ist darauf Rücksicht zu nehmen, daß es bei der Beschränkung der Mittel menschlichen Erkennens schwierig ist, das Fehlen eines Verschuldens zu beweisen.

3. Maß der Sorgfalt 15

Der Führer des Kraftfahrzeugs hat die Schuldvermutung des § 18 widerlegt, wenn er bewiesen hat, daß er sich so verhalten hat, wie dies jeder andere ordentliche Kraftfahrzeugführer unter den gegebenen Umständen auch gemacht hätte (RGZ **152** 52; RG JRPrV **1938** 70; BGH VersR **1957** 519). Er muß diejenige Sorgfalt beachtet haben, die man auch dann, wenn man die vom Straßenverkehr ausgehenden erheblichen Gefahren im Auge behält, bei einer Verkehrslage, wie sie vor dem Unfall vorgelegen hat, allgemein für ausreichend erachtet. Maßgebend ist das Maß an Umsicht und Sorgfalt, das nach dem Urteil besonnener und gewissenhafter Verkehrsteilnehmer zu fordern ist (BGH VersR **1971** 964). Mithin ist der Umstand, daß der Führer eine ungewöhnliche Verkehrssituation nicht meistern konnte, noch kein Anzeichen für mangelnde Sorgfalt (OLG Nürnberg VRS **15** 327; vgl. auch *Mierke* NJW **1960** 1380). Reagiert er unrichtig auf das verkehrswidrige Verhalten eines anderen, so ist das nicht schuldhaft, wenn er ohne eigenes Verschulden in die Gefahrenlage gekommen ist und keine Zeit mehr zu ruhiger Überlegung hatte (BGH VersR **1971** 909; anders, wenn ausreichend Zeit für ein richtiges Handeln war: BGH VersR **1968** 944). Für die Haftung kommt es nicht darauf an, ob der Schädiger nach seinen persönlichen Kenntnissen und Fähigkeiten in der Lage war, die Gefahr richtig abzuschätzen. Maßgebend ist vielmehr, was von ihm objektiv an Sorgfalt erwartet werden konnte; die Beobachtung der üblichen Sorgfalt reicht nicht. Andererseits wird nicht die für den Entlastungsbeweis nach § 7 Abs. 2 erforderliche äußerste Sorgfalt verlangt. Zu den Anforderungen bei Autorennen s. Rdn. 21.

4. Einzelfälle 16

a) Verstöße gegen StVO und StVZO. Der Führer muß beweisen, daß er nicht gegen Vorschriften der StVO und der StVZO verstoßen hat, d. h. er muß Beweis für einen Unfallhergang erbringen, bei dem ihn kein entsprechender Vorwurf trifft. Wegen der Auslegung der einzelnen Vorschriften dieser Verordnungen ist auf die einschlägigen Erläuterungswerke zu verweisen.

b) Alkohol. Steht fest, daß der Fahrer mit einer Blutalkoholkonzentration von 17
weniger als 1,3‰ gefahren und an der Entstehung des Unfalls im übrigen nicht schuld ist, so wäre es verfehlt, die Ansicht zu vertreten, schon die kleinste Menge Alkohol könne die Fahrweise beeinflussen und der Fahrer könne nicht beweisen, daß eine solche Beeinflussung nicht stattgefunden habe (vgl. OLG Braunschweig VersR **1967** 813). Der Fahrer hat, wenn er die geringe Höhe der Blutalkoholkonzen-

tration beweist, den Entlastungsbeweis nach § 18 dann geführt, wenn feststeht, daß ihm auch in anderer Hinsicht ein Vorwurf an der Entstehung des Unfalls nicht zu machen ist.

18 **c) Erkennbarkeit der Gefahr.** Ist ein Kind seitlich in einen Lkw gelaufen und besteht die Möglichkeit, daß der Fahrer es eher hätte sehen und durch rechtzeitige Reaktion den Unfall verhindern können, so ist der Entlastungsbeweis nicht geführt (BGH VersR **1968** 581), wohl aber dann, wenn ein Reh hinter einem Busch hervor in den Wagen springt (BGH VersR **1969** 161).

19 **d) Unbefugte Benutzung des Kraftfahrzeugs.** Kommt es bei unberechtigter Benutzung eines Kraftfahrzeugs zu einem Unfall, so kann nicht nach § 18 vermutet werden, der letzte berechtigte Führer habe die Schwarzfahrt schuldhaft ermöglicht (**a. A.** *Full* 32). § 18 soll seinem Sinn und Zweck nach nur für solche Pflichtwidrigkeiten die Beweislast umkehren, die mit dem Führen des Kraftfahrzeugs in unmittelbarem Zusammenhang stehen. Der Führer würde sonst bei Schwarzfahrt wesentlich schärfer haften als der Halter (vgl. § 7 Abs. 3 Satz 1).

20 **e) Technische Mängel.** Ist der Unfall auf unzureichende Wirkung der Bremsen zurückzuführen, so ist der Führer nicht entlastet, wenn er diese kannte (OLG Düsseldorf VersR **1970** 67). Ist ein Auffahrunfall auf das Liegenbleiben eines Kraftfahrzeugs infolge Treibstoffmangels zurückzuführen, so ist vom Verschulden des Führers auszugehen. Das gilt auch für einen Motorradfahrer, der sein Motorrad schieben muß, weil Treibstoff fehlt (BGH VersR **1968** 450). Stellt der Fahrer eines Lastzugs das Lastreglerventil des Anhängers, der nur zu 9% beladen ist, auf „halb" statt auf „leer" und verursacht der zu starke Bremsdruck des Anhängers einen Unfall, so ist dieser schuldhaft herbeigeführt (BGH VersR **1968** 395). Fährt auf der Autobahn ein Pkw auf einen langsam fahrenden Lastzug auf, so trifft den Fahrer des Lastzugs ein Verschulden, wenn die geringe Geschwindigkeit auf dem Platzen eines abgefahrenen Anhängerreifens beruht (BGH bei *Bode-Weber* DAR **1969** 115). Nicht schuldhaft handelt ein belgischer Lastzugfahrer, der mit Dieselkraftstoff in die Bundesrepublik einfährt, welcher sich wegen der hier herrschenden Kälte so verdickt, daß die Brennstoffzufuhr ausfällt und der Lastzug auf der Autobahn liegen bleibt (BGH VersR **1968** 646).

21 **f) Autorennen.** Bei Rennen auf geschlossener Bahn ist auf die unter Rennfahrern übliche Sorgfalt abzustellen (BGH VRS **4** 332). Bei einer Zuverlässigkeitsfahrt können die Teilnehmer auf freie Fahrbahn vertrauen (BGH DAR **1955** 194).

V. Haftung bei Fahrschulfahrten

22 1. Haftung des Fahrlehrers

Nach § 3 Abs. 2 StVG haftet bei Übungs- und Prüfungsfahrten, bei denen alle Voraussetzungen des § 3 Abs. 1 objektiv gegeben sind, nicht der tatsächliche Führer des Kraftfahrzeugs nach § 18, sondern dessen Begleiter, also der Fahrlehrer. Bei diesem liegt der haftungsbegründende Verstoß nicht im eigenen verkehrswidrigen Verhalten beim Lenken des Fahrzeugs, sondern nur im pflichtwidrigen Nichtverhindern entsprechender Fahrfehler des Übenden. An die Stelle der Unaufmerksamkeit als Fahrer tritt beim Fahrlehrer die Unaufmerksamkeit als Begleiter und Überwacher des Fahrschülers (RG DR **1941** 800). Der Fahrlehrer muß den Schüler ständig im Auge behalten und seine Fahrweise sorgfältig überwachen. Er muß in der

Lage sein, sofort einzugreifen (BGH VersR **1969** 1037; **1972** 455). Bei einem Fahrschüler, der erstmals am Lenkrad sitzt, muß der Lehrer damit rechnen, daß er das Lenkrad zu weit einschlägt (BGH VersR **1969** 1037).

2. Haftung des Fahrschülers 23

Der Übende ist nicht „Führer" im Sinne des § 18; die Gefährdungshaftung des StVG trifft ihn also nicht. Allerdings kann er bei schuldhaftem Verhalten nach allgemeinen Verschuldensgrundsätzen haftpflichtig werden, auch zusammen mit dem Halter (und dem Begleiter, d. h. dem „Führer") mitverantwortlich und im Innenverhältnis diesem allein verantwortlich sein. Verschulden ist dem Übenden nur zuzurechnen, wenn er richtige Maßnahmen unterlassen hat, obwohl er zu ihnen nach dem Grade seiner Ausbildung schon befähigt war und ihm eine geistige Hemmung, hervorgerufen durch die begründete Befürchtung, die erforderliche Maßnahme nicht richtig ausführen zu können, nicht mehr zuzurechnen sein wird. Wer durch ein Kraftfahrzeug verletzt wurde, das von einem Fahrschüler gelenkt wurde, kann diesen also nur dann nach § 823 BGB in Anspruch nehmen, wenn er beweist, daß der für den Unfall ursächliche Fahrfehler nicht auf mangelhaftem Wissen oder Können beruht (OLG Düsseldorf NJW **1966** 736). Dasselbe gilt für Ansprüche des Eigentümers des Kraftfahrzeugs gegen den Fahrschüler.

VI. Umfang der Haftung 24

Er entspricht der Haftung des Halters; auf die Erl. zu §§ 8 bis 15 kann daher verwiesen werden. Wegen weitergehender Ansprüche s. Rdn. 25, wegen Einschränkungen und Ausschlüssen der Haftung s. § 7, 523ff u. § 16, 191ff.

VII. Haftung aus sonstigen Rechtsgründen 25

Durch die Verweisung des Abs. 2 auf § 16 ist klargestellt, daß weder die Haftung des Führers aus anderen Rechtsgründen durch § 18 ausgeschlossen wird, noch die Haftung anderer Personen aus anderen Rechtsgründen. Dies bedeutet vor allem, daß die weitergehende Haftung des Führers aus unerlaubter Handlung eingreift, wenn der Verletzte den hierfür erforderlichen Beweis geführt hat, und daß auch die Haftung aus Amtspflichtverletzung mit der Folge des Eintritts der Körperschaft des öffentlichen Rechts (Art. 34 GG) bestehen bleibt (RGZ **139** 153; BGH VRS **14** 334). Letztere schließt allerdings eine unmittelbare Inanspruchnahme des Führers (auch unter dem Gesichtspunkt des § 18) aus (RGZ **125** 99; BGH VRS **14** 334; vgl. § 16, 331). Wegen der in Betracht kommenden anderweitigen Haftungsvorschriften s. die Erl. zu § 16.

VIII. Ausgleich unter Mitverantwortlichen 26

1. Anrechnung der Betriebsgefahr

Die Verweisung des Absatz 3 auf § 17 stellt klar, daß dann, wenn der Führer eines Kraftfahrzeugs ein Recht auf Ausgleich hat, weil er den Verletzten entschädigt hat (oder von diesem in Anspruch genommen wird), oder wenn er einem anderen Halter oder Führer eines Kraftfahrzeugs ausgleichspflichtig ist, die Betriebsgefahr des von ihm gefahrenen Kraftfahrzeugs gegen sich gelten lassen muß. Das muß er auch dann, wenn er selbst bei einem Unfall verletzt worden ist und einen anderen Verkehrsteilnehmer oder den Verkehrssicherungspflichtigen, gleich auf welcher Rechtsgrundlage, auf Schadenersatz in Anspruch nimmt (BGH DAR **1953** 156; OLG Kiel HRR **1930** Nr. 630; vgl. § 17, 40ff).

27 Der Führer eines Kraftfahrzeugs muß sich bei all diesen Gelegenheiten die Betriebsgefahr des von ihm gefahrenen Kraftfahrzeugs aber nur dann bei der Abwägung entgegenhalten lassen, wenn es ihm nicht geglückt ist, die Vermutung des § 18 zu widerlegen (BGH DAR **1953** 156; OLG Kiel HRR **1936** Nr. 618). Hat er sie widerlegt, so bekommt er, falls er selbst verletzt ist, seinen Schadenersatz in vollem Umfang und kann er, wenn er einen anderen Verletzten entschädigt hat, von den anderen für den Unfall Verantwortlichen vollen Ausgleich verlangen. Den Beweis, daß ihn kein Verschulden an dem Unfall treffe, kann der Führer des Kraftfahrzeugs aber nicht etwa allein dadurch führen, daß er nachweist, daß einen anderen Unfallbeteiligten ein Verschulden trifft oder daß der Führer eines anderen am Unfall beteiligten Kraftfahrzeugs die gegen ihn sprechende Schuldvermutung nicht hat widerlegen können (BGH NJW **1962** 796). Erleidet der Führer eines Kraftfahrzeugs auf einer in Ausübung hoheitlicher Gewalt ausgeführten Fahrt einen Unfall und wird er dabei verletzt, so muß er sich, wenn er von dem Führer oder Halter eines anderen am Unfall beteiligten Kraftfahrzeugs Schadenersatz fordert, die Betriebsgefahr des eigenen Kraftfahrzeugs bei der Abwägung entgegenhalten lassen, obwohl er seinerseits wegen Art. 34 GG nicht schadenersatzpflichtig ist (BGH JZ **1960** 174 m. Anm. *Schröer*).

28 **2. Verhältnis zum Halter des eigenen Kraftfahrzeugs**

Führer und Halter desselben Kraftfahrzeugs haften, da sich der Halter das Verschulden des Führers im Rahmen der §§ 7, 17 zurechnen lassen muß, in der Regel auf die gleiche Quote, und zwar gesamtschuldnerisch im Rahmen einer Haftungseinheit (s. § 17, 35). Zum Innenausgleich zwischen Halter und Führer s. § 17, 39.

§ 19

Revision

Die Vorschrift wurde gestrichen durch Art. II Nr. 6 des Gesetzes v. 7. 11. 1939 (RGBl. I 2223).

§ 20

Örtliche Zuständigkeit

Für Klagen, die auf Grund dieses Gesetzes erhoben werden, ist auch das Gericht zuständig, in dessen Bezirk das schädigende Ereignis stattgefunden hat.

1 **I. In Betracht kommende Gerichtsstände**

Der Kläger kann für Klagen aufgrund dieses Gesetzes sowie für die Direktklage gegen den Haftpflichtversicherer des Ersatzpflichtigen (BGH VersR **1983** 586) den in § 20 zugelassenen Gerichtsstand anstelle des besonderen Gerichtsstands des Begehungsorts der unerlaubten Handlung nach § 32 ZPO oder des allgemeinen Gerichtsstands des Beklagten für die Klagerhebung wählen. Allgemeiner Gerichtsstand ist nach § 13 ZPO in der Regel der Wohnsitz des Beklagten. Bei Ausländern bestimmt das deutsche Recht den Ort ihres Wohnsitzes. Hat der Beklagte keinen Wohnsitz, so ist sein inländischer Aufenthaltsort maßgebend (§ 16 ZPO), und wenn ein solcher nicht bekannt ist, sein letzter Wohnsitz. Daneben kann ein Ausländer, der im Inland keinen Wohnsitz hat, auch dort verklagt werden, wo sich ein ihm gehörender Vermögensgegenstand befindet (§ 23 ZPO). Bei juristischen Personen bestimmt ihr Sitz den allgemeinen Gerichtsstand (§ 17 ZPO).

II. Bestimmung des nach § 20 maßgebenden Gerichtsstands 2

Der Gerichtsstand stimmt wohl in allen Fällen mit dem der unerlaubten Handlung überein (§ 32 ZPO); denn die Tatbestände der Gefährdungshaftung werden bei der Anwendung des § 32 ZPO den unerlaubten Handlungen gleich erachtet (RGZ **60** 305). Maßgebend ist nach § 32 ZPO der Ort, an dem eine der zum Schaden führenden Ausführungshandlungen begangen wurde. In diesem Sinn muß auch das in § 20 verwendete Wort „Ereignis" verstanden werden. Das Ereignis ist also nicht der Unfall, sondern der Begriff umfaßt alle für den Unfall ursächlichen Handlungen und Unterlassungen. Zu dem Ereignis im Sinne des § 32 ZPO und des § 20 StVG gehört allerdings auch der Unfallort selbst, also der Ort der schädigenden Einwirkung. Wo dagegen nur Schadensfolgen eingetreten sind, ist weder der Gerichtsstand aus § 32 ZPO (BGH NJW **1977** 1590; OLG Karlsruhe MDR **1960** 56) gegeben, noch der aus § 20 StVG.

II. Haftpflichtgesetz

i. d. F. der Bekanntmachung vom 4. Januar 1978
(BGBl. I 145)

Vorbemerkungen

I. Geschichtliche Entwicklung 1

Das Gesetz betr. die Verbindlichkeit zum Schadenersatz für die bei dem Betriebe von Eisenbahnen, Bergwerken etc. herbeigeführten Tötungen und Körperverletzungen v. 7. 6. 1871 (RGBl. S. 207, RHaftpflG) betraf zunächst nur Personenschäden. Es wurde durch Art. 42 EGBGB v. 18. 8. 1896 (RGBl. S. 616) und durch das G zur Änderung des RHaftpflG v. 15. 8. 43 (RGBl. S. 489) geändert, ferner durch das G zur Änderung schadensersatzrechtlicher Vorschriften v. 16. 8. 1977 (BGBl. I 1577). Diese letzte Änderung erweiterte die Regelung auf Sachschäden durch Einbeziehung der Vorschriften, die bis zum 1. 1. 1978 aufgrund des G über die Haftpflicht der Eisenbahnen und Straßenbahnen für Sachschaden (SHG) v. 29. 4.1940 (RGBl. I, 691) i. d. F. v. 16. 7. 1957 (BGBl. I, 710) gegolten hatten. Bis 1940 war gemäß Art. 105 EGBGB auf dem Gebiet der Haftung von Eisenbahnen und Straßenbahnen für Sachschäden das Landesrecht auch für die Zeit nach dem 1. 1. 1900 maßgebend gewesen, während auf dem Gebiet der Haftung dieser Unternehmen für Personenschäden seit 1871 Reichsrecht galt. § 1 Abs. 1 der V zur Ergänzung des SHG v. 6. 5. 41 (RGBl. I, 252) stellte klar, daß die Haftung des Sachschadenhaftpflichtgesetzes auch für Sachen gilt, die ein Fahrgast an sich trägt oder mit sich führt (Handgepäck). Die Vorschrift erweiterte den Geltungsbereich des § 21 Abs. 5 Satz 2 EVO auch auf solche Straßenbahnen und auf Eisenbahnen, für die die EVO nicht anzuwenden ist, weil sie nicht dem öffentlichen Verkehr dienen. Diese Vorschrift wurde 1977 in das neue Haftpflichtgesetz übernommen, das nun die gesamte Regelung der Haftung für Straßenbahnen (auch U-Bahnen) und Eisenbahnen bei Verkehrsunfällen enthält.

Die bis 1978 geltenden Vorschriften wurden insofern geändert, als die dem § 15 StVG entsprechende Pflicht zur Schadensanzeige (bisher § 5 SHG) und der Haftungsausschluß für Funkenflug (§ 9 SHG) gestrichen wurden. Die Sonderregelung der Verjährung wurde durch eine Verweisung auf die Verjährung von Ansprüchen aus unerlaubter Handlung ersetzt, die Bestimmungen über das Verhältnis mehrerer Verursacher eines Schadens zueinander (§ 8 Abs. 1 und Abs. 2) auf Personenschäden erweitert und die Haftungshöchstsummen (nun §§ 9 und 10) heraufgesetzt. Die Unwirksamkeit eines Haftungsausschlusses bei Sachschäden (nun § 7) gilt seit 1977, 2 soweit sie auf § 2 gestützt wird, nicht für die Personen des öffentlichen Rechts, die öffentlich-rechtlichen Sondervermögen und die Kaufleute im Rahmen ihres Handelsgewerbes. Der Entlastungsbeweis bei Straßenbahnen im Verkehrsraum öffentlicher Straßen wurde dahingehend vereinheitlicht, daß die nach dem SHG nur für Sachschäden geltende Regelung (Unabwendbarkeitsbeweis) auf Personenschäden übertragen wurde.

3 **II. Inhalt des Gesetzes**

Das Gesetz legt dem Unternehmer einer Eisenbahn oder Straßenbahn eine von der Verschuldenshaftung unabhängige Gefährdungshaftung für Personen- und Sachschäden auf, die derjenigen des Halters eines Kraftfahrzeugs ähnelt. Im Gegensatz zur Haftung bei Kraftfahrzeugunfällen gibt es aber keine besonderen Vorschriften für die Haftung des Fahrzeugführers (vgl. § 18 StVG). Darüber hinaus betrifft das Haftpflichtgesetz die Haftung des Unternehmers einer Schwebebahn und des Inhabers einer Anlage, die durch Wirkungen von Elektrizität, Gasen, Dämpfen oder Flüssigkeiten („Wirkungshaftung") oder auf andere Weise im Zusammenhang mit einer derartigen Anlage („Zustandshaftung") einen Schaden verursacht. Diese Bereiche des Haftpflichtgesetzes, zu denen jetzt auch die Rohre der Fernheizung und die Ölleitungen gehören, werden in diesem Kommentar, der sich auf die Haftung im Straßenverkehr beschränkt, nur am Rande behandelt; dies gilt ebenso für die Verantwortlichkeit für Schäden, die beim Betrieb eines Bergwerks, eines Steinbruchs, einer Gräberei (Grube) oder einer Fabrik hervorgerufen werden, für die ebenfalls das Haftpflichtgesetz eine Regelung der Haftung bringt.

§ 1

Gefährdungshaftung des Bahnunternehmers

(1) Wird bei dem Betrieb einer Schienenbahn oder einer Schwebebahn ein Mensch getötet, der Körper oder die Gesundheit eines Menschen verletzt oder eine Sache beschädigt, so ist der Betriebsunternehmer dem Geschädigten zum Ersatz des daraus entstehenden Schadens verpflichtet.

(2) Die Ersatzpflicht ist ausgeschlossen, wenn der Unfall durch höhere Gewalt verursacht ist. Soweit jedoch die Schienenbahn innerhalb des Verkehrsraumes einer öffentlichen Straße betrieben wird, ist die Ersatzpflicht ausgeschlossen, wenn der Unfall durch ein unabwendbares Ereignis verursacht ist, das weder auf einem Fehler in der Beschaffenheit der Fahrzeuge oder Anlagen der Schienenbahn noch auf einem Versagen ihrer Verrichtungen beruht. Als unabwendbar gilt ein Ereignis insbesondere dann, wenn es auf das Verhalten des Geschädigten oder eines nicht bei dem Betrieb beschäftigten Dritten oder eines Tieres zurückzuführen ist und sowohl der Betriebsunternehmer als auch die beim Betrieb tätigen Personen jede nach den Umständen des Falles gebotene Sorgfalt beobachtet haben.

(3) Die Ersatzpflicht ist ferner ausgeschlossen, wenn eine

1. zur Aufbewahrung angenommene Sache beschädigt wird;

2. beförderte Sache beschädigt wird, es sei denn, daß ein Fahrgast sie an sich trägt oder mit sich führt.

Übersicht

Schrifttum

Böhmer Eisenbahnhaftung nach § 1 RHaftpflG und unabwendbares Ereignis JR **1959** 91; *Böhmer* Zum Begriff der höheren Gewalt i. S. d. § 1 RHaftpflG MDR **1959** 350; *Böhmer* Unfälle durch Eisenbahnschranken VersR **1960** 197; *Böhmer* Zum Begriff der Bahnen innerhalb des Verkehrsraums einer öffentlichen Straße im Sinne des § 2 SHG MDR **1961** 473; *Böhmer* Unzulässige Ausweitung des Begriffs der Eisenbahnbetriebsgefahr MDR **1965** 266 u. JR **1966** 18; *Weimar* Wann liegt eine Bahn innerhalb des Verkehrsraums einer öffentlichen Straße? VersR **1956** 79; *Weimar* Unzulässige Ausweitung des Begriffs der Eisenbahnbetriebsgefahr MDR **1965** 540; *Weimar* Verletzungen durch Tiere als Betriebsunfälle der Eisenbahn JR **1965** 14; *Weimar* Höhere Gewalt und unabwendbares Ereignis als Entlastungsmöglichkeiten im Haftpflichtrecht DAR **1972** 150.

Zur **Entstehungsgeschichte** s. vor § 1.

I. Überblick 1

§ 1 begründet eine an den Betrieb einer Schienen- oder Schwebebahn anknüpfende, nicht von einem Verschulden abhängige Gefährdungshaftung des Unternehmers für Unfälle, durch die ein Mensch getötet, der Körper oder die Gesundheit eines Menschen verletzt oder eine Sache beschädigt wurde. Für beförderte Sachen, soweit sie nicht ein Fahrgast an sich trägt oder mit sich führt, ist die Haftung ausgeschlossen. Im übrigen ist sie nur ausgeschlossen, wenn der Unternehmer beweist, daß der Unfall durch höhere Gewalt – bei Bahnen im Verkehrsraum einer öffentlichen Straße durch ein unabwendbares Ereignis – verursacht wurde.

II. Begriff der Schienen- oder Schwebebahn

2 **1. Schienenbahn**

Grundlegendes Merkmal ist die Bindung an eine Schiene, gleich aus welchem Material (Eisen, Beton). Nicht unter § 1 fallen daher Kraftfahrzeuge von Eisenbahnunternehmern (auch wenn sie als Ersatz für eine unterbrochene Eisenbahnlinie verkehren; OLG Naumburg EE **52** 287) oder Obusse (vgl. § 7 StVG, 14). Weitere Voraussetzung ist, daß die Bahn der Beförderung von Personen oder Sachen über längere Strecken dient; schienengeführte Kräne oder Bahnen, die auf Vergnügungsplätzen im Kreise fahren, fallen daher nicht unter § 1, wohl aber sog. Museumsbahnen, Kleinbahnen in Ausstellungsgeländen u. ä., denen neben der Unterhaltungs- auch eine Transportfunktion zukommt. Auch Bahnen in einem Industriewerk sind Schienenbahnen. Wodurch der Antrieb erfolgt, ist ohne Belang; es reicht daher auch das Schieben von Wagen durch Menschenkraft (RGZ **14** 27) oder die Bewegung durch Ausnutzung der Schwerkraft (RGZ **1** 252).

3 **2. Schwebebahn**

Für sie gelten die vorstehenden Kriterien entsprechend mit dem einzigen Unterschied, daß die Fahrzeuge sich nicht auf erdgebundenen Schienen, sondern an Schienen oder Seilen schwebend fortbewegen. Auch Sessellifte fallen darunter (*Goltermann* MDR **1957** 20; **a. A.** OLG Zweibrücken VersR **1975** 1013), nicht aber Schlepplifte.

III. Haftungsvoraussetzungen

4 **1. Das Merkmal „bei dem Betrieb“**

a) Betrieb. Der Begriff „Betrieb“ im Sinne des HaftpflG hat eine andere Bedeutung als derselbe Begriff des StVG (vgl. § 7 StVG, 26ff). Er erfaßt alle technischen Betriebsvorgänge, die unmittelbar zur Beförderung von Personen oder Sachen dienen einschließlich der sie unmittelbar vorbereitenden oder abschließenden Handlungen (BGH VRS **24** 173). „Betrieb“ ist mithin nicht nur die einzelne Fahrt eines Zuges, sondern z. B. auch das Rangieren, das Ein- und Aussteigen, das Betätigen der Bahnschranken. Alle anderen durch den Straßen- und Eisenbahnbetrieb entstehenden Gefahren führen nicht zur Haftung, vor allem Gefahren aus dem Zustand der Gleisanlage oder von Bahnübergängen.

5 **b) Beendigung des Betriebs.** Wie sich aus Vorstehendem ergibt, endet der Betrieb eines Schienenfahrzeugs nicht schon bei der Beendigung der Fortbewegung. Unter Zugrundelegung der gleichen normativen Wertungen wie beim Betriebsbegriff des § 7 StVG (dort Rdn. 26ff) ist vielmehr nur das endgültig außerhalb des öffentlichen Verkehrsraums abgestellte Schienenfahrzeug als nicht mehr in Betrieb befindlich anzusehen; dagegen bleibt die Haftung nach § 1 bestehen, wenn etwa ein Straßen-

bahnwagen während der nächtlichen Betriebsruhe auf einer Straße abgestellt wird (OLG Düsseldorf VkBl. **1952** 195; **a. A.** *Full* 1). Setzt sich ein abgestelltes Schienenfahrzeug von selbst in Bewegung, so fällt ein hierdurch verursachter Unfall unter § 1, weil er auf die Vorhaltung von Fahrzeug und Fahrweg und die typische Verkehrsgefahr der Bahn zurückzuführen ist.

c) Kausalität des Betriebs. Verursachung „bei dem Betrieb" bedeutet adäquate Kausalität eines Betriebsvorgangs für den Unfall (vgl. § 7 StVG, 36ff, auch zur Bedeutung des örtlichen und zeitlichen Zusammenhanges). Durch Verschulden des Geschädigten oder eines Dritten wird der Kausalzusammenhang nicht unterbrochen. 6

d) Keine Beschränkung auf typische Bahngefahren. Die Zurückführung eines Unfalls auf den Betrieb einer Bahn kann nicht mit dem Argument ausgeschlossen werden, daß sich der Unfall in gleicher Weise mit einem anderen Fahrzeug (z. B. Omnibus) hätte ereignen können. Ebenso wie sich die Haftung aus dem StVG nicht auf Gefahren beschränkt, die im allgemeinen nur durch Kraftfahrzeuge hervorgerufen werden, beschränkt sich diejenige aus dem HaftpflG nicht auf Gefahren, die im allgemeinen nur durch Schienenbahnen verursacht werden (RG EE **2** 12). 7

e) Einzelfälle (mit Beziehung zum Straßenverkehr) 8

aa) Beim Betrieb entstanden sind z. B.

– Zusammenstöße zwischen Eisenbahn und Straßenfahrzeugen (RG EE **43** 230);
– Auffahren auf ein am Bahnübergang stehengebliebenes Fahrzeug (OLG Nürnberg VersR **1964** 1181);
– Unfälle durch Scheuen von Tieren vor dem fahrenden Zug (RGZ **53** 115; **62** 145);
– Unfälle durch Erschrecken über das rasche Herannahen eines Bahnfahrzeugs (RGZ **75** 284; RG EE **37** 69);
– Unfälle wegen Sichtbeeinträchtigung durch Dampf einer Lokomotive (BGH VersR **1954** 60);
– Sturz eines Fußgängers, der wegen herannahenden Zuges zum eiligen Überschreiten des Bahnübergangs veranlaßt wurde (OLG Frankfurt JW **1928** 3192);
– Unfälle beim Öffnen oder Schließen von Bahnschranken (RGZ **46** 23; OLG Oldenburg MDR **1954** 38);
– Hineinfahren in geschlossene Bahnschranke (BGH VersR **1967** 132; OLG Köln EE **43** 221);
– Unfälle durch aus dem fahrenden Zug geworfene Gegenstände (RG JW **1938** 2357);
– die Verletzung eines Verkehrsteilnehmers durch die herabgefallene, Strom führende Oberleitung der Straßenbahn (RG JW **1900** 158);
– die Verletzung eines Verkehrsteilnehmers durch das Herabfallen eines Teils eines Oberleitungsmasten, das auf das Schwingen der Drähte beim Vorbeifahren der Straßenbahn zurückzuführen ist (RG EE **21** 351).

bb) Nicht beim Betrieb entstanden sind z. B. 9

– Hängenbleiben mit Kraftfahrzeug oder Fahrrad in Bahngleisen, die auf öffentlicher Straße verlaufen (BGH VRS **7** 20);
– Stürze beim Überschreiten von Gleisen, ohne daß sich ein Zug nähert (RG EE **17** 244);

– Verletzung durch herabstürzende Bahnschranke, die nicht in Betrieb war (BGH VersR **1963** 583; OLG Frankfurt EE **54** 353).

10 **2. Unfall**

Der Schaden muß auf einem Unfall beruhen; schädigende Dauereinwirkungen reichen nicht. Näher hierzu § 7 StVG, 105ff.

11 **3. Tötung, Verletzung, Sachbeschädigung**

Vgl. § 7 StVG, 110ff.

12 **IV. Ersatzpflichtige**

Die Ersatzpflicht nach § 1 trifft den Betriebsunternehmer. Betriebsunternehmer ist, wer die tatsächliche Verfügungsgewalt über den Bahnbetrieb hat, d. h. die Herrschaft über die Bahnstrecke mit allem Zubehör und das Dispositionsrecht über das Personal und den Fahrplan hat, ohne diese Befugnis für einen anderen auszuüben (BGH VRS **3** 217). Haben mehrere Personen gemeinsam die Befugnis, so sind bei jeder Fahrt alle Personen Unternehmer (RG DR **1944** 36 m. Anm. *Wussow*). Doch ist es auch möglich, daß ein Gleisnetz und ein Wagenpark nach einem vereinbarten Plan zwei voneinander unabhängigen Unternehmen zur Verfügung stehen. Ereignet sich ein Unfall, so ist verantwortlicher Unternehmer nur das für die betreffende Fahrt nach dem Plan zuständige Unternehmen (BGH VRS **25** 102). Bei Industrieanschlußgleisen kommt es für die Frage der Verfügungsgewalt auf den Inhalt des Gleisanschlußvertrages an (vgl. BGH VersR **1963** 745).

13 **V. Art des Schadensersatzes, Ersatzberechtigung**

Insoweit kann auf § 7 StVG, 123ff, 276ff Bezug genommen werden.

14 **VI. Der Entlastungsbeweis**

1. Überblick

Der Geschädigte kann in jedem Fall Ansprüche mit Erfolg nur dann geltend machen, wenn er nachweist, daß derjenige, den er in Anspruch nimmt, Unternehmer einer Bahn ist, bei deren Betrieb durch Unfall ein Personen- oder Sachschaden entstanden ist, und daß die geltend gemachten Ersatzansprüche Schadensfolgen betreffen, die mit diesem Schaden zusammenhängen. Ist dieser Nachweis geführt, so ist es Sache des Unternehmers, den Entlastungsbeweis zu führen.

15 § 1 Absatz 2 nennt zwei Arten des Entlastungsbeweises, einen sehr schwer zu führenden (Nachweis höherer Gewalt) und einen nicht mit solch extremen Schwierigkeiten verbundenen (Nachweis des unabwendbaren Ereignisses). Im Regelfall ist die Haftung nur beim Nachweis höherer Gewalt ausgeschlossen (Rdn. 31ff). Der erleichterte Entlastungsbeweis genügt nur dann, wenn sich der Unfall an einer Stelle ereignet hat, an der die Gleise innerhalb des Verkehrsraums einer öffentlichen Straße liegen (Rdn. 17ff). Der Nachweis, daß der Unfall auf einem unabwendbaren Ereignis beruht, ähnelt dem nach § 7 Abs. 2 StVG zu führenden gleichlautenden Entlastungsbeweis. Gewisse Besonderheiten ergeben sich aber daraus, daß der Be-

trieb einer Bahn nicht nur die Fahrzeuge, sondern auch die Anlagen umfaßt (Rdn. 22). Der Entlastungsbeweis kann nicht gelingen, wenn ein Fehler in der Beschaffenheit der Fahrzeuge oder Anlagen oder das Versagen von Verrichtungen, die zum Bahnbetrieb gehören, den Unfall herbeigeführt hat (Rdn. 23).

Im übrigen ist zu beachten, daß die Haftung des Unternehmers nicht nur entfällt, **16** wenn der Entlastungsbeweis geführt ist, sondern auch, wenn dieser zwar mißlungen ist, die Verursachung des Unfalls durch den Geschädigten wegen dessen schweren Verschuldens aber so erheblich überwiegt, daß bei der nach § 17 StVG oder § 13 Abs. 1 Satz 2 HaftpflG vorzunehmenden Abwägung kein Ersatzanspruch mehr übrigbleibt. Die Beweislast hierfür trifft den Unternehmer.

2. Bahnbetrieb innerhalb des Verkehrsraums einer öffentlichen Straße

a) Sinn der Regelung. Die Erleichterung des Entlastungsbeweises für Schienen- **17** bahnen, die innerhalb des Verkehrsraums öffentlicher Straßen betrieben werden, beruht auf der Erwägung, daß diese Bahnen (vornehmlich Straßenbahnen) wie Kraftfahrzeuge am Straßenverkehr teilnehmen und daher auch dessen Haftungsregeln unterworfen werden sollten. Für die in der Regel mit höheren Geschwindigkeiten fahrenden Bahnen mit eigenem Gleiskörper soll hingegen verschärft gehaftet werden (vgl. BGH VRS **8** 438). Die Unterscheidung vermag indes nicht recht zu überzeugen; die Schadensträchtigkeit dürfte bei Bahnen, die in den Straßenverkehr einbezogen sind, eher höher liegen. Schwebebahnen, für die immer verschärft gehaftet wird, sind demgegenüber besonders sichere Verkehrsmittel.

b) Abgrenzung. Entscheidend sind die Verhältnisse am Unfallort, denn eine Bahn **18** kann streckenweise innerhalb, streckenweise außerhalb des Straßenraumes liegen. Die Bahn wird nur dann innerhalb des Verkehrsraums einer öffentlichen Straße betrieben, wenn ihr Gleiskörper seiner baulichen Gestaltung nach von Straßenverkehrsteilnehmern mitbenutzt werden kann.

Ein eigener Bahnkörper ist dagegen vorhanden, wenn die Gleise von der Fahr- **19** bahn durch Randsteine, Geländer oder sonstige bauliche Einrichtungen wirksam so völlig getrennt sind, daß den anderen Verkehrsteilnehmern ein Befahren oder Begehen des von den Gleisen eingenommenen Raums nicht nur untersagt, sondern auch faktisch erheblich erschwert ist (§ 68 Abs. 1, § 11 Abs. 2 BOStrab). Das Vorhandensein weißer nicht unterbrochener Linien zwischen Fahrbahn und Gleis oder einer Schwelle von geringer Höhe, die (z. B. bei Ausweichmanövern) leicht überfahren werden kann, reicht nicht aus. Ist der Gleiskörper zum Befahren durch Fahrzeuge bestimmter Art (z. B. Omnibusse) freigegeben, so gehört er zum Verkehrsraum der Straße. Die Bahn liegt auch dann nicht außerhalb desselben, wenn sie zwar vom Kraftfahrzeugverkehr, nicht aber vom Fußgänger- oder Radfahrverkehr baulich abgesondert ist. Allein die Abschotterung des in der Straßenmitte verlaufenden Gleiskörpers reicht hierfür nicht aus.

An **Kreuzungen** zwischen Gleiskörper und Straße ist entscheidend, ob es sich der **20** baulichen Gestaltung nach um einen Bahnübergang handelt oder ob die Bahn am Verkehr auf der Kreuzung wie ein Straßenfahrzeug teilnimmt. Straßenbahnen, die auf eigenem Gleiskörper in der Straßenmitte verlaufen, erhalten in der Regel an Straßenkreuzungen keine Andreaskreuze; damit wird klargestellt, daß sie auf der Kreuzung am allgemeinen Straßenverkehr teilnehmen. Dasselbe gilt, wenn im Kreuzungsbereich abbiegende Kraftfahrzeuge den Gleisbereich mitbenutzen. In solchen Fällen liegt das Gleis auf der Kreuzung im Verkehrsraum der öffentlichen

Straße. Verlaufen die Gleise jenseits der Kreuzung nicht mehr auf eigenem Bahnkörper, so kann durch Aufstellung von Andreaskreuzen der Raum, auf dem das Gleis im Kreuzungsbereich verläuft, wirksam als noch zum Bahnkörper gehörig bezeichnet werden (BGH DAR **1960** 137). Das Verkehrszeichen 205 (Vorfahrt gewähren!) reicht hierfür nicht aus. Einzelne Fußgängerüberwege über eine ansonsten auf abgesonderter Trasse verlaufende Bahnstrecke ändern nichts an deren Lage außerhalb des Straßenraums. Anders kann es sich hingegen verhalten, wenn der Bahnkörper kurz hintereinander so viele Überwege und Überfahrten (z. B. zu Grundstücken) aufweist, daß die Eigenständigkeit gegenüber dem Straßenverkehr völlig zurücktritt (vgl. BGH VersR **1962** 48 = 133 m. Anm. *Böhmer*).

21 Die Ansicht, auch besondere Bahnkörper könnten innerhalb des Verkehrsraums einer Straße liegen (*Filthaut* 200), und es komme nicht auf die bauliche Absonderung, sondern auf die räumliche Nähe an, weil der Führer des Schienenfahrzeugs sich dann auch auf abgedrängte Fahrzeuge und querende Fußgänger einrichten müsse, ist abzulehnen. Sie ist nur schwer mit dem Gesetzeswortlaut zu vereinbaren und entspricht nicht dem Sinn der Regelung, Schienenbahnen dann haftungsrechtlich wie Kraftfahrzeuge zu behandeln, wenn sie sich gleich solchen im Straßenverkehr bewegen. Auch führt diese Ansicht zu Abgrenzungsschwierigkeiten, denn es fehlt an gesicherten Kriterien für eine ausreichende Trennung vom Straßenverkehr.

22 **c) Anforderungen an den Entlastungsbeweis**

aa) Der Unternehmer muß – wie der Kraftfahrzeughalter nach § 7 Abs. 2 StVG – beweisen, daß der Unfall durch ein **unabwendbares Ereignis** verursacht wurde (§ 1 Abs. 1 Satz 2). Die Rechtsprechung zu § 7 Abs. 2 StVG kann mithin herangezogen werden (BGH VersR **1955** 346; VRS **9** 419); auf die Erl. zu § 7 StVG, 385ff wird verwiesen. Von dem einem Kraftfahrzeughalter obliegenden Entlastungsbeweis unterscheidet sich der vom Unternehmer einer Straßenbahn zu führende dadurch, daß der Betrieb der Straßenbahn nicht nur die Fahrzeuge umfaßt, sondern auch die Gleisanlagen und ihre Linienführung, die Signalanlagen und ihre Betätigung sowie den Fahrdraht samt Stromversorgungsanlagen. Ausgenommen ist auch nicht etwa die Schaltung und Betätigung solcher Signalanlagen nach § 16 BOStrab, die vor Straßenkreuzungen und -einmündungen, an denen der Straßenverkehr durch Lichtzeichen geregelt wird, stehen. Für Unfälle, die dadurch entstehen, daß die Signale für die Straßenbahn unrichtig in den Ablauf der Ampelsignale für den übrigen Verkehr eingeplant sind (OLG Hamburg VersR **1967** 814), haftet der Straßenbahnunternehmer und nicht die Straßenverkehrsbehörde; denn diese hat nach § 16 Abs. 2 BOStrab lediglich ihre Zustimmung zu den vom Unternehmer der Straßenbahn anzubringenden Zeichen zu erteilen. Etwas anderes gilt an Straßenkreuzungen, an denen sich der Straßenbahnverkehr nach den dem allgemeinen Verkehr dienenden Ampel-Lichtzeichen richtet (§ 16 Abs. 3 BOStrab). Für Fehler bei dieser Zeichengebung haftet die Straßenverkehrsbehörde (vgl. BGH VersR **1966** 1080). Beachtet der Fahrer ein Zeichen nicht, so haftet der Straßenbahnunternehmer.

23 **bb) Fehler in der Beschaffenheit von Fahrzeugen oder Anlagen oder Versagen ihrer Verrichtungen** führen, wenn hierauf der Unfall beruht, stets zur Haftung des Unternehmers. Auf die entsprechende Regelung in § 7 Abs. 2 StVG (hierzu § 7 StVG, 499ff) wird verwiesen. Zu beachten ist allerdings auch hier, daß nicht nur ein Versagen von Teilen der Fahrzeuge hierher zu rechnen ist, sondern auch ein Versagen der Stromzufuhr, der Signalanlagen oder der Gleise und Weichen. Das Gleis versagt auch dann in den ihm zukommenden Verrichtungen, wenn ein darin liegender

Metallbolzen einen Straßenbahnwagen zum Entgleisen bringt (BGH VersR **1963** 1050). Eine typische Unfallquelle, die zu dem Versagen von Verrichtungen zu zählen ist, ist auch das Reißen des Fahrdrahts oder eines den Fahrdraht tragenden Drahtes (RG JW **1900** 158) oder das Umstürzen eines Mastes, an dem der Fahrdraht befestigt ist. Ist das Versagen von Verrichtungen auf Einwirkungen von außen zurückzuführen (z. B. es stürzt ein Felsbrocken, ein Baum oder ein Ast auf das Gleis oder den Fahrdraht und entsteht hierdurch ein Unfall), so greift der Ausschluß der Entlastungsmöglichkeit nicht ein (vgl. OLG Wien VAE **1938** 388). Nicht gebilligt werden kann die vom Bundesgerichtshof zum StVG und zum HaftpflichtG vertretene Ansicht (so wohl auch VRS **27** 166), eine Bewußtseinsstörung des Führers eines Straßenbahnzugs sei ein innerbetriebliches Ereignis und einem Versagen der Verrichtungen gleichzustellen (vgl. § 7 StVG, 391 f).

d) Einzelfälle (s. auch § 7 StVG, 414ff)

aa) Gefährdung der Fahrgäste. Beim Straßenbahnbetrieb ist es gelegentlich un- 24
vermeidbar, daß ein Ruck entsteht, der stehende Fahrgäste zu Fall bringt. Das ist vor allem beim Durchfahren von Kurven der Fall (OLG Düsseldorf VkBl. **1954** 228). Beim Anfahren besteht für einen Ruck in der Regel kein berechtigter Anlaß (RG JW **1928** 3170 m. Anm. *Seligsohn*); dagegen läßt sich ein Bremsen mit scharfem Ruck gelegentlich nicht vermeiden, da die Rechtsprechung fordert, daß der Fahrer auch beim Auftauchen unvorhergesehener Hindernisse ohne Rücksicht auf die hierdurch für die Fahrgäste entstehende Gefahr eine Schnellbremsung einleitet[1].

bb) Zusammenstoß mit abbiegendem Kraftfahrzeug. Fährt die Straßenbahn am 25
rechten Straßenrand, so liegt ein unabwendbares Ereignis vor, wenn ein Lkw, der unter Betätigung des rechten Blinkers links vor der Straßenbahn fuhr, ohne Rücksicht auf diese nach rechts über das Gleis in ein Grundstück einbiegt (BGH VersR **1962** 48 = 133 m. Anm. *Böhmer*). Dasselbe gilt für den im Straßenverkehr häufigen Vorgang, daß sich ein Kraftwagen unter Betätigung des linken Blinkers unmittelbar vor eine links hinter ihm fahrende Straßenbahn setzt[2]. Der Straßenbahnführer muß in einem solchen Fall zwar bremsen, um einen Sicherheitsabstand herzustellen; keinesfalls aber ist er gehalten, eine Schnellbremsung herbeizuführen, ehe der nun vor ihm auf den Gleisen fahrende Kraftwagen bremst (**a. A.** OLG Düsseldorf VersR **1965** 1158). Dies gilt auch dann, wenn die Möglichkeit, daß der Kraftwagen vor der nächsten Kreuzung halten muß, nicht fernliegt. Denn eine Schnellbremsung gefährdet die Fahrgäste der Straßenbahn stets und ist daher nur berechtigt, wenn die Gefahr, daß die Straßenbahn auf einen Kraftwagen auffährt, schon handgreiflich geworden ist. Der Führer der Straßenbahn muß die Schnellbremsung erst einleiten, wenn der Kraftwagen vor der Kreuzung bremst oder die Signalampel auf Gelb schaltet, ehe der Kraftwagen die Kreuzung erreicht hat. Hat der Straßenbahnführer durch Verlangsamen den Anschein erweckt, er werde an einer Haltestelle vor der Kreuzung anhalten, so muß er, falls er doch durchfährt, berücksichtigen, daß sich andere Verkehrsteilnehmer bereits auf sein Verhalten eingerichtet haben könnten (OLG Stuttgart VRS **15** 273).

Ein Straßenbahnführer beobachtet nicht die äußerste ihm zuzumutende Sorgfalt, wenn er bei einer Lichtsignalanlage, von der er weiß, daß sie eine kurze für Kraft-

[1] BGH VersR **1961** 234; **1965** 885; NJW **1962** 860 m. Anm. *Hohenester*; VRS **28** 11; OLG Düsseldorf VersR **1966** 764; **1966** 765.

[2] OLG Braunschweig VersR **1969** 1048; **1972** 493; OLG München VersR **1967** 167; LG Hannover VersR **1966** 861.

fahrzeuge und die Straßenbahn gemeinsame Grünphase aufweist, in die Kreuzung einfährt, ohne dem in den Schienenbereich einfahrenden Kraftfahrzeugverkehr Aufmerksamkeit zuzuwenden (OLG Celle VersR **1967** 289). Dasselbe gilt, wenn eine links einbiegende Straßenbahn auf der Kreuzung halten muß, weil entgegenkommende Kraftwagen auf dem Gleis zum Halten gekommen sind; wird das Gleis wieder frei, so muß der Führer der Straßenbahn damit rechnen, daß neuerdings Kraftwagen, die bei Grün in die Kreuzung eingefahren sind, auf das Gleis geraten (OLG Hamburg VersR **1967** 814).

26 **cc) Auffahrunfälle.** Grundsätzlich muß die Straßenbahn zu vorausfahrenden Fahrzeugen einen so großen Sicherheitsabstand einhalten, daß auch bei plötzlichem Anhalten ein Auffahren vermieden werden kann. Bei besonderen Verkehrslagen (dichter Großstadtverkehr, einsehbare Strecke) darf der Abstand geringfügig verringert werden; kommt durch einen nicht vorhergesehenen Verkehrsvorgang (betrunkener Fußgänger) die Fahrzeugkolonne überraschend zum Stehen und fährt daher die Straßenbahn auf den Kraftwagen auf, so hat der Straßenbahnunternehmer den Entlastungsbeweis geführt (OLG Frankfurt VersR **1967** 851). Ist der Führer der Straßenbahn, obwohl vor ihm Fahrzeuge auf dem Gleis fuhren, ohne zu bremsen (allerdings unter Wegnahme des Fahrstroms) auf eine durch einen parkenden Lkw verursachte Engstelle zugefahren, so ist der Entlastungsbeweis nicht geführt, wenn an der Engstelle die Fahrzeuge wegen eines Radfahrers anhalten müssen und die Straßenbahn auffährt (BGH VRS **9** 417).

27 **dd) Auffahren auf Hindernisse.** Der Fahrer einer Schienenbahn, die innerhalb des Verkehrsraums einer öffentlichen Straße verkehrt, darf nicht darauf vertrauen, daß nicht einsehbare Gleisstrecken frei von Hindernissen sind; er muß auf Sicht fahren und mit unvermuteten, auch unbeleuchteten Hindernissen rechnen (BGH VersR **1975** 258; OLG Düsseldorf VersR **1968** 675).

28 **ee) Fußgänger.** Der Umstand, daß Fußgänger sich vor ihm in angemessener Entfernung im Gleisbereich bewegen, zwingt den Führer der Straßenbahn noch nicht ohne weiteres zu bremsen. Auch der vorsichtigste und gewissenhafteste Fahrer darf sich zunächst auf ein Warnsignal beschränken und darauf vertrauen, daß die Fußgänger hierauf die Gleise freimachen[3]. Wollte man dies dem Fahrer nicht zugestehen, so wäre ein geregelter Straßenbahnbetrieb in belebten Straßen unmöglich, in denen fortgesetzt Fußgänger die Gleise überschreiten.

29 **ff) Ausscheren.** Ein Straßenbahnführer muß in Rechnung stellen, daß sein Wagen beim Einfahren in eine Linkskurve hinten nach rechts ausschert und hierdurch einen rechts neben dem Gleis stehenden Kraftwagen beschädigen kann (OLG München VersR **1966** 786).

30 **3. Bahnbetrieb außerhalb des Verkehrsraums einer öffentlichen Straße**

Ereignet sich der Unfall an einer Stelle, an der das Gleis nicht im Verkehrsraum einer öffentlichen Straße liegt (Rdn. 18ff), so haftet der Unternehmer bis zur Grenze der höheren Gewalt (§ 1 Abs. 2 Satz 1).

31 **a) Begriff der höheren Gewalt.** Höhere Gewalt ist ein von außen (durch Naturereignisse oder durch Handlungen betriebsfremder Personen) auf den Betrieb einwirkendes Ereignis, das so außergewöhnlich ist, daß der Eisenbahnunternehmer

[3] BGH VersR **1961** 475; **1963** 874; **1972** 152; vgl. auch RG JW **1936** 452; HRR **1941** Nr. 465; VAE **1941** 81; **1942** 159.

mit seinem Eintritt nicht zu rechnen braucht, und das weder durch wirtschaftlich tragbare Einrichtungen noch durch die äußerste nach der Sachlage vernünftigerweise zu erwartende Sorgfalt verhütet oder unschädlich gemacht werden kann[4]. Der wesentliche Unterschied zum Entlastungsbeweis nach Abs. 2 Satz 2 liegt darin, daß zur Unabwendbarkeit des Ereignisses die Außergewöhnlichkeit hinzutreten muß.

aa) Außergewöhnlichkeit. Ereignisse, die im Bahnbetrieb nicht ungewöhnlich 32
sind, führen zur Haftung des Bahnunternehmers auch dann, wenn sie unvermeidbar sind. Höhere Gewalt liegt nicht vor, wenn es sich um ein Ereignis handelt, welches häufiger vorkommt und auf welches sich der Unternehmer daher einrichten kann (BGH VersR **1953** 27; **1957** 433). Der Gesichtspunkt, daß derjenige den Schaden zu tragen hat, der den gefährlichen Betrieb einer Eisenbahn unterhält, steht hier im Vordergrund. Zusammenstöße zwischen Schienen- und Straßenfahrzeugen beruhen demnach so gut wie nie auf höherer Gewalt, auch dann nicht, wenn das Straßenfahrzeug eine ordnungsgemäß geschlossene und beleuchtete Schranke durchbricht (vgl. Rdn. 35). Zu einem Haftungsausschluß für den Unternehmer kann es in solchen Fällen mithin nur noch über die Mitverschuldensabwägung kommen (vgl. § 4).

bb) Zum Merkmal der **Unabwendbarkeit** vgl. Rdn. 22 und § 7 StVG, 385ff. Han- 33
delt es sich bei dem zum Unfall führenden Ereignis um eine außergewöhnliche Witterungseinwirkung oder eine sonstige Naturkatastrophe, so kann sich der Unternehmer nur entlasten, wenn nicht eine vorübergehende Einstellung des Betriebs möglich und geboten gewesen wäre (vgl. RGZ **101** 94; RG JW **1905** 321; **1921** 343).

b) Einzelfälle. Höhere Gewalt liegt bei der Entstehung eines Schadens vor allem 34
dann vor, wenn Naturereignisse einen Unfall verursacht haben. In Frage kommen Erdbeben, außergewöhnliche Stürme, Blitzschlag, Bergrutsch, Vermurung, Lawinen, Überschwemmung. Treffen herabstürzende Felsen trotz ordnungsgemäßer Verbauung der Hänge einen vorüberfahrenden Zug, so liegt höhere Gewalt vor. Nicht gebilligt werden kann die Ansicht des Reichsgerichts (RGZ **93** 306), daß dies nicht gelten soll, wenn trotz ordnungsgemäßer Verbauung herabstürzende Felsenmassen das Gleis unbefahrbar machen, ehe ein Zug eintrifft, wenn also der Zug in die bereits auf dem Gleis liegenden Massen hineinfahre (ebenso *Filthaut* 166). Wirft ein außergewöhnlich starker Schneesturm vereiste Schneemassen unvorhergesehen auf die Gleise, so daß ein Zug hierdurch zum Entgleisen gebracht wird, so liegt höhere Gewalt vor (RGZ **101** 94). Gleiches gilt bei Beschädigung des Gleisunterbaus durch einen Wolkenbruch. In jedem Fall müssen aber alle Maßnahmen ergriffen sein, die nach dem Stand der bisher gewonnenen Erkenntnisse zur Abwehr von Unfällen als zumutbar erachtet werden. In Überschwemmungsgebieten muß den durch das Hochwasser entstehenden Gefahren begegnet werden (RG EE **52** 170); zur Bekämpfung der durch starken Schneefall entstehenden Behinderungen müssen die modernsten Geräte eingesetzt und die Weichen aufgetaut werden. Starkes Schneegestöber ist, wenn sich hierdurch ein Zusammenstoß ereignet, keine höhere Gewalt (RG LZ **1916** 742). Auch außergewöhnliche menschliche Handlungen (z. B. Sabotageakte) können, Unabwendbarkeit vorausgesetzt, höhere Gewalt darstellen (RG JW **1904** 577; EE **6** 222; **47** 383).

[4] RGZ **64** 404; **101** 94; **104** 150; **109** 172; RG JW **1911** 595; **1920** 710 m. Anm. *v. der Leyen*; **1931** 865 m. Anm. *Seligsohn*; LZ **1919** 375; BGH VersR **1953** 27; **1955** 346; **1976** 963.

35 Keine höhere Gewalt liegt – mangels Außergewöhnlichkeit – im allgemeinen in folgenden Fällen vor: bei Zusammenstößen mit anderen Fahrzeugen oder Fußgängern (RG JW **1911** 192; **1911** 596; BGH VRS **4** 503; VersR **1959** 49), auch nach Durchbrechen der Bahnschranke (RGZ **93** 66; LG Breslau EE **53** 192; **a. A.** OLG München EE **53** 193); bei verbotswidrigem Betreten des Gleiskörpers (RGZ **95** 65); bei Zusammenstößen mit Weidevieh (BGH VersR **1955** 346); bei Hinauswerfen von Gegenständen aus fahrenden Zügen (RGZ **1** 253; **75** 185); bei Verursachung durch körperliche Störungen (RG EE **23** 305; **23** 398; **32** 32; **34** 144; **38** 69); bei Fehlreaktionen von Kindern (RG JW **1924** 51).

36 **VII. Haftungsausschluß für beförderte Sachen**

Der Haftungsausschluß entspricht § 8a Abs. 1 Satz 2 StGV; wegen Einzelheiten kann daher auf die dortige Rdn. 25 Bezug genommen werden. Er bezieht sich lediglich auf die Gefährdungshaftung; andere Ansprüche (z. B. Delikt, Vertrag) bleiben unberührt.

§ 2

Gefährdungshaftung des Inhabers anderer im Gesetz bestimmter Anlagen

(1) Wird durch die Wirkungen von Elektrizität, Gasen, Dämpfen oder Flüssigkeiten, die von einer Stromleitungs- oder Rohrleitungsanlage oder einer Anlage zur Abgabe der bezeichneten Energien oder Stoffe ausgehen, ein Mensch getötet, der Körper oder die Gesundheit eines Menschen verletzt oder eine Sache beschädigt, so ist der Inhaber der Anlage verpflichtet, den daraus entstehenden Schaden zu ersetzen. Das gleiche gilt, wenn der Schaden, ohne auf den Wirkungen der Elektrizität, der Gase, Dämpfe oder Flüssigkeiten zu beruhen, auf das Vorhandensein einer solchen Anlage zurückzuführen ist, es sei denn, daß sich diese zur Zeit der Schadensverursachung in ordnungsmäßigem Zustand befand. Ordnungsmäßig ist eine Anlage, solange sie den anerkannten Regeln der Technik entspricht und unversehrt ist.

(2) Absatz 1 gilt nicht für Anlagen, die lediglich der Übertragung von Zeichen oder Lauten dienen.

(3) Die Ersatzpflicht nach Absatz 1 ist ausgeschlossen.

1. wenn der Schaden innerhalb eines Gebäudes entstanden und auf eine darin befindliche Anlage (Absatz 1) zurückzuführen oder wenn er innerhalb eines im Besitz des Inhabers der Anlage stehenden befriedeten Grundstücks entstanden ist;

2. wenn ein Energieverbrauchgerät oder eine sonstige Einrichtung zum Verbrauch oder zur Abnahme der in Absatz 1 bezeichneten Stoffe beschädigt oder durch eine solche Einrichtung ein Schaden verursacht worden ist;

3. wenn der Schaden durch höhere Gewalt verursacht worden ist, es sei denn, daß er auf das Herabfallen von Leitungsdrähten zurückzuführen ist.

Von einer ausführlichen Kommentierung der Vorschrift wird abgesehen, da sie für den Straßenverkehr nur sehr begrenzte Bedeutung hat.

Eine **Anwendung** kommt z. B. in Betracht bei Unfällen durch Herabfallen von Stromleitungen oder Auffahren auf herabgefallene oder zu tief hängende Stromleitungen (vgl. *Däubler* DJ **1943** 414); auch durch Fahrdrähte der Eisenbahn (**a. A.** *Filthaut* 14); durch umstürzende Leitungsmasten; durch Unterspülen der Straße infolge einer schadhaften Rohrleitung; durch Eisbildung auf der Straße infolge eines Wasserrohrbruchs (OLG Frankfurt VersR **1983** 786); durch herausragende Kanaldeckel; durch herumfliegende Trümmer infolge einer Gasexplosion. **Nicht erfaßt** werden dagegen Unfälle mit Fahrzeugen, in welchen Gase oder Flüssigkeiten transportiert werden (keine *Leitungs*anlagen); durch offene Gräben (keine *Rohr*leitungsanlagen); durch Telegrafen- oder Telefonleitungen und -masten sowie durch Antennenanlagen (Abs. 2). 1

Die Ersatzpflicht trifft den **Inhaber** der Anlage, d. h. denjenigen, der die tatsächliche Gewalt über die Anlage hat und die notwendigen Anweisungen erteilen kann. 2

Für die **Entlastung** des Inhabers der Anlage ist von Bedeutung, ob der Schaden durch die **Wirkung** der geleiteten Energie oder nur durch das **Vorhandensein** der Leitungsanlage verursacht wurde. Im letzteren Fall ist die Haftung nämlich ausgeschlossen, wenn der Inhaber der Anlage beweist, daß sich die Anlage zur Zeit der Schadensverursachung in ordnungsgemäßem Zustand befunden hat (Abs. 1 Satz 2 und 3). Im übrigen kann sich der Inhaber bei Straßenverkehrsunfällen nur durch den Nachweis höherer Gewalt (zum Begriff § 1, 31 ff), bei Herabfallen von Leitungsdrähten überhaupt nicht entlasten. Ein Herabfallen liegt hierbei nicht nur bei Berührung des Bodens, sondern auch dann vor, wenn der Draht infolge eines Defekts der Aufhängevorrichtung zu tief hängt (vgl. OLG Oldenburg VersR **1960** 1126). Fällt nicht nur der Draht herab, sondern stürzt zugleich der Mast um, so kann es für die Haftung keinen Unterschied machen, ob der Schaden durch den Draht oder durch den Mast verursacht wurde. 3

§ 3

Gefährdungshaftung auf anderen Gebieten

Wer ein Bergwerk, einen Steinbruch, eine Gräberei (Grube) oder eine Fabrik betreibt, haftet, wenn ein Bevollmächtigter oder ein Repräsentant oder eine zur Leitung oder Beaufsichtigung des Betriebes oder der Arbeiter angenommene Person durch ein Verschulden in Ausführung der Dienstverrichtungen den Tod oder die Körperverletzung eines Menschen herbeigeführt hat, für den dadurch entstandenen Schaden.

Die Vorschrift kann für den Straßenverkehr kaum Bedeutung erlangen. Denkbar wäre allenfalls, daß sich Sprengarbeiten in einem Steinbruch, Vertiefungen durch ein Bergwerk oder die Explosion in einer Fabrik auf die Benutzer benachbarter Straßen auswirken. In solchen Fällen haftet der Betreiber ohne Entlastungsmöglichkeit für das Verschulden seiner Aufsichtspersonen.

§ 4

Mitverschulden des Geschädigten

Hat bei der Entstehung des Schadens ein Verschulden des Geschädigten mitgewirkt, so gilt § 254 des Bürgerlichen Gesetzbuchs; bei Beschädigung einer Sache steht das Verschulden desjenigen, der die tatsächliche Gewalt über die Sache ausübt, dem Verschulden des Geschädigten gleich.

Übersicht

Schrifttum

Böhmer Erhöht das Fehlen von Bahnschranken stets die Eisenbahnbetriebsgefahr? MDR **1964** 633; *Himer* Unbeschrankter Bahnübergang und erhöhte Betriebsgefahr MDR **1960** 557; *Klimke* Haftung für Unfälle nicht deliktsfähiger Kinder beim Betrieb von Schienenfahrzeugen DB **1976** 2385.

1 **I. Bedeutung der Vorschrift**

Die Vorschrift gibt den Inhalt des § 9 StVG mit anderen Worten wieder und erstreckt die dort getroffene Regelung auf Unfälle, die durch eine Straßenbahn oder Eisenbahn verursacht werden. Auf die Erläuterungen zu § 9 StVG kann daher verwiesen werden. Zu beachten ist, daß die Vorschrift – ebenso wie § 9 StVG – in bestimmten Fällen durch Sonderregelungen verdrängt wird. War der beim Unfall Verletzte Halter oder Fahrer eines Kraftfahrzeugs, gilt § 17 Abs. 2 StVG (OLG Nürnberg VersR **1964** 1181). Ist der Verletzte ein Straßenbahn- oder Eisenbahnunternehmer und ereignete sich der Unfall beim Zusammenstoß mit einer anderen Schienenbahn, so greift § 13 Abs. 1 ein. Sämtliche Vorschriften bringen folgenden aus § 254 BGB entwickelten allgemeinen Grundsatz zum Ausdruck: Jeder, der aus einem Verkehrsunfall Schadenersatz begehrt, muß sich wegen der auch von ihm gesetzten Ursache des Unfalls eine Minderung seiner Ansprüche gefallen lassen, sofern er aus Verschulden oder Gefährdungshaftung für unfallbedingte Schäden des anderen einstehen müßte. Dieser Grundsatz gilt, obwohl das gesetzlich nicht normiert ist, auch für Schadenersatzansprüche eines Tierhalters, wenn das Tier von einer Straßen- oder Eisenbahn verletzt worden ist und er nicht beweisen kann, daß ihn kein Verschulden trifft (**a. A.** RGZ **53** 117; **58** 337), und für Ansprüche des Bahnunternehmers gegen den Tierhalter (OLG Kassel RdL **1953** 157). Der Führer einer Straßenbahn muß sich mangels einer § 18 StVG entsprechenden Vorschrift nur Verschulden anrechnen lassen.

II. Abwägungsmaßstäbe

1. Grundsätze 2

Die Abwägungsmaßstäbe sind grundsätzlich dieselben wie bei § 9 StVG (s. dort Rdn. 77ff). Auch hier müssen bei der Schadensabwägung alle Umstände außer Betracht bleiben, von denen nicht feststeht, daß sie sich auf das Zustandekommen oder das Ausmaß des Unfalls ausgewirkt haben (BGH VersR **1961** 234). Vor allem wirkt sich ein Verschulden des Führers der Straßenbahn zuungunsten des Unternehmers der Straßenbahn aus, auch wenn dieser nur nach dem HaftpflG haftet (BGH VersR **1961** 910). Dasselbe gilt, wenn eine Straßenbahn bei einem Unfall beschädigt wurde und der Unternehmer den Entlastungsbeweis nicht zu führen vermag.

2. Berücksichtigung der Betriebsgefahr 3

Konnte der Unternehmer den Entlastungsbeweis nicht führen, so ist bei der Abwägung die Betriebsgefahr seiner Bahn zu berücksichtigen. Wie bei § 9 StVG kommt es auch hier auf die konkrete, für Art und Schwere des Unfallschadens ursächliche Betriebsgefahr an (vgl. § 9, 82). Schon die allgemeine Betriebsgefahr ist bei einer Bahn aufgrund des größeren Gefährdungspotentials (erhebliche Masse, langer Bremsweg, Gleisgebundenheit[1]) in der Regel höher zu bewerten als bei einem Kraftfahrzeug; sie kann zudem durch besondere Umstände, insbesondere Verschulden des Führers erhöht sein. Auch bei Unfällen, die von einer Straßenbahn oder Eisenbahn verursacht wurden, spielt also der Begriff der „erhöhten Betriebsgefahr" (§ 9, 83) eine Rolle[2].

Beispiele aus der Rechtsprechung. Straßenbahnen werden im Regelfall zweigleisig 4
betrieben. Der zweigleisige Betrieb erhöht daher die Betriebsgefahr nicht; dies gilt auch dann, wenn ein Fußgänger zwischen zwei sich begegnende Züge gerät (BGH VersR **1963** 874 = **1964** 88 m. Anm. *Böhmer*). Dagegen erhöht die Eingleisigkeit eines Streckenabschnitts die Betriebsgefahr (*Guelde* in Anm. zu OLG Düsseldorf DRW **1940** 207; *Böhmer* in Anm. zu BGH VersR **1964** 88). Noch größer ist die Gefahr für Fußgänger, wenn bei eingleisiger Strecke die Schienen nahe dem Gehsteig liegen (BGH VersR **1961** 908). Die Betriebsgefahr ist ferner erhöht, wenn bei zweigleisiger Anlage einer Strecke die Straßenbahn in einer Einbahnstraße auch in der Gegenrichtung fährt (BGH VersR **1966** 1142). Auch hier vergrößert sich die Gefahr noch mehr, wenn eines der Gleise nahe dem Gehsteig verläuft. Dunkelheit und Regen vergrößern die Betriebsgefahr der Straßenbahn nicht (BGH VersR **1967** 138). Ein Mast, der an einer Haltestelle so nahe am Gleis steht, daß ein Fahrgast dagegenstößt, der sich beim Aussteigen verspätet hat und von der Abfahrt der Bahn überrascht wird (BGH VersR **1961** 1020), vergrößert die Gefahr, dagegen nicht ein Mast, der in vorschriftsmäßigem Abstand vom Gleis an einer Stelle steht, an der sich keine Haltestelle befindet (BGH VersR **1956** 238). Das Offenstehen der Türen einer Straßenbahn nach Abfahrt des Wagens erhöht die Gefahr für die Fahrgäste (RG JW **1935** 2354 m. Anm. *Abitz-Schultze*; RG DR **1939** 183; BGH VersR **1961**

[1] BGH NJW **1962** 860 m. Anm. *Hohenester*; OLG Düsseldorf VersR **1966** 764; OLG Hamburg VersR **1966** 196; VRS **29** 330; OLG München VersR **1967** 167; LG Essen VersR **1966** 375.

[2] OGH NJW **1949** 669 LS; BGH VkBl. **1951** 158; VRS **4** 503; VersR **1953** 26; **1954** 11; OLG Braunschweig NdsRpfl. **1952** 69; OLG Karlsruhe VersR **1953** 368; OLG Köln MDR **1953** 616.

1020), nicht aber für eine Person, die verbotswidrig noch aufspringen möchte (BGH VersR **1962** 375). Die Betriebsgefahr der Straßenbahn ist erhöht, wenn der Zug auf der Straßenkreuzung anhält, aber wieder anfährt, obwohl noch ein Kraftwagen auf das Gleis zufährt (BGH DAR **1960** 137), ferner wenn die Bremsen versagen oder wegen der Feuchtigkeit der Schienen schlecht greifen (BGH VersR **1960** 609), ferner wenn ein Gleis am rechten Fahrbahnrand so in der Fahrbahn liegt, daß ein Kraftfahrer, der die Gefährlichkeit der Stelle nicht kennt, nachts mit der entgegenkommenden Straßenbahn frontal zusammenprallt (BGH VersR **1961** 234), ferner wenn die Straßenbahn den Mittelpunkt eines Kreisverkehrs durchquert und durch Verkehrszeichen die Vorfahrt vor dem Kreisverkehr erhalten hat (**a. A.** OLG Hamburg VersR **1967** 411; s. a. BGH VersR **1967** 138). Erhöht wird die Betriebsgefahr der Straßenbahn auch durch Gefälle oder durch Schlüpfrigkeit der Schienen (OLG Hamburg VersR **1968** 975) sowie durch den Einsatz einer unerprobten Person als Fahrer (KG VAE **1936** 334).

5 Bei **Eisenbahnen** wirken Bahnübergänge ohne Sicherung (Schranken, Blinklicht) oder Beleuchtung gefahrerhöhend[3]; dies gilt jedoch dann nicht, wenn sich der Mangel im konkreten Fall tatsächlich nicht ausgewirkt hat (BGH VersR **1956** 490; **1957** 166). Weitere Beispiele: Sichthindernisse an einem ungesicherten Bahnübergang (RG VAE **1936** 561); Versagen des der Beleuchtung der geschlossenen Schranke dienenden Tiefstrahlers (RG VR **1935** 325; OLG Stuttgart DAR **1929** 136); Nichtschließen einer Bahnschranke (BGH VRS **3** 217); verspätetes Schließen der Schranken, so daß das durchfahrende Kraftfahrzeug vom Zug erfaßt wird (RG DAR **1930** 256); Öffnen der Schranke durch den Blockwärter, obwohl das Signal für den Zug schon auf freie Fahrt steht (BGH VRS **4** 503); Lokomotive unterläßt die vorgeschriebenen Läut- und Pfeifsignale (RG DAR **1931** 330; BGH VkBl. **1958** 214); zu schwache Warnzeichen (RG VAE **1936** 133); der Lokführer bemerkt, daß eine Schranke nicht geschlossen ist und bremst trotzdem den Zug nicht ab (BGH VRS **3** 217); hohe Hecke am Bahndamm (RG VAE **1938** 195); die Bahnstrecke läuft ungesichert am Rand einer Straße (RG DAR **1930** 255); sehr starker Verkehr auf der die Bahn kreuzenden Straße (RG DAR **1929** 396). Fahren in einen Bahnhof von entgegengesetzten Richtungen gleichzeitig zwei Züge ein, so ist die Betriebsgefahr gegenüber einem die Gleise überschreitenden Fußgänger erhöht (BGH VersR **1971** 1018).

6 **3. Verschulden des Straßenbahnführers**

Bei der Abwägung entsteht häufig die Frage, ob auch den Führer der Straßenbahn ein Verschulden trifft, das sich (wegen Erhöhung der Betriebsgefahr) zuungunsten des Straßenbahnunternehmers auswirkt (BGH VersR **1961** 908). Grundsätzlich haben Straßenbahnführer in gleicher Weise wie andere Verkehrsteilnehmer die Vorschriften der StVO zu beachten (BGH VersR **1975** 258). Daher hat der Führer in gleicher Weise wie ein Kraftfahrer besondere Vorsichtsmaßnahmen zu ergreifen, wenn einem anderen Verkehrsteilnehmer Gefahr droht, z. B. ein Läutesignal zu geben (BGH VersR **1975** 1007).

[3] RG VAE **1938** 186; BGH VRS **5** 38; VkBl. **1958** 24; OLG Braunschweig VRS **7** 255; LG Tübingen DAR **1951** 193.

4. Rechtsprechungsübersicht zur Schadensverteilung 7

Die nachfolgende Übersicht beschränkt sich auf die von § 4 erfaßten Fälle (s. Rdn. 1). Die Haftungsverteilung zwischen Unternehmern von Schienenbahnen ist bei § 13, die zwischen Unternehmer und Kraftfahrzeughalter in § 17 StVG, 72ff behandelt. Die Vorbemerkung zur Rechtsprechungsübersicht bei § 9 StVG, 104 gilt entsprechend. Angeführt sind nur Entscheidungen, die für die Haftung im Straßenverkehr Bedeutung haben können.

a) Fahrgäste 8

BGH VersR **1958** 233: irrtümliches Aussteigen außerhalb planmäßiger Haltestelle;
OLG Stuttgart VersR **1962** 117: beim Aufspringen auf Straßenbahn wird Fußgänger umgerissen;
BGH VersR **1962** 375: Aufspringen auf Straßenbahn;
OLG Düsseldorf VersR **1972** 1171: nicht ausreichendes Festhalten wegen mitgeführter Tasche;
OLG Celle VersR **1975** 1122: Zahlen im fahrenden Wagen ohne Festhalten;
BGH VersR **1976** 932: Fahrgast begibt sich bei Annäherung an Haltestelle zum Ausgang;
OLG Nürnberg MDR **1977** 139: nicht ausreichendes Festhalten bei Notbremsung;
OLG Celle VersR **1981** 1059: Verfehlen der Trittstufen beim Aussteigen.

b) Fußgänger 9

BGH VersR **1961** 475: Überschreiten der Schienen kurz vor Zug;
BGH VersR **1961** 908: 11jähriger Schüler, Verschulden des Straßenbahnfahrers;
BGH VersR **1963** 874: Überschreiten der Gleise kurz vor Zug;
BGH VersR **1966** 1142: Überschreiten der Gleise, Straßenbahnverkehr entgegen der Einbahnstraße;
OLG München VersR **1967** 236: rechtsabbiegende Straßenbahn beachtet Fußgängerverkehr nicht;
OLG Düsseldorf VersR **1968** 652: Dreizehnjährige läuft vor Straßenbahn über das Gleis;
BGH VersR **1969** 736: Überschreiten der Gleise ohne nach links und rechts zu sehen;
BGH VersR **1971** 1018: zum Betreten der Gleise berechtigter Anstreicher wird von Zug erfaßt;
BGH VersR **1975** 1007: Halten an Fußgängerüberweg, um den Zug herumgehende Kinder werden von Gegenzug erfaßt;
BGH VersR **1976** 960: Mitverschulden des Straßenbahnfahrers.

c) Radfahrer 10

BGH VersR **1957** 296: wartepflichtiger Radfahrer, Straßenbahn fährt an Haltestelle vor Kreuzung ohne Warnsignal durch;
BGH VersR **1967** 138: Verschulden des Radfahrers, Dunkelheit und Regen;
OLG Nürnberg VersR **1967** 815: rangierende Eisenbahn gegen Radfahrer auf unbeschranktem Übergang;
BGH VersR **1968** 582: Straßenbahn überholt Radfahrer mit zu geringem Seitenabstand;
BGH VersR **1975** 258: 12jähriger Radfahrer, Unfall auf Überweg.

11 **d) Tiere**

OLG Hamm NJW **1958** 346: scheuendes Pferd wirft seinen Führer vor entgegenkommende Straßenbahn.

§ 5

Ersatzansprüche bei Tötung

(1) Im Falle der Tötung ist der Schadensersatz (§§ 1, 2 und 3) durch Ersatz der Kosten einer versuchten Heilung sowie des Vermögensnachteils zu leisten, den der Getötete dadurch erlitten hat, daß während der Krankheit seine Erwerbsfähigkeit aufgehoben oder gemindert oder eine Vermehrung seiner Bedürfnisse eingetreten war. Der Ersatzpflichtige hat außerdem die Kosten der Beerdigung demjenigen zu ersetzen, dem die Verpflichtung obliegt, diese Kosten zu tragen.

(2) Stand der Getötete zur Zeit der Verletzung zu einem Dritten in einem Verhältnisse, vermöge dessen er diesem gegenüber kraft Gesetzes unterhaltspflichtig war oder unterhaltspflichtig werden konnte, und ist dem Dritten infolge der Tötung das Recht auf den Unterhalt entzogen, so hat der Ersatzpflichtige dem Dritten insoweit Schadensersatz zu leisten, als der Getötete während der mutmaßlichen Dauer seines Lebens zur Gewährung des Unterhalts verpflichtet gewesen sein würde. Die Ersatzpflicht tritt auch dann ein, wenn der Dritte zur Zeit der Verletzung erzeugt, aber noch nicht geboren war.

Die Vorschrift stimmt inhaltlich mit der Regelung für Kraftfahrzeugunfälle in § 10 StVG überein. Auf die dort gegebenen Erläuterungen wird verwiesen.

§ 6

Ersatzansprüche bei Körperverletzung

Im Falle einer Körperverletzung ist der Schadensersatz (§§ 1, 2 und 3) durch Ersatz der Kosten der Heilung sowie des Vermögensnachteils zu leisten, den der Verletzte dadurch erleidet, daß infolge der Verletzung zeitweise oder dauernd seine Erwerbsfähigkeit aufgehoben oder gemindert oder eine Vermehrung seiner Bedürfnisse eingetreten ist.

Die Vorschrift stimmt inhaltlich mit der Regelung für Kraftfahrzeugunfälle in § 11 StVG überein. Auf die dort gegebenen Erläuterungen wird verwiesen.

§ 7

Unabdingbarkeit

Die Ersatzpflicht nach den §§ 1 bis 3 dieses Gesetzes darf, soweit es sich um Personenschäden handelt, im voraus weder ausgeschlossen noch beschränkt werden. Das gleiche gilt für die Ersatzpflicht nach § 2 dieses Gesetzes wegen Sachschäden, es sei denn, daß der Haftungsausschluß oder die Haftungsbeschränkung zwischen dem Inhaber der Anlage und einer juristischen Person des öffentlichen Rechts, einem öffent-

lich-rechtlichen Sondervermögen oder einem Kaufmann im Rahmen eines zum Betriebe seines Handelsgewerbes gehörenden Vertrages vereinbart worden ist. Entgegenstehende Bestimmungen und Vereinbarungen sind nichtig.

Nach dieser Vorschrift ist die Haftung nach dem HaftpflG für Personenschäden nicht abdingbar. Ansprüche aus anderen Rechtsgrundlagen werden hiervon nicht erfaßt (RGZ **117** 110). Satz 2 enthält darüber hinaus ein Verbot des Haftungsausschlusses für Sachschäden. Dieses bezieht sich jedoch nur auf die Ansprüche aus § 2 und nicht auf die Ansprüche aus § 1, und ist überdies bei Kaufleuten und bei juristischen Personen des öffentlichen Rechts gelockert. Im Hinblick auf die beschränkte Bedeutung des § 2 für die Haftung im Straßenverkehr wird von einer näheren Erläuterung abgesehen.

§ 8

Verpflichtung zur Entrichtung einer Rente

(1) Der Schadensersatz wegen Aufhebung oder Minderung der Erwerbsfähigkeit und wegen Vermehrung der Bedürfnisse des Verletzten sowie der nach § 5 Abs. 2 einem Dritten zu gewährende Schadensersatz ist für die Zukunft durch Entrichtung einer Geldrente zu leisten.

(2) Die Vorschriften des § 843 Abs. 2 bis 4 des Bürgerlichen Gesetzbuches finden entsprechende Anwendung.

(3) Ist bei der Verurteilung des Verpflichteten zur Entrichtung einer Geldrente nicht auf Sicherheitsleistung erkannt worden, so kann der Berechtigte gleichwohl Sicherheitsleistung verlangen, wenn die Vermögensverhältnisse des Verpflichteten sich erheblich verschlechtert haben; unter der gleichen Voraussetzung kann er eine Erhöhung der in dem Urteile bestimmten Sicherheit verlangen.

Die Vorschrift ist § 13 StVG nachgebildet. Auf die dort gegebenen Erläuterungen wird deshalb verwiesen. Da das HaftpflG bei Personenschäden eine dem § 12 StVG entsprechende Vorschrift über Höchstbeträge nicht enthält, übernimmt § 8 in Verbindung mit § 9 teilweise diese Funktion.

§ 9

Haftungshöchstbetrag bei Renten

Der Unternehmer oder der in § 2 bezeichnete Inhaber der Anlage haftet im Falle des § 8 Abs. 1 nur bis zu einer Jahresrente von dreißigtausend Deutsche Mark für jede getötete oder verletzte Person.

Nach § 7a Reichshaftpflichtgesetz betrug bei Personenschäden der Haftungshöchstbetrag 15000 DM Jahresrente. Der Betrag wurde im Gesetz vom 16. 8. 77 (BGBl. I S. 1577) verdoppelt. Die Haftungsbegrenzung gilt nicht für Ansprüche aus anderen Rechtsgrundlagen. Ein von der Jahresrente unabhängiger Höchstbetrag für Personenschäden, wie ihn § 12 StVG kennt, ist dem HaftpflG fremd. Insbesondere gibt es auch keine dem § 2 Abs. 2 Satz 2 entsprechende Einschränkung für den

Fall, daß bei einem Unfall mehrere Personen verletzt werden. Hinsichtlich weiterer Einzelfragen, vor allem bei der Berücksichtigung von Mitverschulden des Verletzten, wird auf die Erläuterungen zu § 12 StVG verwiesen. Dies gilt auch für die Übergangsregelung in Bezug auf Unfälle vor dem 1. 1. 1978.

§ 10

Haftungshöchstbetrag bei Sachschäden

(1) Der Unternehmer oder der in § 2 bezeichnete Inhaber der Anlage haftet für Sachschäden nur bis zum Betrag von einhunderttausend Deutsche Mark, auch wenn durch dasselbe Ereignis mehrere Sachen beschädigt werden.

(2) Sind auf Grund desselben Ereignisses an mehrere Personen Entschädigungen zu leisten, die insgesamt den Höchstbetrag von einhunderttausend Deutsche Mark übersteigen, so verringern sich die einzelnen Entschädigungen in dem Verhältnis, in dem ihr Gesamtbetrag zu dem Höchstbetrag steht.

(3) Die Absätze 1 und 2 gelten nicht für die Beschädigung von Grundstücken.

Bis zum 19. 7. 1957 betrug der Haftungshöchstbetrag 15000,– DM, von da bis zum 1. 1. 1978 25000,– DM, und zwar auch wenn mehrere Sachen betroffen waren (§ 4 SHG; wegen der Übergangsregelung für Altunfälle s. § 12 StVG, 27ff). Die jetzige Regelung stimmt im Fall der Beschädigung oder Zerstörung beweglicher Sachen mit § 12 StVG überein. Auf die Erläuterungen zu dieser Vorschrift wird verwiesen. Wird dagegen ein Grundstück beschädigt, so haftet der Unternehmer der Eisen- oder Straßenbahn in unbegrenzter Höhe. Zum Grundstück gehören auch seine wesentlichen Bestandteile (§ 94 BGB). In Betracht kommt vor allem die Beschädigung oder Zerstörung von Gebäuden oder Gebäudeteilen, Einfriedungen und Pflanzen, vor allem auch Nutzpflanzen (Getreide auf dem Halm, nicht aber geschnittenes Getreide, auch wenn es noch auf dem Feld liegt; BGHZ **20** 87). Werden außer einem Grundstück durch denselben Unfall auch bewegliche Sachen beschädigt, so sind die Ersatzansprüche für die Beschädigung des Grundstücks nicht auf den Höchstbetrag von 100000,– DM anzurechnen. Die Beschädigung von Grundstückszubehör (§ 97 BGB) ist keine Beschädigung des Grundstücks, sondern eine solche beweglicher Sachen (BGHZ **20** 85).

§ 11

Verjährung

Auf die Verjährung finden die für unerlaubte Handlungen geltenden Verjährungsvorschriften des Bürgerlichen Gesetzbuchs entsprechende Anwendung.

Auf die Erläuterungen zum gleichlautenden § 14 StVG wird verwiesen. Eine dem § 15 StVG entsprechende Pflicht zur „Anzeige“ des Schadens an den Ersatzpflichtigen, wie sie in § 5 SHG enthalten war, gibt es seit 1. 1. 1978 nicht mehr.

§ 12

Haftung nach anderen Vorschriften

Unberührt bleiben gesetzliche Vorschriften, nach denen ein Ersatzpflichtiger in weiterem Umfang als nach den Vorschriften dieses Gesetzes haftet oder nach denen ein anderer für den Schaden verantwortlich ist.

Übersicht

I. Inhalt der Vorschrift 1

Die Vorschrift stellt klar, daß die Bestimmungen des HaftpflG eine Haftung aus anderem Rechtsgrund weder für den Unternehmer noch für andere Personen ausschließen. Dies gilt sowohl dann, wenn eine Haftung aus dem HaftpflG im Einzelfall ausscheidet, als auch dann, wenn aus dem HaftpflG gehaftet wird. In letzterem Fall besteht die Haftung aus dem anderen Gesetz neben derjenigen aus dem HaftpflG mit der Maßgabe, daß der Betrag, hinsichtlich dessen beide Vorschriften eine Rechtsgrundlage abgeben, nur einmal geschuldet ist. In diesem Fall darf der Tatrichter nicht Teilurteil über die Ansprüche aus dem HaftpflG erlassen und sich die Entscheidung über Ansprüche aus unerlaubter Handlung vorbehalten (BGH VersR **1964** 164). Schulden mehrere Personen den Ersatz des entstandenen Schadens, so haften sie als Gesamtschuldner in Höhe der Schuld dessen, der den geringsten Betrag schuldet.

II. Einzelfälle 2

Hinsichtlich der Einzelheiten wird auf die Erläuterungen zu § 16 StVG verwiesen. Denn mit dieser Vorschrift stimmt § 12 HaftpflG trotz seines kürzer gefaßten Textes inhaltlich überein. Daß dort das Verhältnis der Haftung aus dem HaftpflG zu anderen gesetzlichen Vorschriften geregelt ist, bedeutet dasselbe wie „bundesrechtlich" in § 16 StVG. In Betracht kommt vor allem die Haftung aus Beförderungsvertrag oder aus unerlaubter Handlung. Im folgenden werden lediglich ergänzende Hinweise gegeben.

1. Vertragliche Ansprüche 3

Mit dem Besteigen einer Straßenbahn kommt ein Beförderungsvertrag (durch schlüssiges Verhalten) auch dann zustande, wenn der Fahrgast das Entgelt nicht bezahlen will. Will jemand aber nach Abfahrt der Straßenbahn aufspringen und mißlingt ihm dies, so kommt kein Beförderungsvertrag zustande (BGH VersR **1962** 375).

4 **2. Deliktische Haftung des Triebwagenführers**

Die Gefährdungshaftung des Bahnunternehmers schließt die persönliche Inanspruchnahme des Triebwagenführers nach § 823 BGB nicht aus, wenn dieser schuldhaft einen Unfall herbeiführt. Der Triebwagenführer verletzt z. B. die gebotene Sorgfalt, wenn er den Straßenbahnzug in Bewegung setzt, obwohl das rote Licht an seinem Pult anzeigt, daß noch nicht alle mechanisch zu schließenden Türen geschlossen sind (BGH VersR **1970** 140). Der Führer einer Straßenbahn kann zwar im allgemeinen darauf vertrauen, daß ein Verkehrsteilnehmer die Gleise rechtzeitig verläßt, wenn die Straßenbahn naht, so daß er zunächst die Geschwindigkeit nicht zu verringern braucht; das bedeutet aber nicht, daß die Straßenbahn auf Strecken, die von Übergängen ohne Andreaskreuz gekreuzt werden, nicht auf Sicht zu fahren bräuchte (BGH DAR **1975** 75).

5 **3. Deliktische Haftung des Bahnunternehmers**

Er haftet für Verschulden seiner Bediensteten nach § 831 BGB mit der Möglichkeit, den Entlastungsbeweis zu führen. Hat der Fahrer einer Straßenbahn jemand angefahren, so muß der Straßenbahnunternehmer, um der Haftung zu entgehen, nicht nur nachweisen, daß ihn kein Auswahlverschulden trifft, sondern auch, daß er den Fahrer belehrt hat, wie er sich in der Verkehrssituation, in der sich der Unfall ereignet hat, zu verhalten habe. Hat er unrichtige Anweisungen gegeben, haftet er nach § 831 BGB (BGH NJW **1975** 1008).

6 Eine Haftung des Unternehmers aus § 823 BGB (ggf. i. V. m. §§ 31, 89 BGB) kommt in Betracht, wenn er Fehler bei der Organisation gemacht hat. Er bzw. seine Organe müssen diejenigen Sicherheitsvorkehrungen treffen, die sie nach dem jeweiligen Stand der Technik als verständige, umsichtige, vorsichtige und gewissenhafte Fachleute für das Eisenbahnwesen für ausreichend halten dürfen und die den Umständen nach zumutbar sind (BGH VersR **1978** 1163).

7 **4. Verletzung der Verkehrssicherungspflicht**

Einzelfälle s. § 16 StVG, 447ff.

8 **5. Staatshaftung**

Da die Personen- und Güterbeförderung seitens der Deutschen Bundesbahn nicht in hoheitlicher, sondern in privatrechtlicher Form vorgenommen wird, scheidet eine Haftungsverlagerung von Beamten auf den Staat nach Art. 34 GG i. V. m. § 839 BGB aus (BGH LM § 839 (Fa) Nr. 3).

§ 13

Ausgleich unter Ersatzpflichtigen

(1) Sind nach den §§ 1, 2 mehrere einem Dritten zum Schadensersatz verpflichtet, so hängt im Verhältnis der Ersatzpflichtigen untereinander Pflicht und Umfang zum Ersatz von den Umständen, insbesondere davon ab, wie weit der Schaden überwiegend von dem einen oder dem anderen verursacht worden ist. Dasselbe gilt, wenn der Scha-

den einem der Ersatzpflichtigen entstanden ist, von der Haftpflicht, die einen anderen von ihnen trifft.

(2) Absatz 1 gilt entsprechend, wenn neben den nach den §§ 1, 2 Ersatzpflichtigen ein anderer für den Schaden kraft Gesetzes verantwortlich ist.

I. Verursachung des Unfalls durch zwei Bahnen bzw. Anlagen 1

Absatz 1 ist dem § 17 Abs. 1 StVG nachgebildet und stimmt mit ihm inhaltlich überein. Die Regelung, die dort für das Zusammenwirken zweier Kraftfahrzeuge bei einem Unfall getroffen wurde, ist in § 13 Abs. 1 HaftpflG für anwendbar erklärt, wenn zwei Bahnen oder Anlagen nach §§ 1, 2 gemeinsam einen Unfall herbeiführen (BGH VersR **1953** 26). Dieser Fall wird nur selten eintreten. Hinsichtlich der Einzelheiten wird auf die Kommentierung von § 17 StVG verwiesen. Wie dort entscheidet bei § 13 in erster Linie das Ausmaß der Betriebsgefahr der beteiligten Fahrzeuge (BGH aaO).

II. Mitverursachung des Unfalls durch andere Verkehrsteilnehmer 2

Die Verweisung in Absatz 2 auf Absatz 1 macht dessen Regelung anwendbar, wenn eine Straßenbahn mit einem **Fußgänger, Radfahrer, Pferdefuhrwerk oder Tier** bei der Entstehung eines Unfalls zusammenwirkt, bei dem der Unternehmer oder eine dritte Person geschädigt wird, die nunmehr Ansprüche geltend macht. Wird dagegen ein Fußgänger, ein Radfahrer oder der Besitzer eines Pferdefuhrwerks durch einen von der Straßenbahn verursachten Unfall geschädigt oder wird bei einem solchen Unfall ein Tier verletzt, so ist nicht § 13 Abs. 2 anzuwenden, wenn der Geschädigte den Unfall mitverursacht hat, sondern § 4. Andernfalls wäre § 4 gegenstandslos. Wegen der Haftungsverteilung im Einzelfall vgl. die Rechtsprechungsübersicht in § 4, 7ff.

Wirkt die Straßenbahn bei der Verursachung eines Unfalls im Straßenverkehr 3
mit einem **Kraftfahrzeug** zusammen, so ist § 17 StVG anzuwenden; § 17 Abs. 2 StVG geht als Spezialvorschrift dem § 13 Abs. 2 HaftpflG vor (OLG München VersR **1966** 786; *Weber* DAR **1984** 65; **a. A.** OLG Hamburg VersR **1952** 405). Dies gilt nach § 18 StVG auch für das Verhältnis zwischen dem Führer eines Kraftfahrzeugs und dem Unternehmer einer Straßenbahn. Wird dagegen vom Halter eines Kraftfahrzeugs der Führer der Straßenbahn persönlich in Anspruch genommen, so ist § 254 BGB unmittelbar anzuwenden, da weder das HaftpflG noch das StVG eine Regelung für dessen Haftung aus unerlaubter Handlung trifft.

§ 14

Gerichtsstand

Für Klagen, die auf Grund dieses Gesetzes erhoben werden, ist auch das Gericht zuständig, in dessen Bezirk das schädigende Ereignis stattgefunden hat.

Die Vorschrift ist inhaltsgleich mit § 20 StVG (vgl. dort).

Sachregister

Fette Zahl = §, magere Zahl = Randnummer, **H** = HaftpflG, **V** = Vorbemerkungen

FSC
www.fsc.org
MIX
Papier | Fördert gute Waldnutzung
FSC® C083411

Kolibri 360 GmbH
Ferdinand-Jühlke-Straße 7
99095 Erfurt, Deutschland
produktsicherheit@kolibri360.de

Kolibri 360 GmbH
Ferdinand-Jühlke-Straße 7
99095 Erfurt, Deutschland
produktsicherheit@kolibri360.de